教育社会学事典

日本教育社会学会 ［編］

丸善出版

刊行にあたって

　日本教育社会学会は 1948 年の暮れに，当時 IFEL（The Institute For Educational Leadership＝教育指導者講習会）に参加した人たちによって設立されました．この IFEL は GHQ の CIE（Civil Information and Education Section）と文部省の共催で行われたもので，全国各大学の教育学関係の教授 70 人余りが，「教育社会学」「教育心理学」「教育課程」「教育行財政」「生徒指導」の 5 グループに分かれて参加しました．そのうち「教育社会学」には 19 人の参加があったとされています．戦後の教育の「民主化」や「近代化」といった戦後社会の価値を体現するために，教育社会学の知が必要だと考えられたからです．学会の会則は，東京大学で開催された第 1 回大会にあわせて制定されました．1950 年 11 月 23 日のことです．いずれにしても学会が発足して 70 年が経過し，この間教育社会学は多くの研究課題に取り組み，数多くの研究成果を積み上げてきました．また，教育社会学会の会員数も拡大し，現在約 1500 人の会員を擁しています．これまで学会が積み上げてきた知的営為を，本事典に凝縮してまとめることができましたこと，たいへんうれしく思っています．

　本事典は三部構成になっています．第Ⅰ部は「教育社会学の理論」を扱っています．ここでは教育社会学とはそもそもどのような学問であり，どのような理論に依拠しながら学問を展開してきたのか，それを学問の性格，歴史，基礎理論，そして海外における教育社会学の動向に関連づけながら論じています．教育社会学は社会学の一領域であると同時に，教育学の一領域でもありますが，それら二つの親学問との差異化をはかりながら，そして諸外国（主にアメリカ，イギリス，フランス）の理論を吸収しながら，発展してきました．

　第Ⅱ部は「教育社会学の方法」に関するものです．研究は対象と方法によって成り立っています．教育社会学は教育事実を明らかにするという〈実証主義〉に学問的アイデンティティを置いていますが，そのための方法としては「計量分析」と「質的分析」の二つに大別できます．教育社会学は研究対象への接近にあたり，よりリアルに教育事象を切り取っていくためにどのような研究方法を使えばよいのかに腐心し，それにアプローチする方法を洗練させてきました．教育社会学が他の教育研究分野と比較して優位にあるとすれば，それは事実を分析する方法論

を研ぎ澄ましてきたことが大きいと考えています.

　第Ⅲ部は教育社会学の研究領域を,「社会化と人間形成」「家族」「ジェンダーと教育」「初等・中等教育」「教師」「高等教育」「生涯学習と地域社会」「教育問題」「階層と教育」「教育と経済」「教育政策」「メディアと教育」「グローバリゼーションと教育」の 13 に分けて論じています. 教育社会学の特徴の一つは教育を学校教育に限定せず, 広くとらえることにあります. また, 社会の変化が教育にどのような影響を及ぼし, また, 教育の結果がどのような社会となって現れるのかを問います. 進学率が爆発的に急上昇し, 受験地獄という言葉が使われた高度成長期には, 入学試験, 学歴, 学閥の問題にいち早く取り組み, 80 年代以降の教育問題が噴出した時代には, いじめ, 不登校, 高校中退などの問題に取り組み, 社会的格差が広がると, 子どもの貧困や学力問題に取り組んできました. 常に社会にアンテナを張り, 新しい教育問題をより大きな社会と関連づけながら考察しています.

　日本教育社会学会では, 1967 年に『教育社会学辞典』を, 約 20 年経った 1986 年に『新教育社会学辞典』を刊行しています. 前回の辞典から 30 年以上が経過して, このたび『教育社会学事典』を刊行する運びとなりました. 前 2 著はいずれも「小項目」の辞典でしたが, ネットの時代に「小項目」辞典は活用の範囲が限られてしまいます. このような時代に合わせて, 今回は「中項目」事典として編集しました. 一つひとつの項目を, ある程度のまとまりをもって記述することによって, より広く, より深く理解することができるのではないかと考えたからです.

　前回の辞典が刊行されて以降の 30 年間, 先進諸国は産業社会からポスト産業社会の時代へとシフトしていきました. そして, 日本社会では, バブル経済の崩壊や, 少子高齢化, グローバル化, ネオリベラリズムの台頭など, 人口学的にも, 文化的にも, 経済的にも, そして政治的にも大きく変容し, 社会システムの一部をなす〈教育〉をめぐる環境は一変してしまいました. そうしたなかで現代は知識基盤社会とも言われ,〈教育〉は社会のあり方を規定する最重要事項の一つとして広く認識されています. 本事典が, 教育社会学の研究者のみならず, 多くの研究分野の研究者に活用され, さらに, 国民全体の教育への理解が深まることを期待しています.

　最後に, 編集に携わっていただいた副編集委員長, 編集幹事, 編集委員, 執筆者の方たちに感謝申し上げます. ご多忙のなか, 多大なエネルギーをさいていただきました. また, 丸善出版株式会社企画・編集部の小林秀一郎さん, 安部詩子さん, そして加藤祐子さんの献身的なご尽力に感謝申し上げます.

2017 年 12 月

編集委員長

加 野 芳 正

■編集委員一覧 （五十音順）

編集委員長

加 野 芳 正　香川大学教育学部 教授

副編集委員長

北 澤 　 毅　立教大学文学部 教授

編集顧問

有 本 　 章　広島大学 名誉教授

竹 内 　 洋　京都大学 名誉教授

藤 田 英 典　東京大学 名誉教授

編集幹事

秋 永 雄 一　東北大学 名誉教授

岩 永 雅 也　放送大学教養学部 教授

亀 山 佳 明　龍谷大学 名誉教授

油 布 佐和子　早稲田大学教育・総合科学学術院 教授

編集委員

秋 葉 昌 樹　龍谷大学文学部 教授

伊 藤 彰 浩　名古屋大学大学院教育発達科学研究科 教授

岩 崎 久美子　放送大学教養学部 教授

太 田 美 幸　一橋大学大学院社会学研究科 教授

大多和 直 樹　帝京大学教育学部 教授

岡 本 智 周　筑波大学人間系 准教授

菊	地	栄	治	早稲田大学教育・総合科学学術院 教授
木	村	涼	子	大阪大学大学院人間科学研究科 教授
倉	石	一	郎	京都大学大学院人間・環境学研究科 教授
古	賀	正	義	中央大学文学部 教授
小	玉	亮	子	お茶の水女子大学大学院人間文化創成科学研究科 教授
小	林	雅	之	東京大学大学総合教育研究センター 教授
近	藤	博	之	大阪大学大学院人間科学研究科 教授
酒	井		朗	上智大学総合人間科学部 教授
島		一	則	東北大学大学院教育学研究科 准教授
志	水	宏	吉	大阪大学大学院人間科学研究科 教授
白	松		賢	愛媛大学教育学部 教授
多	賀		太	関西大学文学部 教授
田	中	雅	文	日本女子大学人間社会学部 教授
天	童	睦	子	宮城学院女子大学一般教育部 教授
中	澤		渉	大阪大学大学院人間科学研究科 准教授
西	村	幹	子	国際基督教大学教養学部 上級准教授
橋	本	鉱	市	東京大学大学院教育学研究科 教授
濱	中	淳	子	東京大学高大接続研究開発センター 教授
平	沢	和	司	北海道大学大学院文学研究科 教授
広	田	照	幸	日本大学文理学部 教授
三	輪		哲	東京大学社会科学研究所 教授
山	田	哲	也	一橋大学大学院社会学研究科 教授
山	田	浩	之	広島大学大学院教育学研究科 教授
山	内	乾	史	神戸大学大学教育推進機構/大学院国際協力研究科 教授
吉	田		文	早稲田大学教育・総合科学学術院 教授

■執筆者一覧 (五十音順)

青井 倫子　愛媛大学	今津 孝次郎　愛知東邦大学
青木 栄一　東北大学	岩井 八郎　京都大学
赤尾 勝己　関西大学	岩崎 久美子　放送大学
阿形 健司　同志社大学	岩永 雅也　放送大学
赤林 英夫　慶應義塾大学	岩見 和彦　関西大学 名誉教授
秋葉 昌樹　龍谷大学	岩脇 千裕　労働政策研究・研修機構
阿曽沼 明裕　名古屋大学	上杉 孝實　京都大学 名誉教授
荒井 克弘　東北大学 名誉教授	内田 良　名古屋大学
荒牧 草平　日本女子大学	卯月 由佳　国立教育政策研究所
有田 伸　東京大学	浦田 広朗　名城大学
有本 章　兵庫大学	江原 武一　京都大学 名誉教授
有本 真紀　立教大学	苑 復傑　放送大学
飯田 浩之　筑波大学	大内 裕和　中京大学
五十嵐 素子　北海学園大学	太田 拓紀　滋賀大学
伊佐 夏実　宝塚大学	太田 美幸　一橋大学
石川 由香里　活水女子大学	大多和 直樹　帝京大学
石川 良子　松山大学	大前 敦巳　上越教育大学
石田 賢示　東京大学	小方 直幸　東京大学
石田 浩　東京大学	岡邊 健　京都大学
石戸 教嗣　埼玉大学 名誉教授	岡本 智周　筑波大学
石飛 和彦　天理大学	小川 和孝　慶應義塾大学
井出 草平　大阪大学 非常勤講師	荻野 亮吾　東京大学 特任助教
伊藤 彰浩　名古屋大学	小澤 浩明　東洋大学
伊藤 茂樹　駒澤大学	尾嶋 史章　同志社大学
稲垣 恭子　京都大学	越智 康詞　信州大学
稲葉 昭英　慶應義塾大学	小内 透　北海道大学
乾 美紀　兵庫県立大学	小野 奈生子　共栄大学
稲永 由紀　筑波大学	小野田 正利　大阪大学
井上 義和　帝京大学	賀 曉星　南京大学
今田 絵里香　成蹊大学	香川 めい　東京大学 特任助教

片 岡 栄 美	駒澤大学	
片 瀬 一 男	東北学院大学	
片 山 悠 樹	愛知教育大学	
加 藤 隆 雄	南山大学	
加 藤 毅	筑波大学	
金 子 真理子	東京学芸大学	
金 子 元 久	筑波大学 特命教授	
加 野 芳 正	香川大学	
亀 山 佳 明	龍谷大学 名誉教授	
河 上 婦志子	神奈川大学 名誉教授	
川 口 俊 明	福岡教育大学	
河 野 銀 子	山形大学	
川 村 光	関西国際大学	
神 原 文 子	神戸学院大学	
菊 地 栄 治	早稲田大学	
北 澤 毅	立教大学	
北 村 友 人	東京大学	
木 村 育 恵	北海道教育大学	
木 村 拓 也	九州大学	
木 村 元	一橋大学	
木 村 文 香	東京家政学院大学	
木 村 祐 子	東京成徳大学	
木 村 涼 子	大阪大学	
金 美 蘭	韓国教育開発院	
工 藤 保 則	龍谷大学	
久 冨 善 之	一橋大学 名誉教授	
久保田 真 功	関西学院大学	
倉 石 一 郎	京都大学	
紅 林 伸 幸	常葉大学	
古 賀 正 義	中央大学	
児 島 明	鳥取大学	
小 杉 礼 子	労働政策研究・研修機構 特任フェロー	
小 玉 重 夫	東京大学	
小 玉 亮 子	お茶の水女子大学	

小 林 信 一	元 国立国会図書館	
小 林 至 道	青山学院大学	
小 林 雅 之	東京大学	
小 針 誠	青山学院大学	
児美川 孝一郎	法政大学	
小宮山 博 仁	教育評論家	
近 藤 博 之	大阪大学	
齋 藤 崇 德	大学改革支援・学位授与機構	
酒 井 朗	上智大学	
佐 川 佳 之	椙山女学園大学	
桜 井 智恵子	関西学院大学	
佐々木 輝 美	獨協大学	
佐 藤 香	東京大学	
澤 田 稔	上智大学	
瀧 谷 知 美	東京経済大学	
渋 谷 真 樹	奈良教育大学	
島 一 則	東北大学	
志 水 宏 吉	大阪大学	
清 水 睦 美	日本女子大学	
George, Rosalyn	ロンドン大学	
白 川 俊 之	東京大学	
白 川 優 治	千葉大学	
白 鳥 義 彦	神戸大学	
白 松 賢	愛媛大学	
杉 谷 祐美子	青山学院大学	
杉 村 美 紀	上智大学	
杉 本 均	京都大学	
鈴 木 克 夫	桜美林大学	
須 藤 康 介	明星大学	
住 田 正 樹	九州大学 名誉教授	
妹 尾 渉	国立教育政策研究所	
千 田 有 紀	武蔵大学	
園 山 大 祐	大阪大学	
多 賀 太	関西大学	

執筆者一覧

髙井良 健 一	東京経済大学	
髙 田 一 宏	大阪大学	
髙 野 良 子	植草学園大学	
高 橋 望	群馬大学	
高 橋 均	北海道教育大学	
多 喜 弘 文	法政大学	
武 寛 子	愛知教育大学	
武 内 清	敬愛大学 客員教授	
竹 内 里 欧	京都大学	
立 田 慶 裕	神戸学院大学	
田 中 統 治	放送大学	
田 中 雅 文	日本女子大学	
田 中 理 絵	山口大学	
玉 井 康 之	北海道教育大学釧路校	
垂 見 裕 子	武蔵大学	
丹 治 恭 子	立正大学	
知 念 渉	神田外語大学	
千 葉 聡 子	文教大学	
塚 田 守	椙山女学園大学	
土 田 陽 子	帝塚山学院大学	
堤 孝 晃	東京成徳大学	
恒 吉 僚 子	東京大学	
鶴 田 真 紀	創価大学	
出 相 泰 裕	大阪教育大学	
天 童 睦 子	宮城学院女子大学	
轟 亮	金沢大学	
鳶 野 克 己	立命館大学	
富 田 英 典	関西大学	
中 澤 渉	大阪大学	
永 田 佳 之	聖心女子大学	
中 西 祐 子	武蔵大学	
仲 野 由佳理	日本学術振興会 特別研究員	
中 村 高 康	東京大学	
西 島 央	首都大学東京	

西 田 芳 正	大阪府立大学	
西 村 大 志	広島大学	
西 村 幹 子	国際基督教大学	
仁 平 典 宏	東京大学	
額 賀 美紗子	東京大学	
布 村 育 子	埼玉学園大学	
根 津 朋 実	筑波大学	
野 村 洋 平	大谷大学 非常勤講師	
橋 本 鉱 市	東京大学	
長谷川 哲 也	静岡大学	
長谷川 祐 介	大分大学	
長谷川 裕	琉球大学	
羽 田 貴 史	東北大学	
羽田野 慶 子	福井大学	
浜 田 宏	東北大学	
濱 中 淳 子	東京大学	
濱 中 義 隆	国立教育政策研究所	
浜 野 隆	お茶の水女子大学	
葉 養 正 明	文教大学	
原 清 治	佛教大学	
東 野 充 成	九州工業大学	
日下田 岳 史	大正大学	
樋 田 大二郎	青山学院大学	
姜 添 輝	台湾教育社会学学会 元理事長	
平 尾 桂 子	上智大学	
平 沢 和 司	北海道大学	
広 川 義 哲	龍谷大学 非常勤講師	
広 田 照 幸	日本大学	
深 堀 聡 子	国立教育政策研究所	
福 島 裕 敏	弘前大学	
福 田 亘 孝	東北大学	
藤 澤 三 佳	京都造形芸術大学	
藤 田 武 志	日本女子大学	
藤 田 由美子	福岡大学	

藤原　　翔	東京大学
藤村　正司	広島大学
藤原　直子	九州大学 学術協力研究員
古田　和久	新潟大学
Bremer, Helmut	デュイスブルク・エッセン大学
宝月　　誠	京都大学 名誉教授
朴澤　泰男	国立教育政策研究所
北條　雅一	新潟大学
細辻　恵子	甲南女子大学
堀　　薫夫	大阪教育大学
堀　有喜衣	労働政策研究・研修機構
堀家　由妃代	佛教大学
本田　由紀	東京大学
前田　　崇	北里大学
牧野　智和	大妻女子大学
Maguire, Meg	キングス・カレッジ・ロンドン
ましこひでのり	中京大学
松岡　亮二	早稲田大学
間山　広朗	神奈川大学
丸山　英樹	上智大学
三浦　綾希子	中京大学
見原　礼子	長崎大学
耳塚　寛明	お茶の水女子大学
宮崎　あゆみ	お茶の水女子大学 研究協力員
三輪　　哲	東京大学
村澤　昌崇	広島大学
望月　由起	昭和女子大学
元森　絵里子	明治学院大学
森　　一平	帝京大学
森　　繁男	京都女子大学
森　　利枝	大学改革支援・学位授与機構
両角　亜希子	東京大学
保田　時男	関西大学
柳　　治男	熊本大学 名誉教授
矢野　眞和	東京工業大学 名誉教授
山口　　毅	帝京大学
山崎　博敏	広島大学
山下　　絢	日本女子大学
山田　哲也	一橋大学
山田　富秋	松山大学
山田　浩之	広島大学
山田　昌弘	中央大学
山田　礼子	同志社大学
山内　乾史	神戸大学
山本　雄二	関西大学
湯川　やよい	東京女子大学 特任講師
湯地　宏樹	鳴門教育大学
油布　佐和子	早稲田大学
吉田　　文	早稲田大学
吉田　美穂	弘前大学
吉本　圭一	九州大学
余田　翔平	国立社会保障・人口問題研究所
米川　英樹	日本学生支援機構
米澤　彰純	東北大学
米山　尚子	アデレード大学
若槻　　健	関西大学
渡邉　雅子	名古屋大学

目　　次

第Ⅰ部　教育社会学の理論

第1章　教育社会学の学問的性格　[編集担当：加野芳正・古賀正義]

概説：教育社会学の学問的性格 ……… 4
実証科学としての教育社会学 ……… 10
実践知と教育社会学 ……………… 12
反省知としての教育社会学 ……… 14
政策科学としての教育社会学 …… 16
教育改革と教育社会学 …………… 18
ライフステージの変化とライフコース … 20
リスク社会と教育社会学 ………… 22

教員養成と教育社会学 …………… 24
教育社会学と知のパラダイム ……… 26
教育社会学と隣接諸科学の広がり … 28
教育研究におけるミクロレベルと
　　マクロレベル ………………… 30
アカデミーとジャーナリズム ……… 32
教育臨床の社会学 ………………… 34
教育の歴史社会学 ………………… 36

第2章　教育社会学の歴史　[編集担当：伊藤彰浩・橋本鉱市]

概説：教育社会学における組織と
　　知識の制度化 ………………… 40
近代化・産業化と教育社会学 …… 44
戦前～戦後改革期～
　　50年代の教育社会学 ………… 48
教育学との連携・差別化 ………… 50
社会学との境界問題 ……………… 52
戦後社会の変動と教育社会学 …… 54

アメリカ教育社会学とその影響 …… 56
イギリス新教育社会学とその影響 … 58
教職課程・実験講座と教育社会学 … 60
教育社会学と研究者集団 …………… 62
教育社会学の研究対象・方法の
　　変化 …………………………… 66
パラダイムの拡散 ………………… 70

第3章　理　論　[編集担当：広田照幸・倉石一郎]

概説：教育社会学の理論 ………… 74
機能主義理論 ……………………… 78
社会化 ……………………………… 82
属性原理と業績原理 ……………… 84
選抜と配分 ………………………… 86
官僚制 ……………………………… 88

新制度主義 ………………………… 90
福祉国家 …………………………… 92
教育システム ……………………… 94
再生産論 …………………………… 96
階級と階層 ………………………… 100
ネオ・マルクス主義 ……………… 102

ペダゴジー論 …………………… 104	社会的排除 …………………… 118
文化資本 ………………………… 106	グローバリゼーション ………… 120
ポストモダン論と生政治論 ……… 108	教育社会学における研究方法論 …… 122
後期近代社会 …………………… 112	教育言説 ………………………… 126
批判的教育学 …………………… 114	相互作用論 ……………………… 128
脱学校論 ………………………… 116	構築主義 ………………………… 130

第4章　海外の教育社会学 ［編集担当：岩永雅也・岩崎久美子］

概説：海外の教育社会学 ………… 134	中国の教育社会学 ……………… 154
アメリカの教育社会学 …………… 138	韓国の教育社会学 ……………… 156
イギリスの教育社会学 …………… 142	台湾の教育社会学 ……………… 158
フランスの教育社会学 …………… 146	オセアニアの教育社会学 ……… 160
ドイツの教育社会学 …………… 150	

第Ⅱ部　教育社会学の方法

第1章　計量分析 ［編集担当：中澤 渉・三輪 哲］

概説：教育社会学における 　計量分析の発展とその背景 …… 166	政策評価と計量分析 …………… 182
学校における量的調査 ………… 170	因果と相関 ……………………… 184
教育調査の標本と設計 ………… 172	回帰分析 ………………………… 186
マクロデータの利用と分析 ……… 174	クロス表分析とその発展 ……… 188
データアーカイブの活用と二次分析 　…………………………… 176	時間的概念を含む縦断データ分析 … 190
	多水準データの分析 …………… 192
	構造方程式モデリング ………… 194
教育の国際比較分析 …………… 178	変数間の類似性や関連性の布置 … 196
発達を見るデータ ……………… 180	教育の数理・計量モデル ……… 198

第2章　質的分析 ［編集担当：北澤 毅・白松 賢］

概説：質的調査 ………………… 202	会話分析 ………………………… 216
エスノグラフィー ……………… 208	言説分析 ………………………… 218
インタビュー …………………… 212	歴史社会学的アプローチ ……… 220
エスノメソドロジー …………… 214	ライフヒストリー ……………… 222

ナラティブ・アプローチ ……… 224	映像データ分析 ………………… 232
テクスト分析 …………………… 226	アクション・リサーチ ………… 234
ライフストーリー ……………… 228	混合研究法 ……………………… 236
事例研究法 ……………………… 230	テキストマイニング …………… 238

第Ⅲ部　教育社会学の研究領域

第1章　社会化と人間形成 [編集担当：亀山佳明・秋葉昌樹]

概説：現代社会と人間形成の諸相 … 244	アートセラピー ………………… 266
遊　び …………………………… 248	アイデンティティと危機 ……… 268
居場所 …………………………… 250	自己啓発 ………………………… 270
しつけ …………………………… 252	子どもの発見 …………………… 272
親密性 …………………………… 254	ピアグループ（子ども集団）…… 274
感情労働 ………………………… 256	子どもと悪 ……………………… 276
身体と作法 ……………………… 258	矯正教育 ………………………… 278
道徳的社会化 …………………… 260	世代と教育 ……………………… 280
言語と社会化 …………………… 262	死生観の教育 …………………… 282
応用演劇 ………………………… 264	

第2章　家　族 [編集担当：天童睦子・小玉亮子]

概説：現代家族と教育の諸相 …… 286	家族の教育戦略 ………………… 308
子育てと家庭教育の社会史 …… 290	ペアレントクラシー …………… 310
家父長制とジェンダー秩序 …… 294	少子化と子育て支援 …………… 312
近代家族からポスト近代家族へ … 296	社会化エージェントの孤立化と
未婚化社会 ……………………… 298	育児不安 …………………… 314
学校と家族問題 ………………… 300	父親の育児 ……………………… 316
結婚と学歴 ……………………… 302	家族の孤立・解体・貧困 ……… 318
ひとり親家族と育児政策 ……… 304	消費社会と育児・教育 ………… 320
家族と社会化 …………………… 306	国際結婚と子育て ……………… 322

第3章　ジェンダーと教育 [編集担当：木村涼子・多賀　太]

概説：「ジェンダーと教育」研究の
　展開 …………………………… 326
教育における男性研究の視点 ……… 330
ジェンダーとインターセクショナリティ
　……………………………………… 334
ジェンダーと文化的再生産 ………… 338
乳幼児期のジェンダー形成 ………… 340
男女別カリキュラムの変遷 ………… 342
しつけや教育と身体のジェンダー化 … 344

学校体育・スポーツとジェンダー … 346
若者文化とジェンダー ……………… 348
学力・教育達成とジェンダー ……… 350
進路・ライフコースとジェンダー … 352
教育実践と隠れたカリキュラム …… 354
教師のキャリアとジェンダー ……… 356
性教育 ………………………………… 358
暴力・ハラスメントとジェンダー … 360
メディアとジェンダー ……………… 362

第4章　初等・中等教育 [編集担当：酒井　朗・岡本智周]

概説：学校教育の社会学──その視座
　と領野の広がり ………………… 366
学校という社会的装置 ……………… 370
組織としての学校 …………………… 372
社会統制と学校 ……………………… 374
多文化共生と教育 …………………… 376
学校段階間のアーティキュレーション
　……………………………………… 378
初等中等教育の国際比較 …………… 380
カリキュラムの社会学 ……………… 382
教科外活動の社会学 ………………… 384

学校知と権力 ………………………… 386
教授-学習過程の社会学 …………… 388
学校教育が生み出す共同性 ………… 390
学校教育と身体 ……………………… 392
変容する就学前教育 ………………… 394
家庭から学校への移行 ……………… 396
学校文化と生徒文化 ………………… 398
高校教育の量的拡大と質的変容 …… 400
高校教育の現代的諸相──低成長下の
　多様化と生涯学習体系化 ………… 402
高校からのトランジション ………… 404

第5章　教　師 [編集担当：油布佐和子・山田浩之]

概説：改革の時代の教師と
　教師研究の現在 ………………… 408
教員政策 ……………………………… 412
教員養成と大学の改革 ……………… 414
教員評価と成果主義 ………………… 416
教育実習の長期化と教員養成 ……… 418
教師の勤務環境と労働 ……………… 420
教員組合 ……………………………… 422

教員需給 ……………………………… 424
チームとしての学校 ………………… 426
職員室の機能と変化 ………………… 428
教職専門性論の変容 ………………… 430
不適格教師とは何か ………………… 432
高校における生徒指導 ……………… 434
モンスターペアレントと教師 ……… 436
ゆらぐ教師像 ………………………… 438

教師のパースペクティブ ………… 440
ライフヒストリーとキャリア形成 … 442
女性教師 …………………………… 444
教員文化とその変化 ……………… 446

教員研究の動向——不平等の再生産に
　おける教師期待の役割 ………………… 448
教室のなかの教師と教育課題 ……… 450
戦前の教員養成 …………………… 452

第6章　高等教育 ［編集担当：吉田 文・濱中淳子］

概説：高等教育研究の諸相 ………… 456
大学とは何か ……………………… 460
日本の高等教育システム ………… 462
大衆化論 …………………………… 464
日本における高等教育政策 ……… 466
大学をめぐる力学 ………………… 468
学生の教育機会と進路選択 ……… 470
高大接続問題 ……………………… 472
学生論 ……………………………… 474
アカデミック・プロフェッション … 476

大学教育のカリキュラム ………… 478
大学教育の大道具・小道具 ……… 480
高等教育と職業人養成 …………… 482
質保証の変化 ……………………… 484
研究と知の生産 …………………… 486
プロフェッショナル・スクール …… 488
大学財務 …………………………… 490
大学経営 …………………………… 492
企業が求める学生像 ……………… 494
グローバル化のなかの大学 ……… 496

第7章　生涯学習と地域社会 ［編集担当：田中雅文・太田美幸］

概説：生涯学習と地域社会 ……… 500
学習社会 …………………………… 504
成人教育 …………………………… 506
成人学習論 ………………………… 508
社会教育 …………………………… 510
地域づくりと学習 ………………… 512
高齢者の学習 ……………………… 514
大学と地域 … ……………………… 516
地域と学校の関係 ………………… 518

子どもの生活空間 ………………… 520
フリースクール …………………… 522
在日外国人の学習 ………………… 524
民間教育事業 ……………………… 526
成人のコンピテンシー …………… 528
職業能力開発 ……………………… 530
ノンフォーマル教育 ……………… 532
社会運動と成人学習 ……………… 534

第8章　教育問題 ［編集担当：北澤 毅・山田哲也］

概説：教育問題への社会学的
　アプローチ ……………………… 538
逸　脱 ……………………………… 544
非行・少年犯罪 …………………… 548

少年矯正 …………………………… 550
医療化と発達障害 ………………… 552
子どもの自殺 ……………………… 554
学力問題 …………………………… 556

いじめ ……………………… 560	ニューカマー ………………… 578
不登校 ……………………… 562	セクシュアリティと教育 ………… 580
ひきこもり ………………… 566	学校安全 ……………………… 582
中途退学 …………………… 568	教師の燃え尽き ………………… 584
ライフコースの脱標準化 ……… 570	早期教育熱 …………………… 586
体　罰 ……………………… 572	子どもの虐待 ………………… 588
人権問題 …………………… 574	貧困と子育て・教育 …………… 590
学級崩壊 …………………… 576	少子化問題 …………………… 592

第9章　階層と教育 ［編集担当：近藤博之・平沢和司］

概説：階層と教育 …………… 596	教育機会格差の趨勢 …………… 616
メリトクラシー ……………… 600	教育機会の男女間・地域間格差 …… 618
機会の平等・結果の平等 ……… 602	教育機会格差の文化的説明 ……… 620
階層と教育 ………………… 604	教育機会格差の経済的説明と
非正規雇用 ………………… 606	合理的選択理論による説明 …… 622
世代間移動と世代内移動 ……… 608	学校効果 ……………………… 624
所得と世代間移動 …………… 610	アファーマティブ・アクション …… 626
学歴社会の展開 ……………… 612	困難を伴う家庭と教育 ………… 628
学歴社会における選抜 ……… 614	

第10章　教育と経済 ［編集担当：小林雅之・島　一則］

概説：教育と経済 …………… 632	教育産業 ……………………… 652
知識基盤社会の教育 ………… 638	高学歴化 ……………………… 654
人的資本論 ………………… 640	学卒労働市場 ………………… 656
シグナリング理論 …………… 642	インターンシップ ……………… 658
教育投資と収益率 …………… 644	フリーター，ニート …………… 662
教育の生産関数 ……………… 646	教育財政 ……………………… 664
教育と経済成長 ……………… 648	教育費の負担 ………………… 666
市場と教育 ………………… 650	奨学金 ………………………… 668

第11章　教育政策 ［編集担当：志水宏吉・菊地栄治］

概説：教育政策 ……………… 672	公正と卓越性 ………………… 678
教育の公共性 ………………… 676	新自由主義 …………………… 680

新保守主義 …………………… 682	教育の民営化 …………………… 696
教育における政策決定過程 ……… 684	学校選択制 ……………………… 698
教育基本法 ……………………… 686	小中一貫教育 …………………… 700
教育委員会制度 ………………… 688	中高一貫教育 …………………… 702
教育の地方分権 ………………… 690	学校統廃合 ……………………… 704
カリキュラム政策 ……………… 692	シティズンシップ教育 ………… 706
学力政策 ………………………… 694	インクルーシブ教育 …………… 708

第12章　メディアと教育 ［編集担当：岩永雅也・大多和直樹］

概説：教育とメディア研究の諸相 … 712	ニューメディアと若者文化・
メディアの発展と子どもの生育環境 … 716	コミュニケーション …………… 730
ネット社会 ……………………… 718	メディアと子どもの健康・病理 … 732
通信教育 ………………………… 720	電子メディアと暴力・犯罪 ……… 734
メディア・リテラシー ………… 722	ネットいじめ …………………… 736
遠隔教育 ………………………… 724	教育世論 ………………………… 740
教育活動とICT・メディア ……… 726	教養メディア …………………… 742
子どもの遊びとニューメディア … 728	メディアのなかの教育文化 ……… 744

第13章　グローバリゼーションと教育 ［編集担当：山内乾史・西村幹子］

概説：「グローバリゼーションと教育」	市民社会と国際教育協力 ………… 764
研究の動向 …………………… 748	ESD（持続可能な開発のための教育） … 766
留学生の国際移動 ……………… 752	国際バカロレア ………………… 768
留学生政策の進展 ……………… 754	高等教育の多国間協力の進展 …… 770
移民・難民に対する教育政策 …… 756	教育基準のグローバリゼーションと
移民・難民のアイデンティティの	質保証 ………………………… 772
形成 …………………………… 758	国際学力調査と教育へのインパクト … 774
国際機関と国際教育協力 ………… 760	グローバル化と言語教育 ………… 778
日本の国際教育協力 …………… 762	国際共通語としての英語教育 …… 780

見出し語五十音索引 ……………………………………………………………… ix
和文引用参照文献 ………………………………………………………………… 783
欧文引用参照文献 ………………………………………………………………… 819
事項索引 …………………………………………………………………………… 851
人名索引 …………………………………………………………………………… 881

見出し語五十音索引

■アルファベット

ESD（持続可能な開発のための教育）　766
ICT・メディア，教育活動と　726

■あ

アイデンティティと危機　268
アイデンティティの形成，移民・難民の　758
アカデミック・プロフェッション　476
アカデミーとジャーナリズム　32
悪，子どもと　276
アクション・リサーチ　234
遊び　248
アートセラピー　266
アファーマティブ・アクション　626
アメリカ教育社会学とその影響　56
アメリカの教育社会学　138

イギリス新教育社会学とその影響　58
イギリスの教育社会学　142
育児・教育，消費社会と　320
育児，父親の　316
育児政策，ひとり親家族と　304
育児不安，社会化エージェントの孤立化と　314
いじめ　560
逸脱　544
居場所　250
移民・難民に対する教育政策　756
移民・難民のアイデンティティの形成　758
医療化と発達障害　552
因果と相関　184
インクルーシブ教育　708
インターセクショナリティ，ジェンダーと　334
インタビュー　212
インターンシップ　658

英語教育，国際共通語としての　780

映像データ分析　232
エスノグラフィー　208
エスノメソドロジー　214

遠隔教育　724
応用演劇　264
オセアニアの教育社会学　160

■か

海外の教育社会学　134
改革の時代の教師と教師研究の現在　410
回帰分析　186
階級と階層　100
階層と教育　596
階層と教育　604
解体・貧困，家族の孤立　318
会話分析　216
学習，地域づくりと　512
学習社会　504
学生の教育機会と進路選択　470
学生論　474
学卒労働市場　656
学力・教育達成とジェンダー　350
学力政策　694
学力問題　556
学歴，結婚と　302
学歴社会における選抜　614
学歴社会の展開　612
隠れたカリキュラム，教育実践と　354
家族と社会化　306
家族の教育戦略　308
家族の孤立・解体・貧困　318
家族問題，学校と　300
学級崩壊　576
学校，社会統制と　374
学校，組織としての　372
学校，チームとしての　426

学校安全　582
学校教育が生み出す共同性　390
学校教育と身体　392
学校教育の社会学——その視座と領野の広がり　366
学校効果　624
学校選択制　698
学校体育・スポーツとジェンダー　346
学校段階間のアーティキュレーション　378
学校知と権力　386
学校という社会的装置　370
学校統廃合　704
学校と家族問題　300
学校における量的調査　170
学校文化と生徒文化　398
家庭から学校への移行　396
家庭教育の社会史，子育てと　290
家父長制とジェンダー秩序　294
カリキュラム政策　692
カリキュラムの社会学　382
韓国の教育社会学　156
感情労働　256
官僚制　88

機会の平等・結果の平等　602
危機，アイデンティティと　268
企業が求める学生像　494
機能主義理論　78
虐待，子どもの　588
キャリア形成，ライフヒストリーと　442
教育委員会制度　688
教育改革と教育社会学　18
教育学との連携・差別化　50
教育活動とICT・メディア　726
教育機会格差の経済的説明と合理的選択理論による説明　622
教育機会格差の趨勢　616
教育機会格差の文化的説明　620
教育機会の男女間・地域間格差　618
教育基準のグローバリゼーションと質保証　772
教育基本法　686
教育研究におけるミクロレベルとマクロレベル　30
教育言説　126

教育財政　664
教育産業　652
教育システム　94
教育実習の長期化と教員養成　418
教育実践と隠れたカリキュラム　354
教育社会学と研究者集団　62
教育社会学と知のパラダイム　26
教育社会学と隣接諸科学の広がり　28
教育社会学における計量分析の発展とその背景　166
教育社会学における研究方法論　122
教育社会学における組織と知識の制度化　40
教育社会学の学問的性格　4
教育社会学の研究対象・方法の変化　66
教育社会学の理論　74
教育政策　672
教育政策，移民・難民に対する　756
教育調査の標本と設計　172
教育投資と収益率　644
教育と経済　632
教育と経済成長　648
教育とメディア研究の諸相　712
教育における政策決定過程　684
教育における男性研究の視点　330
教育の公共性　676
教育の国際比較分析　178
教育の数理・計量モデル　198
教育の生産関数　646
教育の地方分権　690
教育の民営化　696
教育の歴史社会学　36
教育費の負担　666
教育問題への社会学的アプローチ　538
教育世論　740
教育臨床の社会学　34
教員組合　422
教員研究の動向——不平等の再生産における教師期待の役割　448
教員需給　424
教員政策　412
教員評価と成果主義　416
教員文化とその変化　446
教員養成，教育実習の長期化と　418
教員養成，戦前の　452
教員養成と教育社会学　24

教員養成と大学の改革　414
教科外活動の社会学　384
教師，モンスターペアレントと　436
教師研究の現在，改革の時代の教師と　408
教室のなかの教師と教育課題　450
教師のキャリアとジェンダー　356
教師の勤務環境と労働　420
教師のパースペクティブ　440
教師の燃え尽き　584
教授―学習過程の社会学　388
職員室の機能と変化　428
教職課程・実験講座と教育社会学　60
教職専門性論の変容　432
矯正教育　278
業績原理，属性原理と　84
教養メディア　742
近代化・産業化と教育社会学　44
近代家族からポスト近代家族へ　296

クロス表分析とその発展　188
グローバリゼーション　120
「グローバリゼーションと教育」研究の動向　748
グローバル化と言語教育　778
グローバル化のなかの大学　496

経済，教育と　632
経済成長，教育と　648
計量分析，政策評価と　182
計量分析の発展とその背景，教育社会学における　166
結果の平等，機会の平等　602
結婚と学歴　302
研究者集団，教育社会学と　62
研究と知の生産　486
研究方法論，教育社会学における　122
言語教育，グローバル化と　778
言語と社会化　262
言説分析　218
現代家族と教育の諸相　286
現代社会と人間形成の諸相　244
権力，学校知と　386

高学歴化　654
後期近代社会　112
高校からのトランジション　404

高校教育の現代的諸相――低成長下の多様化と生涯学習体系化　402
高校教育の量的拡大と質的変容　400
高校における生徒指導　434
公正と卓越性　678
構造方程式モデリング　194
高大接続問題　472
構築主義　130
高等教育研究の諸相　456
高等教育システム，日本の　462
高等教育政策，日本における　466
高等教育と職業人養成　482
高等教育の多国間協力の進展　770
高齢者の学習　514
国際学力調査と教育へのインパクト　774
国際機関と国際教育協力　760
国際教育協力，市民社会と　764
国際教育協力，日本の　762
国際共通語としての英語教育　780
国際結婚と子育て　322
国際バカロレア　768
子育て・教育，貧困と　590
子育て，国際結婚と　322
子育て支援，少子化と　312
子育てと家庭教育の社会史　290
子ども集団，ピアグループ　274
子どもと悪　276
子どもの遊びとニューメディア　728
子どもの虐待　588
子どもの健康・病理，メディアと　732
子どもの自殺　554
子どもの生育環境，メディアの発展と　716
子どもの生活空間　520
子どもの発見　272
孤立・解体・貧困，家族の　318
混合研究法　236
困難を伴う家庭と教育　628

■さ

再生産論　96
在日外国人の学習　524
作法，身体と　258

ジェンダー，教師のキャリアと　356
ジェンダー，学力・教育達成と　350

ジェンダー，学校体育・スポーツと　346
進路・ライフコースとジェンダー　352
ジェンダー，暴力・ハラスメントと　360
ジェンダー，メディアと　362
ジェンダー，若者文化と　348
ジェンダー化，しつけや教育と身体の　344
ジェンダー形成，乳幼児期の　340
ジェンダー秩序，家父長制と　294
ジェンダーとインターセクショナリティ　334
「ジェンダーと教育」研究の展開　326
ジェンダーと文化的再生産　338
時間的概念を含む縦断データ分析　190
シグナリング理論　642
自己啓発　270
自殺，子どもの　554
市場と教育　650
死生観の教育　282
持続可能な開発のための教育，ESD　766
しつけ　252
しつけや教育と身体のジェンダー化　344
実証科学としての教育社会学　10
実践知と教育社会学　12
質的調査　202
質保証，教育基準のグローバリゼーションと　772
質保証の変化　484
シティズンシップ教育　706
市民社会と国際教育協力　764
社会運動と成人学習　534
社会化　82
社会化，家族と　306
社会化，言語と　262
社会化エージェントの孤立化と育児不安　314
社会学との境界問題　52
社会教育　510
社会的排除　118
社会統制と学校　374
ジャーナリズム，アカデミーと　32
収益率，教育投資と　644
縦断データ分析，時間的概念を含む　190
生涯学習と地域社会　500
奨学金　668
職業人養成，高等教育と　482
少子化と子育て支援　312
少子化問題　592

小中一貫教育　700
少年矯正　550
少年犯罪，非行　548
消費社会と育児・教育　320
職業能力開発　530
女性教師　444
初等中等教育の国際比較　380
所得と世代間移動　610
事例研究法　230
人権問題　574
新自由主義　680
新制度主義　90
身体，学校教育と　392
身体と作法　258
身体のジェンダー化，しつけや教育と　344
人的資本論　640
新保守主義　682
親密性　254
進路選択，学生の教育機会と　470
進路・ライフコースとジェンダー　352

数理・計量モデル，教育の　198

成果主義，教員評価と　416
性教育　358
政策科学としての教育社会学　16
政策決定過程，教育における　684
政策評価と計量分析　182
成人学習，社会運動と　534
成人学習論　508
成人教育　506
成人のコンピテンシー　528
生政治論，ポストモダン論と　108
生徒指導，高校における　434
生徒文化，学校文化と　398
セクシュアリティと教育　580
世代間移動，所得と　610
世代間移動と世代内移動　608
世代と教育　280
戦後社会の変動と教育社会学　54
戦前～戦後改革期～50年代の教育社会学　48
戦前の教員養成　452
選抜と配分　86

相関，因果と　184

早期教育熱　586
相互作用論　128
属性原理と業績原理　84
組織としての学校　372
組織と知識の制度化，教育社会学における　40

■た

大学教育の大道具・小道具　480
大学教育のカリキュラム　478
大学経営　492
大学財務　490
大学と地域　516
大学とは何か　460
大学の改革，教員養成と　414
大学をめぐる力学　468
大衆化論　464
体罰　572
台湾の教育社会学　158
卓越性，公正と　678
多水準データの分析　192
脱学校論　116
多文化共生と教育　376
男女別カリキュラムの変遷　342
男性研究の視点，教育における　330

地域，大学と　516
地域社会，生涯学習と　500
地域づくりと学習　512
地域と学校の関係　518
知識基盤社会の教育　638
父親の育児　316
チームとしての学校　426
中高一貫教育　702
中国の教育社会学　154
中途退学　568

通信教育　720

低成長下の多様化と生涯学習体系化，高校教育の
　　現代的諸相　402
テキストマイニング　238
テキスト分析　226
データアーカイブの活用と二次分析　176

電子メディアと暴力・犯罪　734

ドイツの教育社会学　150
道徳的社会化　260

■な

ナラティブ・アプローチ　224

二次分析，データアーカイブの活用と　176
ニート，フリーター　662
日本における高等教育政策　466
日本の高等教育システム　462
日本の国際教育協力　762
乳幼児期のジェンダー形成　340
ニューカマー　578
ニューメディア，子どもの遊びと　728
ニューメディアと若者文化・コミュニケーション
　　730
人間形成の諸相，現代社会と　244

ネオ・マルクス主義　102
ネットいじめ　736
ネット社会　718

ノンフォーマル教育　532

■は

配分，選抜と　86
発達障害，医療化と　552
発達を見るデータ　180
ハラスメントとジェンダー，暴力　360
パラダイムの拡散　70
犯罪，電子メディアと暴力　734
反省知としての教育社会学　14

ピアグループ（子ども集団）　274
ひきこもり　566
非行・少年犯罪　548
非正規雇用　606
ひとり親家族と育児政策　304
批判的教育学　114
貧困，家族の孤立・解体　318
貧困と子育て・教育　590

福祉国家　92
不適格教師とは何か　432
不登校　562

不平等の再生産における教師期待の役割，教員研
　　究の動向　448
フランスの教育社会学　146
フリースクール　522
フリーター，ニート　662
プロフェッショナル・スクール　488
文化資本　106
文化的再生産，ジェンダーと　338

ペアレントクラシー　310
ペダゴジー論　104
変数間の類似性や関連性の布置　196
変容する就学前教育　394

暴力・ハラスメントとジェンダー　360
暴力・犯罪，電子メディアと　734
ポスト近代家族へ，近代家族から　296
ポストモダン論と生政治論　108

■ま

マクロデータの利用と分析　174

ミクロレベルとマクロレベル，教育研究における
　　30
未婚化社会　298
民営化，教育の　696
民間教育事業　526

メディア研究の諸相，教育と　712
メディアと子どもの健康・病理　732
メディアとジェンダー　362
メディアのなかの教育文化　744

メディアの発展と子どもの生育環境　716
メディア・リテラシー　722
メリトクラシー　600

モンスターペアレントと教師　436

■や

ゆらぐ教師像　438

■ら

ライフコースの脱標準化　570
ライフステージの変化とライフコース　20
ライフストーリー　228
ライフヒストリー　222
ライフヒストリーとキャリア形成　442

リスク社会と教育社会学　22
留学生政策の進展　754
留学生の国際移動　752
量的調査，学校における　170
理論，教育社会学の　74

歴史社会学，教育の　36
歴史社会学的アプローチ　220

労働，教師の勤務環境と　420

■わ

若者文化・コミュニケーション，ニューメディア
　　と　730
若者文化とジェンダー　348

第 I 部

教育社会学の理論

第1章

教育社会学の学習的性格

［編集担当：加野芳正・古賀正義］

概説：教育社会学の学問的性格 ………… 4
実証科学としての教育社会学 ………… 10
実践知と教育社会学 ………………… 12
反省知としての教育社会学 ………… 14
政策科学としての教育社会学 ………… 16
教育改革と教育社会学 ……………… 18
ライフステージの変化とライフコース … 20
リスク社会と教育社会学 …………… 22

教員養成と教育社会学 ……………… 24
教育社会学と知のパラダイム ………… 26
教育社会学と隣接諸科学の広がり ……… 28
教育研究におけるミクロレベルと
　　マクロレベル ……………………… 30
アカデミーとジャーナリズム ………… 32
教育臨床の社会学 …………………… 34
教育の歴史社会学 …………………… 36

概説：教育社会学の学問的性格

参「戦後社会の変動と教育社外学」
p. 54

　学問には固有の対象と方法が必要であり，教育社会学は，〈教育〉を対象にして，〈社会学〉的に研究する学問であるといえる．したがって，より大きな学問分野との関係でいえば，教育学の一領域であり，社会学の一領域でもある．多くの教育社会学者は，教育学者としてよりも，社会学者としてのアイデンティティが強いが，わが国ではその多くが教育学部や教育学科に所属している．また，科学研究費の審査区分でみると，教育社会学は「教育学」のなかの一つの細目であり，学術制度としては教育学に位置づくことが多い．こうした教育社会学のねじれたマージナルな立場が，教育社会学の学問的性格にも反映している．

●**研究対象としての〈教育〉の諸相**　〈教育〉は意図的教育と無意図的教育に大別できる．意図的教育の中心となるのは学校教育であるが，公民館，博物館などの生涯学習施設，塾・予備校，企業内の教育，家庭でのしつけなども含まれる．他方，人間形成（パーソナリティの形成）という点から考えると，親子，同輩集団，地域コミュニティ，メディアといったさまざまな社会環境のなかでなされ，これらは無意図的な教育作用である．教育社会学が対象とするのは，この総体であり，教育を幅広くとらえることによって，人間形成の全体像を明らかにしようとする．研究対象としての〈教育〉は，社会学でいうところの〈社会化〉の概念に近い．

　デュルケム（Durkheim, É.）によれば，教育とは特定の社会が自らの存在条件を更新する手段であった．近代社会にあって，この役割を専門的に果たすために発明されたのが学校である．学校は，国家によって制度化され，巨額の費用が投入されている．藤田英典は，産業社会において果たしている学校教育の役割について，①社会化，②能力証明・資格付与，③選抜・配分，④正統化，の4点をあげている（天野ほか 1994, p.12）．産業化された社会では，学校教育の規模が著しく拡大し，個人が学校という空間で過ごす期間も延長される．学校を通じて，子どもは労働者や市民として社会化され，社会のさまざまなポジションへと選抜・配分されていく．学校は個人の社会化や地位達成にとっても，社会の存立機能にとっても影響が大きく，研究対象の中心に位置づけられてきた．

●**〈曖昧な教育社会学〉から〈事実学としての教育社会学〉へ**　日本の教育社会学は，戦後成立した学問である．進駐軍の方針によって，旧七帝大や文理大の流れをくむ東京教育大学（筑波大学）・広島大学に，教員養成を目的としない教育学部が設置され，教育社会学の「講座」が誕生した．他方で，教員養成カリキュラムのなかに教育社会学という科目が組み入れられた．学問が発展して制度ができたのではなく，高等教育制度が先行しその制度のなかで学問が実質化されたの

である．「民主化」や「近代化」といった戦後社会の価値を体現するために，教育社会学が必要な学問だと考えられたからである．

　制度先行の学であったために，教育社会学の学問的性格をめぐっては常に自問する必要があった．1954 年に行われた日本教育社会学会大会のシンポジウムでは，「曖昧な教育社会学」の性格をどのように克服していくかに焦点が当てられた．登壇者の一人である清水義弘は，教育社会学は「教育の社会学」であり，教育事実および教育問題を，社会的観点から実証的客観的に把握し，分析することを任務とすること，また教育社会学の対象は，社会的事実（問題）としての教育事象（問題）に限られる，と主張した（清水 1954）．新堀通也は教育社会学を教育哲学と並んで教育学の自律性を担保するための基礎科学と位置づけ，教育をその客観化された行為の結果から眺め，社会における教育の構造と機能を知ることが，教育社会学に与えられた課題であると述べた（新堀 1954）．このように「事実としての教育」を取り扱うという主張は，実践的指導が求められる教育学との対比において，教育社会学に独自の学問的性格を付すことになった．

●**社会変動と教育社会学**　自然科学と違って，社会科学は学問の内在的なロジックだけで発展するのではなく，そのときの社会状況から影響を受けやすい．教育社会学もまた例外ではなく，社会変動の過程で新しい課題を発見し，探究することによって発展してきた．

　1960 年頃からの高度経済成長期には，家庭の所得が上昇し，それに伴って高校や大学への進学率が急速に高まり，進学競争が激しくなった．進学は学歴の獲得と結びついており，学歴は職業や収入と結びついている．そのため，〈学歴社会〉という言葉が生まれたが，「選抜」と「配分」の研究は，教育社会学のホットスポットとなり，教育機会，社会階層と受験，学歴，就職などの研究が蓄積されていった．また，伝統的な教育学はもっぱら初等・中等教育に関心を集中させたが，「選抜」と「配分」の問題は高等教育を抜きに語れず，教育社会学は高等教育を対象とした新たな研究を開拓・拡大していった．

　生産重視から消費重視の社会となり，産業社会からポスト産業社会へと移っていくと，学校で学ぶことが色あせ，学ぶことの意味を見出せない子どもが増えてきた．1970 年代から 1980 年代になると，学校における暴力，いじめ，不登校，高校中退など，さまざまな問題が噴出するようになり，〈教育問題〉についての研究が蓄積されていった．この時代，イリイチ（Illich, I.）に代表される脱学校論の文献が数多く翻訳された．これら近代社会批判の広がりによって，教育社会学者の学校に対する見方も変化し，学校のあり方に対して批判的な研究が多くなった．また，学校教育中心の教育体系から，生涯学習体系への移行が求められるようになり，生涯教育に関する研究も盛んになった．

　1980 年代後半になると，先進諸国では新自由主義の政策が進められた．市場

原理，規制緩和，自己責任を特徴とする政策が，教育社会学者の多くによって，社会的不平等を拡大するものとして批判された．2000年代に入ると長期化する経済的低迷のなかで，「格差」や「貧困」という言葉が氾濫するようになった．格差は世代間で連鎖していくので，格差が子どもたちの学力や進学，就職にどのような影響を及ぼしているかというこれまでの実証研究だけでなく，社会的公正に向けた格差是正のための研究が勢いを増した．同時に，知識獲得が経済的生き残りの核心となり，学校において教育成果をあげることの重要性が強く認識されるようになった．この結果，脱学校論につながるような批判的言説は鳴りをひそめた．このように社会の変化に伴って変わりゆく教育現象を分析していくことが，教育社会学の学問的性格を規定してきた．

●**国際的な学術の視点から見た知の変容**　日本の教育社会学は欧米での研究に刺激を受け，成果を吸収しながら発展してきた．教育社会学の世界的な展開を理解するには，ハルゼー（Halsey, A. H.）が加わって過去4度にわたり編集された教育社会学のリーディングスが参考になる（Halsey et al. eds. 訳書，1963；Karabel & Halsey eds. 訳書，1980；Halsey et al. eds. 訳書，2005；Lauder et al. eds. 訳書，2012）．イギリスを中心とする論文と研究動向を収めた4冊のリーディングスは，いずれも日本語に翻訳され，日本の教育社会学にとっては研究の道標や自己を映す鏡の役割を果たした．

　1962年に刊行された最初のリーディングスは，戦後アメリカやヨーロッパ諸国で華々しく開花した社会学が産業社会到来のビジョンを提示し，教育の重要性を指摘して，教育社会学への関心が高まりつつある時代の叢書だった．教育は，社会的正義を実現する手段であると同時に，経済成長を左右する国家投資として認識され，現実の教育機会の不平等や教育機会の拡大と経済成長との関わりが，中心テーマに据えられた．

　2番目のリーディングスは，1960年代後半の学生運動を経て学校教育への懐疑が強まり，オイルショックを経験した1977年に編集された．その序文では教育社会学の流れを，機能主義，人的資本論，方法的実証主義，葛藤理論，「新しい」教育社会学，という五つの学説に区分している．産業化を与件とする機能主義的な教育の理解を「古い」教育社会学として批判し，現象学やエスノメソドロジーの方法論と結びついた「新しい」教育社会学に期待が表明された．「新しい」教育社会学は教授・学習のミクロ分析を，権力や文化的再生産というマクロ分析に接続していこうとする関心が強く，バーンスティン（Bernstein, B.）やブルデュー（Bourdieu, P.）などの理論に基づく研究の展開に期待が寄せられた．

　3番目のリーディングスは1997年に編集された．1970年代以降，教育をめぐる状況は大きく転換し，経済発展に果たす教育の役割を重視する考え方が再び浮上した．新自由主義の教育改革によって，教育分野にも市場競争を導入する傾向が

強まり，学校の効率性を左右する社会的要因の究明が研究課題として重要になった．学校教育の成功・失敗は，学校の運営管理方法と教師の力量によって決まる，という考え方はその典型である．政治算術の手法によって民主主義の価値に貢献していくことが，教育社会学にとっての賢いアプローチであるという方向性が示された．反面で，教育の現実や理論に対する懐疑はほとんどみられなくなった．

4番目のリーディングスは，「教育の展望─個人化・グローバル化・社会変動」と題する序文から始まっている．この序文のなかでは，ベック（Beck, U.）やギデンス（Giddens, A.）の理論を下敷きにして，個人化とグローバル化により，国民国家が果たしてきた経済面での目的と道徳面での目的を統合する枠組みがゆらぎつつある現状が指摘された．利潤追求やマーケットシェア拡大への欲望に駆動された新自由主義路線から相対的な距離を取り，シティズンシップのための教育の必要性を強調して，序文は結ばれている．

●**教育社会学的思考の特徴**　欧米での研究動向や問題関心は，日本の現状と共通する部分が多い．それ自体がグローバル化の産物であるといえ，同時に，日本の教育社会学が欧米の研究動向に目配りし，その成果を輸入してきた結果でもある．その意味では，理論を応用し，日本の現実に合わせたオリジナルな実証的研究を蓄積してきたともいえる．

以下で，日本の教育社会学に特徴的な思考様式を4点に整理しておこう．

(1) 方法としての実証主義

学問には理論と方法が必要である．一般に自然科学では，〈実験〉〈観察〉〈測定〉などの研究方法が用いられる．これに対して教育社会学では，教育事実を客観的に明らかにするという学問の性格から，実証性を重んじ，手段としての〈調査〉を重視する．調査は，量的調査と質的調査とに大別できる．調査の対象は，各国の教育システムや世界の動向を検討するマクロレベルの分析から，教室における相互行為の研究といったミクロレベルの分析まで，を含む．分析レベルに応じて，それにふさわしい調査方法が用いられるが，調査と分析の方法を洗練させていくことは，教育社会学の質を高めるために欠かせないといえる．近年ではエビデンスに基づいた教育政策が求められており，この点からも調査の手法に長けた教育社会学者への期待が高まっている．

(2) 社会学理論と脱常識のマインド

教育社会学は，社会学理論に支えられた学問であるが，経済学や心理学などの社会科学とも無関係ではない．かつての構造機能主義全盛の時代と異なり，今日，理論的なミニパラダイムが乱立する時代になり，複数の理論が併存し，人間と社会に対する多様なパースペクティブを提供している．それは，ある時代ある社会の特徴を反映しているといえる（日本学術会議社会学委員会社会理論分科会2014）．教育社会学はしばしば社会構想や教育政策の規範的な性格に対して批判

的であるし，「常識が示すことをはるかに超えたところまで私たちを導く知的冒険」（Collins 訳書, 1992）を求める．教育には，当たり前と思って思考を停止させるマジックワードが存在するので，その「常識」の世界に「疑い」を向け，複眼的思考を重視することが，教育社会学の学問的性格として位置づいてきた．

(3) 社会的弱者へのまなざしと平等の価値

これまでの日本は，比較的平等で格差の少ない社会であるとみなされてきた．1980 年代になって新自由主義の政策が優位になるにつれて，格差や不平等の問題が顕在化したが，教育社会学は，生活保護世帯の子ども，高校中退の子ども，外国籍の子ども，不登校児童・生徒，ニート/フリーターなど，困難を有する子ども（社会的弱者）に焦点を当てて研究してきた．また，学校段階での困難は社会的排除へと向かうので，社会的包摂という実践的課題が重視されるようにもなった．

「自由」と「平等」は，どちらも現代社会の重要な価値であるが，自由を強調すれば平等が損なわれ，平等を追求すれば自由が脅かされる．このアポリアのなかで教育社会学は，平等により関心を払うとともに，平等化の政策を実証的に分析する傾向が強まった．子どもの貧困や教育機会の不平等問題は，今日でも教育社会学の中心的テーマであり続けている．

(4) 現場の教育実践への貢献

「教育」は，医療や福祉と同じように広範な現場，とりわけ学校を有しており，それを研究対象とする学問は，学術への貢献に加えて，実践に「役に立つ」ことを求められる．現場優位の傾向は，大学が自律性を弱め，大学に社会貢献を求める政府からの圧力が強まるにつれて，より顕著になっている．では，教育社会学は誰に対して，どのように役立つといえるのか．

一つ目は「政策立案」に役立つことである．清水義弘は学会発足 20 周年記念論文集のなかで，「今日最も必要とされているのは，教育の現状分析と将来予測とから成る一連の政策技術体系」（清水 1973a, p.25）であると述べた．〈政策科学〉としての教育社会学は 1960 年代，1970 年代の経済成長の時代には脚光を浴びたが，ポスト産業社会の時代に入ると下火になった．しかし，高等教育の分野を筆頭に，今も多くの研究者を引きつけている．二つ目には，教員養成や教育の現場に役立つことである．ポスト産業社会の時代になって，学校には多くの教育問題が噴出するようになり，教師の実践的指導力の育成が強く求められるようになった．そのため，学校現場が抱えるさまざまな課題に対して貢献できる臨床の知が求められ，問題解決を志向する「教育臨床社会学」も注目されるようになった（酒井 2014a）．

●教育社会学の多様性と統一性　教育社会学はその出発点から，学校の秩序形成や政策提言を行うことと無縁ではなく，〈educational sociology＝教育的社会学〉

と表現された．これに対して事実学としての教育社会学は，〈sociology of educa-tion＝教育の社会学〉と表現される．この二つのスタンスの違いは微妙であるが，必ずしも矛盾するものではなく，教育事実を解き明かすことと同時に教育実践に貢献することも可能である．柄谷行人は，国家が行うことのなかで，産業資本主義にとって最も重要なのは，規律をもち，勤勉で，新たな多様な仕事に素早く適応できる能力をもつ人材の育成・教育である，と述べる（柄谷 2010，p.256）．こうした文脈からも，教育社会学には教育政策と教育実践のどちらにも貢献できる重層的な知の構築が期待されている．

　教育社会学は，基本的に事実学・方法学であると同時に規範学の側面も有し，政策科学であると同時に実践学・臨床学の側面ももつなど，「微妙なバランスを要する稜線を歩んできた」（中村 2012, p.439）．このバランス感覚やマージナルな位置が，研究に多様なパースペクティブをもたらし，活力を生んできたといえる．教育のグローバル化と社会変動を論じたローダー（Lauder, H.）らは研究をより深化させるには，自分たちの視野を広げ，異なる観点から世界を批判的に見ることと，デュルケムらの古典的な議論と向かい合い，彼らの議論を敷衍し，高めていくことの両方が必要である（Lauder et al. 訳書, 2012, p.100）と述べ，統一的な基盤をもちつつも多様性に開かれた学の存立を強調している．

●**教育社会学のこれからの研究課題**　教育のグローバル化や市場化が進む現代，教育社会学の対象や理論はどのように変化していくだろうか．予測することは難しいが，PISA など国際学力調査からグローバルスタンダードが問われたように，正確な測定と評価によって教育のエビデンスを示しつつ，「質保証」や「説明責任」を求める動きが加速し，教育の「公平」から「公正」へと論点がシフトしていくと考えられる．その過程で，ジェンダーやエスニシティ，あるいは各種のマイノリティなど，多様な立場にあり格差の渦中にある人々のダイバーシティに即した教育の支援や改革もより強く求められよう．また，ポスト青年期の延長によるライフコースの多様化も拡大し，ICT や AI（人工知能）の活用も進むなかで，教育から労働へのトランジションもより脱標準化するだろう（酒井・多賀・中村編 2012）．一言でいえば，再帰的近代からポストモダンへの潮流が強まり，再びフロンティアとしての教育社会学の課題や視点が求められる時代になるといえるのではないか．　　　　　　　　　　　　　　　　　　　　　　　　　［加野芳正・古賀正義］

📖 **さらに詳しく知るための文献**

日本教育社会学会編（本田由紀・中村高康責任編集）．2017．『学問としての課題と展開』教育社会学のフロンティア 1．岩波書店．

Lauder, H. et al. eds., 2006, *Education, Globalization and Social Change*, Oxford University Press（＝2012，広田照之ほか編訳『グローバル化・社会変動と教育』1・2，東京大学出版会）．

加野芳正・越智康詞編，2012，『新しい時代の教育社会学』ミネルヴァ書房．

実証科学としての教育社会学

　教育社会学の学問的性格はさまざまに存在するが，その最たるものの一つが，実証科学としての性格である．実証科学とは，議論を行うにあたってエビデンス（科学的根拠）を重視する学問の総称である．エビデンスには，統計分析の結果に代表されるような数値データだけでなく，一定の方法論に基づいて収集された歴史資料や観察・インタビュー記録なども含まれる．

●**当為論と事実論**　政策決定や学校現場など，さまざまな場面で教育論議が行われるとき，そこでは当為論と事実論が複合していることが多い．当為論とは，「○○すべきである」という議論のことであり，事実論とは，「実態は○○である」という議論のことである．事実を踏まえて当為を考えるというプロセスが示すように，当為論と事実論は密接に関係しているが，そのどちらに重きを置くかに，学問的性格が現れる．例えば，自身の学校経験を踏まえたり，歴史上著名な思想家の議論を踏襲したりして，教育のあるべき姿を論じることは，当為論に重きを置いた立場である．一方，大規模統計データを分析したり，一定の方法論に基づいて選定した複数の対象者にインタビューを行ったりすることで，エビデンスに基づいて教育の実態を示すことは，事実論に重きを置いた立場である．

　教育社会学は，事実論，または事実論に基づいた当為論を重視する学問として発展してきた．教育社会学の創始者とされるデュルケム（Durkheim, É.）は，社会学的方法の規準として，社会現象を「モノのように」観察することを提唱した（Durkheim 1895）．日本においても，戦後間もない 1948 年に日本教育社会学会が設立された背景として，当時，実態調査を行うべき教育課題が山積していたことがあげられる．現在に至り，教育社会学は「特定の実践形態や制度・政策を普遍的な理念や個人の好みに基づいて正当化するのではなく，その構造と機能を具体的な文脈の中で考察」（藤田 1997, p. 20）するものと位置づけられている．

●**実証科学としての意義**　教育社会学が実証科学を重視する意義について，概ね2000 年代を境に変化がみられる．苅谷（2003）が指摘したように，2000 年代以前の日本の教育界においては，エビデンスに基づいた教育論議という発想自体が希薄であった．現在，多くの人々に認知されている，出身階層による学力格差といった統計的事実も，一部の教育関係者以外には認知されておらず，政策論議の主たる対象になることもなかった．このことに由来して，エビデンスを欠いた印象論に基づいて教育が進められているという問題点が指摘されていた．教育社会学は，そのような状況下で，学問的な専門性に基づいてさまざまな実証データを蓄積していくという社会的役割を担っていた．

一方，2000年代以降，教育政策においても教育実践においても，エビデンスを重視する立場が台頭した．例えば，「全国学力・学習状況調査」の実施と分析に基づいた政策立案が志向され，教育現場においては，学校評価の実施と公表が義務化された．教育社会学が主張してきたエビデンスの重要性が，広く浸透し始めたといえるだろう．しかし，内田（2015a）が学級規模縮小の効果について指摘するように，学問的に正当な手続きを踏まない「エビデンス」が誤った結論を導く事例も生じている．また，エビデンスが数値データとして狭義にとらえられ，数値化が困難な教育の側面への注目が相対的に低下する事態も生じている．このような状況下で，教育社会学の社会的役割は，エビデンスの提示にとどまらず，誤った「エビデンス」への異議申立てや，大学教育やメディア発信を通してデータリテラシー（データを批判的に読み解く力）の育成を担うことにまで拡張しつつある．

●**実証科学としての課題**　一方で，教育社会学は，実証科学としての課題も内包している．第一の課題は，実証された事実から，それを踏まえた当為（政策提言や教育実践）まで距離があるという点である．広田（2009）は，「自発性が喚起されたときに，子どもの学習は効果が高い」という命題を例に，この命題を教育実践に生かすことの難しさ（具体的手段はどうするのか，意図せざる結果はないのかなど）を論じている．

第二の課題は，実証対象の選定において，研究者の志向が反映されるという点である．実態把握に特化した研究であっても，例えば「貧困家庭の子どもの実態」「特別支援教育の実態」「学歴社会の実態」「学校と地域の連携の実態」など，何の実態を把握するかにおいて，選択が生じている．したがって，教育社会学において実証された諸事実は，研究者の関心やその背後にある社会的風潮に影響されたものであり，実証されていないことが存在しない，あるいは重要でないということではない．ウェーバー（Weber, M.）は社会科学における「価値自由」を提起している（Weber 1904）が，教育というきわめて価値志向の高い活動を対象とする教育社会学においては，他の社会科学よりもさらに，実証された事実が何らかの視点の方向性を含むことが避けられない．

これらの点にどう向き合うかが，実証科学としての教育社会学の課題であり続けている．
［須藤康介］

📖 **さらに詳しく知るための文献**

広田照幸，2009，『教育学』岩波書店．

藤田英典，1997，「教育社会学とは」天野郁夫ほか『改訂版　教育社会学』放送大学教育振興会，pp. 9-23.

Durkheim, É., 1895, *Les Règles de la méthode sociologique*, Presses Universitaires de France（= 1978，宮島喬訳『社会学的方法の規準』岩波書店）．

実践知と教育社会学

☞「教室のなかの教師と教育課題」
p. 450

　実践知とは，経験を積んだ熟達者（エキスパート）が備える実践において発揮される知とされる．楠見（2012）によれば，実践知とは，学業に関わる学校知の対比として認識され，実践に埋め込まれた暗黙知を獲得し，仕事上の課題解決にその知を活用する能力を支えるものであるという．また波多野（2001）は，柔軟性や創意工夫によって仕事を改善する「適応的熟達者」がもつ実践知の特徴として，①手続きおよびその対象の理解を可能とする概念的知識の所産であること，②手続き的知識と概念的知識が緊密に結合していること（知識の結束性），③さらに高い水準からモニターできるメタ認知が備わっていることをあげている．つまり実践知とは，ある特定の場面で発揮される専門的知識というよりは，意思決定や課題解決の手段として用いる知識を構築するプロセスそのものに着目した知であるといえる．こうした実践知やそれを備える熟達者の研究は，経営学や認知心理学などを中心にさまざまな職業分野で蓄積されているが，ここでは教育社会学が特に研究対象としてきた教職に焦点をあて，教師の教育実践の特徴から実践知のあり方についてみてみよう．

●**教師の仕事の特殊性**　教師の仕事は複雑かつ曖昧であり，そこに教職の難しさや危うさが存在している．教師の仕事の特殊性についてはこれまで，「再帰性」「不確実性」「無境界性」といった概念が示されている．まず「再帰性」について，ウォーラー（Waller, W. W.）は，教育という営みはブーメランのように投げた人の手に戻ってくる性質があり，教えるという行為は教える者に何らかの影響を及ぼすと指摘している（Waller 訳書，1957）．教師の教育実践は，自己の外側に働きかける一方で，仕事の責任は自らに舞い戻ることから，自己の内側にたえず問い直しを与える行為といえる．次に「不確実性」について，ローティ（Lortie, D. C.）は，ほかの専門職と比較して教師の仕事が不確実なものであり，このことを「職業的風土病」という比喩を用いて表現している（Lortie 1975）．それは，教育実践が文脈に依存することから，価値が多元的であって評価は定まらず，成果も明確ではない営みであることに由来する．さらに「無境界性」について，酒井（1998）は，学校において「指導」という"マジックワード"がありとあらゆる場面で用いられており，この言葉の曖昧で融通無碍な性質が，多様な活動の境界を切り崩して一括りにすることを可能にすると指摘している．どんな行為も教育的に価値づけられ，正当化されるという教師の仕事は，職域と責任が際限なく拡大するという性格を有している．佐藤（1997）によれば，こうした三つの特徴は，教職の職域を解体する作用を発揮し，教師の存在論的危機を増幅させる機能

として働くという。不確実で際限ない仕事に従事し、自己に舞い戻る責任を内的な世界に閉じ込めてしまう教職の性質は、近年の教師の休職やメンタルヘルスの問題と無関係ではないだろう。

●**反省的実践家としての教師** 「再帰性」「不確実性」「無境界性」といった仕事上の特徴は、教師の存在論的な危機をもたらしている。一方でショーン（Schön, D.）は、実践者の見方として、知の不安定さが脅威となってしまう「技術的熟達者」という見方にとらわれるのではなく、この不安定さを正面から受け止め、自分自身の実践を省察し、そこから学ぶという「反省的実践家」という概念を提示しており（Schön 訳書, 2007）、教師をめぐる新たな専門職像として援用されている。

ショーンは実践者の省察について、「行為のなかの省察（reflection-in-action）」「行為についての省察（reflection-on-action）」「行為のなかの省察に関する省察（reflection on reflection-in-action）」を示している。「行為のなかの省察」とは、ある行為の最中にその行為自体について考えることであり、行為のなかで暗黙のうちに知っていることを振り返ることで、自分の行為を進化させるものである。また「行為についての省察」とは、ある行為が生じた後でその行為について考えることであり、すでになされた行為に意識的に立ち返って評価し、次の行為の改善につなげるものである。さらに「行為のなかの省察に関する省察」とは、行為のなかの省察それ自体を叙述することであり、メタ認知的な視点から省察のプロセスを振り返って相対化するものである。

それでは、教師の学びにとってどのような省察が必要であろうか。油布（2013）によれば、学校現場に影響を及ぼす社会的・制度的な諸要因が複雑になればなるほど、それらを自らとらえて考える視点が求められるのであり、こうした力は「行為についての省察」を通して育まれるという。また、既存の理論を現実にあてはめて解釈することが省察ではないとしたうえで、省察がどのように行われるかというプロセスに注目すべきとしており、これは「行為のなかの省察に関する省察」にほかならない。2008 年度より創設された教職大学院では、地域や学校における指導的役割を果たしうる教員としての確かな指導理論と優れた実践力・応用力を備えたミドルリーダーや管理職の養成が目指されている。教職大学院で育まれる実践知とは、教職に関わる特定の専門的知識というよりも、省察を通じて自身の行為の意味を社会的文脈のなかで俯瞰・認識し、教育を規定する枠組み自体を問い直すことができるような知を意味するのであろう。　　　　[長谷川哲也]

📖 さらに詳しく知るための文献

佐藤 学, 1997, 『教師というアポリア――反省的実践へ』世織書房.

Schön, D., 1983, *The Reflective Practitioner: How Professionals Think in Action*, Basic Book（＝2007, 柳沢昌一・三輪建二監訳『省察的実践家とは何か――プロフェッショナルの行為と思考』鳳書房）.

反省知としての教育社会学

☞「教員養成と教育社会学」p. 24

　教育社会学は「批判」をそのエートスの一つとしてきた．近代に固有の学校という制度や教育という営みに批判的な検討を加えることを教育社会学の本質であると規定することもできよう．

　そこでの具体的な批判の対象の一つとして，現在学校教育に関して生じている，問題性をもった現象がある．これは，社会的にその問題性がすでに認知されている「教育問題」と，そこには至っていないが研究者が問題性を見出している現象からなる．前者としては，いじめや不登校，学力低下などが長く関心を集めてきており，教育社会学はこれらに対して実証的，理論的な観点から批判を加えてきた．後者として近年では，学力低下が全体的な低下ではなく家庭環境に由来する格差の拡大であることを苅谷らが指摘して（苅谷 2001 など）こうした認識が広がった例や，体育の授業や部活動中の柔道において起きる事故や，運動会での「組体操」の危険性を指摘し，社会問題化して公的な対応にもつながったような例（内田 2015b など）がある．

　かつて教育社会学は，教育諸科学のなかでどちらかといえば周縁的な位置にあり，その社会的な影響力は大きくなかった．しかし同時に，その周縁性ゆえ現実的な利害などに左右されることなく，自由に批判の矛を鋭くすることができた面がある（天野 1990）．また，かつて人々が教育や学校に対して「信仰」にも近い信頼を寄せていた状況下では，それらがもつ権力性や抑圧性，生じている機能不全や逆機能への批判はより大きな意義をもった．

　しかし，近年こうした状況は変化している．戦後の教育学界において主流を占めてきた理念的な「民主的教育学」が影響力を減じる一方，教育社会学は現象に対する鋭敏さや実証性により発言力や影響力を増してきた．眼前の問題について教育社会学の知見が社会的に求められるようになり，それに応えることが教育社会学者の主要な仕事の一つになった．教育社会学者が「発見」した問題が社会問題化することが増えたのも，こうした影響力の増大のあらわれであろう．

●影響力の増大と反省性の希薄化　しかし同時に，教育社会学がもつ反省性が失われつつあるようにも思える．学校教育とそこで生じている種々の問題への批判は，すでに社会的に常套句となっている．それは批判が「容易にできる」ことを意味する．批判することへのハードルやそこで生じるリスクは縮小し，批判や非難は「娯楽」「消費」「アイデンティティの確認」などとして手軽に行えるものとなった（伊藤 2014）．同時に，批判が立脚するロジックやその際にとられる手続きは粗雑化している．「いじめ自殺」や学校，教師の不祥事にあたってインター

ネットなど各種メディアにおいて浴びせかけられる非難がその典型である.

　同じことは教育社会学における学校批判にもあてはまらないだろうか. かつて「社会問題の社会学」は, 社会的な通念に安易に依拠しながら, 専門家としての判断をいわば僭称して現象の問題性や「病理性」を判定してきたことがミルズ (Mills 訳書, 1971) や構築主義 (Kitsuse & Spector 訳書, 1990) によって批判されてきた. 批判を受けて, 現象に対して素朴に「病理」のレッテルを貼るような研究はあまりみられなくなったものの, その問題性の根拠に関して吟味を欠いた研究や言説は今でも少なくない.

●学校批判の反省的とらえ直し　学校教育においてさまざまな抑圧が生じており, それは教育の対象である生徒のみならず教育を行う教師や生徒の保護者らにも向かっていることは事実であろう. それを明らかにすることには意義がある. しかし, もはや自明となった学校教育の抑圧性についてただ訴えるだけであれば, それは教育社会学に固有の仕事ではない.

　このように半ば自己目的化した学校批判は, 道義的な問題のみならず, 学校教育が果たすべき, また果たしうる機能の遂行を阻害したり捨象してしまうという弊害をもたらす. 学校が地域社会やメディアから向けられる批判, 非難によって疲弊すると同時に, 批判を回避するために防衛的な姿勢をとるようになって久しい. この状況は, 本来学校が果たすべき子ども (特にハンディキャップを負った子ども) の社会化やケアなどの役割に十分な力を傾注することを困難にしている.

　一方で社会の側は, 学校がこうした役割を遂行することに期待, 支援するのをやめ, 学校や教育に関する非生産的なニヒリズムの蔓延や, 余裕のある層の (公立) 学校からの「逃走」を招いている.「学校がもたらしている害悪」のたび重なる指摘は, その主張や根拠の当否にかかわらず, もはや批判性や反省性を失い, むしろ「学校ができること」「学校がもたらしている善や効用」を明らかにして評価することこそが批判的, 反省的営為として必要という逆説が生じている.

　教育社会学者の多くは大学という学校において教育にも携わっている. その意味で, 自ら批判する学校教育の抑圧性や不条理に加担していることも少なくない. 教育社会学が反省知としての性格を保持するとすれば, 自らの言説と実践も含めて, 批判が前提する価値, よって立つ根拠や論理, そして批判が誰をどのようにおとしめ, 利しているのかをとらえ直す作業が不可欠なはずである.　　　［伊藤茂樹］

📖 さらに詳しく知るための文献
伊藤茂樹, 2014,『「子どもの自殺」の社会学―「いじめ自殺」はどう語られてきたのか』青土社.
Spector, M. and Kitsuse, J. I. 1977, *Constructing Social Problems*, Cummings Publishing (＝1990, 村上直之ほか訳『社会問題の構築―ラベリング理論をこえて』マルジュ社).
Mills, C. W., 1943, "The Professional Ideology of Social Pathologists," *American Journal of Sociology*, 49(2), pp. 165-180 (＝1971, ホロビッツ, I. L. 編, 青井和夫ほか監訳「社会病理学者の職業的イデオロギー」『権力・政治・民衆』みすず書房, pp. 407-425).

政策科学としての
教育社会学

☞「教育改革と教育社会学」p. 18

　政策科学とは，公共政策が効果的に役割を果たすために組織化された学問体系を指し，ラーナー（Lerner, D.）とラスウェル（Lasswell, H. D.）の論文集 *The Policy Sciences*（1951）で初めて使われた．冷戦下でアメリカの安全保障が危機に瀕し，専門分化が進みすぎて対応できないことを指摘し，政策科学の樹立を主張した．科学は社会問題の解決に必要であり，公共政策を通じて自己の主張を実現しようとする科学もある．この意味で政策科学的志向は，古くから存在した．ペティ（Petty, W.）『租税及び貢納論』（1662），ケネー（Quesnay, F.）『経済表』（1758）など，生成し始めた政治学や経済学は，広義の政策科学である．また，国民経済と領主の家計との分離が遅れたドイツでは，ハレ大学などに官僚養成の講座を設置し（1727年），官房学（Kameralwissenschaft）が発展した．

●**社会学・教育社会学における政策科学への志向**　19世紀には，貧困などの社会問題を科学的にとらえ，その解決を目指す社会学が誕生する．コント（Comte, A.）は，『実証哲学講義』（1830-1842）で「社会学」という言葉を使い，資本主義社会の矛盾を自然科学的方法で分析し，その解決策を研究しようとした．ドイツでは，社会政策学会が創設され（1873年），直接社会問題の解決を目指す学問も現れた．

　しかし，教育社会学の祖といわれるデュルケム（Durkheim, É.）は，ボルドー大学で社会学と教育学の講義を担当したが，具体的政策への関心は強くなかった．

●**20世紀と政策科学化の志向**　大恐慌と二つの世界大戦は，政策科学化への志向を強めた．アメリカでは，ケインズ革命や，大戦中の軍事政策立案のために，社会学者，心理学者らが動員された．戦後，大統領科学研究委員会が設置され，『スティールマン報告』（1947）が軍事など国家のための科学の重要性を説いた．ただし，社会科学は除外されており，ラーナーとラスウェルによる論文集は，社会科学の公共政策に寄与するあり方を鮮明にしたといえる．1960年代のアメリカは，ジョンソン政権が貧困克服を打ち出し，予算編成のためにPPBS（Planning Programming Budgeting System）を導入するなど，管理科学や経済学を動員し，政策の体系化と便益測定，費用対効果を含めた政策決定が推進された．

●**政策科学としての教育社会学の主張と現実**　日本では政策科学への志向として，今中次麿『政治政策学』（1930）があったが，教育政策は，阿部重孝の学校制度改革論がある程度で，政策への志向は弱かった．東京帝国大学の教育学関係講座に教育社会学は設置されておらず，教育社会学の制度化は，戦後改革で研究大学に教育学部・大学院が設置され，教員養成カリキュラムに教育社会学が設置

されるまで待たねばならなかった．教育社会学の政策科学化を推進したのは，経済計画の策定である．新長期経済計画（1957年）は，初めて経済成長に人材育成計画を盛り込み，委員として参加した清水義弘は，進学率の推計や雇用推計に関わり，1960年代に地方自治体での教育計画策定にも関わった．さらに，経済成長に果たす教育の役割について，シュルツ（Schultz, T.）『教育の経済価値』（1964）の翻訳など理論化をはかった．後に清水は，『教育社会学の基本問題』（1973）において，教育社会学が教育改革を指導する役割を果たすことを主張し，「総括　規範学から政策科学へ」（1978）で，教育学を規範学と規定し，規範学に代わる政策科学の構築を主張した．清水の政策科学概念は，教育の目的は，現実の社会的諸力によって規定されるものであり，固有の価値をもたないものとしたうえで，決定された教育政策を実現する技術学であった．ラスウェルの政策科学が，諸科学を統合し，理論と実践を統一することを通じ，人間的価値を実現することを目指していたのに対し，清水の政策科学論は学際性の視点が弱く，政策科学と価値判断の関係についての考察がなく，政策の僕となることへの懸念がない．

　PPBSの失敗以後，アメリカの政策科学は方法論の模索が始まり，1980年代には専門官僚による政策決定の独走を防止するために，市民参加の重要性が認識され，ラスウェルに始まる民主主義を支えるための政策科学の理念を追求しているのに対し，日本の教育社会学における政策科学概念は，官僚や政治家のための政策科学的志向が強い．

●**エビデンスに基づく教育政策**　1990年代には，イギリスを起点に，エビデンスに基づく政策形成という新しい動きが生まれた．それは，教育にも広がり，有効性だけでなく，実現可能性やコスト，公平性などを含め，政策策定や事後評価に社会科学の手法が活用されている．日本でも政策策定には，社会科学の応用では不十分であり，経済学，政治学，行政学などを総合した政策科学が主張され，慶應義塾大学総合政策学部（1988年）などが設置され，政策科学を冠する学部・学科は約80に上っている．政策科学が社会科学のなかで自立したことで，教育社会学それ自体が政策科学であるというテーゼは意味を失い，諸科学と結びつき，市民参加を含めた教育における政策科学としての教育社会学の構想が改めて求められている．　　　　　　　　　　　　　　　　　　　　　　　　　［羽田貴史］

📖 さらに詳しく知るための文献

金子元久，1990，「政策科学としての教育社会学」『教育社会学研究』47, pp. 21-36.

宮川公男，1994，『政策科学の基礎』東洋経済新報社．

Bridge, D. et al. eds., 2009, *Evidence-based Education Policy: What Evidence? What Basis Whose Policy*, Blackwell（＝2013，柏植雅義ほか訳『エビデンスに基づく教育政策』勁草書房）.

教育改革と教育社会学

☞「政策科学としての教育社会学」p. 16

　教育改革というのは何らかの意図的な取組みであり，そのため教育改革がもたらす影響も，さまざまな教育事象の一部にすぎない．教育改革は注目されやすいがゆえに，その影響を過大視することには，慎重さも求められる．また意図的な取組みは，同時に意図せざる結果をもたらすことも内包している．いかなる条件下で教育改革が行われ，行われた教育改革に誰がどのように反応するかで，教育改革の帰結は変動せざるを得ないからである．

　喜多村（1986）は，高等教育改革に関して国家主導型改革，審議会を活用した利害調整型改革，そして大学主導型改革の３タイプがあるとしているが，改革のタイプは学校段階で異なるし，当該の制度や組織が，社会あるいは自治体や国に対して，どの程度開かれた存在であるかによっても左右される．このように考えるならば，教育改革と教育社会学の関係を，時代や地域を越えて一般的に語ることは難しく，過度の一般化志向については，その学問的意義も含めた省察が常に求められる．

　だからといって，教育改革がまったくランダムに生成しているわけではない．教育改革を行ううえで選択や優先される事柄や価値もまた，時代，社会的背景や国際的動向，あるいは利害集団から自由ではないからである．また，教育改革の動向や趨勢をどう認識し，政府や行政，社会や教育現場にどう伝えるかという点に関して，教育社会学のみならず教育諸科学は，少なからず影響を及ぼしており責任も負っている．以上を踏まえるならば，何らかの留保付きを前提に，教育改革の動向を概括することには一定の意義がある．

●**福祉から新自由主義の教育改革へ**　1950年代から1960年代は教育拡大の時代であり，高等教育の拡大が先進国一般で生じた．国民の福祉の増加や確保を目指す福祉国家政策として大きな政府の役割が期待され，「ゆりかごから墓場まで」を掲げたイギリスは，社会保障における先進国のモデルとなったし，アメリカでヘッド・スタート計画が行われ，奨学金政策が充実するのもこの時期である．ただし，そこで目指されたのは教育機会の拡大のみではなく，それを通じた人材育成や経済成長も射程に入っており，それゆえに，異なる利害集団が教育の拡大という目標を共有できていた．加えて，教育を手段とした社会改革を支えたのは，安定的な経済成長であったことも忘れてはならない．

　1970年代以降，こうしたオプティミズムは終焉を迎える．二度のオイルショックなどで経済は停滞し，教育の拡大も限定的となり，教育機会の不平等も解消されることはなかった．その過程で教育改革も，教育を介した社会の改革から，教

育自体の改革へとシフトしていく．新自由主義に基づく小さな政府のもとで，個人の自由や責任に依拠した競争や市場を重視する改革が台頭する．サッチャー政権下で，ナショナルカリキュラム化や学校の自律的運営と学校選択制が導入され，レーガン政権下で「危機に立つ国家」が出され，その後に州政府ベースの学力向上施策が実施され，わが国でも，中曽根政権の臨教審を嚆矢とし，教育の自由化の議論が展開された．これ以降も，規制緩和と教育の市場化は進展し，アメリカでは教育バウチャー制度やチャータースクールの導入で民間企業による学校運営が進み，日本でも大学設置基準が大綱化され，2004 年には国立大学が法人化され，また学校選択性も広がりをみせている．

●教育改革への社会学的な眼差し　現在の教育改革には，教育の多様化や競争を通じた質の担保が期待されている．だが，教育の選択とその結果が，教育の消費者としての個人の責任に帰せられ，教育の機会や達成をめぐる不平等が隠蔽される可能性もある．また，学力をめぐっては PISA などを通じて国際競争が展開し，一元的な学力観や指標に基づく学校評価や教員評価が進めば，むしろ教育の同質化をもたらし，またそれが教職の専門性や自律的な改革をむしばんだり，学習成果をめぐる機関の偽装や特定層の排除を助長したりする（Lauder et al. 訳書，2012）危険性もはらむ．同様のことは研究についてもいえ，アカデミック・キャピタリズム（Slaughter & Rhodes 訳書，2012）のもとで，研究成果の直接的な利用や貢献の要求が強まり道具主義的見方が進めば，自律的な研究が脅かされかねない．

　しかし本来，教育とは公事性と私事性の両面をもつものだとすれば，いずれかの立場や価値観を前提とした議論や批判は，必ずしも生産的とはいえない．むしろ，学校の果たす社会化と配分の機能に対して，公教育の可能性と限界を常に見極めることが重要となる．それと関わって，教育改革がどのような思想を基盤に推移し，その策定過程にはいかなる利害や調整が働き，また教育改革の実施段階では，実践に関わる各集団がどう受け止めて行動し，教育改革の帰結とその要因は何であったか，さらにはこうした一連の教育改革サイクルが，将来の教育改革といかなる意味で継続・断絶するのかについて，地道に探求していくことが教育社会学の使命といえる．　　　　　　　　　　　　　　　　　　　　　　　　［小方直幸］

📖 さらに詳しく知るための文献

小川正人・岩永雅也編著，2015，『日本の教育改革』放送大学教育振興会．

苅谷剛彦，2002，『教育改革の幻想』筑摩書房．

藤田英典，1997，『教育改革—共生時代の学校づくり』岩波書店．

ライフステージの変化とライフコース

　人類は昔から個人の一生の時間の流れを一様のものとは考えないで，異質な時間の積み重ねだと考えてきた．異質な時間のひとくくりが「ライフステージ（人生段階）」である．身体の変化に注目した素朴な「児童（小さな大人），成人，老年」の３区分から始まり，その後の長寿化や種々の社会変動を反映して一生はさらに多くの時期に区分されるようになった．青年期や中年期（成人後期）が新たに設定され，さらに青年期や老年期はそれぞれが「前期」「後期」と細かく分けられるようになった．最近では「向老期」が考慮されるようになり，最新の区分でいえば，〈乳幼児期―児童期―青年前期（思春期）―青年後期―成人前期―成人後期（中年期）―向老期―高齢前期―高齢後期〉の９区分まで増えている．

　どの人間も各ライフステージを順序よく進み，次の世代にも人生段階が繰り返されていくという考え方が「ライフサイクル（人生周期）」である．

　一方，ライフコースは，年齢別に分化した役割と出来事を経て個人がたどる生涯の道を意味し，歴史のなかの個人史を解析する研究法である．その用語法はⒶライフサイクルをも包摂する広義と，Ⓑライフステージに焦点を合わせるライフサイクルと区別したうえで，両者を補完的に把握する狭義とがある．生物学・心理学的なライフサイクル論と一線を画するためか，（教育）社会学ではⒶの用法が一般的であるが，ここではⒷの立場を採り，ライフステージ・ライフサイクル・ライフコースの各概念固有の意義に注目して総合的に考えたい．

●**ライフステージの区分とライフステージ移行**　ライフステージは，その時代の人々が人生時間のおおまかな変化を把握し，人生を展望するために設定したモデルであり，各人生段階の特徴と課題を示す目標でもある．ライフステージ区分には次のような歴史的社会的条件が働いている．

　①長寿化，②高学歴化，③年齢の社会的意味の変化，④各ステージに与えられる社会的役割の変化，⑤個人の生涯にわたる発達過程を細かく眺めようとする人間発達科学の進歩，など．そうすると，ライフステージ区分はもはや生物学的ではなくて，きわめて社会学的な性格をもつ．例えば，③年齢の社会的意味でいえば，年齢は単に生命体の時間的経過を示す数値を超えて，6歳で小学校入学，20歳で成人（選挙権の引き下げとともに，世界の多くの国々と足並みを揃える18歳が成人になろうとしている），65歳で高齢者，などの社会的意味を帯びている．

　そして，ステージ区分にとって重要な論点はステージ「移行（transition）」の仕組みである．「移行」は個人だけでなく社会にとっても不安定さを伴う「危機（crisis）」（crisis は本来「分岐」の意味）であるから，移行が円滑に実現できる

ような措置が必要である．個人の側では家庭や学校あるいは地域での種々の相談やカウンセリング機会が準備されるし，社会の側では入学式や卒業式，成人式，入社式，結婚式，告別式などの各種「儀礼」や年齢規範を含む「社会的年齢」が「移行」を促す社会的装置となる．

　教育社会学が近年とりわけ注目するのが「青年後期」から「成人期」への移行である．保護された学校段階から就職・離家・結婚といった自立へと向かうライフイベントによる激しい変化を伴うからである．そのうえ産業や雇用の構造変化と絡み合って，卒業→就職→結婚→親になるといった標準的移行パターンがゆらぐと，円滑な移行が困難になるケースが出現するからである．そこで，「キャリア教育」や「就職活動支援」「雇用機会の開拓」といった若年者就業支援対策などが，「移行」支援の新たな社会的装置となる．

●**ライフコースの教育社会学**　教育社会学にとってライフコースはいかなる研究テーマとなりうるか．それは「発達」の解明を織り込むことで独自性を発揮できると考えられる．

　一般に「発達（development）」とは環境的諸条件のもとで個体の諸器官や諸形態，諸機能が年齢とともに量的・質的に変化する現象である，ととらえられる．この「発達」の視点は心理学では自明の前提である．従来は人生初期のステージ（乳幼児期から青年期まで）に対象を絞ってきた心理学も，近年の生涯発達心理学の発展のなかで，一生の全ステージを対象にした発達研究が行われている．他方，社会学では発達の視点はほとんど取り入れられない．そこで教育社会学はどのように独自のアプローチをすることが可能か．二つの課題をあげよう．

　（1）一般に心理学では「発達」はプラスの方向への変化という価値が暗黙のうちに込められている．生まれてから死ぬまで人間の「加齢（aging）」による諸変化は，量的に見た「成長（growth）」「衰退（decline）」と，質的に見た「成熟（maturity）」に関わり，「発達」概念は時代や社会による認識方法や価値評価法の影響を受けている．そこで，「発達」の言説分析も含み込みながら，個体の変化と環境的諸要因の相互作用を検討することが課題である．

　（2）環境的諸要因のなかで注目されるのは国と自治体による諸政策である．現代では少子化対策，幼保一元化，入試制度改革，少年法改正，若年労働者正規雇用対策，中・高年雇用対策，高齢者福祉対策などが打ち出されているが，歴史の各時点で展開されてきた諸政策の影響を受けながら個人（またはコーホート）のライフコースはいかなる軌跡をたどるのか，は興味深い検討課題である．

［今津孝次郎］

📖 さらに詳しく知るための文献
今津孝次郎，2008，『人生時間割の社会学』世界思想社．
森岡清美・青井和夫編，1987，『現代日本人のライフコース』日本学術振興会．

リスク社会と教育社会学

「リスク」はさまざまな学問領域において論じられてきたため，その合意するところも多様である．その多様なリスク研究を，大きく二つに分けるならば，一つがリスクの「実在」を問い，もう一つがリスクの「認知」を問うてきたといえる．主に前者が自然科学系の領域によって，後者が社会学を含む社会科学系の領域によって担われてきた．

●**自然科学系のリスク研究**　リスクをめぐる議論は，環境問題や災害，健康被害を扱う自然科学の分野において蓄積されてきた．自然科学系の分野では，リスクは「実在」するものとして，科学的な測定や実験によって数量化される．特に「確率」を含んだ概念と理解されており，想定される被害がどの程度生じやすいのかが検討される．確率を用いることによって，多種多様なリスクを同列に比較検討することも可能になる．

またリスクは，想定される被害の発生確率とその規模との積や組合せによっても表現される．この方法により，例えば地震で大津波が起きることはめったにないとしても，その被害は甚大な可能性が高く，そうした状況を総合的に評価することができるようになる．

リスクの数量化において，特に重視されている指標が「死」である．「死」はあらゆる被害のなかで，最も避けたい事態（「エンドポイント」）であり，かつ最も客観的に同定しやすい事態（「負傷」の場合，何をもって「負傷」と同定するのかが困難）である．これは，犯罪社会学の分野において，公式統計から治安を評価する際に，「暗数」を多分に含む刑法犯全体の検挙人員数ではなく，重大な罪にあたる「殺人」の検挙人員数を重視する手法と，同様の視点である．

●**社会科学系のリスク研究**　社会学において「リスク」研究の大きな潮流をつくりだしたのは，ベック（Beck, U.）の「リスク社会」（Beck 訳書, 1998）論である．ベックは，科学が発達した今日の社会でリスクが増大しているととらえる．だがそうした今日的な新しいリスクは，人間の知覚能力では認識することができない．そこでリスクの認識は，再びまた科学の知識に依存しなければならない．ベックのリスク論は，「科学の発達→リスクの増大」という「実在」レベルでの被害の拡大を扱いつつも，他方で「科学の発達→リスクの知覚」という人々の「認知」の側面に言及することで，実在的な理解の範疇には収まらないものとなっている．

またルーマン（Luhmann, N.）による「リスクの社会学」（Luhmann 訳書, 2014）は，人々が将来の被害をどのように観察しているのかを観察する（セカン

ド・オーダーの観察）という立場からリスクを論じる．ルーマンによると，社会の複雑性が増大するなかでの「決定」を軸として，「リスク」（Risiko, risk）と「危険」（Gefahr, danger）の区別を考えなければならない．「危険」とは，未来の被害の可能性が，自分以外の誰か・何かによるものであり，「リスク」とは未来の被害の可能性が，自分の「決定」に帰属されるものである．

　「実在」を必ずしも根拠としない「リスク」の見方は，ベックやルーマン以前に人類学において提起されてきた．ダグラス（Douglas, M.）らに代表される文化理論は（Douglas & Wildavsky 1982），「なぜ人々はある種の損害に関心を寄せ，他の損害を無視するのか」という問いを出発点とする．ある被害がリスクとみなされるかどうかは，文化や社会関係によって相異するのであり，その意味でリスクとは「選択」される性格のものである．

　なお，心理学ではリスクはまさに「認知」の問題として扱われてきた．リスク認知の心理学の礎を築いたスロビック（Slovic, P.）は，一般市民のリスク認知は「恐ろしさ」と「未知性」という2因子から構成されることを見出し，各種被害に対する危険度の評価が専門家と市民の間で相異することを明らかにした（Slovic 1987）．

●**教育社会学とリスク**　教育社会学はこれまで，学校問題や子ども問題と呼ばれる対象について，実体論・関係論（北澤 1990）や，実態主義・定義主義（徳岡 1997）の両面からのアプローチ，すなわち実在−認知の間を柔軟に行き来しながらのアプローチを展開してきた．構築主義の台頭とともに「認知」の観点の重要性が高まったとしても，他方で教育社会学は，教育現場というフィールドをもつ以上，「実在」から目をそらすことはできない．

　構築主義的な「認知」の観点は，新しいタイプのリスク，あるいは当座の話題となっているリスクに関心を寄せる傾向がある．だが，子どもたちの学校生活には，例えば廊下で転んだり人にぶつかったりすることがそうであるように，日常的にさまざまなリスクが「実在」しており，かつそれらは，ありふれた風景であるがゆえに，社会的・社会学的な注目を集めることは少ない．教育社会学にとって重要なのは，「認知」を重視する新しい理論群のなかにあって，常に教育現場という具体的な「実在」を忘れないことである．　　　　　　　　　［内田　良］

📖 **さらに詳しく知るための文献**

Beck, U., 1986, *Risikogesellschaft: Auf dem Weg in eine andere Moderne*, Suhrkamp（＝1998, 東 廉・伊藤美登里訳『危険社会—新しい近代への道』法政大学出版局）．

Luhmann, N., 1991, *Soziologie des Risikos*, Walter de Gruyter（＝2014, 小松丈晃訳『リスクの社会学』新泉社）．

Douglas, M. and Wildavsky, A., 1982, *Risk and Culture: An Essay on the Selection of Technological and Environmental Dangers*, University of California Press.

教員養成と教育社会学

☞「実践知と教育社会学」p. 12
「反省知としての教育社会学」
p. 14「教育臨床の社会学」p.
34「教員政策」p. 412「教員
養成と大学の改革」p. 414

　日本の教育社会学は，「教育学を母とし，社会学を父として」生まれ，教職課程の一環として位置づけられたことにより成立・発展してきた．アメリカ占領当局により組織された教育指導講習会（IFEL）のなかに教育社会学部会が設けられ，1949 年の教育職員免許法では，教員養成カリキュラムのなかに教職・選択必修科目として組み込まれ，全国の主要な教員養成系の大学・学部において教職講座として教育社会学が開設された．そこには，民主化・近代化に向けた社会・教育の再編下において，教育の実態を社会学的視点から把握し，より広い社会的視点から政策的・実践的に対応していくという教育社会学に対する社会的期待・要請があった．しかし，教育社会学は，制度先行的な出自ゆえに，規範学としての教育学と事実学としての社会学という二つの性格を異にする「親学問」との間で，自らの学問的固有性を確立するという難問を抱え込むことにもなった．

●教育実践と教育社会学　教育社会学が教員養成を制度的基盤とする以上，教育実践に対して自らの意義を示すことが求められる．と同時に，教育社会学にとって教育実践という固有の領域を対象とすることが，自らの学問的固有性を示すことにもなる．教育の営みは，それが行われる社会歴史的文脈やそれを取り巻く社会関係などの社会的規定を受けながらも，それとは相対的に自律した教育の目標・内容・方法をもち，それを導く教育論（pedagogy）を伴う教育実践という姿をとる．したがって，教育社会学が，教育実践とそこにおける子どもや教員らの困難・課題をその社会学的解明の対象とする際，教育実践という領域の特殊性に即して，そこに貫かれている社会構造・社会関係などが抱える矛盾や課題を明らかにしていく必要がある．そのことは，教育実践がもつ社会的規定に回収されない側面を浮き上がらせ，新たな教育実践の萌芽を明らかにする可能性をもつ．その際，教育学の概念や教育実践に内在する諸価値などを批判的に検討し，その社会的規定性自体をとらえることが不可避となるが，一方で教育実践の社会学的解明とその再構築においては教育学や実践知との協働を必要とする．もちろん，教育社会学は，教育実践そのものを直接導出するような知見や方法を示すものではなく，教員自らが置かれている状況と，自らの教育実践とその理論そのものを社会的・制度的文脈から理解・省察するための知見と方法を提供するものである．また，子ども，保護者，教員といった教育実践に関わる人々の困難や課題をより広い社会的視点から理解し，彼らとの間に，社会的現実の共有・共感をもたらす可能性をもつものである．

●教員養成改革と教育社会学　1990 年代半ば以降，社会と教育との再編が問わ

れるなかで、「現下の教育課題の解決にとって有効な実践的指導力」の育成を目指した教員養成カリキュラムへの転換、また教職課程の規格化、国家統制の強化がはかられてきている。実際、2006年の中央教育審議会答申では教職実践演習の新設、教職大学院の創設、教職課程の事後評価機能や認定審査の強化、大学と教育委員会・学校との連携強化が、2015年の同答申では、学校インターンシップの拡充がそれぞれ提起されている。また教職科目の内容規定の詳細化、教員育成指標や教職課程コアカリキュラムの導入など、より詳細な記述が盛り込まれている。そこには、「大学における教員養成」を原則とする学問中心の教員養成が、現実の教育実践に対して直接的に資するものとなっていないことに対する、社会、学校現場（場合によっては教員を目指す学生を含めて）の根深い不信感がある。

　他の教育諸科学同様、教育社会学は教育実践との関わりにおいて、自らの知見の社会的意義を示すことが強く求められているといえる。もちろん、2015年の中央教育審議会答申では教員の資質能力として「大きく変動する社会の中での教育のあり方に関する理解」があげられ、教職大学院では「理論と実践の融合」が目指されており、教育社会学の知見を活かす余地がまったくない訳ではない。また、教育実践演習、教育実習、現職研修などに関わることは、教育実践に対する教育社会学の知見の意義を示すとともに、教育実践に対する応答性を高める好機ととらえることもできよう。加えて、これら一連の教員養成改革が、戦後日本社会を支えてきた政治・経済・社会システムの崩壊を前にして社会と教育との再編、さらには教師の専門性／専門職性の再編を求める動きの一環として位置づけられるものだとすれば、教育社会学が、これらの社会変化が教育実践を通じて顕現する矛盾や課題を、その批判性と科学性をもって社会学的に解明していくことへの期待は、これまで以上に社会的にも政策的にも高まっているといえる。

　近年、「教育臨床の社会学」をはじめとする研究では、科学性や批判性を失うことなく、教育現場の日常を異化したり、社会構造・社会制度的文脈に教育実践を位置づけたり、さらには新たな教育実践の可能性を拓く研究がなされてきている。と同時に、教員養成それ自体を教育実践として社会学的に解明し、ほかの教育諸科学と協働しながら、教員養成のあり方を考えていくことも重要と考える。

〔福島裕敏〕

📖 さらに詳しく知るための文献

久冨善之，2014．「教育の社会性と実践性との関連を追究して」田中孝彦ほか『講座　教育実践と教育学の再生　別巻　戦後日本の教育と教育学』かもがわ出版，pp. 59-81.

渋谷真樹ほか，2015．「教育社会学は教育実践にいかに貢献しうるか」『教育社会学研究』97，pp. 89-124.

本田由紀ほか，2012．「日本の教育社会学の方法・教育・アイデンティティ」『東京大学大学院教育学研究科紀要』52．pp. 87-116.

教育社会学と知の
パラダイム

参照「パラダイムの拡散」p. 70「教育社会学の理論」p. 74

　自然科学，社会科学を問わず，それぞれの学問分野には特有の用語や方法を用いて対象を解釈する共通の認知構造が存在していることが多い．クーン（Kuhn, T. S.）は，科学史の立場から，このような特有の概念や記号による解釈や認識の枠組みをパラダイムと呼んだ．あるパラダイムを共有する集団においては，問題関心や方法論についての了解のもとに研究が発展し，それが「通常科学」として定着していく．しかし，当該のパラダイムによっては解けないような事象が顕在化し，「通常科学」の位置がゆらぐようになると，それらを解明しうる新しい理論や方法が併存競合するようになる．そのなかで，パラダイムを支えてきた諸々の前提が問い直され，新しいパラダイムへと移行（パラダイム・シフト）していく．

　教育社会学においてパラダイム論が盛んに議論されるようになったのは，1970年代以降である．しかし日本の教育社会学は，戦後に制度化された新興の学問領域であり，また教育学や社会学など他の学問との境界的な性格を強くもつため，特定のパラダイムによる「通常科学」化よりも，むしろ多様なディシプリンやパラダイムの受容と差異化のなかでアイデンティティを形成してきた．自らの学問的な性格や方法論を自省的に問い直す傾向が強いという意味では，パラダイム・コンシャスな特徴をもっているということができるだろう．

●**機能主義への問い直し**　教育社会学が成立当初から意識してきたのは，まず教育学との関係である．教育はどうあるべきかという問いに直接答えるよりも，事実や実態の解明を重視する立場をとることによって，規範的な教育学との差異化が主張された．その理論的，方法論的なベースとして依拠したのが社会学である．特に，1950〜1960年代にかけては，当時アメリカで主流であった構造機能主義の社会学が広く採用された．家庭や学校における子どもの行動や価値意識をめぐる問題を，社会的地位と役割への社会化と社会統制の機能として，また学歴社会やそれに伴う教育拡大を社会の近代化への技術的対応（機能）とみるなど，教育現象を社会システムにおける機能という観点からとらえようとしたのである．

　しかし，近代化を前提とした機能主義的なアプローチに対しては，1970年代にはさまざまな批判がなされるようになった．例えば，教育の拡大が必ずしも社会の要請する知識・技能の水準の高度化に対応しているわけではないことや，同じ社会のなかでも階級や階層，ジェンダーなどによって価値や規範の違いや利害対立が存在していること，また逸脱ととらえられてきた教育問題や学校問題が，実態というよりも社会的に構築されたものであるといった指摘である．

こうした批判に対応して，学校を階層間の文化闘争の場とみる葛藤論や再生産論，また問題行動を含めて教育現象を相互行為や意味構成の過程からとらえ直そうとする構築主義的な研究，さらにそれらを言説として分析しようとする研究なども現れた．特に象徴的相互作用論やエスノメソドロジーなどに依拠する後者の研究は，従来の教育や研究を支える暗黙の前提や自明性の根拠を問い直そうとする認識論的な問いをその射程にもっていたことから，教育研究におけるパラダイム論としても注目された．そのなかで，教師-生徒関係，生徒文化，カリキュラム，いじめや不登校など，学校秩序を成り立たせる営みに焦点を当てることによって，インスツルメンタルな次元（成績や教育達成などの道具的側面）だけでなく，コンサマトリーな次元（居場所やアイデンティティなどの現状適応的な側面）も含めて，学校や教育の存立構造があらためて問い直されることになった．

このような研究の流れとともに，近代社会の価値を前提とした近代教育の人間観，教育観を脱構築することによって，よりマクロなレベルから教育社会学の課題をあらためて設定しようとする研究も展開していった．アリエス（Ariès, P.）やフーコー（Foucault, M.）に触発されて，「子ども」「青年」といったカテゴリーや「子ども」と「大人」の関係の成立過程を歴史的な射程のなかで問い直す実証研究や言説研究などは，その例である．そこには，近代社会と近代教育を前提として展開してきた教育社会学自体への自省的な問いも含まれている．

●パラダイム・コンシャスな教育社会学　このように，教育社会学は隣接学問との境界性を意識しつつ自らの学問的アイデンティティを問い続けてきた．その意味では，特定のパラダイムの共有とそれによる「通常科学」化によって発展してきたというよりも，むしろ教育学や社会学の理論や方法論の受容と差異化のなかで，研究のフロンティアを発見してきた面も大きい．パラダイム・コンシャスに批判と受容のバランスをとることによって発展してきたといってもいいだろう．

しかし，特に 2000 年代以降においては，人文・社会科学全体においても，パラダイムの拡散とともに知のフラット化あるいはデータベース化が顕在化してきた．教育知の再編と同時に学問知の再編も進行しつつある．学問相互あるいは学問と日常知の境界が曖昧化する状況が一般化するなかで，教育研究においても教育とは何かがあらためて問われている．こうした問いに実証研究を柱とする教育社会学がどのように応えていくのかは，大きな課題である．　　　　［稲垣恭子］

📖 さらに詳しく知るための文献

Kuhn, T. S., 1962, *The Structure of Scientific Revolutions*, University of Chicago Press（= 1971，中山 茂訳『科学革命の構造』みすず書房）．

Karabel, J. and Halsey, A. H. eds., 1977, *Power and Ideology in Education*, Oxford University Press（= 1980，潮木守一ほか編訳『教育と社会変動—教育社会学のパラダイム展開』上・下，東京大学出版会）．

日本教育社会学会編，1992，『教育社会学研究 第 50 集記念号 教育社会学のパラダイム展開』東洋館出版社．

教育社会学と
隣接諸科学の広がり

☞「教育学との連携・差別化」p. 50
「社会学との境界問題」p. 52
「教育と経済」p. 632

　教育社会学は，隣接諸科学に視野を広げていくことによって，探究の領域を広げるとともに，考察を深めながら，学問として形づくられてきた．その点について，教育社会学の研究の重要なテーマの一つである「教育と不平等」を例に検討しよう．

●教育の機会均等と平等の原理　教育に関わる不平等を是正する手段の一つとして，教育の機会均等の保障がはかられてきた．例えば，義務教育制度の無償制や単線型学校制度の整備など，教育へのアクセスを担保する法律や制度が整備されてきた．また，教育財源の保障や質の高い教員の確保など，全国的に一定の教育環境や水準を保つ仕組みも整えられてきた．教育の機会均等に関わるこのような制度や権力のありようと作用は，行政学や政治学などと接点をもつ領域である．公共サービスの供給主体の多様化や競争とアウトプット規制によるクオリティ・コントロールなどが進行しつつあるなか，この領域の重要性が増している．

　教育の機会均等について考える際には，教育の機会均等のとらえ方自体が一枚岩ではないことにも留意しなければならない．例えば，就学を阻害する要因を取り除き，機会を平等に与えることを強調する立場（形式的平等）と，就学機会の保障にとどまらず，学習に対する文化的，社会経済的なハンディキャップを補償することで結果の平等をはかることを重視する立場（実質的平等）とでは，教育の機会均等の保障に関する考え方も異なる．社会学的な研究は平等や正義に関する哲学的な議論を取り込みながら進展してきた．

●不平等のメカニズム　教育が社会的地位や所得と結びつく仕組みに関する社会学理論には，職業で求められる技能が教育を通して獲得されるという機能主義理論や，支配的階級が教育を通して自らの地位を維持し正当化しているという葛藤理論などがある．それらに加え，教育を投資としてとらえ，教育で高められた能力が生産性の上昇をもたらすという人的資本論や，教育は生得的能力の高い者を選り分ける機能を果たすというスクリーニング理論といった経済学的な説明も援用しつつ考察が深められてきた．

　一方，学校における学力の不平等のメカニズムに関する社会学理論には，バーンスティン（Bernstein, B.）のペダゴジー論，ブルデュー（Bourdieu, P.）の文化的再生産論，ウィリス（Willis, P. E.）の階級文化論などがある．心理学でも，数えたり比較したりなど，家庭における数に関わる活動の複雑さや種類が階層によって異なっており，それが就学後の学習の基礎になる幼児期の数知識に影響することで，算数の成績の違いが生じることが明らかにされている．また，知識だけではなく，反復練習したり，覚えやすくイメージ化したりといった学習効果を

高めるための工夫（学習方略）にも階層による差があり，その違いが成績に影響しているという．あるいは，路上で物売りをする子どもたちは計算スキルに習熟しているものの，手続きの異なる学校算数ではそのスキルを働かせることができず，好成績に結びつかないことから，思考は，学習された文脈に制約され，ほかの文脈に転移しないという領域固有性の問題も指摘されている．このような知見を参照しながら，学力の不平等に関する社会学的研究が進められている．

●**不平等と教育実践**　今後どのような方向への広がりがさらに求められるだろうか．教育社会学は，格差を再生産する教育や学校の姿を暴いてきた．新たな展望を開くには，身につけた知識やスキルによって人々を序列化するものとして教育と学校をとらえる理論的前提自体を相対化することが有益だろう．例えば，序列化や分断を乗り越える知恵やスキルを身につけていく民主的な公共領域として学校をとらえる批判的教育学や，フェミニスト・ペダゴジーなど，知識や学校，教師について社会学とは異なった理論的視座から理解しようとする諸潮流が参考になる．

　また，さまざまな格差が存在する実際の教室における学力保障については，個人差に対応する授業のあり方を探究してきた教育方法学や教育工学などが参考になる．学校の学習は一斉授業がイメージされがちであるが，学力差，学習時間や学習適性の違いに対応する「指導の個別化」，興味関心や生活経験の個人差に対応する「学習の個性化」など，さまざまな手法が蓄積されてきている．

●**家庭環境の不平等**　さらに，家庭環境のハンディキャップに起因する教育の不平等は，教育の範疇のみで是正できるものではない．貧困状況にある家庭に生活費や教育費を支援することで最低限の生活の保障をしたり，養育に困難を抱える家庭に対する相談や指導，また社会的養護を通して子どもに安全な養育環境を保障したりするなど，社会福祉事業にたのむところが大きい．このような社会的弱者の生活保障と教育との関わりは，社会福祉学や福祉社会学などと接点をもつ領域である．この領域の研究は，スクールソーシャルワーカーやインクルーシブ教育などの具体的な実践を対象とする方向にとどまらず，経済や政治の構造から福祉と教育の関係をマクロに探究するような方向まで，大きな広がりをもっている．

●**不平等を探究する技法**　教育と不平等に関して，統計学に依拠した実証研究が積み重ねられてきた．最近では，マルチレベル分析，潜在クラス分析，傾向スコア，ベイズ統計などの新しい統計手法を用いたり，複数の手法を利用する混合研究法を採用したりすることで，新たな知見が生み出されている．関連領域の最先端の研究技法を渉猟することは，問いの幅を広げていくことだろう．

［藤田武志］

📖 **さらに詳しく知るための文献**

宮寺晃夫編，2011，『再検討　教育機会の平等』岩波書店．

教育研究におけるミクロレベルと
マクロレベル

　ミクロレベルとマクロレベルは，「個人と社会」の問題として古くから社会学で議論されてきたが，一貫した定義はなく，個人レベル・集団レベルという分類や，より小さい社会ユニット・大きな社会ユニットの区分などがある．マクロ社会学ではマクロな構造や制度的要因に焦点を当てるが，単純に国や社会システムレベルの現象を扱う研究と理解される場合もある．デュルケム（Durkheim, É.）や機能主義理論のパーソンズ（Parsons, T.）を代表としてあげることができる．

　教育研究におけるマクロレベルとは，教育システム，社会構造や階級システム，地域などを指すことが多い．これらは社会統制のメカニズムによって維持され，教師や生徒の経験や相互作用に影響を与える．他方，行為と相互作用（コミュニケーション，交換，協力，葛藤など）に焦点を当てるミクロ社会学が教育研究に大きな影響を与えた．

●**質的研究**　1970年代以降にイギリスの「新しい」教育社会学の影響で，不平等の再生産に果たす学校の内部過程の研究が行われ，教師−生徒の相互作用や教師のカテゴリー化や判断枠組み，学校知識を問い直そうとする研究が生まれた．一方，アメリカを中心とした解釈的アプローチ（象徴的相互作用論，現象学的社会学，エスノメソドロジーなど）を用いた研究では，行為者の主体的解釈過程が重視され，学級内の社会プロセスに注目が集まった．解釈的アプローチは個人の主体性を重視し，行為はあらかじめ構造によって決定されているのではなく，行為者間の相互作用とその解釈を通じて，社会秩序が常につくられるという視点に立ち，ミクロとマクロの統合（ミクロ・マクロリンク）を提示する．教育研究のなかで解釈的アプローチを用いたものとして，ウッズ（Woods, P.）やハーグリーブス（Hargreaves, A.）らを中心としたストラテジー研究の流れがあり，教師の教育的行為を学校の構造的な制約のなかでのサバイバル・ストラテジーとしてとらえ，役割論からの離脱を試みた．

　再生産論と生徒の解釈過程をリンクしたウィリス（Willis, P. E.）の『ハマータウンの野郎ども』はエスノグラフィーの手法とネオマルクス的視点から，対抗文化としての労働者階級文化が労働者階級出身の生徒たちによって自ら選び取られる再生産過程を描き出したという点で，ミクロとマクロの統合の好例である．

●**ミクロ・マクロリンク**　アレグザンダー（Alexander, J.）らによって1980年代に改めて光を当てられた問題設定で，マクロ社会学では行為者の動機や主体性をモデル化することは不可能であったため，ミクロとマクロの二つの社会学の流れを統合するという課題が示された．ミクロとマクロを相互依存的な関係ととら

え，これを相互浸透的な分析次元として理論を統合する方向を提唱した．

　理論的にはフランスのブルデュー（Bourdieu, P.）が，ハビトゥス概念をマクロとミクロをつなぐ中間概念として提示しミクロとマクロの統合をはかった．個人や集団のハビトゥスは社会構造の影響を受けている「構造化された構造」であるが，同時に，場に応じた個人の主体的な実践によっても変化させうる生きたシステム（「構造化する構造」）でもある．つまりハビトゥスは構造に決定されるだけではなく行為者の主体性を内包する概念装置である．

●量的研究　システム論的研究や計量的研究では，個人要因に還元する方法論的個人主義や合理的選択理論などミクロ（個人）の選択を重視するアプローチがあるが，その一方で，個人の選択の効果の集積が必ずしもマクロレベルでの効果につながらないという集団的誤謬の問題が指摘されている．このミクロ・マクロ問題は，例えばブードン（Boudon, R.）による進学機会の移動率の研究が示すように，進学機会が増大したからといって，その集積が必ずしも機会の平等化（出身階層間の進学率の平等化）にはつながらないという構造的メカニズムの問題である．あるいはゴールドソープ（Goldthorpe, J. H.）が示したように，社会移動の機会が増大し，多くの労働者階級出身者がホワイトカラー職に上昇移動したとしても，全体としてホワイトカラー率が増大するという歴史的構造変動が生じたため，階級間でのホワイトカラー到達率は時間が推移しても平等化しないなどである．

　経験的ミクロデータを用いる研究では，個人単位のデータを扱いながらもマクロ要因の構造効果や文脈効果を同時に析出しようとする試みがミクロ・マクロリンクのモデルとして採用されている．この場合のマクロレベルの効果とは，集団や構造の効果，地域効果，組織コンテクストなどの文脈効果であり，これらのマクロの効果の析出は分析手法の進展によって解決されてきた部分が大きい．例えばミクロレベル（個人単位）の教育達成や学力を従属変数とした場合に，ミクロ要因の効果とマクロ要因の効果を特定するモデルを設定し，マルチレベル分析などの手法が用いられる．マクロレベル要因としては，地域構造，学校のコンテクスト（学校単位の教員構成，人種構成や階級構成など）や教育格差の国や県による構造的差異，職業構造変動の効果などがあり，マクロ要因のもたらす構造効果，文脈効果を明らかにする．このような分析モデルを採用することで，教育達成に対する個人レベルの要因の影響力を明らかにするだけではなく，個人の効果を統制したうえで地域効果や政策の違いの効果などマクロレベルの影響を特定化することで，政策的な提言を行うことができる．

　ミクロ・マクロ問題を最も広義のレベルで考えた場合に，一つの理論や方法論のなかでのミクロ・マクロリンクの問題と，異なる学派間でのミクロとマクロをめぐる研究や理論の乖離，対話の欠如をどう埋めるかという問題の2種類があり，教育研究においてもこの両方が存在する．　　　　　　　　　　　　　［片岡栄美］

アカデミーとジャーナリズム

　アカデミーとジャーナリズムの関係性を巡る議論は，時代とともに移り変わってきた．戦前の代表的な議論では，元来ジャーナリズムはアカデミーなるものと対立するものと位置づけられる（戸坂 1966）．そこではジャーナリズムは，日常的・社会的な常識的世界のなかで時事問題を取り扱う政治的性格を有するものとされ，時の流れに応じて変移するテーマを追いかけるさまは日和見的な無定見であるとみられる．他方アカデミーでは，一般社会の日常的な時事問題から切り離された，固有の価値をもつ永久的で根本的な問題について，それぞれの専門に立て籠って研究が行われる．独自の原理と節度を守る姿は，固陋な自己満足的なものとみられる．対立関係を乗り越えて両者が相補い合うことにより，基礎的・原理的な背景をもつアカデミーは，容易に皮相化するジャーナリズムを牽制し労作に向かわせることができる．他方ジャーナリズムは，容易に停滞に陥ろうとするアカデミーを刺激し，時代への関心に引き込むことができるはずである．その現実をみると，時代とともに変化を続けてきている．不幸にして戦前期は，大学に対する国家統制の強化に伴いアカデミーは反動的性格を帯びるようになり，他方ジャーナリズムは，尖端的になることで商品価値を高めようとする出版資本により歪曲され，人々の信用を失うようになる．

●**戦後のすれ違い構図**　戦後，社会の民主化が進むなかで，それぞれの立場から両者の関係性について発言がなされた．例えばジャーナリズムの側からは，領域および方法について非常に限定することによって初めてとらえられる知識（学問的真理）はバラバラに分断されてしまっており，これらを統合することによって真実に迫ろうとするのが報道の目指すところである，との主張がなされる（笠 1963）．さらに踏み込んだ表現をすれば，ジャーナリズムとは，書き手の推測や意見や信条や価値観を反映することによってデータに意味と文脈を付与し真実を伝えようとするものであるともいえる．このようにして構成された真実の真正性を立証・検証するという重要なプロセスを担うことが期待されるのが，アカデミーにほかならない（MacNair 訳書，2006）．ところが残念なことに，わが国のアカデミズムには「ジャーナリズムを信頼性の乏しい浮薄な根無し草のようにみなして，……蔑視する傾向が強かった」（柴山編著 2004）．その象徴的な発露が，1988 年に起きた東京大学の助教授採用人事をめぐる事件であった（杉山 1989）．

　あえて極端な表現をすれば，コミュニティとしての輪郭もはっきりせず運営もルーズで，知的生産物の水準や品質管理が十分ではない．けれども，革新の源泉となる可能性を有し，同時に狭い専門領域を越えた一般的で実際的なテーマを広

く市民に向けてわかりやすく論じるのがジャーナリズムである．他方のアカデミーは，細分化された専門領域の内部で知的コミュニティが成立し，相互批判と相互検証を通じて厳密な品質管理が行われる．その一方で，異端を排除，保守化，密室化し「没意味的専門経営化」する傾向を有するといえる．残念ながらこの事件では，両者の間で建設的なコミュニケーションが交わされることはなかった．

●**社会に開かれた議論へ**　これからの，アカデミーとジャーナリズムの間の関係性について考えるうえで重要な三つの論点を列挙する．第一は，自然科学分野を中心とする科学ジャーナリズムに代表される，両者のコラボレーションを発展させることの重要性である．社会的影響力が大きく難解な科学技術について，ブラックボックスとするのではなくわかりやすく説明することで，広く市民による議論を活性化するのである．ここには，科学の不正に対する告発も含まれる．

　第二は，投稿サイトやSNSなどのソーシャルメディアがもたらすインパクトである．インターネットの普及に伴って一般市民が，容易に現場の画像や映像を世界に向けて発信できるようになった．例えば戦場や巨大災害の被災地などにおける一次情報について，マスメディア自体が，User-Generated Contentsと呼ばれるこれらの素材に依存するケースが増えている．経営状況の悪化によるジャーナリズム側の取材体制の弱体化は，この傾向に拍車をかけている．アカデミーには，現場のリアリティをめぐって，極度に分散化されたソーシャルメディアとの間に新たな関係性を模索することが求められることになろう．

　第三の論点は，社会的責任のあり方である．「ジャーナリズムのそもそもの目的は，市民の自由，そして自治に必要な情報を市民に提供すること」であり，「人びとが自ら統治できる」という考えを存続させることである（Kovach & Rosensteil 訳書，2002）という見解が，多くの支持を得ている．他方，研究者集団や大学，学術団体については，社会貢献活動の一環として，関連する時事問題に関する必要な情報や知識を社会に広く発信する倫理的な責務があるという点について，異論はないと思われる．ここで問題となるのは，アカデミーが提供すべき情報は，政治や価値判断から中立的な客観的事実に限られるのか否か，という論点である（眞嶋ほか編著 2015）．もし何らかの価値判断を行うのであれば，その基底にはどのような価値観がおかれるべきなのか．それは，ジャーナリズムと同じく民主的価値観なのか，あるいは別物なのか．この本質的な問い自体を社会に広く発信することもまた，ジャーナリズムに期待される重要な役割となる．

[加藤　毅]

📖 さらに詳しく知るための文献

鶴見俊輔，1965，「解説　ジャーナリズムの思想」『ジャーナリズムの思想』現代日本思想大系 12，筑摩書房，pp. 7-46.

小林宏一ほか編，2010，『科学技術ジャーナリズムはどう実践されるか』東京電機大学出版局.

教育臨床の社会学

> 「構築主義」p.130「エスノグラフィー」p.208「アクション・リサーチ」p.234

　「臨床」を「教育」と結びつけた議論の歴史は浅く，教育問題（例えば，いじめ，不登校など）に対して，教育学の有効性が問題とされ始めた1980年代後半から始まったものである．その議論は，理論と実践の関係を問う教育学の伝統的な問題群の一つである「理論—実践」問題に，主体と客体の関係を含めて理論を構築する知の変貌をとらえた「臨床の知」（中村1992）が交錯したもので，1990年代後半から2000年代半ばまで「臨床ブーム」と称されるほど活発な議論が行われた．これらの議論は，「臨床」の意味理解の広がりと，「臨床」に結びつく学問分野により多様な展開がみられる．

●教育社会学研究における「臨床」の意味と方法論　教育社会学における「臨床」は，「現場に根ざす」（志水1996）研究に始まる．「現場に根ざす」とは，研究のプロセスのどこかの段階で，学校や教師との間に何らかの協力・協働関係を築くことで，理論と実践の協働に焦点をあてている．研究者と実践者が協働する過程には，教育実践の置かれた文脈や構造を問い直す契機がおのずと入り込み，それが問題解決に向かう可能性を開くと考えられてきた．その意味で，「現場に根ざす」臨床は，臨床（的）教育社会学という側面が強い．

　そこから展開・発展したのが，「教育臨床（の）社会学」研究である（日本教育社会学会2004；酒井2014）．ここでの「臨床」は，「現場に根ざす」と同様に「研究者が教育の現場に立ち会おうとする姿勢」に始まるものの，「研究者と実践者の関係の編み直し」と「対象の観察の仕方のとらえ直し」へと深められていく．力点が置かれるのは「とらえ直し」で，具体的な場面に即して，その場固有の意味世界のなかで問題の意味をとらえ，そこから教育的日常を支えている物語を異化し，新しい意味や筋立てを構築していくということである．ここから導き出される「臨床」では，一方でその場に深く分け入って当事者の声を聞き，それを共感的に受容することが求められるが，他方，それと同時にその状況を客観的にまなざし，問題の所在や問題の構成を相対化することが期待されるという相矛盾する二つの期待を引き受けることになる（酒井2014a）．

　方法として主に採用されるのは，エスノグラフィーである．研究者が一定期間現場に出向き参与観察をするエスノグラフィーの手法は，「現場に根ざす」ことと結びつきやすいからである．なかでも，前述の「とらえ直し」へと深められる段階では，構築主義的アプローチが採用されることが多い．例えば，古賀（2004）は，現場に参与しながら多様な立場や役割にある人々の声を聞き取ることで，現場の多様な人々のそれぞれの関わり合いのなかから相互に構築していく問題認識

の形態やその条件を理解することが可能であるとし，構築主義的アプローチの多声性に注目している．他方，研究者の介入的側面を強く押し出すアクション・リサーチも検討されてきている（今津 1996；酒井 2014）．

●**対象領域と研究者役割** 「現場に根ざす」ことから始まった教育臨床の社会学は，対象として学校や教室などの教育実践場面が想定されやすいが，対象の設定は多様である．ただし，設定した対象により研究者の役割が変わる場合が多いことには注意が必要である．志水（2002a）は，「臨床」研究の場を学校に限定した場合であっても，対象領域は多様であるとして，Ⓐ個人の援助（当事者のかかえる問題や悩みに社会的コンテクストを与え，かれらが自分自身の置かれた状況を理解する手助けを行うこと），Ⓑ組織の援助（ある学校の教育プログラムの設計段階から関与し，その実行のプロセスをモニターし，必要があれば助言や助力を行い，その結果について体系的な評価を実施し，次のサイクルに発展的につなげていく），Ⓒ組織の改善（組織自体のあり方の質的向上を目指す）に分類する．さらに，それぞれの対象領域ごとに研究者の役割として，①セラピスト型，②コンサルタント型，③コラボレイター型，④インフォーマント型，⑤ボランティア型があるとしている．

これとは別に，酒井（2014）は，臨床の対象となる場所や空間を広げて，研究者の役割を検討している．教室や学校などの教育活動の場（ミクロ）では，書記としての役割，教育実践を経営管理する学校やそれらを統括する教育委員会など教育行政の場（メゾ）では，提案者の役割，国家教育行政政策とそれに正当性を与える支配的な教育言説（マクロ）では，批評家としての役割を提案している．

●**「臨床」研究の今後** 教育学の有効性が問われるなかで生まれた教育臨床（の）社会学は，社会学固有の批判性を学問的ベースとしつつも，その出自ゆえに，実践への還元から逃れられず，ある種の規範性をもつことになる．こうした傾向は，教育社会学の学問的固有性を失わせるとして，「臨床」研究の奨励には強い警戒感も存在している（中村 2012）．これに対し，酒井（2014）はいかなる学問もある種の規範性から逃れられるものではないとし，教育社会学固有の「批判を介した規範性」を主張している．

他方，「臨床」研究は，多くの分野で採用されている．その先に目指されるのは，各領域に閉じられた研究者コミュニティの壁の前に出て，言説共同体の創造を目指した取組みを始めることである．その方法は，参加型で，共同（協働）的で，多元的方法を用いたものになると予想されている（Miller & Crabtree 2000）．

［清水睦美］

📖 **さらに詳しく知るための文献**

酒井 朗，2014，『教育臨床社会学の可能性』勁草書房．
日本教育社会学会編，2004，『教育社会学研究 第 74 集 特集 教育臨床の社会学』．

教育の歴史社会学

「教育の歴史社会学」という呼び名がわが国で一定の認知を得るようになったのは1990年代初期である．日本教育社会学会の大会でおそらく最初に歴史研究の部会が置かれたのは1991年（「教育と近代」部会）だが，翌年には「教育の歴史社会学」部会となり，部会名は変化したが以後継続的に歴史研究部会が設けられる．さらに学会紀要で「教育の歴史社会学」の特集が組まれたのは1995年だった．つまりこの時期から，教育社会学の歴史研究は一つの研究分野として自立を始めたといってよい．

● 1970〜1980年代の状況　もちろん，歴史社会学的な研究がそれ以前になかったわけではなく，数こそは少なかったにせよ，影響力の大きな研究も生み出されていた．そして1970〜1980年代にかけて教員，立身出世論，女性，エリート，学歴主義という五つが，一定のまとまりをもった歴史研究の分野として存在していたとされる（広田1990）．特にこのうちのエリート研究と学歴主義研究という教育の選抜・配分機能に関わる諸研究は，教育と社会との関連構造をマクロに描き出す試みとして高い評価を得た．それらは今日的な問題関心を巧みに歴史分析に落とし込み，ほかの学問の空隙を突いて差異化をはかるという「辺境戦略」（竹内1995）によって，教育社会学のオリジナルな貢献をなしたとされる．

●ブームとその後　さらに教育の歴史社会学研究は1990年頃から2000年代初頭にかけて量的にもブームを迎え，先述のように研究分野としての存在感を強めた．表1にみられるように，歴史関連の学会紀要論文数や大会発表数は大きく増加した．そしてこのブームの発生には大きく二つの背景が指摘されている（広田2007）．

　一つには，1960年代頃から歴史研究を行っていた世代の影響である．彼らは少数ながら先にみたような教育の選抜・配分機能に関わる研究で大きな影響力をもった．そしてそれらの研究者が大学院生を多く擁する研究大学に職を得て，その影響を受けた少なからぬ若い世代が歴史研究に参入してきた．

　もう一つの背景は，新たな視点と方法・対象をもった歴史研究が登場し，それが特に若い世代を引きつけたことである．そうした研究とは，フーコー（Foucault, M.）やアリエス（Ariès, P.），あるいはポストモダン論などの影響を受け，近代的な教育・学習のあり方を批判的な立場から相対化しようとする観点をもち，また方法論的には構築主義や言説研究によっていた．つまりそれらは従来の歴史研究が有した機能主義的ないしは近代化論的性格への批判であり，また近代教育のもつ権力性を明らかにするなど，「現代教育・現代学校の歴史的問い直し」のためのツールを提供するものでもあった（広田2007）．

表1 「教育の歴史社会学」関連の論文・学会発表

年	①『教育社会学研究』での歴史関係論文比率（%）	②教育社会学会大会「歴史部会」発表件数（大会1回あたり平均）		
		発表件数	発表者数	院生比率（%）
1951〜1960	4.3	—	—	—
1961〜1970	4.8	—	—	—
1971〜1980	6.2	—	—	—
1981〜1990	11.9	—	—	—
1991〜2000	24.7	8.2	10.6	53.8
2001〜2010	9.4	8.9	11.4	43.9
2011〜2015	5.4	9.0	10.6	30.2

（出典　①は広田［2007］表1に2006年以降を集計して追加．②は井上・森［2013］表1に2014年以降を集計して追加［ただし集計期間の区切りは変更］．また②は歴史部会における発表のみの数値）

　以上のような背景をもった教育の歴史社会学ブームは，表1によれば，2000年代後半から若干の落ち着きをみせる．しかしそのことはこの分野の停滞ではなく，むしろ安定を示すものだろう．学会大会では引き続き歴史研究部会が置かれ，2013年の学会紀要にはこの分野の研究レビュー論文（井上・森 2013）が掲載されている．とはいえ近年の研究動向には相対する評価も存在する．一方では，多くの研究が先行世代の研究にみられたアクチュアルな問題関心を喪失させ，いわば好事家的な研究に陥っているという批判があり，あるいは言説研究にみられるような，「借り物」の問いによる問題関心の平板化と方法の画一化への批判もある（広田 2007）．他方でこうした状況はこの分野の「通常科学化」に伴う現象であり，そのことで研究の効率性は格段に向上したのみならず，若い世代の研究者によって，アクチュアルな関心に基づく新たな研究領域の開拓が進みつつあるとの指摘もある（井上・森 2013）．おそらくはこれらの各側面が併存しているのが現状であろう．

●**「教育の歴史社会学」とは何か**　最後に触れておくべきは「教育の歴史社会学」とは何かという問題である．実のところそれについて，教育社会学でなされている歴史研究，という以上の性格づけはなされていないといっても過言ではない．この研究分野での方法論への関心の薄さの指摘は早くからあるが（広田 1995），状況は現在においても大きくは変わっていない．もちろんそうした一種のゆるやかさが，この分野でのこれまでの活況をもたらす効果をもった側面もある．しかし他面で，「通常科学化」が進むとするならば，その制度化に応じた中身のあり方の検討も課題となってくるだろう．　　　　　　　　　　［伊藤彰浩］

第2章

教育社会学の歴史

［編集担当：伊藤彰浩・橋本鉱市］

概説：教育社会学における組織と
　　知識の制度化 ……………………………… 40
近代化・産業化と教育社会学 ……………… 44
戦前〜戦後改革期〜
　　50 年代の教育社会学 …………………… 48
教育学との連携・差別化 …………………… 50
社会学との境界問題 ………………………… 52

戦後社会の変動と教育社会学 …………… 54
アメリカ教育社会学とその影響 ………… 56
イギリス新教育社会学とその影響 ……… 58
教職課程・実験講座と教育社会学 ……… 60
教育社会学と研究者集団 ………………… 62
教育社会学の研究対象・方法の変化 …… 66
パラダイムの拡散 ………………………… 70

概説：教育社会学における組織と知識の制度化

☞「教育社会学の学問的性格」
p. 4「学校という社会的装置」
p. 370

　教育社会学は 20 世紀初頭のデュルケム（Durkheim, É.）とウェーバー（Weber, M.）を始祖とするとされている．しかし例えばデュルケムは，確かにソルボンヌで「教育科学と社会学」講座を担当し，教育に関する著作を残したが，彼が創刊した雑誌『社会学年報』に教育に関する項目がなかったことからもうかがえるように（田原 1983），彼とその後の教育社会学の展開の間には少なからず断絶がある．この二人の巨人は，直接の後継者をもたない孤立した存在であり，彼らは 20 世紀の後半になって，後にみるような教育社会学の社会学化のなかで，創始者として発見されたといってよい（Dreeben 1994）．

●米英での動向　アメリカでの教育社会学の制度化は早かった．20 世紀初めの 30 年ほどの間に，教育社会学の授業科目がおかれ，その専門家が登場し，少なからぬテキストが刊行され，専門ジャーナルも発刊され，短命に終わったとはいえ学会も設立される．しかしそこでの教育社会学（educational sociology）は，概して教育研究の一部とみなされ，教員養成機関で主に教えられる，教育実践のための応用社会学であった（Banks 1976）．

　そこからの変化をもたらしたのは，1950〜1960 年代の社会学者の教育研究への参入である．それは，*Journal of Educational Sociology* から *Sociology of Education* へという 1963 年のジャーナル名の改称と，発行母体のアメリカ社会学会への変化に端的に現れている．さらに政府の教育支出増大と学校教育拡大を背景に，教育が政治・経済・社会的なイッシューとなり，社会科学者が教育分野へ流入したという背景もある（Karabel & Halsey eds. 訳書, 1980）．こうして教育社会学（sociology of education）は社会学の一翼をなし，したがってその研究者は主にアメリカ社会学会に所属し，ディシプリンとしての洗練度を高めていく．

　他方でイギリスは，教育社会学の展開においてアメリカに遅れ，また研究者集団の規模も小さかった．戦前における若干の前史はあったものの，1950〜1960 年代に，アメリカ社会学の影響を受け，社会学者が教育機会や社会移動に関する実証的研究に取り組み，しかもそれらの成果が政府の政策と密接な関係をもった（Banks 1976）．しかしその状況は 1970 年頃までに大きく変化した．新興の教員養成機関の研究者を担い手として，ネオマルクス主義的思潮や解釈主義が，教育実践のミクロ分析と接合して，いわゆる「新しい」教育社会学が登場する．1980 年代には財政削減や組織改組によってこの分野の研究基盤は大きく損なわれたが，以後は政策研究などの新たな展開がみられた（Lauder et al. 2009）．そうしたなかで 1980 年には教育社会学の専門ジャーナルも発刊されたが，この分野に

特化した学会はいまだ存在していない.

●**日本での教育社会学の制度化**　日本の教育社会学研究は，すでに明治末期に関連する翻訳書が現れ，大正末期から昭和初期には一定の理論的体系化もなされていたとされるが（柴野 1986），それらは個人レベルの散発的な研究にとどまり，制度的基盤は欠如していた．その状況が大きく転換するのは戦後である．1948年に占領軍の主導による IFEL（教育指導者講習会）で教育社会学グループが設けられたことが日本教育社会学会創設の一つの契機となった．ただし，第1回大会が開催された 1950 年に学会が存在していたことは確かだが，その創設時期は1948 年から 1950 年まで諸説がある．いずれにせよ，戦後の教育社会学は典型的な制度先行型の学問領域の発展パターンを示した（新堀 1992）．特に新制大学における教育と現職教員の認定講習という「巨大な市場」（清水 1958, p. 101）をもつことで，急激に研究領域として成長したのである．そして日本教育社会学会はこの分野の研究者のよりどころとなり，彼らのアイデンティティを育む中心的な場となっていく.

　しかし，当初において教育学者と社会学者の寄り合い所帯であった日本教育社会学会は，そのことで一定の学際性を獲得しつつも，学会組織や研究の方向性においての不安定さを内包していた．その現れの一つは長らく会長職が空席とされ，初代会長の就任が実に 1963 年を待たねばならなかったことである．もう一つの現れは 1950 年代半ばからのいわゆる「教育科学論争」である．教育社会学研究における根本原則としての客観性・実証性の重要さを明確にすることになるこの論争は，その結果として論敵であった教育学者のみならず，少なからぬ社会学者の脱退をも引き起こした．それは一面では教育社会学の純粋化・自立化をもたらしたが，他面で財政の悪化などの学会組織としての危機をも伴った（橋本・伊藤 1999）.

　そうした危機から脱して学会組織の安定へと向かうのは 1960 年頃からである．その背景には，同時期から大学院教育による後継者養成が機能し始め，若手会員が増加していたことがある（橋本・伊藤 1999）．さらに，学校教育の量的拡大やそれに伴う問題状況の顕在化，さらにはマンパワー・ポリシーや教育計画論の登場といった政策環境の変化が，教育社会学に代表される客観的・実証的な教育研究へのニーズを高めていったという背景もある.

　加えて，教育社会学の制度化に大きな影響を与えたのは，教職課程や国立大学での講座・学科目制におけるその地位の獲得である．教職課程に関しては，1950年代半ばから学会関係者による活発な運動が展開していた．結局のところ必修化は達成できなかったが，教育社会学は主要科目としての位置づけを得て，1970年代半ばまでにほぼすべての国立の教員養成学部に学科目として置かれた．実験講座・学科目化を目指した運動も 1960 年代後半から盛んに行われ，こちらは

1973 年以降に実現する（橋本・伊藤 1999）．こうして 1970 年代半ば頃までに教育社会学の制度的基盤はかなりの充実をみせる．以上の動きに対応して，学会の会員数は 1960 年代以降，2000 年代までコンスタントに増加した（「教育社会学と研究者集団」p. 62）．同時期に学会会員による研究成果の発表も盛んになり，さらにそうした活動への社会からの関心も高まっていった．例えば，「教育社会学」というワードを含む新聞記事が，1990 年代初頭には毎年 20 件前後だったが，2000 年には 80 件，2010 年代には 100 件を超えるまでになった（朝日，読売，毎日，日経の全文データベースによる）．

　1990 年代には，日本子ども社会学会や日本高等教育学会など教育社会学研究者がその創設に大きな役割を果たした学会が登場する．このことは専門分化し，大規模化した学会の求心力の限界を示すともいえるが，他面で教育社会学の隆盛を示す現象でもあった．しかし 2000 年代には，依然として学会規模の成長は続いていたが，他方でその制度的環境をめぐる不安要素が顕在化してくる．その一つは教員養成政策の変化である．そこにおける実践志向の強化に伴って，教育実践に一定の距離をおいてきた教育社会学がこれまで教職課程で獲得していた地位は大いにゆらいでいる．またすでに 1990 年代に一部の国立講座制大学では，大講座化に伴って教育社会学講座という組織単位が消えていたが，2007 年には大学設置基準から講座・学科目制の規定そのものが削除され，国立大学組織全体での流動性が増すことになる．2010 年代にはついに学会会員数の伸びも止まった．制度的基盤の面から，教育社会学は大きな転機にさしかかっている．

●**戦後日本の教育社会学研究の展開**　日本での教育社会学研究の動向については，詳細は本章各項目に委ね，ごく簡単な描写にとどめよう．すでに幾人かの研究者が年代別の教育社会学研究の性格づけをまとめている（藤田 1992b，岩永 2007，本田ほか 2012，酒井 2012b，石戸 2013）．各人の観点に差はあるが，そこでは共通した傾向が指摘されている．1950 年代は学問的性格をめぐる模索期で，かつ実態調査の時期であり，1960 年代は機能主義の台頭と政策研究で特徴づけられ，1970 年代は教育問題が焦点になり，他方で実証主義的方法の洗練がなされ，1980 年代には解釈主義やポストモダン論が影響力をもち始め，1990 年代は新しいパラダイムの模索とともに，新自由主義的政策へ対応した研究が展開し，そして 2000 年代には格差問題など新たなイッシューに向き合う実証研究が求められる，といった傾向である．そこには米英などからの理論・方法論の輸入とともに，「その時代的・社会的状況のなかに新しい問題を発見し，発掘することによって，発展の道をたどってきた」（天野 1990, p. 91）過程がみてとれる．

　より具体的な研究分野の動向を，学会大会での部会構成の 1960 年以後の 10 年おきの変遷にみてみよう（表 1）．取り上げられた研究分野に関し，いくつかの傾向がみてとれる．例えば，①子ども，学校，教師，階層，職業，進路，文化・

表1　日本教育社会学会大会の部会構成・部会数・発表件数の推移（1960〜2010）

分類 ＼ 開催年	1960	1970	1980	1990	2000	2010
理論			1	2 (1)	2 (1)	1
子ども・青年		1	2	1	3 (1)	3 (2)
学校・教師	4 (2)	1	4	3 (2)	6 (2)	7 (3)
教育問題	1			1		5 (4)
家庭				1	1	2
ジェンダー・女性				1	2 (1)	1
職業・進路・階層	1	2 (1)	4	2	4 (1)	4 (3)
高等教育		2	1	3 (2)	4 (1)	6
歴史					2 (1)	3 (2)
異文化・多文化				2	1	3 (2)
比較教育			1	1		2
文化・社会構造	3	1	1	2	2	5 (4)
地域社会	2 (1)	2 (1)	2 (1)		1	1
教育政策・財政						4 (2)
生涯学習				1		
他システムと教育					2 (1)	
部会数計	11 (8)	9 (7)	16 (15)	21 (18)	31 (15)	47 (35)
発表件数計	29	26	68	96	129	154

注：石戸（2013, p. 30）の表1-1の分類に従い，各年の大会プログラム・大会発表要旨集録に基づき作成した．括弧内は同一名称部会の重複を除いた部会数．1960年と1970年にはほかに「学生部会」が置かれていた．なお，70年大会は学園紛争の影響で発表件数・部会数が少なくなっていると思われる．

社会，地域社会，メディアなどの分野はこの間に一貫して取り上げられてきたこと，②家族，ジェンダー，高等教育，異文化，国際化，歴史，政策などが新しい分野として登場してきたこと，③部会数・発表件数が1990年代以降に顕著に増加していること，である．約半世紀の間に，研究活動の規模が拡大しつつあるなかでの，研究分野の一貫性のみならず，貪欲に新たな問題を取り入れてきた過程を，ここにも見出せるだろう．　　　　　　　　　　　　　［伊藤彰浩・橋本鉱市］

📖 さらに詳しく知るための文献

Ben-David, J., 1971, *The Scientist's Role in Society*, Prentice-Hall.（＝1974, 潮木守一・天野郁夫訳『科学の社会学』至誠堂）.

Halsey, A. H., 2004, *A History of Sociology in Britain: Science, Literature, and Society*, Oxford University Press（＝2011, 潮木守一訳，『イギリス社会学の勃興と凋落―科学と文学のはざまで』世織書房）.

日本教育社会学会編，2017, 『学問としての展開と課題』教育社会学のフロンティア1, 岩波書店.

近代化・産業化と教育社会学

☞「属性原理と業績原理」p. 84
「再生産論」p. 96 「メリトクラシー」p. 600

　社会の近代化・産業化とともに，教育社会学的な見方も生まれてくる．近代社会の成立は，教育社会学の成立にとって本質的な前提をなしている．例えば，フォースター（Forster, W. E.）によるイギリスでの初等義務教育の導入が1870年，明治維新後の日本の「学制」の発布が1872年，またフランスでは「義務的，無償，非宗教的」を原則とするフェリー（Ferry, J.）による初等教育改革の具体化が1881〜1882年というように，19世紀末というほぼ同じ時期に各国で進められた教育の新たなあり方によって，特定の階級や階層に限定されない教育制度が生まれ，それが教育に対する社会学的な視点を生み出す契機となっていく．

　近代化の内容としてここでは，社会の構造に関わる観点と，社会の構成単位としての個人の確立に関わる観点とを軸に検討していこう．

●**デュルケムと教育**　教育社会学の創設者と目されるデュルケム（Durkheim, É.）は，『社会分業論』（Durkheim 訳書，1971）において，社会の近代化を，機械的連帯から有機的連帯へ，という社会の構造に関わる観点からとらえた．前者が同質性や類似に基づく環節型の社会における社会関係の様式であるのに対して，後者は個人の異質性を踏まえた分業を前提とする，相互依存に基づく社会関係の様式であるとされる．またデュルケムは，新たな学問としての社会学を確立していくために，『社会学的方法の規準』（Durkheim 訳書，1978）において，社会学の研究対象としての「社会的事実」や「集合表象」といった概念を提示している．彼は生前には教育に関する著書を公刊してはいないが，大学でのポストが教育に関わるものであったこともあり，没後に講義録や論文集として刊行されたものによって彼の教育論を知ることができる．社会化の場としての教育という見方とともに，教育に関する特徴的な彼の視点は，社会の表象としての教育というとらえ方である．すなわち，教育体系は明らかに特定の諸社会組織に結びついているから，それらから切り離すことはできないと述べ，それゆえにまた，教育は時代や国が異なるのに従って非常に変化すると主張する（Durkheim 訳書，1976; 2010; 1981）．そして社会の近代化に応じた新しい教育の必要性，必然性が唱えられ，デュルケム自身は当時のフランス社会の状況のなかで，理性的，合理的，科学的といった要素を強調した．これは，第二帝政の崩壊を受けて成立した第三共和政を安定的なものとし，従来の教会による教育に代わる公教育を新たに確立することが政治的・社会的な課題となっていたことを背景として，時代に応じた新たな教育のあり方として彼が主唱したものである．

　またデュルケムは『道徳教育論』（Durkheim 訳書，2010）において，世俗的

＝非宗教的な道徳の要素として，規律の精神，社会集団への愛着，意志の自律性の三つをあげ，生徒たちが学校での公教育を通じてこれらを身につけることを論じた．これら三要素は，『自殺論』（Durkheim 訳書，1985）で彼が提示した，「アノミー的」「自己本位的」「集団本位的」という類型に陥らないためのものとしてそれぞれ対応するととらえることができるが，集団に埋没しない，個人の意志の自律性を三要素の一つとして強調する彼の視点は，近代における社会の構成単位としての個人の確立という観点が前提となっている．

●**ウェーバーと教育**　デュルケムとともに社会学の定礎者に位置づけられるウェーバー（Weber, M.）には，デュルケムにおけるような教育についてのまとまった議論が，その論考の中心に見出されるわけでは必ずしもない．しかしウェーバーは，人間の内部に潜在するカリスマ的資質の全人格的覚醒を目指すものとしての「カリスマ的教育」，騎士的・個人的武芸の完成を目指す「封建制的教育」，専門化されず細分化もされない一般的な教養の陶冶を目的とする，文人的，古典的，典籍的な「家産制的教育」，専門化され特殊化された知識・技術の養成を目指す「官僚制的教育」という，社会のあり方に対応した教育の理念型を示している（Weber 訳書，1960）．これらはカリスマ的支配，伝統的支配，合法的支配という，彼の有名な支配の三類型と関連づけられるものであり，ここにおいてウェーバーは，社会の構造に関わる観点から教育の類型について論じ，合法的支配の典型である官僚制的支配のもとで行われる近代的な教育の型として，官僚制的教育を提示している．

　なおウェーバーには，ドイツとアメリカの大学や大学教員のキャリアなどの比較も含め，近代社会が展開していくなかでの教育や研究のあり方に関わる議論として，1917 年の講演録である『職業としての学問』（Weber 訳書，1980）もある．

●**20 世紀前半のアメリカの教育社会学**　1865 年に終結した南北戦争後のアメリカでは，学校教育の普及整備が進められ，それに応じて教員養成のための師範学校や大学教育学部の整備も行われた．また，19 世紀末から 20 世紀前半にかけてのアメリカでは，鉄鋼，鉄道（最初の大陸横断鉄道の開通は 1869 年），自動車（1908 年から 1927 年の間に 1500 万台以上の T 型フォードが生産される）に代表されるような，急速な産業化も進んでいった．こうした産業化を背景として，1905 年には，事業で得た富を市民に還元することを信念とした「鉄鋼王」カーネギー（Carnegie, A.）の寄付によってカーネギー教育振興財団が設立されて，教育に関する調査研究，教育関係図書の出版などへの取組みがなされるなど，教育に対する社会的な関心も高まっていった．そして，このような時代状況のなか，20 世紀初めのアメリカにおいて，固有の学問としての「教育社会学」が成立してきたとされる．当時の教育社会学は，社会学の知見を教育問題の解決に応用することを目的としていて，実践的・技術的な色彩が濃いものであった（菊池

1999). アメリカの教育社会学の初期は，農村社会学や都市社会学をベースにして，教育の実態やあるべき方向を論じた研究が主流であった（石戸編 2013）．

産業化の進む当時のアメリカにおいて，教育を通じて近代にふさわしい民主的な社会を構築することを論じたのが，プラグマティズム，道具主義で知られるデューイ（Dewey, J.）である．『民主主義と教育』（Dewey 訳書，1975）において彼は，心理学的な観点に通じる個人の成長という側面とともに，社会学的な観点からも教育をとらえ，民主主義を支えるために教育が果たすべき役割という側面についても論じている．近代化による新たな社会に応じた教育のあり方を論じているという意味で，社会の構造の変化に関わる観点を示していると同時に，個人の確立という観点にも関わっている．

また，産業化の進展によって拡大していく生産を支える，消費の近代的なあり方を先駆的に論じた人物として，ヴェブレン（Veblen, T.）があげられる．彼は，この近代的な消費に関して，『有閑階級の理論』（Veblen 訳書，1998）で「誇示的消費」という独自の視点を提示したが，同書の最後の章が「金銭的な文化の表現としての高等教育」と題されているように，社会の構造に関わる観点からの近代社会における教育の変容についても関心を示している．

●属性主義から業績主義へ　社会の構成単位としての個人の確立，という近代化の特徴は，身分制に基づく社会から個人に基づく社会への移行といい換えることができる．近代的な社会への画期をなすフランス革命の発端となった，全国三部会の第三身分の代議員たちによる，身分制議会を否定しての「国民議会」の結成はその移行を示す象徴的な出来事であるし，日本でも，江戸時代の士農工商という身分制が，明治維新後には四民平等のスローガンによって廃止されていった．

「身分制」から「個人」へ，というこうした移行は，教育社会学的な概念を用いるならば属性主義から業績主義へ，といい換えることができる．身分制の社会においては，自らの属する身分の枠を越えた垂直的な社会移動は，身分に基づいて成立している社会の秩序を破壊するものとして否定されるが，身分制が廃止された近代社会においては，個人の能力に応じた垂直的な社会移動が社会の活力を生むものとしてむしろ奨励される．それゆえ，例えば明治以降の日本でも「立身出世」が称揚されることとなったのである．

こうした個人の能力を重視する社会のあり方を指す語として，メリトクラシーがあげられる．この言葉は，ヤング（Young, M. D.）による著書（Young 訳書，1982）において，今日デモクラシーは一般民衆ではなく最も優秀な人々による支配となっているとされ，この新たな社会のあり方が，生まれつきの貴族の支配や富豪たちの寡頭政治と対置される，才能ある人々による真のメリトクラシーの支配，として名づけられ用いられたところに端を発するが，今日では能力に基づく社会といった，より一般的な文脈で用いられている．

近代社会は，個人を構成単位とし，その各個人の能力・業績（メリット）に基づいて社会的な地位が定められることを理念とするが，しかし現実において，本当に能力に基づいた社会移動が行われているのであろうか．ブルデュー（Bourdieu, P.）やバーンスティン（Bernstein, B.），ウィリス（Willis, P. E.）らに代表される再生産論は，こうした問いをあらためて投げかける．

近代社会においては，個人の能力の証しのわかりやすい指標として，しばしば学歴が用いられる．メリトクラシー的な考え方からすれば，能力の高い個人がより優れた学歴を得るということになるが，しかしその一方で再生産論的な考え方からすれば，そもそも個人の能力は純粋に個人に負っているとはいいがたい．バーンスティンは，精密コードと限定コードという言語コードの概念をもとに，労働者階級出身の子どもは学校で求められる精密コードを十分に身につけていないために，学校での優れた成績を得ることが困難となると論じ（Bernstein 訳書, 2000 など），ブルデューは，個人が普段の生活を通じてハビトゥスとして身につけている文化資本の違いによって，学校での成功の度合いが左右されると論じた（Bourdieu 訳書, 1990；Bourdieu et Passeron 訳書, 1991 など）．またウィリス（Willis 訳書, 1996）は，イギリスの労働者階級の少年たちが，学校文化に背を向け，自らの階級文化を肯定的，積極的に身につけていくことによって，結果として階級構造が再生産されていく様相を描き出している．すなわち，指標としての学歴は個人の能力を純粋に表すものでは実はなく，家庭環境や階級的な影響といった，社会的な要因をも反映していることになる．このようにして，近代化とそこでの業績主義の実現という理念に対する批判，たとえ身分制の廃止などによって社会の構造が変化しても，個人に対する社会の影響は働き続けるという視点が示される．なお階級という概念自体，近代社会への移行に伴う産業化の進展の中で明確化されてきているものでもある．

教育社会学は，その成立のときから，近代社会における教育のあり方と，個人の自由と平等がそこでいかに実現されているか，あるいはされていないかを問い続けているととらえることができる．　　　　　　　　　　　　　　　［白鳥義彦］

📖 さらに詳しく知るための文献

Dewey, J., 1916, *Democracy and Education: An Introduction to the Philosophy of Education*, Macmillan（＝1975，松野保男訳『民主主義と教育』上・下，岩波書店）．

Durkheim, É., 1925, *L'éducation morale*, Félix Alcan（＝2010，麻生　誠・山村　健訳『道徳教育論』講談社）．

Young, M. F. D., 1958, *The Rise of the Meritocracy 1870–2033: An Essay on Education and Equality*, Thames & Hudson（＝1982，窪田鎮夫・山元卯一郎訳『メリトクラシー』至誠堂）．

戦前〜戦後改革期〜
50年代の教育社会学

　ある学問の制度化には，内容面（ディシプリン）の確立とそれを支える専門的集団（教員，学生）の生成，さらには高等教育機関での講壇化（講座・コースや大学院の設置），全国学会の設立などが必要である．わが国の教育社会学の場合，学問内容としては古くは建部遯吾（1921）や遠藤隆吉（1926）などにも萌芽がみられ，市川一郎（1921），井上貫一（1928），岩井龍海（1930），田制佐重（1937）など，教育学および社会学の領域で先駆的な研究が蓄積されてきた．またアメリカのピータース（Peters 訳書, 1929），スミス（Smith 訳書, 1935）なども翻訳・紹介されている．しかし，こうした学問的な萌芽や展開はあったものの，戦前期においては研究者個人の活動がメインであり，それを支える組織的な制度は整備されていなかったとみてよい．

● **IFEL による指導**　わが国の教育社会学が知識・組織双方の面で制度化の契機となったのは，戦後占領期における The Institute for Educational Leadership（IFEL）の指導によるところが大きい．IFEL はアメリカ占領当局によって 1948年から 1952 年にかけ合計 9 期にわたり開催されたが（当初「教育長等講習」，第5 期以降「教育指導者講習」と呼称），その「教育学部教授講習」において，教育心理学などとともに教育社会学の学習機会が提供された．東京第一師範学校男子部において開催された第 1 期の教授講習に参加したのは 72 人（1948 年 10 月から 12 週間），また第 2 期（翌 1949 年 1 月〜）には 83 人，第 3 期（同 10 月〜）にはさらに全国展開をみせ，東北大，東大，京大，九大における講習会に，合計62 人の教官が参集した（高橋編 1999, 第 1 巻 pp. 48-49, 第 2 巻 pp. 197-201, 300-301）．IFEL の独特のワークショップという共同研究の方法によって，ここで開設された教育社会学班において「社会学と教育学との両部門の人々がふれあい，歩みよりはじめた」といわれる（二関 1951, p. 172）．この後，IFEL に参加した教員や国立教育研究所（当時は教育研修所）を中心に，1949 年 12 月に通信教育用テキスト『教育社会学』（国立教育研究所編）が編集・刊行され，清水義弘によれば 1 万人以上の現職教員が受講したといわれる（清水 1958, p. 101）．さらに，第 5 期（1950 年 9 月〜）および第 6 期（1951 年 1 月〜）には，教育社会学は新たに制定された教育職員免許法で教職科目の一つに規定され，ほかの 4種の専門学科（教育心理学など 18 科）とともに「教職課程基礎学科」として「教育社会学」講習会が実施された．これと並行して「はなばなしい概論の時代」が現出した（二関 1951, p. 172）とも称されるまでに数多くの教育社会学の概論書が刊行され，教育学者と社会学者が合流して「日本教育社会学会」が創設，

1950年11月に第1回大会が開催されるに至った.

●**制度化への課題**　しかしこうした「めぐまれすぎた」(清水 1958, p.101) ともいえる経緯は，逆にその後の斯学の制度化に大きな課題を残すこととなった. まず学問内容としては，戦勝国の指導により導入が進められたため，「いちじるしくアメリカ教育社会学(ひいては教育学)の影響を受け」(清水 1958, p.101) ることとなった. その際，親学問である社会学と教育学が苗床の役割を果たしたものの，制度化の過程では Sociology of Education か Educational Sociology かといったディシプリンの性格が常に問われることとなった. また教職課程や現場の教職員と密接な関わりをもちつつ，全国の教員養成系大学・学部に教育社会学の学科・講座として設置された結果，突如として巨大なマーケットをもつことになったが，大学院などの(再)生産機構は十分に整備されていなかった. さらに社会学会や教育学会から下部組織として位置づけようとする要望や期待に呼応することなく，独自の学会を早急に立ちあげるに至った(同じ IFEL の1部門であった「教育心理」や「教育行財政」などのグループが学会を設立するのはそれぞれ 1959 年，1966 年のことである). このように性急なまでの学問分野の確立と学会設立であったといえるが，1954 年 10 月の学会第6回大会では，早くも「教育社会学の性格」と題された特別研究部会が設けられ，学問としての体系化の欠如，研究方針の混乱などの批判が表れている. 教育現場・問題の社会調査を通じて実践的な貢献を行おうとする志向性と，社会科学として教育事実を客観的に研究しようとする立場との間で，方法論や研究方針について「教育社会学の主体性と生産性」(清水 1958, p.109) が問われ始めることになったのである.

●**飛躍への仕掛け**　その相克が組織面においても表面化するのは 1950 年代半ば以降のことである. 学会名簿からは，1960 年初期まで教育学系が約6割弱，社会学系3割弱という比率で構成されているが，1950 年代半ばからの「教育科学論争」を契機として，教育学系では設立当初の半数以上(平均年齢 54 歳)が，また社会学系でも3分の1(平均年齢 50 歳)が脱会している(橋本・伊藤 1999). 学会設立は早かったものの若手研究者の創出が立ち後れたため，会員数についても頭打ちとなり，さらに学会設立の要因の一つであった文部省(当時)刊行補助費も打ち切られるなど，学会運営は大きな転機を迎えることとなった. わが国の教育社会学が内容面と組織面で，こうした停滞から脱却しさらなる展開をするには，その後の「教育社会学者」の再生産機構の確立と，「教員養成課程における必修化」と「実験講座化」という組織的戦略が必要であった.　　　　　[橋本鉱市]

📖 **さらに詳しく知るための文献**

すずさわ書店編，2001，『占領期教育指導者講習研究集録昭和 25 年度　教育社会学』．

日本教育社会学会編，1973，『教育社会学の基本問題』東洋館出版社．

教育学との連携・差別化

☞「教育社会学と隣接諸科学の広がり」p. 28

　日本教育学会（以下，教育学会）は1941年に創設され，戦後の1947年には創設時の中心メンバーの一人であった長田新が初代会長に就任した．教育学会は，1948年以降，日本教育社会学会（以下，教育社会学会）設立の契機となったIFEL（教育指導者講習，The Institute for Educational Leadership）に協力し，また，海後宗臣や宮原誠一などの中心メンバーが教育社会学会創設時の役員に名を連ねた．このように，教育社会学会と教育学会は戦後の10年間は密接な連携関係を維持していた．そうした連携関係の背景には，大学における教員養成や国立総合大学への教育学部設置など，戦後のアメリカ占領下での教育改革を推進していくという共通の目的があった．

　しかし，1950年代以降，国際政治では資本主義と社会主義がイデオロギーで対立する冷戦構造が定着していく．また，1955年には，冷戦構造が国内政治での自民党を中心とする保守勢力と社会党，共産党を中心とする革新勢力の対立を固定化させていった（55年体制の成立）．

　以上のような政治状況の変化が，教育社会学と教育学との間の関係に影響を及ぼしていく．すなわち，保守と革新の対立を受けて，前者の流れを汲む教育社会学が教育社会学会のなかで台頭し，他方，後者の流れを汲む教育学が教育学会のなかで台頭していったのである．そうした対立の端緒を開いたのが，1955年から1958年にかけて行われた教育科学論争である．

●**教育社会学と教育学の対立：教育科学論争を端緒として**　教育科学論争は，東京大学教育学部で教育社会学講座を担当していた清水義弘，教育史研究会の海後勝雄，教育科学研究会（以下，教科研）の五十嵐顕らの間で行われた論争である．

　教科研は，月刊誌『教育』を刊行し，宮原誠一，宗像誠也，勝田守一，五十嵐ら，東大教育学部の教員が中心的なメンバーとなり，「日本教職員組合（以下，日教組）」など革新系の教育運動の中心的な役割を担う存在であった．また，教育史研究会（以下，教史研）は海後勝雄ら，主として東京教育大系の教育史研究者たちによって担われ，マルクス主義の立場からの史的唯物論に立脚した教育学の科学化を提唱していた．海後をはじめ教史研の主要メンバーはコアカリキュラム連盟を継承した日本生活教育連盟（以下，日生連）とも深い関わりをもっていた．

　清水義弘は，教科研に対しては客観性を軽視した教育実践の観念的な理想化を批判し，教史研に対しては歴史の進む法則をあらかじめ想定する史的唯物論のイデオロギー性を批判した．そして，実践の観念的理想化にも歴史のイデオロギー的法則化にも陥らない政策科学としての教育社会学の確立を提唱した．

教科研の宮原誠一，教史研の海後勝雄らは教育社会学会創設時の有力メンバーでもあったが，教育科学論争以後は，教育社会学会から離れていく．そして，彼らをはじめとする教科研や日生連など民間教育運動に集う教育研究者たちは，教育学会を主な舞台として活動していくようになる．一方，教育社会学会では，清水らを中心に，政策科学を強く志向する実証的研究が勢いを増していく．

こうして，政策科学を志向する教育社会学が保守派のイデオロギーと完全に等置され得ないとしても親和性を有し，他方で，民間教育運動の影響が強い教育学が革新派のイデオロギーと親和性を有するという対立構図が，冷戦と55年体制下の教育研究において形成されていく．

●**冷戦の終結と連携の再開**　1989年のマルタ会談で冷戦が終結し，さらに1993年の非自民連立政権発足によって55年体制も終焉する．

これを機に，教育研究の世界にも地殻変動が起こる．1992年に，このような社会政治状況の変化を強く意識して，「新しい問題の成立は，それにふさわしい方法の確立を要請する」と唱えて『教育学年報』（森田ほか編 1992）が創刊された．これは，教育哲学の森田，教育社会学の藤田英典，教育行政学の黒崎勲，教育史の片桐芳雄，教育方法学の佐藤学が編者となり，従来の領域間，イデオロギー間の対立を超えた新しい教育研究の地平を開こうという意図で創刊され，創刊号には編者のほか，教育社会学の天野郁夫，教育史の寺﨑昌男が論稿を寄せている．

同年報は2004年までに10号が刊行され，冷戦期に分断されていた教育社会学と教育学の相互の連携，交流を活性化させるうえで大きな役割を果たした．特に，1990年代以降のポスト冷戦期における教育の市場化や学校選択をめぐる論争や，ゆとり教育と学力低下をめぐる論争において，教育社会学が教育学のほかの分野と緊密に関わりながら，論争を主導したことの意義は大きい．

以上のような状況の変化を受けて，教育学会では，2009年から5期連続して教育社会学者が会長に選出されるという事態が出現するに至っている．このことは，教育社会学と教育学の冷戦期におけるような分断の構造が変化し，両者の間に新たな連携の動きが芽生えていることの証左といえる．　　　　　［小玉重夫］

　　📖 さらに詳しく知るための文献

清水義弘，1987，『なにわざを．われはしつつか．―教育社会学と私』東信堂．
竹内洋，2011，『革新幻想の戦後史』中央公論新社．
小玉重夫，2016，『教育政治学を拓く―18歳選挙権の時代を見すえて』勁草書房．

社会学との境界問題

　教育社会学はアイデンティティの自省が多いとされる．内部-外部の境界画定を通じて自らを構成するのはシステムの基本的作動だが，教育学のみならず社会学自体を構成的外部として強く意識してきた点は，ほかの連字符社会学ではあまり見られず特徴的である．その背景には学問の制度化過程が深く関与している．
●**教育社会学の自律と社会学との差異**　1949年に日本教育社会学会が成立した際，その成員は主に教育学者と社会学者だった．両方の間には教育社会学という学問の認識をめぐる大きな溝があり，それが学的なアイデンティティを不明確なものにしていた．1950〜1960年代にかけて清水義弘らは，二つの親学問から「独立」し教育社会学自らの固有性を構築する言説実践を，次の三つの軸を中心に行っていく．第一に，自らを当為学と事実学の間に位置づけた．つまり教育学との関係では価値中立的な科学としての事実学的側面を強調し，社会学との関係では実践科学・政策科学としての当為学的側面を強調したのである．第二に，教育と社会との界面で生じる事象・問題を自らの対象として位置づけていった．具体的には理念的な教育学が扱わない選抜，学歴社会，教育と経済，教育問題などのテーマである．ここで興味深いのは清水は当為論のみならず，事実をめぐる問いのなかにも〈検証可能-不可能〉という区別を導入し検証可能なテーマ（と彼がみなすもの）に対象を限定したことである．例えば当時の教育学に見られる「教育は資本主義の延命装置」という言明は，検証不可能な命題として教育社会学の対象から除外された．しかし実は社会学でも，国家独占資本主義論などの枠組みで特定の制度・構造を同様に記述する論法は流通していた．上記の自己限定は，理論志向が強い社会学と（狭義の）実証的研究に特化する教育社会学という差異の背景になった．第三に，「辺境的」（天野 1990）という自己認識がある一方，清水のように社会の維持・存続において教育が果たす比類ない役割を強調し，そこに教育社会学の社会学一般に対する優位性を見る意識もあった．堤孝晃と齋藤崇徳によると，この前提は教育社会学を根底から批判した森重雄にも共有されており，それはパーソンズ（Parsons, T.）の構造機能主義的なシステム理解に起因する．
●**差異のコンテクスト**　上記のような社会学との「差異」がリアリティを獲得していった文脈はいくつか考えられる．第一に，多くの教育社会学の教員は教育学部に所属し，また教育社会学自体が教職科目として必修化されたことから，ほかの連字符社会学に比べて，社会学よりも対象の学（ここでは教育学）との関係が深くなる制度的環境にあったことがあげられる．第二に，戦後の教育改革がGHQの主導で進められた関係で，教育社会学もアメリカの影響が強かったこと

である．これは戦後日本の人文社会科学ではマルクス主義の影響が強かったことを考えるとやや特異な位置にある．社会学でもアメリカ社会学の影響は大きかったものの，世界的にも高い水準にあったマルクス，ウェーバー研究をはじめ，フランクフルト学派や構造主義などヨーロッパに根差す思想を土壌として理論志向の強い社会学が花開いた．これに対し教育社会学は，前述の教育学からの「独立」が当時の文脈ではマルクス主義的磁場からの離脱を意味したこともあり，機能主義と実証主義が基本的な方法論的準拠枠となった．第三に，上記の学問的な立ち位置が，教育に対する社会の関心が高まるほど，教育社会学の影響力を高めるというサイクルをつくったことである．文部省（当時）から見たとき，実証主義に定位し政策科学という自己規定をもつ教育社会学は，批判的で理念的な教育学よりも連携相手として優位性をもっていた．また1970年代以降，教育問題が社会的関心を呼ぶようになったとき，そのジャーナリスティックな欲望を満たせたのも，データに基づいて問題の実態や背景を「実証的」に語れる教育社会学だった．それが培った「自信」は，社会学に対して，理論研究に関してはコンプレックスをもちつつ，社会的プレゼンスに関しては優位性を感じるというねじれた自己意識を生んだ．

●**ゆらぐ境界・残る境界**　以上の差異は現在では徐々に解消されつつある．教育社会学では1970年代以降，解釈的アプローチ，再生産理論，ポスト構造主義，社会史など多様な認識論や方法論に基づき理論的志向を有した研究が増えていく．他方で社会学の側では調査に基づく実証的研究が増加していき，両者の差異は小さくなっている．その一方で，少なくとも次の2点において社会学との差異は存続する．第一に教育社会学では教育を特権的な変数とみなしがちな点である．連字符社会学なので当然ともいえる．だが例えば機会の平等への問いにおいて，教育の役割を不動の前提とするか，教育の機能的等価物を精査し必要であれば教育という変数を手放せるかで，思考可能性の幅は決定的に変わる．第二に規範理論への回路が封殺されていることである．近年の日本の社会学の最良の成果の一部は，立岩真也や北田暁大などの作品に例示されるように規範理論の分野で生み出されている．教育社会学では「独立」の際，それを教育学の領分へと放逐した．起源に刻印された境界を解体する時期に来ている．　　　　　　[仁平典宏]

📖 さらに詳しく知るための文献

藤田英典，1992，「教育社会学研究の半世紀—戦後日本における教育環境の変容と教育社会学の展開」『教育社会学研究』50，pp.7-29.

橋本鉱市・伊藤彰浩，1999，「教育社会学の制度化過程—発展の制度的基盤を中心に」『教育社会学研究』64，pp.55-74.

堤孝晃・齋藤崇徳，2013，「日本の教育社会学における近代教育／教育学批判の展開とその反省—森重雄を中心として」『ソシオロゴス』37，pp.20-44.

戦後社会の変動と教育社会学

☞「教育社会学の学問的性格」p.4「教育社会学の研究対象・方法の変化」p.66「パラダイムの拡散」p.70

　第二次世界大戦敗戦後の日本は，直後の混乱期を経て，1950年代後半から1970年代初頭の石油危機までの高度経済成長期，1970年代半ばから1990年頃までの安定成長期，その後の低成長期の三つの時期に大きく区分される．

　このうち高度経済成長期においては，第二次・第三次産業の急速な拡大と雇用労働化，農山漁村から大都市への人口大移動，既婚女性の専業主婦化などの著しい変化が生じた．教育に関しても，1950年代半ばには約50%であった高校進学率は1960年代を中心として急上昇を遂げ，1970年代半ばには90%を超える．同じ時期に大学進学率も20%未満から40%近くへと倍増した．これらの急激な諸変化は，教育から仕事（雇用労働）へ新規労働力が注ぎ込まれ，仕事から家族へ賃金が注ぎ込まれ，家族から教育へ多大な教育意欲と教育費が注ぎ込まれるという緊密な循環構造を日本社会内に形成した．

　その後の安定成長期には，こうした教育・仕事・家族の間の循環構造が維持されるとともに，それを原因とするさまざまな社会問題が顕在化した．仕事の領域では，いわゆる日本的雇用慣行の諸特徴が深化を遂げ，海外からはその効率性への注目が高まっていたものの，同時に「会社人間」「社畜」「過労死」などの言葉で表現される負の側面も目立つようになっていた．性別役割分業を前提として妻＝母親たる女性が家族の主な担い手となっていたが，夫＝父親の不在のもとで，母子密着化や地域社会からの家族の孤立が問題視されるようになっていた．教育の領域においても，受験競争の激化や早期化，そこから派生する「落ちこぼれ」「登校拒否」「校内暴力」「管理教育」といった教育問題が，社会的関心を集めていた．しかし1980年代後半のバブル経済による好景気と消費社会の成熟は，そうした諸問題から人々の目を逸らすように作用していた．

　1990年代初頭にバブル経済が崩壊した後，日本社会のそれまでの循環構造は破綻を迎え，格差と貧困，労働条件の劣悪化，少子高齢化と人口減少などの問題がいっそう噴出するとともに，近隣東アジア諸国を含む後発国の政治経済的台頭に直面して，政治の右傾化やレイシズムなど，従来は潜在化していた動きも露わになっている．

●**教育社会学の変化**　このような社会変動と一定の対応関係を示すようなかたちで，日本の教育社会学も変容を遂げてきた．日本教育社会学会の学会誌である『教育社会学研究』の特集テーマから，次のような六つの時期に区分することができる（藤田1992；本田ほか2012）．

　このうち第一期（1950年代）は，制度としての成立後間もない教育社会学の

学問的な性格づけが模索されるとともに，戦後混乱期における教育事象の実態調査が盛んに実施された時期である．第二期（1960年代）は高度経済成長期にあたり，教育社会学は経済成長・技術革新に寄与する教育のあり方を追究する政策科学としての性質が色濃くなる．第三期（1970年代）は安定成長期の前半に該当し，顕在化し始めたさまざまな教育問題を，コンピュータの発展により高度化した統計手法により把握するタイプの実証研究が増加する．第四期（1980年代）には欧米の研究動向の影響により，教育研究そのものを根底から問い直そうとする「脱構築」の志向が強くなる．その志向はバブル経済崩壊後の第五期（1990年代）にも引き継がれ，理論や方法論など教育社会学のパラダイムの模索に力点が置かれる．しかし今世紀に入った第六期（2000年以降）には，経済の低迷が長期化するなかで生じてきた新たな社会問題へのキャッチアップが，教育社会学の重要課題として浮上している．

●**日本社会と教育社会学**　教育社会学はほかの諸学問と同様に，理論・方法・対象という三つの主要な軸を構成要素とする．このなかで理論に関しては，日本の教育社会学は欧米の動向に敏感に反応してきた．また方法に関しては，理論を反映しつつも，統計技術の進歩など，独自の要因に基づく高度化や細分化が進行している．そして研究の対象とする事象やその取り上げ方に関しては，その時々の社会状況や支配的な価値・規範に影響され続けてきたといえる．例えば1970年代から1980年代にかけて教育社会学の発展を牽引した「学歴社会」研究や，今世紀に入って増加している格差・貧困・排除研究は，いずれも社会一般のいわば通俗的な関心を後追いするかたちで，より精確なデータや分析結果を提示するものであった．

　このような性格をもつ日本の教育社会学は，社会内の暗黙の価値・規範を相対化できず，それに則り強化さえしてしまう危険を含んでいる．教育達成としての「学力」や学歴，地位達成としての収入や職業威信など，研究で用いられることの多い概念や指標・尺度そのものが，そうした危険をはらむことに，教育社会学者は自覚的である必要がある．

　また，前述の戦後日本社会の変動過程は，国際比較でみてもきわめて特異な諸特徴を，この社会とそのなかでの教育事象に対して刻印してきた．そうしたさまざまな特異性を，文化的要因などに還元することなく説明・解明し，理論化して世界に発信することも，日本の教育社会学が今後いっそう取り組むべき重要な使命の一つとなっている．　　　　　　　　　　　　　　　　　　　　　　　[本田由紀]

📖 **さらに詳しく知るための文献**

本田由紀，2014，『社会を結びなおす』岩波ブックレット．
木村元，2015，『学校の戦後史』岩波新書．

アメリカ教育社会学と その影響

参照「アメリカの教育社会学」
p. 138

　*The Journal of Educational Sociology*の第 1 巻第 1 号の発行は 1927 年 9 月, アメリカではこの頃, 教育社会学の研究コミュニティが形成されつつあった. 発刊の目的は, 科学（science）としての社会学と技術（art）としての教育を架橋することにあると記述されている. 現実の教育問題の解決を目指した人々が, そのための学としてなぜ社会学を選択したのか. 主な理由は, 教育心理学テストを武器として, 生徒の学力向上という問題解決に力を入れていたことへの対抗であった. その方法では個人の社会的背景や社会環境を見過ごすことになると考える人々が, 社会学を採用したのであった（Payne 1963）.

　The Journal of Educational Sociology は, 1963 年 5 月第 36 巻第 9 号を最後とし, その後はアメリカ社会学会のもとで *Sociology of Education* と誌名変更する. 巻号は継続し, *Sociology of Education* は第 37 巻第 1 号から始まる. 第 36 巻第 9 号には, 新誌が理論的・抽象的な内容になることを懸念し, 社会学者は理論の現実への適用や実証研究に注力すべしとの告別の辞が掲載されている（Dodson 1963）.

　この誌名変更は, 教育社会学の学問的基盤の確立を象徴するものであった. 教育社会学のテキストを分析した研究（Card et al. 1971）によれば, 教育社会学テキストの初出は 1912 年, その後 1950 年頃までは平均年 1〜2 冊の発行にとどまるが, 1950 年代後半から急増し, 1960 年代後半には年間約 10 冊が刊行される. その内容も, 当初の「哲学的志向」から, 教育の「機能」「科学的記述」「社会的基盤」というカテゴリーが増加し, 1960 年代にはこの三つでほぼすべてを占める.

●**アメリカ教育社会学の特徴と課題**　アメリカ社会学会の 52 の分科会の一つである教育社会学は, 2015 年において上位から 13 番目の会員数を擁し, *Sociology of Education* は学会が発行する 14 の学術誌の一つであり, 社会学の下位分野としては主要な 1 領域を形成しているが, コミュニティ内部では, 研究の方向性に関する苦悩を抱えている. 1999 年から 2008 年までの *Sociology of Education* に掲載された 168 本の論文の分析からは, 2000 年代のアメリカ教育社会学の特徴と課題を知ることができる（Brint 2013）. その特徴は, 第一に圧倒的に量的研究に傾斜, 第二に実証分析志向が強い, 第三に研究領域が教育機会の人種間の不平等と初中等教育の関係（インプット-スループット）に集中している, 第四にアメリカ国内を対象にした研究が多いと指摘されている.

　これらの特徴は, 裏返せば弱点であるともいう. 特徴と対比させれば, 第一に量的に測定できるものしか研究対象にせず, 質的研究の厚みがない, 第二に理論

を借りた実証研究であり，理論そのものの検討がなされない，第三に学校教育とその後の社会との関係（スループット-アウトプット）の分析が弱い，第四にグローバル化している時代に他の社会との比較の視点がないこととなる．

　この論考は2009年のアメリカ社会学会・教育社会学分科会のニューズレターに発表されたものであるが，2013年になって再度 *Sociology of Education* に掲載され，編集委員のおおむね賛同するコメントを付した特集となっていることは，アメリカの教育社会学がこれらを課題として認識していることの現れであろう．

　それがいかにイギリスの教育社会学の傾向と異なるかは，イギリスの教育社会学についてまとめた論稿との比較で明白になる（Lauder et al. 2011）．

●**日本への影響**　日本ではすでに1920年代にはアメリカ教育社会学の紹介がなされているものの（柴野ほか編 1986），第二次世界大戦後に学会が成立したことで本格的な導入が始まり，一貫して大きな影響を受けてきた．それは，第一にテキストや研究書の翻訳を通じてである．アメリカで古典的なテキストであるウォーラー（Waller, W. W.）の *Sociology of Teaching*（Waller 1932）が，『学校集団』として1957年に翻訳されたのを皮切りに，オッタウェイ（Ottaway, A. K. C.）の『教育と社会』（Ottaway 訳書，1959），近年ではバランティン（Ballantine, J. H.）らの『教育社会学』（Ballantine et al. 訳書，2011）が出版されている．1970年頃から研究書が多数翻訳され（例えば，ジェンクス［Jencks et al. 1972］，コリンズ［Collins 1979］，ボールズとギンタス［Bowls & Gintis 1976］，シコレルとキッセ［Cicourel & Kitsuse 1963］など），これに倣った研究がなされた．

　第二に量的研究の方法論の影響は大きく，大量のデータ解析が容易になり，1990年代以降，重回帰，ロジスティック回帰分析などによる論文が増加している．

　第三に研究領域としての社会階層と教育，教育機会の不平等問題は，日本にとっても主要な研究テーマである．ただ，アメリカでは人種や民族間の差別の歴史に起因する不平等問題として論じられることに対し，日本では社会階級・集団の差異が明示的でないため，階層を操作的に構築して分析するケースが多い．

　ただし日本では，戦後，教職課程に必要な科目として教育社会学が導入されたことで発展したため，教育学の1領域として扱われる傾向があり，社会学の下位領域として存立しているアメリカとは異なる．　　　　　　　　　　　［吉田　文］

📖 **さらに詳しく知るための文献**

Ballantine, J. H. et al., 2009, *The Sociology of Education: A Systematic Analysis*, 6th ed., Pearson Education
　（＝2011，牧野暢男ほか監訳『教育社会学―現代教育のシステム分析』東洋館出版社）．

Karabel, J. V. et al., 1977, *Power and Ideology in Education*, Oxford University Press（＝1980，潮木守一ほか訳『教育と社会変動』上，東京大学出版会）．

柴野昌山ほか編，1986，『教育 リーディングス日本の社会学16』東京大学出版会．

イギリス新教育社会学とその影響

☞「イギリスの教育社会学」
p. 142

イギリスの「新しい」教育社会学（"new" sociology of education）とは，1970年代に，オープン・ユニバーシティなどの教育養成系大学を主たる拠点として展開されたアカデミック・ムーブメントである．

● **「新しい」教育社会学の起源**　1970年代のイギリスで「新しい」教育社会学の勃興をもたらした社会的要因は，三つ指摘できる（志水 1985）．

第一の，最も直接的な要因は，補償教育をはじめとする当時の種々の教育政策の失敗である．教育機会および教育達成の階級的不平等を減じようとする各種の政策はほとんど功を奏することがなかった．教育の中身や学校内のプロセスを問うことなく，教育の「失敗」を階級的な「欠陥」に求める従来の見方への反省がなされ，不平等生成のメカニズムの解明に向かおうとする機運が生まれた．

第二に，担い手としての若い研究者層の存在を指摘できる．教員養成系大学を根城とする彼らは，教員養成に役立つテーマ，すなわち「教授法」や「カリキュラム」を重要な研究課題と設定した．そして，彼らの存在意義を主張するために，従来の構造機能主義・実証主義とは異なるアプローチを採用しようとした．

そして第三に，教育社会学の親学問である社会学の分野における，葛藤理論・解釈論へのパラダイムシフトがあげられる．特にアメリカにおいて，1960年代のさまざまな社会的矛盾の噴出という事態への対応として，「解釈的アプローチ」と一括しうる理論的・方法論的立場が登場する．シュッツ（Schutz, A.）やバーガー（Berger, P. L.）らの「現象学的社会学」，ミード（Mead, G. H.）やブルーマー（Blumer, H.）らの「象徴的相互作用主義」，ガーフィンケル（Gerfinkel, H.）やシコレル（Cicourel, A. V.）らの「エスノメソドロジー」などがその代表であった．

要するに，「人」（教員養成系大学の若手研究者）がいて，「道具」（種々の解釈的アプローチ）があり，「きっかけ」（教育政策の失敗）が与えられて，「新しい」教育社会学が花開くことになったのである．

● **「新しい」教育社会学の中身**　1971年にイギリスで刊行されたヤング（Young, M. F. D.）の編集によるリーディングス *Knowledge and Control* が，「新しい」教育社会学宣言と呼ぶにふさわしい内容を有するものであった．ヤングは主張した．「教育社会学の今後の中心的な課題は，カリキュラムの背後にある選抜や組織の原理を，一方で学校や教室における制度的，相互作用的状況に，そして他方でより広い社会構造に関連づけることである」（Young ed. 1971, p. 24）．

こうした「学校自体を問う」というヤングらの問題意識はきわめて先鋭的なものであり，掲載されていたバーンスティン（Bernstein, B.）やケディー（Keddie,

N.）の論文は高い評価を得た．学校を「文化伝達の機関」ととらえ直し，「教育的知識の構造」「教授法と評価のカテゴリー」「教師と生徒の相互作用」といったテーマを固有の研究対象として設定したわけだが，そうした対象の斬新さもさることながら，彼らの真骨頂はそうした対象を斬る方法の独自さにこそあった．

それが，先に述べた「解釈的アプローチ」である．学校内のプロセスは，教師と生徒の交渉（negotiation）の過程である．特定の状況的拘束のもとにある教師や生徒は，あるやり方でその状況を定義づけ，それに関与（commitment）する．教育的現実は，何よりそうした「関与」と「交渉」の連続・集積によって構成されるものととらえられなければならない．したがって，研究者の仕事は，まず「行為者の主観的意味づけ＝解釈」の過程をあるがままに記述し，さらにそこから，「研究者自身の解釈」によって教育の現実を再構成することになる．こうした作業を行うために用いられる手続きが，参与観察であり，インタビューであり，ビデオなどによる具体的相互作用の切り取りであった（志水 1985）．

●**日本への影響**　「新しい」教育社会学の動きを，日本の研究者たちは1970年代後半あたりから積極的に導入しようとしてきた．1980年代に入り，カラベル（Karabel, J.）とハルゼー（Halsey, A. H.）の編によるリーディングスが『教育と社会変動』（上下2巻）というタイトルで翻訳出版されるに至って，「新しい」教育社会学や「解釈的アプローチ」の知名度は一挙に高まった（Karabel & Halsey eds. 訳書，1980）．1982年には，『教育社会学研究』誌上で，その展開を射程に入れた「学校の組織と文化」というと特集が組まれ，さらに同年の学会大会で「新教育社会学の展望―その可能性と課題」というテーマのシンポジウムが開催された．

1980年代に入ると，本家イギリスでは，「新しい」教育社会学の台頭のせいか，その政治的ラディカルさが目立つようになり，保守党政権のもとで教員養成カリキュラムから教育社会学がはずされるという結果が生じ，教育社会学者は「冬の時代」を迎えることになる（志水 1993）．対照的に日本では，教育社会学は量的拡大期を迎え，「新しい」教育社会学の影響を受けた院生たちが大学教員となり，それぞれのスタイルで経験的研究を蓄積していった．

21世紀に入り，15年以上が経過した現在，もはや「新しい」教育社会学という言葉を聞くことはほとんどない．他方で，学会誌を見ると，フィールドワークや参与観察に基づいて書かれる掲載論文の数は，かつての主流であった量的・統計的方法に基づく論文の数と遜色のないところにまできている．端的にいうなら，当時よりずっとエスタブリッシュされた日本の教育社会学会のなかで，「新しい」教育社会学は通常科学（normal science）と化したように見受けられるのである．そうした状況を進歩とみるか，停滞とみるか．教育社会学が，次にどのような動きを見せるのかを注視したい．　　　　　　　　　　　［志水宏吉］

教職課程・実験講座と教育社会学

　教育社会学と教職課程との関係は，1949年成立の教育職員免許法において教育社会学が教職に関する専門科目（教職科目）の一つとして位置づけられたことに始まる．教職科目の内容については，当時，CIE（連合国総司令部民間教育情報局）の指導のもとに，アメリカのTeachers' Collegeをモデルにした科学的実証的な教職教養，すなわち現実の子どもの成長や発達，置かれている環境などを科学的に研究し，それを理論化しながら教職に臨むことができるようにすることが重視されていた．教育社会学が教職科目に位置づけられたのは，それが上記の内容に合っていたからだと考えられる．文部省が主催し，CIEが賛助してなされた「教育指導者講習」（IFEL）は，戦後の教員養成教育に大きな影響を与えたものであるが，そこでも教育社会学は講習の一部会とされていた．日本教育社会学会は，この部会の参加者を母体に発足している．当時，日本社会学会においても，教職科目としての教育社会学に着目，学会として「教授要綱」を策定しており，このような点にも教育社会学と教育職員免許法との関わりの深さがうかがえる．

　以上のように教職科目の一つとして位置づけられた教育社会学であるが，その位置づけは，選択科目の一つであった．以後，日本教育社会学会においては，教育社会学の必修化が課題化する．

●**教職課程における教育社会学の必修化**　日本教育社会学会は，発足後の早い段階から，国の教員養成制度改革の動きと連動しながら，教育社会学の必修化に向けた活動を始めている．特にその動きが活発化するのは1950年代後半のことであり，1958年，1960年，1962年には文部省や関係の審議会に向けて要望書を提出している．1960年には学会内に「講座拡充委員会」を設け，組織体制を整えている．その後，1970年代に入って国の教員養成制度改革が検討課題となるとともに，再度，活動に力を入れ始め1971年，1973年，1977年には，文部省や審議会に要望書を提出している．これらの要望書では，必修化すべき理由として，教育社会学が現代社会における教育の事実および問題を実証的に解明する学問であることが主張され，このような要素が教育実践のための専門的能力を養うために不可欠であることが強調されている．

　このように日本教育社会学会は，教育職員免許法を通して教育社会学を拡充することを目指したのであるが，実際には教育社会学の必修化は実現しなかった．1988年に大きく改正された教育職員免許法では，選択科目が「大学の加える教職に関する科目」として表現され科目名の例示がなくなり，それとともに教育社会学の名も消えている．その代わりに必修科目の一つに「教育に係る社会的，制

度的又は経営的な事項に関する科目」が含められ，教育社会学の内容がそのなかに包摂されている．必修化を目指してきた教育社会学は，内容的には必修扱いされながらも科目としては必修化されず，逆に，1988年改正の同法が実践的指導力の育成を重視していることもあって，その育成との関連が必ずしも明確ではない教育社会学は，教職課程との関係を模索しつつ，今日に及んでいる．

●**教育社会学の実験講座・実験学科目化**　実験講座・実験学科目化（実験講座化）は，非実験と実験との間で配分される校費の額に3倍以上の開きがあったところから，研究の基盤強化を目指す教育社会学にとって重要な案件であった．事実，1960年代初めの時点において，実験講座化を目指す大学が現れている．ただ，学会が実験講座化を主導するようになったのは，教官当積算校費の拡大が国の政策としてなされるようになった1960年代後半以降のことである．日本教育社会学会では，この頃，各大学に呼びかけ実験講座化の足並みを揃えるのみならず，学会として関係大臣や関係当局への要望書の提出も行っている．

　こうした要望において日本教育社会学会が強調していたのは，一つには，教育の基礎的実証的研究として同様の性格をもつ教育心理学がすでに実験講座化されていることについてである．二つには，教育の社会学的研究の体系化が先進国で行われつつあるなかで，日本においても研究の成果が蓄積されてきていることについてである．三つ目には，教育社会学が実証的調査を主たる方法としており，より信頼性のある分析的な研究を行うためには，調査の規模を拡大したり，調査方法を高度化したりする必要があることについてである．四つには，教育実践の体系的研究のためには，実験的研究が必要であることについてである．特に三つ目と四つ目については，学科目制をとる教員養成学部・学科の実験学科化の要望において強調するところとなっている．

　こうした各方面への要望は，1973年には講座制の大学において，翌1974年には学科目制をとる教員養成系大学・学部において実現した．教育社会学の実験講座化は，ほかの教育学の諸分野に先駆けて実施されており，教育学の実験講座化への道を切り拓くものであった．

　ただ，当時の調査によれば，実際の校費の配分にあたっては多くの大学において組織内部での調整がなされ，規定どおりに配分された大学・学部は少数にとどまった．とはいえ，実験講座化は，科学的・実証的であることを学問的アイデンティティとする教育社会学にあってはその存在理由を確証させるものとして，大きな意味をもっていた．　　　　　　　　　　　　　　　　　　　　　［飯田浩之］

📖 **さらに詳しく知るための文献**

橋本鉱市・伊藤彰浩，1999，「教育社会学の制度化過程—発展の制度的基盤を中心に」『教育社会学研究』64，pp. 55–74．

教育社会学と研究者集団

　教育社会学は，「制度先行」という日本的な学問の特徴に違わず，新制後の大学院に講座が先にできて制度的に独立した．「後発科学」としての教育社会学は，欧米社会学の理論と方法から知的影響を受けつつ，新制大学の教職科目に組み入れられ，実験講座として成長した．他方，日本教育社会学会は，現在まで日本社会学会の一部門でも日本教育学会の一部門でもない独立した学会として，学際的・包括的に発展している．

●**学会の規模**　教育社会学会の会員数は，1951年の184人から2015年の1445人まで人的成長を遂げた（図1参照）．会員数の規模がいかに大きいかは，52部門から構成されるアメリカ社会学会（2015年現在の会員数2万7358人）の教育部門の会員数が772人であることを見れば，明らかである．

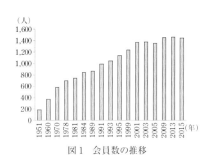

図1　会員数の推移

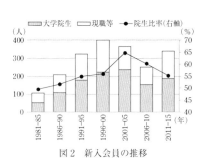

図2　新入会員の推移

　図2は，1981年から2015年まで『ブリテン』に記載される「新入会員」1998人を5年ごとに大学院生と現職別に集計し，院生比率（右軸）で示したものである．「新入会員」は，1981年から2001年まで直線的に増加した．1980年代以後，院生会員が増加したのは，旧七帝大・旧文理大以外の国立大学に教育学研究科が設置され，また大学院を中心とした新構想大学が設立されたことによる．院生のみならず，教育社会学に魅力を感じる教育関連分野の研究者や経済学・社会学プロパーの加入も会員増に寄与している．しかし，2001年以後，会員数の成長は鈍化した．背景には，2005年をピークに全国的に教育学の博士前期（修士）課程入学者が減少したこと，大学院重点化政策により，アカデミック・マーケットが逼迫したこと，課程博士が制度化されたことで，博士後期課程3年次に院生が大量に滞留していることがある．実際，新入会員に占める院生比率は，2001〜2005年の65%から2011〜2015年の55%まで減少している．

●**会員構成** 2015年の「選挙人・被選挙人名簿」（1347人）に基づいて，会員の地域別構成比を見ると，「東京区」が33%で最も多い，会員の3人に1人が在京である．以下，「近畿区」22%，「関東区」16%，「中部区」10%，「中四国区」7%，「九州区」6%，「東北区」4%，「北海道区」2%である．1989年（875人）と比較すると，26年間に名簿登載者数は1.5倍増えたが，地域別で見ると，「近畿区」1.8倍，「九

表1　会員の所属機関：2015年

所属機関	会員数	比率
私立大学	570	39.6
国立大学	498	34.6
小中高等学校	53	3.7
公立大学	51	3.5
官庁系研究所	50	3.5
短期大学	40	2.8
企業	38	2.6
地方自治体	19	1.3
財団・社団法人	18	1.3
海外大学	13	0.9
放送大学	9	0.6
専門学校	4	0.3
民間研究所	2	0.1
その他	2	0.1
（無所属）	69	4.8
合計	1,436	100

表2　所属上位10大学

大学名	会員数	比率
東京大	73	6.5
大阪大	45	4.0
広島大	30	2.7
早稲田大	24	2.1
京都大	21	1.9
名古屋大	20	1.8
お茶大	19	1.7
一橋大	17	1.5
筑波大	17	1.5
法政大	17	1.5
（全体）	1,436	25.3

会員検索システムより作成

州区」1.7倍，「東京区」1.6倍で会員数を増やしている．次いで，「学会名簿」と会員検索システムを利用して女性比率を求めると，1984年10%，2001年21%，2009年30%，2015年は34%となる．教育学専攻の女性院生比率の増加とともに，女性会員比率も高まっている．

　表1は，2015年現在の会員1436人の所属を示したものである（院生を含む）．会員の所属機関は，私立大学と国立大学で74%を占める．表2は，所属大学の上位10大学を示している．東京大学が73人（内，教育学研究科27人，社会科学研究所11人）で一大勢力を形成し，大阪大学45人，広島大学30人，早稲田大学24人，京都大学21人，名古屋大学20人と続く．上位10大学で会員の25%を占める．

●**研究者養成** 新制後，しばらく博士後期課程に教育社会学講座を置く教育学研究科は，旧7帝大と旧文理大の9大学であった．その後，1990年代後半から2000年代前半に大学院重点化に伴う教育学研究科の改組が始まり，教育社会学講座も改編・改称された．私立大学でも大学院の機能強化をはかるために，博士後期課程が相次いで設置された．表3は，図2の新入会員のうち，大学院生の所属上位10大学とその累積比率，そして全体に占める「旧七帝大・旧文理大」出身者の割合を示したものである．1981年以後35年間にわたって，東京大学が最も多くの院生を輩出してきたが，2001～2015年は大阪大学が2位にランクを上げ，一橋大学と立教大学が上位10大学入りしている．しかし，上位10大学の累積比率を見れば，1981～1990年が68%，1991～2000年は62%，2001～2015年は

表3 所属大学別にみた新入会員（大学院生）上位10大学

1981～1990 年			1991～2000 年			2001～2015 年		
大学名	人数	％	大学名	人数	％	大学名	人数	％
1 東京大	32	19.9	1 東京大	59	14.5	1 東京大	92	16.7
2 広島大	18	11.8	2 広島大	32	7.8	2 大阪大	50	9.1
3 大阪大	11	6.8	3 京都大	23	5.6	3 早稲田大	29	5.3
4 兵教大	11	5.6	4 早稲田大	21	5.1	4 京都大	25	4.5
5 北大	9	6.2	5 お茶大	19	4.7	5 広島大	22	4.0
6 筑波大	6	3.7	6 大阪大	19	4.7	6 名古屋大	20	3.6
7 東北大	6	3.7	7 筑波大	19	4.7	7 お茶大	18	3.3
8 日女大	6	3.7	8 東北大	18	4.4	8 一橋大	15	2.7
9 名古屋大	6	3.7	9 名古屋大	17	4.2	9 立教大	14	2.5
10 京都大	4	2.5	10 九大・日女大	各14	(6.8)	10 東北大	13	2.4
上位10大学	109	67.7	上位10大学	255	62.5	上位10大学	298	54.2
旧7帝大・旧文理大		60.2	旧7帝大・旧文理大		53.2	旧7帝大・旧文理大		46.4
（全体）	161		（全体）	408		（全体）	550	

54%まで減少傾向にある．同様に，「旧七帝大・旧文理大」出身の院生比率も，1981～1990年の60%から2001～2015年の46%まで減少している．大学院生の輩出は，研究者養成型大学院に集中しているとはいえ，次第に教育専門職・高度職業人養成型大学院からの入会が増加している．

●インブリーディング 「旧七帝大・旧文理大」に，教育社会学講座が置かれて，今や第5・第6世代が准教授として迎えられるようになっている．表4は，上記9大学について，1981年以降の講座担当者の研究テーマと35年間のインブリーディング率を大学別に示したものである．インブリーディング率100%が，北海道大学と広島大学であり，東京大学は83%，筑波大学は75%である．このように内部労働市場には，いわゆる学閥という同系繁殖がみられる．逆に，アウトブリーディング（他家生産＝植民地化）の高い大学は，九州大学，大阪大学である．

しかしながら，研究者集団として教育社会学の特徴は，彼・彼女らがどこから来たのかではなく，どのような理論と方法で誰に向かって語っているのかという点にある．教育社会学が社会で認知されてきた理由の一つは，実証科学として調査で得られた知見を学会に閉じることなく，広く社会に向けてシニカルに論評してきたからである．そこには，ディシプリンとしての教育社会学の二つのレベルがある．一つは，カラベル（Karabel, J.）とハルゼー（Halsey, A. H.）が社会理論の変化を説明する際に指摘しているように，新しいデータによる通説の批判こそが，テクニカルなレベルで学問の進歩に貢献するという確信である（Karabel & Halsey eds. 1977）．実際，通説を覆す矛盾を発見するのは，新しいデータと洗

表4　大学別教育社会学講座等担当者の研究テーマ：1980年以後～

	1980年代　→	1990年代　→	2000年代　→	2010年代　→
北大 100%	布施鉄治 (～1994) 労働生活世界論	小林甫 (1991～1996) 市民の生活価値・青年教育改革 小内透 (1995～) 社会の不平等，階級・階層，エスニシティの再生産		
東北大 40%	田原音和 (～1990) デュルケム，ブルデュー研究	秋永雄一 (1990～2015) 教育組織の制度分析，社会格差と不平等	橋本鉱市 (2002～2007) 高等教育の歴史社会学，専門職論 三輪哲 (2009～2015) 社会階層，計量社会学	島一則 (2015～) (教育経済学，高等教育財政論)
筑波 75%	○門脇厚司 (～2002) 高等学校，子ども・若者論，社会力論 山村賢明 (～1985) 日本文化論，家庭教育 飯田浩之 (1988～) 高等学校・高校教育・高校生の社会学		岡本智周 (2005～) 教育的知識・ナショナリズム	
東大 83%	○天野郁夫 (～1995) 教育と選抜，高等教育の歴史社会学，高等教育論 藤田英典 (1986～2002) 教育改革論，教職専門性	金子元久 (1993～2009, 1996～2002 大総センター) 教育経済学，高等教育論 苅谷剛彦 (1991～2008) 大衆教育社会論 志水宏吉 (1996～2002) 学校文化の社会学 広田照幸 (1997～2005) 教育社会史，教育言説論	恒吉僚子 (2000～) しつけ・教育の異文化間比較 矢野眞和 (2003～2007) 教育経済学，高等教育論 本田由紀 (2007～) 家族・教育・仕事の社会学 橋本鉱市 (2008～) 高等教育政策形成論	中村高康 (2010～) 教育選抜論 仁平典宏 (2014～) 市民社会論
名大 40%	○潮木守一 (～1997, 1991～1997：国際開発研究科) 教員・研究者の需給予測，大学院教育，開発教育論 藤田英典 (～1985) 地位達成の計量社会学 今津孝次郎 (1986～2008) 教師の社会学，ライフサイクル論	伊藤彰浩 (1997～) 高等教育の歴史社会学		内田良 (2011～) 学校リスク論
京大 80%	柴野昌山 (～1995) 人格形成論，教育知識，しつけの社会学 竹内洋 (1985～2004) 選抜社会論，エリート教育，公共知識人論	岩井八郎 (1996～) ライフコース論，教育と社会移動 稲垣恭子 (1996～) 女性と教養文化，歴史社会学		文化・歴史社会学 竹内里欧 (2015～)
阪大 17%	○麻生誠 (～1993) 学歴エリート，生涯学習論 菊池城司 (1982～2001) 機会均等と社会階層 池田寛 (1986～2003) 同和教育，地域教育計画	○近藤博之 (1992～) 階層と教育，計量社会学	中村高康 (2004～2009) メリトクラシー論	中澤渉 (2011～) 計量社会学
広大 100%	○新堀通也 (～1984) 科学社会学，大学教授職 片岡徳雄 (～1994) 集団学習論，子ども文化論，文芸の社会学 山崎博敏 (1986～) 学問生産性，教員需給，学校規模	原田彰 (1991～2001) デュルケム教育論，学力問題，人権教育	山田浩之 (2002～) 学生の学習行動，教師のライフヒストリー	
九大 25%	田中一生 (～1990) 学校組織の社会学 住田正樹 (1982～2004) 地域社会と教育，子どもの仲間集団	吉本圭一 (1996～) 職業・キャリア教育，第三段階教育		教育達成の 荒巻草平 (2010～2016) 計量社会学

出典　『文部科学省・国立大学法人等職員録職員録』（各年），大学HPなどより作成
○印は，会長経験者．大学名の下の％は，1981-2015年に在職した教員のインブリーディング率．

練された統計技法である．したがって，教育社会学には価値自由な研究者集団のイメージがある．

　今一つのレベルは，カラベルとハルゼー，そしてローダー（Lauder, H.）らが，グールドナー（Gouldner 1970）を借りて指摘した「下部構造」である（Lauder et al. 2011）．研究（代表）者が選択する社会理論の背後には，価値中立的な装いとは別に，研究者固有の隠れた感情，専門意識，経験によるリアル感がある．ローダーらの臨床診断によれば，イギリス教育社会学の「下部構造」には伝統的に教育の「救済」という政治性がある．教育による包摂と，不平等の追放である．翻って，日本の教育社会学には，第一のテクニカルなレベルを支える政治性は脆弱である．　　　　　　　　　　　　　　　　　　　　［藤村正司］

教育社会学の研究対象・方法の変化

　「教育社会学と知のパラダイム」p.26「教育学との連携・差別化」p.50「社会学との境界問題」p.52「戦後社会の変動と教育社会学」p.54

　教育社会学の研究対象・方法とその変化について論じることは，本来高度に理論的営みである．なぜなら，「対象」も「方法」もそれら概念をどのようにとらえるかによって異なると同時に，教育社会学の共同体や他の学問分野から影響され変化していくからである．

　本項目ではこの点について，日本教育社会学会の学会誌である『教育社会学研究』の分析を通じた実証的なアプローチにより論じる．教育社会学の研究対象・方法の変化を明らかにすることによって，理論的な考察を行ううえでの基礎的なデータを提示していきたい．

●**ジャーナル共同体としての教育社会学会**　学問分野が成立する条件はさまざま存在するが，その一つとして学会としての専門誌を発行することがあげられる．なぜなら，専門誌がどのような内容を載せるかは，その学問分野において妥当な知と認められるものが何であって，また認められないものは何かを規定するからである．藤垣（2003）はこれを「ジャーナル共同体」という概念によって説明している．ジャーナル共同体とは，専門誌の編集・投稿・査読活動を行うコミュニティのことである．これは専門主義の源泉であり，その知識が専門分野において妥当かどうかを判断する「妥当性境界」を形づくる．そして，妥当性境界はいったん確立されるとそのまま保続していくものではなく，新規性をもつ論文が専門誌に掲載されていく過程のなかで，変化し書き換えられていくものである．

　それゆえ，専門誌における研究対象・方法とその変化を分析することによって，教育社会学会という共同体が，何をもってその学問知だとみなしてきたのか，それが戦後日本においてどのように変化してきたのかをとらえることができる．

●**研究対象の変化**　ジャーナル共同体としての教育社会学会は，その学問的性質ゆえに，対象については特に教育学などの教育諸科学から，方法論については特に社会学からの影響を受けてきた（堤ほか 2014）．

　まずは教育社会学の研究対象を，専門誌において使用されている言葉の分析を通じて明らかにする．通常使われる意味での「研究対象」に限定するのではなく，学問知として認定された論文における言葉に着目することによって，教育社会学の知的生産を広くとらえるとともに，その変化を明示することができると考えるからである．また，上述したように，教育社会学の研究対象は教育学からの影響を受けてきたと考えられるため，それとの比較を行った．

　『教育社会学研究』と『教育学研究』（日本教育学会）における 1950 年から 2009 年までの特集論文・投稿論文において使われている用語（名詞）の出現頻

表1　用語の出現頻度でみる頻出上位15位の係り受けの年代推移

順位	1950～1960年代		1970～1980年代		1990～2000年代	
	用語	頻度	用語	頻度	用語	頻度
1	問題-問題	57	生徒-教師	195	生徒-教師	123
2	教育-問題	54	母親-就労	92	進学-大学	121
3	社会学-教育	47	教育-地域社会	80	日本-教育	103
4	有意-差	46	社会化-子ども	80	男子-女子	99
5	教育-工業化	43	教育行為-教師	72	研究-教育	94
6	教師-モラール	42	職業-学歴	68	日本-学校	92
7	親-態度	42	集団-状況	65	調査-実施	85
8	期待-子ども	41	男子-女子	63	問題-問題	82
9	父-母	39	教師-学校	59	対象-分析	78
10	男子-女子	38	社会学-教育	58	解決-問題	78
11	職業-学歴	37	機能-学校	58	知識-心理学	76
12	母親-役割	37	規定-要因	57	重要-意味	74
13	教師-学校	36	学校-地域社会	57	教育-子ども	70
14	親-子ども	35	社会-教育	56	有意-効果	68
15	教師-意識	34	社会-学校	56	進学率-上昇	67

（出典　堤ほか 2014 より抜粋）

度をみると，頻繁に使用されている言葉，すなわち広い意味での研究対象は「教育」「学校」「子ども」「教師」などほとんど同じであった．しかし，用語同士の係り受け関係をみることによって個々の言葉を文章上の文脈に置くと，『教育学研究』と比較したときの，『教育社会学研究』が設定する研究対象の特徴が明瞭になる．「生徒-教師」「日本-教育」「教育-問題」「教育-子ども」など『教育学研究』と重なる言葉は存在するが，他方で『教育社会学研究』では「男子-女子」「進学-大学」「職業-学歴」「社会化-子ども」「家庭-学校」など『教育学研究』とは異なる研究対象を設定してきたことがわかる（堤ほか 2014）．

　この係り受け関係について『教育社会学研究』のみにしぼり，20年単位での年代ごとの変化を示したものが表1である．これによると「男子-女子」の用語を除けば戦後一貫して頻出している用語はなく，常に変化してきたことや，時期によって特徴的な言葉の存在，例えば1950～1960年代は「教育-工業化」，1970～1980年代は「社会化-子ども」，1990～2000年代では「進学-大学」などが見出せる．

　このように教育社会学は，教育学とその研究対象を共有していながらも，その対象を異なった独自の文脈下において，すなわち教育学とは異なる対象のとらえ方をしながら分析を行ってきた．

●**方法の変化**　学問における方法もまたジャーナル共同体によって形づくられる

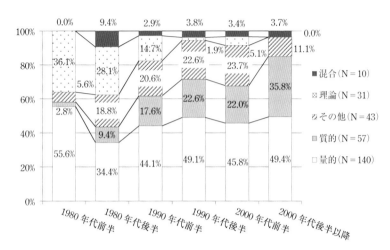

図1 方法論5カテゴリーの5年ごとの推移（出典 本田ほか 2012）

ものである．いずれの，どのような「方法」を扱えば，それが当該学問として妥当であるのかをその専門誌が明示していると考えられるからである．

では『教育社会学研究』における方法はどのようなものであり，また，どのように変化してきたのだろうか．ここでは1980年から2011年までの投稿論文を対象とし，一つの論文に一つの方法を当てはめる「階層的」なコーディングを行った．具体的には，①量的研究（記述統計等→クロス・相関係数等→因子・主成分→回帰分析等→その他）→②質的研究（インタビュー→フィールドワーク等→会話分析等）→③その他経験的研究（歴史，言説，制度の研究等）→④理論研究→⑤混合研究という順番でそれぞれ当てはまるかどうかを判断していった（詳しくは本田ほか2012参照）．

図1は以上の五つのカテゴリーの5年ごとの推移を示したものである．量的研究は一貫して大きな割合を保っているが，1990年代以降は質的研究の増加が認められる．同時に，言説や制度を扱う歴史研究などの「その他」（経験的研究）の増加もみられる．2000年代後半以降は，質的研究が顕著に増加した一方で，1980年代には大きな割合を占めていた理論研究は著しく減少した．また，量的研究と質的研究を組み合わせている「混合研究」は，数は少ないものの戦後一貫して存在してきたことがわかる．

図2はより細かいカテゴリーで分類し，その推移を示したものである．まず，1990年代についてはすでにその複雑化・高度化が指摘されていたが（中澤 2003），2000年代以降の量的研究の高度化はさらに著しく，クロス表-相関係数

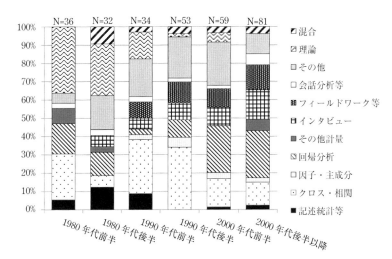

図2　方法論下位カテゴリーの5年ごとの推移（出典　本田ほか 2012）

のみによる分析は減少し，回帰分析がその多くを占めるようになった．また，1990年代以降にフィールドワーク等による論文が出現し，インタビューを用いた研究とともに，2000年代後半以降の質的研究の増加の一因となった．このような複雑化とともに，1980年代と比べ2000年代後半では，それぞれのカテゴリーの割合がより均等化していることから，多様化の傾向も指摘することができる．

太郎丸ほか（2009）は社会学で扱われている方法について分析を行っているが，そこでは1980年頃からの理論・学説研究の比率の減少と事例研究（エスノグラフィーと歴史・言説分析）の比率の増加が示されている．ここから，教育社会学における研究方法は，質的研究を含めた一貫した複雑化・多様化ということのみならず，社会学のトレンドを約10年遅れで摂取するという関係が推測される．

●**結語**　教育社会学の研究対象と方法はその共同体のあり方によって規定される．そして，教育社会学はその知的領域を形づくる際に，教育学や社会学の影響を受けながらその妥当性境界の確定作業を行ってきた．その影響のあり方は研究対象と方法とで異なり，研究対象はそのとらえ方によって，方法は複雑化・多様化しながら受容することによって，その独自性を保ってきたのである．

［齋藤崇徳・堤　孝晃］

📖　さらに詳しく知るための文献

石戸教嗣編，2013，『新版　教育社会学を学ぶ人のために』世界思想社．
日本教育社会学会編，2017，『学問としての展開と課題』岩波書店．

パラダイムの拡散

　日本社会が戦後の荒廃を克服し高度経済成長を遂げた 1960～1970 年代は，社会全体の産業化と近代化（modernization）が著しく進展した時期であった．経済の復興と成長に裏打ちされた社会の近代化は，合理的精神の旧来の因習や伝統からの解放と科学技術の進歩を当然のこととする機能主義的な大きな物語（grand theory）に信頼を置いていたため，社会を見る眼である社会科学も近代化をめぐる大きな物語を基底に据えていた．一方，その時期を通じて進展した消費拡大と情報化は，財の生産を基盤とした社会のあり方を大きく変えつつあった．

● **1980 年代のパラダイムシフト**　生産から消費へ，製品からサービスへ，物から情報へと社会の重心がシフトするなかで，人間関係や社会システムも変質した．1970 年代にオリジンをもつベル（Bell, D.）の「脱工業化社会」，ボードリヤール（Boudrillard, J.）の「消費社会」などの概念がこの時代の象徴となった．いわゆる「軽薄短小」な文化の台頭という社会状況を背景に，脱構築あるいはポストモダンといわれる思想に関心が集まった．日本においても，ブルデュー（Bourdieu, P.）の「文化資本」「ハビトゥス」，フーコー（Foucault, M.）の「ディスクール（言説）」「生権力」といった概念への言及が格段に増えた．それまで日本の教育社会学を牽引してきたともいえる量的分析に基づく機能主義的研究からポストモダン的な質的研究への重心の移動は，科学史家クーン（Kuhn, T. S.）の概念に基づき，一種の「パラダイムシフト（基本的視座の転換）」とも比定された．

　デリダ（Derrida, J.）に始まる脱構築の議論は，構造やテクストに内在する矛盾を見出し，自明のものとされてきた言説を自己崩壊に導く批判的実践である．またリオタール（Lyotard, J.-F.）が明示したポストモダン論とは，機能主義に立つ大きな物語を否定し，現代を近代終焉後の社会と見たうえで近代が紡いできた大きな物語そのものを攻撃し解体しようとする諸理念の総体を指す．特に〈理性＝国家〉という統一体への攻撃はその中核であった．教育社会学では，例えば学校教育の「理性的，自律的で自由な人格形成」あるいは「生産活動に必要な知識技能の伝達」という合理的な機能が懐疑的に検討され，学校は国家の統合的目的のもとに人々を統制し配分する「装置」であるといった議論も盛んになった．

● **1990 年代以降の思想的状況**　しかし，1990 年代に入ると，日本におけるポストモダン論は急速に退潮した．要因の一つには，脱構築もポストモダンも既存の構築を疑い，批判して自己崩壊へと導くという姿勢をもつ議論であって，新たなパラダイム構築の理論ではなかったことがあげられる．自明のこととされていたモダンのあり方や機能的言説に対する批判的視座を提供したものの，新たなパラ

ダイムは示せなかったということである．もう一つには，同時多発テロに象徴される急速な国際情勢の悪化や格差拡大など，現実社会の不確実性が高まるなかで，従来の社会的文脈の否定ではなく，むしろそれを強化することで直面する危機的状況を打開しようという現実的な認識が広がってきたことがあげられる．日本の教育研究においては，学校システムに内在する根源的な矛盾を突くことよりも，現実に起こっている学力低下や教育格差の問題，不登校や問題行動などの臨床的課題にどう対応するかといった議論の方が優先されるようになった．

●**小さな物語の並立と第2の近代**　直面する個別問題への対応を第一義的に目的とする教育研究がよって立つのは，機能主義を代表するパーソンズ（Parsons, T.）の一般理論のような大きな物語ではなく，マートン（Merton, R. K.）のいう中範囲の理論としての小さな物語である．ポストモダンや脱構築による機能主義批判の後に展開されたのは，現実的で応用性の高い種々の中範囲理論であった．その意味で現状は小さな物語の並立ないしは拡散という状況にあるともいえよう．

　一方，1990年代以降，ポストモダンという時代のとらえ方自体に問題があったという批判も展開されている．ギデンズ（Giddens, A.）らは，ポストモダニストらがいうように「近代が終わった」のではなく，近代諸制度の確立，科学と産業の発展といった「単純な近代化」がある限界に達したということなのであり，現在はその延長線上に「再帰的近代化」が展開しているのだと指摘する．ギデンズらは，例えば，単純な近代化では個人が封建的共同体から解放され，家族や会社，学校といった複数の近代的中間集団に機能的に帰属することとなったが，そうした集団が衰退した結果，再帰的近代化においては人々が個別に社会に向き合い，帰属するようになったという個人化論を展開する．確かに，日本の社会においても，また教育においても，個人化は進展している．学校，学級といった中間集団をベースに考察されていた教育プロセスも，個人ベースの視点から検討されるようになっている．その意味で，ギデンズらの議論は有効である．

　ただ，そうした教育の個人化は，同時に教育事象を社会学的に把握するよりも心理学的，臨床的に把握する方が有効という評価にもつながる．実際，教員養成課程における教育社会学の重要性も，教育心理学あるいは臨床心理学に比して低下する傾向にある．しかし，教育が社会事象であり続ける限り教育社会学の有効性と重要性が失われることは決してない．今はそのさらなる有効性の模索の途上にあるといえよう．　　　　　　　　　　　　　　　　　　　　　　　　［岩永雅也］

📖 **さらに詳しく知るための文献**

日本教育社会学会編，1992，『教育社会学のパラダイム展開』東洋館出版社．
日本教育社会学会編，2014，『教育社会学研究』94，東洋館出版社．

第3章

理　論

［編集担当：広田照幸・倉石一郎］

概説：教育社会学の理論	74	ペダゴジー論	104
機能主義理論	78	文化資本	106
社会化	82	ポストモダン論と生政治論	108
属性原理と業績原理	84	後期近代社会	112
選抜と配分	86	批判的教育学	114
官僚制	88	脱学校論	116
新制度主義	90	社会的排除	118
福祉国家	92	グローバリゼーション	120
教育システム	94	教育社会学における研究方法論	122
再生産論	96	教育言説	126
階級と階層	100	相互作用論	128
ネオ・マルクス主義	102	構築主義	130

概説：教育社会学の理論

参考 「教育社会学と知のパラダイム」
p.26 「パラダイムの拡散」
p.70

　教育を含めた社会の諸事象は，人々の多様な意味解釈と多元的な価値選択とによって成り立っている．自然科学的な記述や説明とは異なり，教育に関する諸説明は，人間の行為や選択の不確定性が根源にあることになる．それゆえ，単純な法則に還元されない複雑な事象を，ある一面から整理して描くことになるという点で，教育を含めた社会に関する記述や説明は，共約不可能な多元性を免れない．

　その際，理論はいくつかの役割を果たす．第一に，複雑な事象を整理して認識するための枠組みを与え，対象となる一群の事象を一貫性のある論理によって理解するための手がかりとなる．対象の本質を記述する道具としての理論である．第二に，社会科学的な手法を用いて遂行される実証研究に，操作可能な概念や仮説命題を提供するという役割である．研究方法論の道具としての理論である．第三に，批判的な観点から事象を記述・説明することによって，現実の問題点を明確にしたり，改善や変革の方向を提示したりする役割である．認識対象とする事象の記述・説明自体は，社会科学を標榜する限り，客観的な手続きによって行われなければならないのは当然だが（Weber 訳書，1998；Durkheim 訳書，1978），どのような事象に着目するか，どのような概念や仮説命題で現実を切り取るか，どのような補助仮説を採用するかなどは，その研究が前提とする理論に負うところが大きい．方法論の道具としての理論と批判的役割としての理論とが出会うのは，記述と規範とが関わりをもつこの地点においてである．

　アップル（Apple, M. W.）がいうように，「教育社会学」はそれ自体一つの社会的構築物であり（Apple 1996），実際には多様なサブグループの合成物として存在する．教育社会学における理論は，教育学と社会学との二つの分野に学問的基盤を置く曖昧さと，社会学理論の多様性をそのまま反映した雑居性とを有している．適切な理論が一つに収斂しないことは，新しい知に向けた可能性としてとらえるべきである．

　教育社会学の理論にまつわる以上の論点を踏まえたうえで，以下では，まずは教育社会学理論における通説的整理の仕方に従い，機能主義もしくは合意論的アプローチ，葛藤論的アプローチ，相互作用論的アプローチの三者について概観する．次にこれらの立場に対する理論的批判や，新たな現実課題に対応する必要から生まれてきた，より新しい研究アプローチについて触れたい．

●**機能主義的・合意論的アプローチ**　教育社会学において伝統的に強い影響力をもってきたのは，機能主義的アプローチである．そこでは教育が果たす機能に着目することによって，教育の諸事象が整理・記述される．社会の諸事象・諸機能

が相互補完的な関係をもつことに注目しがちであるため，合意論的といわれることもある．ただし，機能主義アプローチは「逆機能」「意図せざる結果」などの概念装置により，合意と調和に満ちているわけではない社会状況の記述や分析にも対応できるため，両者は同一ではない（Merton 訳書，1961）．

デュルケム（Durkheim, É.）やパーソンズ（Parsons, T.）らを淵源にもつ機能主義アプローチは，発展しつつある社会の機能的必要性を教育が満たすとみることによって，20 世紀の産業社会における教育拡大を正当化しつつ分析する道具として，重要な役割を果たしてきた．また，それらの社会における福祉国家形成の過程において，教育機会の不平等の是正を求める理論的道具としても，1960 年代から 1970 年代に大きな役割を果たしてきた（特にアメリカの動向については小玉［2001］を参照）．その根幹は，自然的差異以外の諸要因に基づく格差を極力抑える「公正」価値の追求にあった．ただリベラリズムの思想は格差の完全な消滅を志向してはいない（Rawls & Kelly eds. 訳書, 2004）ので，一連の改革を機会の平等から結果の平等への重点移動と解するのは早計である．

機能主義理論には部分としての教育が全体（社会）に奉仕するという隠れた前提が含まれていたことは否めない．しかしこうした側面は，機能主義をいっそう洗練させ，予定調和的でない利害葛藤や対立を理論的に取り込んだルーマンらのシステム論などで乗り越えられつつある（Luhmann 訳書，2009）．

●葛藤論的アプローチ　葛藤論は，教育の場を社会集団間の利害やイデオロギーの葛藤の場としてみる点に特色がある．生産力の発展と生産関係との間の矛盾・止揚に歴史の原動力をみるマルクス主義では，社会階級が主要な葛藤のアクターとなる．日本の教育社会学ではそうした観点は強くないが，欧米では一定の根強い伝統があり，再生産論や抵抗理論などの研究成果がある（Pincus 2002；Simons et al. 2009）．社会集団間の葛藤をより多元化してとらえるのが，ウェーバー（Weber, M.）の影響を受けたコリンズ（Collins, R.）の資格社会論やアーチャー（Archer, M. S.）の教育制度発展論である（Collins 訳書，1984；Archer 1979）．日本の教育社会学で重要な理論的道具となっている，ボールズ（Bowles, S.）らの対応理論，ブルデュー（Bourdieu, P.）らの文化的再生産論，バーンスティン（Bernstein, B.）のペダゴジック・コード（教育コード）論なども，こうした系譜に属している．

葛藤論的アプローチは機能主義的アプローチと対立的にイメージされがちだが，実際には両者はむしろ順接的に接続している面もある．葛藤論は業績主義の「神話」性を強調しその相対化をはかるのだが，教育全般を人間にとって不要で有害なものとみなすことはできない．そのため，葛藤論者も教育ないし教育システムが果たす機能をどうするかという問題に向き合わざるを得ないからである．

葛藤理論の論理構成においては，不当な現実秩序を非支配集団に納得させる「正当化」のモメントが不可欠である．この正当化論を前面に押し出したユニー

クな立場がマイヤー（Meyer, J. W.）らの新制度学派であった（藤村 1995）. 全世界的な教育拡大に関して, 機能主義理論のように経済・産業界からの必要（要求）による機能的説明に与せず, むしろ教育に対する信仰を「世界文化」と位置づけ, その文化こそが教育への要求を醸成するという立場をとっている.

●相互作用論的アプローチ　機能主義理論に対する別の不満, すなわちそれがインプットとアウトプットの関係のみを考察するモデルに終始し, 学校内部におけるプロセスを等閑視しているという批判に由来して, 当事者の主観的な意味解釈と当事者間の社会過程を重視するのが相互作用論的アプローチである. このアプローチもまた, 機能主義理論から葛藤理論にまたがるかたちで主題化された教育の不平等という研究主題を共有し, そこから豊かな研究成果が生み出された. 代表的なものに, ラベリング理論を応用し, アメリカ都市部の学校において教師の生徒への期待が人種などの社会的属性に左右され, それがグループやコースの振り分け, さらにアチーブメントに影響することを示したリスト（Rist, R. 1977）がある. イギリスでは, 学校における知識と階級支配とのミクロな関係を主題化した *Knowledge and Control* が「新しい」教育社会学（'new' sociology of education）の成立の画期となった（Young ed. 1971）.

　相互作用論が依拠する視点は, 主体が置かれた状況のなかで言語をはじめとする記号・シンボルを用いて世界を解釈し, 意味構築を通じて現実世界を相互に構築するというものである. イギリスでは, それまでの教育社会学がマクロな教育の設計に関わる政策担当者を主たるオーディエンスにしていた状況から, 教員や教員志望者がオーディエンスになる状況に変化した. そこには, 不平等の改善に寄与しうる教室での実践の改善に対する教員からの期待が, 教育社会学に寄せられていた. その期待に基づいて, ミクロな相互作用の分析は, 階級だけでなくジェンダーやエスニシティへと課題を拡張させていった（Lauder et al. 2009）.

　アメリカでも, 支配的秩序が再編され変革されていく可能性の理論化に重心をおいた, アップルらの批判的教育学が注目を集めた. 初期の頃はカリキュラムに特に焦点化し, 支配的勢力の権力の浸透ばかりでなく, 支配勢力と非支配勢力がせめぎ合う場としてカリキュラムをとらえる分析視角を提示した. 後にその視点は公立学校システム全体へと拡張され, 相互作用論的アプローチと節合して, 都市学校における人種・エスニシティ・階級・ジェンダー秩序の生成に焦点化した批判的研究へと展開した（Apple 訳書, 2007 ; Anyon 2005 ; Lipman 2011）.

　日本ではこうした欧米の展開に刺激を受けながら, エスノメソドロジーや構築主義, 言説分析などの手法も取り入れつつ, 学校内部の社会過程の分析への関心が高まっていった. 当初は生徒文化や学校文化の研究が展開したが, その後, いじめ, 不登校, 校則違反, 教育困難校などの学校問題を素材としたミクロなエスノグラフィーや, ニューカマーや障害をもつ子どもをめぐる教育過程の分析, 部

落差別の問題の考察など，着実な実証研究のベースとなってきた．

●産業社会・福祉国家の綻びと新自由主義台頭のなかでの新たな模索　1970 年代には，まったく違う二つの次元から，新しい理論的な視点が登場してきた．一つは，産業社会・福祉国家の到達点を批判的にとらえようとする理論的関心である．西洋近代文明批判という文脈でのラディカルな学校批判（Illich 訳書, 1977），ポストコロニアルな抑圧状況とそこからの解放を模索する研究（Freire 訳書, 2011）などがその代表格である．また，人文社会科学全体を巻き込んだポストモダン論の台頭は，知の認識論的基盤に批判の目を向けた点で，教育研究のあり方に根底的な問い直しを迫るものであった（加藤 2014）．アリエス（Ariès, P.）やフーコー（Foucault, M.）の著作に刺激を受けた歴史研究もそうした理論的関心を背景にしたものだった（森 1988, 1993；広田 1995）．

　もう一方で，1970 年代に台頭してきたネオリベラリズム（新自由主義）の諸構想が，1980 年代以降に先進諸国の行財政改革として実施されていくなかで，福祉国家的枠組みのなかで安住してきた公教育を大きくゆるがせることになった．政策の基調が不平等問題から規制の自由化や効率へとシフトしていく状況に対して，教育社会学がこれをどうとらえるのかが新たな重要課題となってきた．

　批判的なスタンスをとる教育社会学の理論研究は，市場原理や競争主義を導入するネオリベラルな改革の性格をどう理論化するか，またその改革が教育に対して及ぼす負の影響をどう理論化するかに関心を払うことになった．例えばローダー（Lauder, H.）らは，社会変動を記述する包括的な概念として「グローバリゼーション」という語を用いながら，一連のネオリベラルな改革の性格を理論的に考察している（Lauder et al. eds. 訳書, 2012）．フーコーの議論の読まれ方も，この関心に沿って変化している．近代に固有の権力のあり方として「規律訓練」に注目してきた 1990 年代までは福祉国家批判の性格が強かった．しかし，2000 年代以降は，ネオリベラルな改革を批判的に吟味する概念として，後期フーコーの「統治性」や「生政治」に注目が集まるようになっているのである（Peters et al. eds. 2009）．前出のルーマンやギデンズ（Giddens, A.）の「再帰性」，バウマン（Bauman, Z.）の「個人化」，ベック（Beck, U.）の「リスク」といった概念装置もまた，現代の教育を考察する手がかりになる概念といえよう（Giddens 訳書, 2005；Bauman 訳書, 2008；Beck 訳書, 1998）．ネオリベラルな論理で進んでいる社会変動の帰結が見通せないなか，個別の実証研究を超えた理論的な模索が重要な状況になっている．　　　　　　　　　　　　　　　[広田照幸・倉石一郎]

　📖 さらに詳しく知るための文献

Ballantine, J. H. and Hammack, F. M., 2009, *The Sociology of Education: A Systematic Analysis*, Pearson Prentice Hall（＝2011, 牧野暢男・天童睦子監訳『教育社会学─現代教育のシステム分析』東洋館出版社）.

機能主義理論

[☞]「教育社会学と知のパラダイム」p. 26
「教育社会学の理論」p. 74「社会化」
p. 82「選抜と配分」p. 86「教育システ
ム」p. 94「再生産論」p. 96「ネオ・マ
ルクス主義」p. 102「文化資本」p. 106
「アメリカの教育社会学」p. 138

　「機能」とは，ある社会事象からほかの社会事象への「働き」，すなわち効果や
影響を意味する．社会事象 X が社会事象 Y に対してもつ効果や影響としての
「機能」を取り出そうとする分析や思考は，特に「機能主義」を名乗らずとも，
社会学の多くの研究において見出される．例えば，一つの従属変数 Y に対して，
複数の独立変数 X_1，X_2，…X_n が及ぼす影響を計量的に検証する分析は，個々の
独立変数が従属変数に対してもつ「機能」を同定する作業とみなすことができる．
あるいは，特定の条件下で一定の事象が発生することが観察された場合，そこに
も前者が後者に対してもつ「機能」を特定するという思考が潜在している．

　このように，社会学全般にとって「機能」は切り離せない概念である．そして，
何らかの「機能」が，社会事象全体を説明・把握できるものとして掲げられたと
き，その研究は「機能主義」と呼ばれるに値するようになる．

●初期の機能主義　機能主義の考え方は，社会学の創始期からみられる．社会学
の祖とされるコント（Comte, A.）とスペンサー（Spencer, H.）は，社会を有機
体になぞらえ，社会の人々や集団が機能的に分化して全体を構成するようになる
過程を社会進化ととらえた．

　コントやスペンサーよりも経験的分析を重視したデュルケム（Durkheim, É.）
は，『社会学的方法の規準』において目的論的な説明を退け事象間の因果関係を
明らかにすべきという主張を明確に掲げたものの，『社会分業論』のなかで特定
の事象が社会有機体の欲求に対して果たしている結果や貢献という定義を「機
能」概念に与えたこと，『自殺論』をはじめとする諸研究で社会を把握するうえ
で重要な因果関係を社会学者が特定しうるとする前提をとっていたことから，後
述のパーソンズ（Parsons, T.）の構造機能主義の原型となったとされる．

　デュルケムの影響を強く受けた文化人類学者のマリノフスキー（Malinowski,
B. K.）とラドクリフ＝ブラウン（Radcliffe-Brown, A. R.）は機能主義を洗練させ
たが，マリノフスキーは個人の存続にとって必要な条件を社会事象がいかに充足
しているかに注目したのに対し，ラドクリフ＝ブラウンは社会全体の存続にとっ
て必要な条件を焦点に据えた点で相違がある．

●パーソンズの構造機能主義　このような前史を継承し，さらに社会システムの
みならずパーソナリティ・システムなどあらゆるシステムが備えるべき機能要件
として，適応，目標達成，統合，潜在的パターン維持の4機能を一般理論として
定式化したものが，パーソンズの構造機能主義である．パーソンズの構造機能主
義においては，システムの構成要素としての構造は，上記の機能要件を充足しシ

ステム全体の維持に貢献するために存在するとされることから，目的論的機能主義と呼ばれる．四つの機能要件の間には相互交換が成立し，また機能要件を満たす個々の下位システムはさらにその内部に4機能を満たす構造を分化させる．仮に機能要件が満たされなくなれば構造が変動し，再び均衡が成立する．

　このようなパーソンズの構造機能主義は，1930年代から1970年代にかけての社会学にきわめて大きな影響を及ぼし，それを適用した研究が数多くなされたが，同時に問題点も指摘された．主な批判は，第一に，その目的論的性格に関連して，社会の統合や調和を過度に強調しており，個々人や諸社会集団の間の対立や葛藤がとらえられていないということである．第二に，その理論的整合性に関して，機能要件と相互交換の論理的冗長性，システムの定義における内部構造による定義と対外的境界維持による定義の二重性などが問題視されている（恒松ほか1982）．第三に，すべてのシステムに関する無限の4分割と，個々の構造の具体的事象へのあてはめの不自然さである．

　これらの批判に加えて，後述するマートン（Merton, R. K.）やルーマン（Luhmann, N.）による機能主義の再定式化により，現在ではパーソンズの構造機能主義をそのまま適用した研究はほぼみられなくなっているが，パターン変数など構造機能主義以外の面でのパーソンズ社会学の意義は今なお認められている．

●**マートンによる機能主義の転換**　マートンは，「顕在的機能と潜在的機能」論文（Merton 訳書, 1961）において，構造機能主義が内包する諸問題を回避するかたちで，より有用な機能主義的観点を打ち出した．マートンは，パーソンズを含む従来の機能主義に含まれてきた①一体性（全体への寄与），②普遍性，③不可欠性という三つの前提は，いずれも自明ではないとし，特に①について，研究の対象とする単位や範囲を柔軟に設定すべきことを主張する．さらにマートンは，機能的等価，機能・逆機能，顕在的機能・潜在的機能という新たな概念を提示した．

　機能的等価とは，事象Yを生み出す機能をもつ事象が，特定のXに限られず複数存在するという見方である．事象X_1とX_2が同様の機能を果たしている場合，X_1とX_2は機能的に等価であるといえる．

　機能と逆機能との区別，すなわち逆機能という概念の導入は，機能が必ずしも既存の社会状態を存続させる方向でのみ生じるわけではないという考え方を意味している．これは，社会事象Xが，ある観点からは事象Y_1という機能をもち，別の観点からみれば事象Y_2という逆機能をもつ場合があることを含意している．

　顕在的機能・潜在的機能は，前者が当事者によって意図されたり気づかれたりしている機能，後者が意図されておらず気づかれてもいない機能のことを意味する．これも特定の社会事象Xが，ある面では事象Y_1という顕在的機能をもち，別の面では事象Y_2という潜在的機能をもちうることの指摘である．

以上のようにマートンは，機能を固定的に考えるのではなく，分析の観点や分析対象の範囲をさまざまに切り換えることにより，社会事象間の多様で複雑な因果関係を経験的に分析しうる可能性を大きく開いた．このような，具体的事象に基づく仮説検証と一般的知見の間をたえず往復しつつ後者を洗練してゆこうとする研究のあり方を，マートンは「中範囲の理論」と呼ぶ．

●**ルーマンの等価機能主義**　ルーマンは，パーソンズから一般理論への志向を受け継ぎつつ内容の根底的な組み換えを行い，またマートンの機能的等価の考え方を土台として方法論的に洗練させることにより等価機能主義を定式化した．

初期の論文「機能と因果性」（Luhman, 1962）においてルーマンは，事象間の比較により機能的等価を戦略的に発見してゆく方法論を提唱する．すなわち，同じ事象 Y_1 をもたらす X_1, X_2…を取り出したうえで，次にはそれら X_1, X_2…が，別の Y_2, Y_3…という事象とどのような関係にあるかに関して総合的に比較検討を加える．それにより事象 X_1, X_2…の性質をより深く把握できるだけでなく，Y_2, Y_3…という従属変数にあたる事柄——「等価的機能視点」と呼ばれる——についても検討の幅を広げることができる．

こうしたルーマンの等価機能主義は，X と Y の両面に関して「ほかの可能性」を広げることを主眼としており，システム全体に対する機能要件を固定的に提示したパーソンズの構造機能主義とは対極的な性質をもつ．その意味を込めてルーマンは自らの機能主義を機能構造主義と呼んでいる．

ルーマンは，等価機能主義にとどまらず，その研究生涯における多数の著作を通じて，意味によって境界を維持し自己再生産を行う社会システムに関する一般理論を打ち立てるという課題を精力的に追究した．その社会システム理論は，等価機能主義に対して，「システム合理性」（あるシステムが，外部環境に対して十分な感受性を示しつつ，自らを存立可能にするようなかたちで問題設定と解決方法を導出し得る状態のこと）という評価基準を提供する位置づけにある（三谷2012）．ルーマンの社会システム理論は，その抽象性と膨大さにより，いまだ確定した評価が与えられているとはいいがたいが，等価機能主義という方法論も含め，現代社会学において大きな存在感と影響力をもつ議論であるといえる．

●**教育社会学における機能主義**　以上では，社会学全般における機能主義理論の展開を概観してきた．教育社会学の中での機能主義理論は，学校教育が社会のなかでいかなる機能を発揮しているかに関する諸種の議論の系譜であるといえる．その代表的なものとして，まず技術的機能主義があげられる．その命名者であるコリンズ（Collins, 1971）によれば，技術的機能主義とは，近代社会においては技術の変化と革新が起こり，学校教育はそうした技術や技能を学習者に身につけさせることから，学歴などの教育達成が職業的選抜の指標として用いられ，かつ学校教育の拡大と修業年限の長期化が起きるという理論である．近代社会の業績

主義（メリトクラシー）と学校教育を結びつける議論の大半は，この技術的機能主義を暗黙に含みこんでおり，なかでも人的資本論や教育計画論など，1950～1960 年代に優勢であった諸議論はそれを前提としていた．

しかし，1970 年代に入り経済発展や社会の平等化に対する学校教育の貢献に対する懐疑が広がると，学校教育は人々を潜在能力に基づいて選別しているにすぎないとするスクリーニング理論やシグナリング理論，社会的地位の獲得をめぐる身分集団間の争いが教育拡大をもたらしたとするコリンズの葛藤理論，産業界内部の階層構造に対応したかたちで出身階層別の社会化が学校教育を通じて行われるとするボールズとギンタス（Bowles, S. & Gintis, H.）らの対応理論，出身家庭の文化資本の多寡が学歴資本を経由して経済資本に変換されるとするブルデュー（Bourdieu, P.）の文化的再生産論，合理的神話としての教育に近代社会の正当化機能を見出すマイヤー（Meyer, J. W.）らの新制度学派などが叢生する．これらには技術的機能主義に対する批判が込められていたが，学校教育の機能の宛先が技術・技能の習得から選別，身分集団の利害，階層的社会化，文化的再生産へと転換されたものの，機能主義的な見方そのものは維持されていた．

そうした反省からヤング（Young, M. F. D.）らによって提唱された「新しい」教育社会学や解釈的アプローチは，ブラックボックスとされてきた学校教育の内部における教師や生徒の相互行為や意味付与，カリキュラムなどを研究対象としたが，教室秩序の維持といったミクロな側面に機能の宛先が再び変更されたにとどまるという批判もみられる．

他方で，より近年では，先進諸国の経済的行きづまりや個人の職業キャリアを打開する役割を学校教育に期待する議論が再び広がりをみせており，産業界の技術革新と教育拡大に関するスキル偏向的技術進歩論への注目も高まっている．これらはいわば技術的機能主義の再来とみなすことができる．

さらには，経済だけでなく，市民性の涵養，労働者・消費者・グローバル人材の育成など，学校教育への要請や期待は増幅の一途を遂げている．こうした状況下で，教育に対する機能主義的見方を否定することは現実的ではない．しかし，等価機能主義の考え方を参照することにより，学校教育の特定の機能を暗黙の前提とすることなく，潜在的な逆機能の可能性や，学校教育以外による機能的に等価な施策を視野に入れた，柔軟な研究が必要とされている． ［本田由紀］

📖 さらに詳しく知るための文献

Karabel, J. and Halsey, A., 1977, "Educational Research: A Review and an Interpretation," *Power and Ideology in Education*, Oxford University Press（＝1980，天野郁夫・潮木守一訳「教育社会学のパラダイム展開」潮木守一ほか編訳『教育と社会変動』上，東京大学出版会，pp. 1-95）．

佐藤俊樹，2011，『社会学の方法―その歴史と構造』ミネルヴァ書房．

中 久郎編，1986，『機能主義の社会理論―パーソンズ理論とその展開』世界思想社．

社会化

> ☞「現代社会と人間形成の諸相」
> p. 244 「家族と社会化」p. 306

　パーソンズ（Parsons, T.）が「社会の文化を内在化すること」（Parsons & Bales 訳書, 1981, p. 36）と定式化した社会化は，社会学の最重要基礎概念の一つであり，同時に，社会学的な視座をとるすべての論者が自身の論の立脚点とするその論点は多様であり，語句説明として一般的な言及で全体像を語ることが最も困難な社会学用語の一つでもある．ギデンズ（Giddens, A.）は『社会学』（英語版第 7 版）のなかで社会化の説明に実に 19 ページを割いているが，「社会化は，無力な幼児が，その子が生まれた国の文化のやり方を身に付けていきながら，段階的に，自意識をもち，見識ある人になっていく過程である」（Giddens et al. 2013, p. 335）という，現時点で最も共通理解可能で，最もミニマムな定義を示している．もちろん，この定義に用いられている文言の一つひとつは，彼が社会化の諸理論として紹介する心理学の発達段階モデルやライフコースモデル，ミード（Mead, G. H.）ら象徴的相互作用論の社会的自己の理論，高齢化などの現代の社会的問題の観点を含んでおり，決して小さな定義ではない．それでも，ギデンズがさらに続けて，青年期の社会化（再社会化），社会化モデルが導き出す社会の構造的特性，社会化の相互性などを補足的に書き加えなくてはならないほど，社会化の論点は多様である．

●**社会化観の転換──「新しい」教育社会学のインパクト**　社会化論は，1970年代に一大ムーブメントとなった「新しい」教育社会学を契機として大きく発展的に転換した．それに連なる研究者の一人であるウィリス（Willis, P. E.）は『ハマータウンの野郎ども』において，学校教育というシステムのなかで，若者たちが学校や教師からの一方向的な社会化の受け手ではなく，生徒間の相互の関係性のなかで互いが主体的能動的に自らを社会化していく姿を記述した（Willis 訳書, 1996）．また，学校カリキュラムが生徒を分化し，階層を再生産するメカニズムを明らかにしたバーンスティン（Bernstein, B.）は，その階層的社会化が学校の文化と家庭の文化の相互性によって決定されるものであることを明らかにした（Bernstein 訳書, 1981）．これらの研究は，社会化を相互的なプロセスとしてとらえる点で共通している．つまり，「新しい」教育社会学以後は，個人と個人のレベルでも，個人と社会のレベルでも，社会化の関係性は相互的なものとして理解されることになったのである．例えば，個人のレベルでは，母親や父親が育児のプロセスを通して親らしさを身に付けていくこと，さらには子どもが教師とのやりとりのなかで生徒としての振舞いを身に付けていくことなどが指摘できる．また，社会のレベルでは，社会が個人の社会的実践のなかで再構造化されている

ことが指摘できる．個人や社会をシステムとして理解するルーマン（Luhmann, N.）の論を借りれば，こうした社会化は，システムの相互浸透のバリエーションとして理解されるものである．

●**システムとしての社会化のエージェンシー**　こうした社会化観の転換は，家族，学校，ピアグループ，マスメディアなどの，これまで社会化のエージェンシーとみなされてきたものの理解にも転換を要請する．社会の秩序問題に関心をもつデュルケム（Durkheim, É.）は学校教育を“新しい世代の組織的な社会化”（une socialisation méthodique de la jeune génération）（Filloux 訳書, 2001, p.108）という観点に立って論じ（Durkheim 訳書, 2010），パーソンズは家族を社会化と安定化という二つの社会的機能をもつシステムとしてとらえた（Parsons & Bales 訳書, 1981）．現在それらは，社会化機能をもつ自律的なシステムとして理解されている．社会化のエージェンシーの多様性は，そのままそれら一つひとつが独立した自律的なシステムであることを示している．しかし，それゆえに，社会化のエージェンシーのいくつかは，システム間の相互浸透の結果として，組織的な装置としての特性をより強めていることも事実である．インターネットという新しいシステムがますます強大になっていくことが予想される現在，社会化機能をもつ諸システムがその新しいシステムとの関係性においてどのような特性を強め，どのように機能するのか，注視していかなければならないだろう．

●**社会化の総合理論は可能か**　人間や社会に関する諸理論の発展もまた，社会化に新しい理解を要請している．例えば，感情の社会学によって「感情」が（Hochschild 訳書, 2000），ドゥルーズ（Deleuze, G.）とガタリ（Guattari, P.-F.）らを代表とするポスト・モダニズムにおいて「欲望」が（Deleuze & Guattari 訳書, 2006），大脳生理学によって遺伝子情報が社会的なものとしてとらえられるようになった状況にあっては，そもそも〈社会化〉とは何かを改めて定式化する作業が必要となっているといえるだろう．また，相互性の観点が〈社会化〉を特定の価値や規範の内面化から解き放った今，多くの社会学者が，パラダイム（paradigm），フレーム（frame），心性（mentalité），ハビトゥス（habitus），無意識（Unterbewusstsein, das Urbewusste），構造（structure），文化（culture），アーキテクチャ（architecture）などのタームでとらえようとしてきた，価値や規範に特定の意味を与える〈何ものか〉を，社会化研究のなかでどのように記述するかが課題となっている．

　また，こうした潜在的な社会化は実践共同体への参加を通して行われる構造化の過程であるが，他方で現代社会においては，ブルデュー（Bourdieu, 訳書, 2007）が象徴暴力として問題化したマスメディアの果たしている役割は看過できず，伝統的な理論的射程を超えた現代的な社会化問題として位置づける必要がある．

［紅林伸幸］

属性原理と業績原理

> 「近代化・産業化と教育社会学」p.44 「機能主義理論」p.78「選抜と配分」p.86「メリトクラシー」p.600「機会の平等・結果の平等」p.602「階層と教育」p.604「学歴社会の展開」p.612「学歴社会における選抜」p.614

　いかなる社会においても，人々はさまざまな地位を占め，それぞれの地位に応じた役割を担う．こうした社会的地位，とりわけ職業的な地位に人々を割り当て，その地位に応じた財（経済財・威信・名誉・権力など）を配分する方法はさまざまに存在するが，それらを方向づける原理の代表例として，属性原理と業績原理をあげることができる．

　一般に属性とは，人々を特徴づける，性別・年齢・人種・民族・身分・階級・階層・学歴・職業・出生地などのことを指すが，学歴や職業のように自らの行為や選択の結果として得られるものと，性別や身分のように生まれによって決定されたり，出生地のように個人にとっては所与のものとに区別されうる．属性原理とは，これらの属性のうち，特に，性別・年齢・人種・民族・身分・出身階級・出身階層・出生地など，生得的あるいは生涯の早い時期に決定されてしまい，個人の選択の余地がないような属性（以下「属性」とはこの意味で用いる）に準拠して，地位を割り当て財を配分することをいう．これに対し，人々が努力によってあげた成果に基づいて，地位や財の配分を行う原理を業績原理という．

●**機能主義的な理解**　リントン（Linton, R.）は社会的地位を，生まれによって与えられる不可避的な地位である属性的地位（ascribed statuses）と，生得的能力と競争や努力によって獲得される業績的地位（achieved statuses）に区分した．こうしたリントンの構造的概念を受けて，パーソンズ（Parsons, T.）は，行為の一般理論における5組のパターン変数のうち，客体の様相のジレンマに関するものとして，所属本位―業績本位（ascription-achievement）を提示した．これらは行為の前に社会的客体（個人ないし集合体）に対して行為者が抱く評価的・価値的志向の型に関する対概念であり，「何ができるか」という客体の能力や業績を重視して当該客体を評価し処遇するのが業績本位（業績主義）であり，他方，「何であるか」という客体の属性やメンバーシップを重視して当該客体を評価し処遇するのが所属本位（属性主義）である．

　属性原理と業績原理のどちらが優勢であるかによって，社会的地位の選抜と配分，および結果として生み出される階層構造の様相は異なるが，それと同時に，階層構造のありようは，選抜・配分システムや配分原理に影響する．パーソンズらは，近代化の進展に伴う知識・技術の高度化により属性主義が優勢な社会から業績主義が優勢な社会へと推移すること，および，その進行に連れて属性主義はやがて消滅していくことを予想した．日本の歴史をふりかえっても，江戸時代のような身分制社会では，人々の社会的地位は身分や家柄によってほぼ決定された

が，現代では職業や社会的地位の決定において個人の能力や業績が重要になっている．

●**現代に残る属性原理**　上述のとおり，リントンとパーソンズの概念には，地位の由来を問題にするか客体の性能を問題にするかという違いがある．梶田（1981）は，両者のこうした概念上のズレに着目しながらアチーブド・アスクリプション（achieved ascription）すなわち業績主義の属性化と，アスクライブド・アチーブメント（ascribed achievement）すなわち属性に支えられた業績主義という概念を提出した．前者は達成された業績が固定化して属性と化すことを指し，後者は属性による有利・不利が業績主義的な競争の結果に影響するため，公正な配分が実現しないことを指す．

　近代化された社会に一般的にみられる学歴主義は，学歴が個人の能力と努力によって達成される面では業績主義的だが，生まれ育った家庭背景によって教育達成に差が生じる点（アスクライブド・アチーブメント）や，達成された学歴が身分化して特権を生み出す傾向にある点（アチーブド・アスクリプション）からは属性主義的でもある．

　イギリスの社会学者ヤング（Young, M. F. D.）は，社会的地位の配分原理が属性原理から業績原理に移行することで，メリトクラシー社会が生まれると論じた．メリトクラシーとは，貴族による支配（aristocracy）や富豪による支配（plutocracy）になぞらえたヤングの造語であり，IQ などの能力（merit）が高い者による支配を意味する．ヤングの真意は，属性原理から離脱したはずのメリトクラシーの貫徹した社会が，IQ の遺伝なども作用した結果，次第に世襲制つまり属性原理の支配する社会と変わらなくなってしまうというパラドクスを指摘することにあった．

　現代の資本主義社会では，業績主義的な選抜・配分が優勢ではあるが，上述のとおり，属性原理の側面が残されていると考えるのが一般的である．また，文化的再生産論者のように，能力や業績の評価基準や評価方法が支配階級によって設定されるため，業績原理は支配階級の再生産を隠蔽するイデオロギーにすぎないと指摘する者もいる．あるいは，業績原理はあくまで機会の平等に関する原理であって，結果の平等を志向したものではないため，公正な社会を目指すには，結果の平等にも配慮することが必要だという主張もある．　　　　　　　　［荒牧草平］

📖 さらに詳しく知るための文献

Linton, R., 1936, *The Study of Man: An Introduction*, D. Appleton-Century Company.

Parsons, T. and Shils, E. A. eds., 1951, *Toward a General Theory of Action*, Harvard University Press（＝1960，永井道雄ほか訳『行為の総合理論をめざして』日本評論社）．

Young, M. F. D., 1958, *The Rise of the Meritocracy*, Thames & Hudson（＝1982，窪田鎮夫・山元卯一郎訳『メリトクラシー』至誠堂）．

選抜と配分

参照「属性原理と業績原理」p. 84
「再生産論」p. 96「機会の平
等・結果の平等」p. 602「学歴
社会の展開」p. 612「学歴社会
における選抜」p. 614

　我々の社会は威信と収入によって決定された職業構造をもち，どの職業に就いているのかということは，その社会的地位をめぐる選抜（selection）を経て，それらを配分（allocation）された結果と同義である．

　この選抜と配分の過程において，人々の処遇を決定づけるという意味で，テストは重要な社会的機能を保持している．合格と不合格でその後の処遇がはっきりと決定づけられてしまい，努力などのインプットと処遇のアウトプットが厳密な意味で1次関数のようにある値を代入すれば値が求まることにはならない性質をもつがゆえに，人々は選抜と配分の結果によって得られた処遇をめぐり，不公平や格差を感じたりする．こうした衡平感覚が存在するがゆえに，選抜と配分の問題は，常に人々の興味をひきつけてやまないテーマとなる．

●**入学者選抜制度**　例えば，わが国における入学者選抜制度を歴史的に振り返ってみても，何をもって大学進学者にふさわしい「能力」と規定するかという選抜基準は常にゆれ動いてきた．大規模テストを例にあげても，進学適性検査（1948〜1954年）では，生徒がもつ固有の知能を測定し，能研テスト（1963〜1968年）では，マンパワー政策の時代背景のもと人物の適性を測定した．共通第一次学力試験（1975〜1990年）では5教科7科目の総合的な学力を測定し，大学入試センター試験（1991年〜現在）では科目のアラカルト選択を認めて，その測定結果を大学入学者選抜に用いた．

　また，推薦入試（1967年〜現在）は，高校時代の学修成果を高く評価し，AO入試（2000年〜現在．国立大学の場合）では，ペーパーテストのみでは測定不能な能力の存在を肯定し，現在では，「学力の3要素」（基礎的な知識・技能，課題解決に必要な思考力・判断力・表現力，主体的な学習態度）の測定を目指す大学入学者選抜改革が企図されるなど，その時々の「能力」観がテスト法を規定している様子がうかがえる．

●**選抜技術と権力**　何を「能力」とするかだけではなく，どのようなプロセスで誰が「能力」を決定するのか，という問題もまた選抜と配分の結果に大きな影響を与えると考えるのが妥当である．その決定には，選抜技術としての測定方法の問題と，その測定方法が誰によって決定されるのか，という測定主体の問題が同時に存在する．

　19世紀には頭蓋計測が，20世紀にはIQ測定が，「能力」を決定する際に用いられてきた（Gould 1981）．また，1919年からアメリカのコロンビア大学では，客観的な筆記試験による成績重視の選抜から，出身地や宗教，高校などの活動歴，

カレッジボードによる IQ テスト，志望理由書など，主観的に選抜する余地を残す総合評価へと転換させた．これらの改革は，当時大量に押し寄せたユダヤ人を含むヨーロッパからの移民排斥を目的に行われた（Wechsler 1977）．次いで，ハーバード大学のコナント（Conant, J. B.）総長とチョーンシー（Chauncy. H.）事務副部長が開発したのが教育試験サービス（ETS）の実施する大学進学適性テスト（SAT）であった．それは，総合的評価の主観性に対抗するための客観的手法として開発された（Lemann 1999）．

　また，公民権運動の時代には，SAT に人種間の点数差がないことの証明を目的に，項目反応理論（IRT）や差異検出機能（DIF）などの技術開発が盛んに行われるなど，測定主体がいかなる政治的目的を選抜方法にこめるかに応じて，選抜技術の革新が行われてきた．

●**加熱と冷却**　選抜前の競争に加担する意欲が増す「加熱」（warming-up）状態と，選抜が達成できなかった後に訪れる「冷却」（cooling-out）状態が存在し，選抜の過程には，加熱→選抜→冷却のプロセスが含まれている（竹内 1988）．失敗の適応である「冷却」には，価値変換を伴い別の価値基準を追求する「冷却」と，価値変換を伴わず次善の達成で満足する「縮小」（cooling-down）の 2 種類がある．また，選抜後には，再び選抜に挑戦する「再加熱」（re-warming-up）があり，これも価値変換を伴わない「再加熱」と，価値変換を伴い別の価値基準を追求する「代替的加熱」（warming-in）の 2 種類がある．

●**社会的地位の配分と学校**　シコレル（Cicourel, A. V.）とキツセ（Kitsuse, J. I.）は，進路選択が「生徒全体に分布している才能を発見し開発するべく，官僚制的手続きのなかで実施される，高度に組織化された」（Cicourel & Kitsuse 訳書，1985, p. 183）学校による選別と配分の結果であると分析した．もし，生徒の学業成績に応じた平等な競争による社会移動が存在するという考え方をとるならば，IQ や学業成績のかなり高い生徒が大学に進学しない状況を理解することは難しい．実際に，シコレルとキツセは，カウンセリングやガイダンスによって，テスト得点とはまったく合致しない社会カテゴリーや成績タイプに生徒が分類されていることを問題にした．彼らは，「専門化」され，「援助」という名のもとで偽装された学校における官僚制的手続きのなかで，生徒が選別され，社会的地位が配分されているとの見方を提示した．　　　　　　　　　　　　　　　［木村拓也］

📖 **さらに詳しく知るための文献**

Gould, S. J., 1981, *The Mismeasure of Man*, W. W. Norton & Company（＝2008, 鈴木善次・森脇靖子訳『人間の測りまちがい―差別の科学史』上・下，河出書房新社）.

竹内 洋，1988，『選抜社会―試験・昇進をめぐる〈加熱〉と〈冷却〉』リクルート出版.

Cicourel, A. V. and Kitsuse, J. I., 1963, *The Educational Decision-Makers*, Literary Licensing（＝1985, 山村賢明・瀬戸知也訳『だれが進学を決定するか―選別機関としての学校』金子書房）.

官僚制

☞「組織としての学校」p. 372

　ウェーバー（Weber, M.）は，否定的な意味で使われる官僚制に社会学的意味を与え，近代社会におけるその意義を初めて明らかにした．彼の時代では行政組織，軍隊，産業組織に典型的にみられたが，リッツア（Ritzer, G.）は現代において，チェーン・システム化したサービス業に官僚制が浸透していることを強調する．リッツアに依拠すれば，全国にわたって同一カリキュラムにより教育を提供する学校網もまた，官僚制支配のもとにあることが明らかとなる．膨大な人間を対象とする教育業務の供給を個人の努力や心情に委ねることはできない．莫大な経費が必要だけでなく，安定性，確実性，継続性の確保のために，個々の人間の努力を超えた巨大な機構の整備が不可欠であり，その装置が官僚制である．

●**脱魔術化過程のなかの官僚制組織としての大学，学校**　近代社会において世界的に義務教育制度が定着し，高等教育制度が拡充した背景に，官僚制として教育機構が整備されたことがある．ウェーバーが理念型として展開した官僚制理論を駆使してこの巨大化した教育，研究の仕組みをみることで，現代の学校や大学の特性を確認し，生じる問題について考察を進めることが可能となる．彼は規則の支配，権限の原則，ヒエラルキー的秩序の存在，専門家による職務遂行，文書による支配などの特徴をあげて，この合理的官僚制が組み立てられていることを力説した．（Weber 訳書, 1960）近代の合理的官僚制をめぐる議論は，支配の三類型に関する理論のなかで展開され，カリスマ的支配や伝統的支配を打破した脱魔術化過程の産物として示され，この支配様式が安定的かつ効率的であることを強調した．官僚による「愛も怒りもない」，没人格的な職務遂行を通じてなされ，人間の諸活動に計算可能性が導入され，組織の計画的運営が可能となったとする．

　なぜ，全国の学校や大学が円滑かつ安定的に教育や研究業務を遂行しうるのか．第一に，カリスマ的人物の突然の死や，君主の恣意的判断による行政の断絶を防ぐため，法律に依拠して行政活動が展開し，組織全体に文書による命令伝達がされる．第二に，分業化によって経営と労働の分離が進行し，現場作業に必要な教育関連施設や機器，莫大な経費を要する研究施設，実験器具のすべてが経営側によって供給され，現場は職務遂行だけに専念しうる．第三に，労働者の規律・訓練により，ヒエラルキーの上級者の命令に服従し，気分や天候に左右されることなく，現場の職務が安定的に遂行される．第四に，現場作業の標準化，規格化がはかられ，多くの活動が数値化され，組織全体の活動に計算可能性が生まれ，また予測可能性も与えられ，将来にわたって継続的に活動しうるようになる．初等，中等教育レベルにおける学級規模，学習内容，授業時間数などをめぐる数

的基準の導入，高等教育レベルにおける単位制度を中心とした数の支配にみられるように，本来異質で計算不能な研究内容や教育内容を形式的に数値化し，達成度を数値で明示し，活動の評価を下すことが容易になった．

●**官僚制の弊害**　マートン（Merton, R. K.）は官僚制の逆機能として手段の自己目的化や形式主義を指摘し，組織の非合理性が増して機能障害に陥ることを強調した（Merton 訳書, 1961）．官僚制化は大量生産方式を導入して学校や大学を画一的サービスを提供する工場へと変え，人間を代替可能な一部品として位置づけるが，そのことは学校を既知の単なる伝達システムにし，教師の役割をルーチン化した作業へと転化させてしまう．効率性を満たすために導入された手段が自己目的化し，数の支配が数値を合わせるだけの形式主義を生み，組織の保守化が進行する可能性をも持つ．チェーン化した巨大なシステムは，過剰生産，規格外品やゴミの処理などの新たな計算外の問題をもたらす．巨大な官僚制の形成は，偏差値という妖怪を生み，受験知なる過剰性をもたらした．この大量の既知の効率的伝達活動と研究，開発という知の探求活動とはまったく異質の活動であり，逆に知の探索の障害ともなりかねない．

●**学校と再魔術化過程**　脱魔術化という合理化の過程で，各種の非合理的要因を排除して合理的官僚制は成立したが，抑圧された非合理的要因，とりわけ感情的，衝動的欲望の過熱という逆説的過程を加速させずにはおかない．教育の対象としての青少年を強制的に規律化して受動的立場へと追い込み，機械的に知識の伝達を行うこの官僚制組織への反発は強烈であり，しばしば若いエネルギーの沸騰による組織崩壊の危機をもたらす．このエネルギーの巧みな制御，すなわちいったん排除した非合理的な感情を組織防衛のために活用する再魔術化は，学校という官僚制組織が身に付けた組織防衛のための不可欠の方策であった．大学の大衆化とともに進行したカレッジスポーツによる興奮と熱狂の演出と不満のガス抜き，名門校と呼ばれるためのシンボルの活用と威信の高揚策などはその例である．また義務教育の制定は，子ども中心主義というロマン的イデオロギーを学校に付着させ，教師による児童・生徒の情緒的順化に最大限に活用された．また授業や学校行事を通じてさまざまな興奮の場の設定と感動体験の提供がなされ，日常的に展開されている．しかしこの再魔術化が，脱魔術化の支援になるのか，逆に反脱魔術化に向かうのか，ここに新たな緊張が組織内にもち込まれることとなる．

［柳　治男］

📖 **さらに詳しく知るための文献**

Ritzer, G., 1996, *The McDonaldization of Society*, Pine Forge Press（＝1999，正岡寛司訳『マクドナルド化する社会』早稲田大学出版部）．

新制度主義

　新制度学派は，マイヤー（Meyer, J. W.）らスタンフォード大学を中心に，1970年代から教育社会学で始められ，1990年代以後は新制度主義（new institutionalism）と総称され，比較教育，組織論，経営学，政治学の分野で学際的に展開を遂げている学派である．新制度主義の理論的コアは，「制度」をキリスト教のような超越的で普遍主義的な性格をもつ理念的実在としてとらえ，それが個人・組織・国家などのアクターを無意識に拘束するというトップダウン型の社会認識にある．新制度学派に一貫する考え方は，意味や「文化」，社会的ルールが埋め込まれた「制度的環境」が，個人・組織・国家に浸透・普及する過程（制度化）を長期時系列データや国際比較データによって「発見」し，宗教なき近代社会を脱構築する「計量的マクロ現象学」といえる．この超越的視点を準拠枠とするグランドセオリーと実証分析を架橋する方向性は，アメリカ社会科学の伝統である方法的個人主義に抗する新たな比較社会学として位置づけられている（Krücken & Drori 2007）．

●**マイヤー学派の萌芽と理論的コア**　新制度学派の理論的コアの形成は，二つの調査が契機となった．一つは，1960年代のカレッジ・インパクト研究に対する懐疑である（Meyer 1970）．ヨーロッパと異なり，エリートの定義が弱く流動性が高いアメリカ社会では，大学環境の著しい違いにもかかわらず，社会化が学生の態度変容に及ぼす効果は限定的であった．この発見から，マイヤーは規範の内面化という狭義の社会化よりも，学校の卒業生に与える社会的定義（チャータリング）が，学生のアイデンティティを決定づけるという着想を得た．今一つは，1970年代にサンフランシスコ湾地域の小学校を対象に実施した教育政策一般の意識調査である（Meyer et al. 1981）．結果は，予想に反して職階の異なる三者（教育長，校長，教師）が類似した認知度を示し，三者間の回答パターンの相関も低く，しかも学区のデモグラフィックな違いで認識の違いが説明される割合が低いことであった．マイヤーらは，この結果を受けて学校は「緩やかに連結した」組織であり，内部調整（技術的環境）よりも学校外部からの信頼や制度的ルールによって安定すると解釈した．

　この認知的・集合レベルへの認識論的転回は，1977年に *American Journal of Sociology* 誌に掲載された「制度としての教育効果」（Meyer 1977）と「制度化された組織―神話と儀礼としての公式構造」（Meyer & Rowan 1977）で精緻化された．前者は，教育システムが再生産されるメカニズムを機能主義や対応理論によらずに正当化から説明する．教育は社会化と配分を通じ，「知識と人材の理

論」としてエリートと大衆（市民）を類型化し，国民国家の正当化装置として拡大すると論じた．後者は，組織が安定するメカニズムとして，公式構造のなかに「制度化された環境」が埋め込まれていること，公式構造と実際の活動には「脱連結」が存在することを指摘した．このダブルスタンダード（合理的神話論）が，新制度派組織論の理論的コアである．

●マイヤー学派の発展動向　新制度主義は，社会学に「文化」を取り戻し，超越的視点から正当化された「行為者」（個人・組織・主権国家）と「脱連結」の概念を手にしたことで，ラカトシュ（Lakatos, I.）のいう「前進的な研究プログラム」となった．マイヤー学派は，二つの方向で展開した．一つは，「制度的環境」としてのアメリカ連邦制（集権化を欠いた官僚制）において，なぜ教育が拡大し，法への強いコンプライアンスが生まれるのか，そのパラドクスを超越的視点から説明する方向性である．例えば，学区の変化，行政組織，営利・非営利組織の存立に関する研究，19世紀のアメリカ公立学校の拡大と宗教の関連，教育官僚制の連邦政府ファンドへの同型化，雇用均等法の成立と普及過程の研究など，多岐にわたる．

　今一つは，アメリカの政治システムを相対化するマクロな方向性である．それは資本主義と内発的な諸力の相互作用から国際的分業（中核＝周辺）を論じる「世界システム論」が捨象した視点である．マイヤーによれば，主権国家は決して自律的な政体ではなく，進歩と合理性という超越的なルールが埋め込まれ，政治的に正当性を付与されている．この超越論的視座から，周辺国家で初等教育や人権条項が急激に拡大する同型化の過程，憲法に記された「子ども期」の手厚い定義，初等・中等教育カリキュラムの世界的な標準化現象，高等教育人口や科学技術省の世界的な拡大，マネジメント知識の分野横断的普及，「世界文化」のインストラクターとしての国際組織の拡大を説明する．いずれも，ボトムアップによる現実主義によらないで，グローバル化現象を認識するスタンスである．

●新制度学派の修正　新制度主義は，専門分化した社会科学に普遍的な視点と共通の言語を提供したが，今日の新制度学派は一枚岩ではない．教育をめぐる市場化の流れと公財政の逼迫による説明責任や効率性の圧力（技術的環境）を受けて，「信頼の論理」や「脱連結」だけで組織の存立が説明できないからである．そこで，いつどのような条件のもとで，「脱連結」が必要なものとして採用されるのか，戦略的応答や交渉を取り入れた理論的・実証的展開が求められている．

［藤村正司］

📖 さらに詳しく知るための文献

藤村正司，1995，『マイヤー教育社会学の研究』風間書房．
佐藤郁哉・山田真茂留，2004，『制度と文化』日本経済新聞社．
竹内洋，2016，『日本のメリトクラシー 増補版』東京大学出版会．

福祉国家

福祉国家とは一般に，所得保障をはじめとする社会保障制度を体系的に備え，国民の福祉の実現に対して責任をもつ国家のことを指す．

歴史的には，19世紀後半に，資本主義の発展のなかで労働力の保全と労働者の懐柔の観点から，救貧制度や傷病・老齢などのリスクに対応する社会保険制度の創設が開始された．さらに20世紀には総力戦を伴う第二次世界大戦に至るまでに，失業保険や公的扶助，雇用政策，労働法制などの整備が進み，多くの先進国で福祉国家の基盤ができた．規範概念としての福祉国家も，この時期，ファシズム国家を戦争国家（warfare state）とする対比のなかで成立している．

福祉国家の登場は，国家と資本主義，および国家と国民との関係の転換を伴っていた．増大する福祉国家の財源を維持するためには，国民経済の成長・安定化を通じた税収の確保が不可欠である．そのためケインズ主義に基づく金融政策や，財政政策，産業政策などの経済介入が強化され，国家の調整を伴う資本主義が先進国において一般的なかたちとなった．他方，マーシャル（Marshall, T.）が定式化したように，福祉国家の成立を背景に，市民権や参政権に加えて社会権が国民の基本的権利とされるようになり，国民が国家に請求しうる保障の範囲も大きく広がった．

●**福祉国家の概念**　何をもって福祉国家といえるのかは難しい問題である．最も単純な指標としては社会保障支出の規模がある．例えばウィレンスキー（Wilensky, H. L.）は，社会支出の対国民総生産比に注目し，政治体制にかかわらず工業化と高齢化がそれを高めるという収斂説を唱えた．しかし近年は，福祉国家間の質的な差異に注目する議論が隆盛している．エスピン＝アンデルセン（Esping-Andersen, G.）は，職域ごとの社会保障給付水準の差が格差を固定化させる程度を示す「階層化」と，労働市場から自立して生計を立てられる程度を示す「脱商品化」という指標を用い，市場の影響力が強く脱商品化の度合いが低い英米などの「自由主義レジーム」，職域福祉と家族への依存が強く階層化の程度が高い独仏などの「保守主義レジーム」，脱商品化と脱階層化の度合いが高い北欧の「社会民主主義レジーム」という三つの福祉レジームの類型をつくり，パラダイム転換を起こした．なお日本は，保守主義レジームと自由主義レジームの特徴を合わせもつとされる．その後，フェミニズムからの批判を経て，脱ジェンダー化や脱家族化も福祉国家のパフォーマンスをはかる重要な指標とされるようになっている．

他方，福祉国家の手段に着目すると，武川正吾が指摘するように社会給付と社

会規制という二つを備えていることが重要である．社会給付とは，所得や社会サービスを提供することであり，社会規制とは，「労働基準法」や「男女雇用機会均等法」，「差別禁止法」などさまざまな法律の規制によって，人々の権利を守ることである．

●**福祉国家への批判**　1970年代以降，福祉国家への批判が高まる．背景にあるのは，経済成長の鈍化，財政収支の悪化，ケインズ政策のスタグフレーションへの対応の失敗などである．右派の新自由主義の立場からは，高水準の給付や規制が市場の効率性をゆがめ，投資や就労へのインセンティブを失わせるなど経済に悪影響を与えているという批判が行われた．これは福祉受給者への道徳的非難にもつながった．

　一方で左派からも，福祉国家が官僚制を肥大させる点，所得移転が中間層内部にとどまり垂直的な再分配に失敗している点，福祉行政が受給者にスティグマを付与し承認を剥奪する抑圧的な面を有している点などが批判された．このような左右双方からの挟撃により福祉国家の正統性はゆらいでいく．

●**福祉国家の危機と再構築**　福祉国家の成立条件も経済のグローバル化・脱工業化・少子高齢化によって崩れていった．1973年のブレトンウッズ体制の崩壊を機に経済のグローバル化が進むと，各国政府は国内資本の競争力を維持し資本の海外逃避を防ぐために，グローバル基準を超える税・保険料負担や労働規制を企業に課すことが難しくなった．また脱工業化に伴う雇用の流動化と低賃金化は，完全雇用や税収増加を前提とした社会政策を困難にした．少子高齢化も負担と受給のバランスを崩し，制度の持続可能性を損なっていく．以上の危機を背景として政治的には新自由主義が伸長するが，その減税や民営化政策は，国家の再分配機能をさらに弱体化させ，格差拡大や貧困・社会的排除の深刻化の原因となった．

　ただし福祉国家の危機は再構築の側面を伴う．その基本的な方向の一つが労働市場との関係強化である．自由主義レジーム諸国では就労義務を強調するワークフェア政策が展開され，社会民主主義レジームの国でも実効的な就労支援を重視するアクティベーション政策が展開されている．ここに教育の役割を見出す議論もある．他方，労働市場が縮小するなかでは就労中心の福祉にも限界があるため，ベーシックインカムや参加所得など就労を条件にしない所得保障の構想も模索されている．いずれにせよ，一国単位で社会政策を実行することには限界があるため，今後は社会政策のグローバル化が求められる．　　　　　　　［仁平典宏］

📖 **さらに詳しく知るための文献**

Esping-Andersen, G., 1990, *The Three Worlds of Welfare Capitalism*, Polity Press（＝2001，岡沢憲芙・宮本太郎監訳『福祉資本主義の三つの世界―比較福祉国家の理論と動態』ミネルヴァ書房）.

武川正吾，2007，『連帯と承認―グローバル化と個人化のなかの福祉国家』東京大学出版会.

新川敏光，2014，『福祉国家変革の理路―労働・福祉・自由』ミネルヴァ書房.

94　　きょういくしすてむ　　　　　第3章　理論

教育システム

参照「ドイツの教育社会学」p. 150
「ネット社会」p. 718

　「システム」という概念は，最広義には，諸要素が関連し合って一つのまとまりとして形成された集合態を指す．その語はヘーゲル（Hegel, G. W. F.）やマルクス（Marx, K.）なども用いているが，まだ特有の理論的含意をもつものではなかった．今日でも，社会システムは単に集合的メカニズムを示す概念として，社会，構造，制度などの概念と明確に区別されずに用いられることが多い．あるいはハーバーマス（Habermas, J.）のように，具体的な行為からなる「生活世界」との区別において用いられることもある．

●**システム論の系譜**　社会学において「システム」概念が，個人を超えた独自な集合的メカニズムの存在と働きをもつ対象として考察され始めるのは，20世紀に入ってからである．それは，有機体論の系譜を引く機能主義システム論（スペンサー［Spencer, H.］，パーソンズ［Parsons, T.］，マートン［Merton, R. K.］）と，機械論の系譜を引く力学的システム論（パレート［Pareto, V.］，ホマンズ［Homans, G.］，コールマン［Coleman, J. S.］）に大別されるが，1960年代以降，前者の均衡主義的前提や，後者の交換論的前提に対する批判が高まった．そのため，社会のシステム性に着目する研究において一種の空白状態が生まれた．しかし同時期において自然科学の諸領域では，多様な現象に潜む共通な原理を引き出そうとして，開放システム（ベルタランフィ［Bertalanffy, L.］），セカンド・サイバネティックス（マルヤマ［Maruyama, M.］），自己組織化（アシュビー［Ashby, W.］），散逸構造（プリゴジン［Prigogine, I.］），オートポイエシス（ヴァレラ［Varela, F. J.］）など一般システム理論の研究が進展し，それらに触発されて社会システム研究も新たな段階を迎えた．

　教育をシステム概念によって記述・考察する試みとしての「教育システム」論も，広い意味では，上のシステム研究の流れに沿って展開されてきた．例えば，すでに1930年代において，ウォーラー（Waller, W. W.）は『学校集団』（Waller 訳書，1957）において，学校の内部を社会関係のシステムとして豊かな具体的事例とともに描いた．1960年代においてパーソンズは，AGIL図式によって社会システムの存続・維持とそれを担う機能を定式化し，そこにおいて教育はL領域に位置づけられ，社会の「潜在的パターンの維持および緊張処理」（latent pattern maintenance and tension management）の役割を担うとされた（Parsons 訳書，1958）．1970年代では，教育システムを自律的な成長・変化の面からとらえる研究がなされた．例えば，ホッパー（Hopper, E.）は各国の教育システムを類型化する比較研究を行い，それぞれの社会におけるイデオロギー（信念）によって選

抜システムが異なることを提示した（Hopper 1968）．また，アーチャー（Archer, M.S.）は，国家単位のレベルで教育システムが，離陸・成長・インフレという段階を経て拡大していくことを論じた（Archer 1979）が，それらはまだ一般システム論との関連はみられなかった．

●**ルーマンの社会システム論**　社会システム論，あるいはその個別領域としての教育システム論が一般システム論と接合されたのは，1970年代以降におけるルーマン（Luhmann, N.）の研究によってである．彼は，近代社会では各領域において独自なコードとメディアによってコミュニケーションが交わされ，それによって各機能領域が自律化していくことを指摘した．このとき，教育システムは，「子ども」をメディアとして，「良否」のコードを用いてコミュニケーションするシステムとされた．彼はさらに『社会システム論』（Luhmann 訳書，1993，1995）において，生物学で唱えられたオートポイエシス概念を導入し，社会システムが環境と相互作用しつつ自己組織化するメカニズムに着目した論を展開した．これによって教育システムも，多様なプログラム（カリキュラム）を生み出し，たえず教育改革がなされる制度として，また授業システムも教師と生徒の独自なコミュニケーション・システムとしてとらえられた．ルーマンの教育システム論は，後期においては生涯学習システムまでを視野に入れ，「キャリア」をメディアとする修正もなされた．

●**教育システム論の課題**　現代社会が機能社会として計画・統制型から自己創出型へと変化し，さらにネットワーク型社会へと移行していることに対応して，分析方法としてのシステム論もその研究課題が変化している．

　構造的カップリング：ルーマンのシステム論においては，システムはコミュニケーションの再生産過程としてとらえられる．これによってシステムの自律性や自己創出的側面が強調される．これと並行して，各機能システムはほかの機能システムと相互拘束的な関係も深める．教育システムの場合，経済・政治・学問・家族・マスメディアなどとどのような「構造的カップリング」の関係をもつのかについての研究が重要となる．

　ネットワーク：ルーマンは晩年において社会システムがその周辺においてネットワークを形成していることに注目していた（Luhmann 訳書，2007）．これはネットワーク社会への移行や，システムにおける包摂・排除のメカニズムを探るうえで重要な視点と考えられる．　　　　　　　　　　　　　　　　［石戸教嗣］

📖 さらに詳しく知るための文献

Ballantine, J. H. and Hammack, F. M., 2009, *The Sociology of Education: A Systematic Analysis*, 6th. ed., Prentice Hall（＝2011，牧野暢男・天童睦子監訳『教育社会学―現代教育のシステム分析』東洋館出版社）．

Luhmann, N., 2002, *Das Erziehungssystem der Gesellschaft*, Suhrkamp（＝2004，村上淳一訳『社会の教育システム』東京大学出版会）．

再生産論

> 「階級と階層」p. 100 「ネオ・マルクス主義」p. 102 「文化資本」p. 106

　再生産の問題は，もともとマルクス経済学の領域で扱われていた．資本主義社会は資本の循環や労働力の再生産といった経済の再生産を基礎にしており，資本主義経済の再生産メカニズムの解明が重要な課題の一つであった．しかし，資本主義社会は経済の再生産だけでは成立しない．資本主義社会が存続するためには，階級・階層構造の再生産も必要である．固有の階級・階層的な担い手が存在しなければ，資本主義社会は維持できない．しかも，その担い手は，経済学的な労働力としてのみ存在しているわけではない．日々の具体的な生産・労働・生活を営む人間であり，さまざまな意識や感情をもった人々である．この点をふまえると，具体的な人間がいかにして資本主義的な階級・階層構造のなかに組み込まれ，どのようにして階級・階層構造が再生産されるのかが重要な検討課題となる．

●再生産論の二つの系譜　この課題にこたえようとして，1970年前後から階級・階層構造の再生産に教育がどのような役割を果たしているかを論じる一群の理論的潮流が生まれた．それが再生産論である．再生産論は，1970年代後半から1980年代にかけ，社会学や教育社会学の分野で注目されるようになった．わが国でも，1980年代後半以降，欧米の社会学的再生産論が盛んに紹介された．再生産論への注目は，教育が社会や文化を豊かにし，平等な社会を実現するという楽観的な見方が通用しない現実が，先進資本主義諸国に共通してみられるようになったことを背景にしていた．そこには，第二次世界大戦後の先進資本主義諸国において生じた，「教育爆発」と呼ばれる国民の教育年数の増大にもかかわらず，教育達成の階級的不平等が解消されないという現実に対する実践的な問題意識が存在した．

　再生産論は，主に二つの系譜から成り立っている．一つは資本主義的な階級・階層構造の再生産のメカニズムを教育や文化の機能に着目しながら，直接的に解明しようとするマルクス主義の立場に立つものである．もう一つは階級的不平等の世代的再生産に果たす教育や文化の役割を明らかにし，それを通じて，結果的に階級・階層構造の再生産メカニズムの解明に寄与しているものである．

●階級・階層構造の再生産メカニズム　前者の系譜は，フランスのマルクス主義哲学者アルチュセール（Althusser, L.）のイデオロギー装置論を嚆矢とし，アメリカのボールズ（Bowles, S.）とギンタス（Gintis, H.）の対応理論，イギリスのウィリス（Willis, P. E.）の反学校文化論などによって展開されてきた．

　アルチュセールのイデオロギー装置論（Althusser 1970）によれば，経済学で問題にされる労働力の再生産には，特殊技能の再生産ばかりでなく，労働者に向

けられた支配的なイデオロギーに対する労働力の服従の再生産と搾取や弾圧の担い手たちが支配的なイデオロギーを正しく理解する能力の再生産が含まれている．こうした再生産を実現するために存在するのが，国家権力や国家装置とは区別される国家のイデオロギー装置である．国家のイデオロギー装置にはさまざまなものがあるが，成熟した資本主義において最も支配的で重要なものが学校制度のイデオロギー装置である．なぜなら，学校はあらゆる社会階級の子どもたちをとらえ，最も無防備な年齢段階に支配的なイデオロギーを与えるからであり，服従する者と支配する者それぞれにふさわしいイデオロギーを教え込む機関に人々を振り分けるからであるとされた．

ボールズとギンタスの対応理論（Bowles & Gintis 1976）は，資本主義社会の再生産に学校が果たす役割をより明確にした．彼らは，学校教育と生産の社会的関係には二つの対応関係があるとする．一つは，学校の内的社会関係と労働のヒエラルキー的分業の対応である．それは，①学校管理者→教師→学生という学校内の垂直的な権威の系列と生産現場のヒエラルキー的な関係の対応，②学ぶことが学生にとって強制的で非主体的な行為になっていることと労働疎外との対応，③学生たちの成績をめぐる競争と労働現場での競争の対応といった多様な側面で把握される．これらを通した生徒の行動規範の形成が，学校の主要な社会機能となる．もう一つは，学校間の社会関係と生産の社会的関係の対応である．義務教育段階から中等教育そして高等教育といった学校間のヒエラルキー的な関係と零細企業から中小企業そして大企業というヒエラルキー的な関係の間には，それぞれの学校段階と企業組織で求められる行動規範や態度の対応関係が成立している．義務教育段階では規則を守るという行動規範が重視され，対極に位置する大学では創造性を発揮することが求められる．義務教育段階で形成される行動規範は零細企業や中小企業で求められ，大学で形成される行動規範は大企業で必要になる．一方で，教育年数や教育水準には階級・階層差が存在しており，学校教育のどの段階まで到達するかは，家庭の社会的経済的な背景によって異なっている．したがって，学校と企業の行動規範の対応性を媒介としながら，行動規範・態度の階級・階層差を伴った階級・階層構造の再生産が維持されるのである．

アルチュセールやボールズとギンタスの議論は，学校教育が資本主義社会を再生産するうえで，重要な機能を果たしているという考え方である．これに対し，ウィリスの反学校文化論（Willis 1977）は，学校に通う子どもたちの文化や行動が資本主義の再生産をもたらす点に注目している．ウィリスは，「野郎ども」と呼ばれる反学校文化をもった労働者階級出身の子どもたちの観察を通して，彼らが自ら進んで労働者階級の道を選んでいくメカニズムを明らかにした．学校文化に服従しない「野郎ども」は，全体社会の真実を見抜く四つの洞察の契機をもっている．①学校への順応が見返りとしての成績証明につながらないこと，②学校

を終えてからの現代の労働が無意味であること，③学校で求められる努力の成果が個人と集団の間で一致しないこと（個人原理と集団原理の相違），④学校が全人格的な帰属を求めること（資本主義的な労働力観）といった，学校や社会がもつ基本的な矛盾に気づいている．これらの洞察の契機が全面的に展開されれば，学校や社会は大きく変わるはずである．しかしながら，精神労働と肉体労働の分断，男尊女卑，人種差別といった「野郎ども」に特有の労働者階級の文化が制約として作用し，洞察の契機が発展することはない．むしろ，制約としての精神労働・肉体労働の分断と男尊女卑が関連して，精神労働＝女々しい労働，肉体労働＝男らしい労働という認識から，自ら進んで肉体労働を進路として選択するメカニズムが展開してしまう．こうした労働者階級やその子弟たちによる精神労働と肉体労働の評価のどんでん返しが，資本主義社会を維持するうえで効果を発揮する．自ら進んで肉体労働を選択する者がいることによって，資本主義は安定的に再生産されることになるからである．

　再生産論の第一の系譜に属する論者たちの議論に共通しているのは，経済的な再生産プロセスの解明だけでなく，教育や文化を視野に入れた社会学的な分析を行わなければ，資本主義の強固な再生産のメカニズムは十分に解き明かすことができないという認識である．

●**階級的不平等の世代的再生産**　再生産論の二つ目の系譜は，バーンスティン（Bernstein, B.）の言語コード理論やブルデュー（Bourdieu, P.）の文化的再生産論に代表される考え方である．

　バーンスティンの言語コード理論（Bernstein 1971a）は話し言葉に焦点を合わせて，労働者階級の子弟の教育的不成功の原因を明らかにしようとし，話し言葉を規制する原理として限定コードと精密コードの二つがあるとした．限定コードは，同じ体験をした者の間でしか通用しないもので，文法が不正確で，語彙が少なく，代名詞を多用するという特徴がある．これに対し，精密コードは，正確な文法，豊富な語彙，代名詞の使用頻度の低さという特徴をもち，これを用いれば初対面の者でもコミュニケーションが成り立つ．だが現実には，中産階級以上の者は日常的に二つのコードを使い分けているのに対し，労働者階級は限定コードしか使用していない．そのため，中産階級以上の家庭の出身者は，学校に入る前に限定コードと精密コードを習得し，労働者階級出身の子どもたちは限定コードしか使えずに学校に入ることになる．学校では授業をはじめとしたフォーマルな場面で精密コードが使われるため，中産階級以上出身の子どもたちは違和感なく学校生活を送ることができるのに対し，労働者階級出身の子どもたちは学校生活になじめず，結果的に成績が振るわず，進学にも影響が出てしまう．しかも，学歴は自らの到達階級・階層を規定する傾向が強くなっており，最終的に親と同じく労働者階級になってしまう．言語という文化を媒介にして，学校教育を通し

た階級・階層的な地位の世代的再生産が貫徹してしまうという論理である.

　一方，ブルデューは，言語だけでなく文化をより多面的にとらえ，独自の文化的再生産論を構築した．ブルデュー（Bourdieu 1979a）によれば，人々の階級・階層的地位は，経済資本，文化資本，社会関係資本の量と各資本の構造によって決まる．各資本の総量が支配階級，中産階級，庶民階級といった諸個人の階級的位置を決定し，各資本の構造（構成比）が，支配階級や中産階級内の階層的位置を異なるものにする．

　ブルデューは各資本のうち，特に文化資本を重視し，客体化された形態（本，絵画など），身体化された形態（ものの好み，性向など），制度化された形態（学歴，資格など）の三つの形態に分類する．このうち，身体化された形態を「ハビトゥス」と呼び，家庭で時間をかけて形成されるものだとする．したがって，「ハビトゥス」は階級ごとに異なる家庭文化のなかで，それぞれ独自の内容が身体化されていく．ところが，学校の文化はそれぞれの階級に見合った内容になっておらず，中産階級以上の文化と親和性をもっている．そのため，庶民階級出身の子どもたちは学校での教育的成功を得にくくなり，中産階級以上出身の子どもたちは学校で教育的に成功しやすくなる．学業達成が高ければ中産階級以上の地位を獲得する可能性が高くなり，その結果，それぞれの出身階級に見合った階級・階層的地位に到達しやすくなるという論理である．

　バーンスティンの言語コード理論とブルデューの文化的再生産論は，家庭と学校の言語コードや文化資本の関連により，学校教育が階級・階層的地位の世代的再生産の機能を果たしてしまうという共通の論理をもっている．この論理は，少なくともウィリスのように，労働者階級の子弟が自ら進んで世代的再生産の道を選び取るという論理と対照的なものとなっている．

●再生産論の焦点と課題　再生産論の二つの系譜は，解明しようとする主要な焦点が異なっている．他方で，いずれも，資本主義社会における階級・階層構造の再生産を，教育や文化と関わらせて把握しようとしている点で共通している．

　しかし，再生産論に対しては，さまざまな批判がなされている．特に，再生産論を精緻化しようとすればするほど，宿命論的で固定的な理論になりやすい．もともと，資本主義を維持する学校教育の機能や学校教育がもつ階級・階層構造の世代的再生産の役割を批判的に検討しようとして登場した再生産論が，再生産という現実の強固さを浮彫りにしてしまいがちになる．そのため，再生産の現実を乗り越えるために寄与する，理論的な営為が求められているといえよう．

［小内　透］

📖 さらに詳しく知るための文献

小内　透，1995，『再生産論を読む』東信堂.

小内　透，2005，『教育と不平等の社会理論』東信堂.

階級と階層

☞「再生産論」p. 96「フランスの
教育社会学」p. 146

　階級および階層といえば，社会学においては社会階級・社会階層のことを指し，社会の現状を理解するための分析概念としても，また社会理論の発展の土台を支える基礎概念としても，きわめて重要な位置づけが与えられてきた．しかしながら，個別具体的な研究のなかでは，しばしば誤解や混乱がみられる言葉でもある．とりわけ，整理が必要と思われる点は，社会階級と社会階層および社会移動の関係である．

●**マルクスとウェーバーの階級論**　社会学で階級（class）といえば，その淵源をマルクス（Marx, K.）とウェーバー（Weber, M.）に求めるのが通例である．しかし，この二つの階級論は，必ずしも収斂しているわけではない．つまり，階級と階層の違い以前に，階級論の流派による認識の差異を押さえておかねばならない．

　マルクスの階級概念で重要な区分は「生産手段の所有／非所有」＝「資本家／労働者」である．現代では，この二大階級概念を現代的状況に合わせるべく，中間階級をさらに細分化した階級カテゴリーを提案したライト（Wright, E. O.）の研究を筆頭に，マルクスの階級論は，社会学的階級概念のなかに脈々と受け継がれている．

　一方，ウェーバーの階級概念の特徴としてしばしば指摘されるのは，多元的階級論だということである．階級を財産階級と営利階級，社会階級と区分したうえで，さらに階級以外にも社会編成原理となりうるものとして身分（status）をも取り上げる．財産や所有だけでなくライフチャンスに影響する技能などにも注目するウェーバーの議論を受け継いだゴールドソープ（Goldthorpe, J. H.）の階級論は，後に国際的に流通する EGP 階級分類へと発展した．

●**階級と階層の違い**　ただし，「階級」を論じる場合には，いずれにしても理論と強く結びついた，また実体としての階級の存在をある程度含んだ概念であり，「階層」という用語とはかなりニュアンスが異なっている．

　階層は，どちらかといえばより連続的な序列構造を想定した概念であり，階級論が想定するような明確な階級間の亀裂が存在することを前提とはしない（竹ノ下 2013）．むしろ，地位の序列構造をデータとして切り取る際の操作的な概念として用いられることが多い．アメリカ社会学においては，ソローキン（Sorokin, P. A.）により社会階層（social stratification）という概念が定式化されたが，それ以来こうした階層論が，ヨーロッパの階級論とは一定の距離をおいて発展してきたのである．

さらに日本の場合は，階級という言葉にマルクス主義のイデオロギー的な響きが伴うこともあり，英語で class と書かれていても階層と訳すことがある．そのため，余計にわかりにくくなっている面もある．

しかし，階級・階層いずれの用語を用いるにしても，それに関する多くの研究が，階級・階層間で人々が移動してゆく程度（社会移動の開放性）に注目し，とりわけ世代間での階級・階層間の移動の大小をもって，社会的不平等の一つの局面をとらえようとしてきたということに変わりはない．

●不平等の趨勢とメカニズムをめぐる議論の展開　階級・階層に関する研究は，必然的に不平等の趨勢やそのメカニズムに関心を寄せてきたが，その理論的仮説も時代の推移とともに変化してきた．

不平等の趨勢に関する国際的な議論としては，トライマン（Treiman, D. J.）によって定式化された産業化命題およびそれに類似する理論的立場が 1970 年代までは支配的であった．簡単にいえば，技術革新などによって新しく効率的な産業が生まれていき，社会全体が豊かになるのに対応して社会的不平等も少なくなっていく，と考える議論である．しかしその後，この産業化命題を批判するかたちで，一定程度産業化が進展した社会においては，社会的開放性は進まないとする議論が登場した．例えば，フェザーマン（Featherman, D. L.）らによって提唱された FJH 命題はその代表例である．

今日では社会の開放性は単純には進展していかないとする理解が一般的であり，むしろその後の社会学的議論においては，その不平等維持のメカニズムに関心が向けられてきた．不平等な構造が世代を超えて再生産されるメカニズムを検討するブルデュー（Bourdieu, P.）らの「再生産論」の観点は，広く社会学者に受け入れられている．一方で，ブードン（Boudon, R.）を起点とする合理的選択理論の系譜からも，ブリーン（Breen, R.）とゴールドソープの相対的リスク回避説に代表される不平等の維持メカニズムをめぐる仮説が提起されてきており，日本でもその仮説に関する多数の検証研究が行われている．

さらに近年では，グローバリゼーションの趨勢に対応して，あるいは国際比較研究を通じて，個々の社会的コンテクストとしての「制度」に注目し，階級・階層の問題を検討しようとする流れもある．社会的不平等の議論のなかで枢要な位置を占める教育の制度も，社会によって大きく異なる制度として存在しており，この文脈で注目しうる対象となるだろう．

[中村高康]

📖 さらに詳しく知るための文献

Edgell, S., 1993, *Class*, Routledge（＝2002，橋本健二訳『階級とは何か』青木書店）．
竹ノ下弘久，2013，『仕事と不平等の社会学』弘文堂．
平沢和司，2014，『格差の社会学入門―学歴と階層から考える』北海道大学出版会．

ネオ・マルクス主義

☞「階級と階層」p. 100 「アメリカの教育社会学」p. 138

　第二次大戦後，西欧諸国で台頭したマルクス主義思想・理論で，正統派マルクス主義やロシア・マルクス主義に対する批判的代替理論の総称．西欧マルクス主義（Western Marxism），ユーロ・マルクス主義（Euro-Marxism）とも呼ばれる．

●概要と背景　正統派マルクス主義の特質は，次の唯物史観にある．つまり，物質的生産関係の総体としての経済的下部構造が，政治，法，イデオロギーや文化などの上部構造を決定し，「人間の意識がその存在を規定するのではなく，逆に人間の社会的存在がその意識を規定する」とみなしたうえで，この生産関係が，生産力の発展との間に生じる矛盾により変革を余儀なくされ，階級構造の転換＝社会革命が引き起こされるという論である．この史的唯物論によると，資本主義体制下の国家は，もっぱら資本家階級の労働者階級に対する抑圧的権力機構であり，革命によりプロレタリアート独裁という過渡的段階を経て無階級社会に至ると死滅するものとされる．これに対しネオ・マルクス主義は，こうした還元主義的な下部構造（経済）決定論を払拭し，上部構造の相対的自律性に着目し，文化やイデオロギーの機能の方に大きな比重を置くとともに，国家観についてもより複合的な諸要因を考慮するとらえ方をすることで，正統派マルクス主義と袂をわかつ．

　ただし，この規定には経済学プロパーの観点は含まれていない．よって，ここではネオ・マルクス主義経済学を代表するスウィージー（Sweezy, P. M.）やバラン（Baran, P. A.），あるいは従属学派や世界システム学派，レギュラシオン学派には触れない．これ以外の分野でもブロッホ（Bloch, M.）やコルシュ（Korsch, K.），サルトル（Sartre, J.-P.）やメルロ＝ポンティ（Merleau-Ponty, M.）をはじめ西欧マルクス主義の一翼を担った人物がいるがここでは扱わない．このように，ネオ・マルクス主義や西欧マルクス主義と一括される思想も多岐にわたり，それらの間にはいわば家族的類似性が見出せるにすぎないとの指摘もある．

　ともあれ，ネオ・マルクス主義の戦後西欧における勃興には，1914年の第二インターナショナルの崩壊，以降の西欧における社会主義運動の実践的敗北＝資本主義体制の存続によるマルクス主義の東方への重心移動，その要だったソ連のスターリニズムに象徴される抑圧体制・教条主義とこれに対する国際的批判の高まりという一連の状況が共通の背景文脈として存在していたことも事実である．

●主要な思想家・理論家と現代的課題　ネオ・マルクス主義の思想的源泉として必ずその名があがるハンガリーの哲学者ルカーチ（Lukács, G.）は『歴史と階級意識』（1923）において，ロシア革命を経たソ連建国後間もなく，『経済学・哲学

草稿』など初期マルクスの草稿も未公刊の時期に，生産様式の変革よりも，疎外あるいは物象化状況の自覚化を通した労働者による革命的主体性の獲得とその実践的契機を重視する観点を明示した．

　ドイツでは，ルカーチと親交のあった初期フランクフルト学派のホルクハイマー（Horkheimer, M.）が，価値判断や政治的実践と研究や理論とを分離する実証主義を問題視する「批判理論」を唱え，アドルノ（Adorno, T. W.）との共著『啓蒙の弁証法』（1947）では，規格化・商品化される文化が資本主義体制の維持に重要な役割を果たしている状況を「文化産業」という言葉を用いて批判的に論評した．

　イタリアでは政治活動家グラムシ（Gramsci, A.）が，ファシズム政権下で逮捕され収監中につづった『獄中ノート』（1948-1951）が戦後公刊され注目を集めた．彼は，階級的支配関係を，国家による直接的強制力のみならず，被支配階級の合意を組織化する「ヘゲモニー」としてとらえることで，国家権力の電撃的奪取＝機動戦よりも，市民社会の合意を獲得しつつ編成された文化的諸制度とその漸次的変革に向けた闘争＝陣地戦の方に重点を置き，その際，労働者階級の経験から学ぶと同時にこの階級に理論的意識を与えこの階級を導く「有機的知識人」の役割を重視した．

　こうした人間主義的マルクス主義と対照的に，構造主義的理解を示したのがフランスの哲学者アルチュセール（Althusser, L.）である．彼は初期マルクスと『資本論』に代表される後期マルクスとの間に「認識論的切断」をみて後者を重視，ヘーゲル主義的マルクス読解を退けた．社会全体の規定要因に関しては，経済的審級の重要性を認めつつも精神分析学を援用し「重層的決定」という概念を提示した．また，国家の抑圧装置のみならず「イデオロギー装置」という要因を重視，市民社会・国家の現体制にふさわしいイデオロギー的主体形成という学校・教会がもつ機能に着目，人間主体をこうした構造の担い手として位置づけた．

　イギリスでは，これらの思想が左翼系雑誌『ニュー・レフト・レヴュー』などで翻訳・紹介され，その編集に携わったウィリアムズ（Williams, R.）やホール（Hall, S.）らを中心に，文化の政治性やイデオロギー性に対する批判的分析を柱とするいわゆるカルチュラル・スタディーズが展開されることになった．

　近年注目を浴びているラクラウ（Laclau, E.）やムフ（Mouffe, C.）らのラディカル・デモクラシー論やネグリ（Negri, A.）とハート（Hardt, M.）によるグローバル社会革命論（帝国・マルチチュード論）も，1970年代に登場したイギリスの「新しい」教育社会学や北米の批判的教育学もこうした系譜の延長線上にある．

　以上をみると，マルクスが思考の中心領域を哲学から政治学，そして経済学へと徐々に移していったのに対して，ネオ・マルクス主義はそれを逆戻りさせたことがわかる．これが数々の注目すべき新たな視界を切り開いたのだが，同時に，一定の限界をもたらしているといえるのかもしれない． 　　　　　　　［澤田　稔］

ペダゴジー論

【参】「イギリスの教育社会学」
p. 142 「言語と社会化」p. 262

　この項目で扱うペダゴジー論とは，イギリスの社会学者バーンスティン（Bernstein, B.）のそれである．1950年代，言語コード論の視点から学業達成の階層差を説明しようとする，よく知られた研究に着手したバーンスティンは，特に1980年代以降になると，ペダゴジーの一般理論の構築を進めるようになる．

●ペダゴジー　バーンスティンのいうペダゴジーとは，誰かがほかの誰かに何かを伝え，その結果後者に何らかの変化が生じるという相互行為のことである．ただし，例えば対等な立場にある友人同士がいて，その一方がふと発した言葉に示唆を得て他方の考え方が変わったというような場合は，両者の間にペダゴジーが生起したとはいえない．ペダゴジーとは，何らかのかたちで伝達者としての正統性を認められた者が，獲得者に対して一定の持続性をもって作用を及ぼし，その結果獲得者のもとに新しいものの獲得や既得のものの更新などの変化が生じる過程である．それは，バーンスティン自身が例示しているところによれば（Bernstein 訳書, 2000），「医者と患者，精神病医といわゆる精神病者，建築家と設計者」といった諸関係において展開される過程も含み，主として学校の教師―生徒間関係において行われる「教育」（education）は，重要ではあるがその一部にすぎない．バーンスティンはこうした広範な諸関係を通じてなされるペダゴジーに対して，それは「文化の再生産―生産が生ずる基底的な社会的文脈」であるとして，人間の文化が生まれ継承されていくうえで不可欠のものとしてきわめて重要な位置づけを与えている．

　バーンスティンはこうしたペダゴジーについて，「ペダゴジック・コード」と「ペダゴジック装置」という二つの観点から，その全体をとらえ描こうとする．

●ペダゴジック・コード　「コード」とは，コミュニケーションを行う際のメッセージの産出や解読の原理であり，ペダゴジック・コードとは，ペダゴジーという特有のタイプのコミュニケーションのコードである．ペダゴジック・コードは，ペダゴジーのありようやそれを通じて伝達され獲得されるもののエッセンスにあたるものがそこに表現されているし，それらを規定するものである．

　バーンスティンは，ペダゴジック・コードは「C」「F」「E」という諸要素によって構成されるとする．Cとは「分類」（classification）のことで，コミュニケーションに関わる諸カテゴリーの間――①伝達者・獲得者の間，②ペダゴジック言説・非ペダゴジック言説（ペダゴジーに組み込まれる内容・組み込まれない内容）の間，③複数のペダゴジック言説の間（学校の教科間など）など――の関係を，それらの間の「疎隔」の強弱で示そうとする概念である．Fとは「枠づけ」（framing）のことで，実際のコミュニケーションの展開のあり方を，それを統制する権限を統制者（要するに教師などペダゴジーを行う者）が掌握している程度の強弱で示そうとする概念である．Eとは，ペダゴジーを通じて伝達・獲得されるものの性質が精密な（elaborated）ものであることを，すなわちペダゴジーによって伝達・獲得されるものとは，既定の行為をそのまま慣習的・反復的に行うことから多少とも距離化された性質を帯びていることを示している．

●ペダゴジック装置　上記のように，ペダゴジック・コードは，ペダゴジーというコミュニケーションそのものの根幹を規定するものであるのに対して，ペダゴジック装置は，そのコミュニケーションの展開にまつわる行為や関係の広がりに関わる概念である．バーンスティンによれば（Bernstein 訳書, 2000），それらは以下の3領域に分かれる．

　第一は「言説生産の領域」であり，ペダゴジーによって伝達されるもののもとになるもの（科学，芸術など）が生み出される領域である．特に学校教育制度が発達した現代社会では，高等教育機関がこの領域の重要な部分をなすようになっている．第二は「再文脈化領域」であり，言説生産の領域から言説を選択的に取得し（「脱配置」），それをペダゴジー向けにアレンジされた言説へと変換する（「再配置」）活動が行われる領域である．その脱配置→再配置によってつくりあげられたものが「ペダゴジック言説」である．第三は「再生産領域」であり，再文脈化領域で構築されたペダゴジック言説の実際の伝達・獲得の文脈への組み入れがなされる領域，つまりは実際にペダゴジックな実践が行われる領域である．

　バーンスティンがペダゴジック装置と呼ぶものは，これら3領域においてなされる活動のルール（それぞれ「配分ルール」「再文脈化ルール」「評価ルール」）の総体である．バーンスティンは，これらのルールは（つまりペダゴジック装置は）相対的に安定したものであり，各領域の実践を規定するものであるが，時々の状況に応じて変化する後者の実際の展開とは区別すべきであるとしている．

●バーンスティンのペダゴジー論の性格　ここでみてきたバーンスティンのペダゴジー論は，ペダゴジーなるものを，ペダゴジー以外の社会諸事象に還元したり，逆にそれに固有とされる視点からとらえるべきことのみを強調したりするのではなく，ペダゴジー内外の「社会」との関連に着目しつつその営み・システムの独自の論理を把握することを目論むものである．それは問題の立て方として，ペダゴジーに対するすぐれて社会学的なアプローチであるといえるだろう．

［長谷川　裕］

📖 さらに詳しく知るための文献

Bernstein, B., 1996, *Pedagogy, Symbolic Control and Identity*, Taylor & Francis（＝2000，久冨善之ほか訳『〈教育〉の社会学理論―象徴統制，〈教育〉の言説，アイデンティティ』法政大学出版局）．
久冨善之ほか編，2013，『ペダゴジーの社会学―バーンスティン理論とその射程』学文社．

文化資本

*「再生産論」p. 96「階級と階層」p. 100「フランスの教育社会学」p. 146

　文化資本とは，家族から相続継承される文化的能力や文化的資源のことである．ブルデュー（Bourdieu, P.）が，学歴における成功や失敗という経済資本の差や生来の能力差だけでは説明できない社会階級における不平等を説明するためにつくった概念である．

●**文化資本の三つの様態**　ブルデューは「文化資本」を三つの様態に分節化する（Bourdieu 訳書，1986）．①身体化された様態（身体化された文化的能力），②客体化された様態（絵画，書物，辞書，道具，機械などの文化財），③制度化された様態（学歴や資格）の三つの様態である．

　①身体化された様態の文化資本は，持続的に身体を使うことによって蓄積される形式である．身体化は教え込みと同化の作業によって行われるが，それは無意識的に伝達され，多くの時間が費やされ，他人には代理できないという特性をもつ．この文化資本の身体化こそがハビトゥスの形成である．文化資本の獲得は多くの時間と継承できる能力にかかっているため，自由時間の確保を可能とする「経済的必要性からの自由」が条件となる．この意味で，身体化された文化資本は経済資本の転換された形態だといえる．さらに，文化資本の相続継承は隠蔽されているがゆえに，「生まれつきの才能」として「誤認＝承認」させる「象徴資本」として機能する．

　②客体化された様態の文化資本は，絵画，書物，辞典，道具，機械などの文化財の形式で存在する．客体化された文化資本の特性は身体化された文化資本との関係で決定される．客体化された文化資本は経済資本があれば物質として法的所有は可能となるが，鑑賞や使用が可能となるには身体化された文化資本が不可欠となるからだ．ブルデューは文化財が生まれたときから身の周りに存在すること自体がもつ教育効果を「全般化されたアロウ効果」と呼ぶ．客体化された文化資本の蓄積や歴史的増加による教育効果は次世代の教育行動を増加させ，進学率上昇の構造的要因の一つを形成する．

　③制度化された様態の文化資本は，学歴や資格のことである．身体化された文化資本の学歴資格という形式での制度化は，身体化という生物的限界を超えた文化資本の永続化を可能とする．制度化は文化資本をもつ者ともたざる者との間の境界制定を行う権力でもある．例えば，試験におけるビリの合格者とトップの不合格者の間に大きな点数の差はなくとも，両者には制度的に越えられない境界が制定される．学歴資格もまた経済資本を文化資本に転換した産物であるが，労働市場においては学歴資格保持者の貨幣価値は文化資本に基づいて決定され，再び

経済資本に再転換される．文化資本から得られる経済資本の換算率である学歴資格の経済的社会的収益性は，それ自体もまた相続される人脈やコネなどの結合関係のネットワークである「社会関係資本」にもかかっている．このように文化資本，経済資本，社会関係資本は相互に関連している．

●再生産戦略システムと文化資本　自らの地位の再生産を目指す再生産戦略は経済資本，文化資本，社会関係資本の量と構造によって規定されるが，文化資本の継承は再生産戦略システムのなかで歴史的に大きな比重を占めるようになる．かつては経済資本の直接相続や婚姻戦略をとっていた経済的支配階級も，漸進的に学歴資格の獲得のために教育制度を利用する「教育的再生産戦略」をとるように変化してきた．こうした再生産戦略システムの歴史的な転換が学歴競争の激化と学歴のインフレを生む構造的要因となった．

●文化的再生産論と文化資本の配分　では，学歴における成功や失敗という社会階級における不平等はどのようなメカニズムで起こるのか．ブルデューは学校での成功―失敗のメカニズムを文化資本とハビトゥスによって分析する．文化資本の継承であるハビトゥスは，初めに家族によって身体化される（1次的ハビトゥスの形成）．小さい頃から美術館や博物館に連れていくという行動は，家族によるハビトゥス形成の一例である．学校は2次的にハビトゥスを身体化するが，学校が要求する2次的ハビトゥスと近い1次的ハビトゥスをもつ生徒，つまり文化資本が多く学校と親和的なハビトゥスをもつ支配階級の生徒は学校で成功＝同化しやすく，文化資本が少なく学校と非親和的ハビトゥスをもつ被支配階級の生徒は学校で失敗＝排除される傾向にある．学校はこうした成功―失敗という再生産メカニズムを通して，社会階級構造や社会秩序の再生産にも寄与するというのが文化的再生産論の含意である．

　文化的再生産論は，文化的剥奪論のように家族に問題があるとするのでなく，学校内部に不平等を増幅させる要因があることを強調する．それゆえに，ブルデューは学校での文化的不平等を減少させる「合理的教育学」の確立を提言した（Bourdieu 訳書，1997）．合理的教育学とは，子どもの社会的差異を看過した教育学ではなく，文化的不平等が社会構造に起源をもつことを理解し，またそれを減少させようとする教育学である．ブルデューは学校の再生産メカニズムを抑制し，学校を文化資本の配分装置として再構築することを提起していた．　　　［小澤浩明］

　　📖 さらに詳しく知るための文献

Bourdieu, P. and Passeron, J.-C., 1970, *Les Héritiers*, Minuit（＝1997，石井洋二郎監訳『遺産相続者たち』藤原書店）．

Bourdieu, P. and Passeron, J.-C., 1970, *La Reproduction*, Minuit（＝1991，宮島喬訳『再生産』藤原書店）．

Bourdieu, P., 1979, "Les trois états du capital culturel," *Actes de la recherche en sciences sociales*, 30（＝1986，福井憲彦・山本哲士訳「文化資本の三つの姿」『アクト』1，日本エディタースクール出版部，pp. 18-28）．

ポストモダン論と生政治論

☞「後期近代社会」p. 112「脱学校論」p. 116「教育社会学における研究方法論」p. 122

　「ポストモダン」という用語をめぐるポストモダン状況（つまり，ポストモダンについて一つの物語が語れない状況）自体が，この概念の重要性を示しているが，いずれにしても「モダン」をどう定義するかによって「ポストモダン」の意義が変わってしまうのだから，この用語をめぐるバベル的な状況（Hoesterey ed. 1991）を回避するためには，原使用者の用法から始めなくてはならない．

●**ポストモダンの意義**　フランスの哲学者リオタール（Lyotard, J.-F.）は，*La Condition postmoderne*（邦題『ポストモダンの条件』）(Lyotard 1979) の冒頭で，科学の言説が自らを正当化するメタ言説を有しているようなあり方を「モダン」と呼んだ．このメタ言説が依拠するものこそ「大きな物語」であり，精神の弁証法，意味の解釈学，理性的人間，労働者としての主体の解放，富の発展といった「物語」のことである．これらは，それ自体は真偽を問われないまま，言説を価値づけるものであるがゆえにメタ言説であり，「災厄・英雄の登場・巡歴と苦難・協力者・挫折・不可欠なアイテムの入手・僥倖・最終的な勝利と克服」のような要素と継起的展開構造を有するがゆえに物語と呼ばれるのである．このような「物語」を構成要素（物語素）へと分解しその結合としてみるとらえ方は，プロップ（Propp, V.）の物語研究によるものである（Propp 1928）．

　これに対して「ポストモダン」とは，大きな物語への不信感，あるいはその失墜と，それに代わる「ローカルなゲーム」の局在の情況として定義される．ここでモデルとなるのは，ウィトゲンシュタイン（Wittgenstein, L.）のいうところの「言語ゲーム」（Wittgenstein 1953）である．社会は全体を意味づける物語を失い，局所的ゲームに細分化されていく．全体に共有されるべき価値を想定することはもはやできず，その場でそのつど，そのなかでのみ有効なルールに基づくゲームが存在するのみである．

　こうしたリオタールの主張は，冒頭に述べたように，さまざまなモダンの解釈とそれに対応する「ポストモダン」の解釈，それぞれに対する賛否両論を引き起こした．代表的な批判者はハーバーマス（Habermas, J.）とイーグルトン（Eagleton, T.）であり，肯定的な継承者はジェイムソン（Jameson, F.）である．価値のニヒリズムまたはアナーキズムともとれるポストモダンの主張であるが，さまざまな思想・芸術運動と連動しながら，既成の価値を転覆し，先鋭的な概念を生み出したりした功績は否定できないであろう（Sim ed. 1999）．

●**ポストモダン教育社会学**　日本の教育社会学においては，思想的流行と翻訳のタイミングで，1980年代に，近代の再解釈と批判，フランス構造主義とポスト

モダン論などが混合したものによる学的体制・理論的複合体ができあがった. これは，日本の教育社会学独自の現象であり，教育・子ども・学校をモダンの産物とし，それらの概念が語る「教育についての大きな物語」（人間の人格的完成，個性の十全な発達，公共的社会を支える市民の育成）に対する批判を行ったという意味で，「ポストモダン教育社会学」と呼べるものであった（加藤 2014）. 子どもや教育の概念への批判には，アリエス（Ariès, P.）の社会史的アプローチが，学校の近代的性格の暴露に対しては，イリイチ（Illich, I.）の脱学校論と後述するフーコー（Foucault, M.）の議論，ブルデュー（Bourdieu, P.）の再生産論などが用いられた（Ariès 1960；Bourdieu & Passeron 1970；Illich 1970）.

　モダンの制度としての教育・子ども・学校という「装置」の異化が，ポストモダン教育社会学の功績と呼べるものであったが（森 1987, 1993），そこには後の失速につながる要素も含まれていた. 第一に，理論的複合体とは，議論の文脈がそれぞれ異なる諸研究のブリコラージュであり，おのおのがその本来的射程とは別に用立てられていたこと. 第二に，モダンに対するポストモダンのように，批判的な代替物（たとえそれが全体性を欠く局所の集合体だとしても）を示し得なかったこと. 第三に，理論自体の問題ではないが，批判の対象であった当の学校制度や教育概念自体が変質を遂げていくことになったことである.

●**フーコーと教育社会学**　アリエスもイリイチもブルデューも，それぞれ問題の文脈は異なるものの，確かに学校や教育・子どもを対象にしていた. これに対してリオタールの前述の著作は，後半で知の官僚制化というテーマが展開されていたにもかかわらず，特に吟味されることはなかった. 逆に，必ずしも学校を主題として論じたわけではなかったフーコーの著作が，ポストモダン教育社会学の権威づけの象徴のようになる.

　「権力」という概念が用いられた *Surveiller et punir*（邦題『監獄の誕生』）（Foucault 1975）こそは，ポストモダン教育社会学にとって，未消化であるがゆえの謎を含んだエンブレムのごとき存在である. これははたして，学校批判として読んだり用いたりすることができる著作であったのか.

　この著作では，人間の身体を内側から「従順な身体」にしていく権力としての「規律＝訓練型権力」が取り上げられた. 自発的自己管理を促進させる装置の象徴的存在となるものが，ベンサム（Bentham, J.）の考案した一望監視装置である. フランスの相互教育学校などで用いられた教育方法（およびベル＝ランカスター方式の一斉授業）は，暴力的な強制や矯正をもってというよりは，本人にとって強制力が感じられないようなソフトな支配をもって身体を形成する. あからさまな力としては立ち現れないような管理のあり方を示す用語が，「規律＝訓練」であり，モダンの装置たる学校の作動様式であるとされてきたのである. この点では，学校は監獄と同等であり，家族・病院・社会福祉諸施設などもまた規律＝訓

練型の権力が働くモダンの装置であった.

●**フーコーの権力論**　しかし,フーコーはその直後の著作 *La volonté de savoir, Histoire de la sexualité*(Foucault 1976)において,規律＝訓練が,機械としての身体に中心を定め,身体の調教,身体の適性の増大,身体の力の強奪,身体の有用性と従順さとの並行的増強,効果的で経済的な管理システムへの身体の組込みを行う権力であり,権力のあり方の一つの極(解剖-政治学的極)であると述べ,他方の極に「生権力」または「生政治学」を配置した.それゆえ,この著作によって,近代教育が規律＝訓練の権力を本質としてきたとするポストモダン教育社会学の論点は,構図上の変化をこうむらざるを得なくなった.その主張が正しかったとすれば,近代教育における学校装置は一方の極であるにすぎず,フーコー理論全体における一部だということになってしまうからである.

　実際,『監獄の誕生』をフーコーの著作系列(Foucault 1954a, 1954b, 1961, 1966, 1976, 1983, 1988)に位置づけてみるならば,フーコーの主張を社会学的・政治学的権力論としてとらえることは一面的な理解であったように思われる.フーコーの「権力論」は,1990年代には「ミクロ権力論」として,権力の行使主体もないままに社会のあらゆる局面に浸透した権力という概念を提起した理論であるとする理解がなされた.2000年代には,監視社会論の先駆となる管理社会論とみなされるようになったが,いずれにしても権力を規律＝訓練の概念と同一視した読解であった.後期フーコーのテクストにおいて,生政治論が明確な姿を現すと,これらも一面的な理解としての限界を呈したのだった(中山 2010;金森 2010;箱田 2013).

　権力のもう一方の極である生権力は「種である身体,生物の力学に貫かれ,生物学的プロセスの支えとなる身体というものに中心を据え」,「繁殖や誕生,死亡率,健康の水準,寿命,長寿,そしてそれらを変化させるすべての条件」(Foucault 訳書, 1986, p.176)のもとに,一連の介入と調整する管理を行う.生政治は,身体が関与する事象(生命活動,生殖,性欲,出産,健康と疾病,衛生,内面としての自己,人生とライフスタイル,正常と精神異常等々,そしてそれらを把握する知＝関係諸学,各種調査・統計など)を,国家システムの維持と安定に向けて管理していくポリティクスである(Foucault 1994, 1997, 2004).そして,個々の制度,意識,相互行為,テクスト生成などに働く力が,生権力である.ミクロ権力論では,日常生活に働く微細な権力として語られるが,これは,国家システムがつくりあげた自動装置＝アーキテクチャ(Lessig 2000;濱野 2008)であると考えられる.フーコーは初期の著作から一貫して生権力について語り,生政治論を目指して進んできたことがわかる.

●**生政治論とポストモダン教育社会学の継承**　そしてさらに,こうした生政治論は,教育社会学の今後の問題構制をかたちづくる視点としても,そして同時にポ

ストモダン教育社会学の失速に関係するものとして述べた1990年代以降の日本の教育・学校の変化をよりよく説明するものしても有効なものである.

　後期フーコーの影響下にある現代の生政治研究（小松 2012）は，例えばBSEプリオンや鳥インフルエンザウイルスの免疫学が公衆衛生をどのように組織化するかの研究，細胞やDNAのバイオテクノロジーの政治的社会的含意の研究，出産制限と人工出産と政策との関連についての研究，脳死や尊厳死に関しての社会的合意に関する研究など，生命過程が国家の，政策の直接的対象となる場面を扱っている．しかし，教育という現象こそ，人間の生，その生命過程を組織化し，動員するもの，生命を国家に向けて組織化する営みとして19世紀以来巨大な領域を形成してきたものであり，こうした生政治研究の主要な一部門を担うべきである．先に述べた1990年代以降の学校の変化—「生きる力」の教育，「こころ」を育てる教育，新しい学力観に基づく教育，生徒への身体的心理的強制力に過敏になっていく学校，学業達成のつまずきを「障害」の用語で語る言説，反社会的行動を精神医学の用語で語る言説，「心理主義化（心理学化）」（森 2000；斎藤 2003）や「医療化」（Conrad & Schneider 1992）として説明される現象，ポストモダン教育社会学が説明しそこなってきたこれらの変化こそが，生政治論によって読み解かれるべきである.

　例えば，ローズ（Rose, N.）は，「一生のうちでもっとも徹底的に統治されているのは，子ども時代である」（Rose 訳書, 2016, p. 214）と述べて，家族と社会と学校において，生政治の作動のあり方を，20世紀における発達心理学・愛着理論，教育と福祉に関わる検査と調査統計を分析することで明らかにしている．また，後期のフーコーが到達した「統治性」の概念も，近代国家と自己の内面との関係として，社会化論のとらえ直しへと連なっていく可能性がある.

　このようにポストモダン教育社会学は，自明視されたものの反省的批判・異化の先に，フーコーの読み直しによる現実の変化の解明とより広い視野での概念の組み直しということが期待できるのであり，これがポストモダン教育社会学の最も有意義な継承であると考えられるのである.　　　　　　　　　　　［加藤隆雄］

📖 さらに詳しく知るための文献

Lyotard, J.-F., 1979, *La Condition postmoderne: Rapport sur le savoir*, Minuit（＝1986→1994, 小林康夫訳『ポスト・モダンの条件—知・社会・言語ゲーム』書肆風の薔薇→水声社）.

Foucault, M., 1975, *Surveiller et punir, Naissance de la prison*, Gallimard（＝1977, 田村 俶訳『監獄の誕生—監視と処罰』新潮社）.

Foucault, M., 1994, "La naissance de la médecine social," en édition etablie sous la direction de Defert, D. et Ewald, F., *Michel Foucault: Dits et Écrits*, Gallimard（＝2006, 小倉孝誠訳「社会医学の誕生」小林康夫ほか編『生政治・統治』フーコー・コレクション6, 筑摩書房, pp. 165-200）.

後期近代社会

☞「ポストモダン論と生政治論」
p. 108

通例，社会学で「後期近代」という用語が用いられる場合，それは late modernity の訳語であることが多い．そして，late modernity は，イギリスの社会学者であるギデンズ（Giddens, A.）が現代社会の特質を論じるために好んで用いてきた用語である．もっとも，現代社会を描写する用語には，ほかにもポスト近代社会，消費社会，情報社会，ポスト工業化社会など，これまでにも無数存在してきた．ではなぜギデンズは「後期近代」なる用語を用いたのだろうか．

●「後期近代」の意味　この点を理解するためには，ギデンズの近代社会論に立ち入る必要がある．ギデンズは『近代とはいかなる時代か？』（Giddens 訳書，1993）のなかで，近代の社会制度と伝統的な社会秩序の間にある非連続性を強調する．そして，この非連続の度合いと引き比べてみれば，現代社会はポスト近代などと形容しうるほどの非連続を経験しているということはできない．すなわち，「われわれは，モダニティの彼方に移行したのではなく，モダニティが徹底化した局面を，まさに生きている」（Giddens 訳書，1993, p. 70）のである．このように，ギデンズは現代社会を，近代社会の特質がより徹底した状態にあるものとして分析した．だからこそ，彼は現代社会を，ポストモダンや○○社会といった，どちらかといえば時代的転換や断絶を強調する用語で形容せず，近代社会からの連続性を強調するために late modern と呼んだのである．この点を踏まえれば，後期近代という言葉には，近代社会の特質を踏まえて現代をとらえようとする志向性を読み取ることができる．

●モダニティの特質　具体的にギデンズが近代社会のダイナミズムの源泉として考えているのは，①時間と空間の分離，②脱埋込みメカニズムの発達，③知識の再帰的専有（制度的再帰性）である．

前近代社会で典型的にみられる，対面的状況が支配的なローカルなコミュニティでは，「いつ」は「どこ」と切り離しては意味をなしえないものであった．しかし，機械時計の普及や西暦に代表される暦の標準化は「場所にかかわらずどこでも」同じ時間を表示するため，空間との切り離しが可能になる．これが「時間と空間の分離」である．

「脱埋込みメカニズム」は象徴的通標（貨幣が代表的事例）と専門家システムからなる「抽象的システム」を指し，時間と空間の分離という時代状況下で作動することで相互行為を場所の特殊性から切り離すメカニズムである．確かに貨幣や科学的専門知識は，ローカルなコミュニティから切り離されて生きざるを得ない状況に我々がおかれた場合，特定の時空間に縛られない抽象的性質のゆえに逆

によりどころとなるものである.

そして，脱埋め込みメカニズムによって特定の時空間から切り離された我々の活動は，徹底した再帰性を示すことになる．すなわち，「社会活動および自然との物質的関係の大半の側面が，新たな情報や知識に照らして継続的に修正を受けやすい」（Giddens 訳書，2005, p. 22）状況になる．そして，モダニティのこの再帰的性質は自己の核心部にまで及ぶことになるため，自己アイデンティティはモダニティにおいて「再帰的プロジェクト」となるのである.

● 「後期近代」のバリエーション　この再帰性という考え方は，ギデンズの構造化理論においても展開されていたものであるが，現代社会論への応用という点では，ベック（Beck, U.）がすでに『危険社会』（Beck 訳書，1997）のなかで展開していたものである．これが「再帰的近代化」という考え方である．ベックによれば，産業社会に続いて生じる「危険社会」は，産業社会からの転換によって生じるのではない．それ自体が進展することによって産業社会的近代秩序（例えば，階級，核家族，職業労働など）そのものが自己内省的（再帰的）にとらえ直され，中間集団を経ないかたちでむき出しの個人が露出（個人化）し，個人がリスクを抱え込む社会へと変質することによって生み出される「第二の近代」なのである.

このように，ベックの後期近代論においても，近代社会と現在の社会の関係は相当程度連続的にとらえられている．ギデンズやベックは，「後期近代」「再帰的近代」「ハイモダニティ」「第二の近代」「もう一つの近代」「近代の徹底」（radicalized modernity）といったかたちで，繰り返し「近代」を強調している．ほかにも，バウマン（Bauman, Z.）の「液状化する近代」といった表現にみられるように，近代との連続性を強調した現代社会論は，いずれも後期近代社会論といってもよいだろう.

しかし，これらの議論は，単に現代社会と近代社会との連続性だけを強調して素描するだけではない．これらは近代社会の通説的な見方に修正を迫る議論としても存在しており，これら後期近代論自体が，再帰的な近代的営みだといえるだろう.
[中村高康]

📖 さらに詳しく知るための文献

Giddens, A., 1990, *The Consequences of Modernity*, Polity Press（＝1993, 松尾精文・小幡正敏訳『近代とはいかなる時代か？―モダニティの帰結』而立書房）.

Beck, U., 1986, *Risikogesellschaft: Auf dem Weg in eine andere Moderne*, Suhrkamp Verlag（＝1997, 東廉・伊藤美登里訳『危険社会―新しい近代への道』法政大学出版会）.

Bauman, Z., 2000, *Liquid Modernity*, Polity Press（＝2001, 森田典正訳『リキッド・モダニティ―液状化する社会』大月書店）.

批判的教育学

☞「ネオ・マルクス主義」p. 102

1970年代後半以降，主に北米で展開されてきた，ネオ・マルクス主義の系譜に連なる教育研究．教育をめぐるさまざまな権力関係・不平等問題に焦点化する点に特徴があり，これらに関する分析，および社会的に不公正な教育状況への異議申立てやその是正・変革に向けた提案を理論・実践両面で蓄積してきた．なお，ドイツにもフランクフルト学派の流れをくみ，批判的という形容詞を冠して呼ばれる教育研究があって独自の展開を遂げてきたが，ここでは触れない．

●**研究領域としての自律化の背景**　批判的教育学が，北米の教育研究で固有の領域として自律化するのは1970年代末〜1980年代前半である．北米では1960年代後半〜1970年代にカリキュラム研究を中心に，従来の教育論に再考を迫る高度に理論的な研究が一定の地盤を形成しつつあった．ここから批判的教育学が自律化するうえで重大な契機となったのが，1970年代後半英米の社会的・文化的再生産論であった．なかでも，経済学者ボールズ（Bowles, S.）とギンタス（Gintis, H.）による共著『アメリカ資本主義と学校教育』（Bowles & Gintis 訳書，1986），および，イギリスの社会学者ウィリス（Willis, P. E.）によるモノグラフ『ハマータウンの野郎ども』（Willis 訳書，1985）が特に大きなインパクトを与えた．

ボールズとギンタスの研究は，資本主義的生産様式が要請する階層的分業体制・職業的ヒエラルキーと，学校教育を介してつくりだされる経済的階級格差との間にマクロレベルの対応原理が働いていると主張した．この分析により，学校教育は，平等推進に寄与するというリベラルな教育観と裏腹に不平等の再生産に加担しており，しかも，それがメリトクラシーというイデオロギーによって隠蔽＝正当化されていることが明らかになり，この視角が批判的教育学の原点を構成する中心要素の一つになった．他方，この指摘の重要性は認められつつも，そこでは，人種・ジェンダーなど階級以外の諸要因や，出身階級と到達階級との間にあるスループットとしての学校教育内部の諸要因の分析が不十分で，ここにこそ批判的教育学が傾注すべき研究課題があるとの認識が共有されたといえる．

ウィリスの研究は，このスループットに関する研究の方向性に関して，批判的教育学が自律化する途上で重要な示唆を与えた．労働者階級出身の若者が，自ら中産階級文化に抵抗し，主体的選択によって出身階級と同様の下位集団および職業を自ら選択するありようを高密度のフィールドワークと記述によって描出したこの研究は，黎明期の批判的教育学に，学校教育内部の諸要因の解明におけるエスノグラフィーという質的研究法の実証的有効性とともに，階級的再生産過程での被支配的社会集団による「抵抗」という要因を銘記させることになった．

●**代表的論客──アップルとジルー**　こうして批判的教育学は，階級・人種・ジェンダーなどをめぐる権力関係や不平等問題に焦点を合わせ，学校教育をより大きな政治的・経済的・社会的文脈から切り離すことなく理論的・実証的分析を展開した．この種の研究を第一人者として嚮導してきたのがアップル（Apple, M. W.）である．1990年代後半頃までのアップルの研究はグラムシ（Gramsci, A.）やウィリアムズ（Williams, R.）のマルクス主義的観点やハーバーマス（Habermas, J.）の批判思想，イギリスの「新しい」教育社会学などを援用しつつ，学校知や教育政策と社会的不公正・不平等との関係を分析するものだった．

　他方で，著作の被引用数という客観的指標からみてもアップルとこの分野の双璧をなすジルー（Giroux, H.）には，アップルと異なる研究上の特徴があった．アップルが現状の分析・記述的な研究を主としたのに対し，ジルーはフレイレ（Freire, P.）にも依拠しつつ，未来志向的・提言論的考察を「抵抗の文化政治学」として展開し，ポスト構造主義・ポストモダニズム理論などをも援用することで，批判的教育学の規範論的転回とその理論的基盤の拡充に寄与した．

●**近況と新たな展開**　以下に関しては今後の研究を待ちたいが，批判的教育学の近況を理解するうえで最重要論点の一つは新自由主義政策がもたらした諸問題にある．従来，当該研究分野ではリベラリズムの平等主義的外見の奥に隠された不公正・不平等の剔抉に主眼が置かれていたが，1990年代以降社会主義瓦解を背景に新自由主義が猖獗をきわめる状況下で，批判的分析の対象が新自由主義（と新保守主義）政策に移り，リベラルな福祉国家による平等主義的成果を掘り崩して跋扈する新右派勢力に対し，リベラリズムを擁護する姿勢もみられるようになる．具体的には，教育バウチャー，チャータースクール，ホームスクーリング，ハイ・ステイクス・テスト，エビデンス・ベースの政策立案・説明責任等々に関する批判的分析が進められてきているが，こうした論点は公教育の再編問題と不可分なだけに，批判的教育学にとって引き続き重要課題となろう．

　これとは別の新展開として，階級問題に関しては，伝統的マルクス主義に回帰するような革命的批判的教育学の提起（McLaren, P.），人種やジェンダーに関しては，人種間格差の是正という論点にとどまらない批判的人種理論を重視する「文化的に妥当な教育」の研究（Ladson-Billings, G. ら），ポスト構造主義系を含むフェミニズム理論を本格的に導入した研究（Luke, Gore, Lather ら），このほかの理論的基盤の拡充という点では，ポストコロニアリズム理論の敷衍により従来の教育論の再編を試みる議論（Dimitriadis, McCarthy ら），フーコー（Foucault, M.）の規律訓練型権力論や司牧権力論・統治性論を教育の批判的分析に積極的に適用した研究（Ball, Popkewitz ら）などが目を引く．また，従来批判の対象であった進歩主義的な教育実践との接合をはかる試みも蓄積されてきている．さらに，以上のような研究の国際化も顕著である．　　　　　　　　［澤田　稔］

脱学校論

　1970年代にイリイチ（Illich, I.）によって提起された理論．学校教育制度が人々の学習を独占する社会を痛烈に批判した．イリイチによれば，近代公教育を支えてきた「教育の機会均等」概念は幻想であり，学習することと学校に入学することを混同させる価値の制度化（institutionalization of values）がいきわたった社会において，人々は自ら学ぶ力を失わされていると指摘される．主著『脱学校の社会（De-schooling Society）』で次のように述べている．

　「多くの生徒たち，とくに貧困な生徒たちは，学校が彼らに対してどういう働きをするかを直感的に見ぬいている．彼らを学校に入れるのは，彼らに目的を実現する過程と目的とを混同させるためである．……このような論理で「学校化（schooled）」されると，生徒は教授されることと学習することとを混同するようになり，……彼の想像力も「学校化」されて，価値の代わりに制度によるサービスを受け入れるようになる」．

●**専門職主義批判**　そして，学校で教員免許状を有した教師によって教えられる内容が最も価値があるとされた専門職主義（professionalism）も批判される．そうした学校教育制度の代替案として，学びたい人と教えたい人が自由に出会い，そこで「学び―教える」関係がつくられる「学習のネットワーク（learning webs）」が構想された．これは，教えたい人が学びたい人の学習材を図書館や博物館などに保管する「教育的事物のための参考業務」，教えたい人が自分の技能や知識を登録できる「技能交換」，学びたい人が学びたいことを記したり学習する仲間を見つけるための「仲間選び」，教えたい人が自分の住所や経歴や，教える際の謝礼金額などを記す「広い意味での教育者のための参考業務」の四つから構成される．

　イリイチの思想が，教育制度にとどまらず，医療制度，交通制度の分野まで及び，「自ら学び，癒し，歩く」自律協働性（conviviality）をもとに，他律的なサービスの提供を享受する社会からの脱却を説いている点は重要であり，これは壮大な文明批判でもある．また，ライマー（Reimer, E.）の『学校は死んでいる』によると，学校は「保護監督」「社会的役割への選別」「支配的価値のインドクトリネーション」「技能と知識の発達」という四つの機能を果たそうとしているが，うまくいっていないと論じられる．ライマーはイリイチと同様に，「教育的事物のネットワーク」と「人的ネットワーク」が，学校教育制度に代替されるべきであると論じる（Reimer, 1971 訳書）．

●**脱学校論への批判**　こうした脱学校論に対して，イギリスの社会学者ドーア（Dore, R. P.）は，「イリイチ・ライマー構想は，逆説的なことに，エリート主義

的である．この制度は才能のある者にとっては有意であるに違いない．被害者は並以下の才能の持ち主である」として，学習のネットワークは，学べる人と学べない人との間の貧富の差を拡大するものであり，近代公教育の基本理念である「教育の機会均等」は，特に発展途上国において捨て去ることはできないと批判した（Dore 訳書, 1976）．また，フレイレ（Freire, P.）もイリイチとの対話において，人々が自らの被抑圧性に気づき社会変革に向けた行動を起こす「意識化」（conscientization）に向けて，「あえて教える」（dare to teach）ことの必要性を主張した（Freire et al. 訳書, 1980）．

●**日本社会での受容のされ方**　脱学校論は，欧米や日本において，既存の学校のあり方へインパクトを与え，学校の内外に，さまざまなオルタナティブ・スクールやフリースクールがつくられた（奥地 1992）．日本では，東洋と小澤周三が『脱学校の社会』の訳書を出したが，その思想の根幹が十分に理解されないままであった．特に，イリイチの「義務教育批判」という考え方は，学校教育関係者には反発を引き起こすか，ほとんど理解されなかった．当時，イリイチの思想を日本で正確に伝えたのは，メキシコのクエルナバカで彼が開いていた国際文化資料センター（CIDOC）で学んだ山本哲士であった（山本 1985）．しかし，それは近代学校教育制度の破壊であり前近代に後戻りすることであると，主流派の教育学者によって批判された．森重雄は，イリイチの思想を真摯に受けとめ，近代学校の成り立ちとそのメカニズムを切開する教育の歴史社会学的研究に生かそうとした（森 1993）．

　日本では社会教育分野において，1990年代から学校教育の外側に「生涯学習インストラクターバンク」を設立する自治体も現れたが，その多くは特定のインストラクターだけが稼働する状況である．一方，学校教育分野では2015年4月現在，小中高校での不登校の子どもたちが13万人を超えている．そうした不登校児童・生徒への救済策として，文部科学省は，初等・中等教育を受けているはずの不登校の子どもたちが一定の条件を満たしたフリースクールに通っていることが証明できれば，正規の学校への出席日数にカウントするという措置をとることになった．学校の周辺に散りばめられた無数の学びの場での学びが評価されることで，従来の学校教育における学びのあり方も大きく変わりつつある．そうした状況において，学校教育はこれまで非正規とされてきた学びの場を評価することによって，その磁場を拡大していく．このようにして，逆説的に，イリイチが批判する「社会の学校化」が進行していくのである．　　　　　　　　　［赤尾勝己］

📖 **さらに詳しく知るための文献**

Illich, I., 1970, *Deschooling Society*, Harper & Row（＝1977，東 洋・小澤周三訳『脱学校の社会』東京創元社）.

Illich, I. et al., 1973, *After Deschooling, What?*, Harper & Row（＝1979，松崎 巌訳『脱学校化の可能性——学校をなくせばどうなるか?』東京創元社）.

社会的排除

☞「福祉国家」p. 92「ひとり親家族と育児政策」p. 304「家族の孤立・解体・貧困」p. 318「人権問題」p. 574「貧困と子育て・教育」p. 590「困難を伴う家庭と教育」p. 628

社会的排除とは従来の「貧困」概念を拡張し，金銭的・経済的次元のみならず住宅・健康・教育・職業・近隣関係といった社会生活の多次元における参加からの疎外としてとらえ，また時間軸を導入しプロセスとしてそれをとらえようとする概念である．21世紀に入ってから，格差問題と並んで教育社会学の新たな重要課題となっているのが「子どもの貧困」である（阿部 2008, 2014）．そこでは特に，世代間の貧困の連鎖・再生産に注目し，学校教育がそこに加担するメカニズムの解明が目指され，逆に教育の介入により連鎖を断ち切る可能性を見出そうとしている（Ridge 訳書，2010；林 2016）．社会的排除の概念は，こうした貧困へのアプローチの新展開に大きく寄与することが期待されている．

●**概念成立の背景**　社会的排除は初めフランスで，次いで西欧各国で1980年代から，社会政策を議論する場において広く用いられるようになった言葉で，従来使われてきた「貧困（状態）」という言葉で十分にいい表せない，新たな事態の出現がその背景にある．例えばそれは，若年失業率が高止まりの状態にあるだけでなく，それが特定の若者にあって恒常化・長期化し，社会参加の糸口さえも失われていくといった事態である（Bhalla & Lapeyre 訳書，2005）．その背景にグローバリゼーションの波による経済社会の変動があるのはいうまでもないが，特に論者の目をひいたのが，富や財の困窮や剥奪だけにとどまらない，社会からの孤立や関係の切断といった状況であった．それは階層構造の固定化という問題にとどまらず，社会的連帯を蝕みひいてはコミュニティや国家の解体につながりかねないとして，左派を超えた広範な人々の危機意識をかき立てた．このように多次元性およびプロセス重視を特徴とする社会的排除の概念は，主体と諸制度の関係や相互作用を重視する点で社会学とも親和的であった．従来，経済的な要素は教育に影響を与える外部変数として処理せざるを得なかった教育社会学が，この概念を梃子としてこの種の問題に本格的に取り組む可能性を大きく押し広げたことはまちがいない．また，金銭的問題から社会生活の多次元への視野の広がりは，物質的援助そのものより「支援によって主体にどんな機能が可能になるか」を重視する，セン（Sen, A.）のケイパビリティ論（Sen 訳書，1999）の視点と重なる面もある．

●**社会政策での活用**　だが社会的排除の概念は，可能性を秘めながらも学問的吟味に耐えるにはまだ曖昧な余地を残し，成熟し切ってはいないとも指摘される（岩田 2008）．むしろその浸透はアカデミズムよりも，現実の社会政策の展開のなかでの方が先を行っている．ここに社会的排除と対をなすと目されることの多

い「包摂」が登場する．イギリスを例にとれば，労働党ブレア政権が成立してすぐ，1997年，社会的排除の問題と取り組むための特別な機関であるソーシャル・エクスクルージョン・ユニット（SEU）が立ちあげられた．

この政府機関は以後十余年にわたる労働党政権期間中，若年層の就労支援，地域の活性化，公的サービス利用の促進など，排除の現状に風穴を開け社会参加を促す包摂政策の司令塔となった（仁平 2015）．包摂策のなかでも，乳幼児を抱えた低所得層の育児を支援するため，貧困率の高い地域に設置した Sure Start Centre は地域住民に無条件に開かれ，浸透度は高かった（志水 2014）．日本でも民主党政権のもとで 2011 年，内閣府に「社会的包摂推進室」が設置されたことは記憶に新しい．

●社会的排除論の課題　しかしながら社会的排除とそれに抗する包摂策，という図式を無批判に受け入れるのは早計である．社会的排除が顕在化した背景の一つに，社会のセーフティネットが十分機能していない点が指摘される．これは経済社会の変動にも一因があるが，福祉・社会保障政策の後退を通じて政治的につくりだされた現象でもある．社会政策としての包摂に注目する以前に，福祉社会をめぐる近年の政策展開を冷静に振り返る必要がある．またたしかに，同質的で安定した「包摂型社会」から変動と分断を特徴とする「排除型社会」へのシフトが 20 世紀中〜後半に起きたとする図式（Young 訳書，2007）はわかりやすい．だが現実に「包摂型社会」が完全に過去のものとなったわけでもなく，またそこで指摘されていた「包摂」の問題点，すなわちいったん分類し他者化したうえで二級市民として同化・規律化・矯正をはかろうとする，規律訓練権力あるいは生-権力作用にひそむ根源的排除性が消滅したわけでもない．マイノリティの置かれた社会的文脈をよく考慮せず，いたずらに社会参加を促進するのは，ともすれば包摂という名の新たな暴力に加担しかねない点に注意すべきである．そしてこの点は，社会的排除の視点と差別論の視点との微妙なズレにも関係している．両者がその関心領域を大幅に共有することは論を待たないが，差別論にあっては何よりもまず，差別する者―される者という関係性を重視する（佐藤 2005）．つまり差別（排除）を行う側の視点を曖昧にせずずず明確化させる作業が行われるのだが，社会的排除の議論においては「誰が排除するのか」という視点が弱い．この問題点については，社会的排除に関心をもつ研究者がフィールドでの経験的研究のなかにこの概念を定着させようとする際に，それぞれの方法で克服せねばならない．それによって社会的排除の概念も鍛えられ，精緻さを増していくだろう．

[倉石一郎]

📖 さらに詳しく知るための文献

稲垣恭子編，2012，『教育における包摂と排除―もうひとつの若者論』明石書店．
倉石一郎，2018，『増補新版 包摂と排除の教育学』生活書院．

グローバリゼーション

☞「「グローバリゼーションと教育」研究の動向」p. 748「移民・難民のアイデンティティの形成」p. 758「国際バカロレア」p. 768「教育基準のグローバリゼーションと質保証」p. 772「グローバル化と言語教育」p. 778

　グローバリゼーション（globalization）という語には明確な合意された定義は存在しないが，一般に，技術や経済の進歩によって人・金・物・情報が大量に国境を越えて移動していくことによる，大きな社会の変容を意味する語として使用されている．国際化（internationalization）がそれぞれの国民国家を単位として，それぞれの選択という要素を伴うのに対して，グローバリゼーションは，超国家的レベルでの社会システムの構造変容という視点に立つ点に特色がある．

●多相性と対立　グローバリゼーションには，経済・政治・文化など社会の多様な側面の変容が含まれているとともに，具体的な個々の現象を時間的にも空間的にも超えた包括的な変動を想定する概念である．また，グローバリゼーションによって引き起こされる社会の変容は，ある者に恩恵やチャンスをもたらし，別の者に不安定や困難をもたらす．それらのことから，グローバリゼーションのどこに注目するのかによってとらえ方も評価も異なってくる（Held et al. 訳書，2006）．

　人類史的にみたときの長期的に不可逆な全体的趨勢としてのグローバリゼーションと，現在進行している固有の特徴を帯びたグローバリゼーションとは区別される必要がある（Beck 訳書，2005）．世界中の国民国家に現在最もインパクトを与えているグローバリゼーションが，経済次元での新自由主義的なグローバリゼーションであることは，多くの論者が指摘している．ハイエク（Hayek, F. A.）やフリードマン（Friedman, M.）らの思想に代表される新自由主義は多様な系譜をもっているが，この立場の論者からの議論では，国家による規制を排除して自由市場の原理をあらゆる社会的領域に適用することが望ましいと主張されており，教育もその対象に含まれている．だがもう一方で，グローバリゼーションの異なる側面，例えばグローバルな民主主義の可能性や文化次元での混合や融合に注目する議論もある（Torres 2009；Rizvi & Lingard 2010）．これらもまた，教育のあり方と関わっている．なお，リージョナリズムの台頭や，ナショナリズムやエスノセントリズムの再活性化などは，現在進行しているグローバリゼーションへの対応や反発とみなすことができる（Held ed. 訳書，2002）．

●グローバリゼーションと教育　グローバリゼーションによる社会の変容は，国民国家の装置とみなされてきた教育に対して，あり方の見直しを迫ることになる．人の移動や文化の越境は，国境を越えて活躍する人材の育成や多言語・多文化社会に向けた教育を課題として浮上させる．資本や技術が容易に移動する事態は，新しい産業の創出の可能性をはらむ一方で雇用の国外移転やロボットへの代替などの問題を生み，経済と教育との関係をどうするかという課題を浮上させる

(Brown et al. 2011). 貿易や環境問題や不平等, セキュリティなど, 国家を超えた枠組みでの政治的利害の調整がより重要になっていくなかで, 民主主義と教育という主題もまた重視されるようになっている. 例えばトーレス (Torres, C. A.) はグローバル化した世界において, シティズンシップ, 民主主義, 多文化主義の間に緊張関係が生まれ, それが教育に難題をつきつけていることを示している (Torres 訳書, 2012).

　どの国においても, 現代の教育は, 目標・制度・方法や実践などの諸次元において, グローバリゼーションの影響をこうむっている. 例えば目標の次元においては, グローバルな経済競争が意識される一方で, 国際理解や多文化共生, あるいは ESD など地球規模の課題への取組みが意識されている. 制度の次元では, 公教育への民間企業の手法の導入 (NPM) や民営化, 学校選択制や評価の活用などが, 新自由主義的な手法として提案・導入されている. 方法や実践などの次元では, コンピテンシーなどの能力観のような例をあげることができる. これらは多くの国の教育改革アジェンダとして論争の的になっている. だが, グローバリゼーションが教育に与える影響は, 政府の政策の選択を介した間接的なものである (Dale 1999). グローバリゼーションのとらえ方や評価をめぐる対立は, そのまま教育の分野での改革のあり方をめぐる対立と重なっているのである.

●**グローバリゼーションと教育社会学研究**　現代の教育を研究する際にグローバリゼーションを考慮に入れることは, 研究のあり方を問い直すうえで重要な意味をもつ (越智 2006；広田ほか編訳 2012). 例えば, どういうグローバリゼーションの見方に依拠するかによって, 研究の枠組みが規定されてしまう点に留意が必要である. スプリング (Spring, J.) が述べているように, 教育のグローバリゼーションを論じるさまざまな理論や見方は, それぞれ部分的に真な言明であったとしても, 同時にその理論や見方のゆえに把握しそこねるものを含んでいるからである (Spring 2009).

　また, 教育社会学の研究が往々にして陥りがちな方法論的ナショナリズム (methodological nationalism) を回避する研究姿勢も求められる. 教育と社会との関係を考察してきた教育社会学は, 伝統的に国民国家を分析の完結した単位として考えがちであった. しかし, グローバリゼーションがもつ重要な含意は, 「我々の社会」という認識対象の単位を国民国家の外側にまで拡張するものだからである (伊豫谷 2002).　　　　　　　　　　　　　　　　　　　　[広田照幸]

📖 さらに詳しく知るための文献

伊豫谷登士翁, 2002, 『グローバリゼーションとは何か──液状化する世界を読み解く』平凡社.

越智康詞, 2006, 「グローバリゼーションと教育の地殻変動」『近代教育フォーラム』15, pp.103-107.

Lauder, H. et al. eds., 2006, *Education, Globalization, and Social Change,* Oxford University Press (= 2012, 広田照幸ほか訳『グローバル化・社会変動と教育』1・2, 東京大学出版会).

教育社会学における研究方法論

☞「教育社会学の学問的性格」p. 4「教育社会学における計量分析の発展とその背景」p. 166「質的調査総論」p. 202

　教育社会学は，教育に関わる諸事象をありのままに観察・記述し，その構造・機能・意味を解明する学問領域である．この学問は，教育学と社会学の二つの学問領域に属しており，二重の意味で緊張関係に置かれている．一つは，〈教育とは何か・どうすべきか〉を問う本質学・規範学・方法学的要請にさらされる一方で，対象へのアプローチの仕方として，教育の〈どうであるか〉を記述し分析する事実学・経験科学的方法に依拠する点である．第二は，教育は人間の形成に関わる営みで，人間に準拠した観察が行われやすいが，教育社会学は組織・制度・文化など社会事象としての教育に注目するとともに，教育が社会のなかでいかにして構成され，どのような機能を果たしているのかなど，社会的文脈や環境との関連でこれを観察・記述する学問である，という点である．教育社会学は，こうした異質な言説空間の狭間に身を置くことで幾度となくアイデンティティのゆらぎに直面してきたが，逆にそうした差異のなかに独自の知や情報の創出機会を見出してきた．この学問領域は，「教育的社会学」（educational sociology）から，「教育社会学」（sociology of education）へとその独立性を強める方向で展開してきたが，そのことは必ずしも教育学との関係の希薄化を意味するわけではない．教育社会学は，社会学的な方法・視点に依拠して自律した学問領域になるという仕方で，教育学の発展に寄与してきたのである．

●事実学・経験科学としての教育社会学　経験科学とは，「実証的な方法」に従うこと，論理的な整合性を保つことの二つの原理に基づいて推進される学問である．経験科学は，「理論・仮説」を観察された事実に照らして検証し，必要に応じてこれを修正することで，理論の信頼性・整合性・包括性を高めていく動的な企てである．いかなる「理論」も，事実に照らし，いまだ否定（反証）されていないという仕方で成立しているものであり，自らを絶対的真理であると主張する立場とは相容れない．

　教育社会学が事実学という名称を好んできたのは，独自の理論構築を行う前に，（教育の）事実を記述する「実証主義的な態度・方法」を重視するからだ．「実証主義的な態度・方法」とは，実践的関心や規範的信念を「カッコ」に入れる態度，後述する前期ウィトゲンシュタイン（Wittgenstein, L.）の言葉を借りれば「語り得ないもの」について「沈黙する」態度である（Wittgenstein 訳書，2014）．こうした方法的態度に依拠することで，教育社会学は本質主義的で実践的志向性の強い教育学・教育言説から，事実に基づかない推論や論理の飛躍——形而上学的な独断，無内容な美辞麗句への陶酔，個人的経験の過度の一般化，理論と願望

の混合等々——を一掃し，さらには教育（学）的まなざしでは見過ごされがちな教育の基盤や教育を取り巻く環境条件などにも目を向け，教育の自己記述を豊かで信頼できるものへと書き換えてきたのである．さらには，さまざまな調査技法を用いて集められたデータを統計的に分析し，複雑な変数間の関係を解明することで，理論の生成・発展にいそしむとともに，エビデンスに依拠した政策評価や提言をなすことにも貢献してきた．

●言語論的転回・ラディカル構成主義　経験科学は「論理実証主義」によって基礎づけられてきたが，ローティ（Rorty, R.）のいう「言語論的転回」（Rorty 1967）以降，この理論を支える諸前提は大きくゆらぐことになった（伊藤 2016）．それらの前提には「写像理論」「センス・データ（所与）の神話」「分析的真理と経験的真理の区別」などがあるが，ウィトゲンシュタインにおける写像理論から言語ゲーム論への立場の転換のなかに言語論的転回の内実がよく現れている．写像理論とは，現実世界（伝達したい内容）は客観的に実在しており，言語はそれを写し取る（伝達する）透明な媒体である，といった内容をもつが，ウィトゲンシュタインが『論理哲学論考』において，「語り得ないものについては沈黙せよ」と提言したのも，こうした理論に依拠してのことであった．しかし数年の沈黙の後，彼は『哲学探究』において次のように立場を変えることになる．すなわち，私たちの認識は言語という慣習的・共同体的基盤の上に成立しており，言語の意味とは言語ゲームのなかでのその「使用」である．言語において問題となるのは「適切又は不適切」な使用であり，「正しく又は誤って」世界を映し出すような類のものではない，と（Wittgenstein 訳書，2013）．今日ではさらに，ルーマン（Luhmann, N.）のシステム論（Luhmann 訳書，1993）がそうであるように，認識とはあくまで観察者による構成の産物であるとするラディカル構成主義の主張も勢力を増してきている．これらの主張を考慮するならば，観察者の外部に客観的な実在を想定し，この実在をそのまま写し取るのが科学であるとする素朴実在論的な立場は，もはやこれを維持することは困難である．

●言語論的転回などによる研究法・調査法への影響　経験科学を基礎づけるさまざまな試みが失敗してきたからといって，経験科学的な方法自体が無効になるわけではない．いわんやそれによって観念論や相対主義（何でもあり・シニシズム）が肯定されると考えるのはまったくの誤りである．ラディカル構成主義においても，「（外的）現実」の存在が否定されているわけではなく，「現実」には受け入れ可能な認識を弁別する「否定的役割」があることが認められている（Esposito, E. et al. 訳書，2013）．「現実」が「何であるか」を知ることができなくても，「何でないか」の判断は可能であり，経験科学は，理論を「現実」においてチェックする整合性テストとしては依然として有効なのである．とはいえここで新たな課題が生じる．観察結果はあくまで観察（者）にとっての観察結果であり，この両

者を切り離すことはできないからだ．しかも観察自体が一つの作動・出来事である．こうして一連の研究の営みのなかで，観察という営為，すなわち言語のようなそれを通して観察を遂行する媒体の性質や，観察し表現する行為の社会的・政治的効果などに対する観察・省察が強く求められることになる．このことは社会学にとって二重の影響をもたらす．それというのも社会学が観察の対象とする社会とは，それ自体が自己観察しながら（言語を使って）作動する自己言及的な対象で，しかも社会を観察する社会学自体が観察対象である社会の一部（言語を使用する営み）であるからだ．その影響は相互反射的に広がるものであり，その帰結の全体像を描くことは困難だが，ここでは研究方法＝社会調査に与える効果について，いくつか例をあげてみよう．

　例えば，言語は社会的実践における「使用」であり，現実の写像でないならば，人々の実践的世界について理解を深めようとする研究者は，彼らの行動を外部から客観的に記述するよりも，実践に参加し，実践的コンピテンスを身につけたうえで，内側からその使用・方法を観察・解釈する方法が有効であることになる（山田 2011）．あるいは，社会は，その時々の状況を自己観察しながら遂行される行為や観察の不連続なプロセスであるならば，インフォーマントの間で共有された規則やコードを，社会秩序を説明する客観的実在（道具）として用いるのは適切でなく，彼らがいかにそれを用いて社会秩序の構成に関与しているのか，その方法を記述すべきだ，ということにもなるだろう（エスノメソドロジー）．また，言語が認識を構成し，実践的な使用のなかで社会的実在として効果・力をもつのであれば，言説の編成やその規則を記述したり，実践的文脈での使用法やその効果などを分析する，言説分析のような研究が盛んになるのももっともである．

　ところで，こうした言語の行為面・実践的効果に対する感受性の高まりは，翻って社会学における研究や社会調査の営為自体への反省を迫るものともなる．例えば，客観・中立を装う「科学的な方法」は，研究者のポジショナリティを隠蔽するものであり，専門家の権力を再生産し，調査対象者から搾取する実践となるのではないか，といったように．このように社会学では，研究や研究方法が有する政治的・倫理的な意味が，当該学問に内在的に問われるテーマとなるのである．山田（2011）は，ここから反省的エスノグラフィーなる方法を提唱したが，臨床教育社会学なども，現場に即した応答的で内在的な研究を目指しつつ，調査自体の実践的・倫理的意義を不断に省察しつつ遂行される研究＝実践として登場してきたともいえるだろう（酒井 2004）．

●**研究方法・視点とリサーチクエスチョンの連動性**　事実の観察に徹し，事象を関係論的にとらえる社会学的方法は，単にアプローチの方法を変化させるだけでなく，現象世界に対する問題関心の持ち方それ自体を変容させるものである．日常実践に没頭する私たちは，当該秩序の崩壊に出くわすと，これを嘆き，その回復

を願う．そしてこの嘆きをそのまま学術的な問いとしてもち込みがちだ（prob-lem taking）．しかしながら，これまでみてきたような教育社会学の方法は，問いに対する解決方法（現実の説明図式）を変化させる以上に，対象世界に対する私たちの関わり（問題設定）を変容させる（problem making）．教育社会学が教育学から独立した学問となる必要性のもう一つの根拠がここにある．いくらその方法＝手続きが科学的であったとしても，問いへの吟味が伴わないなら，教育社会学はその学問的可能性を十全に展開したとはいえないのである．

　事実の記述に徹する方法は，対象世界に没頭し，いたずらに問題を過大視する自分自身に問題を見出すことになるかもしれない．また，対象がもつ社会的機能に注目しこれを記述することは，いま・ここの物質的実体に張りついた関係や働きを脱領土化し，オルタナティブな可能性の探索へと認識を開く作用を伴う．さらに，対象をほかのさまざまな事象や包括的な文脈と関連づけながら関係論的に考察する社会学的方法は，現象の背後にある政治力学や構造的矛盾に目を向けさせるとともに，私たち自身がそのなかで思考し行為し問題を提示する，通念や常識への囚われから私たちを解放する脱構築的な含意をもつ．とりわけ，歴史社会学的研究などでは，歴史的事実に依拠して対象世界を再構成する作業それ自体が，現代に生きる私たちの常識への問い直しを同時に遂行するものであるといってよい．森重雄の提唱する近代教育批判の試みは，「現象（事実）を本質（観念）に内属させるのではなしに，本質（観念）を現象（事実）に内属させる方法」（森1990，p.250）を徹底させることで，教育（機能）の眼をもって（過去の）教育を観察する方法を批判し，「教育」の観念自体が成立可能になる，「おびただしい数の変数の相互連関を，まさしく相互連関として成り立たせる歴史的社会的舞台，を浮き彫りにする」（森1988，p.111）ことに狙いを定めるものであった．

　以上，教育社会学が，教育（学）的な問題関心から相対的に独立した関心のもとで展開し，ついには教育の可能性の条件の解明にまで達したからといって，必ずしもこの営みが教育学に敵対したり，教育の営みから乖離することを意味しない．自明なもの（本質）を偶発的なもの（機能）として受け止め，事象の潜在的な次元や可能性の条件を記述・解明することは，もちろん教育を廃棄する可能性を潜在的には含みつつも，基本的には教育（学）の反省能力，自己観察能力を拡張するものなのだ．そして幸いなことに教育社会学の知は，何ら特権的なものではなく，そこからどのような情報を引き出し，何を学びとるかは再び教育学など，実践的なコミュニケーションの手にゆだねられているのである．　　　　［越智康詞］

📖 さらに詳しく知るための文献

大澤真幸．2015．『社会システムの生成』弘文堂．

Luhmann, N., 1984, *Soziale Systeme. Grundriß einer allgemeinen Theorie*, Suhrkamp（＝1993，佐藤 勉監訳『社会システム理論』上・下，恒星社厚生閣）．

教育言説

☞「ポストモダン論と生政治論」p.108「教育社会学における研究方法論」p.122「構築主義」p.130「言説分析」p.218「歴史社会学的アプローチ」p.220「子どもの発見」p.272「社会統制と学校」p.374「学校知と権力」p.386「子どもの自殺」p.554「いじめ」p.560

　言説分析と称される研究の理論的背景は，言語論的転回以降，フーコー（Foucault, M.）のインパクト，カルチュラルスタディーズ，批判的談話分析，構築主義など多様である．また，「言説」概念も理論的背景に応じて多義的に使用される．特定の言語使用を指す場合と言語使用の集合を指す場合とに大別できるが，両者は厳密に区別されるというよりは，むしろ両義的に使用される（van Dijk 1997, pp.1-6）．この多義性・両義性は，この語の原語（英語）discourse が多義的に訳せる事情によるばかりではない．特定の言語使用を指して「この教育言説は……」などと同定できるのは，その言語使用のあり方が「教育的」（広田2001a）であると理解可能なためであり，「教育的」な語りの集合としての教育言説全域を構成する要素としても理解可能だからである．教育言説という語は単に教育（という指示対象）についての語りを意味するだけではない．言説こそが「教育」をつくりだすという視点を出発点として，一定の問題関心のもとで使用される．

●**問題関心と研究領域**　第一に想起されるのは，研究領域というよりは批判的関心である．今津・樋田編（1997）『教育言説をどう読むか』，および続編（2010）では，個性・平等・教えこみ・学級・心の理解・不登校・いじめ・体罰・市場化・学力などをめぐる言説が取り上げられた．同書では，教育言説とは「（略）聖性が付与されて人々を幻惑させる力をもち，教育に関する認識や価値判断の基本枠組みとなり，実践の動機づけや指針として機能する」（今津・樋田編1997, p.12）と定義される．言説が教育実践のあるべき姿と問題の型をかたどり，解決のありようを一定の方向に導き，かつそれらを自明視させる．このことに批判的関心が向けられるのである．第二に，教育問題研究，なかでも社会問題の構築主義の研究領域が想起される．批判的関心も合わせもちうるが，「クレイム申し立て活動と社会的反応」（の主要な一部）を記述するために「教育問題を構築する言説」に関心が寄せられる．第三に，歴史社会学の領域である．構築主義研究でも対象を追うタイムスパンによっては歴史社会学的になるが，むしろ歴史的資史料としての教育言説を丹念に収集し，「教育」を構成する諸テーマを描き出す研究に一定の蓄積がある（広田2001a；元森2009など）．第四に，「近代教育」に対する関心である．とりわけフーコーやアリエス（Ariès, P.）のインパクトから，「教育」なるもの，また，そもそも教育の対象たる「子ども」，さらには「人間」「主体」自体が西欧近代の産物であるという観点から，「（近代）教育という言説」に関心が向けられてきた（例えば，田中編1999；田中2009）．

●言説と権力　戦後日本の教育問題言説は，国家権力と教育の自由をめぐるイデオロギー的次元（教育委員会制度・教師の勤務評定・教科書問題など）から，学校生活の日常的次元（校内暴力・いじめ・不登校など）へ，さらには問題行動を起こす児童生徒の「心」へとその焦点が変遷してきた（伊藤 2014, 1996）．こうした教育問題の脱政治化を指して，教育に対する権力作用も弱まってきたと表現できるかもしれないが，それは実体的権力論を前提とした表現である．フーコーの関係的権力論によれば，権力とは，国家や官僚制に偏在して人を強制する力というよりは，むしろ人々の間に遍在し，例えば没個人化された規律化を通じた「自発的」なものである（Foucault 訳書, 1977）．すなわち，「監視」によって人を「主体化」する権力装置としての学校教育が，強制を排する理想を打ち立てた（ルソー［Rousseau, J.-J.］「消極教育」を代表とする）近代教育学（知）とともに成立し展開してきた．「権力と知は相互に直接含み合う」（同上訳書, p.32）のである．そして，教育を善きものとして前提とする「無謬性」言説（越智 1990）は，権力と知の結節点として教育問題を構成し続けるとともに，教育問題言説によって再生産され続けている．

●実体と構築　実在論─反実在論，本質主義─構築主義といった二項対立は言説研究にとって厄介である．構築主義の受容・展開過程がそれを示してきた．構築主義は──多様な立場を含むが──およそ「実体とみなされてきた X は実は社会的な構築物である」という主張の衝撃によって受容され始めた．だが社会問題の構築主義の場合，衝撃の反動が「存在論的線引き」（OG）批判として提出され（Woolgar & Pawluch 1985），構築主義論争に至った（項目「構築主義」参照）．その後，個別の研究に対する OG 批判の意義は認めつつも，一般論や哲学的議論などの「空中戦」としてなされる不毛な二項対立にかかわらずに探究する経験的研究が提出されてきた（中河・赤川編 2013 など）．教育社会学においてこの問題は，「子ども」の実体─構築問題（元森 2009, 2014）や，いじめ問題などにおいて探究されている．例えば，「いじめ自殺」は実は昔からあり，1980 年代以降の社会問題化は言説による構築の可能性があるという視点に対し，いじめと自殺の論理的連関の創出こそが「いじめ自殺」を社会的に成立させたのであり，翻って両者の連関を断ち切る多様な言説的実践（研究実践を含む）が「いじめ自殺」を解消させる可能性をもつのである（山本 1996；間山 2002；伊藤 2014；北澤 2015）．

［間山広朗］

📖 **さらに詳しく知るための文献**

今津孝次郎・樋田大二郎編，1997，『教育言説をどう読むか─教育を語ることばのしくみとはたらき』新曜社．

広田照幸，2001，『教育言説の歴史社会学』名古屋大学出版会．

田中智志編，1999，『〈教育〉の解読』世織書房．

相互作用論

☞「教育社会学と知のパラダイム」
p. 26

　相互作用論は社会の構造的作用や人間の合理的選択行為ではなく，相互作用過程を重視する社会学の一つの理論的視点である．ジンメル（Simmel 訳書，1979）は相互作用をさまざまな社会関係を形成する起点とみた．相互作用論はミード（Mead 訳書，1973）やパーク（Park 訳書，1986）らの初期シカゴ学派，さらにシンボリック相互作用論，ゴッフマン（Goffman 訳書，1986）らによっても展開された．相互作用は，人々が有意味シンボル（言葉・ジェスチュア・記号など）を介して指示・表示する意味を互いに解釈し，その意味に基づいて社会的行為を共働して遂行することである．

●**相互作用論の視点**　こうした相互作用に注目することによって，社会や人間はどのようにとらえられるのか．第一に社会や人間は固定したものではなく相互作用を通じて形成され，変化していくものとなる．人間の自我や思考，アイデンティティ，さらに社会関係や集団，制度なども相互作用によって形成され，変化していく．第二に制度や社会的位置，組織など構造は行為者を拘束し条件づけるものとなるが，行為者は規定されたとおりの行為を機械の歯車のようにするわけではない．行為者は相互作用を通じて，その状況にふさわしい行為を協力して遂行する．それは行為や行為者をもっぱら構造に埋め込まれ拘束されるものとしてとらえる構造論や，行為を行為者の動機や態度に還元して理解する行為論と異なる．相互作用論は社会構造や行為者を固定したものとしてではなく，相互作用を通じて互いに変化し生成していくものとみる関係的・過程的な視点である．

●**相互作用の働き**　人間は自我（self）を有しているが，自我は生まれたときから人間に備わっていたものではない．ミードによれば自我は他者の態度を取得する相互作用を通じて形成される．相互作用の相手は身近な特定の他者から「一般化された他者」にまで広がっていくが，他者の態度を取得し他者の視点で自らを客観的に対象化するときに初めて自我が生じる．また行為者は自分自身との相互作用である内的な会話を交わすことで，実際の行為に先立ってあれこれと行為の道筋を考えることができる．特にそれまでの習慣や態度が通用しなくなった問題状況において，行為者は思考して新たな活路を見出す．こうした自我や思考を可能にするのは自分との相互作用である．

　ジンメルの視点を継承するパークは彼の人間生態学の中心に相互作用を位置づける．同じ空間に占めている生物はより有利な位置や生存のチャンスを求めて競争や闘争を行う．しかし人間社会は互いに競合や闘争する群衆社会レベルにとどまらない．コミュニケーションを通じてコンセンサスを構成し協同する文化的社

会のレベルがある．この二つのレベルは競争や闘争，コミュニケーションなどの相互作用の形式によって遂行されている．相互作用が社会を構成する基本的単位であることを明らかにした点はパークの功績である．彼によって相互作用に焦点を定めて社会を研究するスタイルがシカゴ学派社会学に定着した．

●**逸脱研究への応用**　相互作用は少年のギャング集団を研究したスラッシャー（Thrasher 1927）によって活用されている．貧しい地域・家庭に育つ少年たちは親や住民などのコントロールが弱いことをいいことに気ままに街頭にたむろし，つるんで活動するようになる．少年たちは家庭や一人では満たされない物的欲望や娯楽，冒険心を仲間集団の結成によって満足させる．さらに少年たちは別のギャング集団との闘争を繰り返すなかで，仲間の連帯を強め組織化を進める．仲間との緊密な相互作用はギャングの形成過程に深く関わっている．同様に非行少年の生活史を研究したショウ（Shaw, C. R.）は『ジャック・ローラー』（Shaw 訳書，1998）で少年が経験する相互作用を生き生きと描いた．少年に逸脱を肯定する態度を教えたり，厳しく接したり，排除する者もいれば，慣習的な生活態度を教え，少年に粘り強く接し寛容に包み込む人もいる．こうした多様な社会関係のなかで特に逸脱的な人との相互作用の機会が制限され，他方で責任ある仕事や伴侶を得る相互作用の機会に恵まれた少年は非行のキャリアから離脱する可能性が高いことをショウは明らかにした．相互作用が逸脱の形成に及ぼすことはベッカー（Becker, H. S.）のラベリング論に継承されている（Becker 訳書，1978）．世間の人々は逸脱前歴者に危険な・望ましくない人物の烙印を貼り，社会的に排除するが，その結果確信的な逸脱者が誕生する．逸脱の増幅は世間の人々と烙印を貼られた人との相互作用による「予言の自己成就」にほかならない．

●**状況への適応**　相互作用は自己や社会関係，集団を形成するだけでなく，特定の制度や構造のもとで「状況の定義」を維持するためにも不可欠である．ゴッフマンは出会いや会議，公共空間にふさわしい「状況の定義」を維持するための相互作用に関心を払った．目的を達成するために駆け引きをする戦略的相互作用だけでなく，相手の面子を損なわないよう慎重に配慮し敬意を表す相互作用儀礼も必要である．また状況を打ち壊す偶発的な出来事が生じたときには，それに気づかないふりをしたり，気まずさを修復するための相手の弁解を素早く受け入れるなど協調的対応も必要である．社会構造や制度はこうした配慮や工夫された相互作用を通じて初めて状況に適合的なものとなる．相互作用こそ社会構造や制度に生命を吹き込み，生きたものにするメカニズムである．　　　　　［宝月　誠］

📖 さらに詳しく知るための文献

宝月　誠・中野正大編，1997，『シカゴ社会学の研究』恒星社厚生閣．

船津　衛・宝月　誠編，1995，『シンボリック相互作用論の世界』恒星社厚生閣．

構築主義

▷「教育社会学の学問的性格」p. 4「教育社会学における研究方法論」p. 122「教育言説」p. 126「相互作用論」p. 128「質的調査」p. 202「言説分析」p. 218「教育問題への社会学的アプローチ」p. 538「逸脱」p. 544

　構築主義とは，研究対象があらかじめ実在するとは前提せず，人々の営みによって構築されるととらえる考え方である．キツセ（Kitsuse, J. I.）とスペクター（Spector, M.）は，1970年代に社会問題の構築主義を提唱した（Spector & Kitsuse 訳書，1990）．科学社会学など社会学の他分野や，人文社会科学の他領域においても，構築主義の名称を冠した学派は存在する．その大半は，言語を媒介とした相互作用によって社会現象がつくられるとみる観点を共有している．社会問題の構築主義も同様であるが，社会問題と逸脱の社会学を継承し，経験的研究を重視する傾向に独自性がある．

●**社会問題の構築主義とオントロジカル・ゲリマンダリング批判**　社会学者は伝統的に，社会問題と逸脱の実態について診断を下し，原因を探究することを主たる任務としてきた．そのために，何らかの客観的状態（＝実態）が社会問題であるとする研究上の定義を用いてきた．キツセらは，そうした研究上の定義は概念に問題があるか，首尾一貫していないことを示した．一貫した基準を欠いたまま，犯罪や人種差別，貧困などの雑多な主題を寄せ集め，社会問題と称しているにすぎないという指摘である．

　彼らは対案として，社会問題をクレイム申し立て活動としてとらえ直すことを提言した．クレイム申し立てとは，「問題のある状態」を定義して，注目や対応を聞き手（オーディエンス）に要請する働きかけである．社会のメンバーのクレイム申し立て活動によって，社会問題は構築される．それゆえ研究者は客観的状態の定義には踏み込まず，定義を行う人々の活動を研究対象にすべきだと論じたのである．

　しかしながら，ウールガー（Woolgar, S.）とポーラッチ（Pawluch, D.）による「オントロジカル・ゲリマンダリング」（ontological gerrymandering；存在論における恣意的な境界設定，以後 OG と略記）に関する批判によって，構築主義は研究の方法論をめぐる論争（構築主義論争）に巻き込まれた（Woolgar & Pawluch 訳書，2000）．ウールガーらによれば，「子どもへの殴打は古くから存在したが，『児童虐待』というカテゴリーは特定の時期に構築された」というような記述の仕方が構築主義研究の典型である．そこでは構築主義が扱わないはずの「状態」（この例では「殴打の存在」）への言及が行われているというのである．この批判は少なからぬ影響力をもち，社会問題の構築主義内部にとどまらない盛んな論争を巻き起こした．

●**教育社会学における経験的研究の展開**　日本に導入された構築主義は，教育問

題の研究にもインパクトを与えた．教育社会学の領域における受容には次の特徴がある．①構築主義論争には比較的拘泥せず，個別の教育問題を扱う経験的研究が蓄積された．単行本の例をあげると，不登校に関して朝倉（1995），加藤（2012），いじめに関して北澤・片桐（2002），北澤（2015），児童虐待に関して上野（1996），上野・野村（2003），内田（2009）などがある．②逸脱や問題行動の支配的な定義に含まれる問題性を提起し，研究の政治性にセンシティブである（白松ほか2014）．②の特徴は，「私たちは誰の側に立つのか」というベッカー（Becker, H. S.）の問いかけにみられるような，逸脱研究における政治性への敏感さの系譜を受け継ぐものといえる．それはキツセとスペクターの立場とは対照的である．

　キツセらの立場を受け継ぐ構築主義研究は，社会の状態への言及を回避して，特定の状態が「問題である」かどうかをめぐる「参与者のゲーム」（中河 2004）から距離を取ろうとする．それによって，研究の政治性や価値に関わる問題に対するデタッチメントの姿勢を追求するのである．この立場の生命線は，実際の研究における「状態」への言及の禁欲である．

　教育社会学における構築主義は，少数の例外（北澤 1998；山口 1998 など）を除いて OG 批判に対する理論武装に深入りすることなく，経験的研究を遂行してきた．それらの研究は多くの場合，クレイム申し立て活動の外部に独立して存在する（とみなされた）社会の状態への言及を，必ずしも禁欲していない．したがって実証主義的な研究と同じく，参与者のゲームから距離を取るための方法論的な歯止めを欠いている．研究者は，クレイム申し立て活動の参与者と同じ地平でゲームを行うことになるのである．教育社会学の構築主義における研究の政治性への敏感さは，論理的な必然であるといえるだろう．

●**教育社会学への理論的インプリケーション**　研究の政治性に関する構築主義の論点は，教育社会学の一般的な問題設定とも関連する．価値中立的な「事実学」・教育的な価値に基づく「規範学」という伝統的な二分法が成り立たないことを示唆するからである．大半の社会学的分析は，特定の状態が「問題である」かどうかに関して研究者が一定の判断を下している．構築主義は，これらの研究が素朴な「価値中立性」を標榜することの困難を明らかにする．他方，特定の教育的な価値に基づく規範的な分析も，依拠する問題定義の政治性への問い直しを免れないことを浮彫りにする．教育社会学における構築主義の展開は，研究における「事実」と「価値」の関係について，探究すべき領野を示している．　　　［山口 毅］

📖 **さらに詳しく知るための文献**

Spector, M. and Kitsuse, J. I., 1977, *Constructing Social Problems*, Cummings Publishing（＝1990, 村上直之ほか訳『社会問題の構築―ラベリング理論をこえて』マルジュ社）.

赤川 学，2012，『社会問題の社会学』弘文堂.

北澤 毅，2015，『「いじめ自殺」の社会学―「いじめ問題」を脱構築する』世界思想社.

第4章

海外の教育社会学

［編集担当：岩永雅也・岩崎久美子］

概説：海外の教育社会学 ……………… 134
アメリカの教育社会学 ……………… 138
イギリスの教育社会学 ……………… 142
フランスの教育社会学 ……………… 146
ドイツの教育社会学 ……………… 150

中国の教育社会学 ……………… 154
韓国の教育社会学 ……………… 156
台湾の教育社会学 ……………… 158
オセアニアの教育社会学 ……………… 160

概説：海外の教育社会学

〔参〕「教育社会学の学問的性格」
p.4

　本章では，主要な数か国を取り上げ，それらの国々における教育社会学の歴史や展開，および現状などについてみていく．ここでは，各国を個別にみる前に包括的な視点から全体を俯瞰しておくことにしよう．

　学問体系としての教育社会学には，大きく分ければ，社会学においてもその形成期に重要な役割を果たしたデュルケム（Durkheim, É.）やウェーバー（Weber, M.）らの思想に基づくヨーロッパにおける理論研究と，それらを統合的に受容して発展させたアメリカのプラグマティズムの伝統に基づく実証的研究の二つの源流がある．そのいずれの立場に立つかにかかわらず，教育社会学は，教育に関わる社会構造，社会要因の機能的影響，教育現象・病理などに対し社会学的アプローチをとる点に，最大にして共通の特徴がある．

　教育社会学は，これまで人的資本論などに依拠する教育投資と経済生産性の向上の関係などのマクロなテーマ，あるいは教師と生徒の相互作用などの学校内部プロセスや，家族のもつ文化資本と子どもの社会化といったミクロなテーマに幅広く取り組んできた．方法論的にも，大規模データに基づく量的調査，インタビュー，参与観察，エスノグラフィー，アクション・リサーチといった質的調査などの多様な手法を取り入れた研究が広範に行われてきている．

●**成立の経緯と位置づけ**　教育社会学は，社会学から派生した歴史的経緯から，アメリカ，イギリス，フランス，ドイツ，オーストラリアでは社会学の下位領域の一つとして発展してきた．しかし，その発展過程で，教育社会学は社会学の本流から離れて教育学に位置づけられ，社会学部ではなく教育学部や教員養成講座に置かれ，教育学の基礎科目や教職科目として教えられる場合も多い．

　韓国，台湾では，1950年代以降の欧米での教育社会学の先行研究や理論を取り入れるかたちで，アメリカへの留学経験者などを介して後発的に学問的確立が試みられた．また，文化大革命の時代に学問が否定的に扱われた中国では，教育社会学は，社会学の一分野として「偽科学」「資本主義の学問」などとされ，20年以上研究が行われず空白の期間が存在した．しかし，「四つの現代化」「改革開放路線」がとられた1979年以降，中国でもカリキュラム，学級，授業などを対象にした教育社会学分野における研究が始まり，地域ごとに研究会が開催されるなど，教育学，社会学の双方からの教育社会学研究が行われるようになってきている．以上のように，アジア諸国での現時点までの研究動向は，欧米での理論的展開や問題関心の推移に強い影響を受けた研究が主流といえよう．

　教育社会学の学問特性として特記すべき点は，現実の問題状況に実証的に関わ

る点から，不平等の是正を目指す政策科学としての色彩が強いことである．例えば，アメリカにおける「コールマンレポート」(Coleman Report) や「危機に立つ国家」(A Nation at Risk)，オーストラリアにおける「カーメル・レポート」(Karmel Report) などでの実証データ提供や報告書提出を通して，教育社会学の研究成果が教育改革の推進や政策立案の根拠とされた．このような政策科学としての性格により，ドイツでは大学以外の公的研究機関での政策研究も盛んに行われている．反面，教育政策や教育改革に資するテーマが公的研究助成金などで優先的に採択され，研究テーマが政策誘導される懸念が指摘されることもある．

●研究の展開　経済状況や社会構造の変動に伴い，教育社会学のテーマや手法にも変遷がみられる．第二次世界大戦以降の教育社会学の展開を 1960 年代，1970～80 年代，1990 年代以降の三つの時期に区分してみてみたい．

① 1960 年代　経済ナショナリズムを背景に，構造機能主義に基づく教育社会学研究が盛んに行われるようになった．多くの国で，戦後の経済的発展とともに，中等教育や高等教育が拡充されたが，その過程で生じた諸変動を通して，学校教育による社会への人材供給，人材の選抜・配分のメカニズム，教育機会と階層分化，社会移動に焦点が当てられ，教育達成と階層的不平等の関わりがテーマとして頻繁に取り上げられるようになった．

　アメリカでは，大規模調査に基づいた社会移動や地位達成研究が盛んに行われた．また，パーソンズ (Parsons, T.) により，家族の社会化・安定化機能や学校の社会化・選抜機能などが唱えられ，構造機能主義的社会学も興隆をきわめた．教育社会学が提出した理論は，市民活動や公民権活動の過程の中で，人種差別廃止のための生徒のバス通学 (busing) やヘッド・スタート (head start) など，社会経済的に不利な状況にある子どもへの補償教育政策の根拠として用いられた．

　一方，フランスにおけるブルデュー (Bourdieu, P.) らの文化資本論，ブードン (Boudon, R.) の機会不平等論，イギリスにおけるバーンスティン (Bernstein, B.) の言語コード論などの文化的再生産に関する研究にみられるように，ヨーロッパ諸国では，伝統的に根強く存在する階層社会の教育達成に関連した不平等や社会移動の研究が，数量的な「政治算術」により行われた．

② 1970～80 年代　アメリカでは，親学問である社会学での構造機能主義理論から葛藤理論・解釈的アプローチへのパラダイム転換の影響を受け，構造機能主義的社会学に対しマルクス主義的視点からの批判的検討が行われるようになった．イギリスでは，「新しい」教育社会学と呼ばれる動きが生じ，伝統的構造機能主義に立つマクロのアプローチから離れた解釈論的アプローチの採用がみられるようになる．例えば，教育の失敗は，階級に基づく不平等といった構造的要因にあるのではなく，ブラックボックス化した学校内部における教師の役割，教授法，カリキュラムなどに起因すると考えられるようになり，学校内部の不平等メカニ

ズムの解明が中心テーマとなった。その後、社会学に加えて、言語学、哲学、政治学などの分野で、ポスト構造主義の影響を受けた新しい概念に基づく研究が現れ、権力と知に対するフーコー（Foucault, M.）理論の応用としての言説分析などが盛んになされた。

③ 1990年代以降　グローバル経済化の流れの中で、国際競争における優位性の将来予測要因として、TIMSS や PISA などの学力の国際比較調査の結果が各国政府に影響を与え、人的資本論に基づく教育政策や教育投資への政治的関心が高まってきた。また、各国で新自由主義に基づく政策がとられるようになると教育の私事化が進み、同時に公共支出削減とともに効率性の維持や教育政策のアカウンタビリティの明示化といった社会的要請も生じた。多くの国で政策的に教育水準の向上が目指されるようになり、アメリカやイギリスなどでは、学力調査や教育効果の測定結果が教育予算と結びつけられ、ドイツやフランスなどでは、移民や社会的に恵まれない人々の教育に焦点が当てられるようになった。このような社会背景の中で、教育社会学研究の一部として、学力テストの分析など教育政策立案に資するエビデンス提供が期待されるようになった。一方、学校内部に焦点を当てた研究では、生徒のいじめの構造を解明するエスノグラフィー的研究や、社会全体の不平等ではなく教員の学習への働きかけの影響など学校内部の要因における学業達成の不平等に関心が向けられていくようになった。

●近年の研究動向　このような変遷を経て、今日の教育社会学は、複雑で多岐にわたる研究領域、多様で混合的な研究手法、学際的研究が優勢となり、その内容が著しく分化し、学問的アイデンティティが拡散してきている。また、かつて構造機能主義が産業社会を、マルクス主義が階級社会を社会モデルとして取り上げたのに対し、現段階では未だ変容する流動的社会のモデルを構築できずにいる。

　研究テーマをめぐっては、アメリカとイギリスの教育社会学の趨勢が国際的影響力をもつことは否めないが、各国の文脈に沿った特徴的な研究テーマもある。例えば、フランスやドイツでは移民の教育達成（落ちこぼれ問題）や社会階層ごとの社会化プロセス・社会的性格（家庭内でのしつけや言語コード）、ドイツの旧東西ドイツ間格差・各州間の地域格差、早期分岐型学校制度の影響、中国の一人っ子教育や少数民族教育、農村出稼ぎ労働者の子どもに対する教育、オーストラリアの多文化教育、先住民教育などである。

　総じて、現在にあっても、社会学、哲学やカルチュラル・スタディーズなどの学問に準拠しながらも、教育社会学の焦点は、常に教育をめぐる文脈から生み出される教育の不平等に置かれている。

●関連学会・学術雑誌　教育社会学は、アメリカ、イギリス、フランス、ドイツ、オーストラリアでは社会学会の分科会としての位置づけである。例えば、「アメリカ社会学会」（ASA）では52分科会の一部会、「オーストラリア社会学会」

（TASA）では，25 部会のうち 4 番目に大きい部会である．また，「イギリス社会学会」（BSA）では教育社会学に特化した「フーコーと教育」，「社会階級と教育」といった定期的なセミナーや会議を開催している．一方，「アメリカ教育研究学会」（AERA），フランスの「教育諸科学会」（AECSE），ドイツにおける「ドイツ教育科学会」（DGfE），「実証的教育研究学会」（GEBF）など，教育学関連の学会においても，教育社会学のテーマでの発表や投稿がなされている．

　アジアに目を転ずれば，中国では教育学会と社会学会の下位組織として教育社会学の研究会がある．一方，台湾，韓国では教育社会学会が教育学会や社会学会と独立して存在する．韓国では，1996 年に「韓国教育社会学会」が「韓国教育学会」から分離して創設された．台湾では 2000 年に「台湾教育社会学会」が組織され，それ以降，海外の教育社会学研究者との交流を積極的に行っている．

　教育社会学が興隆しているアメリカ，イギリスでは，「アメリカ教育社会学集会」（SEA），「イギリス教育研究学会」（BERA）での社会学者らの専門部会等で，教育社会学に関わる研究が活発に発表されている．また，フランスではフランス，ベルギー，スイスなどのフランス語圏の研究者を擁する「フランス語圏国際社会学会」（AISLF），同様にドイツではスイスやルクセンブルクといったドイツ語圏内で，国を超えた研究者交流が盛んに行われている．

　学会誌としては，アメリカでは，「アメリカ社会学会」（ASA）による『教育社会学』（*SOE*）や『アメリカ社会学レビュー』（*ASR*），「アメリカ教育研究学会」（AERA）による『アメリカ教育研究ジャーナル』（*AERJ*）のほか，シカゴ大学出版会による『アメリカ社会学ジャーナル』（*AJS*）や『アメリカ教育学ジャーナル』（*AJE*）がある．イギリスでは，歴史ある『イギリス教育社会学会誌』（*BJSE*）が国際学術雑誌の一つとして著名であるが，1991 年に教育社会学者バートン（Barton, L.）によって『教育社会学国際研究』（*ISSE*）が新たに創刊され，教育社会学の先駆的知見を提供している．フランスでは，デュルケムが 1898 年に創刊した『社会学年誌』（*L' Année Sociologique*），1960 年に創刊された『フランス社会学年誌』（*RFS*），ブルデューが 1975 年に創刊した『社会科学研究誌』（*ARSS*）など，重層化された学問的蓄積がみられ，またドイツでは『教育と社会化の社会学誌』（*ZSE*）や『幼児・青少年研究論考』（*DKuJ*）といったテーマごとの学術誌に主要論文が掲載されている．一方，アジアでは，わが国と同じく，韓国や台湾で『教育社会学研究』の名称を掲げた学会誌が刊行されている．　　　［岩永雅也・岩崎久美子］

📖 さらに詳しく知るための文献

Halsey, A. H. et al., 1997, *Education: Culture, Economy, and Society*, Oxford University Press（＝2005，住田正樹ほか編訳『教育社会学―第三のソリューション』九州大学出版会）．

Ballantine, J. H. and Hammack, F. M., 2009, *Sociology of Education: A Systematic Analysis*, Pearson Education（＝2011，牧野暢男・天童睦子監訳『教育社会学―現代社会のシステム分析』東洋館出版社）．

アメリカの教育社会学

「教育社会学の学問的性格」p. 4
「アメリカ教育社会学とその影響」
p. 56「批判的教育学」p. 114

アメリカの教育社会学は，ヨーロッパにおける展開と連動しながら理論的基礎を形成し，教育問題の解決や教育改善を目指す政策科学としての性格を強めながら発展してきた．ここでは，その展開をハルゼー（Halsey, A. H.）ほか編にならって，教育と経済・社会・文化との関係性についての認識枠組みに着目しながら概観してみたい（Halsey et al. eds. 1997）.

●**学問的展開**　①経済ナショナリズムの基盤―構造機能主義的教育社会学の確立：第二次世界大戦後，労働者やその家族の生活は国民経済の成長を通じて向上するという「経済ナショナリズム」が台頭し，経済と社会の「進歩」も教育を通じてもたらされるという期待が大きく膨らむなかで，アメリカの教育社会学は誕生した．ウェーバー（Weber, M.）やデュルケム（Durkheim, É.）の影響を強く受けたパーソンズ（Parsons, T.）は，社会システムを比較的安定していて変化しにくい「構造」と，構造の維持に寄与する「機能」に分類し，人や集団が社会システムのエージェンシー（代理人）として合目的的・調和的行為をとることを通して，構造の維持に寄与する機能を果たすとする構造機能主義を確立した．そのなかで，学級（学校）の機能にも着目し，社会で共有されている価値観を子どもに内面化させる社会化機能，および子どもをその能力と資質に応じて社会のさまざまな役割に適切に配分する選抜機能を果たすことで，社会の安定と発展に寄与していると論じた（Parsons 1959）.

こうした教育と経済・社会・文化の関係性のとらえ方は，教育投資の経済効果に注目する人的資本論を生み出すとともに（Becker 1975），社会経済的に不利な状況におかれた子どもたちに教育サービスを傾斜的に配分することで社会的不平等の克服を目指す補償教育政策の理論的根拠となった.

教育効果に関する実証的研究が精力的に手掛けられていく過程で，教育の機会均等による社会移動が必ずしも実現していない実態も露呈した．コールマン（Coleman, J. S.）は，全国大規模調査に基づいて，子どもの学業達成が家庭，地域社会，仲間集団の特徴に強く規定されており，学校の効力はきわめて限定的であることを示した（Coleman et al. 1966）．ブラウ（Blau, P.）とダンカン（Duncan, O.）は，地位達成にかかる因果（パス解析）モデルに基づいて，子どもの職業的地位が父親の職業的地位と教育水準に強く規定されていることを検証し（Blau & Duncan 1967），地位達成研究の礎を築いた.

学校内部における教師-生徒間などのミクロな関係性に着目した研究も手掛けられた．例えば，マートン（Merton, R.）が提唱した「予言の自己成就」（Merton

1949) に着目したローゼンタール（Rosenthal, R.）とジェコブソン（Jacobson, L.）は，教師による期待が高いほど生徒の成績がよくなるピグマリオン効果を検証した（Rosenthal & Jacobson 1968）. また，逸脱に注目したベッカー（Becker, H.）は，それが個人の内的属性によって引き起こされる病理現象ではなく，それを社会的に許容されない行為と定義し，犯した者に制裁を加える社会によって生み出される現象であることを，ラベリング理論として提唱した（Becker 1963）.

②経済ナショナリズムの崩壊—マルクス主義的教育社会学とその批判的検討：1970年代のオイル・ショックを契機とした経済不況が経済ナショナリズムの前提に抜本的見直しを迫るなかで，社会的不平等が教育によって容易に解消されない現実にも厳しい目が向けられ，「ブラックボックス」として吟味されてこなかった学校の内部過程に焦点が当てられるようになった. 学校をイデオロギー的国家装置とみなすアルチュセール（Althusser, L.）やグラムシ（Gramsci, A.）らによって展開されたマルクス主義の立場から，ボールズとギンタス（Bowls, S. & Gintis, H.）は，資本主義的生産過程における抑圧的社会関係が学校内で再現されることを通して，分業のヒエラルキーが正統化され，社会的不平等が再生産されるとする対応理論を提唱した（Bowles & Gintis 1976）.

それに対してカーノイとレヴィン（Carnoy, M. & Levin, H.）は，対応理論で見過ごされている学校の資本主義に対する相対的自律性に着目し，学校は資本主義と緊張関係にあり，民主主義を推進する機能も果たしていることを示した（Carnoy & Levin 1985）. 批判的教授学を提唱したジルー（Giroux, H. A.）は，教育が人の認識枠組みに働きかけ，新たな文化的ヘゲモニーの構築に寄与することを通して，抑圧的状況からの解放を可能にすると論じた（Giroux 1983）.

アニョン（Anyon, J.），ポプケヴィッツ（Popkewitz, T. S.）らと並んで，学校で伝達される知識のあり方に着目するアップル（Apple, M. W.）は，特定の集団に親和性の高い文化がカリキュラムを通して正統な知識として普遍的価値を付与されることで，その集団の政治・経済領域における権力が強められるメカニズムを示した（Apple 1979）. そうしたなかで，アメリカを構成する多様な人種・民族の文化を反映した多文化カリキュラムを構築する試み（Banks 1997），文化資本が相対的に乏しい人種・民族的マイノリティ生徒には「権力の文化」にアクセスする要件としての知識や能力をより明示的・意図的に伝達する必要性を論じる研究（Delpit 1988），女子生徒の学習意欲を低下させる方向に作用してきた学校の教育内容や経験に関する研究（Sadker & Sadker 1994）なども手掛けられた.

新制度論者であるマイヤー（Meyer, J. W.）は，正統化システムとしての教育の制度的効果に着目し，教育が個人を社会化して選抜することを通して社会システムに統合するだけでなく，教育を受けた個人がいかなる地位と権威を正統に付与されるのかについてのルールを広く周知することを通して，社会全体における

人材の処遇のあり方を規定していることを示した（Meyer & Rowan 1977）．他方，コリンズ（Collins, R.）はウェーバーの官僚制組織論の観点から，資格社会における学校は，個人に資格を付与することを通して社会的地位へのアクセスを保障する役割を果たしていると論じた（Collins 1979）．

③グローバル経済と新自由主義─新たな認識枠組みの模索：経済ナショナリズムの崩壊は，企業が国境を越えてより有利な生産・販売拠点を展開するグローバル規模の市場競争を生み出した．自由市場の原理に基づく新自由主義が台頭するなかで，国民生活を支えてきた安定的な雇用や福祉は損なわれ，社会経済的格差が著しく増大した．社会化と選抜機能を果たすことで国民生活の安定と発達に寄与するという学校教育の役割への期待は弱まり，代わりに台頭してきたのは，国家の枠組みに規定されないグローバル社会を生き抜くための「能力」を個人に付与し，そのことによって国家の経済的繁栄をもたらすといった役割への期待である（Reich 1992）．主に政財界から発信されてきたこの期待に応えるべく，政府は学校教育を国家事業として重視するようになり，目標管理と自由裁量を特徴とする企業型管理運営に基づく教育の再編（リストラクチャリング）を断行し，生徒の学力向上に基づく学校のアカウンタビリティを厳しく問うようになった（Ravitch 2010）．

　教育効果に関するエビデンスが求められる時代において，大規模社会調査データや学力データなどが重視され，その収集と統計分析に関する研究が積極的に蓄積されてきた．例えば，ラウデンブッシュ（Raudenbusch, S.）らによる階層的線形モデル（HLM）やライト（Wright, W.）による項目反応理論（ラッシュモデル）の開発は，政策科学としての教育社会学の発展を大きく牽引してきた．

　経済ナショナリズムの崩壊を克服する方策として推進されたグローバル化は，教育と経済・社会・文化との関係性に変更を迫っている．深刻化する若年雇用問題（Tannock 2001）や，学校から職業社会への移行プロセス（Rosenbaum et al. 2016）に注目する研究は，生成する教育と経済・社会・文化の新たな関係性を説明する認識枠組みを構築していくための重要な基盤を形成しているといえよう．

●**近年の研究動向**　アメリカ社会学会・教育社会学分科会長（2007～08年）を務めたブリント（Brint, S.）は，アメリカ教育社会学研究の今日的動向をとらえる目的で，同学会誌 *Sociology of Education* に 1999～2008年の期間に掲載された169本の論文を，研究の①対象，②方法，③題材の観点から分類し，以下のとおり整理している．

　研究の対象では「初等・中等教育段階の学校（論文数93，以下同）」の研究が多く，「中等後教育（25）」の4倍近くに及んでいた．研究の方法では「量的（131）」研究が「質的（27）」研究を凌駕していた．研究の題材では，学業達成の不平等の「構造的要因（42）（人種・民族性，ジェンダー，社会階層など）」，「非

構造的要因（28）（家族構成，生徒行動，努力など）」，および「学校組織要因（33）（生徒構成，学校規模，学校設置者，カリキュラム分岐，指導方法など）」に着目した研究が，全体の6割を占めていた．「学校文化（27）」研究はやや少なく，「国際比較や歴史（17）」，「労働市場メカニズムや移行（11）」，「制度・政策（9）」，「方法論（4）」研究はわずかだった．「既存の理論を実証的に検証する研究」は散見されたが，「新たな理論を構築する研究」は皆無であった．

　この結果を踏まえてブリントは，筆頭学術雑誌への掲載論文からみる現在のアメリカの教育社会学研究は，国内の学校教育における不平等の問題に焦点化し，特に大規模調査データを駆使して，「社会構造」「学校組織」と「学業達成」変数の関係性を実証的に確認することに注力したものが多いと総括している．その上で，今後の課題として，グローバル社会における教育のあり方に関する洞察を深めていくためには，国際比較研究や歴史研究により積極的に取り組み，学校教育に限定されない社会化や知識・文化の創造・伝達に関する理論的・実証的研究に取り組んでいく必要があると指摘している（Brint 2013）．

●関連学会・学術雑誌　アメリカの教育社会学者が所属する主たる学会は，アメリカ社会学会（American Sociological Association：ASA）とアメリカ教育研究学会（American Educational Research Association：AERA）である．

　アメリカ社会学会は，1905年に設立され，現在1万3000人余りの会員を有する．科学および専門職としての社会学の高度化，社会に対する社会学の貢献の促進を目的として，「教育社会学」を含む52の分科会体制で活動している．同学会が刊行する*Sociology of Education*（第89巻1〜4号，2016年現在，以下同）が，アメリカ教育社会学研究の筆頭学術雑誌であるが，機関誌である*American Sociological Review*（第81巻1〜6号）にも，教育社会学に関する研究論文が掲載されている．

　アメリカ教育研究学会は，1916年に設立され，現在2万5000人余りの会員を有する．教育に関する知識の高度化，学術研究の促進，教育改善に資する研究の推進を目的に活動している．機関誌*American Educational Research Journal*（*AERJ*，第53巻1・6号）にも，教育社会学に関する研究論文が掲載されている．

　さらに，シカゴ大学出版会による*American Journal of Sociology*（第122巻1〜6号，1895年創刊），*American Journal of Education*（第123巻1〜4号，1893年*The School Review*として創刊）にも教育社会学論文が投稿されている．

［深堀聰子］

　　さらに詳しく知るための文献

Halsey, A. H. et al. eds., 1997, *Education, Culture, Economy, and Society*, Oxford University Press（＝2005，住田正樹ほか編訳『教育社会学——第三のソリューション』九州大学出版会）．

イギリスの教育社会学

参考「教育社会学の学問的性格」p. 4
「イギリス教育社会学とその影響」
p. 58「ペダゴジー論」p. 104

　教育社会学は，イギリスでは歴史的にも認識的にも社会学の下位領域と考えられている．ローダー（Lauder et al. 2009）らは，過去40年，教育社会学の主な関心事項は異なる社会集団の成功に教育が果たす役割に置かれてきたという．

●学問的展開

① 1960年代から1970年代　イギリスでは，社会の階層構造を生み出す職業配分過程に焦点を当てた社会移動研究が多く行われてきた．これらの研究では，個人，家族，階層の地位変動，教育的・社会的不平等の様態・構造の経年的検証のため，大規模データ活用などの「政治算術」的手法が重用された．「政治算術」的手法では，教師を社会的不平等の再生産過程における中立的仲介者とみなし，学校入学前と卒業後の社会階級の再生産を取りあげる．一方，1970年代に登場した「新しい」教育社会学は，社会的不平等の再生産過程での教師の役割に直接焦点を当て，「政治算術」的手法に一石を投じた（Young 1971）．この頃，教育社会学の重要な研究領域として発展する，学校カリキュラムや教授法の研究も盛んに行われた．

　次いで，機会の平等や社会正義への関心から，「なぜ労働者階級出身の少年は労働者階級の仕事に就くのか」（Willis 1977），「学校は階層化された労働市場の再生産にどのような役割を果たすのか」（Bowles & Gintis 1976；Apple 1979）といった問いに基づく研究や「知識社会学」（Whitty 1985）に類する学校研究，フェミニストの視点からの学校教育制度や教育プロセスの探究（Weiner 1985），人種やエスニシティに関わる研究（Brah & Minhas 1985）などが実施され，方法論としては，質的研究やエスノグラフィーなどの手法も展開された．教育社会学に関わる研究は，この時期精力的に行われたが，シャイン（Shain, F.）とオズガ（Ozga, J.）は，教育をテーマとした研究が社会学研究の本流にはなり得なかったと指摘する（Shain & Ozga 2001, p. 114）．また，ボール（Ball, S. J.）は，これらの研究が行われた時期を，「マイノリティ認識論」（minority epistemology），「立場の理論」（standpoint theory）の時期と呼んだ（Ball 2004）．

　研究者間の理論的差異が顕著になると，言語学，文芸批評，哲学，政治学あるいは社会学といった多様な研究視座から，ポストモダニズムとポスト構造主義を取り入れた新しい概念が主要な学術雑誌に取りあげられ，教育社会学に大きな影響を与える．これらの動きは，知識を獲得するための多様な方法があること，そして，「真実」は相対的に変化しうるという新しい考え方を示唆し，多くの理論家は，とりわけフーコー（Foucault, M.）やデリダ（Derrida, J.）による流動的ア

プローチを前面に押し出していった．結果，権力と知の複合性を強調したフーコー派理論の応用や，複雑で流動的なアイデンティティへの認識（Du Gay & Hall eds. 1996）に基づく研究が教育社会学の領域として注目されるようになった．
②1980年代以降　1980年代以降になると，教育政策が政治的関心となり，二大政党はいずれもが学校カリキュラム，教授法，評価プロセスの標準化を求めるようになった．そのため，学力水準向上などの学校の効果と改善を目指す国際的潮流に連動し，「どんな先生でも同様に教育できる」（耐教師性）学校（'teacher proof' school）の試みや，成績不振や教育上の失敗に取り組む'Can-Do'アプローチなどが取り入れられた．教育社会学者も，特定の教育研究アジェンダの批判的議論に深く関わるようになり，学校の効果研究として，同様の社会階級や恵まれない社会環境の学校に学力の差異が生じることを明らかにし，生徒の学業不振は学校が効果的指導を行っていないことが原因で，貧困や恵まれない状況といった構造的側面によるものではないことを論証していった．

　イギリスでは，その後，国際競争の優位性を維持するには教育水準の改善が必要であるとして，再び教育が社会問題化する．そこでは教育政策で支配的な機能主義的アプローチとともに管理統制主義のディスコースがみられ，社会的再生産に影響する社会的文脈についての社会学的・批判的解釈は否定された．学校の効果と改善を目指す運動は，社会といった広い意味での不平等ではなく，学業達成における不平等を扱い，それは「よい」学校，あるいは「悪い」学校の要因調査で明らかになると考えられた．このことは，学校のアウトカムは，緊縮財政といった構造的・物質的不平等の拡大に関連し文脈化される必要がある（Bhattacharyya 2015）とする批判的政治社会学の興隆につながっていく．

●近年の研究動向　現在のイギリスの教育社会学の潮流は，多様で混合的なアプローチを志向するものである．主な研究テーマは次のとおりである．
①市場と教育水準　国際的関心の一つは，新自由主義やグローバリゼーションの潮流による教育制度への影響である．例えば，保護者の選択や国の学力調査などの市場原理の展開に伴う学校間競争の制度化の検証（Ball et al. 1996），教員の既得権・偏見の打破を目指した多様なタイプの学校設立の実態，幼稚園から継続教育・高等教育機関に至るすべての教育段階で市場原理と競争原理がともに機能し階層構造が生み出される状況などの調査研究が盛んに行われている．

　学校教育への市場化原理の導入は，イギリスでは教育水準の向上に向けられたが，その焦点は，教師の実績と同様，児童・生徒，学生の教育到達度にある．このようなアカウンタビリティ（説明責任）の重視が，学校やすべての公的セクターの教育機関に影響を与えると指摘する研究成果も出されている．例えば，ギルボーン（Gilborn, D.）やユーディール（Youdell, D.）の研究では，授業料収入を主とする学校では，教育内容よりも，アカウンタビリティのために国家目標へ

の合致に向けた判断が優先されるとする（Gillborn & Youdell 2000）．労働者階級やマイノリティの生徒がいる学校関係者は，優遇措置の対象に選ばれるための教育環境への「割当配給」の問題を口にする．このような現状は，教育学では学校の教育水準の問題として取りあげられるが，教育社会学では，誰が何を獲得し，それがなぜ課題であり続けるかといった古くからの不平等の問いとなるのである．

②高等教育の大衆化　研究領域として拡大しているもう一つの分野は，高等教育である．1970年代，高等教育は，限られた45大学に17万人の学生が在籍するエリートのための制度であった．2014年のデータによればイングランドの若年層の40%以上が19歳までに高等教育に入学し，高等教育機関はすでに130にのぼる．社会学研究としては，オックスフォード大学やケンブリッジ大学のようなエリート大学にどのような学生がアクセスしやすいかといった調査（Savage et al. 2015）や，マイノリティやエスニシティ，労働者階級，高齢者，障害者，男女などの異なる集団ごとのアクセス，出席率やドロップアウト率といった調査研究が行われている．社会正義やこれまで差別されてきた集団に対する包摂のテーマと並び，定員数の拡充とより多くの大学数の設置といった高等教育全体の学生数拡大に向けた基本的関心が主要なテーマである（Reay et al. 2010）．

③フリースクール　市場では，消費者への多様な選択肢の提供が重要となる．学校教育では貧困層の子どもたちとの学業成績のギャップを縮小できないという事実を重視した当時の連立政権は，2010年にフリースクールを教育の一形態として認可した．フリースクールは，「よい」学校にアクセスする機会が限られた保護者にとって機会の剥奪であるか，多様な学校の選択肢を増やすものと考えられた．政府は，新しい担い手による例外的学校の設立を認めることで，教育水準の底上げが図れると主張した．2010年，教育省（DfE）は，「保護者の要望に応じ，フリースクールを設立する構想をもち，意欲がある教員，慈善団体，保護者団体などを排除せず，支援したい」と言明した（DfE 2010, p. 52）．しかし，実態を見れば，そのほとんどは，自己資金のある民間教育機関による設立である（Gilbert 2011）．フリースクールの認可により，教育が私事化されることを問題視した批判や研究がなされ，フリースクールが必ずしも貧困層の子どもたちに資するものではないとの実証研究結果も出されている．しかし，フリースクールは，その数は少ないものの，今なお制度的に位置づけられている（Green et al. 2015）．

④女子児童・生徒研究　最後に，学校社会での心理・社会的側面に目を向けたい．近年フェミニスト・エスノグラフィーや女子児童・生徒の交友関係について評論が多く出されている（Hey 1997）．この新しいアプローチは，学校内部での「普段の関係性」を取りあげるものである．バーンスティン（Bernstein, B.）が指摘したように，関係性をめぐるこれらの内実は，ありふれているどころか，実は多数の問題をはらみ複雑である（Bernstein 1996）．

ジョージ（George, L.）のいじめと交友関係の社会学的研究（George 2007）は，その典型的研究で，学校内部の交友関係がいかに権力や道徳的規制の場として出現するかを明らかにするカルチュラル・スタディーズの文献に基づいている．この研究によれば，女子児童・生徒の交友関係は，疎外されることへの不安がある一方で，所属欲求とともに，いかに楽しさ，つらさ，忠誠心，敵意として経験されるかが分析されている．これらの関係性に基づくつき合いは，女子児童・生徒の学校での時間の多くを占め，学業達成や満足感に影響を与える．しかし，教職員は，これらの交友関係は「学校の授業には関係がないこと」として，その多くを取りあげてこなかった．ジョージの研究はまた，「いじめっ子」についても検証している．自信に満ちている女子児童・生徒は，集団のリーダーになる能力があり魅力的であり，権力を掌握している．彼女たちは，情緒的操作やいじめといった困惑や当惑をもたらす特定のやり方で，誰が味方で，誰がそれ以外かを決定する．この研究は，社会学やカルチュラル・スタディーズの複雑で相互関係的な手法を例示し，また，権力，地位，アイデンティティや疎外といった重要な社会学的知見を明らかにしている．

　このように，イギリスでは，初期の「政治算術」的手法を超え，多様なものが混在する協奏的な研究手法へ移行する動きがある．近年，教育から排除されていく人々の生活への媒介要因と構造的・物質的影響要因の作用，障害やセクシュアリティなど複雑に入り組む社会的アイデンティティに注目が集まり，手法的には，ネットワーク・エスノグラフィー，アクター・ネットワーク理論などにも関心が寄せられている．理論的には，教育社会学は，本流である社会学，哲学やカルチュラル・スタディーズ研究を幅広く参考にしているとはいえ，その焦点は，依然として，誰が教育による恩恵を受け，誰がその機会を逸しているか，いかなる格差がどのような教育的文脈で生じているかといった問いに置かれている．

●関連学会・学術雑誌　関連学会としては，1951 年創設，国内外に 2 万 6000 人を超える会員を擁するイギリス社会学会（The British Sociological Association, BSA）がある．教育社会学は，この学会の分科会（special interest group）の一つである．イギリス社会学会では，「フーコーと教育」「社会階級と教育」といった教育社会学のテーマに焦点を当てた定期的セミナーや大会を開催している．また，イギリス教育研究学会（British Education Research Association）でも，社会学者による専門部会があり，論文投稿や学会発表を精力的に行っている．

　学術誌としては，教育社会学分野で長く世界を牽引してきた『イギリス教育社会学誌』（*The British Journal of Sociology of Education*），バートン（Barton, L.）が 1991 年に創刊した『教育社会学国際研究』（*International Studies in the Sociology of Education*）があり，斯学の発展に貢献している．

[Meg Maguire, Rosalyn George ／訳：岩崎久美子・岩永雅也]

フランスの教育社会学

☞「再生産論」p. 96

　フランスの教育社会学の特徴は，階層と教育達成に関する量的研究にある（Thélot 1982；Cherkaoui 1983；Cuin 1993；Chauval 1998；Vallet 1999, 2014 など）．

　①教育と社会：フランスの教育社会学は，19世紀末にデュルケム（Durkheim, É.）によって始まる．デュルケムの講義をもとにした教育書は，『教育と社会学』（1922），『道徳教育論』（1925），『フランス教育思想史』（1938）として日本でも広く知られているところである．いかなる社会階層に対しても学校を通じた社会化，道徳化に向けた教育，つまり同一社会における諸価値と共通規範の伝達を学校が担うと考えた．また教育社会学の講義では，現在もデュルケムの『自殺論』（1897）を用いた実証研究法の古典は広く読まれている．

　②教育の不平等研究：ゴブロ（Goblot, E.）による『障壁と水準』（Goblot 1925）が最初の階層と教育の研究になろう．ゴブロはバカロレア（大学入学資格）が1914年以降ブルジョワと庶民階層を分ける障壁と考え，ブルジョワの水準（知的分岐点）はバカロレアとした．しかし，1960年代のブルデュー（Bourdieu, P.）やパスロン（Passeron, J.-C.）（『遺産相続者たち』[1964] や『再生産』[1970]）らの著作を待たないと教育社会学が注目されることはなかった．出身家庭による文化資本の格差を学校が補うどころか，その格差を維持させ，むしろ支配層のハビトゥスは象徴文化である学校において有利に働くとする．大衆化した学校教育において，このような文化資本の違いは教師も意識しなくなり，より自然な結果（個人の努力に還元され，自己責任化される）と理解される．メリトクラシーなシステムがより自然に選抜を実施しているかのごとく，受け入れられようとしている．こうした問題に，フランスは統計的に，数量的実証研究を通じて対処している．定期的に追跡（パネル）調査を実施，出自（世帯主の職業カテゴリー）別の教育達成（資格取得率）を明らかにしながら政策提言を行っている．

　こうしたブルデューらの研究に異議を唱えたのは，ブードン（Boudon, R.）である．1973年に『機会の不平等』を発表し，経済学の方法論を借用し，教育機会と職業機会が拡大するなかで，社会上昇移動を引き起こす個人選択の諸要因は，複雑に全体として絡み合うモデルを明らかにした．そのうえで，「意図せざる効果」として，逆説的にも社会的不平等が維持されることを導くメカニズムを提示した．

　③庶民階層に向けた教育実践研究：戦後の教育爆発と大衆化を受けて，落ちこぼれ対策に関心が向けられる（Prost 1997）．シャルロ（Charlot, B.）による庶民

階層の生徒がどのように知識を獲得するか，あるいは獲得できない理由は何かといった研究がある（Charlot 1997；Charlot et al. 1992）．同様にライール（Lahire 1993，2000）の一連の研究は，庶民階層における「書き言葉」という文化に対する距離感の違いを分析している．

●**学問的展開**　ブルデューの一連の研究は，社会的不平等を学校がどのような選抜のメカニズムのもと，再生産しているか示した．1990年代以降においては，学歴の上昇によって高校そして大学への進学が一般的となり，教育の大衆化が進められた（Beaud 2002；Duru-Bellat 2006）．また大衆化を受けてバリオン（Ballion 1993 ほか）やデュベ（Dubet 1991）によって1980年代より生徒文化が研究され，デュベら（Dubet & Martucelli 1996）は経験社会学の重要性を唱えた．また中学・高校のエスノグラフィックな研究を通じて学校効果，生徒文化，地域と学校や学校間格差に関する研究の重要性も指摘されている（Payet 1995 ほか）．1990年代は，高等教育の大衆化を受けて学生文化（学生「メチエ」）や，庶民階層の学生像に関する研究が増える（Coulon 1997；Erlich 1998 ほか）．

1960年代からフランスでは，フォルカン（Forquin, J.-C.）によって『イギリスとアメリカの教育社会学』（1997）や，『カリキュラムの社会学』（2008）といった英米の研究にも関心が向けられる．これらのなかでもシャルロを中心にパリ第8大学でバーンスティン（Bernstein, B.）の可視的な教授法や，言語コード論などを取り入れた，初等教育，なかでも学業困難な生徒がいかにして知識を獲得するのか，教授学（pédagogie）研究が盛んに行われている（Bonnéry 2010 ほか）．

1980年代以降は，学校あるいは学級（教師）の効果に関する研究も実施されている（Duru-Bellat & Mingat 1988；Bressoux 1994, 1995, 2009）．

1990年代以降は，学校間格差に注目が集まり（Broccolichi et al. 2010；Trancart 2012），学校と地域（Van Zanten 1990, 2001；Thin 1998），学校選択（Van Zanten 2009）や，都市社会学による学校隔離・学校選択（Oberti 2007；Oberti & Pretceille 2016）などに対象が拡げられている．

あるいは，プポーとフランソワ（Poupeau & François 2008）は，教育の大衆化によってよりよい学校に就学させる「教育投資（戦略）のセンス」の重要性を指摘している．

このように，ブルデューとパスロンによる『遺産相続者たち』をはじめ，『ディスタンクシオン』（Bourdieu 1979a）によって明らかとされた文化資本と教育達成の相関性に関する研究は依然として教育社会学研究の基盤にあるが，教師，学級，学校の効果研究，知識およびその活用法と生徒の関係，カリキュラムおよびその教授法などの質的研究や，都市社会学者との共同研究である就学地区と学校選択，および教育政策とその効果などマクロな研究への広がりもみられる．

最後に主な教育社会学の教科書としては，1992年から版を重ねているデュリュ

＝ベラ（Duru-Bellat, M.）とヴァンザンタン（Van Zanten, A.）による『学校社会学』（第4版）が代表的である．

●近年の研究動向

①階層と不平等：1989年にボードロとエスタブレ（Baudelot, C. & Establet, R.）による『教育水準の向上』の研究以降，教育の大衆化を問題とするような研究が多い．日本でもデュリュ＝ベラの『フランスの学歴インフレと格差社会』（Duru-Bellat 訳書，2007）は有名だが，それ以前に彼女は，階層別の教育達成の不平等について整理している（Duru-Bellat 2002）．こうした教育の大衆化の課題をボー（Beaud 2002）は，高等教育に至る深刻な問題として警笛を鳴らし，注目を浴びた．同時に，庶民階層の学歴と職業参入に関する研究もプーラウエック（Poullaouec 2010）などによって進められ，庶民階層の学歴上昇は認められても，就職の厳しさ，あるいは次に述べる早期離学率や進路指導の課題は改善されず，むしろ階層間格差が厳しくなっている現実が明らかにされた．

②進路，中退と学歴：フランスの教育達成を左右する進路指導は，デュリュ＝ベラ以来質量ともに研究が蓄積されている（Duru-Bellat 1988）．2000年代になると学校からの離脱，早期離学に関心が向けられ，ミエら（Millet & Thin 2005）の『学校離れ』をきっかけに大きな関心をもって研究されている．他方，庶民階層の成功経験を追跡したトゥリュオン（Truong 2015）とパスカリ（Pasquali 2014）の質的研究は，フランスの学校教育の可能性を示唆している．

③職業教育：こうした学歴の不平等や進路の問題には職業教育の社会的価値および感情的価値の課題がある（ペリエ［Périer 訳書，2016]）．職業教育の領域では，ジェラブ（Jellab 2008, 2014），モロー（Moreau 2003）やパレタ（Palheta 2012）など，職業高校生および，職業高校の文化を伝えた貴重な研究がある．

④教師教育：1990年以降教員養成は修士課程で行われることを受けて，改革後の世代を対象とする若手教師文化や苦悩する教師の研究などが展開された（Lantheaume & Hélou 2008；Deauvieau 2009；Périer 2012, 2014など）．

⑤移民研究：1960年代より移民・外国人の追跡調査を国立人口問題研究所が行っている．ボーシュマン（Beauchemin et al. eds. 2015）ほか編『軌跡と出自』には移民の教育達成，進路，就職など主要テーマが編纂されている．移民の社会階層と社会移動や教育達成に関する研究の蓄積は1980年代以降増えている．

⑥ジェンダー研究：男子の学業不振の特徴，男らしさ，女子の学歴上昇に関する研究（Clerget 2015；Auduc 2015；Ayral & Raibaud 2014；Baudelot & Establet 1992；Duru-Bellat 1990）がある．また1970年代以降の男女共学に関する研究（Mosconi 1989, 1998；Zaidman 1996）も数少ないが存在する．

⑦暴力（いじめ）研究：ドバルビュ（Debarbieux 2006）は，2004年にボルドー大学に校内暴力研究所の拠点をつくり，フランスにおける暴力といじめ研究の第

一人者となった．現在は，研究所が国際校内暴力研究所に発展したことに伴い，研究の拠点をニース大学に移している．

●関連学会・学術雑誌

①関連学会：フランス社会学会（Association Française de Sociologie）は，2002年3月22日に創設された．現在1300人の会員がおり，約40の分科会が常設されている．会員の約1/4は博士課程の若手研究者である．過去の大会の発表要旨は学会のHPで公開されている（http://www.test-afs-socio.fr/drupal/PresentationAFS）．学会誌は電子版であり，以下のサイトに掲載されている（http://socio-logos.revues.org/）．

フランス語圏国際社会学会（Association Internationale des Sociologues de Langue Française）は，1958年にベルギーのブリュッセルで開催され，2016年7月にカナダのモントリオールで第20回大会を開催した．学会誌は電子版であり，以下のサイトに掲載されている（https://sociologies.revues.org/）．

教育学会としては，1971年創設の教育諸科学会（L'association des enseignants et chercheurs en Sciences de l'Education）がある．教育者と研究者の交流を目的とし，教師教育にも力を入れてきた学会である．

②関連雑誌：代表的な学術雑誌としては，一つはデュルケムが発刊（1898年）した『社会学年誌』（*L'année sociologique*）である．初刊は国立国会図書館のサイトにて閲覧できる（http://gallica.bnf.fr/ark:/12148/bpt6k93908s）．現在第67巻を数え，年2回の発行である．

もう一つは，1960年から発刊されている『フランス社会学誌』（*Revue Française de Sociologie*）が代表的であろう．現在58巻を数え，年4回発行している（http://www.rfs-revue.com/）．2001年から英語雑誌も年4回刊行されている．

また，ブルデューによって1975年に発刊された『社会科学研究誌』（*Actes de la recherche en sciences sociales*）も有名である．社会科学の学際性に特徴が見出された雑誌である．現在218号を数える．サイトは英語とのバイリンガルである（http://www.arss.fr/）．なお，研究委員の一人は加藤晴久が務めている．

主な教育誌は，フランス国立教育研究院（Institut Français de l'Éducation）の『教育学誌』（*Revue Française de Pédagogie*）が代表的で，初刊が1967年，年4回発行している．ほかに，教育社会学研究では，同研究院発刊の『教育と社会』（*Éducation et Sociétés*）がある．【※URL 2016/08/25 最終閲覧】　　　〔園山大祐〕

ドイツの教育社会学

　ドイツの教育社会学は，社会構造に対する教育（Bildung）の寄与について分析することに重点を置いており，この観点からほかの教育学領域とは明確に区別される．教育がどのような方法で社会の秩序を維持し，正当化し，あるいは変えられるか，という教育社会学の主要なテーマと対象は，ドイツでは「教育と社会の不平等」「社会化」「教育，職業と雇用」の3点に集約される．

　①教育と社会の不平等　社会階層，性別，民族，文化的背景などの社会的出自と教育との関係は，ドイツの教育社会学が伝統的に重視してきた調査分析上の準拠点である．ドイツで教育と社会階層が強く結びついていることは2000年の最初のPISA調査でも確認されたが，分岐型の教育制度は度重なる学校構造改革にもかかわらず社会のなかに堅固に根づいている．教育が連邦の中央政府ではなく各州政府の権限の下にあるドイツでは，1990年統一後の旧東独・旧西独間の差異と，都市・地方の地域間格差もまた教育社会学研究の射程に入る．

　②社会化　教育社会学では，個人の社会化プロセスを社会の不平等問題と連関させてとらえる．階層，性別などの社会構造カテゴリーと，教育・職業経路を含む個人の生涯との関係，さらにそこでの教育機関の影響が分析対象となる．

　③教育，職業と雇用　教育システムと雇用システムの関係分析では，教育努力の経済的収益に着目する教育経済学的観点と，職業資格の取得に重点を置く職業教育学的観点が優位を占めてきた．社会状況，権力構造と教育，職業，雇用との結び付きを調査から初めて浮彫りにしたのは教育社会学である．例えば，「デュアル・システム」は学校が担う理論的教育と企業が担う実践的教育訓練を構造的に結合したドイツ特有の職業教育制度であるが，そこには常に二重の機能が働いている．デュアル・システムは，社会的にも教育上も不利な状態に置かれた階層の若者に比較的安定した雇用を保証する一方で，下・中間層階級の若者を早期に学術的な進路から遠ざけ，その進路につながる社会的地位に近接させない一因ともなってきた．しかし教育と職業の学術志向に直面して，デュアル・システムは苦境に立たされている．

●**学問的展開**　1950年代末に教育社会学が批判的に取り組んだ最初の課題は，選抜と社会的配分のプロセスにおける学校の役割であった．ファシズム後の根強い権威主義構造と対峙したフランクフルト学派の批判理論から，学生の政治意識に関するハーバーマス（Habermas, J.）らの研究（Habermas et al. 1961）が行われ，教育学（Pädagogik）の目標として「成人性」（Mündigkeit）の諸条件がアドルノ（Adorno, T. W.）により概説された（Adorno 1970）．

1960 年代と 70 年代には，教育制度の量的拡大が社会的不平等を是正するという期待に結びつき，下層階級の子どもの占める割合が低い上級学校（ギムナジウム）と大学に関心が向けられた．高等教育への投資は，上層階級では「価値のある」，下層階級では「危険を伴う」投資ととらえられるが，この関係は階級固有の合理的決定から説明される．分岐型教育制度はこうした決定を余儀なくさせ，社会的不平等の再生産を促進する．教育制度と社会的不平等の本質的な関係は，先述のように，後の PISA 調査などでも確認され，一連の刊行物が出版された．

　教育制度の構造と並んで重きを置かれているのが家庭内の社会化プロセスである．これは 1960 年代と 70 年代の「階級固有の社会化研究」を受け継いでいる．階級に依拠した「社会的性格」は，世帯主（主に男性）の異なる職業経験に誘発され，家庭のしつけの方針と言語コードを通じて形成される．しかし他方で，社会的性格は学校の相互作用とさまざまに関連している．

　ブルデュー（Bourdieu, P.）によれば，社会的不平等が教育上の不平等に変化するときに，教育機関が要因として加わる．教育機関は，特定の文化が固有の「ゲームの規則」を用いて支配する場である．ゲームの規則は，評価，承認，コミュニケーションの精妙なプロセスと実践に特徴をもち，学習者の特定のハビトゥスを暗黙のうちに前提とする．「制度化された差別」のアプローチでは，排除の作用に目を向け，特に教育環境における公式・非公式の規則，慣行，規範的な行動に注目して，民族的文化的に条件づけられた不利を分析する．ドイツの教育システムに関しては，教育機関と特定の文化との関係を考慮し，隠れた選抜プロセスの影響を減ずるように，制度化した文化を変えることが課題となる．

　社会化研究の趨勢は，1970 年代以降，社会的関係から個人の能動的な相互作用あるいは社会的慣行・構成へと焦点が移ってきた．その最たるものがシステム・構成主義理論で説明される「自己社会化」の概念であるが，この展開に対して，教育社会学の見地からは問題がないわけではないとされている．

　ドイツの大学では，教育社会学は多くの場合，社会学の講座ではなく，教育科学の一領域に組み込まれている．そのため，教育社会学と学問上の源流である社会学との関係はしばしば失われている．過去にはいくつかの大学を拠点として，特有の研究活動が展開された．現在では，バンベルク大学の全国教育パネル調査（National Educational Panel Study : NEPS）のほか，革新的な方法と方法論を部分的に用いて（大抵はブルデューのパラダイムに従って）いくつかの研究グループが教育制度の特定領域に関する調査を実施している．さらに一部では，ドイツ語圏の他国の教育社会学講座との緊密な連係が保たれている．

　大学以外の研究機関もまた，ドイツの教育研究に重要な役割を果たしている．2010 年まで長きにわたって強い影響を及ぼしたベルリンの「マックス・プランク教育研究所」，ミュンヘンの「青少年研究所」（DJI），職業教育と労働市場を

研究するボンの「連邦職業教育研究所」（BIBB）とニュルンベルクの「労働市場研究所」（IAB），さらに種々の高等教育研究機関，例えばカッセルの「国際高等教育研究センター」（INCHER），ハレの「高等教育研究所」（HoF），ハノーファーの「ドイツ高等教育・学術研究センター」（DZHW），コンスタンツの「高等教育研究グループ」（AG Hochschulforschung），などがその代表としてあげられる．「ベルリン社会研究学術センター」（WZB）が，研究の重点の一つを専門職業教育と労働市場に置いていることは特筆に値する．

　教育社会学の重要な研究と刺激がこれらの研究機関から生み出されているとはいえ，課題もある．第一に，研究が社会学に必ずしも準拠せず，学問上の輪郭が不明瞭な学際研究に向かう風潮がみられる．近年，教育心理学に関わる勢力が強い．第二に，大学以外の機関を主体とした研究は教育政策に強く左右され，テーマに条件が付されて制約を受けやすい．問題設定と課題の決定に際して，より大きな自由を有する，大学に籍を置いた研究者の存在が欠かせない．

●**近年の研究動向**

　①移民の教育参加　先にあげた研究関心は今なお時宜にかない，教育社会学のテーマの枠組みを形づくっている．そのなかで近年いっそう重要性を増しているのが，移民と教育参加との関係である．移民であることがどの程度まで固有の要因であり，社会的不平等と強く関連づけられるかについては議論の余地がある．しかし，PISA調査などの国際比較研究の結果から，教育上の不平等の一因が教育経路間の移行可能性に対する構造的制約にあることが示唆されている．教育経路間の移行と経路開放への期待は大きい．例えば，職業上の資格能力を有する者に対して，正式な大学入学資格（アビトゥーア）の取得を課さずに大学の門戸が開放されることは政治的にも望ましい．しかし実際には，そうした経路はこれまでわずかにしか活用されていない．ドイツにおいて相対的に低い大学卒業者の割合もまた，大学の学修課程をバチェラーとマスターの学位プログラムに置き換えるというヨーロッパ全体の動き（ボローニャ・プロセス）を通じて，高められるべきであろう．ただし，大学での学修への接近には明白な社会的選抜が伴う状況は，ほとんど変化していない．

　②教育システムの自己制御と教育機関の組織構造　教育システムの自己制御と教育機関（特に学校と大学）の組織構造の問題もまた，今日的意義を帯び，教育社会学による取り組みが増えている．そこで目を引くのは，システム理論，新制度理論，ガバナンスのアプローチである．さらに，上級学校と大学の拡充に照準を合わせた1960年代と70年代の教育拡大とは対照的に，現在，目標とされる社会的格差の早期緩和および「才能予備軍」の活用と関連づけて，就学前段階に視線が向けられている．幼児期の「保育」から幼児期の「教育」へとパラダイム転換が起こっているのである．

③成人期の教育プロセス 「生涯学習」が浸透するにつれて，教育経路そのものへの関心が高まっている．大規模な全国教育パネル調査（NEPS）でも，成人期の教育プロセス，特に継続職業教育に注目した実証研究が行われている．

●関連学会・学術雑誌 ドイツの教育社会学には明確な対象があり，問題設定に疑問を挟む余地は小さい．とはいえ，教育社会学は学術コミュニティに明確な立脚点をもたず，いくつかの専門学会のなかに位置づけられているにすぎない．まずあげられるのは，「ドイツ社会学会」（Deutsche Gesellschaft für Soziologie：DGS）の「教育部門」（Sektion Bildung und Erziehung）である．同部門は定期的に会議を開催し，『教育社会学論集』シリーズ（*Bildungssoziologische Beiträge*）を刊行し，2006 年以降 2 年ごとに傑出した学位論文に対して「教育社会学学術後継者賞」を授与している．「教育部門」の活動の特徴は，常にその起源となる学問分野「社会学」との関係を視野に入れ，活発に議論を交わしていることにある．しかし教育社会学の研究課題は，程度の差はあれ，ドイツ社会学会の他部門でも扱われる．例えば，「社会の不平等と社会構造分析」「幼児期の社会学」「青少年社会学」「女性とジェンダー研究」「伝記研究」の各部門と「知識社会学」「文化社会学」部門である．さらに「ドイツ教育学会」（Deutsche Gesellschaft für Erziehungswissenschaft：DGfE）の多様な部門・委員会でも，教育社会学の問題は頻繁に取り上げられる．しかし，社会学に基づいた認識論的関心と明白かつ系統的に関連しているとは限らない．2012 年に設立された学際的な団体「実証的教育研究学会」（Gesellschaft für Empirische Bildungsforschung：GEBF）でも教育社会学と同様のテーマが扱われるが，学問的な独自性はさらに曖昧になっている．

学術専門誌のなかで，教育社会学の輪郭が最も鮮明に現れているのは『教育と社会化の社会学誌』（*Zeitschrift für Soziologie der Erziehung und Sozialisation*：ZSE）である．『幼児・青少年研究論考』（*Diskurs Kindheits- und Jugendforschung*）も言及に値する．教育社会学の論文は，ほかの関連する社会学の専門誌，例えば『ケルン社会学・社会心理学誌』（*Kölner Zeitschrift für Soziologie und Sozialpsychologie*：KZfSS），『社会学誌』（*Zeitschrift für Soziologie*：ZfS），『ベルリン社会学ジャーナル』（*Berliner Journal für Soziologie*：BJS）にも掲載されるほか，社会学と密接な関係をもたない教育学の専門誌，例えば『教育学誌』（*Zeitschrift für Pädagogik*：ZfPäd），『教育科学誌』（*Zeitschrift für Erziehungswissenschaft*：ZfE），『学術と実践の職業教育』（*Berufsbildung in Wissenschaft und Praxis*：BWP）にも掲載される．

総じて，ドイツにおける教育社会学は，学問上の根拠がしばしば不明瞭であるが優勢な学際的教育研究に対して，教育社会学のアイデンティティを守り通さねばならないという分裂した状況を呈している．

〔Helmut Bremer／訳：吉川裕美子〕

中国の教育社会学

　中国（China）における教育社会学の発達は，大きく三つの段階に分けられる．1922 年から 1949 年までが第 1 段階で，教育社会学の「芽生えの時代」（the Awakened Age）とも称される．この段階において，教育社会学が一つの学問領域として初めて外国から中国に紹介され，また中国の研究者による関連研究も開始された．当時，北京大学の教授であった陶孟和が 1922 年に『社会と教育』（商務印書館出版）を著し，そこから教育社会学が正式に中国で始まった．その後，とりわけ 1920 年代と 1930 年代において，中国の研究者による教育社会学的な研究は，社会と教育の関係を論ずるかたちで，犯罪や貧困，教育機会，民主的な政治などの社会問題の解決と関連づけて多彩に行われた．ただし，この段階では，まだ教育社会学は，社会科学の独立した学問領域として成立するには至っていない．

●**独立した学問領域への紆余曲折**　1949 年から 1979 年までが第 2 段階であるが，マルクス主義およびその政治学（歴史的唯物主義）（historical materialism）一辺倒の社会風潮のなかで，社会学は「偽科学」や「資本主義の学問」と批判された．1952 年に，教育社会学はその親学問の一つである社会学とともに，専門領域や教員組織，カリキュラム，そして研究体制などが徹底的に解体され，学問の崩壊を余儀なくさせられる．「沈滞の時代」（the Stagnant Age）と名づけられたこの 30 年間には，中国大陸において教育社会学研究の成果はまったく見あたらないといってよい．

　1979 年から現在までが第 3 段階で，「復興の時期」（the Reconstruction Age）と称され，大学において教育社会学の人材，学科，カリキュラムが整備され，さらに独立した学問領域の成立へ向かって紆余曲折しながら前進した時期である．

　この第 3 段階において，研究の面で，数量的には多くの成果があげられている．研究の視点から，この第 3 段階はまた三つのサブ段階に分けられる．1970 年代の終わりから 1980 年代の半ばまでが一つの段階で，教育社会学研究には概論的なものが多い．1980 年代後期から 1990 年代半ばまでがもう一つの段階で，教育社会学の下位領域の研究が多くなされるようになる．研究はとりわけ，カリキュラム社会学（sociology of curriculum），学級社会学（sociology of classroom），授業の社会学（sociology of teaching）の領域に集中する．1990 年代末期から現在までが第 3 の段階で，下位領域の研究が，概論的なものを超えて研究の主流となっている．

●**発展途上にある教育の制度化と研究の多様化**　緩慢ではあるが，中国において，教育社会学の制度化は着実に進んでいる．1982 年に南京師範大学（Nanjing Normal University）と北京師範大学（Beijing Normal University）において教

育社会学が初めて教育学部のカリキュラムの一つとして設定された．その後，東北師範大学や山東師範大学，福建師範大学など，主に師範大学を中心に開設されるようになった．しかし現在に至っても，総合大学はいうまでもなく，多くの師範大学の教育学部ですら，教育社会学は必須科目とはなっておらず，この領域の人材（学部生，修士そして博士）養成にも，比較教育学や教育方法学，高等教育学などに比べ後れをとっているといわねばならない．

　研究の面では，近年，教育学者がより積極的に社会学の理論や視角を取り入れるようになっている．社会学者もますます多く教育研究に進出するようになり，テーマ，方法，そして研究の質にもいくつかの変化がみられる．テーマの面では，伝統的には，学級社会学（sociology of classroom），カリキュラム社会学（sociology of curriculum），授業の社会学（sociology of teaching）が関心の焦点であったが，社会階層の移動（social stratification and mobility）と教育機会の平等（educational inequality）なども盛んに研究されるようになり，数量的分析とともに質的研究法も多用されるようになっている．さらに，中国社会の独特な問題と密接に結びつく研究が多く行われ，一人っ子の教育や少数民族教育，社会的弱者グループ（とりわけ「農民工」＝農村出稼ぎ労働者の子どもの教育や体の不自由な子どもの教育），教育改革などの領域で，顕著な成果が収められている．1999年から，呉康寧（Wu Kangning）の主編で教育社会学研究のモノグラフが，『教育社会学シリーズ』『現代教育社会学シリーズ』『社会学視野における教育研究シリーズ』として出版され，高い評価を受けた．呉康寧を代表とした南京師範大学教育社会学センターは，現在，中国において，教育社会学をリードする最も活動的な研究機関の一つである．

●関連学会活動　中国における教育社会学会の立ちあげは，1989年のことである．教育学会所属の教育社会学会が，「中国教育学会教育社会学専業委員会」という名前で杭州でスタートした．以降，2年に一度のペースで大会が開かれ，2016年まで，計14回開かれた．1991年に，社会学会所属の教育社会学会も天津で，「中国社会学会教育社会学研究会」という名前で立ちあげられた．「研究会」はその後，全国「地域教育学会」と連携したかたちで不定期的に学会を開くようになる．しかし，両学会はいずれも，正式な学会誌を刊行していない．近年，学会の大会というかたち以外に，大学による教育社会学国際シンポジウムの開催もみられるようになり，そのなかではとりわけ，北京大学社会学系と北京師範大学教育学部主催のシンポジウムの影響力が大きい．前者の場合，2006年に第1回，2012年に第2回，そして後者の場合，2007年に第1回，2013年に第2回，2016年に第3回がそれぞれ開催されている．とりわけその第3回は，多くのカルチュラル・スタディーズ研究者を迎えたうえでの開催で，教育社会学の影響を学際的に広めたこととして記憶される．　　　　　　　　　　　［賀　暁星・苑　復傑］

韓国の教育社会学

　韓国の多くの学問がそうであるように，教育社会学も 1945 年以後にアメリカに留学した世代の流入により西欧の影響を受けて発展してきた．

　朝鮮戦争中の 1952 年にソウル大学教育学部（師範大学）釜山避難教室で「教育社会学」という講義が，選択科目として開設されたのがその始まりである．1955 年には文教部令第 39 号の「教育公務員資格検証施行細則」により教職科目に指定されたが，1972 年には地域社会開発事業である「セマウル」運動の推進に役立つよう「学校と地域社会」に変更された．再び教育社会学という名前を取り戻したのは 1985 年の教職課程の改編とともに必須教職科目に指定されてからである．

　これと同時に実践指向が弱まり，学問指向の性格が強まった．韓国的特殊性を反映した構造機能主義の観点から抜け出し，マルクスの葛藤論的視点を受け入れ，教育機会や階層移動のように資本主義体制と学校教育に対する批判的研究が主流をなすことになったのである．

●**近年の研究動向**　『教育社会学研究』に収録された論文の時期別研究動向をみると，1990～95 年には教育と不平等の文脈でジェンダー研究が中心になったが，1980 年代初期に施行された卒業定員制の余波で高学歴失業問題が社会的争点になり，高等教育と労働市場に関連した研究も増えた．1996～2000 年には学校暴力問題に対する関心から児童青少年研究が多くなったが，高等教育の拡大による学校効果（school effect），生涯学習などの研究も新しく登場した．

　2001～05 年には再びジェンダー研究が脚光を浴びるが，IMF体制以降には二極化が重要な社会問題として台頭し，教育格差および私教育問題が教育社会学研究の主要領域を占めることになる．特に，2004 年盧武鉉政府の「学閥主義克服総合対策」のような政府政策の影響で，学歴と学閥に関する研究が積極的に行われた．2006～10 年には二極化の陰がいっそう深まり，教育格差が最大関心事に浮上した．この時期には実証分析が可能なパネルデータが大量にあふれ，量的研究が活気を帯びることとなった．また，多文化社会への急速な移行により多文化教育に対する議論も急増した．特に，結婚移民者，北朝鮮脱出民などの増加によって政府の政策需要が増加し，既存の教育議論に対する批判的分析と代案，差別と疎外，不平等研究が相対的に多くなった．

　2011 年度以降は二極化の深化とさらなる多文化の進展を背景に，新たな教育格差という問題へ関心が集まっている．加えて，核家族化に伴う家族内社会化機能の喪失と家族解体による学校暴力および教員の権威失墜の問題への関心も高

まっている．また，知識基盤経済社会での高等教育の重要性が強調され，高等教育普遍化時代における大学機能の変化や大学序列化，労働市場との不一致，ひいては不平等の再生産手段としての高等教育の問題が重要な研究テーマになりつつある．特に，学齢人口の減少とともに，「大学構造改革」政策や「高等教育財政支援事業」など高等教育に対する政府の役割が拡大するにつれ，大学の自律性とガバナンス問題も重視されるようになっている．さらに，グローバル化の文脈で教育を展望し，生涯学習や市民社会を分析しようとする動きもある．方法論についても量的研究とともに質的研究が試みられている．

このように，最近では教育の社会的範囲が拡大する状況の中で広範囲な社会現象を教育と関連させ，研究主題を発掘し，教育社会学の理論を構築しようという努力が続けられている．

●**関連学会・学術雑誌**　教育社会学会は1967年から韓国教育学会傘下の分科組織として活動を始め，1996年には組織を拡大改編し，「韓国教育社会学会」として独立し今日に至る．韓国の教育社会学会が1990年から公式学術誌として発行している『教育社会学研究』は，教育学関連学術誌のなかでIF（Impact Factor）が最も高く，社会科学分野の評価対象学術誌489種中2位に該当するほど学問的共同体として確固たる地位を構築している．

しかし教育社会学の研究領域が複雑多岐になり隣接学問，研究領域が拡張されているにもかかわらず，韓国的な風土に適合した土着理論の不在が指摘されている．国家主導の政策課題に対応するため現象的に接近可能な経験的研究に重点が置かれ，新たな理論の創出につながっていないということである．さらに，学会の人的インフラが拡大できずにいるという点も憂慮される．『教育社会学研究』に論文を掲載した著者のほとんどが首都圏，特にSKYといわれるソウル・高麗・延世の3大学に集中しており，これら少数の学者が論文を掲載する傾向がますます強まっている．また，教育政治学，教育経済学，教育人類学などが独自に学問活動を展開するようになり，教育社会学の主要研究テーマである教育に作用する国家の影響は教育政治学に，教育と文化の関係は教育人類学に，教育と職業との関連は教育経済学に分離・分化している．これにより，教育社会学が学問間融合や疎通よりも孤立と閉鎖の道を歩んでいるという批判もある．韓国の教育社会学はダイナミックな社会変化に迅速，かつ能動的に対応しながら発展してきた．しかし，最近では学会員減少とともに，急速な環境変化に対応しきれないという危機感が増幅されている．こうした危機を克服し，学問共同体の底辺を拡大するためには，社会懸案問題を争点化し，主要イシューとして浮上させ，対案を提示することにいっそう努力しなければならないという自省の声が高まっている．

［金　美蘭］

台湾の教育社会学

　教育社会学は早くから教育学の一つの基礎をなしてきたが，1980年代まで，高等教育において教育に関する学科を有していたのは台湾師範大学，政治大学，高雄師範大学，彰化師範大学の四つの大学のみであった．教育社会学の研究者も多くはなく，研究手法は伝統的な量的実証主義が主流であった．1949年から1987年まで戒厳令が敷かれていたために，研究で扱われる論点は政治情勢の影響下にあった．多くは構造機能主義に分類されるもので，マルクス主義的な研究がほとんど行われなかったことが一つの特徴であったといえる（林 1981）．

● **1990年代の変化**　1987年に戒厳令が廃止され台湾社会が民主化段階に入ると，アメリカからの影響を顕著に受け，高等教育の拡大は国際競争力を高めるための道筋であり人的資本を向上させるものとみなされるようになった．1990年代以降，台湾政府は私立大学の設置を奨励して自由競争による市場の活性化をはかるとともに，国立大学の入学定員も拡大した．教員養成市場も開放され，一般大学にも教員養成課程が設置された．これによって教育社会学を担当する大学教員の需要が高まり，教育社会学研究者も徐々に増加した．当時は博士課程を設置している大学は限られていたため，アメリカで博士号を取得して帰国した研究者が多数を占めていた．また，1990年代における教育社会学の国際的な動向はマルクス主義に焦点をあてるものが主流であったことから，明確に左派的な立場をとる研究者が増えていった（姜 2015）．

　この時期には「文化的再生産」が国際的に重要な研究テーマとなっており，台湾においてもバーンスティン（Bernstein, B.）やブルデュー（Bourdieu, P.）らの理論が紹介され，質的研究の手法が用いられるようになった．さらに，コールマン（Coleman, J. S.）のソーシャル・キャピタル論，グラムシ（Gramsci, A.）の文化ヘゲモニー論，イギリス・バーミンガム大学現代文化研究センター（CCCS）によるカルチュラル・レジスタンス論などを扱う研究も増えた．フーコー（Foucault, M.）の影響を受けた言説分析の研究も進んだ（姜 2002）．

　台湾の教育社会学の特徴は，国際的な学術研究の流れを反映していること，および多元化という特性がみられることにあるといえるだろう．多元化の傾向は，研究課題の選ばれ方に表れている．巨視的というよりは微視的なものが多く，例えば，教師の文化的知識や価値観，テキストの内容にみられる知識の構造や性質，生徒の抵抗文化，学校の動態などといった，文化的再生産にまつわるサブ・イシューが論じられることが多い．また，理論研究においては，ボール（Ball, S.）やポプケビッツ（Popkewitz, T. S.）ら，国際的に著名な教育学者による言説研

究の視点を採用するものが多く，フーコーへの注目も高まっている．これと対照的に，シカゴ学派やウェーバー（Weber, M.）の影響力は弱まりつつあり，構造機能主義の立場に立つ研究もさらに減少している．

　研究方法としては質的研究が主流となりつつあり，多くの研究者はインタビュー調査，観察調査，文献資料など多様な方法を採用している．研究対象をめぐる近年の特徴としては，教育政策・教育改革に関するものが増えていることが指摘できる．特に，新自由主義的な教育改革に対する深い反省が表明されている．こうした傾向は，台湾において1990年代半ばから教育改革が開始されたことと関わっているが，もう一つの要因として，研究費の申請に関わる問題がある．台湾では，研究者が使用する研究費の多くは科技部（科学技術振興を担当する行政機関）による個人研究プロジェクトへの助成金であるが，その審査基準に「実用性の高い研究成果が期待できること」が含まれていることにより，教育改革と関係の深いものが研究課題として選定される傾向が生じている．

●**現在の動向**　現在もなお，多くの研究者の関心は，教育改革および各教育段階におけるその影響に寄せられているが，社会正義や平等概念にも焦点があてられるようになり，階層，エスニシティ，ジェンダーといった，社会学における重要な論点も取り入れられるようになっている．これらの研究の多くは左派の理論に依拠しており，とりわけマルクス主義が基礎理論としての役割を果たしている．その一方で，教育政策やグローバル化と高等教育といった課題に対しては，フーコー的な言説分析の影響が徐々に大きくなっているように見受けられる．

　他方，質的研究を志向する研究者であっても，アメリカの Social Science Citation Index（SSCI）の収録対象雑誌となることが業績評価において高く評価されるという事情があるため，量的な実証研究に力を入れざるを得ない．国際化の進展により，業績評価システムにおいても新自由主義的なグローバル基準が導入され，政府も研究者の国際的な学術交流への参加を積極的に奨励している．こうした背景もあって，台湾における教育研究者の大半は，国際的な学術交流の経験を豊富にもっている．

●**主な学会・雑誌**　教育社会学の領域においては，「台湾教育社会学会」が唯一の学会組織である．この学会は2000年6月に成立し，科技部から毎年40万元を超える経費補助を受けている．会員数は約150人と小規模ではあるが，質の高い学術研究を継続的に生み出しており，台湾の教育学界において重要な位置を占めている．2001年6月に創刊された学会誌『台湾教育社会学研究』は，2006年より Taiwan Social Science Citation Index（TSSCI）に登録されており，研究業績評価に重要な影響力をもつ．また，台湾教育社会学会が毎年開催している「教育社会学フォーラム」では，中国，日本，ギリシャの学会との交流活動を継続的に行っている．　　　　　　　　　　　　　　　　　　［姜　添輝／訳：杜　念慈］

オセアニアの教育社会学

　オーストラリアおよびニュージーランドにおける教育社会学の制度的な特徴としては、それが大学の教育学部に組み込まれてきた点があげられる。1967年には、オーストラリアとニュージーランドの16の教育学部のほぼすべてが、基礎コースとして教育社会学を教えていた。現在でも、教育社会学は、ジェンダー、職業教育、生涯学習、政治社会学、文化社会学、リテラシー、社会的正義、グローバリゼーションなどのテーマを中心に、教育学の基礎コースの一部を構成している。

　オーストラリアの教育社会学は、1960年代から始まり、1970年代に急速に発展した。この時期、主として文化的な価値や信条がいかに伝達されるかを扱う教育社会学は、教員養成課程の必修科目であったこともあり、理論のみならず、実践的にもその時代の中心的な社会学的課題に取り組む制度的基盤を有していた。これがオーストラリアにおける教育社会学に厚みを与え、1970年代から1980年代にかけては社会学のなかでも特に活気のある分野となった。

　また、オーストラリアにおける教育社会学は、制度・政策にも重要な役割を果たしてきた。1972年、ホイットラム政府委託の豪州学校委員会暫定委員会（The Interim Committee for the Australian Schools Commission）は、戦後のオーストラリアの学校教育に関する報告書のなかで、最も影響力をもったとされる、通称「カーメル・レポート」（Karmel Report）と呼ばれる報告書を提出した。これは、教育と社会的不平等の問題に焦点をあて、教育が社会的弱者（低所得層、移民、先住民、女性など）に公正な教育機会を提供していないと指摘したうえで、社会的・経済的に恵まれない学校のランク付けとそれを是正するための予算配分など、その後のオーストラリアの学校教育制度の基礎となる政策を提案するものだった。この報告書における指摘は、教育社会学の知見を多く踏まえたものである。

　優れた研究書としては、オーストラリア社会における教育と社会的不平等の関係に焦点をあてたコネール（Connell, R. W.）らによる *Making the Difference*（Connell et al. 1982）をあげることができる。本書は、社会階級およびジェンダーが家族・学校（有名私立学校と公立学校）・職場を通じていかに構造的に絡み合っているかを実証データに基づき理論的に分析したものであり、オーストラリアの教育社会学の古典とされる。

●**研究動向**　1970年代に連邦政府が多文化主義を政策として掲げたことで、オーストラリアは、第二言語としての英語教育、人によって異なる第一言語の維持推奨、コミュニティにおける言語教育、文化的多様性を重視するカリキュラム、親

の教育への参加，反人種差別，などの多文化主義教育で世界をリードするように
なった．さらに近年では，コミュニケーションの媒体の多様化（例えばインター
ネット等のIT技術に基づく動画・音声などを含むメディアの増加）を踏まえて，
言語・文化的多様性のみならず，もっと広い意味でのマルチ・リテラシーをいか
に学校教育に反映するかという新しい課題も生まれている．

　1970〜80年代のノンセクシスト教育をはじめとする教育における機会平等へ
の関心は，1990年代にはさらに深く社会的不平等の諸相に向かった．その中心
となったのはジェンダーとセクシュアリティの問題であり，それは政策的には，
教育における女性差別の改善をうたった「女子教育に関する政府実行計画」（The
National Action Plan for the Education of Girls 1993-1997）として結実した．し
かし，その他の社会的弱者（先住民・難民・非英語圏からの移民・低所得層・遠
隔地居住者等）の教育機会の不平等については課題が多く残されている．この問
題についての関心は，教育における政策社会学へと発展し，新自由主義的な教育
改革や，それが社会正義・社会的公正にどのような影響を与えるかという点を模
索する研究も多く生まれている．

　現在，教育社会学は，社会科学部や教養学部における，職業訓練的な，方法論，
健康と身体，逸脱，社会支配と犯罪学，女性学，ジェンダーとセクシュアリティ
などの専攻・副専攻に取って代わられる傾向にある．その一方で，地球温暖化や
持続可能性といった多分野にまたがる普遍的な問題をいかに教育社会学に組み込
むかという課題も出てきており，社会的・環境的公正を得るために教育社会学が
果たすべき役割はなお大きい．

●関連学会・学術雑誌　オーストラリアでは The Australian Sociological Associ-
ation（TASA）が社会学の学会であり，教育社会学はそのなかの一部会を構成
する．それは社会学会に含まれる25部会のうち，ほかの4部会と並んで4番目
に大きい部会であり，約70人が登録している．1963年設立の The Sociological
Association of Australia and New Zealand（SAANZ）から1989年にオーストラ
リアとニュージーランドの学会が独立し，TASA と The Sociological Association
of Aotearoa, New Zealand（SAANZ）となった．Aotearoa とはニュージーラン
ドを意味するマオリ語である．TASA の学会誌は1965年設立の *The Journal of
Sociology* である．　　　　　　　　　　　　　　　　　　　　　　　　［米山尚子］

　📖 さらに詳しく知るための文献

Marginson, S., 1997, *Educating Australia: Government, Economy and Citizens since 1960*, Cambridge
　　University Press.
Matthews, J., 2012, "The sociology of education in Australia: A political and intellectual trajectory,"
　　International Journal of Sociology of Education, 1(3), pp. 292-313.

第Ⅱ部

教育社会学の方法

第 1 章

計量分析

［編集担当：中澤 渉・三輪 哲］

概説：教育社会学における計量分析の
  発展とその背景 ……………………… 166
学校における量的調査 ………………… 170
教育調査の標本と設計 ………………… 172
マクロデータの利用と分析 …………… 174
データアーカイブの活用と二次分析 …… 176
教育の国際比較分析 …………………… 178
発達を見るデータ ……………………… 180
政策評価と計量分析 …………………… 182

因果と相関 ……………………………… 184
回帰分析 ………………………………… 186
クロス表分析とその発展 ……………… 188
時間的概念を含む縦断データ分析 …… 190
多水準データの分析 …………………… 192
構造方程式モデリング ………………… 194
変数間の類似性や関連性の布置 ……… 196
教育の数理・計量モデル ……………… 198

概説：教育社会学における
計量分析の発展とその背景

　日本の教育社会学は当初から，質問紙調査や実地調査を重視し，それらを集計して考察を加えるという方法を採用してきた．現在からみれば素朴な水準といえるが，貧しかった教育現場を改善しようという強い問題意識に根差しており，当時の子どもの生活，学校や地域社会の実態を示す貴重な資料となっている．

●汎用ソフト普及までの計量的分析と教育社会学　草創期の教育社会学の調査には，学歴，職業階層，収入，家族構成などの社会経済変数や，遡及して収集することが不可能な当時の保護者や児童生徒の意識が豊富に含まれていた．そのなかで，パーソナリティ研究や児童・生徒・教員間の人間関係を探るネットワーク研究において，社会心理学の知見が多く採用されている．例えば，心理検査の手法を用いてアイヌのパーソナリティ特性を検討した浜田（1954），欲求不満への反応に関する実験から基地住民と子どものストレスや社会的態度を検討した山口・加藤（1956），態度の測定尺度について検討した辻（1956），ソシオメトリーの技法を用いた三宅（1957）などがある．

　教育調査法の方法論も古くから考察されてきた．清水（1951）は数量的調査の社会的抵抗について検討し，高野（1959）は数量的方法の表面的理解と適用，因果と相関の混同，理論と測定の乖離という，現在でも注意を払うべき警告を行っている．また現在の日本の教育社会学ではほとんど行われないが，現場における実験的研究が存在するのも興味深い（末吉・片岡 1957；横田 1962）．

　計量分析という視点では，記述統計やごく簡単なクロス表や相関の提示がほとんどで，簡単な検定を行ったものが散見される程度である（藤原 1954；臺 1955；清水 1957；古屋野・木原 1960）．それはまだ，統計分析を行う環境が整っていなかったためだろう．昨今の教育社会学で注目されるパネルデータの重要性や，顕在変数の出現パターンの背景にある潜在構造をみるという発想は，ラザースフェルド（Lazarsfeld, P. F.）らに由来し（安田 1954），コールマン（Coleman, J. S.），ダンカン（Duncan, O. D.）らもその必要性に早くから気づいていたとされる．

　また教育社会学では学校経由で調査を行うことが多いが，個人レベルのデータと，集合（クラスや学校）レベルの相関関係は矛盾することがありうるという生態学的誤謬の問題も，きわめて早くから指摘されていた（Robinson 1950）．そうした問題意識は，後にマルチレベル分析の開発につながる．しかしその実現は，大型計算機の登場，汎用ソフトの開発，普及を待たねばならなかった．

　計量分析は質問紙調査データのみならず，政府統計や国別統計などの集合データを用いることもある．潮木（1962, 1971）は日本の教育社会学において，国別

データを用いて分析した最初の例である．『国勢調査』をもとに都道府県別人口動態を分析した嚆矢として籠山・小池（1965），『学校基本調査』を用いた例として友田（1970）がある．また1970年代の高校増設期，『学校基本調査』をもとに将来の中卒者推計を行った潮木（1974）の研究も記憶されるべき成果であろう．

●**学校調査の大規模化・階層研究を中心とした統計分析の普及**　教育社会学における計量分析を牽引してきたのは，学校調査と教育と階層研究である．まず学校調査の特性としては，回収率も高く，また比較的低コストで多くのサンプルを集めることが可能ということがあげられる．『教育社会学研究』第14集（1959年）の「公教育と学校差」の特集論文は，高校階層構造に着目して多くの計量分析の成果を生む1970年代後半から1980年代の学校文化研究を予測させるものである．

アメリカでは，ダンカンが生物統計においてライト（Wright, S.）が開発したパス解析を社会学に紹介し（Duncan 1966），アメリカの職業構造研究における地位達成モデルに適用する（Blau & Duncan 1967）．教育社会学では，地位達成モデルに重要な他者やアスピレーションなどの社会心理的要素を盛り込んだウィスコンシン・モデルが有名だ（Sewell et al. 2003）．その後は回帰分析が多用される「回帰分析の時代」が訪れる（Morgan & Winship 2015, pp.9-14）．この時代になると，複雑な推定を可能にした大型計算機が利用可能になったからである．

日本の教育社会学で回帰分析が利用されたのは1960年代だが（黒田・高山1965），実際に普及するのは1980年代に入ってからのことだ．もっとも，当初は回帰分析の応用という枠組みで普及していたパス解析は，上記のアメリカの研究動向の影響を受けて，教育と階層研究において1970年代から利用されていた（潮木1975；直井・藤田1978）．「社会階層と社会移動全国調査」（SSM調査）に，多くの教育社会学者が参加するようになったのは1975年だが，彼らが後の教育社会学における計量分析の発展に貢献したことも見落とせないだろう．

一方で，因果推定の枠組みで回帰分析が爆発的に普及していくことへの違和感もなかったわけではない．社会的な変数は，そもそも一方向的な因果関係が想定しにくいものが多く，むしろ変数間の関連の有無・強さをどうとらえるかが重要な課題となる．また社会学的な変数はカテゴリカルなものが多いが，当時の水準では，カテゴリカルな変数を回帰分析の枠組みで分析することが困難であった．グッドマン（Goodman, L. A.）は，変数間の関連性をみるクロス表分析の発展に力を注いできたが，これは対数線形モデル，移動表分析（Hout 1983），潜在クラス分析（McCutcheon 1987）への応用へとつながり，日本の教育社会学でも（特に階層研究の分野で）しばしば利用されている（近藤1982, 1990a；小島1983）．

折しも1970年代後半は，高校進学率が飽和状態に達し，中等教育において問題が噴出する時期であった．その問題の原因を理解するため，トラッキングの概

念が紹介され（藤田 1980），高校の生徒文化や学校の指導の特徴を析出する手段として計量分析が用いられた．しかしその普及があまりに急激だったこと，理論と分析手法の関係の検討が不十分だと思われるものが多々みられるようになったことから，計量分析に対する批判としての「新しい」教育社会学の出現（Karabel & Halsey eds. 訳書，1980）を促し，また計量分析のなかからも批判的・反省的考察がなされるようになった（菊池 1982，1992；近藤 1990b）．

●**教育社会学における数理モデル**　拡大を続ける教育システムが，機会の平等化を促すのか．この問いに対し，観察データの分析とは異なるシミュレーション的アプローチをとったのがブードン（Boudon, R.）である（Boudon 訳書，1983）．そのモデルについては，アメリカではハウザー（Hauser, R.）が透徹した批判を加え（Hauser 1976），このアプローチは下火となった．しかしブードンが提起した個人の教育選択に関する概念の一部は，合理的選択理論に適用される．それがブリーン（Breen, R.）とゴールドソープ（Goldthorpe, J. H.）の提唱する，相対的リスク回避（relative risk aversion）仮説である（Breen & Goldthorpe 1997）．

　教育拡大にもかかわらず，なぜ格差は縮小しないのか．この説は，個人は皆が高いアスピレーションを保持するのではなく，自分の親と同程度の地位が維持できればよい，つまり上昇移動を志向して失敗するリスクを冒すより，リスクを回避して現状維持の選択を行うと仮定する．その選択の集合が，結果として格差の維持を生むのだ（荒牧 2010）．ただし日本での検証結果は，必ずしも一致をみているわけではない（近藤・古田 2009；藤原 2011，2012）．しかし現在国際的に最も注目されている理論であり，繰り返し検討が行われている（Jackson ed. 2013）．

●**調査の大規模化と因果効果の推定**　社会学の調査・分析環境は，近年大きく変化している．従来から研究者独自の関心から質問紙調査が行われてきたが，データアーカイブの設置と普及で，計量分析も二次分析が主流となりつつある．大量データを扱うことも可能になり，趨勢としては調査規模が拡大している．そして政策決定のエビデンス（証拠）として，質問紙調査の利用が意識されるようになっている．例えば文部科学省の「全国学力・学習状況調査」，経済協力開発機構（OECD）の生徒の学習到達度調査の PISA（Programme for International Student Assessment）はその最たる例であろう．

　そこで特に関心をもたれるのは，教育の効果である．いわゆる因果推論が，近年の計量分析における一つのトレンドである．しかし教育の効果と目されるものは，観察されにくい能力差など，統制できない変数の影響が顕在化したものにすぎないことも多い．何より，因果は時間の経過を伴う動きであり，横断的データではその存在を証明できない．それゆえパネル調査が注目を浴びる．

　また何らかの教育的処置の効果を検証しようとする場合，処置群に対する比較対照群は何なのだろうか．つまり処置ケースの比較対照となるのは，処置がない

場合だろう．しかし現実には，同一ケースについて，処置があったか，なかったか，いずれかの場合しか観察できない．そこで処置群に対し，処置以外に実質的な差のないグループを，観察データから取り出して推定を行う．これが反実仮想モデルの考え方であり，これに沿って観察データを処理する手法（傾向スコア・マッチングなど）が注目を集めている（星野 2009；Morgan & Winship 2015）．

ただし社会科学において，観察される変数の関係は所詮相関関係にすぎず，真の因果効果が本当に推定できるのか，という因果推定に懐疑的な立場もある（Lieberson 1985）．概してアメリカの計量社会学では，計量経済学で使用されるような技法が積極的に導入され，因果推定に対する見方は楽観的に見える．一方で，ブルデュー（Bourdieu, P.）を援用し近藤（2012）が展開するような変数の関係から社会空間を描く手法や，グッドマンらの発展させた対数線形モデルなどのクロス表分析は，そうした因果推定が可能という世界観と対照的である．分析者には，手法の特性と自らの立ち位置の関係に自覚的であることが求められている．

●**計量分析のこれからの課題**　教育の計量分析の対象として関心を集めるのは学力や認知スキルだが，問題はそれをどう測定するかである．パネル調査で変化をみるためには，指標が時系列で比較できなければならない．そこで中央教育審議会の高大接続特別部会における大学入試の新テストや，「全国学力・学習状況調査」の改善をめぐる議論で注目されつつあるのが，項目反応理論である．ただし項目反応理論を，単なる統計分析技法の導入とみなすべきではない．調査への導入には周到な準備が必要であり，特に教育方法・教育心理学との協働は欠かせない（川口ほか 2016）．その必要性を含め，隣接領域を交えた十分な議論が必要である．

また実験を重視する心理学を中心に，近年はフィッシャー（Fischer, R. A.）流の推測統計学や，ネイマン（Neyman, J.）・ピアソン（Pearson, E. S.）流の統計的仮説検定への異議申立てがある．有意性検定の使用（p 値の解釈など）に誤りが多く，有意か否かはサンプル・サイズに依存するという恣意性が拭えないのに，その検定結果のみを示し，肝腎の効果量を示さないという問題のある報告も多い．代わって注目を集めているのがベイズ統計学のアプローチである（豊田 2016）．教育社会学への影響について，今後の動向を見守る必要があるだろう．

伝統的な社会調査だけではなく，教育現場で集められたビッグデータの扱いが課題になる時代も遠くない．しかし時代が変わっても，変数が測定しているものの妥当性と，測定そのものの信頼性，分析に基づく推定値が不偏性・有効性・一致性を保持しているのか，そして分析結果を現実社会に照らしてどう解釈するのかという問題は，常に吟味されなければならない．　　　　　　［中澤 渉・三輪 哲］

📖 さらに詳しく知るための文献

Powers, D. A. and Xie, Y., 2000, *Statistical Methods for Categorical Data Analysis*, Academic Press.
Treiman, D. J., 2009, *Quantitative Data Analysis: Doing Social Research to Test Ideas*, Jossey-Bass.

学校における量的調査

☞「学力問題」p. 556

　戦後，本格的に始まった学校の量的調査は，地域に残る封建遺制を払拭するという関心に導かれていた．『教育社会学研究』でも，創刊号から炭鉱地域の家族の遺制をめぐる統計分析が掲載され（松下 1951），その後も農山漁村などに残る伝統的な教育観を指摘する論考がみられた．分析手法はクロス表分析にとどまっていたが，やがて教育統計学の教科書（四方・一谷 1963）が刊行され，手計算による代表値や相関係数の計算，因子分析の手法などが紹介された．

●**多変量解析の導入**　1970 年代に入ると，汎用電子計算機による SPSS の利用が始まり，多変量解析が行われるようになった．1968 年に三宅一郎がアメリカから SPSS を持ち帰り，京都大学の汎用機用に書き替えられて稼働したのは 1973 年のことだった（三宅編著 1973）．『教育社会学研究』で最初に SPSS によるデータ分析をもとに書かれた論文は，ブラウ（Blau, P. M.）＝ダンカン（Duncan, O. D.）のモデルの検証を試みた潮木（1975）の論文である．また，1980 年代になると，SAS が各地の大学に導入された．SPSS に比べ，分析前のデータ加工に柔軟に対応できるという特徴をもっていた．なお，1980 年代半ばには SPSS も SAS もパソコン版が発売された．さらに 1985 年には時系列データやパネルデータの分析に優れた Stata が発売された．また 1998 年には無料でダウンロードでき，しかもオープンリソースの R が一般向けにリリースされ，2003 年から日本語化も始まった．こうして優れた統計パッケージが身近に使えることで，大規模で多様なデータに多変量解析を用いることが可能になった．

●**トラッキングの成立とゆらぎ**　他方，1960 年代前半は団塊の世代が高校進学期を迎えて高校が増設され，1974 年には高校進学率は 90% を超えた．しかし，高校教育の拡大は教育機会の均等をもたらさなかった．旧制中学などを引き継いで再編された新制高校が進学校となったのに対し，この時期，新設された高校からはいわゆる「教育困難校」が誕生した．この高校格差の成立は，門脇・陣内（編 1992）らが 1970 年代後半から首都圏の新設校で行った調査によって詳説されている．この格差構造はやがて「教育的・社会的トラッキング」と呼ばれることになる（藤田 1980）．

　これに対して，1980 年代半ば以降の個性化志向の高校改革，少子化による大学進学の易化などにより，トラッキングもゆらぎ始めた．樋田ほか（編著 2000）は，「トラッキングの弛緩」仮説から，1979 年と 1997 年に行った高校生調査をもとに，進路形成や生徒文化の変容を分析したが，彼らが見出したのは，トラッキングの弛緩ではなく，新たな階層的秩序をもたらすトラッキングの生成であっ

た．他方，尾嶋（編著 2001）は，1981 年と 1997 年に兵庫県で行った調査をもとに高校生の進路意識を分析し，樋田ほか（編著 2000）とは異なる結論を得た．尾嶋（編 2001）は，トラッキングを三つの要件からとらえ，①生徒の出身階層と高校種別の対応，②高校種別と職業志望の対応は，二つの調査時点間で性差を伴いながら維持・強化されたが，③それらを支える生徒文化の分化という点では，生徒の生活構造の変化によって高校種別との対応関係を消失させたため，トラッキング概念の有効性が低下したとした．なお，樋田ほか（編著 2014）も 2009 年調査では，少子化に伴い入試が易化し，進路形成における成績の重要性が低下したことから，トラッキングの弛緩が起こったとしている．

●時系列調査と国際比較調査　これらの研究は，時系列比較から高校生の変化をとらえようとしているが，同様の調査法を用いた研究は多い．苅谷・志水（編 2004）は，関西調査（1989 年と 2001 年）と関東調査（1982 年と 2002 年）をもとに，小中学生の学力が階層間格差の拡大を伴いながら低下したことを指摘した．また海野・片瀬（編 2008）は，1986〜2003 年の 4 次にわたる仙台圏の高校生の調査から，「ゆとり」教育のもとでも内発的学習意識は育っていないこと，規範意識は低下したというより序列化が進行したことを明らかにした．この規範意識の変化については，友枝（編 2015）も 2001〜2013 年の間の 3 回の調査から，高校生の規範意識は低下していないとしている．他方，国際比較もまた日本の高校生像を描き出すうえで有効である．中村ほか（編 2012）は日韓の高校生を比較し，アスピレーションが加熱・冷却される様相の違いを明らかにしている．

●学校調査の利点と困難　学校調査は自記式集合調査で行われることが多い．この調査法の利点は，調査の説明が一斉に行われるので調査員の影響が均一化される，本人が回答していることが確認できる，時間や費用がかからず，回収率が高いことである（大谷ほか編 2013）．その一方で近年，学校側から調査が断られるケースも増えてきた．酒井（2009）は，学校調査を困難にする要因として，①日本の学校の閉鎖性，②個人情報保護法の足かせ，③教師の多忙化，④学校組織の構造的問題，⑤教員の異動の多さ，⑥社会調査の本質に関わる問題（社会調査は自明視された思考を打ち破ることを目的としているが，それに教員が当惑を感じること）を指摘する．こうした学校調査の困難を克服する方策として，酒井（2009）は，「アクション・リサーチ」——研究者が教員と対等の立場に立ち，共同研究を進めるという研究スタイルを推奨している．　　　　　　　［片瀬一男］

さらに詳しく知るための文献

苅谷剛彦・志水宏吉編，2004，『学力の社会学』岩波書店．
尾嶋史章編，2001，『現代高校生の計量社会学』ミネルヴァ書房．
友枝敏雄編，2015，『リスク社会を生きる若者たち』大阪大学出版会．

教育調査の標本と設計

> 『発達を見るデータ』p. 180「多水準データの分析」p. 192「構造方程式モデリング」p. 194「混合研究法」p. 236

　教育調査は，教育に関する実態把握や問題改善のための「科学的な」調査全般を指すもので，必ずしも量的調査だけを意味するものではない．しかし，実質的には，教育調査の啓蒙活動は量的な社会調査を中心に進展して，1970〜1980年代に広く受け入れられるようになった様子がうかがえる（辻 1970；松原編 1985）．科学的な教育調査は今やまったく当たり前のことであるが，逆説的に，一般の社会調査から見た教育調査の特殊性は見落とされがちになっている．社会調査の技法に熟練した研究者でも，教育調査の実施には特段の注意を要する．

●**教育調査のバリエーションと共通する特徴**　最も一般的な教育調査は，学校における「児童・生徒調査」であろうが，ほかにも多様なバリエーションが考えられる．松原（編 1985）は，教育者の側を調査する「教師調査」や「学校・教育機関調査」，家庭での教育活動に関わる「父母調査」，学齢期前の「乳幼児調査」，学卒後も含めた意味での「青年調査」をあげている．さらに，教育の地方自治や社会教育に関わる「住民調査」，教育による地位達成との関連で「社会移動調査」をも教育調査に関連づけている．

　その対象は多様で一概には扱いにくいが，ある程度共通する傾向は存在する．第一に，通常の社会調査では珍しい未成年を対象に含むことが多い．第二に，特定の学校を対象とするなど，組織調査的な面を含む場合が多い．第三に，調査内容がセンシティブな事柄で，気軽に回答しにくい調査であることが多い．

●**教育調査の設計における留意点**　教育調査の設計は，目的の明確化，調査方法の選択，標本の抽出，質問紙の作成，プリテストといった，一般的な社会調査の手続きにのっとって進められるが，上であげたような特徴からいくつかの留意点が考えられる．

　第一に，調査目的の明確な提示に特に注意しなければならない．子どもや教師にとっての学習・教育活動は生活の中心的要素なので，提供した情報の用途・目的，プライバシーの保護手段などをはっきりさせなければ，協力を得ることは難しい．

　第二に，教育調査の実施者には集合調査の問題点を熟知していることが求められる．教育調査は特定の学校を対象とすることが多いため，集合調査が多用される．回答が周囲に漏れたり，周囲の言動の影響を受けたりしやすい集合調査では，現場環境の統制は非常に重要で，調査実施者自身が教室などに出向くことが望ましい．教師に配布・回収を依頼せざるを得ない場合でも，周囲と話をしないことや，封筒での慎重な回収を行うことなどを，入念に依頼すべきである．

第Ⅱ部　教育社会学の方法　　きょういくちょうさの　　173
ひょうほんとせっけい

　第三に，統計的に望まれるとおりに標本抽出を行うことはしばしば難しい．例えば，多段抽出の技法にならえば，いくつかの学校やクラスを確率的に抽出し，そのなかからさらに何人かの生徒を抽出するといった手法が考えられるが，一部の生徒だけを調査することは受け入れられないことが多い．このことによるデータの偏りを適切に処理するためには，学校やクラスの属性（クラスの生徒数，男女比，成績傾向，担任の在職年数など）を把握できるような調査設計を行い，分析の統制に用いることが望まれる．

　第四に，教育調査では，質問紙の作成についても特別な配慮が必要である．差別的な考えや問題行動を連想させる調査項目は，（そのような意図がまったくなくても）学校現場では慎重に敬遠される．一方で，実際的な教育問題を扱う調査では，そういった繊細な調査項目がしばしば不可欠となる．質問項目の意図を丁寧に説明する努力や，誤解を与えないワーディングの推敲に特に力を入れ，ぎりぎりの調整を行うことが求められる．また，未成年は認知能力が発達途上なので，平易で簡潔な質問文が求められることはもちろんのこと，同年齢でも認知能力の個人差が大きいことも忘れてはならない．慎重な質問紙作成のためには，いうまでもなくプリテストが欠かせない．その一方で，教育調査ではプリテストの協力者を確保することが難しいという問題がある．

●近年の課題や展望　近年の調査環境の変化において，教育調査と関わりが深いと考えられる点をいくつかあげておこう．第一に，回収率の低下問題は教育調査にとっても他人ごとではない．量的調査においても入念なラポール形成の必要性が高まっている．第二に，学校を介さないインターネット調査の可能性が広がりつつある．標本の代表性に問題はあるものの，調査テーマによっては即時性や秘匿性の面からも有効である．第三に，教育調査に適した分析技法の発展には目を配るべきである．学校を単位とした標本抽出には複雑な標本誤差の問題がつきまとうが，マルチレベル分析は容易に適切な分析を可能にしてくれる．また，生徒と教師，子どもと親といったマルチアクターの調査がしばしば行われるが，構造方程式モデリングの発展でこのようなデータの分析も容易になっている．第四に，データ収集の技法としても児童・生徒の発達や卒業後を追跡するパネル調査が広がっており，質的調査と有機的に連携する混合研究法も定着しつつある．教育調査の設計にあたっては，従来よりも多様な選択肢の可能性が広がっている．

［保田時男］

📖 さらに詳しく知るための文献

苅谷剛彦・志水宏吉編，2004，『学力の社会学——調査が示す学力の変化と学習の課題』岩波書店．
耳塚寛明・牧野カツコ編，2007，『学力とトランジッションの危機——閉ざされた大人への道』金子書房．
中村高康編，2010，『進路選択の過程と構造——高校入学から卒業までの量的・質的アプローチ』ミネルヴァ書房．

マクロデータの利用と分析

　回答単位ごとの回答をグループ別に集計したものが，マクロデータである．例えば個人を回答単位として調査する際，個人の回答がミクロデータであり，個人の回答を県別，学歴別などのグループ別に集計したものがマクロデータである．

●**日本のマクロデータ（政府統計）**　教育関連のマクロデータのうち最も基本的なものは，教育を所管する文部科学省が作成する各種統計データである．当該データは，国が作成する調査統計のうち特に重要な指定統計とされる学校基本調査，学校保健統計調査，学校教員統計調査，社会教育調査の各調査をはじめ，同省ウェブサイト「統計情報」に示されている．それらのデータの多くは，政府統計の総合窓口 e-Stat から電子ファイル形式により無料で入手できる．e-Stat は，データをグラフ化するなどのかたちで視覚的に表現する機能も搭載している．

　教育関連のマクロデータは，文部科学省以外の府省や独立行政法人などが作成している場合もある．教育に限らず特定のテーマに関わるマクロデータの所在を横断的に調べるときは，国立国会図書館「リサーチ・ナビ」が道標となる．そこでは，教育全般，学校教育，教育費，学校保健，社会教育，留学生，国際統計という各項目について，マクロデータの内容とその所在を知ることができる．

　その他，日本の公的統計は回答者の学歴別に集計されることがしばしばある．例えば国勢調査から学歴別人口構成を把握できることはもちろん，賃金構造基本調査から学歴別の賃金水準を，社会生活基本調査から学歴別の生活スタイルを，矯正統計調査から学歴別の受刑者数をそれぞれ知ることができる．

　このように多様な機関が教育関連のマクロデータを作成しているため，「調べ方の調べ方」を知っていると便利だろう．「リサーチ・ナビ」のほか，図書館のレファレンス事例を集積した「レファレンス協同データベース」も役に立つ．

　なお，各府省が作成する調査統計によっては，集計項目から任意に指定した項目で作表する「オーダーメード集計」を独立行政法人統計センターに依頼し，研究者の関心に直接応えるマクロデータを入手することもできる．また，国や地方公共団体に情報公開請求を行いマクロデータを入手するという方法もある．

●**国際機関のマクロデータ**　各国のマクロデータを収集するとき，国際機関のデータベースを無料で利用できる．UNESCO の UIS. Stat は，子どもの未就学率や進学率などの教育機会指標，留年率・リテンション率などの発達指標，修了率，リテラシー水準，平均教育年数などの教育機関の成果および教育効果に関する指標，留学生指標，PT 比（教員 1 人に対する児童・生徒数）などの人的資源指標，教育財政・教育投資指標などの各種指標が収められている．さらに，アフリカ諸

国の学校環境指標やラテンアメリカ諸国の成人教育指標など，地域の課題に応える各種指標も搭載されている．UNESCO や後述の OECD のデータベースからデータを入手する基本的な方法は，総務省統計局ウェブサイトに詳しい．

UIS. Stat の他には，世界銀行のデータベースも有用である．教育に直接関わる指標を集約したデータベース EdStats に加えて，世界開発指標，ジェンダー指標などといった教育に関連する各種開発指標も提供されている．World Data-Bank の DATABASES にアクセスして EDUCATION というキーワードを用いて検索すれば，関連するデータベースや各種開発指標にアクセスできる．

対象国・地域は限られるが，OECD もデータベース Education at a Glance（『図表でみる教育』）を提供しており，教育の各種私的・社会的成果，教育投資，教育機会，ならびに学校環境などに関する各種指標を収録している．さらに，学習の質に関する確かな情報の必要性（OECD 2012, p. 29）の高まりなどを受けて，教員の労働条件と子どもの学習環境に特化した（OECD 2012, p. 28）データベース Teaching and Learning International Survey（『OECD 教員白書』，TALIS）が構築されている．

これらの国際機関のデータベースは，グラフをオンライン上で作成する機能にも優れている．例えば UNESCO の UIS. Stat 上で，2 変数の関連を把握するための散布図を調査年度ごとに逐次作成するなどといった基礎的な分析を実行できる．

子どもの健康や福祉に焦点をあてて各国のマクロデータを収集するときは，UNICEF の『世界子供白書』が便利である．日本ユニセフ協会のウェブサイトから，栄養指標や保健指標をはじめとする国別マクロデータを日本語で入手できる．

●**マクロデータに基づく分析成果の例**　日本の公的統計の特徴の一つは，労働などのさまざまな分野のミクロデータを学歴別に集計する事例が多いことにある．この特性を最大限に生かした研究成果として，矢野（1978）をはじめとする教育の収益率に関する研究の蓄積があげられる．情報公開制度を活用した研究例として，横浜市から学校別の学力データを入手のうえ，学校を分析単位として学級規模の縮小が学力に与える効果を厳密に検証した Akabayashi and Nakamura（2014）がある．国際比較の領域では，日本の公的教育投資水準が OECD 諸国中最低水準にあることは人口に膾炙している．この問題に関する研究として中澤（2014）があげられる．

一方，マクロデータの解釈は難しいところがある．変数のバラつきが不明な場合があるし，マクロデータの分析結果からミクロレベルの行動を推測するときには慎重に臨む必要もある．例えば社会生活基本調査から得られる行動別の平均時間に一致するような生活は現実には存在しない（矢野編 1995）ことが示唆するように，マクロデータが語りかけてくる意味を考察することが大切である．

［日下田岳史］

データアーカイブの活用と二次分析

　データアーカイブとは，社会調査によるミクロデータを収集，整理，保管し，その再分析，つまり二次分析のために個票データを提供する機関のことを指す．近年では，それらの機関の一般的名称として「データ・リポジトリ」を用いることも多い．その嚆矢は商業目的にてアメリカで 1946 年に設立されたローパー・センターであり，学術目的では 1962 年に世界最大級のデータアーカイブである ICPSR が設立された．ヨーロッパでも 1960 年に ZA（ドイツ），1967 年に UK データアーカイブ（イギリス）などが設立され，欧米では二次分析による学術研究が早くから普及していった．日本では学術目的のデータアーカイブ設立が遅れていたが，1998 年より東京大学社会科学研究所附属日本社会研究情報センター（2009 年 4 月から社会調査・データアーカイブ研究センター）が SSJDA の運営を開始した．現在では日本国内のほかの機関でもデータアーカイブが運営され，社会調査データの保存・公開と二次分析の重要性が広がっている．

●データアーカイブの社会的・学術的意義　データアーカイブの最も重要な機能は社会調査データの中長期的保管である．データが保管されなければ，二次分析のためにデータを公開することも不可能だからである．データアーカイブによる組織的な保管体制が整備されるまでは，調査企画・実施主体による分析（一次分析）の成果として報告書や研究論文などが刊行された後，収集された社会調査データは散逸することが少なくなかった．データの散逸により我々が失うものは多岐にわたる．第一に情報であり，過去の調査時点で得られた特定の集団に関する情報は，データの散逸により二度と利用できなくなる．報告書の集計表から独自の視点で二次分析を行うことは困難なことが多い．回顧的な調査は対応の一つだが，過去のある時点における母集団の特徴の再現には至らない．第二にデータ収集のためにかけられたあらゆるコストである．全国調査であれば数百万円から数億円の金銭的費用がかかり，データの質を高めるための労力，時間も多大なものとなる．データの散逸は，それらの膨大なコストを無駄にすることに等しい．第三に社会調査への信頼があげられる．学術目的による社会調査の大部分は公的資金（科学研究費など）によるものである．公的資金により学術調査研究が可能となるのは，研究活動の公共性への信頼が存在するからであり，社会調査データが「使い捨て」のように扱われる状況は，学術調査研究そのものへの不信につながる．裏を返せば，適切な保管体制によりデータ散逸のリスクは低減し，上述のような問題の発生を防ぐことができる．そして，データの保管体制は研究者個人で維持することが困難だが，データアーカイブの存在によって安定的となる．

データの保管と公開により損失が防がれるだけでなく，新たに得られるメリットもある．①新しい研究課題の発見，②若手研究者や学生などの研究機会拡大，③データ分析に専念できる時間の増加，④調査回数の抑制と個々の調査の質の改善，⑤先行研究の知見の再現性の担保，などがあげられる（佐藤 2012）．以上は二次分析のメリットであるが，データの整理・保管自体も有益である．データアーカイブはミクロデータの収集に加え，その調査の標本設計，調査事項など，調査データに関するデータ（メタデータ）の整備も行う．メタデータのデータベース化により，どのような調査が存在するのかを容易に検索できるようになる．メタデータにより二次分析の準備が可能になるほか，社会調査を企画する際も先行調査の情報を参考にすることができる．以上のメリットも，データアーカイブの重要な社会的・学術的意義であるといえよう．

●**データアーカイブ利用の手続き**　二次分析を行うためにはデータアーカイブからデータを入手する必要があるが，データの入手から論文発表と利用報告に至る過程は，アーカイブによって異なる．ICPSR のように加盟大学・研究機関に所属している者であれば多くのデータを容易に入手できるアーカイブもあれば，SSJDA のように学術機関に所属している研究者であれば誰でもデータが申請できるが，データ利用申請時に具体的な研究計画を提出しなければならないアーカイブも存在する．いずれのタイプのアーカイブでも事前に公開されているメタデータや調査票，コードブックを熟読し，自身の研究目的に合致したデータであることを理解したうえでデータを申請，入手する必要がある．特に後者のタイプのアーカイブでは利用申請が却下されることもあるので注意が必要である．また，データ利用時には各アーカイブの定める利用規約を守らねばならず，とりわけデータファイルの管理とデータ出典（謝辞）の明記は必須である．データファイルの流出や第三者への再頒布はすべてのアーカイブで厳禁されており，データアーカイブの信頼喪失にもつながりかねない．データ出典の明記は先行研究を参照，引用したときに出典を明記することと同様，当然守るべき事柄である．

●**データアーカイブのデータによる教育社会学的研究**　SSM 調査（社会階層と社会移動全国調査），JGSS（日本版総合社会調査），NFRJ（全国家族調査），JLPS（東大社研パネル調査）などが SSJDA を通じて入手可能である．教育達成，子育て，学力，教育に関する意識，学校から職業への移行など教育社会学の重要な研究テーマについて，既存データを独自の視点から分析したものや，複数時点のデータを統合したトレンド分析など，データアーカイブを利用することの強みを生かした良質な二次分析論文が増加している．　　　　　　　　［石田賢示］

📖 さらに詳しく知るための文献

Corti, L. et al., 2014, *Managing and Sharing Research Data: A Guide to Good Practice*, Sage.

教育の国際比較分析

> ☞「政策評価と計量分析」p. 182「多水準データの分析」p. 192「教育の数理・計量モデル」p. 198「初等中等教育の国際比較」p. 380「成人のコンピテンシー」p. 528

　教育の国際比較分析は，学校教育に関わる理論枠組みを鍛えあげるうえで不可欠である．また，自国の教育政策を評価し，見直しにつなげるために役立つ．だが，これを可能にするためには，質の高いデータの収集，適切な比較枠組みの構築，実態を踏まえた解釈に向けたさまざまな工夫が必要となる．

●**国際教育調査の実施と二次分析の隆盛**　国際学力評価学会（International Evaluation Association：IEA）が予備調査を経て初めて本格的な国際学力調査を実施したのは 1964 年である．いくつかの後継調査の後，IEA は 1990 年代に国際数学・理科教育動向調査（Trends in International Mathematics and Science Study：TIMSS）に名称を固定して 4 年ごとに行うようになり，2000 年代には PIRLS（Progress in International Reading Literacy Study）も開始した．標準化されたかたちで継続的な調査が実施できるようになった背景には，項目反応理論（Item Response Theory）を用いた項目設定などにより比較可能性が技術的な観点から担保され，調査への信頼が確立されたことがあげられる（National Research Council ed. 2002）．その後，測定されるアウトカムは，OECD が 2000 年より実施する生徒の学習到達度調査（Programme for International Student Assessment：PISA）の「生きるための知識と技能」を皮切りに，国際成人力調査（The Programme for the International Assessment of Adult Competencies：PIAAC）の「成人スキル」，国際教員指導環境調査（Teaching and Learning International Survey：TALIS）の「教育環境」などへと拡張されている．

　第 1 回 IEA 調査時から，正答率の高低だけではなく，公平性と平等性（equity and equality）に焦点を当てた比較研究が行われていた（Husén ed. 1967）．現在では，上の IEA や OECD の調査は，いずれも実施後一定期間の後に個票データが公開されるようになっているため，多くの研究者が二次分析を通じて多様な研究上の問いに挑んでいる（van de Werfhorst & Mijs 2010）．

●**研究者による国際共同研究の実施**　複数の国で同一形式の調査を新規に実施する一次分析には膨大なコストがかかる．他方，二次分析の場合も，調査背景の理解などに支障をきたすことが少なくない．そこで，複数の国の研究者が共通の研究目的を設定して，各国で独自に収集されたデータを用いつつ，共同プロジェクトを組織することも増えている．

　社会階層研究の領域では，産業化の進展に応じて地位の業績主義的な配分原理が強くなり，世代間の階層移動が開放化に向かうと予測する産業化仮説（Treiman 1970）の検証のために，学歴拡大の時期に着目した国際比較が望まれてい

た．この試みはすでに一部で行われていたが，さらに本格的な国際比較を行うべく組織されたのが，国際社会学会の社会階層と社会移動部会（RC28）のメンバーを中心とした共同プロジェクトであった（Shavit & Blossfeld eds. 1993）．

このプロジェクトでは，比較対象の社会およびそこで実施された調査データに知悉した研究者が集まり，部分的標準化（partial standardization）という方針を採用している．これは，使用変数と分析方法に関して共通の枠組みを設けつつも，各国固有の事情を考慮した柔軟な対応を一定程度許容しながら比較を行うというものである．通常の重回帰モデルと周辺分布の影響を除去したトランジションモデルによる検討の結果，日本を含む13か国のうちスウェーデンとオランダを除く11か国で，教育拡大にもかかわらず不平等の度合いが減少していないことが示された．得られた結論は先行研究（Erikson & Goldthorpe 1992）とおおむね一致するものであったが，トランジションモデルを用いたことにより，教育拡大政策に格差縮小の効果があるとはいえないことや，上層階層の進学率飽和後に階層間格差が縮小するというMMI（Maximally Maintained Inequality）仮説が一部の国で棄却されることなど，いくつかの興味深い知見がもたらされている．

●**国家間の制度的文脈への着目**　国際比較研究が進むにつれ，国ごとの制度的文脈（institutional context）の違いを重視する研究も増加した．学校体系の差異を考慮に入れて学歴を統合的に把握しようとした先駆的な試みとして，ヨーロッパ9か国を対象としたCASMIN教育分類の構築をあげることができる（König et al. 1988）．この分類は，教育段階の高低という垂直的な次元に加え，普通教育か職業教育かという水平的な差異を考慮し，教育段階を機能的に等価といえる8カテゴリーに区分した．こうした学歴の制度的文脈への着目の延長上に，学校から職業への移行に関する国際比較プロジェクトがある（Shavit & Müller eds. 1998）．そこでは，アルメンディンガー（Allmendinger, J.）が提唱した階層化（stratification）と標準化（standardization）（Allmendinger 1989）に，職業的特殊性（vocational specificity）を加えた三つの指標によって後期中等教育が分類されている．この指標は，学歴と職業的地位の対応関係を説明するうえで，単線型か分岐型かという伝統的な分類よりも理論的に示唆に富む比較枠組みを提供するため，その後も多くの研究で用いられるに至っている．　　　　［多喜弘文］

📖 **さらに詳しく知るための文献**

中村高康ほか編，2002，『学歴・選抜学校の比較社会学──教育からみる日本と韓国』東洋館出版社．

OECD, 2009, *PISA Data Analysis Manual: SPSS*, 2nd ed., OECD.

Shavit, Y. and Arum, R. eds., 2007, *Stratification in Higher Education: A Comparative Study*, Stanford University Press.

発達を見るデータ

　パネルデータとは，複数の同一の対象（個体）を継続的に観察して，複数時点で記録したデータを指す．複数個体を単一時点で観察して記録したクロスセクショナルデータ，単一個体を継続的に観察して複数時点で記録した時系列データの特性を合わせもつ，情報量が豊富なデータといえる．クロスセクショナルデータでは変数間の「関連」を複数の個体の観察値に基づいて横断的にとらえることができ，時系列データでは一つの個体に関わる諸変数の観察値の時間的な「変化」を縦断的にとらえることができるのに対して，パネルデータでは変数間の関連に関わる個体間のばらつき（異質性）も，諸変数に関わる個体内でのばらつき（変化）もとらえることができる．

●**意義**　パネルデータには，大きく三つの強みがある．第一に，従属変数と関連をもつ諸要因をモデルに組み込まなくても，推定結果に偏りが発生しにくい（観察されない異質性の統制）．第二に，個体が紐づけられていない反復クロスセクショナルデータや，個体の観察値が集計されているマクロ時系列データではとらえることのできない，個体レベルの観察値の時間的変化をとらえることができる．第三に，変数の時間的順序関係が明確であるため，記憶による回顧データよりも精確な因果関係の推定を行うことができる（中澤 2012；三輪 2013）．

●**普及と発展**　パネルデータは，社会事象の因果推論を主たる学術課題とする社会科学にとってきわめて有用といえる．その重要性は欧米では早期に認知され，ミシガン大学で 1968 年に開始された PSID（Panel Study of Income Dynamics）をはじめとして，多数の大規模調査が実施されてきた．その多くは調査実施主体のホームページや ICPSR（Inter-university Consortium for Political and Social Research）などのデータアーカイブを通じて公開されている．日本でも，パネルデータに関する研究実績が蓄積されてきており，政策の効果検証や立案の観点からもその重要性が認知されてきている（内閣府 2012）．

●**発達を見るパネルデータ**　家庭や学校での経験は，子どもや若者の考え方や行動をいかに規定し，キャリアやライフスタイルを方向づけていくのか．発達を見るうえでも，パネルデータはきわめて有用といえる．子どもや若者を対象とするパネルデータは，標本抽出方法の観点から，①学校を介して抽出したもの，②住民基本台帳などに基づいて直接抽出したもの，③住民基本台帳などに基づく世帯調査の一部として抽出したものに分類することができる．それぞれについて，国内外の代表的な例を抜粋して紹介する．

　学校を介するメリットは，学校の協力下に調査を組織的に実施しやすく，学校

の教育環境や学力に関する情報も得やすい点にある．米国連邦教育省（National Center for Education Statistics：NCES）による NELS（National Education Longitudinal Studies）シリーズが代表的な一例である．最初の調査 NLS72 では，社会経済的指標に基づいて全国を 600 ブロックに層化して抽出した高校 1069 校の 1972 年高卒者約 1.9 万人が 6 回にわたって 1986 年（32 歳）まで追跡された．その後，同様の規模と構造の調査 HS & B（1980-1991），NELS88（1988-2000），ELS（2002-2012），HSLS（2009-）が繰り返し実施されている．国内では，東京大学社会科学研究所「高校卒業後の生活と意識に関する調査（高卒パネル）」において，無業率・進学率に基づいて類型化して抽出した 4 県の 162 校 2003 年度高卒者約 8000 人のうち，追跡可能な約 500 人に対する調査がほぼ毎年実施されてきた．また，お茶の水女子大学「青少年期から成人期への移行についての追跡的研究」では，関東・東北地方の 2 都市の小中学校約半数を無作為（高校は公立校を全数）抽出したうえで，小学 3・6 年生，中学 3 年生，高校 3 年生の生徒全員（各学年 1000 人程度）が 2003 年度から 3 年ごとに 3 回追跡されてきた．

　住民基本台帳などに基づいて抽出するメリットは，追跡に必要な住所情報が全員について把握されている点にある．子どもや若者を直接抽出した調査としては，ロンドン大学 CLS（Centre for Longitudinal Studies）による出生児コーホート調査シリーズが代表的な一例である．最初の調査 NCDS（National Child Development Study）では，1958 年のある 1 週間に出生した乳児約 1.7 万人が 10 回にわたって 2013 年まで調査された．その後，同様の構造と規模の調査 BCS（British Cohort Study, 1970-）および MCS（Millennium Cohort Study, 2001-）が繰り返されてきた．国内でも，厚生労働省「21 世紀出生児縦断調査」において，2001 年 1 月および 7 月のある 1 週間に出生した乳児約 5 万人の追跡調査が毎年実施されてきた（2016 年度より文部科学省に移管）．また，東京大学社会科学研究所「働き方とライフスタイルの変化に関する全国調査（若年パネル）」において，住民基本台帳と選挙人名簿に基づいて抽出した 20～34 歳の男女約 3000 人の追跡調査が 2007 年より毎年実施されてきた．

　世帯調査の一部として子どもや若者を抽出した調査としては，エセックス大学による BHPS（British Household Panel Survey）が代表的な一例である．郵便番号住所録に基づいて抽出した 5500 世帯の世帯員（11 歳以上）を対象に，1991 年より毎年調査が実施されている．国内では，慶應義塾大学パネルデータ設計・解析センター「日本家計パネル調査（JHPS/KHPS）」において，それぞれ約 4000 世帯を対象とした調査が 2004 年および 2009 年から実施されている．調査対象者で小中学生を子どもにもつ親を対象とした付帯調査「お子様に関する特別調査」も実施されている．　　　　　　　　　　　　　　　　　　　　　　　　　　［深堀聡子］

政策評価と計量分析

☞「政策科学としての教育社会学」p. 16「教育の国際比較分析」p. 178「因果と相関」p. 184「時間的概念を含む縦断データ分析」p. 190「学力問題」p. 556「学校効果」p. 624「アファーマティブ・アクション」p. 626

　財政難のもと，納税者に対する説明責任という観点から，費用対効果の高い政策が求められている．そのためには科学的な根拠に基づく政策の実行が不可欠とされる．このアイデアは「エビデンスに基づく医療（Evidence Based Medicine：EBM）」に由来し，知識社会化とグローバルな経済競争の流れのもとで，教育分野でも注目されるようになった．この動きは，アメリカにおいて，2001年の「落ちこぼれ防止（No Child Left Behind：NCLB）法」が施行されて以降顕著であり，日本も遅まきながら，徐々に影響を受けつつある．

●エビデンスに基づく教育政策の流れ　教育社会学において教育調査が政策的に影響を与えたものとしては，いわゆる「コールマン（Coleman, J.）レポート」が有名である（Coleman et al. 1966）．アメリカでは過去も現在も人種間の教育の不平等が問題になっているが，不平等の原因は学校教育にあるわけではなく，むしろ家庭や地域環境の影響が大きいこと，格差を正に果たせる学校教育の役割は限定的であることが示された．このことはジェンクス（Jencks, C.）らによっても検証された（Jencks et al. 訳書, 1978）．以上の知見は，民主党ジョンソン政権が「貧困との闘い」として推進してきた，低所得層の子どもの発達に早期介入するヘッド・スタート計画や，人種融合の強制バス通学を意義づける根拠となったと考えられる．この後，アメリカでは大規模な縦断調査（例えば，National Longitudinal Survey や High School & Beyond など）が実施されるようになり，教育研究で広く利用されている．

　政策評価における関心は，政策的介入に効果があるか否かである．したがって，通常時系列の観察は不可欠である．ただし観察対象は介入の有無にかかわらず変化する可能性があるので，介入の純粋な変化だけを取り出す必要がある．経済学者のアッシェンフェルター（Ashenfelter, O.）の提唱した差分の差分分析（Difference in Differences Design：DID）は，政策導入前後の処置群と統制群の差を比較することで純粋な効果を取り出そうとしたものだ（Ashenfelter 1978）．計量経済学における固定効果モデルは，これと同様の発想に基づいたものである．また経済学者のハヌシェク（Hanushek, E. A.）は，教師の教育効果（effectiveness）を生徒の学力の伸びにより評価することを提唱する（Hanushek 1971）．これは後に，生徒の過去の学力の伸びから計算される予測値と，実測値との差を教師の教育効果（教授力）として評価するという付加価値モデル（Value-added Model：VAM）の発展へとつながり，教員評価の材料として広く使われるようになっている（Lissitz & Jiao eds. 2015）．

日本では 2007 年から文部科学省によって「全国学力・学習状況調査」が実施され，近年は学力の国際比較調査データが公表されるようになったこともあり，一部の教育社会学者や経済学者が分析や政策提言に関与するようになっている.

●政策評価の方法と問題点　以上で取り上げたものは，基本的に観察データである．コールマンレポートや全国学力・学習状況調査などは，一時点で収集した横断データである．横断データからは推測できるのは相関関係までで，原則として因果関係は導けない（Lieberson 1985, pp. 180-183）．前述の縦断データ分析のような疑似実験計画や，横断データでも操作変数法や傾向スコア・マッチングを駆使すれば，ある程度因果関係を推測することはできるが，推定バイアスを完全に除くのは難しい．政策的介入の有無がランダムに生じていない場合，その偏りを起こす要因が因果効果の推定にバイアスを生じさせる．そうした要因をモデル化して値を変動させることで，得られる因果効果の推定値の範囲を調べるのが感度分析である．近年では，因果効果の推定を行った後に，その推定値に大きな偏りがないことを示すため，感度分析の結果に言及することも多い.

　最も確実で純粋に因果効果を測定する方法としては，ランダム化比較実験（Randomized Controlled Trial：RCT）がある．RCT のアイデアは統計学者のフィッシャー（Fischer, R. A.）にさかのぼるが，処置群と統制群をランダムに振り分け，処置前後の変化から因果効果の存在を推定するという実験計画法で，アイデア自体は非常にシンプルである．教育社会学者の間でよく知られているピグマリオン効果は，RCT に基づく知見である．このほかの RCT としては，幼児期の介入の重要性を示したペリー就学前計画や，少人数学級の効果を測定したテネシー州における STAR（Student/Teacher Assessment Ratio）プロジェクトがよく知られている．RCT は最も強力なエビデンスとされるが，現実には倫理的な問題が絡むなどして実施が難しい．結果的に小規模な RCT を繰り返し，その結果を集めて検証するメタ分析が普及するが，結果の公表バイアスをどう処理するかという問題もある.

●評価の指標とデータのゆがみ　計量的分析においては，測定しようとする概念を適切な指標で測定しているかという妥当性と，同じ手続きを踏めば誰でも同様に測定できるという信頼性が担保されなければならない．またデータの測定を評価と絡めると，被験者の行為に影響を与え，結果として集めたデータがゆがめられるという弊害が生じる．教員が自らの評価をあげるため，点数を伸ばしやすい生徒を選別して集中指導する教育トリアージはその一例である（Gillborn & Youdell 2000；Booher-Jennings 2005）.　　　　　　　　　　　　　　　　［中澤　渉］

📖 さらに詳しく知るための文献

国立教育政策研究所編，2012，『教育研究とエビデンス』明石書店.

因果と相関

「少人数学級の導入は生徒の学力を向上させるのか」「大学を卒業すると個人の収入はどの程度上がるのか」など，教育社会学において因果に関する問いは多くある．こうした際に，変数間の関連をはかるものとして，例えば相関係数やオッズ比などの指標が存在する．

「相関関係と因果関係は異なる」という警告がよく用いられるように，単に変数間の関連の方向性や強さを調べるだけでは，因果についての問いに答えたとはいえない．しかし，因果関係をデータから把握するための方法が理解されるようになってきたのは，比較的近年のことである．本項目では特に，ある原因 X による Y への効果（因果効果）を把握するための研究の発展について扱う．

●**反実仮想モデル**　現代の因果推論の多くは，反実仮想モデルあるいは潜在結果モデルと呼ばれる枠組みによっている．この考え方自体は古くから存在していたものの，精緻に整備されるようになったのは，統計学者ルービン（Rubin 1974）や経済学者ヘックマン（Heckman 1979）による貢献が大きい．また，反実仮想モデルの導入としては，Morgan & Winship（2015）などがある．

このモデルでは，個人 i についてそれぞれ，Y_i を従属変数，X_i を独立変数，V_i を独立変数に先行する交絡変数として考える．そして独立変数が $X_i = \{0, 1\}$ のように2値で表される場合には，それぞれ $Y_i(0)$ および $Y_i(1)$ を，$X_i = 0$ および $X_i = 1$ のもとにおける，潜在的な従属変数の値として定義する．この際に，個人 i における因果効果は $Y_i(1) - Y_i(0)$ と定義される．すなわち，ある個人における $X_i = 1$ であるときの従属変数の値と，その同じ個人が $X_i = 0$ であるときの従属変数の値との差である．

しかし，$Y_i(1)$ および $Y_i(0)$ は，個人においては常にどちらか片方しか観察できない．それゆえ，実現した一方の値に対して，他方は反実仮想的な値となる（表1）．よって，個人においては因果効果 $Y_i(1) - Y_i(0)$ をデータからは推定不可能である．これは，「因果推論の根本問題」（Holland 1986）とも呼ばれる．

このために，因果効果は常に何らかの集団レベルにおいて推定する必要がある．すなわち，$E(Y_i(1) - Y_i(0))$ という平均因果効果が推定の対象となる．

●**選択バイアス**　社会科学においては，多くの場合には実験を行うことができないため，独立変数の割当てがランダムとはならない．こうした観察データにおいては，従属変数

表1　個人 i における潜在的な従属変数の値

	$Y_i(1)$	$Y_i(0)$
$X_i = 0$	観察不能	Y_i として観察可能
$X_i = 1$	Y_i として観察可能	観察不能

Y と独立変数 X の関連は，X による因果効果ではなく，交絡変数 V の水準による X の構成比率の違いからくるものであるかもしれない．これは選択バイアスの問題として知られている．

リーバーソン（Lieberson 1985）は，次のような事例をあげている．兵役経験者と非経験者の間での収入の違いは，兵役による因果的な影響だけではなく，兵役経験者と非経験者の間に存在する事前の違いが混在している．よって，兵役を経験するという特定の人々の偏りを制御しなければ，兵役経験そのものの真の影響はみられないのである．

因果推論を行ううえでもう一つ障害になりうるのは，因果効果の異質性に伴うバイアスである．コールマン（Coleman, J. S.）らによるカトリック学校の教育効果に関する研究では，カトリック学校の生徒は公立学校の生徒よりも学業成績が高いことが示された（Coleman et al. 1982）．しかしこの研究へは，社会的な背景や意欲などの交絡変数を統制した後にも，カトリック学校にはそこから得られる教育効果が高い生徒ほど就学しているという批判が向けられた（Morgan 2001）．すなわち，因果効果の大きさと独立変数 X に相関があることに伴うバイアスである．

●観察データからの推論　選択バイアスが存在する場合に，観察データから正しく因果効果を推定するための方法が探求されてきた．その一般的な条件は，$\{Y_i(1), Y_i(0)\} \perp X_i | V_i$ が成り立つこと，すなわち観察される交絡変数を統制することで，独立変数が，従属変数の潜在的な結果と独立となることである．

通常用いられる回帰分析は，V を統制することによって選択バイアスが正しく取り除けることを仮定している．しかし，回帰分析では独立変数と従属変数の関係が線形的であることや，変数間の交互作用が正確にモデル化されていることが要求される．こうした仮定に依存しない方法や，あるいは観察されない交絡変数に対しても因果効果を把握するための方法が，ますます多く用いられるようになっている．例えば，傾向スコア・マッチング，操作変数法，回帰切断デザイン，差分の差分法などの方法である．これらの近年のレビューとしては，Gangl（2010）などがある．

また因果効果の異質性に伴うバイアスに対しては，母集団全体のみならず特定のグループにおける因果効果が注目される．例えば Brand & Xie（2010）は，大学教育がもたらす利益は，社会経済的に有利な層よりもむしろ不利な層においてより大きいことを，傾向スコアを用いたモデルによって示している．　　　［小川和孝］

📖 さらに詳しく知るための文献

Lieberson, S., 1985, *Making It Count: The Improvement of Social Research and Theory*, University of California Press.

Morgan, S. L. and Winship, C., 2015, *Counterfactuals and Causal Inference: Methods and Principles for Social Research*, 2nd ed., Cambridge University Press.

回帰分析

　連続変数に関して相関係数と散布図の考え方を発展させた分析手法が回帰分析である（盛山 2004）．説明変数を 2 個以上もつ重回帰分析は複雑に絡み合った関係概念を相互に統制するための有効な道具として，教育社会の分析に広く用いられている．発展的な回帰分析では，質的な変数を目的変数として扱うこともできる．

●**線形回帰分析**　線形回帰モデルは教育年数や高校偏差値など，対象となる被説明現象（目的概念）が連続型の変数で測定できるときに用いられる．修学歴における最高達成学年 Y_i と出身階層の間に直線的な関連構造を想定した重回帰分析は次式で表される．

$$Y_i = \beta_0 + 0.02O_i + 0.10I_i + 0.13F_i + 0.21M_i + \varepsilon_i$$

O_i は父親の職業的地位を，I_i は両親の収入を，F_i は父親の学歴を，M_i は母親の学歴を意味する．それらの効果を示す偏回帰係数の数値はアメリカの OCG 調査のデータを解析したメア（Mare, R. D.）の論文から引用した（Mare 1981, p.77）．ε_i は Y_i の実測値と予測値の差で，残差という．残差平方和が最小となるような方程式のパラメータを見つけるための方法が最小二乗法である．具体的な数値は例えば，ほかの条件が同じなら，父親の職業的地位が 1 ランク上昇するごとに達成学年が 0.02 年増加すると読むことができる．そこには，個人の教育達成が帰属的な要因の影響から自由に行われているわけではないことが示されている．

●**ロジット・モデル**　目的概念が非連続型の場合は，その形状に応じてさまざまな非線形確率モデルが使い分けられる．個人の最終学歴も教育達成の過程に着目すれば，連続した学校段階への移行を集積した結果である．進学を p，非進学を $1-p$ とおくと，移行の成功という事象が生起する確率のオッズは $p/(1-p)$ で表される．$\log_e[p/(1-p)]$ を p のロジットという．p の値には範囲 $(0,1)$ の制限があるが，オッズを対数変換したロジットは $-\infty$ から ∞ の変動範囲をもつ．ロジットを説明変数に回帰させた分析手法がロジスティック回帰分析であり，進学確率のロジットを目的変数とし，学校段階の数だけロジスティック回帰分析を繰り返す方法（Mare 1981）は，移行ロジット・モデルの別名で知られている．進学率の急速な上昇期には，さまざまな階層集団への教育機会の割当てのメカニズムに変更がなかったとしても，重回帰分析を用いると出身階層の影響が過小に見積もられてしまう．そこで進学率の上昇などの全体に共通の影響を除去したうえで出身階層の純粋な効果を取り出す目的で，移行ロジット・モデルが教育不平等の趨勢を検討する研究で標準的に用いられてきた．そうした研究からは，20 世紀後半に生じた爆発的な進学率の上昇にもかかわらず，大多数の先進産業社会に

おいて階層間の不平等は長期にわたって安定していることが読み取れる（Shavit & Blossfeld eds. 1993）．目的変数が三つ以上のカテゴリーをもつ順序尺度であれば，順序ロジット・モデルが用いられる．教育達成の分析を行う際には，学校段階の序列に対応した閾値 τ_j と出自や学力などに規定される個人の潜在的な進学傾向を対比させ，両者の相対的な大小関係から学歴 j までの到達確率のロジットを予測する．

$$\log_e[p(Y \leq j|x)/p(Y > j|x)] = \tau_j - (\beta_1 x_1 + \beta_2 x_2 + \cdots + \beta_n x_n)$$

順序ロジット・モデルではサンプルに対して共通の閾値が与えられる（parallel slope の仮定）が，閾値モデルは人口学的集団によってそれが異なることを許容する．進学の際のハードルの高低は男女で，さらには出生コーホートで異なると考えられるので，趨勢の分析では閾値モデルによって人口学的変数の影響を統制したうえで，階層効果の変化を評価することが効果的となる．近藤・古田（2009）は日本社会の教育達成の分析に閾値モデルを適用し，経済的資源が与える影響が徐々に弱まってきたことを明らかにしている．

目的変数のカテゴリーの数が M 個（$M \geq 3$）で，順序づけが不可能な名義尺度の場合，任意の基準カテゴリーの比率 π_k とそれ以外のカテゴリーの比率 π_m のリスク比 π_m/π_k に着目し，その自然対数と説明変数の関連性を多項ロジット・モデルで推定する．多項ロジット・モデルでは IIA（Independence of Irrelevant Alternatives）という特性により，カテゴリーの数が $M+1$ 個に増えたとしても，既存の事象が生じるリスク比とモデルのパラメータは変化しない．ブコディ（Bukodi, E.）らは学校教育経験と成人後の所属階級の関係を多項ロジット・モデルで調べ，現代の資本主義社会で社会的地位の配分構造がメリトクラシーの実現に近づいているかどうかを批判的な立場から検討している（Bukodi & Goldthorpe 2010）．

●一般化線形モデル　線形回帰分析と各種のロジット・モデルでは，目的変数が説明変数の線形結合で表現されている．このため，これらのモデルは一般化線形モデルという統合的な観点から理解することができる．一般化線形モデルにはここで紹介したもの以外に，頻度データの解析に適用されるポアソン回帰モデル，打ち切り変数を目的変数としたトービット・モデルなどがある（これらは制限従属変数モデルと称される）．階層的なデータ構造の特性を分析に取り入れた階層線形モデルやパネルデータの分析で用いられる固定効果モデルは，基礎的な一般化線形モデルを拡張した統計モデルだといえる．　　　　　　　　　［白川俊之］

📖 さらに詳しく知るための文献

Agresti, A., 2010, *Analysis of Ordinal Categorical Data*, 2nd ed., John Wiley & Sons.

Long, J. S., 1997, *Regression Models for Categorical and Limited Dependent Variables*, Sage.

クロス表分析とその発展

☞「回帰分析」p. 186「変数間の
類似性や関連性の布置」p. 196

　カテゴリーデータの量的分析法として，教育社会学において主に用いられてき
たのは，クロス表（または分割表）である．クロス表とは，二つのカテゴリー変
数の一方を表側に，もう一方を表頭に配置した，二次元の度数分布表のことであ
る．クロス表における合計欄の度数のことを，周辺度数と呼ぶ．各セルの度数を
周辺度数により除すことで，相対度数を求めて，構成割合や到達率などを比較す
ることがしばしばなされる．また，三つ以上の変数を同時に集計する高次のクロ
ス表も使用される．

●**クロス表での統計的検定と連関係数**　クロス表の各セルに表れた度数のパター
ンをもとに，さまざまな統計的検定を行うことができる．代表的なものは，2変
数の分布が独立であることを帰無仮説とする，独立性のカイ2乗検定であろう．
帰無仮説が棄却されると，2変数は独立ではないのだから，関連ありとみなすよ
うに用いられる．カイ2乗検定は，それ以外にも，何らかの理論モデルから予測
される期待度数と観測度数とのズレを評価するための，適合度検定にも用いられ
る．カイ2乗統計量には，ピアソン型と尤度比統計量の2種類のものがある．

　また，クロス表から，各種の連関係数を計算することもできる．カイ2乗統計
量を最小0，最大1となるよう規準化したクラメールの連関係数や，順序づけら
れたカテゴリー変数同士の連関を測るガンマ係数，ケンドールのタウ係数などが
頻繁に使用される連関係数である．2×2のクロス表に限っては，ユールのQ係
数，四分点相関係数，そしてオッズ比がよく使われる関連性の測度といえる
（Knoke et al. 2002）．

●**対数線形モデルの展開**　クロス表において観測された度数の対数変換値を，モ
デルで仮定された要因の効果の線形結合によって説明しようとする分析手法を，
対数線形モデルという（Powers & Xie 2008）．対数線形モデルは，主にグッド
マン（Goodman, L. A.）によって提唱され，展開されてきた分析手法である
（Goodman 2007）．数学的には，上述のオッズ比は，対数線形モデルと密接に関
係している．対数線形モデルの強みは，周辺度数の効果と変数間連関とを分離す
ることができること，変数間連関を生み出すセルを特定できること，高次クロス
表において連関を比較しやすいこと，柔軟にモデルを組むことができそれら複数
のモデル間で適合度を比較できること，などである．周辺度数の効果は主効果と
して，変数間連関は交互作用効果として，対数線形モデルの右辺にそれぞれ表さ
れる．モデル適合度の記述と比較には，尤度比統計量や，それに基づく情報量基
準（AIC，BIC）がよく用いられる．

対数線形モデルの弱みは，交互作用効果で推定すべきパラメータ数が多くなることに起因して，自由度が小さくなることと，解釈が難しくなることである．こうした欠点を補うために開発されたのが対数乗法モデル（またはアソシエーションモデル）である（Wong 2009）．これは対数線形モデルの右辺の項のうち，関心のある個所について，いくつかのパラメータの乗算型の項へと置き換えたものである．結果，対数乗法モデルは，行と列の変数間連関の意味が解釈しやすく，複数のデータ間で連関を比較しやすく，パラメータも節約的でモデルの自由度も大きくなりやすいものとなっている．対数乗法モデルの代表的な下位モデルには，グッドマンのRCⅡ（Row and Column effect model typeⅡ）モデルや，シエ（Xie, Y.）の対数乗法層別効果モデル（unidiff モデルとしても知られる）がある（Xie 1992）．

　対数線形モデル発展の歴史的経緯のなかで，社会移動の研究分野が果たした役割は大きい（Hout 1983）．同分野では，父親階層と子の階層とのクロス表を世代間移動表と呼び，重要な研究対象と位置づけてきた知的伝統を有する．ほとんどの場合，父と子とで同じ階層カテゴリーを使用するので，移動表は，行と列のカテゴリー数が同一かつカテゴリーの意味も同一の，正方の表となる．そうなると，対角セルは，階層継承を意味するゆえに，特別に扱われる．そこで，対角におのおの独自の効果を設定し，それ以外は世代間移動が独立に起きることを仮定した準独立モデル（quasi-independence model）が，移動研究のベースラインのモデルとして用いられる．ほかにも，父・農業から子・自営への移動と父・自営から子・農業への移動が同程度に起きるなどの，移動のパターンが対称的に起きることを仮定した対称モデル（symmetry model）や，地位の近い階層間では移動が起きやすいが地位の遠い階層間の移動は起きにくいことを仮定した社会的距離モデル（social distance model）なども実証研究で役立てられている．

●**ほかの統計手法との関係**　クロス表の発展的分析手法には，潜在クラスモデルや，対応分析もあげられる．潜在クラスモデルは，対数線形モデルへと潜在変数を組み込んで拡張したものと位置づけられる．また，対数線形モデルのことを，顕在クラス分析と呼ぶ立場もある．対応分析は，とりわけカテゴリーが多数のときに，カテゴリー間の対応関係を探索するのに役立てられやすい．検証的な分析を得手とする対数線形モデルと組み合わせると，有用な情報を得やすくなる．

［三輪　哲］

📖 **さらに詳しく知るための文献**

Goodman, L. A., 2007, "Statistical magic and/or statistical serendipity: An age of progress in the analysis of statistical data," *Annual Review of Sociology*, 33, pp. 1-19.

Hout, M., 1983, *Mobility Tables*, Sage.

時間的概念を含む縦断データ分析

　個体が複数時点にわたって観測されているデータのことをパネルデータ，あるいは縦断データという．パネルデータは同一個体の時間的変化を分析するうえで不可欠である．個体の一時点の状態のみをとらえる横断データと比較すると，パネルデータはその情報量の多さゆえにさまざまな分析方法が考案されている．

●**イベントヒストリー分析**　イベントヒストリー分析（以下，EHA）とは，ある状態から別の状態への離散的な変化（イベント）を数量的に分析する方法の総称である．例えば，高校中退というイベントは，「高校在籍中」という状態から「高校卒業前に学籍がはずれる」という状態への変化である．EHA で分析対象となるのはハザード率であり，これはイベントがまだ起きていないという条件のもとでそのイベントが生起する確率密度である．高校中退の例でいえば，まだ高校に籍をもつ生徒が中退する瞬間的なリスクがハザード率に相当する．ハザード率はイベントを経験するリスク下にある集団（リスクセット）に対して定義される．なお，EHA は生存分析と呼ばれることもあり，これはイベントを経験していない個体がリスクセットのなかで「生存」している様相を表現したものである．

　仮にイベント発生までの時間を通常の重回帰モデルで分析すると，イベントを経験した個体しか対象にならない．一方 EHA は，イベントを経験する前に観察が打ち切られた（右センサーされた）個体の情報も偏りなくモデルに反映できる．

　ハザード率に影響する共変量の特定のみに関心がある場合は Cox 回帰モデルがよく用いられる．他方で，ハザード率の時間的変化までモデリングする場合，教育社会学では離散時間ロジットモデルが用いられることが多い．また，共変量の効果が時間に依存しないと仮定するモデルは比例ハザードモデルと呼ばれる．

●**固定効果・変量効果モデル**　パネルデータは，各個体のなかに複数の測定時点の情報が含まれた，いわゆる入れ子構造をなしている．例えば，ある標準化されたテストを同一の学校で T 回実施した場合，各生徒には 1 回目の成績，2 回目の成績，……，T 回目の成績の情報が含まれていることになる．こうしたデータを分析する際には，データの入れ子構造を考慮したモデルが必要になる．なぜなら，同一の生徒について観測された T 回の成績は，通常の回帰分析で仮定される観測の独立性を満たしていないからである．そこで，以下の回帰式を考える．

$$y_{ti} = \beta_0 + x'_{ti}\beta + u_i + e_{ti}$$

すなわち，回帰式の切片が，共変量として観察されていない個体の「時間不変の」異質性 u_i の分だけ変動している．固定効果モデルと変量効果モデルの違いは u_i の取扱いに現れる．固定効果モデルでは，u_i は個体ダミーによって統制される

か，従属変数と独立変数をそれぞれ平均からの偏差に変換することで回帰式から除外される．一方，変量効果モデルは u_i を確率変数として扱う．固定効果モデルでは，性別や親学歴など観測可能なものから，性格や遺伝など（多くの場合）観測できないものまで含めて，個体の時間不変の異質性を完全に統制することができ，バイアスの小さい推定が可能になる．一方で，時間不変の変数の情報はすべて u_i に含まれるため，その効果は推定できない．変量効果モデルは，①従属変数の個体間変動と個体内変動の大きさを比較できる，②個体のなかで時間不変の変数も独立変数として使用できる，③後述の成長曲線モデルにも拡張可能，など柔軟なモデリングを可能にするが，独立変数が u_i と相関をもっている場合にはその独立変数の回帰係数にバイアスが生じるというデメリットがある．

●**成長曲線モデル**　パネルデータがその他の入れ子構造のデータと異なる点は，測定値が現れる時間的順序が重要な意味をもつことである．先の標準化テストの例で見ると，ある生徒の成績は1回目の成績，2回目の成績，……のように時間的順序をもって並べられている．いい換えれば，パネルデータは時系列データとしての特徴を兼ね備えたデータである．先に見た固定効果モデルや変量効果モデルは，パネルデータに含まれるこうした時間的概念を十分に生かしたものではない．その理由は，仮に同一個体のなかで観測値の順番が入れ替わったとしても，これらのモデルでは分析結果にまったく影響がないからである（有田 2013）．

　従属変数の時間的変化を明示的に分析する方法の一つが成長曲線モデルである．このモデルは，マルチレベル・モデル（Raudenbush & Bryk 2002）のなかのランダム傾きモデルの一種であり，レベルの異なる2種類の式から構成される（なお，成長曲線モデルは構造方程式モデルとしての定式化もできる）．まず，レベル1式は個体内における従属変数の時間的変化に関するモデル式である．

$$\text{Level 1}: y_{ti} = \pi_{0i} + \pi_{1i} Time_{ti} + \varepsilon_{ti}$$

従属変数は時間変数（$Time$）の関数になっており，この従属変数の軌跡が成長曲線と呼ばれる．そして，レベル2式は成長曲線の個体差を表す．

$$\text{Level 2}: \pi_{0i} = \beta_{00} + r_{0i}$$
$$\pi_{1i} = \beta_{10} + r_{1i}$$

おのおのの π はその平均 β とランダムな変動 r に分解されており，切片と傾きの個体差が表現されている．成長曲線の個体差（例えば，生徒のテスト成績の「伸び」の違い）が確認された後は，そうした個体差の原因を特定するためにレベル2式に共変量を投入していくことが一般的である．　　　　　　［余田翔平］

　　📖 さらに詳しく知るための文献

Yamaguchi, K., 1991, *Event History Analysis*, Sage.

Wooldridge, J. M., 2002, *Econometric Analysis of Cross Section and Panel Data*, MIT Press.

多水準データの分析

　教育調査において，データが複数の層で構成される場合がある．例えば，①複数の学校の生徒集団，②生徒個々人の複数時点での観測，などである．このようにデータが第1水準（①なら生徒，②なら生徒個人の特定の時点＝within）と第2水準（①なら学校，②なら生徒個人＝between）のように層化された複数水準に分割できるデータを，多水準データと呼ぶ．

●**データの特殊性**　多水準データは，基本的には，between レベルを考慮した分析が必要となる場合が多い．このデータに回帰分析（OLS）などを適用する場合，within レベルでは，between レベルに比べてデータの類似性が高い傾向にあり，残差の独立性の条件が未充足となるためである．また，between レベルでの分析結果と，within レベルの分析結果が必ずしも一致しないという生態学的誤謬（ecological fallacy）を犯す危険性もある．適切な分析のために，マルチレベル・モデル，潜在成長曲線モデルなどの適用が推奨される．

●**マルチレベル・モデル**　多水準データに回帰分析を適用する場合，群や個人を表すダミー変数を用い，between レベルの群・個人別に切片と傾きを推定する方法がある．ただしこの方法は，自由度の減少により誤差が増大し，多数の切片・傾きの推定が煩雑になるという欠点がある．代替案として，between レベルの複数の切片と傾きを，平均と分散の二つの値で表現するマルチレベル・モデル（Multilevel Regression Model：MRM）がある．仮に従属変数をテスト得点として以下に説明しよう．

$$\text{テスト得点}_{ij} = \beta_{0j} + \beta_{1j}\text{学習時間}_{ij} + e_{ij} \tag{1}$$

$$\beta_{0j} = \gamma_{00} + u_{0j} \tag{2}$$

$$\beta_{1j} = \gamma_{10} + u_{1j} \tag{3}$$

$$\text{Var}(e_{ij}) = \sigma^2 \tag{4}$$

$$\text{Var}(u_{0j}) = \tau_{00} \tag{5}$$

$$\text{Var}(u_{1j}) = \tau_{11} \tag{6}$$

(1)式は伝統的な回帰分析の式である．i は児童，j は学校とする．この式では，切片・傾きともに学校別に算出される．MRM では，(2)・(3)式により，学校別の切片および傾きを，切片・傾きの全体平均（γ_{00}, γ_{10}）と学校差（u_{0j}, u_{1j}）に分解する．これら(2)・(3)式を(1)式に代入すれば，データのばらつきは一つの切片（全体平均 γ_{00}），一つの傾き（γ_{10}），切片・傾きの学校間の差（$u_{0j} + u_{1j}$），児童間の差（e_{ij}）に分解される．学校差および児童間の差は分散として統計量を算出し（(4)〜(6)式），学校差と児童間の差の大きさを確認・比較することができる．

●**級内相関係数（Intra-class Correlation Coefficient：ICC）**　説明変数（ここでは学習時間）を用いない null model では，テスト得点$_{ij} = \gamma_{00} + u_{0j} + e_{ij}$と表現される．これは，個人のテスト得点が，全体平均得点からの差で表され，その差が学校差と個人差に分解されることを示す．これを利用し，within レベル（例では学校内）の類似性を検討する指標 ICC を求めることができる．

$$ICC = \tau_{00} / (\tau_{00} + \sigma^2) \tag{7}$$

ICC はテスト得点の全分散（$\tau_{00} + \sigma^2$）に占める between レベルの分散（例では学校差の分散）の大きさを示す．値が大きいと within レベルの同質性が高く，その場合 between レベルを考慮したダミー回帰や MRM の適用が望ましい．

●**マルチレベルと潜在成長曲線モデル**　パネルデータに MRM を用いる場合，within が個人内，between が個人間となる．児童に複数回テストを行う例を想定すると（i が個人，t が時点［時間］），β_{00}は最初の時点の切片（テストの平均点），β_{10}は傾き（単位時間あたりの平均変化率）を表し，ともに個人差（r_{0i}，r_{1i}）を仮定する．

$$\text{テスト得点}_{ti} = \pi_{0i} + \pi_{1i}\text{時点}_{ti} + e_{ti} \tag{8}$$
$$\pi_{0i} = \beta_{00} + r_{0i} \tag{9}$$
$$\pi_{1i} = \beta_{10} + r_{1i} \tag{10}$$
$$\text{Var}(e_{ij}) = \sigma^2 \tag{11}$$
$$\text{Var}(r_{0j}) = \tau_{00} \tag{12}$$
$$\text{Var}(r_{1j}) = \tau_{11} \tag{13}$$

これに対し異なる表現を用いるのが潜在成長曲線モデル（Latent Growth Curve Model：LGC）である．LGC の場合，各児童の各時点のテスト得点を，それぞれ一つの切片（最初の時点の平均得点）と傾き（単位時間あたりの得点の変化率）により説明する．そして，切片と傾きを全体平均と個人差の分散をもつ潜在変数（latent variable）とみなし，構造方程式モデル（structural equation model）により表現する．データの構造は MRM が個体×時点，LGC は個体別となる．MRM，LGC 双方にメリットがあり，MRM は時間（測定時点）を説明変数にできる点，測定時点が不揃いでも分析できるという点などに特徴がある．LGC は，潜在変数の切片や傾きを説明変数化できるなど複雑なパス構造をモデル化できる点，モデルの適合度指標を利用できることなどに特徴がある．　　　　　［村澤昌崇］

📖 **さらに詳しく知るための文献**

Hox, J. J., 2010, *Multilevel analysis: Techniques and applications*, 2nd ed., Routledge.

Raudenbush, S. W. and Bryk, A. S., 2002, *Hierarchical Linear Models: Applications and Data Analysis Methods*, 2nd ed., Sage.

構造方程式モデリング

　教育に関する現象はさまざまな要因の影響を受け，またさまざまな事柄に影響を与える要因となる．調査によって得られた多くの観測変数の複雑な因果関係を，潜在変数を用いつつモデル化（仮説化）し，影響の有無や大きさを推定したい場合に構造方程式モデリング（Structural Equation Modeling：SEM）が適用される．SEM は，共分散構造分析とも呼ばれ，一般には分析者の立てたモデルから導かれる分散・共分散の理論式（共分散構造）と，データから得られる分散・共分散（標本共分散行列）の違いを最小化する推定が行われる．分析者がモデルを柔軟に設定できるため，複数モデル間の比較が行われる場合が多い．また，その結果は誰にもわかりやすいように図示することが可能である．量的変数だけではなく，質的変数についても同様の分析が可能となっていることも多い．

●**確証的因子分析**　SEM の伝統的な方法の一つに確証的因子分析がある．確認的因子分析とも呼ばれる．確証的因子分析では，例えば社会的スキルや子育て方針などのようなそのままでは観察ができない構成概念（因子）が，複数の観測変数によって潜在変数として測定される．複数の構成概念を同時に測定し，それらの相関構造を明らかにすることが可能であり，異なる構成概念間の相関だけではなく，同一の構成概念について異なる時点間での相関や父，母，子のといった異なる対象間での相関を推定するために利用することができる．

●**パス解析**　ブラウ（Blau, P. M.）とダンカン（Duncan, O. D.）のパス解析は，①対象者の学歴が父親の学歴と職業の影響を受ける，②対象者の初職が，対象者の学歴と父親の職業の影響を受ける，③対象者の現職が，対象者の初職と学歴，そして父親の職業の影響を受ける，という三つの式によって，父親の職業と子どもの職業の関連（世代間社会移動）を結びつける経路（因果の連鎖）をモデル化し，その関連の強さをパス解析から定量的に示した（Blau & Duncan 1967）．出身家庭の社会経済的地位と教育・職業達成の関連を，重要な他者やアスピレーションという概念から説明しようとするウィスコンシン・モデルでも，パス解析が用いられている（Sewell et al. 1969）．ライフコースとそれを通じた格差・不平等の連鎖を描き出そうとする社会学ならではのパス解析の適用方法といえる．パス解析では，変数間の関連（総合効果）を直接効果と間接効果に分けて検討することも可能である．影響の大きさを示す回帰係数は，①〜③に対応する重回帰分析によって求めることができるが，さまざまな制約を課したモデル（仮説）の比較や適合度の評価のためには，SEM によるパス解析を行う必要がある．標準的な SEM のソフトウェアであれば，間接効果の推定も同時に行ってくれる．

●**さまざまなモデル**　SEM では，複数の因子を同時に抽出したうえで，因子間あるいはほかの観測変数との因果関係を明らかにすることができる．これらの変数間の関連は式で表すことができ，構成概念とその抽出に用いられる観測変数についての方程式は測定方程式，変数間の影響関係についての方程式は構造方程式と呼ばれる．統計ソフトで分析する場合，これらの二つの式に分けてモデルを組み立てる場合が多い．教育に関する研究では，複数のきょうだいの教育達成や職業達成に影響を与える因子が，父親の職業，父学歴，母学歴といったきょうだいに共通の社会経済的背景に関する変数の影響を受けているといったモデルが存在する．ここでの関心は，家族的背景が教育達成や職業達成に与える影響の強さが，全体としてどの程度か，また同一家庭のきょうだいで異なるかどうかである．このような場合 MIMIC モデルが用いられる（苫米地ほか 2012）．類似のモデルに PLS モデルがあり，分析の視点によってさまざまなモデルを使い分ける必要がある．

●**多母集団同時分析**　複数の母集団における因子構造やパス係数の相違を明らかにするうえでは，多母集団同時分析が有効である．因子構造，因子の平均，そして因果関係の有無や強さなどについて，集団間での相違を明らかにすることが可能である．性別や学年，少数の学校，地域，国など，比較するグループの数が少ない場合の比較において特に有効である．比較するグループの数が多い場合は，マルチレベル分析が用いられる．

●**その他の発展的な方法**　構造方程式モデリングによって，ユニークなデザインのデータの分析も可能となっている．例えば，因果関係を明らかにするうえで注目されるパネルデータに対して，時間に伴う成長・発達の軌跡およびその規定要因を明らかにする成長曲線モデル，因子分析で測定誤差を考慮した固定効果・変量効果モデル（Allison 2009），また双生児データについては行動遺伝学的解析モデルなど，構造方程式モデリングからさまざまなアプローチが可能である．X と Y という二つの変数の因果関係を考える際，X が Y に影響を与えつつ，Y が X に影響を与えるというモデルは双方向因果モデルと呼ばれる．このモデルによる推定には，X と Y について一方の変数には直接影響を与えるが，もう一方の変数には直接影響を与えない操作変数（instrumental variable）が必要となる．マルチレベル分析と組み合わせたマルチレベル SEM も存在し，下位水準（例えば生徒）だけではなく，上位水準（クラスや学校）における因子分析やパス解析などが可能である．

［藤原　翔］

📖 さらに詳しく知るための文献

Allison, P. D., 2009, *Fixed Effects Regression Models*, Sage.

小杉考司・清水裕士編，2014，『M-plus と R による構造方程式モデリング入門』北大路書房.

豊田秀樹編，2014，『共分散構造分析［R 編］』東京図書.

変数間の類似性や関連性の布置

参照 「回帰分析」p.186「クロス表分析とその発展」p.188「構造方程式モデリング」p.194「教育機会格差の文化的説明」p.620

　教育社会学の計量分析でも回帰モデルが多用され，ほかの変数を統制したうえで，例えば到達階層に対する学歴の効果が推定される．しかし，回帰モデルのように一つまたは複数の独立変数が，一つの従属変数に影響するといった単純な状況を必ずしも想定できるわけではない．社会現象にはさまざまな要因が複雑に絡み合っているし，そのうえ，教育社会学の多くの概念は直接観察されるものではない．このため，類似した多数の変数を少数に縮約し，変数や各個体の布置構造を分析したり，観測変数間の関連の背後に観測されない潜在変数の存在を仮定することによって，データの構造を読み解く方法がある（実際に観測される変数を「観測変数」，観測されない変数を「潜在変数」という）．こうした手法は，多くの意識変数を扱う分析や，また「文化資本」に代表されるブルデュー（Bourdieu, P.）理論の検証などにも利用されている（Robson & Sanders eds. 2009）.

●量的変数の分析　類似した変数同士には強い相関関係があると予想されるが，因子分析は観測変数間の相関の背後に潜在変数（因子）があることを仮定し，それが観測変数に影響を与えていると想定する．観測変数と因子の間に明確な仮説がない場合に用いられる探索的因子分析と，分析者の仮説をモデルに反映させる確認的因子分析に分けられる．探索的因子分析は仮説がないため，因子数や回転方法（2因子以上の場合）などを決定したうえで実行し，観測変数に対する因子の影響の強さ（因子負荷）から各因子の解釈を行う（豊田編著 2012）．これに対し，確認的因子分析は仮説に従って観測変数と因子との関係，複数の因子間相関の有無などを設定し，仮説とデータとの適合が検証される．他方，主成分分析は潜在変数の存在を仮定せず，個体間の分散を最大化するように，複数の観測変数に重みを付けて合成する方法であり，因子分析とは異なる（足立 2006）.

　例えば家庭の文化的環境に関する検討では，親の「読書時間」および「図書館」「劇場」「博物館」「歴史的建造物」への訪問頻度（五つの観測変数）に探索的因子分析を適用し，前2項目と関係の強い「読書環境」と残りの3項目と関係が強い「文化的消費」の二つの因子が見出されている（De Graaf 1986）．また，主成分分析は，親の職業的地位，教育年数，家庭の経済的資源といった複数の量的変数があるとき，これらの変数を合成し，個人間のばらつきを最もよくとらえることのできる階層指標を作成する際などにも用いられている.

●質的変数の分析　散布図は量的変数間の関連を視覚的に把握することを助けるが，質的変数同士ではそれが難しい．対応分析は質的データの主成分分析ともいわれ，クロス表をもとにカテゴリー間の関連を空間上にプロットすることで，こ

れを視覚的にとらえることを可能にする．二つの変数を扱う対応分析を基本とし
て，これを三つ以上に拡張した多重対応分析は複数の変数間の関連を探索する分
析方法である（Greenacre 2017）．ブルデューの『ディスタンクシオン』（Bour-
dieu 訳書，1990）は，対応分析を使用した研究として有名だが，そこでは階層
変数と文化的趣味や消費行動との関係が分析されている．回帰分析による変数間
の個別的関係ではなく，全体的関係を変数の布置構造から吟味し，各職業層の空
間上の位置づけからその対立関係や階級内の分化の様相，そしてそれらの客観的
変数と生活様式との関係が読み取られている．林の数量化Ⅲ類は，対応分析と異
なった文脈で開発された同等の方法である．1980〜90年代を中心に生徒文化の
析出にこの手法が用いられており，日本の教育社会学にもなじみの深い方法だと
いえる．

　潜在クラス分析は多重クロス表を扱う手法で，両者とも量的変数の因子分析と
は対照的に，観測変数も潜在変数も質的変数である．質的な観測変数間の関連
は，その背後にある質的な潜在変数によって説明されると仮定し（局所独立），
推定された潜在変数の特徴から応答パターンを見きわめる方法である．ここで潜
在変数の特徴とは，潜在変数がいくつのカテゴリー（クラス）をもつか，各クラ
スがどのように分布しているか（構成比），各クラスは観察された質的変数にど
う応答しているか（条件付き応答確率），である（Collins & Lanza 2010；三輪
2009）．例えば，複数の性別役割意識を分析した研究は伝統-非伝統のような一次
元の量的な差異ではなく，質的な違いをもつ意識類型をとらえており（山口
1999），この方法が質的変数を扱うことの多い教育社会学の研究でも有用である
ことを示唆する．なお，対応分析と潜在クラス分析は，同じくクロス表の分析手
法である対数線形モデルと密接に関係している．

●発展的手法への拡張　　以上の手法は発展的分析の前段階として利用されること
もある．確認的因子分析は潜在変数を含む構造方程式モデリング（共分散構造分
析）に拡張が可能である．対応分析でも空間上の位置によって各個人に得点が与
えられるので，これを取り出してほかの分析で利用することもできる．また，潜
在クラス分析は類型の抽出にとどまらず，個人がどの類型に所属するかを確率的
に推定するので，所属類型を従属変数または独立変数として，ほかの変数との関
係を調べることもある（藤原ほか 2012）．　　　　　　　　　　　　［古田和久］

📖 さらに詳しく知るための文献

足立浩平，2006，『多変量データ解析法―心理・教育・社会系のための入門』ナカニシヤ出版．

Collins, L. M. and Lanza, S. T., 2010, *Latent Class and Latent Transition Analysis: With Applications in the Social, Behavioral and Health Sciences*, John Wiley & Sons.

Greenacre, M., 2017, *Correspondence Analysis in Practice*, 3rd ed., Chapman & Hall/CRC.

教育の数理・計量モデル

　教育の数理モデルは主に出身階層間の教育達成格差が生み出されるメカニズムを説明することを目指し，計量モデルは格差の趨勢や理論の経験的妥当性を検証することを主眼とする．

●教育不平等の数理モデル　ブードン（Boudon, R.）は，『機会の不平等』で，教育機会と世代間移動の不平等の発生メカニズムの解明を試みた．彼は1950～65年の教育統計から，先進産業社会では，①就学率は時間とともに増加する，②就学率の増加は中等教育よりも高等教育水準における方が高い，③中等教育・高等教育いずれの水準においても教育機会の不平等は減少している，④上層階層よりも下層階層の方が就学率の増加率が大きい，などの傾向を見出した．そしてこれらの傾向を矛盾なく説明する理論として，IEO（Inequality of Educational Opportunity）モデルを定式化し，「階層間の教育機会不平等は残存しつつも，徐々にその程度が減少する」という命題を導出した．また教育機会の不平等が減少するにもかかわらず，世代間階層移動で平等化が進まない現象を説明するために，ISO（Inequality of Social Opportunity）モデルを定式化した．豊富な経験的データに基づく知見と，単純で明瞭な数理モデルを融合させたブードンの独創的な研究は，教育社会学・数理社会学を中心とする多くの分野で高い評価を得た．

　のちにブリーン（Breen, R.）とゴールドソープ（Goldthorpe, J. H.）はブードンを補完する研究として，出身階層間での進学アスピレーションの違いに注目し，親の階層よりも下降移動するリスクの最小化を目的として子が進学するか否かを決定する相対的リスク回避仮説（Relative Risk Aversion Hypothesis）を定式化した．

●教育不平等の計量モデル　シャビット（Shavit, Y.）とブロスフェルド（Blossfeld, H. P.）はヨーロッパ13か国の調査データに基づき，出身階層間での教育達成不平等の残存を主張した．彼らはメーア（Mare, R. D.）が提唱した移行モデル（transition model）という統計分析手法に依拠して，教育機会の不平等を分析した．移行モデルとは，進級・進学における移行の成否を応答変数とする2項ロジットモデルを，前段階の移行成功者のみを対象として，教育段階別に繰り返し適用し，推定した説明変数のパラメータを比較する分析枠組みである．

　メーアはアメリカでの1973年OCG調査データ（男性21～65歳）に基づく分析の結果，出身家庭の影響は教育段階が進むほど減少するという知見を得た．この知見はシャビットらの分析によっても支持された．そのほかに，教育機会が拡

大しても出身階層間での不平等は残存するという立場からは，ラフトリー（Raftery, A. E.）とハウト（Hout, M.）が MMI 仮説（Maximally Maintained Inequality）を提唱した．彼らはアイルランドのデータ（1921〜75 年）に基づき，移行モデルを用いて，教育機会拡大期における出身階層・コーホート・移行段階の影響を分析した．データ分析から得た一般的傾向は，教育機会が拡大することで進学可能人数の枠が増えたとしても，上階層の進学率が飽和しない限り，低階層の進学が増加し始めないため階層間格差は残る，というものだった（Raftery & Hout 1993）．その原理は父親の教育水準が高いほど，教育に高い価値を見出すために，教育継続から得る主観的利得が大きくなり，子どもが進学しやすくなるという合理的選択理論である．

　1980〜90 年代初期には教育社会学分野で国際的標準として確立したかにみえた移行モデルであったが，経済学者キャメロン（Cameron, S. V.）とヘックマン（Heckman, J. J.）は，「教育段階の移行に伴う出身家庭の影響の減少」という知見は，標本選択バイアスによって生じた可能性がある，と批判した（Cameron & Heckman 1998）．出身階層が低いにもかかわらず，次の教育レベルへの移行に成功した個体のなかには，観察されなかった「能力」が高い個体が多く含まれる可能性が高い．移行モデルは，前段階での移行成功者だけを次段階の分析対象とするため，残存サンプル内では説明変数（出身階層）と欠落変数（能力）との間に負の相関が生じてしまう．その結果，2 項ロジットモデルのパラメータは欠落変数バイアスによって過小評価される．

　こうした批判に対応して，ブリーンとジョンソン（Jonsson, J. O.）は，次の段階に進むか否かの 2 値選択だけでなく，質が異なる複数のタイプやランクの学校に進む多値選択を表現できる多項トランジションモデル（Multinomial Transition Model：MTM）という代替モデルを提案した（Breen & Jonsson 2000）．

　ルーカス（Lucas, S. R.）が MMI 仮説を補完する仮説として提唱した EMI 仮説（Effectively Maintained Inequality）も，このような教育達成における質的多様性を説明することを目指している（Lucas 2001）．EMI 仮説は，教育機会が拡大すると，質的に異なる教育トラックへの進学において，階層間格差が生じることを予想しており，現在経験的な検証が進んでいる．　　　　　　　　　　　［浜田　宏］

📖 さらに詳しく知るための文献

Boudon, R., 1973, *L'Inégalité des Chances, La mobilité sociale dans les sociétés industrielles*, Librarie Armand Colin（＝1983，杉本一郎ほか訳『機会の不平等』新曜社）．

Breen, R. and Goldthorpe, J. H., 1997, "Explaining Educational Differentials: Toward a Formal Rational Action Theory," *Rationality and Society*, 9(3), pp. 275-305.

Mare, R. D., 1980, "Social Background and School Continuation Decisions," *Journal of the American Statistical Association*, 75(370), pp. 295-305.

第2章

質的分析

［編集担当：北澤 毅・白松 賢］

概説：質的調査 …………………………… 202	ナラティブ・アプローチ ………………… 224
エスノグラフィー ………………………… 208	テクスト分析 ……………………………… 226
インタビュー ……………………………… 212	ライフストーリー ………………………… 228
エスノメソドロジー ……………………… 214	事例研究法 ………………………………… 230
会話分析 …………………………………… 216	映像データ分析 …………………………… 232
言説分析 …………………………………… 218	アクション・リサーチ …………………… 234
歴史社会学的アプローチ ………………… 220	混合研究法 ………………………………… 236
ライフヒストリー ………………………… 222	テキストマイニング ……………………… 238

概説：質的調査

☞「教育臨床の社会学」p. 34「教育の歴史社会学」p. 36「教育言説」p. 126「構築主義」p. 130「ニューカマー」p. 578「新自由主義」p. 680

　質的調査（qualitative research）は，文字データや視覚データを収集し，社会（現象）を経験的に分析，解釈する方法である．質的データは非数量的データであり，インタビュー記録，フィールドノーツ，文化作品や文化産物，史料，視覚資料（絵画，写真など），自伝，日記などの伝統的な経験的資料があるが，近年ではインターネットにおける文字データや視覚データなども質的調査の研究対象になってきている．一般的に質的調査とは，質的データを用いて社会的生活や意味世界を解読し，記述することを指している．

●**質的調査の展開**　1900年代初頭，人類学におけるフィールドワーク法の開発とともに，社会学ではシカゴ学派（Chicago school of sociology）が都市の社会生活研究において質的調査の重要性を明らかにした．生活世界の記述や解読をしたシカゴ学派およびその影響によって発展した質的調査の研究成果は，わが国の教育社会学にも大きな影響を与えてきた．馬場（1951）は，教育社会学の調査法の展望として，実証科学を目指した量的調査や質的調査の必要性を論じている．この実証科学への希求において，1950年代の創生期から1970年代まで，教育社会学の質的調査は実証主義研究手法の一つとして用いられてきた（例えば，ソシオメトリックテストなど）．

　ところが1980年代から2000年代にかけて，一つの言語論的転回（linguistic turn）が生じた．実証主義研究への懐疑とポストモダン思想の隆盛の時期に，イギリス新教育社会学，ヨーロッパの構造主義（社会史や言説分析），アメリカのエスノメソドロジーや社会構築主義などの質的研究が輸入され，解釈的，批判的パラダイムとして教育社会学における質的研究の重要性が認識されるようになる．この結果，1990年代以降，『教育社会学研究』においても質的調査を用いた論文が多数掲載されるようになった．

　特にブラックボックス化されていた学校内部への関心の高まりとともに志水・徳田編（1991）や結城（1998），木村（1999），古賀（2001），渋谷（2001）などの蓄積から，スクールエスノグラフィーが一つの領域として展開されるようになる．またエスノメソドロジーでは，清矢（1994）や秋葉（2004），言説分析では今津・樋田（編 1997）や広田（2001a），社会構築主義的アプローチでは朝倉（1995）や北澤・片桐（2002）などの成果が注目を集めた．その後，エスノグラフィーによるニューカマー研究（清水 2006；児島 2006），ナラティブ分析（貴戸 2004），自己言及的フィールドワーク（倉石 2007），教育の歴史社会学的アプローチ（小針 2009；元森 2009），フィールドワークを用いた教育問題研究（内田

2009；湯川 2014），言説分析（牧野 2012），社会構築主義的アプローチ（加藤 2012；伊藤 2014；北澤 2015），教育臨床的アプローチ（近藤・志水 2002；酒井編 2007）など，多様な質的調査の成果が蓄積され，現在では研究＝調査方法として定着している．以下では，質点調査の研究デザインを4点に整理する．

●**研究のパラダイム**　質的研究を行ううえできわめて重要なポイントとなるのは，パラダイム（理論）の選択である．選択したパラダイム（理論）により，そこで適用される調査技法（経験的資料の収集の仕方や扱い方），解釈＝記述の方法（規準）の違いが生まれる．例えば表1に示したように，多元的な質的調査が展開する現在では，選択したパラダイム（理論：存在論・認識論・方法論で構成される解釈枠組み）により，経験資料の扱い方，理論形式，語りのタイプが異なる（Denzin & Lincoln 訳書，2006）．

　質的調査の規準や語りのタイプはパラダイム（理論）とともに，主として「感受概念」（sensitizing concept）（Blumer 訳書，1991）と呼ばれる「ゆるやかな問い」（存在論・認識論）の違いに起因する．わかりやすくいえば，質的研究デザインの出発点における代表的な問いは次の三つである．第一は「どのような事

表1　研究パラダイム

パラダイム/理論	規準	理論形式	語りのタイプ
実証主義/ポスト実証主義	内的・外的妥当性	論理的-演繹的，基礎づけられた（grounded）	科学リポート
構成主義	信用性，信憑性，転用可能性，確証性	実質的-形式的	解釈的事例研究，エスノグラフィー的フィクション
フェミニズム	アフロセントリック，生きられた経験，対話，ケア，説明責任，人種，階級，ジェンダー，再帰性，実践，感情，具体性による基礎づけ	批判的，立場性	エッセイ，ストーリー，実験的著述
民族研究	アフロセントリック，生きられた経験，対話，ケア，説明責任，人種，階級，ジェンダー	立場性，批判的，歴史的	エッセイ，寓話，劇
マルクス主義	解放理論，反証可能性，人種，階級，ジェンダー	批判的，歴史的，経済的	歴史的，経済的，社会文化的分析
カルチュラル・スタディーズ	文化的慣行，実践，社会的テクスト，主観性	社会批判	批判としての文化理論
クイア理論	再帰性，脱構築	社会批判，歴史分析	批判としての社会理論，自伝

（出典　Denzin & Lincoln 訳書，2006，p. 24）

象（が存在する）か？」という問いである．第二は「なぜ，この事象が生じているのか？」という原因と結果をめぐる問いである．第三は，「どのようにこの事象（意味や秩序を含む）が構成されている（きた）のか？」という構成・構築過程をめぐる問いである．第一の問いは，質的調査やフィールドワークの出発点となる．この出発点は二つの認識論により，異なる問いに分岐していく．その一つが客観主義的な認識論に基づくものであり，原因と結果をめぐる実証主義的な問いである（上記の第二の問い）．今一つが主観主義的・相対主義的な認識論に基づくものであり，構造主義・社会構築主義などによる問い（上記の第三の問い）である．このような問いに着目した場合，質的研究のパラダイムは，「規範的パラダイム」と「解釈的，批判的パラダイム」の二つに大別される．

特に言語論的転回以降の欧米では，規範的パラダイムの客観主義的前提をいわば仮想敵とした質的調査が，意味や存在の相対性を描くうえで進展かつ多元化し，解釈的パラダイムを構成してきた．1980年代以降の欧米では，質的調査における写実的エスノグラフィー，客観主義への疑義や人類学における調査者の特権的地位やコロニアリズムの批判と同時に，フィールドワークと著述の境界をめぐる問題（表象の危機）が生じた．この問題状況を乗り越えるために，例えば *Journal of Contemporary Ethnography* や *Qualitative Research* では，主観主義的・相対主義的な認識論をもとにした研究方法の多様化が進展し，「『大きな物語』（grand narrative）への希求は，特定の問題や状況に即したより地域的で小規模な理論に取って替わられつつある」（Denzin & Lincoln 訳書，2006，p.20）という認識が表明されている．この結果，表1に示す質的調査法の多様性が創出され，質的調査内部でさまざまな緊張が生まれることになる．

一方，わが国の教育社会学研究では，スクールエスノグラフィーの隆盛など，規範的パラダイムに基づく質的研究を比較的重視してきたといえるだろう．これは，「教育」を対象とする社会学において「実践性，有用性」（酒井 2004）への希求が強かったことと深く関連しており，近年では，高等教育機関における科学研究への新自由主義的統制（市場原理主義による競争圧力）とも深く関わっている．そのため，この社会的圧力に対して，①規範的パラダイムに基づく臨床への接近，②解釈的，批判的パラダイムの重要性を理解しうる経験的研究の蓄積，③解釈的，批判的パラダイムに基づく質的研究の臨床的実践，という三つが今後強く求められるだろう．

●データの種類と収集方法　質的調査の場合，対象となる事象や人，組織などの調査を行う場合，明確な理論をもとに，というよりも，理論や事象を手がかり（「理論レンズ」や「理論的パースペクティブ」，Creswell 訳書，2007）として，データあるいはドキュメントの収集が行われる．質的調査の悩ましさは，存在論・認識論・方法論とともに，収集するデータの種類や収集方法も多様であるこ

とにある.

Silverman（2011）や Flick（訳書，2011）を参考に，質的調査で収集するデータを類別化すると，言語データと非言語データの二つになる．まず言語データの収集には，言説分析のように既存のテキストデータを収集する方法と，フィールドノーツやインタビューのように調査者自らが調査しながら作成する方法がある．また非言語データにも，既存の視覚データ（写真，絵画，マンガ，映画，テレビなど）を収集する方法と，エスノグラフィーのように，視覚データを調査者自らが調査しながら作成する場合がある．非言語データはエスノグラフィーのような非言語的要素を文字テキスト化して分析する場合と，ビジュアルリサーチのように非言語的要素そのものを分析する場合との二つがある.

大まかにいえば，言説分析や歴史社会学的・社会構築主義的アプローチ（テキスト分析・映像データ分析）では，主としてすでにテキスト化された「ドキュメント資料」や「ビジュアルデータ」が収集されて分析に用いられる．一方，エスノグラフィーやライフヒストリーでは「インタビュー（フォーカスグループを含む）や参与観察によって収集した言語データ（非言語データの言語化テキストを含む）」を用いる．またエスノメソドロジーでは，主として日常の相互行為場面や制度的場面における「会話」のトランスクリプトをデータとして用いる.

●**研究方法の規準**　質的研究を悩ませる，今一つの問題に「信頼性」（reliability）と「妥当性」（validity）という研究を評価する際の規準の問題がある．もちろんベッカー（Becker, H.）が指摘するように，「信頼性」や「妥当性」の問題はすべての社会科学のデータに共通する問題であり，どれもうまく解決できていない（Becker 1996）という前提は共有されるべきであろう．しかしながら，この問題に対して質的調査では，①量的調査における「信頼性」と「妥当性」を質的調査に置き換える試みと，②質的調査の「方法に適した基準」（Flick　訳書，2011，pp. 476）に置き換える試みが行われてきた.

①については結城（1998）の手法がわかりやすいだろう．結城はデータ対話型理論（Glaser & Strauss　訳書, 1996）による概念把握をもとに，計量的手法を組み込んだ「事象のパターン」「傾向」（結城 1998，p. 7）の分析を行い，この傾向をもとに，再度質的資料を解釈する手法をとっている．すなわち，量的調査の規準との接合とともに，妥当性規準への置換えが企図されている．1990年代の質的調査研究には，量的調査のような客観性や信頼性といった規準の圧力が強かった．「実証性」を原因＝結果という因果論でとらえる向きは今なお強く，「量」対「質」の対立，「大量データ」（全体性）vs「少数事例」（個別性）という対比構造でみなされやすい．そのため実証主義およびポスト実証主義の規準でみれば，確かに「信頼性」および「妥当性」の規準への対応は必須となる.

一方で，山村（1982），稲垣（1990）は教育社会学領域における解釈的アプロー

チの研究対象として「解釈過程」（社会的相互作用）の重要性を提起した．この
研究対象の限定は，以後，エスノメソドロジーやナラティブ分析などを中心に，
「妥当性」という研究規準を解釈学（hermeneutics）の規準へと置き換えること
になる．それはすなわち，当事者の「解釈活動」や「意味世界」を分析しうるデー
タ（ドキュメント資料）かどうかである．また言説分析や歴史社会学的アプロー
チ，社会構築主義的アプローチの隆盛により，「モダニズム」の問い直しや人々
の解釈活動に関心が寄せられた．この結果，「解釈活動」や「意味世界」の分析
可能性という研究規準は一つの柱であり，質的調査の「方法に適した規準」への
道を拓いてきた．特に，データや分析について〈データやドキュメント資料収集
の手続きが十分説明されている〉〈データやドキュメントが分析結果や解釈を十
分説明している〉といった手順の確実性（dependability）や監査可能性（audit-
ability）などが新たな規準として重視されてきたといえよう．

　しかしながら，解釈的アプローチによる新たな規準が探究されながらも，客観
主義・実証主義との葛藤や対話において，これらの異なる理論的パースペクティ
ブによる規準が混在して適用されているケースも多い．特に「実証」と呼ばれる
手続きは「対象のあり方に関与しない外部を必ずもっている」（佐藤 2006，p.
11）．この観点でみれば，解釈的，批判的パラダイムを志向する質的研究も，観
察者や分析者を外部に配置し，データ（テキスト，ナラティブなど）について観
察可能な客体という境界設定を行っていると批判されうる．すなわち，エスノグ
ラフィーやエスノメソドロジー，社会構築主義や言説分析などの研究の多くは，
意識的であれ無意識的であれ，「確定単位境界や特権的な観察者といった外部を
すべりこませて」（佐藤 2006，p. 13），客観的な分析を志向している（「主観的
世界の解釈」を客観的に分析するという方法的帰結）．

　そういう意味では，わが国の教育社会学研究における質的研究は，古典的かつ
実証主義的な規準と解釈的，批判的パラダイムの規準とをゆるやかに統合する，
あるいは分析ツール化・パースペクティブ化して，人間の行為と意味を考察する
「解釈主義」（interpretivism）的アプローチとして展開されてきたといえよう（解
釈主義については Schwandt 訳書，2006 参照）．すなわち，教育社会学の質的調
査にみられる客観主義的バウンダリーワーク（境界線引き）は，「客観的な事実
とその事実の表象との間の緊張を解消する営み」（中河 1999，p. 274）の一つで
あった．このバウンダリーワークのあり方や適切さについては，今後，検証が求
められるが，成果として次の３点が蓄積されてきている．それは，①教育や学校
の文化の解読・脱構築（言説分析，ナラティブ分析，エスノグラフィー，社会構
築主義的アプローチなど），②学校や教育に潜む日常性・秩序の解剖（エスノメ
ソドロジー），③教育の臨床社会学への道（スクールエスノグラフィー，アクショ
ン・リサーチなど），といった三つの可能性である．

●質的調査の課題と今後に向けて　質的調査の現在は，解釈的，批判的パラダイムの隆盛した1990年代や2000年代初頭と異なり，近年，保守主義的な科学志向やエビデンス希求の社会的風潮が広がっている（Denzin & Licoln 2005）．これに伴い，実証主義への回帰や質的調査における内部緊張（方法間の相互批判）が高まると同時に，一方で「通常科学化」の問題が生じつつある．「通常科学化」とは，質的調査の方法を定式的に使用することで，新たな質的調査法の探究や方法的規準の議論が空洞化することを意味する．例えば，ネット社会の進展や調査機器のデジタル化に関して，質的調査のあり方や方法的規準が，わが国の教育社会学研究ではあまり議論されていない（欧米ではPink 2013；Tinkler 2013；Wiederhold 2014；Vannini 2015など）．

　そこで質的調査の内部葛藤や量的調査との葛藤，通常科学化を超えて，研究を活性化するための方途を示しておきたい．一つには選択したパラダイム（理論：存在論・認識論）とリサーチメソッドの一貫性から，「方法に適した規準」を記述し，方法上の多元性（方法的議論の可能性）を保障することである．存在論・認識論による相互批判ではなく，多様な質的調査を保障するうえで，「方法に適した規準」を多元的に産出することが急務である．

　今一つには「解釈主義的」アプローチと先述したが，質的調査の方法論を分析ツール化・パースペクティブ化して質的調査を行い，その成果をもとに，現実の教育課題解決に向けた提言（に資する言明）を積極的に行うことである．この好例には，広田（2001），志水編（2009），酒井（2014），北澤（2015）などがあり，参考となるだろう．

　最後になるが，フリック（Flick, U.）はToulmin（1990）を引用し，近代科学の機能不全を超えていくために，「1）口述されるものへの回帰」「2）特殊なものへの回帰」「3）ローカルなものへの回帰」「4）時間的なものへの回帰」が質的調査を通じて達成される必要性を示している（Flick 訳書，2011）．研究の科学化が目指された時期に，例えばベッカーやウィリス（Willis, P. E.）は質的調査によって「社会の問い直し」や「社会的なものの見方の再考」を達成している（Becker 訳書，2011；Willis 訳書，1996）．その意味では，上記四つの観点に着目する質的研究の意義を，質的調査の古典への回帰を時に伴いながら再度明確化していく必要がある．　　　　　　　　　　　　　　　　　　　［北澤　毅・白松　賢］

📖 **さらに詳しく知るための文献**

Denzin, N. K. and Lincoln, Y. S., 2000, *Handbook of Qualitative Research*, 2nd ed., Sage（＝2006-2007，平山満義監訳『質的研究ハンドブック』1-3，北大路書房）.

Silverman, D. ed., 2011, *Qualitative Research*, 3rd ed., Sage.

Flick, U., 2007, *Qualitative Sozialforshung*, Rowohlt Taschenbuch（＝2011，小田博志ほか訳『新版 質的研究入門―〈人間の科学〉のための方法論』春秋社）.

エスノグラフィー

☞「再生産論」p. 96「階級と階層」p. 100「インタビュー」p. 212「エスノメソドロジー」p. 214「ナラティブ・アプローチ」p. 224「逸脱」p. 544「非行・少年犯罪」p. 548

　エスノグラフィーとは，参与観察やインタビューなど質的調査法を用いた現地調査の総称であり，民族誌と訳される．地域コミュニティや学校など研究テーマに即した場所を実際に研究者が訪問し，比較的長期間にわたって対象者を直接観察するとともに，関係者などに聞き取りを行い，現場の状況や文脈に即した文化的特質の分析を行う調査技法である．20世紀に入り，未開民族の文化を体系的に研究したマリノフスキー（Malinowski, B. K.）をはじめとして，シカゴ学派の社会学者による都市のモノグラフが多数著され，実証的調査法として確立していった．いわゆるアームチェアの研究者による一方的な机上の理論に依拠することなく，現場の日常性に合わせた臨床的研究関心や学問的想像力を喚起するところに存在意義があるといえる．

●**現地調査の貢献と逸脱集団研究・学校研究**　エスノグラフィーの実践的テキストとされるホワイト（Whyte, W. F.）の著作は，都市のスラム地域に住む若者ギャング集団の内部構造を調査し，その過程でのフィールドにおける体験的な観察手法を逐次記述したものであった（Whyte 訳書, 1979）．研究者自らが現場のリトマス試験紙になると記されているように，まずもって逸脱行動を当事者の合理性ある行為として把握し，下層階層の文化的視点にのっとって理解していくことが試みられた．そこではメモといった私信の活用，集団成員相互への対話的聞き取り，日常的言動のきめ細かな記録など，さまざまな参与観察の手法がみられた．現在でも，都市の街角における人種間の文化的差異の混在とその力学を「居場所の知」として分析したアンダーソン（Anderson, E.）など，理論的差異はあるものの，シカゴ学派の調査手法に連なる高名な実証研究が数多く存在する（Anderson 訳書, 2013）．

　イギリスのウィリス（Willis, P. E.）の著作も，底辺の高校をフィールドとした階層研究の貴重な業績である（Willis 訳書, 1996）．貧困層の若者が中産階級の価値を投影した学校の権威的な秩序に抵抗しながら反学校文化を体得し，結果的に男尊女卑や身体性の誇示など伝統的な下層階層の文化に同化していく過程を，現地調査による生の声を生かしながら分析している．「耳穴っこ」と称する従順な生徒と「野郎ども」と呼ばれる反抗的生徒のせめぎあいのなかで，学校内に響く異種混交した生徒たちの声を聞き取る手法や行動観察によって生きられる文化の細部を記述する技法など，エスノグラフィーの方法論が巧みに活用されている．生活世界のダイナミックな記述を再生産理論と重ね合わせて理解できる研究となっており，1980年代の「新しい」教育社会学における調査法の基礎を提供し，

その後の学校における臨床的研究の契機ともなった（恒吉 1992；酒井 2007 など）．

●調査者の立場性への批判と自己再帰性　1980 年代に入ると，本来現場に即した「ゆるやかな研究関心」の持続を求められる調査者が生活者の視点を軽視し，西洋中心の学問観から一方的に調査をしているというコロニアリズム批判が展開された．現場の文化的事実を客観的に把握できるとするフィールドワーカーの特権的な立場性（positionality）が問題視されたのである．ヴァン＝マーネン（Van-Maanen, J.）も，研究者が過去の体験への依存や現場参与時の政治的権力性など調査バイアスを抱えながら，その自覚に乏しいまま記述・分析していると批判した（Van-Maanen 訳書, 1999）．人々の知らない事実を発見したとする「写実的な物語」や自分の感じた世界に安易に依存する「告白体の物語」が横行し，学問的な報告文の記述と現地調査の実施プロセスとの関係が不明確なままエスノグラフィーが書かれているという．

　ポストモダン論争の過程でクリフォード（Clifford, J.）らは新たなエスノグラフィーのあり方を確立しようと挑んだ（Clifford & Marcus eds. 訳書, 1996）．科学的に中立なエスノグラフィーという学問の神話を解体し，歴史的状況のなかで産出され，たえず批判に開かれたテクスト（報告文）を構成する過程として調査実践を位置づけ直そうとした．そこでは，調査者と被調査者の非対称な関係性を認め，改めて現場での共同の著者として被調査者を位置づけ直し，調査者が多様な立場にある被調査者のまなざしや応答から何を感じ取り理解することになったのかを記述すること，言い換えれば調査過程での「自己再帰性」を理解した実証研究を行うことが期待された（藤田・北村編 2013）．

●被調査者との関係性構築の反省的記述　マクラウド（MacLeod, J.）は，貧困世帯の公営団地をフィールドとして，学校の業績主義に背を向ける白人少年集団と勉学に勤しむ黒人少年集団との対比を描いている（MacLeod 訳書, 2007）．犯罪が蔓延し人種間対立が激化するなかで，学歴獲得の神話がくずれ，白人少年たちは高校を中退しドラッグに手を染めていく．彼は少年たちと現場でラポールを形成するため，振舞いや言葉遣いまで変えようと試みたという．コミュニティの成員となることがなければ対話することが困難であったからだが，同時に，研究者として調査協力を依頼することへの逡巡や，非行サブカルチャーの悪への誘惑などを自覚せざるを得なかった．特異な現場にアクセスすることの困難と参加した後の研究者としての困難との板挟みの記述が，調査報告の真実をリアルに伝えている．

　実際フィールドへ入り込むとき，多くの調査者は現場の気分やゴシップ的な出来事に目を奪われがちであり，気になった出来事の雑記的メモや浮かんだ発想，日々の事実などが雑然とノーツに記録されるにすぎない．しかし，自己再帰的な記録から自分の常識が被調査者の考えの理解へと転換していく局面が重要になる

（岸ほか 2016）．例えば，教育困難高校でルーティーンな活動を観察していくうちに，教師が非行傾向の生徒に対して教室秩序の維持をはかる「実践知」として手作業中心の授業方法を認識していることに気づくといった事例も，同様である（古賀 2001）．

●**客観性批判への対処戦略と「信用性」** 従来エスノグラフィーには，現場に固有な日常知を体験的に把握できる反面，調査を現場で実施すること自体が難しく，収集したデータの分析が調査者の恣意性に流されやすいという実証主義批判が強かった．そのため，「トライアンギュレーション」のように，同じ調査対象や場面を，観察や聞き取り，文書分析など異なった方法によって調査することが推奨され，客観性の担保が主張された．ベッカー（Becker, H. S.）も「分析的帰納法」を提唱し，調査の信用を高めるため，個別事例の分析によって提起された研究仮説が他の事例に適合しないなら，仮説自体を繰り返し再構成すべきだと主張している（Becker 訳書, 2011）．さらに，グレイザー（Glaser, B. G.）とシュトラウス（Strauss, A. L.）は，「グラウンデッド・セオリー」を提唱し，量的な分析手法を導入して，現場の発話に含まれる特徴的な単語や語彙をコード化されたデータベースに構築してから分析すべきだと論じた（Glaser & Strauss 訳書, 1996）．

デンジン（Denzin, N. K.）とリンカン（Lincoln, Y. S.）はエスノグラフィーの読み手にとって信用でき価値ある調査であるための評価規準を設定し，研究者が公表する責務を負うことを提案している（Denzin & Lincoln eds. 訳書, 2006）．まず「信憑性」の規準があり，被調査者の回答と調査者の解釈がどの程度一致しているかを保証する活動をする．次いで「転用可能性」の規準があり，特定の研究事例が他事例にどこまで一般化できるかを確証できる資料を示す．第三に「確実性」の規準があり，フィールドワークの過程が焦点化され論理的で再度追跡可能かを明示する．最後に「確証性」の規準があり，収集されたデータやその解釈が事実に基づくものであることを確認できる裏づけを付与する．組織の内部情報や個人情報の秘匿などフィールドでの調査倫理の遵守をはかりつつ，エスノグラフィーの総体的な「信用性」（plausibility）を高めることが肝要である．

●**現地調査の深化のステップとフィールドエントリー** しかしながら，現場のローカル・ノレッジを客観化する手続きの議論だけに向かうならば，調査過程で調査者と被調査者とが対面的に相互関係を取り結ぶことから生じる，創発的な理論の発展可能性を阻害するおそれがある．現場の人々から学ぶ姿勢に立った現地調査では，研究者の職人芸的なコツに依存するだけでなく，調査者自身が基本的な調査の進行手順や留意事項を前もって学習すべきである．とりわけ，フィールドにエントリーするとき，調査目的に合った対象を意識的に選択していく「理論的サンプリング」を実施することや，エマーソン（Emerson, R. M.）の指摘する

ように，調査の開始時から雑記帳としての「フィールド・ノーツ」をつけ続け，当初の印象から変化した理解や出来事の細部の事実などを調査の構成要素として記録にとどめておくことなどが重要となる（Emerson et al. 訳書, 1998）.

　スプラッドリー（Spradley, J. P.）は「段階的研究手順法」を提唱している（Spradley 訳書, 2010）. エスノグラフィーの実際を学ぶための最良の方法は実際のトレーニングであり，実践の 12 ステップを踏みつつ，早くから報告文を書いてみることが肝要である. まず「社会状況を定め」，場所・行為者・活動の点から対象を選択する. また，「参加観察を行い」，調査者の現場への参加レベルを問いつつ，「記録をつける」ことへ向かう. 次いで全体の現場を把握し言葉を理解する「記述的観察」と「ドメイン分析」が行われ，その後に「焦点化した観察」と「分類分析」に向かって，最終的に意図的に限定した場を観察・記録する「選択的観察」と「構成要素の分析」まで深化させていく. こうして研究上の「文化的テーマを発見」し，「文化的なリストをつくり」，そして「エスノグラフィーを書く」ことが可能となる.

●**当事者性や臨床性を重視したエスノグラフィー**　もちろん理論的指向性によって，現場でのデータの収集や解釈の力点は変わってくる. 例えば，経験知としての現場の知識の内容に関心を寄せるか，あるいはエスノメソドロジー研究者のように，対話の進行に現れる人々の認識の形式に関心を寄せるかによっても違ってくる. だがいずれにせよ，データ内在的理解を進めることによって，データそれ自体から出来事の意味が観察・分析可能になることが大切であり，エスノグラフィーのデータが，量的調査のような母集団を想定したある標本の「例証」ではなく，その現場の文脈で実際に起こった事実・証拠としての固有の「事例」の位置を占めることを大切にする必要がある（北澤・古賀編 2008）.

　今日のエスノグラフィー研究では被調査者との現場での関係性を積極的に生かし，冷たい科学ではなく，当事者の目線に立った臨床的で協働性のある知を構成していく姿勢が求められる. 「テクストのヴァルネラビリティ」（攻撃誘発性）という言葉があるように（Denzin & Lincoln eds. 訳書, 2006），現場についての詳細な記述が，従来にない積極的な人々の意見を誘発させ，現場のエンパワーメントとなることを目指す. 当事者優位の時代には，これまで以上に，現場課題からの社会変革にとってエスノグラフィーの知見が重要になってくる. 　　［古賀正義］

📖 さらに詳しく知るための文献

北澤　毅・古賀正義編. 2008. 『質的調査法を学ぶ人のために』世界思想社.

MacLeod, J., 1987, *Ain't No Makin' It: Aspirations and Attainment in a Low-Income Neighborhood*, Westview Press（＝2007, 南 保輔訳『ぼくにだってできるさ──アメリカ低収入地区の社会不平等の再生産』北大路書房）.

インタビュー

☞「構築主義」p. 130「会話分析」
p. 216「ライフヒストリー」
p. 222「ナラティブ・アプロー
チ」p. 224

こんにちインタビューは，キャスターがゲストにインタビューするテレビ
ニュースをはじめ，街頭インタビューなど，ジャーナリズムにおいて頻繁に用い
られている．現代が「インタビュー社会」（Holstein & Gubrium 訳書，2004）で
あるとは，いい得て妙である．社会学においてインタビュー法は，主としてアン
ケート調査に代表される調査票（質問紙）を使った量的な調査の一部として利用
されてきた．しかしながら，インタビューから得られた対象者の回答は，調査仮
説を検証するためのデータの一部として扱われるだけで，仮説に照らして無関係
とみなされた回答，あるいは非科学的と考えられた回答は，統計的検定に付され
ることもなく捨てられてきた．つまり，インタビューそれ自体を有意味な現象と
して考察したり，インタビューから得られた語りを，語りがなされた当該の文脈
に内在してとらえることはほとんどなかった．

確かに，調査対象者の口から生の情報を得ようとする探求は，現在のライフス
トーリー研究法につながる，20世紀初頭のシカゴ学派の社会学までさかのぼる
ことができる．ところが，インタビューを根底から変えたのは，言語論的転回と
呼ばれる人文社会科学の新しい潮流である．哲学者のウィトゲンシュタイン
（Wittgenstein, L.）が主張するように，言語は外界を記述する道具ではなく，む
しろ言語を使うということは，「挨拶する」「約束する」など，さまざまな「言語
ゲーム」を遂行することである．すなわち，言語ゲームの遂行を通して，社会を
構成する生活形式がつくりだされていくのである．ここから，そのつどの言語使
用を通して社会が構築されるという，社会構築主義の見方が生まれてくる．社会
構築主義の立場に立てば，インタビューは，単に調査票の回答を得るための手段
ではなく，調査者（インタビュアー）と対象者（インタビューイー）の社会的相
互行為から生み出される特定の社会的現実としてとらえられることになる．

●**アクティブ・インタビュー**　ホルスタイン（Holstein, J.）とグブリアム（Gu-
brium, J.）は，調査票を使ったインタビューを「回答の容器」アプローチとして
批判する（Holstein & Gubrium 訳書，2004）．つまり，どんなに形式的で標準化
されたインタビューであっても，対象者は単なる回答の容器ではない．むしろ，
インタビューの過程のなかで，進行中のさまざまな偶然性と結びつきながら，対
象者は調査者と協働して，調査テーマに沿った物語をつむぎだすのである．した
がって，質問内容や質問順番を統制して，調査者の影響を最小限に抑え，インタ
ビューから相互行為的要素を抜き取ろうとする努力は徒労に終わる．実際には，
インタビューという相互行為を通して，対象者はストーリーテラーとなり，その

際調査者は，対象者の物語の産出を援助する役割を担うことになる．これがアクティブ・インタビューである．

この考え方は，インタビュー調査に大きな転換をもたらす．従来のように対象者の回答だけを分析の対象とすることができなくなるからである．すなわち，対象者の回答はもちろん，調査者自身の質問や応答も含めた，インタビューの過程全体を分析の俎上に載せることになる．この課題を遂行するために，桜井（2002）は，会話分析のトランスクリプトを参考にして，インタビュー参加者全員の発話について，発話順番に沿った逐語録を作成し，インタビュー過程全体を詳細に観察する技法を開発した．この課題には，桜井（2002）が「自己を調査の道具とする」と表現したように，調査者である自己の変化の過程をリフレクシブに点検する作業も含まれる．当然ながらここには，調査対象者の回答から調査仮説に適合するような語りだけを取り出すといった，一方向的で恣意的な操作の入り込む余地はない．

●**日本におけるインタビューの社会学**　ここで日本における展開に目を移せば，『口述の生活史』（中野編著 1977）によって生活史研究の先駆者となった中野卓は，一見非科学的にみえる信仰に生きた女性の語りを，それ自体で価値があるものとして提示した．これこそエポックメイキングな出来事である．その後を継いだ桜井厚が，インタビューの対話的，相互行為的側面に注目することによって，ライフストーリーの社会学を生み出した．桜井（2002）は，調査者が暗黙裏にもっている仮説や先入観を「構え」と呼び，それが回答者の語りを抑圧する側面を指摘する．「構え」は時に特権的な語りであるモデル・ストーリーを構成する．そして当該社会の成員に共有された支配的な語りがドミナント・ストーリー（マスター・ナラティブ）である．

確かに，インタビューそれ自体を社会的現実として扱ったことは，社会構築主義の貢献だが，ホルスタインたちが語りの構築性に対する過剰な注目に対して警戒するように，社会構築主義は歴史性を軽視し，語られた方法だけを偏重しがちであった．ところが，ホルスタインたちも桜井厚も，語られた方法だけでなく，語られた「内容」に着目し，語りのなかの「物語世界」（桜井 2002）の自律性も重視する．それは歴史学でいう証拠に相当するものであり，例えば身体的苦痛や病いの経験のように，物語の外延を限定するものである．このとき「病いの語り」の証人（witness）になるとクラインマン（Kleinman, A.）がいうように，調査者は対象者の物語世界を聞き届ける使命を帯びる．ナラティブ・メディスンが指摘するように，調査者が語りの証人になることを引き受けたとき，調査者は対象者の世界に入っていく決断をしたことになる．　　　　　　　　　　［山田富秋］

📖 さらに詳しく知るための文献

Kleinmann, A., 1989, *Illness Narrative*, Basic Books（＝1996，江口重幸ほか訳『病いの語り―慢性の病いをめぐる臨床人類学』誠信書房）．

エスノメソドロジー

> ☞「社会化」p. 82「教育言説」p. 126「会話分析」p. 216「言語と社会化」p. 262「学校文化と生徒文化」p. 398

エスノメソドロジー（ethnomethodology）は，アメリカの社会学者ガーフィンケル（Garfinkel, H.）が「メンバーの方法論」（member's method-ology）を指してつくった言葉で，彼はこれを社会秩序の「研究対象」かつ「研究方法」に据えることを提案した．それは，パーソンズ（Parsons, T.）をはじめとする社会学理論に視座の転換を求めるものであり，多方面に理論・方法論上の影響を与え続けてきた．ここでは教育の研究動向に限定して概説することにしたい．

●**研究の対象かつ方法としての「メンバーの方法論」** ガーフィンケルがこうした研究方針を考えついたのは陪審員の審議過程を研究していたときであり，彼らは法の専門家ではないが，法的に正しく公正となるように審議を秩序立てていることに気づいた．彼は審議に参加している「人々」（「メンバー」）に特有の見方や方法論があること，またこれを対象に据えて研究ができることを発見したのだ（Garfinkel 1967；訳書，1987）．またこの「方法論」とは人々が活動を秩序立て組織化する方法論であるが，それゆえ人々が活動や事態を理解し「記述するための方法論」でもある．伝統的な社会学では，人々が秩序立てた活動や報告を研究のリソース（資源）に用いて社会現象や社会構造に関する「社会学的記述」を行ってきた（Sacks 1963）．だがエスノメソドロジー研究ではその説明可能性自体が人々の方法的な実践によって生み出されている点に注目し，それがいかに組織化され，記述されているのかをトピックに据える．このため研究に際しては，人々に固有の方法論，つまりその場の「エスノメソドロジー」に沿いながら「エスノメソドロジー」を記述するというやり方をとる（Garfinkel & Sacks 1970）．

●**対象へのアプローチ** 研究が進むにつれ，対象に応じて研究のアプローチや領域が分かれてきた．「ワークの研究」では，人々がある場面に結びついた特徴に沿っていかに自らの活動をその実践の目的に向けて成し遂げているのかを明らかにしている（Garfinkel 1967；Garfinkel ed. 1986）．近年ではフィールドワークに基づくテクノロジーを用いた協同作業に焦点を当てたワークプレイス研究（Heath & Luff 2000；水川ほか編 2017）がある．会話のワークの研究である「会話分析」はサックス（Sacks, H.）のアイデアから順番交替システムや成員カテゴリー化装置などの知見が洗練され，シェグロフ（Schegloff, E. A.）らによって「日常会話」の組織化の研究領域として確立された（項目「会話分析」参照）．また，エスノメソドロジー研究を「論理文法分析」（Wittgenstein 訳書，1995）を経験的事例に拡張したものととらえる立場（Lynch 訳書，2012）からは，心的概念の研究（Coulter 訳書，1998；西阪 2001, 2008；前田 2008；五十嵐 2016）が蓄

積している．どのアプローチでも音声，映像，フィールドノーツ，文書などの資料を必要に応じて用い，ほかの知見も参照しながら研究している．

●**研究のトピック**　エスノメソドロジーの教育研究の対象は，「進路などの教育上の決定」「試験とその評価」「子ども文化と社会化」「教室の秩序と管理」「教室の活動と出来事」「学問知識の組織化」に分けられ，主にワークの研究や会話分析によって研究がなされている．例えば，教育上の決定の研究（Mehan 1991）や試験の研究（Mehan 1976；Maynard & Marlaire 1992）では，どのようなやりとりに基づいて，決定や評価が生み出されているのかを論じている．また会話分析の始まりとなった，サックスの子どもの会話の考察（Sacks 1972, 1992）は，社会的実践者として「子ども」をとらえる視点をもたらし（Speier 1976；山田 1986），その後の子ども文化（Goodwin 1990），相互行為能力とその発達や社会化の研究（Wootton 1997；Kidwell 2012；山田 2000；串田 2003；五十嵐 2011；高田ほか編 2016）へと展開した．教室研究へは，授業は教師と生徒や生徒同士の相互行為によって組織化されるとする見方がもたらされ，行為連鎖（McHoul 1978；Mehan 1979）や秩序の管理（Payne & Hustler 1980）に加え，学習活動（Hester & Francis 1995）や教授知識（McHoul & Watson 1984；Lynch & Machbeth 1998）の組織化の研究も行われている．なお，ワークの研究や会話分析は，発達心理学や認知科学における「状況論的アプローチ」（Lave & Wenger 訳書，1993；上野 1999；川床 2007），教育工学の「コンピューター支援による協調（協同）学習」（Computer Supported Collaborative Learning）研究に取り入れられ（Koschmann 2013；五十嵐・笠木 2017），学習科学の質的研究法の一つとなっている（Greeno 訳書，2009）．

　国内の教育社会学においてエスノメソドロジーは，「解釈的アプローチ」（山村 1982；藤田 1992a）の一つとして，「社会化」や「規範」概念を再検討する理論的視座として紹介され（清矢 1994；山田 2000），子ども（山田 1986；阿部 1997），学校秩序（稲垣 1989），教育言説（石飛 1995；間山 2002）などへ接近する方法論として受容された．近年の学校教育研究では，授業秩序や社会化過程の研究（項目「会話分析」参照），学校文化（保健室研究に秋葉 2004，進路・生徒指導研究に佐藤 2013，鈴木 2016，生徒文化研究に大辻 2003；團 2013, 2014）の研究がある．しかし新しい海外の研究紹介や方法論の議論が少なく，会話分析以外のアプローチの受容や研究の深まりが期待される．　　　　　［五十嵐素子］

📖 **さらに詳しく知るための文献**

Turner, R. ed., 1974, *Ethnomethodoligy: Selected Readings*, Penguin（＝1987，山田富秋ほか編訳『エスノメソドロジー──社会学的思考の解体』せりか書房）．

Hester, S. K. and Francis, D., 2000, *Local Educational Order*, John Benjamins Publishing.

前田泰樹ほか編，2007，『エスノメソドロジー──人びとの実践から学ぶ』新曜社．

会話分析

参照「社会化」p.82 「エスノメソドロジー」p.214

　会話分析とは，サックス（Sacks, H.）らを中心に 1960 年代のアメリカで切り拓かれた「会話」を対象とするエスノメソドロジーの一領域である．発言や会話を対象とする研究はいくつもあるが，そのなかで会話分析が特徴的なのは，会話を「文化」や「社会構造」などといった理論的存在の間接的証拠とするのではなく，それそのものの組織化を研究対象として扱うという点である．会話とは私たちがさまざまな方法を駆使して組み立てる一つの社会現象だ．会話分析はその，会話という社会現象を組み立てるための方法群を探究する研究領域なのである．

●データ　会話分析では，会話やそれに伴う身体動作の録音・録画をデータとして用いる．主として分析されるのはそれを文字に転記したトランスクリプトだが，他者の発言を「どう聴き取るか」ということも会話をつくりあげるうえで重要な手続きである以上，トランスクリプトはその手続きをなぞるものでなければならず，したがってそこではすでに分析の第一歩が踏み出されている．会話分析ではこの聴き取りの手続きを適切に表現するために，文字転記の際ジェファーソン（Jefferson, G.）の開発した独自の記号群を用いる．例えば図 1 では，[が重なりの開始を，:: が音の伸長を，？が語尾の音調が上がったことを，＝が発言間に隙間がないことを，(n. n) が n. n 秒の間を，(.) が 0.2 秒未満の間を，(　) が聴き取り不能な個所をそれぞれ示している．

```
01 T：　さて．(.)いまなんじ[でしょ：：：：か？
02 S：　　　　　　　　　　[(　　)＝
03 Ss：　＝くじ：：：：
04 T：　そう．そうだよね．(0.2)くじだよね．
```

図 1　文字転記例

●授業の会話分析　会話分析はその展開のなかで，会話を組織するいくつもの手続きを明らかにしてきた．なかでも教育領域において特に焦点が当てられてきたのは，順番交替，行為連鎖，修復の組織であろう．サックスらは日常会話の順番交替組織について初めて体系的に記述した論文のなかで，発言の順番交替がそのつど処理される日常会話に比して，それがより強い規制のもとで事前に処理される制度的会話の存在を示唆していた（Sacks et al. 訳書，2010）．これ以降，日常会話との組織上の違いから医療や法などの各種制度における会話の特徴を探究する制度的場面の会話分析研究が蓄積されていったが（Boden & Zimmerman eds. 1991；Drew & Heritage eds. 1992 など），教育領域ではこの課題を「授業会話」という対象に託すかたちで果たそうとしてきた．上にあげた 3 種の会話組織は，この授業の会話分析研究のなかで焦点化されてきたトピックにほかならない．

●**授業会話の組織化**　会話が独り言でない以上，複数の話者の間で発言の順番が交替しなければならず，そのためには「いつ」「誰が」次に発言してよいかを決定する手続きが必要になる．この点に関して授業会話では，次の話者を選択する権限が教師の側に大きく偏っており，原則として教師による指名を通して初めて生徒たちへと発言の順番が移行することが指摘されている（McHoul 1978）．

　ただし，教室のなかで発言の順番が首尾よく交替したとしても，それが直ちに「授業」会話になるわけではない．順番の交替した複数の発言が特定の行為の結びつきを形成してこそ，それは授業会話たりうる．その行為の結びつきとして最も著名なのが，教師の「発問」(Initiation)→生徒の「応答」(Reply)→教師の「評価」(Evaluation) からなる IRE 連鎖である（Mehan 1979）．前掲の図 1 における 01・03・04 行目はまさに，この IRE 連鎖を形成している．

　ところで，会話には聴き取りや理解をめぐるトラブルがつきものである．それが生じてしまった場合には会話の継続が困難になるから，会話参加者たちはそのトラブルを修復するための手続きに入る（Schegloff et al. 訳書，2010）．授業会話では IRE 連鎖における生徒の応答の「誤り」に照準を合わせ，その存在を教師が示唆，生徒自身が修復（訂正）の操作をするという他者開始自己修復（訂正）が頻繁に観察される（McHoul 1990）．このとき，IRE 連鎖は三つの順番を超えて後方に拡張されることになる．

●**研究の展開**　その後，海外において授業の会話分析研究は，第二言語習得場面を主たる舞台として展開していった．第二言語習得の文脈では，それまでの会話分析研究が対象としてきた教師中心型の授業形態よりも，学習者中心型（課題解決型）の授業形態が採用されることが多い．第二言語習得場面の研究で明らかになってきているのは，そうした授業形態においては上述した 3 種の会話組織が，より日常会話に近いかたちをとるということである（Seedhouse 2004 など）．それに対して，日本ではそもそも授業会話以外の対象に着目するかたちで教育領域への会話分析の導入が開始された．例えば，しつけ場面における社会化過程（清矢 1983），子どもの観察可能性（阿部 1997），保健室における相談（秋葉 1995）などがそれである．その後は，一方で清矢の社会化過程への関心が引き継がれ（芝田 2005；森 2009 など），他方で障害児教育場面の検討も行われるなど（鶴田 2007, 2008），対象の多様性を保持しながらもいわゆる授業会話の研究も開始されている（五十嵐 2003；大辻 2006；森 2014；松浦 2015 など）．しかし，その蓄積は海外に比して相対的に貧弱であるといわざるを得ない．今後も多様な対象を扱うという方向性は維持しつつ，「教育」の会話分析的研究のいっそうの蓄積が待たれるところである．　　　　　　　　　　　　　　　　　　　［森　一平］

📖 さらに詳しく知るための文献

Sidnell, J. and Stivers, T., 2012, *The Handbook of Conversation Analysis*, Wiley-Blackwell.

言説分析

☞「教育言説」p.126「構築主義」p.130「ナラティブ・アプローチ」p.224

　フーコー（Foucault, M.）は1969年の『知の考古学』において，（フーコーが述べるところの）伝統的な歴史学や思想史が自明視する起源，外的葛藤，主体といった変数を挿入することのない，言説的出来事そのものを記述する営みとして，自らが1960年代に手がけた諸作業への輪郭を与えた．言語学的には定義され得ない，それ自体を記号・言語運用の関係性のうちに到達させ，かつその関係性を成立させる（喚起する）機能的単位としての「言表」．言表が諸々の関係を取り結ぶ対象領域であり，またある対象についての可能な語りをめぐる限定的コミュニケーション空間としての「実定性」．統一性や連続性のもとにではなく，それ固有の自律的編制と分散のもとにとらえられるべき，同一の形成システムに属する諸言表の集合としての「言説」．言表の機能のあり方に関わる一般的システムとしての「アルシーヴ」，それを探究する営みに与えられる「考古学」という名づけ．言説の「対象」が存在する諸条件，位置としての主体が示される「言表行為」，契機・共存・介入の錯綜したネットワークとしての「概念」，言説内・言説間・言説外的な依存関係のもとでなされる「戦略」的選択といった言説形成の諸水準と，それらの集合体としての「知」．なぜほかでもなくその言表（群）のみが出現可能であるのかという「稀少性」の公準，等々．言説的出来事に接近する実に豊潤で多様な手がかりは，歴史，思想，さらには「近代」や「人間」について探究する研究者に対して世界的な衝撃を与えたといえる．

　しかしながら周知のとおり，フーコーは『言葉と物』によく示されているような言説的出来事への傾注，より具体的には言説内・間的な依存関係の探究に専心し続けることはなかった．言説を闘争の賭け金とみなす「系譜学」への移行．『監獄の誕生』で端的に示された「権力＝知」，すなわち処罰・監視・束縛などの身体管理技術が関わる微視的権力と「知」の絡み合いへの注目．さらには『性の歴史I』で示された，言説への煽動がもたらす効果を包括する「生権力」という視点の提出．フーコー自身においても，言説的出来事の位置づけは変化し続ける，あるいは精密化がなされ続けるものであった．

●**言説分析と（教育）社会学**　フーコーがもたらした影響をこの紙幅内で総括することはできないが，少なくとも国内の教育研究については，同時代的な「教育的なるもの」の繁茂という認識，社会史的アプローチへの注目，後続する社会構築主義の席巻という諸文脈のなかで，その知見の消化・応用が1980年代から進み，そのなかで言説という領野が徐々に認識されるようになっていった．しかしながらそのなかでは，言説の記述に専心する研究と，言説に外在する諸条件を考

慮する研究の双方が,「言論」や「レトリック」と呼ぶべきものまでを時に含む言説の定義において,また外在的事項の挿入の意味を考慮する程度においてそれぞれバリエーションをもって生産される事態となった.この時期の諸研究がもたらした認識利得自体は評価すべきだが,一方でそれは言説実践そのものの,あるいは言説・非言説実践間の緊張を弛緩させることで得られた利得である側面は否めない.

1990年代末から2000年代中頃にかけて,言説分析のあり方をめぐって,国内では批判的な検討が進んだ.言説外への還元を禁じ手とする言説分析は本来「反-社会学」なのであり,言説分析(全体を見渡せない)と知識社会学(全体を見渡せる)を混同した前者の安易な社会学化はその衝撃を弱毒化させてしまうのではないか(佐藤 1998).社会の安易な実体視を戒めた構築主義の成果を,「社会に対する言説は客観的に取り出すことができる」という「客観性」の一段ずらしによって霧散させているのではないか(遠藤 2000).安易な全体性の想定は厳しく戒められるべきではあるが,その還元不可能性からして言説の分布を社会的事実に相当するものとみなしたうえで,その分布・事実の全容に漸近する過程(の自覚性・明示性)にこそ言説分析の可能性があるのではないか(赤川 2006など),等々.

●「言説の社会学」の現在　論争は特定の方向に収束したわけではないが,検討された諸論点に向き合おうとした近年の成果には,言説内・間・外の諸条件の考慮の程度を,それぞれの研究対象や熟慮された研究指針に応じて選択しつつ,また全体性に漸近する資料選択の手続きについて明示しつつ,言説の厚みにまず照準を合わせようとするものがみられる(元森 2009;牧野 2012;佐藤 2013など).社会言語学やメディア研究の分野では,言説の背後にある権力関係をこそ考察すべしとする批判的言説分析(CDA)の立場も台頭しており,言説内・間・外的関係の考慮という一点をとってみても,そのスタンスは斉一ではない.これらのスタンスにもはや正否,優劣は判定し得ず,各個のスタンスのメリットとデメリットを自覚する深度,記述の精度によって各言説研究は評価されるしかないだろう.フーコー自身,自らの仕事が体系的な理論・方法論ではなく「道具箱」として使われることを望んでいたが,もし社会学の立場から,言説に照準を合わせた分析を行おうとするならば,「道具箱」の言及に開き直りすぎることなく,言説に傾注する意義とその困難性について,自らの研究テーマ・分析対象との間でつけた折合いを示すことはまず避けられないだろう.　　　　　[牧野智和]

📖 さらに詳しく知るための文献

赤川 学.2006.『構築主義を再構築する』勁草書房.

Foucault, M., 1969, *L'Archéologie du savoir*, Gallimard(=2012.慎改康之訳『知の考古学』河出書房新社).

友枝敏雄・佐藤俊樹編,2006,『言説分析の可能性─社会学的方法の迷宮から』東信堂.

歴史社会学的アプローチ

☞「教育の歴史社会学」p. 36「機能主義理論」p. 78「選抜と配分」p. 86「教育システム」p. 94「言説分析」p. 218「新自由主義」p. 680

　歴史社会学という名称は多義的である．社会学の理論枠組みや方法論を用いた歴史的事象の分析という程度の含意で用いられることもあるが，後世に残るような研究は，近現代社会の成立過程を紐解き，研究時点で自明視されていた社会認識やさらには社会学の理論や枠組みそのものを説明したり相対化したりする作業を含んでいる．デュルケム（Durkheim, É.）やウェーバー（Weber, M.）を引くまでもなく，社会学という学問自体が，成立当初から近代社会とは何かという問いを内包するため，すべての社会学は歴史社会学であるということもできる．

　とはいえ，構造機能主義全盛期の社会学は，一般理論を強める傾向が続いた．1960年前後から歴史学において，社会構造や社会過程の把握を試みるアナール学派（フランス），ビーレフェルト学派（ドイツ），新しい社会史（イギリス）などの社会史が興隆する．社会学の側でも，構造機能主義的な近代化論の例証としての歴史研究の段階を経て（スメルサー［Smelser, N. J.］，パーソンズ［Parsons, T.］ら），葛藤理論やウェーバーの影響を受けた比較歴史社会学が復権する（ベンディクス［Bendix, R.］，ティリー［Tilly, C.］，スコッチポル［Skocpol, T.］ら）．言語論的転回・文化論的転回以降は，ポスト構造主義的，ポストコロニアリズム的な研究が増えるなかにあって歴史的研究の学際化が進み（Delanty & Isin eds. 2003, p. 5），フーコー（Foucault, M.），エリアス（Elias, N.），ルーマン（Luhmann, N.）など依拠する理論もさまざまに，歴史的な経路依存性を視野に入れながら，近代社会の存立や現代社会の諸問題に挑む研究が現れている．名乗りの問題とは別に，いかなる研究においても，社会学的な一般理論の希求と歴史学的な個別の事例記述の両極の間でバランスをとる感覚が求められてきている．

●**教育社会学の歴史研究の展開**　日本の教育社会学における歴史社会学的アプローチについては，何度かレビューされている（広田 1990, 1995, 2006；竹内 1995a；伊藤 1995；井上・森 2013など）．それらを参照すれば，歴史社会学的アプローチは当初，教員文化やジェンダーなどの各論以外では，学歴主義や立身出世といった，教育による人材の選抜配分機能に関わるテーマを主軸に展開されてきた．近代日本における教育制度がいかにして形成され，そのなかで人材育成や社会移動がどのように達成されたか，エリート層がいかに近代化を牽引したかといったテーマが，社会構造と教育システムの機能とパーソナリティとの連関関係において探究された．到達点としての麻生（1982），天野（1982）がある．

　そこに，アリエス・フーコーショックと呼ばれる，社会史や社会理論の言語論的転回の輸入が起きる．マクロなシステムからミクロなプロセスへ，公教育制度

から市井の成育・学習の世界へといった対象の変化に加え，近代化と教育，教育の機能と社会構造といった視点を踏み出て，そのような構図の誕生を描きモダニティの問い直しを試みる研究が増えていく．先鋭としての森（1993）がある．

ただ，旧来の移動・選抜研究の衣鉢を継ぐ研究群に対しても，1990年代に流行した言説・社会史研究についても，2000年代には「問いの空洞化」（広田 2006）や「通常科学化」（井上・森 2013）が指摘されるに至っている．「〈習作〉群」（広田 1995）が淘汰され，かなりの程度定式化された視角と方法論に基づいて，対象の拡大と方法論の洗練が行われた一方で，問いは先人の焼き直しか，より細分化された事象へと向かっていったというのである．

●**教育と社会を問い直す歴史社会学的研究へ**　20世紀の教育社会学における歴史研究は，近代化の推進要因や逆機能としての教育，教育を窓としたモダニティの問い直しといった，それぞれの時代にアクチュアルな問いを立ててきた．だが，それらはどれも，教育が近代日本社会において大きな役割を果たしてきたという前提に立っている．教育や子どもの社会化は，近代国民国家・福祉国家の一大プロジェクトであったと同時に，モダニティの社会理論の一つの要であった．

しかし，少子化や就業構造の変化で学歴や選抜配分の意味が曖昧化し，グローバル化・新自由主義の趨勢下では教育は国民国家の中核プロジェクトとはいえなくなっている．旧来型の枠組みでは現在の問題に挑めず，安直な近代批判は現状追認に陥ってしまう可能性もある．現時点で必要なのは，教育と社会（国民国家）の強い結びつきを自明とする感覚自体の成立を歴史化したり，他の関係性の事実を歴史からみせていったりするような，歴史研究であり，問いであろう．

解釈的アプローチやポスト構造主義は，社会構造や，主体と子どもなどの主体未満の存在との区分といった，知の道具立て自体に大きな変更を迫るものだったはずである．「問いの空洞化」は，これらの知を教育社会学に応用する際に，学校教育と全体社会という枠組みをそのままにミクロな場面に照準したり，近代公教育批判に横滑りしたりする傾向と無縁ではないだろう．井上・森（2013）が多くの研究事例をあげているように，2010年前後から，福祉国家や教育的論理を多重に問い直していく研究が現れてきている．手法は，移動・選抜研究や言説・社会史研究が通俗化・洗練させてきたものでも，より伝統的な思想・制度史的なアプローチでもいい．主体，子ども，社会といった道具立てを大胆に問い直しながら，教育とほかのシステムの交換関係を愚直にみるような歴史研究の時代に入っている．　　　　　　　　　　　　　　　　　　　　　　　　　　　　　［元森絵里子］

📖 **さらに詳しく知るための文献**

Delanty, G. and Isin, E. F. eds., 2003, *Handbook of Historical Sociology*, Sage.

井上義和・森 直人，2013，「教育の歴史社会学—1995年以降の展開と課題」『教育社会学研究』93，pp. 193-224.

ライフヒストリー

☞「インタビュー」p. 212「ライフストーリー」p. 228「ライフヒストリーとキャリア形成」p. 442

　社会学におけるライフヒストリー研究は，トーマスとズナニエツキ（Thomas, W. I. & Znaniecki, F.）の『ヨーロッパとアメリカにおけるポーランド農民』（訳書, 1983）から始まる．20世紀に入っての都市化に伴う人々の意識の多様化が，ライフヒストリーを必要としたのである．その後，個人を対象としてその経験世界の形成を歴史的に理解することを志向するライフヒストリーは，主として逸脱，犯罪研究の方法として用いられた．ショウ（Shaw, C. R.）の『ジャック・ローラー』（訳書, 1998），ベッカー（Becker, H. S.）の『アウトサイダーズ』（訳書, 1978）は，その代表例である．

　ライフヒストリーは，生活史，個人史とも訳されるが，何よりも個人の声に注目し，個人が生き，語り，つづった主観的現実を深く理解し，厚く叙述することを追究してきた．1980年代以降，教育社会学におけるライフヒストリーの重要性を提唱したグッドソン（Goodson, I. F.）も，教師の声に注目している（Goodson ed. 1992）．教師を，研究の対象，操作の対象としてではなく，目的的な存在，思索や行動の主体としてとらえ，その声を聴き，その経験世界を描写するところから教育研究を立ちあげるという方法論的な構えは，アカデミズムにおける知のヒエラルキーに対する民主主義的な編み直しでもある．

●**ライフヒストリーと研究の目的**　ライフヒストリーもほかの研究方法と同じように，研究目的から出発する．研究目的によっては，ライフヒストリー以外の方法の方がふさわしいこともある．例えば，教師の平均的な生活時間を知るには，数量的な研究が必要になるし，ある教師の授業の特徴を具体的に記述するには，エスノグラフィックな授業観察と会話分析が必要になる．これに対して，教師の授業の変容と教師の個人的，社会的な経験の関係を明らかにしたいという研究目的には，ライフヒストリーは意義ある方法となりうる．ライフヒストリーがその力を発揮するのは，個別性が高く，定式化が困難な論題の探究においてである．研究の過程で，聞き手が語り手の経験世界についての理解を深め，その結果，研究の目的が組み替えられることもしばしば生じるが，この過程を反省的にとらえ，記述することも，ライフヒストリー研究の重要な一部となる．

●**ライフヒストリーにおける語り手とのラポール（信頼関係）**　ライフヒストリーは個人的な経験世界に立ち入るものだから，研究者とインフォーマントとの関係性が重要になる．なぜならば，語りの内容は，その関係性に大きく規定されるからである．そのため，多くのテキストにおいて，語り手と聞き手の間のラポールの重要性が語られるのである．ただし，ライフヒストリーのラポールは，

アポリアを内包している.

なぜならば，語り手の声を共感的に聴くとき，聞き手は語り手と一体化するような状態を経験するが，ライフヒストリーを叙述するとき，語りの深みをくみ取りつつも，同時に相対化することを求められるからである．語りの深みを受け止めることのできない聞き手は，信頼を失うが，語りを相対化できない聞き手も，存在意義を失う．ライフヒストリアンは，このような難しい立場にあるということを十分にわきまえて，研究に臨まなくてはならない．特に，研究の目的，データの使用，研究の公表の方法や範囲については，ライフヒストリー研究を通して得られる親密な関係性に惑わされず，互いに行き違いがないように入念に確認しておきたい.

●**インタビュー**　インタビューの深みは，ライフヒストリーの質を決定づける．語り手に年表作成を依頼し，あらかじめ文献資料を読んでおくなど，インタビュー前に入念な準備を行いたい．そのうえで，自分なりの研究枠組みをもってインタビューに臨むが，インタビューでは何よりもまず語り手が語りたいことにフォーカスを当てることが大切である（Goodson & Sikes 2001）．つまり，自分の枠組みや研究課題に固執するのではなく，語りに耳を澄ませつつ，問い方を変えてみたり，課題へのアプローチ方法を変えてみるなどの柔軟性が求められるのである．その結果，インタビューを通して，聞き手の枠組みが組み替えられる場合があるが，それが研究の重要な知見につながる.

●**トランスクリプトの作成**　ライフヒストリーの分析は，まず聞き手と語り手の相互作用によって生み出されたインタビューを文章化してトランスクリプトを作成するところから始まる．トランスクリプトには，語り手の発話だけでなく，聞き手の発話も掲載する．できる限り発話に忠実な逐語録的トランスクリプトを作成することが望ましい．研究の信頼性のためにも，トランスクリプトの全文を論文の付録として掲載するか，あるいは生データとともに求めに応じていつでも提示できるようにしておくことが肝要である.

●**作品の叙述**　ライフヒストリーの作品の叙述は，語りを文脈に位置づけるということである．例えば，時代という文脈，学校という文脈，教育政策という文脈に置くことで，語りは個人的な経験を越えてより普遍性をもつことになる．もちろん，人生とはある一つの文脈からだけでは説明できないものであるから，複合的な文脈を重ねることが必要になる．語り手へのフィードバック，リライトという過程を通して，ライフヒストリーの質は高められる．　　　　　［高井良健一］

📖 さらに詳しく知るための文献

中野 卓・桜井 厚編．1995．『ライフヒストリーの社会学』弘文堂.

谷 富夫編．1996．『ライフ・ヒストリーを学ぶ人のために』世界思想社.

高井良健一．2015．『教師のライフストーリー』勁草書房.

ナラティブ・アプローチ

☞「構築主義」p.130「エスノグラフィー」p.208「インタビュー」p.212「会話分析」p.216「言説分析」p.218「ライフヒストリー」p.222「ライフストーリー」p.228「事例研究法」p.230「アクション・リサーチ」p.234「混合研究法」p.236

　ナラティブ（narrative）―「語り」とは，語ること（行為）と語られたもの（内容）の両面を含意する概念であり，複数の出来事を時系列に順序立てて並べることを特徴とする．「帰結をもつ事象をめぐって組織化された発話」（Riessman 1993），「特定の過去の出来事に関するストーリー」（Labov & Waletzky 1967）などさまざまに定義されるナラティブは，しばしばストーリーと互換的に用いられる（能智編 2006）．両概念があえて区別される場合には，複数の出来事同士を結びつけ筋立てるプロットが加わることをストーリーと呼び，そこでは筋立てて物語る行為が注目される（やまだ編著 2000 など）．例えば，「朝寝坊をした」「駅まで走った」という二つの出来事を並べる際，「朝寝坊をした．だから，駅まで走った」という意味づけがなされることで，ストーリーが生まれる．ただし，ナラティブとストーリーの区別は，それ自体関係的，文脈依存的なものであるため，それらの総体を広くナラティブととらえる必要がある（野口編 2009）．また，非時系列的な発話を，考察対象として完全には排除しない立場もある．

　ナラティブ・アプローチは，医療，心理，福祉，教育など多様なフィールドにおいて，「ナラティブ」という概念を中心に行われるさまざまな臨床的実践と，アカデミックな探究の総体を意味するきわめて広い概念である（野口編 2009）．また，インタビューの仕方や文章構造の分析において，一定の技法が精緻化されてきた部分もあるが，「ナラティブ概念を用いて様々な社会現象に接近すること」と定義される狭義のナラティブ・アプローチ（野口 2014）について，いまだ統一された技法があるわけではなく，各学問分野で多様な工夫が模索されている．

●**教育研究におけるナラティブ・アプローチ**　アンティカイネン（Antikainen, A.）とコモネン（Komonen, K.）は，「ナラティブ分析」（narrative analysis）と「ナラティブを用いた分析」（analysis of narratives）とを区別し，後者に力点を置く．前者は「もの」としてのナラティブに焦点化し，データの内部構造を主に言語学的な観点から読み解く手法がその中核となる．後者は，「もの」と「こと」の両面に関心をよせる立場で，社会学全体ではバイオグラフィー（biography）などの研究関心のもと発展してきた．英語圏の教育社会学領域でナラティブやストーリーといった概念を中心に据えたバイオグラフィー研究が広く普及するようになったのは，1990 年代以降である（Antikainen & Komonen 2003）．逸脱研究の分野で広く知られるベッカー（Becker, H. S.）によるシカゴの教師研究（Becker 1970）や，グッドソン（Goodson, I. F.）による教師のライフヒストリー研究（Goodson 訳書, 2001）などは，ナラティブやストーリーを検討する意義を広く示す契機と

なった．特に，学校内外にわたる教師の経験の全体性を描いたうえで社会的文脈と照合する考察を行ったグッドソンの貢献は，教師研究はもちろん，フェミニズムの教育研究，成人教育，多文化教育など多様な領域に，影響を与えている．

日本国内でも 1990 年代から，「語り」や「ストーリー」に注目した教育研究が生まれるようになる．そこではフェミニズムなど対抗的理論一般への関心に加え，広義の構築主義の立場で不登校，いじめなどの「問題」に焦点化する研究も多い．古賀正義は，何らかの「問題」とされる状況を現場の言葉で物語り構築する過程を探究・調整するような広義の構築主義的研究において，ナラティブ・セラピーの視点を援用する戦略的可能性に言及している．患者自身に問題を再定義してもらう介入治療法は，研究者が教育臨床に関与・介入する際にも，現場知のあり方から出発し「問題の解決ではなく解消」を志向する点で示唆が多く，現場の文脈に沿った貢献を行う方法としてさらなる発展が期待される（古賀 2004）．

●ナラティブ研究の多様性　ナラティブを用いた研究は，特定の調査方法論や社会学理論と排他的に結びつくわけではない．同じナラティブデータでも，ライフストーリー，ライフコース，談話分析など幅広い関心に照らした考察が可能である．分析技法の点でも，少数事例の分析に力点を置くもの，一定の事例数の蓄積と理論的飽和を目指すもの，定量調査との混合法など，多様なタイプがある．

また，2000 年代以降の英語圏教育研究における動向の一つとして，narrative inquiry（ナラティブ的探究，物語論的研究）概念を用いた研究の増加もある．クランディニン（Clandinin, D. J.）とコネリー（Connelly, F. M.）らは，1990 年代のさまざまな著作を通じて，もともと知識管理論で用いられてきた narrative inquiry 概念をデューイ（Dewey, J.）教育学の諸概念と結びつけ，広義の「経験」をめぐる研究・実践法を人間知識の組織化という観点から提案した（Clandinin & Connelly 2000）．質的調査法一般とは異なる独自の概念化（例えば，時間的連続性（continuity）と内的-外的状況間での相互作用（interaction）による次元構成など）が注目される一方，その理論的な位置づけに課題が残るとの見方もある（Davis 2015）．今後，国内外での経験研究の蓄積を通じて，こうした新しい議論における利点と課題の両面が多角的に精査され，発展することが期待される．

［湯川やよい］

📖 さらに詳しく知るための文献

野口裕二編．2009．『ナラティヴ・アプローチ』勁草書房．

Goodson, I. F. 著，藤井 泰・山田浩之訳．2001．『教師のライフヒストリー――「実践」から「生活」の研究へ』晃洋書房．

Clandinin, D. J. and Connelly, F. M., 2000, *Narrative Inquiry: Experience and Story in Qualitative Research*, Jossey-Bass.

テクスト分析

☞「階級と階層」p.100「ジェンダーとインターセクショナリティ」p.334「教育実践と隠れたカリキュラム」p.354

　文字であれ，音であれ，映像であれ，建築物であれ，その形態が何であれ，表現されたものは受け手の多様性に応じて多様な意味を放つ．テクストの語源となったラテン語 textus には織物の意味があり，テクスト分析は受け手が性別や階級や世代など社会におけるどのようなポジションから接するかによって種々の光彩を放つ意味の織物として表現物をとらえようとする．

●テクスト以前　テクスト以前の表現物は，特定の作者によって制作された作品であり，作品を理解するということはその作品に込められた作者の思想や意図や感覚，あるいは指示や要請，すなわち広い意味でのメッセージを読み取ることであるとされてきた．そのためメッセージをより適切に読み取るには作者や特定の表現領域に関する知識と経験が必要であり，その種の知識と経験をもち合わせていない人，すなわち子どもや大衆は教師や評論家によって教育・指導されなければならない存在であるとされてきた．学校教育がその典型である．

　一方で，作品に込められたメッセージを批判的に読み取る試みもなされてきた．教科書の内容分析やテレビの CM 分析がこの種の試みの典型例である．洗濯用洗剤の CM などが視聴者に送り届けるメッセージは多くの場合，その洗剤がこれまで以上に汚れを落とし，白く洗いあげるということである．同時に，CM が届けているメッセージは世の中に浸透している性別役割分業を前提としており，イデオロギーを自然なものであるかのように偽装して伝達してもいる．この種の分析は，支配的なイデオロギーがいかにして常識の装いをまとうようになるかというヘゲモニー（グラムシ［Gramsci, A.］）の分析でもあるし，「隠れたカリキュラム」の分析でもある．

　正統な意味における読取りにしろ，批判的な読取りにしろ，受け手に届くメッセージは作者によって（意図されていようがいまいが）表現物に盛り込まれたものであるとしている点においては同じである．すなわち伝達モデルである．

●エンコーディング/ディコーディング　伝達モデルが受け手を受け身で，自律性をもたない存在と想定しているのに対して，サブカルチャーやポピュラーカルチャーに固有の社会的意義と力を見ようとするカルチュラル・スタディーズは受け手を相対的に自律性をもった存在と見る．すなわち，表現物＝テクストは単に意味が伝達される乗り物ではなく，意味をめぐるたえざる闘争の場であるとみなすのである．その意味でテクストは常に多義的（polysemic）でありうる．しかし，いくらテクストが潜在的に多様な意味をもちうるとしても，現実の受け手によって命を吹き込まれない限り実際的意義はもち得ない．

このテクストの多義性と受け手の能動性を定式化したのがホール（Hall, S.）のエンコーディング/ディコーディングモデルである．エンコーディングは送り手がメッセージを表現物に盛り込むプロセスを指し，ディコーディングは受け手が表現物からメッセージを受け取るプロセスを指している．このモデルの特徴は前者と後者が必ずしも一致するとは限らないという点である．ホールは受け手の解釈パターンとして三つの類型を示している（Hall 1980）．

　受け手は多くの場合，「優先的な読取り」として支配的メッセージを受け取る支配的−ヘゲモニー的な解釈をするが，可能性としても実際的にも同時に次のような解釈も行っている．基本的には支配的メッセージを受け取るが，状況に応じて自分自身の個別利害に資するようなかたちでメッセージを解釈する交渉的解釈であり，また，支配的メッセージを支配層によってゆがめられたものとして否定し，テクストから独自のメッセージを読み取る対抗的解釈である．重要なのは，こうした受け手の解釈の違いが個人の心理的な違いの問題ではなく，受け手の置かれた社会的な状況，つまり階層やジェンダーや所属集団などと関連している点である．このことは，特定の人々に支持されているテクストを分析することがその人々の社会的な現状と希望のありかを知ることにもつながることを示唆している．

●**テクスト分析の実際とその意義**　そうしたテクスト分析の好例をフィスク（Fiske, J.）の仕事に見ることができる．著書のなかでフィスクはテレビニュースをはじめ，ショッピングモールやクイズ番組やサーファー，歌手のマドンナなどをテクストとして分析し，大衆がいかに日常の文化現象から快楽を得ているかを示してみせた（Fiske 訳書，1998）．例えばマドンナの熱狂的なファンである10代の少女たちを「良識ある」人々は業界のカモにされていると心配もし，批判もしたが，プロモーションビデオや歌詞をテクストとして子細に見れば，家父長制的性格を色濃く残す社会にあってもなお自分の夢を追求し，自由を手にする女性の「自己解放」の姿をマドンナに見ることができるのである．たとえ記号のうえの自由にすぎないとしても，この自由への夢は現実の社会変革の苗床になりうるとフィスクは主張する．

　テクスト分析の意義はテクストが多様な読みに開かれているさまを示すことだけにあるのではない．テクストの読みの多様性は社会への働きかけの原動力がそれだけ多様な仕方で存在していることを示している．そのことを目に見えるかたちで示すことができるのがテクスト分析の強みであろう．　　　　　［山本雄二］

　　📖 さらに詳しく知るための文献

Fiske, J., 1989, *Reading the Popular*, Unwin Hyman（＝1998，山本雄二訳『抵抗の快楽—ポピュラーカルチャーの記号論』世界思想社）．

吉見俊哉編，2000，『メディア・スタディーズ』せりか書房．

ライフストーリー

☞「構築主義」p.130「インタビュー」p.212「ライフヒストリー」p.222「ナラティブ・アプローチ」p.224

　ライフストーリー研究は，インタビューで収集した語りをもとに，個人のライフ（人生，暮らし，生き方）を描き出すと同時に，その人の生きてきた，そして今生きている時代や社会を明らかにしようとするものである．社会学のほか歴史学，心理学，人類学，教育学などさまざまな領域で行われているが（やまだ編著2000），語りが生み出される社会的文脈を重視する点は共通している．

●**ライフストーリー研究とライフヒストリー研究**　ライフストーリー研究は，ライフヒストリー研究を批判的に継承・発展させたものとして位置づけられるが，両者は方法論において大きく異なる．

　ライフヒストリー研究は個人の語りを過去の出来事や体験の表象ととらえ，"何を語ったのか"に重点を置いて，日記や自伝などの文書資料も積極的に活用しつつ過去を再構成することに注力する．一方，ライフストーリー研究は語り手と聞き手のやりとりを通して語りが構築される側面に注目し，口述の語りをより重視する．そして，"いかに語ったのか"や"語り手が何のために語っているのか"および"聞き手が何を語らせようとしているのか"にも焦点を合わせ，語り手と聞き手がともに生きている現在，さらにはその先に続く未来へと射程を広げた．

　桜井厚はこの視座がよって立つ認識論的枠組みを「対話的構築主義」と名づけ，語り手独自の経験を明らかにしつつ，社会の諸相や変動に接近することを研究課題に据えた（桜井 2002）．同じくライフストーリーを中心概念に置く代表的な研究者としてベルトー（Bertaux, D.）があげられるが，ベルトーは多数のライフストーリーを収集して帰納的推論を重ねることで，個人の主観を超えた社会的現実に到達できると考える（Bertaux 訳書，2003）．桜井はベルトーの依拠する認識論的枠組みを「解釈的客観主義」と呼び，自らの立場と区別している．ライフストーリー研究にも多様な立場があることに留意し，自らの課題・目的にとって適切で有益な方法論を打ち立てることが重要である．

●〈**物語世界**〉と〈**ストーリー領域**〉　ライフストーリーは過去の体験や出来事と直線的につながっているものではない．この点に関して，桜井はライフストーリーの位相を論じている（桜井 2002, 2012）．ライフストーリーは〈物語世界〉と〈ストーリー領域〉という位相の異なる語りが組み合わさって成立しており，前者は過去の出来事や行為の展開過程についての語り，後者は現在における評価や心情についての語りである．これまで〈ストーリー領域〉は相対的に軽視されてきたが，この二つを切り離して語り手の経験を十分に理解することはできな

い．なぜなら，〈物語世界〉は〈ストーリー領域〉に媒介されて成り立っているからだ．

　過去に起きたことを語るにしても，語り手が置かれている立場や状況が変われば，ディテールやニュアンスも変化する．また，聞き手の存在も無視できない．語り手と聞き手がどういう関係にあるのか，聞き手がどういう関心や前提をもっていて，それらはどのように形成されたのか，さらには聞き手の背後に読者としてどのような人々を想定しているのかといったことも，その場での語りを左右する．〈ストーリー領域〉には語り手と聞き手および読者との社会関係が表れるのであり，したがって，そこに焦点を合わせることで三者が生きている社会をも描き出していく可能性が拓けるだろう．

●**一貫性の構成**　語りを社会的な構築物とする見方は，語りの事実性についての問題を提起する．しかし，ライフストーリー研究はこの問題をとりあえず括弧に入れる．これは「歴史的現実」よりも語り手にとっての「自伝的真実」(Crapanzano　訳書，1991) に重きを置くためである（なお，このことは語りを虚偽やつくり話とみなすことを意味しない）．前者にとってはほかの人の語りや文献資料との整合性，すなわち外的一貫性が重視される．他方，後者にとって重要なのは内的一貫性であり，インタビューのある時点で語られたことが別の時点で語られたことと矛盾していないことが基本になる．

　しかし，人生に矛盾や断絶はつきものであり，語りも首尾一貫していないことの方が多い．「転機」や「危機」といった概念装置は，そうした矛盾や断絶を取り除くことなく，語り手のライフを一貫したものとして描くことを可能にするものである．また，語り手は必ずしも明確な筋書きに沿って語るわけではなく，体験したことのすべてを語るわけでもない．語り手が取捨選択して語ったことを聞き手（書き手）はさらに取捨選択し，文脈を補いながら一つのストーリーにまとめあげる．

　だが，深刻なトラウマ体験のように語ろうにも語れなかったり，断片的かつ支離滅裂にしか語れなかったりすることがある (Frank　訳書，2002)．語りにはこのような「穴」がつきものであることを見過ごしてはならない．一貫性への過度なこだわりが逆に語り手の経験の十全な理解を妨げ，時には語り手に対する暴力にもなりかねないことに十分に注意する必要がある．　　　　　　　　［石川良子］

📖 **さらに詳しく知るための文献**

Bertaux, D., 1997, *Les Récits de vie: Perspective ethnosociologique*, Editions Nathan（= 2003，小林多寿子訳『ライフストーリー──エスノ社会学的パースペクティヴ』ミネルヴァ書房）．

桜井 厚，2002，『インタビューの社会学──ライフストーリーの聞き方』せりか書房．

桜井 厚・石川良子編著，2015，『ライフストーリー研究に何ができるか──対話的構築主義の批判的継承』新曜社．

事例研究法

☞「再生産論」p. 96 「階級と階層」
p. 100 「エスノグラフィー」
p. 208 「インタビュー」p. 212
「テキストマイニング」p. 238

　事例研究法とは，一つの事例あるいは少数の事例を対象にした研究法である．事例の単位は多様で，個人だけでなく，集団，学校，企業，地域といったものも事例研究の対象になりうる．極端にいえば，ある国の教育文化を事例的に研究することさえありうる．

●事例研究法と統計的方法　事例研究法は，一般に統計的方法との対比でその特徴が説明される．前者は研究対象が限られているので，対象を多面的に把握することが可能で，同じ対象に何度もアプローチすることもできる．それだけ，対象の特性や構造を広く深く把握できる．その点で，統計的方法よりも優れている．これに対し，統計的方法は大量のデータをもとに量的な分析方法を駆使して対象に迫れるという点で，事例研究法にないメリットがある．近年，統計的手法が洗練されてきており，大量なデータの構造を明らかにすることが比較的容易になってきている．

　しかし，事例研究法が個性記述的で，統計的方法が法則定立的であるとの理解は必ずしも正しくない．このような理解は，少数の事例から何らかの法則を導き出すことはできないのではといった具合に，比較的広く見受けられる．統計的調査は推定や検定などの手続きを踏まえれば，データの構造や母集団の特徴が明らかになりやすいという認識がその背後にある．

　だが，事例研究法であってもその対象から一定の法則を導くことは可能であるし，統計的方法であってもデータの特徴を示すだけにとどまることもある．個性記述的であるか，法則定立的であるかは，研究を行う際の理論的枠組みや選択された対象の特性に依存していると考えた方がよい．実際，イギリスの教育社会学者ウィリス（Willis, P. E.）は中等学校に通う 12 人の「野郎ども」を事例にしたエスノグラフィーを通じて，資本主義社会の再生産の仕組みに迫ろうとした（Willis 訳書，1985）．

●事例研究法と質的調査　一方，事例研究法は質的調査に対応し，統計的方法は量的調査に対応しているという見方も誤解に基づいている．例えば，ある特定の学校を事例にした長期間にわたる観察を行う場合がある．フィールドワークに基づく事例研究法といってもよい．しかし，時には，事例研究の対象となっている学校の生徒や保護者に対して，アンケート調査のようなかたちで量的調査を行う場合もある．

　特定の地域を対象にした事例研究として，さまざまな調査手法を用いながらモノグラフィックな研究を行うことも少なくない．かなり古いが，ウォーナー

(Warner, W. L.) らの『ヤンキー・シティ』シリーズ（1941〜1947年）は，一つの都市の歴史と現状を人類学的なフィールドワークの方法で総合的に把握した古典的なモノグラフとして著名である.

このシリーズでは，教育と階層の関係も議論されており（Warner et al. 訳書，1956），フィールドワークにあたっては，参与観察（地域生活への参与），文献資料の検討（センサス・データ，行政記録，新聞記事ほか），面接・配付による質問紙調査など，さまざまな量的質的調査方法と資料を活用していた．天野郁夫らの丹波篠山を対象にした歴史的なモノグラフ研究でも，歴史的な資料だけでなく，二つの集落の全戸を対象にした面接による悉皆調査を実施している（天野編1991）．事例研究法は質的調査法と相性がよいが，時には量的調査法を用いることも有効である.

また，特定の事例の特性を浮彫りにするために，いくつかの地域や学校などを比較対象とした事例研究を行うこともしばしば行われている．比較対象の事例が増加すれば，それだけ，それぞれの事例の特性がより鮮明になりやすいからである.

他方で，量的調査でも条件が許せば，面接調査などの方法を用いて大量のデータを集めることも可能である．量的調査の方法でパネル調査を行い，歴史的な変化も含めたデータを集めることもできる．最近では，収集されたテキストデータを分析する統計的手法も開発されており（KHCODER），データを収集する方法やデータの性質と量的調査・質的調査の区分は相対的なものになりつつある.

●**事例研究法の効果と留意点**　事例研究法は，母集団が明確でなかったり，把握しづらかったりした場合に，効果的な方法として選択されることが多い．エスニック・マイノリティや低所得層などを対象とする研究が，その例にあたる．いじめやひきこもりの研究にもあてはまる．それらの研究が，量的調査では把握しにくいさまざまな特徴を明らかにするうえで，積極的意義をもつといえる.

その場合，留意しなければならないのは，研究倫理の問題である．研究倫理は，事例研究法であるか統計的方法であるかに関わりなく，近年重視されてきている．しかし，特に事例研究法では，対象者の氏名・年齢・学歴など，プライバシに関わる調査項目が多くなりやすい．調査やフィールドワークを実施する際には問題がなかったにもかかわらず，研究成果の公表の仕方をめぐって研究倫理が問われるケースが生じることもある．そのため，事例研究法を用いる場合には研究倫理によりいっそう敏感になる必要がある.　　　　　　　　　　［小内　透］

📖 さらに詳しく知るための文献

社会調査協会編，2014，『社会調査事典』丸善出版.
谷　富夫・芦田徹郎編著，2009，『よくわかる質的社会調査—技法編』ミネルヴァ書房.
谷　富夫・山本　努編著，2010，『よくわかる質的社会調査—プロセス編』ミネルヴァ書房.

映像データ分析

☞「エスノメソドロジー」p. 214
「会話分析」p. 216

　映像データ分析は，AV（audiovisual）機器を利用して撮影した映像をデータとして分析する研究方法を指す．「映像」と一口にいっても，調査者が調査の過程においてフィールドを撮影した調査映像から，映画やテレビドラマ，ドキュメンタリー，ニュースなどの「商品」として受け手に提供されるものまで，幾種類にもわたる．とはいえ，いかなる種類であるにせよ，分析者にとって映像が利用可能であることは映像データ分析を実施するうえでの重要な条件である．

　近年，映像アーカイブズの推進によって，一部のテレビドキュメンタリーやテレビニュースに関しては過去の映像データの視聴が可能となり，それを利用した質的な調査研究が実施され始めている（石田・山田 2015）．その意味では，今後テレビ・メディアの分析の展開が期待されるが，以下では特に調査者が実際の相互行為場面を撮影した場合の映像を想定して述べることにしたい．

●映像データ分析の特性　映像データ分析の特性は「再現可能性」と「反証可能性」に大別できる．前者は，映像を繰り返し視聴し場面を何度でも再現させて検討可能であることを指し，後者は（前者によって可能となるのであるが）映像を文字に起こして場面を提示したり，あるいは調査者以外と場面を共有したりすることで分析知見の反証性や実証性を保証できることを指す．

　これらの特性によって，共同視聴を通してのデータセッションや撮影時とは異なる関心に基づく事後的な検討も可能となる．そしてそこからまた新たな関心や問いが導かれ，さらなる分析や知見に開かれるというように，映像データ分析は循環的に生成されていく．

●映像の「データ化」　映像を分析するには，「データ化」する作業が不可欠である．複数回の映像の視聴を通して場面を選定し，その場面における相互行為を二次元である平面に転記していく．その一つの方法は，会話分析におけるいわゆるジェファーソンシステム（Sacks et al. 1974）の表記をもとにした，発話内容を書き起こし，独自の記号を付与したトランスクリプトの作成である．また，音声のみではなく映像をデータとすることで初めて，会話のみではなく複数の参与者の視線や行為も詳細に検討することが可能となるが，同時にそれらを同期させたトランスクリプトの作成が必要となる．トランスクリプトは，転記される情報が多いほど読み手にとって難解なものとなる傾向にあり，作成者には補足的に参与者の動きを図で表示するなど独自の工夫も求められる（例えば，Goodwin 1980；西阪ほか 2013）．

　トランスクリプトとは，映像の「客観的な反映」ではなく，分析者が映像のあ

る局所的な場面をどのように観察したのかを示した「データ」であるという点に留意すべきである．したがって，映像データ分析は，客観的現実の反映である映像を反証性や実証性が保証されたなかで分析する，「客観性」の高い研究方法であるという理解は素朴である．映像データ分析は，分析者らによる映像の観察を分析しているのであり，トランスクリプトというデータを作成した時点ですでに観察や分析は内包されている．

●ほかの質的調査法との近接性　映像データ分析においてトランスクリプトは不可欠のものではあるが，それのみが読み解くべき唯一のデータではない．データセッションはもちろん，インタビューやフィールドワークを通して分析者が獲得した情報や知識もまた場面を解読するうえで有効な資源である．このような映像データにとってある意味では「外在的」なエスノグラフィックな知識を用いつつ映像を「内在的」に読解するという分析方針は，「ビデオエスノグラフィー」と称されることもある（岡田 2008）．

　また，人類学の分野では，フィールドノートとともに映像記録を用いた「ビジュアルエスノグラフィー」（Tobin et al. 1989）のほか，映像の共同視聴を通して分析者以外の被調査者らの「声」を分析に連動させて展開させていく「ビデオ映像を用いた多声的エスノグラフィー」（Tobin et al. 2009）という方法も教育研究に取り入れられている．

●教育・社会化・発達への視点　教育社会学の領域において，「教育」「社会化」「発達」という現象に接近するための方法として映像データ分析による研究は蓄積されてきている．それらの多くはエスノメソドロジーに依拠した研究実践として組織化されているといえる．

　しかしながら，特に日本の教育社会学において着目すべきは，それらの研究がAV機器というテクノロジーによって可能となった前述の特性を生かすなかで，「決定的な場面を直接に見る」ことへの「こだわり」をもって展開されてきた点である（清矢 1998）．つまり，映像データ分析は，それ自体の方法論的な精緻化や，あるいはその背後にある理論的枠組みの洗練を第一の目的として展開されてきたのではない．いかなる問題関心をもって映像に対峙し，分析の結果としていかなる知見を導くか．映像データ分析は，「教育の社会学的研究」に資するための「道具」である．　　　　　　　　　　　　　　　　　　　　　　　　　　　　　　［鶴田真紀］

📖 さらに詳しく知るための文献

清矢良崇，2008，「映像データ分析」北澤 毅・古賀正義編『質的調査法を学ぶ人のために』世界思想社，pp. 49-53.

Goodwin, C., 1980, *Conversational Organization*, Academic Press.

西阪 仰ほか，2013，『共感の技法——福島県における足湯ボランティアの会話分析』勁草書房.

アクション・リサーチ

☞「批判的教育学」p. 114

　アクション・リサーチは，変化を企図する社会実践を伴う研究活動で，分野ごとに異なる経緯で発展してきた．現在のアクション・リサーチの源流には，アクション・リサーチという言葉を初めて提唱した心理学者のレヴィン（Lewin, K.）を源流とする実験的アクション・リサーチ，デューイ（Dewey, J.）がシカゴに設立した実験学校を源流とする授業改善に関与したアクション・リサーチ，フレイレ（Freire, P.）のインフォーマル教育によるエンパワーメント獲得を源流とする現在の参加型アクション・リサーチにつながるものの三つの系譜がある．これらは，源流の違い，客観的・主観的の認識論の違いがありつつも，文脈を重視しつつ外部の研究者が現場のなかに入り，一定の価値観に基づき介入活動や実践を行い，成果を現場に返していくという構造的特徴があり，フィールドワークを主な手法としている（箕浦 2009）．

　アクション・リサーチの研究プロセスは，行動（action）と内省（reflection）の組織的な循環（cycles）に特徴があるとされる（Reason & Bradbury eds. 2008）．行動段階では，共同で研究を進めようとする研究者と当事者が，実践を観察して事実を集め，内省段階では，それらとともに考察・分析・解釈し，次の行動の計画を立てる．それをもとに，再行動し，再内省し，さらにその先の行動の計画を立て……と循環していく．こうした循環が変化を生み出していくことから，アクション・リサーチの研究プロセスは，螺旋的（spiral）サイクルとも称される（秋田ほか編著 2005；Stringer 訳書, 2012）．

●**参加型アクション・リサーチ**　アクション・リサーチのなかでも，研究者と現場の人々が対等な立場で参加しつつ，意識改革や行動改革を行っていくタイプは，参加型アクション・リサーチと呼ばれ，以下に示す七つの特徴があるとされる（Kemmis & McTaggart 訳書, 2006）．

①社会過程：社会が個人を決定するのでもなく，個人が社会を決定するのでもないという理解に基づく．

②参加型：自分たちの知識や解釈カテゴリーを，当事者が批判的に内省する．

③実践的・協働的：社会的相互作用のなかで，自分たちを他者と結びつけている社会的実践を検討し，当事者と研究者が協働して改善する．

④解放志向：不合理，非生産的，不公正，不満足な社会構造の束縛から解放することを支援する．

⑤批判的：上記の社会構造の束縛に，異議を唱えて再構築を意図する．

⑥再帰的・内省的・弁証法的：批判，自己批判，内省の螺旋的サイクルを通し

て，自分たちの実践を変化させることによって，現実を変えていく（社会構造を変えることで，言語などの社会的媒体を変化させていく）ことを目指す.
⑦理論と実践の両方の転換：ローカルなものと全体的なものを結びつけ，「個人的なことは政治的なことである」というスローガンの実現を目指す.

以上の特徴から明らかなように，参加型アクション・リサーチは，批判理論を背景として発展してきており，不平等な社会構造や抑圧のパターンを変えていくことを目指している. したがって，周辺化や抑圧の対象となっている人々と研究者たちとが明確に協働しつつも，当事者の活動こそが主体であり，当事者をエンパワーすることを強調するため，あえて「参加型」を呼称するのである（武田 2015）.

●アクション・リサーチの基本的特性──価値判断と協働　アクション・リサーチは，どのような場合に採用されるのであろうか. 矢守（2010）は，この問いに対して，アクション・リサーチの基本的特性に照らし，次の2点を指摘している.

第一に，アクション・リサーチでは，望ましいと考える社会的状況の実現を目指して行われるので，そこにはおのずとある種の価値判断がもち込まれることになる. さらに，ここにもち込まれる価値判断を，普遍的な真理や法則性を同定できないという理由で退けずに，それを強みとして取り組んでいく. 特に，現代社会は，何をより望ましい状態とするかについて，立場の違い，環境（地域）の違い，個人の選好から，葛藤や対立が生じやすい. アクション・リサーチはそれらの価値対立や葛藤の構図を可視化し，相互の調整・妥協をはかることを促す仕組みや技法を生み出すことができると考えるのである.

第二に，研究者と研究対象（者）との絶対的分離を前提とした自然科学的な研究と比較すると，アクション・リサーチは研究者と対象者との独立性を100%保証することはできないという事実を率直に受け止め，むしろ，この点を積極的に評価・活用しようとする. したがって，観察や測定などの行為も，目標とする社会的状態の実現を目的とし有効な情報を得るために，両者が協働で取り組む実践として位置づけられる. ここでの協働は，時に，研究されるだけの存在であった対象者が，あえて研究者的な立場を有し，逆に，研究するだけであった研究者が，あえて対象者的立場を有するケースも想定できる. このように，協働とは，研究者と研究対象者の固定的関係を転換させる契機を含むものであり，その先には，例えば「当事者研究」（浦河べてるの家 2005）を生み出す可能性がある.

［清水睦美］

📖 さらに詳しく知るための文献

矢守克也，2010，『アクションリサーチ──実践する人間科学』新曜社.

Reason, P. and Bradbury, H. eds., 2008, *The SAGE Handbook of Action Research: Participative Inquiry and Practice*, Sage.

混合研究法

☞「因果と相関」p. 184 「インタビュー」p. 212

　社会科学の研究法には，分散分析や回帰分析といった統計手法に代表される量的研究（quantitative research）と，参与観察調査やインタビュー調査に代表される質的研究（qualitative research）がある．混合研究法（mixed methods research）とは，この両者を一つの研究のなかで同時に扱おうとする研究法のことである．

　一般に，量的研究は知見の一般化や仮説検証に向いているが，個別事例の詳細な把握は苦手である．他方で，質的研究は個別事例の深い理解や仮説構築に強みがあるが，知見の一般化に難がある．であれば，両者を組み合わせることで，それぞれの弱点をカバーできるのではないか．こうした，複数の手法を用いることでより深い理解を目指そうとする研究は，これまでもマルチメソッドやトライアンギュレーションといった言葉でいい表されてきた．また，川口（2011a）が示すように，教育に焦点を当てた研究のなかには，混合研究法とは銘打たずとも，量的調査と質的調査を同時に扱う研究がこれまでも存在してきた．その意味では，混合研究法とは，より意識的に量的研究と質的研究を組み合わせようとする研究法であると理解してよいだろう．

　混合研究法に言及する分野は，医療分野（health and medicine）が最も多く，次いで教育分野が続いている（Ivankova & Kawamura 2010, p. 593）．これらの分野は，特に近年，因果推論に代表される厳密な効果検証が求められる一方，研究の特性上，目の前の人々の営みに注目せざるを得ないという点で，まさに量的研究と質的研究の葛藤のなかにある．混合研究法が求められる背景に，こうした単一の研究手法では解決できない実践的な問題関心があることは間違いない．

　混合研究法（mixed methods research）という用語には，いまだ若干の混乱はみられるものの，学会誌 *Journal of Mixed Methods* や，*Handbook of Mixed Methods*（Tashakkori & Teddlie 2010）の出版により，mixed methods research の名称が広く使われるようになっている．日本でも，日本看護学会や社会調査協会が機関誌の特集において混合研究法の名を用いたこと，日本混合研究法学会が設立されたことなどを受け，混合研究法という用語が定着しつつある．

●**混合研究法をめぐる論争点**　混合研究法に対する批判は少なくない．なかでも代表的なものは，量的研究と質的研究は，異なるパラダイム（ここでは，パラダイムという用語を研究を支える哲学といった意味合いで用いている）を有しており，それを混合することなど不可能なのではないか，あるいはもし仮に可能だとするなら，それは一体どのような認識論に基づくのかといった批判である．ほか

にも，①そもそも何を混合研究法と呼ぶのか，②具体的な研究のデザインをどのように構築するべきなのか，③研究のどの段階で量的調査と質的調査の混合を行うのか，④混合研究法をどう評価するのか，といった多種多様な論点が存在している．

　すべての論点を網羅することは到底できないが，混合研究法を行ううえで，重要な要素を二つあげておきたい．一つは，先にあげた論点に対して，自らが依拠する立場を明確にしなければならないということである．すなわち，そもそも混合研究法をどう定義し，どのような認識論に立ち，どのように研究を進めるのかといった問題について，これまでの混合研究法の議論を踏まえつつ，自らの立ち位置を明示することが肝要である．

　二つ目に，混合研究法を利用する大前提は，量的研究あるいは質的研究を単独で行うことでは答えられない問いに答えるためだということを意識しなければならない．単独の研究で十分なのであれば，あるいは，別々に量的研究・質的研究を行っても同じ結果が得られるのであれば，わざわざ混合研究法を行う必要はない．ある研究者の言葉を借りれば，混合研究法は量的研究と質的研究が研究のさまざまな場面で「統合」（integration）され，「1＋1＝3 になる」（Fetters & Freshwater 2015）ものでなければならないということである．

●**混合研究法を学ぶために**　日本では，日本看護学会を中心に混合研究法に関する議論が始まった段階であり，日本語で学べる文献は，邦訳を含めてもそれほど多くない．そんななか，抱井（2015）は健康科学の事例を中心としつつも，広く社会科学全般にも通じる議論を提示しており参考になる．その他，抱井・成田（編 2015）には第 1 回日本混合研究法学会年次大会の講演やワークショップ内容が，『社会と調査』の第 11 号には「量と質を架橋する」と題して中村（2013）を筆頭に混合研究法の特集が組まれており，いずれも混合研究法を学ぶうえで有益な情報を提供してくれている．

　混合研究法を研究に取り入れないとしても，さまざまな研究手法を知っているということは，複雑な教育事象を扱う研究者にとって，大きなアドバンテージである．また，近年の混合研究法の議論では，一人で複数の研究方法に習熟せずとも，量的研究に習熟した研究者と質的研究に習熟した研究者がチームで研究を進めることも提案されている．こうした新しい研究の進め方を積極的に取り入れているという点でも，混合研究法は挑戦的な試みであるといえよう．　　　［川口俊明］

さらに詳しく知るための文献
抱井尚子，2015，『混合研究法入門─質と量による統合のアート』医学書院．
中村高康，2013，「混合研究法の基本的理解と現状評価」『社会と調査』11，pp.5-11.
抱井尚子・成田慶一編，2015，『混合研究法への誘い─質的・量的研究を統合する新しい実践研究アプローチ』遠見書房．

テキストマイニング

　テキストマイニングとは，QDA（qualitative data analysis）ソフトを活用して，文字テキストデータ（文章型データ）を計量的に分析する手法である．データマイニングの一つではあるが，データマイニングが一貫性のあるビッグデータ（非テキストデータ：統計的に処理しやすいもの）を対象とするのに対して，テキストマイニングは非一貫性の高い文字テキストデータを統計的に処理する．一般的に，非一貫性の高い文字テキストデータを「自然言語処理」（形態素解析，構文解析など）により分解し，データマイニング技術を用いて統計的に分析を行う．分析結果を「視角化」と「数量化」で提供することにより，質的調査における分析の信頼性の保障や新たな理解の産出可能性が拓かれている．

●**テキストマイニングの発展背景**　欧米では，PC の普及した 1990 年代以降，大量のテキストデータへの関心が高まるとともに，その分析の必要性からテキストマイニングの概念が確立され，QDA ソフトや音声認識ソフトウェアの発展とともに分析手法も発展してきた．その背景には，英語（あるいは欧米圏の言語）のテキストデータでは語と語の間のスペースによる明確な区切りがあり，単純処理の容易さという言語的特性があった．そのため，語と語の間に区切りがなく，漢字やひらがな，片仮名などの混在する日本語のテキストデータ処理は，きわめて困難であった．

　しかしながらわが国においても，自然言語処理技術の発展によって，2000 年代以降，欧米の QDA ソフトの日本語版開発（MAXQDA，NVivo など）や日本人による QDA ソフトの開発（茶室，KH Coder，RMeCab，KNP，cabocha など）が行われ，徐々に研究の蓄積が進展してきている．テキストマイニングを用いた分析は，主に次の三つのプロセスとなる．

●**テキストデータの収集**　文字テキストデータ収集には，二つの種類がある（Ryan & Bernard 訳書，2006）．それは，フリー・フローイング（free-flowing）なテキストと，意図的な体系化技術によって得られるテキストである．前者はナラティブや言説，自由形式のインタビューなどによるテキストの収集の方法である．後者は「フリー・リスト」「パイルソート」「三角テスト」などによる体系化技術を用いた収集の方法である．

●**数量化**　収集された文字テキストデータをもとに，コード化による数値化から，キーワードの度数やほかのキーワードとの関連化を分析する．一般的には，コーディングにより文字テキストデータを形態素に分解し，それぞれの形態素の出現頻度を数えるか，ダミー変数化する（形態素が含まれる場合「1」，含まれな

い場合「0」). 基礎的な分析では「頻出分析（コード出現率）」がある. 頻出分析（コード出現率）は，伝統的な内容分析と同様に，文字テキストデータの全体的傾向や変動を理解するうえで用いられる. また，コーディングによる数量化により，数量化三類（欧米では対応分析や双対尺度法）などの高次のデータ分析が実施可能となる（詳しい分析は Ryan & Bernard 訳書，2006；藤井ほか編 2005；樋口 2014 参照）.

●**視角化** テキストマイニングの特徴は，上記の数量化分析の結果の多くが視角化を伴う

図1　学級活動の頻出語分析

ことである. 例えば，図1は，学級活動での児童の発言における頻出語の分析を行ったものである（NVivo 10）. これは，学級生活の向上に向けて，ある児童のつぶやきから，問題の共有化が展開されたプロセスで，どのような言語的資源を用いていたかを視覚的に分析したものである. また，この視角化は教員インタビューのために行ったものである. 統計調査や質的調査に詳しくないインフォーマントや読者にも，この視角化を用いることで，分析結果の共有化や対話の促進を行うことが可能となる.

●**研究の展開と意義** フリック（Flick, U. 訳書，2002）は，「現実的な希望」としてスピードと質の向上を指摘しているが，将来的には質的研究者の認識論的差異（解釈学 vs 実証主義など）を越えて，同じテクノロジーの利用は広がると予測される（Ryan & Bernard 訳書，2006）. これまで伝統的な内容分析において新聞紙や雑誌に表れたカテゴリー度数の推移が手作業で分析されているが，QDA ソフトにおいても精度の高い分析が可能となってきている. 例えば，岡本・笹野（2001）の『朝日新聞』記事のコーディング・分析の手続きを参考に，KH Coder を使用して『毎日新聞』記事のコーディング・分析を行った樋口（2014，pp.51-63）の結果では，手作業の分析に近い出現コードが確認されている. しかしながらテキストマイニングの研究成果については，研究成果が中間生成物の段階にとどまっているという批判もある（佐藤 2008）. コーディングのルール設定のあり方や分析結果の解釈＝記述のさらなる検討・改善とともに，モデルとなる研究成果の蓄積が求められている.

［白松　賢］

さらに詳しく知るための文献

樋口耕一，2014，『社会調査のための計量テキスト分析―内容分析の継承と発展を目指して』ナカニシヤ出版.
佐藤郁哉，2008，『実践 質的データ分析入門』新曜社.

第Ⅲ部

教育社会学の研究領域

第1章

社会化と人間形成

［編集担当：亀山佳明・秋葉昌樹］

概説：現代社会と人間形成の諸相 ……… 244		アートセラピー ……………………………… 266
遊　び ………………………………… 248		アイデンティティと危機 ……………… 268
居場所 ………………………………… 250		自己啓発 ……………………………… 270
しつけ ………………………………… 252		子どもの発見 ………………………… 272
親密性 ………………………………… 254		ピアグループ（子ども集団）……… 274
感情労働 ……………………………… 256		子どもと悪 …………………………… 276
身体と作法 …………………………… 258		矯正教育 ……………………………… 278
道徳的社会化 ………………………… 260		世代と教育 …………………………… 280
言語と社会化 ………………………… 262		死生観の教育 ………………………… 282
応用演劇 ……………………………… 264		

概説：現代社会と人間形成の諸相

☞「家族と社会化」p.306

　現代社会に暮らす我々は，生まれると同時に，家族という特定の社会集団に所属し，その後，学校や会社という社会集団を介して，当該社会の一人前の成員として承認される存在となる．この一連の過程は，社会は必要とする人間を育成することによって，存続維持をはかる作用を有することを示している．この作用（機能）のことを，デュルケム（Durkheim, É.）は「社会化」（socialization）と呼んだ．実際には，この機能は具体的諸集団間（家族・学校・地域集団など）での系統立てられた形態でもって実践される．この組織化された実践こそが「教育」と呼ばれる活動である．こうした過程と並行して，当該集団を代理する人物（両親・教師など）を媒介にして，成員のパーソナリティ（人間・人格）形成がはかられる．このように社会化過程には二重の機能（社会の形成・維持，人格の形成・発達）が含まれており，両機能はいわば表裏の関係にある．この考え方はデュルケムやパーソンズ（Parsons, T.）らによって唱えられ，構造機能主義パラダイムと呼ばれてきた．これが隆盛を誇ったのは前期近代社会であったが，社会が後期近代社会へと移行するにつれて学問的効力を減速化させるとともに人間形成のテーマそれ自体もフェイドアウトしていかざるを得なかった（作田編 1964；菊地・仙崎編著 1983；加藤 1995；岩見 2005）．

●**社会類型と人間形成**　人間形成について考察するにあたって，以下の三つの視点――「社会類型と人間類型との対応」「内面化の概念」「道徳教育の重要性」――を，デュルケムから借用する（Durkheim 訳書 1976, 2010）．まず一つ目の問題．旧来の教育は自然に由来する生得的所与を人間から引き出すという，普遍的教育の考え方であった．これに対して，デュルケムは，社会は社会にふさわしい人間形成を要求するという．時代が変化するにつれて，社会もまた変化を余儀なくされ，それに応じて，必要とされる人間の類型も変化してゆかざるを得ない．こうした時間軸上の変化を図1の三つの局面で示そう．Ⅰを前近代社会，Ⅱを前期近代社会，Ⅲを後期近代社会とする．ⅠからⅡへの変化を「近代化」とし，ⅡからⅢへの変化を「近代化の近代

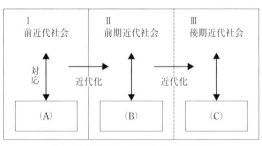

図1　社会類型と人格類型との対応図式

化」とするなら，各社会類型に対応する人間類型（A）（B）（C）が想定される．

　二つ目は内面化の概念である．社会は，その社会に適合する行動様式を求めるので，成員には必要な「思想・感情・慣習」の習得が要求される．例えば，古代アテネでは市民は戦士とされ，必要な行動様式を伝授する組織（集団）で戦士たるに必要な知識や信条，技術を学んだ．このような学習過程をデュルケムは「内面化」（internalization）と呼んだ．内面化によって，成員は市民としての行動様式を身につけるとともに，生活態度が育成される．内面化される要素として，特に重要なものが「価値と規範」であるが，これが三つ目の要点をなす．価値と規範の内面化は，個人のうちに道徳的態度を形成する．この形成が社会に秩序をもたらすのである．というのも，デュルケムは，社会の秩序は成員の「連帯」（solidarity）に基づくと考え，個々人のうちに形成される道徳的態度がそれを保証するととらえていたからである．どの社会にあっても，道徳教育は人間形成の最も重要な教育目標となるわけがここにある．

　さらに，人間形成に注目したパーソンズらは，社会化を担当する機関として主に家族と学校をあげ，そこにおいて子どもの人格が分化・発達してゆくとした（Parsons et al. 訳書, 1976, 1977）．近代社会では，主に子どもは核家族内で養育され，母親との同一化を通して感情をはじめとする表出的要素を，同様にして，父親との同一化を通して対象を事物として扱う道具的要素を身につける．これら両要素の内面化は人格を分化させる働きをもたらす．パーソンズらは，この人格の分化は子どもの人格形成における基礎的段階をなし，以後の過程を通して人格が段階的に分化・発達するとした．次いで，学校があげられ，家族内で形成された人格と矛盾しないかたちで，さらなる人格の分化・発達がはかられる．学校では教師が重要な社会化担当者となり，教師への同一化を通して子どもたちは知識の学習だけでなく，道徳的態度をも養うことになる．

　ところで，先の対応関係をさらに発展させたのが，リースマン（Riesman, D.）であった（Riesman 訳書, 2013）．彼によると，社会が伝統社会（Ⅰ），近代社会（Ⅱ），大衆社会（Ⅲ）と変化するなら，人間類型としての「社会的性格」（social character）は，伝統指向型（A），内部指向型（B），他人指向型（C）へと変化するという．注目しなければならないのは，内部指向型（B）から他人指向型（C）への変化である．近代社会（Ⅱ）とは生産を中心とする市民社会のことであり，社会化の機関としては，家族と学校が主要となる．とりわけ，個人は両親と教師から主要な思想・感情・慣習を内面化し，それを行為の指針（羅針盤）とする．これに対して，大衆社会（Ⅲ）を生きる他人指向型では，両親や教師の教えは指針としての効力を失い，代わって「仲間集団」（ピアグループ）が「重要な他者」となる．彼らとのコミュニケーションを介して，メディアから流される大量の情報が取捨選択され，適切な解釈として個々人に提供される．また，自己の評価は常に仲間からの評価

に依存するために，自らの道徳的指針や基準となる．それゆえに，子どもたちは仲間の評価を読み取るための「レーダー」を自らのうちに備えなくてはならない．

　次には，先の対応図式を空間軸上に位相転換してみよう．すると，同一空間内に二つの差異領域（地理空間・社会階層空間）が開ける．現代社会を生きる者にとって重要なのは，後者の階層空間とそこでの移動である．現代社会には，下層・中層・上層という階層的差異があり，各階層に対応する人間の類型が求められるため，そのための社会化と教育を欠かすわけにはいかない．各階層に要求される思想・感情・慣習の違いが，人間形成の違いを生じさせる．わかりやすいのは，人間形成の基盤をなす，身体・感情・言語の習得である．エリアス（Elias 訳書, 1977, 1978）やフーコー（Foucault 訳書, 1977）が述べたように，貴族社会の宮廷文化は人々に洗練された作法を要請したのに対して，近代学校制度は主に中間層に規律訓練を強要することで国民に不可欠な身体所作を体得させた（加野 2014b）．言語習得についてはバーンスティン（Bernstein, B.）の議論があげられる（Bernstein 訳書, 1981）．子どもの習得する母語には階層特有の言語コードが装置化されており，この言語コードの差異を介して人格形成が左右される．これらの相違を説得的に描いてみせたのが，ウィリス（Willis, P. E.）の『ハマータウンの野郎ども』であった（Willis 訳書, 1985）．労働者階級である「野郎ども」は「限定コード」を，また中産階級の「耳穴っ子」は「精密コード」を習得することによって，前者では彼らをして学校制度に適合しにくくさせ，逆に後者においては適合しやすくさせる．

●**後期近代社会と人間形成**　その後，構造機能主義を引き継いだのは再帰的近代化論者たちであった．彼らは近代化論の見直し（再帰性）を強調する．確かに，近代化は多様な問題を生起させてきたが，それらの結果をもって，過程それ自体を中断させるわけにはいかない．近代化過程を見直し，問題解決に向けて，さらなる近代化（「近代化の近代化」）を継続してゆく必要がある．ここから「脱埋込み」（disembedding）や，「リスク」（risk）という概念が提示される（Giddens 訳書, 1993；Beck 訳書, 1998）．前期近代社会（Ⅱ）では社会の隅々に前近代的な連帯様式を残存させているので，地理的・階層的な分化・流動があっても，人々の間に連帯が成立しやすい．ところが，さらに近代化を進行させるならば，この基盤の残滓すらもが解体されずにはいない．それゆえに，家族・地域社会・職業集団において連帯をもたらす紐帯が完全に消失する．この消失は，人々を「個人化」させ，彼らの「アイデンティティ」を危機にさらす．それらの克服を目指して，人々は「親密な関係」の構築に腐心せざるを得なくなる．同様にして，近代社会の見直しは公害や地震・気候変動などという予測し得ないリスク状況に人々を直面させる．彼らにはこのような不確定要素に対応可能な人格形成が求められる．絶え間なく流動する「リキッド・モダニティ」（Bauman 訳書, 2001）のなかで，流動性・多様

性に適切に対応できる人間類型とは，当の状況を対象化し，対応策を自由に選択できる人間である．他人指向的性格のうちの「自律型」という人間類型は，高度に産業化され，消費化された大衆社会（Ⅲ）において求められる教育目標となる．

後期近代社会になると，構造機能主義の社会決定論的性格に対して，エスノメソドロジー（Garfinkel 1967）や象徴的相互作用論（Blumer 訳書，1991）など，相互作用状況における行為者の解釈過程を強調する状況論的，構成論的な考え方が台頭する．人間形成に関しては，構造機能主義の前提である，内面化や人格発達という概念それ自体が疑問視され，相互行為の〈いま・ここ〉における言語（身体言語も含む）の運用によってそのつどなし遂げられるものとして個別具体的にとらえられるようになる（山村 2008；清矢 1994）．学校を例にとってみよう．教室では教師の発問に応答する過程で子どもが児童生徒として社会化され（Mehan 1979），また保健室で児童生徒は養護教諭との相互行為において学校化された自己と向き合い直し（秋葉 2004），さらに日々の相互行為の意図せざる結果として性役割の社会化もなし遂げられていく（宮崎 1991）．しかも多様に，また急激に変化する流動的な現代社会にあっては，個人は状況上の役割にふさわしい「印象操作」（演技）の遂行を要求され，感情すら操作の対象とされるのである（Goffman 訳書，1974；Hochschild 訳書，2000）．

さらに，もう一つの方向は，存在論という観点の導入である．この立場はデュルケム以来の社会化論に疑問を提起する．社会化とは「閉じた社会」に向けての社会化であるために，そこに解決不能なアポリアを生じさせる．例えば，教育現場における「自律」と「拘束」のディレンマは生徒側に二重拘束状況（ダブルバインド）を引き起こす．この難問を解決するには，「開いた社会」（Bergson 訳書，1969）に向けた社会化（「超社会化」trans-socialization）が要請される（亀山 2000）．ここにいう超社会（社会の外）という概念には二つの意味がある．「共同体の外」という意味と「〈世界〉の外」という意味である．前者からは言語ゲームを異にする「他者」という問題が提起される．地球規模の移動が当然となった現代社会において，「他者」（例えば移民・難民）にいかに向き合えばよいのかという問題は，人間形成にとって重要な課題となる．後者の「〈世界〉の外」は人間形成の存在論的な問題を提起する．その例として子どもの「遊び」があげられる（Huizinga 訳書，1973）．遊びは何よりも子どもたちに〈世界〉の外という実存的体験（宇宙体験）をもたらす．そのことによって，彼らには自らの「居場所」の確保が保証される．また，これと類似の体験を大人たちにもたらすのが「アート」である．アートを介して〈世界〉の外を体験することで，逆に，人々には〈世界〉内における自らの位置が与えられる．存在者（地位・役割）を超えた，実存的体験こそが彼らに生きがいをもたらすのである．子どもの遊びは大人のアートを含んでいるともいえよう．

［亀山佳明・秋葉昌樹］

遊　び

> 関連「社会化」p. 82「応用演劇」p. 264「アートセラピー」p. 266「子どもと悪」p. 276「子どもの遊びとニューメディア」p. 728

　遊びという現象は，子どもたちにとって，とりわけ大きな魅力をもっている．社会化を促す教育や大人の側も，遊びと子どもとの関係に，注目しないわけにはいかない．私たちをとらえてやまない，遊びの魅力はどこにあるのか.

●**遊びの代表的な理論**　遊び研究の嚆矢とされるのが，ホイジンガ（Huizinga, J.）の『ホモ・ルーデンス』（1938）である．書名が示しているように，人類の「遊ぶ人」という側面にホイジンガは注目した．法律，闘争，哲学，詩や音楽や演劇といった文化は「遊びの形式と雰囲気のなかで営まれていた」．遊びという活動の渦のなかから，文化の形式が世界にふっと湧き出るようなイメージをホイジンガは歴史的に追求している．では，遊びとはどのような特徴をもった活動なのか．ホイジンガの定義を簡潔に述べるならば，遊びとは，ある一定の枠組み（時間，空間，規則）を伴いながらなされる，自由な活動（自発的な行為）であり，社会や日常生活が課してくる実際的な目的から遊離したものとして，「遊びを遊ぶ（遊ぶこと自体を目的とする）」ことによって人々に独特の緊張と歓び（面白さ，楽しさ）の感情をもたらすものである．遊びという活動に特有の「リズムとハーモニー」に目を向けよと，ホイジンガは訴えているようだ．ただ残念ながら，この「リズムとハーモニー」がどのようなものかについては展開されていない.

　もう一つの代表的な遊び研究として，ホイジンガの研究を社会（学）に近づけて論じた，カイヨワ（Caillois, R.）の『遊びと人間』（訳書，1990）がある．カイヨワの研究の特徴の一つは，現実に現れる遊びを「他に還元不能の特異性をもつ」以下の四つのグループ（範疇）へと分類したことにある．スポーツなどの「競争（アゴン Agôn）」の遊び，賭けに代表されるような「偶然（アレア，Alea）」の遊び，ものまねや仮装などの「模擬（ミミクリ，Mimicry）」の遊び，回転やスピードなどを伴った「眩暈（イリンクス，Ilinx）」の遊びである．上記の4分類にみられる遊びは，「問いかけと答え，挑発と応戦，扇動と感染，興奮と緊張」の共有・共感を通して集団的興奮と熱狂につながったとき（社会的に受け入れられるとき）に歓びがもたらされるとする．したがって，カイヨワの遊びの理論は，人々がいかに社会とのバランスをとるために，遊びが重要な位置を占めるかという方向に重点が置かれてしまい，分類を通して見えてくる，独特の集団形成作用や自己を超越していく感覚の魅力について十分に迫れていない.

●**遊びの現象学と遊びのもつ意義**　では，遊びがもつ「独特の構造，独特の現象様態」に，私たちはどのように肉迫できるのか．このような問いから，ブランコやシーソー，かくれんぼ，玩具，ごっこ遊び，賭けといった，遊びの具体的な行

動を読み解くことによって，遊びをとらえていこうとする試みを西村清和は『遊びの現象学』（1989）で行っている．子どもの「エネルギーの余剰」，社会生活からの「気ばらし・休養」，社会化のための「予習・準備」，リビドーの「解放・代償」などといったこれまでの遊び論や，ホイジンガ，カイヨワの理論を批判・検討しながら，遊びを「人間の最も基本的な存在様態の一つ，他者や世界に対する基本関係の一つ」として積極的に位置づける．その際のキーワードが，「一つの未決定で不安定で自在な」遊びの隙，余地として現れる〈遊隙〉と，その内部に「算定不可能な多義性」として生じる遊びの振り，運動様態としての〈遊動〉である．西村の〈遊隙〉と〈遊動〉という概念を，シーソーという具体的な遊びを例にとって見てみよう．体重の重い者と軽い者が板の両端に乗っていたのでは，遊びは生まれない．遊びが生じるためにはどうしたらよいか．板を支える「支点」に体重の重い者が近づくことによって，徐々にシーソーは動き出す．シーソーという遊具を遊びに転換するために，遊ぶ者たちは，身体と世界との間に生まれる隙・空間を調整したり探り出したりしながら（〈遊隙〉），ゆれ動きの運動に互いが「同調し乗る」ことで独特の時間・リズムをつくりだしていく（〈遊動〉）．重い者が支点に近づくというルールは，遊隙と遊動を生み出すために，遊ぶ者が自発的に受け入れる規則となる．このとき，遊ぶ者たちは，自己と他者（世界）との間にある差異を越えて，独特の空間と時間に溶け合う．遊びの魅力となる「リズムとハーモニー」「自己を超越していく感覚」はこうして生じる．

　では，遊びによって生じる自己と他者（世界）との融合は何を私たちにもたらすのか．作田啓一は，シャハテル（Schachtel, E.G.）の発達段階理論における対象に入り込み全体的に知覚する「対象中心性」の時期（生後6か月〜思春期）には，自己の利害から離れて対象（他者，世界）に対する純粋な興味・関心が生じることにより，自己と対象との境界がなくなり，互いが融合する独特の体験が生じるとした．そしてこの体験は「溶解体験」と名づけられ，こうした体験を経て私たちは強烈な生命感を得るとしている（作田 1995）．子どもたちが遊びを求めるのは，身体と世界との間合いを調整し，他者（世界）との融合を経ることによって，生命感を得られるからだといえる．もし「対象中心性」の時期に遊びが得られなければ，子どもたちにとっては生命感の大きな喪失につながるだろう．

［野村洋平］

📖 さらに詳しく知るための文献

Huizinga, J., 1938, *Homo Ludens: proeve eener bepaling van het spel-element der cultuur*, H. D. Tjeenk Willink & Zoon（＝1973，高橋英夫訳『ホモ・ルーデンス』中央公論新社）．

Caillois, R., 1967, *Les Jeux et les Homme*（*Le masque et le vertige*），édition revue et augmentée, Gallimard（＝1990，多田道太郎・塚崎幹夫訳『遊びと人間』講談社）．

西村清和，1989，『遊びの現象学』勁草書房．

居場所

<small>☞「アイデンティティと危機」 p. 268「ピアグループ（子ども 集 団）」p. 274「い じ め」 p. 560「不登校」p. 562</small>

わが国で不登校の児童・生徒が増加しだすのは 1980 年代とされる．いわゆる「ひきこもり」が目立ちだすのも，同時期とされる．両者についての調査結果を見ると，共通する性格が読み取れる．体験者の多くが一様に，学校・家庭・職場・世間において，「自分のいるべき場所が見つからない」「居場所がない」と証言することである．

●**場所と承認**　「居場所」を定義するために，二つの意味をあげよう．一つは，「場所」であり，もう一つは「他者による承認」である．後者の意味はわかりやすい．我々は社会的存在であるために，常に他者とともにあって，彼らと多様な社会的関係を取り結んでいる．ほとんどの人は特定の集団，家族，学級や職場に所属しており，当の集団内において地位と役割を与えられている．そこでの役割を遂行する過程において，特定の個人として承認され評価される．他者から認められ評価されることは，当人には自己アイデンティティをもたらす．前者は，自分が占めるべき空間に関わっている．社会的次元だけでなく存在論的次元を含むのである．「場所」とは自分が安心して住み着くことのできる空間といってよい．そこは環境を含めたすべてのものがなじみのあるものであり，自己の配慮が空間のすべてに行き渡っているために，取り立てて注意する必要のない領域をなしている．自分がそこに居ることに何の不安も覚えず，気楽に安らげる空間こそが「場所」といえる．そこに住み着いているために，当人にとっては「故郷」にたとえられるかもしれない．

これら両者の意味は重なり合っている．後者の「他者からの承認」を横軸に，前者の「場所」を縦軸にとるなら，「居場所」とは両軸が交差した点に位置している．社会が近代化してゆくにつれて，人々は地理的・社会的な移動を余儀なくされる．自分たちが長年にわたってなじんできた環境を追われ，新たに都市に移住させられ，また，さまざまな職業に就くことによって，社会の階層間を移動させられる．この意味から，近代人は居るべき場所を奪われた「故郷喪失者」（ハイデガー［Heidegger 訳書，1997]）とみなされよう（Berger 訳書，1997）．

●**リスク社会と仲間**　我々の社会はすでに近代化を達成し，さらに進展する社会になった．近代化をさらに近代化した社会を，社会学者ベック（Beck, U.）にならって「リスク社会」と呼んでおこう．彼は近代化を前期と後期の二つに分けた．産業化によって近代社会を達成した社会では，それ以前とは異なった社会的状況が出現する．例えば，1960 年代から 1970 年代にかけて先進国を襲った公害問題を見ればよい．産業化を推し進めてきた結果が，当の社会に対して害となる産物

をもたらさずにはすまない．したがって，それらを克服するにはさらなる近代化（再帰的近代化），つまりよりいっそうの産業化と科学化が要請される．

たとえていうと，前期近代社会では，その社会の場にいわば直線的な上昇する力（学歴競争，階層移動）が作用していたのに対して，後期近代社会では，その直線的な力を見直す力，フィードバックする力が作用せざるを得ない．公害に限らず，社会のいたるところ（家庭・学校・地域社会）に，このような反省力が作用する．この結果，社会には不確定的な要素（リスク）が蔓延する．近代化した社会ではいまだ前近代的な紐帯が残存していたのであり，それが人々の間に連帯をもたらしていた．ところが，わずかであれ残存していた絆が再帰的近代化の有するフィードバック力（見直す作用）によって切断されてゆくために，ギデンズ（Giddens, A.）たちのいう「脱埋込み」という状態が実現してしまうことになる（Giddens 訳書，1993）．こうして，人々はとも綱を断ち切られた船となって浮遊することになる．

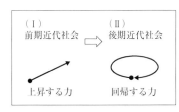

図1　二つの近代と力

このような不確定要素の増大した後期近代社会では，人々はさらなる「故郷喪失感」にとらわれる．先の二つの軸を思い出してみよう．人々は縦軸であるはずの「場所」の感覚をさらに脅かされるために，横軸である「他者による承認」の軸に脅迫的にしがみつこうとする．学校や職場で，いかにその仲間たちからの承認（評価）を得られるかが，その場にいられるかどうかを決定する．リースマン（Riesman, D.）のいったように，高度大衆社会において，人々の動向（行為や心理）を支えるのは先生や上司からの承認ではなく，「仲間」からの承認である．いい換えると，「仲間」のなかでいかに自分が評価されるかが，死活問題となるということだ．

この仲間というのが曲者である．彼らは固定された成員ではなく，たえず入れ替わる存在であり，また，そこにおける彼らからの評価それ自体も常に流動的である．そのために，人は安心してそこにいることができない．いつ自分が仲間はずれにされるかわからないので誰もが疑心暗鬼に駆られ，よりいっそう強迫的にその承認（評価）に執着するようにならざるを得ない．「場所」と「承認」の喪失を自覚した者たち，「いじめ」「シカト」された人たちは，「不登校」や「ひきこもり」へと追い込まれてゆくのだ．　　　　　　　　　　　　　［亀山佳明］

📖 さらに詳しく知るための文献

Beck, U., 1986, *Risikogesellschaft: auf dem Weg in eine andere Moderne*, Suhrkamp（= 1998，東　廉・伊藤美登里訳『危険社会』法政大学出版会）．

Riesman, D. et al., 2001, *The Lonely Crowd: A Study of the Changing American Character*, Yale University Press（= 2013，加藤秀俊訳『孤独な群衆』上下，みすず書房）．

しつけ

☞「社会化」p. 82「身体と作法」p. 258「言語と社会化」p. 262「現代家族と教育の諸相」p. 286「家父長制とジェンダー秩序」p. 294「社会化エージェントの孤立化と育児不安」p. 314「消費社会と育児・教育」p. 320「しつけや教育と身体のジェンダー化」p. 344

今日，我々の生きる「現代社会」は「しつけ喪失」の時代を迎えているかのようである．例えば，一方で「親の子育て放棄」が，また他方では「親による子ども虐待」がメディアの報道に現れては消える．こうした状況下で，はたして「人間形成」や「社会存続」はスムーズに行われているといえるのだろうか．

●前近代から近代へ　およそ人間が「社会」を離れては存在し得ない以上，「人の育ち」は「社会化」（socialization）という側面を有している．つまり，その時々の「社会」（人のつながり）に参入して共同生活が可能となるような「文化」（意味のまとまり）を共有していくプロセスが必要不可欠なのである．こうした育ちのプロセスのうちで，「日常生活における基本的な行動様式や習慣の型」を身につけさせる行為が「しつけ」と呼ばれるものである．この言葉は，漢字で「躾」と書かれる場合は「規律や礼儀作法の習得」を意味するが，「仕付け」と記されることもあり，裁縫（和裁）の技術としての「目安になるような縫い取りをし，それに沿って縫っていくこと」を意味している．いずれにしても，「子育て」「社会化」「教育」というような次世代の人間形成行為のなかで「型の習得」を意識した言葉ということができよう．

ところで，わが国の伝統的文化特性として，「形から入って心に至る」といった技法が各所に見受けられる．例えば「茶道」「華道」「舞踊」をはじめとして，各種の「スポーツ」に至るまで，「心」といったとりとめのないものを「形」のなかで養い育てようとする人間形成方針である．これが時に「○○道」といわれる「求道的発達観」として「武芸」や「スポーツ」を位置づけたり，学校教育にまで深く浸透したりすることもある．また，あらゆる職業は「道を究める」ことによって「人間形成」に大きく寄与するものとも考えられてきた．それゆえ，「名人」や「師匠」と呼ばれる人々は「技能と人格の相備わった人物」としてあがめ敬われるのである．

しかしながら，こうした「しつけ」が功を奏するためには，その前提として「社会規範の広範囲にわたる共有」および「その社会規範の一定的な持続性」を必要としている．これはいわば「同質的・固定的・静態的な社会」において効果的な人間形成手法であって，「異質的・流動的・動態的な社会」ではなじみにくい．極言すれば，「しつけ」の出自は「前近代的人間形成手法」であるともいえる．

しかしながら，「近代社会」自体もまた，ある特殊な「型の習得」を必要としている．それは，フーコー（Foucault, M.）のいうような「規律訓練」としてのそれであって，いわば「自由と個性を至上の価値とするような心性の習得と集積」

なのである．これもまた，一種の「型の習得」であるといえなくもない．ただし，こうした社会では「固定的な認識や行動のパターン」を習得させようとする伝統的な「しつけ」は，その目的設定や方法的統一に著しい困難を抱えることとなる．これがいわゆる「しつけ喪失」の社会構造的基盤であろう．

●**階層とジェンダーから「多様な個人」へ**　このような「近代社会」にあって，そこに特有の「型」が立ち現れる集合的な枠組みがある．それが「階層」であり，また「ジェンダー」なのである．

　まず階層とは，近代社会のつくりだす諸種の社会的指標が重層的に醸し出す「暮らし向きのヒエラルキー（序列性）」であって，人々は「合理性・効率性・記号性」を「型」とするような階層文化を形成する「中間層」と，「現実性・経験性・身体性」をその「型」とするような「労働層」とに大別される．ここで，いわゆる「しつけ」とされるものは「労働層の教育方法」，すなわちバーンスティン（Bernstein, B.）の称するところの「見える教育方法」（visible pedagogy）に相当する．これに対して，「中間層の教育方法」は「見えない教育方法」（invisible pedagogy）と呼ばれ，「型」よりも「個性」や「主体性」を重視する．されども，これもまた一つの「型」なのである．したがって，「近代社会」においては「中間層」の階層文化が「近代の型」を表象していることになり，そこに近代社会への適応力を基準とした社会文化的序列性が形成されることは必然となる．また，バーンスティンによれば，このような序列性は「言語コード」（linguistic code）に象徴的に現れてくるとされ，中間層の「精密コード」（elaborated code）に比して労働層の「限定コード」（restricted code）は「型にはまった」認識という限界性を課されてしまう．

　こうした「近代に特有の型の学習による人間形成の差異化」は，いわゆる「ジェンダー形成」の領域にも見受けられる．すなわち，「競争的・支配的」な「男らしさ」と「協和的・従属的」な「女らしさ」への社会化，すなわち「ジェンダー化」がそれであり，「らしさのしつけ」は「隠れたカリキュラム」（hidden curriculum）として男女の差異化と序列化をもたらすべく，いまだに残存している．

　他方で今日，「近代社会」の目指してきた「個性の習得と集積」は，階層やジェンダーの「型」を乗り越えて「多様性（diversity）を有する個人のネットワーク」として再編されつつもある．そこでの「しつけ」が「個のつながり方」を習得する「ソーシャル・スキル」や「コミュニケーション能力」の訓練として位置づけられる日も，そう遠くはないことであろう．　　　　　　　　　　　　［森　繁男］

📖 **さらに詳しく知るための文献**

柴野昌山編，1989，『しつけの社会学』世界思想社．

広田照幸，1999，『日本人のしつけは衰退したか』講談社．

親密性

　親密性とは，親しい間柄における感情的な結びつきのことである．このような結びつきは，近代社会においては主に私的な空間にみられる．想定されているのは家族である．政治思想では，親しい間柄における関係性を親密性と呼び，家族を新たに親密圏と呼びなおすことは，関係性を公的な領域や公共性と比較した場合，自然化され，相対的に低い意義しか与えられてこなかった家族の意義を，再考することに繋がる．その一方で，親密圏の選択性を強調することは，選択できない関係の権力性を不問に付すことにも繋がってしまう．

●近代における公と私　公共性などの「公」をめぐる議論は多く積み重ねられてきたが，その際に，実際には対になる「私」はあまり問われてこなかった．「私的領域」，とくに家族は，生物学的な自然の領域として放置されてきたのである．
　しかし家族が私的領域であることは自明ではない．前近代的な共同体の世界においては，公私は未分離であり，人々の暮らしは共同体に埋没していた．近代においては究極のプライバシーである結婚や家族などの性にまつわる事象は政治そのものであり，身分制を含む，厳格な社会的な統制のもとに置かれていた．
　だが近代社会になって，家族は私的で，自律的なプライバシー領域として析出されていく．family という言葉は，遠い親族はもとより，血縁のない奉公人までが含まれていた．家長のもとに集う人々の集団が家族だった．日本語の家族はまさに，明治の近代化の過程で，family の翻訳語としてつくりだされた．当初は家長のもとに同居する家族成員を表す法律用語であったが，次第に「集団」を指すようになっていった．家族を血縁と親密性に彩られた存在として描くことは，日本ではせいぜいここ 100 年程度のことである．

●親密性と家族　親密性と家族は，必ずしも一致はしない．しかし親密な人間関係が取り結ばれているのは，現代の社会システムにおいてはたいていの場合，家族である．この私的領域である家族を，改めて「親密圏」と呼び直す場合，そこにこめられている意味とは，どのようなものであろうか．
　ギデンズ（Giddens, A.）は，共同体が崩壊し，見知らぬ他人によって営まれる市場などの抽象システムのなかで暮らすようになった近代社会について考察している．そこでは遠距離の人間とも空間や時間を超えて（脱埋込み化），そして改めて関係を結んでいくこと（再埋込み化）が可能になる．このような脱埋込み化の典型的な事例が，特に後期近代における親密性である．
　この親密性は，「純粋な関係性」である．それは，「社会関係を結ぶというそれだけの目的のために，つまり，互いに相手との結びつきを保つことから得られる

もののために社会関係を結び、さらに互いに相手との結びつきを続けたいと思う十分な満足感を互いの関係が生みだしていると見なす限りにおいて関係を続けていく」(Giddens 訳書, 1993, p. 90) ような関係である。それは近代の初期にみられた、近代家族の構成原理であるロマンティック・ラブとは異なっている。ロマンティック・ラブは、親密性と結婚とを結びつけ、性別役割分業に基づいた関係である。愛情や性と生殖は結婚と結合させられ、長期的なコミットメントが求められる関係である。それに対し純粋な関係性は、性的な自由をも含む、さらにいえば一夫一婦制とも必ずしも結びつけられない関係性である。このように改めて愛情や家族、親密性に基づく関係が「選び取られる」ようになるときに、家族という私的領域も単なる義務や自明な集団であることを超えて、「親密圏」という名前を与えられ、その可能性が探求されるようになった。

●**親密圏の陥穽** 「自明性」の領域にあった家族に、新たな「親密圏」という名前を与え、関係の選択性を与える、もしくは選択を擬制することは、日本でも1990年代に加速した日本社会の変化、性関係や愛情関係規範の変化をも伴う家族の変動と連動している。「親密圏」とは、自分と他者の関係を改めて見つめ直し、愛情の自明性を疑いながら、なおそれを改めて選択するかのような名づけの行為である。それでは「親密圏」という名前を与えることの陥穽は何だろうか。

家族という私的空間で覆い隠されてきたものは、暴力であり、不平等な権力関係である。親子や夫婦の関係において、年齢や性別に起因する社会的資源の差異は、時に暴力的な関係をつくりだす。このような親密圏における暴力は、1990年代以降の変化のなかで可視化される傾向が出てきてはいるものの、それでもなお、親密性に頼って生きざるを得ない「社会的弱者」は存在する。その存在が不可視化される危惧がある。

ギデンズは、親密な関係性と嗜癖についての指摘を行っている。人々が投げ込まれる絶え間ない自己選択の問題、自己について自覚し、再帰的に見つめていくという再帰的自己の課題は、嗜癖、特にセクシュアリティにおける嗜癖を生み出してしまう。嗜癖者と、その依存心に応える「後押しする人」(イネイブラー) は、互いに相手が規定する他者性に依存しながら、共依存的な関係を紡ぎだしてしまう危険性がある。嗜癖的関係性と親密な関係性を区別し親密性を契機とした「民主的な関係性」を築くことが、求められる。 [千田有紀]

📖 **さらに詳しく知るため文献**

齋藤純一編, 2003, 『親密圏のポリティクス』ナカニシヤ出版.
岡野八代編, 2010, 『家族―新しい「親密圏」を求めて』岩波書店.

感情労働

（参照）「相互作用論」p. 128「不適格教師とは何か」p. 432「ゆらぐ教師像」p. 438「教師の燃え尽き」p. 584「教育産業」p. 652

　感情労働とは，感情社会学の分野において，ホックシールド（Hochschild, A. R.）によって提唱された概念であり，他者のなかに適切な心的状態をつくりだすべく，自らの感情を誘発したり抑圧したりすることを職務として要請されるものをいう．近年増加し続けているサービス産業やケア産業は少なからず感情労働の特性を備えているといえるが，組織，労働者，顧客の三者を含んだ労働過程を想定したうえで，感情労働が求められる職業に共通する特徴とは以下の三つである．まず，労働者と顧客との対面的な接触が不可欠であること，次いで，労働者は，顧客に特定の感情喚起を促すことを求められること，最後に，研修や評価制度などを通じて，労働者の感情活動が組織によって支配されていることである（Hochschild 訳書，2000，p. 170）．

●**管理するものとしての感情**　従来，感情とは生理的喚起を伴った個人の内的経験とされ，合理性や社会性といったものとは対比的にとらえられてきた．そうしたとらえ方に異議を唱え，感情を生理学的に決定されるものではなく，社会的に構成されるものとしてとらえようとしたのが感情社会学という分野である．そこで重視されたのは，状況に応じて自他の感情を操作し，その適切さをめぐって相互行為を行う人々のありようである．こうしたありようをホックシールドは感情管理と名づけた．「ここで怒るべきではない」「親友であるならば悲しむはずだ」といったように，我々は場面適合的な感情経験を指し示す感情規則に基づき，時にアイデンティティや状況定義を維持・強化するために感情を管理しているのである．

　感情管理の具体的な方法を示すためにホックシールドが援用したのは，ゴッフマン（Goffman, E.）の演技論である（Goffman 訳書，1974）．ゴッフマンが印象操作という概念で示したように，我々は相互行為場面の秩序を維持するために多少なりとも演技をしている．感情経験をめぐるやりとりにおいてもまた同様であり，そこでは表層演技と深層演技の両方が駆使されている（Hochschild 訳書，2000，pp. 41-48）．表層演技とは，表情や身振りなどをつくりあげることによってある特定の感情を経験しているということを表出することである．一方，深層演技とは，その場に応じた適切な感情を誘発するために，かつて自らが経験した感情を思い起こすことによって同様の感情を経験すること，さらには，不適切な感情を抑制するために，相手の行為に対する意味づけや状況定義を変更することである．例えばホックシールドは，フライト・アテンダントの事例を通じて，乗客のクレームに対し，「彼は飛行機を怖がっているのだ」と意味づけをすることで，いらだちを抑え笑顔で対応するさまを描き出している（Hochschild 訳書，2000，pp. 103-157）．

●**疎外論か戦略論か**　本来自律的になされるはずの感情管理が，感情労働の場においては，賃金を得るためになされ，管理された感情は交換価値を有することになる．この感情の商品化ともいうべき事態に対して，まず問題視されるのは，感情管理が組織によって他律的に強制され，職務適合的な感情を演じることで，ほんとうの感情が抑圧されてしまうという不協和状態である．自己感情からの疎外は，自尊心の低下や燃えつきなどを引き起こす．ホックシールドは感情管理がマニュアル化されるなかで感情労働が労働者にもたらす否定的影響を指摘した（Hochschild 訳書，2000，pp. 212-226）．

　以後，こうした疎外論的観点はさまざまな職業に適用され，一定の成果をあげている．しかし，感情社会学が展開していくなかで，疎外論的主張に異を唱える方向性が示されることになる．それは，感情労働において求められる職務適合的な感情管理が，自発的・自律的になされる可能性である．共感や気遣いといったかたちで自らの感情を管理することにより相手のなかに好ましい感情状態をつくりだすことで，顧客の満足や充足を得たり，仕事における自己評価をあげたりする可能性である．このとき，自己感情からの疎外は回避され，職業アイデンティティが維持・強化される．例えば，看護職や介護職が看護・介護行為とともに優しさといった感情を提供することで，患者や利用者の不安や緊張を和らげたり居心地のよさを感じさせたりすることができるならば，それは職務への充足感や魅力を得ることにつながる．ここから指摘されるのは，労働者が商品としてではなく，職務遂行の手段として戦略的に感情管理を行っているという側面である．以上のように，感情労働の研究においては，その疎外論的側面と戦略論的側面の両方からの知見が蓄積されている．

●**感情労働者としての教師**　職務上の要請として自他の感情を管理することが求められるという点では，教師もまた感情労働者としてとらえることが可能であろう．教育社会学分野においてもそうした観点が導入されており，子どもに対する心理的ケアの必要性や子どもに好ましい感情経験をさせたいという思いから，一方では共感疲労やバーンアウトに苦しむ教師の姿が，他方では戦略的に感情管理を行うことで，子どもの感情を肯定的に理解し，その理解に基づいて好ましい関係性を築き，自らの職業アイデンティティを維持・強化していく姿が描き出されている．感情労働が教師という職業にとってどのような影響をもたらすかは，教職研究における一つの重要な課題であるといえよう．　　　　　　［小野奈生子］

📖 さらに詳しく知るための文献

Hochschild, A. R., 1983, *The Managed Heart: Commercialization of Human Feeling*, University of California Press（＝2000，石川 准・室伏亜希訳『管理される心—感情が商品になるとき』世界思想社）．

岡原正幸ほか，1997，『感情の社会学—エモーション・コンシャスな時代』世界思想社．

崎山治男，2005，『「心の時代」と自己—感情社会学の視座』勁草書房．

身体と作法

> ☞「再生産論」p. 96「文化資本」p. 106「しつけ」p. 252「ジェンダーと文化的再生産」p. 338「しつけや教育と身体のジェンダー化」p. 344「教育実践と隠れたカリキュラム」p. 354「学校教育と身体」p. 392

作法とは，起居，動作の正しい方式，きまり，しきたりを意味する．しばしば礼儀や行儀を伴って用いられる．明治になって，西欧に起源をもつマナーやエチケットといった用語が輸入されたが，これらの用語は，作法の意味と重なる部分が大きい．あいさつにみられるように，作法は身体活動と結びついている．作法やマナーに普遍的なかたちは存在せず，また，合理的根拠をもっているわけでもない．それぞれの文化のなかで，歴史的に生成されて今日に受け継がれている．

高度産業社会に生きる私たちは，多くの知識や技術を身につけなくてはならない．しかし，前近代的な社会にあって身につけなければならないものの大半は，読み，書き，そろばんを除けば，（礼儀）作法であった．人間形成は，知識をたくさん獲得することで行われるわけではなく，作法を身につけてこそ教養や品格のある人とみなされる．作法の獲得は，人間形成の根幹に位置づけられる．

●**礼儀作法やマナーの歴史性**　戦前の日本では，マナーよりも，作法や礼儀作法という言葉がよく使われた．それが重視された主な場所は家庭であったが，小規模化し，かつ，人間関係がフラットになった戦後の家族においては，礼儀や作法の重要性が次第に薄れていき，代わってマナーという用語が頻繁に使われるようになった．使用される場所も，学校，職場，乗り物などの公共空間へと広がっていった．携帯電話のマナーやビジネスマナーに代表される，新しいマナーの形式が次から次へと誕生し，それの遵守が私たちに求められるようになった．

作法やマナーの浸透を文明化ととらえたのはエリアス（Elias, N.）である．彼によれば16世紀，17世紀になって中央集権的な絶対王政が成立し，国王を中心とした宮廷生活が始まると，地方にあった封建領主や騎士たちは貴族となって宮廷に移り住み，そこで洗練された作法（マナー）が成立した．集団で生活し，秩序を生み出すためには，自己の衝動を抑制しなければならなくなったからである．この作法はブルジョア階級から中産階級，そして大衆へと浸透していった．エリアスは，他者に配慮するために自己の身体を抑制することが作法（マナー）であり，文明化であり，近代的自我の起源であると考えた．

●**身体技法としての作法（マナー）**　デュルケム（Durkheim, É.）の影響を強く受けたモース（Mauss, M.）は，文化研究において身体の重要性に着目した．第一次世界大戦に従軍したモースは，オーストラリアから参加している兵士たちが，水のたまった塹壕のなかで当たり前のようにしゃがんで休息をとる姿を見て驚きを禁じ得なかった．それは自分たちフランス人の間ではみられない光景であったからである．人間は同じような体型，骨格をもっているにもかかわらず，

時代や社会によって歩き方や泳ぎ方，食事のときの振舞いに至るまで異なる習慣をもつようになる．敷衍化すれば，特定社会のある文化のもとでは，その社会に特有の身体動作が存在しており，それは型となって一つの世代から次の世代に伝達されていく．このように考えると，動作や身体の扱い方は一種の集合表象であり，社会に共通する身体の型をもつものとして，個人は社会と結びついている．モースは，人がそれぞれの社会で伝統的な様態で身体を使用する仕方を「身体技法」と呼んだ．作法（マナー）もまた身体技法の一種であり，身体技法が社会秩序をつくりだしていると考えたのである．

　モースによる身体への着目は，ブルデュー（Bourdieu, P.）のハビトゥスの概念に引き継がれている．ハビトゥスとは，ある階級・集団に特有の行動・知覚様式を生産する規範システムである．ブルデューが検証するハビトゥスの世界は，主に食物，衣服，美容，スポーツといった趣味に関するもので，これらに対する接近の仕方が，階級や男女などの社会集団ごとにどのように異なっているかを明らかにする．例えば，身だしなみでは，それに払っている関心や注意，それがもたらしてくれる利益に対する意識，実際にそれに注ぎ込んでいる時間や努力や犠牲といった点で，階級によって異なっている．上品で洗練された作法は，ハビトゥスとして階級間の差異を示すだけでなく，その差異を実質的なものへと変える文化資本としての役割を果たし，この結果として階級は再生産されていく．

●**学校教育と作法＝規律訓練**　この身体技法は学校教育との関連で考えることが重要である．学校教育では（顕在的）カリキュラムに従って知識や技術が子どもたちに伝達されていくが，その前提として学校生活を成り立たせるのは子どもの身体である．教科の学習は身体技法を媒介として伝達されるからである．その身体技法とは，授業の開始とともに決められた席に座る，他者にあいさつをする，先生の話に耳を傾ける，授業中は私的会話をしない，などの内容をもつものであり，これらはすべて作法やマナーの側面をもっている．それは，隠れたカリキュラムとして，子どもたちが身につけるべきものである．

　ところで，作法が社会表象であるなら，それは権力関係の結果でもある．この視点は，フーコー（Foucault, M.）の権力論と結びつく．例えば，運動会を取り上げてみよう．明治政府は学校教育を利用して兵式体操を導入し，子どもたちが近代的な身体技法を獲得するように教育（調教）していった．吉見俊哉によれば，運動会とはそうして訓育された身体を披露する仕掛けでもあったという．作法やマナーもまた，規律訓練という権力作用の証として存在している．　　［加野芳正］

📖 さらに詳しく知るための文献
加野芳正編，2014，『マナーと作法の社会学』東信堂．
矢野智司編，2014，『マナーと作法の人間学』東信堂．

道徳的社会化

☞「機能主義理論」p. 78「社会化」p. 82「しつけ」p. 252「子どもと悪」p. 276「社会統制と学校」p. 374「学校教育が生み出す共同性」p. 390

　手分けをして作業するとき，そこには連帯が生まれる．そう考えたのはデュルケム（Durkheim, É.）だった．例えば，文化祭で生徒たちが演劇の出し物をつくっていくとき，ある生徒は脚本を練り，ある生徒は小道具を製作し，ある生徒は演者として舞台に立つ．こうした分業は出し物を生産するための効率を実現するが，分業に携わっている者たちの連帯をも生み出し，その結果として，社会的・道徳的な秩序を打ち立てる．

●**機械的連帯と有機的連帯**　そもそも，デュルケムによれば，2種類の連帯がある（Durkheim 訳書，1971）．まず，同じように考え，同じように感じる者たちの連帯であり，これは「機械的連帯」と呼ばれる．一つのプロ野球の球団を応援する者たちが強力な一体感を抱きながらファンたちの集団を形成するように，集団の全成員に共通な信念と感情のもとで，強い凝集力をもって人々が集合するとき，個人はその集団や社会に直接的に結ばれ，自らの個性を発揮することなく集団や社会に埋没する．このため，機械的連帯において人々の意識は画一化されて，相互の依存関係は薄弱なものとなる．他方でデュルケムは，互いに補い合う相違を備えた者たちの分業に基づく連帯を「有機的連帯」と呼ぶ．一つひとつの器官がそれぞれの機能や役割をもって有機体を構成しているように，分化した労働や社会的な役割を遂行しながらも人々は社会を構成する．分業は，それぞれの個人が自己の固有の活動範囲をもつことを前提にしているのだから，個人が自らの個性を発揮しながらも異質な他者たちと協働することを可能にする．こうした分業による連帯のもとに人々が結集するためには，行動を個人的な気まぐれや欲望から切り離して，他者たちを尊重して，自らが所属している集団や社会の成員たちによって共有されている慣習や慣行に順応することが要請される．つまり，分業は，諸個人が持続的に結びつく権利と義務の体系をつくりだし，協働を保証するルールを生み出す．

●**価値の内面化**　したがって，デュルケムにとって社会生活は道徳と無縁の事象ではない．『道徳教育論』のなかでデュルケムは，「規律の精神」「社会集団への愛着」，そして「意志の自律性」を道徳の三つの要素として説明した（Durkheim 訳書，2010）が，集団での作業や社会生活をスムーズに進展させるためには，一定の規則に従って行動がなされなければならない．この規則は，個人の気まぐれや欲望の抑制として働き，個人の行動を律する．その際，規則からの逸脱行動を示す生徒に対しては，規則の精神を代表する教師によって制裁（罰と褒章）が加えられる．そして，何かを協働で行おうとする場合，「自分だけは別だ」

という理屈に従って自分だけの利益を追求することが禁じられ，集団の利益のために振る舞うことが要請される．さらに，集団や社会が存続するために要請されるそうした道徳的な価値は，個人を超越する外在的な価値として，個人を外部から拘束するが，それが集団や社会の維持や進展のために必要であるという理由を知ったうえで，個人はそうした価値を内面化し，自発的に選び取ってゆく．例えば，演劇の出し物を成功させるという集団としての目的を実現するために必要な一つひとつの義務やルールの遵守が，個人の思惑へと還元されない道徳的な価値として集合的に表象される．そして，それらの道徳的な価値が大切なものであると受け入れて，一人ひとりが演劇をつくるためのそれぞれの作業を進めてゆく．この点から，道徳的社会化は，集団や社会が「正しく，望ましいもの」として抱く集合表象としての道徳的な価値を内面化するプロセスとして理解される．加えてデュルケムにとって，道徳は人々の集団によって営まれる社会生活にくまなく織り込まれており，社会生活が道徳的な価値の内面化の機会を提供しているのだから，教科としての道徳の授業が道徳的な態度や姿勢を学ぶためには重要な意味をもつとしても，道徳的な価値が生徒たちの意識へと浸透してゆく機会は道徳の授業時間だけに限定されるのではなく，学校生活に参与することそれ自体において保証される．

●社会は道徳を沈黙させる？　こうした考え方に対する代表的な批判としては，デュルケムを集合的な道徳の擁護者とするバウマン（Bauman, Z.）の批判があげられる（Bauman 訳書，2006）．例えば，ホロコーストという虐殺行動を一つの社会が奨励する場合，その社会に由来する道徳は「善」とはならない．確かにデュルケムが説明したように，集団や社会は道徳にのっとった行動を奨励し，道徳に反する行動を抑圧して個人を拘束することで，自らの秩序を維持していく．そして，人々は社会生活に関与することで道徳的なありようを身につけていく．この意味で，社会は道徳を生産すると考えられるが，時に集団や社会は支配的な規範への同調を迫ることで，社会化の圧力に対する斥力を一連の行動に付与することを非合法化し，封殺することで存立する．そうして，社会化に抵抗することの道義的責任が回避される可能性が生じてしまう．だから，社会は時として，「道徳を沈黙させる力」として機能する．集合表象としての道徳的な価値の内面化が強調され，演劇の出し物を成功させるための分業や連帯を保全することが強力な規範となることで，放課後に居残って作業を進めるのではなく，「学習塾に行くこと」を選択する生徒が抑圧される可能性が生じてしまう．　　　　［広川義哲］

さらに詳しく知るための文献

Walford, G. and Pickering, W. S. F. eds., 1998, *Durkheim and Modern Education*, Routledge（= 2003, 黒崎勲・清田夏代訳『デュルケムと現代教育』同時代社）.

言語と社会化

☞「社会化」p. 82「再生産論」p. 96「教育言説」p. 126「エスノメソドロジー」p. 214「ジェンダーと文化的再生産」p. 338「階層と教育」p. 604「グローバル化と言語教育」p. 778

多くの研究に示されてきたように，社会化という現象には，人々の言語使用が深く結びついている．ここではバーンスティン（Bernstein, B.）の「言語コード論」，ガーフィンケル（Garfinkel, H.）やサックス（Sacks, H.）に代表される「エスノメソドロジー・会話分析研究」，フレイレ（Freire, P.）の「被抑圧者の教育学」をとりあげることにしよう．

●**言語コード論**　バーンスティン（Bernstein 訳書, 1981）のいう言語コードには，精密コードと限定コードの二つがある．バーンスティンによれば，人々の言語運用能力はこれらの言語コードに基づいているが，それらはある一定の社会化の過程で習得されるという．端的には，主にどのようなコードに基づく言語運用をするのかということは，人々の出身家族のタイプによるというわけである．

すなわち，労働者階級家庭の出身者は，家族構成員の役割分化と権威構造が年齢や性別などの地位によって明確に序列化されているため（＝地位的家族），そうした地位によって定式化された義務と特権関係を受け入れるようになり，彼らの運用する話し言葉が限定コードによる意味秩序へと結びつきやすくする．

他方，中産階級の出身者は，家族構成員同士の結びつきが地位による明確な序列に基づくというよりも，構成員の個性に基づきそれぞれの役割をたえずつくっていくという．それゆえ，彼らは普遍主義的な意味秩序を志向する精密コードに基づく話し言葉を用い，不断の意味の調整を行うようになるのである．もちろん中産階級の出身者は精密コードのみならず，限定コードの両者を適宜運用するように社会化されていくが，精密コードの運用に慣れ親しむことにより，学校教育で主に運用される精密コードにも親和的となり，結果的に教育達成において有利になるのだ，という議論である．

●**エスノメソドロジー・会話分析研究**　ここでは，バーンスティン同様，話し言葉に着目しつつ研究が進められるが，言語と社会化の関係はいわば反転している．つまり，バーンスティンとは逆に，言語運用能力が社会化に先行する位置づけにある．エスノメソドロジー研究の創始者ガーフィンケルとその高弟で会話分析研究の創始者サックスは共著のなかで，人々が社会のメンバーであるといえるのは，自然言語の運用に習熟しているからである，と述べる（Garfinkel & Sacks 1970, pp. 337-366）．

それゆえ，この研究領域においてとらえられる社会化は，自然言語を駆使した相互行為能力の獲得過程に照準が定められ，個々の研究は，会話を書き起こしたデータ（＝トランスクリプト）をもとに，相互行為が成し遂げられていく様態を

記述し，社会化を個別具体的に分析していくことになる（清矢 1994）．

　例えば清矢良崇（1994）は，初期社会化場面として先行する諸研究で論じられてきた子どもの排泄訓練について，保育士と幼児の排泄訓練場面の相互行為を書き起こしたトランスクリプトデータを分析し，そこでの社会化の様態を記述している．そしてデータに示された場面を分析し清矢が例証してみせたのは，排泄訓練という社会化の相互行為が，実際に排泄が行われたか否かに関わりなく，あるいはそれに先立って，相互行為のなかで排泄行為をめぐる自然言語のカテゴリーを運用する能力を身につけることによってこそ成し遂げられているということであった．相互行為を成し遂げる能力を身につけていくなかで，人が社会のメンバーになる，すなわち社会化されるという端的な事実の一端が，この研究には示されている．

●被抑圧者の教育学　社会化研究は上記二つの例にみられるような「話し言葉」の運用によってもたらされるだけではない．ここでは文字言語による社会化というもう一つの視点についても見ておきたい．

　識字教育で知られるブラジルの教育者パウロ・フレイレは，文字の運用能力を獲得する方法として，課題提起型の教育を行った（Freire 訳書, 1984；Freire 訳書, 2011）．その方法とは，識字ワーカー（＝教師）が，まず学習者の仕事や日常生活の現場に出向き学習者とともに「文化サークル」と呼ばれる学習会をつくる．そして学習者の直面する問題状況を具体的に把握したうえで，ビジュアル化したケーススタディ的教材を制作し，これを学習者への「課題」として投げかけるというものである．学習者はその課題をめぐり「対話」を重ねていくことで，課題が投げかける問題の本質を「意識化」して，問題解決の取組みを進めていく．

　こうした構成の識字教室に参加することで，学習者は課題をとらえるために鍵となる文字言語（＝生成語）を身につけていくのと同時に，自身のとらえた問題の本質を文字言語の習得によってより意識的にとらえられるようになり，社会参画の主体へとエンパワーされていく．フレイレの実践は，文字言語の習得が，それまで自身を取り巻く現状に対して疑問を呈することも，実際声をあげることもなく過ごしていた民衆，いわばそのように社会化されてきた民衆に，「沈黙の文化」からの脱出の機会，すなわち「対話」による社会参画の機会を提供することを目指した実践である．

　以上のよく知られた研究例は，理論的志向性や方法論には違いがあるものの，それぞれの研究において社会化に着目する際，言語の働きの重要性を訴えており，社会化に関わる研究において言語との結びつきを視野に収める重要性が示されている．　　　　　　　　　　　　　　　　　　　　　　　　　　　　［秋葉昌樹］

応用演劇

> 関連 「ネオ・マルクス主義」p. 102 「批判的教育学」p. 114 「相互作用論」p. 128 「アクションリサーチ」p. 234 「遊び」p. 248 「アートセラピー」p. 266 「学校教育と身体」p. 392 「ノンフォーマル教育」p. 532

　応用演劇とは，人やコミュニティの変化を促し支援する観客参加型の演劇である．上演される芝居には，観客が自分たちの身近な関心やコミュニティが抱える問題や課題などを発見しこれと向き合い直すことができるように個別具体的エピソードが含まれている．上演場所にも工夫が施され，コミュニティ・センターや公園，監獄，リハビリやセラピーの現場，公営住宅，支援活動の現場など，観客である問題の当事者（潜在的当事者を含む）コミュニティの，劇場以外の場が選ばれ実施される（Taylor 2003, p. xx）．

●起源　応用演劇という呼称は，1990 年代に広く用いられるようになり，特にイギリス，アメリカ，オーストラリアではアカデミックな足場も形成され発展してきたが（Taylor 2003；Nicolson 訳書，2015；熊谷 2009 など），その起源の一つは，1960〜1970 年代に第三世界の国々に広く湧き起こった民衆演劇のムーブメントにあるとされる．ブラジルの演劇家ボアール（Boal 訳書，1984）による「被抑圧者の演劇」はそうした民衆演劇の代表例である．

　ボアールの「被抑圧者の演劇」の一環として創案されたフォーラムシアター（討論劇とも訳される）は，応用演劇界において最も影響力のある様式の一つで，劇作家ブレヒト（Brecht 訳書，1962）による「叙事的演劇」や，教育学者フレイレ（Freire 訳書，2011）の『被抑圧者の教育学』の影響を色濃く受けている．ブレヒトからの影響は，観客が見て知っているはずにもかかわらず気づかないでいる現実の諸問題を可視化し，客観的に見つめ直すための舞台効果上の方略（＝異化／距離化）ゆえであり，他方フレイレからは，学習者が黙従する日常生活上の問題を，「対話」的学びによって「意識化」させ，問題と対峙する行為主体へとエンパワーしようとする「課題提起型教育」に影響を受けている．

　ブレヒト，フレイレ両者の理論，方法論は，ボアールのフォーラムシアターなどを媒介に，今日も多くの応用演劇プログラムに引き継がれている．

●方法──参加を促す仕組み　応用演劇のプログラムは，上演内容や場所，観客の関心の度合いによってさまざまな形態で開催されうるが，まずテーマを共有するための芝居が上演され，その後，観客参加のワークショップへと展開するフォーラムシアター様式などが広く知られている（Taylor 2003, p. 18）．その際，プログラムの冒頭で上演される芝居では，伝統的演劇とは異なり結末が示されず，観客らが現実生活において直面しつつある課題を提起した「未完」の状態で幕が下ろされる．

　プログラムの核心は，上演後に実施されるワークショップにある．そこでは，

観客たちがさまざまなアクティビティに取り組みながら，上演テーマや内容をめぐり「対話」を重ねていく（Akiba & Kumagai 2008；秋葉 2013, 2014）．応用演劇は物語の結論が強制されないオープンエンドのプログラムであり，このように，思考や行動のオルタナティブを探り続けるための「省察の対象としての創造的世界」（Taylor 2003, p. 32）なのである．

●観客とティーチング・アーティスト　観客は，物語として完成された舞台を客席で観るだけの受動的存在ではなく，「未完」の物語に提起された課題に介入しながら向き合い，繰返しオルタナティブを試行していく参加観察者ないしはスペクト・アクター（＝観客＋行為者／俳優）である．

　とはいえ観客の多くは，日頃「演劇をやらない人々」（熊谷 2004）でもある．それゆえ種々のアクティビティを体験するなかで，参加する身体的構えを獲得しながらプログラム冒頭の芝居で呈示された課題に対して応答していくが，とりわけフォーラムシアター形式の応用演劇では，上演後のワークショップのなかで発言するだけではなく，舞台にあがり，自らの意見をもとに当初の芝居を即興でつくり変えることで（＝試演），演じ（＝行為し）ながら問題に応答し，他の観客らとの対話を重ねることが求められる．

　ティーチング・アーティストは，プログラム冒頭の芝居を演じたり，アクティビティを導入したり，ファシリテーションを行ったりする応用演劇のアーティストのことを指すが，プログラム全体を進めていきながら，観客＝参加者が問題意識を高め，問題と向き合ううえでのさまざまなアイデアを具体的に検討することができるよう，教育者としての役割を担いつつ場づくりを進めるアーティストである．

●人間形成における意義　第一人者の一人であるテイラー（Taylor, P.）は，応用演劇の営みが備えるアート（ART）としての特徴を次のように説明する．すなわち，応用演劇は観客が行為し（＝Action），省察し（＝Reflection），変容する（＝Transformation）ためのアートであるという．応用演劇という仮構の場は，現実の生活において問題と対峙するための稽古の機会であり，参加者たる観客にとっては，いわば人生の練習問題，ないしはコミュニティの練習問題とも呼びうる機会である．このように観客＝参加者を社会参画の主体としてエンパワーするところに，人間形成における意義を見出すことができる．　　　　　　［秋葉昌樹］

さらに詳しく知るための文献

秋葉昌樹，2013，「臨床教育研究としてのフォーラムシアター——社会学的考察の試み」日本教育社会学会編『教育社会学研究』92，pp. 83-104.

秋葉昌樹，2014，「教育実践としてのフォーラムシアターにおける参加と接続——物語性，"未完"性，身体性，共同性」『龍谷大学論集』484，pp. 7-19.

Akiba, Y. and Kumagai, Y., 2008, "Poetics of Workshop: Teacher Training through Theatre with Ethnomethodology," *Japanese Journal of Research in Drama and Theatre Education*, 1, pp. 18-22.

アートセラピー

> [参考]「教育臨床の社会学」p. 34「社会化」p. 82「ライフストーリー」p. 228「遊び」p. 248「応用演劇」p. 264「アイデンティティと危機」p. 268「医療化と発達障害」p. 552

　「アートセラピー」に関しては諸定義があるが（Packard 1980），アートを用いた心理治療であり心理的改善を目的としていることでは共通している．この場合の「アート」とは，絵画，コラージュ，箱庭，陶芸のほかにも，音楽表現，詩，俳句など文芸表現，ダンス，パフォーマンス，劇による身体表現などさまざまなものを含む．アートセラピーの定義としては，絵画を中心としたもの（art therapy）や，音楽やダンスなどの多様な表現を含むより広い定義（arts therapy）が使用されることもある．また，単一の表現媒体ではなく，例えば絵画と音楽表現を組み合わせ多種のアートを用いる「マルチ・アート・セラピー」もある．アートセラピーの対象は，精神疾患，心身症から発達障害や認知症に至るまで広く，その実践の場は，精神科クリニックや病院，教育相談室，デイケアの場，矯正施設など多岐にわたる．欧米諸国ではアートセラピーの専門的な教育制度と免許制度，医療機関における専門職が存在している．日本では専門的教育機関，職場も少ないが，近年，「セラピーの時代」のなかで，民間の場で広がりをみせている．

●**アートセラピーの背景と歴史**　アートセラピーは，19 世紀末～20 世紀前半，「無意識」の世界を開拓・研究したフロイト（Freud, S.）の精神分析，その後のユング（Jung, C.）らの多様な深層心理学の広がりと心理療法を基盤としており，言葉にならないものを表現でき，心身の解放というカタルシス効果をもつ．アメリカでは，1940～1950 年代に活躍したナウムブルク（Naumburg, M.）がその創始者とされており，主著『力動指向的芸術療法』のなかには，患者が提示した絵を用いて「自由連想という精神分析技法の助けを得て無意識的葛藤や空想や夢を解放する手段とする」（Naumburg 訳書，1995, p. 29）と書かれている．そこには，抑圧されてきた児童期および青年期の記憶を回復した事例が示されている．

　それは臨床や教育の場で発展し，子どもに対する言葉によるカウンセリングが容易でない場合など，遊びのようなリラックスした状況で，コミュニケーションを交えながら用いられたりもする．バーガー（Berger, P. L.）とルックマン（Luckmann, T.）の述べる「第一次社会化」において，家族の問題を抱えた子どもの場合，アートセラピーによって問題に気づき新しい自己アイデンティティを獲得することは，いわば再社会化の機能をもつ場合もある（Berger & Luckmann 訳書，1977）．著名な精神分析家ミラー（Miller, A.）は，『「子ども」の絵』（Miller 訳書，1992）のなかで，自身の体験として，20 年の実践の後で絵を描き始め，絵に不安や悲しみや怒りを背負った子どもの感情が表現されていることに気づき，それを受け入れることで，その後，自由に生きられるようになったと述べて

いる．アメリカ芸術療法協会（American Art Therapy Association）は，1970年に最初の大会が開催され発展したが，それは女性，民族，学生運動，公民権運動など，人々の精神的解放を求める時代背景とも関係している．日本では，心理学者・河合隼雄が導入した箱庭療法，精神科医・中井久夫による「風景構成法」がよく用いられるが，彼らが中心となって1972年に日本芸術療法学会が発足した．

●アートセラピーの発展にみられる「アート」と「セラピー」との関係　アートセラピーには，①アートを使った「セラピー」を重視する立場（Art Psychotherapy）と，②「アート」で表現すること自体のセラピー効果を重視する立場（Art as Therapy）が存在する．欧米の大学の教育課程では，心理学・精神医学と美術教育の両方を学び，両者のウェイトの置き方はさまざまである．マクニフ（McNiff, S.）は，従来ほとんどが①であったが，近年は②も，自身の「表現アートセラピー」など，顕著な発展がみられると指摘する（McNiff 訳書，2010, p. 27）．イギリスのアートセラピーを発展させたアダムソン（Adamson, E.）は，その著書 *Art as Healing*（Adamson & Timlin 1984）で，自らや患者を「アーティスト」と呼び，自由に描ける環境づくりに力を注ぎ，精神分析等の解釈や批評の技法は重視しないと述べている．日本では1969年以来の精神科病院における造形教室の先駆者安彦講平の活動は，同じく自由なアート表現とコミュニケーションを重視した代表的な例である（藤澤 2014）．アダムソンがつくった五つのアートスタジオとギャラリーには，6万点もの患者の作品が所有されているが，正規の美術教育を受けていない人による表現は，「アールブリュット」「アウトサイダーアート」作品として，近年大いに注目を浴びている．

　ナウムブルクは，コロンビア大学でデューイ（Dewey, J.）に学び，スクリブル（なぐり描き）の考案者でもある．デューイは『経験としての芸術』（Dewey 訳書，2002）のなかで，アートにより人は環境と統合し，融合を回復するが，この融合はもとに戻るのではなく，変化を伴うものととらえる．ミード（Mead, G. H.）は，自我の側面を，社会的な「Me」と生物体の反応「I」に分けるが，「I」からは革新（novelty）が生じ，「芸術家の態度をみると，革新の要素が限度いっぱいにまで強調されている」（Mead 訳書，1973, p. 223）．人は「I」により自分の行為に驚き，「行為の過程ではじめて，われわれは自分を知る」（Mead 訳書，1973, p. 187）．人間は社会のなかで，社会的規範を制約と感じることもあるが，描いている過程で「I」が生じ，初めて自分の感情に気づくといったことが起こり，自己アイデンティティの変容も生じると考えられる．　　　　　　［藤澤三佳］

📖 さらに詳しく知るための文献

Naumburg, M., 1973, *Dynamically Oriented Art Therapy*, Grune & Straton（＝1995, 内藤あかね訳，中井久夫監訳『力動指向的芸術療法』金剛出版）.

藤澤三佳，2014,『生きづらさの自己表現―アートによってよみがえる生』晃洋書房.

アイデンティティと危機

☞「ライフステージの変化とライフコース」p.20「子どもの発見」p.272「世代と教育」p.280「若者文化とジェンダー」p.348

アイデンティティの理論の扉を開いたのはエリクソン（Erikson, E. H.）である．1970年に，社会学者のベラー（Bellah, R. N.）が，「シェイクスピアを読まない大学生はいても，エリクソンを読まない者はいない」と述べたほど，メディアからの注目と賞賛を浴びていた彼の研究者としての貢献は，彼自身の生い立ちと深い関連を有している．とりわけ，青年期にアイデンティティに関する問題を抱えて苦悩する若者の姿は，まさに彼自身であった．

● **7年間の遍歴とウィーン時代**　エリクソンは，ユダヤ系デンマーク人を母として，1902年にドイツで生まれたが，実父については知らされず，養父と折り合いが悪かったこともあり，18歳から25歳まで芸術系の学校に学んだりしながら，国内外で修業の日々を過ごした．「同世代のドイツの若者と同じように，南ヨーロッパ一帯を歩きまわり，濫読と，興味を惹かれたものをスケッチする日々に浸った」経験を，後に研究者となって，「アイデンティティの危機」と名づけることになる．21歳からの1年間にノートにつづったメモには後の概念の萌芽がすでに認められる．長引いた遍歴の末，友人の誘いにより，ウィーンに呼ばれて，そこで，フロイト父娘（Freud, S. & Freud, A.）と出会い，精神分析学を学ぶようになっていった．私生活では，カナダから舞踊研究に訪れていたジョアン（Serson, J. M.）と恋に落ち，1933年には，二人の息子が生まれていた．折しも，ヒットラーが台頭するのに危機感を抱いたエリクソンは，ウィーン精神分析協会の正会員という資格を得て，アメリカに渡る決断をする．

● **『幼児期と社会』——人間の八つの発達段階**　わずかしか英語を知らなかったエリクソンであったが，ジョアンの助けも得てボストンで児童分析家として名を成していく．そんななかで，イェール大学の文化人類学者たちとの親交が，「外的世界」の文化への関心を強めていくこととなった．しかし，このころ，バークレーの児童福祉研究所のポストが差し出され，1939年カリフォルニアに移る．ヨーロッパでは戦火のやまない時代であったが，エリクソン一家は，サンフランシスコで安定した生活を手に入れたのであった．その後10年間をかけて，彼が温めてきた図式および概念が実を結ぶ．その前者の方から説明をしよう．

ホワイトハウス会議のために準備した人間の発達のライフサイクル論は，『幼児期と社会』（Erikson 訳書，1977，1980）で広く知られることになる．エリクソンは，人間の成長を健康なパーソナリティがさらされる内外の葛藤という観点から考察した．

そして，成長するものはすべて予定表をもち，一つの「機能的な統一体」を形

づくる発生過程のなかで，ある時期（ライフステージ）にある発達課題が前面に出てくることを主張した．まず，最初の乳児期は「基本的信頼」の確立が課題である．そこでは，両親は，自分たちの行っていることには意味があるという深い確信を子どもに示すことができなくてはならない．第二の早期児童期では「自律性」を獲得することであり，「保持すること」と「手放すこと」という葛藤の経験のなかから，自分の世界を「私」「あなた」「私に」「私のもの」と表現できるようになる．第三の遊戯期ではあふれる余剰エネルギーを遊びに注ぎながら，「積極性」を獲得する．第四の学齢期では「生産性」が課題であり，物を生産することによって認められることを学び，仕事を完成させる喜びを身につける．第五の青年期の発達課題は「アイデンティティ（同一性）」の感覚を得ることである．この時期については，後に，より詳しく述べよう．その後の成人期は三つに分けられ，第六の初期成人期は，他の人々と「親密さ」を築くこと，第七の成人期は，「生殖性」，すなわち次世代の確立と指導に対する興味・関心，そして第八の成熟期には，「完全性」が課題である．これは，いい換えれば，自分の人生は自分自身の責任であるという事実を受け入れることである．

●アイデンティティの危機　予定表どおりに次の段階に移行すること自体，葛藤の経験を積むことであり，ある意味では危機に直面することである．例えば，学齢期に「生産性」の課題を解決できないとすれば，たとえ大切に育てられてきたとしても「不全感」と「劣等感」を発達させてしまう．しかし，青年期のアイデンティティの危機についてはほかの発達段階と異なる重要性がつけ加えられる．1940年代半ば，復員兵の治療にあたっていたエリクソンは，彼らは病理的とされるべきではなく，歴史の激変に遭遇して自我の能力に頼れず，苦悩を経験している健常な人々だと気づいた．そして，彼らの「自分とは何か，自分がどこに属し，何をしたいのか」という感覚が失われる苦悩は，青年期においては健常な「アイデンティティの危機」だという概念に行き着いたのである．「危機」は，ともすれば，回避することが望ましいと考えられがちであるが，「危機」こそが，アイデンティティを強く豊かにする源泉であることを，自らの生涯を通して提示し得たことが，精神分析学を越えて，教育や発達についての学問領域に対するエリクソンの残した足跡であったといえよう．　　　　　　　　　　　　　　　［細辻恵子］

　　さらに詳しく知るための文献

Erikson, E. H., 1950, *Childhood and Society*, Norton（＝1977，1980，仁科弥生訳『幼児期と社会』1・2，みすず書房）．

Erikson, E. H., 1959, *Identity and the Life Cycle*, International University Press（＝1973，小此木啓吾訳編『自我同一性―アイデンティティとライフサイクル』誠信書房）．

自己啓発

> [参照]「再生産論」p. 96「ポストモダン論と生政治論」p. 108「ライフストーリー」p. 228「市場と教育」p. 650「教育産業」p. 652

　辞書的な定義では，自己啓発とは自らの意思による，自らの能力向上や資質改善への取組みを意味するとされている．この自己啓発という概念は，高度経済成長期下の労務管理の文脈において，職務に直結した知識・技能のみならず全人的な資質開発をも管理が包含しようとする動きのなかで成立・定着したとされている（増田 2000）．だが時代が下るにつれ，このような「企業従業員の資質開発」という含意以上の意味がこの言葉には書き加えられていくことになる．1980 年代，この言葉はニューエイジ，いわゆる「精神世界」に近接し，1980 年代後半に隆盛した自己啓発セミナーは，日本語におけるこの言葉の意味合いに怪しげなイメージを刻印した（芳賀・弓山 1994）．しかし 1990 年代後半以降，「自分を知る」「自分を変える」ハウ・トゥを扱う書籍が多くベストセラーとなるなかで，また同様のメッセージが各種メディアに拡散していくなかで，自己啓発という言葉の怪しげな印象は完全に払拭されてはいないものの，多くの人々が気づくと自己啓発言説に関わってしまうような状況になっているといえる（牧野 2012）．その関わりのありようとしては，例えば自己啓発書やライフスタイル誌が誘う「自分探し」「自分の強みの発見」から，就職対策書が推奨する「自己分析」，公的機関が掲げる「人間力」などの各種能力の啓発まで，実に多様な広がりを観察できる．

●**自己啓発に注目が集まる社会的背景**　自己発見や能力向上に気づくと誘われてしまうような社会の構成には，いかなる背景があるのだろうか．いくつか考えることができるだろう．例えば，主体性やコミュニケーション能力を重視する方向への能力観の重心移行と（本田 2005b），従来の教育制度や企業内教育では提供し得ないそうした能力を獲得できると謳う自己啓発言説との共振として．あるいは終身雇用神話の崩壊や結婚年齢の分散（晩婚化），未婚率の増加に象徴されるようなライフコース・モデルの弛緩に伴う，選択する「自己」のエンパワーメントというリアクションとして．より敷衍していえば，社会の成熟に伴う「個人化」（Beck 訳書，1998），つまり人々の諸行為を導いてくれるコミュニティから人々がますます解放された結果，自分自身あるいはその「心」が諸行為を導くに足る，唯一といってよいほどの準拠資源になったことの証左として．ドメスティックな要因をみるならば，1990 年前後をピークとするいわゆるバブル経済の崩壊に伴って広がった「金ではなく心」という物語が，ただ言葉として語られるだけではなく，それを実現する技法を実装した結果として．そして，1995 年の教祖麻原彰晃逮捕に至る一連のオウム真理教関連事件は，洗脳をはじめとした「心の改造」という事象を人々に知らしめる一方で，「心」を取り扱う一つの専門知であった

宗教を人々から遠ざけることに加担した可能性がある.

　人々を「自己」や「心」へと追い立てるプッシュ要因のみならず，人々にそれらの探求や啓発を魅力的なものと感じさせるプル要因もまた考えられるべきだろう．つまり，1990年代中頃から社会のそこかしこで同時多発的に展開した「内面の技術対象化」（牧野 2012）という言説的出来事は，自己を深く理解し，強化し，変えていくことが望ましく，また実際にそれは各種のエキスパートたちが示す技術によって可能になるという社会的事実の拘束力を高めたと考えられる．というより，私たちは自己啓発の社会的隆盛をもっぱら，そのような言説に攻囲されていることから看取しているはずだ.

●「自己啓発の時代」への評価と今後の課題　自らの能力向上や資質改善をうながすものとしてあまたのハウ・トゥが推奨され，実際に多くの人々がそれに取り組むとき，何が起きているといえるだろうか．まずいえるのは，自己啓発に関するメッセージや技法は，社会の「心理主義化」「心理学化」論においてすでに示されているように（小沢 2002など），教育・職業移行・労働などの各領域に内在する問題を棚上げし，すべては努力する個々人の問題だとするイデオロギーとして作用しうることだ．フーコー派の議論からすれば，これは個々人の自律性のエンパワーメントと，それに伴う個々人への責任付与をもって社会問題を処理しようとする今日的な「統治性」の作動として理解できるだろう（Rose 1999bなど）.

　また，少なくとも自己啓発書に限っていえば，それは今日的な中産階級のハビトゥスとして（再）生産・消費されるメディアだという見解も示されている（牧野 2015）．だがより具体的に，自己啓発すべしという社会的潮流がより拘束力をもつのはどのような職業，どのような地理的環境であるのかといった点はいまだ明らかにはなっていない．このような探究が必要であるのは，カステル（Castel, R.）が述べる（Castel 訳書, 2015），集団や制度から距離をとり，自分自身の主観に専心しうる社会的資源を有する「超過する個人」と，そのような資源に欠けた「欠乏する個人」とでは，自己を啓発せよというメッセージが実現可能な将来とみえるか，実現不可能であるのに魅惑的に映るか，ただの過酷な切捨てと映るか，「読み」のあり方が大きく異なると考えられるためである．どのような人々が，それぞれどのように自己啓発言説に直面し，また対処しているのか．すでに部分的には取り組まれているものの，さらなる検討が必要だろう．　　　［牧野智和］

📖 **さらに詳しく知るための文献**
芳賀　学・弓山達也，1994，『祈るふれあう感じる―自分探しのオデッセー』アルファベータブックス.
牧野智和，2012，『自己啓発の時代―「自己」の文化社会学的探究』勁草書房.
増田泰子，2000，「高度経済成長期における『自己啓発』概念の成立」『人間科学研究』2，pp.113-128.

子どもの発見

☞「歴史社会学的アプローチ」
p. 220「子どもと悪」p. 276
「子育てと家庭教育の社会史」
p. 290「近代家族からポスト近
代家族へ」p. 296

　現在，我々が子どもに対するときに当然のものとして感じる感情——子どもの
純粋無垢さ，か弱さ，かわいらしさへの注目，子ども特有のしぐさや言葉遣いを
愛でること，教育的配慮や道徳的配慮を授ける対象として子どもにまなざしを注
ぐこと——は，決して自明ではない．アリエス（Ariès, P.）は，こうした子ども
に対する感情が，17世紀頃を起点としつつ誕生・発展した新しい意識であるこ
とを明らかにした．

●**アリエス『〈子供〉の誕生』と「子ども期」の発見**　アリエスの『〈子供〉の誕
生—アンシャン・レジーム期の子供と家族生活』（Ariès 訳書，1980）は，1960
年にフランスで出版された．1962年出版の英訳がアメリカで大きな反響を引き
起こす．アメリカでの高い評価と，1970年代の心性史の流行が追い風となり，
フランスに逆輸入されるようなかたちで見直される．アリエスは，ヨーロッパ中
世から近代の子どもへのまなざしの変化を，絵画，日記，墓碑銘，礼儀作法書な
ど多様な資料をもとに分析した．例えば，中世の絵画においては，子どもは，大
人と区別されず「小さな大人」として描かれていたのに対し，17世紀頃より，
子どもそれ自体が主題として描かれるようになる．子どもが多産多死の社会にお
いては，子どもは乳幼児期を過ぎると直接雑多な大人の社会へ入っていき，子ど
もに対する特別な関心は生まれなかった．しかし，次第に，子どもを大人と異な
る固有の特徴をもつ存在として扱い，「子ども期」を特別な時間として考える意
識が芽生える．こうした子どもに対する新しい考え方は，学校と家族の両面から
促進されたとアリエスは分析する．中世から近代にかけて，学校は，雑多な人間
が混在する一種の実務学校のような施設から，大人の汚れた社会から子どもを隔
離・保護し，年齢別に段階的に教育を施し，社会化を促す施設へと変わっていっ
た．一方，家族も，子どもを外界から引き離し，子どもの教育という目的のもと
に閉じられた親密空間に囲い込む．近代的な学校制度の発達，家族意識の変化に
より，子どもは社会から隔てられ，愛情や保護，特別な関心や配慮のもとに置か
れるようになる．こうした子どもに関する新しい意識は，初めは上流階層に生ま
れ，後，社会全体に広がっていった．

●**家族の変化**　子どもに対する意識の変化と家族に対する意識の変化は連動して
いる．アリエスによると，家族に関する意識は，中世的家族，17世紀的家族，
近代的家族と変化していった．雑多な社会に開かれた中世的家族から，過渡的形
態である17世紀的家族を経て，子どもを中心に狭く閉ざされた親密空間をつく
る近代的家族へと変わっていく．近代的家族は，少数の上流階層の間に誕生し，

時代とともに，より広い層へ広がっていった．主に上流階層を対象に分析を行ったアリエスに対し，ショーター（Shorter, E.）は庶民について研究を行っている．また，ショーター（Shorter 訳書，1987）は，伝統的家族から近代家族への変化を，ロマンティック・ラブ，母性愛，家庭愛という三つの要素からなる「感情革命」をもとに説明する．

　これら，アリエス，ショーターらの研究成果に基づきつつ，落合恵美子（1989, pp. 17-24）は，「近代家族」について，「①家内領域と公共領域の分離，②家族成員相互の強い情緒的関係，③子ども中心主義，④男は公共領域・女は家内領域という性別分業，⑤家族の集団性の強化，⑥社交の衰退，⑦非親族の排除，⑧核家族」と特徴を抽出している（「⑧核家族」については落合は後に留保している．また，西川祐子［1996, pp. 79-81］は，これらに，「この家族を統括するのは夫である」「この家族は近代国家の基礎単位とされる」という項目を追加することを提案し，特に，近代国家の単位という視点から家族を考えることの重要性を指摘している）．近年は，近代家族の自明性が崩れ，脱近代家族化の傾向も観察される．

●**「子ども」をめぐる研究の展開**　アリエスの『〈子供〉の誕生』以来，庶民における子どもや家族をめぐる意識の変化に焦点をあてたショーター（Shorter 訳書，1987），新しいメディアの発達とともに「子ども期」が消えていくことを指摘したポストマン（Postman 訳書，1985）など，子どもや家族に関する研究が活発に行われた．一方で，ポロク（Pollock 訳書，1988）のように，子どもに対する感情が過去にも同じように存在したとアリエスを批判する研究もある．日本では，『〈子供〉の誕生』の翻訳の出版より少し前に，柄谷行人（1980）による，「児童」「子ども」の歴史性に着目する分析がすでに行われていたが，アリエスの翻訳の出版とともに，子どもに対する意識の変化や子ども特有の文化のあり方を対象とする研究が多く登場する．本田和子（1982），落合恵美子（1989），河原和枝（1998），小山静子（2002）など，家族社会学，教育社会学，児童文化研究などの分野において「子ども」や「家族」に着目する研究が多く行われた．近年は，近代日本社会における「少女」像の誕生と変容に着目した今田絵里香（2007）など，ジェンダーの観点をより重視した研究も進められている．また，日本では，アリエスがブームとなるはるか以前に，石川謙（1949）が，教訓書などを資料に，中世から近世にかけての「子ども」に対する意識の変化について研究を行っていた．アリエスとの比較という観点からも，今なお注目すべき研究といえる．　　　［竹内里欧］

📖 さらに詳しく知るための文献

落合恵美子，1989，『近代家族とフェミニズム』勁草書房．

Ariès, P., 1960, *L'enfant et la vie familiale sous l'ancien régime*, Plon（＝1980，杉山光信・杉山恵美子訳『〈子供〉の誕生——アンシャン・レジーム期の子供と家族生活』みすず書房）．

Shorter, E., 1975, *The Making of the Modern Family*, Basic Books（＝1987，田中俊宏ほか訳『近代家族の形成』昭和堂）．

ピアグループ（子ども集団）

☞「社会化」p. 82 「居場所」
p. 250 「消費社会と育児・教育」
p. 320 「い じ め」 p. 560
「ニューメディアと若者文化・
コミュニケーション」p. 730

　何らかの類似性・同一性をもとにして人はつながる．ピア（peer）とは，年齢・地位・能力などが同等の者，同僚，同輩，仲間のことをいい，その小集団がピアグループである．一般には同じ年齢層の子どもの仲間集団を指すことが多い．

　子どもは，乳幼児期を経て，次第に家族中心の関わりの外へと世界を広げていくが，そこでは同じ年齢層の者同士の遊びやコミュニケーションの体験が，とりわけ大きな意味をもつ．今一緒に遊んでいる子が，同い年ながらも自分とは異なった存在であることを強く感受することから始まって，一人遊びでは得られない，関わりのルールや規範，共同や連帯のあり方を学び相互行為能力を獲得していく重要な契機となるからである．この同輩集団の役割は，親をはじめとする大人の権威・権力を背景にした規律訓練的なタテの社会化とは別の道筋で，子どもの社会性発達に重要な役割を果たすものと考えられ，ヨコの社会化と呼ばれてきた．

●**子ども集団の現代的変容**　しかしピアグループも時代的文脈の影響を受け，その生態や機能も変容する．例えばガキ大将なる存在が埋め込まれていた社会的磁場は今はもうないし，ネット友達をかつてのペンフレンドと同一視する人はいまい．今日のピアグループから透けて見えてくる子どもたちの仲間関係（人間関係）のリアリティは，これまで基底的だと考えられてきた家族や学校をも包み込んでしまっている「ポストモダン的状況」との関わりにおいてとらえなければ，その複雑で矛盾をはらんだ相貌を明らかにすることはできないはずである．

　このような「子どもの仲間集団」の文化社会学的研究を最初に本格的に展開したのは，リースマン（Riesman, D.）である．主著『孤独な群衆』（Riesman 訳書，1964）で彼が果敢に試みたのは，「現代社会」の〈古典時代〉（見田 1996）ともいうべき 20 世紀中葉のアメリカの都市上層中産階級にみられる新しい社会的性格を「他人指向型」と名づけ，プレモダンの「伝統指向型」，モダンの「内部指向型」のそれと対比することだった．この議論の重要な勘所として彼が注目したのが，当時の「同輩（仲間）集団」であった．彼の主たる狙いは，変動する社会・文化的磁場構造に青少年が「同調」していく際の機序・様式を，骨太な「社会化変容論」として提示することにあった．親の強力な権威を背景に植えつけられた内部指向的な信念といったものを持ちあわせておらず，ひたすら外部情報への感受能力にすがるほかない他人指向型の人間は，「同時代人」としての仲間集団を最も重視するよう仕向けられる．こうして仲間集団は，気まぐれな趣味的な嗜好や関心が渦巻く消費社会のなかで何を買うべきかを指南する絶対的な「消費者同盟」のようなもの，マスメディアが提供するイメージや物語のうち何をどう取り

込むべきかを決する「陪審員」のようなものとして機能することとなり，結果，個人は当該集団からの承認の獲得に戦々恐々とするといった事態が招来されるのだ，と論じた．

●**自己社会化を生きる**　消費社会，マスメディアという現代化を牽引する両輪を軸足としていただけに，リースマンが描いてみせた当時の社会分析の全体像は，70年経った今もほとんど色あせていない．しかし，景色や磁場のありようがまったく同じだというわけではむろんない．

　今日においても同輩集団は健在である．流動化社会にあっても地元つながりを強く体現するような仲間集団が息づいているし，多くの同輩と出会う機会を提供してくれる制度である学校は，卒業後の同輩集団の再生・活性に大きな影響力を今も発揮している（辻 2016）．しかし他方で，逆向きの現代化の動きもますます強力になってきている．家族や企業などの紐帯が弱まり自己至上主義の昂進や〈他者〉の衰退とも受け取れる現象もおこり，自己充足的な小さな私的物語が希求されるなか，友達関係も多元化し関わりも選択的・機会的になっているともいわれている．このような傾きが，今日のICT革命や新規のコミュニケーション・ツールの登場によってますます加速化され，子どもや青年，そしてその仲間集団のありようをますます曖昧かつ流動的にする可能性を否定することはむずかしい．

　だからピアグループの現況は，複雑で錯綜したものにならざるを得ない．個人化の進展が〈他者〉を遠ざけ，リアルよりバーチャルな世界に棲む気楽さを求める一方で，承認欲求やリア充の渇望が彼・彼女の心をとらえて離さない．しかし他方では，現実のピアプレッシャー（同調圧力）から逃れたいとの思いを募らせつつ，自立不安や孤独（ぼっち）の解消，承認欲求の充足のために同輩集団への関わりは断てず，それが過剰同調に反転したりいじめの舞台を構成するようなねじれた事態を生み出したりもしている（土井 2008）．このように自己の「外部」が巨大で複雑な様相を帯びるにつれ，他人指向型人間の「不安」の内実はより深刻化し，青少年はきわめてバルネラブルな存在に留め置かれることになるのである．

　にもかかわらず，人は異質なる他者と共生する途を探し続けるほかない．子どもが自らを社会というシステムに馴染ませていく過程を，ルーマン（Luhmann, N. 訳書，1993，1995）は「自己社会化」と呼んだ．他者との〈つながり〉をどう選び・選び直していくかの実践（Chambers 訳書，2015）とそこからの学びを通してでしか，自律的な自己社会化はなし得ないのである．　　　　　　［岩見和彦］

📖 さらに詳しく知るための文献

Riesman, D., 1961, *The Lonely Crowd*, Yale University Press（＝1964, 加藤秀俊訳『孤独な群衆』みすず書房）．
住田正樹，1995，『子どもの仲間集団の研究』九州大学出版会．

子どもと悪

> 「社会化」p. 82 「遊び」p. 248 「道徳的社会化」p. 260 「学校文化と生徒文化」p. 398 「逸脱」p. 544 「子どもの自殺」p. 554 「シティズンシップ教育」p. 706

　子どもの成長と悪とがどのように関係するのか，を考えようとするときに参考となるのは，アメリカ文化が二人の対照的な少年モデルを有していることである．初代大統領ワシントン（Washington, G.）とトム・ソーヤーである．前者は正直モラルの体現者（模範少年）として，後者はいたずら好きの典型像（悪の体現者）として知られている．まず悪の定義をしておこう（亀山 2001）．日常的世界において，人は多様な関係（社会的関係，生命的関係）を生きている．むろん，これら両者相互も深く関係し合っていることはいうまでもない．悪とはこれら二つの関係を何らかのかたちで破壊する行為である．

●**悪＝ウソと正直モラル**　ウソをつくことはなぜ悪とされるのか．社会が近代化され市民社会が成立するとき，ウソをつくことは悪いこととして子どもたちは厳重に注意される．近代の市民社会は流動的な社会である．それはこの社会が資本主義経済システムから成り立っていることと結びついている．資本の流動性は人々の流動化を生み出す．職を求めて地理的に移動するだけでなく，地位を求めて階層間を移動する．このために日々出会う人たちは互いに見知らぬ他人同士であり，その接触そのものも一時的で部分的でしかあり得ない．

　この流動的な社会で，人々を結びつける紐帯は「信用」であるといえよう．相手がこちらの予期するように行動するかどうかを決めるのは信用である．資本主義経済を支えているのも信用に基づいたシステムである．この信用システムが破壊されるおそれがあるなら，社会は成立・維持の脅威にさらされずにはいない．ウソは予期を裏切る行為であるため，このシステムを破壊に導く可能性をもたらす．逆に「正直モラル」はこの信用破壊を防止する作用を有している．ワシントンはなぜ父親に褒められたのか．誤って桜の木を切ってしまったことを正直に父親に告白したからにほかならない．告白することによって，市民であるという絆を保証する信用を彼は確保したのである．このために彼は「正直モラル」を称揚するモデルとなり，わが国の修身教科書にも取り上げられることになった．

　以来，子どものしつけが話題とされる際には，「正直モラル」はとりわけ強調されることになった．家庭においても学校においても，「正直モラル（ウソをついてはならない）」は何よりも重要視される．しかしながら，このモラルが子どもに一様に強制されるなら問題が生じざるを得ない．ピアジェ（Piaget, J.）が述べたように，幼い子どもにはウソがなぜいけないかが十分に理解できない．ウソは人に害をもたらすのでいけないことだと思い込む．彼らにはルール（規範・価値）が人々の思いを越えた集団（社会）の規約であることが理解できない（波多

野 1964）．それを理解できる年頃になって，ウソは信用の体系を破壊するおそれがあるからいけない，と教えられるべきなのである．同様のことを，デュルケム（Durkheim 訳書，2010）も指摘していた．逆にいうと，子どもへの一方的な禁止は逆効果を及ぼしかねない．例えば，幼い子どものたわいもないウソは多くの場合は遊びのウソであり，それを抑圧するなら，ウソは別なかたちで噴出しかねない．また，市民社会に生きるには「自律」は重要な道徳的要素をなすが，それは自分で自分を防衛するという姿勢において成り立つ．したがって，自分の存立が脅かされるとき，防衛のためのウソも許されるべきであろう．正直すぎることは権力に対しても正直そのものとなりやすいため自律の根拠それ自体が失われ，それに抗することを不可能にせずにはいられないからだ．トム・ソーヤーの数々のいたずら（ウソ行為も含めた）はこうした防衛的な行為とみなされてもよいはずだ．

●自己変容と再生　もう一つの破壊行為を想定する必要がある．それは生命関係に関わる．近代社会で社会化される子どもはさまざまな矛盾にさらされずにはいない．近代の学校制度では自主性の育成という目標が掲げられる．学級でも教師は生徒・児童の自主性を尊重する（「自主的に行動しなさい！」と）．しかし，この命令は時として生徒をダブルバインド状況に追い込まずにはいない．なぜなら，ここには相反するメッセージが含まれており，そのために子どもは身動きが取れなくなるからだ．自主的に行動しようとすると禁じられ，従順に行動すると自主的でないと否定される．従うことも従わないこともできなくなり，もがけばもがくほど深みに落ち込んでゆくほかはない（Bateson 訳書，1986，1987）．ついには，相手に暴力（対教師暴力，校内暴力）を行使するか，神経症，自死（自己破壊）に至るか，という極限的な状況にまで追い込まれる可能性がある．これらの行為も悪と呼んでよいだろう．

　ごくまれなケースであるが，自己自身に変容が生じる場合がある．極限に追い込まれたときに，自己というシステムと，それを支える社会システム（家族・学校）の両者が破壊されることがある．破壊された自己システムは，社会システムの外部に位置している生命システムの回路に編入される．すると，生命システムという大きな回路を介して新たな自己システムが再生される．これは宗教的回心にも類似した自己変容といってよい．自己が新たに生まれ変わる現象である．ミル（Mill 訳書，2008）はその自伝のなかでこの生まれ変わりの体験を記している．子どもの頃，遊びの経験をもたなかった彼は青年期に重い神経症を患うことになった．しかし，子ども時代を生き直すことによって，子ども特有の生命感覚を取り戻し病から回復する．この場合，破壊（悪）を介して再生（創造）が生じたと理解することができる．

　　　　　　　　　　　　　　　　　　　　　　　　　　　　　　　　[亀山佳明]

矯正教育

☞「社会的排除」p.118「学校と家族問題」p.300「家族の孤立・解体・貧困」p.318「逸脱」p.544「非行・少年犯罪」p.548「少年矯正」p.550

　矯正教育とは少年院で行われる教育のことを指し，具体的な目的や内容は「少年院法」に規定される．少年院法は2014年に約60年ぶりの抜本的改定が行われたが，その背景には広島少年院における不適正処遇事案（2009年4月発覚）の発生がある．さまざまな問題を抱えた少年に対する矯正教育は，司法や福祉などの諸領域との連携が必要な高度な教育システムとして発展してきた経緯があるが，定められた期間でさまざまな難題を解決・緩和し，少年を「更生」へ向けて「変容させる」のは容易ではない．過度な強制でも受容でもない微妙なバランスのもとに成り立つのが矯正教育である．

●矯正教育の目的・内容　矯正教育の対象である在院少年は，その70％以上が家族および家族以外の者から何らかの暴力を加えられたり，ネグレクトを受けたり（法務総合研究所 2001），さらには学校からのドロップアウトするなど，多くの困難を経験している．加害経験と被害経験を同時にもつ少年の「変容」を目指し，矯正教育は「長年にわたって蓄積された経験知と，教育学・心理学・社会学のエッセンスが効果的に結び」つき発展した（仲野 2014）．

　改正された少年院法は矯正教育の目的を「在院者の犯罪的傾向を矯正し，並びに在院者に対し，健全な心身を培わせ，社会生活に適応するのに必要な知識及び能力を習得させること」（少年院法第23条1項）と規定する．指導領域は，生活指導・職業指導・教科指導・体育指導・特別活動指導の五つの領域にわたる．学校教育に類似するが，認知行動療法を基盤としたSSTやアサーション，アンガーマネジメントなどの対人関係に関するプログラム，薬物非行や性非行といった特定の問題への働きかけを意図したプログラムも行われている（法務省矯正局編 2014）．

　少年院は全国に52庁あるが，それぞれ地域性・周辺環境，沿革，建築様式などの面で多様である（緑川 2008）．上記の教育内容に加え，矯正教育の特徴でもある"多様性を生かした特色ある教育"を生かした教育計画（矯正教育課程・少年院矯正教育課程・個人別矯正教育計画の3段階に区分）が策定される．

　教育空間としての少年院は，統制と解放が同時に生起するきわめて特殊な空間である．生活のルールや私語の禁止などの対人関係上の統制は厳しく，不自由な共同生活を強いられるが，学習場面では少年の思考や「自己表現は尊重され，それらを相互に交流させることも奨励されている」（高井良 2012, p.273）．こうした解放性は厳格なルール（個人情報をもち出さないなど）に支えられているが，一方的ではない相互交流的な学びが行われる．

●**教育の担い手としての法務教官**　「法務教官」は，"教育"（＝教師としての役割）と院内の規律を維持する"保安"（＝監督者という役割）という二つの役割を同時に担う．生活上のさまざまな事柄を教え，生活上の悩みや個人的な相談に応じるなど少年を援助する一方，院内の秩序維持のために規則を遵守するよう少年を厳しく指導する．入院に至るまで「家庭でのケアやしつけをはじめとする，身近で重要な他者とのふれあい」をほとんど経験していない（伊藤 2012）少年にとって，「教官」は少年院での生活を支える重要な存在である．少年に粘り強く寄り添い「育て直し」を行う教官の地道な努力が，日本の矯正教育を支えてきたといってもよいだろう．

　さて，法務教官にはもう一つ「少年院生活の評価者」という側面がある．教官は，「少年の本件非行，家族構成，家族関係，交友関係，鑑別結果などを熟知して」（岩田 2012）おり，少年と生活をともにしながら日々の院内生活の様子を観察し，少年の成長や変容を評価する．この少年の「評価（成績評価）」は，少年院生活における「進級」を決定するという点で重要である．

　この成績評価は，成績調整会議などで複数の教官によって決定されるが，この成績を告知する場面も，重要な教育の機会として活用される（岩田 2012；南 2012；仲野 2012）．成績をめぐる他者の解釈を受け入れ，少年が自らの変容に実感がもてるように指導援助することも法務教官の役割なのである．

●**矯正教育研究の今後**　従来，矯正教育をめぐる調査研究は実務家・元実務家によって担われ，矯正教育の効果や困難・限界を理論的・実証的に検証する試みはあまり行われてこなかった．こうした状況のなか，教育社会学・教育方法学・教育心理学・社会学などの研究者によって組織された「矯正施設における教育研究会」（代表：広田照幸）の矯正施設研究は注目に値する．

　本研究会は，法務省矯正局の協力を得て，①刑務所および複数の少年院を対象とした継続的な質的調査，②47庁での在院少年・職員を対象とした質問紙調査とフォローアップ調査などを実施した（広田ほか編［2012］や広田・後藤編［2013］を参照）．一連の調査は，矯正教育の教育的機能・構造や，困難や限界を踏まえた次なる研究課題を明らかにした（仲野 2014）．加えて今後は，矯正教育を経て少年が帰っていく社会との関連，つまり「少年が帰っていく社会をいかなる社会として構想するかについての規範的考察」（広田・平井 2012）が必要不可欠であろう．　　　　　　　　　　　　　　　　　　　　　　　　［仲野由佳理］

　📖 さらに詳しく知るための文献
広田照幸ほか編，2012，『現代日本の少年院教育―質的調査を通して』名古屋大学出版会．
広田照幸・後藤弘子編，2013，『少年院教育はどのように行われているか―調査からみえてくるもの』矯正協会．

世代と教育

☞「社会化」p. 82「ペダゴジー論」p. 104「しつけ」p. 252「言語と社会化」p. 262「アイデンティティと危機」p. 268「家族と社会化」p. 306「世代間移動と世代内移動」p. 608「所得と世代間移動」p. 610

「世代」は二つのとらえ方ができる．一つは，「親から子，孫へと引き継がれるそれぞれの代」のことである．もう一つは，「出生時期を同じくし，同一の時代的な背景のもとで歴史的・社会的経験をすることによって共通した意識形態や行動様式をもつようになる人々の集合体」(森岡 1993)，つまり，ジェネレーションのことである．

●ライフサイクルからみた世代と教育　まず一つ目の方の「世代」と教育について述べる．

アイデンティティの概念を提唱したことで知られる発達心理学者のエリクソン(Erikson, E. H.) は，人の一生をライフサイクルとしてとらえた．そのサイクルは，乳児期，幼児期初期，遊戯期，学童期，青年期，前成人期，成人期，老年期という8段階からなり，それぞれに解決すべき課題（発達課題）が存在する．エリクソンの図式でいうと，人は，多くの場合，前成人期において子を授かり親になる．すると，自身のライフサイクルのかたわらに子どものライフサイクル（乳児期〜）が併存することになる．そしてまた時がたち，自身の子どもが前成人期になると，子ども（自身からすると孫）を授かり親になる．

要するに，「世代と教育」というのは，約30年の年齢差のある親子からなる家族内・家庭内教育の問題，つまりは，親子という異世代における社会化の問題となるだろう．

親子における社会化とは，端的にいうと，親世代から子世代への文化伝達である．文化伝達とは，その理論モデルを構築しようとしたバーンスティン(Bernstein, B.) にならうと，「親世代＝大人」の知識の配分・伝達，意味の具現化・伝達のことである．

いかなる社会でも，大人の文化と子どもの文化は区別されている．大人の世界には，その社会に最もふさわしい文化コードがある．親はそれを目標に子どもをしつけていく．文化コードを教え込む親，それを受け止めて内在化する子，その両者の相互作用によってなされるのが親子における社会化である．最初の人間関係である親子における社会化が子どもにとって最も基礎的であることはいうまでもない．

とはいえ，次世代への文化伝達は常にうまくいくとは限らない．一時的に，あるいは結果として，うまくいかない場合もある．次世代（子）の方が，上の世代（親＝大人）の文化を旧態依然とした窮屈なものと思い，反発することはしばしば起こる．特に思春期・反抗期ではそうであろう．それは世代間葛藤であり，一

時的な世代間断絶となることもある．やがてそれは乗り越えられ，子どもも大人になり，伝達する側にまわるのである．だとすれば，世代間葛藤は子どもが大人になるために乗り越える必要のある壁といえるかもしれない．

こうした文化伝達における異世代間の葛藤は，教育の現場である学校において教師と生徒の間にも生じうる．

●ジェネレーションとしての世代と教育　世代の二つ目のとらえ方，つまりジェネレーションとしての「世代」と教育についても述べておこう．この意味の世代というと，「団塊の世代」「しらけ世代」「バブル世代」「団塊ジュニア世代」などが例としてよくあげられる．それらは統計上の概念であるコーホートとは異なり，社会状況との連関で，青年期あたりになって名づけられたものである．またそれらは社会化の背景・環境の相違から，他世代との間でジェネレーション・ギャップが生じることが多い．

教育との関わりでは，「ゆとり世代」は際立つ存在である．「ゆとり世代」について明確な定義はないが，学力低下を招いたといわれる「ゆとり教育」という教育政策からきていることは確かであろう．「ゆとり教育」はそれ以前から段階的に行われていたのだが，その完成形ともいえる学習指導要領の改訂が 1998 年に行われた．これが 2002 年より全面的に実施されたことから，1996 年生まれの子どもたちを最初の「ゆとり世代」とし，「脱ゆとり教育」として 2008 年に学習指導要領が再改訂されるまでの 10 年間を「ゆとり世代」の中核と考えるのが一般的である．

その世代の特徴としては，学力低下というマイナスイメージがある一方，インターネットや携帯電話が前提の生活環境もあって「社会常識には疎いが，興味があったり，そもそもの才能がある特定の分野では，豊かな環境が与えられていることもあってやたら強い」（井上・永井編 2016）などといわれたりする．このように，教育状況によってラベルが貼られているのが「ゆとり世代」であり，それは同一の時代背景という意味で初めて「教育」が受け止められた世代でもある．

世代と世代をつなぐもの（＝文化伝達）としての教育，「ゆとり教育」に象徴されるある世代を特徴づけるものとしての教育．「世代と教育」は，世代のとらえ方によってその意味がまったく異なってくる．　　　　　　　　　［工藤保則］

さらに詳しく知るための文献

Bernstein, B., 1996, *Pedagogy, Symbolic Control and Identity*, Taylor & Francis（＝2000，久富善之ほか訳『〈教育〉の社会学理論―象徴統制・〈教育〉の言説・アイデンティティ』法政大学出版局）．

Erikson, E. H. and Erikson, J. M., 1997, *The Life Cycle Completed*, W. W. Norton（＝2001，村瀬孝雄・近藤邦夫訳『ライフサイクル，その完結〈増補版〉』みすず書房）．

死生観の教育

☞「ライフコースの変化とライフコース」p.20 「アイデンティティと危機」p.268 「世代と教育」p.280 「家族の孤立・解体・貧困」p.318

　死生観の定義は論者によって必ずしも細部までは一致しない．しかしながら，生死を表裏一体のものとし，生のあり方の根本を死との本質的な結びつきのもとに見る視点が，死生観の議論の多くに通底している．そうした共通点をひとまず確認しつつ，死生観を，生きることと死ぬことの全体的な意味についての基本的な考えや理解であるととらえておく．

●かかわりの出来事としての死──「無縁社会」と「終活」　生まれたばかりの子どもも，誕生のその瞬間から死への歩みを始める．最期を迎える老いた人も，かつてはみずみずしい乳飲み子であった．この世に享けた命は必ずついえる．生まれてきたものは逝く．それは，あらゆる生き物を貫く不変の摂理である．だが，生にあって死を意識し，しかもそれが生の根本問題として抱え込まれるという点に，古今を問わず人間という生き物固有の特徴がある．そして教育学的に見て重要なのは，ある人の死は，独立した個的生命の永久停止であると同時に，肉親をはじめとする周囲の人々との関係において起こるということである．すなわち，私たちは，社会における人とのかかわりのなかで死ぬのであり，誕生がそうであったように，死もまたまさしく，かかわりの出来事である．したがって死生観とは，そうした社会的なかかわりの視点から生死の全体的な意味をとらえ直すべく議論されうる問題であるということができる．

　「少子化」「高齢化」「単身化」が急激に進む現代の日本社会では，大都市を中心に，家族や地域や職場などの「中間集団」における人と人とのつながり（血縁・地縁・社縁）が著しく希薄化している．こうしたいわゆる「無縁社会」（NHK「無縁社会プロジェクト」取材班編 2010）にあって，独居やそれに近い状態で死に至り，身元不明のままあるいは正式な引取り手がないまま無縁墓地に葬られる「無縁死」問題が深刻化している．また，可能な限り周囲に迷惑をかけたくないとの思いを抱き，葬儀や納骨などに関して，生前に計画し準備しておく「終活」と呼ばれる「人生の終わりのための活動」に関心をもつ人も増えている（星野 2014）．「死生観の空洞化」（広井 2001）が指摘されるなか，これらは，私たちが，死に臨む自分の人生や生死の全体についての問い直しを，社会における人とのかかわり方の問題を通じて迫られる切実な現状を示している．

●死生観と「死への準備教育」　教育は一般に，人間の生涯にわたる発達への援助であるとされる．生涯が，誕生から死へと向かう生の歩みであるとき，教育が問題にする発達は，通常，身体的心理的社会的な諸能力の獲得や向上の現象としてとらえられる．だがいうまでもなく，生涯にわたる生の歩みには，諸能力の衰

退や喪失という事態が不可避的に生じる。そして生におけるそうした衰退と喪失の究極にあるのは「死」である。それゆえ教育が生の全過程にかかわる援助であろうとするなら、死および死生観の問題は、教育における重要な位置を占めねばならないはずだが、教育活動の主たる対象である子どもは成人に比べて一見死から遠い存在とされるから、「死生観」が主題的に語られ「死を学ぶこと」が中心課題とされることは、教育の理論や実践において久しくまれであった。

　しかし、デーケン（Deeken, A.）の主張に代表される「死への準備教育」の唱導により、近年、「死生観の教育」への認識が社会に浸透してきた。「死への準備教育」は、老若を問わず、死を生にとって不可避の出来事として最終的に深く受容し、遠いにせよ近いにせよ、死までの日々を人とのかかわりのなかでよりよく生きることを学ぶ「生への準備教育」（デーケン 2001）でもあるとされ、今日多彩な取組みが進展している。「無縁死」や「終活」をめぐる問題についても、こうした「死への準備教育」の蓄積に基づく洞察と知見を得ることが期待されてよい。

●「謎としての死を生きる生」という謎──死生観の教育の課題と可能性　「死への準備教育」の理論と実践によって、死生観の問題は、教育活動のなかに一定の意義ある場を占めつつある。一般に、「死への準備教育」における生涯観の底には、段階的で漸成的なライフサイクル論的発達観が存在するといえる。そしてその発達観は、生死をめぐる全体的で究極的な意味への畢竟ゆるぎない確信によって支えられているように思われる。しかし、徹底して省みれば、「死」は、いのちあるものにとって、本来的に予見や予測が不可能なかたちで、是非なく忽然と起こる出来事であるということを原理的構造的に免れないのではないか。であれば、死生観の教育にとって最大の課題となるのは、「準備」という発想と姿勢を超えて、私たちの生の直下に絶えず横たわりつづける永遠の謎として、改めて死を見つめとらえ直すことであろう。

　この「謎としての死」の自覚を通じて、死生観の教育は、教育に人間の営みとしての根源性と全体性を回復することができる。ただしそれは、死生観の教育が、生まれ育ち病み老い死にゆくという人間の生の歩み全体について、私たちに最終的な解答をもたらすことを意味しない。「謎としての死」を懐深く抱え込んで生きられる生もまた、やはり大きな謎である。死生観の教育の最も優れた可能性は、私たちがこうした謎としての生を謎のままにともに生きぬき生ききる力を、その根底から育むところにあると思われる。　　　　　　　　　　　［鳶野克己］

📖 さらに詳しく知るための文献

デーケン，A．2011，『新版 死とどう向き合うか』NHK 出版．

Elias, N., 1982, *Über die Einsamkeit der Sterbenden*, Suhrkamp（＝1990，中居 実訳「死にゆく者の孤独」『死にゆく者の孤独』法政大学出版局，pp. 1-100）．

朴 シネ，2015，『死の力─死と向き合う教育』晃洋書房．

第2章

家　族

［編集担当：天童睦子・小玉亮子］

概説：現代家族と教育の諸相 ………… 286
子育てと家庭教育の社会史 …………… 290
家父長制とジェンダー秩序 …………… 294
近代家族からポスト近代家族へ ……… 296
未婚化社会 ……………………………… 298
学校と家族問題 ………………………… 300
結婚と学歴 ……………………………… 302
ひとり親家族と育児政策 ……………… 304
家族と社会化 …………………………… 306

家族の教育戦略 ………………………… 308
ペアレントクラシー …………………… 310
少子化と子育て支援 …………………… 312
社会化エージェントの孤立化と育児不安
………………………………………… 314
父親の育児 ……………………………… 316
家族の孤立・解体・貧困 ……………… 318
消費社会と育児・教育 ………………… 320
国際結婚と子育て ……………………… 322

概説：現代家族と教育の諸相

　家族は初期の人間形成の場として，子どもの社会化に深く関わっている．一般に家族は「親族関係によって直接つながる人々の集団」であり，子どもの養育責任を担う存在とされてきた．日本の家族研究を振り返れば，家族は「夫婦，親子およびそれらの近親者よりなる集団であり，これらの成員の感情的融合に基づく共同社会」（戸田 1937）とする見方，「通文化的には夫婦・親子からなる生活共同体」（小山編 1967），あるいは「夫婦・親子・きょうだいなど少数の近親者を主要な成員とし，成員相互の深い感情的包絡で結ばれた，第一次的な福祉追求の集団」（森岡・望月 1993）といった定義があげられる．

●「家族」を問い直す　1980 年代以降には「近代家族」をめぐる議論が活発化し（落合 1994；山田 1994），とりわけ社会史研究やフェミニズムの視点を中心に家族の自明性が問い直されてきた．ヨーロッパ近代において成立した「近代家族」は，性別役割分業，公私の分離，子ども中心主義，母性愛の強調といった特徴をもつが，近代以降の家族が友愛的関係の紐帯に見えながらも，そこに潜む家父長制的支配を鋭く指摘したフェミニズムの影響は大きい（落合 1989）．フェミニズムの立場からみれば家族は「社会全体の家父長制の構成単位」（Millett 1970）であり，家父長制と女性に対する抑圧を存続させる主要な制度と位置づけられる．このような視点は家族に潜む暴力性の可視化ともつながっていく．

　文化人類学，家族社会学の領域では，時代や社会を越えて共有される家族の普遍的定義の難しさの指摘，主観的なファミリーアイデンティティに注目する視点，家族を集団ととらえるのではなく個人が結ぶネットワークとしてとらえる立場なども提示されてきた（上野 1996；池岡 2010）．

　現代の家族は，家族構造や機能の面で，現実的にも近代家族モデルを越えて，変化の時代を迎えている．例えば目黒依子は「個人化する家族」を提起して，生まれたときに所属していた家族（定位家族）と成人後結婚によってつくる家族（生殖家族）の経験が，かつては通常生涯に一度ずつとされていたのに対して，親あるいは自分自身が離婚や再婚によって複数の定位家族，生殖家族を経験する可能性が広がったとし，家族生活は個人にとって選択されるライフスタイルの面を強めてきたという（目黒 1987）．また「家族の個人化」を「家族の枠内の個人化」と「家族の本質的個人化」の同時進行として論じ，戦後家族モデルの形成と解体をたどる論考もある（山田 2004）．

　家族の変容については渡辺秀樹による近代家族の制度化と脱制度化の 2 段階でとらえる見方も示唆的である．第 1 段階は近代家族（友愛家族）の制度化であり，

それはメンバーの情緒的ニーズを優先するという新たな規範によって制御される家族への変化であった．第2段階は家族についての支配的制度や成熟した制度が失われた，脱制度化への変化とするのである（渡辺 2005）．現代の家族は，理念的にも現実レベルにおいても，「近代家族」モデルでは説明できない多様性の時代にあるといえよう（藤崎・池岡編 2017）．

●**教育社会学からみた家族──バーンスティンの家族類型**　家族の機能としては「子どもの社会化と成人のパーソナリティの安定化」（パーソンズ［Parsons, T.]）をはじめとして，次世代の再生産，社会化・社会統制の機能（グード［Good, W. J.]）が強調されてきた．

　子どもの社会化と家族の関わりの考察を深めるうえで，教育社会学の分野ではイギリスのバーンスティン（Bernstein, B.）の家族類型が注目に値する．コード理論が家庭と学校教育の「文化的不連続性」の問題から出発したことからわかるように，バーンスティンは，フォーマルな学校教育のみならず，家庭内での社会化過程を含んだトータルな教育実践のプロセスの分析に応用可能な理論の構築に努めた．そして，家族の役割体系の特質と社会統制の様式を説明する枠組みとして提示されたのが，二つの家族類型，すなわち地位家族（positional family）と個人志向家族（person-oriented family，萩原元昭訳では「個性志向家族」）である（Bernstein 訳書，1981；萩原 1985）．

　地位家族は，家族成員の地位境界が明確で，年齢，性別，出生順位に基づく序列的な社会統制（見える統制）によって形成された家族である．子どもの社会化は，定式化された地位と役割の型を，親から子へと一方向的に伝達する形態である．それに対して個人志向家族は，家族成員の地位の境界が不明瞭で，個人の差異をもとに分化した家族であるため，子ども本位の個人中心的な社会化が子育ての主流となる（見えない統制）．例えば子どもの「自主性」「自発性」を重視する育児の方略である．

　見える統制/見えない統制は，バーンスティンの「見える教育方法」（visible pedagogy）と「見えない教育方法」（invisible pedagogy）に対応する．見える統制は，社会統制のために使われる言語が限定的，命令的で，統制関係は強く明確な境界線をもった上下関係を帯びている．見えない統制は，上下関係の表れ方が曖昧で，精密化された個人対個人のコミュニケーション過程をとおした統制である．

　家族の変化を大きくとらえれば，その類型は「地位家族」から「個人志向家族」へ，統制の様式は見える統制から見えない統制へと移行した．ただし，現実の子育て場面では，見える統制，例えば「お兄ちゃんでしょ，我慢しなさい」といった地位統制的しつけと，個人志向的見えない統制（「○○ちゃんはどうしたい？」「理由をきかせて」といった子ども本位のしつけ）が混在して用いられている．現代の子育ては，主流となるしつけ様式の理念モデルが「見える統制」から「見

えない統制」に変化したと考えるとわかりやすい．バーンスティンの理論を日本のしつけ，育児研究に応用したものとしては柴野編（1989），天童編（2004, 2016）などがある．

●**「家族と教育」問題の変容**　日本の教育社会学分野で「家族と教育」問題はどう取り上げられ，どのように変化してきただろうか．ここでは特に家族の多様性が指摘された 1980 年代にまで遡り，教育社会学関連領域の著作を中心に，およそ 30 年間の研究動向をキーワードで整理しながら，「家族と教育」問題への社会学的アプローチの展開を考えてみたい（天童編 2008, 2016；天童・多賀 2016）．

●**社会化，育児不安から「教育する家族」へ**　1980 年代のキーワードとして，社会化，しつけ，育児不安，母子相互作用，近代家族などがあげられる．1980 年代の研究の枠組みの主流は，性別役割分業型育児とそれに伴う「母の不安」と整理できよう．例えば牧野カツコによる〈育児不安〉の研究は，父親の育児協力と，母親のネットワークの重要性を示す実証的研究の一つであるが（牧野 1988），翻っていえばそれは，性別役割分業体制のなかで孤立を深める母親の育児の現実を示すものといえる．

　1990 年代は，社会化への関心の持続とともに，ジェンダー視点による教育研究が関心を集め，父親の役割，近代家族の問い直しなどのテーマが登場した．この時期には性別役割分業から，ジェンダー平等的な夫婦のパートナーシップによる子育てへの変化，「父親の育児参加」言説が広がりをみせた．

　近代家族や母性神話への懐疑がある一方（宮坂 2000），1990 年代の注目すべき論点として登場したのが「教育する家族」である．広田照幸（1999）は家庭での「しつけの衰退」を憂うる通説に疑問を呈し，「教育家族」（沢山美果子）の概念を発展させて，大正期以降の新中間層において誕生した子どもの教育に高い関心をもつ「教育する家族」を描き出した．加えて，歴史的視点から，近代教育，家庭教育を再考した研究もある（小山 2002）．

　その後，「教育する家族」（近代家族の子ども中心主義と性別役割分業体制のもと，子どもの知育に高い関心を寄せる家族）への注目は，育児戦略，教育戦略の展開へとつながっていく（天童編 2004；本田編 2004）．

●**格差社会と育児言説**　1990 年代以降の社会動向と育児言説（育児に関わる言葉の束）を振り返っておくと，1990 年の少子化のインパクト（1.57 ショック）を契機に，子ども・子育てが政策的に注目され，子育て支援が政策として本格化していく．「子ども・子育て」への注目とともに，1990 年代以降の育児言説において顕著になっていくのが「家庭の教育責任」の過度の強調である．そこには，グローバル化と新自由主義の加速を背景に，格差社会を生き抜こうとする家族の危機感と背中合せの「家庭の自己責任」の強化があり，一部の親のなかには，家族格差（家族の経済的・文化的格差）と密接に関わる階層再生産を企図した教育

戦略に駆られる層が登場した（天童 2013）.

　2000 年代，教育社会学分野では格差社会，育児戦略，教育戦略，教育する父親の主体化，子どもの貧困といった課題が取り上げられており，それらは，家庭や親の自己責任，家族責任の強調のもとに，構造的危機に直面している家族と育児の現実を浮かびあがらせる（神原 2001）.

　父親の育児についていえば，2000 年代にはワーク・ライフ・バランス，父親の育児参加を促す施策など「ケアラーとしての男性」を意識した家族政策が進み，それはジェンダー平等な子育ての具現化につながる可能性を秘めている（矢澤・天童 2004）. 他方で，父親の主体化には，もう一つの側面があることにも留意が必要である.「我が子の育児に関与し，子どもの教育への関心を高める父親」像，すなわち「教育する父親」（高橋 2016）が映し出すのは，父母ともにわが子の「よりよい子育て」に集中する，ペアレントクラシー（parentocracy）時代の育児戦略，再生産の個人化戦略の強化という現実である.

　さらに，メリトクラシー型の「学力」評価から，ペアレントクラシー時代の「人間力」への変化は，教育の市場化，商品化，グローバルな競争社会とも関連し，子どもの全人格的統制の再強化とも結びつく.

　社会化エージェントの親の依拠すべき規範（しつけの型）が後退しているだけに，かえって社会化エージェントの枠づけが強まり，子どもはきめ細かなエージェントのまなざしに常にさらされるため，隠れた統制の強化となる. バーンスティンが，「見えない教育方法」の概念によって示したのは，社会における集団本位から個人本位への移行が，必ずしも自由な社会の出現を意味しないという支配・統制の逆説的様態であった（Bernstein 訳書，1985；柴野 2008）.

　子育てや再生産の営みのなかの支配・統制の作用は，よりいっそう日常生活の奥深くにまで侵入することによって潜在化し，隠されるという現代社会のジレンマ，すなわち，自由で個人本位になるほどに，統制がひそかに強化される「見えない統制のパラドクス」を浮彫りにする.

　現代の家族と育児・教育問題への教育社会学的接近において心に留めておくべきことは，「子育ての困難」を個々の家族問題として閉ざすことなく，階層，ジェンダーといった複合的差異化のメカニズムに目配りをしながら社会全体の課題として位置づけ，家族の日常生活世界に浸透した不均衡な力関係を見極めていくことと思われるのである. 　　　　　　　　　　　　　　　　　　　　　［天童睦子］

📖 **さらに詳しく知るための文献**

天童睦子編，2016，『育児言説の社会学―家族・ジェンダー・再生産』世界思想社.

木村涼子・小玉亮子，2006，『教育／家族をジェンダーで語れば』白澤社.

広田照幸監修・編著，2006，『子育て・しつけ』リーディングス日本の教育と社会 3，日本図書センター.

子育てと家庭教育の社会史

　社会学と歴史学との関係が密接不可分であることは，マルクス（Marx, K.），デュルケーム（Durkheim, É.）あるいはウェーバー（Weber, M.）といった社会学の巨頭たちを想起すれば明らかであるといってもいいだろう．しかしバーク（Burke, P.）は，20世紀において社会学と歴史学は，それぞれが分断されコミュニケーションが困難な二者となっていたという（Burke 訳書, 1986）．それが20世紀後半以降には社会学の側からは歴史社会学という言葉で，歴史学の側からは社会史として，その距離を縮めてきた．社会学において歴史社会学は有力な一つの研究手法となっているし，歴史学において社会史は今ではその中心にある．現在ではそれらの違いを論じることにはもはや意味がないといっても過言ではない．

●**社会学と歴史学**　このような変化のなかで，社会学においても歴史学においても，家族は重要な研究テーマとして多くの蓄積を生み出してきた．そのなかで，子どもをめぐって家族を分析した研究が注目を集めてきたが，このきっかけをつくったのが，アリエス（Ariès, P.）の『〈子供〉の誕生』（Ariès 訳書, 1980）である．歴史家の二宮宏之は『家の歴史社会学』のなかで，アリエスの研究を，現代社会の危機的状況への直接的な問いから出発して人と人との関係のあり方をとらえ直そうとしたものであり，この時期の歴史研究における転換の先駆であると位置づける．そのうえで以下のようにいう．「アリエスは，〈子供〉は，もともと存在していたのではなく，歴史のある時期に誕生したのだと主張する．そして，〈子供〉なる存在が誕生することによって，初めて近代家族が成立するのだ，と（『〈子供〉の誕生』）．このように，家族のうちにおける親と子の関係も，普遍のものでもなければ，決して自明のものでもない」（二宮 1983, p. 33）．

　この指摘は，21世紀の現在においては，改めていうまでもないことのように思われるが，しかし，これが議論された20世紀後半という時代にはそれがもつ意味はまったく異なるものであった．というのは，当時アメリカ社会学において圧倒的な影響力をもっていたパーソンズ（Parsons, T.）の核家族論に対して，新たな家族の認識枠組み（＝パラダイム）を宣言するものであるといえるからだ．核家族論は，家族は社会・文化によって一見さまざまな形態をとっているが，どのような家族の形であろうとも，その内部にはこれ以上分解し得ない核となる普遍的な基本形があるという議論を基礎としている．二宮の「普遍」でないという主張は，核家族という家族理解そのものが時代固有なものであるということを主張するもので，それは，家族の時代固有性を重視する近代家族論という新たなパラダイムが到来したことを意味するものである．家族意識がその時代にどのよう

に構築されていたのか，いわば，社会構築主義的な理解が議論される．まさに社会学的に歴史変容が分析されることになった．

●**家族についての歴史研究**　1960 年代にフランスで刊行されたアリエスの著作は，刊行当初はそれほど注目されていなかったものの，1970 年代に英語訳が出されると，次第に家族や子どもの歴史研究として人々の注目を集めていくことになった．そして，家族に関する新たな知見が蓄積され，私たちの家族に関する神話は次々に覆されることとなった．例えば，日常語でも使われるようになった核家族化や小家族化といわれる「現代的な現象」は，人口動態史研究によって，かつても大家族とはいえない家族構成が主流だった地域がみられることが明らかにされてきた．あるいは，同様に現在問題とされる都市における家族の孤立化も，都市に流入する家族がむしろ親族ネットワークによって支えられているケースが分析されるなど，家族における親族ネットワークの影響力の大きさも指摘されてきている．さらに，現在家族を支える情緒的絆も，近代において特権的な位置づけが与えられるようになった歴史的産物であることも示されてきた．

　こういった家族研究は，日本でも成果をあげており，例えば江戸時代の人口動態の研究は，江戸時代の家族人員が私たちの想像以上に小家族であったことを明らかにするなど，日本における家族の歴史的研究に大きな影響を与えてきた．

　とはいえ，日本での研究動向が欧米でのそれと異なっていたのは，前掲の二宮がすでに指摘しているところであるが，日本では家族についての歴史研究は目新しいことではなかった点である．日本では，一方で家，ないしは家族に関する諸制度の分析といった法制史上における家族関係をテーマとする研究が蓄積されていたし，他方では民俗学における日常生活に関する研究の蓄積もなされてきた．いわば，一方に制度というマクロなレベルでの家族についての歴史研究の流れがあり，他方で，日々の生活というミクロなレベルでの家族の習俗の姿が記述されてきていた．マクロとミクロの家族研究を両極の柱としつつも，商家の家経営の分析といった経済史的分析や，家と家族国家にかかる思想史研究など，多彩な研究が行われてきていた．歴史学と社会学が邂逅し成果をあげ始めた 1970 年代から 1980 年代に『講座家族』（弘文堂）や『家族史研究』（大月書店）といった家族史の総合的研究がシリーズとして編纂されたことは，すでにこの時期に日本における家族史研究の層がいかに厚かったかを物語るものといえよう．

●**子育てに関する歴史研究と家庭教育**　家族のなかの子どもに関する歴史研究は当初，家族の歴史社会学的・社会史的研究において，主流とはいえない位置にあった．法制史において相続の問題が語られるとき親子関係のあり方が論じられても，そこに具体的に子どもの姿を見ることは難しい．他方で，ミクロな日常生活場面を研究対象としてきた民俗学では，日常生活のなかで子どもたちがどのように育てられてきたのかが論じられてきた．こうしたミクロな場面では，子育て

の習俗やその思想に関する研究が積み重ねられ，民衆の子育てのありようが記述されてきたといえる．その結果，子育てやしつけについての歴史研究の蓄積がなされていた．

　しかし，子育てやしつけに関する習俗に焦点を当てた研究は，先に見てきた現代的危機意識を背景にした社会学と歴史学の交差するところで行われてきた家族の史的研究とは，二つの点で異なっていた．その一つは階層の違いであり，もう一つはジェンダーの視点である．

　近代家族研究が明らかにしたのは，近代家族において親たちは伝統的な家族ではみられなかった意識をもって目的的・自覚的に子どもと関わるようになっていったという点である．このような目的的・自覚的な子どもと関わろうとする意識を獲得したのは，社会変革のリーディングセクターであった一定の財産と教養を身につけた上層市民層たちであった．彼らは，子どもの固有性に関する「知識」を理解することが可能な教養をもつ人々であると同時に，伝統的共同体の軛から解放された，愛情によって結びついた近代家族を形成することが可能な人々であった．そこでなされた彼らの子育ては，伝統的共同体社会の解体を前提とし，伝統的な共同体の庇護の外でも生きていける人間を育てることを目標にするものであった．共同体の庇護を失った子どもたちには，将来親たちが出会ったことのない新しい事態に対応できる，自律した自己と教養が必要となる．自律した自己と教養は，従来のような生活に埋め込まれたしつけによって獲得されるものではなく，教育において獲得されうるものである．教育に価値を置き，教育を重視する家庭の誕生こそが，近代家族の誕生ということもできよう．

　これに対して民衆の子育ての習俗とは，伝統的共同体で受け継がれてきた生活様式を守りつつ生きていくことを前提とした子育てであり，共同体の内部で生きていくために必要とされるしつけである．子育ての習俗研究においては，近代家族の子育てミッションとは異なる子育てのあり方が描き出されてきたといえる．

　日本において家族における子どもたちの歴史研究が，民衆の習俗研究が主流だったときには子育てやしつけという言葉でなされてきたのに対して，近代家族論へと家族研究がパラダイムシフトして以降，「家族が行う教育」「教育する家族」，そして「家庭教育」という言葉を使いながら，研究が進められてくるようになっていった．このことは，家族は一様ではなく，階層の違いが大きな意味をもっていることを示している．さらに，同じ時代に階層ごとに異なる子育てをしていたといってもそこにあるのは単なる違いではなく，社会的にヘゲモニーを握った階層が特権的な地位をもち，そして，それが時代の変容に大きな影響力をもつということもまた，明らかにしていくこととなる．

　さらに，近代家族における「教育」のもつ意味の肥大化は，家族と学校が密接不可分であることも明らかにした．このことは，従来の教育の歴史研究といえば

学校の歴史研究であるという状況を変化させていくこととなる．1970 年代末の『子どもの発達と教育』（岩波書店）において学校に限定されない教育が論じられたが，1990 年代の『産む・育てる・教える─匿名の教育史』（藤原書店）では，子育ての習俗から近代家族の家庭教育までを含み込むものとなった．

●ジェンダーの視点　歴史学と社会学の接点で登場した近代家族における家庭の教育において，階層の差異が重要な意味をもつことに加えて，ジェンダーもまた大きな意味をもっていることが明らかにされている．ジェンダーの視点からの議論においては性差が問題になるだけではなく，性をめぐる権力関係が議論される．このような流れで，歴史研究における「母親」という主題が重視されるようになる．もちろん，いかなる時代においても母親が子どもを産み，そして多くの場合，母親が育ててきたのであるが，近代家族においては母親にその役割を排他的に担うことが期待され母親自身もそれを特権的に引き受けるようになる．

　伝統的社会における家の教育が子どもを職業人として一人前にすることと結びついている段階では，子どもの教育は伝統的共同体を背後にもつ家長＝男性の役割として位置づけられてきた．例えば，日本では家訓の研究や中世の研究などにその成果を見ることができる．しかし，伝統的共同体が崩壊し，もはや親の職業の継承のみでは生きていけない社会にあって，家長の権威はその後ろ盾を喪失することとなる．それに対して，愛情という絆によって家族を構成しようとする近代家族においては，愛情という後ろ盾を得た母親の位置づけが高まっていく．近代社会に対応することを可能とする教育のもつ意味が大きくなるに従い，家庭のなかの教育もまたその意味を肥大化させていく．このプロセスのなかで，母親は，歴史のなかの重要なアクターとしての地位を獲得することになった．

　しかし，ジェンダーの視点に立つ歴史研究は，母親が排他的・特権的に担う近代社会の家庭教育が，一方で母親の地位を向上させると同時に，他方で母親に対する負荷を増大させてきたことをも明らかにしている．子育てやしつけが習俗とその変化の分析であった段階から，家庭教育という言葉に代表される，家族の教育の研究へとその流れをシフトさせていく過程で，家族における権力作用という課題が精緻に議論されるようになってきている．社会学と歴史学の交差するところで，まさに，現代的課題についての歴史分析がなされているといえよう．

［小玉亮子］

📖 さらに詳しく知るための文献

Ariès, P., 1960, *L'enfant et la vie familiale sous l'ancien régime*, Éditions du Seuil（＝1980，杉山光信・杉山恵美子訳『〈子供〉の誕生』みすず書房）．

Burke, P., 1981, *Sosiology and History*, Georg Allen and Unwin（＝1986，森岡敬一郎訳『社会学と歴史学』慶応通信）．

二宮宏之，1983，「歴史のなかの「家」」二宮宏之ほか責任編集『家の歴史社会学』新評論，pp. 7-35.

家父長制とジェンダー秩序

　家父長制という概念には，複雑な歴史的経緯がある．日本の社会科学において家父長制は，日本の伝統家族の特質を表すと考えられてきた．第二次世界大戦後は特に，日本社会の前近代性や封建制の原因を，イエ／家や家父長制に求める言説が支配的となった．1960年代以降，第二波フェミニズムが興隆してくると，家父長制概念は転じて，男性による女性の支配を意味する言葉となった．さらにポスト構造主義的な思想潮流を受けて，男性支配という意味での家父長制概念がもつ硬直性が批判され，家父長制概念はあまり使用されなくなっていく．日常的な相互作用によって維持されるジェンダー秩序などが，その概念に代わられてきている．

●**家父長制の概念史（1945年まで）**　家父長制という概念は，複雑に入り組んでいる．近代に入ってから家父長家族や家父長制的家族に着目したのは，メイン（Maine, H.）である．その著作『古代法』（Maine　訳書1995）においてメインは，家父長が奴隷などの非血縁者も含み込む家族成員に絶対的な権限をもつ古代ローマの家父長制的家族を取りあげている．家父長制という概念は家の経済のなかで，生産物の生産や分配，人員配置などを決定する家父長の権力のありかを問題としたのである．

　日本において，家父長制をまず叙述したのは，戸田貞三とされている．戸田は『家族構成』（1937）において，日本の家長的家族の集団的特質を解明するために，家長的家族の類型化を試みている．ただ戸田はむしろ家族における支配関係を否定し，感情的融合を核とした自然的従属関係を見出そうとした．

●**第二次世界大戦後の家父長制概念**　第二次世界大戦後は，家父長制概念は日本の社会科学において大きな役割を果たした．その理論的支柱は，ウェーバー（Weber, M.）の家父長制概念である．ウェーバーは正統的支配として合法的支配，伝統的支配，カリスマ的支配の3類型をあげ，伝統的支配の純粋な形態として，家父長制，そしてその発展形態として家産制があると考えた．家父長制を成立させる根本要素は，伝統の権威・神聖性に対する恭順と，父の権威を基礎とする支配者の個人的人格に対する恭順である．

　こうした家父長制概念は，日本社会の戦後の民主化という課題と結びつけられた．つまり第二次世界大戦の戦争責任が戦前のイエ／家や伝統家族のあり方，家父長制，封建制に求められたため，家父長制が着目されるようになったのである．法制史の分野においては，ウェーバーの家父長制概念が，日本の伝統家族へ適用可能かをめぐって，長きにわたって家父長制論争が起こった．

●**フェミニズムにおける家父長制概念**　1960年代に起こったラディカル・フェ

ミニズムは，男性による女性の支配を家父長制として理論化した．ミレット（Millett, K.）は，『性の政治学』（訳書，1985）において，ウェーバーの支配概念に言及したうえで，私たちの住む社会の文化のなかに行き渡っている性の支配を，家父長制であると考え概念化した．ここで家父長制という概念は過去の伝統家族から，むしろ現代の社会や家族のなかにあるものへと転換されたのである．

　マルクス主義フェミニズムにおいては，資本主義の分析理論に，男性による女性の搾取，つまりは家父長制という概念をどのように接合するかが課題となった．その考えには両者は不可分だと考えるヤング（Young, I. M.）のような一元論の論者から，別であると考えるソコロフ（Sokoloff, J. N.）のような二元論者まで，さまざまな立場がある．また独自の生産様式や再生産様式を想定するのかなど，家父長制概念をめぐる論争点は多岐にわたる．

●家父長制概念の批判とジェンダー秩序　1980年代になるとフェミニズムの内部で家父長制という概念を使用することに対しての批判の声があがった．スピヴァック（Spivak, G. C.）は，家父長制概念がもつ「父の法」といった生物学的，自然主義的意味合い，歴史実証的解釈の影響を受けやすい点，そして家父長制を非難するだけで終わりになる点を批判している．またバトラー（Butler, J. P.）も家父長制を超越概念であると批判し，これを振りかざす認識上の植民地化戦略に抵抗する必要性を説いている．法を，抑圧的で規制的な構造とみなすのではなく，むしろ権力は生産的ですらあることに着目して，理論化する際に，家父長制という概念は，つまずきになると考えられたのである．

　同様の試みは，コンネル（Connell 訳書，1993）の，ジェンダー秩序などにもみられるだろう．コンネルは，国家や家族や街頭などにおける特定の制度に関わる構造構成を指し示すジェンダー体制とは別に，ジェンダー秩序という概念に焦点を当てる．ジェンダー秩序とは，男女間の権力関係の歴史的に構成されたパターンであり，こうした制度のなかにあったとしても制度を生産していくような構造でもあり，全体社会の構造構成を意味する構造モデルなのである．

　ポスト構造主義，構築主義の思想的潮流は，ジェンダーがいかに組織化されていくのかに着目するが，それはいわば家父長制という言葉で指示された問題の内実を明らかにする行為である．家父長制という概念を「超越概念」にしないためには，ジェンダー秩序の具体的な解明が必要とされるのではないか．

[千田有紀]

📖 さらに詳しく知るための文献

Connell, R. W., 1987, *Gender and Power: Society, the Person and Sexual Politics*, Polity Press（＝1993，森重雄ほか訳『ジェンダーと権力―セクシュアリティの政治学』三交社）．

戸田貞三，2001，『家族構成』新版，新泉社．

千田有紀，2011，「家父長制をめぐって」『日本型近代家族―どこから来てどこへ行くのか』勁草書房．

近代家族からポスト近代家族へ

　性愛（異性愛）で結ばれた父母と，愛の結晶である子どもたちで構成される集団こそが，普遍的な家族の基本形とみなされがちである．しかし，社会史や社会学的研究は，現代社会において自明視されている家族像が，歴史的産物であることを明らかにしている．

●**近代家族とは**　戦後日本の家族社会学では長らく，明治民法下の家族と戦後民法下の家族を，それぞれ家父長家族（patriarchal family）と夫婦家族（conjugal family）として区別し，前者から後者への移行は，より民主主義化・平等化するという家族の進歩を表しているととらえていた．また夫婦家族すなわち核家族（nuclear family）を，現代社会において合理的な機能を果たす最小基本集合体とみなす理論も影響力をもった（Parsons & Bales 訳書，1981）．つまり，戦前の家父長家族を「前近代」「封建的」，戦後の夫婦家族を「近代的」「現代的」「民主的」とする考え方が主流であったわけだが，アリエス（Ariès 訳書，1980），ショーター（Shorter 訳書，1987），ストーン（Stone 訳書，1991）など，ヨーロッパの社会史研究の成果をもとに，産業革命・市民革命という近代における二大革命以降，産業化・都市化とメリトクラシー（業績主義）を柱とする社会階層移動，それらの基礎となる民主主義システムの展開に沿って誕生した家族を近代家族と呼ぶ認識が広がった．

　近代化という広い枠組みでいえば，日本社会においても，近代家族は明治期に誕生し，戦前と戦後の家族にも連続性があることが指摘されるようになる（落合 1989）．明治民法においてすでに財産所有は個人単位に移行しており，戦前の家族は制度として封建的なイエとは一線を画していたこと，家族イデオロギーという点でも近代的な特徴が明治時代から醸成されていたことが，家族社会学の歴史研究から浮彫りにされている（牟田 1996）．女子中等教育の目標であった良妻賢母主義も封建的というよりは，むしろ近代的な規範であるとの読み替えも進められた（小山 1991）．

●**主婦の誕生と母性神話**　落合恵美子は，近代家族の特徴を以下の8点，①家内領域と公共領域との分離，②家族構成員相互の強い情緒的関係，③子ども中心主義，④男は公共領域・女は家内領域という性別分業，⑤家族の集団性の強化，⑥社交の衰退とプライバシーの成立，⑦非親族の排除，⑧核家族，にまとめている（落合 1989，2004）．

　こうした特徴をもつ近代家族は，大正時代から昭和初期にかけて都市の新中間層を中心に誕生し始めた．産業化が進んだ社会では共通して，雇用されて働く夫

と家庭を守る妻という性別分業，家事育児に専念する「主婦」が女性の新しいライフスタイルとして広がっていく（Oakely 訳書，1986）．近代日本においても，「主婦」イデオロギーは，学校教育やマスメディアを通じて強力に構築されていった（小山 1991；木村 2010）．

「主婦」は，家族の閉鎖的な集団性や親密な情緒的関係の要となること，心身ともに健やかで賢い子どもを育てることへの専心を求められる．そして，子どもの養育・教育を重視する「教育家族」も生まれていく（沢山 2013）．都市の新中間層は，家族における子ども中心主義を先進的に受け入れ，子どもが学校教育システムを活用し，上昇移動していくことを期待した．そのプロセスには，「母性」や「母性愛」の強調も伴った（Badinter 訳書，1991；井上ほか編 1995；大日向 2000；田間 2001）．

●**家族の多様化──ポスト近代家族へ**　高度経済成長期に核家族は，実態としても家族イデオロギーとしても標準スタイルの位置を獲得し，離婚・未婚・母親の就労など，標準からはずれる家族は逸脱視されるようになる（田間 2006）．しかし，高度経済成長が一段落した 1980 年代から，家族の多様化が注目されるようになっていく．両親と未婚の子どもという「核家族」の割合が減少し，個人主義の高まりや性役割観の流動化を背景に，従来の家族を問い直す意識が生まれてきた．結婚しなくてはならない，子どもをもたねばならないという規範が，男女ともに若い世代で弱まり，未婚のシングル，共働きで子どもがいない夫婦も増えつつある．家族の解消や再構成について，個人の選択の自由が拡大している．目黒依子はそうした風潮を「個人化する家族」と呼んだ（目黒 1987）．

近代家族を自然なものとして自明視する見方は崩壊しつつある．近代家族は異性愛が前提とされていたが，21 世紀には同性同士の婚姻を認める風潮がグローバルにも高まっている．また，遠くに住む家族よりも，同じ家にいるペットの方が家族だという感覚（山田 2007），あるいは同居しているにもかかわらず祖父母を家族とみなさない感覚（春日 2000）など，家族のメンバーシップや家族の機能も選択することが可能だとの認識を土台に，我々は「家族する」（中野 1992）という行為を営んでいるという指摘もある．近代家族は歴史的社会的産物であったが，社会がポスト近代の仕組みで動きだすに従って，家族スタイルや家族観も多様化・変容しつつある．そうした状況は，「ポスト近代家族」という概念をもって探究されている．　　　　　　　　　　　　　　　　　　　　　　　　[木村涼子]

📖 さらに詳しく知るための文献

Oakely, A., 1974, *Housewife*, Allen Lane（＝1986，岡島茅花訳『主婦の誕生』三省堂）．
落合恵美子，2010，『近代家族の曲がり角』角川書店．

未婚化社会

21世紀に入った日本は,「未婚化社会」といってよい状況にある.国勢調査によると,2015年の30代前半の未婚率は,男性47.1%とほぼ2人に1人,女性34.6%とほぼ3人に1人が未婚状態にある.50歳の未婚率も男性23.4%,女性14.1%となっている.1975年では,30代前半男性11.7%,女性7.2%,50歳男性1.7%,女性3.4%であったので,この40年間に未婚化が急速に進んだことがわかる.

さらに,結婚が少なくなっても「同棲」や「未婚出生」が多い欧米とは違い,日本では,同棲や未婚での出生はほとんど増えず,恋人や交際相手をもつ未婚者の割合も減少している(国立社会保障・人口問題研究所の出生動向調査によると,2015年の未婚者の同棲率は1.8%である).日本では,カップル形成力の低下に直面し,配偶者のみならず,交際相手もいない未婚者が増大しているのである.

●未婚化の原因　未婚の理由はさまざまである.マクロ的にみると,今でも大多数の若者は結婚を希望している.若年未婚者の結婚希望率は,90%前後で推移し,大きな変動はない(2015年の出生動向調査では,18〜34歳の結婚希望率は男性85.7%,女性89.3%).結婚したくてもできない人の増大が未婚化の主因である.

結婚に至るには結婚してもよいという人との出会いが必要であり,結婚後は,二人で生活を営まなくてはならない.結婚は,何より,経済的生活に関わるイベントなのである.そして,大多数の人は,好きな相手であっても,結婚によって「生活水準の低下」を経験することを望まない.近年の日本の未婚化の大きな原因としてあげられるのは,結婚による生活水準,特に「教育水準」を世代的に低下させたくないという意識が強く働いていることである.

1980年代頃までは,結婚は生活水準の上昇が期待できるイベントでもあった.親の生活は相対的に豊かではなく,結婚によって,子育てで自分が受けた以上の教育水準が確保できたからである.それは,日本的雇用慣行のもとで,若年男性の雇用,収入の安定,上昇が見込めたからである.結婚後,夫の収入だけで妻子を養って,豊かな生活(子どもに十分な教育を受けさせることも含まれる)を送ることが見込めたのである.

しかし,1990年代,経済構造の転換により,特に若年者の非正規雇用者が増大し,妻子を養って十分な収入を得られる未婚男性の割合が低下する.日本では,性別役割分業意識が強く,いまだに結婚すれば,主に夫が家計を支えることが当然視されている.それゆえ,収入が少なく不安定な男性は結婚相手として避けられることになる.現実に,男性の年収が300万円を下回ると,結婚率は低下

する．その結果，未婚化が進むのである．

●パラサイトシングル現象　北西ヨーロッパやアメリカでは，学卒後は親元を離れ，自立して生活するのが一般的である．それゆえ，一人よりは二人で暮らす方が，経済生活は容易である．それゆえ，同棲や婚外の出生が増えるのである．

　しかし，日本では，結婚までは親元にとどまるのが一般的である．2010年の時点では，若年未婚者のほぼ8割は，親と同居している．1980年頃から，未婚化の進展に伴って，親同居未婚者が増大する．親に基本的生活を依存して生活する未婚者を，山田（1999）が，パラサイトシングルと名づけた．親と同居していれば，本人の収入が少なくてもゆとりのある生活が可能である．結婚して生活水準が低下するのを回避するために，親との同居が選択されるのである．親同居未婚者の増大は，未婚化の結果であるとともに，自立しにくくするという意味で，未婚化の原因でもあるのである．

　しかし，親同居未婚は，持続可能ではない．2000年以降，壮年親同居未婚者が増加している．総務省統計研修所の西文彦によると，2014年には35～44歳の親同居未婚者は308万人となり，同世代の約17％を占めるまでになり，経済的に不安定な層が多く含まれている．将来，親が亡くなった後，孤立し経済的に立ちゆかなくなる未婚者が増えると予測される．

●バーチャル恋愛・家族の発達　さらに，近年未婚者の恋愛行動が不活発になっている．内閣府の2015年の意識調査（内閣府政策統括官 2016）によると，恋人がいない未婚者（20～39歳）の約4割は，恋人が欲しくないと回答している（2010年調査では約3割）．では，どこで，若者たちは親密感情や，恋愛感情を満たすのだろうか．

　一つは，同居の親が親密性の相手となる．また，SNSの利用によって，友人関係が維持しやすいということがある．さらに，日本では，バーチャルな関係性によってさまざまな親密欲求が満たされるという側面がある．ペットを家族とみなし，親密な関係をつくることも一般的になった．また，アニメ，コミック，ゲームなどでバーチャルな恋愛を想像して楽しんだり，アイドルやスターなどでロマンス気分を満たす人もいる．そして，メイドカフェ，キャバクラ，性風俗産業などで，親密欲求や性的欲求を満たすというケースもある．バーチャルな関係は，未婚化が進むアジア諸国でも広がりつつある．

　経済的に安定してリアルな家族を構築する既婚者と，親と同居しバーチャル恋愛・家族関係を楽しむ未婚者への分裂，これが，2000年以降の日本の未婚化社会の典型的な姿である．　　　　　　　　　　　　　　　　　　　　　　　　　［山田昌弘］

📖 さらに詳しく知るための文献

国立社会保障・人口問題研究所，2016，『第15回出生動向基本調査』．
山田昌弘，2007，『少子社会日本』岩波書店．

学校と家族問題

（参考）「ペアレントクラシー」p. 310

　学校制度誕生以来，近代学校の目的は国民育成とされる．その目的を近代家族が支えるなか，学校と家族問題がさまざまなかたちで立ち現れるようになった．

●**PTA**　PTA（Parent-Teacher Association）の結成が初めて提起されたのは，昭和21（1946）年3月のアメリカ教育使節団報告書による．連合国軍最高司令官総司令部（GHQ）の民間情報教育局（CIE）と文部省（当時）でのやりとりを経て，昭和22（1947）年に『父母と先生の会』という冊子が作成され，都道府県知事あてに配布，PTAづくりを奨励した．歴史的にはPTA組織は戦前の系統婦人会との継続性が強い（岩竹 2017）．日本PTAは昭和27（1952）年の日本父母と先生の会全国協議会結成大会で発足し，昭和32（1957）年，日本PTA全国協議会に改称した日本最大の社会教育関係団体である．保護者と教職員による任意加入の団体であるが，全員加入が暗黙のうちに望まれているところも多い．アンケート（朝日新聞2015年・計2104回答）によると「PTAに改善してほしいところは？」で「活動内容の簡素化」67.5%，「全員加入が当たり前のこと」は43.2%となっている．

●**学校評議会**　学校評議員制度は，平成10（1998）年に中央教育審議会が提出した「今後の地方教育行政の在り方について」という答申のなかで提言され，それを受けて，平成12（2000）年に学校教育法施行規則が改正され，制度化された．
　学校の職員以外の識者を含めた学校の内部機関が学校評議会であり，学校運営に関し意見を述べる．学校が，保護者や地域住民の信頼に応え，家庭や地域と連携して地域に開かれた学校づくりを推進していくため，日本で初めて地域住民の学校運営への参画の仕組みを制度的に位置づけた．学校評議員は，すべての学校に置かねばならない制度ではなく，各学校の判断に任される．現在，学校評議会は定着しているが，その制度の評価は分かれている．学校において，保護者については当事者性が強いが，学校評議員については必ずしも強くないため，形骸化も指摘されている．
　家族に注目が集まるようになった1960年代半ば，昭和38（1963）年に大衆誌に初めて「教育ママ」という言葉が登場した．その後1970年代にかけて「企業戦士」という言葉とともに流通した．高度経済成長期，それまでの社会が劇的に変化し，多くの人が離農，地方から都市へ人が流入した．個人単位で動く社会になっていくなか，「せめて子どもに学歴を」という期待から教育熱が高まり，学校への従属も強まった．また教育に大きな関心が傾けられるようになり，教育爆発といわれる時代が「落ちこぼれ」を生み出した．高度経済成長期には「偏差値」

も生み出され，学校は人材育成，マンパワー養成のための場所となり「学力保障」は一方で能力主義を支える役割も果たした．

　1970 年代から，落ちこぼれ，登校拒否，いじめ，校内暴力，家庭内暴力などの問題がいっせいに出てくる．それに対応して，規律を強化する管理教育が現れた．しかし，管理教育で学校現場を抑えようとするも，子どもからの反発が強くなり学校の状況は深刻になっていった．1990 年代に入ってからは，暴力的な学校の状況は落ち着くが，子どもたちは規律や評価の目にさらされストレスを内面化し，精神疾患も珍しくなくなった．2000 年以降の教育政策はグローバル人材育成中心で，平成 19（2007）年からは全国学力・学習状況調査を行うようになっている．

　2010 年を過ぎた頃から，しばらく落ち着いていた不登校の状況が増加に転じた．近年の学力主義によって学校に余裕がなくなり，子どももストレスにさらされ，いじめ問題も目立つようになっている．不登校はそんな学校から子どもが離脱を試みる手段であり，学校と家族問題の中心テーマとなっている．

●子どもオンブズ　日本は国連子どもの権利条約を平成 6（1994）年に批准した．そこに制定されている「意見表明権」（第 12 条）を確保し「子どもの最善の利益」（第 3 条）を中心に活動する公的第三者が「子どもの人権オンブズパーソン」である．全国でいじめによる自殺も相次ぎ，兵庫県川西市では，平成 10（1998）に全国初の「子どもの人権オンブズパーソン条例」を制定，「子どもの声」をもとに制度改善もできる全国初のシステムをつくり，以降，全国にシステムが広まっていった．

　オンブズパーソンの主な職務は「個別救済」と「制度改善」である．「個別救済」とは相談にきた子どもの気持ちを聞きながら問題を整理し，解決するために必要な関係や機関に働きかけることである．「制度改善」は子どもの個別救済で関わった問題から見えてきた改善すべき制度などに対して意見を述べる．学校と家族問題は毎年，相談のなかでも最も多い領域である（桜井 2012）．

　学校は今，さまざまな子どもや家庭を取り巻く問題に対応するよう社会からの要請がある．6 人に 1 人の子どもが「貧困」状態（16.3%）という過去最悪の更新が国民生活基礎調査で明らかになり（平成 24［2012］年），格差拡大に関わる家族問題からも影響を受けている．さらに近年，「いじめ防止対策推進法」の制定（平成 25［2013］年）を受け，いじめ問題への対応の充実も求められている．PTA や学校評議員制度による子どもを中心にした改善には限界がある．

　近年，問題を解決に導くために必要なゆるやかな関係は，学校や家族から奪われていった．人々の関係は不自由になり，たえず周りの様子をうかがいながら生きるというスタイルが子どもにも家族にも広がった（桜井 2005）．環境や状況を顧みず，現状を打開するための「課題」を個人の問題に矮小化する傾向が社会で強まっている．現在，子どもが子どもらしく生きられる未来のあり方への展望が学校にも家族や社会にも求められている．　　　　　　　　　　［桜井智恵子］

結婚と学歴

照「階層と教育」p. 604

結婚は，家族研究で重視される現象であるが，結婚に至る過程における学歴の影響とその意味の解明に迫るなら，教育社会学においても重要な研究課題となる．主たる論点は，学歴と結婚タイミングの関係と，学歴と配偶者選択の問題である．

●**学歴と結婚タイミング**　結婚までの過程で学歴が問題となる論点の一つは，個人の学歴によって，結婚するタイミングが異なりうることである．中学校よりも高等学校，高等学校よりも大学というように，より上位の水準の学校へと進学するほど，十分な所得を獲得しうる時期を遅らせることになるため，それに伴い結婚タイミングが遅くなる蓋然性が高くなる．

また経済学者であるベッカー（Becker, G. S.）の学説によれば，とりわけ女性の場合，高い学歴を得て人的資本を獲得すると，結婚によって就業選択が制約されることを避け，結婚タイミングが遅くなるといった，理論的説明がなされることもある（Becker 1981）．

そうしたミクロレベルの結婚行動と学歴との関連は，マクロレベルでは非婚化ないし晩婚化現象の背景要因として高学歴化を問い直す視点へとつながりうるものであり，社会人口学的にも探究されるべき課題となっている．

●**学歴と配偶者選択**　さらにもう一つの論点は，配偶者選択において，学歴が果たす役割である．現代日本において，配偶者の選択基準として，学歴を用いている女性が少なからずいることは，経験的な調査結果からも裏づけられる（経済産業省商務情報政策局サービス産業課編 2006）．また同調査では，女性が希望するのは，配偶者候補の男性も当該女性と同程度の学歴であること，あるいはより高い水準の学歴であることが明らかにされている．前者は学歴同類婚，後者は女性側から見た学歴上昇婚と呼ばれる現象と関係する．

同類婚とは，何らかの属性において同一ないし類似した特性をもつ男女が，結婚によって結びつく傾向を指す．その一種に，結婚した二人の学歴の類似性に基づく，学歴同類婚がある．

学歴同類婚は，先に述べた配偶者選択基準による選択のほかにも，さまざまなメカニズムで顕現する．まず，学校が出会いの場となって，その縁で交際さらには結婚に至ることがある．このようなパターンを，学縁結婚と呼ぶ．学縁結婚は，職場や仕事関係での出会いが結婚に至る職縁結婚や，友人からの紹介が始まりとなる友縁結婚などと並び，配偶者との出会いのきっかけのうち比較的多数を占めるものである．ほかにも，交際圏や友人関係が学歴によって分かれること，

類似した職業の男女が結婚すると学歴についても類似する傾向があることなど
も，学歴同類婚を生じさせるメカニズムとしてあげられる．

　上昇婚とは，一方から見たときに，結婚相手となる異性の属性が本人のそれよ
りも高い男女が，結婚により結びつくことを指す．着目する属性を学歴と設定す
るならば，学歴上昇婚を定義し，とらえることができる．

　男性側から見た学歴上昇婚と女性側から見た学歴上昇婚がありうるが，より多
くみられるのは女性側から見た学歴上昇婚であろう．これは，結婚したカップル
の男性が大学卒，女性は短大卒というパターンのように，結婚した男性の学歴が，
相手の女性のそれよりも相対的に高いときが該当する．だが近年では，女性の急
速な高学歴化を反映して，それとは逆の，男性側から見た学歴上昇婚も増加しつ
つある．

●**学歴同類婚の趨勢と比較**　学歴同類婚については，時代間趨勢および国際比較
分析の研究成果が豊富に蓄積されてきた（Kalmijn 1998）．日本に関しても，大
規模調査データ分析に基づく実証研究が展開されている（Miwa 2007；白波瀬
2011；打越 2016 など）．それらを受けて，時代間あるいは国・地域間の同類婚
の程度の違いを理論的に説明しうる，さまざまな趨勢命題が提唱されている．そ
れら命題での主要なマクロレベル説明変数は，産業化の程度，技術水準，宗教な
どとされる（Smits 2003）．

●**階層と家族**　社会階層論の分野では，学歴同類婚は，階層システムの閉鎖性を
はかる指標の一つとして位置づけている．なぜなら，学歴が類似した男女間での
結婚が生起しやすい社会は，同一の地位集団内へと相互作用が集中する傾向があ
るため，学歴という地位に基づく厳格な境界で社会が分断されているとみなせる
からである．通婚圏のほか，親子間での社会移動や親族や友人との交際における
地位の同質性についても，社会の階層分化の指標として用いることがある．

●**分析技法**　なお現在では，結婚するタイミングの分析についてはイベントヒス
トリー分析，学歴同類婚の分析については対数線形モデルやその拡張である対数
乗法モデルが，それぞれ標準的な統計分析技法として定着しつつある．近年で
は，学歴同類婚の研究にも，イベントヒストリー分析が導入されるなど，方法論
的な進展もみられる（Blossfeld & Timm eds. 2003）．　　　　　［三輪 哲］

📖 **さらに詳しく知るための文献**

Becker, G. S., 1981, *A Treatise on the Family*, Harvard University Press.

Blossfeld, H.-P. and Timm, A. eds., 2003, *Who Maries Whom?: Educational Systems as Marriage Markets in Modern Societies*, Kluwer Academic Publishers.

Raymo, J. M. et al., 2015, "Marriage and family in East Asia: Continuity and change," *Annual Review of Sociology*, 41, pp. 471-492.

ひとり親家族と育児政策

☞「家族の孤立・解体・貧困」
p.318

　先進諸国では近年，父親，あるいは，母親と未婚の子どもから構成されるひとり親世帯が増加している．例えば，親と25歳以下の未婚の子どもがいる世帯に対するひとり親世帯の割合はアメリカでは32.1%，イギリスでは27.6%，フランスでは22.1%，ドイツでは21.1%，スウェーデンでは21.4%になっている（OECD 2011）．さらに，父親と子どもから構成されるひとり親世帯と比べて母親と子どもから構成されるひとり親世帯の割合が圧倒的に大きく，後者は前者の5倍近くを占めている．日本でもひとり親世帯の数は1986年には約190万世帯であったが，1998年には236万世帯に増大し，2013年には362万世帯に達している．これに伴い，夫婦と未婚の子どものみ世帯におけるひとり親と未婚の子どものみ世帯が占める割合も増大し，1986年には12.3%だったのが，1998年には15.7%，2013年に24.2%にまで増加している（厚生労働省 2014a）．

　こうしたひとり親家族の増加は離婚の増大によって生じている．離婚により母子世帯になった割合は1983年には全母子世帯の49.1%であったが2011年には79.7%へと急増している（厚生労働省 2012）．反対に，死別が原因の割合は36.1%から7.5%へと激減している．さらに，未婚の母を理由とする割合は1983年の5.3%から2011年の6.7%へと微増しているにすぎない．同様に離婚により父子家庭になった割合も1983年の54.2%から2011年には74.3%へ上昇している一方で，死別による割合は40.0%から16.8%へと減少している．日本の有配偶離婚率は1970年には2.2‰にすぎなかったが，1990年には3.0‰へ，2010年には5.7‰前後にまで上昇しており，離婚率の増加と並行してひとり親世帯の数も上昇している（厚生労働省 2010a）．

　さらに，多くのひとり親世帯は社会経済的にも困難な状況に置かれており，父子世帯に比べて母子世帯でこの傾向が顕著である．例えば，1年間の平均収入は母子世帯で291万円，父子世帯で455万円である（厚生労働省 2012）．ひとり親世帯の所得の水準は，母子世帯が全世帯平均年収のほぼ54%，父子世帯が82%にとどまっている．特に，母子世帯では非正規就業に従事している母親が多いために所得が低水準になっている．

　ひとり親世帯に対しては18歳以下の子どもが一人いる場合には月額4万2000円，子どもが二人の場合には5万2000円程度の児童扶養手当が給付されるが，経済状態はかなり厳しく，ひとり親世帯の生活保護受給率や相対的貧困率は高い．実際，母子世帯の生活保護受給率は14.4%，父子世帯では8.0%である．また，相対的貧困率を見てみても，成人が二人以上いる世帯では12.4%にすぎない

が，ひとり親世帯では 54.6% にも達している（厚生労働省 2012）．

●**子育て支援制度の展開**　家庭外での女性就業者の増大と少子化が併存する先進諸国では政府や地方自治体が子育て支援政策を積極的に展開している．子育て支援政策は，①経済的支援と，②仕事と家庭の両立支援の二つに大きく分けられる．前者の子育てに対する経済的支援は子どもを産み育てるのに必要な費用を援助する制度であり，一定の条件を満たした親に対して，税額の控除や減額，あるいは，定期的に金銭的給付を行っている．日本では，子どもが生まれたときに出産育児一時金として 42 万円，出産のために休職した期間には給与の 2/3 が出産手当金として給付される．加えて，3 歳未満の子ども一人につき月額 1 万 5000 円，3 歳以上から中学校修了までの子ども一人には月額 1 万円の児童手当が親に給付される（厚生労働省 2014b）．同様の手当はほかの先進諸国でも実施されており，スウェーデンでは 16 歳未満の子どもを対象に第 1 子には月額約 1 万 7000 円，第 2 子には約 3 万 6000 円を給付している．フランスでは 20 歳未満の子どもを対象に第 2 子には月額 1 万 8000 円，第 3 子には約 4 万 2000 円が給付される（OECD 2007a）．

　仕事と家庭の両立支援は子育てをしながらの就業を可能にする労働環境の整備を目的とした制度であり，育児休業と保育支援の二つが大きな柱になっている．育児休業は子どもを養育するために就業者が一定の期間取得できる休暇であり，日本では子どもが 1 歳になるまで休職できる．この期間中は社会保険料の徴収が免除され，休業前の給与の 67% が育児休業給付金として支給される（厚生労働省 2014b）．同様の休業制度はほかの先進諸国にもあり，例えば，フランスでは子どもが 3 歳になるまで休業することができ月額約 8 万円が支給される．一方，スウェーデンでは子どもが 1 歳 6 か月になるまでの期間，ほぼ給与の 6 割の給付金が支給される（OECD 2007）．保育支援は親が就業している間，子どもの世話をするサービスであり，託児所，保育ママ，保育所など多様な形態がある．日本では，こども園と保育所が保育支援の中心的な役割を果たしている．しかし，近年，保育サービスについては需要が供給を大きく上回り，保育所を利用できない待機児童が増加している．2016 年 4 月の待機児童数は全国で 2 万 3167 人に達している．都道府県別に見てみると，東京都の待機児童数が 7670 人で最も多く，次いで，沖縄県の 2052 人，千葉県の 1021 人となっている（厚生労働省 2016）．また，3 歳未満の子どもの保育所利用率を 2013 年で比べてみると，フランスが 49.7%，スウェーデンが 47.3% であるのに対して，日本は 25.9% にとどまっており，ほかの国より保育所が利用しづらい状態にある（OECD 2011）．

［福田亘孝］

📖 **さらに詳しく知るための文献**

OECD, 2009, 『国際比較―仕事と家族生活の両立 OECD ベイビー＆ボス総合報告書』明石書店．

湯沢雍彦・宮本みち子, 2008, 『新版 データで読む家族問題』日本放送出版協会．

家族と社会化

☞「社会化」p. 82「しつけ」p. 252「社会化エージェントの孤立化と育児不安」p. 314「貧困と子育て・教育」p. 590「教育機会格差の経済的説明と合理的選択理論による説明」p. 622

　社会化とは，個人が集団や社会の規範や文化を内面化する過程，つまり個人が所属する集団や社会のメンバーになっていく過程ととらえることができる．また社会化の結果メンバーとなる集団とは，家族，仲間，近隣，学校，職場などが考えられるが，一般に生まれた子どもが最初に所属する場が家族であることから，子どもの社会化にとって家族が重要な役割を果たすことは否定できない事実である．また，現代社会において家族とは何かという問いに答えることは容易ではないが，パーソナリティの安定化と社会化という家族の機能は，家族を探求する際には大きな意味をもつといってよい．

●**家族**による**社会化の内容と形態**　家族に期待されている社会化の内容は，乳幼児期における言語や基本的な行動様式，習慣の習得，また青少年期に入ってからも学校生活適応のために必要な行動様式の獲得などがあげられ，社会を生き抜くための基礎的事柄の習得がその中心を占めている．そのため，家族への社会化機能の遂行に対する期待は高い．またこれらの内容は，社会化の主体であるソーシャライザーと社会化の客体であるソーシャライジーが生活をともにすることによって伝えられるが，教育的意図をもって伝えられるものから，影響というかたちで意図されないものまで，多様な形態により伝達されていく．

　また，日常生活における基本的な行動様式や習慣の「型」を身につけさせる行為を「しつけ」と呼ぶことがある．かつてしつけは親のみならず，親族，地域社会のメンバーが重層的に行う，マルティプル・ペアレンティングの様相を示していたが，現代社会においてはしつけの主要な主体は親と考えられており，「しつけ」を行うことが「教育する家族」に第一に求められている．しかし1990年代から顕著になってきた雇用環境の変化，少子高齢社会の進行による社会保障制度の変動，さらに家族の多様性の深化という家族の生活環境の変化のなかで，親子関係における親に限定して社会化エージェントの役割を担わせることの難しさが表出しており，子どもの社会化を社会全体で引き受けること，つまりセーフティネットとしてのマルティプル・ペアレンティングの環境づくりが喫緊の社会的課題となっている．

●**家族**による**社会化の特殊性と変化**　社会化は所属集団における役割取得のプロセスととらえることもできる．この点から再度家族と社会化を考えると，家族による社会化は当該家族のメンバーとしての家族内での役割取得を目的とする以上に，家族以外の集団においても必要となる汎用性の高い能力の取得ととらえることができる．この点に他の集団で行われる社会化との違い，および家族の社会化

機能の重要性，特殊性を見出すことができる．しかし逆に，現代社会は，家族の社会化を個々の家族が家族独自の文化を伝えるものとしてとらえることの難しさも示しており，この点に現代の家族の変容を切り取る視点が隠されている．

　また家族の人間関係の特徴の一つは，長期的な関係にあるが，少子高齢化の進展，ライフスタイルの多様化のなかで，成人期以降の役割遂行や生活環境は安定的とはいえず，家族が行う社会化として子どもの社会化に注目するだけではなく，家族のライフコースという視点から，家族を生涯にわたる社会化の場としてとらえることの重要性は増している．さらに，個人にとっての家族の意味が多様化し変動していくなかで，新たな規範や文化の発信の場となる可能性を秘めた家族は，成人期以降の社会化の場としての意味を強める可能性が高い．

●**今後の家族と社会化研究**　現在の教育社会学の研究課題の一つに，業績主義社会を脅かす家族，つまりペアレントクラシーについての研究の深化がある．社会構造の反映としての家族の経済資本と文化資本は，子どもの教育機会を左右するだけでなく，社会化を経由しハビトゥスとして子どもに身体化され，学力形成に大きな影響を与えるという知見が得られている．が，今後さらに必要なのは，家族を独立変数とし学力や進路を従属変数とする研究だけでなく，家族を変化するものとしてとらえる研究，例えば教育が個人ではなく家族に何をもたらすのかを改めて問う研究，また格差の循環を断ち切るための家族支援と家族の独立性についての研究など，家族を従属変数とした研究の積み重ねであろう．すでにひとり親家族研究などが始まっているが，先に示したマルティプル・ペアレンティング，家族のライフコースの視点の重要性は，社会化概念を媒介として家族を従属変数とみる研究から浮かびあがってくるだろう．

　また，消費社会のなかでの家族と社会化という研究の必要性も提案したい．実際に現在の家族が重要視している力は，家族が自身で社会化を遂行する力以上に，よりよい教育サービスを選択し購入する力といえよう．サービスは就学前教育，学習塾，習い事にとどまらずしつけ教室にまで拡大しているが，消費社会が家族の経済的力のもつ意味をさらに強め，家族がまさにエージェントとなった場合，家族の社会化機能，さらに人間のもつ教育する力はどのように変化していくのか，教育のみならず，経済・福祉政策との関係も視野に入れた研究の必要性，重要性を提示したい．　　　　　　　　　　　　　　　　　　　　　　　［千葉聡子］

📖 さらに詳しく知るための文献

広田照幸，2006，「子育て・しつけ　序論」広田照幸編著『子育て・しつけ』日本図書センター，pp. 3-17.
渡辺秀樹，1999，「変容する社会における家族の課題」渡辺秀樹編『変容する家族と子ども』教育出版，pp. 174-191.
山村賢明，1966，「社会化と家族研究の方法をめぐって」『教育社会学研究』21，pp. 71-77.

家族の教育戦略

> [関連] 「近代化・産業化と教育社会学」p. 44 「属性原理と業績原理」p. 84 「選抜と配分」p. 86 「再生産論」p. 96 「階級と階層」p. 100 「文化資本」p. 106 「教育言説」p. 126 「しつけ」p. 252 「身体と作法」p. 258

　子どもの教育達成のために親が資源を効率的に配分し運用すること．個人の社会的地位達成に対する出身階層の影響や世代間の階層再生産のメカニズムを説明する媒介要因として位置づけられる．「戦略」という軍事用語が援用されるのは，学校制度による選抜（競争）に「勝つ」ことはもとより，子どもの将来を見据えた大局的な構想を伴う意図的な行為（広範な情報収集や綿密な調整と計画）が含意されることによる．しかし，必ずしも意図的なものに限定されず，教育達成に有利な生活習慣の形成や身体化された文化資本やハビトゥスの継承なども家族の教育戦略の重要な構成要素とされる．

●**理論的背景**　職業や役割によって規定される社会的地位が，出自や身分などの属性によってではなく，「能力＋努力＝業績」に基づいて配分されるメリトクラシー社会にあっても，個人の社会的地位に対して親の学歴や収入が大きな影響力をもっていることは古くから知られていた．人的資本論の立場からは，子どもの学力や地位達成の出生家族による違いは，人的資本に対する「投資行動」の結果であるとし（Becker 1962），「家庭内投資」（home investment）として概念化されている（Leibowitz 1974）．それによれば，子どもの能力や収入のうち少なからぬ部分は遺伝や相続によって親から引き継がれるが，後天的な部分は親の家庭内投資により決定される．投入される資源は親のもつ「財」と「時間」であり，それぞれ親の能力，学歴および収入に依存する「量」と「質」を有する（Haveman & Wolfe 1995）．この文脈に従えば，家族の教育戦略とは子どもの人的資本に対する親の家庭内投資の収益を最大化する方策としてとらえられる．

　一方，社会的空間の中核を「権力場の構造」としてとらえるブルデュー（Bourdieu, P.）は，家族の教育戦略を支配と正当性をめぐる抗争システムの下位概念と位置づける（Bourdieu 訳書，2012）．個人の知識や技能の価値を決める評価基準（例：学校制度による選別）は支配階級の文化的基準による．この支配的文化コードを身体化することにより階層移動が可能になるとともに，身体化された文化コードは文化資本として次世代に引き継がれ（Lareau 2000），特定集団の「卓越性」を保つための再生産戦略として作用する．

●**教育する家族**　日本でも，子どもの教育達成に親の職業や学歴などの階層要因が少なからぬ影響を及ぼしていることは繰返し指摘され（石田 1989 など），親の教育期待や「努力」の代理変数である学習時間や学習意欲にも階層差があること（Yamamoto 2015；苅谷 2000，2001），選択的教育費がかかる通塾や稽古事などの学校外教育（影の教育）（Bray 2007）の利用と成績にも密接な関係があ

ることが明らかになっている（耳塚 2007b）．階層再生産における家族の機能について，近代家族の一形態としての「教育する家族」が注目されてきた．「教育する家族」とは，大正期に都市の新中間層を中心に成立した家族の呼称で，親こそが子どもの意図的な教育の責任を負うという「教育する意志」に基づき，家族を合理的に編成し，親（母親）が直接に育児・教育に携わる家族を意味する（沢山 1990；広田 1999）．戦後の高度経済成長期には，女性の主婦化と近代家族の大衆化（落合 2004），進学率の上昇と大衆的競争状況（竹内 1995b）のなかで，親が教育を含めた子育てに最終的な責任をもつことは，ほぼすべての社会階層で一般的な家族の姿として認識されるようになる．

●育児・教育戦略と格差社会　その後，バブル経済の崩壊と失われた20年を通じた社会格差論の広まりとともに，かつて均質性と競争力の高さを海外から賞賛された日本の教育制度（Stevenson et al. eds. 1986）もペアレントクラシーから自由でないことが明らかになり，教育達成に向けた競争は，地域格差，階層格差，そして受験の低年齢化を伴いながら，親の意図的な計画，物心両面の教育戦略に比例するようになっている．さらに，経済のグローバル化とともに，社会的地位を達成するために必要とされる能力が多様化・複雑化し，「創造性」「自発性」「コミュニケーション能力」などへの需要が高まっている．こうした「ポスト近代型能力」（本田 2005）は，知識や処理能力といった近代的能力以上に，家庭における日常かつ継続的な環境に左右される部分が大きい．そのため，教育はますます私事化・個人化が進み，子どもの社会的地位の達成における家族の教育戦略の重要性は今後さらに重くなると予想される．また，国民国家内の制度としての学校が提供する知識や技術の労働市場での価値が相対的に低下するにつれ，外国語に堪能で国際感覚豊かな「グローバル人材」への需要も高まっている．そうしたなか，子どもを幼い頃から英語圏で生活させるために母親が子どもと海外に移動する「トランスナショナルな教育戦略」を採用する家族が東アジアを中心に出現している（Waters 2005）．

　2000年以降，父親向けのビジネス系教育雑誌が相次いで刊行されるなど，父親の育児参加が推進されているが（天童・高橋 2011），子どもに過度な期待をかけ塾や稽古事に熱心に通わせる母親の姿が「教育ママ」として揶揄されたこと（本田 2000）にみられるように，主な担い手は母親であり続けてきた．文化資本や学校外教育の影響が子どもの性別によって異なること（片岡 2001）や，海外在住家庭のようなグローバル人材育成の最前線ではパーフェクト・マザーが要求される再ジェンダー化の問題（額賀 2013），母親の就労との関係（平尾 2004）などについても今後の研究が期待される．　　　　　　　　　　　　　［平尾桂子］

📖 さらに詳しく知るための文献

本田由紀．2008．『「家庭教育」の隘路—子育てに強迫される母親たち』勁草書房．

広田照幸．1999．『日本人のしつけは衰退したか—「教育する家族」のゆくえ』講談社．

ペアレントクラシー

> ☞「属性原理と業績原理」p. 84
> 「再生産論」p. 96「家族の教育
> 戦略」p. 308「メリトクラシー」
> p. 600「新自由主義」p. 680
> 「学校選択制」p. 698

　教育は，人々の社会経済的地位を左右する有力な社会移動の手段ないし機会とみなされている（苅谷 2004）．教育の営みという文化領域は，格差問題にとっての一つの結び目になるような重要な位置を占めており（久冨 2007），なかでも，幼児教育から各学校段階，高等教育までの諸教育機関の今日的なあり方が，そこでの算出を通して，家族・地域間の格差と底辺の広がりを事実上再生産する働きをしている．

　現代の日本社会では，市場経済の力が強まり，多元的な社会へと発展するなかで，教育的選抜ひいては社会的選抜におけるメリトクラシー規範にもゆらぎが生じ，親（家庭）の投資や意欲がものをいうようなペアレントクラシー社会へと歩みを進めている．

●新自由主義と学校選択の自由化　1980 年代後半からその兆しは表れ始めていたが，1990 年代になると「失われた 10 年」と称されるような構造不況のなかで，教育の新自由主義的改革が推進されていった．新自由主義は，市場原理主義の論理，すなわち競争の論理に基づくものである．新自由主義社会では，多様な選択肢が存在し，選択の自由が拡大する一方で，その選択には自己責任が伴う（項目「新自由主義」参照）．

　学校選択制をはじめとする教育への市場原理の導入により（項目「学校選択制」参照），中西が指摘するように，行きたい学校を選べる「自由」が人々にもたらされても，誰がその競争に打ち勝ち「自由」を享受できるのかということでいえば，親の財力や，子どもの教育に対する熱心さが確実に反映されてしまう（中西 2011）．一見，個人の自由な教育選択が可能であるようにみえて，実際には親（家庭）の投資や意欲が，子どもの教育達成に大きな影響を及ぼしているのである．

●ペアレントクラシー社会　これはまさに，イギリスの社会学者ブラウン（Brown, P.）のいう「市場」原理と「ペアレントクラシーのイデオロギー」に基づく社会である（Brown 訳書，2005）．

　近代以降の社会は，能力に努力を加えたメリット（業績）をもった者が成功し，人々を支配するような「メリトクラシー社会」であったが（項目「メリトクラシー」参照），ブラウンによれば，市場化された社会における教育的選抜は，本人の個別の能力と努力によってよりも，親の財産と願望に基づくようになっており，「能力＋努力＝業績」というメリトクラシー方程式は，「資源（resource）＋選好（preference）＝選択（choice）」といったペアレントクラシー方程式に再定式化されるものとなっている．

そもそも藤田（1980）が指摘するように，進路選択の始点は親の階層（社会的地位）に起因するのであり，それは大なり小なり子どもの進路選択を規定してきたが，1990年代以降，その影響はさらに大きくなっている．

ブラウンも指摘するように，「業績」ベースから「市場」ベースへの変化は，文化資本の適切な形式の獲得に伴って上昇する費用を支払うのに必要な物的資本の重要性と結びつけられるためである．それはすなわち，業績獲得に向けての競争の前提となる「機会」の不平等であり，結果として，学力や学習意欲の格差にもつながりうる．

●ペアレントクラシー社会における家庭の育児・教育戦略　このような社会状況は，少なからず親自身にも意識されている．市場で力を及ぼすことができる親たちは，わが子が教育的選抜で優位になるために，その力をますます強めている．近年，都市部のホワイトカラー層を中心に，家庭が子どもの早期教育や教育的選抜に追い立てられている現象に着目した研究も目立つようになってきた（天童2004；片岡 2011など）（項目「家族の教育戦略」参照）．

日本社会において，ペアレントクラシーに基づく教育的選抜の最たる事例は，幼児（や親）を対象とする早期入学選抜制度であり，親がほとんどすべての決定権を握る小学校受験であろう．私立小学校受験では親の財力も問われるため，その傾向はより色濃く表れる．従来，私立小学校受験は，メリトクラシーに基づく他の教育的選抜とは一線を画していたが，望月（2011）によれば，私立小学校の受験・進学を「高学（校）歴への直接的・間接的なルート」と考える家庭も増えているという．中学受験が盛んな私立小学校が少なからず存在し，国公立大学を含めた難関大学への進学が期待される中高一貫校への準備教育としての機能も果たしている．

こうした現象は，子どもの学力達成という側面でも明らかにされている．学齢期から成人期まで実施した大規模追跡調査 JELS（Japan Educational Longitudinal Study）（お茶の水女子大学 21 世紀 COE プログラム）によれば，子どもの学力を規定するのは，第一に家庭の学校外教育費支出，第二に保護者の学歴期待，第三に世帯所得であるという．地方都市では，家庭的背景が子どもの学力に対して決定的な影響力をもつとまではいえないものの，耳塚（2007a）は「日本社会もペアレントクラシーへの道を歩んでいる」と警鐘を鳴らしている．

［望月由起］

📖 さらに詳しく知るための文献

望月由起，2011，『現代日本の私立小学校受験―ペアレントクラシーに基づく教育選抜の現状』学術出版会．
小針 誠，2015，『〈お受験〉の歴史学―選択される私立小学校 選抜される親と子』講談社．
耳塚寛明編，2014，『教育格差の社会学』有斐閣．

少子化と子育て支援

▶「社会化エージェントの孤立化と育児不安」p.314「父親の育児」p.316

　日本の家族と教育の課題を少子化および子育て支援策の2点から検討する．教育は，もともとは親の子育てから始まり，やがて，社会人としての文化的・社会的行動様式を教える意味が加わり，教育の概念が成立してきたとされる．社会が子どもを慈しみ，育むという視点は現代社会を読み解くうえで欠かせない．

●**日本の少子化の現状**　少子化とは，出生率の低下やそれに伴う家庭や社会における子どもの数の低下傾向のことである．人口学では，「合計特殊出生率」（一人の女性が生涯に産む平均子ども数．以下，出生率）が，人口を維持するのに必要な人口置換水準（人口が長期的に維持される水準：約2.1）を相当期間下回っている状況を「少子化」と定義している．『厚生労働白書』（2015年版）は，現在の少子化傾向が続けば，2060年には，年間出生数が現在の半分以下の50万人を割るという厳しい見通しを示している．加えて，日本の総人口は，2008年を境に減少局面に入っているが，人口減少とあわせて高齢化も進行し，有史以来の未曾有の事態に直面している．このように，少子化は，経済や市場規模の縮小，地域・社会の担い手の減少など，国の社会経済の根幹をゆるがしかねない深刻な問

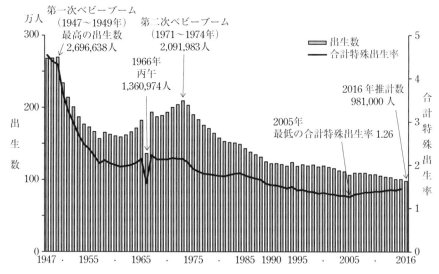

図1　出生数および合計特殊出生率の年次推移
（出典　厚生労働省「平成28年（2016）人口動態統計の年間推計」）

題である．それでは，家族や教育にも影響を及ぼす子どもの数の低下はどのように推移してきたのだろうか．

　図1「出生数および合計特殊出生率の年次推移」が示すように，日本における出生数は，第一次ベビーブーム期（1947〜49年）には約270万人，1970年代前半の第二次ベビーブーム期（1971〜74年）には約200万人であったが，それ以降，減少の一途をたどっている．1990年代以降は増加と減少を繰り返しながら，ゆるやかな減少傾向となっている．2016年の出生数は97万6978人（確定数）と報告され，この数は戦後のピーク時の4割にも満たない状況にある．1990年代初頭には子どもや若者が少ない「少子社会」が到来したといえる．

　出生数に加えて，少子化を示す指標として出生率もよく用いられる．図1が示すように，第一次ベビーブーム期には4.3を超えていたが，1950年以降急激に低下する．1970年代前半までは，ほぼ2.1台で推移していたが，1975年に2.0を下回って以後，再び低下傾向となった．とりわけ1989年には，それまで出生率が最も低かった丙午（1966年）の数値1.58を下回る1.57を記録し，いわゆる「1.57ショック」が日本列島を駆け抜け，少子化が社会問題として広く認識されるようになった．2005年には1.26と過去最低を更新した．それ以降の出生率は，横ばいもしくは微増傾向だが，2016年も1.44と低い水準にあり，長期的な少子化の傾向が継続している．

●国の子育て支援施策──少子化対策から子ども・子育て支援政策の導入へ
「1.57ショック」を契機に，政府は，子どもを産み育てやすい環境づくりに向けて，総合的な子育て支援政策の取組みを進めることとなった．まず，1994年に「今後の子育て支援の施策に関する方向性」（エンゼルプラン）が発表された．子育ての社会的支援に取り組むという国の姿勢が明確に示され，延長保育・一時保育・地域子育てセンター事業の推進などが提起された．1999年の「重点的に推進すべき少子化対策の具体的実施計画について」（新エンゼルプラン）では，「保育ママ」などの名称で展開されてきた家庭的保育事業も，国レベルの補助金対象となった．2010年には，「子ども・子育てビジョン」が発表され，これまでの少子化対策から「子ども・子育て」への転換が打ち出された．そして，幼保　元化を含む「子ども・子育て支援新制度」が2015年4月よりスタートした．しかし，この20年あまり，子ども・子育てをめぐるさまざまな施策が国および地方自治体で進められているが，少子化の進行に歯止めをかけるまでには至っていない．少子化対策への取組みはまったなしである．就労支援を含め，結婚・妊娠・出産・子育てまでの切れ目のない子ども・子育て支援策を粘り強く推進し，社会全体で次代を担う子どもの育ちと子育てを支えることが肝要といえよう．　　　［髙野良子］

📖 さらに詳しく知るための文献
髙野良子編著，2013，『少子社会の子育て力──豊かな子育てネットワーク社会をめざして』学文社．

社会化エージェントの
孤立化と育児不安

☞「少子化と子育て支援」p. 312

　生後から児童期にかけて，社会の成員としての基本的な価値や規範を取り入れていく第一次社会化の場はまず家族であり，この時期の子どもにとって有意味な他者である親は，子ども期において特に重要な社会化エージェントである．

　しかしながら，高度経済成長期以後の日本は，子育てを母親が一人で担い孤立しがちな社会となった．孤立した状況における子育てが育児不安の要因の一つであることは，育児不安や育児ストレスに関する研究における共通の見解であり，現代は，育児をするうえで家族・親族を越えた他人のネットワークの必要性が，かつてないほど大きくなった時代（山根 2000）である．

●社会化エージェントの孤立化　農業が中心であった時代，村全体で行われていた子育ては，家族制度が普及した明治時代には家のものとなり，戸主（父親）の考えを中心に父方の祖父母も協力して行われていた．戦後，家族の分化・核家族化が進行すると，子育ては核家族の夫婦すなわち親のものになった．さらに，産業構造の変化に伴う性別役割分業体制の強化により女性が主婦化し家事育児の担い手としての役割に特化していった結果，子育ては母親一人が担うものとなった（落合 1997；天童 1997 など）．

　こうして，他の親族から孤立した核家族が，都市化や郊外化によってもたらされた地域コミュニティの匿名性や異質性，流動性など（天童 2003）により近隣社会からも孤立するなか，育児の単相化（網野 1994），再生産の個人化（永田 2000）などといわれる，育児期にある母親が一人で子どもに関わる状況が出現した．子どもの社会化の担い手として母親がこのような孤立的状況に置かれることを社会化エージェントの孤立化（天童 1997）と呼ぶ．

●固定的なしつけの型の喪失　戦後，わが国の家庭養育は，戦前の権威服従の姿勢から，発達段階主義や個性尊重主義による愛情と理解に基づく養育方式へと転換した．これは，バーンスティン（Bernstein 1977c）のいうところの「目に見える」養育方法から「目に見えない」養育方法への移行であり，その結果，親たちは何をどう伝達すべきかの目安となるしつけの型を失った（柴野 1989）．1960 年代，親たちは子どもの養育において過渡的段階としての一種の混迷状態にあったとされる（厚生省 1963）．一定の方向性をもってしつけを実践するという社会化エージェントとしての役割遂行が困難になった親たちは，価値体系の多様化が進行するなかで新たなしつけの型を模索し（天童 1997 など），具体的手段や明確な基準をもち得ない情緒的つながり重視のイデオロギーが広まるなか，確たる自信のないまま，不安な精神状態で子育てをすることになった（新堂 1989 など）．

●**育児ノイローゼから育児不安へ**　1970 年代に入ると，子殺しや子捨て，母子心中が問題となり，育児に自信のない母親や育児に不安をもつ母親が育児ノイローゼとして取り上げられる．育児ノイローゼの母親は問題親（厚生省 1971）とみなされるなど，その原因は母親個人に還元されがちであったが，1980 年代の牧野による一連の研究（牧野 1982 など）以降，育児不安は社会的な条件や関係のなかで陥るものであることが明らかにされていった．

　育児不安の定義は一定していないが，『平成 15 年版 厚生労働白書』（厚生労働省 2003）は「育児行為の中で一時的あるいは瞬間的に生ずる疑問や心配ではなく，持続し蓄積された不安」と定義している．育児不安の要因としては，「夫との関係」──育児への夫の関わりに対する妻の主観的認知や満足，「家族を越えたネットワーク」──母親の人間関係の広がり，母親が家庭外で活動する場や機会，母・妻などの家族役割を離れた自分の時間や自分を表現する機会など育児環境の問題（牧野 1982；本村ほか 1985；山根 2000）のほか，親自身の問題としての「親性」の未形成も指摘されている（原田 2006；三枝 2008）．

●**育児援助ネットワークの差異と格差**　少産少死世代が出産・育児期を迎えた 1970 年代は，人口学的にそれまでと比べて子育てに動員できる親族が少ないという育児ネットワークの転換点となった（落合 1997）．孤立した育児は育児不安の重要な要因であるが，「全国家族調査」（NFRJ 日本家族社会学会）のデータを用いて 1940 年から 1994 年までの育児援助ネットワークの歴史的変化を分析した研究は，戦後以降，親族ネットワーク，非親族ネットワーク，配偶者の育児サポートのいずれもが増大する傾向にあることを示している（井上 2005）．

　現在の母親たちは戦後に比べ多くの育児援助ネットワークをもつことが示唆されるが，育児援助ネットワークの構造や密度は地域と母親の就労状況によって異なること，多様なネットワークからサポートを得る母親がいる一方で，誰の手も借りず，自分の手で子育てをしている母親が存在していることなど，育児援助ネットワークの差異や格差が報告されている（落合 1989；山根 2000；松田 2002；井上 2005 など）．経済的要因や社会的偏見などにより物理的に社会から遮断し（され）孤立している親は，社会的活動やネットワーキングなど育児不安を解消する要因自体を欠落させていることも指摘されている（岩田 2000）．育児行為に関わる物的・生態的資源をもち得ず，関係的資源へのアクセスもなし得ない親たちの孤立感や育児不安は潜在化され，見えにくく放置されがちである．

[青井倫子]

📖 **さらに詳しく知るための文献**

柴野昌山編，1989．『しつけの社会学──社会化と社会統制』世界思想社．
山根真理，2000．「育児不安と家族の危機」清水新二編『家族問題──危機と存続』ミネルヴァ書房，pp. 21-40.
矢澤澄子ほか，2003．『都市環境と子育て──少子化・ジェンダー・シティズンシップ』勁草書房．

父親の育児

☞「教育における男性研究の視点」
p. 330

　父親は，男性の親である．それは，子どもと遺伝的関係をもつ「生物学的父親」（biological father）と，子どもの保護・養育・教育に関与する（子どもと遺伝的関係をもたないこともある）「社会的父親」（social father）の側面をあわせもつ．
●父親役割の変遷　「社会的父親」の役割は，家族制度や社会構造の変化と深い関わりをもっている．江戸時代における「イエ」の継承を主眼とする「家父長制家族」では，父親は家長として，家業についての知識を将来の家長たる長男へ直伝する役目を担った（太田 1994）．また，当時は乳幼児の死亡率が高かったため，父親は長男の教育だけでなく，女児や長男以外の男児の身体的な世話をする役割も果たした（太田 2011）．明治期に入り，「女性は家庭の主婦たるべし」との考えが上流階級から浸透し，家庭が女性の中心と場とみなされるようになると，父親は家庭（私的領域）での子育てから疎外され，労働の世界・近代国家（公的領域）において「男らしさ」（男性性）を表出することが求められるようになった（牟田 1996）．大正期には，職住分離の生活様式を採る，高学歴で裕福な新中間層において，子ども中心主義・性別役割分業を基調として家庭生活を営む近代家族が登場し，母親の育児・教育責任が強調されるようになった．その一方で，父親としての男らしさは，企業勤めのサラリーマン（俸給生活者）として，妻と子どもを養うことと同義とみなされるようになった．第二次世界大戦後，高度経済成長期には，サラリーマン層の拡大とともに，近代家族の浸透・定着が進んだ．男性労働者の多くが企業社会に組み込まれ，長時間労働が常態化した結果，次第に父親は家庭での育児から遠ざけられていく．1970〜80年代には，家庭における「父親の不在」が，登校拒否・家庭内暴力などをもたらす一因であるとして問題視されることもあった．
●父親の育児参加への注目　1990年代以降，父親がクローズアップされるようになる．その契機となったのは，少子化の進行である．父親が育児に参加しないことが少子化に拍車をかけているとの認識が広まり，家庭での父親の存在・役割に光が当てられた．1998年には，厚生省（当時）により「育児をしない男を，父とは呼ばない」キャンペーンが展開された．この動きは，政府主導の少子化対策の一環ではあるものの，「育児は母親のもの」とする通念にゆさぶりをかけたという意味で注目される（石井クンツ 2013）．2010年代には，格好のよい男性を意味する「イケメン」にかけた造語「イクメン（育メン）」（子育てに積極的に関与する男性の意味）が登場し，マスメディアでも積極的に子育てに参加する父親が取り上げられ，政策とメディアが連動するかたちで，「イクメン（育メン）」

ブームが形成された（橋本 2012）．厚生労働省は，2010 年，「育メンプロジェクト」を始動させ，父親の育児参加促進や育児休業取得率の向上を目指した．2015年 3 月に閣議決定された「少子化社会対策大綱」では，男性の育児休業取得率を2020 年に 13% まで引き上げることが目標とされている．もっとも，近年の男性の育児休業取得率は低い水準にとどまっており，子育てへの関与を望む父親の意識と，育児休業の取得を可能にする雇用・就業環境との間には，依然大きな隔たりがある．

●**父親の育児研究と今日的課題**　父親と育児に関する量的調査の例として，「全国家族調査」（National Family Research of Japan：NFRJ）のデータを分析したものがある（石井クンツ 2004；松田 2006）．質的調査の例としては，父親の育児をめぐる言説やメディア表象の変遷をたどり，社会的に構築される父親像に迫ったもの（高橋 2016；Lupton & Barclay 1997），インタビュー調査を中心に，父親の子育てという「生きられた経験」に迫ったもの（Dermott 2008；多賀編著 2006），グローバル経済の構造変動のなかでの父親の社会的位置づけの変化を，各国の政策言説の分析を通じて明らかにしたものがある（Hobson ed. 2002）．

　日本社会において，1990 年代は，安定した雇用環境の転換点であった．労働力の「弾力化」と「流動化」を推し進めるべきとする日本経営者団体連盟（日経連）から 1995 年に出された提言「新時代の『日本的経営』―挑戦すべき方向とその具体策」は，新自由主義的経済政策への転換を企図したもので，以後，非正規雇用労働者が急増していく（高橋 2008）．35〜44 歳層の男性の雇用労働者に占める非正規雇用労働者の割合は，2002 年の 5.6% から 2014 年には 9.6% に達している（労働政策研究・研修機構 2015b）．こうした雇用環境の変化は，男性の家族形成，ひいては父親になることの困難をもたらすだけでなく，父親たちの間に分断をもたらし，家族の階層化を推し進める一因となる．また，近年の父子家庭の世帯数の増加により，父親の役割に新たな変化が生じている．従来，父親の育児研究において焦点を当てられてきたのは主としてビジネスマン，正規雇用の父親であり，不安定な就労状態の父親を対象とした研究は，いまだ手薄である．父親の社会的役割の多様化を踏まえ，父親の育児参加を妨げる要因や，父子世帯に育児困難をもたらす要因を明らかにすることが求められる．　　　　［髙橋 均］

📖 **さらに詳しく知るための文献**

石井クンツ昌子，2013，『「育メン」現象の社会学―育児・子育て参加への希望を叶えるために』ミネルヴァ書房．

大和礼子ほか編著，2008，『男の育児・女の育児―家族社会学からのアプローチ』昭和堂．

工藤保則ほか編著，2016，『〈オトコの育児〉の社会学―家族をめぐる喜びととまどい』ミネルヴァ書店．

家族の孤立・解体・貧困

☞「社会的排除」p. 118「貧困と子育て・教育」p. 590

1980年代以降，ヨーロッパでは，経済のグローバル化，労働市場のフレキシブル化，福祉国家の弱体化，そして，個人化が進行し，人々の間での不平等の拡大，社会的結束の喪失，社会的・経済的脆弱さが顕在化するなか，仕事，住宅，医療サービス，教育へのアクセス困難な人々が増加した．日本でも，1990年代のバブル崩壊後の長引く不況やリーマンショックの影響により，同様の事態が顕在化した．すなわち，①企業の倒産や業績不振が相次ぎ，失業，リストラ，賃金カットが多発し，1世帯あたり平均所得が減少した．②正規の安定就労の減少と非正規の不安定就労の増加により，低学歴で単身の若者，子づれシングル女性，熟年層などに，非正規雇用ゆえの低所得層が広がった．③財政難を理由とする国の社会福祉政策の切下げにより，セイフティネットの網の目からこぼれ落ちて生活が困窮する人々が増加した．

●**誰が貧困化するか**　とはいえ，誰もが貧困に陥るわけでなく，若者に焦点をあててみると，定位家族における親の失業，病気，不安定就労，不和，離死別，家庭内暴力などによる低学力，低学歴，早期の離家を余儀なくされたり，発達障害や精神疾患があっても十分なケアやサポートを受けることができなかったり，あるいは，学校や職場でいじめやハラスメントを被ることで勉学や安定就労の機会を失ったりするなかで，蓄えもなく，親族に頼ることもできず，利用できる福祉サービスもない場合に貧困に陥るリスクは高い．しかも，いわゆる"でき婚"の相手も低階層の出身で不安定就労であれば，貧困から脱することは容易ではなく，その子どもも貧困のなかで育つことになる．まさに，「貧困の世代的再生産」である．

現代社会を「リスク社会」ととらえるドイツの社会学者ベック（Beck, U.）によると，リスク社会における「個人化」は，プラス面では，価値の多様化を背景に，一人ひとりが，自由に，個性的に，それぞれのライフスタイルを生きることを可能にするが，マイナス面では，人生におけるさまざまな選択である教育，就職，居住，結婚，移動など，希望どおりにいかない「リスク」を，個々人に「自己責任」として引き受けさせることになる．そして，「貧困」も自己責任とみなされ，階層差によるリスク配分の不平等も「自己責任」として放置されかねない．

●**社会的排除と社会的包摂**　1980年代以降のヨーロッパの社会経済的変容のなか，フランスでは，社会学者らが，従来の貧困概念に代えて，社会的排除の概念を，多元的な市民的権利の剥奪が累積されるメカニズムや剥奪の動態的過程を分析するうえで有効であるとして発展させた．「社会的排除とは，当該社会に属す

るいかなる個人であれ集団であれ，生活するために必要な最低限の経済的，政治的，社会的，文化的諸権利の不充足，否定，アクセス困難となる過程であり結果である」と定義できる．社会的排除は，貧困のみならず，人間関係の欠如や喪失による孤立，市民的権利からの周辺化，文化的剥奪をも引き起こす．

　社会的排除と対概念である社会的包摂とは，「社会的排除をなくし，すべての人々を社会の構成員として組み込むこと」である．例えば，1999年に制定されたフランスの「反排除法」では，①基本的権利へのアクセス（所得，雇用，住宅，健康など），②社会的排除の未然の防止（多重債務への対応，市民権行使，基本的生存手段の保障，リテラシーなど），③社会的諸制度の確立（種々の組織による緊急支援や社会的参入支援への法的根拠の付与，支援者の人材育成，調査研究機関の設置）が明記されている．その後，EUや国際連合においても，社会的包摂の概念は，社会政策の基本理念として確立された．

●**子どもの排除から包摂へ**　個人や集団が排除される社会において，排除のリスクが高いのは子ども，高齢者，障害者である．子どもの多くは家族で育つことから，その家族が社会的に排除されていれば，そのしわ寄せはもろに子どもに及ぶ．社会的排除の測定指標は確立されていないが，関連する数値を列挙しよう．2015年の子どもの貧困率13.9%（大人が1人の世帯50.8%），2016年度の児童虐待死件数84人，2017年6月現在の所在不明の子ども数28人，2015年度の全国小中高でのいじめの認知件数約22万4500件（うち，重大事態件数313件），2015年度の10代の自死数554人（10万人中0.46人），そして，2016年度の社会的養護の対象児童は約4万5000人．

　現代家族は，小規模化，経済基盤の脆弱化，"愛"という絆の不安定化，人間関係の希薄化などにより，さまざまなリスクに対して脆い存在である．それだけに，家族（親）だけで子育て責任を果たすことは難しい．しかも，地域社会における家族の孤立化や疎遠化が進行している．しかし，近年，わが国では，子育ては親の責任という「家族依存」システムがむしろ強化されてきており，社会的に排除された家族でも声をあげにくく，そこで育っている子どもの排除の実態は可視化されにくい．社会的包摂の理念に基づくなら，すべての子どもの育ちを支援する，国家や自治体，地域社会，家族による"子育ち支援システム"の構築が喫緊の課題である．　　　　　　　　　　　　　　　　　　　　　　　　　　［神原文子］

📖 **さらに詳しく知るための文献**

青木 紀編著，2003，『現代日本の「見えない」貧困—生活保護受給母子世帯の現実』明石書店．

Bhalla, A. S. and Lapeyre, F., 2004, *Poverty and Exclusion in a Global World*, 2nd ed., Palgrave Macmillan（＝2005，福原宏幸・中村健吾監訳『グローバル化と社会的排除』昭和堂）．

Beck, U., 1986, *Riskogesellshaft auf dem Weg in eine andere Moderne*, Suhrkamp（＝1998，東 廉・伊藤美登里訳『危険社会』法政大学出版局）．

消費社会と育児・教育

☞「現代社会と人間形成の諸相」
p.244

　消費社会とは，モノ・商品の大量生産・大量消費システムが社会に遍く浸透した社会である．ボードリヤールは，消費社会を，「消費についての社会的訓練をする社会」と呼び，そこでは人々が消費システムに見合った存在へと「社会化」されていくとした（Baudrillard 訳書，1995）．彼は，モノの有用的価値よりも，モノの差異のシステムによって生み出される「示差的価値」によって人々の消費の動機が生み出される側面に着目した．日本では，差異化のための消費が1980年代以降に顕著にみられるようになり，商品の所有により生じる差異化の価値を求めて人々が消費をする時代に入ったとする「消費社会論」に注目が集まるようになる．

●**消費社会の誕生と育児・教育の商品化**　社会の近代化過程において，消費と育児・教育は，その結びつきを次第に強めてきた．1880年代以降，「ホーム」の訳語としての「家庭」が，従来の封建的家族とは異なる新たな家族を指す言葉として広まり，やがて都市部の新中間階級を中心に受容される（牟田 1996）．新中間階級の新しい家族，すなわち，近代家族の子どもは，親から無償の愛情を注がれ，愛護されるべき存在となる．愛護の対象としての，また，固有な存在としての「子どもの発見」は，大人と子どもの差異を際立せることにつながり，子どもにふさわしいモノを与えたいという親の欲求を喚起した．このような親の欲求に呼応し，明治期から大正期にかけて「子ども世界の商品化」が進み，子どものための出版物・玩具・生活用品などの商品が，実際の需要を越える勢いで市場に大量に出回るようになる．玩具生産は輸出産業としても発展し，さまざまな意匠をこらした玩具は，子どもだけでなく，大人をも魅了した．一方で，子どものためのモノには，教育の面で役に立つことが要請されるようになり，明治期以降，「教育玩具」が流行した（神野 2011；首藤 2012）．公的領域から切り離され，育児・教育のための最善の家庭環境をつくりだすことを意識した母親は，「教育的なモノ」を子どもに与えることを企図した．近代家族は，愛護の対象としての子どもイメージの消費者として，また，育児・教育のためのモノの消費者として社会化され続けてきた．

●**消費社会から情報消費社会へ**　保護者を消費のターゲットとする育児・教育産業の市場規模は，戦後拡大の一途をたどってきた．その一端は，1960年代以降の，商業育児雑誌の市場拡大にみることができる．商業育児雑誌は，育児知識・情報メディアという商品であると同時にモノ・商品の広告媒体として，母親のニーズの多様化に応えてきた（天童編 2004，2016）．また，学習塾・予備校・幼

児教室・体操教室・通信教育・学習ゲームソフト・知育玩具など，育児・教育のためのサービスやモノが数多く提供され，近年の教育産業の市場規模は，2兆5000億円に達している（矢野経済研究所編 2015）．習い事などの学校外教育活動や教育費への支出は，世帯年収が高いほど，母親の学歴が高いほど増加するとの指摘がある（木村 2009）．消費社会は今日，情報通信ネットワークの普及やICT機器の高度化により，情報による消費の創出を常態化する「情報消費社会」へと変貌を遂げている（見田 1996）．子どもを常に保護者の管理下に置くことで保護者に安心感を与えるサービスやモノが，情報通信企業や玩具メーカーにより開発され，携帯電話やスマートフォンを利用して家庭内の子どもの様子を確認したり，音声によって乳幼児の様子を常時モニターしたりすることも可能となっている．また，子どもの居場所を追跡できるGPS（全地球測位システム）搭載のランドセルや携帯電話を，子どもにもたせることもできる（佐幸 2006）．

●**情報消費社会における育児・教育とその研究課題**　親から子どもに対する可視性の拡張を売りにしたサービス・モノの選択肢の増加とその利用可能性の拡大は，子どもに危険が生じたとき，「サービスやモノを利用すべきだった」として，保護者の自己責任の強化をもたらす逆説をはらむ．また，今日進行しているのは「監視社会化」というべき事態である．情報技術の高度化によって，社会全体での相互監視システムが成立し，保護者は自らの安心と引換えに家族のプライバシーを市場に売り渡し，情報技術やセキュリティ・システムによる私生活への管理や監視を受け入れつつある（阪本 2009）．子どもの行動のたえざるモニタリングを可能にするサービスやモノが市場に流通することで，大人から子どもへのまなざしは地域共同体から切り離され，保護者は，子どもの管理・配慮の責任を一身に背負う主体として再編成される．他方，学校選択制の導入や中高一貫公立校の設置数増加により，学校教育を受けることそれ自体と学校教育に関わる情報が，差異化のための「商品」と化している実態もある．

　情報消費社会では，親の経済力のみならず，サービス・モノを選択するための情報収集能力が，育児・教育の質の良し悪しを左右しかねない．情報消費社会と育児・教育をめぐる研究では，市場に流通するサービス・モノが親子関係や育児・教育にどのような影響をもたらすのか，情報消費社会の恩恵を享受しうるのはどのような家族なのか，そこから排除されるのはどのような家族なのかを見極める視座が求められる．　　　　　　　　　　　　　　　　　　　　　　　　　［髙橋　均］

📖 さらに詳しく知るための文献

Nelson, M. K., 2010, *Parenting Out of Control: Anxious Parents in Uncertain Times*, New York University Press.

間々田孝夫編，2015，『消費社会の新潮流―ソーシャルな視点 リスクへの対応』立教大学出版会．

国際結婚と子育て

「グローバリゼーション」
p. 120

　国際結婚とは，国籍の異なる者同士の婚姻である．日本社会では，日本の国籍保持者は言語や文化，血統を共有しているという単一民族神話がいまだに残り，国籍が婚姻に際する有意な差異とされている．一方，マートン（Merton 1941）は，intermarriage を配偶者選択に関わる有意な差異をもつ集団間の婚姻と定義したうえで，祖父母の国籍ではなく，人種の差異に着目している．出生地によって国籍が付与されるアメリカでは，国籍以上に，人種や民族，宗教などの差異が強調される傾向がある．

　父母の国籍の異なる子どもに対して，現在，最も人口に膾炙している用語は「ハーフ」であり，当事者自ら使用することもある．しかし，「半分」の意味があることを嫌い，二つをあわせもつ者として「ダブル」と呼ぶ向きもある．研究論文では，「国際児」という呼称も使われている．

●**国際結婚の変遷と特性**　国際結婚の制度が確立したのは，明治期である（嘉本 2001）．第二次世界大戦後には，駐日アメリカ軍属の男性と日本人女性との接触が生じ，結婚して渡米する「戦争花嫁」が現れた（植木編 2002）．

　国内における国際結婚数は 1980 年代半ば以降激増し，ピーク時の 2006 年には婚姻総数の 6% に達した．その多くは，日本人男性とアジア人女性との結婚である．なかには，結婚難に苦しむ農村自治体や業者を介した国際見合い結婚もある．女性が出身階層より高い階層の男性と結婚する傾向を上昇婚と呼ぶが，今日，それは，開発途上国の女性と先進国の男性との間でも生じている．アジア人女性たちには，しばしば後継者の出産・育児や老親介護が期待され，再生産領域のグローバル化（伊藤・足立編著 2008）が進んでいる．

　一方，海外における日本人の国際結婚は，妻が日本人のケースが 8 割以上を占め，相手の国籍はアメリカを筆頭に多様である．背景に，勉学や就職のために海外生活を選び，結果として結婚し定住する日本人女性の増加がある．よりよい生き方を求め，先進国内で移動する「ライフスタイル移民」と通じる面がある（Benson & O'Reilly 2009）．

　こうした国際結婚のありようを，開発途上国の女性と先進国の男性による「南北型」と，ビジネス，留学，旅行などを契機にめぐり合った者同士による「文化交流型」とに分ける考え方がある（藤井 2013）．むろん，個々の事例は複合的で，明確に分類できないこともある．いずれにせよ，国際結婚は，国家や文化などの境界を越えてともに生活する「世界家族」を生み，個々人間，諸集団間，諸国民間の新たな経済的・政治的・倫理的相互依存を意味する「コスモポリティゼー

ション」の一端を示している（Beck & Beck-Gernsheim 訳書，2014）.

●**国際児の教育**　国際児の出生数は増加傾向にあり，いまや新生児のおよそ50人に1人を占めている．国際結婚家庭では，言語や価値観，学校選択などをめぐって葛藤が起こりやすい．出身国にかかわらず外国人の親は，自国の言語や文化の継承を望むことが多い．しかし，居住地の状況に加え，言語能力や出身階層による夫婦間の力関係（矢吹 2011）や家庭のもつ資本の種類や多寡（渋谷ほか 2013）が，子育てにおける選択を左右する．「文化交流型」の家庭は，2文化を尊重し，子どもに継承すべく，教育機関や自助グループを積極的に活用する傾向が強い．一方，「南北型」の家庭では，現地社会への同化が目指され，しばしば母親側の文化は隠蔽される．しかし，近年は，アジア人女性の主体的な教育実践を示す研究も現れている（賽漢卓娜 2011）.

　国際結婚家庭は，インターナショナルスクールやエスニックスクールを選択する場合もあるが，地理的，経済的な制約のほか，居住地からの孤立を深めるリスクもあり，多くは居住地の現地校に通わせる．日本の学校では，国際児はニューカマーに比べて差異が目立たず，必要な配慮を受けられない場合や，過度に同化して，外国側の言語や文化を拒否する場合がある（渋谷ほか 2013）.「児童の権利に関する条約」では，「児童の父母，児童の文化的同一性，言語及び価値観，児童の居住国及び出身国の国民的価値観」への尊重を育成する教育が目指されている．教師の多文化への寛容性や継承語教育への公的支援などが，今後の課題になるだろう．

●**国際児をめぐる問題と法整備**　1984年の「国籍法」改正までは，父系優先血統主義であり，母親が日本人である国際児は，出生時に日本国籍を取得することができなかった．軍属等のアメリカ人男性と日本人女性との間に生まれたアメラジアンがその例である．戦後すぐは，強い差別のなかで遺棄された者もいた．そこで澤田美貴が創設した孤児院が，エリザベス・サンダース・ホームである．

　現行法は，父母両系血統主義である．しかし，日本人男性と外国人女性が婚姻せずに子をなし，男性が胎児認知をしない場合は，子どもは出生時に日本国籍を取得できない．フィリピン人を母にもつ日比国際児等に，この例がみられる．

　離婚に至る国際結婚家庭もあり，子どもの利益の保護は急務である．「国際的な子の奪取の民事上の側面に関する条約」（ハーグ条約）は，国境を越えた子どもの不法な連れ去りや引き止めに対応する条約で，1980年に作成された．日本では，2013年に承認され，翌年に発効している．　　　　　　　　［渋谷真樹］

📖 さらに詳しく知るための文献

岩渕功一編著．2014.『〈ハーフ〉とは誰か―人種混淆・メディア表象・交渉実践』青弓社.
濱野 健．2014.『日本人女性の国際結婚と海外移住―多文化社会オーストラリアの変容する日系コミュニティ』明石書店.

第3章

ジェンダーと教育

［編集担当：木村涼子・多賀 太］

概説：「ジェンダーと教育」研究の
 展開 ······························· 326
教育における男性研究の視点 ············ 330
ジェンダーとインターセクショナリティ
 ······································ 334
ジェンダーと文化的再生産 ··············· 338
乳幼児期のジェンダー形成 ··············· 340
男女別カリキュラムの変遷 ··············· 342
しつけや教育と身体のジェンダー化 ····· 344

学校体育・スポーツとジェンダー ········ 346
若者文化とジェンダー ····················· 348
学力・教育達成とジェンダー ············· 350
進路・ライフコースとジェンダー ········ 352
教育実践と隠れたカリキュラム ·········· 354
教師のキャリアとジェンダー ············· 356
性教育 ··· 358
暴力・ハラスメントとジェンダー ········ 360
メディアとジェンダー ····················· 362

概説：「ジェンダーと教育」研究の展開

　「ジェンダーと教育」研究は，その前身としての「女性と教育」研究，ならびに教育における不平等研究の流れを受け継ぎ，発展を遂げてきた．「ジェンダー」概念の導入による「『女性』から『ジェンダー』へ」（森 1992）という研究上のキーワードの変化は，性別・性差の社会構築性，実体としての女性よりも社会的構築物としてのジェンダーの関係性や構造，女性のみならず男性やさまざまなセクシュアル・マイノリティへと視野を拡大しながら，教育社会学に対して以下に示す独自の貢献を果たしてきた．

●**ジェンダー概念の誕生**　ジェンダー研究は，フェミニズムの思想・理論や運動との密接なつながりのなかで発展してきた．フェミニズムには，これまでに三つの大きな波があったとされるが，ジェンダー概念は第二の波のなかで誕生し，第三の波に伴ってその概念を拡張してきた．

　フェミニズムの第一の波は，19 世紀半ば以降に男性と対等なシティズンシップの獲得を目指す動きとして起こった．20 世紀半ばまでに，世界の多くの国で公的な法制度上の男女平等が達成されたが，依然として男性優位の社会状況は続いた．当時は，こうした状況を，先天的な男女の特性や能力の違いが結果として表れたものであるとみなす，いわゆる「生物学的決定論」が広く受け入れられていたが，第二波フェミニズムは，こうした「常識」に異議を申し立て，男女の違いは社会的・文化的に形成されているのではないかと問いかけた．こうしたなかで，1970 年代に，それまで文法上の性別を指す用語であった「ジェンダー」を援用し，人間の性別を生物学的性別としての「セックス」と社会的・文化的に形成される「ジェンダー」に分節化してとらえるという認識枠組みが提唱された（Oakely 1972）．教育や社会通念のなかに浸透している男性優位や固定的性役割のイデオロギーと，それらを通して男性優位の社会状況が正当化され再生産されていく過程を批判的に検討する分析概念としての「ジェンダー」は，こうした文脈で誕生した．

●**ジェンダー概念によるパースペクティブの拡大**　ジェンダー概念は性差別を「女性の問題」として扱う地平から我々を離陸させ，「男性」および「男性と女性の関係性」がジェンダー研究の射程に含められていく（多賀 2001；Connell 訳書，2008）．さらに 1980 年代後半以降，「女」とは誰のことかを問い直すフェミニズムの第三の波が生じ，従来の視点は白人で中産階級に属する異性愛者の女性中心であったとの反省から，エスニック・マイノリティ，労働者階級や貧困層，同性愛者，「第三世界」など，種々の立場を含めたパースペクティブが発達した（Gillis et al. eds. 2004). 同様に「男」とは誰のことかという問いが，男性自身が男性の抱える問題を問い直す男性運動のなかでも提起された（Clatterbaugh 1997）．

こうした運動における動きと，言語を通した現実の構築作用を重視するポスト構造主義の理論的潮流が呼応し合うなかで，「ジェンダー」概念は，個々の多様な人間を「女」と「男」に二分していく思考の権力作用として再定義されていった（Butler 訳書，1999）．1980〜90年代には，人類には，身体の性別多様性が存在することが注目される．にもかかわらず，二分法に収まらない身体を例外とみなし，カテゴリー内部の多様性を無視することによって，「女」「男」という二つの生物学的「実体」は構築される．そうした生物学的性別もまた社会的文化的に構築された性別，すなわち「ジェンダー」にほかならないというわけである．

こうして，ジェンダー概念は，その定義の拡張に伴い，一方で性別二分法を基礎として性による不平等の実態と原因を追求し，他方で性別二分法を相対化するという多面性を有しながら，「性現象」の社会構築的側面を浮かびあがらせる強力な分析概念として教育研究に導入されていった．

●教育研究におけるジェンダー概念の導入──「女性と教育」研究から「ジェンダーと教育」研究へ　1960年代半ばまでの教育研究においては，研究者の圧倒的多数を男性が占めるなか，事実上，女性は調査や考察の対象から排除されてきた．確かに，家族における母親や戦前の女子教育のように，研究対象の構造上女性を無視できない場合や，女性が制度的に分離されている場合に，女性が対象とされることはあった（神田ほか 1985）が，あくまで男性を人間の「標準」としたうえでの「特殊」な事例の位置づけであった．

しかし，1970年代になると，女性研究者たちの手によって「女性学」が構想され，男性の視点で構築されてきた既存の学問や知識のあり方を「女性の視点」から問い直し再構築することが目指された（女性学研究会編 1981）．日本の教育研究においても，それまで無視・軽視されてきた女性の経験を可視化させ，女性が女性であるがゆえの問題を解明する研究が蓄積されていった．ただし，そうしたラディカルさゆえに，「女性と教育」研究は，「女性たちが行う特殊な」研究として「ゲットー化」されていく危機にも直面していた（木村 2009, p.8）．

1980年代末におけるジェンダー概念の導入は，そうした局面を打開するとともに，教育研究に大きな転換をもたらした．従来，教育研究において，「性差」は単に記述されるものであり，それ以上問われるものではなかった．しかし，「ジェンダーの視点」の導入によって，「性差」は説明されるべき現象となった．なぜ，どのようにして，そうした性差が現れているのかを問うことが，教育研究の大きな課題として提起されたのである．

●学校教育を通した性による不平等の再生産　日本において「ジェンダー」の視点から学校教育をとらえ直す研究の本格的発展は1990年代以降に生じた．1970

年代から 1980 年代の欧米の教育研究では，学校教育が階級や人種間の不平等を再生産する機能を果たしているのではないかとの観点から再生産論が隆盛した．再生産論にジェンダーの視点が導入されることで，社会的な性別不平等の生成を学校内部での知識伝達との関係で理解しようとする研究が進められた（Deem 1978；Arnot 1982；Duru-Bellat 訳書，1993）．

　日本では，1980 年代末に天野正子によって初めて，明白に「ジェンダーの視点」を採り入れた教育研究の本格的な枠組みが提起され，その後の日本の「ジェンダーと教育」研究のあり方を大きく方向づけた．そこで主として目指されたのは，教育を通した性による不平等生成の隠れたメカニズムを明らかにすることであった（天野 1988）．こうしたジェンダー不平等の再生産機能という点から教育の歴史について分析する研究も蓄積されている（小山 2009）．

●**女性の職業・教育達成の規定要因**　一方で，女性の職業達成ならびに教育達成の条件や規定要因を，主として計量分析の手法を用いて解明する実証研究が展開され，女性の職業達成に関しては，教育や学歴の効果が認められるものの男性に比べて限定的であることや，教育システムから労働市場への移行において女性には男性ほど業績原理が働いていないこと，女子の教育達成に関しては，男子ほど学校タイプや成績に左右されず家庭的背景の影響を大きく受けることや，学力に基づく業績原理とは独立した性役割観の違いに基づく進路分化メカニズムが働いていること（中西 1998）などが明らかにされてきた．そうした男女差は近年縮小傾向にあるものの，完全にみられなくなったわけではない（多賀・天童 2013）．

●**学校の内部過程への着目**　他方で，性別というインプット要因と教育達成・進路分化というアウトプット要因の関連を生み出す学校の内部過程を，「新しい教育社会学」の流れを汲み，主に質的な手法を用いて明らかにしようとする一連の実証研究も広く展開された．そこでは，公的な男女共通カリキュラムのもとでさえ，「隠れたカリキュラム」のレベルにおいて，しばしば教師と児童・生徒の双方によってはっきりと意識されないままに，男女で異なる知識や役割モデルが伝達される過程が探究された．そうした例として，教科書における固定的な性役割描写や，教員組織の構造の男女不均衡が指摘されるとともに，教師による性別カテゴリーの使用は必ずしも価値的で意図的に行われるわけではなく，教育場面の統制ストラテジーの形で半ば無意図的に用いられ，結果としてジェンダーの再生産につながっている側面が明らかにされてきた（森 1989；宮崎 1991）．

　少なくとも 1990 年代の前半まで，これらの研究のほとんどは社会化理論に依拠し，提示された知識を内面化して形成されていく客体として子どもを位置づけていた．しかし，1990 年代後半以降の学校の内部過程に目を向けた研究は，教師やほかの児童・生徒と交渉しながら学校内のジェンダー秩序の構築に関与したり，逆にそれらに抵抗したりする，子どもたちの主体（エージェンシー）の側面

も明らかにした．観察調査からは，教室内での相互作用において主導権を握ろうとする男子と教師との攻防の様子（木村 1999）や，ジェンダーの知識を利用・再定義しながらピアグループ内で独自の秩序を形成する様子（藤田 2015a）など，幼稚園から高校まで主体に着目した質的調査が蓄積されている．

●**批判的検討から変革の実践へ**　ジェンダーの視点からの学校教育の批判的検討から生み出されたこれらの知見は，教育の「現場」へと還元され，教科書の記述の改善，学校文化や教師の言動に表れる固定的ジェンダー観の点検と変革，子どもたちに対する個性尊重の働きかけといったジェンダー平等を目指す実践に活用されてきた．他方で，2000 年代前半以降，従来のジェンダー秩序（固定的な性別特性観や男子優先など）を守ろうとする立場から，ジェンダー平等を目指す教育実践や研究が激しい攻撃を受けるという事態も生じている．ジェンダー研究は，方法論的洗練と実証的知見の膨大な蓄積を伴いつつ，運動論とは相対的に一線を画す学術研究としての「市民権」をある程度獲得してきたが，フェミニズムと不可分のものとして誕生した「ジェンダー」の視点に立つ教育研究にとって，男女のあり方をめぐる教育実践やポリティクスは，依然，研究対象であると同時に研究のあり方を方向づける条件として重要な位置を占めている．

●**ジェンダー秩序の変容と研究の新たな課題**　欧米の研究動向と比較した場合，日本の「ジェンダーと教育」研究には，特に次のような視点からの研究が不足しており，今後の発展が望まれる（木村 2009；多賀・天童 2013）．すなわち，人間の「標準」としてではなく「ジェンダー化された存在」としてとらえる視点からの男性研究，学校におけるセクシュアル・マイノリティの可視化とそれに伴う学校文化の性別二分法および異性愛至上主義の問い直し，そして，いじめ，ハラスメント，不登校，デート DV など学校や若者をめぐる問題にジェンダーの視点から切り込む研究である．

　また，教育研究にジェンダー概念が導入されて以降の社会状況の変化に対応した新たな枠組みのもとでの研究も期待される．とりわけ 20 世紀から 21 世紀にかけて，男女平等の推進が経済のグローバル化および新自由主義と歩みをともにしていることに鑑みると，今後さらに，性別による不平等と社会階層などによるほかのさまざまな社会的不平等とが重なり合う，多層的な不平等状況を問う視点からの研究の蓄積が求められている．　　　　　　　　　　　［多賀 太・木村涼子］

📖 **さらに詳しく知るための文献**

天野正子．1988．「『性（ジェンダー）と教育』研究の現代的課題―かくされた『領域』の持続」『社会学評論』39(3)．pp. 266-283．

木村涼子編著．2009．『ジェンダーと教育』日本図書センター．

多賀 太・天童睦子．2013．「教育社会学におけるジェンダー研究の展開―フェミニズム・教育・ポストモダン」『教育社会学研究』93．pp. 119-150．

教育における男性研究の視点

☞「「ジェンダーと教育」研究の歴史と展開」p. 326「ジェンダーとインターセクショナリティ」p. 334

本項目における男性研究とは，単に男性を対象とするにとどまらず，男性の性的特殊性や男性のあり方をめぐるポリティクスに敏感な視点を備えた一群の研究を指しており，以下に述べる男性学や男性性研究を含むものである．

●**男性の性的特殊性**　これまでの人文社会科学においては，主として男性研究者によって，半ば無反省に，男性を人間一般と同一視した研究が行われ，女性は，研究対象から排除されるか，性的に特殊な存在として周辺化されがちだった．「女子教育」研究はあっても「男子教育」とはいわないように，日本の教育研究もまた，女性を特殊な存在として有徴化する一方で，暗に男性を普遍的な存在とみなしてその性的特殊性を覆い隠してきた（小山 1995）．

したがって，男性を対象とする従来の研究と区別して，一群の研究をあえて男性研究と呼ぶのであれば，そこには，男性を「ジェンダー化された存在」，すなわち社会的に形づくられた性的特殊性を帯びた存在とみなす視点が不可欠となる（多賀 2006）．

学問の世界において男性の性的特殊性を可視化させるきっかけを最初に与えたのは女性学だった．男性の視点で構築されてきた学問や知識のあり方を女性の視点から問い直し再構築しようとする女性学の挑戦は，女性を基準にすれば，男性もまた性的に特殊な存在にほかならないとの気づきを人文社会科学にもたらした（女性学研究会編 1981）．ただし，女性学が主に取り組んだのは，それまで学問の世界で不可視化されてきた女性の経験を可視化させることであった．そのため，女性学自身が，ジェンダー化された存在としての男性のあり方をつぶさに研究することは，それほど多くはなかった．

実は，教育社会学では，女性学のインパクトを受けたりジェンダー概念が導入されたりする以前から，社会的に形づくられた男性の性的特殊性をとらえうる枠組みが知られていた．性役割の社会化論である．これは，端的にいえば，男女がジェンダー化されていく過程を役割期待の内面化によって説明するものである．すでに 1950 年代には，パーソンズ（Parsons, T.）らが，体系的かつ緻密な性役割の社会化理論を展開していた（Parsons & Bales 訳書, 2001）．ただし，機能主義の立場に立つパーソンズらの理論においては，男女がジェンダー化されていく過程が，暗に社会体系の維持や個人の発達にとって望ましいものとみなされており，男性のあり方に対するポリティカルな視点は基本的に欠落していた．

●**男性へのポリティカルな視点**　このポリティカルな視点，すなわち男性のあり方をめぐる権力関係や利害関係に敏感な視点が，男性の性的特殊性への視点と並

ぶ，男性研究に特徴的なもう一つの要素である．この視点は，フェミニズムによって提起され，それに対する男性側からのリアクションとして生じた男性運動と男性学（上野・NHK 取材班 1991）を通して発展を遂げた．アメリカがその典型であるが，男性のあり方を問題化する言説や男性運動は非常に多様化している（Clatterbaugh 1997）．こうした多様な男性運動の見取り図を描くうえで，メスナー（Messner, M. A.）は，男性を問題化する視点を次の3点に集約している（Messner 1997, pp. 3-8）．

第一に，「男性の制度的特権」である．これは，「集団としての男性は，集団としての女性の犠牲によって，制度上の特権を享受している」という側面をとらえようとする視点である．この視点は，従来の男性中心社会に対する女性からの異議申立てとしてまず提起され，プロフェミニスト，すなわちフェミニズムに共感する男性たちの自己省察を通してさらに深められた．

第二に，「男らしさのコスト」である．これは，「男性は地位や特権と引換えに，狭い男らしさの定義に合致するために，例えば浅い人間関係，不健康，短命というかたちで，多大なコストを払いがちである」という側面をとらえようとする視点である．「女性は狭い女らしさの定義によって抑圧されている」というフェミニズムの訴えは，男性たちに，男性もまた狭い男らしさの定義によって生きづらさを抱えているのではないかとの気づきをもたらした．

第三に，「男性内の差異と不平等」である．これは，集団としての男性が得ている特権は，男性たちの間で不平等に配分されているという側面をとらえようとする視点である．アメリカでは，この視点は，主として社会的弱者に位置づけられる男性たち，すなわち黒人男性や同性愛者の男性の立場から提起された．

日本の男性運動・男性学は，欧米のそれらから直接影響を受けたというよりも，日本の女性運動・女性学へのリアクションとして独自に発展した側面が大きい（大山・大束 1999）．それでも，日本の男性運動の主張や男性学の著作のほとんどにおいて，メスナーが提起した三つの視点のうちの一つまたは複数の視点を見出すことができる（天野ほか編 2009）．

●**男性性研究**　ジェンダー社会学のメインパラダイムが性役割から社会構築主義あるいはポスト構造主義（西原 1998）に転換するに伴い，男性研究もさらに理論的に精緻化されていった．社会構築主義の視点は，社会現象としてのジェンダーを，性役割のように，人々の社会的行為に先立って存在する実体としてとらえるのではなく，また，性役割の社会化のように，人々の心のなかに内面化されたものとしてとらえるのでもなく，特定の社会的文脈のもとで複数の人々の間での相互作用を通じて構築されるものとみなす（West & Zimmerman 1987）．

こうした視点の転換に伴い，社会的に形づくられた男性の性的特殊性を指す用語として，従来の「男性役割」に代わって「男性性」が用いられるようになった

(Carrigan et al. 1985). そして英語圏では，男性学という呼称は次第に使われなくなり，代わって「男性と男性性研究」や「男性性研究」の用語が使われるようになった．また，実体としての男性のみならず，社会的に形づくられた男性のあり方に関わる社会規範，言説，図像などを対象とする研究も増加し，女性研究者による貢献も増大していった（西川・荻野編 1999）．

　男性性への着目は，男性のあり方をめぐるポリティクスのなかでも，とりわけ「男性内の差異と不平等」の側面への視点を理論的に発展させた．ジェンダーに関わる実践は，さまざまに異なる社会的・歴史的文脈で遂行されるため，男性性（と女性性）は，それぞれの文脈に応じてさまざまに異なるかたちで構成されうる．マクロな社会レベルでの例として，中産階級的な価値においては学業・職業達成や理性的であることが男性として重視されるのに対して，労働者階級的な価値においては公的権威への反抗や身体的な強靱さが男らしさとして称揚される（Willis 訳書, 1985）場合があげられる．学校のような組織や学級のようなミクロな場面でも，子どもたちは，身体的能力，学業成績，職業的スキル，各種文化への親和性などに応じて独自に複数の主体位置（男性性の類型）を形成し，互いを位置づけ合う（Mac an Ghaill 1994）．こうしたなか，英語圏の男性性研究においては，もともと不可算名詞だった masculinity を masculinities と複数形で表記することが一般化している（Connell 2005）．

●ヘゲモニックな男性性　これら複数の男性性は，必ずしも対等で横並びの関係にあるとは限らず，むしろ多くの場合，それらの間には権威や利益の点で不平等が観察される．こうした複数の男性性の間の階層性をとらえる枠組みとして最も知られており，教育研究においても頻繁に言及されているのが，コンネル（Connell, R.）によるヘゲモニックな男性性とその関連概念を用いたアプローチである．

　ヘゲモニックな男性性とは，第一義には，特定の社会的文脈における複数の男性のあり方のうち支配的な男性のあり方を指すが，コンネルは，それをさらに，男性支配を正当化するための戦略を具現化する男性のあり方として定式化することで，男女間の支配関係と男性内の支配関係を理論的に結びつけた（Connell 2005, p.77）．一方で，ヘゲモニックな男性のあり方は，女性のあり方との関係を通して構築される．男性支配の正当化戦略が奏功している社会では，男らしさ・女らしさは，それぞれ優位・劣位，主役・補佐役といった二分法に対応して定義されるため，理想的な「女らしさ」を目指す女性たちは，権威的で支配的な男性のあり方を称賛し，自ら進んで従属的な位置へと向かい，依存的にあるいは補佐役として振る舞おうとさえする（誇張された女性性）（Connell 訳書, 1993, pp. 265-272）．他方で，ヘゲモニックな男性のあり方は，その他のパターンの男性のあり方との関係を通しても構築される．女性に対して支配的な男性のあり方は，

男性支配の正当性を脅かす同性愛男性や軟弱な男性などのあり方（従属的男性性）がおとしめられることを通して理想化されている．さらに，多くの男性は，自らがヘゲモニックなパターンを体現できないにもかかわらず，それを支持し称賛することで男性支配体制の維持と正当化に加担し，それによって何らかの利益を得ることができるとされる（共犯的男性性）（Connell 2005, pp. 78-80）．

　グラムシ（Gramsci, A.）に由来するヘゲモニーの用語が用いられていることからもうかがえるように，ここでは，男性支配は暴力のような直接的な力の行使や制度的権力のみならず，多分に文化的な同意を通して達成されるものととらえられている．また，ヘゲモニーが全面的支配というよりも競合状態のなかでの優越を意味するように，ヘゲモニックな男性性もまた固定的な類型ではなく常に可変的で競合の対象となるポジションとして概念化されており，動的過程の経験的分析が強く意識されている（Connell 2005, p. 77）．

●**男性への複眼的アプローチ**　男性運動・男性学の諸立場のなかには，アメリカで男性の権利派と呼ばれる流派のように，女性よりも男性が不利な側面を列挙して男性差別の不当性を訴える動きも一部にみられる（Farrell 訳書，2014）．また欧米では，1990 年代後半以降，教育におけるジェンダーをめぐる議論において，女子よりも「男子こそが問題である」という言説が支配的になっている（Martino et al. eds. 2009）．そこでは，一方で，学業不振や粗暴な振舞いといった男子の問題の責任を男子自身に求め，彼らを批判的にとらえる視点と，他方で，そうした問題は彼らの不利な立場を反映しているとして，男子こそ支援されるべき被害者だとみなす視点が混在している（多賀 2016）．

　女性よりも男性に焦点を当て，フェミニズムや女性学が描いてこなかった男性の新たな側面を描き出そうとする姿勢は，男性研究の存在意義に関わる重要な側面である．しかし，そうした姿勢が，結果的に女性のあり方から人々の目をそらさせたり，男性の生きづらさを強調するあまり，男性が得ている特権や女性に対する抑圧や差別を不可視化させたりする危険性には注意が必要であろう．教育研究をはじめとする学術研究の発展に貢献するうえで，男性研究に求められているのは，フェミニズムや女性学の成果を無視したり正面から否定したりすることではなく，それらの成果を踏まえながらも独自に見出した知見をそれらにフィードバックし，知の体系を弁証法的に発展させていくことであろう．そのためには，本項目に示したさまざまな視点の一部に拘泥するのではなく，さまざまな視点を行き来しながら，男性のあり方に対して複眼的にアプローチする（多賀 2006）という姿勢も有効であるに違いない．　　　　　　　　　　　　　［多賀　太］

📖 さらに詳しく知るための文献

Connell, R. W., 2005, *Masculinities*, 2nd ed., Polity Press.
多賀　太，2016，『男子問題の時代？―錯綜するジェンダーと教育のポリティクス』学文社．

ジェンダーとインターセクショナリティ

☞「「ジェンダーと教育」研究の歴史と展開」p. 326「教育における男性研究の視点」p. 330「若者文化とジェンダー」p. 348「学力・教育達成とジェンダー」p. 350

　教育社会学においては，教育達成や職業達成のジェンダー・ギャップのメカニズムを解明すべく多くの研究が行われ，理論的にも実践的にも大きな成果をあげてきた（Wolpe 1988; Sadker & Zittleman 2009 など）．しかし，近年の欧米における教育社会学研究は，ジェンダーをより多層的にとらえるための理論的発展を遂げている．本項目では，そのような発展の鍵になる「インターセクショナリティ」（intersectionality）概念について説明し，日本のジェンダーの教育社会学研究を理論的に深化させる方法を模索したい．

　インターセクショナリティは，ジェンダー・セクシュアリティ・階層・エスニシティ・人種・障害など，社会のさまざまな構成部分（セクション）がどのように交差するかを分析することを可能にする概念である（Lutz et al. 2011 など）．女子生徒の教育・職業達成が男子生徒のそれに追いつくことを主な目標に掲げた研究は，多くの成果をあげたが，女子対男子の二項対立図式を取りがちであったといえる（McRobbie 2009 など）．一方，インターセクショナリティ研究は，ジェンダー権力関係の仕組みや，ジェンダー・アイデンティティの形成を，ジェンダーという要因のみに焦点を合わせて分析するのではなく，ジェンダーと複雑に絡み合う他の権力構造との関係において分析するものである．

●ジェンダーとインターセクショナリティ概念の成り立ち　ジェンダーとインターセクショナリティ研究は，ジェンダーを他の社会構造との関連で分析するべきであると主張しているが，その主張自体は，新しいものではない．コリンズ（Collins, P. H.）が，『黒人フェミニスト思想』（Collins 1990）において，既存のフェミニズムが白人のフェミニズムであったことを指摘し，ブラック・フェミニズムの思想を紹介したように，マイノリティ・フェミニスト研究者たちは，長きにわたって，ジェンダーが人種や階層の不平等と切り離せないことを主張してきた．また，マルクス主義フェミニストたちは，ジェンダーと階級の交差について指摘し，ジェンダーの不平等を，社会階級だけではなく，「性階級」に注目して考察することを主張した（ソコロフ［Sokoloff 訳書，1987］など）．彼女たちの考えを表現するものとして広く受け入れられたのが，クレンショー（Crenshaw 1989）が，ジェンダーと人種両方の差別の経験を理解する鍵となるものとして導入したインターセクショナリティ概念であった．

　インターセクショナリティ概念が提唱されて20年近くを経た2000年代から，欧米において，インターセクショナリティ概念を再吟味する議論が盛んになった．インターセクショナリティは，社会学，政治学，歴史学など広い領域で論じ

られ，研究者だけではなく，運動家や教師や政策立案者など幅広い層において語られる重要な概念となっており（Collins & Bilge 2016），ジェンダー研究が成し遂げた最も重要な理論的貢献であるともいわれている（McCall 2005）.

●近年のジェンダーとインターセクショナリティ研究の意義と多様性　では，近年のインターセクショナリティ研究は，複数のカテゴリーを分析するという以上のどのような特徴をもち，どのような理論的な発展を遂げ，どのような研究を生み出してきただろうか.

　近年のインターセクショナリティの定義は多岐にわたり，インターセクショナリティが理論なのか，概念なのか，視点なのかに関しても意見が分かれるところであるが，コリンズ（Collins, P. H.）らが示した以下の定義が一般的であるといえる.

> インターセクショナリティは，世界や人々や人間の経験の複雑さを理解し，分析する方法である. 社会および政治生活や自己の出来事や状況は，一つの要因によって理解できることはほとんどなく，大抵は，多くの要因が多様にお互い影響を与え合うなかで，形づくられている. 社会的不平等に関していえば，それぞれの社会における人々の生活や権力の組織のされ方は，ジェンダーであれ，階層であれ，人種であれ，一つの社会的分割軸によって形成されるものとしてではなく，多くの軸が作用し合い影響し合うものとして，よりよく理解できる. インターセクショナリティは，人々が世界や自分自身の複雑性により接近するための分析ツールである. （Collins & Bilge 2016, p. 2）

この定義が表すように，近年のインターセクショナリティ研究に共通している理論的特徴は，多様な社会関係が固定的で分離したものではなく，互いに影響を与える同時性をもち，ともに構築されることを強調している点である. 例えば，ジェンダーと階層の交わりを見るインターセクショナリティ研究は，ジェンダーと階層のマイノリティの特徴を記述するだけではなく，ジェンダーと階層がどのように人々の社会関係や主体形成のさまざまな局面で，同時に働き合ったり，お互いに補ったり，一方が他方を通じて実現されたり，矛盾したり，強化し合ったりしながら，ともに構築されていくかを描いていくことになる.

　このようなインターセクショナリティ概念を利用して，理論的方法的に多様なジェンダー研究が行われている. マックコール（McCall 2005）は，複雑さを描くための多彩な研究方法を三つに分類している. まず，ポスト構造主義フェミニズム理論（Weedon 1987；St. Pierre & Pillow eds. 2000 など）と結びつき，男女のカテゴリーを前提とせず，ジェンダー権力関係および他の権力関係を，実践のなかで刻々と構築されるものとしてとらえるものがある. また，カテゴリー自体は否定せずに，カテゴリーをより細かいものとしてとらえ，多くの構造の交差に位置する今まで見えなかったカテゴリー（例えば，メキシコからアメリカ合衆国

への移民女性など）に光を当てて，そのカテゴリーの成員の日々の生活の複雑性や多様性を描くものもある．さらに，インターセクショナルなカテゴリー間の変わりゆく関係を量的研究を用いてマクロに分析するものもある．

●**欧米の教育におけるジェンダーのインターセクショナリティ研究**　教育社会学やその関連領域においても，ジェンダーのインターセクショナリティ研究と呼べる研究が数多くなされている（Davis et al. eds. 2015 など）．例えば，ジェンダーとセクシュアリティを切り離せないものとして研究した例として，パスコー（Pascoe 2005）の研究があげられる．パスコーは，カリフォルニアの高校でエスノグラフィーを行い，生徒たちのセクシュアリティに関する言説による男性性の構築を，ポスト構造主義フェミニズム理論とクイア理論を用いて分析した．例えば，男子高校生たちが，「オカマ」という言葉を頻繁に使用するのは，望ましくない男性性（弱さ，女性らしさなど）を断固として拒否し，男子生徒が望ましい男らしさから外れぬように統制し合うプロセスだと指摘し，望ましいとされる男性性，支配的な男性性を理解することが，ジェンダー権力を理解することにつながると結論づけた．パスコーの研究は，男性性がセクシュアリティに関する言説を通じて実践されるという，ジェンダーとセクシュアリティのインターセクショナリティを明らかにしたといえる．

　また，ジェンダーと人種やエスニシティとの交差を描いた研究も数多く行われている．例えば，テトロー（Tetreault 2008）は，フランスの貧困地域のシテのアラブ系の女子生徒たちが，彼女たちを取り巻く複雑な規範に対して，どのように創造的な社会的言語的実践を繰り広げているかについて分析した．彼女たちは，麻薬売買などの犯罪のイメージが色濃く，失業率が就業率を上回るシテに対する人種差別にさらされ，また一方では，女性の行動を規制する伝統的なアラブのジェンダー規範にもさらされていた．それに対して，多くの女子生徒たちが，アラブ男性のララカイと呼ばれるギャングの格好をまねし，ララカイを肯定的にとらえることで，人種差別に反抗し，ジェンダー規範にも同時に反抗していた．個々の女子生徒は，複雑に矛盾したり強化し合ったりする人種やジェンダーの規範へ，そしてフランスとアルジェリアの規範へ，さまざまに複雑な距離の取り方をしており，彼女たちの日常実践からは，ジェンダーと人種とナショナリティの複雑なインターセクショナリティが浮彫りになった．

●**日本のジェンダー研究とインターセクショナリティ**　日本においても，ジェンダーと他の社会構造との交差を解明する必要性は主張されてきているが（木村 1999 など），ジェンダーと他の社会構造との間の複雑な絡み合いが描かれるインターセクショナリティ研究と呼べる研究は，多くはない．数少ない研究のなかで，最もスポットが当たっているジェンダーのインターセクショナリティは，ジェンダーとエスニシティの交差である．例えば，徳永（Tokunaga 2011）は，

長期のエスノグラフィーに基づいて，日本に移民した母親を追ってフィリピンから移民した女子生徒たちが，どのように日本とフィリピンとアメリカをとらえ，自分たちの居場所（home）とその可能性や制約を語っているのかについて分析した．フィリピン人女子生徒たちは，大家族と親密性を象徴するフィリピンには経済的に希望を見出せず，かといって日本では，フィリピン人として過剰に性的対象としてとらえられ，母親が再婚した日本人の父親の伝統的な考えにもなじめず，アメリカを理想の地として想像していた．女子生徒たちの経験からは，エスニシティを通じて性的対象化（sexualize）され，多様な文化的ジェンダー規範と交渉し，文化・言語・国家の境界を巧みに解釈するインターセクショナルな実践が浮かびあがってきた．また，清水ほか（2015）は，フィリピンとペルーとベトナムにルーツをもつ第2世代の移民の女性たちを対象としてインタビュー調査を行い，エスニック・マイノリティとして一括りにするのではなく，マイノリティ間で，親世代との関係と文化継承の様相，そして，文化継承の学業達成への結びつき方が多様であることをジェンダーの視点から示した．さらに，今井（2007）は，ニューカマーの子どもたちが，移住した先の日本のジェンダー秩序をどのように学び，一方，ホスト社会がどのように，ジェンダーを軸にして，子どもたちを学校に位置づけていくのかについて論じた．

　ジェンダーとエスニシティの交差以外でも，「コギャル」と自称他称する女子高校生たちがヒエラルキーを構築する過程を階層と関連させて描いた研究（上間 2002），風俗産業に従事する若年女性のリスクへの対処と学校経験を描くことで，階層の底辺で絡み合う性と暴力をとらえた研究（上間 2015），障害者の学校経験からジェンダーと障害の複合的な差別を分析した研究（松波 2008），男性というカテゴリーを可視化し，男性性とセクシュアリティの揺らぎと多様性を描いた研究（多賀 2001）など，インターセクショナリティ研究と呼べる研究があるが，インターセクショナリティ概念自体に関する議論は発展していない．近年，日本においてもジェンダーとセクシュアリティとの関係が問われ，女性の貧困や障害者に対する性暴力など，さまざまなインターセクショナルな問題が表面化するなか，インターセクショナリティ概念を検討し，ジェンダーをより複合的な地図のなかで描く研究が蓄積されることが急務であると考えられる．　　　［宮崎あゆみ］

さらに詳しく知るための文献

宮崎あゆみ，2013，「ジェンダー/セクシュアリティと教育—アイデンティティのゆらぎ」石戸教嗣編『新版 教育社会学を学ぶ人のために』世界思想社，pp.185-202.

アジア女性資料センター，2013，「特集：学ぶことの権利—ジェンダー・階層・エスニシティ」『女たちの21世紀』74.

ジェンダーと文化的再生産

☞「再生産論」p. 96

　文化的再生産論は，教育的営みがもつ，ひそかな不平等の再生産のメカニズムに焦点を当てる理論である．なかでも再生産論とジェンダーの関連は，社会のなかの性に基づく見えない序列化・差異化の検討において，重要な意味をもつ．

　欧米では 1970 年代，既存の社会的・文化的再生産論におけるジェンダー視点の欠落を指摘し，学校教育が階級構造の再生産のみならず，セクシズム（性差別）に基づいた性別ステレオタイプを伝達しているとする分析枠組みや実証的研究が生み出された．その嚆矢としてはイギリスのディーム（Deem 1978）が不平等の再生産における「階級構造と性別分業システムのセット」への着眼を主張した．この論点を，権力関係の視点を盛り込み，より洗練させたのがアーノット（Arnot, M.）のジェンダー・コードである．

●**ジェンダー・コード**　アーノットは，階級関係とジェンダー関係双方の構造的ヒエラルキーへの関心のもとに，バーンスティン（Bernstein, B.）のコード理論（Bernstein 訳書，1985）を援用して，ジェンダー・コード（gender code）を提示した．ジェンダー・コードとは「男女のヒエラルキーと社会における男性優位を自然なものとして受け入れ，再生産する社会の組織化に関連する規制原理」である（Arnot 1982；天童 2000）．

　ジェンダー・コードは，分析的にはジェンダー類別とジェンダー枠づけに分けて考えるとわかりやすい．ジェンダー類別はジェンダーの差異に基づく日常的カテゴリー化であり，ジェンダー枠づけは，男女間のヒエラルキー的な秩序（ジェンダーの序列）を「自然」なものとして受け入れさせる，隠れた統制である．

　実際の知識伝達の場にこの概念を当てはめると，ジェンダー類別は，家庭や学校教育の場において明示的・暗示的に示される性別カテゴリーに基づく分割である．幼児教育の場での男女別の色分け，おもちゃ，言葉遣い，「男の子は泣かない」といったしつけ法から，学校段階での科目の選択や進路選択のジェンダー・トラックに至るまで，ジェンダー類別（暗黙のジェンダー・カテゴリー）の事例は多く存在する．

　一方，ジェンダー枠づけは，社会関係や相互作用を規定し統制する枠である．それはコミュニケーションを通して行われる統制の様式であり，ジェンダー化された隠れたコントロールを持続し，再配置する原理である．この概念に関連して，アーノットは，グラムシ（Gramsci, A.）のヘゲモニーを踏まえた男性ヘゲモニー（male hegemony）を提起している（天童 2001）．

　ジェンダーの不平等の再生産メカニズムには，見えない権力を通してジェン

ダー・カテゴリー（ジェンダー類別）を，暗黙のうちに人々に獲得させ，正当化させ，自ら受け入れる統制（ジェンダー枠づけ）が必要となる．教育伝達におけるジェンダー不平等の解明には，「何を」という境界の分離の強弱だけでなく，「いかに」という伝達のメッセージ体系のなかに埋め込まれたジェンダー・バイアスへの目配りが欠かせない．ジェンダー・コードは，ジェンダー類別とジェンダー枠づけの概念によって，ジェンダーの再生産過程の全体像を示すものとなる．

●**ジェンダー・ハビトゥス**　1990年代には，ブルデュー（Bourdieu, P.）の文化的再生産論を踏まえて，デュリュ＝ベラ（Duru-Bellat, M.）が，学校教育機関は，男女の差異に教育的承認を与え，それによって性差は「天賦の才」というイデオロギーにならって正当化され，構築された「性差」が当事者たちに生得的な生来のものとして受容されていくことを論じた（Duru-Bellat 訳書, 1993, p. 24）．

　また，アメリカのサドカーらは『「女の子」は学校でつくられる』で学校，教師，親たちが半ば無意識のうちに，セクシズムに基づいた性別ステレオタイプを伝達していることを具体的に示した（Sadker & Sadker 訳書, 1996）．このようなジェンダーと再生産の研究は，学校教育がもつ「表層的」平等主義・能力主義と，社会に支配的な価値規範のひそかな教え込みという「隠れたカリキュラム」の二面性を鋭く指摘するものであった．

　日本では1990年代以降，ブルデューの文化的再生産論（Bourdieu 訳書, 1990）を踏まえた「ジェンダー・ハビトゥス（gender habitus）」に言及した研究がある．ジェンダー・ハビトゥスは，「性別のあるパターンを再生産する通念やイデオロギーの規制力のもとに，それが行為者に内面化され生みだされた知覚と行動原理」（宮島 1994, p. 22）ということができる．ジェンダー・ハビトゥスは，社会的に構成され，行為者に身体化された「女らしさ・男らしさ」といったものを含むが，それは社会に所与のものではなく，常に生成され，変容し，「場」に応じた状況対応的な行動として表出する（片岡 2000）．

　海外では，フェミニズム視点によるブルデュー理論の批判的再評価といった研究も蓄積されている（Adkins & Skeggs 2004）．今後，性別秩序の文化的再生産にかかわる，より包括的なジェンダー研究の展開が求められる．　　　　　　［天童睦子］

📖 **さらに詳しく知るための文献**

Dillabough, J.-A. and Arnot, M., 2001, "Feminist Sociology of Education: Dynamics, Debates and Directions," Demaine, J. ed., *Sociology of Education Today*, Palgrave.

Duru-Bellat, M., 1990, *L'école des filles*, L'Harmattan（＝1993, 中野知律訳『娘の学校―性差の社会的再生産』藤原書店）．

Sadker, M. and Sadker, D., 1994, *Failing at Fairness*, Scribner's（＝1996, 川合あさ子訳『「女の子」は学校でつくられる』時事通信社）．

乳幼児期のジェンダー形成

☞「遊び」p. 248「しつけ」p. 252「しつけや教育と身体のジェンダー化」p. 344「メディアとジェンダー」p. 362「メディアの発展と子どもの生育環境」p. 716

　乳幼児期のジェンダーにおいて，「社会化」は重要な概念とされてきた．子どもは，社会化過程を通して，主に大人から伝達されたジェンダーに関する文化・価値・規範を内面化すると考えられてきた．日本の教育社会学において，森繁男（1989）の研究は，幼児期におけるジェンダー形成研究の嚆矢といえる．森は，キング（King 訳書，1984）の研究を踏まえ，幼稚園教師による「性役割の社会化」の一端を明らかにした．つまり，幼稚園教師は，「児童中心主義」イデオロギーを有する一方で，保育実践における性別カテゴリーの使用や性ステレオタイプなど「隠れたカリキュラム」を自然なストラテジーとして正当化していた．

　1980年代以降，欧米では，ジェンダー形成過程における子どものエージェンシーに焦点が当てられてきた．幼児期を対象にした研究としては，幼児によるフェミニスト物語の解釈を検討したデイヴィーズ（Davies 2003），幼児学校での子どもの主体的なジェンダー構築を検討したブレイズ（Blaise 2005）の研究があげられる．日本でも，社会化のエージェンシーとしての幼児像を提示した河出（1993）による幼稚園のエスノグラフィーなど，さまざまな研究が行われてきた．本項目では，先行研究の知見を概説し，研究上の課題を提示する．

● **乳幼児期におけるジェンダー形成のエージェント**　乳幼児期におけるジェンダー形成においては，家族との関わりの重要性が指摘されている．子どもは，出生時より，さらには生まれる前から，生物学的性により異なる扱いを受ける．国立社会保障・人口問題研究所の「出生動向基本調査・独身者調査」によると，希望する子どもの性比は，1990年代後半以降おおむね女児が多い，つまり女児選好の傾向にある．そして，子どもは，生まれた瞬間から，振舞い，服，玩具など，性別によって異なる扱いを受ける（藤田 2015b）．

　乳幼児期におけるジェンダー形成においては，家族だけでなくメディア，保育者や教師，仲間集団などさまざまなエージェントが重要な役割を果たしている．

　まず，子ども向けマスメディアにおけるジェンダー・バイアスが指摘されている．子ども向けテレビ番組や絵本においては，登場人物，特に主人公は女性より男性が多い傾向にあり，作者も男性が多い．また，ジェンダー比の変化は，女性の地位向上運動の影響など社会的変化の影響も受けているという（武田 1999）．

　保育の場におけるジェンダーの問題も無視できない．第一に，保育という仕事の担い手が主に女性であるという，「保育職の女性化」があげられる．「平成27（2015）年度学校基本調査」によると，幼稚園本務教員の93.4%を女性が占める．また，「平成22（2010）年国勢調査」の推計によると，保育士に占める男性の割

合は 2.8% である.

第二に,「ジェンダー・フリー保育」である.教育現場における男女の区別や「隠れたカリキュラム」を見直そうとする男女平等教育実践は,1995 年以降,「ジェンダー・フリー」を冠することによって教育現場に知られるようになった(青野 2012).幼児教育・保育においては,「男女共同参画社会基本法」制定(1999年)前後に,各地で「女らしく・男らしく」にとらわれない「ジェンダー・フリー保育」実践が行われた(山梨県立女子短大ジェンダー研究プロジェクト＆私らしく,あなたらしく＊やまなし 2003).一方,2000 年頃から 2005 年頃にかけてのジェンダー平等教育に対するバッシングやゆり戻し(バックラッシュ)の影響で,保育現場では必ずしもジェンダー・フリー保育が浸透していないという(青野2012).

● 乳幼児期におけるジェンダー・アイデンティティや性自認の形成メカニズム
幼児期のジェンダー形成のメカニズムについては,集団生活が始まる 2 歳児・3歳児を対象とした研究において検討されてきた.大滝(2006)は,3 歳児を対象に「オトコノコ・オンナノコ」という呼びかけへの反応によって「性自認」を測定し,幼児の性自認時期と集団形成状況に関連があることを明らかにした.また,作野(2008)は,2 歳児を対象にした観察調査を通して,保育者がジェンダー・カテゴリーや色に関するジェンダー・ステレオタイプを利用して集団を統制していることを明らかにした.さらに,子どもたちもまた,幼稚園・保育所生活を通して相互にジェンダーへの社会化を行うという(作野 2008；藤田 2015a).

● 「社会化」論・ジェンダーの二元論を超えて　先行研究より,第一に,子どもは生まれた瞬間からジェンダー化され始めることが明らかにされた.第二に,ジェンダー・アイデンティティが子どもの集団生活のなかでコミュニケーションを通して形成されること,子ども自身もジェンダーへの社会化のエージェンシーであることが明らかにされた.

ただし,これまでに概観したとおり,先行研究は,いずれも「女・男であること」の形成に主眼が置かれている.乳幼児期における二元論的なジェンダーの越境あるいは二元論を超えたジェンダー・アイデンティティ形成の問題は,2016年現在,十分に論じられているとはいえない.近年,「多様な性(ジェンダー)」をめぐる議論が活発となっていることから,二元論を超えたジェンダー形成の視点は,今後,乳幼児期を対象にした研究においても必要となるだろう.

[藤田由美子]

さらに詳しく知るための文献
青野篤子.2012.『ジェンダー・フリー保育―次世代育成のヒント』多賀出版.
森 繁男.1989.「性役割の学習としつけ行為」柴野昌山編『しつけの社会学』世界思想社.pp.155-171.

男女別カリキュラムの変遷

カリキュラムとは一般に教育課程のことを指す．戦前・戦後日本の学校教育には，主に中等教育以降の学校において，性別によって教育目的と内容の異なる男女別カリキュラムが存在していた．

●**戦前における男女別カリキュラム**　戦前の学校制度では，基本的に男女で進学できる中等教育機関・高等教育機関が異なっており，教育の目的・内容・機会において大きなジェンダー不平等があった．

中学校と高等女学校はどちらも普通教育を行う中等学校であったが，一貫して男女別学・男女別カリキュラムとなっていた．これは性別によって教育目標が異なっていたからである．中学校は高等学校（とそれに続く帝国大学）や専門学校などへの進学を目的とした学校，高等女学校は中間層以上の主婦養成を目的に「良妻賢母」教育を行う学校だった．ここでいう「良妻賢母」とは，近代以降に成立した性別役割分業を前提に，家事を引き受け，夫を支え，次世代の人材を産み育てることで国家貢献する女性のあり方を指している（小山 1991；土田 2014）．

中学校令（1886年公布）と高等女学校令（1899年公布）によると，中学校の修業年限は5年制のみ，高等女学校は4年制を基本としていた．教育内容については，中学校に「法制及経済」「実業」といった社会生活と関わりのある学科目，高等女学校には「裁縫」「家事」「手芸」「教育」など家庭生活に関わる学科目が用意されていた．さらに男女ともに行う学科目であっても，中学校の方が外国語や理数系の学科目の授業時数が多く，難易度も高く設定されていた（小山編 2015）．

●**戦後の教育改革と男女別カリキュラムの再編**　戦後は「日本国憲法」によって男女平等が保障された．教育政策についてはGHQ主導のもとで，制度と内容の両面において教育改革が進められた．「教育基本法」（1948年公布）では性別による教育上の差別が禁止され，男女共学規定（第5条）も盛り込まれた．戦後は基本的に，女子にも男子と同じ教育機会とカリキュラムが提供されるようになったといえる．しかしながら，特に中等教育における「家庭科」と「体育」については，性別役割分業と結びついた男女特性論や身体的な差異を理由に男女別カリキュラムが採られていた（橋本 1992；小山 2009；飯田・井谷 2004）．

●**学習指導要領にみる「家庭科」の変遷**　学習指導要領とは，各学校で教育課程を編成する際の基準を定めたものである．「民主的な家庭建設」という理念のもとに成立した「家庭科」は，1947年の学習指導要領（試案）において，小学校は男女共修（ただし男子は家庭工作の履修が可能），中学校は職業科（農業・商業・水産・工業・家庭）の選択科目，高等学校では実業科の選択科目という位置

づけになっていた.

　ところが1950年代以降になると，家庭科は明らかに女子用の科目とされていく. 中学校については1951年の学習指導要領で「職業・家庭科」という科目名になり，1年生のみ男女共通履修，2・3年生は地域の実情や性別によってカリキュラム編成を行えるように変更された. 1958年告示の改訂ではさらに「技術・家庭科」と名称変更され，「技術は男子向き・家庭科は女子向き」と規定されるに至った. 高等学校の家庭科も女子用科目としての性格を強めていった. 1949年と1955年の学習指導要領では女子の家庭科履修は推奨レベルにとどまっていたが，高度経済成長期にあたる1960年告示の改訂では，普通科に在籍する女子に対し「家庭一般」の4単位必修化（ただし2単位までの減少が可能），次いで1970年告示の改訂によりすべての課程に在籍する女子に「家庭一般」4単位以上が必修化された.

　こうした動きに対し，1974年から「家庭科の男女共修を進める運動」が活発に展開された（家庭科の男女共修をすすめる会編 1977, 1982, 1997）. 1979年に国連で採択された「女子差別撤廃条約」（1981年発効）も家庭科履修のあり方を問い直す契機となった. 日本は1985年に先の条約を批准し，1989年告示の学習指導要領改訂でようやく中学校と高等学校の家庭科は男女共修化された（堀内 2001, 2013）.

●学習指導要領にみる「体育」の変遷　中等教育の「体育」については，男女ともに一貫して必修という位置づけだったが，内容については男女別カリキュラムとなっており，高等学校では男子の履修単位数が女子より多く設定されていた.

　高等学校における体育は1989年告示の学習指導要領によって，それまで「主として男子」が履修する格技（後に武道）と「主として女子」とされていたダンスが性別にかかわらず選択履修できるよう変更された. また単位数の男女差も解消された. 中学校についても，1989年の改訂で武道・ダンスが男女ともに選択履修できるようになり，さらに2008年公示の改訂では中学1・2年において武道・ダンスを含むすべての領域が男女必修となった.

　しかしながら実際の体育授業は男女を分けて行われることが多く，ルールや種目，持久走の距離などで男女別の設定がみられる. 学習指導要領上の男女差はなくなったが，現実の体育授業では今なお性別によって異なる内容と扱いが続いているといえる（熊安 2003；井谷 2008；片田 孫 2008）.　　　　　[土田陽子]

　📖 さらに詳しく知るための文献
小山静子編，2015,『男女別学の時代—戦前期中等教育のジェンダー比較』柏書房.
堀内かおる，2013,『家庭科教育を学ぶ人のために』世界思想社.
飯田貴子・井谷恵子，2004,『スポーツ・ジェンダー学への招待』明石書店.

しつけや教育と身体のジェンダー化

> 関連「しつけ」p. 252「ジェンダーと文化的再生産」p. 338「学校体育・スポーツとジェンダー」p. 346「若者文化とジェンダー」p. 348「メディアとジェンダー」p. 362

性別の特性，役割分担に関わる価値観や意識は，具体的な行動様式および身体と切り離しては考えられない．身体のありようとともに，ファッションや化粧，しぐさなど身体の提示方法は，ジェンダー化されている．

●**ジェンダー化された身体を学び，操る**　男女の分割線を強化する言説として，身体の違いを根拠にした「男と女は先天的に異なっている」というものがある．19～20世紀においては性差の科学が，身体が異なるがゆえに特性や能力も異なり，性別の分業や男女間格差があることは自然だとする生物学的還元主義の通念を強化してきた（荻野 2002）．現代の自然科学は人類の身体には性別二分法に収まりきらない多様性があることを明らかにしており，社会科学の発展は性別二分法の構築に社会的・文化的な要因が大きな役割を果たしているとの認識を促している．

社会においては「女性」と「男性」の性別二分法に基づく子育てが行われ，ジェンダーは身体に刻み込まれていく．子どもたちは幼い頃から，周囲の大人のしつけやマスメディアの情報などによって（井上 1990），「男の子らしい・女の子らしい」言葉遣いを学んでいく（中村 2001）．さらに，性別によってふさわしい身体技法やヘアスタイル，ファッションが，子どもたちの身体をジェンダー化していく（天野・木村編 2003）．例えば，女児には「はしたない」ポーズや「乱暴」な行動が，男児には「なよなよした」振舞いが禁じられる．逸脱した場合（とりわけ男児の逸脱），同年齢集団からのいじめや周囲の大人からの叱責・ひんしゅくなど社会的制裁が加えられる．こうした身体のジェンダー化は，文脈に応じて求められる相互作用の結果として，そのつどパフォーマティブに構成されるという視点も生み出されている（Butler 訳書，1999）．

●**学校教育が求める身体**　近代学校教育の整備とともに，特定の頭髪や服装が求められ，学校に通う子どもや青少年の身体にある種の管理が加えられるようになっていく．学校が伝達する「あるべき児童・生徒・学生」に関する「隠れたカリキュラム」の一側面といえよう．

学校による身体の性別二分法コントロールとしてまずあげるべきは学校制服である．明治から大正にかけて，男子の場合は黒色・詰め襟・金ボタンのいわゆる「学生服」が，女子の場合は大きな襟とスカーフの上着にひだスカートの「セーラー服」が定着していく．同じ洋装とはいえ，そのスタイルには大きな違いがあった．「学生服」はほぼ軍服と同様で屈強な「男らしさ」を表す一方，「セーラー服」は，柔和な「女らしさ」を表している．学校制服は，近代日本が求めた男性像・女性像（男性は立身出世主義，女性は良妻賢母主義）に合致した，それぞれ

の身体を包むものとして構築された（木村 2000；難波 2012）．その二分法は，戦後にも受け継がれ，男女別の制服は現在も形を変えながら残っている．

　戦後はとりわけ中等教育機関において頭髪や服装に関する実に細かい規則がつくられ，生徒指導において重要な役割を果たしていた．そうした規則や指導も生徒の性別によって異なることが示唆されてきた．女子生徒に対しては，セクシュアリティの管理統制が厳しく行われる傾向があり，「不純異性交遊」や「妊娠」などは，男子生徒によりも女子生徒にとっての逸脱行動として厳しく扱われてきたのである．女子の制服が「女らしさ」を表現したものであるにもかかわらず，性的な行動が禁じられることで，逆説的に女子制服もしくは制服を着た女子の身体は性的商品の意味をもち，さまざまな社会問題を生み出してもいる（宮台 1994；片瀬 2003）．

●思春期・青年期の身体　第二次性徴期を迎え，身体が大きな変化を遂げる頃，人々のジェンダー・アイデンティティは再構築される．男性は「男らしい」身体を意識し，女性は「女らしい」身体を意識する．とりわけ恋愛やセクシュアリティを意識するようになる青少年期には，雑誌・テレビ・広告などのマスメディアが提示する，異性愛を基準とした「女らしい身体やしぐさ」と「男らしい身体やしぐさ」のペア・イメージが大きな影響力をもつ（Goffman 1979）．マスメディアと，それらを媒介に発達したサブカルチャーによって，私たちは，恋愛対象によって「見られる」存在，欲望される性的な身体へと自らを構築し，ふるまうようになる（井上ほか編 1995）．その際，「女性」「男性」の内部での差異やヒエラルキーを表象するフレームが生まれ，身体は鍛えられたり，ダイエットされたり，さらには種々のファッションで装われる（上間 2002）．

　思春期の女性の身体に関わる問題の一つに摂食障害がある．摂食障害は，心理的な要因で摂食行動がコントロールできなくなる心身症である．摂食障害に苦しむ女性は，自分の身体の大きさや形について実態と異なる心象にとらわれる傾向，すなわちボディイメージのひずみをもっていることが多い．その背景には女性に求められるスリムな身体イメージの影響力があるのではないかと推測されている（東野 2006）「女性・男性」の理想の身体を提示するマスメディアの影響下，痩身や筋肉質な身体，特定の顔・髪型への憧れをあおられ，ダイエット・美容医療のマーケティング戦略に翻弄されるサイクルには，多くの青少年が巻き込まれている（諸橋 2009）．　　　　　　　　　　　　　　　　　［木村涼子］

📖 さらに詳しく知るための文献

天野正子・木村涼子編，2003，『ジェンダーで学ぶ教育』世界思想社．

浅野千恵，1996，『女はなぜやせようとするのか──摂食障害とジェンダー』勁草書房．

Butler, J., 1990, *Gender Trouble: Feminism and the Subversion of Identity*, Routledge（＝1999，竹村和子訳『ジェンダー・トラブル──フェミニズムとアイデンティティの攪乱』青土社）．

学校体育・スポーツとジェンダー

　体育・スポーツの領域は，「身体的性差」の存在を前提に，ジェンダーによって厳密に区分された制度・規範が形づくられており，またそれに基づく人々の実践を通じて，「男性は女性より身体的に優れている」というジェンダーの神話を再生産・強化する機能を有している.

●**学校体育のジェンダー史**　1872（明治5）年の学制発布時，小学校に「体術」教科が掲げられたのが学校体育の端緒である.「遊場は必ず男女の列を分ちて遊戯せしむ可し」（1875［明治8］年『小学校教師必携』）とあるように，男女別の指導が望ましいとされた. 体育が「体操科」として必修となるのは，小学校と中学校が1886（明治19）年，高等女学校が1895（明治28）年のことである. 男子は普通体操と兵式体操，女子は普通体操と遊戯が課された. 体操科の目標は，心身の発達，規律・協同の習慣を養うなどに加え，女子には「容儀を整へ」の文言があった. 1913（大正2）年には軍事訓練である「教練」が体操科に導入される. 1925（大正14）年には現役陸軍将校による教練実施が始まるとともに，社会教育機関として設置された青年訓練所では総時間数の5割が教練に配当されるなど，体育の軍事訓練化が加速していく. 1931（昭和6）年には中学校・師範学校で柔剣道，1934（昭和9）年には中等学校女子に弓道・薙刀が必修となり，武道による精神主義的体育が基本方針となる. さらに1941（昭和16）年，国民学校令発布とともに体操科は「体練科」と改められ，戦争の激化とともに学校体育の軍事訓練化が過熱した. 女子体育の発展は女学校に洋装化をもたらし，女子生徒が運動による心理的解放感を味わうという女性解放の側面も有しているが，全体としてみれば，戦前期の学校体育は，男子は兵士，女子は兵士を産むための健康な「母体」というジェンダー秩序を担う身体の育成のため，国家による国民の身体管理の手段として利用されてきたといえる（竹之下・岸野 1959など）.

●**体育授業の「隠れたカリキュラム」**　戦後，教育基本法が定められ，学校教育における男女平等が原則となったが，体育は学習指導要領で男女別のカリキュラムが明記された. 中学高校で「格技（武道）は主として男子に，ダンスは主として女子に」指導するという内容がその代表的なものである. 1989年の学習指導要領改訂で，女性差別撤廃条約の批准を受け，中学で男女別カリキュラム，高校で女子のみ必修とされてきた家庭科が男女同一カリキュラムとなったことに伴い，保健体育においても男女共習が可能となる選択制が初めて導入された. しかし，実際の教育現場では今なお選択制の導入が不十分で，男女別習で体育授業が行われているケースも多い. 共習授業においても，男女の「差異」を自明視し性

別カテゴリーが多用され，性別分離のもとで性別によって異なる達成基準が示されるなど，「男子に厳しく，女子に甘い」指導がみられるという（井谷 2005，井谷ほか 2006）．体育授業は男子に身体的な「男らしさ」を身につけさせる「男づくりプログラム」としての側面があり，反面女子には高いパフォーマンスを期待しないという「隠れたカリキュラム」を有している．

　運動部活動の参加率は，男子が中学で7割，高校で5〜6割であるのに対し，女子は中学で5割，高校では3割弱であり，年齢とともに女子のスポーツ離れが進む（日本スポーツとジェンダー学会編 2016）．これは一方で男子が過剰にスポーツにコミットさせられ，運動が不得意な男子が不当に阻害されていることを示唆する．運動部は男女別に組織されているケースがほとんどであり，男女がともに活動する場合でもジェンダー分離と男子優先が自明視されている（羽田野 2004）．高校の男子運動部では女子マネージャーが男子部員のケア役割を担うという性別役割分業もみられる．保健体育教員の女性割合は中学で29%，高校で18%（2013年）と，教員全体の女性割合より10ポイント以上低い．採用においても女性の競争率は男性の2〜4倍の狭き門である（井谷ほか編著 2001）．体育教師は教科外でも生徒指導の中心的存在であり，高い競技力を備えた運動部活動の熱心な指導者という「男性的」役割を期待される．女性体育教師はこうした「望ましい体育教師像」からはずれた周辺的存在とみなされやすい．

●スポーツによるジェンダーの再生産　「男性性原理」に基づく競技性を追求してきた近代スポーツは，その発展の初期からジェンダーによる二重規範を内在してきた．女性は，「平均的にみれば」筋力やスピードといった身体能力で男性に「劣る」ため，常に「亜流・二流の競技者」の地位に甘んじている．「女性性」を損なわない男性とは異なるルールや「女性的」な優美さを競う女性独自の種目など，近代スポーツは性別二元論が厳密に適用され制度化されており，〈身体的な男性優位〉を自然化し，再生産する機能を果たしている（Hall 1996 など）．同時に，スポーツの性別二元論によって，LGBTQ（性的マイノリティ）の人々は排除・不可視化の圧力にさらされており，とりわけ男性アスリートたちに強いホモフォビアとミソジニーが存在することが指摘されている（飯田ほか 2016）．

　学校体育・スポーツは，「身体的性差＝セックス」に関わることから，他の領域に比してジェンダー平等の取組みが立ち後れているが，近年では性的マイノリティに配慮した体育授業がクイア教育学（理論）の実践として評価されるなど（Larsson et al. 2014），性別二元論・異性愛主義に基づく社会のジェンダー秩序そのものを根幹から変革する可能性を秘めており，さらなる研究が期待される．　　［羽田野慶子］

📖 さらに詳しく知るための文献

Scraton, S. and Flintoff, A., 2002, *Gender and Sport: A Reader*, Routledge.

飯田貴子・井谷恵子編著，2004，『スポーツ・ジェンダー学への招待』明石書店.

若者文化とジェンダー

☞「選抜と配分」p.86「近代家族からポスト近代家族へ」p.296「学力・教育達成とジェンダー」p.350「教育実践と隠れたカリキュラム」p.354「教育機会の男女間・地域間格差」p.618

　若者文化とは，一言でいえば，若者たちに共有された価値観や行動様式である．しかし「若者」といっても，そのなかには社会階層も地域も異なるさまざまな人々が含まれているために，若者文化を論じる際には常に困難が伴う（中西・高山編 2009）．そう考えたとき，ジェンダーは重要な視点の一つとなる．ジェンダーという視点は，若者文化研究が（無自覚にも）異性愛男性を対象とすることによって看過してきた現実に，光を当てることを可能にするからである．

●**若者文化と生徒文化**　日本の教育社会学では，若者文化よりも生徒文化という概念の方が頻繁に用いられる．生徒文化とは，生徒集団に共有された価値観や行動様式であり，それらは階級文化や若者文化といった学校の外部にある文化と，学校文化が相互作用することで形成される．例えば，1970年代のイギリスにおいて労働者階級の野郎ども（lads）が，労働者階級の文化に依拠しながら教師に反抗し，自ら進んで工場労働者となっていく過程を描いたウィリス（Willis 訳書，1985）の研究は，代表的な生徒文化研究である．日本でも欧米の研究に触発され，学校の隠れたカリキュラムの一つとして，1960年代後半から現在までに多数の生徒文化研究が蓄積されてきた（項目「学校文化と生徒文化」参照）．

　生徒文化の焦点が学校内部にあるとすれば，若者文化の外延はそれよりも広く，例えば，ストリートにたむろする若者や（荒井 2009），雑誌や小説などのマスメディア（木村・一戸 2012）も分析対象となってくる．欧米では生徒文化研究と同じように若者文化研究も数多く行われてきたが，相対的に学校の比重が大きい社会ということもあり，日本の教育社会学では生徒文化研究に比べて若者文化研究の数は少ない．しかし，若者の生活のなかに占める学校の比重の縮小や，学校から仕事への移行をスムーズに果たせない若者の増加といった社会背景のもとで，学校内外を視野に収めた若者文化研究は重要性を増してきている．

●**女子の若者文化の発見と男子の若者文化の再発見**　ここで重要なのは，生徒文化研究にせよ若者文化研究にせよ，少なくとも1980年代頃までは研究対象が男性に偏っており，さらにそれに無自覚であったことである．例えば先述したウィリスや，パンクやモッズなどのスタイルを分析したヘブディジ（Hebdige 訳書，1986）といった代表的な若者文化研究を検討したマクロビー（McRobbie 2000）は，それらの研究を，無批判に男性的な観点から行われたものであると批判し，労働者階級の女性たちの文化を分析した．女性に焦点を当てることで浮かび上がってきた知見の一つは，恋愛や家族という領域の重要性である．労働者階級の女性たちは，学校のなかで学校的価値を拒絶する一方，トイレなどでたむろして

魅力的な男性について語り合う．ロマンティック・ラブ，すなわち，素敵なパートナーを見つけて家族を形成するということを夢見ることによって，従属的な地位を自ら進んで受け入れ，性別分業を再生産していくのである（McRobbie 2000）．こうした英語圏の研究動向に影響を受け，日本でもジェンダーの視点から生徒文化ないし若者文化を問い直す研究が登場した．女子高校生の生徒集団（「ヤンキー」「一般」「勉強」「オタッキー」）ごとの特徴を描いた宮崎（1993）や，コギャル文化を利用しながら再帰的にアイデンティティを形成していく女子高校生の学校生活を描いた上間（2002）などである．

　さらに，このように女性の若者文化が「発見」された後，特に英語圏では，男性の若者文化が「再発見」され，男性の若者文化に対してもジェンダーの視点から分析がなされるようになった（代表的な研究として Mac an Ghaill 1994）．日本でも「男性性」の視点からポピュラー文化を論じる研究が登場してきているものの（宮台ほか編 2009），まだその数は限られており，今後の展開が待たれるところである．

●**若者文化とジェンダー秩序の再編成**　先進諸国では，1970年代を境として，産業の中心が第二次産業から第三次産業へシフトし，それに伴ってジェンダー秩序も再編成されてきた．それは，それまで労働者階級の男性たちが従事してきた工場労働が激減すると同時にサービス産業が拡大していく過程であった．

　そのなかで，特に労働者階級の男性たちは，かつてのように工場労働に馴染むことではなく（learning to labour），サービス産業に移行すること（learning to serve）を求められ（McDowell 2000），男性としてのアイデンティティを再編することを強いられている（Dolby & Dimitriadis 2004）．他方で，女性たちは，フェミニストの言説が国家の戦略に利用されたり新自由主的政策と共振したりするような錯綜した状況に置かれており（McRobbie 2009；宮崎 2013），働いて自立すると同時に美しく性的に魅力的であるといったさまざまな要求に応えることを求められるようになっている（Read et al. 2011）．また，それに対抗するように，野郎どものような攻撃的で性的に奔放な「粗暴な女性性」（ladette femininity）を構築する女性も現れている（Jackson 2006）．

　若者たちは，時代の変化の前線を生きる歩兵である（Willis 訳書，2012）．そのため，若者文化をジェンダーの視点から分析することは，社会全体のジェンダー秩序の変容を読み解くうえでも重要な試みなのである．　　　　　　　［知念 渉］

📖 さらに詳しく知るための文献

Dolby, N. and Dimitriadis, G., 2004, *Learning to Labor in New Times*, Routledge.
McRobbie, A., 2009, *The Aftermath of Feminism*, Sage Publications.
宮台真司ほか編，2009, 『「男らしさ」の快楽』勁草書房．

学力・教育達成とジェンダー

（注）「教室のなかの教師と教育課題」
p. 450「学生の教育機会と進路
選　択」p. 470「学　力　問　題」
p. 556「教育機会格差の経済的
説明と合理的選択理論による説
明」p. 622「学校効果」p. 624
「学力政策」p. 694

　2000年代以降数多く蓄積されてきた学力に関する実証的研究のなかでは，階層間格差の存在に注目が集まる一方で（苅谷・志水編 2004など），ジェンダー差についてはほとんど見過ごされてきた．西洋諸国では，教育における参加と達成についての女子の優位性が示され，「落ちこぼれる男子」への注目（Epstein et al. eds. 1998）から，学力問題＝男子問題といった言説が立ち現れている（Weiner et al. 訳書, 2005）．PISAをみても，多くのOECD加盟国において，とりわけ読解力の高さが牽引するかたちで女子の学力は男子を上回り，全科目で基礎レベルを下回る低学力生徒の割合も，男子に多いことが示されている．日本の結果はというと，女子の読解力の高さという点では一貫しているものの，数学や科学に有意な男女差があるのか，成績下位層には男子のほうが多いのかということについては，調査年度によって傾向が異なっている（国立教育政策研究所編 2010, 2013, 2016；経済協力開発機構編著 2015）．他方で，全国学力・学習状況調査の分析や公表において男女差はほとんど考慮されることがなく，教科や学年による違いなど，学力のジェンダー差に関する実態把握は断片的なものにとどまっているのが現状である．日本の女子の高等教育進学率は，学士・修士・博士いずれの課程においてもOECD加盟国中最低レベルである．学力そのものの男女差だけでなく，それが進学行動にどのように関係しているのかなど，教育達成のジェンダー差の構造を明らかにすることは，教育社会学の中心的課題の一つである．

●**教育達成と学習意欲**　教育達成には，学力だけでなく出身階層や性役割意識といったノンメリトクラティックな要因も影響を与える．特に，学校内部に着目した研究からは，学校教育に存在するセクシズムが，女性の達成意欲を低下させることが指摘されている（天野 1986）．こうした学習への意欲という側面は，学力の階層間格差を語るうえでも注目されているが，ジェンダーによる教育達成の差異を説明するうえでも有効である．

　特に，大学進学時に理系を選択する女子割合の低さは，学力だけでは説明できない進路選択のありようを示している．例えば，国内の調査を用いた分析では，学齢期の早い段階で形成される理数系科目に対する女子の苦手意識が，学年の進行とともに強化され，次第に，学力や学習意欲にも反映される様子が描かれている（伊佐・知念 2014）．理系は男性向けだというステレオタイプをベースにした，親や教師の期待や性役割モデル，教科書やメディアなどから送られるメッセージ，仲間集団の影響などが女子の意欲を低下させていく（Walkerdine et al. 1989；Sadker & Sadker 訳書, 1996；村松編 2004）ことから，授業方法の見直しや学

校のなかで伝達されるジェンダー・バイアスを弱めること，女性の理系進出を促す肯定的な役割モデルを提示することは，ジェンダー格差を縮小する有効な方法として期待されている．

また，女子の意欲が冷却される一方で，男子のそれが強制的に加熱させられることで生じる問題にも目を向ける必要がある（Askew & Ross 訳書，1997）．一般的に，勉強への自信や自尊感情は女子よりも男子で高い．そのことを女子の自信のなさの表れとみることもできるし，自信をもたざるを得ない男子の厳しさとみることもできる（志水ほか 2014）．男女双方が置かれている抑圧状況の解明や，克服に向けた手立ての探求が望まれる．

●男女のなかの複数性　西洋諸国における男子の学力問題は特に，白人労働者階級の問題としても注目されている．ジェンダーだけでなく，人種・民族や社会階層といった複合的な差異が交差することで，学力や教育達成の表れ方はもちろん異なるのであり，性差のみへの焦点化では問題をとらえ損なう．日本においても，戦後の教育拡大過程において上昇してきた高階層女子の進学率が，「限られた椅子」をめぐる男女の競合関係を顕在化させる可能性が指摘されている（尾嶋・近藤 2000）．このことはすなわち，低階層男女の進学機会からの締め出しといったかたちをとりながら，ジェンダー間格差が縮小していく一方で，ジェンダー内格差が拡大していくことを予見している．そのため，教育機会の不平等を検討する際には，ジェンダーと階層の交互作用に注目する必要があるだろう．

先に述べた労働者階級男子の学業不振は，彼らにとってのヘゲモニックな男性性との関係でも説明されており（Smith 2007），階層や人種による性役割観の違いも学力に影響を与える重要な要素といえる．また，日本では低階層女子の勉強への自信のなさと自尊感情の低さが際立つ（木村 1999）との指摘もあり，教育におけるセクシズムは，階層が低い層により強く働いている可能性もある．男女のなかの複数性に注目し，差異が生じるメカニズムを明らかにする学力研究の展開も求められている．

教育における女子の前進は今のところ，労働市場を含むあらゆる分野への平等なアクセスを保障するものとはいえない．しかし，教育機会の不平等がライフチャンスの不平等につながることも確かである．高等教育進学者層を主な対象としてきた従来の教育達成研究に対して，初等中等教育段階における学力や意欲のジェンダー差に焦点を当てることは，多様な層を対象にしたジェンダーと教育の不平等を取り扱ううえでも，重要なテーマといえるだろう．　　　　　　［伊佐夏実］

📖 さらに詳しく知るための文献

木村涼子，1999，『学校文化とジェンダー』勁草書房．
村松泰子編，2004，『理科離れしているのは誰か』日本評論社．

進路・ライフコースとジェンダー

☞「選抜と配分」p.86「近代家族からポスト近代家族へ」p.296「学力・教育達成とジェンダー」p.350「教育実践と隠れたカリキュラム」p.354「教育機会の男女間・地域間格差」p.618

　進路やライフコースの選択は，個人の主体的な意思によって決まるというよりは，個人を取り巻く客観的構造によって規定されるものである（デュリュ＝ベラ[Duru-Bellat, M.]訳書，1993）．近代社会が人々に期待してきたジェンダー役割はそこに大きな影響を与えている．同時に，両親の学歴や職業階層，家計の状況，親の子どもに対する学歴期待などの家庭要因，あるいは学歴別労働市場，景気の変動状況などの全体社会の構造も，個人の進路選択を左右する．

●**教育結果の男女間格差**　戦後の教育改革は，戦前期の日本社会にみられた男女の教育機会の不平等を改正することを一つの目的としていた．しかし，教育「機会」を平等にしただけでは教育「結果」の平等がもたらされるわけではない（天野　1988；中西　2013）．とりわけ，高校卒業後に選択する進路には，今でも男女間で大きな格差がみられる．

　1980年代頃までの日本では，高校卒業後の進学先には「男性は四年制大学，女性は短期大学」という棲み分けがみられ，女性は進学するとしても男性の半分の年数で高等教育を終えるという「女性占有軌道」（female track）が存在していた（天野編著　1986）．近代社会が女性に期待してきた「妻役割・母役割」への社会化がこうした教育達成や職業達成のジェンダー差を生み出す背景にあることも明らかにされてきた（天野　1980；中山　1985）．

　1990年代半ばになると，女性の四年制大学進学率が短期大学進学率を上回るようになったが，その後も四年制大学進学率の男女格差はみられ，2016年度は男性55.6%，女性48.2%と，男性の方が依然として7ポイント以上高い状態にある（文部科学省　2016a）．

　近年，他の先進諸国では，女性の方がむしろ高学歴であることが知られている．OECD報告では，2014年には25～34歳の男女に占める四年制大学修了者の割合が男性の方が高い国は，日本以外にわずか1か国しかなかった．さらに，日本ほど男性優位な状態で男女の格差がみられる国は皆無であった（OECD Indicators 2015）．

●**少ない理系女性**　高卒後の進路にみられる男女格差は，大学の専攻分野にもみられることが以前から知られてきた（天野編著　1986）．英語で"STEM（Science, Technology, Engineering and Mathematics）fields"と呼ばれる理学部および工学部生に占める女性の割合は，2016年の日本ではわずか16.3%にすぎない（文部科学省　2016）．一方，2012年のOECD諸国全体ではSTEM領域でTertiary-type Aレベルの学位を取得した者のうち「科学」は41%，「工学・製造・建設」は28%，「コンピュータ」は20%が女性であり（OECD 2014），日本は諸外

国と比べても理系女性の割合が低いといえる.

なお，日本では「理科嫌い」が女子生徒に多いことも知られている（村松編2004）が，アイスランドやフィンランドなど，PISAの数学得点が女子の方が高い国もみられる（OECD 2014a）ように，専攻分野にみられるジェンダー格差は決して生得的な要因によるものではない.

●**学校文化とジェンダー・トラック**　教育機会の男女平等が教育結果の男女平等へと容易には結びつかない理由の一つは，学校内部のプロセスにも原因がある．平等原理の支配するはずの学校文化そのものには，しばしばセクシズム的メッセージが埋め込まれているからである（木村 1999）．そのメッセージの伝達に一役買っているのが隠れたカリキュラムであり，男女二元論的知識を伝達し（森 1989；宮崎 1991；Sadker & Sadker 訳書, 1996），男女を異なる役割へと配分していくプロセスがそこには埋め込まれている（石戸 1982；森 1992）．学校は，学力や業績といったメリトクラティックな要因のみでなく，女性のライフコースにおける「キャリア形成か，専業主婦か」という選択においても，ジェンダー化されたトラッキング機能（gendered tracking）をもってきたのである（中西 1998）.

●**1990年代以降の進路選択とジェンダー**　1990年代以降の日本社会における雇用構造と家族構造の大きな変化（山田 2006；本田 2014）を受け，今日の進路選択とジェンダーの問題は新たなステージを迎えた．「サラリーマンの夫と専業主婦の妻」という高度経済成長期型家族モデルは，もはや成立不能な時代を迎えたからである（落合 2004）．リストラや離婚のリスクを抱える時代においては，誰もが「主たる家計を担う者」になれるようなエンパワーメントが不可欠である.

同時に，近年の親子関係にみられる変化が，男女高校生の進路選択に少なからぬ影響を与えていることも無視できない．近年の日本社会では，老親の面倒をみる担い手として，息子（とその嫁）から実の娘へと期待がシフトしてきた．こうした娘への期待の上昇が，特に大学進学に際する地域移動を伴う場合にはマイナス効果をもち，女子高校生の進路選択時のオプションを狭めることがある（石川 2011）．また，1990年代のバブル崩壊以降，家計状況の悪化が女子高校生の大学進学に負の効果をもつことも明らかにされている（尾嶋 2002）.

いずれにせよ，個人の進路選択は個人の完全な自由な選択によるものでは決してなく，メリトクラシーと各時代のジェンダー秩序（江原 2001；Connell 訳書, 2008）が接合したところに帰結するのである．　　　　　　　　　　［中西祐子］

📖 さらに詳しく知るための文献

村松泰子編, 2004, 『理科離れしているのは誰か』日本評論社.

木村涼子, 1999, 『学校文化とジェンダー』勁草書房.

中西祐子, 1998, 『ジェンダー・トラック』東洋館出版社.

教育実践と隠れたカリキュラム

> ☞「家父長制とジェンダー秩序」p. 294「カリキュラムの社会学」p. 382「学校文化と生徒文化」p. 398「女性教師」p. 444「教員文化とその変化」p. 446

　教育社会学における「ジェンダーと教育」研究は，教育および職業達成における性別分化の問題を解明するため，ブラックボックスとしての学校内部に着目する重要性を見出した．これにより，平等原理に基づくはずの学校がジェンダーの社会化やセクシズム再生産の場として強力に作用していることが明らかになった．こうした研究を進展させたものに，隠れたカリキュラムという概念がある．

●**隠れたカリキュラムとは**　隠れたカリキュラムとは，学校で学ぶべき知識体系として明文化され，公的に定められている顕在的カリキュラムとは別に子どもたちが学ぶ学習内容であり，学校における制度や慣行，教師の言葉や態度，教育実践等を通じて，潜在的なレベルで伝達され作用するカリキュラムのことである．学習者はこれによって特定の知識や価値規範など多くのことを学ぶが，両性間の社会的な関係の再生産にも，隠れたカリキュラムはきわめて重要な役割を果たす（Duru-Bellat 訳書，1993）．学校の教育や学習のプロセスにいかなるジェンダーの隠れたカリキュラムが潜むのか，学校内部に着目してその作動や様相をとらえる実証研究が隆盛していく．

●**学校や教師の教育実践にみられるジェンダーの隠れたカリキュラム**　欧米では1970年代以降，教室観察などによって，学校に潜むジェンダーの隠れたカリキュラムに関する研究が多数蓄積されてきた．学校成員間の相互作用に着目した研究では，教師の関心と働きかけが量的にも質的にも男子に多く向けられ，多様な側面で女子が周辺化されていること，学校の慣習や教師の言動にセクシズムや性役割を固定化するメッセージが潜むことなどが明らかにされてきた（Spender & Sarah eds. 1980；Evans 1988；AAUW 1992；Sadker & Sadker 1994 など）．

　日本では，1990年前後，教育達成過程における性的分化やジェンダーの社会化などについて，学校内部を把握する研究の必要性が議論され，2000年前後から実証的な研究が進展する．教師-子ども間の相互作用や教師の教育実践に焦点を当てた研究では，教師の日常的な教育実践に性別カテゴリーの多用やステレオタイプ的な相互作用がみられ（木村 1997），秩序統制のための教師の戦略が結果的に性役割の社会化を担うこと（森 1989；宮崎 1991），隠れたカリキュラムにおいてセクシズムと男女平等が錯綜していること（氏原 1996）などが解明された．

　学校におけるセクシズムの根底にあるのが「男女は生物学的に異なるのだから，社会的地位や処遇が異なるのは自然」であり「立場や役割が異なっていても価値として等しいとみなされるならば男女は平等」（朴木 2002，p. 287）という性別特性論である．暗黙のうちの性別役割分担や男子優先の慣習など，男女平等

の名のもとで作用するジェンダーの隠れたカリキュラムは，徐々に学校教育の現場でもとらえ直され始めた．教育環境や教育内容に潜むジェンダー・バイアスや性別による非対称な二項対立構造を見直す試みは，ジェンダー・フリー教育として展開していく（男女平等教育をすすめる会編 1997；亀田・舘編著 2000 など）．子どもや教師が性差別的な文化に対してどのように対処しているのかをたえず意識化し，問い直す「ジェンダーに敏感な視点」（Houston 1994）に立ったジェンダー平等教育実践は，こうして学校教育の現場に取り入れられるようになる．

●ジェンダー平等教育実践の困難と研究の課題　ただし，ジェンダー平等教育実践の深化や広まりには，ジェンダー平等教育に対するバックラッシュ（木村編 2005）も含め，さまざまな困難がある．例えば，ジェンダー平等に向けた教師の働きかけを無効化する諸力が子どもや保護者との関係，学校構造などに及び，教師に教育実践上の葛藤をもたらすこと（多賀 2003；中島 2005），ジェンダー平等教育実践が相互行為的であるがゆえに，社会的文脈上さまざまな問題を抱え込むこと（上田 2003）などである．こうした実践上の混乱や困難をひもとくためには，教育実践の過程にある葛藤や現場の論理の検討（池田 2009）が求められる．その際，重要な観点の一つになるのが教師文化への着目である．

　教師文化とは，教師がおかれている社会的・制度的な位置と日常的な教育活動・実践を媒介として機能し，教師個々の実践を律し，支え励まし，抑制もする規則体系として教師を取り巻くものの総体（久冨 1994）である．ジェンダー平等教育実践をめぐる諸問題を解明するには，このような，教師としてのありようや教育実践を方向づける教師文化の特質にも目を向けて，学校現場の解釈や諸実践を読み解くことも重要である．例えば，小中学校をフィールドにした研究では，ジェンダー平等教育の優先度を低め，実践を行う教師を周辺化するような教育現場の機制の背景に，「学級閉鎖性」や「集団同一歩調」といった教師文化を見出している（木村 2009，2014）．ジェンダー平等教育実践をめぐる教師の葛藤や変容は，学習，同僚集団，学校文化など多様な要因のなかでなされている（寺町 2014）のである．

　このように，ジェンダー平等教育実践をめぐっては，教師を有形無形に取り巻く多様な諸相や具体的文脈から現場の論理を読み解き，そこから制度的・構造的問題を追究する必要がある．これらの研究はまだ蓄積が浅く，方法論や理論化の議論も含めて研究の余地が大いに残っている（木村 2015）．　　　　　　［木村育恵］

📖 さらに詳しく知るための文献

Duru-Bellat, M., 1990, *L'école des filles, quelle formation pour quels rôles sociaux?*, L'Harmattan（＝1993, 中野知津訳『娘の学校—性差の社会的再生産』藤原書店）．

亀田温子・舘かおる編著，2000，『学校をジェンダー・フリーに』明石書店．

木村育恵，2014，『学校社会の中のジェンダー—教師たちのエスノメソドロジー』東京学芸大学出版会．

教師のキャリアとジェンダー

> 「進路・ライフコースとジェンダー」p. 352「教員政策」p. 412「ライフヒストリーとキャリア形成」p. 442「女性教師」p. 444「教育機会の男女間・地域間格差」p. 618

　一般に，教員は男女平等で，女性が就労継続しやすい職業だとみなされている．「男女雇用機会均等法」制定（1985年）以前から教職に就く女性が多くいたことや，一般労働者に先駆けて義務教育学校の女性教員等のみを対象とした「育児休業法」（1975年）が成立していたことなどが，こうした見方の背後にあると思われる．しかし，日本の学校の教員や管理職に占める女性割合は国際的にみて低く，OECD が前期中等教育段階（日本では中学校）を対象に実施した国際教員指導環境調査（TALIS, 2013［国立教育政策研究所編 2014]）において，女性教員割合も女性校長割合も参加国（34か国）中最低であった．近年になっても，女性教員の平均勤続年数は男性より短く，平均年齢や平均給料月額は男性より低いなどのジェンダー不均衡がみられ，教師が性別によって異なるキャリア形成をしていることがうかがわれる．

●教員構成とジェンダー　初等中等教育機関の教員構成をみると，女性教員の「周辺化」（河上 2014）がみられる．それらは，おおむね4点に整理できる．①幼稚園や小学校，特別支援学校等，細やかなケアが必要な子どもを対象とする教育機関に女性教員が多い．②幼稚園以外の教育機関の長に占める女性割合は2割に満たない．③担当教科に性別分離がみられる．例えば，高校家庭科の担当者はほとんど女性であり，中学高校で英語や国語を担当している女性教員は男性の約2倍であるのに対し，理数系や社会科学系，保健体育などを担当している男性教員は女性の2～3倍である．④教科担当以外の教員は圧倒的に女性が多い．例えば，養護教諭や栄養教諭の女性教員割合は100%に近い．

　教員構成にみられた特徴のなかでも①③④は，教職に就く前の大学進学や専攻分野におけるジェンダー不均衡が一因と考えられる．例えば，2016年3月に高校を卒業した女性の30%（男性約20%）が，短期大学や専修学校等，学校教員になる可能性が低い教育機関に進学した．また，同年の大学1年生の専攻状況をみると，「教育」（教員養成含む）や「家政」専攻には女性学生が多い一方，「理学」や「工学」専攻には男性学生が多い（以上，『平成28年度学校基本調査』）．こうした進路選択が，取得できる教員免許の種類と関わりながら，教員の初期キャリアにおけるジェンダー分離を生じさせる要因となる．

●教員のキャリアとジェンダー　国は，初等中等教育機関の女性管理職（教頭以上）を増やす政策を推進しているが，女性教員割合が1960年代後半には男性を上回っていた小学校ですら，管理職に占める女性割合はいまだに2割強であり，中学校や高校では1割に満たないのが現状である．女性管理職の少なさは，教職

に就いた後のキャリア形成のあり方が男女で異なることによって生じると考えられる．公立学校教員のキャリアは教員個人の意志や努力だけで形成されるのではなく，教育政策上のタイミングや登用側の判断が強く働く．近年，管理職選考試験等が制度化し，それに応じた研修も検討されているが，人事異動や昇任は依然としてブラックボックス状態である．そうしたなか，地域の教育行政や各学校がもつ慣行や暗黙のルールが女性教員を管理職から遠ざける機能をもつことが明らかにされ始めた．例えば，女性教員が 40～50 歳代で退職する慣行や（高野 2006），校内の最年長女性が「上席」というインフォーマルな束ね役とされる慣行（明石・高野 1993），女性管理職のみにみられる中学校から小学校への異動（杉山ほか 2004）など，就労を継続し管理職を目指す道自体が女性には閉ざされていたり，別ルートが設定されたりしている．

また，単身赴任を伴う学校や行政機関への異動，長期間にわたる研修への参加，あるいは校内での教務主任や宿泊行事を伴う学年の担任経験など，管理職任用の条件として必ずしも明示されないが，重視される諸要件がある（油布・福澤 2002；楊 2007；河野ほか 2012；船山ほか 2013 など）．長時間労働や宿泊，別居など，家庭生活との両立を困難にさせるこれらの経験は中堅期までにしておくことが望ましいとされる傾向があるため，その時期が子育て期と重なる多くの女性教員に家庭責任との「調整」を強いることになる（河野ほか 2013）．つまり，管理職適任者の見定めは，結果的に女性を不利な立場に追いやり排除する「システム内在的差別」（河上 1990）としても機能し，それらが累積して教師のキャリア形成における「男女別ジェンダー・トラック」（亀田 2012）を存立させている．

さらに，人事異動のたびに「一任」することで管理職に向けたキャリアが形成されるメカニズムの存在が（高野ほか 2013；木村ほか 2014），女性排除を正当化してしまう．女性教員の異動の実現は，彼女らの意向が尊重されたものと解釈され，一任できる状況にあったか否かが不問に付されるからだ．結果，管理職登用システムが内包する男性優位性を隠蔽してしまう．今後，教師のキャリア形成の男性中心性の見直し（蓮尾 1993, 1994）や，キャリアの分岐を成立させている政治的・経済的文脈の検討（Acker 1989），とりわけ，教育のグローバル化，市場化が求める学校管理職像と女性教員のキャリア形成を関わらせた研究が期待される．

[河野銀子]

さらに詳しく知るための文献

女子教育問題研究会編，2009，『女性校長のキャリア形成―公立小・中学校校長 554 人の声を聞く』尚学社．

高野良子，2006，『女性校長の登用とキャリアに関する研究―戦前期から 1980 年代までの公立小学校を対象として』風間書房．

河野銀子・村松泰子編著，2011，『高校の「女性」校長が少ないのはなぜか―都道府県別分析と女性校長インタビューから探る』学文社．

性教育

> ☞「教育実践と隠れたカリキュラム」p. 354「暴力・ハラスメントとジェンダー」p. 360「セクシュアリティと教育」p. 580

　性教育とは性に関する教育全般を指し，家庭，学校，地域など社会全体で行われるものであるが，現状は学校教育に委ねられがちである．ジェンダーやセクシュアリティへの関心が高まった今日の世界的な潮流は，禁欲的性教育よりも包括的性教育にある．

●**日本の近代学校教育と性教育**　前近代における性規範はかなりゆるやかであったと指摘されている（赤松 1994）．しかし明治維新後，知識層を中心に西洋列強に比肩することを目標とするなか，妻妾制度の解消と一夫一婦制を徹底せよとの論調が強くなった（森 1873；福沢 1885）．そこでエリート育成を目指す学校教育界には，1890 年代から性的な行為を誘発する環境から男子学生を遠ざけようとする言説が存在した（澁谷 2013）．

　その後，教育現場では道徳教育による学生の精神修養に力を注ぐ方向性がとられ，女子に対しては「良妻賢母」が奨励され，1910〜1920 年頃には女性の純潔，処女性の重視が一般化した（川村 1994）．男子についても 1920〜1930 年代にかけて童貞＝美徳論が登場し（渋谷 2003），性欲を害悪とみなす性教育が教授されることとなった（赤川 1999）．ただし男性には学校生活の間のみ禁欲を科すものであった一方で，女性には婚姻外の性行動全般を生涯にわたって禁じるダブル・スタンダードが存在した．

●**戦後の学校性教育**　戦後の性教育は，占領下の売春防止政策を背景に風俗・治安対策の一環として，女子を対象とする純潔教育というかたちで始まった（田代 2003）．それが 1970 年代に「人間の性」教育が提唱されたことによって，性教育に含意される範囲が広がっていった．さらに 1980 年代以降に顕著となっていく青少年の性経験の早期化・低年齢化という現実に加え（日本性教育協会編 2001），世界的なエイズ・パニックによって，性教育の必要性が強く認識されるに至った．それにより学習指導要領の改訂が行われた 1992 年は「性教育元年」と呼ばれた．しかし 2000 年代初頭，積極的な性教育への取組みは「過激な性教育」として政治的バッシングを受け（木村編 2005），以降，学校現場は性教育に対し消極的な姿勢を示し続けている．

　日本の学校での性教育は，文部省（当時）が 1998 年に発行した『学校における性教育の考え方，進め方』という冊子に沿って行われている（文部科学省 2006）．性教育は特定の教科としてではなく，さまざまな科目のなかで連携して行われるとされているが，実際には保健・体育の教員が授業を担当している学校が多い．また家庭や地域との連携の必要性がうたわれ，助産師による講演などが

行われるなど学校独自の取組みがなされている場合もあるものの，履修時間は年間3時間程度にすぎないというのが実情である（橋本ほか 2011）．

●包括的性教育と多様な性　純潔教育に代表される，性的欲望から若者を道徳的に遠ざけ婚姻前の性行為を制限しようとする禁欲的性教育に対し，心理学的・社会学的内容が盛り込まれた人間教育として行われている性教育を包括的性教育と呼ぶ．「女子に対するあらゆる形態の差別の撤廃に関する条約」の国連での採択発効後，リプロダクティブ・ヘルス・ライツが国際的に提唱されてきたことに加え，禁欲的性教育の効果は低いとする調査結果も相まって，包括的性教育は世界的潮流となっている（浅井 2016）．包括的性教育は，①人間関係，②価値観・態度・スキル，③文化・社会・人権，④人間の発達，⑤性的行動，⑥性の健康をキー・コンセプトとする（National Guidelines Task Force 2004）．

　池谷壽夫は学校で性教育を行う場合の目的としてセクシュアリティの自由な選択と成熟への援助と，性的自己決定権の保障，性的自立への援助を掲げ，性差別のない社会のあり方を考えさせていくことをあげている（池谷 2007）．2000年以降，セクシュアル・ハラスメント，DV，児童の性的虐待などが社会問題化されるなかにあって，セクシュアリティを暴力や権力と結びつけないための性教育の取組みが求められている（木原 2006）．また2015年に文部科学省から「性同一性障害に係る児童生徒に対するきめ細かな対応の実施等について」が通知されるなど，セクシュアル・マイノリティを受容する取組みの必要性も迫られている．

　生物学的性別に加え社会的役割，性自認を含むジェンダーの概念は，セクシュアリティの多様性についての認識を広げる．しかし学校現場ではジェンダーについての隠れたカリキュラムの存在が指摘され，2017年に公示された学習指導要領においても性教育は異性愛を前提としているなど，性の平等や多様な性について十分な教育を行う環境には至っていない．差別意識を払拭する人権教育の観点から性教育を取り扱うには，履修時間の不足に加え，教員側の研修不足も課題である．また，性情報が容易に入手できる情報化社会において，性教育をもっぱら学校に委ねることにも限界があり，学校外で未成年が性の相談や教育を受けることのできる地域システムの必要性も指摘されている．　　　　　　　　［石川由香里］

📖 さらに詳しく知るための文献

"人間と性"教育研究協議会編，2006，『性教育のあり方，展望―日本と世界，つながりひろがる』大月書店．

UNESCO, 2009, International Technical Guidance of Sexual Education, http://unesdoc.unesco.org/images/0018/001832/183281e.pdf（2016/02/29 最終閲覧）．

小山静子ほか編，2014，『セクシュアリティの戦後史』京都大学学術出版会．

暴力・ハラスメントと
ジェンダー

☞「ジェンダーとインターセクショナリティ」p. 334「しつけや教育と身体のジェンダー化」p. 344「人権問題」p. 574「ネットいじめ」p. 736

「ジェンダーと教育」研究は，知の生産・伝達の過程に埋め込まれた権力の働き，およびそのなかで生まれる社会的・経済的格差を明らかにしてきた．一方，より物理的な暴力，とりわけレイプをはじめとする性暴力は，必ずしも同領域での主要な研究関心としては位置づけられてこなかった．だが，家族，福祉，メディア，スポーツ，国際開発など関連諸領域との横断的探究のなかで取り扱われるさまざまな性暴力は，改めて教育研究の課題としても主題化される必要がある．

●教える–教えられる関係における権力と性暴力　例えば，大学でのセクシュアル・ハラスメントは，性別役割分業意識を反映した日常の性差別言動に名前を与えた概念であると同時に，日本国内での問題化や防止制度整備の契機となった重要事例の多くは，レイプなど重篤な性暴力事件でもある（水谷 2001；小野 1998など）．また，スクール・セクシュアル・ハラスメント（学校教育やスポーツ指導などで生じる性的暴力や不適切な性的言動）にも，性行為や猥褻行為等を含む事例は少なくない（徳永 2012）．性の二重基準やレイプ神話など社会全体に通底するジェンダー規範に加え，教育現場での性暴力を生み出し不可視化する特徴的な要因には，教える–教えられる関係に特有の垂直的な権力関係がある．窪田（1999）によれば，教育現場では，強制性（従わないと不利益がある）や報酬性（従えば利益がある）など，職場のハラスメントにも共通する要素に加えて，知識供与等の役割に付与された専門性，さらに教わる側から教える側に対して自発的に向けられる尊敬や憧れなど，教育的行為に内在する複数の力が合わさることで，被害を生み出す権力関係が強まりやすい．日本国内の判例では，こうした権力が「教育上の支配–従属関係」や「特別権力関係」などと呼ばれる場合もある．また，すぎむら（2014）は，教師–生徒間の「合意の恋愛」という誤謬とそこに含まれる権力性について，教師一般の理解が乏しい点に言及している．

なお，高等教育でのハラスメントに比べ，初等中等教育現場での子どもの性被害を扱う社会学的研究の蓄積は少ない．そうした状況のなか，被害救済 NPO 関係者との緊密な協力体制のもと「教師のわいせつ犯罪」を取材したルポルタージュ等においては，問題を加害教員の個人的特質として矮小化する学校組織の「体質」や，教員の権力乱用について学ぶ機会の乏しい日本の教員養成のあり方そのものを問う向きもある（池谷 2014）．今後，こうした問題提起を学術的に精査する作業が，焦眉の課題といえるだろう．さらに，教職員間，実習生と担当指導教員間で生じるセクシュアル・ハラスメントも，力の非対称性やその背景となる組織制度・文化という観点から，検討が急がれる．

●**子どもと性暴力**　デートDV（dating violence：婚姻や内縁関係にない交際相手から受ける暴力）としての性暴力や，近親姦を含めた学校外での性的虐待もまた，教育研究上の主題化が求められるテーマである．例えば，すぎむら（2014）は，周辺的な立ち位置から子どもたちの学校内外での性暴力被害体験を聴く養護教諭が被害生徒を支援する困難を描くことを通じて，教員集団内の序列化や学校内外の性規範をめぐる問題点の総体を，ジェンダーと教育の問題として浮かびあがらせている．なお，性暴力問題に関しては，いまだ社会的認知度の低い男子の性暴力被害（Gartner 訳書，2005 など）についても，実態調査や研究の蓄積が望まれる．

●**ピア集団での暴力，いじめ**　ピア集団における性的いじめ（sexual bullying）は，ハラスメント論だけでなく，いじめ研究の枠組みで論じられることが多い．1990 年代以降，異性愛，シスジェンダー（出生時の身体的性別と性自認の一致）を前提視した既存の学校研究，若者研究が見落としてきたホモフォビア（同性愛嫌悪）やトランスフォビア（トランスジェンダーへの嫌悪）に焦点を当てた研究も蓄積されている（Rivers & Duncan eds. 2013 など）．さらに，新しい論点としては，「セクスティング」（sexting：性的な写真やメッセージを携帯電話を介して送受信する行為）が，ネットいじめ（cyber bullying）につながる現状も多く報告されている（Kowalski et al. 2012 など）．

　なお，英語圏でのフェミニズム研究では，いわゆる「ポストフェミニズム」言説批判の一環として，2000 年代半ば以降増加した「女子の攻撃性」をめぐる言説を，ジェンダーと人種・エスニシティ・階層等変数の交差において批判的に考察する議論が提出されている．リングローズ（Ringrose, J.）は，学業達成において成功している中産階級の女子が，ネットでのいじめなど，男子に比べ心理的，非直接的な攻撃を行う「意地悪な性」として表象される一方，物理的暴力に関わる女子たちを「敗北者」とみなすメディア言説のなかに，人種化，階級化されたジェンダー構築を読み取る．伝統的には男性性と結びつけられてきた物理的暴力を体現する女子集団へのまなざしを，「階層化，人種化された学校・教育からの排除」という枠組みでとらえ直すべきとする主張や，抑圧的で意地悪な振舞いを「普通の女性性」として本質化しようとする言説の構築性を解明する議論は（Ringrose 2013），日本国内の経験研究にとっても示唆的である．　　［湯川やよい］

📖 **さらに詳しく知るための文献**

Ringrose, J., 2013, *Postfeminist Education? : Girls and the Sexual Politics of Schooling*, Routledge.
すぎむらなおみ，2014，『養護教諭の社会学―学校文化・ジェンダー・同化』名古屋大学出版会.
上間陽子，2017，『裸足で逃げる―沖縄の夜の街の少女たち』太田出版.

メディアとジェンダー

☞「人権問題」p. 574「電子メディアと暴力・犯罪」p. 734

　私たちはメディアによって自分自身を取り巻く世界を把握する．よって，子どもたちが，ジェンダーを身につけるとき，またジェンダーに基づくこの世界の秩序を把握するとき，メディアはその手がかりとなっている．

　メディアはジェンダー秩序をつくっている．すなわち，「男子／女子は○○すべきである」という，ジェンダーに関するルールをつくっているのである．

●**メディアにおけるジェンダー格差**　メディアがジェンダー秩序をつくるのは，そこにジェンダー格差があるからである．第一につくり手の偏りがある．新聞社，出版社，放送関係会社，インターネット関連会社など，メディアを制作するほとんどの会社においては，男性社員が多数を占める．そもそも，メディアが伝えるメッセージは，学問の世界の知の蓄積によってつくられているが，その世界そのものが多数の男性の学者で占められているのである．第二に受け手の偏りがある．メディアを入手するための経済力，読み解くためのリテラシー，取り込むための時間には，ジェンダー格差が存在する．どの点においても，有利な条件を有しているのは，男性である．第三にメッセージの偏りがある．第一，第二のつくり手，受け手の偏りによって，メディアのメッセージには偏りが生じる．すなわち，男性の視点によるもの，また男性の権力を維持するためのものになりがちなのである．それに加え，それをあたかも男女含めた人間の視点によるもの，人間の「普通」の思考や振舞いとして，人々に理解させることになりやすいのである．例えば，新聞は，「家庭面」「女性面」など，女性に狙いを定めた紙面を設定してきた．逆にいうと，その他の紙面は男性に狙いを定めた紙面なのである．しかし，「男性面」という名称がつけられているわけではないため，男女含めた人間の「普通」の思考や振舞いを反映した紙面ということにされている．これによって，人々は，男性の視点を人間の「普通」の視点とし，女性の視点を人間の「普通ではない」視点，すなわち女性独特の視点として理解することになるのである．

●**男子・女子向けメディア**　メディアがジェンダー秩序をつくるプロセスを今田（2007）からみてみよう．日本初の全国規模型の子ども向け雑誌は，作文投稿雑誌である．その一つである『穎才新誌』は，1877 年に創刊された．この雑誌は，読者の男子・女子をすべて「少年」としてみなしていた．なぜなら，「少年」はもともと年少者男女を示す言葉だったからである．しかし，1879 年の教育令によって，中学校が男子のみの中等教育機関になると，『穎才新誌』は，読者の男子を「少年」，女子を「少女」として表象するようになった．その後，1886 年の中学校令によって，中学生の増大が見込まれると，少年雑誌が大量に創刊された．

また，1899年の高等女学校令によって，女学生の増大が見込まれると，今度は少女雑誌が大量に創刊された．このようにして，男子・女子の人生が教育制度上，異なるものとなったことで，男子・女子向けメディアが生まれ，それは「少年」から「少女」を分化させ，「少年」「少女」という新たなジェンダーを生み出した．そして，それを人々に広めていったのである．

●**メディアとジェンダー研究**　メディアとジェンダーに関する研究は，このようなメディアの機能をさまざまな視点からとらえてきた．第一に，メディアのジェンダー差別表現を批判する研究がある．例えば，第二波フェミニズムの契機となったフリーダン（Friedan　訳書，1965）は，1950年代の女性雑誌を分析し，女性がステレオタイプ化された「主婦」として描かれていることを指摘した．第二に，第一の研究と関連するものとして，メディアのジェンダー差別表現を明らかにしつつ，それが子どもを「男」「女」に社会化させるものとして機能していることを明らかにする研究がある．例えば，木村（1999），斎藤（2001）は，少女向けメディアを分析し，少女が「少女」に社会化される仕組みを明らかにしている．第三に，第三波フェミニズムに位置づけられる研究がある．1970年代後半から1980年代にかけて，1960年代のカルチュラル・スタディーズの影響を受け，フェミニスト・カルチュラル・スタディーズが生まれ，1990年代には，それが第三波フェミニズムを標榜する研究の一大勢力となるのである（田中2012）．その一つは，これまで研究の俎上に載せられてこなかった大衆メディアを扱い，ジェンダー構築のポリティクスをとらえる研究である．例えば，メディアを，メディアのつくりだすステレオタイプ化された女性像と，読者である女性たちの期待する女性像のぶつかり合う場としてとらえる視点が生まれている．もう一つは，女性および少女のメディアとそれを媒介にした女性および少女の文化実践を明らかにする研究である．この第三の研究には，マクロビー（McRobbie 1991），グリフィン（Griffin 1985），ピープマイヤー（Piepmeier　訳書，2011）などがある．日本でもこれらの影響を受け，大衆メディアとジェンダーを多角的にとらえる研究が生まれている．例えば，押山（2007），東（2015）などがある．

　メディアはジェンダーをさまざまなかたちでつくっている．よって，メディアがつくりだすジェンダー秩序を浮彫りにすることを通して，今日の社会の秩序を明らかにすることができるのである．　　　　　　　　　　　　　　　　　　［今田絵里香］

📖 **さらに詳しく知るための文献**

国広陽子・東京女子大学女性学研究所編，2012，『メディアとジェンダー』勁草書房．
田中東子，2012，『メディア文化とジェンダーの政治学―第三波フェミニズムの視点から』世界思想社．
諸橋泰樹，2009，『メディアリテラシーとジェンダー―構成された情報とつくられる性のイメージ』現代書館．

第4章

初等・中等教育

［編集担当：酒井 朗・岡本智周］

概説：学校教育の社会学
　　——その視座と領野の広がり ……… 366
学校という社会的装置 ………………… 370
組織としての学校 ……………………… 372
社会統制と学校 ………………………… 374
多文化共生と教育 ……………………… 376
学校段階間のアーティキュレーション ‥ 378
初等中等教育の国際比較 ……………… 380
カリキュラムの社会学 ………………… 382
教科外活動の社会学 …………………… 384
学校知と権力 …………………………… 386

教授-学習過程の社会学 ……………… 388
学校教育が生み出す共同性 …………… 390
学校教育と身体 ………………………… 392
変容する就学前教育 …………………… 394
家庭から学校への移行 ………………… 396
学校文化と生徒文化 …………………… 398
高校教育の量的拡大と質的変容 ……… 400
高校教育の現代的諸相
　　——低成長下の多様化と生涯学習体系化
　　………………………………………… 402
高校からのトランジション …………… 404

概説：学校教育の社会学
——その視座と領野の広がり

　近代以前の村落共同体において人々の生活のなかにあった教え–学ぶという営みは，近代に入り学校教育というシステムにより中心的に担われることになった．こうして登場した学校教育に社会学的な関心が向けられるようになったのには，いくつかの契機がある．その一つは，近代社会の存立のあり方を問う学問として社会学が成立するなかで，学校教育はその近代の主要なシステムの一つとして注目されたことである．この点で先鞭をつけたのがデュルケム（Durkheim, É.）であった（Durkheim 訳書, 1976）．彼は，教育とは方法的社会化であると定義したが，彼がいう「教育」とは，すなわち学校教育であった．また，それとほぼ同時期に教育社会学は，教員養成課程の学生に教育の社会的基礎を教える科目として設置されるようになり，学校教育との関連性をもつこととなった．

　こうして学校教育は教育社会学の主要な分析対象の一つとなった．それは，社会学的な視座から近代社会における学校の存立の性格を問い，その後の社会変動のなかで変容する学校教育の内実をつまびらかにし，さらに時代ごとの教育課題に対応するための教育改革の動向にも強い関心を抱いてきた．それゆえに，学校教育の社会学の領野は広範囲にわたり，学校教育制度の基本原理に関する理論的考察や，社会変動が学校教育にもたらす影響の実証的な分析が多様に展開するとともに，学校教育を構成するカリキュラムや教授–学習の過程などの諸要素を，社会学的な分析の対象に据える研究も数多く産出されてきた．さらに，学校教育における社会化過程を権力論に基づいて分析する研究や，学校教育を通じて培われる共同性，さらにはそこでの身体のあり方を問う研究も発展してきた．

　なお，19世紀後半から世界各国で制度化され始めた公教育は，当初は初等教育の整備が中心的な課題であったが，その後とりわけ第二次世界大戦後には中等教育が急速な拡大を遂げた．こうして学校教育の社会学は，初等教育と中等教育の双方を扱う領域として発展してきた．特に日本では，後期中等教育，すなわち中学校卒業後の高校教育に相当する学校段階に強い関心が寄せられてきた．なぜなら日本では，課程や学力水準が多様に分化した高校のうち，いずれの学校に進学するのかが，その後の進路に対して非常に重要な意味をもってきたからである．いい換えれば，日本においては，学校教育が果たす選抜の機能を後期中等教育が集中的に担ってきたのである．また，近年では，経済成長への貢献の観点から，就学前教育に対する関心が高まっており，さらに文化資本や社会関係資本の観点から家庭と学校教育との関連にも関心が寄せられている．

　以上のような学校教育の社会学の基本的な問題関心やその視座と領野の広がり

を踏まえて，本章では，以下の五つのテーマを設けている．

●**学校教育制度の原理**　18世紀後半から19世紀にかけて各国で産業革命が進行し，都市へ人口が集中するなかで，従来の共同体から無縁となった子ども，若者が生み出されることとなった．こうした大規模な社会変動のなかでつくられた学校という社会的装置は，新しい社会を構成する成員を生み出すためにつくられた機関である（「学校という社会的装置」p.370）．そして，この新たにつくられた学校に関して，教育社会学が強い関心を抱いてきたテーマの一つが，その組織的な性質である．この問題をめぐっては，学校に近代的な官僚制論を適用しうるのかどうかということが長く論じられてきた．「組織としての学校」（☞ p.372）では，官僚制組織論はウェーバー（Weber, M.）のいう理念型であることの意味を無視してはならないと説き，その視点の意義を再確認している．

　また，教育社会学は，学校が担う社会統制の機能にも強い関心を抱いてきた．社会は秩序を維持するために，その成員に対して直接，間接に拘束を加えることになる．これが社会統制の機能であり，学校はそのための重要な機関として正当化の作用を備えている．個々人の達成度は社会の階層秩序に規定されているはずだが，学校は，その達成度の差異を各人の能力の帰結とみなして評価・選別している．このように学校は，社会の構造を再生産しつつ既存の秩序を正当化するように作用しているのである（「社会統制と学校」p.374）．

●**変動する学校教育**　近代になって成立した学校教育は，その後も大きく変動する社会により，さまざまな影響を受け続けてきた．「多文化共生と教育」（☞ p.376）では，社会の多様化の進展，とりわけ多文化化の進展が学校教育にもたらしている影響について検討している．社会の多文化化は，子どもたちが学校のなかにもち込むさまざまな差異をどのように扱うかという問題を提起する．多文化共生の教育は，こうした学校の制度や文化の変革を伴うプロセスであり，マジョリティがもつ価値観や権力の自明性を批判的に検証し，マジョリティ–マイノリティとして想定される集団内部の多様性に配慮しながら，その関係性を組み替えていく運動と位置づけられる．また，「初等中等教育の国際比較」（☞ p.380）では，研究の基本的な問題関心を概説したうえで，そうした比較研究が近年急増していることを報告している．海外の研究者から日本の教育が注目されることにより，国内の問題が相対化されうることへの指摘もなされている．

　「学校段階間のアーティキュレーション」（☞ p.378）は，初等教育の普及の後に中等教育が拡大していくなかで学校制度全体の体系性が問われるようになった事態を「アーティキュレーション」をキーワードに読み解いている．また，戦後の教育改革により単線化された日本の学校教育制度が，今日の新自由主義のもとでさまざまな理由づけがなされて複線化・多様化しつつあることが指摘され，今後の社会学的な分析課題の重要な課題の一つであることを示している．

●学校の社会学 教育社会学における学校研究は，学校教育を構成する諸要素に対しても独自の視角から分析を進めている．まず教育内容に関しては，そこにこめられる知識（教育知識，学校知）を，社会全体に関わる文化的支配，ならびに社会統制の手段とみなす立場を採用する（「カリキュラムの社会学」p. 382）．学校知は，社会で流通する知識一般とは異なっている．学校知の選別と構成は，ある具体的な社会的勢力によって決定されることから，学校知にはそれらの勢力が意思を貫徹しようとしてふるう権力が常に作用し，そのもとで正当化されることになる（宮寺ほか 2012）．そして，編成された学校知のうち，どの水準の知識をどの程度まで修得するかが，各人の社会的地位や役割を根拠づけ，結果として社会の構造を再生産することになる（「学校知と権力」p. 386）．

　教師と生徒が向き合う教室内の社会関係にも統制は作用している．教師は生徒の態度や能力，社会的背景などを視野に入れて，授業の方法や生徒との接し方を臨機応変に変化させている．教育社会学は，このような教師の戦略を，単純な教授技術としてではなく，教育的理想と学校を取り巻く現実的な制約との間のずれを埋め合わせるための手立てとしてとらえてきた．それはまた端的に，教師が教室の状況に適応し教室のなかで生き残るためにとられる戦略だともいえる（「教授−学習過程の社会学」p. 388）．

　学校が社会成員の育成の場としてあり，そこに時に支配や権力の力学が関わることは，知識伝達の場面以外にも多様に見出される．近代の学校教育が成員の同質性，成員による行動の斉一性，成員同士の連帯を重視するのは，それによって人間の共同性を現出することを目的とするからである．そこで同質性，斉一性，連帯が求められるのは，第一義的には生徒であるが，それらを学んだ成員を社会に送り出すことを通して，学校教育は広く学校外の社会に対しても共同性を提供していることになる（「学校教育が生み出す共同性」p. 390）．

　そのような共同性の涵養が可能になったのも，やはり近代学校教育が整備された明治期に，児童生徒の身体を扱う技法が大きく転換したことによる．近代体育や西洋医学，衛生学のような知の導入，ならびに出席簿，成績表，時間割などの技術の導入によって，生徒が過ごす空間と時間は秩序立てられ，その成長を段階的に管理することが可能になった（「学校教育と身体」p. 392）．今日においても，制度的には教育課程外に位置づけながらも，実態としては日本の中等教育を特徴づけている部活動などは，そのような共同性の涵養の場としてとらえることができる．また，それを含めてさまざまな教科外活動は，生徒に自主的な学びの機会を提供するとともに，周囲の人間との社会関係を築かせながら進路形成をさせる役割も担っている（「教科外活動の社会学」p. 384）．

●就学前教育 就学前教育は近年大きく注目されている領域である．就学前教育をめぐっては，「就学年齢の引下げ」の提案がなされるとともに，「就学前教育の

無償化」に関する議論も行われるようになり，それは「近代を分かつ私的領域と公的領域とのせめぎ合いの場ともなっている」（「変容する就学前教育」p.394）．また，この年齢期は，就学を境目として，家庭から学校中心の生活に移行していく時期として注視されてきた．すなわち，幼児期から児童期への移行であり，これまでも発達社会学的な観点から論じられてきた．加えて，例えばバーンスティン（Bernstein, B.）の言語コード論は，就学時における言語コードの連続性に対する家庭の階級文化の影響を描き出している（「家庭から学校への移行」p.396）．

●後期中等教育　最後に取り上げるのが後期中等教育である．日本ではこの学校段階にあたる高校教育の学校文化と生徒文化に関する多くの研究が産出されてきた．向学校文化と反学校文化の分化の問題，両者の相違が生徒の卒業後の進路に違いを生み出すこと，反学校文化が生徒の逸脱を助長することが明らかにされ，生徒文化の機能の解明が進められてきた（「学校文化と生徒文化」p.398）．

　また，「高校教育の量的拡大と質的変容」（☞ p.400）では，量的な拡大の観点から，高校教育の質的変容を跡づけている．戦後の30年間に高校教育は急拡大し，誰もが通うようになると，そのあり方や教育内容は大きく変化してきた．従来，高校には進学しなかったような幅広い能力や適性をもつ生徒が入学するようになったことで，高校は単一の学校種でありながら，さまざまなタイプ，教育内容の学校を内包することとなったのである．

　こうして大きく変貌を遂げた高校教育の姿を描いているのが「高校教育の現代的諸相」（☞ p.402）である．ここでは，社会全体が成長から定常型へと変容するなかで，高校教育が多様化と生涯学習体系化という大きな潮流にさらされ続けていることを指摘している．例えば地域課題解決型の学習がさまざまに異なる意識と生活を背景にした生徒たちの参加と能動性を高めるための方法として位置づけられるように，定常型社会を前提とした「地域に開かれた学校」のあり方が模索されているといえる．そして本章の最後は，学卒後の就職の問題を扱っている．日本では1990年代後半からこの問題が重要な研究テーマとなっており，新卒時の無業者の問題に強い関心が寄せられてきた（「高校からのトランジション」p.404）．

　このように，学校教育の社会学は，学校の存在の社会的重要性と，社会変動によるその変容ゆえに，多くの研究を産出してきた．学校は機能主義的な観点からは，社会化と選抜のための装置とされる．しかし，今日の教育社会学の学校教育に対する問題関心は，それを超えて多岐にわたっている．また，近年では，学校教育の発展によって教育社会学が成立・発展してきた経緯を重視して，学校における教育実践に対する貢献をより重視しようとする臨床的研究の活性化も唱えられている（酒井 2014）．　　　　　　　　　　　　　　［酒井　朗・岡本智周］

学校という社会的装置

☞「社会化」p. 82「組織としての学校」p. 372「社会統制と学校」p. 374

　近代社会は，世代交代のシステムの重要な役割を，生活から一定の距離をとり教えることを軸にした特別な時空間である学校という社会的装置に委ねている．世代交代は，その社会を担う新しい世代をつくりあげていくことを内実としている．日本では，少なくとも9年の義務教育を終了していることが社会に出る条件とされている．義務教育とは，当該の社会を生きていけるように，さらにその社会の担い手になれるように，国家が最低の力量を保障するシステムであり，近代国家の用件ともされている．

●**特別な時空間としての学校**　近代以前の社会においては，すべての人々が対象となる学校は存在しなかったが，大人になるためのイニシエーションや社会に張りめぐらされた習慣・慣習が主としてその役割を担っていた．例えば，ムラの一員として認められるために重い石を一定の距離運ぶという，いわゆる力石の慣習は，「ムラの大人」へのイニシエーションの一つといえる．

●**学校の誕生とシステム化**　学校はいつ誕生するのか．メソポタミアやエジプトなどの古代文明期には，すでに学校があったことが確認されている．当時，支配層は，人やモノを管理する手段として文字を用いるようになり，文字を使うことのできる書記官を養成する必要があった．文字の習得は生活のなかではなし得ないため，生活から離れた文字の習熟のための特別な場である学校が求められたのである．

　このように学校の起源自体は古いが，その対象者はあくまでも一部の為政者やその周辺の人々に限られていた．学校による文化伝達が一般の人々のレベルで行われるようになるのは，近代社会になってからである．18世紀半ばイギリスで始まった産業革命によって大量の工場労働者が必要とされ，その養成のために同一の知識，技術を伝える学校が求められた．

　産業革命が進行し都市への人口集中が進むと，生きるため共同体から出て都市の路上に子どもの群れがあふれた．この子らを工場の労働力に変えていこうとする動きが，近代学校の原型をつくりあげた．近代学校という社会的装置は，こうした工場の様式がもとになって普及したといえる．

　近代学校による新しい文化伝達の代表的なものが，18世紀末に産業革命が進行するイギリスに現れたモニトリアル・システムである．ベル（Bell, A.）とランカスター（Lancaster, J.）が同時期に別々に案出した，モニターを介して複数の生徒に教授を行う方式である．そこでは，多数の者に文字を教える方法など，新しい文化伝達の工夫や仕組みが凝縮されていた．その後，一人の教師が直接多

数の子どもに向かい合う，一斉教授の形態に移行していく．

●日本の近代学校——展開と課題　日本においては，近代学校とそのシステムは19世紀の後半に移入される．日本の学校が社会に定着していく過程で，日本型の近代学校は独自にその姿を整えていった．その特徴は，すべての人が同じように小学校を経験するということであり，基本原理として履修主義を採用したことである．ここに言う履修主義とは，教えられる内容の修得を基本にするのではなく，教師と子どもがともに決められた期間，学級で過ごすことを進級の原則に置くシステムである．そのもとで，初等教育においては，共通の教育をすべての人に平等に与えることを目的に学校を配したのである．そして，その後の初等後教育，中等教育以上の諸学校を複線型体系に配置することで，学校の統合機能と配分機能を確保するシステムをつくりあげた．

　第二次世界大戦後，教育基本法に基づいて新学制の法的整備が進められた．6-3-3制とされる単線型学校体系が導入され，性別，社会的階層，地域を問わず教育を受ける機会を保障するため，小学校および中学校を義務教育とする，高校までを射程に入れたすべての人に開かれた制度の構築が目指されたのである．権利としての教育機会の平等を保障する新学制のもと，戦後の学校は，時々の課題を受け止めながら，その守備範囲を広げて対応してきた．社会からの要請との関係でみるなら，戦後の学校は，敗戦直後の民主主義的な人間形成という課題から，高度成長期においては経済的な能力の開発へと課題を移しながら，職場-家庭-学校と一方向に循環する社会のサイクルのなかに埋め込まれていった．1990年代以降その循環の機能不全がいわれ，またグローバル化という新しい状況のもとで，職業のレリバンスの獲得や市民的公共性を踏まえた民主主義的な人間形成が課題となってきている．

　さらに特徴的な問題は，子どもの居場所として機能しづらくなっている学級・学校それ自体を対象にせねばならないという点にある．1970年代以降には，日本の経済成長を支えることを目指した学校教育が子どもの疎外状況を生み出し，それに呼応するかのように脱学校論が提唱され，学校自体を否定する議論が示された．1990年代以降は，学校の必要性が認められながらも，制度化された学校に不適応を起こす子どもに対して，学校外での子どもの居場所を確保するオルタナティブな教育の場としてのフリースクールの社会的認知が進んでいる．そのなかで，不就学の権利を認める要求が生まれるなど，学校という社会的装置自体のあり方が問われている．　　　　　　　　　　　　　　　　　　　　　［木村　元］

📖 さらに詳しく知るための文献

木村　元，2015，『学校の戦後史』岩波書店．
北村和夫，2015，『オートポイエーシスとしての近代学校』世織書房．

組織としての学校

☞「学校という社会的装置」p. 370
「社会統制と学校」p. 374「学校
教育が生み出す共同性」p. 390

　学校の存在が自明視され，なぜ存立可能かという疑問が封印され，学校を成立させている組織に対し無関心となると，学校で生起する問題に関する人々による解釈に大きなひずみが生じる．組織としての学校を問う組織社会学的接近が学校の理解に新たな知を提供しうるが，その際ウェーバー（Weber, M.）の官僚制論の適用の可否をめぐって，長く議論が続けられてきた．

●**批判されてきたウェーバーの官僚制論**　組織としての学校の研究は，彼の理念型としての官僚制論のなかの，規則支配，ヒエラルキーの上層部による意思決定，組織成員の権限の明確化，専門的資格の重視等の諸項目を取り上げ，これら項目間の現実の相関関係や緊張関係の有無を吟味し，学校への適用可能性を問うことに議論が集中している．そして，学校組織は「構造的ゆるさ」（structural looseness），組織の目標や規則の間の「柔連結性」（loosely-coupled）などがみられるとして，彼の理論の学校組織への適用に，懐疑的意見が示される．このとき，近代社会における合法的支配の成立を概念的に提示する道具として示された理念型の意味が無視され，現実の学校組織の断片的特性と彼の理論との不一致のみが強調された結果，歴史的文脈での学校という組織の誕生の意義が軽視されてきた．

●**官僚制組織としての学校の成立**　ウェーバーの官僚制組織論は，カリスマ的支配や伝統的支配という非合理的支配関係に対し，脱魔術化による近代社会の合理化過程を念頭に置いて主張されたものであり，学校もまた他の産業組織や商業組織と同様に，この歴史的経過のうえに位置づく．中世の学校の個別教授を廃し，多数の子ども相手に教授活動を開始したのがモニトリアル・システムであり，それは教授活動に分業制を導入し，教育の内容や方法を決定する経営企画機能と，教授という実務を担う教育機能とを明確に分離した．この転換は，職人の熟練労働に分業制を導入し，流れ作業で動いたフォード・システムやチェーン・システムとまったく同じであった．学校はウェーバーが定式化した官僚制組織の最末端の作業組織として存在し，学級は 19 世紀末から急速に広まり，一般化した．

　議会で定められた教育関連法規に依拠し，教育予算を確保し，上級官庁による教育政策の策定と予算の執行を受け，大なり小なり中央集権的管理運営システムを整備して初めて，学校は動きだす．学校には下級管理職が配置され，代替可能なスタッフとして専門的訓練を受けた教師による日々の職務遂行により，安定的に教育活動が提供されることになった．教育はこの近代学校という組織の誕生で，カリスマ的人間や聖職者，あるいは有徳の士の篤志的行為による，人格的，感情的ではあるが，不安定な営為から，計算可能性と予測可能性という形式合理

性が貫徹する，流れ作業と同様の組織力に依拠した安定的活動へと，大きく変化したのである．具体的には，教える側が背負う教育内容の確定，教材や教具の確保，対象としての子どもを集めるという雑多な作業から教師を解放し，それらをすべて経営側に委ね，学級という現場組織を事前に整備し，教師の活動を一斉教授活動に専念するだけの単純作業に限定してしまった．

●**学校組織の特性**　衝動性に富む子どもを，機械的に動く学校という組織に吸収し，流れ作業で教育活動を展開するには，教師に加えて，子どもの規律化をも不可欠とする．官僚制組織の多くが現場作業をマニュアルにより細部にわたって制御しうるのに対し，学校では隔離された学級空間で，教師によって自律的に展開する必要がある．大量の子どもを対象とするために，組織内組織としての学級が形成され，児童・生徒の年齢，学習内容，時間，空間，そして担任を同一に揃える規格化を実現し，形式合理性を貫徹させた．この学級規律に馴致させるために，児童・生徒を他の人間から隔離した学級という世界をつくりだしたが，この空間の分離が，官僚制組織としての学校の組織形態に強い影響を及ぼす．空間の分離による教師への自律性の賦与が，一方で現場への大幅な裁量権の委譲をもたらし弾力的運営を生むと同時に，他方では形式主義やセクショナリズムの温床になりやすいため，意思決定や権限の範囲をめぐって，学校組織はピラミッド型か鍋蓋型かという論争を生み，双方の間でゆれ続け，組織構造に柔連結された部分が生じたり，混乱が発生したりすることも必然であろう．

●**官僚制の逆機能と問題**　このように成立した官僚制組織の末端にある学校という組織による教育は，それ固有の限界と問題をもつ．マートン（Merton, R. K.）は官僚制の逆機能として，手段と目的との倒錯による目標の転移と訓練された無能力という問題を指摘したが，効率的教授活動のために導入された学級は，教育活動を高度の知識と経験の必要な専門的活動へと導く一方，逆に自己目的化され，一斉授業を遂行するだけの単純なルーチンワークという形式主義へと転落させて，マンネリ化する可能性ももつ．また，官僚制的行政がもつ効率性のための規格化という作用は，撹乱要因として学校における規格外行動をとる児童・生徒の確認作業をたえず拡大し，障害児，不登校児，英才児等への対応の複雑化を生み，個別処遇の種類と量を増大させ，逆説的に業務の煩雑化，非効率化が増すこととなる．
[柳　治男]

📖 さらに詳しく知るための文献

Merton, R. K., 1957, *Social Theory and Social Structure*, The Free Press（＝1960，森 東吾ほか訳『社会理論と社会構造』みすず書房）.

Weber, M., 1956, *Wirtschaft und Gesellscaft*, Johannes Winkelmann（＝1960，世良晃志郎訳『支配の社会学』創文社）.

柳 治男，2004，『〈学級〉の歴史学―自明視された空間を疑う』講談社.

社会統制と学校

☞「社会化」p. 82「学校という社会的装置」p. 370「組織としての学校」p. 372

　社会統制とは，社会が秩序を維持するために，その成員に対し直接，間接に拘束を加える作用をいう．社会統制には，公式化された権力機関によって組織化・制度化されたものから，日常規範に基づく日々の実践によって達成されるものまで多様なものがある．学校は，警察や医療機関と並び主要な社会統制機関の一つであるが，秩序の事後的な回復よりも，成員の社会化を通し基底的で予防的な統制機能を担う．さらに学校は，社会化の結果を評価し，評価に応じて地位や役割を配分（選抜）するなど，社会秩序を正当化する働きも併せもつ．とはいえ社会統制のあり方は時代や社会状況によって大きく異なり，学校をとらえる理論も多様である．以下では主要なヴァージョンを概観しておく．

●**構造機能主義と社会統制**　構造機能主義社会学にとって社会統制とは，社会の内部で発生する逸脱・犯罪・トラブルを処理して均衡を回復する過程であり，社会にとっては不可欠な機能である．称賛，報奨など正の制裁（positive sanction）を通して同調を促し，道徳的非難，嘲笑，処罰など負の制裁（negative sanction）を通して逸脱を阻止する，といった方法がその典型である．デュルケム（Durkheim, É.）は，社会には，その集合意識を損なう行為に対して，その反作用として集合的サンクションを発動する機制が備わっているとしたが（Durkheim 訳書，1989），学校はまさに当該社会の集合意識を代表する機関にほかならない．とりわけ，世俗化・個人化の進む近代社会において，先行世代から後続世代への系統的な社会化である教育，とりわけ道徳教育は，社会統合・社会統制の観点から重視される（Durkheim 訳書，1976，2010）．パーソンズ（Parsons, T.）は，社会の成員が，その役割遂行に必要な資質を内面化する社会化と表裏一体のものとして社会統制を位置づけた（Parsons 訳書，1974）．パーソンズが注目するのは，制度化された社会統制機関で，各種専門家（警察官，精神科医，宗教家，教師）は，それぞれ異なるタイプの逸脱者に処罰・更生・治療を施すことで，既存の制度や規範を維持する社会統制の門番としての役割を担っているとした．

●**葛藤理論からみた社会統制**　構造機能主義的な社会理論は，社会を一枚岩的・固定的なものとみなしがちで，価値の多元性や逸脱の創造性をとらえ損ねる．葛藤理論は，階級や階層や人種や性別など社会は多元的に構成され，たえざる政治的な闘争過程にあることを深刻に受け止め，社会統制の保守的・現状維持的な機能に対し批判的な目を向ける．このとき学校は，支配秩序を維持するきわめて重要な社会統制機関として現れてくる．なぜなら学校は，学校を構成する文化が支配文化に浸透されているにもかかわらず，普遍的真理を代表する中立・公正な機関

として自らを提示し，文化闘争を隠蔽するものだからであり，さらにいえば，学校は階層秩序の反映された達成度を個人の能力の帰結として評価・選別することで，支配構造を再生産しつつ同時に序列化された社会秩序（支配構造）を正当化するものだからである（Bernstein 訳書，2000）．

●**近代的統治と社会統制** 構造機能主義社会学は，社会統制を社会に不可欠な機能としたが，むしろ人間–身体や人間関係における多種多様な可能性を抑制する過剰なものなのではないか．また，葛藤理論は人間による人間の支配を問題化したが，近代人は匿名の権力の網の目により支配されているのではないか．このようなまったく新しい視角からフーコー（Foucault, M.）は，近代における権力の変容に着目し，それまでの罰や恐怖を与える「命を奪う権力」が次第に，民衆の生命や健康に配慮する「生権力」（biopouvoir）へと変化する様子を克明に描き出した（Foucault 訳書，1986）．この新しい権力は，統計学や経済学など人口を管理する「知」に加え，一望監視装置（Foucault 訳書，1977）のような，社会統制を自動的に実現する権力装置・仕掛けを編み出した．一望監視装置とは，中央の監視塔の周囲にいくつもの独房を（半）円形上に配置した監獄であるが，この仕組みにより囚人は，常に監視されているのと同等な状態に置かれ，囚人は自らを監視する主体へと規律化される．学校もまた，近代における規律・訓練装置である．そこで生徒はたえず監視・評価され分類されるが，こうした学校生活を通し，生徒は個人化・規格化され，自らを監視し統制する道徳的主体として構成されるのである．

●**現代社会と環境管理型権力** フーコー理論のリアリティは，ますます肥大化する福祉国家の閉塞感を背景にしている．ところが現代では，経済のグローバル化により統治権力は住民の生や生活への関心を弱め，新自由主義的な政策を通して，成員に対する包摂度を下げてきた（格差社会・社会的排除）．他方，現在では，情報技術・社会技術の高度化を背景に，人間の意識や身体を経由せず環境を操作する仕方でその行動や欲求を制御する方法が広がっている．東（2007）はこれを環境管理型権力と呼んだが，この新しい権力は人間に対抗権力を生み出す抵抗の契機すら与えないものであり，その浸透は，東（2001）の指摘する現代人の「動物化」傾向にも影を落としているといえるかもしれない．学校は現在，規律訓練型の権力体制を維持するのか，ソフトな管理と静かな排除（自己責任）の空間となるのか，それとも新たな包摂の場となるのかが問われている． ［越智康詞］

📖 **さらに詳しく知るための文献**

東 浩紀，2007，『情報環境論集』東浩紀コレクション S，講談社．

Foucault, M., 1975, *Surveiller et punir: naissance de la prison*, Gallimard（＝1977，田村 俶訳『監獄の誕生 —監視と処罰』新潮社）．

多文化共生と教育

☞「在日外国人の学習」p. 524「人権問題」p. 574「セクシュアリティと教育」p. 580「公正と卓越性」p. 678「シティズンシップ教育」p. 706「インクルーシブ教育」p. 708「移民・難民に対する教育政策」p. 756「移民・難民のアイデンティティの形成」p. 758「グローバル化と言語教育」p. 778

　グローバリゼーションを背景に，一国内に人種・エスニシティ・宗教・言語の異なる人々が混在する多文化化が進行している．多民族国家として成立した欧米諸国では，1960年代にマイノリティ集団の地位向上運動が活性化し，同化主義に代わる多文化主義が国民統合の理念として浸透していった（戴 1999）．こうした社会の変化を反映して開始されたのが多文化教育である．多文化教育の定義は一様ではないが，一般的には「多様性の尊重」と「公正な教育機会の保障」を軸とし，社会的弱者に位置づけられるマイノリティ生徒の母文化やアイデンティティの承認，学力や進路形成を保障する教育理念と実践であるとされる（Banks 訳書，1996；松尾編 2013）．1980年代以降，日本においてもニューカマー（項目「ニューカマー」参照）と称される外国人労働者や留学生の流入，国際結婚の増加により，地域の多文化化が急速に進行し，欧米の多文化主義や多文化教育の発展に連なる理念や実践が「多文化共生」という概念のもとで広がりをみせている．

●**「多文化共生」概念の広がり**　多文化共生という用語は1990年代以降，地域における外国人の社会参加を促し，文化的多様性を包摂するスローガンとして，ニューカマーが急増した地方自治体の施策やNPOの活動のなかで多用されるようになった．国が用語の使用を始めるのは2000年代半ばであり，2008年の学習指導要領の改訂では，外国人に限らず，高齢者や障害者など，社会的弱者の立場にある人々と「共に生きる」力の育成が目指されている（岡本 2013）．多文化共生というスローガンの普及は日本が単一民族国家であるという言説（小熊 1995）を脱構築する流れを生み出し，ニューカマーだけではなく，日本社会において長らく同化と排除の対象になってきた被差別部落民，在日韓国・朝鮮人，アイヌ民族，琉球民族といったマイノリティ集団の文化的承認と権利回復に改めて注目する契機をつくりだしている．

　その一方で，多文化共生の形骸化に対する研究者からの批判も多く提出されている（馬渕 2011；塩原 2012；岡本 2013）．文化を本質主義的に理解し，マイノリティとマジョリティの権力差を不問に付したまま多様性の尊重という高邁な理念をうたうことで，マイノリティ集団に対する差別や偏見の社会構造は強化されかねない．こうした状況を回避するために，多文化共生を社会改革運動のプロセスと位置づけ，マイノリティ集団の当事者ニーズ（上野・中西編 2008）に配慮し，マジョリティ集団がもつ権力性を解体していくことが提起されている．

●**学校現場における多文化共生の教育実践**　マイノリティ生徒を対象とする国内

の教育実践として，1970年代に始まる同和教育や在日韓国・朝鮮人教育，1980年代以降では海外帰国生の学校適応と特性伸長を目指す帰国子女教育や国際理解教育があげられる．こうした教育実践には多様性の尊重やマイノリティの人権への配慮という点で多文化共生理念の萌芽がみられるが，国際理解教育が往々にして文化を国単位で本質主義的にとらえることに対しては批判も寄せられている（佐藤 2001）．1990年代以降は，ニューカマー生徒の増加により，多文化共生の理念のもとで彼らの学力やエスニック・アイデンティティを保障する教育実践の試みが一部の学校で開始された．このような学校内部の多文化化により，同化主義的な日本の学校文化や教師によるまなざしの問題性が浮彫りになっている（恒吉 1996；太田 2000；志水・清水編著 2001）．

　また，社会と学校の多文化化は，学校のなかに子どもたちがもち込むさまざまな差異をどのように扱うかという問題を提起する．限られた資源を使ってどの集団の，どのニーズに対応することが公正であるかという判断はきわめて政治的であり，社会状況によって変化する．近年はこうしたマイノリティ集団のアイデンティティ・ポリティクスに注目した対象横断的な研究も散見されるようになり，ニューカマー生徒の教育ニーズやそれへの対応が，在日韓国・朝鮮人（中島 2008；Okano 2011），海外帰国生（額賀 2003；Nukaga & Tsuneyoshi 2011），障害児（清水ほか 2011, 2012）の教育とどのように重なり合うかについて分析されている．

●多様な子どもの当事者ニーズに応える学校教育の課題　子どもたちの文化的多様性と公正な教育機会に配慮する多文化共生の教育は，学校を多様な構成員からなる多文化共同体ととらえ，目の前にいる子どもたちとの関わり合いから問題提起していく視点を必要とする（佐藤 2001）．さまざまな生徒の当事者ニーズに対する配慮と調整が学校に求められるなかで，マイノリティ生徒の文化を反映したカリキュラムや教授スタイルの開発，文化的多様性に対する寛容な態度を養う教師教育の重要性が示唆されている．また，学校が NPO やソーシャルワーカー，大学と連携してマイノリティ生徒の学習を支援する制度を整備していくことも課題である．多文化共生の教育はこうした学校の制度や文化の変革を伴うプロセスであり，マジョリティがもつ価値観や権力の自明性を批判的に検証し，マジョリティ・マイノリティとして想定される集団内部の多様性に配慮しながら，その関係性を組み替えていく運動と位置づけられる．　　　　　　　　　[額賀美紗子]

　　📖 さらに詳しく知るための文献
佐藤郡衛，2001，『国際理解教育―多文化共生社会の学校づくり』明石書店．
馬渕仁，2011，『多文化共生は可能か―教育における挑戦』勁草書房．
松尾知明編，2013，『多文化教育をデザインする―移民時代のモデル構築』勁草書房．

学校段階間の アーティキュレーション

☞「高校教育の量的拡大と質的変容」p. 400 「高校からのトランジション」p. 404

　就学前の教育から初等中等高等教育までのさまざまな学校段階の間で，接続や連携の問題が論じられている．就学前においては幼稚園と小学校のほかに，児童福祉施設である保育所なども含めて保幼小連携といういい方がなされることが多い．その後も，小学校と中学校，中学校と高校，高校と大学と，各学校段階間において連携や接続の必要性や重要性が指摘されている．

　学校段階間の連携や接続を検討する際に，しばしば用いられるのがアーティキュレーションの概念である．清水（2015）によれば，アーティキュレーションとは，本来「骨と骨を結ぶこと，あるいはその接合点」を表す解剖学上の"関節"と，「節をつける」という音声学上の"分節化"という2通りの意味をもつ概念である．学校段階間のアーティキュレーションは，教育機会均等の原則のもとで，中等教育がすべての者に開放され，「学校制度全体の体系性あるいは有機的接合性の問題が重要となってくる」際に用いられる概念であり，「学校の体系性とか有機的接合性を築き上げるための制度的努力」が，アーティキュレーションと呼ばれると彼は説明している．つまり，「アーティキュレーションは，段階性概念が確立された単線型学校制度が樹立されてはじめて，その制度的課題として認識される」（清水 2015，p. 14）ようになる．また彼は，教育制度においてこの概念を用いる際には，その語源的な意味からして，「既存の学校や既成の教育段階をただ単に結びつけるだけにとどまらず，各学校段階を適切に区切り，区分するということも同時に考えなければならない」（清水 2015，p. 17）と指摘している．

●アーティキュレーション問題の背景や論点　学校段階間のアーティキュレーションが問題になる背景や論点はさまざまである．高校と大学とのアーティキュレーションは，1990年代から高校の多様化政策が進む一方で，大学進学率が50%に近づき，大学入学者の学力多様化や低下が叫ばれるなかで課題として浮上した．高大連携が進む転機となったのは，1999年の中央教育審議会答申「初等中等教育と高等教育との接続の改善について」であり，大学教員による出前授業など，高校と大学が連携してさまざまな教育活動が実施され，また，大学ではリメディアル教育や初年次教育の重要性が指摘されるようになった．さらに，2014年には「新しい時代にふさわしい高大接続の実現に向けた高校教育，大学教育，大学入学者選抜の一体的改革について」（答申）が出された．この答申では高校および大学の双方の教育の質的転換や，高校での基礎学力テストの導入，思考力・判断力・表現力を中心に評価する新テストの導入が提言されている．

　高校以下の学校段階では，子どもの発達と学校教育の適合性や生徒指導上の問

題などを背景にして，アーティキュレーションが課題とされてきた．この問題における一つの転機は，1971年の中央教育審議会答申「今後における学校教育の総合的な拡充整備のための基本的施策について」である．この答申は，人間の発達過程に応じて学校体系を編成することを重視し，その観点で4〜5歳児と小学校低学年の児童までを同一教育機関で一貫して教育することや，中高の一貫教育，高等専門学校のような中等教育と前期高等教育の一貫教育の可能性を探ろうとする大がかりなものであった．それとともに，学校段階の区切り方の変更も提案されていて，6-3-3の学年の区切り方を変えるという提案もなされた．

　その後四半世紀を経て1998年の「学校教育法」改正により，中高一貫の中等教育学校が制度化された．そして，2015年の「学校教育法」改正により小中一貫の義務教育学校の制度化がなされた．なお，義務教育学校は，2006年の「教育基本法」改正により義務教育の目的が定められたことや，2005年の中教審答申「新しい時代の義務教育を創造する」が，義務教育学校の設置の可能性に言及したことも関わっている．

●**アーティキュレーションをめぐる議論や施策の特徴**　学校段階間のアーティキュレーションをめぐる議論や施策には，三つの特徴がみられる．一つは連携や接続とともに一貫教育が論じられてきたことであり，もう一つは学校制度の改変が生徒の学校不適応を理由にしてなされてきたことである．三つ目の特徴は，一貫教育校は既存の学校に取って代わるものではなく，学校選択制のもとで既存の学校と並置されるかたちで設置されたことである．この結果，2016年度以降，一部の自治体では，小学校，中学校，高校とともに，中等教育学校や義務教育学校が並置される状態が生まれた．学校制度の改変の背景には新自由主義的な教育理念があり，戦後の教育改革により単線化された日本の学校教育制度は，複線化・多様化が進められている．なお，義務教育学校の設置には，少子化による学校統廃合という課題も絡んでいる．

　最後に，就学前教育と初等教育とのアーティキュレーションについてであるが，ここにおいても，当初の議論では小1プロブレムへの対応という課題意識が鮮明であった．なお，就学前教育は幼稚園，保育所，認定こども園などの多様な施設で担われており，その上に小学校が続くかたちになっている．1971年の中教審答申で提案された4，5歳児から小学校低学年までの児童が通う幼年学校の構想は，現段階ではみられない．もちろん，5歳児の義務教育化などの提案が現実味を帯びてくると，そうした学年区切りの課題が浮上してくる可能性もある．［酒井　朗］

📖 **さらに詳しく知るための文献**

酒井 朗，2010，「移行期の危機と校種間連携の課題に関する教育臨床社会学：「なめらかな接続」再考」『教育学研究』77(2)，pp.132-143.

初等中等教育の国際比較

☞「社会化」p. 82「教育実践と隠れたカリキュラム」p. 354

　初等中等教育を教育社会学のアプローチで国際比較する研究は，外国の教育の解説や叙述にとどまらず，理論や概念の枠組みを使ってある視点から一貫性をもって外国の教育をシステムとして説明したり，複数の国を比較する場合はモデルを構築して系統的に違いの本質を明らかにしたり，共通の物差しを使って計量的に比較したりすることが特徴である．国や地域別の教育現象の異同の分析を通して，その背後にある社会構造や価値体系を明らかにすることに力点が置かれている．どう違うのかとともに，その違いはどこからくるのか，それはなぜかが研究の中心的な問いになる．高等教育の国際比較が，国際化に伴う連携プログラムや世界市場における各国の大学の影響力に注目するのに対して，初等中等教育の国際比較においては対象となる国や地域の歴史的背景を含めた文化的な要素に注目する研究が多くみられる．それはこの年齢期では知識や技術とともに，それぞれの国の成員になる準備としての社会化が教育の重要な要素になるからである．

●**中心的なテーマと方法**　扱われるテーマは教師文化，授業スクリプト，学力，入試，それらを巨視的に説明する社会構造などであるが，それらのテーマに通底するのが社会化を中心とした各国の学校文化である．例えば，恒吉（1992）は，日本の小学校の仕組みを「内在型」（共同体型），アメリカの仕組みを「外在型」（大衆消費型）と名づけ，児童の内的感情に訴えて自発的に集団行動に同調させ教師の間接統治により学級運営を行う日本と，明文化されたルールと教師の権威により学級運営を行うアメリカを対比した．概念化して対比することにより日本では特段意識されなかった朝の会や反省会，日直，班活動，給食当番，児童による学校の清掃，課外活動などが「隠れたカリキュラム」として構造的に児童の行動を方向づけ，それらが児童の価値形成と効率的な学級運営の要因，ひいては学力形成の土台になっていることを明らかにした．また日米の教師文化を比較した酒井と島原（1991 ; Shimahara & Sakai 1995）は，日本の教師による一斉授業の自明視，全人格的な児童生徒への関わりと絆づくりの重視をアメリカの教師の目的達成型教授法と対比させ，日本の教師集団が間主観的に構成した教育理論を「エスノペダゴジー」（日本的民族教育学）と名づけた．

　教育システムを類型化する試みとしては，ターナー（Turner 1960）が選抜の形態をイギリスに代表的にみられる「庇護移動」とアメリカの「競争移動」に分類してみせたが，日本は偏差値による高等学校の序列化が行われ同じランクのなかで競争を加熱させる「傾斜的選抜システム」をもつと竹内（1995）は分析した．

●国際学力テストの影響　国際比較研究急増の背景として国際学力テスト（IEA の TIMSS，OECD の PISA）の存在は見過ごせない．1980 年代に日本の教育が海外の研究者に注目されたのは，日本のめざましい経済成長とともに TIMSS の算数と理科の順位が上位にランクされたからである．TIMSS をきっかけとした授業ビデオの国際比較研究により，児童の間違いを学級で共有し，考えさせ，学級全体の底上げを目指す日本の授業がモデル化された．義務教育の達成度を測る TIMSS に対して PISA は国際的な経済競争における将来の人的資源の指標であるとされたため，その順位の公表は，特に 2000 年以降北欧やオセアニア，ラテンアメリカ，東南アジアなどを含むグローバル化の教育への影響と各国の対処法を世界規模で探る国際比較研究へと，テーマと対象を変化させた（佐藤ほか編 2009）．また PISA は試験結果とともに家庭背景を含めた受験者の属性の情報も得られることから，試験の得点に有意に影響を及ぼす要因は何か，各国ではどのような特徴がパターンとして現れるのかを計量的に探る研究も行われている．

●海外の研究者の視点　海外の研究者による日本の教育研究も国際比較の範疇に入るだろう．自国の教育実践の意味づけは外からの視点を通して初めて可視化される場合も多く，海外の研究を通して国内で支配的な言説とは異なる枠組みによる説明が提供されるとともに日本の教育の位置づけが明確になった．日本型全人教育を明らかにしたルイス（Lewis 1995）や，教育における平等と社会の平等を関連づけて説明したカミングス（Cummings 訳書，1981）の初等教育研究，高校受験を通して高校の段階で階層分化と異なる社会化が行われる構造を明らかにしたローレン（Rohlen 訳書，1988）の研究は，日本語に翻訳され国内の研究にも大きな影響を与えた．また海外で高い評価を受けている日本の授業研究は，TIMSS の授業比較分析やアメリカで授業研究についての博士論文をまとめた吉田とルイスらによって紹介されたことにより世界的な研究ネットワークが構築され，アメリカをはじめ多くの国で実践されるようになった（Fernandez & Yoshida 2004）．各国の実践のフィードバックはこれまで暗黙の了解とされた日本の教師の共同体文化と教授の方法知，授業の文化的なスクリプトの明文化と理論化を進める原動力になっている．こうした国内外の複数の視点の往還により，国内で問題とされている事柄が相対化されたり，日本の教育の強みとされる実践や理念が改革によりなし崩しになったりすることへの警鐘を鳴らすことが，国際比較研究には期待されている．さらには今後も増大し続ける多様な文化背景をもつ人々の国境をまたぐ移動に対しても，異文化理解と教育上の対処に初等中等教育の国際比較研究の貢献が期待されている．　　　　　　　　　　　　　［渡邉雅子］

📖 **さらに詳しく知るための文献**

恒吉僚子．1992．『人間形成の日米比較―かくれたカリキュラム』中央公論社．

カリキュラムの社会学

☞「イギリス新教育社会学とその影響」p. 58「教育実践と隠れたカリキュラム」p. 354「カリキュラム政策」p. 692

　別名「カリキュラム社会学」．原語 "sociology of (the) curriculum"．「カリキュラム」（教育内容）を具体的な分析対象とし，教育知識を文化的支配ならびに社会統制の手段とみなす立場を採用する．1960年代後半，イギリスで台頭した「新しい」教育社会学の一成果．当時の中等教育改革を背景に，教育知識の社会的編成，選抜（選別）と配分，および階級の再生産を主な関心事とした．しばしば「隠れたカリキュラム」（hidden curriculum）研究と同一視されるが，これは「誤解」（田中 1995, p. 1）とされる．

●**「カリキュラム」概念の拡散**　「カリキュラムの社会学」は，「カリキュラム」を「社会学」的に検討する．「社会学」もさることながら，そもそも「カリキュラム」とは何か．この問いへの解答は厄介である．まず「カリキュラム」自体，主に英米で用いられる語であり，世界共通ではない．また近年のカリキュラム研究では，「カリキュラム」という概念それ自体の見直し（reconcepualizaton，再概念化と訳される）が進み，国家による教育プログラムから個人の履歴（curriculum vitae）まで，および計画から実践を経て学習者の経験までを指す語として，幅広く用いられているからである．つまり，論者により，「カリキュラム」の定義は多種多様となる．往時の「カリキュラムの社会学」は，主にイギリスの中等教育において，学問体系に支えられた教科の内容構成を扱うという，一定の前提があった．

●**その後の「カリキュラムの社会学」**　前述のように「カリキュラムの社会学」は，特定の時代や対象を含意する，歴史的な用語である．近年の学術論文やテキスト等では，あまり見かけない．他方，教育内容を相対化，対象化して吟味する傾向それ自体は，今日も盛んである．ジェンダー研究等で頻用される「隠れた（かくれた）カリキュラム」，教科書を代表とする各教科の内容構成やその変遷，学習者のレリバンス（relevance）や教科選好（school subject preference），教員の教科アイデンティティ，そして「教科外」から教科へのカテゴリー変更という「課程化」（curricularisation/-zation），新教科の研究開発や教科再編等が，例としてあげられる．今日，教育内容の社会学的な検討は，往時の「カリキュラムの社会学」の問題関心を基本的に引き継いでいるといえる．

●**カリキュラムと教育課程との違い**　日本では明治時代に「教育課程」の語の用例がある．連合国による占領を経た1950年代，curriculum の訳として，教育行政で「教育課程」の語が用いられるようになった．そして現在，公的には，教育課程は主に学習指導要領に基づき編成される．一方で，英米を中心としたカリ

キュラム研究の成果も参照されてきた．こうした経緯のもと，カリキュラムと教育課程とは，原語と訳語といった素朴な関係を離れ，同義ではなくなった．ただし，漢字圏の国や地域では，両者を原語と訳語の関係として扱う場合がある．hidden curriculum を「潜（潜）在課程」と訳すのが一例である．これを日本語で「隠れた教育課程」や「潜在的教育課程」とは呼ばない．行政用語としての教育課程は，研究の用語であるカリキュラムと，指示する内容が異なるからである．

●**「教育課程の社会学」「学習指導要領の社会学」の再考** 「カリキュラム」の語義は，徐々に拡散し，今日に至る．それゆえ教育内容の社会学的な検討は，学習者の経験レベルの「隠れたカリキュラム」を含め，みな「カリキュラムの社会学」と呼ぶことができ，収拾がつかない．他方，行政による教育内容の扱いは，国や地域により多様である．好例は教科構成や教科書制度，教員の裁量であり，日本の常識は世界の常識ではない．ゆえに教育内容を規定する国外の法規類を，一律に「学習指導要領」と訳すのは，適切ではない．つまり，外来語や訳語，そして行政用語を，意識的に使い分ける必要がある．例えば国内の場合，「教育課程の社会学」「学習指導要領の社会学」（沖津 1994）と，行政の語をあえて用いることで，検討対象が明確になる．しかも「隠れていない＝意図的，明示的なカリキュラム」を対象化できるため，結果的に，経験レベルの「隠れたカリキュラム」との対応関係を吟味しやすい．これは次の関係に似る．すなわち，「言外の意味や皮肉」を云々するには，まず「何を言われたか」を確かめねばならない，と．

●**今後の展開** ある学校制度が普及する過程には，教育内容をどう編成するかという当事者的な関心と，その関心自体を客体化して扱う第三者的な関心との双方が認められる．「カリキュラムの社会学」の場合，当時のイギリス中等教育の動向を背景に，後者の関心を明確に示した．

　近年の日本では，高校の総合学科や中等教育学校，義務教育学校といった中等教育の関連施策に加え，高等教育への進学率上昇といった多様な展開が著しい．学校教育と職業との接点をめぐる動向も看過できない．その点で「カリキュラムの社会学」は「初等中等教育」だけでなく，中等教育以後の教育にとっても重要な研究課題である　　　　　　　　　　　　　　　　　　　　　　　［根津朋実］

📖 さらに詳しく知るための文献

Bernstein, B., 1977, *Class, Codes and Control*, 3, 2nd ed., Routledge & Kegan Paul （= 1985, 萩原元昭編訳『教育伝達の社会学』明治図書）．

Young. M. F. D., 1998, *The Curriculum of the Future*, Falmer Press （= 2002, 大田直子監訳『過去のカリキュラム・未来のカリキュラム』東京都立大学出版会）．

Whitty, G., 1985, *Sociology and School Knowledge*, Methuen （= 2009, 久冨善之ほか訳『学校知識—カリキュラムの教育社会学』明石書店）．

教科外活動の社会学

☞「学校教育が生み出す共同性」
p. 390「学校教育と身体」
p. 392「学校文化と生徒文化」
p. 398

　教科外活動とは，世界的にみれば，学級活動，自治活動，学校行事，クラブ活動などが含まれる学校教育活動である．しかし，その制度，内容，教育実践としての取り組み方，期待される教育的・社会的役割は国によって大きく異なる．

●**日本の教科外活動の変遷**　欧米諸国に対して後発の近代国家であった明治日本にとって，学校教育に期待する役割の一つは国民統合であった．そのためにとりわけ小学校の儀式が重視され，明治憲法・教育勅語体制下で「小学校祝日大祭日儀式規程」（1891年）や「祝日大祭日儀式用唱歌」（1893年）などにより定式化されていった．また，1890〜1900年代には，運動会，遠足，修学旅行，入学式，卒業式などの学校行事が行われるようになっていったが，これらの行事にも，教科学習の成果発表の機会としてだけでなく，その内容や実践を通して国民統合の役割が期待されていた．一方で中等高等教育段階の学校では教職員と学生・生徒による校友会が組織され，学生・生徒の自主的な活動としてスポーツ・芸術活動が行われていった．これが現在の部活動の前身である．戦前のこれらの教科外活動は，正規の教科以外の「課外活動」と位置づけられていた．

　戦後は，日本国憲法と教育基本法のもとで，教科外活動もその教育的役割が評価し直されて，教育課程のなかに位置づけられていくようになった．教育課程における教科外活動の位置づけや含まれる内容は学習指導要領の改訂を通して変わってきているが，現行学習指導要領では，①「学級活動」（高校は「ホームルーム活動」），②「生徒会活動」（小学校は「児童会活動」），③「学校行事」，④小学校のみ「クラブ活動」の3〜4領域の内容が「特別活動」として教育課程に位置づけられている．それに対して中学校と高校の部活動は，2008年に改訂された学習指導要領総則で「学校教育の一環として，教育課程との関連が図られるよう留意すること」と記されており，教育課程外に位置づけられている．

●**日本の中学校・高校を特徴づける部活動の社会的役割と課題**　制度的には教育課程外に位置づけられながらも，実態としては日本の中学校と高校を特徴づけている教科外活動が，軟式・硬式野球部や吹奏楽部などの部活動である．しかし，以前からそうだったわけではない．中澤（2014）の整理によれば，1955年の運動部活動加入率は中学校で46.0％，高校で33.8％にすぎなかった．その後加入率は上昇し，1996年には中学校で73.9％，高校で49.0％となる．加入率上昇の背景には，1968〜1970年版学習指導要領で教育課程内のクラブ活動が小中高いずれでも設置されたことによる，子どものスポーツ・芸術活動への関心の高まりや，1989年版学習指導要領で部活動への参加をもってクラブ活動の履修に代替でき

る部活代替制度が中高で導入されたことなどがあげられる．その結果，文化部も合わせれば，中学校で9割，高校でも7割が部活動加入経験者といわれるような状況になってきたのである．

　こうして実態としては学校教育に深く関わる教育活動となったことで部活動は，生徒が自主的にスポーツ・芸術活動を享受するだけの場にとどまらず，生徒指導の機会や進路形成のきっかけになるなどの教育的役割や，さまざまな社会的役割を担うとともにいくつかの社会的な課題を抱えることになった．

　社会的役割としては次の3点があげられる．第一に，中学生にとって"学童保育"の役割を担っている．ほとんどが高校へ進学する現在の中学生はまだ保護者の保護下にある存在である．一方で社会構造の変化に伴い，保護者の労働時間を中心に生活スタイルは多様化している．このような社会状況にあって，中学生は部活動に加入していれば，平日の放課後や週末も学校で過ごすことができる．第二に，社会的なつながりをつくる役割を担っている．西島（編著 2006）らの調査では，部活動に加入している中学生が部活動に期待していることとしては「好きなことが上手になる」を抑えて「仲のよい友達ができる」の割合が最も高かった．部活動には自分の好きなスポーツ・芸術活動をしながらも，友だちと過ごしたり友だちをつくったりすることもまた期待されている．第三に，出身家庭の文化的格差の縮減の役割を担っている．再び西島らの調査によれば，学校外活動に加入してスポーツ・芸術活動をできるかどうかは家庭の経済的背景の影響を受けているが，部活動への加入は家庭背景によらない．部活動は中高生が学校教育活動の一環として少なくとも一つはスポーツ・芸術活動を享受できる場であり，出身家庭の経済的背景等の差異に基づく文化的格差を縮減する機会となりうる．

　社会的な課題としては次の2点があげられる．第一に，学校規模差・地域差の問題である．生徒数・教員数等の学校規模，地勢・気候や人口規模等の地域特性によって，提供できるスポーツ・芸術活動種目の数や種類に違いがある．また地域によっては，大会やコンクール等の対外活動のための移動時間と経費の負担が大きく，大会等への参加の機会にも差がある．部活動の不安定な制度的位置づけにより，学校教育が子どものスポーツ・芸術環境の学校間・地域間格差を固定化しているといえなくもない．第二に，教員の多忙化の要因の一つといわれていることである．2013年に実施されたOECD国際教員指導環境調査（国立教育政策研究所編 2014）によれば，日本の中学校教員の課外活動指導にあてる時間は週あたり7.7時間で，参加国平均の2.1時間の3倍以上だった．これは教育課程外の部活動指導がほとんどの自治体では教員の職務ではなく，教員の任意と善意によって成り立っていることによるが，そのため時間的な負担だけでなく，顧問を担当している部活動種目の専門性や指導技術が伴わない場合もあり，そのことが教員の負担感をさらに大きくしている．　　　　　　　　　　　　　　［西島　央］

学校知と権力

> [関連] 「ペダゴジー論」p. 104 「文化資本」p. 106 「批判的教育学」p. 114 「男女別カリキュラムの変遷」p. 342 「教育実践と隠れたカリキュラム」p. 354 「カリキュラムの社会学」p. 382 「知識基盤社会の教育」p. 638 「カリキュラム政策」p. 692

社会関係を築くにあたって人間はさまざまな知識を運用するが，教え-学ぶ関係性において取り上げられ，伝達と共有の対象となる知識を教育知（教育的知識，educational knowledge）と呼ぶ．その伝達は知識一般と同様に意識的にも暗黙のうちにも行われるが，教育知は教育作用に適合的な形態をとるため，日常知に比較すると相対的により体系づけられたものとなる．

さらに，学校という定形化された教育の場で習得の対象となる知識を学校知（学校知識，school knowledge）と呼ぶ．学校知は，教育目標，カリキュラム，指導方法，学習評価などの諸過程を通して学習者に伝達され，共有化がはかられる．それらの過程では知識の定義・序列化・系統化がなされる．学習者の発達や成長を前提として，単純で具体的なものから複雑で抽象的なものへと知識が連続的に配列されることは，その表れである．人間のもつ数多の知識から選別されたものであるという意味で，学校知は社会的に構成された存在である．

したがって知識一般と学校知の間にはボトルネック状の関係が成り立つ．そして選別と構成は，現実的には具体的な社会的勢力によって決定されることから，学校知にはそれら勢力が自らの意思を貫徹しようとしてふるう権力が常に作用し，そのもとでの正当化がはかられているといえる．より端的には，現代において学校は国家制度の一部として成立しており，学校教育は国民教育としての側面をもつことから，国民国家を取り巻く政治的文脈が，学校知に対してもその維持や変更を促すかたちで影響を及ぼしている．

●教科書の内容をめぐる社会的葛藤　学校知と権力との関係を明瞭に示す例として教科書問題があげられる．教科書は諸々の社会的な力の相互作用のもとで，学校知を集約的に提示する媒体だからである．

日本においては，学校で用いられる教科書の内容は学習指導要領に示される教育の方針や目標に一致していることが求められ，教科用図書検定基準に基づいた教科書検定によって可否が審査される．学習指導要領は「学校教育法」施行規則の規定を根拠として存在し，その改訂は，文部科学大臣の諮問機関として文部科学省に置かれている中央教育審議会での審議と答申に沿って進められる．こうした制度を通して学校知に対する国家の恒常的な関与が維持されているといえる．

なお，日本においても明治初期には教科書の自由発行が行われていた．その後，1881年に届出制度，1883年に認可制度，1886年に検定制度へと順に移行し，1903年に小学校段階での教科書国定制度が定められた．現行の検定制度は第二次世界大戦の終結後，1947年の「学校教育法」制定によって定まったものである．

また採択については，1963年度から学年進行方式で義務教育段階の教科書が無償給与となったことに併せて，教科用図書採択地区内で各教科について同一かつ一種の教科書を等しく使用することとなり，現在に至る．教科書採択に関わる事務手続きが合理化される一方で，教え－学ぶ主体の教科書選択の余地が失われ，学校知に対する関わりが受動的なものに変化したことは記憶される必要がある．

戦後の日本社会において，学校知と権力との関わり方を真正面から議論する場となったのが，家永三郎が提起した一連の教科書裁判である（家永 1965, 1993）．家永は自身の執筆した歴史教科書への検定不合格処分を不服として1965年以来三つの訴えを起こし，教科書検定制度の違憲性・違法性を司法に問うた．

訴えの契機となった最初の不合格処分は1957年に下されたが，その教科書は1953年から用いられていたものであり，1950年代半ばの時点における教科書検定の性格の変化が指摘される．その背景には，1955年に当時の政権党である日本民主党によって教科書批判が展開されたことや，同年の学習指導要領の改訂に際してそれまで表題にあった「試案」の文字が削除されたことがあり，さらに学習指導要領は1958年の改訂を機に官報告示され法的拘束力をもつとされるようになっていく．1997年の第三次訴訟結審に至るまでの32年間にわたる教科書裁判は，学校知に権力が介在する様態を社会に対して具体的に開示する役割を果たした．

●研究における実在根拠と認識根拠の切り分け　学校知に作用する権力を問題化しようとする際に必要となるのが，知識の変化ないし持続（実在根拠）と，その意味を解釈する観察者の価値や規範（認識根拠）とを，峻別して提示することである．この点が混同されると，知識についての議論はそれ自体が特定の権力作用のもとで，それを推し進める運動となってしまう．

それゆえに教育社会学における学校知の分析は，実在根拠の徹底的な記述を要請してきた．そこで確定できる知識自体の変動から論点自体を抽出することで，解釈の認識根拠を対象化することも可能となる．例えば馬場四郎（1963）は，戦後の日本史教科書での知識の表現を，明治期以来の教科書における表現の推移に位置づけて検討し，国民的な伝統・利益・使命に一貫して着目する観点から，学校知の「ナショナリズムへの傾き」の度合いを析出した．こうした通時的な研究の視点と方法はその後の研究にも継承され（片岡編 1987；岡本 2001, 2013），教育社会学と知識社会学との接続点を確たるものにしている．　　　　　［岡本智周］

📖 さらに詳しく知るための文献

アップル，M. ほか，1994，『カリキュラム・ポリティックス—現代の教育改革とナショナル・カリキュラム』東信堂．

森川金寿，1990，『教科書と裁判』岩波書店．

田中統治，1992，「カリキュラムとイデオロギー」柴野昌山ほか編『教育社会学』有斐閣，pp.108-123.

教授‒学習過程の社会学

☞「カリキュラムの社会学」p. 382

　教授‒学習過程を扱う教育社会学研究は知識社会学のアプローチをとる研究が多く，いかなる知識が選択され，カリキュラムとして構造化されて実際に教師により伝達されるのか，そして学校知はいかに児童生徒に配分され社会構造と関わるのかが中心的な問いとされてきた．その端緒は社会学の巨人たちにより開かれた．マルクス（Marx, K.）は人間の思考と知識は生産とそこでもたらされた社会関係に基礎づけられているとし，彼の主張は後に〈下部‒上部構造〉の基本図式として知識社会学に受け継がれた．ウェーバー（Weber, M.）は社会的な現実は主観的な意味を通じて構成されるとした．デュルケム（Durkheim, É.）はアボリジニの儀式分析から現実が既知のものとして受け入れられるには儀礼が必要であり，そこでは知識や世界観形成のもとになる時間・空間などの基本的範疇の共有が行われることを明らかにした．彼らの理論は 1970 年代にイギリスで顕在化した解釈的パラダイムと，同時期のアメリカにおける葛藤理論とエスノメソドロジーに引き継がれていく．

●**解釈的パラダイムと葛藤理論**　解釈的パラダイムは現象学の視点と象徴的相互作用論に特徴的な方法論を得て，それまでブラックボックスとされていた学校や教室の内部で何が行われ，それは社会的な文脈のなかでどのような意味や効果をもつのかを中心的な課題とした．ヤング（Young, M. F. D.）は，フォーマルなカリキュラムを通して伝達される学校知識は，常に教師の解釈を通して伝えられ，さらに教室における教師と生徒の相互作用によって再定義され「構築される」ものであると主張した（Young 1971）．またバーンスティン（Bernstein, B.）は，「類別」と「枠組み」の概念を用いて，教育方法を「目に見える教育方法」と「目に見えない教育方法」に分けた（Bernstein 1971b）．バーンスティンはオープンクラスのような遊びと勉強の境界が曖昧な教授‒学習過程（弱い分類と枠組みに基づく目に見えない教育法）は，遊びと労働の境界が曖昧な新中間層の労働環境と文化スタイルに合致するために新中間層の子どもたちに有利に働くとともに文化の再生産に寄与することを明らかにした．他方アメリカでは，葛藤理論を用いて将来の職業（＝経済構造に占める位置）に対応した学習規範と知識および権力との関係が階層化された学校で伝達されている過程が明らかにされた（Anyon 1980）．またエスノメソドロジーと会話分析を用いた教室内の発話構造の分析から，教師の暗黙のコントロールの方法や教室の習慣の形成と秩序維持のメカニズムが明らかにされた（Mehan 1979）．

●**日本における展開**　解釈的パラダイムは日本においては「クラスルーム研究」

やカリキュラム，学力・能力観研究の理論的枠組みに大きな影響を与えている．研究方法としては参与観察や授業の発話記録をもとにした会話分析，インタビューや語り分析などの質的方法が頻用されているが，バーンスティンの理論を援用しつつ PISA や学力調査のデータを使った量的方法も用いられている．例えば日本の公立小学校を対象とした学力調査において，生徒が調べたり発表したりする授業の因子負荷量の大きい「新学力観志向教師」が教える学級は，当該学年正答率と比べて正答率が「高」と「低」の学級のグループに二極化する傾向があるのに対して，教科書と黒板を使った教師主導の「伝統的学力観教師」が教える学級は正答率「中」の割合が高いという結果が示されている（山田 2004）．生徒の学習方略においても PISA 型能力に対応する「応用関連方略」は下位階層には負の効果をもたらすことが明らかにされており（須藤 2010），21 世紀型能力観に基づいた教授法と学習法はともに下位階層には不利であることが明らかになった．これらの研究では教授法が教育達成を規定する側面を解明しているが，教師が抱く学力や能力の認識によって教授法が変わるという実証研究も行われている．例えば日米の教師が抱く「個性」と「創造力」のイメージの違いによりその教授法も成果としての児童生徒の作文もまったく異なったものになるという調査結果が報告されている（渡辺 2004）．

　教師は生徒の能力や社会背景，態度，その場の状況などを視野に入れて授業法や生徒との接し方を臨機応変に変化させる．教師のストラテジーとは，構造的な制約や理想と現実のジレンマが生じやすい教育現場において，教授目的を達成し，教師が教室の状況に適応して生き残るために取る戦略である（稲垣 1992；Woods 1979a）．教師のストラテジーが教師の権威を背景にした教室統制を基本とするのに対して，児童生徒もまた自分の目的と教師の要求の間に葛藤があるときには教師の要求を変更させるべくストラテジーを用いる．地位・学業達成のアスピレーションに集約されない生徒の志向性のパターン化とそれに対応する教師のストラテジー研究は逸脱行動回避のヒントを与えている（知念 2012；伊藤 2013）．

　また意識化されたストラテジーのみならず，教師の何気ない動作に現れた意思表示や学校のルーティーンは「隠れたカリキュラム」として児童生徒に適切な行動を規定する価値や態度を伝える．行き届いた学級統制は効果的な授業を可能にし，成功した集団づくりは児童生徒の帰属意識に根ざす安心感とやる気を引き出す（恒吉 2008）．「効果のある学校」研究は，教師が共通の価値観を共有し連携することによって学校が組織として困難を抱える児童生徒の学力を高める現象を分析する（志水 2004）．階層分化が進行しつつある日本社会においては，ミクロレベルの教師のストラテジー研究とともにこうした組織レベルの研究が求められている．

［渡邉雅子］

学校教育が生み出す共同性

> 「道徳的社会化」p. 260「学校という社会的装置」p. 370「組織としての学校」p. 372「教科外活動の社会学」p. 384「学校教育と身体」p. 392

　学校では，「みんな」という言葉が頻繁に使われ，他の生徒と同じであること，一斉に行動し協力することが求められる．これに反すると，非難されたり羞恥を覚えたりする．それは，近代学校教育が成員の同質性，成員による行動の斉一性，成員同士の連帯を含む共同性を前提とし，また，それを強めようとする性質をもつからであろう．同質性，斉一性，連帯を求められる成員は一義的には生徒であるが，学校教育は広く学校外の社会にも共同性を生み出している．

●**同質性と斉一性の確立**　同じ机と椅子が並んだ教室空間で，生徒は同一方向を向いて座り，同時に同じ内容を学ぶ．こうした学校の姿は，能力別に分類された生徒をモニター（助教）が教えるモニトリアル・システムに端を発し，19世紀半ばには一人の教師が数十人の生徒と対面して授業を行う一斉教授に移行した（柳 2005）．日本の学校も一斉教授を採用して開始されたが，学制期・教育令期の小学校では学力均質性を集団編制の原理とする等級制がとられたため，試験によって生じる飛び級や原級留置に加え，随時の入学と中途退学の多さから同級生の年齢は多様で，成員の流動性はきわめて高かった．

　この状況は，「学級編制等ニ関スル規則」（1891年）によって変化する．当初，学級は能力や年齢にかかわらず人数を基準に編制されたが，就学率が上昇するにつれて年齢差は縮小し，男女別学級も増えて同質性が高まった．さらに，第三次小学校令施行規則（1900年）により進級・卒業の判定要件が試験から平素の成績となって落第が減り，集団は安定性を獲得していく．同じ日に入学した同年齢の生徒が一人の教師のもとで1年ないし数年間を通して学ぶようになると，教師には学級を有機的な集団として組織する責務が生じた．学級は同質的な成員が多様な活動を行う単位となり，始業・終業の儀礼や係活動，班活動，掃除，食事など学校生活全般にわたり，ともに行動する生活集団として形成されるようになった．同質性の高い集団では相違が目立ちやすく，相違は緊張を生むためさらなる同質性や斉一性が目指される傾向がある．生徒の希望によらず所属が決定される学校を，同質性や斉一性ばかりが強制される場ではなく，一体感や帰属感の源泉へと変えるのは成員同士の連帯である．それゆえ，共同感情を育むことは学校の重要な教育目標となった．大切なのは，子どもに「我々」という言葉のもつ喜びを覚えさせることなのである（Durkheim 訳書，1964, p. 128）．

●**感情共同体としての学校**　連帯の創出に特に寄与するのが，全校や学年単位で取り組む学校行事である．成果発表を伴う行事では，練習を繰り返すなかで全員が協力すること，心を一つにすることの尊さが教えられ，個人は集団の期待を背

負って行為する．伝統として重視される行事では，生徒は活動への参加を通して歴史的な厚みをもつ「わが校の一員」というアイデンティティを獲得していく．

儀式は参加者に様式化された共同的な身体行為を課し，連帯の絆をつくりだす（Connerton 訳書，2011；Kertzer 訳書，1989）．また，儀式の本質は，「共通の感情が痛感され，かつまた，共通の行為によって表明されること」にある（Durkheim 訳書，1975，下 p.271）．とりわけ，学校儀式において行われる斉唱や合唱は，同時的な身体行為によって自分の声が全体の声に溶解し，その場を共有する者の身体を包み込むことで一体感を生む．例えば，卒業式の合唱を通して，卒業生と在校生はともに過ごした日々を追憶し，互いに忘れないことを誓う記憶の共同体となる（有本 2013）．さらに，卒業アルバム，記念樹，校歌といった成員性の自覚を促すシンボルが集団を感情の共同体へとまとめ，ノスタルジアの力を借りながら卒業後も「社会集団への愛着」（Durkheim 訳書，1964）を存続させようと働きかける．

学校はまた，生徒集団の範囲を越えて共同性を生み出す．かつて運動会では，地域住民を巻き込んだ集団間の対抗が行事を盛り上げた．天長節，紀元節などの祝日大祭日儀式が全国の小学校で挙行されたことによって，天皇制の暦は国民の時間として浸透していった．また，国語，歴史，自国が赤く塗られた地図をはじめ，日々学校で共有される公定の知識は「想像の共同体」（Anderson 訳書，1987）をつくりあげる基盤である．文部省唱歌は心のふるさととして教えられ，気持ちをこめて歌うよう指導される．これらは，学校が身分や村落共同体の枠とは異なる，近代的な共同性を立ちあげるための機関であったことを物語っている．

●**学校における共同性をめぐって**　このような共同性に対しては，フーコー（Foucault, M.）の規律・訓練概念（Foucault 訳書，1977）を理論的支柱に，共同性が内包する同質性，斉一性，国民統合の機能などを，教育の権力性や暴力性を示すものとして問題視する学校批判がある．一方で，学校と教師の目指す方向を示す言葉として「協同性」「協働性」がいわれ，学びのあるべき姿，教育の場における人間関係の理想が語られる．「学校＝共同体」論に代表されるように，学校を子どもと大人がともに学ぶ場，地域コミュニティ再生の核とする構想もみられる．

学校教育は統合と分化の機能を果たしており，その時々に共同体主義と個人主義・能力主義の間でゆれてきた．だが，学校において両者は択一的な対立項ではなく，共同性への信仰が教育改善の万能薬となるわけでもない．その共同性の内実を改めて問うことが，学校教育の本態を考えることにつながっている．

［有本真紀］

📖 さらに詳しく知るための文献

Durkheim, É., 1925, *L'éducation morale*, Félix Alcan（＝1964，麻生 誠・山村 健訳『道徳教育論』明治図書）．

学校教育と身体

☞「教科外活動の社会学」p. 384
「学校教育が生み出す共同性」
p. 390

　日本の近代化過程において明治政府は国民国家という枠組みをつくりだすだけでなく，同時に近代的な身体と主体を有する国民そのものもつくりださねばならなかった．近代の学校は工場，軍隊，病院などと同様に全制的施設として児童・生徒を規律訓練し，近代的主体の生成を担う場となった．江戸期の寺子屋式教育が明治期の近代学校教育へと変わったとき，児童・生徒の身体や身体技法（Mauss 訳書，1976）もまた転換を迫られた．近代体育，西洋医学，衛生学のような知の導入から，出席簿，成績表，時間割などの仕組みの導入に至るまでがそこには関係していた．生徒を教室に碁盤目状に配し，段階的に成長を管理する．空間，時間を秩序立ててコントロールしつつ，身体，さらにそれを介して精神の変容を明確に位置づけるようになっていく（森 1993；西村 2005）．

　日本における近代学校教育の導入を考える際に，よく言及されるのは初代文部大臣森有礼（1847-1889）の施策である．さまざまなレベルの学校への兵式体操導入による身体鍛錬の重視，さらに師範学校への軍隊方式の導入などの教育施策は，かつては国家主義的思想の反映として処理されてしまうことも多かった．フーコー（Foucault, M.）の議論（Foucault 訳書，1977，1986）の普及もあって，近年では森は学校への規律訓練と主体創出の仕組みの先駆的導入者として位置づけられるようにもなった．

　ここでは運動が健康につながるとか，体操は体によいとか，体育は教育の一部であるといった今日自明として受け止められている思考形態そのものがかつてなかったことも確認しておきたい．体操は，明治初期の人にとっては奇妙な身体技法であり，男性では一人相撲にたとえられたり，女性では，その洋風な動きが和風のしとやかさや美しさを失うものとみなされ忌避されたりもした（西村 2005）．さまざまな抵抗がありながらも，次第に知育・徳育とならぶ教育の三本柱の一つとして，体育は浮上した．運動は健康によいこととされ，それに伴う西欧的身体観も普及していく．夏目漱石は『吾輩は猫である』のなかで，運動を始めた猫の口を借りて次のように文明批評する．「人間だってつい近年までは運動の何者たるを解せずに，食って寝るのを天職のように心得ていたではないか」，そして，昔は運動をするものが下等として笑われたのに「今では運動をせぬ者が下等と見做されている」（夏目 1990，pp. 245-247）．日露戦争頃には，運動への肯定的な意識がある程度普及していたことが作品のなかに描かれている．

●**規律訓練と身体ならびに身体技法の平準化**　学校体育は，健康のための運動の称揚よりも，身体技法の西欧化や，集団行動の訓練に効果をあげたように思われ

る．身分や職業の違いによる身体の動きの差異だけでなく，身体そのものの理想形すら違った江戸期と比べれば，階層による身体の操り方の平準化は，軍隊や工場などの運用を支え，国民国家の成立と展開を促した．柳田國男は，『故郷七十年』のなかで述べている．親戚の槍の先生は「腹へうんと力を入れて腰をちょっと落している」ような姿勢をしていた．これは，士族の多くに行き渡っていた姿勢だった．しかし，このような姿勢は「憲法発布よりずっと後の，明治も二十九年か三十年ごろから」笑われるようになっていった．柳田自身の学生時代は，士族の子弟と，平民の子弟の身体技法が，いくぶん違っていたが，それが，「いつの間にか，吹けば飛ぶような，脚の真直ぐな恰好」に共通化されたという（柳田 1974，pp. 272-273）．

　このような身体および身体技法の変容は，田中聡の『なぜ太鼓腹は嫌われるようになったのか？』のなかでも述べられている．東洋医学に基づく腹を中心とした重心が低い身体から，西洋医学と近代体育に基づく筋骨を中心とした逆三角形の身体へと変化する（田中 1993）．学校的身体としてつくりあげられたのは，軍事にも産業，特に共同作業を必要とする工業にも向いている身体であった．このような身体のありようは，後にはフォーディズムや科学的管理法などの技法ともうまく接合し，工業を中心とする産業の発展を促した．規律訓練がもたらした身体および身体技法の共通化と集団行動に向く身体のありようは，第二次世界大戦にかけては国家主義を支え，戦後は日本型資本主義を支えるものとして機能したといえよう．

●規律訓練時代の終焉と学校的身体の行方　社会が脱工業化し，第三次産業の拡大，さらには情報産業と工業の融合へと傾斜していくなかで，リアルな身体を学校で統制し規律訓練していくやり方は時代に合わなくなっていく．これまでのような鋳型にはめるようなやり方は，もう現代社会では通用しにくい．ドゥルーズ（Deleuze, G.）が先駆的に指摘したような管理社会では，フーコーの考察した規律社会とは異なりリアルな鋳型モデルは有効ではなくなる（Deleuze 訳書, 1992）．リアルな学校空間と同時にバーチャルなサイバー空間が併存し，リアルな身体での通学を必須としない通信制や単位制などの学校のあり方の拡大は，全制的施設としての学校や規律訓練としての体育の機能を変化させ，一部を無効化する．

　このような変化にもかかわらず，現在の学校現場では，まだ規律訓練型へのこだわりが強いように見受けられる．消費社会化の進展のなかで，かつての生産する身体から消費する身体としての比重が大きくなるのみならず，データ化の進展は統一的な身体のありようも変えつつある．規律訓練の基盤としての身体すらも解体されつつあるのだ．消費社会化と情報化の波に洗われるなかで，生産重視，集団行動重視の学校的身体はどこへ向かうのか．今，教育は，児童や生徒の身体とどう関わっていくのかの転換点に立っている．　　　　　　　　　　［西村大志］

変容する就学前教育

☞「社会化」p. 82「家庭から学校への移行」p. 396

　就学前の子どもの育ちに対する働きかけは，「教育」（education）と「ケア」（care）の二つの側面をもっている（OECD 訳書，2011；UNESCO 2006）．これは，将来の国家や社会の一員となるために社会化される存在であると同時に，生活全般にわたって他者のサポートを必要とする存在でもあるという，乳幼児に付与される二重の意味に対応している．

　近代日本の保育制度は，上記二つの側面に基礎づけられ，教育行政が所管する幼児教育機関としての幼稚園，保護者の就労支援ならびに児童福祉施設として福祉行政の管轄下に置かれる保育所の二元体制がとられてきた（湯川 2001）．またその一方で，教育とケアを分離する二元体制の妥当性をめぐる「幼保一元化」も，20世紀を通じてくり返し議論されてきた（岡田 1970）．

　加えて，日本の就学前の教育とケアにおいて特徴的であるのが，保護者の影響力の強さである．ケアの実施にあたっては，保育所の入所要件として保護者の就労や介護等の理由が求められるなど，子ども自身の必要性よりも保護者の都合や家庭の状況が優先される仕組みがとられてきた．また，教育の選択においても，就学前は他の時期と比べても家族の私事性が強く，各家庭の階層や文化，保護者の意識等が顕著に反映される「ペアレントクラシー」（parentocracy）（Brown 1990）の傾向が強いことが指摘されている（濱名 2011）．

　さらに，こうした就学前の教育とケアの各側面において，20世紀後半から21世紀にかけて，次のような変化が生じている．

●**就学前教育への関心の高まり**　就学前教育は，子どもの人権に関する議論の活発化とともに，20世紀後半から世界的に高い関心が寄せられている（泉ほか編著 2008）．例えば UNESCO は，開発や人権の観点から就学前教育に関する *Strong foundations*（『ゆるぎない基盤』）と題した報告書をまとめ（UNESCO 2006），OECD は，子どもを人的資本とする視点から，*Starting Strong*（『人生の始まりこそ力強く』）と題する調査報告書を複数回にわたって刊行している（OECD 訳書，2011）．ここからは，就学前教育を人々や社会の確固たる（strong）基盤として位置づける見方が共有されつつある様子がうかがえる（浜野 2015）．

　このような世界的な関心の高まりと時を同じくして就学前教育は，子どもを社会的な投資の対象とみなす経済成長戦略の観点からも注目を集めている（池本 2011）．アメリカで行われた追跡調査研究の結果，就学前教育の実施による人的資本投資の収益率は非常に高いことが明らかとなっている（Heckman 訳書，2015；Weikart 訳書，2015）．科学的な根拠に基づいて教育の効果を実証したこれ

らの研究は，乳幼児に対する公的投資に正当性を与えると同時に，就学前教育に対する関心や期待をより高めるものともなりうる．

●「子育ての社会化」の進行　子どもに対するケアのあり方は，子育てに関するイデオロギーとともに変化している．日本が高度成長期を迎えた1960年代から1970年代にかけては，「近代家族」像の定着により，家事専業の主婦が家庭にいることを前提とした幼稚園制度が発展・普及した（落合 1994；小沢 1989）．その後，1980年代後半になると，「女子差別撤廃条約」（1985年），「男女雇用機会均等法」（1986年）が批准・施行され，女性の権利意識の高まりとともに女性の社会進出や家族の多様化が進行した（横山 2002）．その結果，保育所への入所を待つ待機児童への対応が喫緊の課題となり，特に少子化が社会問題化した1990年代以降は，子育ての担い手を外部化しようとする「子育ての社会化」が政策的に掲げられ（内閣府編 2005），少子化対策としての長時間保育や子育て支援が実施されるようになった．これらの社会変化のなかで母親を中心的な担い手とする子育てのイデオロギーも問い直され，それに付随するかたちで，従来の家族制度を前提とする幼稚園・保育所の二元体制もゆらぐこととなった（松木 2013；丹治 2006）．

●変わりゆく就学前教育　教育とケアの両側面における変化を受けて，2000年代には，幼稚園・保育所の両者の機能を備えた「認定こども園」が設立された．この施設は，就学前教育とケアのいずれも担い，また，施設選択が保護者の状況に左右されないという点で，従来の二元体制を越えた一つのあり方を示すものであった．

　ただ同時に，さらなる課題も生じている．その一つが，就学前教育への期待の高まりから生じた「就学年齢の引下げ」の提案であり，もう一つが就学前教育の機会の均等を求める「就学前教育の無償化」に関する議論である．いずれも財政状況を理由に実現には至っていないが，日本の就学前教育の公費負担割合がOECD加盟国のなかでも最下位であることを踏まえれば（OECD 訳書，2014），就学前教育の費用負担を発端として，乳幼児の子育てをめぐる公的領域と私的領域の役割についても議論が求められることとなる．このように就学前教育は，子どもや女性の権利運動や各国の経済成長戦略，人口問題としての少子化等といったさまざまな世界的動向を背景に変化するのみならず，近代を分かつ私的領域と公的領域とのせめぎ合いの場ともなっているのである．　　　　　［丹治恭子］

📖 さらに詳しく知るための文献

太田素子・浅井幸子編，2012．『保育と家庭教育の誕生 1890-1930』藤原書店．

Heckman, J. J., 2013. *Giving Kids a Fair Chance*, MIT Press（＝2015，古草秀子訳『幼児教育の経済学』東洋経済新報社）．

OECD, 2006, *Starting Strong II: Early Childhood Education and Care*, OECD（＝2011，星 三和子ほか訳『OECD保育白書—人生の始まりこそ力強く：乳幼児期の教育とケア（ECEC）の国際比較』明石書店）．

かていから
がっこうへのいこう 　　　　　　　第4章　初等・中等教育

［☞］「機能主義理論」p. 78「社会化」p. 82
「映像データ分析」p. 232「しつけ」
p. 252「家族と社会化」p. 306「社会
化エージェントの孤立化と育児不安」
p. 314「貧困と子育て・教育」p. 590
「教育機会格差の経済的説明と合理的
選択理論による説明」p. 622

家庭から学校への移行

　日本では，幼児期までは生活範囲が家庭中心であったものが，児童期に入ると，行動範囲，交友関係ともに学校を中心とするものになる．ここでは，家庭から学校への移行を理解する際の基礎的な観点として，社会化，言語コード，小1プロブレムの3点について説明する．

●**社会化（socialization）**　家庭から学校への移行は，家庭という社会の最小単位から学校コミュニティへの移行であり，社会化の初期段階であるといえる．社会化の一般的な定義は「個人がある特定の社会集団の生活様式を学習し，その正規の成員にしあげられる過程」（青井 1973）とされているが，このほかにも複数の定義がある．そのなかで共通しているのは，①成員性の習得，②学習の過程，③他者との相互作用を通してパーソナリティを社会体系に結びつける過程，④社会体系の維持・存続に関わる機能的要件の4点である（柴野 1985）．

　社会化は心理学においても扱われてきた．発達心理学では社会化を「社会性の獲得の過程」ととらえ，「子どもが所属する集団に適応していくために，獲得する集団に共有されている標準的な行動様式，集団規範，習慣，人間関係を円滑に処理する能力」（石 2013）である社会性を獲得することとしている．

　社会化の代表的な理論としては，パーソンズ（Parsons, T.）によるものがある．彼は，フロイト（Freud, S.）による「心理-性的発達理論」の個人的発達の過程を社会的な過程としてとらえ直した．彼の理論で特徴的なのは，社会化エージェント（socialization agent）の存在である．社会化のエージェントとは，社会化の過程で個人に大きな影響を与えるものであり，両親をはじめとした家族，友人，教師といった人々のほか，学校制度，地域社会，マスメディアなどの文化的力が含まれる（濱名 2010）．家庭から学校への移行は，家族から友人，家庭から学校制度といったように，社会化のエージェントの変化や拡大を意味する．パーソンズは，このような社会化エージェントと社会化の内容の違いが発達段階を特徴づけるとしている．また発達段階の違いは，動機の傾向である欲求性向としても現れるため，各発達段階において欲求の統制の仕方，すなわちしつけも異なるということにも言及している．このような統制によって，価値，態度，役割は個人のパーソナリティに内在化していくのである．

●**言語コード**　バーンスティン（Bernstein, B.）は，言語形態において社会関係を媒介する規則である言語コードに着目した（Bernstein 訳書, 1981）．彼は，社会化に伴い言語コードを身につけ，さらにその言語コードが社会階級と関連することを見出した．言語コードには精密コード（elaborated codes）と限定コー

ド（restricted codes）の 2 種類があり，労働者階級の家庭で限定コードが用いられるのに対し，中産階級の家庭では精密コードが多く用いられるとした．学校で前提にされているのは精密コードである．

　限定コードは状況に結びついた秩序に基づく言語であり，精密コードは状況に左右されない普遍的な秩序に基づく言語である．別のいい方をすると，限定コードは物事を主観的，感情的に述べるコードであり，精密コードは客観的，抽象的に述べるコードである．このことは，労働者階級の家庭ではその役割や権威構造が明白であり，中産階級の家庭では，個人的な権威や地位よりも構成員の個別の差異によって役割が分化し，独自の性質が尊重されることが背景にあるためだと説明される．

　バーンスティンは，学校は精密コードを前提としているため，中産階級の子どもたちは家庭での言語コードとの連続性があり，そのことによって労働者階級よりも中産階級の子どもたちの方が学校での成功を収めると指摘した．このように，家庭から学校への移行に際し，言語コードの面については，労働者階級よりも中産階級の子どもたちの方がスムーズであることが示されている．しかし現代日本の家庭においては，バーンスティンがコード理論を見出した 1970 年代のイギリスとは異なり，階級だけでなく家庭間での対応の差異によって，いずれのコードを用いているのかが規定されることも考えられる．

●小 1 プロブレム　現代日本における家庭から学校への移行に伴う問題の一つに小 1 プロブレムがあげられる．「小 1 プロブレム」とは小学校新入学児が「学習に集中できない，教員の話を聞けず授業が成立しない等」の状態のことを指している（東京都教育委員会 2008）．具体的には，授業中に座っていられなかったり教室の外に黙って出ていったりするなど，授業や集団での活動にスムーズに順応できない子どもが複数おり，教育活動が成立しない状態のことである．単に子どもへの個別の対応に教師が手を取られるために生じる支障ばかりでなく，問題行動をとる児童に他の児童が影響され，学級や学年，学校全体の問題となることがほとんどである．東京学芸大学の調査によると，多くの小学校 1 年生の教室においてこの現象がみられることが報告されている（東京学芸大学小 1 プロブレム研究推進プロジェクト 2010）．

　このような現象を受け，2008 年に改訂された保育所保育指針，幼稚園教育要領においても保育所，幼稚園から小学校への移行をスムーズにするために，小学校との連携について触れており，同年に改訂された小学校学習指導要領でも，低学年において幼児教育との接続をはかる必要性が述べられている．実際，保護者も巻き込んだ取組み（髙木 2015）の報告や，実践の理論的な検証（酒井・横井 2011）など，実践的かつ実証的な研究も進みつつあるといえる．　　　　[木村文香]

学校文化と生徒文化

☞「教科外活動の社会学」p. 384
「学校教育が生み出す共同性」
p. 390

　教員や生徒には，共通の行動の仕方やものの見方・考え方，評価の仕方，感じ方がある．学校には，それらを体現する事物や事象，象徴が存在している．このような，学校集団を構成する人々に共通する行動・認識・思考・価値づけ・感覚のパターンとそれを体現する事物や事象，象徴のことを学校文化という．

　最近では，文化をより深層にあるものとしてとらえ，上記のパターンを生成するコードのことを指して学校文化と見る見方も提示されている．後者の見方では，学校文化は，学校集団を構成する人々の意味づけの仕方ということとなり，その把握は単に観察・記述するだけでは不可能であり，解釈が必要だとされている．近年の教育社会学においては，解釈的パラダイムに立ちつつ，後者の視座から学校文化にアプローチする研究が行われ始めている．

●**学校文化をとらえる視角**　学校文化は，それを構成する要素に着目した場合，建物や設備，教材，教具などの物質的要素，教授・学習，儀式・儀礼，生徒会活動や部活動などの行動的要素，伝達される知識や技術，学校生活を成り立たせている規範や価値などの観念的要素からなるとされている．また，それが成り立っている層に着目した場合には，学校全般に普遍的に見て取れる「近代の制度としての学校がもつ文化」，歴史的・社会的・制度的区分により特徴づけられる「国・時代・段階別の学校文化」，学校ごとに固有の特徴を示す「個別学校の文化」に分けて整理される（志水 2002b）．さらに，制度・組織に規定される度合いによって，規範性の強いフォーマルな学校文化と自由度の高いインフォーマルな学校文化に分けられる．教育課程や時間割，学級担任制や教科担任制，履修規則や校則などは前者に相当し，こうした制度的・組織的な文化を指して「狭義の学校文化」とする見方もある．一方，担い手に着目した場合には，教員を担い手とする教員文化と，生徒を担い手とする生徒文化の二つの下位文化から成り立っているとされている．このように学校文化はさまざまな視角からとらえることが可能であり，その把握のためには，これらの視角を重ね合わせながらも，どの視角を優先するかの判断が必要である．

●**生徒文化研究の始まり**　生徒文化研究は，1950年代のアメリカにおいて，ハイスクールの生徒たちの間に学業的アチーブメントよりもスポーツなどの楽しみを重視する文化が生まれ，それが学業成績を引き下げていることが指摘されるなかで始められた．イギリスでは1960年代に始められ，社会階層の違いを背景にした学校間あるいは学校内の生徒の差異的処遇が，生徒の間に異なった文化を醸成することが指摘された．

●**日本における生徒文化研究の動向と課題**　日本の生徒文化研究は，アメリカの研究の影響を受けて1960年代後半に始まった．背景には，進学率の上昇とともに高等学校に従来とは異なった生徒が入学し始め，学業志向の文化が支配的であった高等学校に遊び志向の対抗文化が醸成され始めたことがあった．その後，生徒文化研究は，質問紙調査を用い，多変量解析によって生徒文化を類型化する方向に進んでいった．なかでも向学校文化と反学校文化の分化が問題とされ，両者の相違が生徒の卒業後の進路に違いを生み出すことや，反学校文化が生徒の逸脱を助長することが明らかにされるなかで，生徒文化の機能が解明されていった．

　一方，生徒文化の分化に関しては，その規定因を探る研究も行われた．特に学業成績や高等学校の学校間格差が生徒文化の分化と強く関連していることが明らかにされた．親の学歴や職業など，生徒の出身階層との関係も探究された．理論的には，分化を，学校教育による地位達成の見通しで説明する理論（地位達成不満説）や，校外から生徒がもち込む文化と学校で支配的な文化との違いから説明する理論（文化葛藤説）などの検討が行われた．格差構造上の学校の位置により教育課程や教育方法，教育組織が異なることに着目，学校間格差がトラッキングとして機能していることを視野に，生徒文化が学校内の教育・社会過程を通じて生徒の進路を分化させるさまを明らかにしたスループット研究も行われた．

　その後，これらの研究に対しては，質問紙調査で析出された生徒文化とその類型が，実際には，生徒が交友関係にある下位集団と必ずしも対応していないこと，生徒文化の把握が表層的で，生徒の意味づけやリアリティをとらえ損なっていること，スループット研究といいながら分化のプロセスの分析がなされていないことなどの問題点が指摘され，その問題点を克服すべく，知識社会学，象徴的相互行為論，現象学的社会学などをベースとした「新しい」教育社会学に依拠する研究も始められた．

　生徒は，学校外では青少年・若者であり，生徒文化は青少年・若者文化の要素を含んでいる．消費社会・情報社会を背景に，生徒文化に占める青少年・若者文化のウェイトは増大し，生徒の学校に対するインボルブメントやコミットメントを弱めている．これまでの生徒文化研究は，学校にインボルブしていること，学業成績に基軸を置くメリトクラシーにコミットメントしていることを前提に研究を行ってきた．その点で，学校へのインボルブメントやコミットメントが弱まっているなかで生徒文化をどのように扱うのか，この点も課題となっている．

［飯田浩之］

　📖 さらに詳しく知るための文献

樋田大二郎ほか，2000，『高校生文化と進路形成の変容』学事出版．
大多和直樹，2014，『高校生文化の社会学』有信堂高文社．
志水宏吉，2002，『学校文化の比較社会学—日本とイギリスの中等教育』東京大学出版会．

高校教育の量的拡大と質的変容

> 「学校段階間のアーティキュレーション」p. 378 「高校教育の現代的諸相」p. 402 「高校からのトランジション」p. 404

　戦後30年の間に高校教育は急拡大し，ほぼすべての子どもが進学するようになった．それに伴い，高校のあり方や教育内容も大きく変化してきた．

●**高校教育の拡大期──1970年代にかけての急上昇**　終戦間もない1950年，高校進学率は42.5%で，高校に行くのは限られた人にすぎなかった．しかしその後，進学率は急激に上昇し，1974年には90%を超え飽和状態になる（図1）．わずか二十数年の間に，ほとんどすべての子どもが通う学校へと変貌を遂げたのである．特に1960年代の拡大はめざましく，進学率は20ポイント以上も上昇した．その背景には，産業構造の変化や民主化のもと国民の進学熱が高まったこと，未曾有の経済成長のなかで家計が豊かになったことなど社会の変化がある．

　拡大のプロセスには，1960年代の前半と後半で相違が確認される．前半は生徒数と進学率がともに急増し，生徒数のピークは1965年，ちょうど第一次ベビーブーム世代が通っていた時期にあたる．1950年代を通じての生徒数の増加は128万人であったのに対し，1961年から1965年にかけての増加は195万人と1.5倍で，この5年間のインパクトの大きさがうかがいしれる．一方，1960年代後半にも進学率は上昇を続けたが，生徒数自体は減少した．第一次ベビーブームの後，出生数が減少に転じたため，収容力を維持するだけでも進学率は上昇し続け

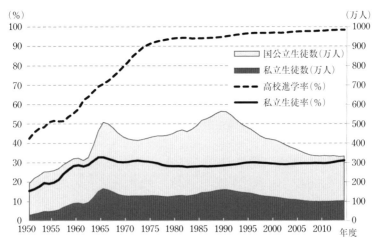

図1　高校進学率と生徒数の推移（出典　文部科学省「学校基本調査」）

たのである．したがって高校教育の拡大のメカニズムを知るうえでは1960年代前半の対応がいかに行われたかという点が鍵となる．どんなに進学需要が高まったとしても，機会の供給がなくては拡大は実現されないからである．当時の文部省は高校教育の拡大には消極的であったが（清水 1973b），実際の進学率は文部省の推計を大幅に上回るペースで上昇した．各都道府県は，教室の転用や臨時の学級定員の増加，公立学校の新設などの策を講じたものの高まる需要には追いつかなかった．この需給ギャップを埋めたのが私立高校であり，この時期私立高校に通う生徒の比率は大きく上昇した．現在まで引き継がれる公私比7：3の高校教育の提供構造はここに形成されることとなる（香川ほか 2014）．

●拡大期以降の高校教育──多様化政策の進行　1960年代，文部省は「能力，資質が高校教育に耐えうる者だけが進学すればよい」という適格者主義を明確に打ち出していた．しかし，すでに指摘したように実態は文部省の意向に沿うものではなく，従来，高校には進学しなかったような幅広い能力や適性をもつ生徒が入学するようになった．加えて，進学率の上昇に伴って（主として入学時の学力や進学実績による）学校間，学科間の序列が顕在化し，不本意入学や不本意就学が問題として認識されるようにもなった．高校教育をめぐるこのような状況を打開するために取られたのが多様化政策であり，1970年代以降，高校教育改革の基調となっていく（児美川 2013）．例えば，1971年の中央教育審議会（中教審）答申では，高校段階の過度な画一化の弊害が指摘され，個々人の多様な能力・適性・希望に応じた教育内容の多様化を推進する必要性が主張された．

　多様化政策には教育内容の柔軟化・弾力化と制度改革の二つの側面がある．高校の教育課程を枠づける学習指導要領の必修科目や単位数，卒業に必要な単位数は改訂を重ねるごとに減少した．代わりに選択科目を増やし，生徒の「実情」に合致した教育課程・内容を柔軟に組めるようにしたのである（飯田 1992）．遅れて1980年代後半から1990年代に進行したのが，制度面での改革であり，単位制高校，総合学科，中高一貫教育など新しいタイプの高校が矢継ぎ早に制度化された（月刊高校教育編集部 2006）．このような制度改革は，臨時教育審議会（臨教審）以降の「個性重視の原則」や，過度の受験競争や画一的な教育の是正，「ゆとり」のなかでの「生きる力」の伸長といった論理を基軸に据えていた（横井 2009）．そしてそれは，学校単位での「多様化」「特色化」を推奨することにもつながり，さまざまなタイプ，教育内容の学校が高校に内包されることとなった．

［香川めい］

📖 さらに詳しく知るための文献

香川めいほか，2014，『〈高卒当然社会〉の戦後史──誰でも高校に通える社会は維持できるのか』新曜社．
門脇厚司・飯田浩之編，1992，『高等学校の社会史──新制高校の〈予期せぬ帰結〉』東信堂．

高校教育の現代的諸相
——低成長下の多様化と生涯学習体系化

☞「高校教育の量的拡大と質的変容」p. 400

　成長から定常型へという大きく異なる社会的文脈の移行のなかで，高校教育は縮小のなかでの多様化と生涯学習体系化という大きな潮流にさらされ続けている．

　最初に高校教育の現代的諸相を課題の側面から見てみよう．課題は多岐にわたるが，ここでは多様化に関わる課題と生涯学習体系化（＝学校教育への過度の依存からの脱却）に関わる課題をリストアップする．①学科やコースなどの制度的多様化，②教授方法の多様化，③SC（スクールカウンセラー），SSWer（スクールソーシャルワーカー），警察などの"教育担当者"の拡大と多様化，④生徒の学力・家庭的背景・経済力の多様化，⑤高校生活と高卒後進路の多様化，⑥フリースクールに象徴される学校の独占性と正当性のゆらぎ，⑦メリトクラシー規範とトラッキングの弛緩，⑧教育の格差の顕在化などである．従来も高校教育の多様化や学校教育への過度の依存はあったが，1960年代の経済審議会人的能力部会のマンパワー政策以降，高校は日本の産業に貢献することで長らく社会から承認され支えられてきた．社会が成長するなかでは，部分的であれ対処療法的であれ高校の課題は解決され，さらに，1970年代半ば以降に限っては高校の量的拡大のなかで課題は吸収された．だが，やがて日本社会は低成長社会に突入し，高校は量的縮小へと転じた．これらの結果，高校の課題は解決が難しくなった．

●**多様化と生涯学習体系化の源流から今へ**　すでに中央教育審議会の四六答申（1971［昭和46］年）は社会構造と人口動態の変動を視野に教育の多様化を答申し，それは高校教育課程の弾力化に結実した．成長の時代に出された四六答申では「科学技術の進歩と経済の高度成長」「社会の都市化・大衆化」「人間の寿命の伸長と社会の労働需要」「国際交流の高まり」などの視点から多様化が提起された．つづいて，1984〜1987年の臨時教育審議会も成長のなかで議論され，個性重視の原則，生涯学習体系への移行，変化への対応を答申した．個性重視の原則とは多様化であり，「教育の画一性，硬直性，閉鎖性といった弊害を打破する考え方」，生涯学習体系への移行とは「学校教育への過度の依存を反省し……多様な学習需要や……新たな知識技術の習得の必要性にこたえる」こと，変化への対応とは「教育が直面している最も重要な課題は，国際化及び情報化への対応」である（文部省「我が国の文教施策　平成5年度」）．

　臨教審以降は，成長が鈍化するなかで，改革の方法がドラスティックに多様化した．2001年に誕生した小泉政権は「小さな政府」による成長を目指して新自由主義的な教育改革の手法（NPM：New Public Management）で学校運営やカリキュラム運営の改革を迫った．民主党政権はNPMが「管理職主権」や「専門

家主権」を招くことを危惧し，コミュニティ・スクールに代表される「地域主権」による地域に即した多様な改革を迫った．

●成長の文脈での高校教育から定常の文脈での高校教育へ　1990年代以降の日本社会は成長が鈍化した．また，「21世紀の国土のグランドデザイン」（"五全総"，1998年）が描くように，中央主導の産業と社会の成長は困難化した．低成長で中央の統制が困難な社会は定常型社会の視点から論じられる．人口と資源に制約された高齢化社会と環境親和型社会からの要請に対して中央主導の成長ではなく，コミュニティ主導の質的改良によって社会の幸福度を高めるという道筋が示された（広井 2009）．メディアで地域活性化事例として紹介されるものは，自律分散型社会，地域主権，地域内分権などの視点から地域ごとの産業・福祉・幸福の諸問題の解決が試みられる事例が多い．

　社会から「生徒」に目を転じると，2000年前後から従来型の能力主義的でメリトクラシー規範的な志向に加えて，それ以外の多様な価値を志向する生徒が増加した（樋田ほか編著 2000）．「高校教育」に目を転じると，近年，普遍的な課題と普遍的な選択肢が与えられて唯一解を選ぶというセンター試験型学力の教育を続ける高校に加えて，高校魅力化プロジェクトに取り組んでいる島根県の隠岐島前高校に代表されるように，課題（とりわけ地域の課題）と複数の具体的な解決策を自分で発見し，自分たちの条件に合った最適解を検討し実行する生徒を育てる高校が生まれている．地域課題解決型の学習は，ジェイコブズ（Jacobs, J.）の都市を単位とした経済（Jacobs 訳書，2012），シューマン（Shuman, M.）の地元オーナーシップ・輸入代替主義（LOIS）（Shuman 訳書，2013），地域内経済循環，地域資源の利活用，顔の見える売買などの産業の動向と親和的であり，定常型社会の質的改良の文脈での多様化と生涯学習体系化に道を開くものである．また，生徒の学校適応を高めたり生徒と地域住民の両者が地域での当事者性を高めたりする効果がある（樋田 2015）．さらに，質的改良の文脈で唱えられている参加と能動性を高める"アクティブ・ラーニング"などの教授方法に先行するものであり，従来からある「地域に開かれた学校」の定常型社会における到達点を示すものである．

[樋田大二郎]

さらに詳しく知るための文献

樋田大二郎，2015，「離島・中山間地域の高校の地域人材育成と「地域内よそ者」―島根県の「離島・中山間地域の高校魅力化・活性化事業」の事例から」『青山学院大学教育学会紀要』59，pp. 149-162.

広井良典，2009，『グローバル定常型社会―地球社会の理論のために』岩波書店.

樋田大二郎ほか，2001，『高校生文化と進路形成の変容』学事出版.

高校からのトランジション

☞「未婚化社会」p. 298「家族と社会化」p. 306「高校教育の量的拡大と質的変容」p. 400「ライフコースの脱標準化」p. 570「非正規雇用」p. 606「学卒労働市場」p. 656

　トランジション（移行）という語は，教育社会学的な文脈では主に，①「青年期から成人期へのトランジション」のようにライフコースにおけるステージが変化し進行するという意味と，②「高校からのトランジション」のように学校を卒業（教育を修了）して初めての職に就くという意味の，二つの定義で用いられる．前者は広義の，後者は狭義のトランジションであり，狭義のトランジションがスムーズであれば，広義のトランジション，すなわち離家や結婚など一連のライフイベントも相対的にスムーズに進行することが知られている．日本では，後者の狭義のトランジションが 1990 年代後半から重要な研究テーマとなってきた．

●**トランジション問題の発見**　すでに 1970 年代後半から 1980 年代にかけて長期不況を経験していた欧米諸国では，若年者における（広義の）「トランジションの長期化・複雑化・不安定化」が問題とされていた（Jones & Wallace 訳書，1996）．けれども 1990 年代初頭まで経済的好況にあった日本では，この問題の発見が遅れただけでなく，狭義のトランジションに関心が集中する傾向にあった．

　トランジションの問題は，当初，バブル経済崩壊後の高卒者の就職難という側面から着目された．日本の労働市場における新規学卒一括採用という雇用慣行は 1960 年代以降，安定した経済状況を背景として，若年者を失業から保護してきた．特に高卒就職者では，高校が地元企業に毎年卒業生を送り出す「実績関係」などにより，スムーズな移行が可能だとされてきた（苅谷 1991 など）．実績関係がある高校と企業の間では日頃から情報交換が行われており，高校は企業のニーズに合う生徒を送り出し，その採用をほぼ確実と期待することができる．けれども，バブルの崩壊後，労働市場が縮小するなかで，進学も就職もしない高卒「無業者」（ニートと呼ばれることもある）が増加していった（粒来 1997 など）．

　新規学卒一括採用という雇用慣行は戦後から高度経済成長を通じて普及し定着したが，当初は中卒者を対象としていた（苅谷ほか編 2000）．「職業安定法」に基づき，中卒就職は公共職業安定所が主導する．それに対して高校は職業安定所業務を分担しており，企業は職業安定所と高校の両方を媒介せずに生徒に直接的・個人的接触を行うことはできない．一方，大学は厚生労働大臣への届出により職業安定所とは独立の無料職業紹介事業を行っているが，企業は大学の媒介なしに求職者に接触できる．つまり，就職に対する学校の関与は高校が最も強い．

　1970 年頃から学卒就職の主流が高卒者になると，高校の教育システム内部に就職指導が深く組み込まれるようになった．「校内選考」（どの企業に誰が就職するかは高校の成績で選考される），「指定校制」（企業は毎年特定の高校から一定

数の卒業生を採用する），「一人一社制」（一人の生徒は複数の企業に応募できない）などの高卒就職の特徴も確立されていった．求職する生徒は職業能力ではなく学業成績や学力試験などによって選考され，技能形成は採用後の企業内訓練を通じてなされるようになった．こうした高卒就職のあり方が，高校の就職指導を生徒本人の選択や挑戦を重視しない単なる就職斡旋にしたという指摘もなされている（苅谷ほか 1997；本田 2005a）．

「無業者」と高校の階層構造との関係も重要である．日本の高校は階層構造（一種のトラッキング構造）を形成しており，高校のタイプ（学科）や入試ランクによって生徒の進路が大きく異なる．1990 年代初頭まで，生徒たちは，進学校では大学進学へ，職業高校（現在の専門高校）では就職へと強く水路づけされていたが，こうした水路づけが相対的に弱い普通科中位校や普通科下位校では「無業者」が生み出されやすい傾向にあった．1990 年代以降，専門高校からの進学が増加したり，総合学科などを有する高校が新設されたりしたことによって，多くの高校でトラッキングが弱まり，さまざまな高校から「無業者」が生み出されるようになった．

●移行の不安定化と社会構造　2000 年代半ばまで，無業は個人的な選択と責任の帰結とされ，若者の勤労意欲の低下や，パラサイト（寄生）を許す親子関係などを指摘する「若者論」がマスメディアをにぎわせた．しかし，ここで重要なことは，好条件を期待できる職に就く機会が学卒時にほぼ限定されているという社会構造である．新卒時の無業者がその後，正規雇用の職を得ることが困難なため，年齢を重ねても，高い階層的地位を得ることが難しい．職業キャリア上の不利をこうむるだけでなく，結婚などのライフチャンスにも恵まれないことが多い（宮本 2002；小杉 2003）．

「無業」研究から始まった一連の研究は，「フリーター」研究，さらには「トランジション」研究へ展開し，多くの成果を蓄積してきた．これらの研究は，広義のトランジションはいうまでもなく，高校教育システムや学卒就職の歴史研究・国際比較研究，若年者の雇用や福祉政策研究など，複合的なテーマと関わっている．高卒者の進学率がいかに上昇したとしても，高校から労働市場へのトランジションを果たさなければならない若年層は一定程度，存在し続ける．その意味で，研究をより深化させ，「高校からのトランジション」を日本社会のなかで位置づけることは，重要な社会的課題といえよう．　　　　　　　　　　［佐藤　香］

📖 さらに詳しく知るための文献

乾 彰夫，2010，『〈学校から仕事へ〉の変容と若者たち―個人化・アイデンティティ・コミュニティ』青木書店.

小杉礼子編，2005，『フリーターとニート』勁草書房.

太郎丸 博編，2006，『フリーターとニートの社会学』世界思想社.

第5章

教　師

［編集担当：油布佐和子・山田浩之］

概説：改革の時代の教師と
　　教師研究の現在 ……………… 408
教員政策 …………………………… 412
教員養成と大学の改革 …………… 414
教員評価と成果主義 ……………… 416
教育実習の長期化と教員養成 …… 418
教師の勤務環境と労働 …………… 420
教員組合 …………………………… 422
教員需給 …………………………… 424
チームとしての学校 ……………… 426
職員室の機能と変化 ……………… 428
教職専門性論の変容 ……………… 430

不適格教師とは何か ……………… 432
高校における生徒指導 …………… 434
モンスターペアレントと教師 …… 436
ゆらぐ教師像 ……………………… 438
教師のパースペクティブ ………… 440
ライフヒストリーとキャリア形成 … 442
女性教師 …………………………… 444
教員文化とその変化 ……………… 446
教員研究の動向――不平等の再生産に
　おける教師期待の役割 ………… 448
教室のなかの教師と教育課題 …… 450
戦前の教員養成 …………………… 452

概説：改革の時代の教師と教師研究の現在

☞「教育政策」p.672

　教育について語られる際，その多くは教師に言及している．いじめや不登校，受験偏重などの教育問題の原因を教師に求めるのはこれまで常であった．一方，未来の教育の担い手としても，教師に多大な期待が寄せられてきた．教師は他のどのような職業よりも語られることが多く，批判と期待が入り混じり，過剰なまでの語りにさらされている．また，「教育学とはある意味で教師論であった」（新堀 1973, p.4）と指摘されるように，学校教育に関わる研究においては，その担い手たる教師に触れないことはほとんどなかった．

　ところが，多くの論者が指摘しているように，教育学や教育社会学の研究では「教師」そのものを対象とした研究は必ずしも活発に行われてこなかった（高井良 2007；油布編著 2009；加野 2010）．日本教育社会学会の機関誌である『教育社会学研究』で教師に関する特集が掲載されたのは第 13 集（1958），第 28 集（1973），第 43 集（1988），そして第 86 集（2010）の 4 集だけである．特に第 43 集以降は第 86 集まで特集が組まれておらず，近年の『教育社会学研究』における教師に対する研究関心の低さがわかる．こうした状況は日本教育学会の機関誌『教育学研究』でも同様であるという（高井良 2007）．

　このように教師研究が「マイノリティ」（油布編著 2009）ともいえる状況にある理由は，少なくとも 2 側面から説明できる．第一は，教育社会学の研究が学校の選抜機能や児童生徒の社会化に強い関心をもつものの，その構造や機能の分析が中心となっており，エージェントへの関心が背後に押しやられていたという点，第二は，教師を中心に据えた研究の多くが，教師の抱える実践的な課題に関心をもっているという点である．後者では，教師の教育方法や学校・クラスの管理・経営について，教師の実践に資する研究をすること，すなわち教師にとって有用な知識を獲得することが目的となっているため，このようなテーマは「事実を客観的に把握・分析する」という教育社会学の研究関心からは少し離れたものとみなされてきたのである．エージェントである教師そのものを，客観的かつ相対的に研究するという関心・視点の欠落が，教育社会学の研究で教師研究が「マイノリティ」であることの理由だと思われる．

　とはいえ，教育社会学の研究で教師そのものを対象とした研究は，量的に多いとはいえないものの重要な研究が少なからず発表されてきたのも確かである．以下では，そうした研究をマクロ，メゾ，ミクロな領域に分けて概観し，研究の課題を明らかにしたい．

●**マクロな視点からの教師研究**　マクロな視点からの教師研究は，量的に多いと

はいえないがジェンダー＝女性教師研究や戦前の教師研究が一貫して行われており（「女性教師」p. 444,「戦前の教員養成」p. 452），また教員需給予測に関する研究は教育社会学らしい研究実績をあげている．しかしながら，1966 年の ILO, ユネスコ勧告以来展開されていた専門職研究は，専門職性の内容を問うよりは，他職種との境界をめぐる問題としてとらえられるように変化し，教師の出身階層や社会的地位などに関する研究は 1980 年代にはほとんどみられなくなった．

　一方で，マクロな視点から教師をとらえる研究の必要性はますます高まっている．財政難によって福祉国家の構想が破綻したことから規制緩和と市場主義に基づく新自由主義的な教育改革が席巻し，それが大学における教員養成や現職研修などを大きく変え，また，教師の生活や仕事に直接影響を及ぼしているからである．

　前者，すなわち養成や研修については，「教職実践演習」の設置，現職教員への教員免許更新制度の導入，「教職大学院」の開設などが実行に移されてきた．そこでは，長期のインターンシップの導入などによる経験主義の台頭，高等教育における実務家教員の増加，教職の専門職化や「教員養成の高度化」を担保するものとして創設された「教職大学院」の理念と実際の乖離など，教員の養成や資質・能力に関わって研究すべきテーマは拡大している．加えて，「国立大学」改革における学部改組や「ミッションの再定義」「人文社会科学部の廃止や転換」などの政策によって教員養成を担う大学そのものの検討が迫られている．養成に係わる内容としては，加速する改革のなかで，2015 年中教審答申 184 号にみるように，教育委員会と大学が連携して育成協議会を創設し，国が示したモデルを参考に育成指標を作成することが求められ，続いて教員養成の質を担保するという目的で，教職課程コア・カリキュラムが示されている．こうした政策は，単に「教師の質の向上」の観点のみで論じられてすむものではない．なぜならば，同時に，教員養成・研修の中核となる教員支援機構の創設が明示され，採用試験の合同化や「免許の国家一元管理」（2017 年 6 月 15 日付新聞報道）が提案されているように，教員養成やそれを担当する大学への統制が強まり，国家あるいは内閣・政権による教育の支配という課題が内包されているからである．このような一連の政策のなかで，どのような教師が育つのか，また，エージェントしての教師の役割やその変容を明らかにする必要性はますます高まっている．

　上述したような趨勢を俯瞰的にとらえることができるのは教育研究の領域では社会学をおいてほかにないと思われるが，改革のスピードが速いためか，あるいは教育社会学の現象へ切り込む方法が，こうした課題に向いていないためか，新しい現象に対する示唆を与えるような研究はまだ現れていない．さらに，教員養成は元来ドメスティックなものであったが，前述した趨勢は，新自由主義的改革に由来する変化として世界的にみられ，こうしたグローバルな視点からの比較分

析も急務である.

　一方，後者，すなわち教師の生活や仕事についても，義務教育費の国庫負担問題や，能力給への移行とそのための教員評価などがすでに実施されており，これは，勤務環境の変化として，教師の私的・公的生活双方に影響を与える問題となっている．ただし，教員評価の導入やそれへの教師の対応についての領域で比較的まとまった成果を見るのは，苅谷・金子（編著 2010）の研究にとどまっている．

　OECD が実施した TALIS に明らかなように，日本の教員の労働時間は，参加国中第1位を記録し，教員の病気休職者の増加などメンタルヘルスについても看過ごせない状況に至っている．変化のなかでの教師の生活や意識については久冨や藤田・油布らの時系列的調査研究があるが，いずれの調査においても共通する教員の意識傾向が析出されている．つまり，勤務環境が悪化し，仕事への統制が強くなるにもかかわらず，そうしたことにあらがわず順応的な性向をもつ教員が増加しているという点である．このような教員側の労働者としての権利意識の希薄さの背景には，教師は賃金の多寡を語るべきではないという教師＝聖職論の強化（山田 2002）が根強く存在し，教師が賃金や労働環境について語ることがタブーとされているという説明もある．

　ところでこのような時期には，改革に対する対抗勢力としての組合の動向が重要になる．現在，戦後史のなかで改めて日本教職員組合（日教組）の活動を振り返る研究が行われている（広田 2016）．しかしながら，賃金闘争や勤務評定などをめぐってデモやストライキなどの労働運動を展開し，さらに，教育運動団体という側面から，戦後の文部省の示す教育方法やカリキュラムなどにイデオロギー的に対立してきた最大の組合である日教組の組織率は，現在著しく低下しており，また，1995 年に文部省（当時）との間で「歴史的和解」をしたことによって，政策への対抗勢力としての姿は後退している．

　海外では，教師の労働時間や勤務環境，教育内容の改革などに教員組合が重要な役割を果たしていることを考えると，労働組合についての国際比較調査を通じて「聖職意識」や「労働者の権利意識」などのさらなる研究が求められる．

●**学校組織における教師**　次にメゾレベルでの研究を検討してみよう．教育改革では現在，「チーム学校」が一つの焦点となっている．教育社会学では，有効な学校経営を目指す研究ではなく，学校を単位とする職場集団についての実証的な研究が，ある程度の蓄積を重ねている．「同僚性」をキーワードとして，その役割や機能，同僚の関係のあり方，共通する行動様式や意識・アイデンティティといった独特の文化＝「教員文化」の特徴を明らかにし，その形成過程が検証されてきた（久冨編著 2003；紅林 2007 など）．

　しかしながら，学校現場では，教師の雇用形態が「終身雇用の教師，非常勤，再任用，任期付き」などに多様化しており，また，SC や SSW など，学校に常

駐しない専門家も「チーム学校」の一員を構成する．ボール（Ball, S.）が指摘したように，学校は「合議＝専門職組織」から「管理＝経営的組織」に移行し，効率的な組織へと編成が進められている．こうした状況が，教師の協働にどのような影響を及ぼすか，その実証研究がまたれる．

さらに，教師が取り結ぶ関係は同僚だけではない．保護者・地域との関係は今後ますます比重が大きくなることが予測される．「地域社会と学校」の研究などにおいてもその担い手に焦点を当てて論じられることが少なかっただけに，今後の展開が期待される領域であろう．

●学校・教室内での教師　ミクロな視点の研究としては，学校や教室内での教師の研究があげられる．1970年代にイギリスで生じたいわゆる「新しい」教育社会学以降，教室への参与観察などエスノグラフィー，教員・児童生徒へのインタビューなどの質的方法が採用され，教師と生徒の相互作用や教師のストラテジーなどの研究が進められてきた．「新しい」教育社会学は，単にミクロな場面を研究するだけでなく，その背後に隠れた教師の意識や社会的背景の分析を行い，日常的に繰り返される諸関係のなかに，マクロな構造を生産し続ける要因を明らかにしようとするものであった．ただし，ミクロ領域での研究蓄積がこうした原初的課題を意識しているかといえば，必ずしもそうとは限らない．

いま一つこの領域では，教師のキャリア研究をあげることができる．アンケート調査などを用い教師の成長を初任期（あるいは採用以前）から退職までを明らかにするライフサイクルやライフコース（山﨑 2002 など）は，どちらかといえば教師が集合的に分析されるのに対して，近年はライフヒストリーやライフストーリーなど，個人，あるいはごく少数の教師に焦点を当て，教師の内的な変化や教師と社会との関わりなど，仕事だけでなく，私生活も含めて分析が行われるようになっている（川村 2009；髙井良 2015 など）．

ここでは，質的研究方法での探求がマクロな構造へどのように回路をつなぐのか，どのような理論的背景に依拠するのかなどについて十分に考えられる必要があろう．

●教育社会学における教師研究の課題　教師研究は従来ドメスティックなものであった．しかしながら，近年，教師を取り巻く制度や社会状況が世界的に近似してきている．勤務環境や役割についての日本の教師の特殊性を考察するうえで海外との比較研究はますます重要となるだろう．

また，教師については過剰に語られているが，これまで《当事者》の声に耳を傾けることが少なかったことを考えれば，教師の声を聴き，教師の側の論理を明らかにするとともに，研究者主導の問題関心ではなく，教師自身による問題関心によって研究が行われる必要があろう．　　　　　　　　　　　　［油布佐和子・山田浩之］

教員政策

> 「教員養成と大学の改革」p.414「教育における政策決定過程」p.684「教育の地方分権」p.690

　教員政策は，臨時教育審議会に始まる第三の改革でその方向性が示され，今世紀に入って本格的に始動するようになった．それは，養成政策と教員をめぐる制度のすべてに及んでおり，公務員改革や国立大学の改革とも深く関連して進められているが，何よりも政治主導の改革という点に特徴がある．

　これまで日本の教育政策は，中央教育審議会で審議され実行に移されてきたが，「教育改革国民会議」「教育再生会議」「教育再生実行会議」などの首相の私的な諮問機関での議論が，中央教育審議会の方向性を決定づけるようになっている．またその背後には，経済的グローバリゼーションにふさわしい「人材」の育成を求める財界や，公務員改革や国立大学改革に見るように財政の立て直しをはかる財務省などの思惑があり，それが政策に大きな影響を与えている．

●**教員養成政策**　教員養成政策は，「教員の資質能力の向上方策について」（1987年中教審答申）で，その後の長い改革の道筋が示された．そこでは，教員養成・採用・研修の各段階を通じた教員の資質能力の向上を目指すことが示され，教師の実践的指導力を養成することが目的とされている．実際にそれが具体的な政策として実現したのは，「今後の教員養成・免許制度の在り方について」（2006年）であり，①教職課程の質的水準の向上のための「教職実践演習」の導入，②高度な専門職業人養成のための「教職大学院」の設立，③教員生活全体にわたって必要な資質能力を保持するための「教員免許更新制」の導入がはかられた．

　さらにその後，「教職生活の全体を通じた教員の資質能力の総合的な向上方策について」（2012年答申）で，教員養成の修士レベル化やそれに伴う免許制度の改革，また，教育委員会と連携した取組みの推進が明示された．しかしながら2015年答申「これからの学校教育を担う教員の資質能力の向上について」では，「教員養成の修士レベル化」は後退し，「国，教育委員会，学校，その他の関係者が一体となって学校の力の向上措置」を図り，「学び続ける教員」を支えるための新たな施策が俎上に上がっている．具体的には，①国が大綱的に「教員育成指標の策定指針を提示」し，教育委員会と大学などが協議して「教員育成協議会」を設立し「育成指標」を作成する，②教員採用試験の共同作成などが盛り込まれ，また，③現職の研修を充実させるために，教員研修センターの機能強化をはかり（2017年4月に教職員支援機構として設立），教職大学院をハブとして全国的な研修の充実をはかることが示された．結果として，これまでにない国家・中央主導型の養成・研修システムが構想されることになった．

　2012年答申から2015年答申への変化は，第一に，民主党政権から自民党政権

へと政権が移るなかで，安倍首相の諮問機関である「教育再生実行会議」の活動が活発化したこと，第二に，「ミッションの再定義」により，国立大学改革が教員養成の理念や改善とは遠いところで始動したことと関連する．とりわけグローバルスタンダードとなっている修士レベル化が後退したことの意味は大きい．

　また，教職大学院の創設とともに「理論と実践の往還」を目指した「省察」が注目されたが，「実践的指導力」の形成を重視する立場から，インターンシップやボランティアを重視した現場主義と，技術・知識の達成基準を明示する「育成指標」の導入が目指され，実際にはアクティブ・ラーニングなどの現代的課題に即応する教員の育成が中心となっている．同時に「教職課程コアカリキュラム」にみるように，教職の標準化も急速に進んでいる．

●**教員をめぐる制度改革**　教員をめぐる制度改革は，国家財政の問題と密接につながっている．教員に関わる制度改革の側面で，最も大きな改革は 2006 年度の義務教育費国庫負担金の改革である．すでに臨教審の「教育行財政の見直し」で，教員の給与体系以外のものは国庫負担の対象経費からはずされていたが，2006年の「三位一体の改革」（国庫補助負担金の縮減，地方交付税の見直し，国から地方への税源移譲）が示されることにより，教育関係者のみならず，首長，地方公共団体，各省庁も含んだ議論が展開されることになった．その結果，義務教育費国庫負担制度は存続するものの，政府の負担額は従来の1/2 から1/3 へと縮減し，代わりに，総額裁量制をとることによって，各自治体の裁量が認められることになった．この制度改革の結果，総額裁量制を利用し，再雇用や非常勤雇用の教師が増えるなど教師の雇用形態が多様化している．

　ところで，優秀な教員を確保する目的で，人材確保法により教員給与はほかの行政職より若干の優位性を保ってきた．また，職務の特殊性から，残業代を支払わない代わりに一律 4% という「教職調整額」が支給されている．教員に特有のこれらの措置は，多忙を黙認する一因となってきた一面もあり，また教育をとりまく状況が設定時と大きく異なっている現状においては，見直しが求められている．

　改革の手は給与の支払い方そのものにも伸びている．年功序列型の給与体系は，中高年教師が増えると多額の支出を要し，また，安定した生活や保障が慢心や停滞をもたらす可能性があることから，「メリハリのある給与体系」への移行が求められている．これに伴い「教員評価」を給与に反映する方法が導入された．ただし，1950 年代後半に勤務評定をめぐる大きな反対運動があったことも踏まえ，これを給与に反映する仕方は，それぞれの自治体で異なっている．メリハリのある給与体系への移行の今一つの方法は，鍋蓋型学校組織に，副校長，主幹教諭，指導教諭などの新しい職位を配置し，職位による差異をつけることである．これらの改革は，まだその途上にある．　　　　　　　　　［油布佐和子・紅林伸幸］

教員養成と大学の改革

☞「教員政策」p. 412「教育実習 の長期化と教員養成」p. 418

　戦前の師範学校の学習内容・方法は，精神論的な内容に傾斜し，その結果科学的な認識を形成しにくいことが指摘された．これを反省した戦後の教員養成は，専門的な教科内容を重視し，教員養成は大学で行うことと開放制を原則とした．しかし一方で，1970年代から1980年代にかけて，校内暴力・いじめ問題・不登校・学級崩壊などが問題となり，教科内容のみならず，教職への意欲や教育指導方法を含めた教師の質が徐々に大きな課題となった．教師の資質形成としての，開放制を含めたゆれ戻しが，教員養成の大学改革の出発点となっている．

●**戦後以来の教員養成制度の転換**　大きく変わり始めたのは，1997年の教育職員養成審議会「新たな時代に向けた教員養成の改善方策について」が養成・採用・研修の各段階を通じて総合的に教師の質の向上と教員養成課程カリキュラムの改善を求めたことによる．この答申では，新卒段階から生徒指導・学級経営・教科指導などが実践できる資質能力を求めており，そのために大学の教員養成の役割が大きな課題となった．

　特に教員養成のなかでも，目的養成大学である国立教員養成系大学・学部に対しては，教員就職率の低下をはじめとして，大学の役割に関する厳しい指摘がなされていた．2001年の「国立の教員養成系大学・学部の在り方に関する懇談会」の答申「今後の国立の教員養成系大学・学部の在り方について」では，全国の教員養成系大学・学部の再編統合も含めた提言がなされた．しかし教員養成の内容までは踏み込まず，カリキュラム内容に関しては，日本教育大学協会に委ねた．日本教育大学協会"モデル・コア・カリキュラム"研究プロジェクトの2004年の答申「教員養成の"モデル・コア・カリキュラム"の検討―"教員養成コア科目群"を中心にして」では，「理論と実践」の往還および省察による実践力の発展モデルが提起された．

●**大学の教員養成と学校現場をつなぐ改革**　2006年の中央教育審議会答申「今後の教員養成・免許制度の在り方について」では，大学の教職課程の質的向上をはかる必要性が答申された．そのための大学全体としての組織的な指導体制の確立および教職大学院制度の創設と教員免許更新制の導入が答申された．これを踏まえて2008年から，国立・私立を含めて19大学において教職大学院が設置された．免許状更新講習では，多くの場合は，大学で講座を開講することとなり，大学教員が現職教員の研修を担った．それにより，結果的に，大学教育と学校現場の実践が，より交流されることとなった．

　2012年の中央教育審議会答申「教職生活の全体を通じた教員の資質能力の総合的な向上方策について」では，教員資質の高度化を果たすうえで，教職課程の

実践的な資質形成がいっそう求められた．特に生き抜く力を育成するために，思考力・判断力・表現力の育成や多様な人間関係を結ぶ力の養成などが課題であるとした．そのために教職生活全体を通じて，「学び続ける教員像の確立」が求められた．また大学の教職課程の実践的役割を高めるために，「学校現場での体験機会の充実」と「教育委員会・学校と大学の連携・協働」が課題となった．

●**教職大学院の拡充とゼロ免課程の縮小**　また2012年の同答申において，学部4年間では学べる内容に限界があるため，「教員養成を修士レベル化し，高度専門職業人として位置づけ」ていく必要性を提起していた．その制度的保障として，「教職大学院制度を発展・拡充してすべての都道府県に設置」することが求められた．また教職大学院の内容を広げるために，教科教育を教職大学院の内容に取り入れていくこと，そのための担当教員の充実と教職大学院の拡充が課題として指摘されている．

2013年には，文部科学省は，国立教員養成系大学・学部のゼロ免課程の廃止方針を含むミッションの再定義をすべての教員養成系大学・学部に求めた．これを受けてほとんどの教員養成系大学・学部では，教員免許の取得を義務としない教育課程を廃止した．これは教員養成系大学・学部をより目的養成大学に特化させる再編政策であった．

2014年の中教審初等中等教育分科会教員養成部会答申「これからの学校教育を担う教員の在り方について─小中一貫教育制度に対応した教員免許制度改革」では，学校制度改革として小中一貫教育を新たな施策として進めることが目標となった．それによって，大学における小学校と中学校の両免許を取得するためのカリキュラム方策が推奨された．

2015年の中央教育審議会答申「新しい時代の教育や地方創生の実現に向けた学校と地域の連携・協働の在り方と今後の推進方策について」では，コミュニティ・スクールがすべての学校の努力目標として明記された．このため，教員養成の資質形成の一つとして，地域協働型の教員養成が課題となり，教職科目内容にもこのような観点が入れられた．具体的には，保護者・地域住民との連携力や，地域環境を活かしたカリキュラムマネジメント能力が課題となっている．

2015年の中央教育審議会答申「これからの学校教育を担う教員の資質能力の向上について─学び合い，高め合う教員育成コミュニティの構築に向けて」では，アクティブ・ラーニング・ICT・道徳教育・小学校英語・教職員の協働性などを，新しい教員養成カリキュラムに導入することが求められた．

これらのように，教員養成改革は，学部教職課程の改善と教職大学院の拡充による質量の改善をはかっている．これにより教科指導力と学級経営・生徒指導力の向上を併行して進め，同時にコミュニティ・スクールなど，新しい学校課題に対応できる汎用的な力量を有する教師の育成を目指している．この結果として，教員養成系大学・学部はより目的養成の大学として，収斂されることとなった．　［玉井康之］

教員評価と成果主義

☞「新自由主義」p. 680

　近年，「教員評価」を「成果主義」の文脈でとらえることが常態化しつつある．2000 年以降，日本各地で導入された「新しい教員評価」制度は，校長が立てた組織目標に応じて，個々の教師に自己目標を設定させ，それに基づいて管理職が教師の業績評価を行うという「目標管理の手法」が採用されている（苅谷・金子編 2010；勝野 2004）．現在，こうした評価結果を昇任，昇給・降給，勤勉手当，免職・降任といった処遇に反映している自治体（都道府県・指定都市）は 7 割弱にのぼる（2016 年 4 月の文部科学省調査）．「教員評価」と「成果主義」の結びつきは必ずしも自明ではないにもかかわらず，両者はなぜ結びつくことになったのか．

●**行財政改革の一環**　まず，教員給与改革が行財政改革の手段とされやすいことがあげられる．妹尾（2010）は，地方分権化のもとで義務教育の教員人件費が 2004 年に総額裁量制になったことは，教員給与財源が自治体にとって魅力的な「打ち出の小槌」へと変化したことを意味すると指摘し，2008 年度における教員人件費と財政力指数の関連を分析して，「財政状況の苦しい自治体ほど，教員給与を抑制する誘因が強くなる」傾向を明らかにした．少ないパイを分ける環境にあれば，給与を一律に抑制するか，競争的・成果主義的に配分するという選択肢が浮上しかねないのである．

●**「品質保証国家」の教育政策**──**市場化と中央集権化**　アメリカやイギリスでは 1980 年前後から，教員評価を利用した「業績主義給与」（メリットペイ）を導入して教育活動の質を高めようとする政策が企てられた．しかし，この政策は競争的な労働環境や報奨が職場の協同的な同僚関係を損ない，教師のモラルを低下させるなどの批判を受けたことで，教員評価制度は教師の資質能力向上政策の一環という新たな論理のもとで打ち出されるようになった（勝野 2004, pp. 12-17）．だがそれは，1990 年代から先進諸国で急速に広がった新自由主義的な改革動向に応じた新たな管理統制へと，再び利用されていくことになる．

　そこでは，公教育の供給主体が自由化・多元化される代わりに，公的セクターは教育の遂行（performance）を評価，管理する，他方で，学校や教師などの供給側は自身が行った教育の遂行性（performativity）に関する説明責任（accountability）を公的セクターに対して負う，という関係性が構築された（小玉 2009）．市場化と中央集権的な管理統制がセットになって進行したのである．

　イギリスの教育改革を分析した大田（2010）は，「公共サービスの供給者の多様化を促進し，顧客は市場で供給者を選択し，国家は品質の内容と水準を規定し，査察し，評価し，テストや査察結果を公表する」といった 1980 年代の一連のサッ

チャリズムの教育改革を指して,「品質保証国家」の登場と呼んだ.これはその後も,保守党の「自由競争」と「自然淘汰」をキーワードとした体制から,労働党の「規制された競争」と「事後評価と救済策」をキーワードとした体制（1990年代後半から2000年代）へと体制が変わっても引き継がれた.

　大田によれば,当時のイギリス労働党政権下の品質保証政策は,「教育内容の国家的基準の設定,学校の自律的経営,保護者の学校選択と経営参加,事後評価」の4点セットで構成されていた.これに対し,日本では2点目と3点目が相対的に不十分なため,学校の自律性を高められぬまま,中央集権化された基準と統制がいっそう突出するおそれがある（大田 2010, pp.184-192）.

●遂行性（performativity）と思考停止　アップル（Apple, M. W.）によれば,アメリカでも同様の改革を右派が主導し,新自由主義者,新保守主義者,新中間層をも取り込んできた（Apple 訳書,2006, 2008；Apple & Beane eds. 訳書,2013）.アップルにとってカリキュラムは,何が正当な知識かをめぐる権力闘争の場であり,中立なものではない.そのためアップルは,説明責任や予算配分のシステムがあたかも中立なカリキュラムと連結しているかのごとく疑わない右派の教育改革の前提を,根本から批判した.一方でアップルは,右派の教育改革が人々に支持される一つの理由は現在の学校に問題が存在するからだとも直視し,学校が民主主義的討論の場に開かれ,保護者の声に耳を傾ける必要性を訴えた.

　にもかかわらず,このような学校改革を担うべき教師の多くが,遂行性と説明責任を果たすことにすでに翻弄されている.ボール（Ball, S. J. 2003）によれば,遂行性は,個々の実践者に対して,目標,指標,評価に応答する存在となるよう自らを組織化するように,そして,個人的な信念や関心は脇に置いて計算高く生きるよう要請する.こうして個人や組織は,遂行性の偽装（fabrication）に熱心になることもある（Ball 2003; 訳書,2012）.日本においても,同様の問題が,教師の間に葛藤や分断（金子 2010, 2014；苅谷・金子編著 2010）,既存の制度や認識枠組みを自明視するような思考停止（油布 2011）をもたらす状況が報告されている.

　以上の知見をもとにすれば,教員評価の成果主義的な運用には慎重でなければならない.説明責任の表し方として,「教師の間に優劣をつける手段としてではなく,個々の教師の営みを表現,共有,説明する視点の一つとして評価を行っていく」（金子 2010, p.91）というオプションがあることを思い出したい.

[金子真理子]

📖 さらに詳しく知るための文献

Apple, M. W., 2006, *Educating the "Right" Way: Markets, Standards, God, and Inequality*, 2nd ed., Routledge（＝2008, 大田直子訳『右派の／正しい教育―市場,水準,神,そして不平等』世織書房）.

大田直子,2010,『現代イギリス「品質保証国家」の教育改革』世織書房.

教育実習の長期化と教員養成

☞「教員政策」p. 412 「教員養成と大学の改革」p. 414

　教育実習は，教員免許状を取得するための必修科目の一つである．それは養成期間の後半（例えば4年制大学の場合は3，4年次）に設定されている．学生は2〜4週間，学校（附属ないし系列学校，母校，協力校）に通い，教材研究を行ったうえで授業を行ったり，子どもと交流したりして教師の仕事を体験的に学修する．

　実習は，学生が教育技術を学ぶだけでなく，大学での教職に関する学修意欲を向上させるとともに，教育の理想を現実のものとして記憶する機会になっている（紅林・川村 2001）．また，学生が教職に就くことを決意する重要なイベントの一つでもある（山﨑 2002, 2012）．

　現在，「国立の教員養成系大学・学部の在り方に関する懇談会」による「今後の国立の教員養成系大学・学部の在り方について」（2001年11月）の提言を受けて，教員養成大学・学部を中心に，教育実習をコアにした現場体験の学修が増加しており，これを指して教育実習の長期化とよんでいる．

●教育実習の長期化の背景　教育実習の長期化の背景には，第一に教員養成に対する理論的な転換があげられる．従来，教師は習得した理論や技術を学校現場で適応する存在としてとらえられていた．そのため，教員養成の時期は学生が理論を習得し，技術を身につけるための訓練期間であり，教育実習は，学生が身につけた理論や技術を現場に適応させる完成教育の場であった．だが，今日においては，教師は反省的実践家であり，生涯にわたって学び続ける専門職として位置づけられている（佐藤 2015）．そのため，教員養成機関では学び続けることができる教師を育成するために，カリキュラム上，体験をもとに実践と理論の往還が重視されている（高野・岩田編 2010）．こうした状況のなかで，教育実習を含むさまざまの現場体験を，学び方を学ぶ場として再定義し，現場体験時間を増加させて，実践と理論の統合する機会を増やすのである．

　第二は，複雑化した学校現場の課題に対する対応力が教師に必要とされていることである．例えば，いじめ，子どもの暴力，不登校，学級崩壊，特別な支援を要する子どもへの対応，保護者対応など，学校現場には課題が山積している．そのため，基礎的な実践的指導力を身につけた，即戦力となりうる教師を輩出することが，教員養成機関に求められている．そこで，各機関では初年次から最終年次まで多様な現場体験プログラムを設定することになる．

●教育実習の長期化の実際　教育実習の長期化の例として，4年制大学における積上げ式カリキュラムがある．1年次から学校インターンシップなどの体験的科目が設定され，学生は3，4年次の教育実習の準備体験をする．教育実習終了後

の4年次には，その実習の発展的・補充的な現場体験プログラムが用意されている．一方，教育実習そのものを長期的に構成するプログラムもある．実習期間は一般的に連続する期間であるが，そのプログラムでは期間を複数に分割し，実習生が長期にわたって学校現場で教育実習を行えるように設計されている．そのため，このプログラムでは実習生は教師の仕事や子どもの状況などの変化もとらえることが可能になる．さらに，学生のなかには，学校インターンシップに代表されるような単位化されたプログラム以外に，学校ボランティアなど，単位化されていない自主的な現場体験も行っている者たちがいる．以上のように，学生の現場体験は長期化とともに多様化している．

なお，これまでは，欧米の教員養成改革に連動するかたちで教員養成の修士レベル化が検討されてきた．現在，文部科学省は教職大学院を充実させる施策をとっており，これが実現すれば教育実習の長期化がさらに進行する可能性があることから今後の教育実習改革の動向に注目する必要がある．

教育実習の長期化は，学生が自身による教職への適性の見極めを行い，基礎的な実践的指導力を身につけ，円滑に入職できる可能性を広げられる．だが，課題として，実習受入れ校や指導する教師に対する依存度を高め，学校側の負担が大きくなることがあげられる．また，教員養成機関スタッフによる実習指導が十分にできないことや，大学の授業期間と教育実習期間の重複の問題など，長期化に関わる課題は山積している．

●現場体験重視の教員養成制度改革　中央教育審議会答申「これからの学校教育を担う教員の資質能力の向上について〜学び合い，高め合う教員育成コミュニティの構築に向けて〜」（2015年12月）では，教員養成制度改革の目玉の一つとして，教職課程への学校インターンシップの導入があげられ，教育職員免許法の改正により，科目としての教育実習の一部に学校インターンシップを含めることが可能になった．教員養成では実践的指導力の形成がこれまで以上に重視されるであろうし，指導力の規準づくりが活発に行われることが予想される．

ただし，その方向性にはいくつもの課題がある（油布 2013）．例えば，現場主義への傾斜によって，学生が学校現場と共通の思考枠組みをもつと，その枠組み自体に疑問をもつ者が現場から生まれなくなる可能性がある．また，実践的指導力の規準が作成されることによって，学生がそれを習得することを自己目的化し，マニュアル思考になってしまう危険性などもある．　　　　　　　［川村 光］

📖 さらに詳しく知るための文献

高野和子・岩田康之編，2010，『教育実習』学文社．
藤枝静正，2001，『教育実習学の基礎理論研究』風間書房．
宮崎英憲・東洋大学往還型教育チーム編，2012，『変革期にあるヨーロッパの教員養成と教育実習』東洋館出版社．

教師の勤務環境と労働

☞「教科外活動の社会学」p. 384
「教員組合」p. 422「チームとしての学校」p. 426「教師の燃え尽き」p. 584

　毎年公表される「公立学校教職員の人事行政状況調査」（文部科学省）では，教員の病気休職者および精神疾患による休職者数が示されており，その数値は今世紀に入ってから急増している．教師のメンタルヘルスが次第に大きな問題となっている時期に注目を集めたのが，TALIS（Teaching and Learning International Survey，国際教員指導環境調査）調査（OECD 訳書，2014）であり，教師の労働時間は，調査参加国平均が 38.3 時間であるのに対し，日本は 53.9 時間という圧倒的な長時間を示し，各方面に衝撃を与えた．

　教師の長時間労働は別のデータからも示される．教員の勤務環境についての全国的な調査がほとんど存在しないなかで，文部科学省による二つの調査（「教員勤務時間状況調査」1966 年および 2006 年）を比べると，40 年の間に残業時間が月 8 時間から月 34 時間へと 4 倍以上にも増加し，活動内容も変化していることが明らかになった（注：紙幅の関係から図を挿入することが困難であり，この実際については，文部科学省 HP［2015］資料を参照）．

●**教師の活動の特徴**　藤田らの調査によれば（藤田ほか 1995），教師の仕事には本来的に「複線的・同時並行的」な特徴がみられる．1 日のある時点をとると，生徒の指導，教材の作成，テストなどの点検，校務分掌会議の素案づくり，保護者への対応等々という多様な業務が山積しており，教師はそこで優先順位の高い業務を瞬時に判断しながら，次々と取り組み，中断しては再開するという活動をしている．そのため，慣れない新任教員は，優先順位の判断ができなかったり，判断が誤っていたりして，身動きが取れない状況になることも多い．また，学校には，予期されていない突発的な出来事が毎日のように起こり，これが教師の活動を複雑にする原因ともなっている．このように，教師の仕事は本来的に「せわしなさ」がつきまとう．

　また，日本では学校生活の全体を通して人格の陶冶が目指されており，教科の指導のみならず徳育・体育なども含めその全体が「指導」の対象となっている．指導には，ここまででよいという限定がないため，必然的に無定量・無限定な活動とならざるを得ない．さらに，社会の変化に伴って学校に期待される役割を無制限に引き受けていく傾向もみられる（＝学校教育の肥大化．ケアワーク）．近年の特徴としては，生徒指導と学校運営にかかわる事務的な仕事の領域が増加している．児童・生徒の個性に応じた指導が推奨されるようになったこと，また，評価の時代・組織の官僚化を反映して，文書の作成が増えていることが，教師の時間を奪っている．

増大する役割期待に，決められた勤務時間内で取り組まねばならないが，活動の密度を高めても時間内に終わることは少なく，これが疲弊につながっていると考えられる．こうした労働に対して，残業代に代わり一律4%の教職調整額が支給されるだけで，さらにはそれの廃止が論じられていることも問題である．

●**職場**　教師の職場も，ドラスティックに変化している．1980年代頃までの職場は鍋蓋型の組織構造をとっていた．教師集団のまとまりは強く，時には同調を強いる文化も存在した．現在，大量退職と中堅層の薄さなどにより年齢構成に無理があり，教師集団の凝集性が低下し「教員文化」の伝達も難しい状況にある．

　一方，メリハリのある給与体系を導入するために鍋蓋型組織からの脱却を狙い，副校長・主幹教諭・指導教諭などの職位が新しく設立されたために，官僚制組織への移行が強まっており，管理職のリーダーシップが求められるなど，縦方向への変化がみられ，教員集団のあり方を大きく変えている．同時に，正規雇用の教員のほかに，再任用教師，期限付き任用教師，非常勤講師などの雇用の多様化が進むほか，教育課題への対応策としてスクールカウンセラーやスクールソーシャルワーカーといった教員とは異なる専門家の配置が推進され，横方向での成員の多様化もみられる．「チーム学校」の施策が進展するとともに，このような多様な教職員の協働がどのように実現されるのか，大きな課題である．

●**労働組合**　『教職員団体への加入状況に関する調査結果について』（文部科学省）では，日本教職員組合（日教組），全日本教職員組合協議会（全教），日本高等学校教職員組合（日高教），全日本教職員連盟（全日教連），全国教育管理職員団体協議会（全管協）などの教員組合・団体がある．ただし日本では，民間の労働者に与えられている労働三権が教員には付与されていないか限定されている．

　日本の教員の労働組合非加入者は，2016年現在60%を超え，一方で最も大きい日本教職員組合の組織率は3割を切っている．アメリカやEU諸国では，ほとんどの教員がいずれかの教員組合に所属しており，団体交渉で自らの労働条件の改善をはかっていることを考えると，日本のこうした状況は，グローバル基準からすると例外的である．日本では「簡素で効率的な政府を実現するための行政改革の推進に関する法律」で，公立学校の教職員の純減と教員給与のうちの人材確保法で上乗せされた分の廃止が明記されており，今後，教員の勤務状況の好転は見込めない．この状況下で，改善をはかる主体側の組織や機関が整備されていない点が問題である．　　　　　　　　　　　　　　　　　　　　　　　［油布佐和子］

📖 さらに詳しく知るための文献

油布佐和子，2016，「教育労働者の労働問題―日本の公立学校教員を対象として」『日本労働年鑑』86，法政大学大原社会問題研究所，pp.70-107.

教員組合

☞「教師の勤務環境と労働」p. 420

　教職員組合ともいう．労働組合法は，労働組合に対して団結権，団体交渉権，争議権（労働三権）を認めており，私立学校の教員組合は，労働組合法の適用を受ける．しかし，公立学校の教員組合は地方公務員法における職員団体とみなされ，争議権も，団体交渉権における労働協約締結権も，現在は認められていない．教員組合の全国的組織である日本教職員組合（日教組）は，各県単位で組織された教員組合（単組）などによる連合体の組織である．また，1989 年に日本労働組合総連合会（連合）への加盟問題をめぐって日教組から分裂し，1991 年に結成された全日本教職員組合（全教）も連合体の組織である．そのほか，日本高等学校教職員組合（日高教）や全日本教職員連盟（全日教連）など，立場や運動方針の異なる組織が存在している．単組には，統一体，連合体，協議体などさまざまな組織形態があり，職員団体として登録している単組は，各地方公共団体に対して勤務条件などの交渉権をもっている．ただし，教育公務員の仕事と報酬に関する基本的なルールや基準は，複雑な階層構造や制度になっているため，教員組合は多方面の使用者側当事者と交渉や協議を行っている（中村・岡田 2001）．

●教員組合の歴史と国際的な教員組織　1870 年，イギリスで組織された全国小学校教員組合（NUET）は，職能団体的性格の強い組織であった．19 世紀後半，各国の労働運動が高揚していくなかで，労働組合的な性格をもつ組織が結成されるようになった．以後，この二つの方向のなかでさまざまな教員組合が結成された．また，1926 年にヨーロッパで組織された国際教員団体連盟（IFTA）は，初等教育教員の国際組織であり，国際中等教員連盟（FIPESO）は中等教育の教員の国際組織であった．第二次世界大戦以後，このような国際組織の再編成が本格化する．世界教職員団体総連合（WCOTP）は，職能団体としての性格が強い組織であり，アメリカを中心に組織されていた世界教員団体連合（WOTP），IFTA，FIPESO が再編され誕生した組織である．世界労連系の世界教員組合連盟（FISE）や国際自由労連系の国際自由教員組合連盟（IFFTU）は，労働組合的な性格が強い組織であった．1993 年に IFFTU と WCOTP が統一国際組織として教育インターナショナル（EI）を結成すると，1995 年には，FISE 傘下の組合の多くが EI に加盟した．日教組は EI に加盟している．

●日本の教員組合　戦後の日本における最も代表的な組織は，1947 年 6 月，全日本教員組合協議会（全教協），教員組合全国連盟（教全連），大学高専教組協議会（大学高専教協）を統一して結成された日教組である．

　日教組の運動は，大きく労働運動と教育運動に分けられる．労働運動の側面で

は，教員の地位，身分，待遇などの向上および勤務条件の改善などに努めてきた．終戦直後の急激なインフレのなかでの賃金闘争や1960年代の人事院勧告の実現に向けた運動では，ほかの公務員労組と共闘しながら運動を進め，日教組は教職員の給与の上昇や勤務条件の改善の面で大きな役割を担ってきた．

労働運動の側面が結成当時から明確になっていたのに比して，日教組が本格的に教育運動を推進していくのは1950年代からである．1951年から現在までほぼ毎年開催されている教育研究全国集会は，教員自身の自主的な研修の場として機能している．1950年代後半からの自主編成運動や勤務評定反対闘争，1960年代の全国一斉学力テスト反対闘争，1970年代から1980年代の二次にわたる教育制度検討委員会の報告，この期間全般の中央教育審議会や1980年代の臨時教育審議会への反対闘争など，1980年代までの日教組では，政府の教育政策に反対し抵抗する路線が採用されてきた．しかし，労働運動全体の変容を反映し，1990年の第72回定期大会で「参加，提言，改革」のスローガンを採択すると，大きく方針を転換させ，1995年には文部省（現文部科学省）との間で「歴史的和解」をし，協調路線をとるようになっている．

近年，いずれの教員組合も組織率は減少しており，文部科学省が公表した「平成28年度教職員団体への加入状況に関する調査」によれば，2016年10月1日現在の組織率は，日教組23.6%，全教4.1%である．

●**教員組合の研究** 『教育社会学研究』第8集（1955年）には，教員組合を研究対象とした，小川勝治の「教師集団―教育会と教員組合を中心に」が掲載されている．その後，教育研究全国集会のレポートなどを分析した研究はあるものの，教育社会学の分野で教員組合そのものを対象とした研究は活発に行われているとはいえない．日教組の内部資料を一部用いた研究としては，デューク（Duke 訳書，1976）やショッパ（Schoppa 訳書，2015）やアスピノール（Aspinall 2001）のものがあげられるが，日本人の研究者による研究はまれであった．しかし，戦後の教育史を見直すうえで，教員組合は重要なアクターとして注目される必要があり，近年そうした視点からの研究が進んでいる．

1990年代以降の政治状況の変容によって，教員組合の行使できる影響力は低下しているといわれるが，こうした教員組合のとらえ方は日本に限ったことではない．リンゼイ（Lindsay 2015）は，諸外国の例をあげながら，「改革の敵」と非難されている現状を伝えている．しかし教員組合には，教育現場の利益や価値観を代弁する側面や，専門性をもとに教育条件の改善を要求する側面もある．特に近年の教育改革には，教員の働き方や待遇に焦点を合わせたものが多く，教員組合批判のイデオロギー性も指摘されている．そうした国際的な文脈を踏まえると，教員組合の位置づけは，あらためて考えてみる意味があるだろう．

［布村育子］

教員需給

☞「教員養成と大学の改革」p. 414
「少子化問題」p. 592

　児童生徒を教育するためには一定数の教員を学校に配置する必要がある．児童
生徒数が増加（減少）すれば必要な教員数が増加（減少）する．また教員が死亡・
退職すれば補充する必要がある．教員需要は必要教員数の増減や退職者の補充に
よって生まれる．他方，教員は大学や短期大学などで養成されるが，需要を上回
る教員が新規に供給されている．

●**教員需要の規定要因**　教員需要は大きく三つの要因によって規定される．すな
わち児童生徒数，教員の退職状況，学級編制や教職員配置に関する政策的要因で
ある．

　第一に，小学校から高校までの学校では同学年の児童生徒で編成された40人
（小1，2では35人）を上限とする学級を単位として教育が行われ，児童生徒数
が増減すれば学級数が増減し，必要教員数も増減する．児童生徒数は，過去の出
生数によって規定される．第二に，学校に配置される教員数は学級数に応じた教
員基礎定数に加えて，指導法や学校経営の改善や研修などのために措置された加
配定数からなる．第三に，教員が退職したり死亡すれば，欠員補充のために新規
に教員を採用する必要がある．わが国の公立学校教員は満60歳で定年退職する
ため，定年前の教員が多ければ退職者数は多くなり，退職者数は教員の年齢構成
の影響を受ける．

●**戦後の教員需要の変化**　戦後70年の間，小中学校教員については3度の大量
採用期と2度の低迷期があった．

　戦後直後から1950年代半ばまでの約10年間は教員の大量採用期であった．義
務教育年限が延長され新制中学校が創設されたため大量の教員が必要になり，そ
の数年後には第一次ベビーブーム世代が学校に入学したからである．その後，
1960年代半ばまで需要低迷期が続いたが，この時期に「すし詰め学級」の解消
など教育条件が大幅に改善した．

　1960年代半ばから1980年代半ばまでの期間，戦後直後に大量採用された教員
が一斉に退職し，一方では団塊ジュニア世代が学校に入学したため，戦後第二の
大量採用期が到来した．その後，教員退職者と児童生徒数が大幅に減少したた
め，1990年代末まで未曽有の就職難が続いた．国立の教員養成大学・学部では
教員養成課程の入学定員を削減し非教員養成課程（ゼロ免課程）を有する学部へ
の改組などが行われた．

　しかし，21世紀に入ると大都市地域を皮切りに戦後3回目の大量採用期が到
来した．児童生徒数は微減したが，1980年前後に大量に採用された教員が定年

退職を迎えたからである. 大量採用の波は小学校から中学校, 高校の教員へと波及し, 首都圏や近畿圏など大都市部から北海道や東北北部, 南九州へと波及している. しかしこの戦後第三の大量採用は, 大都市地域では 2020 年代には沈静化すると見込まれる. 戦後の教員需要はおおよそ三十数年の周期で変動している.

他方, 高校では, 第一次ベビーブーム世代の高校入学により 1960 年代半ばに教員需要が急増したが, 高校進学率が上昇を続けた 1980 年代までは需要は安定的に推移した. 1990 年代以降, 高校生数の大幅減少により需要は大幅に減少したが, 近年は微増に転じている.

●**教員の供給**　戦後の教育改革における教員養成は開放制の原則により, 教員の養成は国公私立の大学・学部で行う体制となったが, 義務教育学校の教員養成は国立の教員養成大学・学部を中心とする計画養成が採用された. 1965 年度現在の小学校教員養成の課程認定を受けた大学数は国立 49 校, 公立 1 校, 私立 8 校と, 国立中心であった. しかし, 1980 年前後の大量採用期に私立大学の認定校は増加し 1985 年度には 40 校になった.

21 世紀に入り教員採用が急増に転じ, 文部科学省が 2005 年 3 月に「教員分野に係る大学等の設置又は収容定員増に関する抑制方針」を撤廃すると, 私立大学からの小学校教員養成の課程認定申請が急増し, 認定校は 2010 年度には 145 校, 2016 年度には 178 校になった. その結果, 2005 年 3 月には約 4000 人だった私立大学を中心とする一般大学・学部出身の小学校教諭一種免許状取得者数 (2015 年度新規卒業者) は 1 万 1262 人に急増した.

2016 年度現在, 国公私立大学合計の小学校教員一種免許状取得者数は 2 万 773 人 (文部科学省教職員課「教員免許状の授与状況 (2)」『教育委員会月報』平成 29 年 6 月号) で, 2015 年当初の公立小学校教員採用者数は 1 万 4335 人であった (文部科学省初等中等局教職員課「平成 27 年度公立学校教員採用選考試験の実施状況について」『教育委員会月報』平成 29 年 3 月号).

中学校と高校の教員養成を行う認定校は戦後直後から多数に上り, 一般大学・学部が圧倒的に多い. 2016 年度現在, 中学校の教員免許状取得者数 (一種) は 4 万 149 人, 公立中学校教員採用者数は 8411 人, 高校の教員免許状取得者数 (一種) は 5 万 703 人, 公立高校教員採用者数は 5037 人と, 超過供給の状態にある.

近年は短期大学からの学校教員の供給は減少し, 学校教員の供給源としては 4 年制大学の比重が増大し, これに大学院が続いている.　　　　　　　[山崎博敏]

📖 さらに詳しく知るための文献

潮木守一, 1985, 『教員需要の将来展望』福村出版.
山崎博敏, 1998, 『教員採用の過去と未来』玉川大学出版部.
山崎博敏, 2015, 『教員需要推計と教員養成の展望』協同出版.

チームとしての学校

☞「教師の勤務環境と労働」p. 420

　2015（平成27）年12月，中央教育審議会は答申「チームとしての学校の在り方と今後の改善方策について」をとりまとめた．これにより，今後数年間の学校改革が，〈チーム学校〉をスローガンに掲げて進められていくことが予想される．

　チーム学校のアイデアは，2012年に自民党内に設置された教育再生実行本部の第2次提言（2013年）において公的に初めて使用され，2015年5月12日の教育再生実行本部第四次提言（〈チーム学校〉部会提言），2015年5月14日の政府の諮問機関である教育再生実行会議の第七次提言「これからの時代に求められる資質・能力と，それを培う教育，教師の在り方について」において具体化され，先の中央教育審議会答申に至った．ただし，中央教育審議会はこの答申において「チームとしての学校」という文言を一貫して用いており，〈チーム学校〉の呼称には慎重な姿勢をとっている．つまりチーム学校は，医療や看護などのチームと異なり，機能改善よりも組織改編に重きを置くアイデアなのである．

● 〈チーム学校〉構想のねらい　答申によれば，チーム学校のねらいは，①新しい時代に求められる資質・能力を育む教育課程を実現するための体制整備，②複雑化・多様化した課題を解決するための体制整備，③子どもと向き合う時間の確保のための体制整備の3点である．三つのそれぞれは，学力向上と21世紀型能力への対応，いじめや不登校対策，教師の多忙解消という，学校現場が抱えている課題や問題に対応しており，また，新しい教育の構築（目的），学校・教室の現実への対応（現実），教育の中心的エージェンシーである学校の教育力の保証（要件）という論理構造をもっている．この三つの局面のそれぞれに，個別に，かつ一挙に効果をもたらすことが期待されている取組みがチーム学校なのである．

　ただし，三つのねらいは並列ではない．教師の多忙解消は単にチーム学校の目的であるだけでなく，チーム学校を有効に機能させるための条件でもある．異なる専門職が協働することの難しさとそれへの対応がまた新たな多忙の原因となりうることを考えれば，多忙問題はこの取組みの核心をなす課題といえる．

● 〈チーム学校〉の組織構造　チーム学校は，上記の三つのねらいに対応した3層からなる組織構造をもっている．専門的社会サービスをチームで行うことは，教育に先行して医療，看護，介護などの分野においてすでに一般的になっているが，チーム学校がそれらと大きく異なるのは，このチームの構造の形態と大きさにある．チーム医療，チーム看護，チーム介護が，当該の治療行為などのプロジェクトに参加しているメンバーが協働的に統合されたフラットなシステムであるのに対して，チーム学校は，教職員の関係性（同僚性）と，専門家とさらにそ

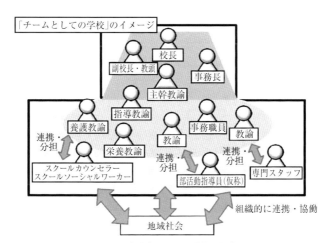

図1 中教審答申 チーム学校の概念図
(出典 「チームとしての学校の在り方と今後の改善方策について[答申]」中教審第185号,文部科学省HP [http://www.mext.go.jp/b_menu/shingi/chukyo/chukyo0/toushin/__icsFiles/afieldfile/2016/02/05/1365657_00.pdf])

の先にある保護者というまったく異質な二つの外部との関係性をもつ.これは2005年前後より本格化した学校改革論議の十数年の歴史,すなわち,21世紀の多様な教育課題への対応,特色ある学校,地域連携,保護者対応,いじめ対策,不登校問題,教師集団の年齢構成の偏り,同僚性の変質,多忙化解消,説明責任,コンプライアンス等々の解決が,一括してこの事業に期待されているからである.その結果,このチームは,①プロジェクト型の組織でなく,②多様な業務要求を潜在的に抱え,③専門性に基づく業務領域の境界が曖昧で,④日常的に情報を交換・共有することが困難である,といった特徴をもっている.

● 〈チーム〉の必要条件　先行する他分野の〈チーム〉は「専門職的自律性」を前提としている.それらのチームは,自身の専門性をもってプロジェクトに直接関わるメンバーによって構成されている.それゆえに,メンバー一人ひとりの業務の領域と範囲が明確であり,役割を分担することや互いの判断を尊重することが可能である.また,メンバーが専門職であることから,それぞれが自身の業務に関する責任を担うことが可能であり,全体の総括的な責任は代表者が負うことになるにしても,それを含めて責任の所在や管理体制が明確になっている.同じことが〈チーム学校〉に可能だろうか.拡大するチームのすべてに責任を負わなければならない管理職,大きなチームのなかを駆け回るミドル・リーダー,チームの手足となって働く若い教師たち.教師が教育実践に専念できる環境づくりを目的とした〈チーム〉として機能するための条件整備は喫緊の課題である.　[紅林伸幸]

職員室の機能と変化

「組織としての学校」p. 372「社会統制と学校」p. 374「教師の勤務環境と労働」p. 420「教員文化とその変化」p. 446

欧米では，教員の主たる教育活動は教科学習指導であり，通常，執務の協働はみられず，教員空間として休憩・会議室が設置されている．一方，教科学習指導と生徒・生活指導を両輪とするわが国は，職員室が執務空間であるとともに，教員の協働性，同僚性を構築する場としても機能してきた（油布編 1999，藤原 2012）．

●職員室の定型化――空間と機能　学制から教育令期の'等級制'では知育が重視され，教授・試験用の「教場」に，休息・食事用の「生徒控所」と「教員控所」が設置されていたが，空間の形状や配置はさまざまであった．その後，第一次，第二次小学校令以降は，児童数を基準にした訓育・徳育・体育重視の「教室」における'学級制'に移行して，校務分掌組織や職員会議の発生がみられた．第三次小学校令以降は就学率が上昇して同学年学級が定着し，四間×五間の「学級教室」に加えて，休息・食事，事務・校務・授業準備・会議・打合せの場として「職員室」が校長室とともに校舎一階中央付近に設置されて，学校運営の拠点として定型化されたのは明治末期以降である（水本 2005；藤原 2011，2012，2014）．

●職員室――小学校と中学校　小学校教員のなかには放課後も学級教室で執務し，職員室を忌避するケースがみられるが，管理職教員の姿勢や職員室の雰囲気などが原因とされている（水本 2015）．一方，教科担任と学級担任を兼務する中学校では，学年教員同士の随時の情報交換や打合せが不可欠であり，終日，職員室が執務や生活の場であり，学年経営，学校経営の拠点でもある（藤原 2012）．

1970年代以降，教育の個別化・個性化が叫ばれ，オープン型教室とともに，中学校では教科教室型運営・教科センター方式が提唱された．教科教室，教科ごとの分離型職員室が設置された事例では，生徒指導上，学年経営上の問題が生じたために，学級教室と従来型の職員室による運営に変更されて安定を取り戻したケースは少なくない（藤原 2012）．なお，近年の施設一体型小中学校でも小中合同の職員室が必要視されている．また，児童生徒や外部者へ秘匿すべき情報は多く，透明ガラス張りや壁やドアがない職員室は，教員の円滑な執務を妨げるといえる．

●職員室の今後　教員の執務効率向上のためには，PC作業にも対応する執務机と十分な収納スペースが必要になる．また，教員間ワークが約3割を占めることから（藤田ほか 1995），多様な用途に利用できる作業・打合せスペースの設置が有効になる．さらに，生活行為や執務行為が断続的に複線的に実施されているため（藤田ほか 1995；藤原 2012），印刷室，校長室，事務室などや更衣室・トイレなどの近接が必要となり，さらに，「報告・連絡・相談」の要として校務の連絡調整を担う教頭（副校長）が，全学年の動向を把握できることが必須といえる．

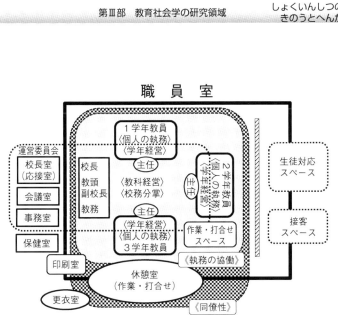

図1　職員室の機能と空間（模式図：筆者作成）
（注）　小学校の場合は学年の島は6個所になる．

　近年，職員室内あるいは職員室に隣接して，生徒の指導や接客スペースを，カウンターなどで仕切って設ける事例がみられる．いずれも，教員の自由な会話や情報交換，執務の継続が保障されるとともに，児童生徒の質問や相談への対応，保護者との面談などもスムーズであることが評価されている（藤原 2013）．
　また，同僚性の機能としてあげられる'教育活動の効果的な遂行を支える'，'力量形成'，'癒し'（油布編著 2009）は，雑談のなかに隠されているといえる．インフォーマルな会話について，約7割の教員が'問題のある児童生徒の話'をあげ，3割強が'教科の内容や指導法'，2割半ばが'学級経営'をあげている（稲垣・久冨編 1994）．すなわち，部外者入室禁止で作業・打合せも可能な休憩室の設置は，教員の力量アップが期待でき，協働作業で教員相互の連帯感が生まれる．さらに，管理職教員も含めた私的な会話を誘発し，悩み相談などで教員のメンタルヘルスにも効果的である．加えて，教頭（副校長）と教員の相互理解は，個人レベル，学校レベルのリスク・マネジメントにつながり，一方では教員の臨機応変な対応によるクライシス・マネジメントにも有効であろう（元兼 2010）．なお，職員室の計画には，全教職員の参画が必要なことはいうまでもない．

［藤原直子］

さらに詳しく知るための文献

国立教育（政策）研究所編，1974，『日本近代教育百年史 学校教育1・2』第3・4巻．
藤原直子，2012，『中学校職員室の建築計画―教員の教育活動を支える学校・校舎』九州大学出版会．
油布佐和子編著，2009，『教師という仕事 リーディングス 日本の教育と社会15』日本図書センター．

教職専門性論の変容

☞「ゆらぐ教師像」p. 438

　教職専門性に関する論議の世界的潮流は三つの段階に区分できる．①学校教育が急速に量的拡大を遂げた1960〜1980年代には，教職が職業としてどれだけ専門職としての地位を得ているかという教職全体の〈地位〉の問題として「専門職性」（professionalism）に焦点が当てられた．②1980年代には，「専門性」（professionality）に論点が移った．教師が生徒に対して教育行為を行う場合にどれだけの専門的知識・技能を用いるかという教師個人の〈役割〉の問題である．③1990年代以降は，②の論点が「学校改善」（school reform）の文脈で探究されるようになった．教師の教育行為の協働性を基盤に，学校改善の達成を通じて教職専門性が実現するという教師集団の「協働性」（collaboration）の問題である．

　③の段階に至って教職専門性論の中核としては，教師個人の側面からのみとらえないで，教師の「協働性」を基盤に，教育行為を核とする学校改善の達成を通じて専門性が実現するという考え方がイギリス・アメリカを中心に定着した．そうなると，専門性の向上にとっては，学術研究機関の大学（院）と実践現場としての学校との関係の根本的な問い直しが要請されることになる．

●教職専門性の基準と内容　教職専門性に関する日本での議論は，教師の「資質能力」あるいは単に「資質」ないし「力量」という用語で常に展開されてきたから，(A) 専門職業人として備えていて，訓練次第で変化しうる「能力」面から，(B) 人間性に深く根ざして変化しにくい「資質」面まで，幅広い領域での諸基準があげられてきた．しかも日本では教師の仕事が単に授業を通した教科指導だけでなく，生徒指導，さらには給食や清掃，部活動の指導をはじめ家庭や地域との関係調整に至るまで，教職役割が拡散的にとらえられてきたから，専門性論は広がりすぎて曖昧になりがちである．とはいえ，やはり中心は (A) に属する a) 教科指導，生徒指導，学級・学校マネジメントに関わる高度な能力だといえる．そしてそれを支える b) 教育愛と子ども観・教育観の確立が必ずあげられる．これら a) と b) を眺めると，特に (B)「資質」面を重視しつつ完成された教師個人に備わった能力という性格の強いのが，現在にもつながる日本の伝統的な資質能力論である．

　一方，1980年代以降のイギリス・アメリカなどではそれとは異なる専門性論が盛んになっている．キーワードは「コンピテンス」（competence）で，知識と実践を総合する力量を意味する．つまり，教師が保持している「知（識・思考）力」（ability）や「技術」（technique）にとどまらずに，知識や技術を新たな状況にふさわしく発揮することができ，確かな成果を生み出すことのできるような，教師と環境とを関係づける「技能」（skill）を核とした幅広いとらえ方である．

変化が激しい時代の学校現場では，いかなる学校環境でも，またどの子どもに対しても教育成果を出せるように応用していくことのできる力量を指している.

●教職役割の再検討と教職専門性論の発展方向　「コンピテンス」の考え方に沿うなら，勤務する学校の文脈に置かれた次の基準が加わることになる. c) 子ども・保護者・同僚・地域の人々との対人関係能力, d) 学校が抱えた諸課題について知識・技術を駆使して解決する応用能力, e) 学校が抱える諸課題が変化しても常に実践的に関わって成果を着実に生み出せるような教職自己成長への態度.

　新たに加わる c)〜e) の諸基準は，学校が抱えた諸課題の解決には教師だけでなく外部の専門家や関係諸機関との「協働」が不可欠であることを示している. つまり，学校で生じる諸問題に教師個人が次々に手を出していくという教職役割の拡散的把握ではなくて, f)「協働」のオルガナイザーという新たな専門性の方向性が浮上する. すなわち，教職支援ネットワークとでもいうべき外部の力を得ることによって，教師が本来の a) 教科指導，生徒指導，学級・学校マネジメントに関わる高度な能力を集中的に強化することができるという，教職役割の限定的把握である.

　教職支援ネットワークを構成する外部の専門家や諸機関とは，医師・看護師・保健師・社会福祉士・民生委員・児童委員・児童相談所・児童養護施設など多岐にわたる. こうした専門家や諸機関と学校とを直接的に連係させていくのはスクールソーシャルワーカーの仕事である. 家族や地域の激しい変化のなかで，貧困，失業，児童虐待，両親の離婚・再婚など，教師やスクールカウンセラーでも立ち入りにくい諸問題が多発するようになった. そこで現代の学校では，子どもの複雑な状況に関して教師がスクールソーシャルワーカーと対話を重ねつつ授業と学級・学校経営に集中することによって，教職専門性を追求することができる.

　教員養成を担当する大学（院）では, a) と b) の知識・技術だけでなく, c)〜f) についても基礎的な素養を育む必要がある. そのためには大学（院）生が学校現場で観察やボランティアさらにはインターンシップなどの諸活動を通じた実地経験を対象に「省察」（reflection）を行い，大学（院）で総合的に探究しながら教職に就いて引き継がれる知識・技術の習得が必要である.

　また，以上の議論は「教員評価」についても一つの重要な論点を提起する. それは教員個人の能力業績評価を対象にするよりも，教員集団がいかに実践して学校現場の問題解決を達成したかを評価する方が教職専門性の現代の方向性にかなう. 学校改善のなかで教員個人がいかに成長発達を遂げているかに関して，他者と自己により相互に評価されるべきであろう.　　　　　　　[今津孝次郎]

　📖 さらに詳しく知るための文献

今津孝次郎，2017，『新版・変動社会の教師教育』名古屋大学出版会.
油布佐和子編，2009，『教師という仕事　リーディングス日本の教育と社会15』日本図書センター.

不適格教師とは何か

☞「教員評価と成果主義」p. 416

　「不適格教師」とは字義どおりにいえば「教師としての適格性を欠いていながら教師をやっている人」ということになる．教師には免許が必要なうえに採用試験もあるので，不適格な人はもともと教師になっていないはずとも考えられる．

　もちろん人生途上で人格も環境も変化し，犯罪者になることもまれにあるだろう．しかしその場合は，法的に検察から起訴され裁判で裁かれ，また教育社会で「不適格者」として従来から懲戒免職・分限免職などの処分を受けて教職から排除されてきただろう．

●今日の「不適格教師」とは何か　だから今あえて「不適格教師」と呼ばれる問題とは，1980〜2000 年代の日本で「いじめ自殺」や「不登校の激増」「学級崩壊」などが起こり，保護者や国民の間に「学校・教師への不信・不満」が広がったのを背景に，1980 年代臨教審の議論に始まり，教師に対する評価を厳格にする「学校教員制度改革」が進行する過程で「指導力が不足している教師」の「認定と研修」が 2000 年代に制度化された，その場合の「指導力不足教師」を指すものと考えることができる．

　この制度は 1990 年代から一部自治体（この「自治体」は公立学校教師の任命権者である都道府県と政令指定都市）の教育委員会が先行して始めており中教審や文部科学省でも追認され，表 1 にみるように 2000 年にはすでに（16 自治体で）65 人が指導力不足との認定を受けていた．そして 2001 年 2 月に地教行法が改訂され「第四七条の二」で「児童又は生徒に対する指導が不適切である」「研修等必要な措置が講じられてもなお児童又は生徒に対する指導を適切に行うことができないと認められる」ことを理由に教職からはずし他職移動させることが可能な法制化がなされた．同法施行時の文部科学省通知は「指導が不適切な教師」として次の三つの「具体例」をあげている．「①教科に関する専門的知識，技術等が不足しているため，学習指導を適切に行うことができない場合」「②指導方法が不適切であるため，学習指導を適切に行うことができない場合」「③児童等の心を理解する能力や意欲に欠け，学級経営や生徒指導を適切に行うことができない場合」の 3 点がそれである．表 1 で法制化後「認定と研修」を制度化する自治体が増え，2004 年には全自治体に及び，認定数も 566 人となっている．さらに2007 年 6 月にいわゆる「教育三法」が成立し 2008 年度から施行された「(改訂)教育公務員特例法」の「第二五条の二」に「児童，生徒又は幼児（以下「児童等」という.）に対する指導が不適切であると認定した教師等」と規定された「指導が不適切な教師」を意味するようになってきている．同改訂施行時の文部科学省

表1 「指導力不足」教員の認定と，その後の研修，また退職した人の「理由」（2000〜2014年度）

年　度		2000	2001	2002	2003	2004	2005	2006	2007	2008	2009	2010	2011	2012	2013	2014	15年累計
「認定」された者の数		65	149	289	481	566	506	450	371	306	260	208	168	149	137	130	3968
各年度研修対象者数						400	362	268	268	204	195	143	115	94	77	77	2203
現場復帰した者の数		18	39	94	97	127	116	101	87	78	73	62	47	42	37	35	1053
認定された人のうち，教職を退職した者	合計	22	38	59	96	112	111	115	92	52	53	36	31	22	26	19	884
	依願退職	22	38	56	88	99	103	104	85	42	48	30	26	21	23	15	800
	転任			3	1		2		6	2	3	2	0	1			32
	分限免職			3	5	11	6	4	5	3	3	3	1	2	1		50
	懲戒免職					1				1							2

(注)「認定された人のうち，教職を退職した者」には「認定」後に研修を受けず措置（依願退職，懲戒免職，分限免職）された者を含み，死亡・休職・休暇は含まない．

(出典)『教育委員会月報』11 or 12 or 1月号・各年および文部科学省ホームページより．ただし「15年累計」は独自算出）

通知も，具体例としては上記とまったく同一の３点をあげている．

　同じ通知で「指導の不適切さ」認定には「教育学，医学，心理学その他の児童等に対する指導に関する専門的知識を有する者」の意見を聴くとなっているが傍点部は「退職教員，地域の校長会関係者，地域の教育長協議会関係者などを想定している」と書かれており，教育学の専門性が生かされていないとの指摘もある．

●排除性の強い教員評価制度　制度の趣旨として，教師の指導力を向上させて保護者・住民に信頼される学校・教師にという面が主で，指導不適切者を教壇に立たせないという面が従であったが，表の15年累計で結果的に「現場復帰した者」と「教職から排除された者」とがほぼ半々である．表にはないが「正式認定される前の依願退職者」も各自治体で相当数あるとの統計もあり，全体としては「排除」性の強い制度になっている．

　また自治体ごとの「認定規準」や「認定過程」，また研修終了後の「復帰判定」の規準・過程も差があり，教育行政側の恣意性が働く余地のある制度となっているといえるだろう．この仕組みは教員人事考課制度と同様，教師間に根拠不明確な上下の差を強く烙印づける結果，学校で教職員が協力して教育活動を展開するにはかえってマイナスに働くとの心配もあり，批判点の多い制度である．

　上記のような問題・批判が多いことを反映して，表のこの10年間は一貫して「認定数」が減少し，指導力不足教師認定「厳格化」も今は後退している．

［久冨善之］

高校における生徒指導

[⇒]「家族の孤立・解体・貧困」p.318「学校文化と生徒文化」p.398「高校教育の現代的諸相」p.402「高校からのトランジション」p.404「逸脱」p.544「非行・少年犯罪」p.548「中途退学」p.568「体罰」p.572「学級崩壊」p.576「困難を伴う家庭と貧困」p.628

　生徒指導は，広義には「一人一人の児童生徒の人格を尊重し，個性の伸長を図りながら，社会的資質や行動力を高めることを目指して行われる教育活動」（文部科学省 2010）を指す．しかし，高校現場においては，逸脱・問題行動の予防と発生時の対処を指す狭義の意味で用いられることが多い．それぞれの学校は，生徒指導を担当する分掌を中心に指導体制を構築し，個々の教員は，全体の指導方針を参照しつつ日常的に生徒に対応している．問題行動に対しては，学校教育法施行規則に懲戒として示されている退学，停学及び訓告の処分とは別に，校長説諭や謹慎といった特別指導が広く行われている．退学については自主退学のかたちがとられることも多い．問題行動の発生率は，入学する生徒の家庭環境や学力格差を背景に，学校によって大きく異なる．教育社会学においては，逸脱，生徒文化，「指導の文化」（酒井 1999）などのテーマとも関連して研究され，特に「教育困難校」と呼ばれる学力下位校の生徒指導については，エスノグラフィーなどの質的研究が蓄積されてきた（古賀 2001 など）．この項目では，生徒指導の変遷と現在の課題を，教員の仕事に注目しながらみていきたい．

●**管理教育からカウンセリングマインドへ**　高校進学率が 1965 年の 70.7% から 1974 年の 90.8% へと急激に上昇した時代，高校には，それまでと比べ多様な生徒が入学するようになった．校内暴力など反学校的な生徒文化や，「受験戦争」の過熱といった新しい事態に直面して，地域差はあるものの，多くの高校が，秩序維持を最優先とする管理教育体制をつくりあげていった．頭髪，服装，時間管理などについて細かな校則が定められ，全校検査や罰則など厳しい指導が行われた．

　しかし，1970 年代末〜1980 年代には学校内部で行われていることを「問題」視する視線が強まり（広田 2001a），1990 年の高塚高校校門圧死事件などを境に，学校は管理教育からの転換を迫られるようになった．1990 年代に生徒指導のキーワードとなったのが，「カウンセリングマインド」である（酒井 1997）．生徒のありのままを尊重する「学校のコンサマトリー化」（伊藤 2002）の傾向が指摘され，外面を一律に統制する指導ではなく，内面を意識した個別的な指導が，生徒指導の望ましい方向性として強調されるようになった．だが，多忙化する現場で内面重視の生徒指導を強調することは，教員に過度な感情労働を強い，「思いやり疲労」（油布 2007）の状態に追い込んでしまう可能性も指摘されてきた．

●**2000 年代以降の生徒指導**　内面を意識した個別的な指導が唱えられるようになったとはいえ，学校の秩序維持の課題がなくなったわけではない．2000 年代には，学校への厳しい視線を意識して，アカウンタビリティを確保しつつ，生徒

とぶつからずに統制するシステムが，課題集中校を中心に浸透してきた．その一つがゼロ・トレランスの指導である．ゼロ・トレランスは，アメリカで始まった「予め定められた特定の非違行為に対する学校内処分の基準に忠実に従い，処分される生徒の具体的事情によって処分の有無や軽重を異ならせることのないよう，厳格に処分を執行する教育方式」（星野 2010）で，変容を伴いながらも日本に移入された（山本 2013）．登校する生徒の髪色を校門前でカラースケールを用いてチェックし，違反があれば帰宅させる，違反行為の回数に応じて，あらかじめ示しておいた謹慎や退学などの指導内容を一律に適用する，などの方法が用いられる．一部の「教育困難校」では，あらかじめ明示した規準をクリアさせるために生徒に支援的に接する「お世話モード」（吉田 2007）が，教員のサバイバル・ストラテジーとして観察されている．

　研究上も学校現場でも，一律かつ厳格な指導と，個別性を尊重する教育相談的な生徒指導は，異なるベクトルをもつものとして受け止められることが多い．しかし，そうした二分法に回収されない生徒指導のありようを示唆する研究も存在する．逸脱行動を契機に教員が個別で濃密な働きかけを行い，生徒の「成長志向」「被承認志向」などを基盤として，全面的に一律の指導を受容させていく高等専修学校の事例研究（伊藤 2013）や，生徒の自尊感情回復のために「規律の徹底かつ一貫した要求」をもって生徒に関わる教員を描いた事例研究（菊地 2012）などである．指導される生徒の側のストラテジーに視点をおいた研究（知念 2012）もあり，相互作用的な営みとしての生徒指導をとらえるための重要な視点が示されている．生徒指導を表面上の型でとらえるだけでなく，指導のおかれた文脈や教師-生徒の相互作用などを，精緻に分析することが求められている．

●**社会的排除と高校の生徒指導**　入学希望者を選抜する高校は，義務教育と異なり適格者主義が根強い．入学後も「適格でない」者は，成績不振による原級留置きやたび重なる特別指導によって中途退学していく（吉田 2015）．その背景には貧困や家族関係の困難があることが多く，中途退学は安定した職業への移行を妨げる（青砥 2009）．高校の生徒指導は，学校の秩序維持の側面からだけでなく，社会的排除の問題としても考えられる必要がある．高校の生徒指導に関わる今後の研究課題としては，社会経済的側面の支援を担当するスクールソーシャルワーカーや若者の成長を支援するユースワーカーの学校現場への参入や，逸脱的行動の要因の一つと考えられる発達障害について学校に合理的配慮を義務づける障害者差別解消法（2016 年 4 月施行）の影響，増加する通信制とそのサテライト施設（手嶋ほか 2017）の研究などが注目される．　　　　　　　　［吉田美穂］

📖 さらに詳しく知るための文献

伊藤秀樹．2017．『高等専修学校における適応と進路―後期中等教育のセーフティネット』東信堂．
古賀正義．2001．『〈教えること〉のエスノグラフィー――「教育困難校」の構築過程』金子書房．

モンスターペアレントと教師

☞「教師の勤務環境と労働」p. 420

　学校や教職員に対して理不尽な要求などを繰り返し行い，学校全体の教育機能に著しい混乱を生じさせる親（保護者）に対して比喩的に使われる言葉が「モンスターペアレント」である．しかしこの用語は，差別用語に相当するものとして，使用には注意が必要である．むしろその要求内容が，当然受け止めるべき「要望」なのか，傾聴しつつも事情によってある程度は対応すべき「苦情」か，それとも当事者の努力によってもいかんともしがたい「無理難題要求＝イチャモン」かどうかという，親の行為や行動の当否を吟味して判断することが重要である．

　「モンスターペアレント」という言葉は，誤用から始まった和製英語で，本来は被虐待児童から，その親が「モンスターに見える」ことを指して使われたものである．わが子に対して過干渉・過保護な親を指してアメリカでは，子どもの上空を旋回して常に気を配り，不利なことがあれば急降下してきて学校にさまざまな要求を出すという意味で「ヘリコプター・ペアレント」と呼ばれることもある．

●**増えたという客観的データはないが**　学校に子どもを通わせる親と教師の関係は，近年急速に変化しつつあり，相互に不信と不満を募らせ，対立的な関係になることが珍しくはない．1990年代の半ばあたりから，親との関係づくりが難しくなり，無理難題要求が増えたと実感する学校管理職が8割にのぼっている（小野田 2005）．ただし，無理難題要求（イチャモン）が増えているかどうかという客観データは存在しない．単純にいえば"学校や教職員が対応に苦慮する事例，あるいは学校が誠心誠意を尽くしてもそう簡単には解決しないというケースが増えている"という「実感をもつ教職員が増えている」ということにある．例えば，文部科学省が2013年3月に発表した「教職員のメンタルヘルス対策について（最終まとめ）」では，校長が感じる強いストレス要因として「学校経営」（74％）に続く第2位に「保護者への対応」（65％）があがっている．同じく文部科学省による初の小中学校教員に対する業務の負担感調査（2015年7月）では「国や教委からの調査対応」（87％），「研修リポートや報告書の作成」（72％）と並んで「保護者や地域からの要望・苦情対応」（71％）が上位を占めた．こういった傾向は，大都市部だけでなく全国各地で散見され，保育所から大学までのすべての教育機関で，同時に学習塾やスポーツクラブなどの，子どもが関わるすべての施設で共通にみられるものとなっている．

　これまでの教育問題は，子どもや教師といった教授–学習関係，あるいは生徒指導を中心としたものであったが，教師が親とどのように向き合うか，諸要求に

いかに応えるかという「保護者対応（トラブル）」は，いじめ・不登校・校内暴力といった事象と並ぶ，緊急重要課題の一つになり始めたといえよう.

●学校問題解決支援チームの発足も　この背景には，子育てそのものが私事化の傾向を高め，社会全体が閉塞的になり，孤立化や生きづらさを抱える状況が進み，雇用不安や安定的な家計のゆらぎも重なるなかで，貧困層も富裕層もイラダチ感が高まっていることがある．加えてあらゆる領域で「費用対効果」論が叫ばれ，教育活動も「商品」として扱われる意識が浸透するなかで，満足基準が急上昇していることも関係する．一般企業はコールセンターや危機管理室を整備して，顧客からの苦情やクレームを適切に処理する体制を整えてきているが，学校などの教育機関は規模が小さく，同時に「親との連携」や「地域とともに共存する」ことを使命としているがゆえに，対応に苦慮することが多い．対人援助職のなかでも，教育職がきわめて困難を抱えやすいのは，担任という制度がある以上は責任のバトンリレーができず，名指しで非難されることも多く，成長発達過程にある複数の子どもが介在することで多数の親が関係するという，トラブル解決の複雑さがあるからである.

　話合いを重ねても解決困難な事案が，まれではあるが確かに存在する．その特徴は三つに整理することができる．①親自身が何らかの生きづらさや葛藤（精神疾患やメンタル面での不調など）を抱えていて，普通のコミュニケーションが取りづらい場合，②暴行・恐喝・脅迫・業務妨害などの違法行為や，損害賠償の域を超えた法外な請求などの不当要求がなされる場合，③目の前の渦中のトラブルが核心ではなく，親自身の過去の体験からくるトラウマや現在のストレス状況があり，目の前のいいやすい教職員に批判や攻撃というかたちで向かう場合である．むろんこれらが重複することもある.

　③は複数の教職員自身で，傾聴と共感の姿勢で臨むことによってトラブルを小さくすることが可能であるが，①と②については学校のもつ人的資源だけでは不可能なことが多い．このためいくつかの教育委員会では「学校問題解決支援チーム」が組織され，メンバーとして弁護士・精神科医・カウンセラー・ソーシャルワーカーなど教育・医療・心理・福祉・法律の専門家が加わっているのは，多様な専門的知識を必要とするトラブルが増えたという証左である．　　　［小野田正利］

📖 さらに詳しく知るための文献

小野田正利，2005，「学校現場における保護者対応の現状に関するアンケート調査」『教育アンケート調査年鑑』2005 年版下，創育社，pp.179-189.

小野田正利，2013，『普通の教師が普通に生きる学校──モンスター・ペアレント論を超えて』時事通信出版局.

小野田正利，2015，『それでも親はモンスターじゃない！──保護者との向き合い方は新たなステージへ』学事出版.

ゆらぐ教師像

☞「教育専門性論の変容」p. 430

　教師像，すなわち教師に対して付与される社会からの期待やイメージは，時代によって変化してきた．戦前の教師聖職者論や師範タイプ，戦後の労働者論や専門職論，またデモシカ教師と熱血教師など，さまざまなかたちで時代ごとの教師像がステレオタイプとして提示されてきた．その背景は賃金の安さなど教師の社会的位置づけや職場環境をめぐる政治的な立場によるもの，あるいは小説やテレビドラマなどのメディアによる創作から導かれた理想の教師像など多様である．

　このような教師像は必ずしも現実の教師像を反映するものではない．一部の教師の事例が普遍化して教師像として語られることも少なくない．しかし，偏った教師像であってもメディアなどで繰り返し語られることでつくられた教師像が強化され，それが現実の教師に投影されることになる．

　例えば『二十四の瞳』（壺井 1952）の主人公と生徒の関係はそれほど濃厚に描かれているわけではなく，むしろその時代のなかで生きた現実的な教師の姿が描かれている．しかし，この小説は，その内容とは異なり，過剰に児童生徒との関係を重視する人間主義的教師像として解釈されてきた（佐藤 1997）．同様のことは《3 年 B 組 金八先生》（TBS 1979）でも生じており，放送開始当初は教師の多忙さなど現実の教師の仕事が描かれていたにもかかわらず，主人公は熱血教師として受容された．また作品内容もそれに合わせて変化し，主人公はステレオタイプとして描かれるようになった．こうして現実の教師ではありえない教師像が理想像として繰り返し提示され，強化されることになる．

●教師像の呪縛　こうした教師像は二重の意味で教師にとっての呪縛となっている．その一つは，教師像によって提示される社会からの期待が教育改革に反映されることである．教師に関する政策が制定され，また教員養成制度が改革される際，その時代の教師像が強い影響を与える．だが，その教師像は必ずしも現実の教師を反映しているわけではない．理想とされる教師像と現実の教師の乖離が教師批判の根拠とされ，こうしたある意味見当はずれの批判がそのまま教師をめぐる制度改革に反映されてきた．特にいじめや体罰などの教育問題が改革のきっかけになる場合は，否定的な教師像が制度改革を規定することになる．

　もう一つの呪縛は，教師自身もその社会によって規定される教師像に縛られていることである．教師を志望する学生らは，自身の経験やメディアなどにより理想的な教師像を抱いていることが多い．それゆえ教師に憧れ，教師を目指すのだが，その教師像も現実の教師の仕事を反映しているわけではない．こうして教師も自身の抱く教師像と現実の教師の仕事との乖離に苦しめられることになる．

古くから教師は役割葛藤の強い職業であることが指摘されてきた．例えば教室での指導法は教師中心と生徒中心の二つがあり，多くの場合，新任教師が理想とするのは生徒中心の指導法である．つまり，多くの教師が生徒との良好な関係を重視し，またそれが教職を魅力的な職業にする要素の一つでもある．しかし，管理職や保護者からは効率的に学力を向上させるため，教師中心の指導法が期待されるかもしれない．こうして教師は自身の理想と社会からの期待の狭間で役割葛藤に苦しむことになる．

　さらに近年の社会状況の変化や人々の価値観の多様化が教師への期待をさらに複雑にすることで，教師の葛藤はいっそう深刻なものになっている．生徒や保護者がそれぞれ異なった教師への期待をもち，さらに同僚教師や管理職，あるいは教育委員会，地域社会からの期待も多様になっている．また，近年のグローバリズムの進展により，教師への期待はより複雑なものになった．こうした多様なさらに教師への期待と教師自身がもつ教師像のズレは教師の役割葛藤を増大させ教師の仕事を困難なものにしている．

●**社会的地位の低下と教師像**　このように教師への期待を多様にした要因の一つは教師の社会的地位の低下である．1970 年代頃まで，教師は高学歴で新しい西洋的な文化とライフスタイルをもたらす存在であった．しかも，高度経済成長を背景に，教師への従順が学校での成功をもたらし，それが卒業後の社会的成功につながると考えられていた．それゆえ教師への信頼は厚く，ポジティブな教師像が形成されていた．

　しかし，高度経済成長が終わると，大卒者の就職難などにより，学校での成功が必ずしも社会的成功にはつながらないと認識されるようになった．また，大学進学率の上昇は，教師の学歴を相対的に低いものにしてしまった．さらに，学校からもたらされる文化は古臭い時代遅れのものとまで考えられるようになった．こうして教師に対して容易に不信が抱かれるようになり，教師像はネガティブなものへと変化した（山田 2010）．

　教師像が現実の教師と乖離し，ネガティブなものになるのは，教師が個人としてではなく，集合的に扱われ，一部の事例が教師全体の問題として語られるためである（山田 2013）．しかし，現実の教師は多様であり，教師一人ひとりがもつ個性は，ステレオタイプ的な教師像には収まりきれない．教師像の呪縛を解くためには，社会も教師自身も，さらには研究者も教師像を批判的にとらえ，一元的な教師像から抜け出すことが必要とされよう．　　　　　　　　　　［山田浩之］

　　📖 さらに詳しく知るための文献
山田浩之，2004，『マンガが語る教師像』昭和堂．
油布佐和子編，2007，『転換期の教師』放送大学教育振興会．
油布佐和子編，2009，『教師という仕事　リーディングス日本の教育と社会 15』日本図書センター．

教師のパースペクティブ

　パースペクティブとは，「自らの世界についての秩序付けられた見方であり，様々な事物や出来事，人の性質についての自明視された見方」である．そして，「人が一貫性をもって身の周りの状況の展開を定義できるのはその人のパースペクティブによるものである」（Shibutani 1955, pp. 563-564）．したがって，教師のパースペクティブとは，学校組織において生徒を指導している教師が，生徒の性質について有する見方や，その生徒に何をどのように教えようとしているのかについての見方・考え方を指す．

　教育社会学において教師のパースペクティブに関心が向けられるようになったのは，1970年代に入り，それまでの構造機能主義的な視点に立つ学校研究が批判され，ヤング（Young, M. F. D.）によって「新しい」教育社会学の登場が宣言された頃からである（Young ed. 1971）．この流れのなかで，キング（King 1983）は，1960年代までの教育社会学研究が，学校教育へのインプット（入学してくる生徒の家庭環境）とアウトプット（生徒の教育達成）に注目し，学校内部をブラックボックスとしてきたことを批判した（酒井 2012a）．そして，両者を媒介するスループットとして，学校内の教師生徒間の相互作用過程の解明の重要性が唱えられ，それによって教師の教育行為や彼らのパースペクティブに関心が向けられるようになったのである．

　理論的には，シンボリック相互作用論がこうした観点の導入を準備した．この立場からの学校研究について概説したウッズ（Woods 1983）によれば，学校内では教師も生徒も，おのおののパースペクティブに基づいて状況を定義し，相手を評価している．そして教師も生徒も，それぞれのパースペクティブを保持しつつ，眼前の現実に対してさまざまなストラテジーを用いて，相手との交渉にあたる．ウッズやケディー（Keddie 1971）など，「新しい」教育社会学の旗手が描いた学校の日常生活とはそのような相互作用過程であり，そうした見方がその後の学校内の参与観察研究や，教師や生徒を対象としたインタビュー調査の基本となった．

　また，ウッズは同書のなかで，教師のパースペクティブ研究は次の三つの領域で進んできたと整理している．一つは教えるということについての基本的なとらえ方である．そこには，教師としての自分の役割定義，生徒や教授知識についてのとらえ方，学習や指導過程に関するとらえ方などを含む．もう一つは，教師が生徒をさまざまな類型に分けてとらえる際のとらえ方である．そして，三つ目は問題行動（逸脱行動）に対する見方である（Woods 1983）．

●**日本における研究の展開**　日本でも，1980 年代から 1990 年代にかけて「新しい」教育社会学が注目を浴びるなかで，教師のパースペクティブに関する研究がなされてきた．初期の研究の一つに松原ほか（1981）と耳塚ほか（1982）があげられる．これらの研究は，学校の組織的文脈が等しい学校間においても，日本の高校生の生徒文化に違いがみられることを，学校内部の要因に関連させて説明しようと試みたものである．そして，その要因の一つとして教師の対生徒パースペクティブに光が当てられた．

　二つの研究から得られた知見は，高校教師の対生徒パースペクティブは，学校階層上の地位によるグループ間で明確な差異がみられたことである．より上位のグループでは，生徒役割に従わないことを好ましいとみる傾向があるが，下位のグループでは，生徒の従順性を好ましいものとみる傾向が強かった．また，同じ地位にある学校間でも，学校により教師のパースペクティブに違いがみられること，それが生徒の分極化の度合いに影響を及ぼしていることも見出された．

　さらに金子（2000）は，これと同じ調査を 1997 年に実施し，教師の対生徒パースペクティブの変化をとらえた．その結果，1997 年の調査では，1979 年に実施された前回調査に比べ，教師がさまざまな生徒を好ましいとみる割合が高まり，特定のタイプの生徒を問題視する傾向が低くなっていることを見出した．

●**主観性から間主観性への関心の変化**　しかし教師のパースペクティブに関する研究は，21 世紀に入る頃から研究上の中心的テーマとはなりにくくなってきている．この背景には，イギリスで登場した「新しい」教育社会学がその勢いを減じたことがあげられるだろう（Banks 1982；志水 1993）．また，理論的には西原（2012）が指摘しているように，1990 年代に入り，行為者の主観的意味それ自体が間主観的に構成されていることが自覚されるようになったことも関係していると思われる．教師個人の主観に迫るのではなく，教員集団において間主観的に構成された見方の解明が課題となってきた．

　そうした試みの一つとして，大正期の教師が児童生徒の個性を個性調査簿にどのように表記したのかに関する分析を行った稲葉（2013）の研究がある．そこでは，教師は，「能力」や「適性」といった「実践の中の言説」のもとで，目下の関心・文脈に即して児童生徒の「個性」を記録するという「言説実践」に携わる者として描かれている．さらに，1960 年代に提唱されたエスノメソドロジーも，人々が相互行為的に達成する出来事や事柄は，人の「心の中」に属するのではなく，公共的にアクセス可能（available）な領域に属するものととらえており，行為者のパースペクティブに迫る研究とは一線を画している（Coulter 1979）．エスノメソドロジーに依拠した教師の研究として，稲垣（1989）は教師が生徒を解釈する際に用いる「生徒コード」の存在を示した．また，佐藤（2013）は，盲学校教師の「成員性カテゴリー化分析」を行っている．　　　　　　　［酒井 朗］

ライフヒストリーと
キャリア形成

☞「ライフヒストリー」p. 222「ライフストーリー」p. 228「事例研究法」p. 230「女性教師」p. 444

　教師のキャリア形成や職業的社会化に関する研究は，アンケート調査に基づいた力量研究のなかで行われてきたが，1980年代から教師自身を対象とした聴き取り調査に基づくライフヒストリー研究が行われ，教師のライフヒストリーの視点から教師のキャリア形成についての議論も展開されている．その背景としては，教師は教室で生徒を教えるだけの単純な存在ではなく，学校内での役割，勤務する学校の文化，教育を取り巻く政治的状況の影響を受ける存在であるからである．また，教師も個人として，私的な生活ももつ多様で複雑な存在として考えるべきだと考えられるようになっている（Goodson & Sikes 訳書, 2006）．教師のキャリア形成を，ライフヒストリーからみた高校教師を対象とした三つの具体的な事例研究に言及し解説する．

● 「受験体制」と教師のライフヒストリー　第一の事例研究は男性教師のライフヒストリーの聴き取り調査をした研究である（塚田 1998）．教師自身の「声」に徹底的に耳を傾け，聴き手は教師たちの経験を「教えてもらう」という「無知の態度」で聴き取りを行った．インタビューで聴き取られた「語り」は語り手と聴き手の「共同作品」という認識をもちながらも，基本的には教師によって「語られた生」に基づき，教師の世界を描写したものである．「語られた生」を具体的に分析することで，教師が生きた経験とその背後にある社会的，歴史的現実，意味世界を描写している．分析枠組みとして三つの「時間」，すなわち，「歴史的時間」「社会的時間」「個人的時間」に注目すると同時に，三つの活動の「場」「教室」「学校（職場・教師集団）」「地域（家庭・社会）」に注目することで，教師の私的領域と公的領域双方についての語りが描写されている．本研究の知見としては3点あった．まず，「受験体制」という教育システムのもと，高校が階層化されており，その階層化されたどの位置の高校に異動し働くかによって教師の「語られた生」の多様性がみられた．次に，愛知県の高校教育をめぐる政治的状況である組合活動との関わり方の違いが教師の「語られた生」に影響を及ぼしていた．第三に，学校内の役割・役職が個々の教師の「語られた生」の変化を反映していた．以上のような三つの要因が教師のキャリア形成・生き方に影響していると考えられた．

　第二の事例研究は，女性高校教師のライフヒストリーを聴き取り，女性教師のキャリア形成について考察したものである（塚田 1991）．個々の教師のキャリア形成に与えた最も重要な要因として，男性教師にはみられなかったジェンダー問題が語られた．女性教師が同じ受験体制，政治状況にいたにもかかわらず，それらの要因は女性教師のキャリア形成には直接的には影響を与えていなかった．む

しろ，家庭という私的領域のなかのジェンダー要因が女性教師のキャリア形成にとって決定的に重要であった．ただし，既婚女性教師が男性教師と学校内で同じ役割を果たすことが期待されず，結果として，男性教師とは異なるキャリア形成の過程を経験することになったのは，「受験体制」の間接的な影響であると解釈された．

●**教師の中年期の危機と再生**　第三の事例研究は，高校教師の中年期におけるアイデンティティの危機と再生の詳細な分析を行い，教師のキャリア形成について考察したものである（高井良 2015）．インタビュー調査での語りでは聴き手がその構築に深く関わっているという「対話的構築主義アプローチ」（桜井 2002）に基づいて行われた研究である．本事例研究は第一と第二の事例研究を発展させ，語り手が何を語ったかという〈物語世界〉だけでなく，〈物語世界〉がいかに語られたかを示す〈ストーリー領域〉に注目し，聴き取り調査を行っている．まず，具体的にどのような状況で，どのように聴き取りをしたかの描写を行っている．また，時には，聴き手から問いを発し，語りの共同制作者として積極的な態度で臨んでいる．さらに，中年期に入った教師のライフストーリー・インタビューを行った後，再度，追跡調査としてほぼ10年後に4人の教師に対して中年期の振り返りのインタビューを行い，中年期の危機の意味を再解釈するという手法をとり「分厚い記述」を描写している．

　同研究は，教師のアイデンティティの危機と再構築の構造と過程をとらえる枠組みとして，「ライフ・ステージ」と「キャリア・ステージ」の二つの概念を用い，「中年期」に焦点を当て分析している．「時間的意識の変容」「ジェネラティヴィティの変容」「同僚性の再構築」という三つの概念を用いて「中年期の危機」にどのように向き合い，どのように対応したかを論じ，その過程で起こった教師としてのキャリア形成が，教師としての危機の問題にとどまらず，人としての存在論的な次元の問題として議論されている．

●**教師がライフストーリーを語る意味**　私たちは誰でも語るべき「人生の物語」をもっている（Atkinson 訳書, 2006）．しかし，教師が経験を物語るときには，ほかの者にはない意味が生まれる．教師が教育実践や教師としてのアイデンティティを語るとき，その経験を内省的に振り返り物語ることで，教師自身を変革し教育実践を変え，教育現場に根差した教育改革を実行していく可能性がある．その意味で，「語り」「聴く」というライフヒストリーは，教師のキャリア形成の解明化と教育現場の新しい改革の可能性を与えるものになるであろう．　［塚田 守］

📖 **さらに詳しく知るための文献**

高井良健一，2015，『教師のライフストーリー──高校教師の中年期の危機と再生』勁草書房．
塚田 守，1998，『受験体制と教師のライフコース』多賀出版．
塚田 守，1991，『女性教師たちのライフヒストリー』青山社．

女性教師

脚「教師のキャリアとジェンダー」
p. 356「ライフヒストリーと
キャリア形成」p. 442

　日本の公教育に従事する女性教師たちは，1872年の「学制」発布によって誕生したが，学校のなかで中枢を占めるようになるまでに長い年月を要している．

●女性教師の比率　1876年にわずか2.4%だった公私立小学校の女性教師比率は19世紀末には10%台になり20世紀半ばには40%を超えた．その後，各学校段階の女性教師比率は上昇するが，21世紀に入ってもなお表1に見るように諸外国と比較すると明らかに低い（初等前教育を除く）．日本では旧制高等女学校の教師ですら男性の方が多く（1930年に56.7%），教師という職業が男性にとって魅力的であり続けてきたことがわかる．日本政府が男性を教職に惹きつけようと1920年と1975年の2度，大幅な俸給引上げ政策をとったことも影響しているだろう（河上 2014, pp. 39-46, pp. 211-213）．

●男女較差　表1に見るように，女性教師がより低い学校段階に配置される状況は諸外国にも共通している．学校段階は俸給・威信・自律性の高低に連動しており，女性が男性より低い社会的地位に配分されがちな社会のありようを映しているという（Ainsworth ed. 2013, p. 309）．

　このことは管理職に占める女性比率が男性より低いことにも示されている．表2に見るように，園長・校長・学長の女性比率は，女性教師全体の比率と比べると格段に低い．また小学校の女性教師は低学年担任に配置され，中学校や高等学校では国語や英語や音楽を担当する女性教師が多い傾向が続いている．社会科学を専攻する女子が増加しても社会科の教師には男性が多く，生徒数の男女差がないにもかかわらず体育科には男性教師が多い（文部科学省 2013a）．

　このような男女較差を男女の特性の反映だとみなす立場と，母集団の性別構成との間に偏差がある以上何らかのセクシズ

表1　女性教師の比率（2014年）　（%）

	初等前教育	初等教育	前期中等教育	後期中等教育	高等教育
日本	97	65	42	30	27
アメリカ	94	87	67	57	49
イギリス	96	84	59	61	44
韓国	99	79	69	50	35
スウェーデン	96	77	77	53	44
中国	97	61	52	50	43
ニュージーランド	98	84	66	60	49
ドイツ	97	87	66	53	38
フィンランド	97	79	72	59	50
フランス	83	83	65	55	40

（出典　OECD『図表でみる教育 2016年版』より）

ムが背後にあると仮定する立場とがある．1999年の「男女共同参画社会基本法」は後者の立場から積極的に偏差を是正する方向を目指していたは

表2　園長・校長・学長に占める女性の比率　　(%)

年度	幼稚園	小学校	中学校	高等学校	短期大学	大学
2000	54.8	15.6	3.5	3.5	11.4	7.4
2016	60.8	19.2	6.3	7.8	20.5	10.6

（出典　『文部科学統計要覧』より作成）

ずだが，2017年のジェンダー・ギャップ指数は144か国中111位と依然として低く，教師の世界にもめざましい変化を生んでいない．

●**女性教師の負担**　イギリスやアメリカと比べて既婚の女性教師が多かった日本では，第二次世界大戦前から出産休業制度が導入され，戦後も他の職種に先駆けて1975年に育児休業制度が成立し，継続がより容易な職業として意欲的な女性を惹きつけてきた．だが育児休業を男性が取得できるようになって以降も利用する男性教師は少ない．共働きであっても家事や育児や介護の負担が女性の肩にかかっている一般的状況が教師の世界にも反映しているといえる．2013年に「家庭の事情」を理由に離職した小・中・高等学校の女性教師の数は男性のほぼ5倍である（文部科学省 2013）．

　女性教師の多くに課せられている二重負担と，それを理由に女性教師を貶める言説があることも女性管理職が生まれにくい状況を生み出している．女性教師はその「母性」によって価値付与されると同時に，「母性」に由来する出産・育児によって価値剥奪されるというアンビバレントな処遇を受けてきた．しかし女性教師たちは二重負担を克服して男性に負けない能力を示し，業績をあげ続けてきた．『教育委員会月報』からは，指導の不適切性を認定された女性教師の輩出率は男性より低く，わいせつ行為や体罰に係る懲戒処分の対象になる女性教師は少ないことがわかる．

　教師の多忙感が強まっているという研究や，先進諸国のなかで日本の教師はとりわけ多忙であるというOECDの調査（国立教育政策研究所編 2014）があるなか，文部科学省は画一的なキャリア・ステージのモデルを提示した（文部科学省 2015c）．この場合ライフ・ワーク・バランスを考慮しない評価スタンダードが設定されれば，女性教師の管理職輩出を妨げる恐れがあると指摘されている（河野編著 2017）．男女教師がともにライフ・ワーク・バランスを確保しつつ，男女平等にその実力と経験と熱意とを十全に発揮できる職場環境の研究の進展が待たれる．　　　　　　　　　　　　　　　　　　　　　　　　　　　　　[河上婦志子]

📖 **さらに詳しく知るための文献**

河野銀子・村松泰子編，2011，『高校の「女性」校長が少ないのはなぜか』学文社．
浅井幸子ほか編著，2016，『教師の声を聴く』学文社．

教員文化とその変化

📖「教師の勤務環境と労働」p. 420

　学校教育制度の担い手である教員の仕事には，固有の困難がある．彼らは，人為的に編成された集団の規律を維持しつつ，必ずしも学習に動機づけられていない人々を相手に教授活動を行わなければならない．しかも学校では外部社会と切り離された時空間で教授・学習活動がなされるため，生徒たちは学ぶ意義を実感しづらい．学校で伝達ないし獲得される知識は再文脈化されており（Bernstein 訳書，2000），学校教育の成果は，外部の社会においては当初の意図とは別様に受けとめられる可能性がある．教職において，仕事の成果や教員の力量を明示することが難しい理由の一つはそこにある．

　そもそも教える営みには「意図したとおりに人が変わるとは限らない」という根源的な困難がある．別言すれば教育には因果を統御する確かな技術が欠如している（Luhmann & Schorr 1982）．教員は風土病的な不確定性（Lortie 1975）のなかで職務を遂行し，保護者や生徒などとの関わりのなかで教員として自己を位置づける関係課題，必ずしも高いとはいえない社会的地位との折合いをつける地位課題，力量を自他に明示する能力課題という三つの課題に取り組まなければならない（Hargreaves 1982）．

●**教員文化とは何か**　教える仕事に付随する困難の乗切りをはかるなかで，教員は固有な職業文化＝教員文化を形成・共有してきた．教員文化は独自の「信念・慣習・伝統・思考法・心性・つきあい方などのセット」から構成され，教員の行動を律し，「世界解釈」のコードを与える働きを有する（久冨編著 1988）．対象にどう接近するのか，その指針を与える概念を感受概念（Blumer, H.）と呼ぶが，教員文化はこの意味で，社会学的な教師研究の感受概念である．経験的なデータを用いた教員文化研究を通じてさまざまな知見が蓄積されてきた．

●**日本の教員文化にみられる特徴**　国際比較研究によれば，他国と比べて日本では教員の労働時間が突出して長い（OECD 2014c）．その理由の一つに，日本の教員は授業以外のさまざまな活動にも教育的な意義を見出す傾向があり，職務の範囲が広いことが指摘されている．清掃指導や部活の指導など，他国では教師の仕事とはみなされない事柄についても「指導」概念を用いて自らの仕事として引き受ける「指導の文化」（酒井 1999）が根づいているのである．教員は無限定的な熱心さを示して，職務遂行に付随するさまざまな困難に対処してきた．そこで教職アイデンティティの基盤となる献身的教師像は，これを肯定するにせよ，逆に反発して距離を取るにせよ，日本の教員文化の中核に位置するイメージである．

　献身的教師像は，「熱心で子ども思いの教師」という像を保護者・子ども，そ

して教師自身に提示することで，関係課題・地位課題・能力課題に対処する支えとなってきた．他方でこのイメージを支えに職務に無限定的な関心と熱意をもって取り組む姿勢は，自分の仕事に「これで十分」という実感を抱くことが難しい「未達成感」をもたらす．客観的な多忙の事実に加え，教員は職務に多忙感を抱きやすい傾向が指摘されてきたが，これは実態の単純な反映ではなく，教員に共有された職業倫理が多忙感を生み出す「文化としての多忙」問題がそこにある．日本だけに限らないが，内向きでまとまる姿勢を生み出す「求心的関係構造」が職場同僚間で形成される点も，教員文化の特性として明らかにされている．

●**学校組織の変容と教職の再定義**　近代的な教育制度は，学校組織が普及拡大し，教員の専門職性が確立することで，選抜・社会化を一手に引き受ける機能システムとして分出した．組織化と専門職化は教育システムを支える両輪であり，どちらが欠けても教育の営みが困難になる（Luhmann 訳書，2004）．日本では2000 年代以降に本格的に展開した教育改革のなかで，学校と教員の専門職性のあり方が根底から問い直される動きが進んでいる．具体的には教員以外の専門職を学校に配備し，多様な専門職からなる「チーム」で複雑な問題・課題に対応する組織へと学校を変える構想が提示されている．教員組織も少数の管理職とそれ以外の教諭から構成される「鍋蓋型」組織の見直しが進み，中間管理職的な役割を担う「主幹教諭」が導入されるなど，企業に近い組織形態への見直しがはかられている．

　学校組織の見直しと同時に，教職の再定義も進行している．教職大学院の設置，教員免許更新制の導入，「不適格」教員の認定と現場からの排除，特別免許状の活用やいわゆる民間人管理職の登用，あるいは性格はやや異なるが，学力向上を企図した「スタンダード」の設定等々，近年展開する諸施策は，教員の社会的な位置に変更を迫る点に特徴がある．そこには教師の専門性・専門職性をより高度化する方向性と，逆に自律性や裁量の余地を縮小する「脱専門職化」（Whitty 訳書，2004）に向かう傾向の両面が認められる．時には矛盾するこれらの動向が最終的にどう収束するかは定かではないが，学校組織の見直しと教職の再定義は，職務への無限定的な関与と求心的な関係構造をその特徴としてきた日本の教員文化に大きな組替えを迫っている．教員文化が今後どのように変化していくのか，事態の推移を注意深く見守る必要がある．　　　　　　　　［山田哲也］

📖 さらに詳しく知るための文献

Hargreaves, A., 2003, *Teaching in the Knowledge Society: Education in the Age of Insecurity*, Teachers College Press（＝2015，木村 優ほか監訳『知識社会の学校と教師—不安定な時代における教育』金子書房）.

久冨善之編，2008，『教師の専門性とアイデンティティ—教育改革時代の国際比較調査と国際シンポジウムから』勁草書房.

油布佐和子編，1999，『教師の現在・教職の未来—あすの教師像を模索する』教育出版.

教員研究の動向
——不平等の再生産における教師期待の役割

　児童・生徒の出身家庭の社会経済的地位（socioeconomic status：以下，SES）による学力格差は学期中には縮小するが夏休みには拡大する（Alexander et al. 2007；Ready 2010 など）―学校教育には教育機会の平等化装置（the great equalizer）として格差を縮小する機能がある．一方，教師が生徒の社会階層，人種，性別などに基づいてラベルを貼り生徒の学力達成に対して異なる期待をし，教授法などを対応させることで生徒の学力に影響を与える―教師期待が予言の自己成就（self-fulfilling prophecy）となり学力格差につながると論じられてきた（Rist 1977 など）．本項目は公教育を担う教師が SES による不平等の再生産に関与していることを示す研究として，教師期待（teacher expectations）について，近年の海外における知見と日本における研究を概観する．

●生徒の社会階層による教師期待の差異　1960 年代に開始された研究（Rist 1970 など）は，社会階層によって教師期待が異なり，低い階層の児童が低い期待を受けることを明らかにした．比較的近年（Auwarter & Aruguete 2008；Dunne & Gazeley 2008）においても報告され，未就学の段階でも低 SES であると読解力を教師に過小評価される傾向（Ready & Chu 2015）が指摘されている．また，教師による生徒の学力評価が，生徒 SES だけではなく学級 SES によっても変わり，ほかの要因を統制しても，低い生徒 SES，それに低い学級 SES によって教師は児童の読解力を過小評価する傾向にある（Ready & Wright 2011）．なお，生徒の人種（Tenenbaum & Ruck 2007；Timmermans et al. 2015 など），学習習慣（Timmermans et al. 2016），在籍トラック（Kelly & Carbonaro 2012）なども教師期待の分化要因とされている．

●教師期待の影響力　児童・生徒に対する教師期待の学力への影響は著名な実験である "Pygmalion in the classroom"（Rosenthal & Jacobson 1968）以降，主に教育心理学分野で研究されてきた．詳細な実証研究のレビュー（Jussim & Harber 2005）は，教師期待の効果は小さいと論じたが，より近年の縦断調査や実験による研究では一定の効果が報告されている．例えば，縦断調査のデータ分析によって，幼稚園児の学力（Kim 2015；Ready & Chu 2015）や小学生の成績・標準試験の結果（Friedrich et al. 2015）への影響が示されている．小学校教師・児童を対象としたランダム化比較試験（Rubie-Davies et al. 2015）でも学力への効果がみられた．また，未就学から小学 4 年生まで追跡したデータによる分析（Rubie-Davies et al. 2014）は，学年内だけではなく複数学年の教師期待が学力と関連していることを明らかにしている．さらには，小学校 1 年生時点の教師期

待が，特に貧困家庭の児童について長期的な影響をもつこと（Sorhagen 2013），生徒の人種による教師期待の学力への影響（Peterson et al. 2016 など），職業高校において退学を抑制する効果（Van Houtte & Demanet 2016），高校卒業試験の通過（Becker 2013），それに，教師の高校生に対する大学進学期待が，本人や親の教育期待とは独立して実際の大学進学と関連すること，また，低収入世帯の生徒に対するより強い効果（Gregory & Huang 2013）なども示されている．

●不平等の再生産における教師期待の役割に関した日本の研究　教師のまなざしが一般児童と貧困児童に対して異なること（籠山 1953）は 1950 年代に示され，その後，貧困層の児童・生徒（久富 1993；盛満 2011；西田 2012）や低階層の親（伊佐 2015）に対する教師のまなざし，それに学校の社会経済的特徴によって教師の対応（伊佐 2010）・役割認識（神村 2014）が異なることは報告されてきた．また，中学生の SES によって教師の評価が異なり，それが学力格差を拡大している可能性（西本 2001）が地域データの計量分析に基づいて示された．さらには，代表性のある国際数学・理科教育調査（TIMSS）の日本の 2011 年データを用いた分析（Matsuoka 2014）は，学校（中学校）水準で，学力・種別（国私立）・都市部を統制しても，社会階層の代理指標である文化資本変数によって教師の生徒に対する学力達成期待が異なることを明らかにしている．なお，この学校水準の教師による期待の差異は，学校間の学力格差を部分的に説明している．最後に，社会階層と社会移動全国調査（SSM）の 1995 年データを用いた分析（Yamamoto & Brinton 2010）によると，身体化された文化資本（芸術経験）と客体化された文化資本（家庭の蔵書数）が高校ランクを分化する要因であり，高校進学の進路相談などの際に，出身家庭の文化資本によって教師による主観的な判断による推奨進路に差がある可能性（Yamamoto & Brinton 2010）が指摘されている．

　これらの研究は日本社会においても生徒や学校水準の SES によって教師のまなざしや期待が異なり，学力や高校ランクなどの教育結果と関連していることを示唆している．生徒や学校の SES を変えることができない以上，社会階層に基づいた教師期待の分化という，公教育に内在する逆機能を解消することが求められる．一方で，国際教員指導環境調査（TALIS）の日本の 2013 年データを用いた研究（Matsuoka 2015）によると，勤務校の SES によって教師の自己効力感と職務満足度の関連の強さ，それに満足度そのものに学校間格差が存在する．勤務校の社会経済的文脈によって抱え込む困難さの度合いを考慮せず，生徒・学校SES による教師期待格差について教師だけの責任を問うことは現実的な解決には結びつかない．今後は，海外の研究を参考に，縦断調査やランダム化比較試験によって不平等の再生産における教師役割の実証研究を発展させること，それに，現場における SES による教師期待分化を解消するために，教員養成課程や研修における教育社会学科目の充実などの施策が求められる．　　　　［松岡亮二］

教室のなかの教師と教育課題

☞「学力・教育達成とジェンダー」
p. 350「学生の教育機会と進路
選択」p. 470「学力問題」p. 556
「教育機会格差の経済的説明と
合理的選択理論による説明」
p. 622「学校効果」p. 624「学
力政策」p. 694

　教室のなかの教師や教育実践に教育社会学が関心を向け始めるのは，1960年代以降のことである．アメリカおよびイギリスで相次いで明らかにされた，社会的不平等を縮小させるうえで学校は限定的な役割しか果たしておらず，平等主義的政策は失敗に終わったという指摘は，それまでブラックボックス化されていた学校内部において，不平等がいかにつくりだされているのか，そのプロセスそのものへの関心を高めていく．学業成績の階層差を説明するうえであまり役に立たなかった巨視社会学的アプローチに代わって，現象学的社会学やエスノメソドロジー，象徴的相互作用論などに立脚する「新しい」教育社会学の役割が期待されたのである（Karabel & Halsey eds. 訳書，1980）．

●**教師ストラテジー**　日本でも1970年代の半ば頃から，相互作用に着目し，行為者の意味づけや動機，価値に即して社会的事象を解釈し理解する「解釈的アプローチ」による研究が始められる．教室は，フォーマルカリキュラムの伝達の場としてだけでなく，教師と生徒が互いの「状況の定義」に基づいて，葛藤しながらも合意を求めて交渉する場としてとらえられる．そのため教師は，ただ単に制度的な役割を遂行するのではなく，学校教育という構造的・制度的制約のなかで直面する困難やジレンマに対して，自己の目的や関心を最大限に実現するための戦略を編み出すのである．これを教師ストラテジーという（稲垣 1992）．例えば，授業中に教師が用いるユーモアや雑談も，生徒と「うまくやっていく」ためのストラテジーとしてとらえられる．

　ただし，教師ストラテジーは統制を基本原理とするため，時としてそれは，教育的価値よりも自身の生き残りを優先するような「サバイバル・ストラテジー」（Woods 1979b）としての側面を合わせもつこともある．とりわけそれは，「教育困難校」と呼ばれるような，教師がジレンマ状況に直面しやすい場において顕在化しやすくなる．例えば，高校を対象にした研究では，「知識の伝達者」から「親しい先生」へと教師役割を再定義し，生徒の逸脱を黙認すること（竹内 1995）や，生徒文化との対立状況のなかで，「困難校」という場に見合った教育実践が展開される一方，知識の習得はないがしろにされる様子（古賀 2001）が描かれている．近年の研究では，表面的には生徒とぶつからない方法での秩序維持が，結果的には処遇の画一化を生み出し，中退者を防ぐことができないという「困難校」の現実も浮彫りにされている（吉田 2007）．

　また，こうした教師の実践を，竹内は「現地化」，古賀は「現場の教授学」という言葉で表現しており，いずれも，生徒の実態や校区の状況に対する教師の理

解によって指導の型がつくられることを示している。教育実践には，公式の教育学的知識だけでなく，個々の学校の文脈に応じた実践的社会的知識が必要とされるのである。

●マイノリティの教育課題への対応　生徒の人種・民族的背景や社会経済的背景も，構造的制約のもとでの困難や葛藤を教師にもたらす要因となる。1980年代以降増加するようになったニューカマーと呼ばれる定住外国人の児童生徒の存在は，日本の学校文化に特徴的な「一斉共同体主義」(恒吉 1996) を背景とした「特別扱いしない」教育実践の存在を明らかにした (志水・清水編著 2001)。教師は，ニューカマーの子どもたちがマイノリティであるがゆえに置かれている差別的な社会的文脈や文化的背景を見えないものとし，問題を個人化する。彼らが学校生活で直面する課題は，本人の努力や意欲の不足に帰され，同化を強いられることで「見えない」存在となっていく。被差別部落や貧困家庭の子どもに対する教師の処遇にも同様の傾向が見出されており，そのことは，学業不振や教育達成上の格差を生み出すことにもつながっているのである (志水 2002b；盛満 2011)。

　ニューカマーや被差別部落，貧困家庭の児童生徒といった，学校教育において排除されやすい存在に注目した研究は，学校を通じた不平等生成の内実を明らかにするとともに，こうした課題を契機とした実践のとらえ直しという方向性を生み出すことにも寄与している。それは，エスノグラフィックな研究によって学校の日常世界を「ありのままに記述し，その自明性を問う」という関心だけでなく，「どうすればいいのか」という教育実践に対する貢献可能性の探求にもつながっている。特に，学力をめぐる議論のなかでは，低学力が生み出されるメカニズムを明らかにするだけでなく，どうすれば学業成績の階層差は克服できるのかという関心に基づいた，実践的知識の産出を目指す研究が蓄積されつつある。その代表例である「効果のある学校」研究 (鍋島 2003) は，学校組織や教職員集団に焦点を当て，格差克服の糸口を探っている。また，研究者と学校現場の協働によって，ニューカマー生徒支援を前面に押し出す学校づくりが進み，「特別扱いしない」教育実践が見直されていく様子を描いた研究もある (清水 2006)。

　「新しい」教育社会学に課せられた期待，すなわち，教育実践の社会的拘束性と，それが社会構造の維持にいかに貢献しているのかを明らかにするというミクロとマクロをつなぎ，教育現場への有効性をも合わせもつ研究は，格差社会化が進む今日において，改めてその意義を問われているといえるだろう。

[伊佐夏実]

📖 **さらに詳しく知るための文献**

古賀正義．2001．『〈教えること〉のエスノグラフィー』金子書房．
志水宏吉．2002．『学校文化の比較社会学』東京大学出版会．

戦前の教員養成

☞「教員養成と大学の改革」p. 414

　戦前の教員養成は，師範学校を中心に実施された．師範学校は学制期から第二次世界大戦後の学制改革期まで続いた，教員を計画的・組織的に養成した特設の機関である．近世まで教育者の養成自体を目的とする教育施設は存在せず，近代学校の導入・普及に伴い，新たな知の伝達を担う大量の教員を育成する必要が生じて制度化された．小学校教員養成の（尋常）師範学校と，旧制中学校・高等女学校・師範学校といった中等学校の教員を養成した高等師範学校とがある．

●**戦前の教員養成制度**　明治新政府は1872（明治5）年に学制を公布したが，国民皆学実現のために，何よりも近代学校の教育を担う人材の育成が急務であった．同年5月に東京湯島に初めて師範学校が設立され，スコット（Scott, M. M.）を招いてアメリカ式の教授法を導入し，その卒業生が教員養成の普及にあたった．地方では伝習所，講習所と称する速成的な養成機関が開設され，後に府県立師範学校へと再編された．森有礼文相が主導した1886（明治19）年の師範学校令では，その教育理念に三気質（順良・親愛・威重）をすえ，兵式体操や厳格な寄宿舎生活などの軍隊式教育，学資支給制や服務義務などが導入された．これにより，師範教育の基本的理念と制度的枠組の基礎が固まった．一方，師範学校によらず，試験検定によって教員免許を取得できる道も開かれていた．

　師範学校の閉鎖的で厳格な教育は，内向的で杓子定規的な「師範タイプ」の教員を輩出したとして，たえず批判にさらされてきた．戦後はこの反省に基づき，「大学における教員養成」「開放制」という教員養成の二大原則が打ち出され，学術研究に基づく専門教育と多様性が教員養成に求められた．しかし，大学での養成が実践性の育成に十分対応していない，教員就職しない者にも大量の免許を与えているなど，現代に至るまで弊害が指摘され，二つの原則はゆらぎつつある．

　一方，高等師範学校は，師範学校と比べて閉鎖的な雰囲気が希薄で，その学校文化はむしろリベラルであり（山田 2002），教授内容もアカデミックなものであった（船寄 1998）．ただし，高等師範学校の数は限られたため，中等学校教員の供給は帝国大学や旧制専門学校，臨時教員養成所，文部省教員検定試験（文検）など複数の機関に委ねられていた．

●**師範学校生徒の出身階層**　明治前半まで師範学校生徒は士族の比率が高く，階級的特権意識や武士的エートスを教職にもちこみ，その社会的威信は比較的保たれていた（唐澤 1955；石戸谷 1967）．しかし，明治後半以降，師範学校の制度化が進み，中学校-高等学校-帝国大学とつながる正系の教育ルートから明確に機能分化し，傍系としての位置づけが確定していく（陣内 1988）．これによって，

明治半ばまで「各府県における公立の最高学府」（陣内 1988, p. 132）であった師範学校から，社会的な地位の達成を志す青年層が離れていくことになった．そして，師範学校の学資支給制は，成績優秀ではあるが学資に乏しい層への呼び水となり，結果的に生徒の出身階層が農業に偏ることになった（唐澤 1955；細谷編 1956 など）．これは戦前期に一貫した傾向であったが，生徒たちは必ずしも貧農層ではなく，地主などを含めた比較的幅広い層から構成されていたとの指摘もある（陣内 1988）．農業階層の子弟が師範学校に入学したほかの要因として，土地と緊密に結びついた農業従事者にとって，教職のローカル性は好都合であったこと，農家の跡継ぎ確保に際して師範学校の兵役優遇は魅力的であったことなどが考えられている（例えば，唐澤 1955）．また，高等師範学校も原則授業料を徴収しなかったため，ほかの高等教育機関と比べて経済的障壁が低く，農業階層の生徒が多かった（山田 2002）．

　師範学校は経済的に進学困難な者を広く受容したが，その結果，正系の教育ルートを選択できず，立身出世から取り残された疎外感を内包することになった．したがって，「教職は，挫折した青年の収容所であり，フラストレーション地帯」（石戸谷 1967, p. 331）とも評された．

●**養成ルートに応じた階層的教員社会**　小学校教員の給与は，戦前期を通じて相対的に低く（唐澤 1955；門脇 2004 など），好景気の時期には教職を離れる者も多かった．また，小学校に勤務しながら文検を受験し，あるいは私学の夜間部に通学して免許を取得後，中等学校教員への上昇移動を果たす者も少なくなかった（寺崎・「文検」研究会編 1997；太田 2015）．ただし，その給与額は正教員，准教員，代用教員といった資格によって異なり，師範学校卒の正教員を最上位とした格差が存在していた（陣内 1988 など）．

　中等学校教員の場合，給与は小学校のおおよそ2倍であり（山田 2002, pp. 78-79），比較的恵まれていた．ただ，やはり養成ルートに応じて給与額や昇進率に差があり，そのなかで帝国大学と高等師範学校の出身者が優遇されていて，両者の競合関係は学閥形成を促す一因となったという（山田 2002）．一方，最大の教員供給源とされた私学の出身教員は，こうした地位達成が見込めないため，積極的に帰郷して郷里の中等教育を支える役割を担ったとされる（太田 2015）．

　戦前の教員養成・資格制度は多岐的で複雑であったが，どの養成ルートを経たかという来歴に応じて，教員社会での地位が強く規定されていた．現代とは異なり，当時の教員社会は明確な階層構造をなしていたといえる．　　　　［太田拓紀］

📖 **さらに詳しく知るための文献**

陣内靖彦，1988，『日本の教員社会』東洋館出版社．

山田浩之，2002，『教師の歴史社会学』晃洋書房．

第6章

高等教育

［編集担当：吉田 文・濱中淳子］

概説：高等教育研究の諸相 ……………… 456	大学教育のカリキュラム ………………… 478
大学とは何か ……………………………… 460	大学教育の大道具・小道具 ……………… 480
日本の高等教育システム ………………… 462	高等教育と職業人養成 …………………… 482
大衆化論 …………………………………… 464	質保証の変化 ……………………………… 484
日本における高等教育政策 ……………… 466	研究と知の生産 …………………………… 486
大学をめぐる力学 ………………………… 468	プロフェッショナル・スクール ………… 488
学生の教育機会と進路選択 ……………… 470	大学財務 …………………………………… 490
高大接続問題 ……………………………… 472	大学経営 …………………………………… 492
学生論 ……………………………………… 474	企業が求める学生像 ……………………… 494
アカデミック・プロフェッション ……… 476	グローバル化のなかの大学 ……………… 496

概説：高等教育研究の諸相

　高等教育とは，初等・中等教育の上の段階に位置づけられた教育課程のことであり，具体的には，大学，大学院，短期大学，高等専門学校，専門学校（専修学校専門課程）のことを指す．教育社会学領域では，これら高等教育を対象とする研究も蓄積されてきたが，これまでの成果を概観すると，対象の特殊性ゆえに，研究のアプローチにやや独自な側面があったように見受けられる．そしてその特殊性については，大きく三つの観点から説明される．

●**高等教育の特殊性**　第一に，高等教育の場合，教育という営為以外に，「研究＝知の生産」というファクターが重要な機能を占める．大学の歴史を中世までひもとけば，その中心的役割は教育にあった．ところが19世紀ドイツにおいて，研究という役割がつけ加えられることになる（「大学とは何か」p.460）．それ以降，「教育」と「研究」は，高等教育が担う機能の両輪となり，研究の成果として生み出された最先端の知を教育するというのが，一つのあるべきモデルとしてみなされるようになった．この重層的な機能が，高等教育問題をいっそう複雑にしている．

　第二に，高等教育は，基本的な知識を身につけた者が，さらに人材としての力を養っていく場という色合いが濃い段階であるため，人材育成やそのためのカリキュラム，あるいは大学という組織のあり方などについて，政策や労働市場といった外部アクターからの期待や要求が集まりやすい．ハード面の議論をするにしても，ソフト面の議論をするにしても，高等教育は，「教える側」と「教えられる側」の論理を超えた検討が強く求められる領域となっている．

　そして第三に，高等教育については，望ましさをめぐる意見の対立が生じやすいという特性もあげられよう．そしてそれはとりわけ，教育社会学者が重要視する不平等問題の克服を目指す議論において顕在化する．すなわち，高等教育は，社会経済的に不利な立場にいる者を望ましい状況へと押し上げる手段になる一方で，そもそもそのような手段を用いることができるのは恵まれた層に偏っているという見方も示される．上昇移動への機会として寄与すると同時に，格差の維持にもつながっているというロジックだ．このロジックの是非は時代や状況によって異なるはずだが，関連して，高等教育の場合，エリートとマスの教育をどのように設計すべきか，さらに私費負担（私立大学や家計）に依存しながら発展してきた日本の現状をどうとらえるのかといった，初等・中等教育領域ではあまりみられない問いが重要な意味をもちうることになる．いわば目指すべき方向性がみえにくいというこのような特性が，教育社会学領域における高等教育研究の立ち

位置を独特なものにしてきた側面はあるといえるだろう.

●高等教育研究のトレンド　以上の特殊性は，初等・中等教育を対象とする諸研究の枠組みがそのまま援用できないことを意味している．しかしながら，これまでの高等教育研究が参照する枠組みをもつことなく，さまよっていたわけでは決してない．日本教育社会学会発足以降の状況を振り返れば，次のようなトレンドのなかで研究が行われてきたといえる.

まず，初期の動きとしてあげられるのが，大学自治論の研究である．第二次世界大戦以前の状況への反省から，大学と政府との関係性を整理することは，新制大学発足当初より課題として認識されていたが，政治的な意味合いも含む大学紛争の勃発によってその喫緊性は高まった．大学の自治とは何か，学問の自由とはどのようなものかについて，歴史的あるいは国際比較の方法による考察が試みられた．他方でこれとほぼ同じ時期に目立ち始めたのが，教育需要の予測や，理工系学生増募計画に代表されるマンパワー予測における教育社会学者の活躍である．当時，政府が意欲的に取り組んでいた未来予測のなかで，一部研究者たちが高等教育のありようについて言及することが増えていった.

ただ，高等教育研究がより本格化したのは，1970年代以降だといえるかもしれない．先にも触れた大学紛争などを契機とし，高等教育がどこへ向かおうとしているのかについて，考えるための手がかりを求める声がよりいっそう強まったからである．こうしたなかで注目されたのが，アメリカの経験をもとに構築されたトロウ（Trow, M.）の発展段階説である（Trow 訳書，1976）．トロウは，「エリート」「マス」「ユニバーサル」と段階を追って発展する高等教育と，教育手法や管理運営形態，社会との関わり方にどのような変化がみられるか（みられるべきか）を鮮やかに描き出した（「大衆化論」p. 464）．また，クラーク（Clark, B.）の影響も忘れてはならないだろう（Clark 訳書，1994）．クラークは，高等教育システムの変動や秩序化を引き起こす構造について，関係するアクターの特性を考慮した各国比較という切り口から，多面的な検討を加えた（「大学をめぐる力学」p. 468）．いずれも高等教育研究に大きなインパクトを与えた枠組みであり，日本でもこれらを下地にした活発な分析が重ねられていった.

そして1990年代に入り，高等教育研究はさらに新たなステージを迎えることになる．というのは，少子化と政府予算の縮減を背景にして，大学設置基準の大綱化を皮切りに，評価制度の導入や国立大学の法人化，あるいは大学院拡充政策や競争的資金の拡充，加えて FD（Faculty Development）・SD（Staff Development）の義務化，IR（Institutional Research）の実施など，高等教育システムをより効率的・効果的なシステムに改善しようとする施策が次々と展開され，高等教育を対象領域とする研究者たちもその対応へと追われるようになったからである．こうした一連の変化については，「市場化」という枠組みで把握しようとす

る見方も提示されているが（金子 1998），十分な議論が交わされているわけではない．今高等教育に起きていることをとらえるための枠組み形成は，これからの課題として残されている．

●**高等教育研究の担い手**　高等教育研究を手がけた主な担い手は教育社会学者であり，今現在も高等教育研究に取り組む教育社会学者は多い．最近の日本教育社会学会大会をみても，研究発表のうち，2割前後が高等教育関連の報告という状況が続いている．

　ただ他方で，実践的な課題が多く立ち上がるようになったことも関係し，研究の担い手が教育社会学者以外にも広がりつつあることは注目される．象徴する動きとして，次の二つを指摘することができるだろう．

　一つは，各大学に高等教育関係のセンター（学内共同施設）が次々と設置され，教育社会学を含め，教育を専門としない研究者たちが高等教育研究に取り組むケースが多くなった．さまざまなバックグラウンドをもつ者が，それぞれの視点から高等教育問題に迫る試みが増えつつある．今一つは，関連学会の創設である．大学教育学会こそ，一般教育学会という名称で1979年に創設されていたが，1997年には日本高等教育学会や大学行政管理学会が創設され（なお，一般教育学会が大学教育学会に名称を変更したのも同じく1997年である），その後も，2004年に大学評価学会，2008年には初年次教育学会や高等教育質保証学会が創設されている．そしてこれらの学会には，高等教育問題に関心をもつ大学職員たちも多く参加している．このような変化が高等教育を扱う教育社会学者たちに少なからぬ影響を与えていることは確かだろう．学問的な前提が共有されないなかでの研究は，テーマの選び方や分析手法などについて，考え直さなければならない局面に多々出会うことになるからである．

　改めて見直せば，教育社会学の研究領域のなかで，高等教育研究ほど「多様性」というキーワードが合致する領域も少ないように思われる．担い手や扱うテーマが変わるとともに，枠組みや基盤とする価値観が模索され続けている．

　ただ，こうした研究の広がりがみられるなかで，いまだ手薄な状況を脱却できていない研究テーマがあるのも一つの事実である．カリキュラムや教授方法，研究に関する研究，大学以外の高等教育機関（短期大学，高等専門学校，専門学校など）を扱った研究などは，諸外国の動向と比較しても，十分に蓄積されているとはいえない状況にある．

●**本章の構成**　これまでの高等教育研究を概観してきたが，本章ではこれら研究について，いくつかの具体的な項目別にさらなる理解を目指したい．最後に，各項目の位置づけについて触れておこう．

　高等教育をめぐる諸課題は，まず，《時間》と《問題のレベル》の軸で形成されるマトリクスによって整理される．《時間》とは，進学時「input」，教育・研

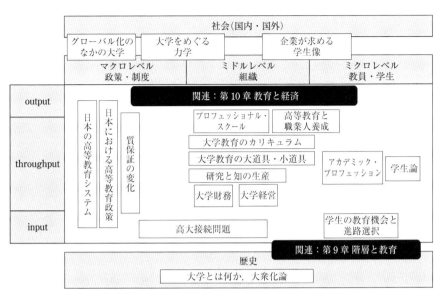

注：図表のなかに記した用語は，「項目」のタイトルに対応している．

図1　高等教育をめぐる各テーマ（項目）のプロット

究活動が展開される「throughput」，卒業（修了）時となる「output」であり，《問題のレベル》とは，「マクロ（政策・制度）レベル」「ミドル（組織）レベル」「ミクロ（教員・学生）レベル」である．そして同時に，高等教育が《社会》の一部分として機能している以上，国内外の動向を加味した議論が必要となり，さらに《歴史》を知ることでみえてくる点も多い．

このように《時間》《問題のレベル》《社会》《歴史》といった要素を考慮しながら描いたのが，図1である．この空間には積み重ねられてきたさまざまな研究がプロットされるが，進学時（input）や卒業時（output）に関するものは，他章で扱うテーマ（第Ⅲ部9章「階層と教育」や第Ⅲ部10章「教育と経済」など）の文脈のなかに位置づけることもできるため，本章では，高等教育自体（throughput）が抱える課題を取り上げることに注力した．他章で扱われている関連項目も合わせて参照しながら，高等教育をめぐる研究への理解を深めてもらいたい． ［濱中淳子・吉田　文］

さらに詳しく知るための文献

塚原修一編，広田照幸監修，2009，『高等教育』リーディングス　日本の教育と社会 12．日本図書センター．
橋本鉱市・阿曽沼明裕企画編集，2010-2011，『リーディングス　日本の高等教育　全8巻』，玉川大学出版部．
広田照幸ほか編，2013-2014，『シリーズ　大学　全7巻』，岩波書店．

大学とは何か

☞「研究と知の生産」p. 486

　大学とは，「学術の中心として，広く知識を授けるとともに，深く専門の学芸を教授研究し，知的，道徳的及び応用的能力を展開させることを目的とする」（「学校教育法」第83条）高等教育機関である．高等教育機関には（日本の場合），大学院，大学，短期大学，高等専門学校の第4・5学年に加えて，高校卒業を入学資格とする専修学校も含まれるが，大学はその中核的な位置を占めている．

●**大学の起源**　大学の起源は，学問をする教師と学生の自発的で自律的な組合団体（ウニベルシタス）から発展し，12世紀に南欧や西欧で生まれた学位授与権をもつ中世大学である（天野 2009；吉見 2011）．その後の大学の歴史を国際比較の観点からたどる際にポイントになるのは，19世紀後半と第二次世界大戦である．日本の場合，19世紀後半は明治維新（1868年）を契機に，近代国民国家の建設が始まった時期であり，近代教育制度が導入された．第二次世界大戦の敗戦（1945年）により，日本の近代化は大幅に軌道修正され，教育分野でも抜本的な教育改革が実施された．

●**研究重視型大学の出現**　ヨーロッパ中世の時代から今日まで，大学の主な役割は学生の教育だった．この役割に研究が加えられた契機は，19世紀後半にドイツで研究重視型の大学が出現したことである．近代化の後発国だったドイツ政府は，その遅れを取り戻す政策として，大学に多額の財政援助を行い，国家の発展と産業の進展に役立つ研究の振興をはかった（Ben-David 訳書，1982）．この教育と並んで研究の推進を大学の役割に加えた大学のドイツ・モデルは多大な成功を収め，世界的な規模で各国に移植された．しかしそれは必ずしもドイツ・モデルを直輸入したものではなかった．例えばアメリカで研究重視型の大学建設の標準モデルになったのは，ハーバード大学が試みた方式である．ドイツの大学は同一の組織内で教育も研究も行ったが，このアメリカで発展した方式では学部教育を行う教養カレッジに加えて，新しく文理系の大学教員や研究者を育成する専門職業教育と研究を行う学術大学院が，同じ大学内に別組織として設けられた．その定着と普及はアメリカの科学的研究を飛躍的に発展させ，ドイツに代わって世界の学問センターを形成するのに寄与した．さらに医学や法学などの実学的な専門職業教育を行う専門職大学院も相次いで設置された．

　これに対して日本では，東京大学が明治維新後の1877年に，日本で最初の近代大学として創設された．この東京大学は帝国大学令（1886年）により帝国大学と改称され，日本で唯一の大学として，日本の学術研究を高めるとともに，各界の指導的な人材を数多く育成した．日本ではアメリカと違って，近代大学の導

入そのものが大学のドイツ・モデルを主なベースにして行われた．その後も大学令（1918年）により大学が設置されたり，高等教育機関として旧制の高等学校や専門学校が相次いで設置されたりしたが，日本で大学問題を考える際には，研究を重視する帝国大学，特に東京帝国大学のあり方が基本になった．

●**大学のアメリカ・モデルの影響**　大学の役割が研究重視から再び教育重視の方向へ変わる契機になったのは，どの国でも第二次世界大戦後，大学を中核にした高等教育が大幅に拡大して大衆化したことである．そのため一方で研究はますます重視されたが，他方で多様化した学生の教育の重要性も認識されるようになった．各国の大学改革で改革の「合わせ鏡」として世界的に普及したのは，大学のアメリカ・モデルである（江原 2010；Bok 訳書，2015）．その特徴は独自の歴史的背景と文化をもつ多種多様な大学によって構成されていることである．この制度的な多様性を生かして，アメリカの大学は制度全体として社会の急速な変化にスムーズに対応して発展してきた．また大学の管理運営が分権化しており，大学の自律性や自主的な意思決定が尊重されているのも重要な特徴である．

　ヨーロッパ文明に固有の産物である大学は，大きく変貌しながら今日まで長期にわたって存続し，世界的に拡大してきた．どの時代にも共通する大学の特徴は，それぞれの時代の中心的な文化的制度の一つであり，高い水準で諸学の教育が行われ，学問をする教師と学生の自律性（大学の自治）を基盤にした教育と研究の自由が尊重される共同体だということである．

　新制度学派の見方にならえば，大学の構造とその変動のパターンは時を経るとともに同型化が進み，大学はグローバルな世界制度として進化してきた（Gumport 訳書，2015，pp. 250-252）．また大学のドイツ・モデルやアメリカ・モデルは世界モデルとして，各国の大学政策や個別大学の改革に大きな影響を及ぼしてきた．本項目の冒頭に紹介した「学校教育法」（1947年）の大学に関する詳細な規定は，そうした大学の歴史を踏まえた，日本型の大学とは何かに対する一つの具体的な回答だといってもよい．大学とは何かについて唯一の正解があるわけではない．しかし今後もしばらくの間，近代国民国家の仕組みが続くと考えるにせよ，あるいはポストモダンな社会を想定するにせよ，これまでの大学の歴史を踏まえた，日本社会に最もふさわしい大学像を構築することが求められる．

[江原武一]

📖 さらに詳しく知るための文献

天野郁夫，2009，『大学の誕生』上・下，中央公論新社．

Ben-David, J., 1977, *Centers of Learning: Britain, France, Germany, United States*, McGaw-Hill（＝1982，天城 勲訳『学問の府—原典としての英仏独米の大学』サイマル出版会）．

Gumport, P. J. ed., 2007, *Sociology of Higher Education: Contributions and Their Contexts*, The Johns Hopkins University Press（＝2015，伊藤彰浩ほか監訳『高等教育の社会学』玉川大学出版部）．

日本の高等教育システム

☞「大学財務」p. 490

　いずれの国においても高等教育の中核をなすのは，学術の中心としての大学（university）である．しかし中等教育段階以降の専門的教育に対する社会的要請と個人の進学需要が高まるにつれ，各国とも伝統的な大学とは目的を異にする教育機関を発達させてきた．現代社会では，それら非大学型の教育機関も高等教育の範疇に含めてとらえられ，一般に高等教育システムと総称される．

　類似の概念としては「中等後教育」「第三段階教育」がある．ユネスコの国際標準教育分類（ISCED, 2011 年版）では，レベル 4 に「中等後の非第三段階教育」（post-secondary non tertiary education）が定義されており，中等後教育の概念の方がより広範で，第三段階教育と高等教育がほぼ同義ということになる．本項目では，ISCED レベル 5（短期高等教育［short-cycle tertiary education]）に分類される教育課程について，日本における発展の過程，現状等を概観する．

●主な短期高等教育機関

　①短期大学　短期大学とは「深く専門の学芸を教授研究し，職業又は実際生活に必要な能力を育成すること」を目的とする修業年限 2 年または 3 年の大学をいう．戦後の学制改革では，旧制の高等教育諸機関を 4 年制大学に一元化することが構想されていたが，設置基準を満たさないなどの理由により新制大学に移行できない（しない）機関に対して修業年限の短い大学の設置が「暫定措置」として認められた．しかし 4 年課程に比べて学費等の経済的負担が軽減されること，短期間で実際的な職業専門教育を受けられることなどの利点から，高等教育機関として一定の役割を果たすようになり，1964 年に上述の目的規定が「学校教育法」に明記され「恒久化」された．

　その後もとりわけ女子の高等教育機会として発展を続け，1990 年代半ばには機関数・学生数ともにピークを迎えた．しかし 18 歳人口の減少と女子の 4 年制大学志向の高まりにより，2015 年時点では機関数はピーク時の 6 割弱（346 校），学生数は約 4 分の 1（13 万人）にまで減少している．

　②高等専門学校　高等専門学校は中学校卒業程度を入学資格とする修業年限 5 年の一貫教育を行う機関で，第 4・5 年次が高等教育に該当する．法令上の目的は「深く専門の学芸を教授し，職業に必要な能力を育成すること」とされ，目的規定に「研究」が含まれない点が大学の一類型とされる短期大学と異なる．高度経済成長期における産業構造の高度化，科学技術の進展等を受け，工業分野における技術者養成への社会的要請を背景に 1962 年に創設された．専攻分野がほぼ工業関係に限定されていたこともあって，2015 年度の機関数は 57 校，学生数は

5万人程度と，その量的規模は小さく，長年にわたりほとんど変化していない.

③専修学校専門課程（専門学校）　大学，短期大学，高等専門学校など「学校教育法」第1条に規定される高等教育機関とは別に，「学校教育に類する教育を行うもの」としての各種学校は，長らく中等後教育の一翼を担ってきた. しかし各種学校には，目的，修業年限，入学資格，教員の資格等に法令上の規定がなく，その制度的位置づけは不明確であったため，一定の水準，規模を有する機関を対象とする専修学校制度が1976年に創設された. 専修学校のうち，高校卒業程度を入学資格とする専門課程が高等教育に該当し，専門学校と称されている.

制度発足当初より，既設の各種学校からの転換を含め機関数・学生数とも拡大した. 1980年代後半から1990年代前半にかけては，18歳人口の急増と，大都市圏の大学入学定員が政策的に抑制されていたこともあって，特に工業，商業実務分野において大幅な学生増となり，短期大学の学生数を上回った. 学生数はその後やや減少したものの，医療，教育・福祉，衛生などさまざまな分野において専門的人材育成に対する需要に応えている.

●高等教育システムとしての課題　以上のように異なる歴史的経緯を有する各学校種ではあるが，高等教育システムの一翼を担う制度・機関として共通課題とされてきたのは，卒業・修了者に対する学位・称号の付与と，大学（ISCED レベル6以上の教育）との接続関係である.

短期大学，高等専門学校においては制度発足当初より卒業者は大学への編入学資格が認められており，近年では短期大学卒業者の約1割，高等専門学校卒業者の約4割が大学等（大学改革支援・学位授与機構の審査を受けることにより学士の学位が取得可能な専攻科を含む）へ進学している. また修業年限2年以上，課程修了に必要な総授業時間数1700時間以上の専門学校修了者は1999年度より大学への編入学が可能になった.

卒業・修了者への学位・称号については，2016年度現在，短期大学卒業者には「短期大学士」の学位が授与される一方，高等専門学校卒業者に与えられる「準学士」は法令上，学位ではなく称号とされる. また，修業年限4年以上の専門学校修了者には大学院への入学資格が認められるものの，修了者への称号は「高度専門士」であり，大学に編入学可能な専門学校修了者への称号も「専門士」とされ，一般的な学術称号とは異なる名称が用いられるなど混乱した状況になっている. 国際的には学校種ではなく，学位・資格称号に基づく教育分類が一般的になりつつあることから，これらを整理することが当面の課題となるだろう.

［濱中義隆］

📖 さらに詳しく知るための文献

文部省. 1992. 『学制百二十年史』ぎょうせい.
UNESCO-UIS. 2012. International Standard Classification of Education ISCED2011.

大衆化論

　大衆化とは，近代ないし市民社会から現代社会への移行の過程で，大衆の登場によって生じる，政治・経済・社会・文化などの形態の変化を指す．大衆という用語が教育に適用されるのは第一次世界大戦後，高等教育の領域で用いられるようになるのは，第二次世界大戦後といわれ，高等教育の大衆化とは，高等教育の規模拡大に伴って生じる種々の変化を指す．

●**量的拡大と高等教育の機能変容**　高等教育の発展段階説を提唱したトロウ（Trow, M.）によると，高等教育在学者の比率が，該当年齢人口の15%まではエリート型，15%以上50%未満はマス型，50%以上はユニバーサル型と呼ばれる（Trow　訳書，1976）．発展段階の普遍性，名称や区分をめぐっては意見の分かれるところだが，トロウ・モデルが示すのは，高等教育の量的拡大が，高等教育自体の性格だけでなく，社会との関わりも大きく変えるという点である．

　高等教育のエリート型では少数者の特権だが，マス型では多数者の権利に，ユニバーサル型では万人の義務になる．これに伴い，進学要件も家柄や才能という制約的なものから，制度化された資格という準制約的なもの，そして個人の選択に基づく開放的なものへと変容する．学生の選抜原理も，試験による選抜という能力主義から，能力主義に機会均等の原理を加えたもの，そして万人の教育保障へと移行する．量的な拡大で高等教育の機能もまた変容する．エリート型では，支配階級の育成が主たる機能だが，マス型では専門分化したエリート養成と指導者層の育成が重要となり，ユニバーサル型では産業社会に有用な人材の育成が必要となる．

　こうした機能変容に伴い，エリート型では同質的だった高等教育機関は，マス型ではさまざまなレベルを伴って多様化し，ユニバーサル型ではその多様性がさらに進行する．その結果，社会と大学との境界も，「象牙の塔」という言葉に象徴されるように明確であったものが，徐々に希薄化し曖昧となる．

●**戦後わが国の高等教育の拡大**　1955年から2010年までの高等教育の量的拡大を辿ると，1955年の大学進学者は13.6万人，短大進学者は3.8万人で，該当年齢人口に占める大学・短大進学率は10%にすぎなかった．だがその後1970年代半ばにかけて，進学者は大きく増加する．第一次拡張期である．1975年には大学進学者は42.4万人，短大進学者は17.5万人となり，大学・短大進学率は38%に達した．その後は高等教育抑制と質の向上策がとられたこともあり，該当年齢人口の急増があったにもかかわらず，1980年代は大学・短大への進学者は微増にとどまる．1990年の大学・短大進学率は36%，15年前と比べてもやや下降し

たのである．ただしこの時期，専門学校（専修学校専門課程）進学者は大きく増加する．1990年の進学者は33.9万人で，進学率は17%に達した．

1990年以降，大学進学者は再び増加に転じる．第二次拡張期である．2010年の大学進学者は61.9万人，該当年齢人口の急減期と重なったことから，大学進学率は大幅に上昇し51%に達した．他方で短大への進学者は急減し，2010年の進学者は7.2万人で進学率も6%にまで下降した．この時期，大学進学率が特に上昇したのは，進学需要が短大からシフトした女子だった．専門学校進学者は26.7万人と量的には伸びていないが，進学率は22%まで上昇した．なお，大学の量的拡大に応えたのは私学であり，しかもその拡大が，大学間の明確な序列構造を温存したまま生じた，という日本の構造的特質には留意が必要である．

●**大衆化の影響と対応**　高等教育の大衆化は，学生の社会的背景や進学目的の多様化をもたらし，高等教育の機能をめぐるコンフリクトを引き起こす．また，進学機会の担保のために限られた資源をどう配分し，どのような中等教育システムで対応し，そして高等教育で学んだ者を将来どういう雇用分野に配置していくのかという，政治的問題も招来する．さらには，高等教育システム内部で機関間の階層化が生じ，どの機関で学ぶかによって卒業後の雇用や進学の見通しが異なることや，高等教育機関への進学の有無だけでなく，いかなる高等教育機関に進学するかをめぐる高等教育機会の不平等という，社会的問題もまた生成する．

わが国は，中等教育機関卒業後すぐに高等教育機関に進学し，高等教育修了後すぐに就職するという，間断のない移行を特徴とし，それが歴史的に効率的に機能してきた経緯がある．だが，高等教育システムの拡大や，経済の持続的拡大時期の終焉に伴い，進学後に退学や留年する者が少なくないし，修了後に就職しない者も増えている．例えば2012年の大学（学士課程）退学者は6.9万人，卒業者56.9万人のうち，就職や進学をしていない者（不詳・死亡の者を含む）は9.6万人にのぼる．

こうした状況に対し，高等教育機関は退学や留年の抑制や就職を支援する取組みを充実させているが，高等教育機関のみの対応には限界もある．またそれは，間断のない移行を実現する支援となり，現行システムを維持・強化する方向に機能する，という点も見逃せない．高等教育の大衆化とそれが必然的にもたらす課題に取り組むには，高等教育システムだけでなく，高等教育での学びやその修了者を社会でどう位置づけていくかという，政治・経済・社会・文化そして家庭のあり方までを包摂した，社会設計の議論が不可欠といえる．　　　　　　［小方直幸］

📖 さらに詳しく知るための文献

天野郁夫・吉本圭一編，1996，「学習社会におけるマス高等教育の構造と機能に関する研究」『研究報告』放送教育開発センター，91．

日本における高等教育政策 ☞「大学財務」p. 490

　高等教育政策とは政府が高等教育に関して行うさまざまな施策・政策手段から成り立つものであり，およそ三つの領域から成り立っている．すなわち，①高等教育機関に関する制度，法規，規制，②高等教育に対する財政的フロー，そして，③高等教育の問題点に対する認識と望ましい変化の方向に関するメッセージである．

　これらの施策のいくつかが，一定の目的や理念を軸にしていると考えられるとき，それを総称して「○○政策」と呼ばれることが多い．ただし個々の施策の意図・目的は明示されるとしても，総称としての政策の目的・理念が体系的に政府によって明確に示され，そこに個々の施策が体系的に位置づけられるわけでは必ずしもない．また高等教育政策はそれ自体で完結するわけではない．高等教育機会の需給をめぐる市場，そして高等教育機関の組織・構成員の行動との相互作用のなかで，一定の高等教育政策の必要が生起し，また機能する．巨視的にみれば政策・市場・高等教育機関の行動の三つの相互作用が一定の体制（レジーム）を形成し，それが継時的にダイナミックに変化するといえよう．

●戦後日本の高等教育政策

①始発期（1940年代後半〜1950年代）：新制大学制度の形成　第二次世界大戦後にアメリカをモデルとして，6-3-3-4制のなかで新制大学がつくられた．国公私立大学に対する法的枠組みが形成され，一般教育が導入され，質的水準維持のメカニズムがつくられた．それを日本の大学の組織と構成員の実情に合わせていかに定着させるかが1950年代までの高等教育政策の焦点であった．

②第1期（1960年代〜1970年代前半）：量的拡大　1960年代初めには進学要求が高まり始め，私立大学から学生定員の増加の要求が起こった．それを背景として当時の自民党政権は新設・拡大の規制を緩和させる政策に転じた．その後も高度経済成長による家計所得水準の上昇を動因として進学需要は拡大し続け，大学の収容力の増加と相まって，高等教育は急速に拡大した．1960年から1975年の間に，4年制大学就学率は8%から27%へ，短期大学を含む就学率は1975年には39%へと劇的に増加した．短期間に急速な高等教育大衆化が生じたのである．

　他方で財政面からみれば，この拡大は私学の拡大によるものであり，主として家計の負担によって支えられたものであった．国立大学は主に理工系学部が拡大した．国立大学の授業料は低く抑えられた．結果としてみれば，高い能力をもつ人材が国立大学に誘導され，高度経済成長を支える理工系人材となったともいえる．他方で特に私学セクターの教育条件は急速に悪化した．

③第2期（1970年代後半〜1980年代）：量的抑制　1960年代後半には大学卒業

生の就職状況が悪化し始め，大学紛争が全国的に生じた．結果として高等教育拡大の抑制が政治的課題となった．同時に高度経済成長の果実として財政能力が拡大し，福祉国家への志向が強まっていった．これを背景として1975年には私立大学への経常費補助が始まり，それと同時に大都市部での私学の新設・拡大が厳しく規制された．

このなかで大規模私学は，学生数を抑制し，授業料を増額する行動に転じた．結果として1975年から1990年の間に4年制大学の就学率は27%から24%に微減した．同時に抑制政策を補完するものとして専修学校制度が創設され（1976年），短大および専修学校専門課程（専門学校）を含めた高等教育就学率は39%から49%に上昇した．こうしたかたちで若者のほぼ半数が就学する，高等教育のユニバーサル化段階が実現したのである．

④第3期（1990年代以降）：規制緩和・再拡大　抑制政策の予期せざる結果として，大学間の選抜性による序列化，偏差値体制が進んだ．それに対処するものとして大学の多様化，規制緩和への転換が意図された．こうした背景から戦後一貫して大学の質的統制の主要な政策手段であった大学設置基準が大綱化され（1991年），大学の新設が再び進んだ．同時に18歳人口は1990年の200万人台から，2010年代には120万人程度に減少した．結果として4年制大学就学率は1990年から2010年の間に，24%から50%へと大きく上昇した．短大・専修学校を含めれば高等教育就学率は7割を超えることになった．

他方で高度経済成長の終焉とともに，政府支出の削減が重要な政策課題となった．2004年に国立大学が法人化されたが，それは一方において政府の国立大学に対する規制の緩和とも見えるが，現実的には国立大学に対する政府の財政支援の抑制の側面をもっていたといえる．

●現代的課題　4年制大学への就学率は2010年に5割に達して以降，ほぼ停滞している．戦後の高等教育の焦点であった量的な拡大，大衆化，ユニバーサル化の過程はほぼ一巡したとみられる．日本の高等教育政策はこれまで進学需要の増大を前提として，それに規制を行うことによって機能を発揮してきたが，もはやそれは期待しがたい．同時に政府の財政的な能力にも大きな制約がある．

他方で社会・経済構造は急速に多様化，流動化している．そこから生じる社会的な要求に応えるためには，高等教育は，質的な構造転換というきわめて困難な課題を突きつけられる．しかし大学教育の質は，大学の組織と構成員の行動に規定されるのであって，政策手段が直接に影響を与えることは難しい．こうした隘路をどう乗り越えるかが高等教育政策に問われている．　　　　〔金子元久〕

📖 さらに詳しく知るための文献

天野郁夫，2013，『大学改革を問い直す』慶應義塾大学出版会．

大学をめぐる力学

☞「大学経営」p. 492

　大学は長らく自由と孤独を標榜する「象牙の塔」というイメージと解釈が伝統的であった．しかし今日では，大学はオープンシステムとして外部環境や社会的圧力によって影響，対応，変容を余儀なくされるという理解が一般的である．したがって大学とそれを取り巻くステークホルダー（利害関係者）との間にはさまざまな相互作用が生じ，まさにダイナミックな力学の場が形成されることになる．

●**国家・市場・寡頭制**　クラーク（Clark, B.）は，大学を上級知識に関する仕事，信念，権威から構成される組織体として定義した．そして，この三つの基本的要素の関与と志向性をめぐりさまざまな利害集団が生まれ，その構造と動力がシステム変動の決定因子となるため，大学は常に分裂と対立の危機にあるとした．それを調整，統合するために機動する形態として，国家権威，市場，大学寡頭制という3類型が理念的に想定されるとし，各国の大学はこの三者からなるトライアングル内にプロットされるとした．例えば，政治的権威や管理的権威を分権化・分散化し非政府的・非規制的な市場の調整が働くアメリカ，高度に発達した計画能力を有する中央国家が支配するソ連（当時），威信の高い年配教授が権力を掌握する大学寡頭制のイタリア，などは図1のように位置づけられる．

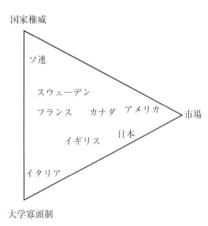

図1　調整の三角形

●**利害関係者とその調整プロセス**　さらにクラークはこの三つの形態には独自の力学が働き，それはその調整プロセスに顕著に現れるとして，四つの調整形式，すなわち層化・管轄権拡大・人員増大・管理専門化・規則拡大という方向性をもつ「官僚制的」調整，専門知識の増大・同僚団体の拡大・教授団の利害組織の拡大という特徴をもつ「専門職的」調整，またこの両者に対置され，政治的優先権の増大・政治的介入の深まり・内部利害の対立を通して各派閥の代表権を統合する「政治的」な調整，さらに消費者・労働・機関という三つの市場における交換を通じて調整される「市場的」調整をあげている．具体的なステークホルダーとしては，国家側では大学を所轄する中央諸官庁（例えば，日本の場合は文部科学

省），地方政府，市場側では経済団体，現場の各種施設，大学側では機関レベル，領域別・セクター別の連合体などがあげられるが，上述のように大学内外における仕事，信念，権威をめぐってさまざまな論点において利害対立・調整・合意の力学が起こりうる．またその力学の場（アリーナ）も，大学「外部」（例えば大学と産業界），大学「間」（国立大学間，国公私立の設置者別など），そして大学「内部」（各学部，セクション内など）など多層的なレベルが想定できよう．さらにその力学の調整プロセスは，今日の大学が有する公共的な性格に鑑みれば，多種多様なイシュー群から一定の政策の形成・決定に至る過程ともみなしうる．例えばペンペル（Pempel, T. J.）は，わが国の大学政策の形成・決定のあり方を分析して，大学管理運営のようにイデオロギー的に左右・保革に分裂した陣営対立型，大学定員数拡大にみられるような行政処理的な漸増主義型，大学の専門化・多様化をめぐって経済団体などが文部省（当時）に圧力をかける圧力団体型，という3パターンに分類している．

●トライアングル・モデルの変容　しかし，クラークやペンペルが措定・摘出したモデルやパターンは，1970年代までの高等教育のマス段階に特有な理念型ともいえる．その後，多くの先進諸国はユニバーサル（化）段階に達し，ピーターソン（Peterson, M. W.）が指摘するように，今や大学は多様性，テレマティック，教育・研究の「質」，新しい学習市場，経済的生産性，グローバリゼーション，資源的な制約などを特徴とした「中等後知識業界」（PSKI：Post-Secondary Knowledge Industry）のなかに埋め込まれ，その結果，こうした環境的ダイナミクスによって再形成された高度な競争と葛藤に巻き込まれている．したがってクラークのトライアングル・モデルのような安定的な関係性や限定的なメンバーシップ，さらには他のネットワークからは懸隔したリジッドな輪郭をもった「政策コミュニティ」的な特徴は融解しつつあり，現代大学をめぐる力学は広範囲かつ多種多様なアクターがルースなかたちで参入と退場を繰り返す「イシュー・ネットワーク」（Marsh & Rhodes eds. 1992）へと変容を遂げつつあるともいえよう．その意味で，今日の高等教育の政策過程は，きわめて政治化（政治的漂流）する危険にさらされており，新たなモデルやパターンを抽出する実証研究が求められている．　　　　　　　　　　　　　　　　　　　　　　　　　　　　　［橋本鉱市］

さらに詳しく知るための文献

Clark, B., 1983, *The Higher Education System*, University of California Press（＝1994, 有本 章訳『高等教育システム—大学組織の比較社会学』東信堂）.

Pempel, T. J., 1978, *Patterns of Japanese Policymaking*, Westview Press（＝2004, 橋本鉱市訳『日本の高等教育政策—決定のメカニズム』玉川大学出版部）.

Peterson, M. W., 2007, "The Study of Colleges and Universities as Organizations," Gumport, P. ed., *Sociology of Higher Education*, Johns Hopkins University Press（＝2015, 伊藤彰浩ほか監訳『高等教育の社会学』玉川大学出版部）.

学生の教育機会と進路選択

☞「進路・ライフコースとジェンダー」
p. 352「教育機会格差の趨勢」p. 616
「教育機会の男女間・地域間格差」
p. 618「教育機会格差の文化的説明」
p. 620「教育機会格差の経済的説明と
合理的選択理論による説明」p. 622

　高等教育を受ける機会は均等か. この問いに答えるには, 個人の家庭的背景や生育環境, 近くで通える大学の種類など, 各人各様に異なる条件を, かなり長期のスパンを視野に入れながら揃えたうえでの比較を経なければならない. それには膨大な情報が必要となるため, 機会格差の大きさを確定することは現実には大変難しい. そこで研究上は大学進学率に代表される「結果」から, 高等教育機会のあり方を問うことが通例となってきた. 主に, 高校生の進路希望や進学行動を社会調査データによって分析し, さまざまな集団間に進学 (希望) 率格差が生じるメカニズムを明らかにすることを通して, 進学機会には不均衡の存在が疑われると推論するわけである.

●進路選択メカニズムの理論的な説明　そのような進路選択を理論的に説明する立場は大きく二つあり, 行為者の来歴と前途のどちらをより重視するかで両者は異なる. すなわち社会階層論の枠組みを用いた研究は, 出身階層の影響に焦点を当てる. 例えば, ブードン (Boudon, R.) は, 出身階層によって生徒の学力分布が異なることや, 進学に対する学力の効果は上位層出身者ほど小さいことを指摘した. よって学力を統制しても, 進路選択に対する親の社会経済的背景の影響は残ることになる. この問題には, 日本の教育社会学も高い関心を寄せてきたが, 研究上はむしろ, 在学する高校のランクやタイプに対する出身階層の影響に着目する場合が少なくない (近年では樋田ほか編著 2000；尾嶋編著 2001；中村編著 2010 など). こうした学校社会学的研究の系譜が, 最近は社会階層論の研究へと合流する動きもみられる (平沢ほか 2013；中澤・藤原編著 2015；荒牧 2016).

　出自への強い関心は, 地位達成モデルや文化的再生産論にも共通するのに対して, ベッカー (Becker, G. S.) に代表される教育経済学の影響を受けた研究は, 進学した結果, 将来に期待される便益 (学歴間の生涯賃金格差など) が重要だとみる (ブードンの流れを汲む合理的選択理論も便益や成功確率を重視する). 進学に要する費用 (進学せず働いていたら得られたであろう稼得などの機会費用を含む) を便益が上回るなら, 進学するのが合理的だと解釈する枠組みである. ベッカーの進学選択モデルでは, 学力が高いほど高い便益が期待でき, 家計所得が高いほど進学費用は低いと想定される (矢野 1982；金子 1987 など). 実際に日本のデータでも, 投資費用に対する「利回り」を意味する内部収益率が高まると, 進学率は上昇することが確かめられている (島 1999). 学力や家計所得の差による進学行動の違いも明らかにされた (藤村 2009；小林 2009 など). ベッカーのモデルを進学率の地域格差の分析に応用した試みもある (朴澤 2016a).

●大学の学部・専攻選択　大学で学ぶ専門分野を決める要因は何か．日本で研究の蓄積はまだ少ないが，やはり上の二つの立場から分析が可能といえる．例えば，父親が専門職の場合には男子は理工系や保健，女子は人文系の専攻を選びやすいとされる（白川 2015）．かつては父親が専門職の女子が，理系に進学しやすいという指摘もあった（岩本 1998）．一方，卒業後の期待賃金（就職確率で調整）の高さも文系と理系の選択や，学部選択に影響するという（宮田 2015）．内部収益率の水準や分散は，社会科学系が理工系を上回ることが背景にある（岩村 1996）．なお学部・専攻選択の研究では，理系に進む女子の割合が低い背景を明らかにしたものも多い．理系の女子大学生の親は高学歴である（理系出身の父親も多い）ことや（村松編 1996），単に理系科目に関心があるだけでなく，学習意欲や成績の高さが伴わなければ女子は理系進学に踏み切りにくいことなどが指摘されている（河野 2009）．

●大学の中途退学　進路選択は大学進学の時点で終わるとは限らない．入学後も常に，卒業まで在学し続けるか否かの選択が行われるという見方もできる．日本では大学の中途退学（中退）に関する研究蓄積は少ないが，やはり来歴と前途に着目した説明が成り立つ．親の学歴や職業は中退と直接関連しない一方，むしろ中学3年時の成績や出身高校での学科が重要だとする研究や（村澤 2008），大卒者の高卒者に対する相対賃金に着目する研究である（朴澤 2016b）．ただし，学部の規模（丸山 1984）など，教育環境の要因を重視する研究も多い．中退者は正規の職に就きにくいか，賃金水準は高卒者を下回るのかといった社会経済的帰結も含め（小杉 2015；下瀬川 2015），これから研究が必要な分野といえる．

●成人の高等教育機会　高等教育機会の問題が，高校生の進路選択の問題として問われるのは，大学進学のほとんどが高校卒業時に集中する「18歳主義」（矢野 2015）に起因する．在学者に占める25歳以上の者の割合が，大学通信教育では86.3%である一方，大学（学部）は入学者の0.6%，短大（本科）は2.2%ということからも（「2015年度 学校基本調査」），現状の把握自体が研究課題といえる．数少ない研究によれば，成人（30歳以上）の通学人口率は，高学歴人口率や人口集中地区居住率の高い都道府県ほど高いとされる（舞田 2009）．近年，この分野では大学院への社会人の就学に関する研究が進展している（吉田編著 2014 など）．社会人学生の入学動機の事例研究などもみられる．　　　　　　　［朴澤泰男］

さらに詳しく知るための文献

Boudon, R., 1973, *L' inégalité des Chances: La Mobilité Sociale dans les Sociétés Industrielles*, Armond Colin（＝1983，杉本一郎ほか訳『機会の不平等―産業社会における教育と社会移動』新曜社）．

Becker, G. S., 1975, *Human Capital: A Theoretical and Empirical Analysis, with Special Reference to Education*, 2nd ed., Columbia University Press（＝1976，佐野陽子訳『人的資本―教育を中心とした理論的・経験的分析』東洋経済新報社）．

高大接続問題

> 「選抜と配分」p. 86 「学校段階間のアーティキュレーション」p. 378 「大学教育のカリキュラム」p. 478 「学歴社会における選抜」p. 614

　高大接続とは高校教育と大学教育という異質な二つの教育課程をつなぐプロセスである．高校は普通教育ないしは職業教育，大学は一般教育（教養教育），専門教育の場であり，20世紀中頃から中等教育，次いで高等教育が急速に拡大したことにより，高大接続は先進国において共通する問題となった．

●**諸外国と日本の比較**　イギリスやドイツ，フランスの進学型中等教育には，大学進学志願者のための予備課程が存在する．この予備課程を着実にこなし，資格試験に合格すれば，中等教育の修了と大学入学の資格が得られる．この資格を取得した者は大学へ進学して専門教育を学ぶ．アメリカの場合はイギリス・ドイツ・フランスと少々異なり，単線型の学校体系を採用しているため，中等教育にこの種の予備課程はない．大学へ入学した後，学士課程で一般教育を学び，専門教育は大学院で学ぶ．すべての学生が大学院へ進むわけではないが，学士課程の一般教育は専門教育へ進む学生にとって恰好の予備課程となっている．日本は，戦後改革においてアメリカ型の学校体系を採用したため，旧制にあったような予備課程はなくなった．その代わりに新制大学の前期に一般教育が導入されたものの，学士課程の主たる目的は専門教育のままであり，大学入試は学部別に行われた．専門・専攻が決まった後に一般教育を受けるのでは予備課程の意味は薄い．新制高校卒の受験者は高大の隔たりの大きい大学入試にいきなり出合い，しかもその前に学部の志望を決めておかなくてはならなかった．大学入試が「一発勝負」に喩えられるのはこうした制度的な矛盾によるところが大きい．

●**大学入試と選抜**　しかも，日本の大学入試は，教育的選抜でありながら社会的選抜でもあるという特異な側面も併せもっており，このため，大学入試は階層的な「身分」の獲得に擬せられるほどに重圧のかかる選抜であった．学力試験が長きにわたり唯一の選抜方法であったのは，社会の厳しい客観性，公平性の要求に耐えられる能力評価の方法がほかになかったからである．こうした強固な伝統にしばられた大学入試に思わぬ変化が生じてきたのはこの30年ほどのことである．第一は，社会経済的な階層化が進み，学歴社会そのものがゆらいできたことによる．学歴は個人だけのメリット（業績）ではなく，社会経済的な格差を反映したものとみなされることが多くなった．第二は，大学・短大進学率の急速な上昇である．18歳人口が減少するなかで，多くの大学は学生確保に懸命となり，入試の多様化にも積極的に踏みだしていった．この過程で，大学入試の主導権は大学から受験者の側に移り，多くの大学に多様な学生たちが溢れるようになった．いまや，大学の前期課程は入学した学生たちの就学支援やキャンパス生活支援に大わ

らわである．初年次教育や各種の導入教育を導入する大学は多い．一般教育，専門教育の区分は，1991 年の大学設置基準の大綱化の際に廃止されたが，その規制緩和によって学士課程の自由化が促されたことは間違いない．しかし，専門教育の体制も十分ではなく，制度的にも予備課程が担保されているというわけでもない．

●**高大接続改革**　文部科学省，中央教育審議会（以下，中教審）は 2012 年に高大接続特別部会を設置し，高大接続改革に着手した．取組みの方針は，その直前に出された「新たな未来を築くための大学教育の質的転換に向けて」の答申において，"高校教育，大学入学者選抜，大学教育を合わせた三位一体改革を進める"と宣言している．折しも，同年 12 月末に政権交代があり第二次安倍内閣が発足すると．安倍首相は就任後，直ちに教育再生実行会議（首相私的諮問機関）を立ち上げ，教育改革の推進に弾みをつけた．同会議が 4 番目に取り上げた課題が高大接続改革である．その第四次提言「高等学校教育と大学教育との接続・大学入学者選抜の在り方について」は 2013 年 10 月に公表され，中教審は，それを受けて翌 2014 年 12 月に「新しい時代にふさわしい高大接続の実現に向けた高等学校教育，大学教育，大学入学者選抜の一体的改革について」を答申した．「確かな学力」を裏づける「資質能力」の育成が骨子である．高校在学中に基礎学力テスト（仮称）を実施し，大学入試センター試験は廃止する．それに代えて活用力重視の大学入学希望者学力評価テスト（仮称）を導入する．さらに各大学の個別選抜では主体性，多様性，協働性を多面的にはかるという提案になっている．これらの諸提案の具体化を検討するため，2015 年 2 月に高大接続システム改革会議が設置された．議論はまとまらず，先送り事項と検討事項を満載した最終報告書が 2016 年 3 月に出されたが，2020 年からの新テストの開始は変わっていない．

　高大接続の本質はいかに教育課程の連結を実現するかにある．それを十分に検討することなく，試験の形式のみにこだわるのは改革の趣旨から外れていると云わざるを得ない．文部科学省は記述式問題を新テストに出題することに，また英語の四技能試験の民間利用に懸命になっているが，公平性，また経費，効率性の点からも合理性は認められない．高大接続問題の本質に立ち戻り，何を為すべきか，冷静に考え直す必要があろう．　　　　　　　　　　　　　　　　　　［荒井克弘］

📖 **さらに詳しく知るための文献**

矢野眞和・島 一則，2000，「学歴社会の未来像」近藤博之編『戦後日本の教育社会』日本の階層システム 3，東京大学出版会．

市川昭午，2001，『未来形の大学』玉川大学出版部．

荒井克弘，2016，「高大接続改革の迷走」『大学マネジメント研究』138，pp.2-11.

学生論

　学生論は，大学生の社会的特質を考察したものである．大学生を扱った書籍や論文は多くある．大学進学率が上昇し，青年の過半数以上が大学生となると，青年論と大学生論は重なる．しかし大学に在籍している青年（学生）の特質には大学の影響が加わる．青年期特有の悩みや心情も大学のあり方と関連がある．これまでに学生に関しては，歴史的考察，評論的考察，そして実証データに基づく考察などがある．

●**学生の歴史**　多くの大学史の記述のなかで，それぞれの時代や国の学生の社会的特質に関して言及されている．歴史的に古今東西の学生のキャンパスライフを調べた潮木（1986）は，「自動車学校型」「予言共同体」「知的コミューン」という大学類型の違いによっても，学生の特質は違っていることを明らかにしている．また，いつの時代も「教師は教えたがり，学生は遊びたがる」という学生の普遍的な傾向を指摘している．大学の起源といわれる中世のヨーロッパの大学の学生も，楽をして学位を取得するかに奔走していた．日本の学生文化の歴史に関しては竹内（1996）が「教養主義」を中心にした考察のなかで，明治時代のエリートである帝国大学の学生も，「教養主義」は建前で，教養より立身出世をめざす学生が多かったこと，そして戦後の大学でも教養主義は衰退していることを指摘している．

　学生は理念や理想にコミットし，現実の社会や大学のありようを告発し，過激な行動に出ることがよくある．これまで日本でも学校騒動，全学連，全共闘などの学生運動，授業料値上げ反対・公害反対・反戦運動等があり，多くの研究の蓄積がある（橋本 2010）．

　新堀（編 1985）は，多くの学生論をレビューして，いつの時代にも今の大学生が昔に比べ「ダメ」になっているという主張（「大学生ダメ論」）が共通して存在していることを指摘している．

●**学生の社会化**　大学生の社会化つまり大学生の学びや発達に，大学の制度や教育が大きな影響を与えている．大学の伝統，風土，組織・集団，カリキュラム，授業，教育指導や学生支援が，個々の学生の知識や技術の獲得，キャリア形成，価値観を形づくっている．このような観点から，学生に関する実証研究が積み重ねられてきた．その心理学的傾向が強いものにカレッジ・インパクト（college impact）研究がある．

　大学に入学してくる学生の属性（性別，出身階層，親の教育期待，高校以下の教育経験，成績）や大学のさまざまな組織，集団，文化や指導が学生に影響を与えている．

●**学生調査**　日本での大規模な学生調査は，文部（科学）省，全国大学生活協同組合，私立大学連盟，ベネッセ教育研究所，広島大学，京都大学，同志社大学により行われている．教育社会学的な実証研究からは次のような点が明らかになっている．

親の階層により学生の大学進学率，専攻分野，キャンパスライフに違いが生じている．学生の出身階層に特有のハビトゥスと通う大学のキャンパス文化のずれからくる葛藤や悲喜劇も存在する．大学入学時の選抜方式の違い（一般入試，推薦，AO）は，大学入学後の大学生活に影響を与える．高校までに身についた特質や文化（読書，勉学，サークル，交際）が大学に入っても持続する．大学時代の仲間・友人の影響力は強い．授業，休み時間，行事，サークル，余暇など，大学の友人と過ごす時間が長い．生き方，アスピレーション，価値観そしてキャリアに関して，自然と互いに影響し合う．

大学生の文化は，高校生の「生徒文化」の延長線上にある．「勉強文化」は，大学の学問や授業のあり方や大学外の文化とも関連している．大学生の「遊び文化」の中心は部・サークル活動で，学生の自主性が重んじられる．また時代の最先端をいく流行や情報やメディアと結びつく．大学生の対抗文化は，学生運動というかたちをとり，大学の社会での役割や機能を鋭く問う．

大学に対する社会的定義・評価である「チャーター」によって，学生が社会化される部分も大きい．しかし，近年，大学の単なる評判やイメージだけではなく，その大学の実際の雰囲気や教育から大学選びがなされ，大学教育の効果も生まれる側面が強まっている．

大学生活の重点を「勉強第一」に置く学生が増えている．それは，経済状況（不況）と大学改革が背景にある．大学全体や授業への満足度も高くなっている．大学の「学校化」が進行し，大学生の「生徒化」が進行している．

その一方で，モラトリアムの時期としての大学時代の重要性は失われていない．学生たちは，大学4年間という自分の時間を自分の好きなことに自由に使い，自己を試すモラトリアム期間と位置づけている．学生がさまざまな活動をする「コミュニティとしての大学」の存在は重要になっている．

一人の学生が，大学時代をどのように過ごし成長を遂げているのか，大学を取り巻く社会的・文化的環境の規定関係を実証的に明らかにし，大学改革に結びつけていく学生論が求められている．広い歴史的，国際比較的な視点から，大学や学生のあり方を問う必要もある．　　　　　　　　　　　　　　　　　［武内　清］

📖 **さらに詳しく知るための文献**

武内　清編，2003，『キャンパスライフの今』玉川大学出版部．

溝上慎一，2004，『現代大学生論』NHK出版．

武内　清，2014，『学生文化・生徒文化の社会学』ハーベスト社．

アカデミック・プロフェッション

☞「大学経営」p. 492

英語の academic profession（以下，AP）の訳語は，日本語では「大学教授職」や「アカデミック・プロフェッション」である．AP の研究はアメリカのウィルソン（Wilson, L.）の『*The Academic Man*』によって先鞭をつけられ（Wilson 1942），日本を含めて世界的に活発な研究が展開されるようなったのは，1960 年代以後である．中世大学の誕生以来 900 年ほどの長い大学の歴史があるにもかかわらず，大学教授という職業が本格的な研究対象になったのは最近のことにすぎない．

●**定義**　アカデミック・プロフェッション（大学教授職）は主には教授（professor）の職位にある大学教員を指すのであるが，一般には大学において教授，准教授，講師，助教などの職位にある大学教員を包括的に総称している．「専門職」である以上，単なる大学教員ではなく，高度な知識，博士号保持，高い社会的威信，職業倫理による高度な自己統制，没私利性などの特徴を擁しているものとされる．中世大学の発達したヨーロッパでは，ドイツのように博士号保持者がハビリタチオン論文を書いてから教授に任用されるごとく，博士号保持が重要であった．ライト（Light, D.）が指摘しているように，アメリカでは博士号を保持しないで教授に任用された 19 世紀後半頃までは大学教授職は存在せず，大学院に博士課程が設置され博士号がアカデミック・キャリアの基礎資格になって以降存在するようになったとみなされる（Light 1974）．当時，世界の学問中心地を占めたドイツから研究主義を導入して大学院を創設するとともに，教授になるのに博士号が必要となった時点以後は博士号が大学教員の組合員証の役割を担うことになった．

●**日本の大学教授職の特徴**　国際比較すると日本の大学教授職にはいくつかの特徴が見出される．第一に，博士号と教授の結合が曖昧であったことである．最初の本格的な大学である帝国大学で博士号を取得しないで教授に任用された者が多かったのは，欧米の AP の水準に達していなかったことを物語る．戦後アメリカの大学院方式を導入して課程博士が制度化されたが，論文博士と課程博士の二本立ての方式が持続し，論文博士の比重がかなり大きかった．

第二に，理系の博士号取得率が高いのは，アメリカの博士号が大学教員の組合員証の機能を果たすのと同様に，国際的に共通の土俵で活躍するには博士号が組合員証的な役割を果たすためであり，その点で日本における理系分野では国際的な大学教授市場が早く成立したことである．また，論文の量や引用文献 SCI（science citation index）が重視されるこうした学界への参入には博士号取得の関門突破が前提となったのである．

第三に，新堀通也の50年前の調査によると，教員構成が講座制のため教授1と助教授1のエントツ型を呈した（新堀 1965）が，最近では教授が多く若手が少ない逆ピラミッド型になっていることである．教授が少なく若手が多い欧米のピラミッド型では若手の競争によって教授に昇任する仕組みが成立しているのに対して，日本はその種の競争が作用せず教授昇任が可能となる仕組みが存在する．

第四に，日本の大学教授職は国際比較では研究志向が強いが教育志向が弱く，ましてやフンボルトモデルの研究・教育・学修の統合（R-T-S nexus）からはほど遠い現実にとどまっていることである．その意味で，21世紀の高等教育のユニバーサル化段階に学生の超多様化が進行する事態に対応するには，現状の打開が不可欠となり，専門職の真価が問われるのは必至である．

第五に，アカデミック・キャリアに占める大学移動数が半世紀前の1.5から最近はほぼ2に高まったものの欧米の移動率に比較すると少なく，大学教授市場の流動化が依然として乏しいことである．特に国際交流によるグローバル化への対応が立ち遅れた状態にある．

第六に，女性教員の割合が世界的には30〜40%であるのに対して，日本では20%前後と停滞したままであり，しかも職位が高くなるほど低率となっていることである．

第七に，帝国大学の設置以来，東京大学，京都大学など主導的な大学ではインブリーディング（自校閥）率が高く，特殊主義の閉鎖的構造を呈して現在に至っていることである．このことはアメリカの主導的大学が19世紀以来，インブリーディングを抑制して人材交流を活性化し，国際化やグローバル化を先駆的に推進してきたのとは対照的である．

●FD　これはfaculty development（ファカルティ・ディベロップメント）の略称であるが，APの重要な活動領域である．世界的な発祥地であるイギリスではSD（staff development）に教員と職員の資質開発を包括してきたのに対して，アメリカでは教員のFDと職員のSDを区別する呼称を用いてきた．こうした国際的情勢のなかで1980年代に英米の概念の両方に注目していた日本では，1990年代から文部省（当時）の大学政策を中心にもっぱらアメリカのFD概念を輸入すると同時に，大学教員の教育資質開発に限定する，狭義のFDに重点を置く方向をたどった．他方，欧米では今日，プロフェッショナル・ディベロップメント（professional development：PD）の概念に立脚して，大学教員の専門職としての開発を重視する広義のFDの方向へ向かいつつある．　　　　　　［有本　章］

📖 さらに詳しく知るための文献

山野井敦徳編著，2007，『日本の大学教授市場』玉川大学出版部．
有本 章編著，2011，『変貌する世界の大学教授職』玉川大学出版部．
有本 章，2016，『大学教育の再生とは何か─大学教授職の日米比較』玉川大学出版部．

大学教育のカリキュラム

☞「大学教育の大道具・小道具」
p. 480

　大学教育の主要な「大道具」であるカリキュラムは，「リベラル・エデュケーション」（liberal education）および「ジェネラル・エデュケーション」（general education）をめぐって，とりわけ問題とされてきた．アメリカでは，その内容と方法について，古くは17世紀の古典派と近代派の対立から19世紀の自由選択制と配分必修制の対立を経て，新しくは1980年代の多元文化主義の反映の是非に至るまで，論争が絶えなかった（Carnochan 訳書，1996）．

●**カリキュラムの変遷**　大学のカリキュラムの源流は，中世の大学において，神，法，医学の専門教育の前段階として行われていた，古代ギリシャの流れを汲む自由7科（文法，論理学，修辞学の3科および算術，幾何，天文学，音楽の4科），すなわちリベラル・アーツ（liberal arts）にさかのぼる（井門 1985）．職業と直結しない学問領域を意味するリベラル・アーツの伝統は，近代以降，ヨーロッパではギムナジウムやリセなど中等教育に継承されたのに対し，アメリカでは幅広い教育プログラムとして大学において確立された（Ben-David 訳書，1982）．

　リベラル・エデュケーションとジェネラル・エデュケーションは，ともに幅広い教育を提供することから，アメリカでもしばしば混同されるが，厳密には，前者は17世紀の植民地カレッジに端を発し，全人の育成という目的を強調する．これに対して，後者は大学への専門主義の浸透に対抗し，社会問題の解決手段として20世紀に広まった（Rothblatt 訳書，1999）．こうしたアメリカの大学に特有のジェネラル・エデュケーションは，新制大学発足時に「一般教育」という名称で日本の大学に移入された．戦前期までドイツの影響を受け，専門教育に特化していた日本の大学に，このように一般教育を導入したことは，世界的にみても例のない「ユニークな実験」だと指摘されている（吉田 2013b）．

●**模索される一般教育・教養教育**　一般教育は戦後，CIE（連合国軍総司令部民間情報教育局）高等教育担当官の強力な内面指導と大学基準協会関係者を中心とした自主的な改革によって，日本に導入された（海後・寺﨑 1969）．ところが，1950年に人文・社会・自然の3系列均等履修により36単位以上とされた履修規定は，その後単位数が削減されていくことになる．一般教育が軽視された理由については，大学人の一般教育理念に対する無理解，専門教育志向，専門教育の年限短縮，劣悪な財政的条件，実施体制の曖昧化，高校教育との重複などがあげられる．なかでも，一般教育の実施組織を明確化するために1963年に教養部を法制化したことは，かえって一般教育担当教員と専門教育担当教員の処遇の格差をもたらすことにつながった（黒羽 2001）．

1991 年，大学設置基準の大綱化により，一般教育と専門教育の履修要件単位数の規定はついに廃止される．各大学の個性・特色を生かしたカリキュラム編成を促す措置であったが，結果的に，「一般教育」の名称は消滅し，国立大学の教養部もほぼすべて廃止された．「教養教育」や「共通教育」の名称が用いられ，1990 年代には全国的にカリキュラム改革が進展した．しかし，問題はいっそう深刻化し，全国的な調査からは教養教育単位数の減少と専門教育重視の傾向が顕著にみられ（青木・示村編 1996），全学出動体制は教員の負担の増大と実施組織の機能不全をもたらし（吉田 2013），教養教育の理念や内容は一般教育にもまして「アノミー状態」と化した（有本編 2003）．ユニバーサル化と相まって，専門基礎教育，リメディアル教育，初年次教育，キャリア教育など，学生の多様性に応じたさまざまな教育内容がもち込まれ，今や教養教育の中身は混沌としている（杉谷編 2011）．

●**学士課程教育の課題**　混迷しているのは教養教育ばかりでなく，「専門教育」も同様である．大学が拡大し明確な職業目的をもたない学生が増大するにつれ，専門教育は多機能化せざるを得ず（天野 1999b），また，学際的学部の乱立にみられるように，教養教育に近い教育も行われるようになってきた（市川 2001）．専門教育は学問分野の特性や職業との関連性によっても異なり，ひとくくりに論じることは難しいが，各分野の枠内にとどまらず，大学院や専門職大学院との接続関係も含め，専門教育のあり方を検討することは重要といえる．

　2008 年には，中央教育審議会答申「学士課程教育の構築に向けて」が公表されたが，「学部」という縦割り組織にとらわれず，4 年一貫教育を目指す「学士課程教育」の概念は 1980 年代後半から提唱されてきた．また，教員の学問領域別の組織とカリキュラム単位を別個にとらえ，教育目的に沿って科目を組み合わせることの重要性もすでにこの頃より指摘されている（井門 1985）．

　従来，教養教育と専門教育の有機的統合については理念レベルで論じられてきたが，実際に両者をどのように関連づけて具体的にカリキュラムを編成するのかは十分に検討されてこなかった．先の答申では，質保証の観点から学生が習得すべき学習成果として，「学士力」などの汎用的能力が重視されているが，「何ができるようになるか」というスキルと「何を教えるか」というコンテンツの両面から，学士課程教育として多様なカリキュラムの構成要素をいかに編成するかが課題となろう．　　　　　　　　　　　　　　　　　　　　　　　　　　　　　　　　[杉谷祐美子]

　さらに詳しく知るための文献

有本 章編，2003，『大学のカリキュラム改革』玉川大学出版部．

杉谷祐美子編，2011，『大学の学び—教育内容と方法』リーディングス日本の高等教育 2，玉川大学出版部．

吉田 文，2013，『大学と教養教育—戦後日本における模索』岩波書店．

大学教育の大道具・小道具

☞「大学教育のカリキュラム」
p. 478

　大学を「劇場」に，学長，教授などを「役者」に見立て，大学財政，施設設備，カリキュラム，学期制度，単位制度など，主にハードウェアに相当する道具立て，制度を「大道具」，これに対して，いわばソフトウェアに相当する，シラバス，TA（teaching assistant），オフィス・アワー，成績評価，授業評価など，授業運営に関わる道具立てを「小道具」と呼称する．ただし，これらのハード，ソフトという区別は必ずしも厳密ではなく，学生にとっての意味合いがより大きい．「大道具」は学生にとって所与のものであり，学生がそれに合わせるほかはないが，「小道具」は教員と学生との間のインフォーマルな約束事に近い面を有し，交渉次第によって変化しうる，進化変質するものである（中山 1995）．

●**アメリカの大学教育の特質**　「大道具」「小道具」という語は，そもそも中山（1994）がアメリカの大学教育の仕組みを説明する際に用いたのを嚆矢とする．

　大衆型大学教育のモデルとされるアメリカの大学教育は，学習課程を授業科目に分け，その履修結果を単位として積算する単位制度に基づきながら，授業科目にナンバー（科目番号）を付与し履修順序を示すことによって，カリキュラムを体系化している．そして，授業の教育効果を高められるように，学生の履修科目数を制限するとともに，セメスター（2学期）など，学期ごとに授業を完結させる学期制度をとり，各授業科目を授業時間に応じて1週間に複数回行うのが一般的となっている．

　個々の授業では到達目標，各回の授業内容，必読・参考文献リスト，成績評価の基準等が明記されたシラバスが作成され，授業外学習を前提として授業が進む．小テストやレポートなどの頻繁な課題と，TAによる演習指導や採点補助，GPA（grade point average）を用いた成績評価の標準化，成績を奨学金の基準等に用いる厳格な仕組みなどを通して，学生の学習の管理がシステム化されている点にアメリカの大学教育の特質がある（金子 2013）．

　このように，アメリカの大学では大道具と小道具が全体的な教育システムとして有機的に統合され，活用されているがゆえに，教育・学習活動が有効に機能していることが指摘される（苅谷 1992；喜多村 1996；民主教育協会編 1995）．

●**日本の大学教育への導入と普及**　日本では，新制大学発足当時，アメリカの大学をモデルに，一般教育や単位制度といった大道具が導入された．しかし，小道具も含めて大学教育の改革が本格化したのは，1991年の大学設置基準の大綱化を契機とした1990年代以降の教育改革においてである．カリキュラムを意味する「教育課程」の語が大学設置基準に法令上明示されたのは大綱化のときであり，

セメスター制やシラバスなどが取り入れられたのも同時期である．大綱化から5年後の1996年度時点で，カリキュラム改革は約93%，シラバスの作成は約86%の大学が行い，セメスター制の採用は約49%の実施率と遅れたが，2001年度には約81%に達している（文部省 1998；文部科学省高等教育局大学課大学改革推進室 2002）．

しかしながら，新たな道具立ての導入は拙速かつ表面的な感は拭えず，大学教育におけるその本質的意義や機能が十分に理解されぬまま，急速に普及していくことになった．アメリカの大学教育について解説する研究が先行したのも，こうした誤解や混乱を解消することがねらいにある．

苅谷（1992）はアメリカの大学でのTAの活用方法やシラバスの作成方法を紹介し，講義形式の授業においてさえ，質問と応答を挟むことの多い「ダイアローグ的なコミュニケーション」を中心に展開されるアメリカの授業スタイルと，メッセージがぶつかりあわない日本の「モノローグ的なコミュニケーション」の授業スタイルとを比較している．また，舘（1997）も授業の様態を変えずに授業外学習が有名無実化している日本の単位制度の現状や，半期2単位・週1回授業の慣行を維持したままの日本流セメスター制と週複数回授業の行われるアメリカの学期制度との違いを指摘している．これらの研究からは，日米の大学教育の構造的違いや道具立ての移入元と移入先のコンテクストの違いに注目することの重要性を理解できる．

●実証的研究の展開と課題　大道具は制度史研究として歴史研究の対象になりやすかったが，日本の大学教育に小道具が普及するに伴い，前述のような比較研究が蓄積され，次第に個別の道具立てに関する実証的研究が広がっていった（杉谷 2011）．

それらは改革の実施状況にとどまらず，道具の効果や妥当性・信頼性を吟味したり，それに及ぼす影響要因を分析したりする研究であり，道具を相対化する視点を供している．一例をあげれば，厳格な成績評価方法とされるGPAがその目的に反し，評価が甘くなっている実態や，成績評価に教員の所属や授業の満足度などが影響を与えていることが明らかになっている（藤村 2004）．

日本では，インフォーマルな小道具すらもフォーマルな大道具のように，法令で義務づけるなど制度化しかねない．小道具は進化変質すると前述したが，その意義を解さずに硬直的に運用して形骸化を招き，かえって教育学習活動における柔軟性を阻害することがないよう留意することも必要である．　　　　［杉谷祐美子］

📖 さらに詳しく知るための文献

苅谷剛彦．1992，『アメリカの大学・ニッポンの大学—TA・シラバス・授業評価』玉川大学出版部．
杉谷祐美子編．2011，『大学の学び—教育内容と方法』リーディングス日本の高等教育2，玉川大学出版部．
中山 茂．1994，『大学とアメリカ社会—日本人の視点から』朝日新聞社．

高等教育と職業人養成

☞「進路・ライフコースとジェンダー」p. 352「プロフェッショナル・スクール」p. 488「職業能力開発」p. 530

　高等教育における職業人養成は，短期高等教育レベルから大学院レベルに至る幅広いレベルで行われている．高等教育は結果として職業現場に人材を輩出しているから「職業人養成」である，とする考え方もあるが，吉本（2009）による職業教育の定義，つまり主体・目的・方法に職業が関わる教育（「職業の」「職業による」「職業のための」教育）に沿えば，教育プログラムの焦点が明確に特定の職業に対して向けられたものが，職業人養成プログラムとして位置づけられる．

●高等教育における職業人養成プログラムの展開　職業人養成プログラムは，専門職大学院に限らず「高等教育における教育内容が，労働市場における職務遂行能力との関係で問われる」（吉田・橋本 2010）点で，学術を中心とした従来の大学教育との大きな違いがある．当然，職業人養成は，実際の職業現場で知識・技能を用いて職務を遂行することができるかどうかまで問われる点で，専門教育における「専門人」養成と同義ではない．

　わが国の場合，法制上は高等専門学校と専門職大学院のみが，職業人養成に特化した目的をもつ．学士レベルでは，医療系など職業資格（主に国家資格）取得と関連づけられた一部課程が職業人養成プログラムに相当するが，2019 年度創設を目標とする「実践的な職業教育」を担う「新たな高等教育機関」もそうなるであろう．高等専門学校以外の短期高等教育では，法制上職業人養成だけを目的としている訳ではないが，専修学校専門課程（専門学校）は学校種全体として職業教育を積極的に提供し，近年は進学率が 20% 前後にまで達している．短期大学では，1990 年代前半までその拡大を支えた女子教養系ならびに秘書系の学科は廃止または職業系学科への改組になる場合が多く，現在では医療，保育，栄養，社会福祉などの職業人養成プログラムが中心を占める展開となっている．

　世界的には，大半のヨーロッパ大陸諸国のように高等教育が大学セクターと高等職業教育（vocational higher education，もしくは higher vocational education and training）セクターの二元構造の国もあれば，わが国のように一元構造の国もある．さらに，典型的にはドイツのように，国家的に職業教育体系が整備され，特定の職業資格とその養成プログラムが一対一で対応している国もあれば，わが国のように職業教育体系全体が国家的には未整備な国もある．わが国では加えて，たとえ国家資格であっても，同一職種の養成プログラムが複数の学校段階，複数の学校種にまたがる場合が多い．現在，グローバル化による労働力の国際的流動性の高まりを背景に，取得学歴レベルや職業資格レベルの国際的通用性に関わる国家学位資格枠組（national qualifications framework）の導入・検討が，2014

年現在 140 か国以上で進んでおり，今後わが国でも対応が求められるだろう．

●わが国での研究動向と課題　教育社会学において教育と職業との関係は常に関心の高いテーマであり，高等教育と職業人養成もその一つとして位置づけられる．本項目では他節との関係で（項目「プロフェッショナル・スクール」参照），主として短期高等教育に絞って記述するが，もとより短期高等教育を対象とした研究は少なく，研究のアプローチは，小方編（2009）を借用すれば，典型的には学歴社会論からの「教育社会学的アプローチ（インプット-アウトプットモデル）」と，内容関連論からの「高等教育論的アプローチ（プロセスモデル）」に分かれる．前者において短期高等教育は，高校生の進路選択において大学に行けなかった者の「受け皿」として位置づけられ，修了者が就く職業の威信との関係が研究者の関心の中心になる（近藤・岩永 1985 など）．一方，後者は学修の職業的レリバンス，具体的には高等教育での学修成果（アウトカム）や経験とその後の職務内容との関係が研究者の関心の中心である（高等専門学校では，日本労働研究機構 1998；新谷ほか 1999，専門学校では，小方編 2009，2010，短期大学では，吉本 2012，など）．社会学・経済学では機能論を元にした内容関連論への懐疑から，葛藤理論を元にした学歴社会論へと展開したが，高等教育と職業人養成の研究では，特に 1990 年代後半以降，むしろ内容関連論的な関心に沿った研究の蓄積が進んでいる．

　内容関連論からのアプローチの展開とともに，職業人養成プログラムの潜在的機能や職業人養成を担うステークホルダーの研究も進んでいる．前者は，すでに短期大学では，亀田（1986）や青島（1997）をはじめとする女子高等教育と職業・キャリア形成に関する研究蓄積があるが，加えて短期大学地域総合科学科の「キャリア探索」機能（吉本 2012）や，専門学校の最大の特徴としての「しつけ」機能（吉本 2003）など，新たな潜在的機能を明らかにするものが出ている．後者では，専門職養成をめぐるアクターの研究（橋本編 2009）や短期高等教育を担う教員の研究（九州大学「高等教育と学位資格研究会」2012）などの研究蓄積も進んでいる．

　高等教育と職業人養成における内容関連論からのアプローチの「再発見」は，伝統的な教育社会学的アプローチの限界を超える挑戦でもある．職業人養成機関としての高等教育への役割期待が増している現在，いかに教育現場や職業現場とのレリバンスを意識しながら研究を蓄積できるのかが問われている．

［稲永由紀］

📖 **さらに詳しく知るための文献**

日本労働研究機構，1998，『高専卒業者のキャリアと高専教育』調査研究報告書 No.116.
吉本圭一，2009，「専門学校と高等職業教育の体系化」『大学論集』40，pp.201-215.

質保証の変化

☞「教育基準のグローバリゼーションと質保証」p. 772

　教育の質の定義は多様であり，教育制度の相違や歴史によって異なる．質保証（quality assurance）という用語が成立する以前から，聖職者，法曹職，教授職などの専門職養成をはじめ，学校教育の最高段階としての教育を行う大学は，教育の質を保証する仕組みを備えてきた．また，歴史的に中等教育は，大学進学にその役割があり，質保証の重要な構成部分であった．

●**質保証の4領域**　大学教育の質保証の仕組みは，①入口（入学資格，入学者選抜など），②プロセス（教員の質，教育内容・方法，与えられる学習経験，成績評価，施設・設備など），③出口（学位審査，卒業試験など），④外部（資格試験，入職のための競争など）の四つの領域がある．現実の質保証は，これらの組合せによって成立しているが，その重点は，各国の教育システムによって異なる．

　入口での質保証の典型は，ドイツのアビトゥーアやフランスのバカロレアのように，中等教育修了資格が大学教育を受ける能力を保証するもので，日本の旧制高等学校も入口管理の一例である．

　プロセスでの質保証の典型は，アクレディテーション（適格判定）である．それは，19世紀後半のアメリカで，中等教育機関がカレッジ入学にふさわしい教育を行っているかどうかを認定するものとして始まり，20世紀初頭にはカレッジが学位付与にふさわしいかどうかを認定する仕組みに発展し，1950年代には全米で定着した．

　出口での質保証の典型は，イギリスの学外試験委員制度であり，1832年にダーハム大学が学位論文審査にオックスフォード大学の教員を加えたのをはじめとし，1880年代にはイギリス全体に広がった．

　外部での質保証の典型は，医師国家試験など専門職の資格試験であり，これらの専門職を育成する大学教育を規律している．日本の旧制大学は，修業年限を厳格に定め，学年制で科目の試験を行い，出口の質保証は発達せず，選抜性の高い高等学校の定員と大学入学定員を連動させ，入口の質保証に重点が置かれていた．

●**新たな質保証の要求**　国民国家の枠組みのもとで成長してきた質保証には，1980年代から大きな変化が生じてきた．アメリカでは，経済競争力の根源として学校段階を問わず教育の質が問題となり，教育省長官への報告書「危機に立つ国家」（1983年）が，ハイスクール卒業生の学力が低く，数学・理科など基礎科目の水準が低いことを問題視し，卒業基準の強化，学習時間の延長，教員の資質向上策などが進められた．さらに，生徒の学力測定や教育課程の標準化を通じて質を検証する方策がとられるようになった．同様な方策はニューパブリックマネジ

メントとともに欧米諸国に広がった．こうした方策の背景には，赤字財政の拡大と国際競争の激化から，公財政のアカウンタビリティを明確にする志向が強まったことがあり，高等教育に限らず公教育全般に質保証の制度化が進行している．

日本では，中教審答申「新しい時代の義務教育を創造する」（2005年）が義務教育の質保証を全面に掲げ，教育目標の明確化，ゆとりをうたった学習指導要領の改訂，教師の質の向上，学習到達度・理解度の把握のための全国的な学力調査の実施を提言し，2007年から全国調査が実施されるようになった．

●**高等教育における質保証の変化**　高等教育の質保証にも変化が生じてきた．要因の第一は，大学の大衆化による質への懸念であり，イギリスでは，ポリテクニックの昇格による新大学の質保証のために1990年代に高等教育質保証機関（QAA）が設置され，学位要件や分野別参照基準を作成した．

第二の要因は，国境を越えた学生の移動と高等教育の商品化である．ボローニャ・プロセスにおいて，質概念の共通化が図られ，学位や単位の相互認証が制度化され，2005年にはOECD・ユネスコが「国境を越えた高等教育の質保証ガイドライン」を公表した．

第三には，学習成果を明確にして質を問う動きである．ブッシュ政権下の「スペリングス報告」（2006年）以後，アメリカのアクレディテーションにも学習成果を明確にすることが求められるようになり，アセスメント重視の質保証アプローチが施行されている．ただし，伝統的な質保証の概念はプロセスを重視する．教育の成果を決定する要因は一律でなく，成果自体多義的であり，成果測定は画一性と統制を招くので論争となっている．

日本においては，2002年の「学校教育法」改正で，認証評価が導入されたが，専任教員の配置も不十分な大学が認可されるなど事後評価では質保証が十分でないことが明らかになり，事前規制（設置認可），履行状況調査，事後規制（法令違反に対する文部科学大臣の勧告など）により政府による質保証制度が構成された．

質保証の最前線は，個別機関であり，授業科目レベルでの成績評価の厳格化，学習成果や授業外学習時間など学習成果に寄与する諸要因を機関として把握し，効果的な教育・学習方策を進めるIR（Institutional Research）活動などを質保証の一部としてとらえ，内部質保証という概念もある．　　　　　　　［羽田貴史］

📖 さらに詳しく知るための文献

有本昌弘，2005，「我が国義務教育への『質保証』概念導入の意義と課題─海外における質保証（quality assurance）論議から」『国立教育政策研究所紀要』134．

羽田貴史ほか，2009，『高等教育質保証の国際比較』東信堂．

深堀聡子，2015，『アウトカムに基づく大学教育の質保証』東信堂．

研究と知の生産

> 「大学とは何か」p. 460「プロフェッショナル・スクール」p. 488「知識基盤社会の教育」p. 638

研究は，教育，社会的サービスとともに，大学の三大機能の一つである．教育，社会的サービスは社会に開かれた活動であるが，研究は研究者集団の自律的営為として閉じた世界で発展してきた．さらに，専門分野が細分化する傾向にあるため，大学の研究に関する研究は，大学教育に関する研究ほど活発ではない．

●**大学における研究とは何か**　日本国憲法第23条は「学問の自由は，これを保障する」と規定する．憲法の制定に関わった佐々木惣一は，学問とは真理の探究およびその成果の発表であるとし，前者を研究，後者を研究の発表ともいい，後者には教授も含まれるとする（佐々木 1949，pp. 403-404）．また研究，教授の自由と大学の自治とは表裏一体のものとして理解されている．憲法学者伊藤正己は，研究活動には研究のための資料の収集，調査，実験などが含まれるとする一方，芸術，政治的行為および学問的成果の職業的適用は研究ではないとし，さらに「既にできあがった学問上の成果を職業的に単に適用するのみの活動」，例えば，「学問上の研究を応用して技術者が物を製造し，医師が診療にあたり，弁護士が実務を行う活動」には原理を求める学問的活動もありうるが，職業的活動であるので研究ではないとする（伊藤 1990，pp. 276-286）．このように大学の研究は特権的性格を有している．

科学技術研究調査（総務省統計局）は研究を，「事物・機能・現象等について新しい知識を得るために，又は既存の知識の新しい活用の道を開くために行われる創造的な努力及び探求をいう」と定義している．また，研究に必要な思索，考案，文献調査，情報・資料の収集，機械・器具・装置等の工作，試作，実験，検査，分析，報告等は研究に含むが，品質管理，検査，試験，測定，分析等の生産円滑化のための活動や海洋調査・天体観測等の一般的データ収集，特許出願等は含まれないとする．この定義は国際的にほぼ共通である．

●**研究の境界**　上記2種の定義は，しばしば「象牙の塔」にたとえられる伝統的な大学観（200年程度の歴史を有するにすぎないが）と密接に結びついている．すなわち，大学が研究活動に関与することは，大学が大学であるための基本的要件であり，大学の研究はそれが真理の探究であることによって社会的な存在意義を有するのであり，"研究"の世俗的な有用性によるのではない．そのため，研究業績が大学教員資格の重要な要件とされてきた．しかし，例えばゲノム情報を含むバイオバンク構築とそれを活用する医学研究のように，臨床現場での生体資料の収集や診療，治療と基礎的研究とが一体となって進めることが必須な研究の場合，基礎的研究の段階から臨床現場や製薬企業と協働することはごく自然なこ

とである．そこでは，真理探究のための研究と職業的，産業的応用を意図する"研究"とを厳密に区別することは不可能である．

また，現実社会の問題を扱う知的活動は，少なからず倫理，価値観や世俗的利益との関係を有する．そこでは，知的活動は必ずしも新奇性は要せず，既存の知識の適用によるものでもよい．このような性質の知的活動は，厳密には研究の範囲外のものであるが，知識基盤社会といわれる今日，大学の生む知識への社会的需要は高まっており，その範囲は狭い意味での研究にとどまらない．伝統的な研究のみならず，これらの世俗的"研究"を含む知的活動を広く知識生産と呼ぶ．

●知識生産様式の類型　伝統的な研究は一般に，専門分化した学問分野のなかで行われる（disciplinary）．研究発表の場として分野別学会が成立し，教授の場として専門学科が大学内に確立する．専門学科を中心とする分野別の研究と研究者養成は，知識生産における分業であり，ここ百数十年にわたって人類の知識と知的活動が飛躍的に発展する原動力となった．

こうした歴史を通じて，大学は研究機関としての機能を獲得すると同時に，世界規模での競争にさらされることになった．高度化する研究は教育から乖離しがちであり，もっぱら大学院（graduate school）においてのみ研究と教育（研究者養成）の統一が試みられることになる．

現実社会の課題解決のための知識生産は，学問分野を超え，大学外の主体と協働する超域的（transdisciplinary）性格を帯び，社会に開かれ，社会的責任を負う活動となる．知識生産は，普遍的真理の探究に限定されず，地域社会の課題解決への貢献など局所的な課題も対象となりうる．その点ですべての大学に知的貢献の余地がある．また，ビジネススクール等の専門職大学院（professional school）では，知識の職業的適用（世俗的知識生産）が行われるとともに，知識と現実を想像力によって結びつけるかたちで（Whitehead 1929, pp. 91-101），伝統的学問分野の体系的教育とは異なる様式の人材育成が行われる．教員資格においても，実務上の能力や実績という観点が登場する．

大学の知識生産は学問分野別の知識生産（研究）から超域的な知識生産へと幅を広げてきた．前者の研究をモード1，後者の知識生産をモード2と呼ぶことがある（Gibbons et al. 1994）．大学は，これらすべての知識生産を担う機関として発展しつつある．知識基盤社会においては，知識生産の担い手は大学以外にも広がり，大学の特権的優位は失われつつあるが，知識生産のネットワークのハブとしての役割を担っている．　　　　　　　　　　　　　　　　　　　　［小林信一］

📖 さらに詳しく知るための文献

小林傳司ほか，2013，『研究する大学―何のための知識か』岩波書店．

中島秀人，2015，「歴史から見た二一世紀の科学技術」大澤真幸ほか編『現代の現代性―何が終わり，何が始まったか』岩波書店，pp. 43-67.

プロフェッショナル・スクール

☞「高等教育と職業人養成」
p. 482「研究と知の生産」
p. 486

　アメリカで制度化されている専門職を育成する大学院レベルの教育機関を一般にプロフェッショナル・スクールと呼んでいる．アメリカにおける専門職に関する研究は1900年代初めから着手され，1910年にフレックスナー（Flexner, A.）が定義した専門職は本研究分野の嚆矢ともいえる．現在では，School of Dentistry, Graduate School of Education, School of Law, Graduate School of Management, School of Medicine, School of Veterinary Medicine, School of Dental Medicine, School of Nursing, School of Public Health, School of Public Policy and Social Research, School of Theater, Film and Television 等が代表的なプロフェッショナル・スクールとしてアメリカ社会で広く認知されている．

●**専門職とプロフェッショナル・スクール**　西洋社会では，神学，医学，法学等，すなわち聖職者，医者，弁護士などの職業が古典的専門職として認識されていた．しかし，フレックスナーが，①知的な職業であり，当該職業に従事している者が適切な選択を実施し，かつ判断を下す際に重大な責任を負っていること，②特定分野に関する高度な体系的知識を所持し，かつ長期間の教育訓練を受けていること，③体系的知識が現場で応用できうるように実践的な性格をもっていること，④特別な技術あるいは技能を要するだけでなく，知識だけで事態に対処できない場合には獲得した技能によって物事に対処できること，⑤専門職協会（professional association）が組織化されており，専門職協会が専門職教育の内容および専門職に参入する際の資格の認定などを規制していること，⑥当該職業に携わっている人物に公共への奉仕志向があることを専門職としての六つの特質として提示した（Flexner 1910）ことを契機に専門職の範囲が拡大し，アメリカのプロフェッショナル・スクールがカバーする領域も広がってきた．この特質から見ると専門職が公示する技能は，高度に知的かつ科学的ととらえられることから，知識・技能の習得のためには，一定の特殊な教育・訓練，すなわち専門職教育が必要となり，かつ専門職教育を経て，一定の能力をもつと認められた者に対してのみ，国家あるいは社会が資格あるいは免許を授与することになる．アメリカでの専門職学位としての意義は，専門職資格が国家資格あるいは州で認可している資格と結びついている場合と，プロフェッショナル・スクールで学び，その学習成果として取得した学位がプロフェッショナル学位として認知されている場合に大きく分類される．専門職が免許制あるいは資格制になるに従って，適切な技量のレベルに達していない者を排除する機能がみられるようになったが，プロフェッショナル・スクールは，専門職教育と学術的な訓練を十分に受けた専門職を量的

に供給することと学位や修了証を発行することで教育の質を保証することに寄与している. グレーザー (Glazer 1986) は, 1970年代前後からアメリカでの修士学位は従来の学術分野からプロフェッショナル学位へと価値が置かれるようになったと分析した.

　一方, 日本においては, 大学と専門職の養成との関係は医学, 歯学, 獣医学, 看護学等特定の国家資格に結びつく分野における養成を除けば, それほど歴史があるとはいえない. 専門職の養成は, 近年大学院改革の一環として実施されてきた. 当初は, 高度職業人養成という政策課題が掲げられていた. 1998年の大学審議会答申における高度職業人を育成するための専門大学院の設置という勧告を受けて, 2000年からは専門大学院が始動した. その後より一歩踏み込んだかたちで, 「プロフェッショナル・スクール」の設立が求められた. 2002年には中央教育審議会答申として, 専門大学院をより欧米型プロフェッショナル・スクールに近づけた「専門職大学院」の創設構想が発表された. これにより, 法科大学院と専門職大学院の制度化の基盤が整備され, 2003年より専門職大学院が制度化されている. 2012年より専門職大学院設置基準改正が行われ, 専門職学位課程の教員組織の在り方もさらに制度化された. 橋本 (編 2009) らは, 戦後日本における専門職養成をめぐる国家・大学・市場の権力関係の構造と変容を分析し, その日本的構造を明らかにすることを試みた. 養成プロセスの統制化のメカニズムと養成数のギャップの考察により, 各専門職の養成に絡むアクターと彼らの間でのヘゲモニー構造の関係を明らかにし, 専門職養成に関わる欧米モデルとの差異の存在を明示している.

●**専門職大学院の教育成果をめぐる実証的研究**　アメリカでは専門職の社会的認知により労働市場における学位の価値と教育成果には一定の合意がある. 一方, 日本での専門職大学院での教育成果の効用は, わが国にとっての積年の課題である. 吉田 (編 2014) らは専門職大学院の制度化に伴って, 必然的ともいえる専門職大学院の教育と学習の効用に焦点を当て, 労働市場への移行という古典的な教育社会学の研究をベースに, 日本において圧倒的なモデルとなっている20代前半に高等教育を終了し, 間断なく労働市場に移行し定年まで働くことを「固定モデル」, 教育と労働とが時間軸において重複する, あるいは教育と労働市場とを交互に往復する形態を「流動モデル」と定義したうえで, 大学卒業後に労働市場に参入した社会人が専門職大学院から取得した「再取得学歴」の意味を固定モデルと比較検討した. 結果として, 経営系, 法科, 教職系等特定の分野ではあるが再取得学歴の効用が検証されている.　　　　　　　　　　　[山田礼子]

📖 さらに詳しく知るための文献

山田礼子. 1998. 『プロフェッショナルスクール─アメリカの専門職養成』玉川大学出版部.
吉田 文編. 2014. 『「再」取得学歴を問う─専門職大学院の教育と学習』東信堂.

大学財務

☞「日本の高等教育システム」p. 462「日本における高等教育政策」p. 466「大学経営」p. 492

　大学財務は，大学の教育研究活動のための資金調達とその配分に関わる活動である．機関の財務を指すことが多いが，国の財務つまり大学財政や高等教育財政も，政府による資金調達と配分と考えれば大学財務と考えることができよう．
●**政府の資金調達と配分**　政府は税収や公債等を財源に，高等教育と学術研究に財政支出を行う．その規模は直接的には，税収を左右する経済状況，社会保障費や防衛その他の予算（近くは初等中等教育予算，科学技術関係予算）との関係，これらの関係を規定する政治の影響を受けるが，その背後には高等教育や学術研究の公共性に対する社会の認識がある．国際的に初等中等教育は公的資金に依存するが，高等教育については多様であり，先進諸国特にヨーロッパ大陸ではおおむね公的資金に依存するのに対して，日本では私立大学が多く，家計に依存し，公的資金の比率が最も低い水準にある．これは政府の財政的制約にもよるが，生産性に対し高等教育の外部効果が限定的と認識されているからでもある．公平性についても，経済成長を背景にした旺盛な進学需要による高等教育拡大が，私学依存にもかかわらず，ある程度の高等教育の機会均等を可能にした．だが過剰な家計負担と隠された格差（小林 2008, 2009），公的支出の経済的合理性（矢野 2015）を踏まえ，政府支出を再検討する時期にきている（上山ほか 2013）．
　すでに高等教育の市場化が進んだ日本と比べ，従来公立大学依存でありながら政府負担の縮小が進みつつある欧米やアジアでは，コスト・シェアリング（Johnstone 2006）の議論が盛んである．特に貸与奨学金や所得連動型ローンなどの拡大が議論され，家計（親）よりも学生の負担が注目される．そうなると高等教育の機会均等の達成には，政府支出の総額だけでなく，大学（の経常費・運営費）への機関補助の規模，授業料の設定額，学生支援（奨学金）の規模など政府資金の配分の検討が不可欠になる．ふつう機関補助が大きく，授業料が低額で，公的奨学金，特にメリット基準よりニード基準，貸与よりも給付奨学金が大きいと機会均等に貢献するだろうが，これらの関係は複雑で，その相対的関係が政府の高等教育の資金配分の問題となる．例えば機関補助の減少と授業料の増額分を，奨学金を増やして補うというような方向での資金配分が進められる．
　政府の資金配分はまた，大学の機能分化を左右すると同時に，しばしばその効率的配分が議論される．例えば機関補助に対し，教員への研究助成や学生への奨学金のような個別補助の拡大は，市場メカニズムの導入，疑似市場化であり効率的であるとされる．また特定の教育研究活動，ガバナンスや経営改革を誘導するインセンティブをもった政策誘導型の資金配分も拡大している．これらがどう効

果的で，大学や教育研究にどう影響するのかは十分に検討されていない．

●**大学の資金調達と配分**　大学の資金の主な財源は，政府機関補助，学生納付金，研究助成金，病院収入などの事業収入，寄付金や基本財産の投資収入，借入金などである．非営利大学は免税によって，営利大学と比べて政府から補助金を多く受けているともいえる．また営利大学は授業料収入以外に資金を株式市場などから調達する．国公立大学は政府の機関補助に，私立大学は授業料収入に，研究大学は研究助成金に，基本財産が大きい大学は投資収入にそれぞれ依存する度合いが相対的に大きく，財源構成は機関の特徴に応じて多様だが，他方で支出に関しては，収入ほど多様ではなく，人件費が大きな割合を占め，労働集約的である．

授業料依存の大学では，経営上学生数が重要で，規模の経済から学生数拡大に向かうが，少子化の日本では難しい（矢野編 2001）．質も重要で，費用の収入理論（Bowen 1980）によれば，大学の威信のためにコストをかけ授業料値上げに向かう．アメリカの大学では，選抜性維持，教育条件などを勘案しながら授業料，（授業料割引による学生獲得のための）奨学金の規模，学生数が決められるが（Breneman 訳書，1996），とりわけ授業料値上げが著しい（Ehrenberg 2000）．

他方で研究大学では，争って外部研究資金を獲得するが，それは研究のフルコストをカバーせず，学内の資源を消費し大学経営を圧迫するため，アメリカをはじめいくつかの先進諸国では間接経費が導入され，大学運営を支えている．

資源依存論からすれば，大学は，外部環境の変化に対し安定して教育研究活動を行い，さらに特定の社会的役割を活性化するために資源配分を工夫する．そこでは内部補助が重要な役割を果たす．大学の活動は学士教育，大学院教育，研究活動など多様で，本質的に複合的な統合生産であり，その経済基盤の分節化は難しく，しばしばある活動の収入が他の活動をサポートする（阿曽沼 2014）．例えば学士学生の授業料収入が研究活動や大学院教育に資する．だが内部補助は経営の有効な戦略であると同時に財務の透明性とは両立しがたいという側面もある．

●**研究の意義と広がり**　財政や財務は大学経営上も重要だが，マクロに見て企業的大学（Clark 1998）やアカデミック・キャピタリズム（Slaughter & Rhoades 2009）など，大学や学問の変容という本質的問題に関わる．また，依然として教育機会均等や大学教育の効用を考えるうえで欠かせないし，あらゆる高等教育の問題に関わるという意味で研究の意義とその広がりは小さくない．　　［阿曽沼明裕］

📖 さらに詳しく知るための文献

市川昭午，1992，『高等教育の変貌と財政』玉川大学出版部．

Weidman, J. et al. eds., 2014, *ASHE Reader Series: Economics and Finance of Higher Education*, 1st ed., Pearson Learning Solutions.

島 一則編，2011，『大学とマネー――経済と財政』玉川大学出版部．

大学経営

☞「大学をめぐる力学」p. 468「アカデミック・プロフェッション」p. 476「大学財務」p. 490

　18歳人口の減少や政府の財政緊縮，グローバル化などといった，大学をめぐる環境が大きく変化するなか，大学は改革されなければならないという論調が高まり，日本でも大学経営に関する研究が盛んになりつつある．

●**概念整理**　日本語における大学経営は，英語では，ガバナンス（governance）とマネジメント（management）の二つの言葉に対応している．両者は相互補完的に用いられることも多く，複雑な概念であるが，両者の違いを理解しておく必要がある．

　ガバナンスとは「個人や集団が意思決定に参加したり，影響を与えたりする組織構造やプロセス」を，マネジメントは「そうした意思決定を実施するためのプロセスや構造」を指し，どのように戦略を実現するか，どのような計画や資源配分を行うのかなどの課題が含まれる．ガバナンスは大学内部に限らない，広い概念である．クラーク（Clark, B. R.）は，大学における意思決定に影響を与える力（権威）について，学科から国家政府までの6レベルを区分したが（Clark 訳書，1994），そうしたすべてのレベル内・間での相互作用として理解すべきである．

●**諸外国における研究動向**　大学経営研究はアメリカを中心に発展した（両角 2001）．1960年代頃から，大学がおかれた環境に応じて，研究関心はシフトしたが，大学を組織としてとらえ，モデルとして描く研究（官僚型，同僚型，政治型，無秩序型等），戦略的経営論の台頭とそれに対する批判としての大学組織文化研究など，多様な視角からの研究が蓄積されてきた（Brown 2010；Peterson 訳書，2015）．アメリカでは理事会はガバナンスを担当し，長期的課題に責任をもち，執行部（学長ら）はマネジメントを担当し，短期的課題を検討し，教員は教学に関する権限をもつ「共同統治」（shared governance）の理念が重視されているが，こうしたパワーバランスのなかでいかに革新のダイナミズムをつくりだすのか，試行錯誤が続いている（Bok 訳書，2015）．

　ヨーロッパでは，長年，大学に対する国家統制が強く，限られた裁量の範囲内で大学運営が行われてきたが，1980年代頃から，政府の直接統制を弱め，競争と評価を重視した政策転換を通じて，大学の自律性を高める改革が行われた．大学の自律性を高めることが成功に不可欠な条件と考えられ，それを実現するための制度設計のあり方やその効果などの研究がなされるようになっている（Paradeise 2009）．

　近年は，難題取り巻く環境に対して，先を見据えて積極的に行動する大学に注目し，組織としていかに適応し（Sporn 1999），企業的大学として成功したのか

(Clark 1998)，成功事例の共通性を描く研究に注目が集まっている．

●**日本における実態と研究状況**　日本では，国立大学を中心に大学の自治に関する研究（寺崎 1979）はあったが，大学経営の研究は一部を除いてほとんどなく，本格的に研究が始まったのは2000年頃からである．

　政策的には，1995年の大学審議会答申「大学運営の円滑化について」以降，全学的改革を進めるうえでの学長の役割，意思決定の迅速さなどの問題意識は繰返し指摘されてきた．2004年には国立大学の法人化が行われた．ヨーロッパ同様の意味づけの制度改革といえるが（江原・杉本 2005），学外者の経営参画が制度化され，諸外国に類をみないほど，学長に強力な権限を付与した点に特徴がある．2015年には教授会役割の明確化など「学校教育法」を一部改正し，さらにガバナンス改革に対する予算措置を通じて，学長のリーダーシップを政策的に支援している．

　研究面では，実証研究も増えているが，量的には欧米等の外国研究が盛んで（広島大学高等教育研究開発センター 2012など），戦略的計画，IR（Institutional Research）など，経営改革の小道具・概念が紹介され，現場に影響を与えている．IRでは，大学の強みと弱みを具体的なエビデンスを示すことで内部改善への活用と外部のための説明責任が重要な役割とされている（小林・山田 2016）．1990年代頃から，大学経営人材の育成に対する関心が高まってきたが，こうした動きの中心は事務職員で，経営人材としての上級管理者の役割や経営能力の向上の必要性が指摘されている（夏目編 2012；王・両角 2016）．

　リーダーシップとは，「言葉と行動によって他者の信頼を得て，他者を動機づけて，一定の取組みに関与させる影響力を発揮すること」で，フォロワーシップとの関係によって規定されるため，学長の権限強化によって，それが発揮できるとは考えにくい．欧米の先行研究では，同僚型組織文化の重要性，カリスマ型・中央集権的なリーダーシップへの懐疑（大場 2011），大学の組織文化に応じて効果的なマネジメントのあり方が異なる（Birnbaum 訳書，1992）ことが指摘されてきた．効果的な大学経営を考えるうえで大学組織に対する深い理解が不可欠であるが，日本ではまだ十分ではなく，今後の発展が期待される．　　　［両角亜希子］

📖 さらに詳しく知るための文献

江原武一・杉本 均編著，2005，『大学の管理運営改革—日本の行方と諸外国の動向』東信堂．

Birnbaum, R., 1988, *How Colleges Work: The Cybernetics of Academic Organization and Leadership*, Jossey-Bass（＝1992, 高橋靖直訳『大学経営とリーダーシップ』玉川大学出版部）．

Peterson, M. W., 2007, "The study of Colleges and Universities as Organization," Gumport, P. J., ed., *Sociology of Higher Education: Contributions and Their Contexts*, Johns Hopkins University Press（＝2015, 「大学組織」伊藤彰浩ほか監訳，『高等教育の社会学』玉川大学出版部）．

企業が求める学生像

☞「属性原理と業績原理」p.84「再生産論」p.96「後期近代社会」p.112「グローバリゼーション」p.120「ペアレントクラシー」p.310「成人のコンピテンシー」p.528「メリトクラシー」p.600「非正規雇用」p.606「学歴社会の展開」p.612「学歴社会における選抜」p.614「学卒労働市場」p.656

　企業が求める学生像は，時代や社会によっても，企業の従業員規模や産業，募集職種や雇用形態，学校種別等によっても異なる．本項目では主に大学新卒者の正社員への就職活動において求められる学生像について，高度経済成長期以降の日本の社会全体の傾向を，他の産業社会との比較を交えて述べる．

●日本型雇用システムの独自性と「新卒一括採用」慣行　濱口（2013）によれば，日本型雇用システムの独自性は，多くの産業国が「ジョブ型」社会であるのに対し日本が「メンバーシップ型」社会であることに起因する．多くの産業社会では，企業はその機能を職務（ジョブ）単位に分割し，職務ごとに仕事内容や範囲，権限や責任を厳格に定め，新しい職務や欠員が発生するたび，その職務を即遂行できる人を企業内外から調達する．ゆえに企業が求める人材像は職務ごとに異なり，入職機会は新卒者に限らず広く外部労働市場に開かれている．

　一方日本は，流動性の高い職種別労働市場が発達せず，正社員の解雇規制が厳しいため，同一労働者の長期雇用によって労働力を安定確保し，新しい職務や欠員の発生には企業内訓練と配置転換で対応する方が合理的であった．企業は組織全体の機能を労働者全体の協働で果たす．労働者は雇用の安定（メンバーシップ）と引換えにあらゆる職務を担い，転勤など雇用条件の変更も受け入れる義務を負う．こうした雇用管理に最適なのが，若く経験に乏しいがゆえに可塑性の高い新卒者である．したがって新卒採用では，特定職務の遂行能力ではなく組織への適応力や訓練可能性が評価され，それらの能力の指標として学歴や卒業校の入学難易度が重視されてきた．学校で職務遂行能力を習得することを期待しないため，新卒者の採用活動は人事部門が一括して行い在学中から選考を始める．この「新卒一括採用」の慣行は高度経済成長期を経て中小企業にまで浸透した．

●「新卒一括採用」システムのゆらぎと人材像の変容　しかし1990年代半ばより，欧米諸国に遅れ日本でも「標準化された完全就業システムから柔軟で多様な部分就業システムへ（ベック［Beck, U.］訳書，1998）」の移行が現出した．不確実で変化の激しい経営環境のもと世界規模の競争に巻き込まれた企業は，雇用管理の柔軟化を量（非正規雇用の拡大）と質（労働者に求める能力の変容）ともに進めていった．前者は「新卒一括採用」システムに組み込まれない進路未決定卒業者を増大させ，後者は企業が求める学生像を変化させた．

　この能力観の変化を，本田（2005）は「近代型能力」から「ポスト近代型能力」への移行と評した．「近代型能力」は，フォード主義的大量生産を主軸とする産業構造が要請する標準化・規格化・規律化された労働に適した能力であり，「学

力」という一次元的な軸で評価可能であったため，業績原理にのっとった手続きの公正さを信じることができた．しかしグローバル化の進行や情報化・サービス化といった産業構造の変化や価値観の多様化は，労働者に消費者の志向を敏感に察知する感応性や，新たな価値を生み出す創造性，継続的な自己変革能力などを求めた．これらの「ポスト近代型能力」が社会的地位配分の基準となる「ハイパー・メリトクラシー型」社会は，①人間の深く柔らかな部分まで含む全体的な能力をたえず評価し労働力として動員する，②「ポスト近代型能力」の発達は家庭の教育的環境に大きく依存するため階層の再生産を促す，といった問題をはらむという．

●高等教育への期待と新しい能力観　こうした変化は世界規模で起きている．ブラウン（Brown, P.）は，西洋資本主義社会の組織が官僚制的パラダイム（効率性を重視し明確に定義された役割・規則・手順を伴う非人格的関係を土台とする組織）から柔軟なパラダイム（柔軟性を重視し暗黙のルールにのっとった人格的関係を土台とする組織）へ転換した結果，新卒者の採用基準も官僚制的パーソナリティ（外発的な支配への高度な順応性，規則遵守の行動）からカリスマ的パーソナリティ（内発的な決意・衝動・力，自らの価値を証明する行動，他者との人格化された関係）へ移行し，社会的地位の配分が個人の能力と努力（メリトクラシー）より親の財産と願望（ペアレントクラシー）で決まる傾向が高まったと論じた（Brown　訳書, 2005）．

松下（2010）は1990年代以降，先進諸国で共通して教育目標に掲げられてきたさまざまな能力概念を〈新しい能力〉と総称し，共通点として，①認知的能力から人格の深部にまで及ぶ人間の全体的な能力を含む，②教育目標や評価の対象として教育課程に位置づけられている，ことを指摘した．松下（同上）によれば多くの〈新しい能力〉が依拠する「コンピテンシー（Spencer & Spencer　訳書, 2001）」の理論と方法は，本田の「ハイパー・メリトクラシー」型社会における能力観に合致する．これに対してOECDのDeSeCoプログラムが提唱する「キー・コンピテンシー」（Rychen & Salganik eds.　訳書, 2006）は，職業生活だけでなく市民生活や家庭生活も含む個人の人生やそれを支える経済的・政治的・文化的・生態学的な条件整備が視野に収められており，新しい時代に生きる若者の教育目標を掲げるうえで，学校教育が参照すべきは後者の「キー・コンピテンシー」であると提唱している．　　　　　　　　　　　　　　　　　　[岩脇千裕]

📖　さらに詳しく知るための文献

濱口桂一郎，2013，『若者と労働―「入社」の仕組みから解きほぐす』中央公論新社．

本田由紀，2005，『多元化する「能力」と日本社会―ハイパー・メリトクラシー化のなかで』NTT出版．

松下佳代編著，2010，『〈新しい能力〉は教育を変えるか―学力・リテラシー・コンピテンシー』ミネルヴァ書房．

グローバル化のなかの大学

^{は参}「遠隔教育」p. 724

　大学がその立地している国家を越境して行う活動に対して，従来は「国際化」（internationalization）が用いられていたが，1990年前後から「グローバリゼーション」（globalization）が登場した．両者は互換的に用いられるものの，グローバリゼーションという言葉は，新自由主義的な理念に基づく経済の世界規模化の影響を受けた大学の活動の特性の変化を，ニュアンスとして含む場合が多い（Maringe & Foskett 2010）．

　本項目では大学の越境する主な活動として，人の越境と教育の越境を取り上げ，1990年前後からの現象の変化と，そこに生じている大学のもつ特性の変化を考察する．

●**人の越境**　自国の大学より優れた教育・研究環境をもつ他国の大学への，教職員や学生の移動は，従来からの大学がもつ特性の一つである．しかしながら，1990年代になって，とりわけ学生の留学が急増している．1975年に67万人だった世界の留学生数は，1995年には135万人，2006年には275万人に及び，2025年には800万人になることが予測されている（Güruz 2011, p. 203）．

　そこには大きく分けて二つの理由がある．第一は，発展途上国，とりわけアジアの経済成長に伴い，教育需要が大幅に伸びたことによる．第二は，この需要の増大に戦略的に関わるアクターが登場し，学生の越境を加速させていることによる．国外学生が，自国への資金流入をもたらすことにメリットを見出した英語圏の先進国は，国家政策として留学生の招致を推進するようになった．その代表がオーストラリアである．留学は，国家政策によって促進されることになるのである．

　留学の移動パターンにも変化が生じた．これまでは，発展途上国から先進国という一方向の移動が主であった．しかし，近年では，香港，シンガポールに加えてマレーシアや中国，また湾岸諸国のカタールやアラブ首長国連邦が，周辺地域からの留学生を招致し，高等教育のハブとしての機能に力を入れるようになった．これらの国は，依然として留学生の送り出し国であるが，それとともに受入れ国にもなっている．留学生の移動パターンは多様になっている．

　また，EUは，1999年からのボローニャ・プロセスにより，制度が異なる高等教育機関間に単位互換制度を導入し，学位・資格の相互比較を可能な仕組みを構築し，域内での学生および教職員の流動性を高めようとしている．

●**教育の越境**　1990年代以降の新たな動向として，教育が移動する現象が生じた．その主な形態としては，海外分校の設置やeラーニングによる，ある国の教育プログラムがそのまま別の国に移入されるもの，ダブル・ディグリーやジョイ

ント・ディグリーとして，異なる国家間の大学の共同による学位プログラムがある．国家間の教育制度が異なるため，国境を越えて教育を移動させることは容易ではなかったが，WTOにおける「サービスの貿易に関する一般協定」（1994年）は，この新たな動向を促進させる契機になった．そこでは教育もサービス貿易の対象とされ，輸出入の際の障壁の除去が求められた．世界機関の主導のもと，商機を見出した国家や高等教育機関が教育の越境を促進している．

●**大学の特性の変化**　1990年代前後からの人や教育の移動の促進によって，大学の特性にも変化が生じている．それについて，4点指摘したい（吉田 2013a）.

第一に，従来の近代国家と大学の統制と庇護の関係に世界銀行，IMF，OECD，WTOなどの国際機関が，高等教育の自由化と質の向上を掲げて関与するようになった．

第二には，公共性を基盤としてきた大学の活動が，市場経済的な理念の影響を受けるようになったことである．受け入れる留学生は自国への資金流入の源泉であり，教育は輸出される商品とみなされる．国家の産業の一つとして高等教育が位置づけられるようになった．

第三には，これまでの大学の共同性という理念のなかに，競争原理が導入されたことである．従来，人の移動は交流の範疇とされてきた．しかし，1990年代からの移動の促進は経済的な優位性の確保という点での競争の側面をもつ．「タイムズ・ハイヤー・エデュケーション」などの各種の大学ランキングも，大学間の競争を加速させている．それは，大学間の一元的な序列化を進めることになる．

第四には，移動の促進によって他国の大学は見えやすくなり，一元的な基準でなされる競争によって，異なる国の大学間の比較可能性が高まり，多様な大学をある方向性へ収斂させ標準化が進む．非英語圏の大学で英語が世界標準の言語になること，EUで学士・修士・博士の学位制度を統一したことなどは，その例である．

●**今後の動向**　新自由主義理念に基づき，経済的な利益を目指し，そこに政治的な思惑が絡む近年の高等教育をめぐる動向に対して，警鐘を鳴らす議論や研究は多い．なぜなら，1990年代以降の動向は，公共性，共同性，同僚性などを伝統的に奉じてきた大学に対して，それらの価値を覆すものだからである．経済のグローバリゼーションが引き起こす大学の諸活動を支える理念の変化に対して，大学は，今後も増大する人や教育の越境を受容しながら，他方でそれらを促進する理念に反発するという，アンビバレントな状況が当面は続くと思われる．そのメリットとデメリットを見極め，その戦略をもつことが個々の大学には求められている．

［吉田 文］

📖 さらに詳しく知るための文献

Knight, J. ed., 2014, *International Education Hubs: Student, Talent, Knowledge-Innovation Models*, Springer.

第7章

生涯学習と地域社会

［編集担当：田中雅文・太田美幸］

概説：生涯学習と地域社会 …………… 500
学習社会 ………………………………… 504
成人教育 ………………………………… 506
成人学習論 ……………………………… 508
社会教育 ………………………………… 510
地域づくりと学習 ……………………… 512
高齢者の学習 …………………………… 514
大学と地域 ……………………………… 516
地域と学校の関係 ……………………… 518

子どもの生活空間 ……………………… 520
フリースクール ………………………… 522
在日外国人の学習 ……………………… 524
民間教育事業 …………………………… 526
成人のコンピテンシー ………………… 528
職業能力開発 …………………………… 530
ノンフォーマル教育 …………………… 532
社会運動と成人学習 …………………… 534

概説：生涯学習と地域社会

　生涯学習という用語は立場によってさまざまな意味で使われているものの，最も広義には「生涯にわたる学習」と理解される．生涯学習が国際社会に浸透する大きなきっかけとなったのは，ユネスコの第3回成人教育推進国際委員会（1965年）である．この委員会にラングラン（Lengrand, P.）が提出したワーキング・ペーパーは，生涯教育という考えを提案するものであった．

●生涯教育の枠組み　ワーキング・ペーパーによると，教育はその諸部門（例えば家庭教育，学校教育，社会教育など）の相互連携に基づき，人の生涯にわたって有効に機能すべきである（日本ユネスコ国内委員会 1967）．このようなラングランの提案は，垂直（時間軸）的統合，水平（空間軸）的統合という概念のもとに，生涯教育の基本枠組みとされるようになった．これを日本に即して図示すると図1のようになる．ここでの社会教育とは，「社会教育法」での定義に基づき「学校教育以外の組織的な教育」のすべてを指すものとしている（「社会教育」p.510）．

　図1中のアミ掛け部分は，各年齢段階の中心とみられるものである．しかし，現実にはあらゆる年齢段階ですべての教育領域が利用可能なので，白い部分は全年齢層に広がっている．ただし，学校教育だけは幼稚園教育が利用可能な3歳からとしている．矢印は，教育の諸部門間の連携を表している．例えば，学校教

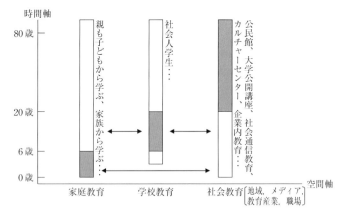

図1　生涯教育の基本枠組み

（出典　田中ほか，2015，『テキスト　生涯学習—学びがつむぐ新しい社会［新訂版］』学文社，p.3）

と社会教育の間にある矢印は，学社連携などを意味する．

ユネスコが提唱したこのような生涯教育の枠組みを踏まえ，理論から具体的な施策まで総合的・体系的に考察した研究成果として市川（1981）がある．

●生涯教育から生涯学習へ　生涯教育の考えが広がるにつれて，学ぶ側からみた生涯学習という用語も使われるようになった．日本では，1981年の中央教育審議会答申「生涯教育について」において，「自己に適した手段・方法を自ら選んで，各人が自発的意思に基づいて生涯を通じて行うもの」が生涯学習，「生涯学習のために，自ら学習する意欲と能力を養い，教育機能を相互の関連性を考慮しつつ総合的に整備・充実しようとする」のが生涯教育の考え方だとされた．

さらに1987年の臨時教育審議会最終答申「教育改革に関する答申」は，「学校教育中心の考え方を改め，生涯学習体系への移行を主軸とする教育体系の総合的再編成」を提案し，これ以降は生涯学習が主な用語となった．2006年に改正された「教育基本法」では，生涯学習の理念（第3条）を「国民一人一人が，自己の人格を磨き，豊かな人生を送ることができるよう，その生涯にわたって，あらゆる機会に，あらゆる場所において学習することができ……」と規定している（生涯教育から生涯学習への国際的動向は，「学習社会」p.504）．

●広範な概念としての生涯学習　私たちは学習自体を目的として設定された教育の場で学ぶのみならず，さまざまな生活や活動のなかで無意図的，経験的に学ぶことも多い．図1の枠組みを超えたこれらの学習には，以下のようなものがある．

高齢者の介護を通して人間理解が深まる，友人との会話やテレビの娯楽番組から人生のヒントを得る，子どもが集団遊びを通して人間関係を学ぶなど，生活や活動のなかで知らず知らずのうちに学ぶことは，偶発的学習（incidental learning）といわれる．職人やボランティアの集団のなかで，新参者が周辺的な仕事や役割を担いながらも，その活動がいずれは中核的な役割を担うことにつながるような場合，これを正統的周辺参加という（Lave & Wenger 訳書，1993）．コルブ（Kolb, D. A.）は，経験を通した学習の過程を，具体的な経験，省察的な観察，抽象的な概念化，能動的な実験という，四つのステージをめぐるサイクルとして表現し，経験学習のモデルを提起した（Kolb 1984）．上記の諸概念と重複するものの，仕事，家庭生活，余暇に関連した日常の結果としての学習をインフォーマル学習と呼ぶこともある（OECD 訳書，2011，p.41）．

以上のように，教育概念の枠を超えた領域での学習は多様であり，生涯にわたる学習の一環として重要である．このような生涯学習の概念の広範性を踏まえ，ジャービス（Jarvis, P.）は「生涯学習とは人生を通して生起する学習過程であり，フォーマルな教育機関で多様に生起する学習と，家庭，職場および広範囲なコミュニティでインフォーマルに生起する学習を含む」（Jarvis 2002，p.110）と述べている．

●**生涯学習の諸相**　学習の目的・内容からみると，学習活動は職業志向と非職業志向に大別されることが多い．非職業志向は，趣味・教養・生活課題など個人生活に関わるものと，ローカル，グローバルな社会（社会生活）に関わるものに分かれる．後者については，既存社会の変革という課題解決の視点が不可欠であり，ローマ・クラブが提唱した革新型学習（Botkin et al. 訳書，1980）の考えがいっそう重要となっている．これは，後述の「社会変動への回路としての生涯学習」と通底するものである．

　学習の方法・形態については，ICT を活用した学習（「教育活動と ICT・メディア」p.726），ワークショップのような参加型学習など多様な学習方法が開発され，学習の諸要因を視野に入れた学習環境デザイン（美馬・山内 2005）の研究も進められている．学校（大学を含む）と地域の協働に対するニーズも拡大し，学校教育に対する地域資源の活用，地域に対する学校の貢献，両者の融合的な活動など，さまざまな試みが行われている（「大学と地域」p.516，「地域と学校の関係」p.518）．

　学習主体別にみると，子ども・若者が人生の基礎を培う，職業人が職業能力を高める，障害者が自立に向かう，高齢者が社会参加や健康増進をはかるなど，立場によって多様な学習活動が生起する．異なる立場をつなぐ学び合いも重要である（世代間交流，異文化間交流など）．学習行動の動因としての学習関心に着目し，「学習関心の階層モデル」の構築をはじめ，学習主体としての成人の学習関心と学習行動を総合的に考察した実証研究として藤岡（2008）がある．

●**地域社会**　生涯学習との関わりにおいて言及される「地域社会」は，おおむね「地域空間の枠のなかで，地域性に規定されながら展開される人間生活の体系」（松原・鐘ヶ江 1981）を指し，「地域性」と「共同性」を要件とする「コミュニティ」概念（MacIver 訳書，1975）に近い．人々が日々の生活を営む場，生産や消費を行う場としての地域社会の内部では，地域固有の風土的，地理的，歴史的諸条件のもとで形成された生活文化（人々の生活の基盤となる価値観や社会関係，知や技術などの体系）が共有され，そのような共同性を基盤として相互依存的な人間関係が構築される．しかし，地方から都市への人口流出が進み，地域社会が共同性の基盤を喪失したといわれるようになって久しく，都市部においても地方においても，地域に暮らす人々が相互の結びつきを新たに構築し，地域内部の具体的な問題を解決するための資源を蓄積していくこと，地域の担い手を形成し豊かな地域社会生活を実現することが課題となっている．

　そのなかで，地域社会の発展の鍵を握るものとして生涯学習に期待が寄せられている．人々が地域において安定した生活を営むためには，産業競争力の強化による経済成長のみならず，住民の協働による自治システムを機能させることが不可欠であり，人々の学習活動を通じて協働を可能にする連帯感が培われ，自治の

仕組みが形成されることが期待されているのである.

●**地域づくりの課題と生涯学習の推進**　1999年に提出された生涯学習審議会答申「学習の成果を幅広く生かす―生涯学習の成果を生かすための方策について」では,人々の学習活動の成果を地域社会の発展に幅広く還元していくような方策が提言された.生涯学習は地域づくり(まちづくり)のための有効な手段とみなされるとともに,すべての人々の生涯学習を可能とするための地域づくりが各地で目指されている(「地域づくりと学習」p.512).

OECDや欧州連合(EU)加盟国においては,こうした動きは「学習都市」(learning cities)の構築を目指す実践として展開されてきた.学習社会論(「学習社会」p.504)を背景として1980年代に先進諸国の間で広まった「学習都市」の概念は,市民の生涯学習の推進のためにあらゆる資源が効率的に結集された都市を意味する.ユネスコ生涯学習研究所(UIL)が2012年に開始した「グローバル学習都市ネットワーク事業」では,ヨーロッパを中心に展開されてきた学習都市構築の実践を,開発途上国を含む世界各国に広めていくことが試みられているが,この事業においては狭義の都市(city)だけでなく,地方(region)やコミュニティも対象とされている.他方,ヨーロッパ統合の例にみられるように,国家の枠組みを超えたリージョナルな共同体をつくるための方策としても生涯学習は重視されている.

●**地域のなかでの学習**　地域社会は,子ども・若者が共同的関係に支えられて学び成長する場であるとともに,大人たちがさまざまな活動を通じて学びを深め,共同性を構築していく場でもあり,地域の課題を解決するために人々が共同で取り組む学習活動を通じて地域の生活文化も刷新され,新たな関係性が構築されることになる.ただし現実の地域社会においては,文化間の権力関係や市場原理にまつわる矛盾が複雑に絡み合っており,地域の問題を解決するために行われる教育・学習は必ずしも政治的に中立であるとは限らない(Gelpi 1983).各地域でNPO・NGOなどの市民団体が相次いで組織され,貧困・失業問題,拡大する格差,多文化共生,環境保護といった課題の解決に向けて多様な学習イベントを組み込んだ活動が展開されているが,そこでは参加者の批判的な思考が鍛えられるとともに,地域の共同性に関わる文化的な交渉や闘争が繰り広げられている.地域社会を舞台として実践される生涯学習には,このような社会変動(意味システムとしての「文化」の変動)への回路も埋め込まれているのである.

[田中雅文・太田美幸]

📖 **さらに詳しく知るための文献**

市川昭午,1981,『生涯教育の理論と構造』教育開発研究所.

藤岡英雄,2008,『学習関心と行動―成人の学習に関する実証的研究』学文社.

松原治郎・鐘ヶ江晴彦,1981,『地域と教育』教育学大全集9,第一法規.

学習社会

☞「カリキュラム政策」p. 692

　学習社会（learning society）とは，生涯にわたって人々がたえず学習することによって維持・発展される社会を指す．元シカゴ大学学長のハッチンス（Hutchins, R.）は，『学習社会』（*The Learning Society*）のなかで，次のように述べている．

　「学習社会というのはすべての成人男女に，いつでも定時制の成人教育を提供するだけでなく，学習，達成，人間的になることを目的とし，あらゆる制度がその目的の実現を志向するように価値の転換に成功した社会」である（Hutchins 訳書, 1979, pp. 31-32）．

　しかし，ハッチンスの学習社会のとらえ方には，職業教育批判という狭さがあった．そこで，1973年に元カリフォルニア大学総長のカー（Kerr, C.）が主宰するカーネギー高等教育委員会（The Carnegie Commission on Higher Education 訳書, 1979）は，「学習社会をめざして」（Toward a Learning Society）と題する報告書で，次のように述べている．

　「我々は，アメリカ人の教育の向上につながるすべての努力に対し，またすべての人々が教育サービスを受けられることに，そして中等後（post-secondary）の教育・訓練に対して多くの道が開かれていることについて，国民としてこれまでよりもいっそうの関心を向けるべきである」．そして，「我々は，高等教育へのユニバーサル・アクセスには賛成するが，ユニバーサル・アテンダンスの方向に圧力が加わることには反対である」という観点から，ハイスクール卒業後，一度社会で仕事に就いてから再び勉強する意志を有した非伝統型学生（non-traditional students）に高等教育の門戸を開くことを可能にした．さらに，公立の短期大学であるコミュニティカレッジ（community college）を普及させ，人々が無試験入学で無料または安価な授業料で，一般教養コース，職業訓練コース，準学士号取得コース，4年制大学編入コースなどで学ぶことを可能にした．

●**生涯教育と生涯学習**　ユネスコでは，1965年の第3回成人教育推進国際委員会の席上，ラングラン（Lengrand, P.）によって，「生涯教育」（education permanente）という理念が提唱された．それによると，「生涯教育は，人格の統一的・全体的かつ継続的な発達を強調することによって，職業，人文的表現力，一般教養，その他各人がそのために，またそれによってことをなし自己を実現するようなさまざまな立場が必要とするものと，そのための教育訓練との間に，恒久的なコミュニケーションをつくりだすような教育の課程や方法を思いつくようにと誘うものである」と定義された．ユネスコでは，発展途上国の人々の非識字状

態からの脱却をはかり，世界のすべての人々に等しく教育を保障していくために
も，長らく「生涯教育」が主語であった．

1972年にフランスの元文部大臣フォール（Faure, E.）が座長を務めた教育開
発国際委員会から発表された『未来の学習』（*Learning to Be*）（Faure et al. 1972）
では，「もし学習が，期間および多様性の両者の意味において人間生活のすべて
を含み，また，社会の教育資源とともに，その社会的・経済的資源を含めて社会
のすべてのことに関わるとするならば，必要な「教育制度」の改善を越え，学習
社会という段階まで到達しなければならない」と述べられている．そこでは，財
産，地位，権力，資格や労働技能の修得といった「もつための学習」（learning to have）
とは異なる，「完全な人間」へ向けた学習を生涯継続できる社会が構想された．

そして，1996年に刊行された『学習：秘められた宝』（*Learning: Treasure
within*）（UNESCO 訳書, 1997）では，「知ることを学ぶ」「為すことを学ぶ」「（他
者と）共に生きることを学ぶ」「人間として生きることを学ぶ」という学習の四
本柱が提唱され，それ以降「生涯学習」をテーマとした報告書が発行されるよう
になった．「生涯教育」から「生涯学習」へ重心が移動した背景には，新自由主
義の影響が看取される．

OECD（経済協力開発機構）では，1973年に「リカレント教育―生涯学習の
ための戦略」が構想された．これは人生を幼児期，教育期，労働期，引退期の4
期に分けて，労働期において複数回の教育を受ける機会をすべての労働者に，有
給教育休暇制度とともに権利として保障する制度であった．しかし，OECD 加
盟国の経済的退潮によって，この莫大な国家予算が必要とされる制度は1980年
代後半には衰退した．OECD において「生涯学習」が正面から論じられたのは，
1996年の OECD 教育大臣会議「すべての人の生涯学習の実現に向けて」以降で
ある．経済主義的観点から，知識基盤社会において生産性を増大させるためには
人々のたえざる学習が前提となったからである．

今日の日本社会は，後期近代の最中にある．人々は個人化，高齢化，情報化，
都市化，高学歴化といった社会構造の変化により，日々の生活のなかでたえず学
習することが求められているのである．　　　　　　　　　　　［赤尾勝己］

📖 さらに詳しく知るための文献

赤尾勝己．2012．『新しい生涯学習概論―後期近代社会に生きる私たちの学び』ミネルヴァ書房．
UNESCO, 1996, *Report to UNESCO of the International Commission on Education for the Twenty-first
　Century, 1996, Learning: The Treasure Within*, UNESCO（＝1997，天城 勲監訳『学習―秘められた
　宝』ぎょうせい）．
Lengrand, P., 1970, *An Introduction to Lifelong Education*, UNESCO（＝1980，波多野完治訳『生涯教育
　入門』改訂版，全日本社会教育連合会）．

成人教育

☞「成人学習論」p. 508「社会教育」
p. 510「ノンフォーマル教育」
p. 532

　成人教育（adult education）は成人に対する教育を指し，成人の知識・技能の習得や意識・態度変容などを目指す．しかし伝統的には，イギリスなどのヨーロッパでは主に成人に対するリベラルな教育を指し非職業教育を念頭におくことが多かったのに対し，アメリカでは職業教育を含む成人に対するあらゆる教育を指すとされている．日本ではまず学校教育-社会教育（social education）という軸から教育をとらえる傾向にあったため，成人教育の概念はあまり定着していない．逆に欧米では，社会教育という概念はほとんど普及していない．

●成人教育とアンドラゴジー　成人教育の学問体系のことをアンドラゴジー（andragogy［成人教育学］）というが，アメリカの成人教育学者ノールズ（Knowles, M. S.）は，これを「成人の特性を生かした技術（art）と科学（science）」と定義した（Knowles 1980）．アンドラゴジーはギリシャ語で成人を意味する"aner"と指導を意味する"agogus"の合成語であり，子ども教育学を意味するペダゴジー（pedagogy）と対比的に考えられている．ペダゴジーは子どもを意味する"paid"と"agogus"の合成語だとされている．

　アンドラゴジーなる語をアメリカで最初に用いたのはリンデマン（Lindeman, E. C.）であった．彼は成人教育の目標を「生活の意味の探求」としたうえで，その特徴として次の4点をあげた（Lindeman 1926）．①教育は生活である．②非職業教育的な性格をもつ．③状況を経由するものであり，教科を経由するものではない．④成人の経験は貴重な学習資源である．そして成人教育特有の学習方法として「小集団ディスカッション法」を示した．

　リンデマンの論やデューイ（Dewey, J.）の経験主義教育学，人間性心理学などからの知見を踏まえ，アンドラゴジーの体系化をはかったのがノールズであった．彼は成人の心理的特性に注目したうえで，アンドラゴジーの特性として次の点をあげた．①人間の自己概念は成人になると，自己主導的・自己決定的（self-directing）になっていく．成人教育では，この成人の心理的特性を踏まえた学習支援法（自己決定学習［self-directed learning］）を援用していくとよい．②成人の経験は貴重な学習資源となる．③学習へのレディネス（準備状態）は，社会的役割や社会的発達課題を達成しようとするところから生じることが多い．④学習成果の応用はより即時的であり，問題解決的なカリキュラムが組まれることが多い．⑤学習への動機づけは，自己実現など内面的なものであることが多い．ノールズはこれらの視点を，成人教育の教材づくりの柱に組み込んでいった．

　アンドラゴジー論に対してはいくつかの疑念も提示された．例えばこれは学習

論なのか教育論なのかという疑念や，高齢者には高齢者の学習者特性があり高齢者教育学であるジェロゴジー（gerogogy）をも構想すべきだといった批判などである．しかし成人教育の理論と実践を包括する学問体系を示したのは，ノールズのアンドラゴジー論以外にはほとんどないともいえる．

●**意識変容の学習**　ノールズのアンドラゴジー論以降に注目された成人教育論の一つは，成人学習者の意識変容をねらったものであり，変容的学習（transformative learning）と呼ばれる．メジロー（Mezirow, J.）は，成人の経験を支える前提や信念を批判的に省察する学習論を提起した（赤尾 2004）．そこで疑念視されるのは，それまで習慣化してきた準拠枠や意味パースペクティブであり，彼は，それらを対話や討議によって変容させていく成人教育のすじみちを示そうとした．またクラントン（Cranton, P.）は，他者決定学習から自己決定学習を経て相互決定学習に向かう流れを追い，それぞれの段階における教育者の役割を論じた（Cranton 1992）．

意識変容の学習で重要となるのが，自己意識の基盤への批判的省察（critical reflection）であるが，この点を専門職者の省察的実践へと結びつけたのがショーン（Schön, D. A.）であった（Schön 1983）．彼は熟練者のわざに内在する，新奇な状況にも無意識的かつ効果的に対応する能力を，「行為のなかの省察」（reflection in action），つまり行為しつつ同時に思考する力ととらえ，その育成のすじみちを探った．

●**成人学習**　1997 年のユネスコのハンブルク成人教育会議あたりを皮切りに，21 世紀になると，成人教育から成人学習（adult learning）への比重の移行がうかがわれるようになる．その一つの理由は，学習というパースペクティブを通してこそ見えてくる成人教育の実相があるという点であり，その代表的な論としてレイヴ（Lave, J.）とウェンガー（Wenger, E.）らが唱える「状況的学習」（situated learning）をあげることができる（Lave & Wenger 1991）．この論では学習を教育とは独立した営みととらえたうえで，学習を社会的な実践共同体（community of practice）への参加としてとらえる．学習によって教育概念の見直しがはかられることになり，そこにおける教育者の役割は，学習が生起しうる実践共同体を設営することになる．学習する組織（learning organization）論や身体知（embodied learning）論なども同様に，成人学習論から展開された論だといえる．

一方エンゲストローム（Engeström, Y.）は，その拡張的学習論（expansive learning）あるいは活動理論において，社会的実践共同体への参加や協働活動を通して，人々の集団が発達していく成人学習論を示した（Engeström 訳書，1999）．そこには成人学習を，個人的次元のものから集団やネットワークへの変容・拡張としてとらえる視点がある．成人教育から成人学習への比重の移行，そこには「学習による教育概念の再構築」の視座があるといえよう．　　　［堀 薫夫］

成人学習論

☞「成人教育」p. 506

　成人学習論は学校や職場，地域で展開される成人の多様な学習や実践をとらえることを目的とする．メリアム（Merriam, S. B.）らによれば，成人学習論は行動主義，人間中心主義，認知主義，社会的学習論，構成主義に分けられる（Merriam et al. 2006, pp. 295-296）．このうち構成主義は心理学的構成主義と社会的構成主義に大別され（De Corte 訳書，2013, pp. 48-50），近年の成人学習論の理論的背景となっている．

●成人学習論の二つの軸──「省察」と「実践」　心理学的構成主義の流れに位置づけられるのが，経験学習や意識変容の学習，省察的実践に関する議論である．これらの理論では，経験や実践への意味づけを示す「省察」に基づく知識生成の過程を重視する．例えばコルブ（Kolb, D. A.）の経験学習の議論は，日常的な経験が知識に変換される過程を，「具体的経験」「反省的観察」「抽象的概念化」「能動的実験」のサイクルとして明示している（Kolb 1984）．

　近年の学習理論を代表する意識変容の学習論は，メジロー（Mezirow, J. 訳書，2012）やブルックフィールド（Brookfield 1987）の議論を嚆矢とする．これらの議論では，批判的省察を通じた「意味パースペクティブ」（経験や出来事への意味づけの方法を条件づける思考の枠組み）の変容を学習ととらえる．また「省察」を専門家のもつ知識と結びつけたのが，ショーン（Schön, D. A.）の省察的実践論である．ショーンは，科学的理論や技術を実践に適用する道具的な問題解決である「技術的合理性」に，実践の複雑な状況のもと新たな理論構築を行う「行為の中の省察」を対置し，専門家の「実践のわざ」を描こうとしている（Schön 訳書，2007）．

　これらの議論が個人の内面の知識構成や価値観の変化に焦点を当てるのに対し，状況的学習や実践コミュニティ，拡張的学習などの社会的構成主義に基づく学習論は，学習の生じる文脈や学習者間の相互作用に焦点を当て，「実践」を学習と結びつける点に特徴がある．例えば，状況的学習論は，人間の行為や思考，感情，価値観が，社会的実践の場に文化的・歴史的に埋め込まれていると考える．レイヴとウェンガー（Lave, J. & Wenger, E. 訳書，1993）による正統的周辺参加論は，この好例である．この理論は，新参者が正統性を認めた実践コミュニティに関わるなかで，そのコミュニティに埋め込まれた暗黙的な知識や技能を徐々に身につけ，アイデンティティを変容させる過程に注目し，参加という行為を学習としてとらえている．

　この理論と社会的学習論を結びつけた認知的徒弟制の議論では，さまざまな文

脈で初学者が熟達者から学ぶ「モデリング」「コーチング」「足場かけ」「フェーディング」の過程が示されている（Collins, et al. 1989）．また実践コミュニティの議論は，組織経営や知識経営の領域で注目を集めている．実践コミュニティは，特定のテーマに関する問題関心や熱意を共有しその分野の知識や技能を持続的な相互交流を通じて深める集団を指し，問題を定義する「領域」と，領域に関心をもつ人々の「コミュニティ」，特定の領域で物事を進めるための社会的に定義された一連の方法である「実践」により構成される（Wenger et al. 訳書，2002）．

　文化・歴史活動理論は，文化的・歴史的な背景をもつ実践について，人々の協働に基づく社会的な「活動システム」を分析対象とし，新たな実践のデザインを示そうとする考え方である．活動システムは「主体」「対象」「コミュニティ」の相互関係と，この三者を媒介する「ツール」「ルール」「分業」という3要素で構成される（Engeström 訳書，1999）．この理論に基づく，エンゲストローム（Engeström, Y.）の拡張的学習の議論は，実践に関わる人々が，実践における矛盾を起点とし文脈自体を問い直し，新たな問題や課題を発見する過程を重視する．

●成人学習論の展開　国内では成人学習論の紹介に加え（赤尾編 2004；三輪 2009；立田ほか 2011），実際の学習や実践の分析も展開されている．例えば経験学習論や状況的学習論に基づく職場学習の研究（松尾 2011；中原 2010），拡張的学習論による学校や地域の実践分析と介入研究（山住 2004；杉万編 2006），省察的実践論や実践コミュニティ論に基づく専門職養成の研究（日本社会教育学会編 2009）などがある．

　同時に，「省察」や「実践」の概念の再検討を含む，成人学習論の理論的な展開もみられる．成人学習へのナラティブ・アプローチはこの好例である．このアプローチは，語りを通じた「省察」により出来事や経験の意味づけがなされ，社会のさまざまな物語に影響されるかたちでアイデンティティが形成されると考え，成人学習の各理論を結びつけようとする志向性をもつ（Rossiter & Clark 2007；Rossiter & Clark eds. 訳書，2012）．身体や脳，スピリチュアリティに注目する議論も，学習へのホリスティック・アプローチとして注目される（Merriam ed. 訳書，2010）．このように成人学習論は，フォーマルな学習環境における定型的な知識の獲得から，日常的な場面における相互作用に基づくインフォーマルな学習へと理論の幅を広げつつある．　　　　　　　　　　　　　　　［荻野亮吾］

📖 さらに詳しく知るための文献
赤尾勝己編，2004，『生涯学習理論を学ぶ人のために』世界思想社．
Merriam, S. B. and Caffarella, R. S., 1999, *Learning in Adulthood: A Comprehensive Guide*, 2nd ed., Jossey-Bass（＝2005，立田慶裕・三輪建二監訳『成人期の学習─理論と実践』鳳書房）．
立田慶裕ほか，2011，『生涯学習の理論─新たなパースペクティブ』福村出版．

社会教育

☞「成人教育」p. 506「地域づくりと学習」p. 512

　1872年以後，政府は，学制のもと学校教育の普及とともに，「通俗教育」として民衆教育の推進をはかってきたが，「社会教育」の語も民間を中心に明治期の初めからみられ，1919年に文部省普通学務局に通俗教育を所管する第四課の設置後，官庁用語としても広がりを見せた．学校以外の社会における教育を意味するだけでなく，教育の社会化などを示す概念としても用いられてきた．1949年の「社会教育法」では，学校教育以外の組織的教育活動と定義づけられている．

●**社会教育の特色**　「社会教育」は，日本で独自に歴史的に形成された語で，導入された欧米モデルの学校と現実社会のギャップから，社会における教育作用に着目して，社会の改良を目指したり，学校教育の閉鎖性の是正をはかろうとしたりするもので，社会事業が広がると，その教化的側面を担うようになる．成人教育もその範疇で扱われるが，欧米のそれが成人学校や大学拡張など学校モデルの性格が濃いのに比べ，団体活動なども含み範囲が広く，学校外の青少年教育も包み込む概念である．第二次世界大戦後は，社会教育の本質として，住民の自己教育（住民自らが主体的に担う教育）が掲げられ，社会教育行政は，社会教育施設の設置等の条件整備を主として，その支援にあたるものと考えられている．

●**社会教育施設**　社会教育を目的とした施設として，公民館，図書館，博物館，青少年教育施設，生涯学習センターなどがあげられる．これらは，公の性質をもち，国公立以外は原則的には法人が設置するものとなっている．社会教育施設は，施設設備を意識した概念であり，住民の自由な利用をはかるものであるが，同時に教育事業を主催するなど教育機関として位置づけられている．公的な教育事業は，教育機関が行うのが原則であり，通常教育委員会が所管している．

　公民館は，1946年以後広まり，身近な地域で学習機会を提供している．大多数は市町村立館である．地域の集会所などが公民館の名を用いていることもあるが，「社会教育法」上は公民館類似施設であるものが多い．公立館であっても，分館などでは職員が置かれず住民組織で運営しているものがある．

　図書館には，学校図書館，大学図書館，専門図書館などがあるが，社会教育施設としての図書館は，一般に開かれた公共図書館であり，通常司書が配置されている．館数としては公立館が多く，私立館は少ない．1950年の「図書館法」によって，公立図書館では，入館料その他資料の利用は無料であることが明記された．英米では，19世紀半ばにこの原則が確立している．

　社会教育施設としての博物館は，資料を一般に公開し，教育活動とそのための調査研究を行う施設で，1951年制定の「博物館法」によって，学芸員の配置な

ど一定の条件を備えて登録されたものである．公立館と並んで私立館も多い．それ以外の施設でも，同様の機能を果たすものは，博物館相当施設として扱われる．

青少年教育施設は，青少年の教育活動を進める施設で，指導職員を置くのが普通である．青少年交流の家や青少年自然の家など野外に設置されているものも多いが，地域にあって青少年センターと呼ばれているものも少なくない．ユースホステルなどにも同様の機能がみられるが，行政上は旅行宿泊施設である．

生涯学習センターは，1970年代以後生涯学習政策のもとで設置されるようになった．公民館が市町村のものであるのに対し，都道府県では社会教育センターを設置しているところがあったが，これを改称したものもある．1990年の「生涯学習の振興のための施策の推進体制等の整備に関する法律」によって，都道府県が生涯学習の情報提供，調査研究，学習方法の開発，指導者養成，学習機会の提供などを行うことが定められたことが，影響している．市町村でも生涯学習センターを名乗る施設をもつところもある．

●**社会教育の構造的転換**　1965年のユネスコにおける生涯教育の提起は，教育改革のアイデアとして，青少年教育と成人教育，学校教育と学校外教育，一般教育と職業教育の統合を促すもので，教育概念の拡大をもたらすものであった．日本では，社会教育のように広範な教育を包含する概念の存在によって，生涯教育と社会教育を重ねてとらえる傾向もみられたが，社会教育行政の扱うものに限定して社会教育を考えるところもあり，より広い教育を意味するものとして，生涯教育を社会教育に代わる語として用いる自治体もあった．1980年代の臨時教育審議会では，多くの省庁が関係するものとして生涯学習の語を用い，自治体でも首長部局も関わって生涯学習の名で政策を展開するところが増えてきた．男女共同参画センターやコミュニティセンターなど首長部局の施設の機能も無視できない．「小さな政府」論とも関連した教育の民営化やNPOの拡大もあって，従来の公的社会教育や社会教育関係団体を中心とした社会教育の構造は転換期にあるが，人権，環境，防災などに関わる社会教育の公共性が強く意識されている．

●**コミュニティ教育**　暮らしの場である地域づくりの学習と実践に取り組む社会教育は，地域の再生と住民の自治能力の向上に重要な役割を演じ，教育全体の基盤づくりにも力を発揮している．開発途上国でも地域での教育活動が重視され，学校型が主流であった欧米の成人教育でも，青少年活動をも組み込んで生活課題に取り組む教育活動が，コミュニティ教育として広がりを見せている．

[上杉孝實]

📖 さらに詳しく知るための文献

日本社会教育学会編，2004，『講座・現代社会教育の理論』全3巻，東洋館出版社．
上杉孝實，2011，『生涯学習・社会教育の歴史的展開』松籟社．

地域づくりと学習

☞「地域と学校の関係」p. 518
「社会運動と成人学習」p. 534

　地域づくりは，文脈によってさまざまな意味で使われる．最も包括的には，地域の状態を好ましい方向に変えていく過程の総称である．そこには，具体的な地域課題の解決，新しい文化・産業などの創造，コミュニティ形成などが含まれる．類似の用語として，まちづくり，まちおこし，村おこしなどがある．地域づくりには住民の主体的な参加が不可欠であり，その過程で必然的に学習が発生する（Hamilton　訳書, 2003）．

●**歴史的な経緯**　戦後の日本では，公民館における共同学習（少人数のグループによる話合いを中心とした学習方法論［矢口 2012]）などを中心として，地域の生活課題の改善を目指した学習が各地で行われた．

　高度経済成長期の 1960～1970 年代初頭には，政府や企業が推進する急激な地域開発や工業化から地域生活を守るため，学習活動に支えられた住民運動が各地で沸き起こった．信濃生産大学をはじめとする農民大学運動，沼津・三島地区石油コンビナート進出阻止に代表されるような，学習活動とリンクした公害反対運動などが有名である．これらの住民運動と学習との関係を実証的に分析したものとして，松原編著（1977）がある．

　その後，住民運動の停滞期を経て，1980 年代あるいは遅くとも 1990 年代以降は，NPO などの活動を含む市民活動やそれらのネットワーク，行政や企業を含む協働・パートナーシップの活動が広がって現在に至る．

　このように，住民が主体となった地域づくりは，政府・企業主導の地域開発・都市開発への抵抗を通して地域生活を守るための運動から，政府・企業をはじめとする多様な機関・団体との連携によって新しい地域の仕組みをつくる活動へと，その性格を大きく変貌させてきたとみることができる．

●**現代の地域づくりと学習**　現代における地域づくりと学習との関係は，次のようにとらえることができる．

　第一に，地域づくりのための学習活動である．ここでは特に，地域の内発性が重視される．つまり，住民自らの動機・発想・合意形成を大切にし，地域に内在する（ローカルな）資源や知識を生かすことである．これらをグローバルな動向と融合させ，地域課題の解決や新たな文化・産業の創造につなげるための学習活動が必要となる．内発的発展（鶴見・川田編 1989）の一形態と位置づけることができる．このような性格をもった地域づくりのための学習活動は，地域学（地元学）と呼ばれることがある（廣瀬 2006）．

　第二に，地域づくりを通した学習である．それは，活動の経験から知識や技術

を吸収することにとどまらず，活動成果からの反作用（喜び，反省，外部からの評価など）や，他者との相互作用（協力，葛藤など）に基づく省察を繰り返すことが，住民自身の世界観やアイデンティティの獲得につながるということでもある（田中 2011，p.130）．このような意識変容の学習や自己形成も，地域づくりにおける重要な学習過程といえる．

　以上のように，地域づくりに関わる学習は，その成功を目指して行われる学習活動と，結果として発生する学習という両面からとらえることができる．こうして学習の契機を多様に提供することから，地域づくりの活動は「地域の教育力の新しい形態」とみることもできる（住岡 2007）．

　地域づくりと学習との関係について，多くの事例分析の結果をまとめた総合的な研究成果として佐藤編（2015），鈴木ほか（2000-2012）などがある．3年間にわたる特定地域の実験的プロジェクトの結果をもとに，自我論や人格論を組み込みながら，コミュニティ論と学習論を融合させることを試みた個性的な研究成果として，牧野（2014）がある．

●**地域づくりと学校教育**　学校教育における学習も地域づくりと関係が深い．近年では，アクティブ・ラーニング，サービス・ラーニング，シティズンシップ教育などのなかで地域貢献活動を取り入れる傾向があり，児童・生徒・学生が授業の一環として地域づくりに関わる機会が増えている．そのような経験を通して，地域づくりに貢献する大人として育つことが期待されている．

　一方，それらの授業に協力する地域住民も，活動を通して学び成長するという効果を得ることが多い．このようなことから，地域と学校との関係は「学校を支援する地域社会」のみならず，「地域活性化の拠点としての学校」という枠組でとらえることも必要となっている．

　教育社会学においては，1980年前後に地域と教育との関係についての議論や研究が活発に行われ，地域教育計画や地域教育のシステム化など多様な提案が打ち出された（鐘ヶ江 1982）．それらは，学校教育と社会教育を含む地域全体の教育力の向上策を提案しており，地域活性化を志向する視点を提示したものもある．

　学校と地域社会，そして学校教育と社会教育の間には，今後ますます緊密な連携が求められる．それに伴い，地域づくりと教育活動の相乗効果が高まっていくことが期待される（項目「地域と学校の関係」参照）．　　　　　　　　　　［田中雅文］

📖 さらに詳しく知るための文献

佐藤一子編，2015，『地域学習の創造—地域再生への学びを拓く』東京大学出版会．

鈴木敏正ほか，2000-2012，『叢書 地域をつくる学び』 I ～XII，北樹出版．

牧野 篤，2014，『生きることとしての学び—2010年代・自生する地域コミュニティと共変化する人々』東京大学出版会．

高齢者の学習

☞「成人教育」p. 506「成人学習論」p. 508「地域づくりと学習」p. 512

　高齢者を対象とした学習や教育の実践は，日本では公民館や福祉センターなどでの高齢者大学などで進められていることが多いが，そうした名称を伴わない生涯学習や社会教育の場でも，実態として参加者の多くが高齢者である場合も多い．高齢者の旅と学習をつなげたエルダーホステル（Elderhostel）やインターネット上の高齢者コミュニティであるシニアネット（SeniorNet）など，高齢者向けのユニークな学習活動もある．急激な人口高齢化の波のなかでは，高齢者学習に関する教育社会学のあり方を展望することが求められているといえる．

●**人口高齢化をめぐる問題**　2017年9月現在，日本全体の高齢者（65歳以上）の比率は27.7%で，75歳以上の比率は13.8%であった．平均寿命は男性81.0歳，女性87.1歳で，高齢者率・平均寿命ともども世界のトップクラスである．人口高齢化の原因の一つは，いわゆる「団塊世代」（1947〜49年生まれ）の高齢化にある．また今日では，いわゆる「健康な」高齢者が8割に達しているとも指摘されており，高齢者の社会参加・社会貢献や生涯学習の推進がうたわれている．他方，ケアや介護を要する高齢者の問題や認知症の問題など，深刻な高齢者問題も忘れてはならない．

●**高齢者福祉と高齢者教育**　「福祉」という語には，社会的弱者への保護という意味が含まれており，高齢者福祉は福祉の重要な柱である．高齢者教育という場合は，リハビリテーションの段階を越え，高齢者自身が学習によって知識習得や自己実現，社会貢献などに向かうという意味がある．高齢者への福祉と教育には，究極的目標において共通する点が多いが，そこに至るプロセスや実践のとらえ方には異なる側面がある．2000年より介護保険制度が導入されたが，そこにおいて介護予防活動が注目されるようになった．介護予防においては「健康な」高齢者も活動の対象となるし，また精神的な健康づくりという意味で，学習や教育を介護予防活動ととらえる動向も出てきている．

●**エイジングと教育老年学**　生物的完成体に達した生体が，その後に経験する比較的規則的な変化をエイジング（aging）と呼ぶ．このプロセスは，最終的には老いや死に収斂していく．エイジングという語には加齢や老化，高齢化という意味があるが，他方で熟成や発酵という比較的ポジティブな含意をも有している．

　このエイジングと社会老年学とが合体した学問が教育老年学（educational gerontology）である．1970年代初頭にアメリカのマクラスキー（McClusky, H. Y.）やピーターソン（Peterson, D. A.）らによって提唱された（Sherron & Lumsden eds. 1990）．そこには教育や学習を通してエイジングのポジティブな

側面を引き出していくという方向性がある．高齢者の特性を生かした学習支援論を高齢者教育学（gerogogy）というが，教育老年学は，高齢者への学習支援を軸としつつも，一般市民対象のエイジング教育，高齢者やエイジングに関わる支援者への専門職教育などをも含む，より包括的な体系である（堀編 2012）．

●**高齢者特有の教育的ニーズ**　高齢者に対する学習支援において重要となるのが，高齢学習者の特性を生かすという視点である（堀編 2012）．マクラスキーは，高齢者には次のような高齢者特有の教育的ニーズがあると説いた．①対処的ニーズ：高齢者が社会生活を営んでいく基盤となるニーズで，読書算，健康，経済，法，居住環境，家族関係などへの学習が想定されている．②表現的ニーズ：活動そのものに内在する喜びへのニーズ．③貢献的ニーズ：他者や社会に貢献することへのニーズ．④影響的ニーズ：自分の生活環境に影響を与えたいというニーズ．⑤超越的ニーズ：高齢期の生の有限性を乗り越えたいというニーズで，芸術や歴史などより悠久なものを志向することにつながる．また過去を振り返ることへのニーズも注目され，回想法やライフ・レビューの実践へとつながっていった．他方，退職や子離れにより切断された人間関係を再構築するという学習ニーズも表面化してくるとされている．

●**高齢者大学の取組み**　日本ではこれまで，高齢者大学（老人大学）という名称の，高齢者学習の場が幅広く展開されてきた．高齢者大学の実践は，1954 年に小林文成らによって長野県伊那市の光久寺に開設された楽生学園が最初だとされている．その後 1960 年代より，文部省（当時）による高齢者学級，高齢者教室の開設補助が進められ，公民館などで地域に根ざした高齢者教育の機会が拡充されていく．1990 年前後には，旧文部省系列の長寿学園と旧厚生省系列の明るい長寿社会推進機構の老人大学という，都道府県レベルの広域的な高齢者大学が組織化されていく．しかし 21 世紀に入り，行財政改革や民間活力の導入，市町村への委譲などにより，これらの高齢者大学は廃止や規模縮小に向けられていく．

　高齢者大学では，健康づくりや文学，歴史，芸術，陶芸など，多様なプログラムが組まれている．当該地域内に在住する高齢者を対象に 1 年制で講座が組まれることが多いが，多様な形態のものもある．例えば兵庫県加古川市にあるいなみ野学園は，4 万 4000 m² の敷地内に高齢者大学専用の施設を有する 4 年制の高齢者大学で，2 年制の大学院をも有している．大阪市中央区に位置する NPO 法人大阪府高齢者大学校は，高齢者自身が運営に携わり，地域や年齢による制限を取り払い，45 の本科コースなどを擁している．

　欧米ではこうした実践は「第三期の大学」と呼ばれることが多い（堀編 2006；Findsen & Formosa 2011）．正規の大学にシニア層を招き入れるフランス型のものと，高齢者自身のセルフ・ヘルプ・グループによって展開されるイギリス型のものなどがある．
　　　　　　　　　　　　　　　　　　　　　　　　　　　　　　　　　　　［堀　薫夫］

大学と地域

　高等教育機関と地域の関係については，戦前期には官立の専門学校のなかで地域向けの大学開放事業を行っていた機関があったという指摘はあるものの（山本 2008），大学は大学令にあるように，国家の目的に沿った教育研究を機能としていた．戦後においても，地方国立大学は旧帝大をモデルとし，全国もしくは国際志向的で（天野 1999a），私学もまた地域に関心を向ける必要性を感じていなかったとされていた（小松 2006）．そのため，大学と地域の関係は概して教員の個人的な貢献にとどまっていた．

●**近年の政策と動向**　しかし，近年，大学と地域の関係は変化を遂げてきた．その背景として，まず地域側の事情がある．産業構造が変容し，地域間競争が激化し，東京一極集中が進むなかで，少子高齢化・人口減少が進んでいる地域が地方を中心に多くなってきている．そのため 2005 年には「地域再生法」が施行されたが，2014 年には，日本創成会議のレポートにおいて，人口減少により，地方を中心に 896 の自治体が消滅しかねないと報じられたことから（増田編 2014），地域活性化の問題はいっそう深い関心をもたれるようになった．そういった背景から地域は立地する大学を自らの資源と考え，活性化に生かせないかと考えるようになった．一方，大学も地域の動向に無関心ではいられない状況となった．伝統的顧客である 18 歳人口が 1992 年をピークに減少しており，大学にとっては志願者をいかに集めるかが重要な課題となっている．立地地域の魅力は大学の魅力の一端とも考えられ，また地域から必要性が乏しい存在と思われるようであれば，地元からの志願者も集まらない，また教育や研究への協力も得にくくなってしまう．

　政策的にも地域活性化への大学の関与を促進するさまざまな動きが出てきている．2012 年の「大学改革実行プラン」では，「激しく変化する社会における大学の機能の再構築」という柱の方向性の一つに，「地域再生の核となる大学づくり」（COC［Center of Community］構想の推進）があげられ，2013～2014 年度には，自治体などと連携し，全学的に地域を志向した教育・研究・社会貢献を進める「地域のための大学」を支援する「地（知）の拠点整備事業」が実施され，2 年間で共同申請を含め，77 事業が採択された．

●**大学と地域の連携の現状**　文部科学省委託調査である「開かれた大学づくりに関する調査研究」の 2014 年度の調査結果を参照しつつ，大学と地域の連携の現状についてみていくと，83.8% の大学が地域内の自治体と連携している．近年の連携の特色としては，第一に連携が組織的になっていることがある．例えば，

68.4% の大学で学内に地域連携に関する専門機関・組織が設置されており，地域との話合いの場を設置している大学も過半数の 56.2% に上っている．

第二の特色としては，55.6% の大学が自治体と連携して，「地域課題の解決への取組み」を行っているが，事業内容において，教養教育的な公開講座にとどまらず，より直接的に地域の活性化を目指すものが多くなっていることがある．一例をあげると，県内の自治体と連携した滋賀大学の「地域活性化プランナー学び直し塾」では，地域ガバナンスの中核として期待される行政職員，NPO 職員などの地域政策の立案能力向上が目的とされている．

第三に，大学側が地域に貢献するという「コミュニティ・サービス」の方向から，双方が利益を得られる win-win の関係である「コミュニティ・エンゲージメント」の方向に移ってきていることがある．大学側は正規学生の教育にとってメリットを見出そうとしており，実際 83.6% の大学において，課外活動もしくは授業の一環として，学生の地域貢献活動が実施されている．例えば，「地（知）の拠点整備事業」に採択され，福祉分野などの地域支援人材を養成する山口県立大学の「桜の森アカデミー」では，正規学生と地域の社会人がグループ学習やフィールドワークなどにともに参加することを通じて，「アクティブ・ラーニング」や異世代間交流の促進がはかられている．

●**大学と地域の連携促進に向けての課題**　大学と地域の連携は進んできているが，さらなる推進に向けての課題も残されている．その第一は地域連携事業の費用負担である．費用が大学のもち出しでは持続可能なものとはならず，一方で財政難の自治体や受講者の負担が大きくなると，それらの関与は困難となる．そこで地域でどのように費用のバランスを取っていくかが問題となる．第二は地域ニーズと大学のもつ資源との結びつけである．地域側からすると，大学を活性化に向けて生かしたいとの希望はあるが，具体的にどう生かせばいいのかがわからない．一方，大学側も何をしたらいいのかといったことがある．そこで両者を結びつけるコーディネート機能をもった組織・人材が必要となる．第三には大学教員の協力の問題である．大学教員は授業や学生支援など教育上の負担のみならず，評価などに関わる事務負担も増えている．また大学教員の役割は多様化しているにもかかわらず，教員の評価は引き続き研究業績に偏っており，教員にとっても地域連携に従事することへのインセンティブが必要となっている．

[出相泰裕]

📖 **さらに詳しく知るための文献**

OECD, 1999, *The Response of Higher Education Institutions to Regional Needs*, OECD（= 2005, 相原総一郎ほか訳『地域社会に貢献する大学』玉川大学出版部）．

出相泰裕編著, 2014,『大学開放論──センター・オブ・コミュニティ（COC）としての大学』大学教育出版．

地域と学校の関係

☞「社会教育」p.510

　かつて地域と学校の関係を担う分野は，社会教育のなかの学校外教育活動として扱われ，学校教育のなかではあまり重要視されなかった．一方社会教育も成人教育が主要な課題であり，社会教育のなかでも子どもや学校に関わる活動は，あまり重要視されなかった．しかし高度経済成長以降，子どもの人間関係づくりや体験的活動の促進が大きな課題となった．このため地域に開かれた学校づくりによって，学校・子どもに生じる課題を克服しようとする政策が展開した．

●**開かれた学校づくり政策の展開**　1996年の中央教育審議会（中教審）答申「21世紀を展望した我が国の教育の在り方について」では，学校・家庭・地域の役割分担と総合的な学習の創設を提案している．「総合的な学習の時間」は，学校教育課程に属するものではあるが，地域に子どもたちが出て調べ活動等をする内容が含まれており，学校・教師が地域の素材や人材を意識する大きな要因となった．

　また1996年の中教審答申のなかでは，「学校ボランティア」と称する活動概念が提起された．後に「学校支援ボランティア」の用語に統一されたが，文部科学省の「学校支援地域本部事業」など，地域住民が学校に関わり教育活動を支援することが，地域と学校の連携政策の基本事業になった．

　1998年の中央教育審議会答申「今後の地方教育行政の在り方について」では，地域に開かれた学校づくりを推進するため，学校評議員制度の導入を答申した．学校評議員制度を通じて，「保護者・地域住民の意向を把握・反映しながらその協力を得る」ことが目的である．学校評議員制度は2000年から施行された．

　2004年の中央教育審議会答申「今後の学校の管理運営の在り方について」では，学校運営協議会による保護者・地域住民の学校運営への参画が推奨された．

●**社会教育側からの学校支援政策の展開**　2006年には「教育基本法」が改正されたが，第13条には，「学校，家庭及び地域住民等の相互の連携協力」の項目が盛り込まれた．また第10条には，「保護者に対する学習の機会及び情報の提供その他の家庭教育を支援するために必要な施策を講じる」ことが求められている．

　これを受けて2008年の「改正社会教育法」では，「学校，家庭及び地域住民その他の関係者相互間の連携及び協力の促進に資することとなるよう努める」ことが新たに追加された．また学校が地域と連携した活動を行う場合には，学校の求めに応じて社会教育主事が学校教育への助言を行えるようにした．社会教育主事は，学校と地域とが連携した活動のコーディネーターの役割を期待されている．

　2007年の中央教育審議会答申「次代を担う自立した青少年の育成に向けて」は，青少年の直接体験が少なく体力が低下し，生活習慣も乱れているという現実

を指摘した．この青少年の現実に対応するため，「学校や企業，地域社会が家庭での自立への基盤づくりを支援する」ことを求めた．このことは，家庭教育を家庭だけに任せておくことが困難な状況になっていることを示唆している．

2011年から文部科学省は，「学校・家庭・地域の連携推進事業」を開始し，「学校支援地域本部」「放課後子ども教室」「家庭教育支援」「地域ぐるみの学校安全体制の整備」を主要な事業活動としている．これらの一つひとつの事業は統合されて，やがてコミュニティ・スクール事業に収斂されていく．

●学校支援のコミュニティ・スクール政策への展開　2015年3月にコミュニティ・スクールの推進等に関する調査研究協力者会議の報告書「コミュニティ・スクールを核とした地域とともにある学校づくりの一層の推進に向けて」が報告された．このなかでは，コミュニティ・スクールの目的として，子どもを中心に据えて地域が参画するという理念が改めて提起された．この報告書を受けて，中教審答申が出された．

2015年の中央教育審議会答申「新しい時代の教育や地方創生の実現に向けた学校と地域の連携・協働の在り方と今後の推進方策について」では，「すべての公立学校がコミュニティ・スクールを目指すべき」であるとして，地域学校協働活動を事実上の努力義務とした．これを推進するために，地域学校協働本部を設置し，そこに地域コーディネーターを配置することを提言している．

2015年には，別の中央教育審議会答申「チームとしての学校の在り方と今後の改善方策について」が答申された．本答申では多様な教育活動を展開するためにも，個々の教員の力が発揮できるためにもチームとしての集団的な教育力が求められた．そのため，学校内外の教師・スクールソーシャルワーカーらの専門家が連携するとともに，学校と家庭・地域の連携の必要性が改めて強調された．

2016年には，コミュニティ・スクール政策のために，文部科学省は「"次世代の学校・地域"創生プラン――学校と地域の一体改革による地域創生」施策を打ち出した．このなかには，コミュニティ・スクール推進員を配置すること，学校と地域の連携を担うことができる教職員研修の充実化などが盛り込まれている．

かつて地域に開かれた学校づくりが大きな課題となったが，近年の政策的な展開を見ると，学校も地域と協働化しつつ，保護者・地域住民は学校を支援するという互恵的な関係に発展している．地域と学校の連携は，どちらかの利害を追究するものではなく，子どもの多面的な発達条件を広げるために行うものである．そのために学校は地域社会の核になることが求められている．　　　　　［玉井康之］

📖 さらに詳しく知るための文献

田中雅文・廣瀬隆人編，2013，『ボランティア活動をデザインする』学文社．
佐藤晴雄，2016，『コミュニティ・スクール――「地域とともにある学校づくり」の実現のために』エイデル研究所．

子どもの生活空間

☞「遊び」p.248「居場所」p.250

　生活空間とは個人の生活行動が展開する場であり，その行動目的に応じて意味づけられた特徴的な性格を表している．しかし生活行動は実際には他者との関係性，つまり生活関係との関わりにおいて実践される．生活空間は他者の存在を本質的に含んでいるのである．したがって個人の生活空間は生活行動と生活関係との関連性からとらえることができる．

●**子どもの生活空間と地域生活空間**　子どもはいまだ成人への社会化過程の途上にあることから，その生活行動は他者（成人）の力によって統制された自由度の低い服従的行動と裁量性・自律性に富んだ自由度の高い自主的行動に分類することができる．また生活関係はある目的達成のために意識的に形成されるフォーマルな関係と自然発生的なインフォーマルな関係に分類することができる．これを軸に子どもの生活空間は，Ⅰ型（服従・インフォーマル），Ⅱ型（服従・フォーマル），Ⅲ型（自主・フォーマル），Ⅳ型（自主・インフォーマル）に類型化することができる．具体的にいえば，Ⅰ型＝親の自然的愛情と保護の生活のもとで親の権威に従いつつ基礎的に社会化（養育）されていく家庭生活空間，Ⅱ型＝一定の厳格な秩序のもとで，つまり権威の具現者としての教師のもとで規律遵守的行動が強制される学校生活空間，Ⅲ型＝居住地域に存在するフォーマルな組織への選択的参加とその組織のなかでの自主的行動が可能な地域生活空間，Ⅳ型＝居住地域において子どもの自由意志によるインフォーマルな関係や自主的行動が可能な地域生活空間である．Ⅲ型とⅣ型は同一の居住地域を範域とする生活空間であるが，性格を異にしている．だが，いずれの地域生活空間も子どもにとっては基本的に自主性，裁量性，選択性を特徴とする生活空間である（住田 2001）．

●**子どものフォーマルな地域生活空間**　地域には子どもの健全育成を目的としたフォーマルな組織や集団が存在する．この組織や集団への参加がフォーマルな関係を形成する（Ⅲ型）．この組織や集団には，①公的機関が主導するものと，②地域住民が主導するものとがある．①の代表的活動として子どもの安全な居場所の確保を目的に2007年に導入された文部科学省と厚生労働省による総合的な放課後対策事業「放課後子どもプラン」がある．すべての小学校区での実施を原則とし，各地の教育委員会が主導しているが，実際の運営は行政（教育・福祉），学校・福祉関係者，地域の協力者らからなる運営委員会が担い，児童指導員らの専門職員や地域の協力者が指導している．学校の授業終了後から夕方にかけて余裕教室や体育館，校庭などにおいて遊び，学習，スポーツ，文化活動など多様な活動が日常的に行われている．参加は基本的には子どもの自由であるが，放課後

の学校内での活動のために参加児童は多い．活動も基本的には子どもの自由である．しかし実際には保護者のニーズによっての参加もあり，また子どもの自主性，自由性を指導方針としつつも子どもにも，また親にも，学校生活空間（Ⅱ型）の延長（学校化）のように認識されている側面もある．児童館などもこのⅢ型に入る．②には地域住民のボランティア活動として子どもの健全育成を目的に組織された子ども会がある．地域住民や親が育成者・指導者となって活動している．子どもの参加は原則として自由である．活動は子どもの要求を取り入れつつ遊びを中心にスポーツ・レクリエーション活動，奉仕活動，文化的活動などを組み合わせて行っているが，活動頻度はそれぞれの組織によって異なり，日常的に活動している組織もあるが，行事主義的な活動しかしていない組織もある．類似的な子ども組織にボーイスカウトやガールスカウト，スポーツ少年団などがある．

●**子どものインフォーマルな地域生活空間**　このタイプ（Ⅳ型）には，①公的機関や地域住民が子どもの遊び場として一定の遊び空間を提供している場合と，②子どもたち自身が集団的遊びの場として自由に選択する遊び空間がある．①には自治体や地域団体が推進しているプレーパーク事業がある．プレーパークは「自分の責任で自由に遊ぶ」場とされ，子ども自身の創意工夫による自由な遊びを通してさまざまな体験に触れる機会を提供することを目的としている．1979年に東京都世田谷区に羽根木プレーパークが開園されて以降各地で推進されるようになった．子どもが自由に遊べるように遊び環境を整備するプレーリーダーが常駐しているところもある．プレーリーダーや地域住民のボランティアのもとで子どもは自分の興味や好奇心に従って何の制約も受けることなく自由に遊んでいる．②は子どもが仲間を自由に選択して仲間集団を形成し，集団的遊びに興じるという「子どもたちだけの世界」である．仲間とは同世代の他人であり，知識と権威に関して同等であるから，子どもの生活空間ではこのⅣ型②の地域生活空間だけが対等なヨコの関係という水平的構造をなす．ほかの生活空間はいずれも子どもの上に立つ大人との関係があり，垂直的構造をなしている．したがって仲間集団においては同世代の対等な仲間間での親密な肯定的関係を中心としつつも，その一方で仲間とはいえ他人同士であるから集団的遊びをめぐっての不和や葛藤といった否定的な関係が生じることもある．子どもの仲間集団にはあらゆる関係が内包されているのである（住田 1995）．その意味で仲間集団自体が子どもの社会生活の場なのであり，それだけに子どもの社会化に与える影響力は強い．だが，今日では子どもの仲間集団形成の機会は次第に失われてきている．　　　［住田正樹］

📖 **さらに詳しく知るための文献**
住田正樹，1995，『子どもの仲間集団の研究』九州大学出版会．
住田正樹，2001，『地域社会と教育―子どもの発達と地域社会』九州大学出版会．

フリースクール

☞「不登校」p. 562

フリースクールは，学校外における不登校の子どもの支援や教育の場として一般的に認知されている．だが日本のフリースクールは制度的に位置づけられておらず，その定義は明確ではない．

こうしたフリースクールをとらえるうえで，永田によるオルタナティブ教育の定義は示唆的である．それによれば，「オルタナティブ教育とはそもそも『相対的な概念』であり，その特性は刷新が必要であると想定されている伝統なり公教育なりがどのような問題性をもつととらえられているのかによって変容する」（永田 2005, p. 38）という．この定義からすれば，公教育の外にあるフリースクールも実体的に定義できるものではなく，それを説明するには教育制度や社会との関係において表出する点を踏まえておかなければならない．

●**オルタナティブ教育の展開**　公教育の相対化という意味でのオルタナティブ教育は世界各地に存在する．その普及に寄与した教育実践の一つとして，ニイル（Neill, A. S.）によるイギリスのサマーヒル・スクール（1921 年～）の教育があげられる．永田によれば，そこでは管理や強制といった伝統的・権威主義的な教育への批判から，平等主義や民主主義，自由を原則とした教育が実践され，その後，ヨーロッパ諸国，アメリカ，日本，アジア諸国へと展開していったという（永田 1996）．その思想はどの時代・地域においても「あらゆる社会悪や権力に対峙するかたちで継承されている」と永田は指摘する（永田 1996, p. 264）．

例えば1960 年代におけるアメリカのフリースクール運動に関する研究では，その運動の契機として，1960 年のニイルの著書 *Summerhill—A Radical Approach to Child Rearing*（『人間育成の基礎』）の出版が指摘されている（岩田 2015；Miller 2002）．当時の公民権運動や対抗文化の機運のなかで，ニイルらの思想に影響を受けた人々が既存の学校教育を批判し，子どもによる自治や自由などを重視するフリースクールを設立していったという（岩田 2015；Miller 2002）．

国際比較調査によれば，今日，海外ではオルタナティブ・スクールを制度的に認め，財政的な支援を行う国や地域も少なくない（永田 2005）．ただし学校選択の導入で教育の多様性が担保される一方，全国的な標準が求められるというニュージーランドの例にあるように，オルタナティブ教育と公教育の関係に内在する葛藤も分析されている（中村 2008）．

●**日本のフリースクールと不登校問題**　日本のフリースクール運動の背景としては，1980 年代における管理主義的な学校教育や不登校（登校拒否）の問題に対する不登校の子どもとその親の運動があげられる．朝倉（1995）が詳述するよう

に，その運動では，病気としての不登校といった支配的認識に対して，主に学校教育の問題としてその再定義が試みられるとともに，不登校の子どもが安心して過ごせる学校外の居場所がつくられ，さらに子どもの主体性の重視を軸にした教育が進められた．その中心的役割を担った東京シューレでは，子どもとスタッフのミーティングで学習内容や活動が決められるなど，欧米のオルタナティブ・スクールに特徴的な自治の実践が観察できる（東京シューレ編 2000）．

つまり日本のフリースクールは不登校の子どもや親を支援する居場所であると同時に，欧米の自由教育をモデルにした教育の場という特徴を備えているといえる．この実践は特に 1990 年代以降，「不登校を選択する子ども」などの像を伴って既存の不登校認識にゆらぎを与え，そうした機運から政策面でもフリースクールに通うことを校長の裁量で出席扱いとするなどの対策が進んでいった．一方，貴戸はこの選択の言説が不登校後の階層格差への主体的な選択に結びつくリスクを指摘する（貴戸 2004, p.265）．この運動は当事者の視点に基づく不登校の新しい理解の普及に寄与したが，他方でフリースクールの不登校言説によって不可視化される当事者の現実も貴戸の批判的分析を通じて明らかにされている．

近年，学校以外の不登校児童生徒の学習の支援などを含めた「教育機会確保法」（2016 年 12 月 7 日成立）の功罪をめぐって，フリースクール関係者らによる議論が活発化しているように，フリースクールと公教育の関係が問われつつある．制度の関与によって，フリースクールに通う子どもへの教育と支援が拡充していくのか，あるいは樋田が示唆したように，不登校をめぐる「パノプティコン（一望監視システム）の脱学校化・社会的拡大」（樋田 2001, p.38）が進むのか．公教育とフリースクールの関係の行方について，これらの論点を含め，海外のオルタナティブ教育研究の成果も踏まえた分析が求められてくる．

●**フリースクールの実践の多様化**　今日，不登校が学校の問題のみならず，進路や貧困，発達障害などとの関連でも語られているように，当事者の多様な背景やニーズが顕在化している．最新のフリースクール調査は，一定数の団体で経済的な困難や精神的な障害などを抱える人々が在籍する実態を示している（藤根・橋本 2016）．また個別の現場では通信制高校やほかの支援機関との連携を通じて，さまざまな子どものニーズへの対応を試みるフリースクールも存在する．ここから推察されるのは，フリースクールの実践が不登校をめぐる諸問題と連動しながら多様化している側面である．子ども・若者の問題や制度の動きとの関係でフリースクールの実践がいかに多様に形成・変容していくのか．マクロ・ミクロレベルでの調査と分析が今後のフリースクール研究の課題である．　　　［佐川佳之］

📖 さらに詳しく知るための文献

朝倉景樹，1995，『登校拒否のエスノグラフィー』彩流社．

永田佳之，2005，『オルタナティブ教育―国際比較に見る 21 世紀の学校づくり』新評論．

在日外国人の学習

☞「多文化共生と教育」p.376
「ニューカマー」p.578 「移民・
難民に対する教育政策」p.756

　在日外国人を対象とした教育社会学研究は，国民教育をその根底に据える学校教育の排他性や抑圧構造を明らかにしてきた．日本の学校に存在するモノカルチュラルな学校文化や差異を認めない形式的平等が在日外国人の学習やアイデンティティ形成を阻害することが問題視されてきている．一方，こうした学校教育を補完する場として，あるいは学校では学ぶことのできない知識の獲得を促す場として，正規の学校（一条校）以外で行われる学習の場が在日外国人にとって重要となることも指摘されている．

●**夜間中学における学習機会の保障**　在日外国人のみならず，学習機会が制限されてきた人々の学びの場として長年にわたって機能してきたのが夜間中学である．夜間中学には地域の教育委員会を運営主体とする公立夜間中学と，民間の有志によって運営される自主夜間中学がある．公立夜間中学は，学齢期に義務教育を修了できなかった人を対象に夜間に授業を行う公的な教育機関であり，課程を卒業すると中学卒業資格が得られる．公立の夜間中学では中学卒業資格をもっている人を受け入れられないが，自主夜間中学の場合，形式的に中学は卒業したものの，実際には不登校で中学での学習を行えなかった人々も通うことができる．

　夜間中学に通う生徒たちは，時代によって変化してきている．1960年代半ばまでは戦後の混乱や経済的困窮によって長期欠席や不就学となった人や引揚者が多かったが，1970年代になると，在日朝鮮人や中国帰国者が増加する．特に，1990年代までは中高年の在日朝鮮人女性が夜間中学の生徒の大半を占めた（徐2012）．1990年以降はニューカマーと呼ばれる新来外国人が増加し，在日朝鮮人や日本人高齢者を上回るようになる．差別や貧困によって学校に通うことのできなかった人々にとって，夜間中学は読み書き能力を獲得し，自尊心を高めるための場であった．フレイレ（Freire, P.）は，読み書き能力の獲得が被抑圧者の抑圧状況を変革する手段になりうることを示唆したうえで識字教育の重要性を説いたが（Freire 訳書，1979），夜間中学はこの識字教育の理念をその根底に据えている．しかし，近年ではニューカマーの増加に伴うニーズの変化によって，生活のための日本語習得が重視される傾向にあり，識字教育の理念が変化してきているともいわれる（佐久間 2006）．夜間中学に通う人々のニーズが変化していくなかで，夜間中学における学習がどのように変わっていくのか，注視する必要がある．

●**地域学習室の役割**　在日外国人の学習の場として欠かすことのできないのが地域学習室である．その多くはボランティア団体によって運営されるか，地方自治体からの委託によって成り立っている．坪谷（2005）によれば，外国人の子ども

を対象とした学習室は，その活動内容から大きく六つに分類される．①日本語が不自由な人に対して日本語を教える「日本語指導型」，②教科学習の補習を行う「教科学習補習サポート型」，③特に高校受験に重点を置き，教科指導を行う「進学サポート型」，④勉学だけでなく，体験学習なども行いながら，居場所を提供する「居場所型」，⑤不就学の子どもを対象に学習支援を行う「不就学サポート型」，⑥母語や母文化を教える「母語教育型」である．無論，一つの学習室が複数の機能をもっている場合もある．また，大人を対象とした学習室の場合は異なる機能が付与されていることもある．

　地域学習室を対象とした研究は実践報告的なものが多いが，貴重な知見も積み重ねられつつある．例えば，地域学習室が単に学習をサポートする場として機能するだけでなく，同じ地域に住む日本人と在日外国人が交流する場となり，在日外国人と日本社会との接点を拡大する機能をもち合わせていることや，学校に適応できない子どもたちが自尊心を回復する居場所となっていること，あるいはロールモデルを獲得する場となることが明らかとなっている（坪谷 2005；矢野編著 2007；三浦 2015）．一方，運営基盤の脆弱性や学習室同士のネットワーク体制の不備，学校や行政との連携の弱さなどが問題として指摘されている（宮島・鈴木 2000）．また，中島（2007）は地域学習室における支援を暗黙裏に称賛する傾向を批判したうえで，支援にみられる日本人–外国人の権力関係を明らかにしている．学校だけでなく，地域学習室内で展開する日本人–外国人，あるいは支援者–被支援者の権力構造にも目を向ける必要がある．

●当事者たちがつくりあげる学習の場　在日外国人はただ一方的に支援されるだけの存在ではなく，自ら学習の場をつくりだす存在でもある．彼らの主体的な学習活動として，例えば，学習支援活動を行う在日外国人の若者の当事者団体や，母語・母文化の継承活動を行う在日外国人の母親たちの団体などがある（詳しくは，清水・すたんどばいみー編 2009；金 2012）．あるいは，もともとは学習の場として措定されていたわけではない教会などのエスニック施設が日本社会で生きるための知識を獲得する場として機能する場合もある（三浦 2015）．抑圧構造のなかに置かれる外国人であっても，こうした活動を通して主体性を構築し，差別や偏見に抗するための資源を獲得していく．在日外国人を一方的に支援が必要な弱者としてとらえるのではなく，彼らの主体性や能動性に目を向けることが肝要である．
　　　　　　　　　　　　　　　　　　　　　　　　　　　　　　　　［三浦綾希子］

📖 さらに詳しく知るための文献

Freire, P., 1970, *Pedagogy of the Oppressed*, Continuum（＝1979，小沢有作ほか訳『被抑圧者の教育学』亜紀書房）．

宮島 喬・太田晴雄編，2005，『外国人の子どもと日本の教育―不就学問題と多文化共生の課題』東京大学出版会．

矢野 泉編著，2007，『多文化共生と生涯学習』明石書店．

民間教育事業

☞「教育産業」p. 652「教養メディア」p. 742

　グローバル化した社会での民間教育事業を，生涯学習という観点から考察すると，学習する個人の利益と雇用創出という二つのテーマが浮かび上がる．

　日本は1970年代から1980年代にかけて大衆消費社会になり，次は知識社会（ベル［Bell, D.］）になるといわれるようになった．教育といえば主に学校教育のことであったが，1990年代から塾や習い事を含めた民間教育事業が行政関係者の間でも話題になってきた．

　環境・食糧・貧困などの問題を抱え，民族や宗教の対立，さらには格差による分断化された社会になってきた．このような状況のもと，教育に対する期待が強まってきたといえる．マクロでは持続可能な社会，ミクロの家族や個人の視点なら生活と心の安定，これらを実現するためにも教育が注目されてきた．

●**教育事業の役割**　教育事業の役割は，小中高校生までは学校教育とほぼ同じ内容と思ってよい．しかし成人を対象とした教育は少ない．大学公開講座やフィットネスクラブなどは原則として私費で通うことになる．ボランティア中心のシブヤ大学や成人向けの自治体の講座および読書会などの例外はある．

　では，なぜ私費を投じて学習やスポーツを含めた習い事をしたり，させたりするのか．二つの効用があると考えられる．一つは機能的価値，もう一つは象徴的価値である．前者は消費者に何らかの実利的なメリットを与える．子どもの学習なら学力が向上し，大人の学習なら労働力の価値が向上して経済的に安定する．健康・スポーツ系の習い事なら運動機能が向上して充実した生活を送ることが可能となる．これらのことを考えると投資である（小宮山 2000）．

　後者は，意識的に同質性の高い集団を構成して階層差を示すもので，ヴェブレン（Veblen, T.）のいう顕示的消費行動である．私費によって民間教育で手にした資格や機能は，直接目に見えない記号だが，自分の居場所（階層）を確認し，堅持するには好都合であり，心の安定に寄与する．これは明らかに消費である．

　また，民間教育事業は，経済資本・社会関係資本・文化資本といった三つの資本（ブルデュー［Bourdieu, P.］）と密接に関連している．

　音楽，美術，俳句・短歌といった教養講座で人の輪を広げ，同じ目的の人と交流することで安心感が得られる．仕事に役立つ英会話やパソコン教室は経済資本を増やす．また非認知能力である社会的および性格的（根気・意欲など）スキル向上により社会的成功の確率が高くなることを，ヘックマン（Heckman, J. J.）は指摘している．文化資本が豊かになると，非認知能力も高くなることが推測できる．社会的スキルは，公共性を重視する市民社会を形成するためにも必要である．

●産業としての民間教育事業　日本のような製造業中心の成熟社会では，新しい産業の創出が急務である．金融緩和政策や公共投資には限界があることがわかってきた．ケインズ（Keynes, J. M.）の乗数理論の有効需要増加効果に期待できない状況になってきた．持続可能な社会にするにはイノベーションが欠かせない．

　新しい産業を創出しなくてはならないが，これからは知識産業の時代（ベル）であるといわれて久しい．そのなかでも対人型のサービス業が注目されてくるであろう（大内 1999）．その一つが生涯学習と関連する民間教育産業である．個人のスキル向上や健康維持は，生涯獲得賃金を増やすのに役立つ．特に低年齢の子どもへの投資は，GDP を底上げし犯罪率を低下させて安心できる社会を築く可能性が高いことが，ヘックマン（Heckman 訳書, 2015）の研究でわかってきた．また経済のソフト化は労働過程の抑圧的性格を減じてきた（宮島・藤田編 1991）といわれているが，教育・健康産業も同様の効果を期待できる．教育事業は自律的な労働過程が多いからだ．

●日本の民間教育事業の状況　子ども向けには学習系，芸術系，スポーツ系，ダンス系，語学系などいろいろある．大人向けは教養講座と実務講座が中心である．

　ヒップホップのようなダンスは集団行動を求められる．協力することで，達成感をもてる．フィットネスクラブのダンス・ヨガ・ピラティスなどのレッスンは共生・協働性が求められる．スポーツは競争意識が強いと思われがちであるが，生涯学習を意識した民間教育事業はかなり違っている．共生と健康を考えているスポーツといってもよい．今まで民間が行ってきた大人から幼児向けの事業は，家庭による私費負担が大きい．このような事業は GDP の底上げに役立つが，家計だけに頼ると格差社会が拡大する可能性がある．また特に幼児から青年期にかけての教育投資は安定した市民社会を築くことになる．これを私費だけで行うのは難しい．低所得者も民間教育を受けることができるようなシステムづくりが急がれる．限定した税金の投入なら，それほど国や自治体の負担にはならないであろう．仮に負担になったとしても，10 年，20 年先のことを考えると，より安定した安心できる社会になることは確実である．なぜなら貧困に近い人々が先ほど示したような習い事に参加できれば，労働生産性はよくなり全体の GDP が向上し，税収が増えることになるからである．さらに生活保護率や犯罪率も下がるので，税の支出を抑えることになる．このような視点から，民間教育事業の，さらなる具体的な研究が，教育社会学には求められている．　　　　［小宮山博仁］

📖 **さらに詳しく知るための文献**

Bourdieu, P., 1979, *La Distinction*, Éditions de Minuit（＝1990, 石井洋二郎訳『ディスタンクシオン』藤原書店）.

Veblen, T., 1899, *The Theory of Leisure Class*, The Macmillan Company（＝2015, 高 哲男訳『有閑階級の理論』講談社）.

成人のコンピテンシー

☞「教育の国際比較分析」p. 178
「職業能力開発」p. 530

　経済協力開発機構（OECD）は，21世紀の教育に必要な能力が何かを探る国際会議を欧米22か国の参加を得て実施した（1999〜2002年）．この会議「コンピテンシーの定義と選択」プロジェクト（DeSeCo: Definition and Selection of Competencies）は，1990年代に各国企業が求めた総合的人間力（コンピテンシー）の共通性を探る目的で，学力や能力の概念を国際的に整理，統合，定義し直し，学力調査や成人教育の国際調査の基本概念としての，「キー・コンピテンシー」を提言する試みであった．その成果が『キー・コンピテンシー』（Rychen & Salganik 訳書，2006）としてまとめられた（図1）．その共通の能力は同時に各国の共通の教育目標として抽出され，OECDが進めていた新たな能力の国際調査の指標の参考ともされた．

●**国際成人力とコンピテンシーの高度化**　さらに DeSeCo の理論的概念とそれまでの国際調査を基礎に，1990年代から2000年代にかけて，OECDは読解力や数的思考力，ITを活用した問題解決力を含むコンピテンシーを尺度に組み込んだ国際教育調査を次々と展開した．小中学生を対象としたTIMMS（国際数学・理科教育動向調査，1995年〜），15歳を対象としたPISA（生徒の学習到達度調査，2000年〜），小学4年生を対象としたPIRLS（国際読解力調査，2001年〜）など学校の児童・生徒を対象とした調査には30か国以上が参加し，その後も増大している．特に，PISAはその後の定期的な実施と参加国の増大を受けて，21世

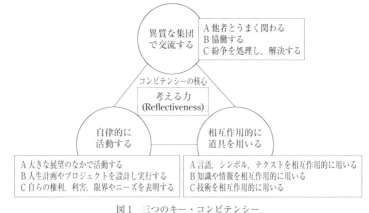

図1　三つのキー・コンピテンシー
（出典　立田慶裕，2014，『キー・コンピテンシーの実践』明石書店，p.40）

紀に必要な高度なコンピテンシー尺度をその内容に組み込んでいる．

　他方，1990年代から実施された国際成人リテラシー調査（IALS）や「成人のリテラシーとライフスキル調査」（ALLS）を参考にして，PISA調査を受けた16歳以降の人々のコンピテンシーの測定を目指して計画されたのが国際成人力調査（PIAAC：Programme for the International Assessment of Adult Competencies）である．

　この調査では，成人のコンピテンシーとしてリテラシー，ニューメラシー，IT環境下での問題解決能力が定義され，測定された．リテラシー（読解力）とは，「社会に参加し，自らの目標を達成し，自らの知識と可能性を発展させるために，書かれたテキストを理解し，評価し，利用し，これに取り組む能力」と定義されている．単なる読み書きの尺度だけではなく，テキストを理解し，評価し，利用し，取り組む力を含めており，従来よりも高度な力の測定を行っている．また，ニューメラシー（数的思考力）とは，「成人の生活の一定の状況で求められる数学的な需要に関わり，その需要に応えるために，数学的な情報や考え方に接近し，利用し，解釈し，伝える力である」．IT環境下での問題解決能力とは，「情報を獲得して評価し，他者と対話し実践的な問題を解決するために，デジタル技術やコミュニケーションツール，ネットワークを用いること」である．私たちが挑戦を試み何らかの障害により，自分の目標を達成できないような状況にある場合，「問題がある」という．その解決のため，現在の状況を理解し，問題を発見し，問題を分析し，その性質を知り，小さな問題の解決から満足できる状況を生み出していく．テクノロジーによるその解決能力がこの力である．

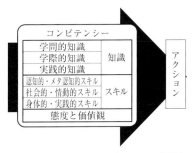

図2　グローバル・コンピテンスの基礎となるコンピテンシー概念
（出典　OECD 2016より作成）

　さらに，2009年以降のPISA調査では，メタ認知学習やデジタルリテラシーが含まれることとなった．2018年以降には，メタ認知的スキルを含めたグローバル・コンピテンスの測定が予定されている（図2）．　　　　［立田慶裕］

📖 さらに詳しく知るための文献

Rychen, D.S. and Salganik, L.H. et al., 2003, *Key Competencies for a Successful Life and a Well-Functioning Society*, Hogrefe & Huber Publishers（＝2006，立田慶裕監訳『キー・コンピテンシー——国際標準の学力をめざして』明石書店）．

国立教育政策研究所内国際成人力研究会編，2012，『成人力とは何か——OECD「国際成人力調査」の背景』明石書店．

OECD, 2016, "Global competency for an inclusive world".

職業能力開発

☞「高校からのトランジション」p. 404「ライフヒストリーとキャリア形成」p. 442「大学教育のカリキュラム」p. 478「高等教育と職業人養成」p. 482「企業が求める学生像」p. 494「成人のコンピテンシー」p. 528「非正規雇用」p. 606

　仕事に役立つ技能や知識を身につけるために行う学習活動を職業能力開発という．職業能力開発は，職業に就くことで生活を維持できるという点で個人にとって必要であるとともに，個人が能力を発揮して生産性をあげることができるという点で社会の発展にも重要な役割を果たしている．本項目では主に日本社会における職業能力開発について述べる．

　日本では内部労働市場が発達し，労働者の職業能力開発は主に企業内における教育訓練によってまかなわれてきたため，一部の職業高校や専門職養成を目的とする高等教育機関を除く学校教育機関では，職業訓練にあまり力を入れてこなかった．企業が行う職業能力開発は一般に「企業内訓練」と呼ばれる．他方で，国や地方自治体などの公的機関が行う職業能力開発は「公共職業訓練」と呼ばれる．近年，前者の優勢に陰りがみられ後者の発展が期待されている．

●企業内訓練　企業内訓練は，企業が従業員に対して行う職業訓練で，OJT（On the Job Training）と Off-JT（Off the Job Training）に分けることができる．前者は，実際の業務に従事しながら先輩や上司の指導を受けつつ仕事のやり方を身につける過程であり，後者は業務を離れて研修や講習会などの形式によって職業能力を高める過程である．

　大企業ブルーカラー職の観察によると，日本の企業内訓練の特徴は，入社後の短い Off-JT を経た後に受ける「幅広い OJT」にある．すなわち，同じ職場内の複数の工程に従事することで，問題（例：機械の故障）や変化（例：多品種生産）に対応できる熟練を習得できる（知的熟練）．小池（2005, pp. 27-57）によれば，これこそが日本企業の競争力の源泉となっている．この「幅広い OJT」はホワイトカラー職にもみられる．ただし，それは人事，営業，経理，生産とあらゆる職能を経験するのではなく，一職能（例：営業）のなかで幅広い経験を積む，あるいは主職能＋副職能（例：営業 12 年，人事 3 年）の範囲で経験を積む形式が，費用対効果が高いとされる（小池 2005, pp. 59-82）．

　従来は，正社員として入社すれば企業内訓練が組織的に用意されていた．しかし，経営環境が厳しくなるにつれて，企業は教育訓練を効率的に行い成果に結びつけることをいっそう要請されるようになる．したがって，「企業の責任」において従業員全員の「底上げ」を目的に行う企業内訓練から，「事業所・事業部主導」の「選抜教育」に切り替え，さらに教育を外部化する方向性へと企業の方針が変化しつつある（田中・大木編 2005, p. 120）．そうした変化により，労働者個人が自らの職業能力開発を意識せざるを得なくなった．そのため「自己啓発」が重

要であると主張されるが，個人の意思と努力に依存する自己啓発には限界があるため，組織的な職業能力開発（公共職業訓練）が必要となってくる．

●**公共職業訓練**　企業内訓練は費用がかかるため，長期勤続を期待されない非正規雇用者に対しては正規雇用者ほどには企業内訓練が実施されない．ところが，過去30年余にわたり雇用労働者に占める非正規雇用者の占める比率は一貫して増大している（総務省「労働力調査」）．職業能力開発を企業に委ねることができる労働者はますます減少している．ここにおいて，公的機関による職業能力開発（公共職業訓練）の重要度が高まってくる．

公共職業訓練の歴史は「職業訓練法」（1958年）にまでさかのぼることができ，当初は失業者訓練のために制度化がなされた（田中・大木編 2005, p.28）．法律の改正を何度か経て学卒者訓練，在職者訓練と次第にその対象範囲が広まってきた．現在は，「職業能力開発促進法」（1985年）に基づき，国が設置する職業能力開発大学校（ポリテクカレッジ）が地域ブロックごとに10校設置され，職業能力開発促進センター（ポリテクセンター）が各都道府県に一つ以上設置されている．それらのほかに地方自治体が設置する職業能力開発校がある．これらの施設で行われる訓練課程は機械系，電気・電子系，化学系などのような工業技術に関するものから，経理・財務などの事務系の内容まで幅広い．しかしながら，文部科学省が管轄する学校とは異なるため，国民の公共職業訓練に対する認知度は一般に高いとはいえない．ただし，ひとたび公共職業訓練を受講した人は，その訓練を高く評価している（田中・大木編 2005, p.32）．また，学卒者訓練と在職者訓練に対して企業は一定の評価を与えている（木村 2007, pp.256-257）．

●**生涯学習としての職業能力開発**　企業内教育に投下する資源が制約されて企業が行う職業能力開発は縮小傾向にあることに加えて，情報化・知識社会化に伴う産業構造の変化や技術発展によって知識・技術の陳腐化が進む速度が速くなったために，OJT中心の企業内教育では立ち行かなくなってきている．また，学校教育においても，職業を意識したカリキュラムが要請されるようになってきたことに加えて，専門職を中心に外部の教育機関による「学び直し」が求められている．国際機関においても職業能力開発の充実がうたわれている（OECD 2010a）．生涯学習としての職業能力開発がますます重要性を帯びてきており，さらなる研究の進展が期待される．　　　　　　　　　　　　　　　　　　　　　　　［阿形健司］

　さらに詳しく知るための文献

小池和男，2005，『仕事の経済学』第3版，東洋経済新報社．
労働政策研究・研修機構編，2007，『日本の職業能力開発と教育訓練基盤の整備』プロジェクト研究シリーズ6，労働政策研究・研修機構．
田中萬年・大木栄一編，2005，『働く人の「学習」論─生涯職業能力開発論』学文社．

ノンフォーマル教育

☞「脱学校論」p.116「教育実践と隠れたカリキュラム」p.354

　ノンフォーマル教育（non-formal education：NFE）とは，正規の学校教育の枠外で，特定の目的をもって，組織的に行われる教育活動を指す．いつでも・どこでも・誰でも・多様な方法で学習を可能とする生涯学習の概念と重複し，最近は用語として使われることが少ない．しかし，国際機関では頻繁に扱われ，諸外国ではNFEの部局や実践が多数存在し，日本国内ではオルタナティブ・スクールとして注目されることから，今もNFEは必要不可欠な研究用語である．なお，インフォーマル学習は，経験の結果として知識や技能を習得する偶発的な学習を指す．

●**ノンフォーマル教育の概念**　1950年代末から始まったNFE概念の議論は，クームス（Coombs, P.）の著書により広く注目され，1980年代まで続いた．その当時，工業化が進む先進国と独立後の発展途上国のいずれにおいても，教育が社会の不平等を是正せず，むしろ拡大しているという不満が高まっていた．批判の矛先は，非効率な学校教育に向けられ，代わりに非政府組織（NGO）による学校運営や教員研修による改善が求められた．これが国際開発援助の領域で高く評価され，途上国の教育制度の不備を補完するため導入された．もう一つの動きは，ヨーロッパ生まれの近代教育制度を根本的に批判する，脱学校論や被抑圧者の教育学などであった．学校教育制度は必ず一定数の落伍者を生み出し，彼らを序列の下位に位置づけると批判し，文脈に即した多様な形態をもつ徒弟制や家庭教師，民衆教育などで不平等の解消を目指す別様の教育を重視した．ロジャーズ（Rogers, A.）は，これらの議論を踏まえ，NFE概念によって，教育が制度化された学校教育の範囲に収まるとは限らないこと，教育は状況やニーズによって柔軟につくっていけることを示した．

　NFEは「非正規」または「非定型的」な教育としてとらえられ，その度合いによって分析されることが多い．しかし，図1のように縦軸を設けて正規か否かを区分すると，正規の学校で行われる定型的教育を示す第Ⅱ象限以外は，すべてNFEととらえることができる．つまり，柔軟な教育実践はⅠ，制度外にありながら近代学校に

図1　公式性と形式性に基づくNFEの位置づけ
（出典　丸山・太田 2013, p.41 より筆者作成）

準じた教育はⅢ，制度外で柔軟な教育はⅣに属する．具体的には，日本の学校教育に関する研究はⅡを扱うことが多く，学校における参加型学習はⅠ，民族学校・国際学校はⅢ，徒弟制・学習サークル・自主夜間中学・通過儀礼などはⅣとなる．

●**国内外の実態と可能性**　途上国に対する国際協力の分野ではNFEは学校の代替・補完を目的とすることが多い．主にNGOやコミュニティが主催する識字教室や職業訓練などは，教育を受ける機会がない人々の学習ニーズを満たすことを目指した，「万人のための教育」運動で期待が寄せられた．学校以外でも，NFEは保健衛生，環境，ジェンダー，人権，平和などの課題へのアプローチを下支えし，災害や紛争などへの対応ができる．国際機関はNFEの役割を重視しつつ，実質的な意義に注目している．2015年末に国際合意された「持続可能な開発目標」は，途上国および先進国の両者が持続可能な社会の構築を目指すことを示し，多様な学習としてNFEを含めている．

　タイ，バングラデシュ，カンボジア，パキスタン，ベトナムなどのアジア諸国のほか，旧ソ連圏やヨーロッパの一部ではNFEを扱う政府部門がある．東南アジアではコミュニティ学習センター（CLC）でのNFE実践が多くみられる．CLCは，1998年にユネスコ・バンコク事務所が若者と成人のための基礎識字と生涯学習の機会を提供するために設置したもので，日本の公民館と同等とされることが多いが，設置者や機能は国によって多様である．

　北欧の民衆教育は，19世紀の宗教的運動や民衆運動から始まり，民主主義や市民の役割について学習がなされてきた．イギリスやスウェーデンなどでみられる学習サークルや討論グループは人生を豊かにする目的で，基本的に教師という立場を置かず，教材や内容を定め学習活動を行う．市民が講師になり公共施設を使って希望者の要望に応える，コース化されたドイツのフォルクス・ホッホ・シューレや，入試や単位認定試験もない寄宿制学校であるデンマークのフォルケホイスコーレも，NFEの代表である．それらは，ヨーロッパ社会で今日増加している移民や難民にも教育機会を提供している．

　日本など東アジアの生徒の高学力は学校以外の教育が影響していると言われ，近年増加する学習塾の研究以外に，家庭環境や隠れたカリキュラムなども，NFEの視点からとらえ直すことが可能である．さらに日本の場合，フリースクール，学童保育・活動，日本語教室，老年学としてもNFEは研究展開の可能性を提供する．　　　　　　　　　　　　　　　　　　　　　　　　　　　　　　　［丸山英樹］

📖 **さらに詳しく知るための文献**

Coombs, P., 1968, *The World Educational Crisis*, Oxford University Press（＝1969，池田　進ほか訳『現代教育への挑戦』日本生産性本部）．

丸山英樹・太田美幸編，2013，『ノンフォーマル教育の可能性』新評論．

Rogers, A., 2004, *Non-Formal Education: Flexible Schooling or Participatory Education?*, Kluwer.

社会運動と成人学習

☞「地域づくりと学習」p. 512

　ユネスコで生涯教育部門の責任者を務めたジェルピ（Gelpi, E.）は，著書『生涯教育—抑圧と解放の弁証法』において「生涯教育は，生産性の向上や従属の強化のためにとり入れられ，結果的に既成秩序の強化の具と終わる危険を内包している．だが反面，それとは異なった道を選択することによって，労働や余暇のなかや社会生活や愛情に支えられた家庭生活のなかで，人々を抑圧しているものに対する闘争に関わっていく力ともなりうる」と述べたうえで，「生涯教育は政治的に中立ではない．このことは，生涯教育を考察していくうえで，あらゆる意味での出発点である」と主張している（Gelpi 1983, pp. 16-17）．不利な立場におかれてきた人々の教育・学習活動はこれまで世界中いたるところで展開され，社会変革の原動力となってきた．その多くは，社会運動と深く結びついた「民衆教育」（popular education）である．

●民衆教育とラディカル成人教育の思想　　ハミルトン（Hamilton 訳書，2003）によれば，民衆教育とは民衆が自覚的な政治主体となることを促す社会的な行動であり，民衆自身のなかに社会変革の原動力が潜在的に備わっていることを強調するグラムシ（Gramsci, A.）の対抗ヘゲモニー概念と親和性が高い．社会の支配層がヘゲモニー的な構造を通して伝達する知識や価値に抵抗し，「全体社会が知識伝達を通して民衆を統制する」メカニズムを，民衆自身による知識の再発見と再構築を通じて「民衆の側から地域を通して全体社会に影響を及ぼす」メカニズムに転換させることによって，社会の仕組みを抜本的に変えていこうとする実践である．

　狭義の民衆教育は，『被抑圧者の教育学』で名高いフレイレ（Freire, P.）の影響を受けて 1960 年代以降のラテンアメリカで展開されてきた教育実践を指すが，19 世紀半ばのデンマークで農民運動や協同組合運動とともに民衆文化の復興を支えたフォルケホイスコーレ運動，20 世紀初頭のスウェーデンで労働運動と深く結びついて発展した学習サークル運動，アメリカの公民権運動を支援したハイランダー民衆学校なども，民衆教育の考え方につながるものである．日本においても，1950〜1960 年代に民衆文化の創造によって抑圧からの解放を志向する学習文化運動が興隆し，「社会教育は大衆運動の教育的側面である」とする枚方テーゼ（1963 年）をはじめとして社会教育の枠を越えて多様な運動と結びつく学習の重要性が叫ばれ，住民運動に内包された教育的価値や，住民運動を住民の学習過程としてとらえることの意義が提示されてきた（藤岡 1977；高口 1977）．

　教育を社会変革の手段とみなし，人々の社会的行動を積極的に促すものとする

考え方は,「ラディカル成人教育」とも呼ばれる (Lovett et al. 1983). イライアスとメリアム (Elias & Merriam 1980) は,それを代表するものとしてフレイレの教育思想をあげている. フレイレは,被抑圧者が学習を通じて自らの生活を形づくる社会的・文化的現実を認識し,自らがその現実を変える力をもっていることに気づくことを,「意識化」(conscientization) として概念化した (Freire 1968, 1970a).

●**学習の場としての「新しい社会運動」**　社会運動と学習の関係は,時代とともに変化している. 労働運動を中心とするかつての社会運動は,運動の内部に民衆のエンパワーメントと民主化推進のための成人教育を組織してきたが,平和運動,フェミニズム運動,環境保護運動などの「新しい社会運動」では,主流社会とは異なる価値観のもとに集う人々がそれを共有し認知し合うこと,その過程を通じて集合的なアイデンティティを形成し集合行為を生み出すことが重視され,抑圧に対峙しながら新たな価値観を探究していくなかで,参加者の世界観や自己認識が刷新され連帯意識も育まれることになる. こうしたことを踏まえてウェルトン (Welton 1993) は,「新しい社会運動」は学習の場そのものであるという見方を示している. ジェッソンとニューマン (Jesson & Newman 2004) も同様に,社会変革を目指すソーシャル・アクションへの参加自体を学習とみなし,それを「ラディカル・アクション学習」(learning radical action) と呼ぶ.

　ソーシャル・アクションにおいては,陳述書を書く,歴史を調べる,組織を運営する,世論を調べるといった具体的な活動を通して常にインシデンタルな学習が行われているが,活動に含まれる学習の効用が認識されると,組織化されたノンフォーマルな学習活動が展開されるようになり,さらにそうした活動が知識人とつながりをもつ場合には,大学での講義のテーマとして取り上げられるなどフォーマル教育において実践されることもある. また,社会運動の国際的なネットワーク化が進むなかで,民衆教育運動の国際的連帯も徐々に形成されつつある. 世界中の NGO や社会運動団体が結集して 2001 年から開催されてきた「世界社会フォーラム」(WSF) においては,ローカルな教育・学習活動の実践を報告し合うフォーラムが継続的に設けられ,「もう一つの世界」を可能にするための教育のあり方について地域的な課題と実践に基づく議論が重ねられている.

[太田美幸]

📖 さらに詳しく知るための文献

Lovett, T. et al., 1983, *Adult Education and Community Action: Adult Education and Popular Social Movement*, Croom Helm.

Hamilton, E., 1992, *Adult Education for Community Development*, Greenwood Press (= 2003, 田中雅文ほか訳『成人教育は社会を変える』玉川大学出版部).

第8章

教育問題

［編集担当：北澤 毅・山田哲也］

概説：教育問題への社会学的アプローチ
………………………………………………… 538
逸 脱 ……………………………………… 544
非行・少年犯罪 ………………………… 548
少年矯正 ………………………………… 550
医療化と発達障害 ……………………… 552
子どもの自殺 …………………………… 554
学力問題 ………………………………… 556
いじめ …………………………………… 560
不登校 …………………………………… 562
ひきこもり ……………………………… 566
中途退学 ………………………………… 568

ライフコースの脱標準化 ……………… 570
体 罰 ……………………………………… 572
人権問題 ………………………………… 574
学級崩壊 ………………………………… 576
ニューカマー …………………………… 578
セクシュアリティと教育 ……………… 580
学校安全 ………………………………… 582
教師の燃え尽き ………………………… 584
早期教育熱 ……………………………… 586
子どもの虐待 …………………………… 588
貧困と子育て・教育 …………………… 590
少子化問題 ……………………………… 592

概説：教育問題への社会学的アプローチ

　社会理論の構想や学史の探究と同様に，さまざまな社会問題の実体やその背景の解明を目指す調査研究は，社会学が取り組む主要な活動の一翼を担っている（岸ほか 2016）．こうした主張は多くの社会学者が同意するところであろう．

　絶えざる変化をその特徴とする近代以降の社会においては，これまでは存在しなかったさまざまな問題が，自然などの外的な要因ではなく，ほかならぬ人間の社会的な活動の派生物として生じることが常態となる．

　しかも，そこで「問題」とされることがらに対する人々の意味づけは一様ではない．時には意見の相違をめぐる激しい対立が生じてしまう場合さえある．さらにやっかいなことには，問題が人々の分類に関わって生起する場合には，そこで分類に用いられる観念とそれが指し示す対象となる人々との間に相互作用が生じてしまう．なぜなら，自然科学とは異なり，社会科学の対象となる人々は，自らに対してなされる分類に反応できるからである．

　例えば「児童虐待」や「自閉症」といった人の分類に関わる概念は，当初その概念を考案した専門家だけでなく，その概念が指し示す対象を含む他の人々も使用することが可能である．そこでは研究で用いられる概念と，その対象となる人々や彼らの営む社会生活が相互に構成しあうループ効果（Hacking 1995）が認められるのである．

　社会問題について論じる難しさの一つはこの点に起因する．自らが所属する社会に内在した視座から，社会的な営みが生み出すさまざまな「問題」を探究する諸研究は，自己言及性に起因する難題を何らかのかたちで処理しなければならない．

●**社会問題に対する研究上のアプローチ**――**実体論と構成論**　いうまでもないことだが，社会問題が「問題」であるということは，それが「解決を要する事態である」ということを前提としている．そこでは，どうすれば解決できるのかが重要な問いとして浮上するが，解決策をめぐっては，大別して二つの立場がある．

　一つは，実体論（原因論）の立場である．この立場では，問題となる事態がそこに存在しているのだから，その事態を軽減・解消するために，何らかの対策を講じるべきだと考える．この場合，解決されるべき問題は，まさに私たちの社会に深刻な事態として実在しており，その問題をもたらす原因を探究し，原因の除去を目指した何らかの対応策が必要であるということになる．この立場を取る研究の典型例としては，統計学を基盤とする手法を用いて因果の結び付きを推計し，問題をもたらす要因を把握するモデルの提示・検証を試みる計量的な社会調査，あるいはランダム化比較実験（RCT）に代表される実験的な手法や，複数の調

査・実験結果を照らし合わせるメタ分析を用いた効果検証の試みがあげられる．

第二に，構成論の立場がある．この立場は実体論（原因論）の対極に位置づけられるアプローチで，代表的なものとしては構築主義の社会問題論がある．スペクター（Specter, M.）とキッセ（Kitsuse, J. I.）らは，ラベリング理論の批判的乗り越えを目指して，「社会問題は，なんらかの想定された状態について苦情を述べ，クレイムを申し立てる個人やグループの活動である」（Specter & Kitsuse 訳書, 1990, p. 119）という独特の社会問題の定義を表明している．

彼らの定義の要点はいくつか存在するが，まずは実体論（原因論）との相違を明確にするために強調しておきたいことがある．それは，構築主義的研究においては，クレイムメイキング活動の対象となる「社会問題」は，実在するかどうかが問われないということである．つまり，原因論が因果の連関に着目し，実在する問題に影響を与える諸要因を探究するのに対し，構成論では「実在性」をひとまず括弧に入れ，あることがらが問題化される活動に着目する．

構成論の立場を取る研究では，なぜあることがらが社会的な解決を要する問題とされるのか（されないのか）をめぐる問い，すなわち，何かが「問題である」という判断はいかにして可能かという問いが探究すべき主要な問いとして浮上する．そこでは，社会問題が「問題」とされる過程には経路依存性があることを認めつつ，同時に別様の意味づけ（すなわち問題化）の可能性が常に存在すること，ある特定の〈問題-解決〉の組合せを選択することが，別様の〈問題-解決〉の筋道を不可視化してしまうことの問題性に対する自覚がある．

政策を立案・評価する，あるいは解決に向けた実践を構想・実施する局面においては，因果の連関を問う原因論的なアプローチが多大な力を発揮する．他方で，構成論の立場は，そもそも何が問題とみなされているのかを問い直す作業を通じて，問題とその解決の連関には複数のバリエーションがありうることを示し，社会問題をめぐる議論がよって立つ基盤の拡張に資することができる．その意味で，二つのアプローチは社会認識について対立する立場を取りつつも，相互に補完しうる関係にある．

なお，社会問題の自己言及性にどのように対処するのか，という課題に対しては，構成論の立場のほうがより自覚的であるといえよう．スペクターとキッセが提示した構築主義の社会問題論は，問題の実在性を問わないといいつつも，問題とされる社会状態の実在性判断を研究者が混入しているのではないかという「オントロジカル・ゲリマンダリング」（ontological gerrymandering：OG）問題が指摘され（Woolger & Pawluch 訳書, 2000），その後の論争を経るなかで，構築主義的な研究は実在性に関する研究者の判断を許容するコンテクスト派と，これを回避しなければならないとする厳格派に分岐することになった．

研究者が専門的な概念を外挿して現実をモデル化する姿勢を回避し，（研究者

を含む）人々がどのような方法で日常的な行為や活動を達成しているのかを記述するエスノメソドロジー・会話分析（Garfinkel 1967；Sacks et al. 訳書，2010）や，これらの研究群と接合しつつ，ハッキングの指摘する「ループ効果」を概念の使用をめぐる問題として引き取ろうとする概念分析の社会学（酒井ほか 2009）は，いずれも社会問題を研究する際に問われる自己言及性をめぐる難題に対応する試みとしてとらえることができる．オートエスノグラフィーや当事者研究，あるいはある種のアクション・リサーチも，ここまで述べてきた研究群とは異なる立場を取りつつも，社会学の自己言及性を組み込みつつ遂行される，社会問題をその対象に含む研究プロジェクトである．

●**教育問題の基本構図**　これまでは社会問題一般について述べてきた．ここでは教育問題をひとまず「教育領域で生じる社会問題」ととらえ，ほかの領域で生じる社会問題との違いについて整理してみよう．その際に導きの糸となるのは，社会学者ルーマン（Luhmann, N.）の機能分化論である．これまで述べてきた系譜とは異なるが，ルーマンもまた，社会学の自己言及性を自らの理論構想の中核に組み込んだ論者の一人である．

　ルーマンによれば，ヨーロッパをその端緒となす近代社会は，機能分化を第1次的な分化の形式とする社会である．身分の上下に基づく秩序のもとで社会が統合されていた中世とは異なり，近代社会においては政治，経済，法，学術，教育といった固有の機能を担う社会領域が分化し，特定の論理に基づくコミュニケーションが自律的に展開する（機能システムとして分出する）ようになる（Luhmann 訳書，2009，pp. 1025-1026）．

　教育システムは学校教育，とりわけ義務教育の制度化とともに分出することになった．ルーマンは，教育システムの機能を「人間の人格化」としてとらえ，伝達可能／伝達不能，より良い／より劣るという独自のコードに基づくコミュニケーションが作動するなかで，教育が独自の社会領域として一つの機能システムをなすと主張する（Luhmann 訳書，2004）．

　近代以前は日常生活に埋め込まれていた教育の営みを，制度化された学校教育が一手に引き受けるようになる．そのなかで意図的・目的的・計画的に何事かを伝達し，コミュニケーションの宛先としての「人格」をより良い方向に向けて形成する試みが自律的に展開していく．教育問題が他の社会問題とは異なる独自の意味内容を有するに至るには，ルーマンが述べるように，教育的なコミュニケーションがほかのコミュニケーションと区別され，独自のまとまりを（彼の言葉を借りればシステムを）形成する段階を待たなければならない．

　ルーマンの議論に則していえば，教育問題は，より良い「人格」をいかに形成するのかという主題のもとで生じる問題である．教育の営みが特定の目標を設定し，それがどの程度達成されたのかを評価するなかで初めて成立することからも

わかるように，教育とは価値的かつ未来志向的な，すなわち，教育を受ける前後における人格の変容に関わる概念である．そこでは，①何が「より良い」状態なのかを判断する価値や理念をめぐる問題と，②いかなることがらが伝達可能で，③それを伝えることがどのように人格を変えるのかをめぐる問題が問われることになる．そして教育問題は，ほかならぬ教育によって解決すべきことがらとして意味づけられるのである．ちなみに，ここでの「人格」は，人間の内面そのものを指し示す概念ではなく，教育的なコミュニケーションがそれに関与する人物について生み出す社会的構成物である．そこには教育の経験によって可能になる「一定の知識や技能，価値観などを身につけている（であろう）」というみなしも含まれている点に注意しなければならない．

●教育問題の諸類型　教育問題と他の社会領域で生じる問題の差異を確認したうえで，ルーマンの図式に則して教育問題を区分すると，以下のような類型化が可能となる．

　第一に，教育システムとその外部の環境との接点で生じる諸問題がある．例えば，少子高齢化や国境を越えた人の移動など，教育の対象となりうる人々に生じる変化が，これまでの教育のあり方を問い直す新しい問題ないし課題として認識される場合がある．また，義務教育制度の確立やその期限の延長など，制度化された教育の対象となる人々の範囲を画定・変更する試みは，それ自体が不就学などの派生的な問題を生み出す．いずれの場合も，そこでは教育が独自の社会領域として外部環境との境界線をいかに維持し続けるのかが問われている．多文化共生をめぐる議論，あるいはそれに対するリアクションとしての排外主義をめぐる問題に象徴されるように，教育の外部環境が変わるなかで，「誰が教育の対象になるのか」という理念をめぐるコンフリクトが生じることもありうる．そこで問われているのは，教育とその外部環境との区別をめぐる問題である．登校拒否・不登校，あるいは学校に行かない子ども（酒井 2010, 2014b）をめぐる問題も，ひとまずはこの類型に位置づけることができる．

　第二に，教育システムの内部で生じ，処理される諸問題がある．そもそも知識や技能，価値観を伝達し，それを通じて人格をより良い方向に変える試みは，その成立自体が非蓋然的な（ありそうもない）ことがらである．制度化された教育は，教職の専門職化やカリキュラムの策定などを通じて，教育の営みに付随する高度な不確実性を処理し，そこにある種の確からしさを与えてきた．しかしながら，学校社会学の先駆者，ウォーラー（Waller, W. W.）が指摘するように，そこで確立された秩序は「あぶなかしい平衡を保っている」にすぎず，学校や教師の権威は「常におびやかされている」（Waller 訳書, 1957, p.26）．

　教師-生徒関係における葛藤の高まり，学校・学級における秩序のゆらぎは制度化された学校教育に常に付随するものだが，それが一定の閾値を超えると「学

級崩壊」のように社会問題化する．校内暴力や校則の妥当性をめぐる問題も，学校における秩序形成の成否をめぐる教育問題の典型であろう．

これに対して，いじめや学力（低下）は，教育が意図したことがら（人格形成や特定の知識の習得）が，その意図どおりに帰結しなかったために教育上の問題ととらえられている．教育的なコミュニケーションの成立をめぐる問題（秩序問題）と，その帰結としての「人格」の変容をめぐる問題．それぞれ焦点化されることがらは異なるが，教育システムが作動するなかで生じ，教育を通じて解決が図られなければならないという点では，いずれもシステム内部で生じる問題といえるだろう（ただし以下に述べるように，これらの問題が他のシステムにとっても重要な問題としてとらえられることがありうる）．

第三に，外部環境に含まれる他のシステム（とりわけ機能システム）との接合面において問われる問題がある．ルーマンはシステムと環境とを区別する際に，あるシステムが，そのシステムにとっては環境に含まれる他のシステムとの間に特殊な関係を形成する場合があることを指摘し，複数のシステム間にみられる固有な相互刺激（あるいは相互依存）関係を「構造的カップリング」と呼ぶ．

教育は「〈成長途上の世代に働きかけることにより問題解決に寄与すべし〉という挑戦に答えていかなければならない」（Luhmann 訳書, 2004, pp. 186-187）．制度化された学校教育が普及・拡大すると，教育領域の外側で展開するコミュニケーションも，人格形成を通じた問題解決を教育に期待する．別ないい方をすれば，経済システムや政治システムなど，他の機能システムはその外部環境としての教育システムに特定の人格を形成するよう当てにする，ということである．知識基盤経済への対応，政治的意志決定能力をもつ主権者の育成，等々，教育システムは人格の形成を通じて他のシステムからの要請に応えることが求められる．

こうした状況で生じる教育問題は，これまで取りあげた問題とは異なる独自の様相を示す．一例をあげると，近年，いわゆるフリーターをはじめとする非典型雇用が増加するなかで，学校から職業への移行過程の長期化・複雑化が対処すべき問題とされている．このテーマは教育システムと経済システム，組織としての学校と企業との接合面で生じている問題に位置づけられる．この問題は第一の類型に位置する問題（システムないし環境の接点で生じる問題）の特殊ケースとしてとらえることもできるが，異なるシステムによって問題の性格が変わるため，独自の類型として区分したほうがよい．非典型雇用の増加という上記の例に即せば，この現象は教育問題——例えば学校における「職業的意義」（本田 2005, 2009）をめぐる問題——として論じることができるが，他方でそれは日本型雇用慣行の変化に関わる問題，すなわち経済システムにおける問題としてとらえることができる．

●**教育問題の「複合問題」化**　諸システムの接合面で生じる問題は，どのシステ

ムに準拠するかによってことがらの様相を異にする点に特徴があり，いわば「複合問題」として独自の位置を占めている．先に述べた不登校問題は，2000年代以降は離学後の進路をめぐる問題として再定義されているが，こうした問題化のあり方は，欠席現象を教育システムの境界画定に関わる問題というよりはむしろ他の諸システムとの接合関係において生じる問題としてとらえる点で，第三の類型に位置づけられる問題としてその強調点が変わりつつあることを示しているように思われる．

　第二の類型として区分した学力問題やいじめ問題も，教育システムが産出する人格特性が他のシステムにとっても重要なものとみなされた場合には，その成否が経済や法などの他の機能システムとの接合面で生じる問題としてとらえ直される．

　学校教育の制度化が進むとともに，教育を受ける対象として想定される人生段階が子ども期を越えて拡張され，さらには学校外でも多様なアクターによってさまざまな学習機会が提供される状況，すなわち生涯教育・生涯学習社会が到来・進展していくと，教育（あるいは自己教育としての学習）の成果が，他の社会システムにとってより重要なものとして受けとめられる傾向が顕著になる．こうした今日的な状況において生じる教育問題は，諸システムにとって別様な意味づけをなされる「複合問題」としての性格をこれまで以上に強めているといえよう．

　また，高度成長期に形成され，その後の安定成長期に定着・普及した「戦後日本型循環モデル」（本田 2014）がポストバブル期に破綻を迎え，教育・家族・仕事という異なる社会領域をいかに再編していくかがいま問われていることも，日本に固有な文脈として，教育問題の「複合問題」化の背景をなしている点にも留意する必要がある．

　教育問題の「複合問題」化は教育万能神話，すなわち「すべては教育（の失敗）によって生み出される，それゆえ，すべての問題は教育（の成功）によって解決しうる，という発想」（広田 2003, p. 219）の浸透と密接に関連している．教育問題について語る際に，こうした発想といかにして距離を取り，教育と他の社会領域との接合関係を検討することができるのだろうか．教育問題について論じる際に，こうした議論を可能にする問いを導出することが，「複合問題」化が進展し，さらには教育と諸システムとの接合関係のあり方の問い直しが進む今日的な状況においてはいっそう重要な課題となっている．　　　　　　　［北澤　毅・山田哲也］

📖 さらに詳しく知るための文献

Luhmann, N., 2002, *Das Erziehungssystem der Gesellschaft*, Suhrkamp（＝2004, 村上淳一訳『社会の教育システム』東京大学出版会）.

Spector, M. and Kitsuse, J. I., 1977, *Constructing Social Problems*, Cummings Publishing（＝1990, 村上直之ほか訳『社会問題の構築——ラベリング理論をこえて』マルジュ社）.

平 英美・中川伸俊編, 2000,『構築主義の社会学——論争と議論のエスノグラフィー』世界思想社.

逸　脱

「教育言説」p.126「相互作用論」p.128「構築主義」p.130「非行・少年犯罪」p.548「医療化と発達障害」p.552

　逸脱とは何かという問いに答えるために，犯罪との比較から議論を始めたい．犯罪とは刑法違反行為であり，窃盗，強盗，殺人などがその典型例である．それに対し逸脱とは，法律に抵触する行為はもとより，いわゆる「普通（≒常識）」からそれた行為全般に適用可能な概念である．例えば，中学生が深夜の繁華街を歩くことは「犯罪」ではないが，中学生役割からの逸脱とみなされ，「深夜徘徊」という独特のカテゴリーが適用されるおそれがある．ここに，「犯罪」とは異なる「逸脱」の特徴を見て取ることができる．

　あるいは，100 m を 9 秒台で走る人間も「普通」からは明らかに逸脱しているが，彼らは「逸脱者」ではない．なぜなら，ある行為が「逸脱」とみなされるためには，その行為が社会的非難や否定的評価と結びつくことが決定的に重要な条件となるからだ．それゆえ，社会的非難や否定的評価と結びつく「普通」からそれた行為を「逸脱」と定義し，犯罪はもちろん非行や発達障害などをも含む包括的な概念として「逸脱」をとらえ，それら逸脱行為の理解を試みる理論の系譜と特徴を論じることにする．

●逸脱行為の原因論──生物学的原因論と社会構造原因論　実証科学としての逸脱研究の主流は原因の探究にあるが，逸脱原因を逸脱者個人のなかに求めるか社会構造に求めるかで，大きく二つの流れが存在する．

　前者の源流はロンブローゾ（Lombroso, C.）の生来性犯罪人説にある．犯罪者と通常人を明確に区別し，逸脱原因を逸脱者本人の生理的遺伝的要因に求めようとする実証研究であり，犯罪の生物学から逸脱の医療化現象（後述）まで多様な形態をとりつつ，現在に至るまで逸脱理論の主流であり続けている．

　それに対して後者の源流はデュルケム（Durkheim, É.）の犯罪理論にあり，シカゴ学派やマートン（Merton, R. K.）の緊張理論など逸脱を生み出す社会構造要因の探究に道を開き，社会学的逸脱理論の展開に絶大な影響力をもつことになる．

　ただし，デュルケム犯罪理論のなかには論理的に矛盾した命題も混在する．例えば，「われわれは，それを犯罪だから非難するのではなくて，われわれがそれを非難するから犯罪なのである」（Durkheim 訳書，1971，p.82）という命題からは，ラベリング理論から構築主義へと至る葛藤論的社会観と相互行為論的認識を読み取ることができるが（同様の議論は，Durkheim［訳書 1978, pp. 121-165］でも展開されている），他方，「指導権力は集合意識の化身そのもの」（Durkheim 訳書，1971，p.85）であると，集合意識と権力とを同一視する合意論的社会観も表明している．さらには，「刑罰の本当の機能は，共同意識にその全生命力を

保たせて，社会的凝集を無疵のままに確保しておくことである」（Durkheim 訳書，1971，p. 105）と刑罰の潜在的機能にも言及している.

つまりデュルケムは，合意論的社会観を背景に機能主義的犯罪理論（機能主義は実在論を前提としている）をもっぱら展開しているが，同時に，ラベリング理論に通じる犯罪認識も表明していたという意味で論理的矛盾を抱えていたということだ. ただし，そうであったからこそデュルケム犯罪理論が源流となって，20世紀のアメリカを中心として多様な社会学的犯罪理論が展開されたともいえる.

●**社会構造原因論の犯罪者観**　シカゴ学派は，シカゴ中心街の人種や民族が入れ替わっても，ある特定地域に犯罪が多発し続けるという傾向を見出すことで，犯罪発生を規定するのは住民の属性（人種や経済力など）ではなく地域の特性（社会構造要因）であると主張した. ここに，犯罪の社会学理論が誕生したともいえるが，この理論命題から，犯罪行動の文化学習理論が展開されることになる.

マートンは，犯罪と貧困との相関関係に着目し，金銭的成功を目標とするアメリカ的価値観を内面化しつつも，制度化された手続きによる目標達成が困難な人々（その象徴的存在としての貧困者）は相対的不満を募らせ，不満を解消し目標を達成するための手段として犯罪に及ぶと主張した. そして，犯罪を社会適応の一類型とみなし，犯罪を不適応行動ととらえ犯罪者の人間性に原因を求めるアプローチを根底から批判している（Merton 訳書，1961，pp. 121-148）.

ただし，生物学的原因論と社会構造原因論は，どちらも逸脱を実在行為ととらえる点では共通している. それに対し，逸脱行為の実在論に異議を申し立て，相互行為論的逸脱理論を展開したのがラベリング理論である.

●**ラベリング理論から構築主義へ——実在論から相互行為論へ**　ベッカー（Becker, H.）の「社会集団は，これを犯せば逸脱となるような規則をもうけ，それを特定の人びとに適用し，彼らにアウトサイダーのレッテルを貼ることによって，逸脱を生み出すのである」（Becker 訳書，1978，p. 17）という逸脱定義は，逸脱行為の実在性を否定し，社会（警察，マスメディア，世間など）の反応の仕方が逸脱を生み出すという相互行為論的認識の表明となっている. しかし，ベッカーが定式化した逸脱の4類型には実在論的認識が残存しており（規則違反行為を実在ととらえている），そうした矛盾（または混乱）を乗り越えるものとして社会問題の構築主義が登場する.

構築主義は，社会問題とはクレイム申立て活動の産物であり社会的に構築されたものであると主張することで，社会問題の実在論的認識を徹底的に批判した（Spector & Kitsuse 訳書，1990）. この「実在から構築へ」というパラダイム転換は社会問題の社会学を超えて科学社会学や歴史社会学など広範な学問領域に影響を及ぼしていく. そして，「人種，階層，ジェンダーは社会的構築物であるという考え方は，社会的ヒエラルキーは不可避のものではないことを表現する方法

となった」(Best 2007, p.53) というように，構築主義は，「客観性」を帯びた社会的事実や「正統的」歴史観を脱構築する方法としての地位を獲得することになる．

●保守的逸脱理論の復権──「社会構造」要因の拒絶　1960年代のアメリカは，公民権運動に象徴されるように，人種・民族・性などあらゆるレベルにおける少数派の権利獲得が促進されていったが，ラベリング理論が少年司法政策に影響を与えるほどの発言力をもてたのは，まさにこのような時代状況を受けての特異な現象であった（德岡 1993）．

　というのは，逸脱主体が子どもか大人かにかかわらず，基本的には，実在論と生物学的原因論（≒個人原因論）を基盤とした逸脱理論が主流を形成してきているからである．それは例えば，ラベリング理論が発言力をもった1960年代から1970年代は，「逸脱の医療化」が浸透し始めた時代でもあったということ（Conrad & Schneider 訳書，2003，pp.273-320），さらには，1970年代から1980年代の保守回帰の時代状況に呼応するかのようにラベリング理論が凋落し，それに代わってハーシィ（Hirschi, T.）の統制理論に代表される保守的犯罪理論が発言力を増したことなどに見て取ることができる．

　逸脱理論の多くは，「人はなぜ逸脱するのか」を問題としてきたが，ハーシィは，「なぜ人は逸脱しないのか」という問いを設定し，人々を逸脱させない統制力を明らかにしようとした．ここで統制力とは「ボンド」ともいい換えられるように人々を社会につなぎとめる力であるが，その力を「愛着」「コミットメント」「巻込み」「規範観念」の4タイプに分類しそれぞれの特徴を論じている．

　統制理論の主要なねらいは，マートンの緊張理論を批判的に乗り越えることにある．例えばデータ分析レベルでも，「親の階層上の地位や人種のいかんにかかわりなく，少年がもつ親へのつながりが強いほど非行を犯しにくい」（Hirschi 訳書，1995，p.111）というように，愛着欠如こそが非行の原因であり，愛着欠如は社会化の失敗によってもたらされると繰り返し論じることで社会構造への問題関心を封じようとしている．

　保守的犯罪理論としては割れ窓理論も無視できない．割れ窓理論は，日本の小学校などにも浸透している「地域安全マップづくり」の思想的基盤となっているが，割れ窓の放置は地域社会秩序に住民が無関心であることのサインであり，よって他の窓ガラスも次々と割られ秩序が崩壊するおそれがあるという仮説を立て，実験的に立証したうえで議論を展開している（Wilson & Kelling 1982）．なお「割れ窓」とは，「落書き」「浮浪者」などを意味する抽象概念である．

　割れ窓理論の特徴は，警察は犯罪者を逮捕するよりも街中を徒歩でパトロールし割れ窓を修理するなどの防犯活動を通して地域社会の秩序を回復すべしと主張するところにある．その際，「割れ窓とは何か」についての警察官の裁量余地が

大きくなり適正手続きや公正処遇を脅かすおそれがあるが，それよりも秩序回復が優先されると主張する．その意味で，制度的権力の裁量問題に批判的なラベリング理論などとは鋭く対立するが，同時に，「ある地域の窓がなぜ割られるのか」といった社会構造要因への問いにも無関心である．

●**逸脱の医療化と厳罰化──個人還元主義の支配**　日本の逸脱現象をめぐる近年の動向を理解するうえで，「少年法」の厳罰化（例えば，2001年の「少年法」改正）と逸脱の医療化（例えば，2004年の「発達障害者支援法」成立）とが同時進行的に浸透したことに着目したい．

　逸脱の医療化とは，逸脱者を病者ととらえ医療専門職に「治療」を委任することと定義されるが（Conrad & Schneider 訳書，2003，p. 55），医療化が，逸脱者本人の行為責任を免責し「治療」を志向するのに対して，厳罰化は逸脱者の行為責任を厳しく問い「懲罰」を志向している．その意味で，逸脱少年に対する統制方法としては排他的な二つの志向が同時進行しているように見えるが，ともに個人還元主義的認識を基盤としている点では共通している．それゆえ，「予防・治療」を志向する医療化思想に支えられた「非行は芽のうちに摘め」という不滅のスローガンから，芽のうちに摘むことができず悪事が現実化すれば逸脱者を厳罰に処すべきだという志向（思考）へは，「治療か厳罰か」という表層的対立を超えて容易に移行できるのである．

●**逸脱の社会学は何を問うべきか──再び，「個人から社会へ」**　デュルケムが，社会学を学問たらしめるために個人還元主義的な思考を厳しく批判したことを思い返したい（Durkheim 訳書，1978）．しかし，社会的事実としての自殺率や社会構造要因などは経験世界を超えたメタレベル世界の構築物であり，日常世界を生きる人々がリアリティを感じることは難しい．それに対し，個人としての逸脱者は経験世界において確かな手応えをもって存在しており，だからこそ逸脱を個人の資質や社会化の失敗に還元する逸脱の医療化や愛着言説は教育現場はもとより社会に受け入れられやすい．

　デュルケムが戦い続けた個人還元主義的思考は，現代社会においてますます勢いを増すばかりであるが，こうした社会動向に対して逸脱の社会学はどのように立ち向かっていけるのか，そのことが今まさに問われている．　　　　　　　　［北澤　毅］

📖 **さらに詳しく知るための文献**

Becker, H., 1963, *Outsiders: studies in the sociology of deviance*, Free Press of Glencoe（＝1978，村上直之訳『アウトサイダーズ』新泉社）．

Durkheim, É., 1893（1960），*De la division du travail social: Étude sur l'organisation des sociétés supérieures*, Presses Universitaires de France（＝1971，田原音和訳『社会分業論』青木書店）．

Hirschi, T., 1969, *Causes of Delinquency*, University of California Press（＝1995，森田洋司・清水新二監訳『非行の原因』文化書房博文社）．

非行・少年犯罪

☞「相互作用論」p.128「構築主義」p.130「矯正教育」p.278「学校文化と生徒文化」p.398「逸脱」p.544「少年矯正」p.550「階層と教育」p.604

　「少年法」の第3条では「家庭裁判所の審判に付すべき少年」として，「犯罪少年」（14歳以上20歳未満で罪を犯した少年），「触法少年」（14歳に満たないで刑罰法令に触れる行為をした少年），「虞犯少年」（将来，罪を犯し，または，刑罰法令に触れる行為をするおそれのある少年）の三つをあげている．つまり，法でいうところの非行少年とは，これらの少年の総称であり，非行とは，14歳以上20歳未満の少年による「犯罪行為」，14歳未満の少年による「触法行為」，20歳未満の少年による「虞犯」の総称である．

●非行の定義と少年司法の動向　特徴的なのは，主には次の2点である．一つは，14歳未満の者が，仮に14歳以上であれば「犯罪」と判断される行為を行ったとしても，それは「犯罪」とはならない，ということである．「犯罪」の構成要件の一つに行為の有責性があるが，14歳未満の者には責任能力がないとみなされているからである．もう一つは，成人であれば許される行為（飲酒，喫煙など）であっても，あるいは，そもそも法に触れていない行為（家出，不純異性交遊など）であったとしても，少年の場合は検挙・補導の対象となる，ということである．

　また，非行少年への処遇の目的は，非行少年を罰することにあるのではなく，非行少年の性格の矯正や環境の調整に関する保護処分を行うことにより少年の健全育成を図ることにある．このような「保護主義」を原則とする「少年法」に対しては，従来から「甘すぎる」「被害者の心情を考慮していない」等の批判があった．

　加えて，1990年代に少年によるいくつかの凄惨な事件が起き，社会不安が高まった（伊藤 2007）．このことを受け，2000年に議員立法により「改正少年法」が成立し，2001年に施行された．「改正少年法」の特徴は，端的にいえば「厳罰化」である．少年審判から検察官への送致（「逆送」）を可能とする年齢が，従来の16歳から14歳に引き下げられるとともに，16歳以上の少年が故意に被害者を死亡させた事件については，「逆送」しなければならないことが原則となった．その結果として，「改正少年法」が施行されて以降，「原則逆送」となった少年の数は大幅に上昇した（鮎川 2005）．

　このような「改正少年法」の成立の経緯は，「モラル・パニック」（徳岡 1987）の典型例であるといえよう．「青少年の凶悪化」を裏づける明確な根拠がなかった（広田 2001a）としても，犯罪報道を契機とした少年犯罪に対する人々のまなざしの変化によって，非行少年への処遇のありようが大きく左右されることにな

るのである．「保護主義」と「厳罰化」とのせめぎ合いが，今後どのように展開していくのか．このことは，社会学的に見てもきわめて重要な課題であろう．

●非行・犯罪（逸脱）の社会学理論　社会学の分野では，非行・犯罪に関する研究は，主には逸脱の社会学として発展してきた．逸脱の社会学理論は，"逸脱をもたらすものとして何に着目するのか"によって分類可能である．宝月（2004）は，逸脱の社会学理論を「社会構造に力点を置く理論」「社会的相互作用に力点を置く理論」「行為者に力点を置く理論」に分類している．

「社会構造に力点を置く理論」としては，アノミー論（Merton 訳書，1961）などがあげられる．アノミー論とは，文化的目標とそれを達成するための制度的手段とが乖離している場合に，人々は緊張状態（アノミー）に陥り，逸脱を選択しやすくなる，とする理論である．この理論により，階層によって犯罪の発生状況が異なることを説明することも可能である．"誰でも努力すれば社会的成功を収めることができる"という文化的目標が社会に広く行き渡っていたとしても，そのような目標を達成するための制度的な手段（学歴の獲得など）には階層的な偏りがあり，階層が低い者ほど緊張状態に陥りやすくなるからである．

「社会的相互作用に力点を置く理論」としては，ラベリング理論（Becker 訳書，1978）などがあげられる．ラベリング理論では，逸脱を，ある行為ないしは行為者に対する社会的反作用の結果と考える．逸脱かどうかは，周囲の反応によって決定される，というのである．こうした前提のもと，ラベリング理論では，「逸脱者」のラベルを付与する者と付与される者との相互作用に着目し，逸脱が生み出される過程に大きな関心を払う．ラベリング理論は，逸脱研究の関心を，規則をつくる側や規則を適用する側へと向けさせた．このようなラベリング理論の考えは，社会問題の構築過程に着目する社会構築主義（Spector & Kitsuse 訳書，1990）に受け継がれている．

「行為者に力点を置く理論」としては，ボンド理論（Hirschi 訳書，1995）などがある．ボンド理論では，人々と社会とをつなぐ絆（「愛着」「コミットメント」「巻込み」「規範観念」）に着目し，これらの絆が弱まったり切れたりしたときに犯罪行動は生じる，と考える．後に，ハーシ（Hirschi, T.）は，「self control」という概念のもと理論を再構築している（Gottfredson & Hirschi 1990）が，新たな理論とボンド理論との整合性を主張している（Hirschi 2004）．

［久保田真功］

📖 さらに詳しく知るための文献

鮎川 潤，1994，『少年非行の社会学』世界思想社．
北澤 毅編，2007，『非行・少年犯罪』日本図書センター．
矢島正見ほか，2004，『よくわかる犯罪社会学入門』学陽書房．

少年矯正

☞「矯正教育」p.278「非行・少年犯罪」p.548

　犯罪者や非行少年に対するフォーマルな処遇システムは，社会内処遇と施設内処遇に大別される．前者は施設に収容せずに行われる処遇，後者は広義には犯罪者・非行少年を収容する施設内で行われる処遇を指す．警察，裁判所等での処遇（処分・措置等）も，広い意味では施設内処遇といいうるが，多くの場合，施設内処遇は矯正施設における処遇という意味で用いられる．この意味における施設内処遇のシステムは，矯正とも呼ばれる．少年矯正という語は，このうち非行少年（「少年法」第3条が定める少年）を対象として，法務省所管の矯正施設である少年鑑別所や少年院でなされるものを指す場合が多い．なお，少年の処遇施設には，厚生労働省所管の施設もあり，特に少年院よりも古い来歴をもつ児童自立支援施設は，義務教育段階の少年の処遇において重要な機能を果たしている．

●**鑑別と観護処遇**　家庭裁判所に送致されてきた少年の身柄を引き続き拘束する必要のある場合，裁判所は観護措置の決定を行い，少年を少年鑑別所に収容する．観護措置には家庭裁判所調査官が関わる在宅観護と収容観護があるが，前者の運用例はほとんどなく，観護措置といえば後者を指すのが通例である．期間は原則2週間だが更新が認められており，3〜4週間とする運用が常態化している．少年鑑別所は単に身柄の拘束をするにとどまらず，面接，心理テスト，行動観察等を通じて，鑑別と観護処遇を行う点が重要である．これらを担うのは，医学，心理学，教育学，社会学等の専門的知識を有する職員である．鑑別とは，非行の要因を明らかにして処遇に資する指針を示すことであり，その結果は家庭裁判所の終局決定に大きな影響を与える．観護処遇とは，少年の健全育成を図るための働きかけである．2017年4月現在，全国に52の少年鑑別所が置かれている．

●**少年院における処遇**　少年院では「矯正教育その他の在院者の健全な育成に資する処遇」（「少年院法」第1条）を行う．少年院送致は「おおむね12歳以上の少年」を対象に家庭裁判所が少年審判で決定する保護処分の一つである．2017年4月現在，全国に52の少年院がある．在院者の特性に応じて施設ごとに固有の処遇を行う運用が，1970年代後半に整えられ（緑川 2007），現在でも施設間の多様性は大きい（緑川 2008；岡邊 2013）．2015年6月，改正「少年院法」が施行され，新たに4種類の少年院が設けられた．このうち保護処分の執行を受ける少年の送致先は3種類で，心身に著しい障害がある者は第三種（旧医療）少年院へ，心身に著しい障害がなく犯罪的傾向が進んだ者は第二種（旧特別）少年院へ，それ以外は第一種（旧初等または中等）少年院へそれぞれ収容される．また同法では，旧制度を再編し，在院者の類型ごとに矯正教育の重点や標準的な期間

を定めた「矯正教育課程」が整備された．仮退院時の在院期間（2015年）は，10〜12か月，13〜15か月がそれぞれ3割強，次いで4〜6か月が約2割である．

　少年院の矯正教育は，生活指導，職業指導，教科指導，体育指導，特別活動指導の5分野からなる．在院者は，基本的には寮での集団生活を送りながら，法務教官からこれらの教育を受ける．生活指導の中心は担任の教官によってなされる生活訓練や問題行動指導であり，面接，日記指導をはじめとする多様な方法が用いられている．近年は，薬物非行防止指導のように少年の特性に沿ったグループワーク形式の指導が重視されている．職業指導では，電気工事，情報処理等の技能の習得が目指される．教科指導は学校教育に準じた指導であり，義務教育段階の少年や，進路選択の幅を広げるための学習が必要な少年が対象となる．高等学校卒業程度認定試験を院内で受験する者もおり，2015年度は受験者566名の3割強が高卒認定合格，6割以上が一部科目合格を果たしている．特別活動指導は，役割活動（一般学校での係・委員会活動に相当），クラブ活動が中心である．

●**研究の展開**　外部研究者による少年院を対象とした研究は，緑川（2005）などの例外を除き皆無に近かったが，2000年代後半に入り，教育社会学者中心のチームによる調査がなされるようになった．広田ほか編（2012）には，このうち質的調査の成果がまとめられている．知見は多岐にわたるが，なかでも女子少年院における教官の働きかけと少年の「変容」との結びつきについて，ナラティブ・アプローチの枠組みを用いて検討した仲野の論文は，示唆に富む．リソース（語りで使用される言語資源）とプロット（リソースが配置される方向性）という術語を用いて仲野は，「『更生』へ向けた『望ましい変容』は，少年らが語るさまざまなリソースと，教官の提示する“社会化へ向けたプロット”をめぐって行われる共同作業としての語りなおしによって生じる」（仲野 2012，p. 132）と分析する．

　ゴッフマン（Goffman, E.）は外部から遮断された状態で全員が画一的に管理された生活を送る施設を全制的施設と呼び，被収容者がそこでの生活で生じる緊張を処理し，施設が求める役割から距離を取るために用いる「調整」を見出した（Goffman 訳書，1984）．都島（2013）はこの概念を援用し，少年院処遇について考察している．例えば，筋トレは健全育成を目的として院内で課されるものだが，ある出院者はこれに真面目に取り組んだ理由を，地元に戻ったあとにけんかに負けない身体をつくるためだと語ったという．少年院では，非行仲間との関係の断絶に向けた指導がなされるが，実は非行仲間との関係性を彼らが強く意識しているからこそ，教育が安定的に成立するとも解釈できるのである．今後の少年矯正を考えるうえでは，元対象者の声の丹念な検討が必須であろう．　　　　［岡邊 健］

📖 **さらに詳しく知るための文献**
広田照幸ほか編，2012，『現代日本の少年院教育—質的調査を通して』名古屋大学出版会．

医療化と発達障害

☞「構築主義」p. 130 「逸脱」p. 544

　医療化（medicalization）とは，これまで医療の対象とされてこなかった事柄が医療の問題として定義され，処理されていく過程を意味する（Conrad & Schneider 訳書, 2003）．人生において多くの人が経験する出来事（不安，ストレス，加齢，出産，月経期間，閉経，避妊，不妊など）は，医学や医療技術の発展とともに医療の問題として取り扱われるようになっている．

　発達障害もまた医療化の一事例である．2004年に制定された発達障害者支援法によれば，「発達障害」とは「自閉症，アスペルガー症候群その他の広汎性発達障害，学習障害，注意欠陥多動性障害その他これに類する脳機能の障害であってその症状が通常低年齢において発現するものとして政令で定めるもの」（発達障害者支援法第2条第1項）である．したがって発達障害児とは，いわゆるコミュニケーション能力，社会性，学習能力に何らかの問題を抱えた人たちのことである．これまで「変わった子」「勉強が苦手な子」「不器用な子」などと非医療的に解釈され，親のしつけや教員の指導力不足の問題として対処されてきた子どもは，「発達障害」のレッテルを貼られるようになった．この非医療から医療への変容は，1990年代後半から教育現場で急速に浸透した．学級崩壊をはじめとする教育問題の原因として「学習障害」（LD）や「注意欠陥多動性障害」（ADHD）の児童が注目され，そうした子どもを支援していくための制度が整備されていったからである．こうして，支援制度の制定・施行により，子どもから大人までより多くの人々が発達障害児（者）として認定され，支援の場は医療，教育，福祉，労働へと拡充された．

●医療化論　広義の医療化論は，イリイチ（Illich, I.）が医療を社会統制のための一手段とし，医療による監視や管理を強めることで，患者の能力と自立性を減少させることを痛烈に批判して以来，異議申立ての性格をもちながら成立してきた．社会学者のコンラッド（Conrad, P.）とシュナイダー（Schneider, J. W.）は，近代批判の議論を踏襲しながら，『逸脱と医療化』（Conrad & Schneider 訳書, 2003）で医療化理論を提唱した．彼らは「逸脱」が社会的に生成されるものだと考えるラベリング理論や構築主義理論に依拠し，逸脱が「病い」とみなされていくプロセスに焦点を当て，狂気，アルコール依存症，アヘン嗜癖，同性愛の事例では，医療化される対象に社会的な価値や道徳が含まれていることを批判的に検討した．病いは，医学的知識・技術の発見や進歩によってのみ定義づけられるものではなく，専門家，製薬会社，当事者やその家族などさまざまな集団のクレイム活動やその背後にある利害関係によって構築されていた．こうして医療化研究は，病いの社会的構築性や政治性を暴露してきた．

医療技術・研究のめざましい進歩（遺伝子治療，ゲノム研究）は，医療化を推し進める社会的要因や医療に対する人々の意識と態度を変容させている．現代医療における医療的行為（検査，診察，治療・療育方法）は多様化しているため，特定の専門家による権威が不在で，患者には多くの選択肢が用意されている．患者はどの医師にかかるのか，どの治療方法にするのかを選択しなければならない．個々人に医療的な管理・運用を求める社会では，自己責任論が根強く，医療実践上の問題が表面化されにくい．医療化は，個々人に自身の生や健康を管理させることを促すというかたちでの社会統制でもある（加藤 2014）．

●**教育現場における発達障害児支援**　発達障害児支援は，いじめ，不登校，学級崩壊，非行などの教育問題を未然に防ぐためのリスク管理の機能をもつようになっている．これまで見過ごされがちであった児童を救済するという意味において，発達障害児支援は望ましいこととしてとらえられがちであった．教育現場における医療化は，教室空間を統制するだけでなく，親や支援者の責任（しつけ，指導力不足）を免除・軽減するため，現場で好意的に受けとめられた．一方で，児童に発達障害のレッテルを貼ることに対してはもちろんのこと，支援することに対しても教員や当事者（親を含む）は抵抗・拒否を示した．このような葛藤はしばしばみられた．発達障害の定義は，専門家間で統一されておらず，診断や治療・療育方法に一貫性がなく，障害のレッテルを受容できない親や，診断がないまま支援を受ける児童の存在が明らかになった（木村 2015）．

　ただしこれらの問題は，支援者によってうまく管理・運用される傾向にあった．例えば，以下のような点である．①小学校の教員は診断結果ではなく，児童をいかに支援するのかということを重視した．②教員は，障害を「個性」の一つとして肯定的に解釈した．③教育現場における支援では，教育方法や障害児教育で培われてきた既存の方法が用いられていた．④医療関係者は，障害を告知する際に，親の反発を避けるために診断ではなく，児童の行動特性を得意，不得意なものとして伝えた．⑤関連組織間の軋轢を避けるために，支援者（教員，医師，言語聴覚士など）は互いの治療・療育方針を強要せず，一定の距離をとりながら連携を進めた　このように，支援者は良好な人間関係を保ちながら現場での実践を円滑に行うために，医療実践に伴う否定的な感情を別の論理に置き換えて解釈・対応することで，支援上の問題を最小限にしてきた．支援者の互いの領域に配慮しあうという戦略が良好に進めば進むほど，発達障害児支援の本質的な問題は覆い隠される傾向にあるといえよう．　　　　　　　　　　　　　　　［木村祐子］

📖 **さらに詳しく知るための文献**

Conrad, P. and Schneider, J. W., 1992, *Deviance and Medicalization: From Badness to Sickness*, Temple University Press（＝2003，進藤雄三監訳『逸脱と医療化—悪から病いへ』ミネルヴァ書房）.

木村祐子，2015，『発達障害支援の社会学—医療化と実践家の解釈』東信堂.

子どもの自殺

☞「構築主義」p.130「逸脱」p.544
「いじめ」p.560

　子どもの自殺は社会に衝撃を与える．そのため，報道などを通じて子どもの自殺が広く知られるとしばしば社会問題や教育問題になるが，自殺そのものよりもその原因となった事柄が問題とされることが多い．この前提としては，子どもが自ら死を選ぶという事態の稀少性と不可解さがあろう．2016 年の 0〜19 歳の自殺率は 10 万人あたり 2.4 人で，全年齢層の 17.3 人に比べるときわめて少ない．

●**子どもの自殺と集合感情**　子どもの自殺は社会の集合感情を侵害し，その集合感情は回復されなければならない．そのために社会は子どもの自殺を「わかりやすいストーリー」で納得しようとする．こうしたストーリーとして 1970 年代頃までは，受験や勉学によって疲弊，挫折して自殺するというものがあり，子どもの自殺の主要な「動機の語彙」となっていた．

　1970 年代末には原因のはっきりしない「不可解な自殺」が続いて報道され，子どもの自殺そのものへの関心が高まったが，「不可解さ」はわかりやすいストーリーと対極にあり，社会は納得できなかった．1980 年代には，いじめられていた子どもがそのことを遺書に記して自殺する事件が報じられるようになる．これを契機に社会問題化したいじめは，子どもの自殺の動機の語彙として主要なものとなり，子どもが自殺するとまずいじめがあったのではないかと詮索されるような状況が続いている．

　しかしこうしたストーリーやイメージとは裏腹に，自殺に関する公式統計（内閣府）によれば，2016 年の 0〜19 歳の自殺者のうち，遺書などにより原因が推定できる 483 人のなかで多いのは，学業不振（8.9%），うつ病（8.3%），入試以外の進路に関する悩み（7.7%）などであり，いじめは 1.6%（8 人）である．こうした統計を現実そのものと見るべきではないにせよ，いじめが子どもの自殺の原因として主要なものでないことは確かであろう．

●**「いじめ自殺」という「ドミナント・ストーリー」**　近年は「いじめ自殺」をはじめ，子どもの自殺が報じられると，自殺した子どもに同情，共感し，自殺の原因となった事柄や，そこに責任があるとされる人物（直接的および間接的な「加害者」）に対して道徳的な非難を向ける言説がおびただしく流通する．しかしこのような言説は，自殺した「被害者」たる子どもに過剰なまでに同一化し，「加害者」を徹底的に非難，糾弾してカタルシスを得る，問題の「消費」にすぎない．これは特に「間接的加害者」として名指しされる関係者（「いじめ自殺」においては教師や教育委員会，加害者の父母など）を疲弊させるとともに，「被害者」に近い経験をしているような子どもに，自殺による問題の「解決」や加害者への

「復讐」という方法を示唆することにもつながる.

1980年代に自殺によっていじめが問題化するまでは，子どもがいじめられて自殺するという因果関係を私たちの社会はもっていなかったといっても過言でない（間山 2002）．しかし，以後このようなストーリーが社会的に定着し，いじめと自殺についての「ドミナント・ストーリー」（支配的な語り）になった．そして当事者である，今いじめられている子どももそれを知識としてすでに知っているため，特定の「いじめ自殺」が大きく報道されると，背中を押されるように同様の自殺が続くという「連鎖」が何度も起こってきた．近年は WHO（世界保健機関）が提唱する自殺報道に関する手引き（自殺を問題解決法であるかのように扱わない，過剰に繰返し報道しない，センセーショナルに報道しない，など）の紹介や参照など，子どもの自殺の語り方についての自省もみられるようになったとはいえ，「いじめ自殺」の社会問題化がそれを誘発してしまうという皮肉な事態は1980年代以降ほとんど変わらず起こり続けている．

● 「いじめ自殺」に対する言説戦略　子どもの自殺は私たちの感情をゆさぶるが，いじめを含む他のさまざまな問題行動と同様，それを「なくす」ことはおそらく不可能であろう．しかし，防ぐことのできる自殺はあり，その方法の模索には意義があるし，そこには社会学的な知見も貢献が可能と思われる．

その一つとして，上述のように子どもの自殺を社会構築主義的にとらえる見方に立てば，「いじめ自殺」の「語り方を変える」という戦略が考えられる．「いじめられて自殺する」という支配的なストーリーがいじめの被害者にも伝わることで「いじめ自殺」が広まったのだとすれば，そのストーリーが変われば，いじめられていてもその解決法として自殺という手段をとらなくなるはずである．

これに関して伊藤（2014）は，これまでとは違って加害者側に定位して語るとか，従来は捨象されてきたいじめの側面（例えば，性的な要因や地域社会における差別など）に着目して語るなど，社会レベルで「オルタナティブな語り」によって言説を多様化することを提唱する．一方北澤（2015）は，いじめの被害者がいじめられて死にたいと苦しむ経験を，自らの力で別の自己物語に書き換える（例えば，死ねば「過去の自分・未来の自分」が悲しむ，など）ことに可能性を見出す．

いずれの「言説戦略」も現時点では思考実験的な段階にとどまってはいるが，自殺の原因としてのいじめを根絶するとか，子どもの自殺一般をなくすといったことよりも，妥当性と実現可能性のある戦略であろう．　　　　　　［伊藤茂樹］

📖 さらに詳しく知るための文献

伊藤茂樹，2014，『子どもの自殺の社会学—「いじめ自殺」はどう語られてきたのか』青土社．

北澤　毅，2015，『「いじめ自殺」の社会学—「いじめ問題」を脱構築する』世界思想社．

間山広朗，2002，「概念分析としての言説分析—「いじめ自殺」の（根絶＝解消）へ向けて」『教育社会学研究』70，pp.145-163．

学力問題

> ☞「メリトクラシー」p. 600「機会の平等・結果の平等」p. 602「階層と教育」p. 604「学歴社会における選抜」p. 614「教育機会格差の趨勢」p. 616「教育機会の男女間・地域間格差」p. 618

　学力問題は，広義には，学力に関わる社会問題化した諸現象，狭義には，21世紀初頭の文脈でのいわゆる学力低下論争を指す．前者の中心は，教育格差，学力格差問題であり，後者は，1998年に告示された，教育内容を厳選してゆとり教育をいっそう強化することを目指した学習指導要領を背景に，1999年頃から起こった児童生徒の学力低下をめぐる論争である．学力低下への危惧は，主に理数系教育に携わる高等教育関係者や受験産業界，児童生徒の学習離れを問題視する教育現場から表明された．他方，ゆとり教育推進を掲げた文部省（当時）をはじめとする教育行政やその支持者たちは，学力低下論者たちの認識と施策の提案に反対の立場を表明した．論争は広く世論を巻き込んで激化したが，学術的にみれば，児童生徒の経年的な学力低下を裏づけるデータが欠如しており，十分な実証的根拠に基づくというよりは，高等教育関係者の危機感と世論の不安が合致したことによる議論の激化であった．学力低下への不安に対して文部科学省は，「確かな学力の向上のための2002年アピール『学びのすすめ』」を公表するなど，ゆとり教育から確かな学力へと実質的な路線転換を行うに至る．これにより社会問題としての学力低下論争は次第に下火となった．

●**学力の定義**　「学力」（academic achievement）の定義は学問領域や論者によって多様だが，社会学者の定義は「なにがしかの方法で測定された学業達成」をほぼ共通項とする．この点で，望ましい学力や真の学力など規範的含意をもった教育学的定義とは異なる．かかる社会学的定義は，苅谷・志水（編 2004）の指摘するように，「能力および能力シグナルの社会的構成説」を前提とする．①能力を認識するためにはシグナルを必要とし，また，②能力とそのシグナルは歴史的・社会的な文脈のなかで構成されたものにほかならないためである．これにより，学力の実証性が担保されると同時に，学力がいかに社会的に構成されたのか（例えば新中産階級による教育目標の転換）などに関する研究領域が開かれ，また望ましい規範的学力に関する議論と学業達成に関する議論とを区別できるようになる．社会学的に定義された学力は，非認知的能力と並んで，その後の教育機会や職業機会，生活の質（QOL）を左右する人生初期における代表的な認知的能力とされる．

●**学力への社会学的接近**　学力への社会学的接近は次の3領域に大別できる．①学力の社会的構成とその変動，帰結（誰がどのように学力を定義するのかとその社会的背景，特定の学力観に基づく教育課程と方法の組織過程）．②学力の形成・獲得過程（誰が学力を獲得するのか，学力の階層差，学力形成の機構）．③学力

と社会的地位達成（いったん獲得された学力とその後の教育機会，職業機会等との関連）．このうち，②と③については経済学も関心を寄せ，また②については，心理学的な研究対象でもあった．

　社会学的研究の貢献が最も顕著なのは②学力の形成・獲得過程の解明についてであり，とりわけ教育の不平等を中心的課題とする教育社会学は，学力の社会階層間格差の測定とその説明を中心的関心事としてきた．欧米の教育社会学もこの点に最大の関心を向けてきた．しかるに日本では 2002 年まで，第二次世界大戦後のごく初期を例外として，また同和地区における教育と不平等問題を例外として，「学力」を社会学的研究の直接の対象とすることはほぼなかった．その理由の第一は，研究者が学力の測定データを手に入れることが相対的に困難であったためである．学力データを欠いていたのは，研究者のみならず日本社会全体であった．全国学力テスト（1956〜66）に対する教育界の反発から行政による学力調査はまれにしか行われなくなった．研究者にとって学力データは手の届きにくい研究資源だった．第二に，日本の教育と選抜をめぐる研究の中心は，進路選択と高等教育機会の不平等であり続けた．入学者選抜試験と進路選択を左右するはずの学力形成の過程に注目する研究は現れなかった．結果として，学力格差の測定と説明は，教育社会学の中心的テーマでありながら，未知の領域のまま置き去りにされてきた．

　日本の教育社会学者が学力調査に関わるようになったのは，2002 年あたりからのことにすぎない．先に述べた例外はあったものの，この時期以降，学力の社会学的研究がにわかに増加する（代表例として，苅谷・志水編 2004）．学力の社会学的研究の契機は，先述の学力低下論争の出現にある．社会学者もまた世論に触発されて当初は「学力は低下したか」に関心を寄せたが，徐々にその関心を学力格差へと移していった．

●**主要な学力調査**　それ以降，複数の学力調査によるデータが社会学的分析に供されてきたが，今日，国内における代表的な学力調査には以下のものがある．
①文部科学省（以下，文科省）全国学力・学習状況調査　文科省が 2007 年から全国規模で実施している代表的な学力調査．調査の主な目的は，国や教育委員会による教育施策の検証や学校での指導改善に生かすことにある．原則として小学校 6 年生と中学校 3 年生を対象とする国語と算数・数学の学力調査で，学校調査，児童生徒質問紙調査を含んでいる．2013 年には追加調査として標本抽出による保護者調査が実施され，ナショナルサンプルによる学力と家庭的背景の分析が初めて可能となった（お茶の水女子大学 2014, 2015）．今後 3 年ごとに保護者調査を実施する予定となっている．また 2017 年度より研究者に対して学術的研究を目的としたデータ貸与が開始される．わが国で唯一の全国規模の学力調査であるが，調査設計上，学力の時系列的変動を把握できない点に課題がある．

②お茶の水女子大学 JELS　同大学（耳塚寛明ほか）を中心に 2003 年以降 2006 年，2009 年に実施した「青少年期から成人期への移行についての追跡的研究」（Japan Eduation Longitudinal Study：JELS）（耳塚・牧野編 2007；耳塚 2007b）．二つの市を対象としたパネル調査であり，国語と算数・数学の学力調査のほか児童生徒質問紙調査，保護者調査等を実施している．全国標本調査ではないが，保護者調査によって得られた家庭的背景に関する豊富なデータが準備されており，また地域間比較が可能という利点がある．他方，古典的テスト理論による学力調査設計であるために，パネル調査であることを生かした分析がしにくいという欠点がある．
③慶應義塾大学パネルデータ設計・解析センター JCPS　同センターによる「日本子どもパネル調査」（Japan Child Panel Survey：JCPS）（赤林ほか編 2016）．小学校 1 年生から中学校 3 年生までの子どもと保護者を対象としたパネル調査．全国標本であり，原則として 2 年ごとに実施している．教育経済学者を中心とする調査であるため，家計要因の把握に優れるが，教育関係の変数は相対的に乏しく，また調査設計上，学校を単位とする分析はできない．

　なお国際機関による学力の国際比較が可能な調査として，経済協力開発機構（OECD）の学習到達度調査（PISA）と国際教育到達度評価学会（IEA）の国際理科・数学教育動向調査（TIMSS）がある．PISA は義務教育修了時点（日本では高校 1 年生）での読解力，数学的リテラシー，科学的リテラシーを測定しており，2000 年から 3 年ごとに実施されている．TIMSS は，小学校 4 年生と中学校 2 年生が対象で，1964 年から実施されている．2004 年末に相次いで公表された PISA と TIMSS において日本の成績が相対的に低下した可能性がみられたため，PISA ショックといわれる反響を呼び，教育政策転換を促したとされる．また，PISA のリテラシー概念は，全国学力・学習状況調査における B 問題（知識・技能を活用する力を問う）導入の契機となった．なお，両調査とも個票データが公開されており，日本でもこれを利用した学術論文が発表されている（村山 2006；須藤 2007；近藤 2012 など）．

●学力格差，教育効果に関する研究　日本における学力格差の社会学的分析の嚆矢として位置づけられるのは，苅谷・志水編『学力の社会学』（2004）である．関西調査，関東調査と名づけられた二つの大規模調査から，①父親が非大卒の児童が，学業への努力によって階層差を小さくできる可能性はあるが，父親が大卒の子どもたちは「学力の初期的優位性」をもつこと，②社会階層の代理指標を作成して 1989 年と 2001 年における学力の階層間格差を比較したところ，階層差は拡大傾向にあることなどが明らかとなった．これ以降，学力の社会階層間格差に関する研究はいくつか行われてきたが，最も示唆に富むのは，近藤（2012）であろう．近藤は社会階層を多次元的にとらえる必要性を主張し，PISA2009 データに多次元階層分析等を適用した結果，階層構造自体の変動によって学力の階層差

が変化すること，生徒の学力水準は資本の総量によって規定されるが，社会の発展とともに文化資本の影響が優位になっていくこと，学力の階層差は単純には縮小していかないことを明らかにしている．

　学力の階層差に対しては，他方でいかにして階層差を克服していけるかという関心から，いわゆる「効果的な学校」（effective school）研究に関心が集まった．日本でも Edmonds（1979b）が注目され，志水（編 2009）などの成果を生んだ．お茶の水女子大学（2015）は，学校 SES（socio-economic status）から予想される学力水準を上回る学校を「高い成果をあげている学校」と定義し，高い成果をあげている学校を対象とした質的事例研究によって学力格差を縮小させる可能性をもった取組みを抽出している．ただしわが国ではそもそも個々の学校の相違自体が小さく，そこから生じる教育効果は小さい可能性がある（川口 2011b）ことに注意すべきである．

●**学力格差研究の課題**　学力格差への社会学的接近は，わが国ではまだ緒に就いたばかりであり，研究を増やしていく点に主要な課題がある．その際，①教育経済学が先鞭をつけたパネル調査を中心とした因果関係の解明を目指す諸手法（ヘックマン［Heckman, J. J.］訳書，2015）やマルチレベル分析等の解析方法の活用，②社会学的探索に十分な変数と規模を備え，テスト理論に依拠した学力調査の設計・整備（データの公開を含む）が不可欠である．またわが国では実証的知見は乏しいものの，経済学的研究が主張するように，幼少期における介入が生涯にわたる不平等を低減させるとすれば，③就学前段階における認知的・非認知的能力の階層差に関する研究が必要だろう（浜野 2011）．

　学力格差に関する社会学的研究が明らかにしてきたのは，ヤング（Young, M. F. D.）が社会科学的 SF 小説『メリトクラシー』において示唆した業績主義社会のパラドックスにほかならない（Young 訳書，1982）．すなわち，人々の社会的地位達成過程においてメルクマールとされる学力と学歴というメリットには，家庭の文化資本や経済資本，社会関係資本の影響が混入している．業績（achievement）に見える学力や学歴というメリットは，実のところ属性に根ざした業績（ascribed achievement）にほかならない．にもかかわらず，教育界は学力を測定して入試で用い，職業世界でも学歴別採用枠や学校歴ブランドを尊重した選考を行い続けている．この隘路から抜け出すための社会学的研究が，何よりも求められている．

[耳塚寛明]

📖 **さらに詳しく知るための文献**

苅谷剛彦・志水宏吉編，2004，『学力の社会学──調査が示す学力の変化と学習の課題』岩波書店.

Heckman, J. J., 2013, *Giving Kids a Fair Chance*, MIT Press（＝2015，古草秀子訳『幼児教育の経済学』東洋経済新報社）.

近藤博之，2012，「社会空間と学力の階層差」『教育社会学研究』90，pp. 101-121.

いじめ

☞「教育言説」p.126「構築主義」
p.130「ネットいじめ」p.736

　日本でいじめが社会問題化したのは1980年代初めである．以来，現在までいじめの問題は教育や学校を語るうえで常に大きな位置を占めてきた．同時に，いじめは教育社会学的研究の一大テーマとなっている．

●「いじめ集団の四層構造モデル」と「スケープゴート」論　いじめが社会問題となった当初から，いじめという現象を記述的にモデル化する際に一般的だったのは森田・清永（1994）の「いじめ集団の四層構造モデル」であり，またその現象を力動論的にモデル化するものとして，赤坂（1991）の「共同体からの排除＝スケープゴート」というモデルがあった．いじめは，加害者と被害者との間の出来事というよりは，学級集団全体（加害者‐被害者‐観衆‐傍観者）の構造的な出来事であり，この構造の各項の間のバランス・力関係のいかんによっていじめが生起する，というのが前者のモデルであったとすれば，その力関係の力動論的解釈として，「被害者＝スケープゴートを全員一致で排除する」という民俗学的な供犠論を援用したのが後者だといえる．

　これらのモデルはいずれも，いじめという出来事の原因を加害者・被害者らの「個人」に還元せず，学級という集団そのものの病理現象としてとらえていた．このことは，実際のいじめのケースにおいて加害者‐被害者‐観衆‐傍観者が頻繁に入れ替わること（そしてそのこと自体が，当事者にとっても周囲にとっても，いじめという現象の厄介さの重大な部分になっていたこと）もあり，説得力をもって受け止められ，匿名的で陰湿な集団的暴力といういじめイメージを伴って，広く一般に受け入れられた．

●調査研究　いじめの実証的研究としては，アンケートを主とする学校調査（あるいは回顧的調査）による研究の蓄積がある（森田・清永 1994；森田ほか 1999；久保田 2013 など）．これらは，いじめの実態を量的に可視化しつつ，主に学級集団の特性や具体的ないじめの様態，生徒の意識や態度がいじめの発生や持続に及ぼす影響関係を明らかにしている．また，フィールドワークによる会話分析研究としては，大辻（2003），石飛（2003）がそれぞれ，いじめにおける目に見えにくい「排除」を相互行為的な協働的達成として描き出している．北欧をはじめとする諸外国でも日本と同時期にいじめ現象が問題となっており，森田らはその現状を明らかにし取組みを紹介する国際比較調査研究を行っている（森田監修 2001）が，そこで欧米のいじめが非行・犯罪との連続性をもつより具体的な暴力行為としてとらえられていることは重要である．というのも，日本的な「匿名的で陰湿な集団的暴力」としてのいじめイメージは，定義上，いじめ現象をより見

えにくく，しかも特定の加害者の責任を追及させなくする効果をもつためである．

●**いじめ言説と「いじめ問題」の社会的構築**　いじめに関して第一にあたるべき公式統計は，毎年報告される文部科学省「児童生徒の問題行動・不登校等生徒指導上の諸問題に関する調査」である．2016年現在，「いじめの認知（発生）件数の推移」のグラフには四つのピークがみられるが，それはメディアにおいて「いじめ事件」が大きな話題となった時期に対応している．これは，いじめが学校内の出来事であると同時にメディアイベントであり，「いじめ言説」を伴うことによって初めて成立したということを意味する．

　そもそもいじめという現象は定義が困難であり，当事者ないし観察者の主観を含まざるを得ない．そのために「いじめ言説」という一定の枠組みによって，当事者の経験やメディアに登場するさまざまなエピソードがまさに「いじめ」として構築される，というわけである．「いじめ問題」研究は，こうした視点を共有しつつ主に新聞・テレビ番組等の報道資料や判例に見出される「いじめ言説」を分析することでいわゆる「社会問題の構築主義的アプローチ」の範例となっている（徳岡 1997；伊藤 2014；北澤 2015）．そこではいじめ自殺が（実数としてはレアケースであるにもかかわらず）注目されることによって「いじめ」と「死」とが概念的に接合（アーティキュレイション）（山本 1996）し「死に結びつくほど深刻な問題としての『いじめ』」という中核的イメージを発展させる一方で，周辺的イメージは曖昧化・拡散（ドメイン拡張）し，加害行為の具体的・社会的文脈を希薄化させつつ被害感情に焦点化し「心の問題」化する（伊藤 1997）といった指摘がなされている．

●**ネットいじめとネットワーク化した社会**　現在，インターネットを舞台とするいわゆる「ネットいじめ」の問題が注目されている．現時点では，荻上（2008）が述べたように，「ネットいじめ」も基本的には従来のいじめに加わった一つの手口にすぎず，いじめの本体はあくまで（学校をはじめとする）具体的な人間関係のなかにあるととらえるべきだろう．しかし同時に「ネットいじめ」の問題化は，閉域としての学校空間が過去のものとなりつつあることを示唆する．「ネットいじめ」と，それに対応する同時代的ないじめ対策としての「社会総がかりのいじめ対策」（教育再生実行会議）は，共に社会のネットワーク化と学校空間の閉域性の解除を基盤としている．このように「いじめ問題」の変容に注目することは，社会システムそのものの変容の具体的様態を探るという社会学に固有の課題となる（石飛 2012）．　　　　　　　　　　　　　　　　　　　　［石飛和彦］

📖 **さらに詳しく知るための文献**

伊藤茂樹，2014，『『子どもの自殺』の社会学』青土社．
北澤 毅，2015，『『いじめ自殺』の社会学』世界思想社．
森田洋司，2010，『いじめとは何か』中央公論新社．

不登校

　病気や経済的理由など，本人や周囲の人々が了解可能な理由によらない子どもたちの欠席が「不登校」という概念で把握されるようになったのは，およそ1980年代末〜1990年代初頭からである．

　不登校概念が登場・定着していく時期は，この現象に対する社会学的な研究が本格的に展開する時期と重なっているが，その理由は以下のように整理できる．

　第一に，中学校では1970年代後半，小学校では1980年代後半から増加に転じた長期欠席の児童生徒出現率（さらには「学校ぎらい」を理由とする欠席者の出現率）がこの時期になるとさらに急増し，文部省（当時）も「どの子どもにも起こりうる」問題という視点を強調するようになった（学校不適応対策調査研究協力者会議 1992，p.11）．こうした状況のなかで，現代社会のマクロな構造変動とそのなかでの学校教育制度の位置づけの変化を端的に示す現象として不登校が社会学的な研究対象として関心を集めることになったのである．

　先に示した点とも関わるが，第二の理由は，子どもたちの欠席が社会問題化する過程を分析することで「社会が教育や子どもについてその時点で付与する意味や価値の表現」を明らかにするとともに，異なる意味づけを行う諸集団の「政治的葛藤や交渉のプロセス」（伊藤 1990，p.199）を検討できるためである．社会的な文脈に着目しつつ不登校を論じることは，登校に対する人々の意味付与のあり方を問い直す作業と不可分に結びついている．

　その理由を理解することが難しい欠席者が急速に増えていった実態の変化は，登校行為を自明視する社会的な規範のゆらぎがいかなる帰結をもたらすのかという意味論上の変化をめぐる問いを触発し，それ以前から蓄積されてきた心理学・精神医学的なアプローチとの差別化を図るかたちで，社会学的な研究が展開していくことになる．

●**不登校の定義**　研究者による最も広義の不登校の定義は，「不登校とは，生徒本人ないしはこれを取り巻く人々が，欠席ならびに遅刻・早退などの行為に対して，妥当な理由に基づかない行為として動機を構成する現象」（森田 1991，pp.14-15）という森田洋司によるものであろう．欠席につながりうる遅刻・早退も不登校の定義に含めることで，広い裾野（グレーゾーン）をもつ現象として不登校の把握を試みている点，「妥当な理由に基づかない行為」として不登校を定義することで，登校・欠席（遅刻・早退）に対する人々の意味付与過程に着目している点が特徴である．

　つづいて行政機関による定義をみてみよう．文部科学省による不登校の定義

は，「何らかの心理的，情緒的，身体的，あるいは社会的要因・背景により，児童生徒が登校しないあるいはしたくともできない状況にあること（ただし，病気や経済的な理由によるものを除く）」である（文部科学省 2015a）．文部科学省は「学校基本調査」と「児童生徒の問題行動等生徒指導上の諸問題に関する調査」の二つの統計で，年度間に連続または断続して 30 日以上（1998 年度までの統計では 50 日以上）欠席した児童生徒のうち「不登校」を理由とする者の数を把握するとともに，不登校になったきっかけと考えられる状況やその後の指導の結果など，彼らについて詳細な情報を把握している．「病気や経済的な理由を除く」「何らかの（中略）要因・背景」によって生じる現象として不登校をとらえる文部科学省の定義では，先の森田の定義で強調されていた「妥当な理由」ではない，あるいは要因・背景となる事象の同定が困難なさまざまな事象を含む残余カテゴリーとして不登校概念が位置づけられている．なお，文部科学省の統計における長期欠席理由の分類は学校現場の判断に委ねられており，都道府県間で「不登校」の出現率を比較するとかなりの差があることから，理由の分類には恣意的な側面があり，実態を把握する際には長期欠席の総数・出現率を用いたほうがより妥当であることが指摘されている（山本 2008）．

　いずれの定義においても，欠席（遅刻・早退）行為における動機の構成，あるいは背景・要因の同定の困難が不登校現象を特徴づけている．このことは次に述べるように，登校行為が人々にとって自明の事柄としてとらえられた後に，再びその自明性がゆらぎつつある状況を反映しているといえよう．

●長欠から登校拒否へ──登校・欠席現象を把握する意味論の変化　文部省（当時）の統計をもとに，長期欠席児童生徒数・出現率の時系列的な変化をみると，1950 年代に急減，その後も減少を続け 1970 年代半ばに底をうった後に再び上昇し，1990 年代以降になるとさらに増加する「U 字型」で推移し，2000 年代以降は若干の増減を繰り返しながらも高止まりしていることがわかる．

　長期欠席児童生徒数・出現率の増減に着目しつつ，欠席現象を社会問題化する際に用いられたカテゴリーを整理すると，およそ三つの時期に区分できる．

　第一の時期（1950 年代）は「長欠の時代」である．1950 年代は長期欠席の略称である「長欠」というカテゴリーによって欠席現象が社会問題化していた．差別や貧困，児童労働などを理由に子どもたちが学校教育から排除され，教育の機会を剥奪されてしまう状況が問題視されていたのである．

　他方で長欠現象には，人々の就学に関する意識・慣行と学校教育の制度設計との間の乖離によって生じている側面もあった．戦後に六三制が導入され，義務教育の年限が 3 年間延長されたにもかかわらず，そこまでの期間，教育を受ける必要性を感じずに，学校では最低限の読み書き能力を身につけ，なるべく早く仕事の世界に出ていくことを子どもに望む家族も一定程度存在していた（中内

2001）．伝統セクターに位置する学歴不問の「生業の世界」（佐藤 2004）がある程度存続していたために，漁村・農山村などの欠席率の高い「長欠地帯」の家族の行う教育と学校教育との軋轢が，長欠問題の一つの背景をなしていた．

第二の時期（1970年代半ば～1980年代末）は，「登校拒否の時代」である．高度成長を経て産業構造が大きく転換するなかで長期欠席児童生徒数は急減し，先に述べた長欠をめぐるさまざまな問題が忘却されていった．ところが1970年代あたりから，かつての長欠とは異なる子どもの欠席が注目され始める．当初は「学校恐怖症」，その後「登校拒否」という精神医学・心理学領域のカテゴリーを用いて子どもの欠席が論じられ，本人の資質や家族の子育てのあり方に起因する「病理現象」ととらえられるようになる．

他方でこうした見方に対しては，当事者やその家族，さらにはその支援者たちから異議が申し立てられた．登校拒否は一部の特殊な子ども・家族に生じる病理現象ではなく，抑圧的な学校教育のあり方に起因する問題だという見解が示されたのである．ただし，この対抗クレームは，登校を自明視する規範が社会に根づいていることを前提とする点では，その批判の対象である欠席＝病理現象論と同様の認識枠組みをとっているといえよう．

登校拒否を経験した子どもたちの「学校外の居場所」である東京シューレを対象としたエスノグラフィーで，そこに通う子どもたちが「求められなくても学校と比べながら」（朝倉 1995, p.142）自らの経験を語る姿勢からも，社会に根づく登校規範の影響を強く受けつつ，それに対して差別化・相対化を図る試みとして既存の学校に対する異議申立てがなされている様相がうかがえる．多くの人々が長期間にわたって教育を受けることを望み，実際にこうした就学行動をとるようになる大衆教育社会（苅谷 1995）が到来するなかで，長欠とは異なるかたちで欠席行動が社会問題化されたのである．

●「不登校の時代」の到来と登校の自明性のゆらぎ　第三の時期（1990年代以降）は「不登校」の時代である．1980年代末に法務省人権擁護局が「不登校児人権実態調査」を実施したあたりから，行政機関が「不登校」カテゴリーを使い始めた．1992年の学校不適応対策調査研究協力者会議の報告タイトル「登校拒否（不登校）について―児童生徒の「心の居場所づくり」を目指して」（学校不適応対策調査研究協力者会議 1992）に示されるように，文部省（当時）も1990年代初頭には「登校拒否」と「不登校」を併記するようになり，1990年代末には「不登校」が主に用いられるようになる．

なお，学校不適応対策調査研究協力者会議による1992年報告では，登校拒否（不登校）を特殊な子どもや家族の問題ととらえる見方は退けられ，欠席＝病理現象論への批判者たちの見解が一部受け入れられることになった．他方でこの報告では心理的な不適応への対処（「心の居場所づくり」）が有効な対策として掲げ

られ，学校への復帰を前提とした議論が展開されている．この点で，報告は登校拒否の時代を主導した欠席＝病理現象論を踏襲した側面があり，登校拒否をめぐる対立した見解のそれぞれがその内容に影響を与えている．

　主に精神医学・心理学領域で用いられていた「登校拒否」に代わり，学校に行かない状態像を指し示す「不登校」が主に使用されるようになったのは，欠席現象への意味づけをめぐる社会的な対立・葛藤が顕在化するなかで，より包括的で明確な価値判断を差し控える概念が選好されたためであろう．誰にでも起こりうる事柄として欠席行為が社会問題化される「不登校の時代」は，大衆教育社会が確立するなかで根づいた登校を自明視する規範がゆらぎ，学校に通う意味がより根底から問い直される状況の到来を告げるものである．

●社会的排除をめぐる議論と「学校に行かない子ども」への着目　不登校児の実態把握を試みる調査研究が蓄積されるなかで，経済的な問題を抱える家族の子どもたちによる「脱落型不登校」の事例が一定の割合で存在することが明らかにされた．神経症型の不登校児とは異なり，「脱落型不登校」の子どもたちは外部の専門機関による継続的な支援を得られない傾向があり，格差・貧困を背景として生じる見えづらい不登校事例に対する支援を早急に行う必要性が，既存の公的統計のもとになる基礎資料の精査を通じて示された（保坂 2000）．また，深刻な児童虐待においても，保護者が子どもを学校に通わせずに欠席が続き，そのため虐待の発見と公的な介入が遅れてしまう事例が生じ，登校を無理強いしない姿勢がかえって裏目に出てしまう事態が問題視されるようになった．

　これらの深刻な事例だけでなく，不登校経験者を対象とした大規模な追跡調査によって，中学時代に不登校を経験した若者は，その後の進学・就職のいずれにおいても同世代の他の人々と比べて相対的に不利な状況にあることが明らかにされ，不登校は「心の問題」のみならず「進路問題」でもあることが指摘されている（現代教育研究会 2001；不登校生徒に関する追跡調査研究会 2014）．かつての長欠問題をめぐる議論の中核をなしていた「社会的排除と教育」というテーマが不登校問題においても再び主題化しつつあるのである．

　こうした動向を受け，不登校に限らず，重い障害や国籍上の理由（重国籍など）で就学義務を免除・猶予された子どもや，外国籍の子どもたちの一部，あるいは無戸籍状態の子どもなど，さまざまな理由によって学校教育から排除された子どもたちを「学校に行かない子ども」という概念を用いて包括的に把握し対応を図る必要性が提案されている（酒井 2010, 2014）　　　　　　　　　［山田哲也］

📖 **さらに詳しく知るための文献**

森田洋司，1991，『「不登校」現象の社会学』学文社．
加藤美帆，2012，『不登校のポリティクス』勁草書房．
酒井 朗，2014，『教育臨床社会学の可能性』勁草書房．

ひきこもり

☞「不登校」p. 562

　ひきこもりとは，学校や職場といった社会参加の場面から撤退し，他者との交流が著しく減少，途絶することである．厚生労働省が2010年に策定したガイドラインでは「様々な要因の結果として社会的参加（義務教育を含む就学，非常勤職を含む就労，家庭外での交遊など）を回避し，原則的には6ヵ月以上にわたって概ね家庭にとどまり続けている状態（他者と交わらない形での外出をしていてもよい）」（厚生労働省 2010b）と定義されている．家や部屋から出ないという空間的に閉じこもることがひきこもりであるとメディアでは描かれることがしばしばあるが，そのようなタイプは6%と少数であることがわかっている（全国引きこもり KHJ 親の会 2005）．ひきこもりの現象としての本質は空間的にひきこもることではなく，社会的にひきこもることにある．

●不登校とひきこもり　不登校とひきこもりは密接な関係があると考えられている．調査では，過去に不登校を経験した（現在，不登校中であるという者も含む）と回答したひきこもり状態にある者は61.4%（国立精神・神経センター精神保健研究所社会復帰部 2003），64.6%（埼玉県健康福祉部 2002），69.6%（大分県精神保健福祉センター 2004）と報告されている．調査によって数値は多少異なるが，ひきこもりの6～7割は不登校経験がある．近年はひきこもりの不登校経験率が低い調査結果（内閣府 2010）が報告されたため，不登校との関連が薄れているのではないかという見解も散見されるが，内閣府の調査が小学校と中学校の不登校に限定しているために減少しているのであり，調査設計の違いが原因と考えられる（井出 2014）．現在でも不登校とひきこもりの関連性は高いと考えられる．

●現象としてのひきこもりの発生　ひきこもりは20世紀後半に発生した問題である．個人単位では近代以前でも，ひきこもりに該当するケースは存在するが，社会問題として認知できるボリュームになったのは，少なくとも1970年代以降だと推測されている．この根拠となっているのは，ひきこもりには不登校経験をもつ者が多いという点である．ひきこもりは年次推移がわかるような統計がないが，不登校は文部省（当時）によって1966年から統計がとられている．1966年には中学校不登校は生徒のうち0.22%と珍しいものだったが，徐々に増加し1990年代初頭に1%を超え，現在は3%前後で推移している．不登校になって学校に行かなくなり，対人交流が少なくなってひきこもりになるケースが多いため，不登校の開始から多少のタイムラグがあってひきこもりとなる．したがって，ひきこもりの年次推移は不登校の統計の推移の後を追うようなかたちで増加してきたと推測されている．

●**精神保健分野との関連**　ひきこもりに関して最も研究が盛んなのは精神医学分野であり，ひきこもりに関して記された学術論文，書籍も精神科医によるものが多い．それには二つの理由があると考えられる．第一の理由は，子どものひきこもりの相談が最ももち込まれるのは病院やクリニックであるためだ．ひきこもりはもともと精神保健の問題として表面化したのであり，ガイドラインの策定など行政の対応も厚生労働省を中心に行われてきた．第二の理由は，ひきこもり状態になった者には少なからず精神障害がみられることである．近藤（2006）によると，ひきこもりには何らかの精神障害の診断が該当するという立場と，精神医学的診断が該当しない場合もあるという立場があり，精神医学のなかでも統一した見解はない．なお，精神医学ではひきこもりが精神障害の診断名ではなく，状態像だと説明される．つまり，病気や疾患ではなく，精神障害に伴う症状の一つだという理解がされている．厚生労働省の疫学的研究を担当した三宅ら（2006）は必ずしも精神医学的診断はつかず，ひきこもりのなかで精神疾患がみられたのは36％であったと報告している．

　厚生労働省のガイドライン（2010）でも再三の指摘があるように，統合失調症，社交不安障害，うつ病，強迫性障害，パニック障害などひきこもりを生じる精神障害があるため，精神医学的介入が有効であるケースは多く存在する．

　また，どのような現象でも共通することだが，ひきこもりを精神疾患などの病気か，社会的要因によるものかといった単一の原因論に帰すべきではない．現象はさまざまな要因によって起こっているのであり，その現象へのアプローチも社会学的理解だけではなく，精神医学的理解や臨床心理学的な理解も有用である．

●**社会復帰**　厚生労働省（国立精神・神経センター精神保健研究所社会復帰部2003）によって行われた調査によるとひきこもり状態になってから相談までの平均期間は4.3年であり，10年以上経過したケースも2割程度存在すると報告されている．学齢期にひきこもったケースでは就学・復学を目指されることが多いが，年数がたった場合には就労が目指されることが多い．厚生労働省の調査で示されているように，ひきこもりは一過性の現象ではなく，10年以上続くケースも少なからずあり，現在では50代のひきこもりも珍しくはない．こういったケースでは両親が70代，80代まで達しており，なかには両親が死亡するケースもある．ひきこもりは思春期・青年期の社会問題として語られることが多かったが，近年では老年期の社会問題にもなっている．　　　　　　　　　［井出草平］

📖 **さらに詳しく知るための文献**

井出草平，2007，『ひきこもりの社会学』世界思想社．

荻野達史ほか，2008，『「ひきこもり」への社会学的アプローチ——メディア・当事者・支援活動』ミネルヴァ書房．

斎藤　環，1998，『社会的ひきこもり——終わらない思春期』PHP研究所．

中途退学

🖙「高校における生徒指導」p. 434

　中途退学とは，修学年数や単位数など在学している学校で定められた卒業基準を満たすことなく，生徒・学生が在学途中で学校を辞めることを指す．生徒・学生の申請を受けて校長・学長が退学を許可する場合と，懲戒処分を受けて退学になる場合の二つに分けることができる．前者は本人または家庭の都合によるものが主であり，後者は①性行不良で改善の見込みがないと認められる者，②学力劣等で成業の見込みがないと認められる者，③正当な理由がなくて出席が常でない者，④学校の秩序を乱し，その他学生または生徒としての本分に反した者が対象となる（実質的には懲戒処分に該当する場合でも，自主退学という形式をとることが多い）．なお，公立の義務教育機関では退学処分は禁止されている．

●**高校中退の実態と研究動向**　高校中退の実態については，1982年以降「児童生徒の問題行動等生徒指導上の諸問題に関する調査」において毎年公表されている（調査対象は2004年度までは公私立高等学校であり，2005年度からは国立高等学校，2013年度からは高等学校通信制課程も含まれる）．2008年まで在学者に占める中退者の比率は2%前後で推移してきたが，近年では低下傾向にある（図1）．ただ，この数値は当該年度の在学者数を分母としているため，中退率を過小評価することになる（乾ほか2012）．また，2013年度の高校中退者数は5万9923人であり，同年度の15～19歳の完全失業者数がおよそ6万人であることを踏まえると（「労働力調査」），数でみればその規模は決して小さいとはいえない．

　中退率は公立よりも私立で，全日制よりも定時制で，普通科よりも専門学科で高い．中退の理由としては，学校・学業への不適応や進路変更の占める割合が高く，増加傾向にある（図1）．一方で，学業不振や問題行動は減少している．

　高校教育のユニバーサル化の成熟に伴い，高校中退に対する社会的関心が高まり，中退研究は進められてきた．主なアプローチは中退要因の解明であり，その要因として学業成績，高校格差や学校不適応などに言及する研究が多く，「教育問題としての高校中退」という視点が強調されていた．また，中退者本人の語りに着目し，中退に対する一般的な理解を再考する研究もみられた．ただし，中退への関心は一時的であり，その関心のあり方も中退要因＝中退「以前」に集中しがちであった．欧米のように（Tanner et al. 1995など），中退者の職業移行など中退「以後」の状況については，ほとんど手つかずのままに残されていた．

　しかし近年，雇用の不透明化や貧困など若年層のリスクに対する社会的関心が高まり，支援の必要性が認知されるなか，リスクを抱えやすい層として高校中退が再び注目されている（青砥 2009）．そうしたなか，研究の焦点は中退「以後」

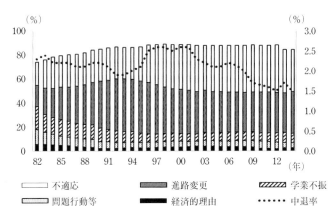

図1 高校中退率と中退事由の推移（出典 文部科学省「児童生徒の問題行動・不登校生徒指導の諸課題に関する調査」結果より）

へとシフトし，社会的排除やリスク社会などの概念を援用しながら議論が展開されている（乾ほか 2012；古賀 2015；酒井 2015）．また，国や自治体による中退者の調査も実施されている（内閣府 2011；東京都教育委員会 2013）．

●**大学中退への関心**　大学中退率は国際的にみて低いため（OECD の調査によると，日本の大学中退率は約 10% であり，OECD 平均の 1/3 程度），あまり関心が払われてこなかったが，高等教育大衆化のなかで注目を集め始めている．推計によると（労働政策研究・研修機構 2015a），大学中退者数は 1990 年代前半まで 3 万人程度であったが，2000 年以降は 5 万人を超える年もあり，増加傾向にある．また，大学中退の場合，経済的要因が目立つ．奨学金制度や大学の支援体制の充実・改善など，中退防止の仕組みを整備することが求められる．

●**データ収集の困難性と課題**　中退者は不安定雇用や貧困などのリスクを抱えている可能性が高いため，データ収集は通常の調査以上に難しい．中退「以後」の状況を理解するにあたり，大規模データのなかから中退経験者をピックアップして分析するか，インタビュー調査などを通じて個別事例から推測するといった方法が中心であり，分析上の制約は大きい．中退「以後」の状況を正確に理解するため，パネル調査や混合研究法（アンケート調査とインタビュー調査の組合せ）の活用など調査上の工夫が求められる．　　　　　　　　　　　　　　　　　　［片山悠樹］

📖 さらに詳しく知るための文献

青砥 恭．2009．『ドキュメント高校中退―いま，貧困が生まれる場所』筑摩書房．
Tanner, J. et al., 1995, *Fractured Transitions from School to Work: Revisiting the Dropout Problem*, Oxford University Press.

ライフコースの脱標準化

☞「近代家族からポスト近代家族へ」p. 296「未婚化社会」p. 298「非正規雇用」p. 606

　ライフコースとは，個人が人生においてたどる道筋を指す．就学や就職，離家，結婚，出産，退職等のライフイベントを継起する人生行路のことである．青年期や成人期，高齢期といった時間軸に沿った人生の諸段階（ライフステージ）に着目するのが，ライフサイクルという見方だとすれば，ライフコースの視点は，個人が人生において直面することになる出来事（ライフイベント）に注目する．

●**高度成長期以降の標準的なライフコース**　ライフコースのありようが，時代や社会状況の影響を受け，また，個人によって差が生じるのは当然のことであるが，特定の社会の特定の歴史的時期においては，その社会で標準とみなされるようなライフコースの型（モデル）が成立することがある．

　高度経済成長期以降の日本では，そうした意味でのライフコースの標準化が成立していたといえる．男性の場合，「最終学歴の学校卒業→新卒就職→離家，結婚→子育て→定年退職」といったコース，女性の場合には，「結婚・出産を機に退職→子育て→パート勤務」といったコースが，それである．もちろん，時期がたつにつれて，最終学歴は次第に高学歴化し，結婚時の平均年齢も上昇した．また，結婚・出産後も就業継続する女性が，少しずつではあれ増加していったという変容はあった．しかし，大筋において，上記のようなライフイベントの継起性は不動に近いものがあった．

　こうしたライフコースの標準化を支えたのは，この時期には，終身雇用や年功型賃金を軸とする日本的雇用が確立し，それが，新卒就職という仕組みと接続することで，「学校→新卒就職→日本的雇用」という若者の仕事への移行のパターンが支配的になったこと，また，産業構造の転換によって，給与所得者が労働力人口の大半を占めるようになり，「サラリーマンの夫＋専業主婦の妻＋子ども」という核家族の形態が，世帯全体のなかでのメインストリームとなったことである．

　もちろん実際には，終身雇用の慣行が盤石であったのは，大企業の男性基幹社員を中心とするセクターのみであり，家族形態としても3世代同居など核家族以外の形態は多様に存在していた．しかし，社会通念として，男性の終身雇用，女性の専業主婦化，そして核家族が，標準的な人生設計のモデルであるとみなされ，ある種の社会的な規範としての力を保持していたことを看過するわけにはいかない．

●**1990年代以降におけるライフコースの脱標準化**　しかし，こうした高度成長期型のライフコースの標準モデルは，1990年代以降には急速に綻びをみせ始め，

脱標準化が進んでいく．その起点の一つは，1990年代半ば以降の就職氷河期を皮切りに，若年層の就職難が常態化し，景気の浮沈による差はあったものの，学卒後に新卒就職を通じて日本的雇用（正社員）へと移行するのではなく，非正規雇用の職を転々とするような若者が，一定の割合で構造的に生み出されるようになったことである．早期離職も高い水準で推移したため，新卒時には正規雇用に移行したとしても，その後，正規と非正規，失業の間を行き来するようなキャリアを歩む若者も登場した．また，全体として女性の就労率は上昇したが，その少なくない部分は，非正規雇用へと吸収された．

　フリーターをはじめとして非正規雇用の若者は，経済的な理由から，年齢が上昇しても親と同居する者の割合が高く，かつてのように離家を社会的自立のメルクマールとみなすことが難しくなった．

　また，結婚に踏みきれない・踏みきらない若者も増加し，20代・30代の未婚率を大きく押し上げた．晩婚・非婚化の原因を経済的理由にだけ求めるのは，もちろん単純にすぎるが，非正社員の未婚率は，正社員のそれより男女ともに有意に高いという事実から目をそむけるわけにはいかない．さらに，結婚した夫婦でも子どもをもたないという選択をするカップルは少なくなく，少子化に拍車をかけた．

　こうして，高度経済成長期を経て一度は成立したかにみえた戦後日本社会の標準的なライフコースは，急速に瓦解した．そのプロセスは，ライフコースの複雑化・不安定化・格差化・個人化の進行として特徴づけることができる．

●脱標準化の光と影　ライフコースの標準化は，個人に対して安定的な進路選択の指標と人生行路を提供する土台を形成する一方，標準からはずれることを許さない強い同調圧力を働かせる社会的な規範ともなる．その意味で，標準化が，価値的に望ましいことであるとは限らない．それゆえ，ライフコースの脱標準化の進行は，一面では，労働の場面であれ，出生家族からの自立や自らの家族形成の場面であれ，個人の生活設計の選択肢を広げ，自由が拡大することを意味する．しかし，反面，そうした脱標準化は，個人間に明確な格差をもたらし，個人の生活設計の不安定化と個人責任化を随伴することがある．

　現在の日本社会は，こうした意味でのライフコースの脱標準化の両義性に直面しており，選択肢や自由の拡大を保持しつつも，広がりすぎた格差や不安定性を是正していくための公的な介入が必要とされ始めているといえる．

［児美川孝一郎］

📖 さらに詳しく知るための文献

嶋崎尚子，2008，『ライフコースの社会学』学文社．
乾彰夫，2010，『〈学校から仕事へ〉の変容と若者たち─個人化・アイデンティティ・コミュニティ』青木書店．

体　罰

　体罰とは，懲戒の一種で，教師などによる子どもに対する身体的苦痛を伴う制裁のことである．具体的には，殴る蹴るなど身体に対する侵害や肉体的苦痛を与える行為のことである．日本では学校における体罰は法的に禁止されているが，体罰を懲戒の一種として肯定する意識も存在する．

●近代学校制度と体罰　日本において近代学校制度は，明治5（1872）年の学制の発布により始まった．近代学校制度と体罰の関連でいうと，学制発布の7年後である明治12（1879）年の教育令においてすでに体罰禁止が明文化された．今津（1997）が指摘しているように，その当時，世界的に見ても体罰禁止を規定した国は非常に少なかった．体罰禁止規定が消えた時期はあったものの，戦後に至るまで体罰を禁止する規定が存在した．現在では「学校教育法」第11条において「校長及び教員は，教育上必要があると認めるときは，文部科学大臣の定めるところにより，児童，生徒及び学生に懲戒を加えることができる．ただし，体罰を加えることはできない」とされている．

　法的に認められている懲戒と，法的に禁止されている体罰の区別をすることが生徒指導上，重要な実践課題である．文科省は判例等に基づき懲戒と体罰の区別を示している．例えば文科省通知「学校教育法第11条に規定する児童生徒の懲戒・体罰に関する考え方」（2007年）において体罰は，身体に対する侵害を内容とするもの（殴る，蹴るなど）や，被罰者に肉体的苦痛を与えるようなもの（正座・直立等特定の姿勢を長時間にわたって保持させるなど）となっている．

　海外においても多くの場合，体罰を法的に禁止している．一部の国や州では近年または現在においても体罰が認められているが，その場合でも体罰を行使するうえでのガイドラインが明記されており，無制限に体罰を行使してよいわけではない．

　法的に禁止されている一方で，体罰を肯定する意識も存在する．広田（2001b）によれば日本では戦前から児童生徒の統制のために教師の体罰権は必要であると語られてきた．しかし戦後になると教師の体罰権が主張されることはなくなり，体罰肯定論を支える論拠は，「体罰は本人のため＝愛のムチ」論だけとなった．戦後，体罰事件は「なぜ体罰なんかがはびこるのか」といった問題の枠組みのもとで議論がなされ，事件は常に「教師の行きすぎ」として描かれるようになった（広田　2001b，p.220）．

　近代学校制度において体罰が発生する理由について，デュルケム（Durkheim, É.）は次のように説明している（Durkheim　訳書，2010）．体罰は野蛮な行為であることから未開な社会において頻発すると予想されるが，実際はそうではな

い. そういった社会ではむしろ子どものしつけは非常に優しく穏やかである.「体罰は, 学校が出現してはじめて常規となり, 訓練法の基礎になったのであって, 数世紀にわたって体罰は学校と共に発展していった」(Durkheim 訳書, 2010, p.313). デュルケムはその理由として二つあげている. 一つ目は文明の発展により子どもの成長を自然に任せるのではなく強制的に積極的に促進させないといけないために, 必然的に教師は子どもに対し暴力を加えるという理由である. 二つ目は優位にあると自ら認めている者は相手に対して暴力を振るう傾向にあることから, 教師は自らより劣っている生徒と接しているうちに誇大妄想を抱いてしまうことがあり, それが生徒への暴力として現れるという理由である. さらにデュルケムは教師の誇大妄想を牽制するうえで道徳的世論が力を発揮することを論じており, このことは今日の体罰防止のあり方を考えるうえで重要な指摘である.

●**部活動と体罰**　1980 年代の校内暴力等の社会問題化を受け, 生徒指導のあり方が見直されてきた. それに連動して体罰防止対策が進められてきた. しかし課外活動である部活動においてはしばしば体罰事件が発生している. ただし部活動における体罰のほとんどは運動部に限定されるという調査研究の結果 (例えば長谷川 2014) から, スポーツとの関連から部活動における体罰を考えないといけない.

　加野 (2014a) はスポーツの場面で体罰が発生する理由として次の 4 点をあげている. 第一はトレーニングが体罰と一体化しやすいこと, 第二は暴力を許容するための正当化の論理が用意されていること, 第三は体罰被害者が体罰を肯定的に受け止める傾向にあること, 第四は顧問教師と生徒の間に決定的な力の差があることである. 第四の点について補足すると, 部活動は顧問教師 (指導者) の権威が肥大化しやすい空間であるといえる. 実際に権威主義の強い指導者の場合, 部員が指導者から暴力被害を受ける確率が高まることを明らかにした実証的研究もある (長谷川 2014).

●**体罰研究の課題**　体罰研究を進めていくうえで, 体罰の当事者の調査協力を得ていくことは不可欠である. ただし体罰は法的に禁止されているがゆえに体罰の当事者は, 事件化ならびにそれに伴う社会的制裁を恐れ, 調査研究への協力を躊躇することが予想される. この問題を克服することが体罰研究の課題となる. こうした課題を考慮したうえで, 量的研究ならびに質的研究ともに, それぞれのアプローチの強みを生かしながら, 体罰問題の解明に迫っていくことが求められる.

［長谷川祐介］

📖 さらに詳しく知るための文献

Durkheim, É., 1925, *L'Éducation Morale*, Librairie Félix Alcan (＝2010, 麻生 誠・山村 健訳『道徳教育論』講談社).

人権問題

☞「社会的排除」p. 118

　人権問題とは一般に，人間誰もが生まれながらに有するものと措定された尊厳や自由などの権利が侵害される状況を指すが，教育学と社会学とでは，人権ないし人権問題に対するアプローチは大きく異なっている.

●**教育学のアプローチ**　教育学における人権へのアプローチは，こと 1980 年代までは顕著に観念的かつ規範論的であった. 近代人権概念の源流の一つに目されるのがフランス革命における「人権宣言」(1789 年) である. また第二次世界大戦後は国連を舞台に，「世界人権宣言」(1948 年),「国際人権規約」(1966 年),ユネスコによる国際理解と人権の教育に関する勧告 (1974 年), 子どもの権利条約 (1989 年) などが次々に打ち出された. 教育学は総じて，こうした歴史や国際動向をよりどころに，抽象的・普遍的人権概念によって現実の教育制度や教育行為を基礎づける，という態度をとってきた. 人権としての教育 (education *as* human rights) という論理である (堀尾 1991). むろん，「人権」概念による教育の基礎づけのみでは，現実の権利侵害の問題に十分対応できないことも認識された. 特に 1990 年代以降は，マイノリティ問題を念頭に人権のための教育 (education *for* human rights) の模索も，理論，実践両面で熱心に追求された.

●**社会学における二つの差別研究モデル**　これに対し社会学における「人権問題」へのアプローチは，さまざまな具体的な差別問題の経験的研究から理論を練りあげていくものだった. ただ，社会学が主たる関心を寄せた「差別」問題と,「人権」概念との間にどのような関係があるかはこれまで十分整理されていなかった. この点を明確に整理し見通しを与えたのが佐藤 (2005) である.

　佐藤は差別をとらえるモデルとして，差異モデルと関係モデルを指摘する. 差異モデルにおける差別とは，例えば「女性と男性を差別する」「黒人と白人を差別する」といった具合に社会的カテゴリーによって扱いを区別することである. このとらえ方の優れた点は，差別かどうかを客観的に明らかにすることが容易である点で，経験的研究に落とし込みやすい. それゆえ多くの教育社会学者の実証的アプローチはこのモデルに準拠している. ところで差異モデルにあって，異なる扱いが区別ではなく「差別」である根拠，つまりそれが「不当な差異」である根拠はカテゴリー間の不平等に求められる. ではなぜ不平等が不当かといえば，平等に扱われることが「権利」として構成されているからである. つまりこのモデルは抽象的・普遍的概念である人権に基礎づけられ，最終的にそこに回収されてしまうのだ.

　一方ここに抜け落ちているのは「誰が差別するのか」という視点である. この

点に着目したのが関係モデルである．そこでは差別は「男性が女性を差別する」「白人が黒人を差別する」といった具合にとらえられる．関係モデルにあっては，差別する者とされる者の関係の不当性，すなわち非対称性が問題となる．不当な関係性が現出するのは排除という現象，すなわちもともとある社会のメンバーであるにもかかわらず，そのなかの一部の人々がその社会の外部へと押しやられてしまうことにおいてである．その不当性は，人権のような抽象的・普遍的概念に基礎づけることができず，人権論に還元できない「差別」論の固有性がそこに現出する．ちなみに1980年代以降，ヨーロッパの社会政策論で「社会的排除」「社会的包摂」論が台頭するが，ここでいう排除は佐藤のいう差異モデルに近い．政策論に落とし込みやすい利点をもつ半面，差別−被差別の関係性を問う社会学的視点は後退している．

●**教育社会学における実証的研究**　教育または学校における，社会的カテゴリーによる扱いの差異，そしてそれが帰結する不平等や不利益は古今東西，枚挙に暇がない．このうち20世紀のアメリカで最も多くの注目を集めたのは人種問題であった．ブラウン判決の後もなお学校の人種隔離は続き，隔離撤廃が軌道に乗るのは1960年代末のことだった．しかし形式的に学びの場が統合されても，黒人と白人との間の学業到達度や卒業率（中退回避率）は容易に縮まらなかった．コールマンレポート以降，それらと家庭・地域的要因，社会経済的地位などとの関連を明らかにする実証研究が大量に生み出されたが，これらは基本的に差異モデルに基づくものである．1980年代以降，マクロな政策からミクロな教師の振舞いまで，多次元の「権力」がいかに不平等の生成に関与しているかを探究する批判的アプローチが登場し，関係モデルの発想が部分的に摂取されだした．

　日本においても，やはり差異モデルに基づく重要な研究成果が産出されてきた（例えばジェンダー・トラックの構造を解明した中西［1998］，学校文化のジェンダーバイアスを摘出した木村［1999］，被差別部落出身生徒の教育達成や学業到達度の低位性を解明した鍋島［1993］など）．しかしなお，部落問題やジェンダー問題にあってもこうしたアプローチのみによっては汲み尽くせない，すなわち抽象的・普遍的人権概念に回収できない，関係モデルによる「差別」研究の余地が教育社会学者の前に多く残されている．同様のことは在日外国人やアイヌ・沖縄問題，障害者，LGBT の排除など，他のフィールドにもいえる．　　　　［倉石一郎］

📖 さらに詳しく知るための文献
倉石一郎，2007，『差別と日常の経験社会学』生活書院．
好井裕明，2007，『差別原論』平凡社．
Rury, J. and Hill, S., 2012, *The African American Struggle for Secondary Schooling, 1940-1980: Closing th Graduation Gap*, Teachers College Press.（＝2016，倉石一郎ほか訳，『黒人ハイスクールの歴史社会学——アフリカ系アメリカ人の闘い 1940-1980』昭和堂）．

学級崩壊

☞「不適格教師とは何か」p. 432

　学級崩壊は，学習・生活集団としての学級が機能不全に陥っている状態を指す．学級は，学校・学年集団と同様に，近代国家が大衆を収容し教育を施す場として歴史的につくられた制度である．等質な児童・生徒集団を効率よく指導するために意図的に用意されたものであり，「共同体主義」という規範が上乗せされ，自明視された空間である（柳 2005）．いわば不自然さを内包している．

　そうであるとすれば，不登校が学校システムに対する「ゆらぎ」であるように，学級崩壊は学級システムに対する「ゆらぎ」といってよい．社会規範の無規制状態＝アノミー（デュルケム［Durkheim, É.］）の一種とも表現できるが，学級崩壊を単に「逆機能」現象として裁断するだけでは学級の歴史的性格を見誤る．

●**近代の装置としての学級**　学級崩壊の問題のされ方・語られ方に焦点を合わせる社会学的考察は，自明視された世界を問い直す知識社会学の系譜に連なる．一般に，学級崩壊は小学校における学級担任制度を前提としている．このため，学級崩壊が「担任の指導力不足」批判言説につながりやすい．とはいえ，「学級崩壊」という問題を問題にするにしても，学級集団をベースにした学校運営が自明視されている社会においてはありていな相対化では不十分である．

　畢竟，機能主義的説明や構築主義的見方をもって学級崩壊現象を十分に認識・理解したことにはならない．従来の社会学理論の素朴な援用だけでは，一連の言説に抗する論理としては力不足である．実際，私たちが学級崩壊現象の理解を進めようとすればするほど，一般化することの難しさを痛感させられる．例えば，「古典的学級崩壊」と「現代の学級崩壊」の区別（木村ほか編著 1998），あるいは，高学年の「なだれ現象」と低学年の「津波現象」の区別（尾木 1999）などは，私たちが学級崩壊としてひとくくりにしがちな現象の多様性を指摘する好例である．いわば，現象をありのままに記述することが学級崩壊の社会学的研究の出発点となる．

●**学級経営研究会等の調査が問うたこと**　学級崩壊についての本格的な調査研究の一つとして，学級経営研究会（2000）がある．インタビューを通して得られた全国の学級崩壊事例が 10 タイプのケースとして提示されている．「学級経営」という限定された文脈に落とし込まれているという限界はあるものの，学級崩壊を読み解くいくつかのキー概念が浮彫りになる．とりわけ，操作的概念として学級崩壊を「学級が機能しない状況」という言葉に置き換え，その状況と文脈を描き出すことから始めた結果，学級崩壊が子ども観の問い直しや信頼関係の構築の問題と深く結びついていることが導き出されている．複雑な現象としてひとまず受

け止めることなどの提案も性急な原因論への批判につながる.

あわせて，菊地ほか（2002）は，学級崩壊のプロセスを発生と回復をめぐる二つの機序として整理し，それぞれの関連要因分析を行っている．その結果，発生には地域的文脈や児童集団の特徴などが重要であること，回復には学校の平均学級規模などの制度的条件や教師集団の同僚性等も深く関わっていることを明らかにしている.

これらの調査研究は，学級崩壊が起こりうる現象であること，観察者や語る側の子ども観や学級観あるいは地域との関係性などを問い直すことの重要性を示している.

●**学級崩壊とどう向き合うか？**　学級経営研究会の調査よりも前に，先駆的な調査研究もなされたが（授業研究所編 1998），学級崩壊の予防・発見を急ぐあまりにやがて教師個人に原因を帰する方向に流れることになる．その意味では，子どもたちの「荒れ」や「小1プロブレム」と臨床的に向き合ってきた人々の研究が多くの示唆を提供してくれる.

例えば，今泉博の取組みは，高学年の取組みとして示唆的である（今泉 1998）．授業場面での信頼関係の構築が鍵を握ることに着眼し，「誤り」「弱さ」を排除することの問題性を指摘し，仮説実験の理論も踏まえた授業づくりや紙上討論などの独自の取組みを展開した.

また，松下（1999）は人権教育の歴史と実践に関して心理学をベースにしながら理論的な整理を試みていく．「みつめる」「語る」「つながる」というプロセスを回復させる試みを通して学級社会を再構築していく手立てを描いている．これらの研究は，教育社会学研究と銘打たなくとも，学級社会そのものを深く認識していることや社会そのもののあり方を変えていくことへとつながっていくことなど，いまなお多くの示唆を与えてくれている．とりわけ，異質な他者を包摂しつつ相互変容する主体として子どもたちが位置づけられる「余白」を創出している点が大きい.

とはいえ，教育現場においてこの「余白」なるものが失われつつある．多忙化が進むにつれて，安易な診断に傾いたり個々の教師の指導力不足の問題に還元したりする傾向が強まっていくことも懸念される．子どもたちの声に耳を傾け，教育社会のありようを変えていく契機として，丁寧かつオープンに向き合っていくことが学級崩壊の社会学研究にとって欠かせない．教育社会学には，学級の不自然さを一元的に語るのにとどまるのではなく，多元的な可能性を見つめていくことが求められる．　　　　　　　　　　　　　　　　　　　　　　　[菊地栄治]

📖 **さらに詳しく知るための文献**

内藤朝雄，2009,『いじめの構造—なぜ人が怪物になるのか』講談社.
蓮尾直美・安藤知子編，2013,『学級の社会学』ナカニシヤ出版.

ニューカマー

　ニューカマーという言葉に明確な定義があるわけではないが，一般的には，1970年代後半以降，日本に居住することになった外国人を総称するものとして使用されている．1970年代から1980年代にかけては東南アジア出身の女性，中国からの「帰国者」，インドシナ難民，欧米からのビジネスマンなどの到来が相次いだ．1980年代末以降になると，「出入国管理及び難民認定法」の改正により日本での就労が可能になった南米諸国からの日系人，さらには日本人と国際結婚をした人々の来日により，日本に居住するニューカマーは急増し，また多様化していった．

●**ニューカマーの子どもの就学をめぐる日本的対応**　ニューカマーを含む外国籍児童生徒の義務教育諸学校への就学の取扱いは，日本国籍を有する日本人の場合と，法制度上，著しく異なっている．日本人の場合，学齢期（6〜15歳）にある子どもの親または保護者には，その子どもに義務教育を受けさせる法令上の義務が課せられており，これによって子どもは基礎的な教育を受ける権利を法的に保障されている．

　それに対して，日本国籍を有しない子どもの場合は，権利・義務としてではなく，行政当局の「許可」という「措置」によって教育の機会が提供される．このような就学義務の適用外という法制度上の位置づけが，ニューカマーの子どもに対する教育委員会や学校の対応を中途半端なものにし，結果的に子どもたちの教育を受ける権利をも十分に保障できないものにしている．以下に示す諸課題の根底にある問題といえよう．

●**ニューカマーの子どもが直面する教育課題**　ニューカマーの子どもが日本の学校で経験する困難は多岐にわたる．第一に言語に関する問題がある．日本語については，「日本語指導が必要な児童生徒」が一定数在籍する学校では日本語指導を担当する専任教員を特別に配置する措置がとられ「取り出し指導」などが行われているが，少数在籍校においてはそうした措置はとられていない．同じ条件にある子どもが，たまたま居住した地域の人口構成や自治体の方針いかんでまったく異なる待遇を受け，その後の人生を大きく左右されてしまうのは問題である．他方，日本語習得に母語の獲得・維持が果たす役割の大きさ，家族間のディスコミュニケーションの防止，エスニック・アイデンティティの維持といった観点から，母語学習の重要性も指摘されるところであるが，こちらへの対応はほとんどなされていないのが現状である．

　第二に，言語と密接に関わるものとして学力の問題がある．宮島喬によれば，

学習で用いられる言語には比較的通文化的な一般性をもつ「抽象的学習言語」と故事来歴・文学・神話・芸術などに由来する「歴史文化言語」があり，後者は出身文化の違いがより直接に関係する（宮島 1999）．自らの出身文化と日本の歴史や文化伝統との距離があればあるほど，その子どもの学習困難は増大していくものと考えられる．そうした状況が想定される一方で，例えばエスニック・グループごとの学力水準の測定が各学校に義務づけられているイギリスと対照的に，日本では，ニューカマーの子どもの学力水準を全体として把握するための制度はいまだ未整備であり，学習をめぐる困難の実態は解明されぬままである（志水編 2009b）．

第三に，就学と進学に関する問題がある．ニューカマーの子どもの年齢が上昇していくにつれ，高校・大学進学を目指して着実に歩みを進める者がいる一方で，学齢期にありながらいかなる教育機関にも在籍していない，いわゆる不就学も深刻な問題となってきた．本人や親の意識や行動，日本に特有の学校文化，日本語指導や受入れ態勢の不備などさまざまな要因が考えられるが，より根底的なものとして国籍の有無により教育機会が左右されるという問題がある．日本国籍の子どもたちの不登校に関しては全国的なデータもあり，その解決をめぐって多くの方策が練られているにもかかわらず，同世代の外国籍の子どもたちに関しては全国的なデータはとられておらず，対策も十分とはいえない．

●**越境移動と外国人学校**　他方で，日本への定住や日本の学校への就学・進学を進路形成における自明の前提とする見方にも修正が求められる．国境を越える移動を繰り返しながらの進路形成は，ニューカマーの子どもにとって決して例外的な事態ではない．そうした越境移動のなかで言語や文化は新たな意味や価値を獲得しうるが，日本の教育制度がそのような可能性を開くものになっているとはいいがたい．

その点，ブラジル人学校をはじめとする外国人学校は，越境移動を前提に据えた学校経営や教育実践を展開することで，ニューカマーの子どもの行きつ戻りつの，あるいは多方向性を有する進路形成を実質的に支えている．だが，外国人学校の多くはいわゆる「一条校」でないことにより補助金の交付や寄付金制度，奨学金，「学校保健安全法」や「学校給食法」などの適用において不利な点が多く，処遇の改善や制度的な保障をめぐって課題が山積している．外国人学校を教育制度上いかに正当に位置づけるかは，ニューカマーの子どもの進路保障を考えるうえで回避できぬ問題である．　　　　　　　　　　　　　　　　　　　　［児島　明］

📖 **さらに詳しく知るための文献**

太田晴雄，2000，『ニューカマーの子どもと日本の学校』国際書院．
佐久間孝正，2006，『外国人の子どもの不就学』勁草書房．
志水宏吉編，2014，『日本の外国人学校』明石書店．

セクシュアリティと教育

☞「性教育」p. 358「逸脱」p. 544

　セクシュアリティをめぐる「教育問題」として，ここでは，子どもの売春・子ども買春，性的マイノリティの子どもの生きづらさ，性教育バッシングの三つについて論じる．

●**子どもの売春・子ども買春**　「子どもの売春」とは，不特定の相手に，金銭を介して子どもが性的サービスを提供することをいう．法的には「売春」は膣-ペニス性交の意として解釈されるが，事実上は性交類似行為やポルノグラフィーのモデルになることなども「子どもの売春」概念のもとで一括して問題視される傾向にある．売春をした子どもを罰する法律は存在せず，保護対象として補導される．

　「子ども買春」（児童買春）とは，子どもの性的サービスを買う行為のことである．売る側の子どもよりも，買う側である大人の問題性をあぶりだす含意がある．日本国内の事例のみならず，先進国の男性が発展途上国の子どもの性的サービスを買う，国際的な事例についても用いられる．児童買春は「児童ポルノ禁止法」（通称）や「児童福祉法」，青少年保護育成条例で規制されている．

　「子ども」には少年も少女も含まれるが，少女が成人男性にサービスを提供するパターンが取りざたされることが多い．教育過程にある少女の売春は，少なくとも 1900 年代初頭から問題化されている．売春をしたり，学資のために妾になったりする女学生について報じる記事を，当時の新聞にみつけることができる（澁谷 1999）．

　「少女売春」という言葉が定着したのは敗戦後とみられる．多くの論者は，これを逸脱行為としたうえで，「小遣い欲しさ」や「寂しさを解消するため」などの原因を措定し，少女や買う男性の道徳性の欠如，家庭・学校の監督不行き届き，買春に寛容な社会のあり方などを批判している．教育過程にある少女の売春をめぐる，このような言説構造は，基本的には現代に至るまで変化していない．

　1990 年代に入ると，少女売春は「援助交際」と呼びかえられる．社会学者の宮台真司は，「援交少女」および，制服や使用ずみ下着をアダルトショップに売る「ブルセラ少女」を肯定し，少女たちの振舞いは，高度な役割演技の結果であるとして，古い道徳観のもとで少女たちを断罪する大人の方を批判した（宮台 1994）．しかし，後に，当時の主張を反省する辞も述べている（宮台 2006, p. 159）．

　2010 年代は，学校にも家庭にも居場所がない「難民高校生」が社会問題となっている．彼女らのうちの一部は，宿泊費などを稼ぐために水商売や風俗産業で働くようになるという（仁藤 2013）．同時に，両親との仲も成績もよい女子高校生が「JK 産業」に流入してきているケースも報告されている（仁藤 2014）．

●**性的マイノリティの子どもの生きづらさ**　2013 年に実施された調査では，学校における性的マイノリティの子どもの生きづらさが浮彫りになった.「LGBTをネタとした冗談やからかいを見聞きした経験」が「ある」と答えたのは回答者のおよそ 60% で，その際に「何もしなかった」者が約 75% にのぼった.「自分がいじめられないよう一緒になって笑った」者も約 28% いる．こうした冗談やからかいに対して，子どもたちが異議申立てをできずにいること，自己防衛のために一緒になって笑わざるを得ない環境にあることを，報告書は指摘している（いのちリスペクト．ホワイトリボン・キャンペーン 2014）.

　2015 年，文部科学省は，「性同一性障害に係る児童生徒に対するきめ細かな対応の実施等について」を，全国の小中高校などに通知した．主として性同一性障害の子どもの支援について助言する内容で，それ以外の性的マイノリティの子どもに関しては，「心ない言動を慎むこと」などの教職員向けの抽象的な注意にとどまっている（文部科学省 2015d）.

●**性教育バッシング**　性教育バッシングとは，性に関する知識を子どもに授ける行為への，攻撃ないし過剰な批判のことである.

　性教育批判は性教育のはじまりとともに起こり，その歴史は長い．日本の初期性教育の一つとされる医学者富士川游の 1908 年の講演を契機に，『読売新聞』で性教育についての連載が始まる．執筆した知識人 9 名のうち 5 名が，知らないで被る害より，知って被る害の方が大きいなどの理由で性教育に批判的だった. 1912 年の『中央公論』のアンケートでも，否定ないし条件付き容認の者が多数派を占めた（茂木 2009）.

　近年の性教育バッシングの事例として，2000 年代初頭のものがある．厚生労働省の外郭団体が作成した中学生向けの性教育ハンドブック『思春期のためのラブ＆ボディ BOOK』が，2002 年に「セックスをあおっている」として保守派議員によって国会で批判をされ，回収，廃棄処分となった.

　2003 年には，東京都の七生養護学校（当時）での「こころとからだの学習」が攻撃を受ける.「視察」と称して都議会議員らが同校に乗り込み，教材を押収するなどし，同行した新聞記者が同校の教育実践について扇情的に報道した．また，東京都教育委員会によって，延べ 50 名近くの教員が別件で処分されたり，異動させられたりするなどした．これを問題視した市民らが東京弁護士会宛てに「人権救済の申立て」をし，2005 年，同会は都教委に対して是正を求める「警告」を発した．また，同校の保護者と教員が，都教委や都議を相手どって提訴し，2013 年に勝訴確定の最高裁決定を勝ち取った（艮 2015）.

　性教育バッシングの特徴として，①ジェンダー・フリー教育バッシングとセットで行われる，②教育への介入や，学校・教員の管理強化など，性教育とは直接関係ない事柄へ展開する，の 2 点が指摘されている（田代 2005）.　　　［澁谷知美］

学校安全

　「学校安全」は，「学校保健」「学校給食」とともに学校健康教育の三領域の一つで，「安全教育」「安全管理」「組織活動」という三つの活動から構成される．
　「安全教育」とは，「児童生徒等が自らの行動や外部環境に存在する様々な危険を制御して，自ら安全に行動したり，他の人や社会の安全のために貢献したりできるようにすることを目指す」活動であり，「安全管理」とは「児童生徒等を取り巻く環境を安全に整える」活動である．「組織活動」とはこれら「両者の活動を円滑に進める」ための取組みを指す（図 1，文部科学省 2010）．

●**「学校安全」の誕生と確立**　「学校安全」が対象とする具体的な安全項目は，「生活安全」「交通安全」「災害安全」である．「生活安全」は，学校の日常生活で起こる事故や事件を取り扱う．授業中や休み時間中における不慮の事故，運動時の怪我，誘拐や傷害などの犯罪被害などが含まれる．「交通安全」は，登下校中や校外学習中の交通場面における事故を取り扱う．「災害安全」は，地震，津波，火山活動，風水（雪）害のような自然災害に加え，火災や原子力災害も取り扱う．
　戦後の学校教育において，「学校安全」の概念が確立されたのは，1959 年の「日本学校安全会法」の制定による．同法により，「学校安全会」が，学校管理下の児童生徒らの災害に関して災害共済給付を行うとともに，「学校安全（学校における安全教育及び安全管理をいう．）の普及充実」に取り組むことが明記された（宮田ほか編 1974）．同法は 2004 年に「独立行政法人日本スポーツ振興センター法」に引き継がれ，センターが災害共済給付と学校安全の普及業務を担っている．
　「日本学校安全会法」の制定の背景には，1950 年代半ばに学校管理下で多数の死亡者を出す事故が相次いだことがあげられる．1954 年の神奈川県相模湖における遊覧船沈没事故，翌 1955 年の高松港沖合における連絡船沈没事故，岩手県

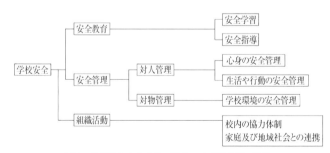

図 1　学校安全の全体像（出典　文部科学省 2010）

のバス転落事故，三重県の海岸部における集団水難事故と，立て続けに発生した重大な死亡事故は，学校安全の制度的整備の必要性を人々に痛感させた．

●「学校安全」の積極的展開　児童生徒の安全確保にあたって，教員には「安全配慮義務」が課されている．それを直接に規定する法律はないものの，文部科学省は，教員には「学校における教育活動及びこれに密接に関連する生活関係における生徒の安全の確保に配慮すべき義務」（2006 年 11 月 21 日事務連絡）があるとの見解を示している．

　また，2008 年 6 月に改正（2009 年 4 月施行）された「学校保健安全法」（旧「学校保健法」）では，学校安全に関する「学校の設置者の責務」が明記され，各学校においては「学校安全計画」の策定と実施が義務づけられており，安全・安心な学校づくりのための諸規定が整備されている．

　総じて 2000 年代に入ってから「学校安全」への関心が，防災と防犯を軸に急速に高まっている．その背景にも，いくつかの重大事案が関係している．1995 年の阪神・淡路大震災，2004 年の新潟県中越地震は，学校施設の耐震化を喫緊の課題に押し上げ，2011 年の東日本大震災は，学校施設の津波対策と防災教育の重要性を認識させた．また，2001 年の大阪教育大学附属池田小学校における児童殺傷事件，2005 年に広島県と栃木県で続けて発生した通学路における小 1 女児の連れ去り殺害事件は，学校の敷地内外における不審者対策を促した．

●学校安全の課題　重大事案から学ぶことは多い．だが，センセーショナルな事案や大規模な災害ばかりに目を奪われてはならない．

　例えば柔道事故（1983-2015 年度に 120 件の死亡事故）のように，日常の学校生活で毎年のように重大事案が繰り返されているものがある．学校安全の施策はしばしば「事件衝動的」（event driven）（OECD 訳書，2005）であり，この点は，社会問題の構築主義（Spector & Kitsuse 訳書，1990）の観点から丹念に分析される必要がある．

　安全確保において重要なのは，視野を広げて事故事例を集約し，「科学的根拠に基づいた」（evidence based）（Guyatt 1991）分析や施策を進めることである．文部科学省が 2012 年に策定した「学校安全の推進に関する計画」においても，実証的で科学的な取組みの推進が強調されており，こうした姿勢は，教育資源をより効率的に配分し，実効性のある安全確保を生み出していくと考えられる．

[内田 良]

さらに詳しく知るための文献

宮田丈夫ほか編，1974，『学校安全事典』第一法規．

文部科学省，2010，『「生きる力」をはぐくむ学校での安全教育』．

OECD, 2005, *Lessons in Danger: School Safety and Security*, OECD（＝2005，立田慶裕監訳『学校の安全と危機管理—世界の事例と教訓に学ぶ』明石書店）．

教師の燃え尽き

　教師の燃え尽きとは，教師がこれまで懸命に仕事をしていたのだが，急速に仕事に対する意欲を失い，燃え尽きたように働けなくなることである．その状態はバーンアウトあるいは燃え尽き症候群と呼ばれるストレス性疾患である．

●**教師のバーンアウトへの注目**　バーンアウトは，教師，看護師，医者，介護ヘルパーなど，クライアントの反応によって成果が決まるヒューマンサービス職に特徴的な疾患である．ヒューマンサービス職に従事している個人が情緒的消耗をするだけでなく，クライアントに対して思いやりのない対応をすることによって成果が落ち，業務に対する達成感をもてず，働く意欲をなくすことである．

　もともとバーンアウトとは，1960年代にアメリカで手の施しようのない麻薬中毒者の状態を指す用語であった．それが，ヒューマンサービス職の需要の高まりと個人主義化といった社会変容のなかで（久保 2004, pp. 2-3），1970年代半ばにフロイデンバーガー（Freudenberger 1974）によって初めて現在の意味で使用され，注目されるようになった．それ以降，バーンアウトの概念の精緻化や，それを測定するための尺度開発・改良が行われるとともに，その尺度を用いた実証的研究が多くなされている．

　教師のバーンアウトが注目され始めたのは，1970年代後半のアメリカである．その背景には，生徒による暴力行為や生徒間の人種の差異などへの対応の不十分さ，教師自身の待遇問題など，当時の教師たちの抱える困難さがあった（Farber & Miller 1981, p. 235）．1980年代になると，マスラックら（Maslach & Jackson 1981）のマスラック・バーンアウト・インベントリー（MBI）やパインズら（Pines & Aronson 1989）のバーンアウト・メジャー（BM）といったバーンアウト尺度などを用いた教師のバーンアウト研究が本格的に行われるようになった．その後，1980年代後半から日本でも実証的研究が行われるようになった．教育社会学の分野では教師文化や教師の多忙化（久冨編著 1994, 2003；松浦 1999など）との関連で研究されることが多いが，教育経営学や社会心理学など，他の研究分野でも教師のバーンアウト研究がなされている．

●**教師の精神疾患**　文部科学省が毎年行っている「公立学校教職員の人事行政状況調査」によると，教師のバーンアウトを含む精神疾患による病気休職者数は，1980年代に1000人を超え，1990年代半ば以降に急激に増加し，その後2000年代後半以降は約5000人で推移している．そのことと関わって，在職者に占める精神疾患による病気休職者の割合は，1980年代半ばでは約0.1%であったのだが，2000年代半ば以降はおよそ0.5〜0.6%の間で推移しており，その問題が深刻化し

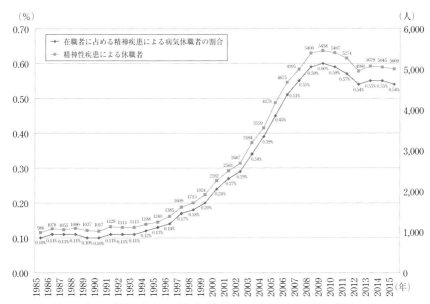

図1 精神疾患による病気休職者数と，在職者に占めるその割合
(出典 文部科学省「教育職員の精神疾患による病気休職者数（平成27年度）」を一部変更)

ている（図1）．

●バーンアウトの要因と対策　バーンアウトの要因としては，パーソナリティといった個人的要因，組織文化，組織構造，職業特性などの職業環境的要因，社会の変容，メディアの報道のあり方，制度改革などの社会的要因があげられる．

　バーンアウトを回避するためには，まず，将来教職を目指している学生や教師がストレスや職務の心理的側面などについて学び，ストレス耐性を身につけたり，予防的配慮の必要なリスクの高いライフイベント（新卒・新任期，人事異動の直後，特定の学校への勤務など）や，個人的なイベント（出産・育児，介護，身体的不調など）における自己管理能力を習得したりする必要がある（高木 2015）．また，学校現場では，教師の主体性の回復と，彼らの孤立の解消が目指される組織づくりを行い（落合 2009），教師がバーンアウトに陥りにくい教師文化を形成していくことが重要である．　　　　　　　　　　　　　　　　　　［川村　光］

📖 さらに詳しく知るための文献

落合美貴子編．2009．『バーンアウトのエスノグラフィー—教師・精神科看護師の疲弊』ミネルヴァ書房．
久冨善之編．2003．『教員文化の日本的特性—歴史，実践，実態の探求を通じてその変化と今日的課題をさぐる』多賀出版．
髙木 亮．2015．『教師の職業ストレス』ナカニシヤ出版．

早期教育熱

　早期教育とは一般に，子どもの成育や発達段階において，適切だと考えられる時期よりも早期に知識や技能を教えることを指す．適切な時期については個人や社会の判断・評価によって変わるものの，その基準の一つは学校における教育課程やその履修時期にある．現在の日本では，小学校入学後に文字や足し算・引き算を学習するが，それ以前に家庭，幼稚園や保育所などで，これらの知識を習得している児童も少なくない．小学校入学後の習得を適切だとするならば，それ以前の文字や計算の教育は早期教育にあたる．また，有名幼稚園や小学校の受験（いわゆる「お受験」）や，学校の学習内容の先取りのための習い事やお稽古事が幼児教育産業と結びついた「早期教育熱」現象も注目されている（無藤 1998）．なお，昨今では，誕生前の胎教なども早期教育に含めて考えられることもあるし，0歳から3歳の乳児に対する教育が「超早期教育」として区別されることもある（汐見 1993）．

●**早期教育の歴史**　日本の早期教育熱は江戸時代（近世）またはそれ以前にも存在していたと考えられる．近世において学問に熱心だった藩士は子弟を藩校（藩学）に通わせ，わずか7〜8歳の子どもが四書五経などの古典の素読を始め，暗唱できることを目指して学習に励んでいた．近代以降も，学校教育の普及の一方，都市新中間層の母親を中心に，小学校入学以前から，知能検査の実施や受験準備教育がみられた（小針 2009）．1950年代半ば以降の高度経済成長期には，早期教育専門の教室，育児の専門書や雑誌が広く普及した．1971年にベストセラーとなった井深大『幼稚園では遅すぎる』はその副題に「人生は三歳までにつくられる」とあるように，早期による知識や技能の習得が後の社会的成功の秘訣であると論じている．さらに，1980〜1990年代以降は少子化傾向が加わり，家族内の子どもの地位がさらに上昇し，恵まれた社会階層を中心に，家庭教育や習い事などの早期教育熱が高まる．これは日本に限らず，中国や韓国など東アジア各国の早期教育熱にもほぼ共通する傾向である．すなわち，時代や社会を問わず，恵まれた家族や社会階層において，子どもが消費財としてみなされ，経済的なゆとりが教育投資を可能にした時点で，早期教育熱が高まる傾向がみられる．

●**早期教育と学校教育**　高まる早期教育熱の背景の一つには，「わが子をよりよく育てたい」という親たちの期待や願望と，それと表裏一体にある子育て不安にあるとみてよい．つまり，高い教育達成や将来の社会的成功に対する期待の反面，育児の失敗または期待はずれに対する不安を背景に，小学校入学以前や学年を先取りした知的早期教育が行われている．また，学校体育の水泳の授業を意識

したスイミングスクールへの参加，また2011年度より小学校高学年を対象に導入された外国語活動の実施にともなって，幼児期・児童期の子どもを対象にした英語教室が流行している．日本語を母語とする者にとって，第二言語にあたる英語の習得には臨界期と呼ばれる時期があり，それ以降に学習を開始しても習得が困難になるという学説があるし，とりわけ昨今では英語力，特に英語コミュニケーション能力を求める声が喧伝されるようになり，それもまた幼児期の早期英語教育熱を促している．このほか，有名幼稚園や国立・私立小学校の入学志向にみられるように，選抜考査に備えて，幼い時期から専門の受験対策教室に通ったり，家庭教育で準備を行っていたりすることもある．この背景には，ゆとり教育の実施による子どもの学力に対する不安，学級崩壊やいじめ問題など，教育改革や公立学校に対する不安・不信感があり，その代替として国立や私立小学校が選択されている（小針 2015）．

●**早期教育（熱）の問題点**　早期教育は子どもの知識や技能を早い時期から高められるという利点がある．その知識や技能は成長の過程で雲散霧消してしまうことも少なくないが，プロスポーツ選手や芸術家にはその早期教育ゆえに各分野で成功を収めている例もある．

　ところがその反面，行きすぎた早期教育(熱)の問題点も指摘されている．その第一は子どもの心身に及ぼす悪影響である．親の過大な期待が子どもの過重な負担になり，チック，吃音，抑鬱など神経的症状がみられることもある（高良 1996）．そして，それが後の人生に負の悪影響をもたらすこともある．19世紀のイギリスの思想家ミル（Mill, J. S., 1806-1873）は学齢に達しても学校には行かず，同年齢の子どもと遊ぶ経験もほとんどなく，その代わりに，厳格な父親のもとで徹底した早期教育を受けて育った．その早期教育が後の大思想家を生んだ基盤になったものの，ミルは自伝（Mill 訳書, 1960）のなかで，幼少期の早期教育が原因で20歳前後に精神的な危機に陥ったことを告白している．第二に，学校選択やお稽古事・習い事の選択にせよ，家庭の経済力と親の教育意識や子どもに対する期待とが結びついて，すなわちブラウン（Brown, P.）のいうペアレントクラシー（parentcracy）によって，教育格差が生じることになる（Brown 訳書, 2005）．とりわけ早期教育のように，対象の子どもが低年齢化すればするほど，家族や親の意向，すなわちその社会階層が教育環境の格差となって反映される可能性がいっそう高まるのである．　　　　　　　　　　　　　　　［小針 誠］

📖 **さらに詳しく知るための文献**

小針 誠，2015，『〈お受験〉の歴史学──選択される私立小学校 選抜される親と子』講談社．
Mill, J. S., 1873, *Autobiography*, Longmans, Green, Reader, and Dyer（＝1960，朱牟田夏雄訳『ミル自伝』岩波書店）．

子どもの虐待

　日本で児童虐待が社会問題として広く認識され始めたのは 1990 年代以降である．世界的に子ども虐待への関心・取組みが高まるきっかけとなったのは，アメリカの小児科医ケンプ（Kempe, C. H.）の論文 "The Batterd Child Syndrome"（1962）であった．その後，虐待とネグレクトに関する定義は，子どもの健康・安全に対する権利と，しつけ・教育に関する文化的多様性や家庭のプライバシーとのバランスなど文化的・社会的背景を参照しながら，各国において幾度も検討・修正されてきた．

●**子ども虐待の定義**　日本においては，2000 年に「児童虐待の防止等に関する法律」（以下，「児童虐待防止法」）が制定されて以降，児童虐待とは，子どもの養育・福祉に責任のある保護者（親権を行う者，未成年後見人その他の者で，児童を現に監護する者）が 18 歳未満の子どもに対して行う「身体的虐待，性的虐待，ネグレクト，心理的虐待」であると定義されている（「児童虐待防止法」第2 条）．近年では，これら 4 タイプに加えて，医療ネグレクト（医療水準や社会通念に照らして，その子どもにとって必要かつ適切な医療を受けさせない）や教育ネグレクト（家庭や学校で，しつけ・教育のなかで虐待的に対応する）なども子どもへの不適切な扱いを意味するマルトリートメントに含められる．

　厚生（労働）省が，1990 年より，全国の児童相談所への児童虐待相談対応件数を公表しているが，その増加はすさまじい．その背景には，子ども虐待に関する社会的認知が高まり，対応する法・制度・機関が整備・充実してきたこと，さらに児童虐待の定義の変更に伴って対象が拡大したことなどがあげられる．しかし児童虐待やネグレクトは，家庭という閉ざされた空間で生じる問題であって，第三者にはしつけとの境界が判断しづらく，子ども自身が親をかばって黙っていることも多いため，その正確な数・増加率は不明である．また，毎年公表される相談対応件数は新規のものであり，継続ケースを加えると，児童相談所はおびただしい数の虐待リスクケースに対応している点に注意が必要である．

●**子どもへの虐待の影響**　虐待やネグレクトの深刻なリスク環境のなかで成長した子どもは（虐待を受けたときの年齢，期間，暴力の深刻度，介入の有無・時期，効果的ケアの有無による程度の差はあるが）ハンディを抱えるリスクが高い．その影響については，子ども期にすぐに現れる短期的なものと大人になっても癒えない長期にわたるものに分けられ，大まかには表 1 のようにまとめることができる．

　虐待は子どもの注意力の欠陥や対人関係上の問題を生みやすく，その結果，学

表1　虐待が子どもに与える影響

①死亡
②知的発達障害，ADHD
③心的障害（肢体不自由，視覚障害，重複障害）
④反社会的行動：非行，犯罪
⑤非社会的行動：極端な学力不足，不安定な就労
⑥精神障害：統合失調症，対人関係に問題を擁するさまざまな精神障害，人格障害，アルコール・薬
　　　物依存，摂食障害，自殺願望，リストカット，それらに起因する対人関係上の問題（不
　　　適切な配偶者選択，性的問題，攻撃的行動，DV など）
⑦子ども虐待の世代間連鎖

（出典　子どもの虐待防止センター［2013］）

力定着や継続就労が難しくなったり，不適切な行動を取るなど，表1にあげた②
〜⑦はリンクしやすい．また，子ども虐待は児童の安全や生命を脅かすだけでは
なく，社会側から見ると，慢性的疾患を抱えた人々のケアにかかる膨大な経費，
犯罪被害者になる可能性，非社会的な者を支える経費など，社会に対しても甚大
な負担を強いる点からも重大で，早急の解決が望まれる社会問題であるといえる．
●早期発見・早期対応，関係機関の連携　こうしたリスクを避けるためには，子
どもの誕生から切れ目のない「予防」-「早期発見・早期対応」-「診断・治療」が必
要である．子ども虐待は慢性的なことが特徴であり，時間の経過とともに重篤化
する傾向が高いため，特に早期発見は重要である．「児童虐待防止法」第6条に
は，すべての国民に児童虐待のおそれに気づいた場合には児童相談所や市町村へ
通告する義務について明記されているが，なかでも学校・教職員は子どもと日常
的に接触するため異変に気づきやすく，家庭へ介入しやすい立場にあることから
大きな期待がかけられている．同様に，医療機関も子どものけがや親子関係の不
自然さに気づきやすく，妊娠期から乳幼児期の虐待発生予防と児童虐待の診断・
治療・再発予防の役割が求められる．

　子ども虐待は親子の心理的・生理的側面に目を向けがちであるが，その背後に
は，親自身が子ども期に受けた虐待の影響，経済的困窮，育児不安・育児知識不
足，社会的スキルの不足など社会的な問題を抱えていることも多く，したがって，
親を責めたりカウンセリングを実施したりするだけでは子ども虐待は解決しな
い．また一朝一夕に解消できる問題ではないため，医療，教育，保健，福祉，警
察，司法，職業斡旋機関など多職種専門家チーム（MultDisciplinary Team：MDT）
の継続的な助けが必要となる．　　　　　　　　　　　　　　　　　　［田中理絵］

　さらに詳しく知るための文献

Shweder, R. A. et al. eds., 2009, *The Child: An Encyclopedic Companion*, The University of Chicago Press.
子どもの虐待防止センター監修，2013，『子ども虐待への挑戦』誠信書房．

貧困と子育て・教育

☞「社会的排除」p. 118「ひとり親家族と育児政策」p. 304「家族の孤立・解体・貧困」p. 318「アファーマティブ・アクション」p. 626「困難を伴う家庭と教育」p. 628

　高度経済成長期以降注目されることのなかった貧困問題が，1990年代後半からクローズアップされている．政府が公表した貧困率（厚生労働省「国民生活基礎調査」による）は，2015年で15.6%，17歳以下の子どもについては13.9%であり，「7人に1人」が貧困状態にある．

●**貧困とは何か**　国際的に用いられている指標である貧困率は，所得分布の中央値の50%（正確には，世帯の可処分所得を世帯人員の平方根で割って調整した所得の中央値の半分の額）を貧困線とし，それ以下の所得で生活する人の比率である．2人世帯で年間173万円（2015年）となる貧困線は，生存が脅かされる「絶対的貧困」状態ではなく，その時代・社会で人間として当然とされる生活を維持できないラインという「相対的貧困」の考え方に立って設定されたものである．加えて，標準的な世帯の所得と最貧困層の所得の格差や貧困層内部の所得格差など（「貧困の深さ」と呼ばれる）に注目すれば，非常に厳しい経済状況での生活を強いられ，日々の食事や医療にも事欠く人がいることに留意すべきである．子どもの貧困をとらえる手がかりとしては生活保護基準に準じる所得が認定基準となっている就学援助制度が重要であり，2014年度の就学援助率15.4%は「貧困率」に近い値である．また，就学援助率は自治体間だけでなく同じ自治体にある学校の間でも大きな差があり，貧困の地域的な偏在・集中傾向を表している．貧困の原因については怠惰や依存など個人の要因に求める議論が根強く存在するが，近年の急速な貧困の増加，母子世帯の貧困率の高さと母親の就労率の高さなどを踏まえれば，雇用の不安定化や労働市場における女性の周縁的な位置づけがその背景にあることは明らかで，構造的要因が貧困拡大をもたらしている．

　貧困の測定には主に所得が用いられるが，貧困の経験は経済面に限定されない．リスター（Lister, R.）は物的な側面を「容認できない困窮」として中心に置き，軽視，屈辱，恥辱やスティグマ，尊厳と自己評価への攻撃，他者化，人権の否定，シティズンシップの縮小，「声」を欠くこと，無力の経験という関係的・象徴的な側面を周辺に配する「車輪」として貧困経験を示している（Lister　訳書, 2011）.

●**貧困のなかでの生活と教育**　このように，貧困は生活のあらゆる領域で否定的な影響を及ぼす．子どもの生活の基底をなす家庭についてみれば，経済的困窮や不安定性は子どもの心身の健康に影響し，虐待にもつながる．この背景には，親自身の困窮，孤立，ストレス，メンタル面での困難がある．さらに，家庭内で子どもがケア役割を担うケースもみられる．これらは学校教育を受ける条件としてはきわめて不利に働き，低学力，不登校，中途退学など，早期の学校教育からの

離脱と低い職業達成として現れる．さらに，こうした「学校からの排除」に先行して，学校内の子ども間の関係や教師との関係においても貧困層の子どもが「学校における排除」を経験していることが明らかにされている．

また，貧困の地域的偏在・集中によって上記した負の影響が強化されるメカニズムが「近隣効果」として指摘されている．逆に，少数の貧困家庭が孤立した状態にある場合には，スティグマの問題がさらに深刻となる．

●教育面での取組みの課題　「子どもの貧困」が注目されるなか，生活保護受給世帯の子どもの高校進学を支援する活動など多様な取組みが展開され，2013 年には「子どもの貧困対策の推進に関する法律」が成立した．学校外の諸機関との連携をはかる福祉専門職としてスクールソーシャルワーカーの配置も進められつつある．これらは評価すべきではあるが，「子どもの貧困」が強調されることでかえって全体としての貧困問題への関心と対策を弱めさせるのではないか，また先の「子どもの貧困対策推進法」には数値目標が示されず財源も確保されていないなど実効的な施策につながらないのではないかなどの批判がなされている．

就学前の貧困経験がもたらす不利を踏まえれば，子育て支援と保育の充実が不可欠であり，就学後は就学援助を受ける児童生徒を対象とした取組みや援助率の高い学校への資源配分などがアファーマティブ・アクションとして求められる．

貧困に関連する概念として近年注目を集めている「社会的排除」の視点からは，「排除する」，つまり貧困を生み出す社会のメカニズムこそが問われるべき課題であることが導かれる．しかし，日本の現在の貧困対策は雇用や社会保障による再分配のあり方を対象とするものではない．さらに，少数の富裕層を除く大多数が雇用条件の悪化を前に不安と不満を高め，それが「下向き」の非難につながっていることが指摘されている．生活保護受給者に対するバッシングの高まりは，貧困対策への反発としても現れることが予想される．

学校教育が担うべき課題は，貧困状況にある子どもへの十分な教育の提供にとどまらず，貧困をもたらす社会のあり方を認識し，よりよい生活を営み望ましい社会を構想する力を，非貧困層も含め次の世代に伝えることではないか．「生活綴り方」や「同和教育」運動は，困難な状況に置かれた子どもの生活を教師が理解し，子どもたちに上記した力を身につけさせることを目指した教育実践であった．世界各国で展開されてきた「反貧困」の多様な取組みも含め，それらから学び，貧困・排除を乗り越える教育を構想することが求められている．［西田芳正］

📖 さらに詳しく知るための文献

Byrne, D., 2005, *Social Exclusion*, Open University Press（＝2010，深井英喜・梶村泰久訳『社会的排除とは何か』こぶし書房）．

Lister, R., 2004, *Poverty*, Polity Press（＝2011，松本伊智朗監訳『貧困とはなにか』明石書店）．

松本伊智朗ほか編，2016，『子どもの貧困ハンドブック』かもがわ出版．

少子化問題

☞「少子化と子育て支援」p. 312
「学校統廃合」p. 704

　少子化とは端的にはある国の出生数が減少することであるが，とりわけ出生率が人口置換水準を下回る場合に問題化される．「人口動態統計」によると，2014年現在，日本の1年間の出生数は100万3529人，合計特殊出生率は1.42，人口置換水準は2.07である．「日本の将来推計人口」によれば，現在の出生率が維持される場合，2050年の日本の人口は9700万人に減少すると予想される．日本で少子化が社会問題として認識されるようになった契機が，1990年の1.57ショックである．前年の合計特殊出生率が1966年の丙午のそれ（1.58）を下回ったことから（丙午に生まれた女性は男を焼きつくすという迷信から，出産が忌避された），人口減少に対する危機感が顕在化した．少子化に伴う人口減少や人口構成の変化は，労働力の供給不足とそれを補うための移民受入れの是非，国内市場規模の縮小，社会保障制度や教育制度の再編などさまざまな影響を及ぼす．以下では，少子化が及ぼす学校および地域への影響について概説する．

●**少子化と学校**　年少人口（0〜14歳）の減少が学校制度に与える最大の影響は，適正な規模の児童生徒数を維持できずに，学校の統廃合が促進される点にある．前掲の推計によれば，2015年現在1500万人台の年少人口は，2060年には800万人弱になるとされる．適正規模の程度に関してはさまざまな意見があるが（学校教育法施行規則等の法令では小学校1校につき12〜18学級が標準とされる），年少人口の減少に伴い，文部科学省は学校の適正規模・適正配置に関する手引きを作成し，標準学級数を下回る場合，市区町村に学校統廃合を促している．

　少子化は学校の数だけでなく，教職員の配置にも影響を及ぼす．教職員の基礎定数は法令によってその標準的な数が定められており，当該法令を機械的に適用すれば，児童生徒数の減少による教職員数の削減はまぬかれ得ない．財政支出の削減を目指す立場からは，少子化に応じて教職員定数も機械的に削減すべきとの主張もある．一方で，より手厚い配慮や支援を必要とする児童生徒が増えており，安易に教職員定数を下げるべきではない，加配定数を引き上げるべきとする意見もある．学校統廃合や教職員定数の議論にあたっては，少子化という背景と同時に，学校や教員の役割という点も十分に加味する必要がある．

　一方，学校には地域社会統合のシンボル的な意味合いもある．小学校の校区は，行政的に市区町村内を画するだけでなく，住民の生活圏域を定める目安としても機能する．また，同じ小中学校を卒業したという事実は，世代間での連帯感も生み出す．学校統廃合の促進は，こうした地域と学校との関係を変化させる．農山漁村部だけでなく都市部でも，多くの小中学校が廃校となっているが，学校

がなくなった地域で住民の離散が相次ぐという悪循環に陥っているところもある．地方創生という観点からは，地域社会における学校の重要性を再認する必要がある．同時に，学校だけの問題ではなく，少子化と人口減少によって地域社会の存続そのものが危ぶまれるところもある．それを象徴するのが限界集落問題である．

●少子化と地域社会　限界集落とは大野（2005）が提起した概念で，65歳以上人口が人口比の50%以上を占め，近い将来，自治活動などを行うことが困難になると予想される集落のことである．農山漁村部だけでなく，高度経済成長期に開発された団地など都市部にも存在する．こうした問題意識を自治体単位に敷衍したものに，「消滅可能性都市」（増田編著 2014）という議論がある．自治体ごとの20歳から39歳までの女性の人口と都市部への人口流出の度合いをもとに，人口減少によって将来消滅する可能性の高い自治体を抽出したものである．

　後者の議論に対しては，その問題性も指摘されている．増田編著（2014）では，選択と集中の論理に基づいて，地方中核都市に人口を集積する「人口ダム論」が提起されているが，こうした論理は現に活動している地方の集落まで切り捨てることにつながるとの批判がある（山下 2014）．ただし，こうした諸議論の背景には，少子化による人口減少が日本社会にとって喫緊の課題であるという問題意識は共有されており，少子化・人口減少のなかで，地域社会の持続可能性をどうはかるのかという点が，今後の地方創生においては最も重要な観点となる．

　そのための方途としては，第一に子どもを生み育てやすい環境を形成することである．これは一般的に少子化対策として言及される点である．第二に，都市部から地方への人口の還流の形成である．そもそも出生率自体は一般的に都市部よりも地方の方が高い（2014年現在東京都の出生率が1.06なのに対し，沖縄県は1.86である）．にもかかわらず，特に地方において限界集落や「消滅可能性都市」が問題となるのは，進学や就職を機に都市部へと若年人口が流出するからである．都市部への人口の流出の防止および流出した人口の還流という点が，地域社会の持続可能性という点からは重要となる．第三に，人口減少に対応した制度へと再編・見直しをすることである．

　人口減少はすでに始まっているうえに，今後加速化することが確実である．高い確度でそうした事態が予想される以上，人口減少に対応した地方自治制度や社会保障制度，教育制度の再構築が求められる．　　　　　　　　　　　［東野充成］

📖 さらに詳しく知るための文献
増田寛也編著，2014，『地方消滅』中央公論新社．
大野晃，2005，『山村環境社会学序説』農文協．
山下祐介，2014，『地方消滅の罠』筑摩書房．

第9章

階層と教育

［編集担当：近藤博之・平沢和司］

概説：階層と教育 ……………………… 596
メリトクラシー …………………………… 600
機会の平等・結果の平等 ……………… 602
階層と教育 ………………………………… 604
非正規雇用 ………………………………… 606
世代間移動と世代内移動 ……………… 608
所得と世代間移動 ……………………… 610
学歴社会の展開 ………………………… 612
学歴社会における選抜 ………………… 614

教育機会格差の趨勢 …………………… 616
教育機会の男女間・地域間格差 ……… 618
教育機会格差の文化的説明 …………… 620
教育機会格差の経済的説明と
　　合理的選択理論による説明 ……… 622
学校効果 …………………………………… 624
アファーマティブ・アクション ……… 626
困難を伴う家庭と教育 ………………… 628

概説：階層と教育

　階層と教育をめぐる議論は多岐にわたるものの，ここではまず，①階層とは何かを概観し，議論を，②世代間移動と再生産，③学歴の効果，④教育機会の不平等に大別して第9章各項の位置づけを示す．さらに，⑤それらを検証する代表的なデータとしてSSM調査について紹介したうえで，⑥メリトクラシーのゆくえを探る．

●**階層とは**　階層とは何か，階級とどう異なるかについてはさまざまな議論がある（「階級と階層」p.100）が，ここでは資源の保有量が同じか似ている人々の集合体（の全体と個々の層）を階層ととらえておく．資源には経済的資源（お金や土地など），関係的資源（有力者とのつながりや権力・威信），および文化的資源（知識や教養）などいくつかの形態があるけれども，いずれにせよ階層自体は抽象的な構成概念なので，実際の分析では具体的な指標（変数）に置き換えて測定する必要がある．したがってどの資源に着目するかで指標が異なってくるが，社会学者による実際の分析で多く用いられているのは，諸資源を全体的に反映していると考えられる職業か所得である．それらをいくつにどう分けるかに関しては，目的に応じてさまざまな分類が提案されている（「階層と教育」p.604）．

　人は出生から死に至るライフコース上で出身階層と到達階層という二つの階層を経験する（p.601の図1参照）．出身階層（図1中では出自）とは，着目している個人が生まれ落ちた家族が所属する階層である．子どもは無職なので自らの職業によって階層を決めることはできない．そこで代わりに親（多くは父親）と同じ階層に所属しているとみなす．他方，到達階層とは，その個人が成長し就業した後に所属する階層で，原則として本人の職業によって決まる．したがって，到達階層は自らの意思によって選択することができる（獲得的である）のに対して，出身階層は選ぶことができない（属性的である）という大きな違いがある．

●**世代間の階層移動と再生産**　もし選択できない出身階層によって到達階層が顕著に異なるのであれば，不平等であろう．個人の選択によらない，出自の違いによってもたらされる結果の差異は小さいほうが望ましい，というのが近代社会の理念だからである．そのため到達階層が出身階層にどの程度，影響されているかが問われることになる．これが世代間移動の問題である（「世代間移動と世代内移動」p.608）．出身階層と到達階層の間で階層移動が多く生じていればより平等な社会，移動が少なければ再生産が生じた閉鎖的な社会だとひとまず判断される．1960年代には産業化に伴って社会が流動的になるという仮説が提唱されたが，実際には必ずしもそうなっていないとする報告（FJH仮説が典型的）が多く，事実上の定説になってきた．1990年代に入ると一部の先進諸国で顕著な流動化

が確認されているが，日本では長期間にわたって移動機会の格差はあまり変化していないとされる．

こうした研究では，社会全体の流動性だけでなく，特定の階層の開放性も検討されている．日本では農業層，自営層，および専門職層で，閉鎖性の高いことが知られている．このうち農業層は土地の，自営層は資本や物的資産の継承が親子間でなされることが多いので，閉鎖性を直感的に理解しやすい．それに対して専門職層では，専門職という地位が親子間で直接的に継承されるとは考えにくい．専門職に就くには，学校における長期間の訓練と公的な機関による資格の取得が必要だからである．したがって当該個人がどのくらいの期間，どのような教育を受けたか，すなわち学歴（p.601 図 1 中では教育）に着目することが，きわめて重要になってくる．さらに，学校化した社会では，専門職に限らず学歴による職業の選抜が自明視されやすい．

●学歴の効用　学歴はどの段階まで学校教育を受けたか（高卒か大卒か）と，同じ段階でどの学校を卒業したか（学校歴）の双方を指す用語だが，ここではいずれも学歴という．学歴社会とは，個人の到達階層が学歴によって規定される程度の高い社会と考えられている．言い換えれば，学歴によって職業や平均所得が異なる社会であり，それが図 1 では教育から到達への矢印で表現されている．

かつては，個人がどの職業に就くかが慣習や縁故から学歴に収斂するにしたがって，学歴社会化が進展するという仮説が支配的であった（「学歴社会の展開」p.612）．けれども産業構造が変化し高学歴化が進行した社会では，いわば学歴のインフレが生じるので，また学歴が必ずしも生産性に関する有効なシグナルではなくなるので，学歴と到達階層との関連が弱まるとの仮説も近年，提起されている．日本では，学歴と実力は異なり，いったん取得した学歴が学校卒業後の生活世界でも隠然たる力をもっているなど，学歴（社会）を問題化する視点が浸透していた．そうした発想に照らせば，学歴社会は変容することが期待される．

ただし日本では今のところ，学歴によって職業が異なる傾向に変化はみられないとする報告が多い．そこで，さまざまな批判にもかかわらず，なぜ学歴社会が続くのかを問うことが肝要である．その解明のためにも，到達階層の指標が従来の仕事の内容だけで十分なのか，検討が必要である．就業者のおよそ 3 人に 1 人が非正規雇用に従事しており，その所得の低さや社会保障の不十分さが深刻なだけに，今日では学歴との関連のみならず従業上の地位が看過できない論点となっている（「非正規雇用」p.606）．

●教育機会の格差　好むと好まざるとにかかわらず学歴社会が堅牢であるならば，どのような学歴を取得するかがその後の到達階層を左右するだけに，きわめて重要である．そこで大学すなわち高等教育（短大・専門学校などを含めて中等後教育ということもある）を受ける機会が，出身階層によって異なるのかどうか

が問われる（図1中の出身→教育）．もちろんどの学歴を得るかは，本人の特性や希望に基づく選択による部分もあるが，大半の中高生が大学進学を希望していることが，多くの調査からわかっている．しかし実際には，その全員が大学に進学できるわけではない．したがって，一部の階層出身者には社会的な制度の不備によって，何らかの制約が課されていると考えられる．

そこでなぜ出身階層によって学歴が異なるか，そのメカニズムを明らかにする必要がある．大学へ進学するには入学試験を突破しなければならないので，格差の要因としてすぐに思い浮かぶのは本人の学力である．学力を高めるには通塾など学校外の有償の教育が有効とされるので，出身家庭の経済力も進学格差の要因であろう．ただしたとえ同じ学力であっても出身階層によって進学率が異なるので，経済的な説明のほかに，文化的な説明も想定される（「教育機会格差の文化的説明」p.620）．学力については，同じ学校に勉強熱心で優秀な友人がいると高まるなど，出身階層の直接的な影響のほかに学校独自の効果も予想される（「学校効果」p.624）．さらに近年では，個人はそうした制約のもとで合理的な選択をしているとする相対的リスク回避仮説が提唱され，注目を集めている（「教育機会格差の経済的説明と合理的選択理論による説明」p.622）．また性差や地域差も忘れてはならない要因である（「教育機会の男女間・地域間格差」p.618）．

●**機会格差の趨勢**　こうした仮説を検証する際に留意する必要があるのは，大学進学率が上昇していることである．直感的には，多くの人が大学に行くようになれば，出身階層による進学格差は自然と解消するように思える．もちろん大学進学率が100%になれば格差は生じようがないが，実際には50%を超えた程度である（「教育機会格差の趨勢」p.616）．そのため進学率が上昇してもその恩恵を最初に享受するのは恵まれた階層出身者である．次第に大学進学は当然となるので，どの大学や専攻に進学するかに格差の焦点が移るといった議論のほか，日本でも高等教育を受ける機会の格差は縮小に向かっているとする報告もある．さらに進学希望者数と大学入学者数が近接するようになった昨今は，推薦など必ずしも学力によらない大学入試も広範に実施されており，学歴社会における選抜の内実やその変容を吟味することも試みられている（「学歴社会における選抜」p.614）．

●**SSM 調査の概要**　以上のような議論や仮説の検証に用いられるデータは，関心や規模によって多様だが，日本で最も長期にわたって実施されている調査は社会階層と社会移動全国調査（SSM 調査）である（表1）．対象者は，第3回までが20〜69歳の男性，第4回以降は女性が加わり，最新の第7回は20〜79歳に拡張された．調査票は毎回すべてが同じではないが，本人以外も父親の学歴や職業など中核部分は，同一項目の回答が蓄積されている．さらに第7回調査では，ひとり親家庭で育った子どもの学歴がなぜ低いのか，といったこれまで見過ごされてきた問題を解明できるように，親の婚姻歴など定位家族についての情報も収集

するように改善されている（「困難を伴う家庭と教育」p. 628）．

●メリトクラシーのゆくえ

　もっとも，データは実態の把握と仮説の検証に必須とはいえ，データがあれば教育と階層に関わる問題がすべて解明されるわけではない．メリトクラシーをどう評価するかという規範的な問題を避けて通れないからである．メリトクラシーは多義的な概念だが，一般には個人の知的能力に応じて社会的地位が配分されることを指し，そうして選抜された者が支配的な力をもつ社会がイメージされている（「メリトクラシー」p.600）．メリトクラティックな社会は，個人のエスニシティや家柄など生得的な属性によって地位が決まる社会に比べれば，はるかに平等であろう．

　そこでは自らの能力を頼りに競争した結果生まれた差異（結果の不平等）は，問題視されないことが多い．しかし能力が高くても，育った家庭の所得が低いために大学に進学できないなど，競争の出発点における格差（機会の不平等）はできるだけ除去されなければならないとされる（「機会の平等・結果の平等」p.602）．近年は2世代の所得に関する情報を用いて，結果の不平等と機会の不平等の関連を探る研究も現れていて興味深い（「所得と世代間移動」p.610）．

　ただし機会の平等の現実や，結果の平等との理論的な区別は容易ではない．黒人に大学の入学枠を設けた1960年代のアメリカでは，白人から逆差別だとして多くの裁判が起こされた（「アファーマティブ・アクション」p.626）．この例は日本には当てはまらないとはいえ，機会の平等とはどういう状態か，どのような社会を目指すのかなど，教育と階層をめぐる問題は，実証的な研究のほかに，今も我々に難題を突きつけている．　　　　　　　　　［平沢和司］

表1　SSM調査の概要

回（調査年）	種別	設計標本数	回収標本数	回収率
第1回（1955）	区部	1,500	1,138	75.9%
	市部	1,500	1,230	82.0%
	郡部	1,500	1,309	87.3%
第2回（1965）		3,000	2,158	71.9%
第3回（1975）		4,001	2,724	68.1%
	威信	1,800	1,296	72.0%
第4回（1985）	A票	2,030	1,239	61.0%
	B票	2,030	1,234	60.8%
	女性	2,171	1,474	67.9%
第5回（1995）	A票	4,032	2,653	65.8%
	B票	4,032	2,704	67.1%
	威信	1,675	1,214	72.5%
第6回（2005）		13,031＊	5,742	44.1%
第7回（2015）		15,603＊	7,817	50.1%

（注）　＊は有効抽出数を表す．
（出典　原［2000, p.xvi］から転載，第6・7回については筆者が加筆）

📖 さらに詳しく知るための文献

平沢和司ほか，2013，「社会階層と教育研究の動向と課題―高学歴社会における格差の構造」『教育社会学研究』93，pp.151-191.

メリトクラシー

☞「近代化・産業化と教育社会学」
p. 44 「属性原理と業績原理」
p. 84

　地位の配分を個人の知的能力に基づいて行う仕組みを広くメリトクラシーと呼んでいる．個人の社会的地位を決める要因は，知的能力以外にも家柄，財産，人種，民族，性，年齢，体格，性格，運など多様なものがありうるが，集合的な属性ではなく，役割遂行の達成的な観点から，個人がもつ顕在的あるいは潜在的な能力を重視すべきであるとする考えを表している．もともとはイギリスの社会学者ヤング（Young, M. D.）が著した空想物語 *The Rise of the Meritocracy*（Young 1958）のなかの造語だが，「生まれ」ではなく「能力」重視の側面が，現代の学校化された社会のなかで一定のリアリティを獲得し，政治的文脈において社会の理想状態を表す一つのイメージとして，また社会構造の特徴をデータを用いて記述する際の基準モデルとして社会科学の世界に定着してきた．ヤングは物語のなかで「知能＋努力＝メリット」の定式を与えているが，現実の世界でメリットがそのようなかたちで測定されることはない．一般には，個人の教育経験をメリットに読み替え，地位達成が学歴によって決まっている様子を指してメリトクラシーと呼ぶことが多い．そのことを踏まえて「学歴メリトクラシー」（近藤1990a）または「教育によるメリトクラシー」（Goldthorpe & Jackson 2008）といった表現もなされる．

●**メリトクラシー概念の多義性**　ヤングが描いたのは，1958年までのイギリスの学校を中心とした実際の歴史とそこから2033年までの展開を予測した架空の歴史である．その全体をヤングは家族とメリットの二つの選抜原理の闘争ととらえている．両者の関係は，出自-教育-到達の地位達成の関連図を用いて説明することができる．近代以前の社会で個人の地位を決める有力な要因は家族的出自であった．そこに近代的な行政組織や専門職制度が発達してくると，「才能に対して開かれた地位」の言葉に象徴されるように家柄よりも個人の能力が人材選抜の基準として重視されるようになり，教育訓練や資格あるいは選抜試験の結果が到達地位に決定的な影響を及ぼすようになった．しかし，能力形成および能力証明の機会がすべてのものに開かれていなければ，出自と到達の関係は家庭の経済力に支配されたままである．そうした現実を前に，イギリスに限らずどの国でもさまざまな教育改革を通して不平等を是正する取組みがなされてきたが，民主的な学校制度とコンピュータの発達が機会平等化を極限にまで推し進め，やがて個人がもつ本来的な能力を正確に評価し，より分ける仕組みができあがっていくというのがこの空想物語の後半部である．

　このように社会体制を特徴づける広義のメリトクラシーは平等の理念に近いと

ころで理解されているが，地位配分原理として言及される狭義のメリトクラシーは，むしろ平等の観念に対立するものとみなされている．例えば，ベル（Bell, D.）は1970年代のアメリカを席巻した「結果の平等」の議論を属性主義に立つものとして批判し，脱工業化社会では個人の能力を重視するメリトクラシーが必然的傾向となることを，人的資本の概念に言及しつつ強調している（Bell 訳書, 1975）．そのようにアメリカでは，大学入学機会や所得分配において能力主義や成果主義の原理を表すのにメリトクラシーの語が用いられることが多い．また，それと同じ地平でメリトクラシーがIQによる選抜と同義に解釈されることも少なくない（Herrnstein & Murray 1994）．

●**メリトクラシー化仮説の検証**　社会の近代化が進み，教育や職業の制度が発達してくれば，図1に表されるように個人の到達地位が教育によってのみ規定され，出自の影響力が直接的にも，間接的にも制限された関係が成立すると予想される（図中の点線は関係が薄れていくことを表している）．この予想はIMS仮説

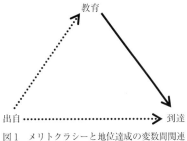

図1　メリトクラシーと地位達成の変数間関連

と呼ばれる．しかし，多くの国で多時点のデータを用いてなされた計量分析は，教育拡大が進んでも出自と教育，出自と到達の関連が消失せず，世代間の地位関連が安定的に維持されていることを明らかにしている（Shavit & Blossfeld 1993；Breen 2004；石田ほか編 2011）．この結果については，①社会的な格差や不平等がメリトクラシーの実現を妨げている（途上），②学校には家族の影響力に対抗する力がそもそもなく関係の根本的な変化は期待できない（再生産），③すでにメリトクラシーが実現し，メリット階級による世代継承がとらえられているだけである（回帰），という三つの異なる解釈が与えられている．

他方，多様な角度からメリトクラシー概念の矛盾や限界も指摘されている（Fishkin 1983；Goldthorpe 1996）．実際，狭義のメリトクラシーは次世代の家庭環境の格差を容認し，個人のライフチャンスに差をつくりだす点で，広義のメリトクラシーと両立しない．また，ヤング自身も，物語はメリトクラシーの世界がいかにエリートの傲慢さを助長し，大衆を無力化するかを描いたものだとして，現実世界でのこの語の安易な使用に警告を発している．　　　　［近藤博之］

📖 さらに詳しく知るための文献

Young, M. F. D., 1958, *The Rise of the Meritocracy*, Thames and Hudson（＝1982, 窪田鎮夫・山元卯一郎訳『メリトクラシー』至誠堂）．
Bell, D., 1973, *The Coming of Post-Industrial Society*, Basic Books（＝1975, 内田忠雄ほか訳『脱工業化社会の到来』ダイヤモンド社）．

機会の平等・結果の平等

☞「階層と教育」p.604

　日本の教育基本法の第4条には，次のように書かれている．「すべて国民は，ひとしく，その能力に応じた教育を受ける機会を与えられなくてはならず，人種，信条，性別，社会的身分，経済的地位又は門地によって，教育上差別されない」．そして，障害のある者への支援，ならびに能力があっても経済的に就学が困難な者への奨学の措置が規定されている．世界各国は，ほぼ共通して教育機会の平等を法的に定めており，第二次大戦後の世界各国を見ると，性別，人種などの属性による教育機会の格差は縮小してきた．しかし2014年にノーベル平和賞を受賞したパキスタン女性マララ・ユスフザイ（Yousafzai, M.）に象徴されるように，人種や性別にかかわらず，誰もが平等に教育を受ける権利を保証することは，グローバルには未完の課題である．教育機会の平等は，依然として世界各国が共有する社会発展を促進するための原則である．

●機会の平等と結果の不平等　他方，現代社会では職業的地位，所得，権力などの不平等が現存し，消滅した例はない．そこでは出自・教育機会・到達階層の関係が繰り返し問われてきたが，地位や所得の結果の平等よりも，高い報酬を獲得する機会の平等，上昇移動の機会の平等に関心が向けられてきた．子どもたちは，出自や性別，人種など自分では変更できない属性にかかわらず，同じスタートラインに立つことができ，能力と努力によって教育段階を通して競争し，競争の結果として異なる地位や報酬を得る．個人の能力と努力によって地位や報酬が再編成される社会の仕組みが，メリトクラシーである．メリトクラシーは，機会の平等と公平な競争を前提としているが，地位や報酬の格差，すなわち結果の不平等を問題視はしない．むしろそれを正当化する考え方として近代産業社会に広く浸透してきた．

　メリトクラシーには光と影がある．光の部分は，1960年代までの先進諸国とりわけアメリカにおいて，きわめて肯定的に受け取られた．近代産業社会において，富の世襲よりも能力による社会移動が社会の活力になる．下層出身から上層出身までの生徒に対して，人生の初期の段階で平等な教育機会が提供されると，社会は「頭がよくて汗をかく」人物を公平に選抜して，指導的な地位に就かせることができる．このプロセスは世代ごとに刷新されるとよいと考えられた．

　しかし1960年代後半以降，メリトクラシーの影の部分を明るみにする研究結果が蓄積されてきた．コールマンレポートやジェンクス（Jencks, C.）の不平等研究，そして教育と社会階層に関する数多くの研究は，地位や報酬を獲得するための機会が各階層に平等に開かれていない点を指摘してきた．教育機会が拡大したとしても，教育達成の出身階層差は持続している．現在では，メリトクラシー

の提唱者，ヤング（Young, M. D.）が警告した影の部分，世代を通して不平等が固定化される，すなわち不平等の世襲化が進みつつあるとみられている.

●不平等の世襲化と結果の平等　21世紀になって，精緻な実証データによって所得の不平等のグローバルな拡大が，1980年代から進行している事実が示された．現在の不平等の水準は度を越しており，出発点の平等だけではなく，事後的な結果への介入が必要との認識が高まってきた．結果の不平等は，次世代の機会の平等に直接影響するから是正されなければならない．経済的な結果の決定要因は一般に，家族の資源など個人の力ではどうすることもできない「環境」に起因するものと，個人が責任を負える「努力」に分けられる．機会の平等は，「環境」が結果に影響を及ぼさない場合に達成される．ただし「努力」も，家庭の経済状態や育てられ方の違いといった「環境」要因と無関係ではない．ローマー（Roemar, J.）は，環境条件（IQも含む）の差異を考慮したうえで，「努力」水準が同じ者に対して機会が平等に提供されることを理論的に提唱している.

　結果の平等は，より広い正義論に基づいて主張されてきた．最も影響力の強い理論として，ロールズ（Rawls, J.）の「公正としての正義論」がある．この理論において，社会的・経済的不平等は次の二つの条件を満たさなければならない．第一は，最も恵まれない立場にある人の利益を最大にすること（格差原理），第二は，公正な機会の均等という条件のもとで，すべての人に開かれている職務や地位に付随していること（機会均等原理）.

　ロールズの理論は，「基本財」（「権利と機会と権力，所得と富」といった「理性的な人間が何よりも欲しがると思われているもの」）の保有に焦点を当てる．それに対して，セン（Sen, A.）が提唱する「潜在能力」は，基本財を活用して福祉に転換する能力に注目する．人間の多様性のため，同じ基本財をよりよい暮らしに変える能力には差異がある．センは，機会について，人々が自分の果たす「機能」に応じて開かれているかを基準に判断すべきだとしている.

　センの多次元的な平等概念のなかで，所得は一次元にすぎないが，不平等の世代間連鎖に対して，やはり所得の不平等への介入が喫緊の課題となる．すでに児童手当の拡充を中心とした社会保障制度の強化や相続税の改革といった施策が提唱され具体化されている国もある．現状では，機会の平等と結果の平等は切り離して考えられない．エスピン＝アンデルセン（Esping-Andersen, G.）は，実証的な比較研究を踏まえて，北欧諸国を例に，経済的に恵まれない子どもに対する投資が将来的に国としての便益を高める点を指摘し，所得再分配による乳幼児の保育に対する公的支援策を拡充する重要性を強調している．　　　　［岩井八郎］

📖 さらに詳しく知るための文献
Atkinson, A. B., 2015, *Inequality: What Can be Done?*, Harvard University Press（＝2015，山形浩生・森本正史訳『21世紀の不平等』東洋経済新報社）.

階層と教育

☞「階級と階層」p.100 「機会の平等・結果の平等」p.602 「世代間移動と世代内移動」p.608 「学歴社会の展開」p.612 「学歴社会における選抜」p.614 「教育機会格差の趨勢」p.616

　「階層と教育」は，教育社会学における固有の研究領域であると同時に，ほかの領域とも深く関わっている．家族と教育，地域社会と教育をはじめ，教育現象の社会学研究においては，常にその背景として考慮すべき重要な側面ともなっている．階層と学校教育との関係でみると「出身」階層（出自）は学校教育を受ける機会に影響し，学校教育の結果としての学歴が主として職業を通じて「到達」階層を形成する側面をもっている．前者は教育機会の不平等問題であり，後者は学歴社会の問題といえ，教育社会学が古くから研究対象としてきた領域である（p.601 図1参照）．階層と教育との関係を，個人の側からみるなら地位達成過程であり，社会の側からみるなら階層化の過程となる．

●**階層の把握**　階層（社会階層）が社会的な不平等をとらえる概念であるという点には共通認識があるが，階層という用語には，人々を社会経済的な地位・層に分化させている状態やその特徴（social stratification）を指す場合と，共通した社会経済的な地位を占める層（social stratum）それ自体を指す場合があり，それには多義的なところがある．日本ではマルクス主義の影響が強く，社会階級（social class）は資本家階級-労働者階級を軸にとらえられるカテゴリーを指して使われてきたが，欧米では，それとともに層としての階層を指して階級と呼ばれることが多い．日本でも両者は徐々に区別されなくなる傾向にある．

　階層の分化には，所得や財産，社会的・政治的影響力などの多寡が関わる．主観的な自己の地位評価をはじめとして階層的な位置を把握する方法は多様だが，代表的な手法は職業を基準とするものである．現代社会において，職業は個人が占める社会的役割のなかで最も重要なものの一つで，勤労所得は職業によって左右され，企業など組織内での地位や，必要とされる知識・技能や学歴とも，職業は深く関わる．このため経済的な地位，勢力や知識・技能の違いを反映する階層上の位置を把握するのに職業は適していると考えられている．

●**職業分類を用いた階層指標・階層分類**　階層的地位を職業から把握する方法は，いくつか考案されている．この方法は，一元的な尺度や指標で階層的地位を把握するのか，あるいはカテゴリーとして把握するのかによって二分される．前者としては，職業威信スコア（occupational prestige score）や職業に関する社会経済的地位指標（socioeconomic index of occupational status）があり，後者には地位を考慮したさまざまな職業分類（階層分類）や国際比較研究で頻繁に使われるようになったEGP階級分類（EGP class classification, Erikson & Goldthorpe 1992）がある．

　職業威信スコアは，職業の社会的な地位を人々の主観的な評価から位置づけよ

うとしたものであり，日本でも社会階層と社会移動（SSM）調査において職業威信スコアが作成されている（直井 1979；都築編 1998）．また職業威信スコアを被説明変数とし，各職業カテゴリーの教育水準と所得を説明変数とする回帰式を求め，職業威信スコアが直接測定されていない職業にその回帰係数を用いてスコアを割り振る方法が考案された（Duncan 1961）．現在では，国際標準職業分類（ISCO）を用いて，各職業の教育と所得の水準に基づいて求められた職業に関する国際標準社会経済的地位指標（ISEI）が提唱されている（Ganzeboom et al. 1992）．この指標は，OECD の学習到達度調査（PISA）でも出身家庭の社会経済的地位指標の一つとしてデータセットに組み込まれている．

　カテゴリカルな階層分類としては，最も簡略なホワイトカラー，ブルーカラー，農業（漁業など含む）という 3 分類がある．一般的には 10 前後のカテゴリーで職業階層を把握することが多く，日本では，狭義の職業に基づく SSM 職業 8 分類や従業上の地位や企業規模を考慮した SSM 総合職業分類が用いられている．カテゴリカルな階層分類には，従業上の地位を考慮したものが多い．ヨーロッパの国際比較研究から生まれた EGP 階級分類にもこの点が取り入れられた．この分類は 11 カテゴリーを基本とする分類で，近年日本の研究でも使われるようになっている．先の ISEI に加えて，国際標準職業威信尺度（SIOPS）ならびに EGP 階級分類を，国際標準職業分類（ISCO88）をもとに作成する方法も紹介されている（Ganzeboom & Treiman 1996）．職業を用いた階層把握では，無職や専業主婦を階層構造のなかに位置づけられない．

●**階層化プロセスと学校教育システム**　階層と教育との関係は，初めに述べたように教育機会に出身階層が影響する過程と，その後の階層化に教育が影響する過程がある．このうち教育機会の不平等は，教育への費用支出を中心に階層が直接影響を及ぼす部分と，学力やアスピレーション形成などを媒介として不平等形成に関わる部分がある．PISA も，家族の社会的・経済的・文化的な階層状況を把握する指標を取り入れて，学力形成への階層の影響に迫ろうとしている．

　また後段の階層化に対する影響は，職業資格と学校教育との結びつきも含めてそれぞれの社会における近代学校教育の成立過程により異なる．学校教育システムのありようは，学校教育の階層化（stratification）の程度，標準化（standardization）の程度，さらには職業への特化度（vocational specificity）によって特徴づけられ，とりわけ階層化され特定の職業への特化されたカリキュラムをもつ学校教育システム（例えばドイツ）では，卒業生を階層化された労働市場へと送り込む力が強くなっている．こうした学校教育システムのありようと生徒の教育選択の自由度，それに加えて学校卒業後安定した職業へと移行するまでの期間の特徴が，学校教育の階層化への影響，換言すればその社会の学歴社会の特徴を形づくることになる（Kerckhoff 2001）．　　　　　　　　　　　　　［尾嶋史章］

非正規雇用

☞「学卒労働市場」p. 656「フリーター, ニート」p. 662

非正規雇用とは正規雇用以外の雇用であるが, 正規雇用は次の3点を満たす雇用とするのが一般的である. すなわち, ①労働契約の期間の定めがない, ②所定労働時間がフルタイムである, ③直接雇用である（労働者派遣のような契約上の使用者ではない者の指揮命令に服して就労する雇用関係ではない）（厚生労働省非正規雇用のビジョンに関する懇談会 2012）. これらすべてを満たす者以外の雇用形態が非正規雇用である. そのうえでも, 法令や統計上の定義は一律ではない.

ここでは, その数の趨勢把握などで用いられることの多い総務省「労働力調査」に基づく定義, すなわち, 勤め先での呼称が「パート」「アルバイト」「労働者派遣事業所の派遣社員」「契約社員」「嘱託」「その他」である者とする.

●**増加した若年非正規雇用者** 「労働力調査」において, この定義で把握できる最も古い時点は 1984 年であり, 当時の非正規雇用者割合（役員を除く雇用者に占める非正規雇用者の割合）は 15.3% であったが, 2015 年には 37.5% と大幅に増加している. とりわけ 1990 年代半ばから 2000 年代半ばにかけての若年層における増加は著しい（図1）.

●**非正規雇用の問題点** 非正規雇用については次のような問題点が指摘されている. 第一に雇用が不安定で, 景気の後退局面では雇用調整の対象となりやすい. 第二に低賃金で, 年齢・勤続による賃金上昇も少ないなど, 経済的自立が困難である. 第三に能力開発機会が乏しく, また培った能力が社会的に評価されにくいため, 正社員への移行などのキャリア形成が難しい. このほか, 職場の労働組合への加入資格がない場合が多く, ワークルールの適用も認知不足から十分に進んでいない. 企業の福利厚生や時には社会保障の枠組みから抜け落ちてしまうこともある.

一方で, 労働時間の柔軟度が高く, 正社員にありがちな長時間労働を避けやすく, また, 転勤がないこと, 正社員に比べて採用のハードルが低いことなど, 評価されている面もある.

1980 年代に拡大したわが国における非正規雇用の中心は既婚の中高年女性によるパートタイム労働であり, 若年非正規雇用者が増えた現在でも, そのことは変わらない. 前述の非正規雇用の特徴は, 性別役割分業観を支持する人が少なくないなかで, 既婚女性の働き方として労働者側からも大きな抵抗感を抱かれることなく受け入れられてきたことだといえる. そこに多くの若年男女が流入したことで, 非正規雇用のもつ問題性が改めて認識されるようになった.

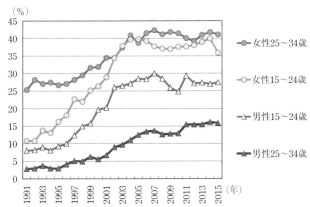

注：数値は役員を除く雇用者に占める比率を示す．2000年以前の25〜34歳については在学中を含む．

図1 若年雇用者（在学中を除く）における非正規雇用割合
(出典 2001年までは，総務省統計局「労働力調査特別報告」各年2月．2002年以降は同「労働力調査詳細集計1〜3月」．2011年は岩手，宮城，福島の各県を除く)

近年では，「労働契約法」の改正により有期労働契約が反復更新されて通算5年を超えれば，労働者の申込みによって使用者は無期労働契約に転換しなければならないという無期転換ルールの導入や最低賃金の底上げなど，非正規雇用の問題点を改善するための施策が進められている．

●**非正規雇用と親の社会階層**　若年者において非正規雇用となりやすいのは，性別では女性であり，学歴別には低学歴者である．15〜34歳の中学・高校卒業者における非正規雇用割合は，女性で55.0%，男性で24.1%であり，大卒の同24.6%，12.6%に比べるとかなり高い（「労働力調査詳細集計」2015年1〜3月）．学歴が若年期の雇用形態に及ぼす影響は大きい．

労働政策研究・研修機構（2012）では若年層に対するアンケート調査に基づき親の学歴および生家の経済的豊かさと本人の雇用形態との関係を検討している．2001年以来継続的に行われている調査で同じ視点からの分析が重ねられているが，最新の分析では，親の学歴や生家の経済的豊かさによって本人の学歴は異なり，本人の学歴によって雇用形態は異なるが，親の社会階層が直接には本人の雇用形態に影響していない可能性が高いことを指摘している．高等教育を卒業するか否かで労働市場は異なり，また，非正規雇用と正規雇用の間には処遇格差と同時に移動を阻む壁がある．これらの要因が，貧困の連鎖を強くする可能性がある．

［小杉礼子］

世代間移動と世代内移動

☞「階層と教育」p. 604 「所得と世代間移動」p. 610

　出生から死に至る人生の軌跡（ライフコース）のなかで，人々はさまざまな社会的地位を経験していく．個人のライフコースの出発点として考えられるのが，生まれ落ちた家庭の社会経済的な環境であり，具体的には父親・母親の学歴，職業，所得などの要因により決定される．世代間移動は，この出発点としての親世代と子ども世代の間の社会経済的地位の移動を指す．例えば，父親が農業作業者で息子が医者であれば職業的地位の移動が世代間で起こっていることを意味する．世代内移動は，個人の世代内のキャリアに焦点を当てたもので，例えば，労働市場に参入して最初に就いた職業（販売店員）から，訓練や経験を積みながら現職（資材管理部長）へとたどり着く過程を跡づけていくのが世代内の移動の分析である．

●**世代間移動の研究**　世代間の移動は，学歴，階層，所得などさまざまな社会・経済的な地位に関する移動を分析することができるが，多くの社会学的研究は階層や職業的地位に焦点を当てた分析を行ってきた．エリクソン（Erikson, R.）とゴールドソープ（Goldthorpe, J. H.）は，産業社会の世代間の階層移動を分析し，父親世代と息子世代の七つの階層による二重クロス表をもとに対数線形・非線形モデルを適応して吟味している（Erikson & Goldthorpe 1992）．分析では，絶対的移動と相対的移動という二つのタイプの移動を区別している．前者は，親子が同じ階層にとどまらない比率を表す全体移動率，ある特定の出身階層からの流出を示す流出率，特定の到達階層へ流れ込む比率を示す流入率などの指標を指す．後者は，世代間の階層構造（周辺分布）をコントロールした後にみられる出身階層と到達階層の間の関連を指し，異なる階層出身者の移動チャンスを比較するオッズ比などの指標が用いられる．相対的移動は，出身階層が個人の地位達成にどの程度影響を与えるかを示し，社会がいかに開かれているかを表す流動性・開放性の指標として用いられてきた．エリクソンとゴールドソープは，絶対的移動については産業社会間でそれぞれの国の経済発展に関する軌跡の違いを反映し違いがみられるが，相対的移動については産業社会に共通する中核パターンがあることを示した．

●**世代間移動の趨勢**　産業主義の仮説では，産業化の進展に伴い学歴など業績主義的な原理により社会的な地位が配分されるようになるため，社会の流動性は高まると予測された．他方，フェザーマン（Featherman, D. L.）・ジョーンズ（Jones, F. L.）・ハウザー（Hauser, R. M.）によれば，成熟した産業社会では家族はもてる資源を最大限に利用して有利な地位を再生産させる傾向があり，必ずしも流動化は進展しないことを予想した（FJH仮説，Featherman et al. 1975）．エリクソ

ンとゴールドソープの研究では，FJH 仮説を支持する結果が報告されているが，その後 1990 年代のヨーロッパの世代間移動研究では，いくつかの国で流動化が顕著に進行したことが報告されている（Breen ed. 2004）．他方，日本の 1990 年代後半以降の格差社会の議論では，世代間移動の機会が減少し社会の閉鎖性が高まる傾向が指摘されてきた（佐藤 2000）．しかしその後の研究では，1990 年代後半以降に世代間移動の機会が顕著に減少したとはいえず，戦後 60 年間を通じて移動機会の格差は安定的であることが報告されている（石田ほか編 2011）．

●**世代内移動の研究**　世代内の移動は，従業先の移動による転職，職業の変化，昇進や賃金の上昇など，多様な次元の移動研究が可能である．職業・階層に関する社会学的な研究に限ると，世代間移動と世代内移動の分析を合体して一つの枠組みにまとめた地位達成モデルが重要である．図 1 は，ブラウ（Blau, P. M.）とダンカン（Duncan, O. D.）が提唱したパス解析を用いた地位達成モデルである（Blau & Duncan 1967）．職業は，職業威信スコアに基づく連続的な職業の尺度である社会経済的指標により測定され，教育は学校教育年数という連続変数により測定されている．父教育，父職が回答者の社会的背景として回答者の教育達成，職業達成を規定するという図式である．

この図から父職と回答者現職間の世代間の職業的地位の関連について，直接的な効果と回答者教育を媒介とした間接的な効果の二つに分解できることがわかる．父職の直接効果は相対的に小さく，教育を通した媒介効果が大きい．さらに教育は父職とは独立して現職の地位を上昇させる効果が大きく，教育を通した移動の機会が開かれていると解釈できる．

地位達成モデルは，その後教育・職業アスピレーションなどの社会心理的変数を媒介要因として導入したウィスコンシン・モデルなどとして拡張され，人種や性別による地位達成の違いなども分析された．日本では第 3 回「社会階層と社会移動全国調査」の研究成果に地位達成モデルが採用された（富永編 1979）．

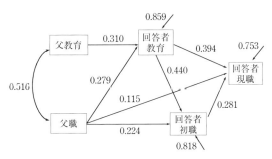

図 1　ブラウとダンカンによる地位達成モデル

📖 さらに詳しく知るための文献

Erikson, R. and Goldthorpe, J. H., 1992, *The Constant Flux*, Clarendon Press Oxford.
Blau, P. M. and Duncan, O. D., 1967, *The American Occupational Structure*, John Wiley & Sons.
石田 浩ほか編，2011，『現代の階層社会 2 階層と移動の構造』東京大学出版会．

所得と世代間移動

☞「世代間移動と世代内移動」
p. 608

　結果の平等と機会の平等は，経済学では，世代内の所得格差と所得の世代間移動の指標を用いて議論されてきた．近年，所得の世代間連関の推計，世代間連関と世代内分布の関係について，国際比較を通じて活発に研究されている．

●**所得移動の新古典派経済モデル**　所得の世代間移動と所得分布の理論的関係にミクロ経済学的基礎を与えたのはベッカーとトムズ（Becker & Tomes 1979）である（Becker 1990 に再録）．このモデルは，教育投資が労働生産性の向上を通じて賃金所得を決定すると考える人的資本理論を基礎に置いている．親は子の将来の生活を豊かにしてあげたいという愛情から教育投資を行うが，借入れや貯蓄の市場は存在しないと仮定すると，子への投資量は親の所得に依存する．親の最適投資問題を解くと，以下の関係が導き出される．

$$\log Y_c = \mu^* + \beta \log Y_p + pE_c \tag{1}$$

Y_p と Y_c はそれぞれ親と子の所得水準，E_c は子の人的資本初期賦存量（endowment），β は親の所得水準が 1% 上昇すると子の所得水準が何 % 変化するかを示す，世代間の勤労所得弾力性（intergenerational elasticity of earnings：IGE）である．人的資本の初期賦存量は，遺伝的資質，養育環境，親から受け継いだ文化や社会的地位などに影響を受け，親子間で系列相関をもつと考えられる．そこで，$E_c = \lambda E_p + v_c$ と仮定する．E_p は親の人的資本の初期賦存量，v_c は分散が σ_v^2 のホワイトノイズ，λ は人的資本の世代間継承率（degree of heritability）である．以上の設定のもとで，親と子の所得分布が定常状態になる場合の $\log Y$ の分散は $\dfrac{\alpha^2(1+\beta\lambda)}{(1-\beta^2)(1-\lambda^2)(1-\beta\lambda)}\sigma_v^2$ となる（Solon 1999, 2004）．

●**世代間の所得弾力性推計上の課題**　式（1）で誤差項 pE_c が親の所得と相関がなければ，子の所得を親の所得で回帰すると β の一致推定量が得られる．しかし少なくとも二つの問題が存在する．第一は，λ が 0 でない場合，子の人的資本の初期賦存量 E_c は，親の所得 Y_p と相関をもつことである．そのとき，単純な最小二乗法による推計量は一致性をもたない．第二は，式（1）を正確に推計しようとすると膨大なデータが必要となることである．理論的には Y_p と Y_c には生涯にわたる所得から恒常所得を計算して利用すべきであるが，便宜的に一時点の所得データを利用すると，所得が計測された年齢の影響を除去する必要があるのみならず，恒常所得と比較した誤差の存在が β の推計値に負のバイアスを与える可能性がある（Black & Devereux 2006）．また，β は所得分布内で一様であるとは限らないため，所得の遷移確率の計算も試みられている．

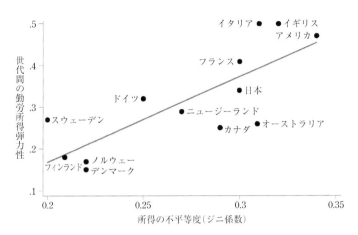

注:ジニ係数は1985年頃の可処分所得.世代間の所得弾力性は,おおむね,1960年代に生まれた世代の成人時所得に基づく.詳細はCorak(2013)を参照.

図1 グレート・ギャツビー曲線

(出典 Corak (2013) Figure 1, p.82 を出版元に許可を得て修正のうえ転載)

●**日本と世界の実証研究** 日本では,上田(Ueda 2009)は「消費と生活に関する家計パネル調査 1993-2004」を用い,IGEの推計値は男性(既婚)が0.4,女性が0.3程度とした.ルフラン(Lefranc)らはSSM1955-2005を用い,男女ともIGEは0.35程度とした(Lefranc et al. 2014).

近年,各国でIGEが計算され,計算方法の比較や,IGEの差の発生原因となる教育政策などの影響の検討が行われている(Ermisch et al. eds. 2012).その過程で注目を浴びたのは,横軸に所得格差の指標である「ジニ係数」を,縦軸にIGEを,国ごとにプロットした「グレート・ギャツビー曲線」(Great Gatsby curve, 図1)である(Corak 2013).図中,アメリカとイギリスは所得格差も世代間の格差の固定化も最も著しいグループに属し,その対極に,デンマーク,ノルウェーなどの北欧諸国がある.つまり,結果の不平等と機会の不平等はトレードオフの関係にあるわけではないようだ.日本は図のやや右上に位置しており,世代間の所得の固定化も所得格差も著しいグループに近いといえる. [赤林英夫]

📖 さらに詳しく知るための文献

Becker, G. S., 1990, *A Treatise on the Family*, Enlarged ed., Harvard University Press.
Corak, M., 2013, "Income Inequality, Equality of Opportunity, and Intergenerational Mobility," *Jonrnal of Economics Perspectives*, 27(3), pp. 79-102.

学歴社会の展開

☞「階層と教育」p.604「教育機会格差の趨勢」p.616

　学歴社会とは，個人の取得した学歴が，社会的地位や報酬などの配分の基準として重視され，実際に学歴が社会経済的な地位達成を大きく左右する社会を指す．この場合の個人の学歴には，例えば高卒者と大卒者の違いのように，履修した教育段階の違い（タテの学歴）だけではなく，同じ教育段階のなかにおける「どの学校を卒業したか」という学校歴の違い（ヨコの学歴）も含まれる．また学歴社会という言葉は，「学歴が地位や報酬の決定に大きく作用している社会」を意味するだけでなく，「人々が学歴の効用を重視し，学歴取得を強く望む社会」を指すものとしても用いられる．

●**近代化・産業化と学歴社会の展開**　歴史的にみれば一般に，社会の近代化や産業化に伴って学歴社会化は進んでいく．前近代社会では概して，生まれつきの身分や血統に基づいて地位や報酬が配分されるのに対し，社会の近代化とともに自由と平等の価値が浸透し，さらに産業化の進展に伴って経済活動の分業が進み，効率的な人材配分が求められるようになるにつれて，「どのような生まれであるか」（属性）よりもその個人が「何をなしうるか」（業績）に基づいて配分がなされるようになる．人々の学歴は個人の能力や業績と密接な関係をもつ（と考えられる）ことから，このような配分原理の転換に伴い，高い学歴をもつほど高い地位や報酬を得る傾向が強まるのである．

●**学歴社会を説明する枠組み**　ただし個人の学歴と業績や地位・報酬とがなぜ結びつくのかについては，いくつかの異なる説明がある．最もオーソドックスな説明は，学校教育は職務遂行に必要な能力・技術を向上させる機能をもつため，学歴が高い個人ほど高い水準の能力・技術を習得しており，このために高い地位・報酬が得られる，というものである（技術的機能理論，人的資本論など）．

　これに対し，スクリーニング理論やサロー（Thurow, L. C.）の仕事競争モデル（Thurow 訳書，1984）では，たとえ職務遂行に必要な能力・技術の向上に学校がまったく貢献しなかったとしても，高い学歴は肯定的に評価され，高い地位・報酬が与えられるとされる．学歴が高い人々は，入学試験や入学後のさまざまな試験を通過するために必要な知的能力や努力・忍耐力のもち主であると想定され，求職者の資質を十分に把握できない不完全情報下では，採用・選抜の際，職務遂行能力や将来的な訓練可能性の「代理指標」としてそれらが重視されるためである．

　一方，集団や階級間の葛藤的な関係に焦点を当てる葛藤理論では，個人の学歴と地位・報酬との結びつきは，業績主義の結果ではなく，身分集団間の力学関係

や階級的利害の反映として理解される．例えばコリンズ（Collins, R.）は，採用の際に学歴が重視されるのは，それが支配的な集団の文化への社会化の程度を示すからであり，またそれぞれの職業集団は自らの地位や権威を高めるために，一定の教育資格を参入要件として定め，さらにその要件を（仕事の内容自体の変化とは無関係に）引き上げてきたことを示す（Collins 訳書，1980，1984）．

●**後発国の特徴・日本の特徴**　学歴社会化は多くの国である程度共通して生じている現象であるが，その具体的な進み方には，国ごとに違いもある．例えばドーア（Dore, R. P.）は，産業化の後発国であるほど学歴社会化が進みやすいと主張する．後発国は産業化を進めるための技術や制度を先進国から輸入し，近代部門で働く人材の育成も学校教育が一手に担うことになる．人々は，伝統部門に比べて報酬水準が圧倒的に高い近代部門で就業するために学歴の取得を強く望むようになり，また高学歴化に伴って，就業に必要な学歴水準も軒並み上昇する「学歴インフレ」が生じやすいとされる（Dore 訳書，1978）．

　一方，日本独自の要因の作用も指摘されている．天野郁夫は歴史的な観点から，日本では職業資格制度の伝統が存在しなかったため，教育資格（学歴）が職業資格として読み替えられ，採用要件として利用されるようになったことを学歴社会の進展をもたらした要因の一つとして指摘する（天野 2006）．また，日本の企業では職務の内容や領域が明確に規定されず，職業的な技能もジョブローテーションを伴って入社後に養われる傾向が強いために，採用の際，すでに習得された特定の技能・技術よりも将来の訓練可能性に重きが置かれ，その代理指標として，個人の学歴の重要性が高まったといえる．学校間の入学難易度の序列が比較的明瞭なこともあり，このために日本では，「どの学校を出たか」というヨコの学歴の違いも重視されてきたと考えられるのである．

●**学歴社会批判**　一方，学歴が地位・報酬の配分に大きな役割を果たすようになるにつれて，さまざまな批判が提起されてもいる．例えばイリイチ（Illich, I.）は，学校教育を修了して卒業証書をもつことと，能力を有することを同一視してしまうような「学校化」現象に対して警鐘を鳴らす（Illich 訳書，1977）．また日本では，学歴の社会経済的効用が他の社会に比べて特に大きいわけではないにもかかわらず（藤田 1983；石田 1989；有田 2016 など），学歴の影響力の大きさや学歴と実際の能力との乖離を批判する社会的風潮が強かった．このような事実も，日本社会における学歴主義とそれへのまなざしの特徴を示しているものととらえられる（苅谷 1995）．　　　　　　　　　　　　　　　　　　［有田　伸］

📖 **さらに詳しく知るための文献**

Dore, R. P., 1976, *The Diploma Disease*, George Allen & Unwin（＝1978，松居弘道訳『学歴社会 新しい文明病』岩波書店．

天野郁夫，2006，『教育と選抜の社会史』筑摩書房．

学歴社会における選抜

☞「企業が求める学生像」p. 494
「階層と教育」p. 604

　現代産業社会では，人々が社会的地位を獲得する過程において直面するさまざまな選抜（社会的選抜）と教育は不可分に結びついている．それゆえ学校は，人々を選抜し，社会的地位へとふるい分ける選抜・配分機関として位置づけられてきた．そして，産業化が進むなかで，学校が社会的選抜の中心的な地位を占め，選抜・配分機関として果たす役割がますます大きくなることが予測された．このような学歴社会化は日本のみならず海外でも観察される共通の現象ではあるものの，教育を中心とした社会的選抜の様相は，その国の制度的状況で異なってくる．

●**選抜に基づく教育システムの理念型**　教育制度が，その国の社会的選抜そして社会階層構造に影響を与えていることはよく知られている．ターナー（Turner, R. H.）はアメリカとイギリスにみられる教育制度の違いを，組織的で慣行的な上昇移動規範の違いと関連づけた（Turner 1960）．一つは競争移動（contest mobility）でありもう一つは庇護移動（sponsored mobility）である．アメリカのような競争移動規範のもとでは，公平なルールのもとでさまざまな手段を用いて，高い社会経済的地位をめぐる競争が繰り広げられる．高い地位への到達可能性と機会が強調され，進学準備や学力の有無にかかわらず競争への参加を誰もが動機づけられる．早期選抜は行われず，可能な限り引き伸ばされる．一方，イギリスのような庇護移動規範のもとでは，高い社会経済的地位にいる者が次世代の高い社会経済的地位に到達する候補者を決定する．エリート候補生として早期に選抜された者が庇護されるため，機会は誰にでも開かれているわけではない．このような選抜プロセスに関する理念型は，その国の教育システムを理解するために有効であった（Hopper 1968）．ローゼンバウム（Rosenbaum, J. E.）は，アメリカ社会の規範ではなく現実に生じている移動形態を分析し，競争移動ではなくトーナメント移動（tournament mobility）だと主張する（Rosenbaum 1986）．このレジームでは，勝てば次の試合に進出可能だが，負ければ復活の余地のないトーナメント型の選抜が行われる．たとえ勝利したとしても，勝者同士の競争が続き，高い地位達成を得るためには勝利し続ける必要がある．

●**加熱と冷却**　社会的地位への適切な配分が達成されるためには，できるだけ多くの人が選抜の過程に参加する必要があり，そのためには事前に人々の意識が十分に加熱されている必要がある．だが一方で，選抜によって多くの敗者が生じ，選抜の維持・存続のためにはその者たちを適切に冷却する過程も必要になる（Clark 1960）．しかし，加熱されたうえで選抜され，その結果として冷却が生じるという単純な図式ではなく，選抜に敗れた者の再加熱も考慮する必要がある．

竹内（1995）によれば，日本では競争移動のように選抜が遅いわけでもなく，庇護移動のようにエリートに限った選抜が行われるわけでもない．日本の教育的選抜は，高校や大学が細かく序列化している傾斜的選抜システムである．トラッキングとは，「生徒の資質や学力，あるいはアスピレーションによって学級編成を同質化することを意図した学校の選抜システム」（Rosenbaum 1976；竹内 1995）であるが，このように日本の高校のトラッキングは，アメリカのような学校内部の学級間ではなく，主に学校間に存在している（学校トラッキング）．このシステム下では，日常的な模擬試験から中学生のアスピレーションの冷却が選抜以前で生じるが，それは単純に諦めにつながるのではなく，少しでも選抜性の高い高校を目指すといった，その後の競争における再加熱を伴う．また大学入学者選抜においては，過去の選抜結果（高校の選抜結果）は考慮されないため，高校入学後もリターンマッチ（再加熱）が活性化される．日本の移動形態は御破算型であり，層別競争移動なのである．これは，その後の職業における選抜にもあてはまり，有名大学卒でなくとも大企業に就職する機会は開かれている．

●**エリート選抜からマス選抜へ**　学歴社会における選抜は，その国における制度や規範だけではなく，それらの変化の影響を受ける．現代産業社会に共通した現象として，教育拡大（educational expansion）があげられるが，ますます多くの人々がより高い教育を獲得するようになるなかで，同じ国内においても社会的選抜の特徴が変化してくる．

　中村（2011）は，これまでの選抜に関する研究は主にエリート選抜を対象としていたが，教育拡大が生じた今日では，かつては進学しなかった層の選抜にも注目する必要があることを指摘する．中村（2002）は，日本と韓国の小学校から高校3年までの教育アスピレーションの比較から，日本は低めの水準の教育アスピレーションが徐々に高められていく加熱進行形であることを明らかにした．推薦入試に代表されるようなマス選抜の普及は，非進学校の高校生の一部を大学進学へと導く役割を果たしており，それは現在の日本の加熱進行形選抜システムの特徴を反映している．事前に十分に加熱された状態からどのように冷却そして再加熱されるのかに注目した議論では説明できない現象が，高等教育のマス化が進んだ日本で生じているのである．アメリカにおいても，教育拡大に伴い，冷却が生じる場面やそのありようが変容していると考えられており（Alexander et al. 2008），空間（規範および制度の差異）と時間（質的・量的変化）の二つの軸から学歴社会の選抜の実態をとらえる必要がある．　　　　　　　　　［藤原　翔］

　　📖 さらに詳しく知るための文献
竹内　洋，1995，『日本のメリトクラシー──構造と心性』東京大学出版会.
中村高康，2011，『大衆化とメリトクラシー──教育選抜をめぐる試験と推薦のパラドクス』東京大学出版会.

教育機会格差の趨勢

☞「属性原理と業績原理」p.84「階級と階層」p.100「メリトクラシー」p.600「機会の平等・結果の平等」p.602「階層と教育」p.604「学歴社会の展開」p.612「学歴社会における選抜」p.614「教育機会の男女間・地域間格差」p.618「教育機会格差の文化的説明」p.620

　教育を受ける機会とは，①近代社会における市民の資質や最低限の権利という文脈では，主に初等中等教育へのアクセスの機会を，②生涯学習社会における人々の興味・関心の充足や学習権という理念からは，特に成人後のあらゆる教育へのアクセスの機会を，③業績主義社会における社会的地位達成の手段を問題とする場合には，学歴達成の機会を，それぞれ意味する．このうち，教育社会学において特に注目されてきたのは，第三の観点になる．

　コリンズ（Collins, R.）の命名した技術的機能理論に従えば，社会の近代化に伴う産業・職業構造の高度化は，職業に必要な知識・技術の水準を高めるが，人材の養成と配分は主に学校教育が担うため，産業社会では高学歴化が進行する．また，パーソンズ（Parsons, T.）らは産業化の進展に伴って，能力や業績に基づく業績主義的地位配分が次第に優勢となり，属性原理は衰退すると予想した（Parsons & Shils eds. 訳書, 1960）．こうした前提に基づき，先進諸国における教育機会の趨勢に関する研究は，産業化命題，とりわけ能力による選抜の強化仮説（IMS 仮説）の検証という観点から進められた．

●**実証研究の知見**　ブラウ（Blau, P.）とダンカン（Duncan, O. D.）によるパス解析（p.609 図1 参照）を用いたアメリカ成人男性の分析結果は，調査対象者の職業（初職と現職）に強く関与するのは本人の学歴であり，それに比べれば出身階層（父親の職業）からの直接的な影響は小さいことを示したため，機会の平等化という趨勢把握に実証的根拠を与えるものとみなされた．日本社会においても，戦後の高度経済成長期に産業と職業の高度化と高学歴化が進行したため，IMS 仮説の見立ては正しいものと理解された．高度経済成長を経た 1970 年代に行われた実証研究も，世代間社会移動率の高さと，地位達成過程における学校教育の重要性の高まりを指摘するとともに，さらなるメリトクラシーの浸透を予想した．

　ところが，ログリニアモデルなどの新しい分析手法を適用したその後の実証研究は，職業構造の高度化や高学歴化といった社会構造の変動を考慮に入れると，教育機会の相対的格差は長期にわたって安定していることを明らかにした．このため，産業化の進行した社会における相対的格差の構造は一定であるとする FJH 命題（Featherman et al. 1975）や，階層差の縮小は上位層の進学率が飽和しても教育拡大がさらに進行する場合に限って生じるとする MMI 仮説（Raftery & Hout 1993）などが主張された．

　1990 年代以降の実証研究でも，国内外を問わず，格差の安定性を主張するものが大半を占めたが，分析技術のさらに発展した最近の研究には，少なくとも限

定された局面においては格差が縮小したと主張するものもあり，格差の趨勢把握については合意に至っていないのが現状である．しかしながら，社会の業績主義化に伴う平等化の趨勢を支持する結果は得られておらず，現在でも大きな階層差が残されているという認識は共有されている．

●格差生成のメカニズム　業績主義が浸透したはずの産業社会に教育機会の格差が残存している理由についてはさまざまな説明がなされてきたが，それぞれの立場は格差を生み出す原因や選抜システムへの理解に応じて，以下のように整理することができる．まず，ヘアンスタイン（Herrnstein, R. J.）のように，人種や階級による達成格差を，知能の遺伝によって説明する立場があるが，ここでは，生得的能力に応じたメリトクラティックな選抜が前提とされている（Herrnstein 訳書, 1975）．また，経済的資源の投入による学力形成や学費負担能力が学歴達成に影響する点に着目する立場は，生得的能力に応じた機会が与えられているとは考えないが，やはり選抜過程自体を疑問視するものではない．これに対し，文化的再生産論者は，葛藤理論の立場から能力の定義や評価方法に疑問を呈する．代表的論者とされるブルデュー（Bourdieu, P.）は，上位層の文化が正統文化として学校で教えられ，選抜の段階でも正統文化に依拠した能力基準と評価方法が半ば無意識のうちに採用されるため，上位層の子弟が高学歴と高い社会経済的地位を得ると認識している．ここでは能力概念の階級性や能力に応じた選抜という装いのもとに教育システムが不公正な選抜過程に加担していることが暴かれる（Bourdieu & Passeron 訳書, 1991）．一方，合理的選択理論の立場に立つブードン（Boudon, R.）は，能力の階級差だけでなく進路決定における格差の生成メカニズム（たとえ成績が同じでも，それぞれの進路に対する費用・便益・危険は社会的位置に応じて異なるため，それらについて合理的に判断した結果，進路選択の階層差が生じる）が重要な役割を果たしていると主張した．

　いずれの理論・仮説が正しいかの決着はついていないが，満足のいく説明とみなされるには，教育機会の長期的な変動と整合性をもつことが求められるといえるだろう．しかも，急激な社会変動のなかでも長期にわたって安定的に格差を生み出す要因が想定できないとすれば，ブードンが指摘したように，原因を特定要因に帰着させる単一的要因理論ではなく，格差の生成システムを解明する必要がある．　　　　　　　　　　　　　　　　　　　　　　　　　　　　［荒牧草平］

📖 さらに詳しく知るための文献

Blau, P. and Duncan, O. D., 1967, *The American Occupational Structure*, John Wiley & Sons.

Boudon, R., 1973, *L'Inégalité des chances: La mobilité sociale dans les sociétés industrielles*, Librairie Armand Colin（＝1983, 杉本一郎ほか訳『機会の不平等―産業社会における教育と社会移動』新曜社）.

Collins, R., 1971, "Functional and Conflict Theories of Educational Stratification," *American Sociological Review*, 36, pp. 1002-1019（＝1980, 潮木守一ほか編訳『教育と社会変動―教育社会学のパラダイム展開』上，東京大学出版会）.

教育機会の男女間・地域間格差

☞「学力・教育達成とジェンダー」p. 350「進路・ライフコースとジェンダー」p. 352「学生の教育機会と進路選択」p. 470「教育機会格差の趨勢」p. 616「教育の地方分権」p. 690

　教育機会の格差については，学歴が出身階層によってどう異なるかという階層研究の問題設定と並行して，性別や地域などの諸属性それ自体による違いも重要な研究テーマとなってきた．両性の平等，居住移転の自由の建前にもかかわらず存在する教育達成の男女間・地域間格差は，業績主義競争には，事実上，属性によるハンディキャップがあること（梶田［1981］のいう「属性に支えられた業績主義」）を示唆する．性別や地域による教育達成の差が，学力を統制しても残るとすれば，メリトクラシーが貫徹しているとはいえないためである．

●教育達成の男女間格差　教育達成の男女間格差を大学進学率でみると，4年制大学では男子 55.4%，女子 47.4% となっており（「2015 年度 学校基本調査」），短期大学を加えればむしろ女子が上回ることからも，特に 1990 年代以降は男女差が縮小してきた．進学行動や教育期待に対する出身階層の影響の男女差も小さくなり，女性の職業達成（例：正規雇用）における学歴（例：大卒）の重要性も増している（尾嶋 2002；岩井 2008 など）．この背景には男女雇用機会均等法の施行から 30 年以上が経過し，男女を異なる経路へと誘う労働市場の構造が，ゆるやかに変化してきたことがあげられる．教育達成の階層差が比較的長期にわたり安定的に推移している事実（平沢ほか 2013）とは対照的といえる．

　女子の教育達成は従来，男子に比して学力や学校タイプの影響を受けにくい反面，出身階層による差が大きいとされてきたが，近年では両者の違いが曖昧になってきた（多賀・天童 2013）．では，現在も男女の進路選択を異ならせるメカニズムとは何か．女子の将来の職業生活において，条件が不利な，男子との競争を避ける面を考慮した二つの説がある．一つは，親の教育投資意欲が子の性別によって異なるとする家族の経済学（家庭内資源配分）の説明である（平尾 2008 など）．もう一つは，学校組織自体に，女子「特有」とされる進路を選ばせる社会化機能が内在しているという学校社会学的な説明（中西 1998 など）である．

　現在，大きな男女差が残るのは，大学の専攻分野の違いである．特に理工系を専攻する女子は依然として少ない．これは，理系科目において女子の学力が低いためなのか．学校段階や調査によっても結果は分かれるが，実は小中学生の女子の学力は，国語で男子を明らかに上回るだけでなく，算数・数学でも男子との差はそう大きくないことが報告されている（妹尾・北條 2016 など）．理工系進学が少ない背景は，学力自体に加え，理系科目への態度（好悪）にも求められるが，その形成には業績主義的価値観が影響する（伊佐・知念 2014）．このことからも幼少期からの教育期待の形成過程が，今後の研究上の重要な焦点といえる．

●教育達成の地域間格差　教育達成の地域間格差を，やはり4年制大学進学率（男女計）で都道府県別にみると（「2015年度 学校基本調査」），最高の東京（72.8%）から，最低の鹿児島（35.1%）までの開きがある．こうした県間格差は，政府による高等教育機関の地域配置計画（大都市圏における大学等新増設の抑制）の導入や見直しもあって（小林 2009），1970年代半ば以降は縮小したが，1990年代からは拡大傾向にある（佐々木 2006）．地域の所得水準と進学率の関連の強さについても，縮小から拡大へ転じ，進学行動に対する県内の大学教育供給量の重要性も増してきた（上山 2011）．

　以上は集計データを用いた議論だが，個人に対する社会調査データを分析し，学歴や職業，所得などの属性の差を統制しても大学進学率の地域差は残る（中澤 2011 など）．地域差を生み出すメカニズムとして代表的なのは，10代を過ごした地域社会（態度決定地）における就業・教育機会の豊富さが，地位達成に影響するというリプセット（Lipset, S. M.）の説である．日本でも大都市圏出身者や，実家近くに進学先が多い者ほど高い学歴を得ることが明らかにされた（林 1997 など）．ほかには，大卒の賃金水準が大都市圏に比べて低い県ほど，県外進学を中心に大学進学率が高いことなどから，進学の便益も重要とする見方もある（朴澤 2016a など）．なお大都市圏と地方を比べれば，後者の方が学力は低いとされてきたが，「全国学力・学習状況調査」の結果，大都市圏にも平均的な学力水準の低い県があることや，地方にきわめて学力の高い県があることも判明しつつある．

　近年，若年者の地域定着傾向（地元志向）も指摘される．もともと地方出身者の進学移動は出身階層の影響が強いため（粒来・林 2000），地方における進学と階層の関連が強まれば，地元定着傾向も増すとみられる．出身県内での地位達成という（あえて大都市圏での競争には加わらない）選択を描いた吉川（2001）のモノグラフは，地元志向の一つの背景を掘り下げた先駆的な議論であった．ローカル・トラックの地域間比較が，後続の研究者には期待されよう．

●教育条件の地域間格差　教育システムのアウトプットからみた地域差に加え，初等中等教育におけるインプット（教育条件）の地域差も重要なテーマである．学級を基礎に公立小中学校の教職員定数を算定する方式は，人口の少ない地域に手厚く教員を配置する機能を果たしてきた（苅谷 2009 など）．近年，教職員人事の地方分権が進むなか，過疎地域における中堅教員の安定的確保はあらためて課題となっている．高校教育では，地方に多い小規模校で，大学入試向け科目の開設率が低いといった問題がある（山村 2008）．　　　　　　　　　　　［朴澤泰男］

　　📖 さらに詳しく知るための文献

Lipset, S. M., 1955, "Social Mobility and Urbanization," *Rural Sociology*, 20, pp. 220-228（＝1965，中村正夫訳「社会的移動と都市化」鈴木 広編『都市化の社会学』誠心書房，pp. 151-164）．

吉川 徹，2001，『学歴社会のローカル・トラック─地方からの大学進学』世界思想社．

教育機会格差の文化的説明

☞「変数間の類似性や関連性の布置」p. 196 「教育機会格差の趨勢」p. 616

　社会階級・階層に分かれた社会において，近代化が進展して学校教育が普及するに伴い，世代間の直接的な身分世襲や財産相続が排斥される傾向にある一方，本人の適性・能力や学歴・資格などの業績に基づく選抜・配分原理が支配的になっていく．しかし，出身家庭における日常生活のプラティック（慣習行動・実践）を通じて，知識・言語・作法・教養などの文化伝達を伴う社会化がなされ，それが本人の業績に転化されて教育達成の社会的不平等を生み出すことがある．この観点から，学校教育における公平中立の原則のもとで，能力主義による正当化がなされたかたちで社会階級・階層の再生産を企てる過程を文化的に説明する研究が，主に 1960〜1970 年代のイギリスとフランスで展開された．

●**文化的再生産**　フランスのブルデュー（Bourdieu, P.）らは，ベッカー（Becker, G.）の人的資本を拡張して，経済資本と社会関係資本に加えて文化資本の概念を考案し，それが出身家庭から相続継承されて教育に投資されることで，階級・階層構造に根ざした教育システムの文化的再生産が生じる過程を理論化した．文化資本は，言葉遣いや立居振舞いとして身につけられる身体化された様態，書物・絵画などの文化財を所有することによる客体化された様態，学歴・資格によって制度化された様態からなり，「必要性への距離」をとることが蓄積の条件となる．学校制度をはじめとする教育システムは階級・階層構造から相対的に自律しているが，文化資本の多寡を前提にした選別を行い，特定の身体化した知的・文化的態度性向（ハビトゥス）をもつ恵まれた者を学業成功に導き，能力や資質の卓越性を公式認証する象徴暴力を及ぼす限り，より社会的に隠蔽・正当化された階級・階層構造の再生産に貢献する．

　イギリスではバーンスティン（Bernstein, B.）が，言語コードの違い，学校カリキュラムの社会統制，知識や規範を伝達するペダゴジーの様態，それらを実践する人々のアイデンティティ形成などの視点から，教育の「内的関係」までを射程に入れた文化的再生産論を展開した．ウィリス（Willis, P. E.）は，労働者階級子弟の反学校文化に着目して，「男らしさ」などの文化制約を受けて自ら労働者階級を再生産するエスノグラフィー研究を行った．

　アメリカのボールズ（Bowles. S.）とギンタス（Gintis, H.）による階級的ヒエラルキーを反映した学校教育の対応原理や，アップル（Apple, M. W.）による学校知の権力を問い返すカリキュラム批判なども，文化的再生産に関する研究に含めることができる．

●**「正統的文化」の恣意性と象徴闘争**　これらの研究が開始されて 30 年以上が

たち，世界各国で経験的調査データに基づく研究も蓄積された．ブルデューらは，縦軸に資本総量，横軸に文化・経済資本の比重差からなる「交差配列構造」が観察されることを示した（図1）．当時のフランス上流階級の「正統的文化」は，文化資本の豊かな古典・前衛芸術と経済資本を注いだ商業芸術が対立して自由な創造性や無私性を競うディレッタントな卓越化がはかられ，そのもとに学校的な上昇志向の善意をもつ「中間文化」，必要性に従属した「大衆文化」が位置づけられ，それらの間に文化的再生産を企てる象徴的境界があると主張した．

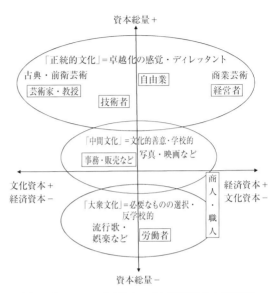

図1 ブルデューによる資本の「交差配列構造」（概略図）
（出典 Bourdieu, 1979, pp.140-141）

それに対し，ピーターソン（Peterson, R.）らは，アメリカの上位階層は，「正統的文化」に限らず折衷主義的に多趣味を寛容する文化的オムニボアであり，年齢・性別・人種・地域・宗教などに応じて少数の趣味しか選ばない下位のユニボアと対立するかたちで，象徴的境界が変化していることを示した．文化の正統性の定義づけは元来恣意的であり，教育や芸術などの文化資本の豊かな界＝場（champ）において歴史的に象徴闘争が繰り広げられるなかで形成されてきた産物である．日本においては，学歴社会の競争秩序のなかで特に西洋文化の受容が正統性を帯びてきたことが示されている．

●**持続構造と時間変化**　文化的再生産は，決して構造的に閉じられるのではなく，変化に開かれている．それでも各社会で歴史的に形成された「正統的文化」を前提に，その成員が世代間で文化資本を動員して教育達成を求めようとする限り，文化的再生産を生起させる関係構造は持続していく．このように社会や時代に応じて特有の意味をもつ文化資本の歴史構成過程を比較することが，今後の一つの研究課題になっている．社会階級・階層だけでなく，ジェンダーやエスニシティなどのほかの諸関係に着目することも重要である．近年では，社会の高学歴化や高度情報化，グローバル化に伴う移動促進や新自由主義政策に伴う格差拡大など，世界的に共通する変化も問題になっている．　　　　　［大前敦巳］

教育機会格差の経済的説明と合理的選択理論による説明

☞「階級と階層」p. 100「教育の数理・計量モデル」p. 198「学生の教育機会と進路選択」p. 470「世代間移動と世代内移動」p. 608「教育機会格差の趨勢」p. 616「人的資本論」p. 640

近年，教育機会の格差が注目されている．かつては教育拡大が進むにつれて，出身階層による教育機会の制約は縮小していくものとみられていた．しかし，高等教育がユニバーサル段階に至った現代社会でも，出身階層による格差が存在しており，格差の趨勢やメカニズムが新たな理論，データをもとに繰り返し検討されている．

●**経済的要因による説明** 教育機会の格差に関する代表的な理論として，経済的観点からの説明がある．人的資本理論は教育の投資的側面を重視し，個人が教育により知識・技能を獲得し生産性を向上させた結果，将来の賃金が上昇すると考える．この観点では，個人の進学行動は教育の費用（直接費用と間接費用）と便益（卒業後の所得の増分）を比較し，意思決定をした結果だと説明される．その際，子どもの教育にどれだけ投資できるかは家庭の経済状態に依存するので，出身家庭による格差が生じることとなる．換言すれば，低所得層出身者の進学率が低い原因を資金面の制約に求める見方である．他方，家庭所得による格差は家庭環境の長期的影響を示すものであり，認知的能力あるいは非認知的能力の発達を促す教育環境の質が短期的な費用負担面よりも重要だとする議論もある．そうした議論では認知的・非認知的能力の格差は早い時期から現れることから，幼少期が重要であり，この時期に政策的介入を行うことで高い投資効率が得られるとする（Heckman & Krueger 2003）．この理解に立てば，例えば奨学金によって大学進学費用が低減されても，大幅な格差縮小は期待できないことになる．

●**合理的選択による説明** 社会学では階級による価値体系の違いなど単一要因理論が主流であったが，それが実際の観察結果を説明できないことを指摘し，経済学的な費用・便益計算による進学決定モデルを導入したのはブードン（Boudon, R.）である．その特徴は，①教育達成の不平等を出身階層間の学業成績の差から生じる部分（第一次効果）と，学業成績が同等な場合でも出身階層による選択傾向の違いによる部分（第二次効果）とに明確に区別したこと，②教育制度には複数の分岐点が存在するが，各分岐点での教育を継続するか否かの決定は反復的に生じることから第二次効果を重視したこと，そして③分岐点での継続・非継続の選択肢は費用・便益・リスクを伴い，それらは出身階層の社会的位置によって異なるために格差が生じると考えたことである．こうしたモデルに具体的な数値を与えたシミュレーションが実際の観察結果と一致することを示している．

教育達成を継続・非継続の選択の連続ととらえる方法を計量モデルに移し替えたのはメア（Mare, R.）だが，その方法を採用した国際比較研究は教育拡大が生

じたにもかかわらず格差が持続していることを発見した（Shavit & Blossfeld eds. 1993）．この結果を受け，ブリーン（Breen, R.）とゴールドソープ（Goldthorpe, J. H.）はブードンの議論を継承し，相対的リスク回避（RRA：relative risk aversion）を核とした合理的行為による説明を提示し，決定木によるモデル化を行っている（Breen & Goldthorpe 1997）．

　RRAとは家族は子どもが少なくとも親と同等の社会的地位に到達する（親の地位からの下降移動を避ける）ことを目指すとの仮説だが，どの階層も一律にそうした傾向をもつと想定される．したがって，上層の子どもが親の地位を維持するには下層の子どもよりも高い学歴を得ることが必須となる．この下降回避のメカニズムに進学のコスト，成功見込みの階層差が加わる．さらにこの仮説では，教育は人的資本理論のような知識・技能の獲得よりも，人々の相対的な位置づけを決める「位置財」（positional goods）としての側面をもつことが強調されている．

●**合理的選択理論の展開**　社会学における合理的選択モデルは，費用と便益を経済的次元に限定せずに広くとらえていることにもその特徴があるが，近年，RRA仮説を検証する実証研究が蓄積されつつある．また，出身階層による学業成績の差（第一次効果）と，学業成績が同じでも生じる選択の違い（第二次効果）の相対的重要性を評価した国際比較分析は，国や分岐点によって違いはあるものの，検討されたすべての国で第二次効果の比重が1/3以上である（15か国中8か国では1/2を超える）ことを明らかにする（Jackson ed. 2013）など，メカニズムの解明を念頭においた研究が増えている．他方，理論面では統合的モデルも模索されている．ウィスコンシン・モデルは，重要な他者の影響を受けて生徒の期待が形成されることを想定したが，生徒の信念形成に合理的選択モデルの明晰さを導入し，社会化モデルのなかに位置づける試みもある（Morgan 2005）．さらに経済学でも親の価値や規範を含めた教育環境に踏み込んだ説明もあり，上記のように幼少期を重視する近年の研究は，第一次効果に焦点を当てた議論だといえる．このように多様な説明が模索されているのは，教育拡大により単一要因理論がますますリアリティを失うなかで，教育機会の不平等が学術的にも政策的にも依然として重要な研究課題であることを示唆している．　　　　　　［古田和久］

さらに詳しく知るための文献

Boudon, R., 1973, *L'Inégalité des chances: La mobilité sociale dans les sociétés industrielles*, Librairie Armand Colin（＝1983，杉本一郎ほか訳『機会の不平等――産業社会における教育と社会移動』新曜社）．

Heckman, J. J. and Krueger, A. B., 2003, *Inequality in America: What Role for Human Capital Policies?*, The MIT Press.

Morgan, S. L., 2005, *On the Edge of Commitment: Educational Attainment and Race in the United States*, Stanford University Press.

学校効果

> 「政策科学としての教育社会学」
> p. 16「教育の国際比較分析」
> p. 178「政策評価と計量分析」
> p. 182「多水準データの分析」
> p. 192「混合研究法」p. 236「学力問題」p. 556

　学校効果とは，学校教育が子どもたちに与えるさまざまな影響のことをいう．この解明を目指す学校効果研究は，1960年代にアメリカ教育局の委託を受けてコールマン（Coleman, J. S.）らがまとめた報告書に端を発する（Coleman et al. 1966）．コールマンレポートと呼ばれるこの報告書のテーマは，当時重要な社会問題であった白人と人種的マイノリティの間の学力格差であった．標準学力テストの得点を従属変数とした回帰分析の結果，人種や社会経済的地位（SES）の影響力が大きく，学校施設やカリキュラムなどの学校要因が独自に及ぼす効果はきわめて小さいことが明らかにされた．この報告書で導き出された「学校を通して教育機会を均等化するという考え方は有効でない」(school makes no difference)という結論は，その後の研究や教育保障政策に強いインパクトをもたらした．

●**「効果のある学校」と学校改善研究**　コールマンレポートにおいて効果がないとされた学校効果とは，調査対象となった全学校の平均的な効果である．しかし，個々の学校をみるならば，生徒の家庭背景から予測されるよりも高い平均学力を誇る「効果のある学校」もあれば，そうでない学校もある．そこで，この効果のある学校が共通してもつ条件を探ることで，学校を通じた機会均等への道を探っていこうとする研究が1970年代以降多くなされた．

　先駆的な研究としては，ウェーバー（Weber, G.）の業績をあげることができる（Weber 1971）．この研究では，低所得家庭の出身者が多く通学しているにもかかわらず，全国平均以上の学力を示す四つの学校を集中的に調査することで，効果のある学校に特徴的な要因の特定を試みている．その後，こうした試みはイギリス（Rutter et al. 1979）やアメリカ（Brookover et al. 1979；Edmonds 1979a）でそれぞれ洗練されたかたちで結実した．これらの研究は，学校がすべて一律に無力でないこと（schools can make a difference）を示すとともに，効果のある学校に特徴的な要因を，学校文化や規範などの組織的コンテクストと結びつけて明らかにしている．特にエドモンズ（Edmonds, R. R.）の研究は，実践的な志向性の強い学校改善研究の流れもくみつつ，学校改善の指針として具体的に五つの要因をあげることで，教育改革運動においていくつかの注目すべき成果をあげた．

　日本でも，エドモンズの研究を参考に同和地区の低学力問題に取り組んだ鍋島（2003）を皮切りに，志水宏吉らを中心とした研究グループによる研究および実践が蓄積されている．現時点の到達点というべき志水編（2009a）では，公立学校のあるべき姿を表す「力のある学校」という目標概念のもとに，経験的に析出

された八つの望ましい要因が「スクールバスモデル」として提示されている.

●量的調査による知見の一般化　1980年代以降,効果のある学校に関して得られた知見の一般化可能性を問う研究も増えていった.これは,それまでの実践的志向性の強い立場に対し,学校効果を科学的な観点からより精緻に解明していこうとする方向性として位置づけられる.こうした研究では大規模データに対するマルチレベル・モデル,成長曲線モデル,構造方程式モデルなどの適用が重要な役割を果たした.また,量的調査の弱点を質的調査の併用により補うべく混合研究法なども用いられている(Sammons et al. 1997).

●理論に基づく研究と実践の統合　1988年に学校効果と学校改善に関する国際学会(ICSEI)が設立されるなど,学校効果研究は国を越えた広がりを見せている(Townsend ed. 2007).だが,研究ごとに用いられるデータや使用される概念および分析方法の違いは小さくない.また,得られた主要な知見には相互に矛盾するものも多いため,整合的に解釈することが困難な状況となっている.

　そうしたなか,近年有力な研究枠組みとして注目されているのが,学校効果研究と教師効果研究を統合した教育効果研究の立場から提唱されるダイナミックモデルである(Creemers & Kyriakides 2008).先行研究は,国ごとの教育制度や学校ごとのSES構成といったコンテクストによって,効果のある教育を行うために有効な要因がさまざまに異なることを示す.これを踏まえ,ダイナミックモデルは児童生徒,学級・教師,学校,システムという四つの階層的な次元を設定し,それぞれの次元の要因が生徒のアウトカムに影響するだけでなく,上位の次元が下位の次元に対して文脈効果を及ぼすことをモデル化する.このような枠組みにより,下位次元における効果要因の違いを,上位次元のコンテクストの違いによるものとして解釈する余地が生まれるのである.また,このモデルは,学校の状況を継続的に測定する必要性を認識させ,測定結果を踏まえた現状評価とそれに基づく改善のための実践を関係者に継続的に促すという実践的効果も意図している.モデルの特徴を生かし,理論志向的(theory-driven)で根拠に基づいた(evidence-based)教育効果の測定と学校改善の実践の統合が期待される.

[多喜弘文]

📖 **さらに詳しく知るための文献**

Scheerens, J. and Bosker, R. J., 1997, *The Foundations of Educational Effectiveness*, Elsevier.

Teddlie, C. and Reynolds, D. eds., 2000, *International Handbook of School Effectiveness Research*, Falmer Press.

Chapman, C., Muijs, D., Reynolds, D., Sammons, P. and Teddlie, C. eds., 2015, *The Routledge International Handbook of Educational Effectiveness and Improvement: Research, Policy, and Practice*, Routledge.

志水宏吉・高田一宏編, 2016, 『マインド・ザ・ギャップ!—現代日本の学力格差とその克服』大阪大学出版会.

アファーマティブ・アクション

▶︎「メリトクラシー」p. 600「機会の平等・結果の平等」p. 602

　アファーマティブ・アクション（以下 AA）とは，主にアメリカにおける，人種差別や性差別など歴史的に形成されてきた差別の是正を目的とした措置である．「積極的差別是正措置」と訳される．今日，同様の制度を各国や EU ではポジティブ・アクション（PA）と呼んでおり，AA と本質的な差はないとされる（辻村 2011, p. 73）．日本では「ポジティブ・アクション」（積極的改善措置）の語を女性差別の撤廃や男女平等の政策で用いている．「第 4 次男女共同参画基本計画」（2015 年）では PA の説明として次の注記がある．「男女が，社会の対等な構成員として，自らの意思によって社会のあらゆる分野における活動に参画する機会に係る男女間の格差を改善するために必要な範囲において，男女のいずれか一方に対し，当該機会を積極的に提供することをいう（基本法第 2 条第 2 号参照）．男女間において形式的な機会の平等が確保されていても，社会的・経済的な格差が現実に存在する場合には，実質的な機会の平等を担保するためにポジティブ・アクションの導入が必要となる」．AA または PA とは，進学や雇用・昇進，政治参加などでの平等を実現するため，形式的な機会の平等を制約してでも，マイノリティに積極的に機会を提供する措置や支援そしてその理念を意味している．

●アファーマティブ・アクションまでの歴史　アメリカではアフリカ系アメリカ人（黒人）やほかのマイノリティ集団に向けた AA，とりわけ高等教育進学機会の優遇措置をめぐる議論が続いている．バーダマン（Vardaman, J. M.）によれば，アメリカは植民地時代に，アフリカ人奴隷の貿易と労働で潤い，独立後も南部の奴隷の綿花生産で経済発展を遂げた（Vardaman, 2011）．南北戦争を経て奴隷制は廃止され，黒人に市民権が与えられた（合衆国憲法修正第 14 条）．だがすでに再建期に黒人の権利は徐々に侵され，南部諸州は従属的立場への逆戻りを法的に正当化した．それは他州でも是認されるようになる．「ジム・クロウ」と呼ばれる全生活領域での人種隔離がなされ（「分離すれど平等」），州や地方自治体レベルでの黒人の投票権やほかの市民権が剥奪された．不平等な教育予算のために黒人学校の教育の質は低く，明確な職業上の差別が存在した．差別の長い歴史が，後に「過去の過ちを補償する」という AA の理由となったのである．

　第二次世界大戦から戦後に黒人が北部や西海岸に大量移動し，黒人有権者が国政での存在感を高め，また帰還兵を含む黒人民衆の抗議行動，権利回復運動が起こる．最高裁は 1954 年人種による公教育の分離を違憲とする「ブラウン判決」を下し，翌年のバス・ボイコット事件を端緒に公民権運動が大展開する．

　公民権運動の激化のなか，1961 年ケネディ（Kennedy, J. F.）大統領は，連邦

政府の取引企業に人種などによって求職者の採用と待遇に差別が生じないよう積極的な措置（AA）を講じさせる大統領令を発した．ジョンソン（Johnson, A.）政権下の1964年に，「人種，肌の色，宗教，性別，または出身国に基づく差別」を明確に禁止する「公民権法」が成立，これに基づき社会学者コールマン（Coleman, J. S.）を主たる責任者として人種間の教育の不平等に関する大規模調査が実施された（コールマンレポート）．ジョンソン大統領は「偉大な社会」「貧困との戦争」を標語に，教育や福祉でさらに積極的政策をとり，自由や単なる機会の平等を越えて「結果としての平等」を求めるべきだと演説し，AAの理念を示した．しかし具体的な政策要求の多くは，主としてニクソン（Nixon, R. M.）政権下でなされた．

●**大学・大学院入学での人種的配慮**　高等教育の分野では，大学は入学者の人種格差是正を目的に，黒人に優先枠を設け（クォータ制），またマイノリティ志願者の学業基準を低く設定する特別の入学選考プログラムを用いた．1976年までに有名大学や専門職大学院での黒人比率は上昇している（Bowen & Bok 1998）．他方で，入学選考での人種的考慮には，個人の業績（メリット）を軽視し特定の集団を優遇する「逆差別」だとの批判が生じる（Sandel 訳書，2010）．AAの合憲性をめぐる多くの裁判がある．カリフォルニア大学デービス校医学部に入学不可となった白人男性バッキ（Bakke, A.）は，同校が定員枠の一部を特別入学プログラムに割いたことは合衆国憲法修正第14条の平等保護条項等に違反していると訴えた．1978年に連邦最高裁は，クォータ制は「公民権法」違反あるいは違憲であるが，入学決定に人種的区分を利用することは許容されるとし，この「バッキ判決」以降，大学はAAの理由として，過去の過ちの補償よりも，学生集団の多様性の促進による教育目的の実現を前面に出すようになった．

　1990年代にAAへの反感や批判が高まる．事業契約に関する裁判で，1995年連邦最高裁はより厳しい基準でAAの合憲性を判断する（厳格審査）と宣言をした．1996年テキサス大学ロースクールの入学選考制度が違憲とされ，カリフォルニア州とワシントン州ではAAの禁止が州民投票で成立した．ブッシュ（Bush, G. H. W.）政権は人種に基づくAAを禁じ，オバマ（Obama, B.）政権は再びそれを転換した．連邦最高裁は2003年にミシガン大学ロースクールの入学選考を合憲としたが，2014年にAAを禁止するミシガン州の憲法修正（2006年）も合憲とした．このように現在でもAAはアメリカ社会の大きな争点となっている（中村 2011；吉田 2015）．AAの具体的事例や賛否の議論，判例を通して，教育の平等の意味や，目的を実現するための政策実施の難しさ，それを成立させる歴史的・社会的な条件などを深く理解することができる．　　　　［轟 亮］

📖 さらに詳しく知るための文献

川島正樹，2014，『アファーマティヴ・アクションの行方』名古屋大学出版会.

困難を伴う家庭と教育

☞「家族の孤立・解体・貧困」
p. 318 「子どもの虐待」p. 588
「貧困と子育て・教育」p. 590

　定位家族のさまざまな問題がそのなかで育つ子どもの発達や教育達成に負の影響を与えることは明らかであり，近年ではそのメカニズムの解明が求められている．
●**貧困と教育**　最も想起されやすい問題は貧困である．経済的な貧困は，塾など学校外教育投資の機会を限定し，高校・大学などの授業料負担の問題を生む．また，子どもには家計を補助する・支える稼得役割が学校在学中から求められることも多く，この結果として親も子も教育アスピレーション（理想学歴）が低くなりやすい．貧困の代表的な指標は生活保護の受給であるが，厚生労働省によれば2013年3月時点で，生活保護世帯の子どもの高校進学率は89.8%（全国98.4%），全日制高校に限れば67.6%にとどまり，定時制高校への進学率は11.5%と高い．高校中退率も5%強と高く，大学進学率は19.2%（全国53.2%）と著しく低い．
●**家族構造と教育**　定位家族の経済状態は，パネルデータでない限り調査時点から遡及的に過去の状態を尋ねる方法をとらざるを得ないため，測定の信頼性や妥当性の問題を生む．このため，比較的回答しやすい15歳時点の家族構造が代理指標として使用されることが多い．家族構造（family structure）とは親の婚姻上の地位によって定義される世帯の形態をいい，ひとり親（母子・父子世帯）・ふたり親・ステップファミリー（子連れ再婚家族）などに類別される．アメリカでは，ふたり親世帯の子どもに比較して母子世帯で育つ子どもの教育達成の低さがデータから一貫して示されている．母子世帯の不利を説明する最大の要因は経済的な貧困であるが，子どものしつけ・統制が不十分になることに原因を求める社会化仮説，母親のパートナーとの不和など家族関係上の問題に原因を求める家族ストレス仮説なども支持されている（中澤・余田 2014）．世帯の貧困は子どもの逸脱行動や家庭内暴力などの問題と密接に関連しながら子どもの教育達成に負の影響を与えているのである．
●**日本の研究**　日本でも母子世帯出身者の学歴達成の不利が明らかにされている（中澤・余田 2014）．内閣府による「親と子の生活意識に関する調査」（2011年）では中学校3年生時点で母子世帯とふたり親世帯の子どもの間には成績，教育アスピレーション（理想の学歴），勉強時間などに大きな格差が示されること，またこの格差がほぼ経済的要因（所得）から説明されることが明らかにされている（稲葉 2012）．同調査では，父子世帯とふたり親世帯との格差が最も深刻であることも明らかになった．この格差は経済的要因によって説明されるものではなく，親子関係の希薄さや父子世帯が形成されるまでのプロセスなどとの関連が示唆されるが，決定的なことはわかっていない．また，日本では家族構造が子ども

の教育達成に及ぼす効果は男性よりも女性に大きい傾向が一貫して示され，格差は女性のなかでより大きくなる傾向がみられる．これは，親が選択的に教育投資を行う場合に稼得役割がより大きく期待される男子が選択されやすいこと，女子の方が家族の置かれている状態や親の希望を敏感に察知する結果ではないかと考えられる．

また，ひとり親世帯においては子どもがヤング・ケアラーとして家事やきょうだいの世話を行っていることが多く，このことに原因を求める指摘もある（林 2016）．なお婚外出生の比率の低い日本では母子世帯の発生の主因は離婚である．離婚の発生は低学歴層，低所得層に高いことも明らかにされており（Raymo et al. 2013），離婚と子どもの低い学歴達成を通じて貧困が世代的に再生産されているといえる．

●児童虐待と教育　貧困と並んで子どもの教育達成に大きな影響を与える家族の問題が児童虐待である．児童虐待は身体的虐待，心理的虐待，性的虐待，ネグレクトに区分され，いずれも子どもの心身やその後の教育達成に大きな影響を与えるとされる．

なお，アメリカではひとり親世帯やステップファミリーに居住する子どもに虐待の経験率が高いことが報告されている（Turner et al. 2013）．日本では信頼できるこうした研究はないが，ひとり親世帯では親の精神疾患が貧困やネグレクトと構造的に結びつきやすく，ステップファミリーでは新たな家族関係の形成をめぐって家族関係上に問題が生じやすいことが報告されている（野沢ほか 2006）．心理的虐待は子どもが親の DV（ドメスティックバイオレンス）を目撃することも含まれる．親の不仲を子どもが慢性的に経験することは子どものメンタルヘルスに負の影響を与えることが報告されている．虐待を受けた子どもは児童相談所の介入によって児童養護施設への入所を措置されることがある．児童養護施設入所児童は被虐待児に限定されないが，高校進学率は 94.8%（2013 年），大学進学率は 12.3%（同）と一般的な世帯と比較して大きな格差が示されている．

●政策の動向　国は 2014 年には「子どもの貧困対策の推進に関する法律」「子どもの貧困対策に対する大綱」を定め，給付型奨学金やスクール・ソーシャルリークの充実，生活支援などの施策の検討を始めている． 　　　　　　　［稲葉昭英］

📖 さらに詳しく知るための文献

林 明子，2016，『生活保護世帯の子どものライフストーリー――貧困の世代的再生産』勁草書房．

稲葉昭英，2012，「ひとり親世帯と子どもの進学期待・学習状況」『平成 23 年度「親と子の生活意識に関する調査」報告書』内閣府子ども 若者・子育て施策総合推進室，pp.191-198.

中澤智恵・余田翔平，2014，「〈家族と教育〉に関する研究動向」『教育社会学研究』95，pp.171-206.

第 10 章

教育と経済

［編集担当：小林雅之・島 一則］

概説：教育と経済 ……………………… 632
知識基盤社会の教育 …………………… 638
人的資本論 ……………………………… 640
シグナリング理論 ……………………… 642
教育投資と収益率 ……………………… 644
教育の生産関数 ………………………… 646
教育と経済成長 ………………………… 648
市場と教育 ……………………………… 650

教育産業 ………………………………… 652
高学歴化 ………………………………… 654
学卒労働市場 …………………………… 656
インターンシップ ……………………… 658
フリーター，ニート …………………… 662
教育財政 ………………………………… 664
教育費の負担 …………………………… 666
奨学金 …………………………………… 668

概説：教育と経済

　教育と経済に関連する研究は，きわめて多彩で幅広く膨大な蓄積を続けている．これらを大別すれば，二つの異なる研究の流れがある．両者はアプローチと研究領域のいずれを強調するかの相違である．つまり，教育を対象にアプローチとして経済学的方法を用いるものと，アプローチの方法は問わず，研究領域として教育と経済の関連を取り上げるものである．前者は教育の経済学的研究である．ここでは教育経済学は「経済学的方法を用いた教育事象の研究の総称」（金子 1986, p. 166）と定義される．ここでの強調は，経済学的手法を用いるという点にある．したがって，必ずしも経済現象を分析の対象とする必要はない．例えば，教育の生産関数は，教育のアウトプットとして，学力などを対象として，それに影響を及ぼす要因との関連を分析するものである．

　他方，もう一つのアプローチは教育と経済の関連を追究する科学である．この場合には，経済学という既存の学問を用いるかどうかではなく，教育と経済の関連を追究するすべての学問研究を含めることになる．この場合には，経済学的方法だけではなく，社会学的方法や比較教育学や歴史的分析などさまざまなアプローチが用いられる．また，研究対象は主として教育の経済的要素と関連するもの，例えば学生のアルバイトと生活費を分析するものや，教育と職業など，経済現象と関連したものとなる．

●**教育の経済学的研究**　教育の経済学的研究は，教育を市場としてとらえ，それを分析対象とする．教育に関連する市場は多いが，とりわけ教育機会市場，学卒労働市場，教育資金市場，教員市場などに関して多くの研究がなされている．

　しかし，日本の場合，近年まで教育の経済学的研究は，教育社会学者が主に研究してきたという特異な経緯がある．教育経済学は前史を除けば，戦後アメリカで誕生し発展した学問である．それが，1960年代に日本に導入されるなかで日本的な変容を遂げる．その変容とは単に研究内容だけではない．日本では教育の経済学的研究が教育社会学者によって進められたという点で独自の展開を遂げた．初期の教育の経済学の理論的コアであった教育投資論や人的資本論は一部の経済学者を除いて（例えば佐野陽子によるベッカー［Becker 訳書, 1976］の訳書『人的資本』），主として教育社会学者によって日本に紹介，導入された．矢野は「わが国の教育経済学は経済学者にとって片手間の応用問題であり，社会学者にとっては格好の批判の対象でしかなく，教育学者にとって全く無縁のものだった」（矢野 1991, p. 4）と述べている．

　これらの理論は理論的観点からだけでなく具体的な政策への応用やその帰結を

めぐって，教育学者からは激しい批判を浴びた．そのなかで，新しい教育の経済学理論が次々と提唱された．それは，経済学者は経済成長や雇用などの経済現象を解明するために教育変数を組み入れるのに対して，教育問題を経済変数で説明しようとするものであった（矢野 1996, p. 289）．しかし，後述するように，この新しい経済学理論も日本では教育社会学によって独自の受けとめ方をされ，紹介された．

教育経済学の研究テーマは多くあるが，そのなかでも次の二つは，学問的にも政策的にも重要なテーマとして掲げられてきた．
  (1) 教育の経済価値あるいは経済効果，とりわけ経済成長と教育および教育の収益率
  (2) 教育による所得再分配
この二つのテーマは教育経済学の理論的主柱となった人的資本論によれば，同時に相互に矛盾せずに達成できるものとされ，アメリカでは，主として教育人口フローモデル（マンパワーアプローチ）と収益率アプローチなどによって研究されてきた．しかし，人的資本論を援用して実施された政策が予測されたような成果をあげることができなかったことから，人的資本論に対する批判理論も盛んになった（小林編 1994）．これらの理論のうちスクリーニング仮説，シグナリング理論などは人的資本論に対する補完的な役割を果たすものと考えられた．また，これらの理論は，その後，不完全情報下の選択理論（不確実性の諸理論）として一般化されるようになった．こうした諸理論は社会学の葛藤理論や学歴社会論と親和性の高いものであった．このことも教育社会学者が教育の経済学的研究に取り組む背景要因であった．他方，人的資本論，ひいては近代経済学理論の非歴史的，非制度的性格を批判し，こうした要因を取り込んだ理論を目指す研究が現れた．

こうした分析では教育は経済成長のための一つの要因にすぎない．つまり，ある経済現象の分析目的のための一要因として教育が取り上げられているのであり，教育自体の分析は考慮されない．しかし，教育経済学自体も 1980 年代に入ると，新たな展開として，教育システムの内部分析を目指すものが現れる．さらに，経済変数だけでなく，心理的変数などを組み込んだ行動経済学的アプローチも登場してくる．こうして教育経済学が経済変数以外の変数に着目するようになると，二つのアプローチの間の垣根は次第に低くなっていく．

●**教育の経済学的分析の近年の動向**　教育の経済学的分析の理論に関して，先の行動経済学的アプローチを除けば，1960 年代の人的資本論や 1970 年代のスクリーニング仮説やシグナリング理論などの不確実性の理論のような，革新的な理論展開は，近年あまりみられない．しかし，人的資本論は，さまざまな批判を受けながらも，確実に教育経済学の主要な理論となり，膨大な実証研究を生み出してきた．また，経済成長と教育に関して，人的資本を重視する内生的経済成長理

論が登場し，多くの研究を生み出してきたが，日本の教育社会学では，あまり関心がもたれていないといっていい．

　不確実性の諸理論は，教育経済学や労働経済学の教科書に掲載されるようになり，学問としての制度化が進行し，教育経済学の理論の一つの柱として位置づけられるようになった．実証研究の結果は，人的資本論を支持するものと不確実性の諸理論を支持するものに分かれ，決着していない．しかし，両者の適用可能性は，ケースによって異なることが明らかにされ，人的資本論とスクリーニング論の融合がみられるようになった．

　また，経済学理論は効用最大化を前提にモデル化され，実証はこれに基づいてなされる．経済モデルの強みは，説明変数が被説明変数に与える効果の方向を理論的に予測でき，それに基づいて仮説を設定し，その効果の有無だけでなく，大きさも測定できることである．しかし，教育機会市場における供給主体である高等教育機関の場合には，最大化すべき効用は，利潤ではないことは明らかであるが，威信，規模など，研究者の間で一致した見解はない．この点も経済学的分析を困難にしている．また，大学は，教育，研究，社会サービスを生み出すマルチプロダクトの産業であるばかりでなく，それらが結合生産される点に大きな特徴がある．この点でも，通常の経済学的分析の枠組みにのりにくい．このため教育の経済学的分析は教育機会市場における教育需要の分析と学卒労働市場における収益率分析が中心であった．

　しかし，近年では，高等教育機関の分析も進展してきている．例えば，非営利団体やパブリック・セクターとしての大学の経済学的分析などの試みが多くなされるようになり，理論化と実証が進展している．

　こうした理論的な問題点を抱えながらも，教育の経済学的分析は，現在まで数多くの研究を蓄積してきた．とりわけ，一時期不振であったヨーロッパ各国でも教育経済学が盛んになっている．人的資本論に基づく研究に関していえば，人的資本の蓄積が，所得，職業，雇用，失業，出産，経済成長に影響を与えることについて実証研究がなされてきた．さらに知識基盤社会が提唱され，この問題はより具体的な政策課題としてとらえられるようになってきている．また，人的資本論に基づく収益率分析は日本でも相対的に蓄積の多い分野となっている．

　教育による所得分配について，欧米では継続的に研究がなされている．特に，有名なのは，ハンセン（Hansen, L.）とワイスブロッド（Weisbrod, B. A.）論争と呼ばれる一連の研究とその反論，再反論である．彼らは，1960年代のカリフォルニアを例として，高等教育進学者はカリフォルニア大学，州立大学，コミュニティカレッジの順に高所得層が多く，非進学者が最も所得が低いため，公的補助と徴収された税を比較して，結果的に高等教育は所得の逆進的な配分となっている，と主張した．これに対して多くの批判がなされ，さらに彼らの反論があり，

論争は現在でも決着していない．その一つの理由は，後に述べる高等教育の外部効果が明確でないためである．しかし，日本では，教育による所得再分配の研究は，わずかな実証例を除いて，ほとんどみられない．

また，収益率以外のミクロレベルの研究も進展している．例えば，教育に対するインプットとアウトプットの関連に関して，1966年のコールマンレポートは教育のインプットが教育のアウトプットにほとんど関連していないことを示した．その後，これを否定する研究もなされ，多くの研究が蓄積されてきた．これに対して，教育のインプットとアウトプットを直接結びつける教育の生産関数モデルによるのではなく，インプットとアウトプットの関連は，学校特性や学生の特性あるいはインプットとアウトプットの媒介変数によって異なることを示す研究が現れている．これらの研究例は，単なる経済学モデルの援用ではなく，教育の特質を考慮した研究例ということもできる．

しかし，研究の精緻化は，経済学的モデルの拡張であり，社会学モデルとの相違が明確にならなくなっていることでもあり，研究のピンポイント化ともいえる．こうした分析の拡張は，むしろ過去10年間の経済学的分析の発展から，不可避のものであったのではないかとみることもできる．ここでは，あくまで教育社会学の視点から見た教育の経済学的研究の特質を明らかにすることをねらいとしている点を重ねて強調したい．

●**日本の教育経済学研究の動向**　教育経済学の主流である人的資本論だけでなく，その批判的な理論やそれに基づく研究であるスクリーニング仮説やシグナリング論が教育社会学の学歴社会論と親和性をもち，大きく取り上げられてきたという点でも日本の教育経済学は独特の研究の展開をみせた．すなわち，高学歴化の説明理論として，人的資本論が機能主義と親和性をもつのに対して，スクリーニング仮説やシグナリング理論は葛藤理論と親和性をもっている．特に，学歴社会の批判にこれらが援用された．このため，高学歴化をどのようにとらえるか，人的資本論と不確実性の諸理論，あるいは機能主義と葛藤理論ではまったく異なる帰結を描くことになる．

過去20年の『教育社会学研究』をみても，教育と経済を直接にテーマにした論文は意外と数少ない．しかし，過去10年を振り返ってみると，わが国の教育の経済学的分析はタブーから解放され，先にも一部紹介したように，経済学者による研究も多く出されるようになった．これらは，経済学理論モデルによる教育の分析ということができる．論文だけでなく，教育の経済学的分析に関する著書も次第に刊行されるようになった．近年は学力要因を組み込んだ研究がみられるようになってきた．これは，単なる収益率の計測モデルではなく，多くの非経済変数を導入した例である．例えば松繁編（2004）は，英語力や成績・クラブ活動など，これまでの教育経済学では考慮していない非経済変数を組み込んだモデル

によって，実証分析を行っている．また，矢野（2009）は，大学の経験や現在の活動を組み込んで，賃金の計測を行い，大学時代の読書量は，現在の所得に直接関連しないものの，現在の読書量を通じて間接的に効果を与えていることを示した．

●**教育と経済の関連の分析**　教育と経済の関連の分析については，さまざまなアプローチやモデルが取られている．例えば，教育費については，経済学的分析だけでなく，社会学的分析もみられる．以下では，日本の近年の研究について，教育社会学と関連が深いテーマとして，教育の効果とりわけ外部効果，高等教育へのアクセス，教育費，教育による格差是正，教育と職業の関連あるいは学卒労働市場，教育財政，教育の市場化とりわけ教育産業について，概括的に取り上げる．なお，これらのいくつかは本事典に収録されているので，詳細は各項目を参照されたい．

　教育と経済の関連が複雑な要因として，教育の外部効果の問題があげられる．外部効果（外部経済）は，市場を通じないで，教育が効果を与えるもので，経済的（貨幣的）効果と非経済的（非貨幣的）効果がある．外部効果は，受益者が費用を支払わないため，市場に委ねると過少供給になる．このため，外部効果の高い義務教育は公的負担がなされる．しかし，教育の外部効果は教育段階が上がるほど小さくなるため，高等教育の無償化については議論がある．また，教育が公共財であることも教育費の公的負担の根拠だが，高等教育では公共財としての性格は弱い．さらに，教育を社会的共通資本として市場になじまない混雑財であるとして，公的管理の提唱もみられる．

　教育機会市場は，完全に金銭だけで営まれるのではなく，学力や教育機関の選抜性などが重要な要因であるため，擬似市場と呼ばれる．一般に市場は価格のみをバロメータとして需要と供給が調整され，供給量と価格が同時に決定されるが，教育の場合には，学生の学力や教育機関の選抜性などの要因が市場の動向を左右するからである．しかし，近年，教育機会市場が金銭的な色彩を強め，企業型大学，営利高等教育機関などの教育産業が高等教育にも現れてきている．なお，これらは塾など学校外教育機関として，初中等教育では古くからみられるものであった．

　教育機会の不平等は，教育社会学で最も古典的なテーマの一つであり，特にジェンダーや所得階層による格差について，研究が蓄積されてきた．こうした研究では，教育の格差は，学力などの個人特性，家庭の経済力（教育費負担力），学習環境，教育アスピレーションなどの家族特性が，媒介変数として重要な役割を果たすことが明らかにされている．このなかで教育機会均等のためには，家計の教育費負担の軽減が政策的には最も実現可能であり，学生への経済的支援，特に高校の就学支援金や給付型奨学金や授業料減免が効果的であるとされる．これ

らの改善策のうち，どれを優先するかについては議論がある．特に，就学前教育と高等教育については多くが私立であるため，教育費の公的負担のあり方として議論がなされている．先に触れたように，教育の経済学とりわけ人的資本論では，教育によって，個人の生産性を高めることができ，所得増と経済成長につながるとしている．

日本の教育の経済分析は財政・財務分析が量的に大きな比重を占めている．国の教育財政の分析だけでなく，国際比較，国公私立の設置者別の分析，さらに個々の教育機関の財務分析やDEA分析なども進められてきている．また，財政・財務分析の一つの重要なイシューである授業料・奨学金さらに教育費の負担については，先の教育格差と関連して多くの実証研究がある．また，経済分析に関連して，途上国における開発と教育は大きなテーマであり，多くの研究が蓄積されている（島 2014）．

教育と職業の関連は，教育社会学では古典的なテーマである．とりわけ教育と職業のレリバンスが重要な研究テーマとしてあげられる．これに関連して，知識基盤社会論やイノベーションなどの変化に対する技術やスキル，コンピテンシーあるいはコンピテンスの問題についても，研究が進められている．日本的雇用慣行や教育機関と雇用主の関係などについても実証分析が蓄積されている．また，一般的には教育と職業の関連は学卒労働市場の問題として取り上げられるが，とりわけ学校から職業への移行の問題として，インターンシップなど具体的なテーマについても研究がある．また，日本の労働市場の特徴といわれた終身雇用制がゆらぐにつれ，非正規労働やフリーター・ニートなどが社会問題化し，これらについても研究が進められている．

●**今後の展望**　このように，教育と経済の関連をめぐる研究は，大きな進展を遂げてきた．しかし，同時にその解明の難しさも浮き彫りになってきている．そのことが新しい研究アプローチを生むというダイナミックな動きがあり，それがさらに研究の推進力となってきた．しかし，貴重な個票データが過去数十年にわたり蓄積されてきたものの，諸外国とりわけアメリカと比較すると，その利用可能性はまだ低い．データの公開が進むことでよりいっそうの研究の進展が促され，そのことがさらにデータの改善にもつながるというフィードバックの回路が形成されることが期待されよう．

［小林雅之］

📖 **さらに詳しく知るための文献**

荒井一博，1995，『教育の経済学』有斐閣．
矢野眞和，2015，『大学の条件――大衆化と市場化の経済分析』東京大学出版会．
矢野眞和ほか，2016，『教育劣位社会――教育費をめぐる世論の社会学』岩波書店．

知識基盤社会の教育

☞「人的資本論」p. 640「教育投資と収益率」p. 644「教育と経済成長」p. 648「学卒労働市場」p. 656

「知識や情報の生産・流通・利用を直接的な基盤としている経済」を知識基盤経済（knowledge-based economy）という（OECD 1996）．経済のみならず，生活や社会的諸活動の全体が知識や情報を基盤にして成り立っていることを強調する場合には知識基盤社会（knowledge-based society）という．ポスト工業化社会，情報化社会など，新しい時代を象徴する言葉が提起されてきたが，いち早く「知識」に着目したのは，マハループ（Machlup, F.）の *The Production and Distribution of Knowledge in the United States*（『知識産業』産業能率短期大学出版部）である．

広義の知識産業を教育，研究開発，出版・印刷，通信，放送，情報機器，情報サービスの七つに分類し，この分野の産業が今後さらに拡大する可能性を示した．原本，翻訳ともに1962年のことであり，先見性のある優れた未来産業論だといえる．

1970～1980年代のアメリカは，インフレと高い失業率に悩まされていたが，1990年前後からの経済回復を駆動したのが，IT（情報技術）による社会のイノベーションだった．アメリカ経済の復活とともに知識基盤経済と知識労働者（knowledge worker）が新しい経済動向を語るキーワードになった．

●**教育改革の戦略的術語**　日本の教育界で「知識基盤社会」という言葉が広く普及したのは，2005年の中央教育審議会「わが国の高等教育の将来像」（答申）が，「21世紀は『知識基盤社会』の時代である」とうたってからのことである．その答申の用語解説によれば，「知識が社会・経済の発展を駆動する基本的な要素となる社会を指す」とされている．そして，こうした社会においては，特に高等教育における教育機能を充実し，先見性・創造性・独創性に富み卓越した指導的人材を幅広いさまざまな分野で養成・確保することが重要である，と続けている．

今では，高等教育だけでなく，初等教育から大学院博士課程教育までの改革を語る戦略的術語（strategic term）になっている．「幼稚園，小学校，中学校，高等学校及び特別支援学校の学習指導要領等の改善について」（2008年中央教育審議会答申）では，「知識基盤社会に生きるための力」として「生きる力」の重要性を位置づけている．「生きる力」は，1996年の中央教育審議会答申で提唱されたが，OECDが議論している知識基盤社会に必要な主要能力（キー・コンピテンシー，key competency）を先取りした提案だとしている．一方では，科学技術・学術審議会人材委員会が2009年に「知識基盤社会を牽引する人材の育成と活躍の促進に向けて」を報告し，大学院博士課程の教育と研究の改革を提案している．

●**知識基盤経済と不平等社会**　しかしながら，戦略的術語としての役割を実質的に果たすためには，社会科学的な分析に基づいて，知識基盤社会の実像を描くことが肝要である．そのためには，分析の焦点が定まらない一般的な知識基盤社会よりも「知識基盤経済」のメカニズムを解明し，学校および企業における教育訓練と研究開発が経済の生産性と成長にどのような影響を与えているかを明らかにするのが賢明である．何よりも知識基盤経済の動態を追跡できる統計指標の整備と分析が不可欠だろう．OECD は，知識基盤経済を理解する枠組みと指標を整理するとともに，主な測定指標による国際比較データを提供している（OECD 1996）．わが国の知識基盤経済の現状を分析し，教育と研究の長所および欠点がわかれば，教育改革の戦略がより明確になるだろう．

　知識基盤経済の最も重要な現象と政策課題は，知識の生産と利用が雇用機会と処遇の不平等化をもたらしているという事実にある．アメリカ経済の復活は情報技術の革新によるが，それは単純労働やサービス労働の機会と処遇を縮小させ，知識労働者の需要を拡大させるという不平等な雇用構造をもたらした．

●**スキル偏向的技術進歩か，雇用の喪失か**　生産性を向上させる技術進歩によって，それらの技術を活用できる大卒者（スキル）の労働需要が増え，逆に高卒者（ノンスキル）の需要は縮小する．これをスキル偏向的技術進歩という．アメリカのゴールディン（Goldin, C.）とカッツ（Katz, L. F.）は，工業社会から知識基盤経済までの 100 年間を対象にして，学歴別の所得格差のダイナミックな変動を解明している．20 世紀後半の四半世紀から始まったアメリカの不平等化は，大卒需要が増加しているにもかかわらず，大卒の供給が停滞しているからだと述べている．学歴間格差と不平等化は，2000 年代のヨーロッパと日本に共通してみられる普遍的な現象である．技術進歩と教育拡大の競争が平等・不平等を規定するという分析モデルによる解釈だが，最近のトレンドが未来に継承されるとは限らない．未来予測を難しくするほどに技術進歩が激しいからである．

　現在の技術革新をリードしているのは人工知能（AI）であり，ロボットである．フォード（Ford, M.）の刺激的なレポートによれば，未来の雇用を規定するのは，スキル偏向的技術進歩ではなく，ロボットがスキルのある中間層の仕事も奪ってしまうジョブレス社会だと警鐘している．知識基盤経済の未来はまだ見えていない．それだけに堅実な実証研究なしに知識基盤社会の教育を語るのは，教育改革の議論を混乱させるだけだろう．　　　　　　　　　　　　　　　　　　　　［矢野眞和］

　📖　さらに詳しく知るための文献

OECD, 1996, *The Knowledge-based Economy*.

Goldin, C. and Katz, L. F., 2009, *The Race between Education and Technology*, Harvard University Press.

Ford, M., 2015, *Rise of the Robots: Technology and the Threat of a Jobless Future*, Perseus Books（＝2015，松本剛史訳『ロボットの脅威—人の仕事がなくなる日』日本経済出版社）.

人的資本論

☞「教育投資と収益率」p. 644

　経済学者による人的資本投資としての教育への注目の源流に位置づけられるものとしては，スミス（Smith, A.）やマーシャル（Marshall, A.）などの著作がある．スミスは『国富論』において，富と経済的進展の根本的な源として個人の獲得された有用な能力について言及している．さらに，マーシャルは『経済学原理』において，人的資本に対する投資の長期的特質やそれらの獲得における家族の役割などについて言及している．これらは，教育を通じて獲得される知識・技能などをある種の資本としてとらえる考え方を示している．ただし，これらの時点において教育が「人的資本」として明確に定義されることはなかった．こうした状況のなかで，1950年代後半において経済学の分野で大きな進展があった．各国の経済成長を説明するうえで労働力の量と物的資本の量だけでは説明できない部分を，労働力の「質」によって説明するというものである．後のノーベル経済学賞受賞者（1979年）のシュルツ（Schultz, T. W.）が1960年のアメリカ経済学会の大会において「人的資本への投資」と題する会長演説を行ったことは，人的資本論の誕生を高らかに告げるものであった．そして，この人的資本を高める重要な要素が教育というわけである．こうした人的資本概念に関して，ミンサー（Mincer, J.），シュルツ，ベッカー（Becker, G. S.）などの貢献によって人的資本論が生み出された．

●**人的資本投資としての教育——割引率，現在価値，収益率**　人的資本の発見により，人がなぜ教育を受けるのかについての経済学的な説明が可能となった．すなわち，教育を受けた人は，知識や技能が高まり，労働生産性が上昇することにより，教育を受けない場合と比較して賃金が高まる．この賃金の増分（便益）が教育を受けることに伴う費用を上回れば，進学することが経済合理的であるというわけである．

　このように教育を投資として考えた場合，費用としては入学金や授業料などの直接費用と，教育機関に在籍する間に放棄している，労働に従事していれば得られたであろう放棄所得にあたる間接費用が存在する．一方，便益としては教育投資を行うことによって，労働生産性が高まった結果としての生涯にわたっての賃金の上昇分（進学しなかった場合の賃金からの増分）が，これに該当する．単純に考えれば，後者が前者より大きければ，その投資は経済合理的ということになるが，これら両者の比較にあたっては費用・便益の発生タイミングが異なる点に留意が必要となる．仮に利率が1%の社会を想定すると，現在の100万円と翌年の100万円は異なる価値をもつ．すなわち，現在の100万円は翌年には101

（＝100×［1＋0.01］）万円となっており，現在の100万円は翌年の100万円より大きいのである．これゆえに，それぞれの現在価値に基づいて判断する必要がある．そこで，ある一定の割引率で費用，便益ともに割り引いて現在の値に直したうえで比較する方法が現在価値法であり，これは想定される割引率によって結果が変わってくる．そこでさらに，この費用と便益の現在価値が等しくなる割引率が，教育投資の収益率となる．なお，この収益率の算出方法にはエラボレイト法とミンサー型所得関数法がある．

●**人的資本概念の検討**　人的資本概念に関して，旧来単純に知識や技能として説明がなされてきた．しかし，近年その中身についての踏み込んだ議論がなされている．例えば，OECDのキー・コンピテンシーは，その典型的なものの一つであり，あらゆる人に必要とされるコンピテンシーとして，①社会・文化的，技術的ツールを相互作用的に活用する能力（個人と社会との相互関係），②多様な社会グループにおける人間関係形成能力（自己と他者との相互関係），③自律的に行動する能力（個人の自律性と主体性）をあげている．これらは，明確に人的資本と対応づけられているわけではないが，教育や訓練を通じて獲得される能力という意味においては，人的資本の具体的な中身として考えることができる．こうした流れのなかで，文部科学省では大学教育を通じて身につく力として「学士力」を想定しており，具体的には「知識・理解」「汎用的技能」「態度・志向性」「統合的な学習経験と創造的思考力」の四つの側面と，それらを構成する12の能力（多文化・異文化に関する知識の理解，人類の文化・社会と自然に関する知識の理解，コミュニケーションスキル，数量的スキル，情報リテラシー，論理的思考力，問題発見能力，自己管理力，チームワーク・リーダーシップ，倫理観，市民としての社会的責任，生涯学習力）といった能力があげられており，経済産業省では「社会人基礎力」といったかたちで，前に踏み出す力（主体性，働きかけ力，実行力），考え抜く力（課題発見力，計画力，創造力），チームで働く力（発信力，傾聴力，柔軟性，状況把握力，規律性，ストレスコントロール力）といった能力をあげている．こうした認知的能力，さらには非認知的能力も，教育を通じて獲得される人的資本として考えることができる．

●**人的資本と経済社会的効果**　人的資本投資は個人の賃金上昇を生み出すだけではなく，健康・犯罪・市民的関与などの非市場的・社会的便益に関する効果や教育の外部性についても近年実証的に明らかにされている．　　　　　　　　［島　一則］

📖 さらに詳しく知るための文献

荒井一博，1995，『教育の経済学』有斐閣．

Eide, E. R. and Showalter, M. H., 2010, "Human Capital," Brewer, D. J. and McEwan, P. J. eds., *Economics of Education*, Elsevier, pp. 27-32.

シグナリング理論

シグナリング理論は情報の非対称性下でのアクター，とりわけ労働市場における雇用主と労働者の行動に関する理論である．情報の非対称性とは，市場のアクターの一方は商品に関する情報を十分にもっているのに対して，他方はもっていない場合を指す．労働者は自己の技術やスキルに対して十分な情報をもっているが，雇用主は不完全な情報しかもっていない．こうした状況下では，雇用主は何らかの基準で労働者を採用するために，履歴書や入社試験や面接などによって労働者に関するさまざまな情報を入手する．

しかし，雇用主が必要とする具体的な技術やスキルを有しているかはある程度把握できても，長期にわたる職務遂行能力などを把握することは困難である．可能性はあっても実際に多額の選抜費用を要するなど現実的ではない場合も多い．こうして雇用主は，職務遂行能力を判定できない．これが不確実性といわれる問題の一つである．

●**スクリーニング仮説**　この不確実性の状況下で，雇用主は学歴や学校歴（以下，学歴と略記する）を選抜の手段に用いるというのが，スクリーニング仮説である（Arrow 1973）．教育段階があがるごとに学力試験を受けることから，学歴は，一般的な学力水準を示すとみなすことができる．そして，この学力水準と一般的な職務遂行能力は関連が強いと考えられる．このため，雇用主は労働者を採用する判断基準として学歴を用いる．

情報の非対称性が存在し，雇用主が学歴によってスクリーニングを行う状況での労働者の行動を説明するのがシグナリング理論（Spence 1973, 1974, 2002）である．シグナリング理論では，雇用主は，労働者に直接職務遂行に必要なスキルを求めるのではなく，潜在的能力を重視すると考える．しかし，雇用主は情報の非対称性のため，個々の応募者の潜在的能力を直接判断することはできない．雇用主は，これまでの経験から学歴別の労働者の平均的な潜在的能力は判断できる．このため，雇用主は学歴を選抜手段として用いる．ここまではスクリーニング仮説とよく似た想定である．ただ，シグナリング理論では，雇用主だけでなく，応募する労働者に着目する．雇用主が学歴を選抜手段として用いるのに対して，労働者も学歴を獲得して，自分は能力があることを示すことになる．シグナリングとは，労働者が自己の潜在的能力を示すために発信するシグナル（信号）として学歴を用いることを指す．

●**シグナリング理論の含意**　シグナリング理論では，学歴獲得に要する費用は，その人の潜在的能力と反比例すると仮定する．能力がある者の方が，同じ学歴を

獲得するために，効率的に学習でき，塾や家庭教師・予備校などに投資する必要は少ない，また奨学金を獲得する可能性も高いと考えられる．このような仮定を設けると，次のような結論が導かれる．

まず第一に，潜在的能力の低い者は，シグナリングが発生した状況では，学歴を獲得することは有利ではない．したがって，潜在的能力の低い者は学歴を獲得するインセンティブをもたない．これに対して，潜在的能力の高い者は，学歴を獲得することが常に有利となる．したがって，結果として学歴は潜在的能力の高い者と低い者をふるい分ける有効な手段となる．

第二に，このようにシグナリング理論は，雇用主が学歴を選抜手段として用いることが，経済合理性にかなっていることを示している．潜在的能力の高い労働者も学歴獲得によって高賃金を得ることができる．

しかし，第三に，問題は，もともとの潜在的能力の有無によって選抜するだけだから，人的資本論が主張するように社会全体として教育によって生産性があがるわけではない（ただし，教育によって生産性が上昇すると仮定しても上記の議論は成り立つ）．

第四に，シグナリング理論では，教育水準はある点で均衡に達することが示される．つまり，人々が無限に学歴獲得競争を続けることはない．しかし，その均衡の教育水準が，常に過剰であることや，高学歴の者が多数になると，この均衡が成立しないことを示すことができる．

このように，スクリーニング仮説やシグナリング理論は，人的資本論に対して，教育が過剰となりやすいことを主張する．この点で学歴インフレを説明する葛藤理論と親和性が高い．

スクリーニング仮説やシグナリング理論を展開した理論研究や実証研究が多数なされている．しかし，実証結果は一致していないのが現状である．むしろ，現在では，人的資本論とスクリーニング仮説やシグナリング理論は相互に排他的ではなく，職種別や需給状況などに応じていずれが強く働くかなど，さらに理論や実証研究が精緻化し進展している． ［小林雅之］

さらに詳しく知るための文献

荒井一博，1995，『教育の経済学―大学進学行動の分析』有斐閣．

Arrow, K., 1973, "Higher Education as a Filter," *Journal of Public Economics*, 2(3), pp. 193-216.

Spence, M., 1974, *Market Signaling: Informational Transfer in Hiring and Related Screening Processes*, Harvard University Press.

教育投資と収益率

☞「人的資本論」p.640

　人間は，学校教育や職場内訓練等を通じて知識や技能を習得し，健康等を確保する．それらの知識等が，個人の将来の所得を高める．所得が高まれば，納税額も増える．その増分は社会的サービスの原資となり，社会に還元される．知識の習得等は，本人だけでなく第三者にもよい影響を及ぼすという外部効果をもつ．

　個人が教育を通じて身につけた知識等は，さまざまな望ましい成果を将来的に生み出す源泉であるという意味で，資本だとみなすことができる．これを，物的資本と区別して，人的資本と呼ぶ．このように考えると，知識の習得等に関わる教育費支出は，人的資本への投資の一部としてとらえることができる．この投資が，教育投資である．ただし，教育費支出の全部が教育投資を意味するわけではない．

●**教育投資という概念の発見──人的資本革命**　1950年代後半から1960年代にかけて，労働と物的資本の量ではアメリカの経済成長を十分説明できないことが課題とされ，その鍵となるものとして教育と経済との関係が本格的に注目され始めた．

　この課題に答えてパラダイム・シフトをもたらしたのが，ミンサー（Mincer, J.），シュルツ（Schultz, T. W.），ベッカー（Becker, G. S.）を中心に構築された人的資本理論である．ミンサーは，後述する教育投資の内部収益率の計測のための膨大な論文群の基盤となるミンサー型賃金関数を定式化した（島 2013, p.20）．シュルツは，機会費用である放棄所得（学生が教育を受ける代わりに労働していれば獲得できたはずの所得）は教育投資の重要な一部であるとし，物的資本形成の減速を教育投資の加速と重ねて考えることで，教育投資をはじめとする人的資本投資が労働の質を高め経済成長に寄与していると結論づけた（Schultz 訳書, 1981, p.84）．そして，人的資本理論が現実を説明する能力をもつことを示したのが，ベッカーである．人的資本投資に関わる直接費用および機会費用の合計と将来の所得の増分との関係が，内部収益率を介在させることで定式化された（金子 1980, p.124）．

●**教育投資の内部収益率**　教育を受けたことによる将来の所得の増分，すなわち収益は，進学時の価値（現在価値）に割り引いて評価される．将来の収益を現在価値に割り引くものが，割引率（時間選好率）である．教育投資に関わる費用の合計の現在価値と将来の収益の現在価値とが等しくなる割引率が教育投資の限界内部収益率であり（この計測手法はエラボレイト法と呼ばれる），追加的な教育投資の運用利回りとして解釈することができる．そして，限界内部収益率は，私的収益率と社会的収益率に分類される．前者は授業料や税引後の放棄所得を中心とする個人の教育投資額と，税引き後の学歴別生涯賃金差との対応から得られる

表1 学習の経済的・社会的成果の可能性

	個人の成果	社会的な成果
金銭的成果	収益，所得，富，生産性	税収，社会移転コスト，ヘルスケア・コスト
非金銭的成果	健康状態，生活への満足	社会的凝集性，信頼，よく機能する民主主義，政治的安定

(出典　OECD 訳書，2008，p. 67 を一部改変)

値であり，個人の教育需要の決定要因とされる．OECD（2014b, p. 189）によれば，日本の高等教育に関する男性の私的収益率は7.4%である．社会的収益率は，個人の教育投資額に公的支出額を加えた総費用と，税引き前の学歴別生涯賃金差との対応から得られる値で，社会全体からみた教育投資の効率性指標とされる．さらに，政府を教育投資主体として措定のうえ，公的収益率（矢野 1984）を定義することもできる．

　また，内部収益率は，教育年数，労働経験年数およびその二乗項を対数賃金に回帰させるミンサー型賃金関数から推計することも可能である．教育年数の偏回帰係数が，全教育年数のうち平均的な1年から得られる収益率である．

　教育投資の内部収益率に関する研究は，海外では，バイアスのない計測結果を得て教育投資の合理性を確認することに主眼が置かれ（島 2013, p. 26），純粋な教育効果を反映する内部収益率の測定手法の洗練が進められた（Harmon & Walker 1995）．それらの動きは，一例をあげれば，長期追跡データに基づき就学前教育の収益率の高さを示した研究群（Heckman et al. 2010 など）を生み出した．

　他方，日本の研究は矢野（1978）を中心として展開し，その到達点は，進学行動を規定する経済的構造とその変動の解明であった（島 2013, p. 26）．近年では，海外の先行研究上の知見を日本のデータに応用してバイアスのない内部収益率を計測する研究（Nakamuro & Inui 2012）が現れている．

●さまざまな成果　教育投資がもたらすさまざまな望ましい成果は，それが帰属する対象と測定尺度により分類・整理できる（表1）．成果の同定は計測に先立つ論理的なステップであり，成果の姿が把握できれば，それは一定の進歩（Weisbrod 1962, p. 122）である．特に計測が困難な非金銭的成果の例は，マクマホン（McMahon 1998）により網羅的に整理されている．そして日本では，測定が困難だと思われていた領域に踏み込む実証研究も着実に行われている．例えば三菱総合研究所（2010）は日本のデータを用いて，大学卒業者一人あたりの犯罪費用抑制額を推計している．　　　　　　　　　　　　　　　　　　　　［日下田岳史］

📖 さらに詳しく知るための文献

島　一則，2013，「教育投資収益率研究の現状と課題―海外・国内の先行研究の比較から」『大学経営政策研究』3．pp. 15-35.

安井健悟・佐野晋平，2009，「教育が賃金にもたらす因果的な効果について―手法のサーヴェイと新たな推定」『日本労働研究雑誌』588, pp. 16-33.

教育の生産関数

☞「学校効果」p.624

　教育の生産関数とは，学業達成等の教育成果をアウトプット，①学校要因，②家庭背景，③ピア効果をインプットとしてとらえ，その関係を定量的に示すものである．教育成果を最大にするために，どのような人員，教育材の組合せが適当かを分析することが目的であり，政策的問題意識の強い研究領域である．

　教育生産関数の発端は，1966 年に発表された「教育の機会均等に関する報告書」（通称コールマンレポート［Coleman et al. 1966］）にさかのぼる．子どもの学力の分散は，学校要因により説明される割合は小さく，人種や家庭背景によりほとんどが説明されるという結論は多くの議論を呼び，その後の教育の生産関数および学校効果の研究を誘発した．この二つの研究領域には重複があるが，以下の相違点があげられる．教育の生産関数は経済学の立場から，学校効果は社会学，教育学の立場から研究された．教育の生産関数はいかに効率的に資源分配するかという視点が強く，学校要因のなかでも政策で操作可能なインプット（学級規模等）に焦点を当て，因果関係を解明することを重視する傾向が強い．学校効果は，インプットのみならず，プロセス（校長のリーダーシップ等）やコンテクスト（地域等）にも注目してきたことが特徴である．

●教育の生産関数で用いられる変数　教育の生産関数は通常以下の式で推定される．$O_{is}=f(S_s, F_{is}, P_s)$（$O_{is}$：教育成果，$S_s$：学校要因，$F_{is}$：家庭背景，$P_s$：ピア効果）．「教育成果」には，標準化されたテストスコアが用いられることが主流だが，成績・出席率・進学率・留年率，さらに教育成果を人的資本論の枠組みでとらえ，就職率，賃金等が用いられることもある．「学校要因」には，学級規模（教員一人あたりの生徒数），教員の質（教員の学歴，経験年数，報酬等），学校設備（図書館の蔵書数，実験室の有無等），運営管理費や教育費支出等の変数が用いられることが多い．「家庭背景」には，社会経済階層（親の所得・学歴・職業等），家族構成（子どもの人数等），人種等の変数等が含まれる．「ピア効果」には，同じ学校に通う子どもの社会経済階層や学力（の平均値）等が用いられている．

●教育の生産関数で用いられる統計的手法　教育の生産関数の推計には，最小二乗法の重回帰分析が用いられることが多いが，以下のような推計上の問題点が指摘され，統計的手法が発展した（Levacic & Vignoles 2002）．①内生性バイアス：回帰分析において，説明変数と誤差項の間の相関が原因で，推計値にバイアスが生じることを指す．例えば，過去に学力の低かった学校に重点的に教員が配置されていた場合（欠落変数の存在），あるいは社会経済的地位の高い親が学級規模の小さい学校を選択していた場合（自己選択バイアス），学級規模により教育成

果が違うのか，過去の学力や自己選択のような観察不可能な要因によるものなのか，識別できなくなる．克服する手法として，回帰分断デザイン・操作変数を用いた推計や，無作為抽出実験等が行われている．特に教育予算を大きく左右する学級規模の効果の研究で，内生性バイアスを回避するための統計的工夫が試みられてきた（例えば Angrist & Lavy 1999；Krueger 1999）．②パネルデータ：まず，初期時点の学力を統制して学力の「変化」を推計する付加価値モデルが発展した．近年のアメリカでは，パネル調査を利用して観察できない異質性を統制することにより，正確な因果関係を推定する方法が主流となっている．③分析のレベル：個人レベル（子ども）と集団レベル（学校や自治体等）両方の情報をもつ階層的データは，最小二乗法では推定の精度を正しく評価できないことが指摘されており，マルチレベル手法が用いられることが多くなっている．④非線形関数：例えば学級規模と教育成果の関係は，一様ではなく子どもの学力層や家庭の社会経済階層により異なることが考えられるため，交互作用や分位点回帰，トランス・ログ型関数等の非線形関数を用いた研究も増えている．

●**教育の生産関数に関する研究の知見**　英米では，教育の生産関数を用いた実証研究が数多くあり，それらの知見を総括した研究も存在する．最も著名な研究は，ハニュシェック（Hanushek, E.）によるもので，アメリカのデータを用いて推計された 187 の教育生産関数を「開票法」で集計し，学校への支出の増加は，学力向上に寄与していないと結論した（Hanushek 1989）．この結論や手法には多くの批判が集まり，例えばヘッジス（Hedges, L.）らは，同じデータをメタ分析を用いて再検証し，学校への支出の増加は学力向上に効果を及ぼすと結論した（Hedges et al. 1994）．ハニュシェックはその後も対象の教育生産関数を拡張して分析を行っているが，学校教育に投入される資源と学力には一貫した関係がみられないことを確認し，学校に提供される財が効率的に使われていないと示唆した（Hanushek 1997, 2003）．一方，教育成果として賃金を用いた研究では，概して学校資源への支出と有意な正の相関がみられることが示されている（Card & Krueger 1996）．

　英米における膨大な量の研究とは対照的に，日本においては教育の生産関数を用いて学校教育に投入される資源が教育成果に及ぼす効果を分析した実証研究はまだ少ない．教育の生産関数には，子どもの学力の変化を把握すること，また子どもの家庭背景を統制することが重要であるが，日本では，データの制約もあり，これらの適切な統計的処理をしたうえでの分析はきわめて少ない．しかし，近年は付加価値モデルや回帰分断デザインを用いて，学級規模と学力の因果関係を正確に識別しようとする Akabayashi & Nakamura（2014），妹尾ほか（2014）などの実証研究が存在する．どのような教育政策を実施することが求められているか，データに基づいて実証的に分析，検討されるためには教育の生産関数のさらなる蓄積が必要である．

[垂見裕子]

教育と経済成長

☞「知識基盤社会の教育」p.638

経済学の歴史をさかのぼってみると，その初期の段階から教育への関心を読み取ることができる．スミス（Smith, A.）は『国富論』において，分業の進展がもたらす弊害として賃金労働者の精神的退廃の問題を指摘しつつ，「国民大衆がほとんど底なしに腐敗堕落してしまうのを防ぐために，政府が一定の配慮をする必要がある」（Smith 訳書，Ⅲ，1978，p.143），「国は，ごくわずかの経費で，国民のほとんど全部に，教育のこうしたもっとも基本的な部分を修得することを，助け，奨励し，さらには必須のものとして義務づけることさえできる」（Smith 訳書，Ⅲ，1978，pp.147-148）として，政府の配慮として公教育の必要性を説いている．しかしながら，生産物の総産出量の増加を意味する経済成長の研究においては，多くの経済学者が経済成長を物的資源の蓄積の問題として考えてきたため，教育は一種の消費財として扱われてきたといえる．主流派の経済学において教育が経済的繁栄をもたらす重要な要因として再認識されたのは，1960年代以降のことである．

●**研究の進展**　1960年代に入り，経済成長に対する教育の貢献分を算出する研究が始まった．その背景には，主たる生産要素である物的資本や労働力の投入量の増加だけでは，当時のアメリカ経済の成長を説明できないことがあった．そこで，物的資本や労働力といった生産要素の観察可能な量に加えて，それら生産要素の観察不可能な質の改善に注目したのである．当時，急速な拡大を見せていた教育は，生産要素の一つである労働の目に見えない質の向上・改善をもたらすものと考えられた．初期の研究は，ソロー（Solow, R. M.）によって始められた成長会計を用いたものである（Solow 1957）．成長会計とは，生産量の成長率を生産要素投入量と全要素生産性（TFP）に分解する分析手法である．シュルツ（Schultz, T. W.）は，1929年から1956年の間に観察されたアメリカの国民所得の増加のうち，観察可能な生産要素投入量の増加で説明できる部分は約4割であり，残りの約6割は観察不可能な要因によるものと指摘した．そして，当時の経済成長の3割から5割は，労働者の教育水準の向上に起因することを指摘した（Schultz 1961）．また，Dennison（1962）は，労働者の教育水準の向上が物的資本ストックの増加以上に経済成長に貢献したと結論している．なお，シュルツらによる研究が発表された時期は，ベッカー（Becker, G. S.）によって人的資本論が構築された時期と重なる．

　1980年代に入ると，新しい経済成長理論としてローマー（Romer, P. M.）やルーカス（Lucas, R. E.）らによる内生的経済成長理論の研究が始まり，1990年

代にはマクロ経済学の主要な位置を占めるまでになった（Romer 1986；Lucas 1988）．その背景には，1960年代以降に蓄積された成長会計分析によって，全要素生産性こそが現実の経済成長に最も貢献した要因であったことが認識されたことに加え，それまでの成長理論では各国の経済成長率の格差を説明できなかったことがあげられる．内生的経済成長理論では，長期的な経済成長の源泉となる技術進歩をもたらす要因の一つとして人的資本が考慮されている．

現在のところ，経済成長に関する理論的研究では，教育が経済成長に影響を及ぼす経路として以下の三つが強調されている（Hanushek & Wößmann 2010）．

①教育は，労働力に備わっている人的資本を増加させる．人的資本の増加は，労働生産性の上昇を通じて経済の高成長を実現する．

②教育は，経済の技術進歩・技術革新の能力を向上させる．新技術，新製品，新しい生産プロセスに関する知識の増大が経済成長を促進する．

③教育は，他者の発明した新しい技術を理解・処理し，正しく導入するための知識の普及・伝播を促進することによって，経済成長を促進する．

●**実証研究の展開**　1990年代以降，各国の教育水準を比較可能なデータの整備が進展し，経済成長と教育の関係性が盛んに検証された．Mankiw（et al. 1992）は，ソロー・モデルを人的資本を含むかたちに拡張し，物的資本や人的資本（中等教育進学率）によって各国の所得格差の大部分を説明できることを示した．しかしながら，その後の実証研究では彼らの結果は支持されていない．また，各国の経済成長率をさまざまな経済変数に回帰し，経済成長の要因を探る膨大な数の研究（バロー・リグレッションと呼ばれる）が行われ，学校資本の水準や増分と経済成長率の関係が検証されたが，結果は一様ではなかった．しかし，近年では教育データの質が向上し，学校資本が経済成長に多少の正の影響を与えることを示す研究が発表されている（Cohen & Soto 2007）．また，2000年代以降，平均就学年数などで計測される教育水準に加えて，各国の教育の質を考慮した研究も発表されている．Hanushek & Wößmann（2008）は，教育の質の代理指標として国際学力調査の点数を活用して分析を行い，教育の質の向上が経済成長の重要な要因であることを発見している．

以上でみたように，教育が経済成長に貢献することに疑問の余地はないものの，そのメカニズムが完全に解明されているとはいいがたい．また，経済成長への期待が教育投資を促進するという逆の因果関係も考えられる．　　　［北條雅一］

📖 さらに詳しく知るための文献

大塚啓二郎・黒崎　卓，2003，『教育と経済発展―途上国における貧困削減に向けて』東洋経済新報社．

Hanushek, E. A. and Wößmann, L., 2010, "Education and Economic Growth," *International Encyclopedia of Education*, 2, pp. 245-252.

市場と教育

市場とは，ある特定の財・サービスをめぐる買い手と売り手の集まりである．市場メカニズムのもとでは，財・サービスの買い手と売り手がそれぞれに分権的な意思決定を行うにもかかわらず，最終的には市場全体において需要・供給とも過不足のない効率的な資源配分が達成される．教育に関わる諸々の財・サービスの取引においても，このような市場の機能の利点や欠点を考慮に入れた教育制度の設計・施策が議論されている．

●**市場メカニズム**　経済学の祖であるアダム・スミス（Smith, A.）は，分権的な意思決定により市場の均衡が達成される調整メカニズムを「見えざる手」（invisible hand）と呼んだ（Smith 訳書, 2007）．教育サービスの買い手は価格が高いときには需要量（消費量）を減らし，安いときには増やす．一方で，売り手はその利潤動機を背景に価格が高いときには供給量（生産量）を増やし，安いときには減らす．その結果として，価格が高ければ，教育サービスの市場では売れ残りが生じ，その在庫が解消するまで価格は低下する．逆に，価格が安ければ，市場では品不足が生じ，価格は上昇する．この価格の調整は買い手の期待する需要量と売り手の期待する供給量が一致するまで続き，最終的には，教育サービス市場の資源配分にむだのない最適な価格と取引量に落ち着く．一般に，市場のこのような調整機能を市場メカニズムと呼ぶ．もっとも，教育をめぐる一連の取引を，このような市場メカニズムにどの程度委ねられるかは，それぞれの市場のもつ特性に依存する．

●**市場の失敗**　市場メカニズムによる調整が十分に機能するためには，①売り手・買い手とも多数の参加者が存在すること，②扱われる財・サービスが同質であること，③参加者が完全な情報をもっていること，などの完全競争市場の条件が満たされていることが前提となる（Mankiw 訳書, 2013）．市場の特性において，これらの条件が整わない場合には，寡占・独占，外部性，シグナリング，ただ乗り，といった「市場の失敗」が生じ，中央政府・地方政府による教育政策を通じた市場への公的な介入が検討されることになる．

教育サービスの取引における「市場の失敗」の典型的な例としては，正の外部性の存在があげられる．教育による識字率の向上や知識技能の蓄積は，個々の私的な便益を高めるだけでなく，社会全体の便益にも付加的な波及効果をもたらすものと考えられる（Mankiw 訳書, 2013；Moretti 2004）．ただし，個人は私的便益にのみ基づいて教育サービスの市場における需要量を決定するため，教育の便益は過小評価され，最適な水準からすると社会全体では過少需要に陥ることが予

想される．したがって，その場合には，教育の啓蒙や補助金・奨学金といった介入を通じて社会全体の教育サービスへの需要量を引きあげる必要がある（図1）．世界各国の政府により一部の教育段階が義務化されている背景には，教育にはこのような正の外部性が存在すると広く考えられていることによる．

また，市場の参加者が取引に際して完全な情報をもって

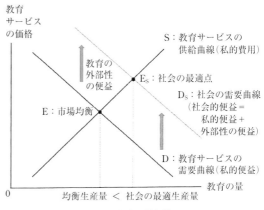

図1　教育の外部性

いないことも「市場の失敗」を招く要因となる．労働市場においては，労働サービスの売り手である求職者は自身の能力を十分に知っている一方で，買い手である雇用主は求職者の能力を十分に観察できない（情報の非対称性）．その場合に，教育サービスを受けることにより獲得された学歴は求職者の能力を示す格好のシグナルとなる．従来の人的資本論に基づけば，教育を受けることが個人の生産性の向上をもたらし（Becker 訳書，1976），社会全体にも寄与する．その一方で，この自身の能力の高さを示すためだけのシグナリング動機のみに基づく教育サービスの需要のもとでは，もともとの個人の能力を顕在化するだけで生産性は向上しない．よって社会的資源が学歴獲得競争のためにむだに費やされることになる（Spence 1973；Stiglitz 1975）．

●**教育における市場メカニズムの適用**　一般に，公教育の担い手である中央・地方政府の財政的な逼迫は，教育部門において学校選択，教育バウチャー，学校の分権化などの市場メカニズムの導入を促し効率化をはかろうとする動きを顕在化させる．一方では，市場が十分に機能していない可能性を指摘する研究もある（荒井 1995；Stiglitz 訳書，2003）．まずは，市場メカニズムに対する過度な期待や警戒を排して，市場の機能が十分に発揮できる諸条件が，教育に関連する市場においても成立しているか否かの実証的な吟味が不可欠であり，今後の定性・定量分析に基づくエビデンスの蓄積が期待されるところである．　　　　　　［妹尾　渉］

📖 さらに詳しく知るための文献

Becker, G., 1975, *Human Capital*, 2nd ed., University of Chicago Press（＝1976，佐野陽子訳『人的資本』東洋経済新報社）．

Mankiw, G., 2012, *Principles of Economics*, 6th ed., South-Western Cengage Learning（＝2013，足立英之ほか訳『マンキュー経済学Ⅰミクロ編』第3版，東洋経済新報社）．

教育産業

☞「民間教育事業」p. 526

　教育産業の意味を考えるうえでは，相互に連関する二つの視点がとられうる．
●**市場のなかの教育**　一つは，公教育制度を含む教育サービスを社会経済システムのなかに位置づけ，産業としての教育の効率性や収益性を論じようとする視点すなわち「市場のなかの教育」への視点である．教育に対するこのような見方は，階層移動，格差と平等，奨学金制度の問題あるいは技術革新，学校への公財政投融資や私的投資など，教育と経済に関わる具体的な問題を扱うときに，教育がもつ産業としての側面を再帰的にとらえようとするところに特徴があるといえる．
●**教育のなかの市場**　もう一つの視点は，上記とは逆の，「教育のなかの市場」への視点である．これは，学校体系の外部および内部にある，対価を得た教育サービスの供給に関わる諸活動を扱うもので，教育のコンテンツを売買可能な財とみなすところに特徴がある．通常「教育産業」といえばこういった教育サービスの有償提供を業とする主体を指す．日本において，この意味での教育産業の典型的な例は学習塾および予備校であり，これらは学校体系の外部にあって，個人の学習を補完し学力を伸長するようなサービスを提供し対価を得るものである．通信添削による学習指導を行うような事業も教育産業の一典型ということができる．このほか例えば音楽教室やバレエ教室，スポーツ教室や道場，あるいは1990年代のいわゆる就職氷河期を契機に台頭を始めた就活塾なども，学校体系の外部にあって公教育と並行して需要されることを想定して設けられた教育産業の例としてあげることができる．またこれらの補完・伸長の機能とは別に，児童生徒の学習を支援する仕組みとしてのフリースクールが，学校体系の外部にありつつ公教育を代替しうる機能も見逃せない．ここまであげてきた教育サービスの提供者は，公教育の提供者とは異なる主体である．
　しかし，学校体系の外部で提供される教育サービスのなかには，主として公教育を提供している主体そのものが，対価を得て副次的に提供するものもある．その典型的な例が大学のエクステンション・センターの活動であり，さらには2010年前後にアメリカの大学を中心に急激な展開を見せたMOOCs（Massive Open Online Courses）である．2000年代半ばから2010年代半ばまでのMOOCsの展開を見ると，当初インターネット上での無料の授業公開として始まり，その後有料化されるようになり，さらに受講者に単位が授与されるようになるといった変遷が起きている．すなわちMOOCsは大学による外部の社会への知の提供の時期と教育産業化の時期を経て，従来の公教育の枠組に回帰しつつあるということもできる．このように，教育産業の主体は必ずしも公教育の提供者と分け隔て

られているわけではなく，また教育サービスの提供の方法も多様化している．

さらには，学校体系のなかにあって，教育サービスを有償で提供し，利益をあげることを目的とする事業もある．アメリカにみられる営利大学がその典型例であるが，日本においても2003年に構造改革特区において株式会社による小中高校および大学の設置が認められた．これらの，企業が設置した学校も，教育産業の一類型とみなしうる．日本における株式会社立の学校は大きな発展をみるには至っておらず，むしろ株式会社立大学として設置された学校が後に学校法人立に移行するといった現象もみられた．一方アメリカの営利大学は，連邦奨学金の受給資格が認められるなど，高等教育界に一定の地位を占めるに至っている．連邦教育省の統計では，1976年にアメリカ全土で準学士以上を授与する55の営利大学のキャンパスが計上されたことに始まって，2013年の時点では1400以上の営利大学のキャンパスが存在し，学生数では準学士以上を授与する高等教育機関の在学者の約8%というシェアを営利大学が占めている（National Center for Education Statistics 2016）．アメリカの営利大学の特徴としては，研究業績によって名声を高めることに意を用いず，伝統的な非営利の大学よりも高い卒業率，資格取得率，職業に直接役立つ教育を標榜し，そのために教材やカリキュラムを画一化し効率化をはかっていることが指摘されている．アメリカ高等教育界において，非営利大学と営利大学は共存してはいるが，非営利の側が抱く営利の側の画一性や効率主義への疑念は解消しきれておらず，また営利の側から非営利の側への研究偏重，効率軽視との批判も継続している．

ハルゼー（Halsey, A. H.）は，「学校や大学には，その目的や，そのなかでの役割や資源の分配，規律，権力，授業の内容と方法，などを規定した公式の規約」のほかに，「非公式，あるいは無意識の価値仮定（value assumption）」が存在すると指摘している（Halsey 訳書, 1987）．これまで，教育産業の主体は，たとえそれが民間教育事業と呼ばれるような提供者であっても，利潤の追求は非公式の規約あるいは無意識に仮定される価値であって，明白な公式の規約とはされがたかった．しかしアメリカの営利大学の例にみられるように，学校制度のなかに効率と利益の追求を目的の一つとして明示するような提供者が参入し，その規模が拡大したときには，効率と利益の追求がそれ以外の規律やカリキュラムといった規約がもつとされてきた価値と両立するか否かが問われることになり，ひいては公教育制度が伝統的に培ってきたパラダイムの問い直しが求められることになる．

[森 利枝]

📖 さらに詳しく知るための文献

市川昭午, 2006, 『教育の私事化と公教育の解体―義務教育と私学教育』教育開発研究所.

Bok, D., 2003, *Universities in The Marketplace: The Commercialization of Higher Education*, Princeton University Press.

高学歴化

☞「機能主義理論」p.78「ネオ・マルクス主義」p.102「グローバル化のなかの大学」p.496「学歴社会における選抜」p.614

　大学生が「学生さん」と呼ばれて敬われていたのも今や昔，社会全体の「高学歴化」が進展してからは，大学生の資質低下を嘆く声がささやかれるようになっている．「高学歴化」とは，同じ条件にある構成員がより高い学歴をもつようになる変化のことで，おおよそどの国でもみられる現象ではあるが，日本ならではの特徴もある．

●**日本における高学歴化とその背景**　日本の高学歴化の特徴は，何よりもその急速な進展ぶりに求めることができる．例えば，1950年代において1割未満だった大学進学率は，60年ほどたった現在，5割を超えるまでに伸びている（図1）．また，1960年代から1970年代半ば，そして1990年代以降の20年間という限られた期間に伸びが集中しているという点ももう一つの大きな特徴として指摘される．

　なぜ，高学歴化が起きるのか．そのメカニズムを説明する代表的な理論としては，「機能主義理論」と「葛藤理論」の二つがあげられよう．

　機能主義理論は，教育が知識技能を高める役割を担っていることに注目する．そして，仕事の高度化を背景に，社会は教育の量的拡大を望むようになり，教育を受ける者は労働市場で有利に働けるように高い学歴を目指すようになると考える．その結果として生じるのが，高学歴化だ．

　一方で葛藤理論は，高学歴化を仕事の高度化の帰結ではなく，より優位な立場を得ようとする身分集団が学歴を利用した結果だとみなす．「自分たちの集団に入りたければ，高度な学歴を得ている必要がある」．こうした力学を働かせるなかで，高学歴化が現実のものになるという発想だ．

　機能主義理論や葛藤理論を含め，どのような説明が妥当であるのか，一律に判断することはできない．社会経済的な状況や高学歴化の段階，あるいは専門領域によって事情は異なるからである．ただいずれにしても，日本の高学歴化が，熾烈な学歴獲得競争のなかで実現したことも今一つの特徴としてつけ加えておくべきだろう．社会学者のドーア（Dore, R. P.）は，近代化を急ぐ後発国ほど，就職のための学歴獲得競争が激しくなることを指摘する（Dore 訳書，1978）．日本は，ドーアが描くこのストーリーの優等生的存在だった．

　とはいえ，順調に伸びた日本の大学進学率も，もはや国際的にみて高い水準ではなくなっている．2010年前後のデータで確かめれば，北欧諸国の大学進学率は7割超，ヨーロッパ諸国も6割ほどという国が多く，進学率上昇に遅れを取っているのが現状である．

●**大学院の拡大と学歴インフレ**　高学歴化の進行が遅れていることについては，

大学院レベルについても指摘することができる．文部科学省『諸外国の教育統計』（2016年版）によれば，人口1000人あたりの大学院生数は，日本で1.96人（2015年）であり，アメリカの5.22人（2012年，フルタイム在学者）やフランスの9.07人（2013年），韓国の6.56人（2014年）などと比較して，低水準になっている．

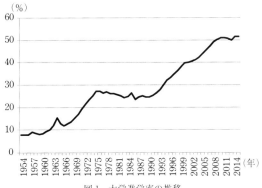

図1　大学進学率の推移

とはいえ，日本の大学院は，これでも拡大した方である．1990年代初め，政府は日本の大学院が国際的にみて小規模であることなどを理由に，大幅に拡大する政策を進めた．その結果，1990年時点で約7万人だった大学院生数は，2017年現在，25万人にまで拡大している．今でこそ人口1000人あたり約2人という規模になっているが，1991年当時，その値は0.80人だった．

では，大学院で学んだ者が，労働市場から高度人材として歓迎されたかといえば，そうではない．文部科学省「学校基本調査報告書」（2016年度）によれば，進学も正規就職もしなかった大学院修了者の比率は，工学系修士課程こそ1割未満と小さい値を示すものの，文系修士で3～5割ほど，文系博士では6～8割ほど，工学系でも博士になると4割以上と，高い値が確認される．

学歴インフレが生じている状態だが，その理由についてはいくつか考えられよう．例えば，大学院で扱っている知識能力が労働市場のニーズに合ったものになっていないため，修了者の評価は高まらないと理解することも可能であり，これは機能主義理論の考え方を応用した解釈だといえる．それに対して，葛藤理論を踏まえた理由を提示することも可能である．すなわち，日本では大学院レベルの教育を強く操作する集団が存在しないため，中途半端な状態に陥っているという仮説だ．

ただ，大学院修了者の場合，大学院教育の内実が十分に知られておらず，それゆえ価値が過小評価されているとみることができるかもしれない．実際，すでに大学院修了者を雇用している企業の関係者からは，修了者たちを高く評価する声が聞かれる．大学院が拡大したこの先，どのような状況が繰り広げられることになるのか，今後も注視していく必要があるだろう．　　　　　　　　　　［濱中淳子］

📖 さらに詳しく知るための文献

Dore, R. P., 1976, *The Diploma Disease: Education, Qualification and Development*, George Allen & Unwin（＝1978，松居弘道訳『学歴社会―新しい文明病』岩波書店）．

学卒労働市場

☞「企業が求める学生像」p. 494
「インターンシップ」p. 658

　新規学卒者を対象とする労働市場は「学卒労働市場」として，転職者を含めた労働市場一般とはしばしば区別される．教育システムと職業システムの接点に位置する学卒労働市場においては，双方のありようが，互いに影響を及ぼしうること，また，職業経験をもたない若者が，学校教育から職業という未知の世界へ円滑に移行するためには一定の配慮が必要とされたからである．

　一般に教育と職業・雇用との関係を検討する際の視点としては，①学卒者に関するマクロな需給状況，②労働市場の内部構造（就職–採用プロセス），さらに，③その背後にある学卒者の能力に対する考え方，の3点が重要とされる（金子2005）．以下，各論点について近年までの動向を概観する．

●**マクロな需給関係**　労働需要が経済活動全体の好不況に影響されることは避けられない．バブル経済崩壊以降の「失われた20年」に限っても，学卒労働市場は就職難と売り手市場を交互に繰り返してきた．

　この間，若年人口の減少とそれに伴う高学歴化の進行により労働供給側には顕著な変化が生じた．18歳人口ピーク時の1992年，四年制大学への進学率は約26%であったが，2015年度には51.5%に達した．実数で見ても，1990年に40万人であった大卒者は，2000年には約54万人へと急増した（その後は55万〜56万人で推移）．大卒者の急増と求人の激減が重なった2000年前後には，新規大卒者の就職・進学率が7割を切る低水準となり，大卒フリーターの大量発生などが社会問題化した．

　大学進学率の上昇は同時に新規高卒就職者の減少を意味する．高卒就職者数は1990年代初頭まで60万人程度で長らく安定して推移してきたが，近年では20万人を割り込みピーク時の3分の1以下まで低下した．さらにこの間，高卒者の専門学校現役進学率も16〜19%前後で推移しており，現在，専門学校を経由した新規学卒者が，高卒就職者とほぼ同程度の規模となっている．学卒者の労働供給におけるマジョリティは高卒から高等教育卒に完全にシフトしたのである．

●**労働市場の内部構造**　学卒労働市場では，卒業生の就職をめぐって学校と企業などとの間にさまざまな制度的・慣行的な関係を成立させてきた．大学による就職斡旋（あっせん）は戦前期にすでに存在していたとされるが，1960〜1970年代の「学校推薦制」「指定校制」，バブル期における「OBリクルーター制」など，特定の大学と企業間の継続的な就職–採用関係を前提とした慣行が形成され，「学歴主義的」との批判を受けつつも，企業にとっては優秀な学生の採用確保，大学にとっては卒業生の就職実績を通じたステータス向上の機能を果たしてきた．

在学中に募集・選考・採用内定が行われる雇用慣行の下では学生・生徒の教育への配慮の観点から学校・業界団体間で採用活動開始時期などを定めた「就職協定」が設定された．就職協定は，その有名無実化を指摘する向きもあったが，就職-採用活動を枠づけるルールとして一定の役割を果たした．1997年に協定が廃止されると，インターネット経由の「自由応募」の普及，不況による就職難と相まって就職活動の「早期化・長期化」が著しく進行したことはその証左である．

　高卒労働市場においては学校経由での求人が原則とされ，大卒と異なるスケジュールの「就職協定」「実績関係」「一人一社制」など独特の慣行が成立した（苅谷 1991）．これらは自由な就職活動を妨げるとの批判はあるものの，現在まで継続している．

●**学卒者の能力に対する考え方**　上述の制度・慣行は，いずれも学卒時に就職した企業での長期雇用，企業内での配置転換と昇進を伴う OJT による職務技能の獲得を前提としたものである．こうした雇用慣行のもとでは，採用時には特定の専門的知識・技能はほとんど重視されず，企業内教育を効率よく遂行できる基礎的能力の高い人材が求められた．採用選考時に重視する点に関する各種調査の結果を見ても，「コミュニケーション能力」「主体性」「協調性」などが常に上位を占め，「専門性」「語学」などの具体的能力に対する要求は小さい．しかもこうした傾向は長年ほとんど変化がない．

●**学卒労働市場研究の課題**　労働市場全般に視線を転じると，構造改革・規制緩和の影響により非正規雇用化が進んでいる．2015年には新規大卒者の3.7%は契約社員・派遣社員などの「非正規職員」，2.1%がアルバイトなど「一時的な仕事」に就いたとされる（学校基本調査）．入職3年目までの離職率は大卒約30%，高卒40～50%で推移しており，ミスマッチの発生が指摘されて久しい．これらの指標を見る限り，かつての日本的人材形成の前提は部分的には崩れつつある．

　とはいえ新規学卒時の職業への移行の成否がその後の職業キャリア形成に及ぼす影響は大きく，職業人生全般にわたる格差を拡大する要因にもなっている．初期キャリアにおける不利を挽回可能とするためにも，学校教育とほかの職業訓練を包括するキャリア形成システムとそれを支える理論的枠組みの構築が求められている．　　　　　　　　　　　　　　　　　　　　　　　　　　　　[濱中義隆]

📖 さらに詳しく知るための文献

伊藤彰浩，2004，「大卒者の就職・採用メカニズム—日本的移行過程の形成と変容」寺田盛紀編『キャリア形成・就職メカニズムの国際比較』晃洋書房，pp. 38-82.
苅谷剛彦・本田由紀編，2010，『大卒就職の社会学—データからみる変化』東京大学出版会.
筒井美紀，2006，『高卒就職を切り拓く—高卒労働市場の変貌と高校進路指導・就職斡旋における構造と認識の不一致』東洋館出版社.

インターンシップ

☞「大学教育のカリキュラム」
p. 478「企業が求める学生像」
p. 494「学卒労働市場」p. 656

　日本のインターンシップは，平成 9（1997）年に政府の「教育改革プログラム」と「経済構造の変革と創造のための行動計画」で提起され，文部省，労働省，通商産業省による三省の合意文書『インターンシップの推進に当たっての基本的考え方』，いわゆる「三省合意」を基本理念として普及していく．ここでのインターンシップとは，「学生が在学中に自らの専攻，将来のキャリアに関連した就業体験を行うこと」と広義に定義され，その後 20 年間にわたって政策的に支援され拡大を遂げてきた．しかし，今日「自らの専攻，将来のキャリアに関連した」という，統合されるべき教育と就職採用の二つのコンセプト間に溝が生じつつある．

　インターンシップ制度の導入とともに，従前から行われていた理工系の実習等の一部，高校の職業専門学科での実習，特別活動における職業に関する啓発的経験，中学校の職場体験等が，新たな職場体験，インターンシップとして語られるようになる．そして，文部科学省（2004）を経て，平成 23（2011）年の中央教育審議会「今後の学校におけるキャリア教育・職業教育の在り方について（答申）」では，「一人ひとりの社会的・職業的自立に向け，必要な基盤となる能力や態度を育てることを通して，キャリア発達を促す教育」として「キャリア教育」の体系化が課題とされ，インターンシップ等はその中核に位置づけられていく．

　こうして政策的に支援されながらもインターンシップは，現実には「一部の学生」対象の，「短期」「無報酬」「雇用と結びつかない」「教育課程とも統合されていない」「学内外の連携が十分に確立されていない」ものだった．それは，諸外国における internship とは異なる展開（吉本 2006）であり，その象徴が教育と就職採用というコンセプト統合問題である．

●日本的移行システムと就職採用コンセプト　日本の学校から職業への移行システムは，インターンシップの日本的特性の与件（吉本 2004）であり，就職協定をめぐる葛藤がその導入の直接の引き金となった．すなわち，日本的雇用慣行のもとでの新規学卒定期一括採用による学校から職業生活への円滑な移行システムは，OECD（2000）などで国際的に高く評価されてきた．しかし，在学中の早期短期マッチングの仕組みは，反面では教育内容と職業能力との接続が想定されておらず（吉本 1991），1990 年代になると日本経営者団体連盟（1995，1999）で新規学卒人材の養成のあり方が模索された．就職協定は，青田買いに向かおうとする企業側と，就職活動開始時期を遅らそうとする学校・大学側との妥協のルールであり，再三にわたる調整の末，最終的に文部省・労働省（当時）がこの調整過程から手を引き，1996 年に就職協定は廃止される．それ以後，大学側での申し

合わせと企業側での倫理憲章から指針へと，このルールは徐々に弛緩していく．

インターンシップは，こうした就職協定をめぐる葛藤の緩衝材として導入され，就職採用コンセプトが期待されながらも採用との直結を禁じた「三省合意」が成立した．大学主導で企業の採用活動メリットが小さいインターンシップを普及させようとすれば，協力の得られる実施期間はせいぜい1〜2週間にとどまらざるを得なかった．

2010年代に入ると，企業側が独自に展開する，さらに短期のインターンシップが拡大する．日本経済団体連合会（2017）「採用選考に関する指針」，『「採用選考に関する指針」の手引き』，その「手引きの改定について」では，従来言及されていた「5日間以上」という原則が外され，「1日型インターンシップ」なども認めている．ここでは，「教育的効果が乏しく，企業の広報活動や，その後の選考活動につながるような1日限りのプログラムは実施しないこと」と明記されている．文部科学省（2017）の調査でも，教育コンセプトを欠いた採用目的の，また「1日型のインターンシップ」拡大の実態が明らかになっている．こうして企業主導のインターンシップにおいて，就職採用コンセプトへの傾斜，教育コンセプトからの乖離が進んでいる．

●**教育コンセプトとアクティブ・ラーニング**　中教審（2011）では，中等教育から高等教育までを通したキャリア教育の体系化が求められている．中等教育段階では，出口指導偏重の進路指導からガイダンスの機能を充実させたキャリア教育への転換が進み，インターンシップ等の重要性が確認されている．1998年スタートの兵庫県「トライやる・ウィーク」は，阪神・淡路大震災後の心の問題を扱った学外体験であり，中学校職場体験のモデルとしてその普及につながっている．

高等教育段階では，キャリア教育に多様な教育的取組みが包含され，インターンシップは深刻化する就職問題への予防的な観点から普及していった．学部・学科の教育課程の一部としてよりも，全学的な共通教育としての単位授与の仕組みが広がり，それを担当する就職部等からキャリア教育部等への組織再編も並行して進んだ．

他方で，中教審（2012）「新たな未来を築くための大学教育の質的転換に向けて〜生涯学び続け，主体的に考える力を育成する大学へ〜（答申）」では，新たな学修方法として，授業の準備や受講等において，教員と学生，また学生同士の対話や意思疎通を促すための教育方法・教授法の工夫とともに，「インターンシップやサービス・ラーニング，留学体験といった教室外学修プログラム等」を含めて，学生の主体的な学修（アクティブ・ラーニング）が提唱された．インターンシップの要点は企業等の学外との連携のもとで展開されることであり，実社会の現場の文脈にこそアクティブな学修を促す資源と契機があるという教育理念をもつ．しかし，教育現場では，こうした手間のかかる教育理念の確立よりも，学内

資源だけで実施可能な通常授業の改善の方に関心が向きやすい．企業主導の「1日型インターンシップ」に対する学生の関心が広がる反面，大学主導のインターンシップは量的にも伸び悩んでいる．

●就業体験から職業統合的学習へ　こうしたインターンシップの教育コンセプトと就職採用コンセプトの亀裂・分離に対する見直しとして，両者の統合を明示した「職業統合的学習」（work integrated learning，以下 WIL と略）（吉本・稲永編 2013）が注目される．

　インターンシップと同等以上の可能性をもつ就業体験活動として，資格系分野の学外実習が注目される．医師，看護師，保育士，教員等の養成においては，修得した専門知識・技能を現場に応用する必修の実習がある．これに加えて，アーリー・エクスポージャー等，多様な関係者の参画する現場の関係構造を把握するための体験的活動の導入が進められている．非資格系分野におけるインターンシップは後者と近似しており，大学での専門の仕上げとなる PBL（project based learning）や，就職後の企業等での新人向け OJT（on the job training）が，前者の職業で必要な専門的知識・技能，その応用力の育成の実習に相当するとみなすこともできる．また，大学等では，資格系・非資格系を問わず，人材養成目的にかかるディプロマ・ポリシー設定が求められ，カリキュラム編成のなかでインターンシップ等が基本要素として位置づけられるケースも増えている．その際，特に非資格系分野ではすべての学生にインターンシップを課し，実習先を斡旋することは必ずしも容易ではない．インターンシップに加えて，それに匹敵する多様な学外での諸活動を組み合わせて卒業認定要件とするような，統合的なコンセプトが必要になってくるのである．

　海外に目を向けると，米国の「コーオプ教育」は学内学修学期と学外就業学期を繰り返す学位プログラムであり，その卓越したモデルの代表例の一つである．1906 年にこれを創始したシンシナティ大学は現在も建築学やビジネス分野等の9学部で「コーオプ教育」を推進しているが，全米でみると一般的には一部の分野での一部の学生が経験するプログラムにとどまっている．教育に主眼を置き，大学で広範に導入されている豪州の WIL コンセプトのほうが，日本の教育により大きな示唆を有すると考えられる．WIL は，全学的に，資格系・非資格系の分野を問わず，すべての学生に多様な就業体験学習を課す教育プログラムだからである．

　日本の現実をみても，文部科学省（2013b）では，2011 年度の大学生の単位型インターンシップ経験率が単年度あたり 2.2% と報告しているものの，他方で，大学生の在学期間を通算し，また資格系分野を除外し再推計すれば，非資格系分野での通算経験率が 20% 程度という補足説明があり，さらなる量的拡充に向けて WIL の考え方の導入が示唆されている．その他の多様な活動をこのインターンシップ経験率に加えながら，最終的に，すべての学生が在学期間中に何らかの

専門分野と関連する職業体験を経験していくことが，WIL 理念として課題となるであろう．

特に，質的に充実した密度の濃い PBL，2019 年度から創設される専門職大学等での「臨地実務実習」まで含めて，WIL を軸とする教育開発と研究の領域の確立・体系化が今後の課題となろう．さらにその延長には，大学の組織的な教育活動以外の経験にも注目する必要がある．タイヒラー（Teichler, U.）の国際的な卒業生調査研究（Teichler ed. 2007）からも，アルバイト等の経験も含めて専門と関連する就業体験の効果が実証的に明らかにされている（吉本 2001 なども参照）．

●**インターンシップをめぐる研究動向と課題**　インターンシップの研究動向をみると，導入当初はそれが教育と移行支援の新しい活動であったため，海外からの事例紹介が多くなされた（Olson 訳書，2000）．研究においては，一方では個人や組織におけるキャリアの連続性と将来への可変性の軸，他方で教育機関や専門分野の指導者以外の関係者，地域社会とのつながりとその相互作用の軸が設定できる．デューイの『経験と教育』（Dewey 訳書，2004）における連続性と相互作用という評価原理は，そうした研究への示唆に富んでいる．

これまでの研究動向を振り返ってみると，学校教育と労働・社会との接続をめぐる興味深いあり方を示しているにもかかわらず，日本教育社会学会や日本高等教育学会での研究成果は限られている．むしろ，領域学会としての日本インターンシップ学会などにおいて，精力的に研究が行われている．同学会の 10 年史（2011）のなかでは，学会関係の論文等をもとに，「理論研究」（吉本 2006 など），「事例研究」（佐藤ほか 2006；高良ほか編著 2007；中川 2011 など），「実証研究」（福岡 2004；吉本 2010 など）という枠でこの領域の研究動向大別している．当事者の実践報告である「事例研究」が同学会の研究成果の約 7 割を占めており，インターンシップの定義や教育理論としての位置づけなどの理論研究が少ないという課題も指摘されている．

教育社会学の研究課題としてみると，比較検証の基準を明確に設定したミクロな学生の学修成果に関する研究や，マクロな制度研究，国際比較などの「実証研究」の充実が期待されるところである．　　　　　　　　　　［吉本圭一］

📖 **さらに詳しく知るための文献**

Dewey, J., 1938, *Experience and Education*, Macmillan（＝2004，市村尚久訳『経験と教育』講談社）．
吉本圭一，2006，「インターンシップ制度の多様な展開とインターンシップ研究」『インターンシップ研究年報』9，pp. 17-24．
吉本圭一・稲永由紀編，2013，『諸外国の第三段階教育における職業統合的学習』高等教育研究叢書 122，広島大学高等教育研究開発センター．

フリーター，ニート

　フリーター，ニートという言葉は，学校から職業への移行が変容し始めた時期に登場し現在では広く日本社会に受け入れられるようになっているが定義は一致していない．定義の不明確さは，フリーター，ニートという言葉が就業状況と意識の混合物であり，性別・年齢・現職の有無・就業形態・婚姻の有無・就業意向などが広く定義に含まれていることに起因する．この曖昧さこそがフリーター，ニートに対するさまざまなイメージを惹起し，言葉が社会に広く流通するようになった理由であるのだが，それがゆえに「誰をフリーターないしはニートと呼ぶのか」は常に論争の的となってきたのである．したがって研究においても一定の共通性はあるものの学術上の定義というものは存在せず，実証研究においては公的な統計に基づく操作上の定義の援用という変則的な方法がとられている．

●**フリーターの定義と研究状況**　政府の「労働力調査」を用いた公的な定義によれば，「年齢が 15〜34 歳で，男性は卒業者，女性は卒業者で未婚の者のうち次の者をいう（筆者注：卒業者には中退者も含む）」として，「1．雇用者のうち勤め先における呼称がパート・アルバイトの者，2．完全失業者のうち探している仕事の形態がパート・アルバイトの者，3．非労働力人口で，家事も通学もしていないその他の者のうち，就業内定しておらず，希望する仕事の形態がパート・アルバイトの者」と便宜的に定義されている（厚生労働省『平成 28 年版　労働経済の分析』）．

　フリーターについての研究は 1990 年代後半から本格的に開始されたが，教育社会学においてはまず高卒就職の変化と高卒無業者の増加という観点からの研究が進められた．フリーター研究の嚆矢は日本労働研究機構（2000）であり，フリーター 97 人に対するインタビューに依拠し，フリーターになったきっかけと意識を指標としたフリーターの類型化およびこれに基づく政策的支援を主張したものである．その後フリーター当事者に着目した研究から，労働市場や学校の就職斡旋機能の変化，社会的背景との関連などの構造的な要因にまで研究は拡大していった．フリーターは 2003 年に量的なピークを迎え，その後は景気状況により変動している（図 1）．

●**ニートの定義と研究状況**　政府の公的な定義によれば，ニートとは「若年無業者」と呼ばれ，「15〜34 歳の非労働力人口のうち，通学，家事を行っていない者」として定義されている（厚生労働省『平成 28 年版 労働経済の分析』）．

　ニートについての問題意識は社会参加を重視する EU，特にイギリスの政策に端を発する．就業経験のない若者の場合は失業ではなく無業に至りやすいため，若

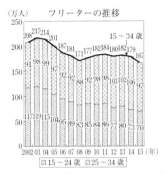
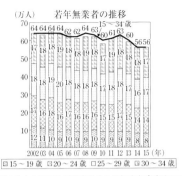

資料出所　総務省統計局「労働力調査」「労働力調査(詳細集計)」をもとに厚生労働省労働政策担当参事官室にて作成
図1　フリーター・若年無業者の推移
(出典　厚生労働省『平成28年版 労働経済の分析―労働生産性と雇用・労働問題への対応』[注は省略])

者の無活動状態を問題視し社会参加を促すという理念から，イギリスの労働党政権時に，16〜18歳の若者で教育にも仕事にも職業訓練にも就いていないという状態の若者をイギリスの労働政策において NEET（Not in Education, Employment or Training）と呼ぶようになったのだが（The Social Exclusion Unit 1999），若者の状況を示す概念として現在では国際的に用いられるようになっている．

　日本においても2000年代の初めに社会的自立が困難な若者に対する関心が高まったが，イギリスの若者政策の紹介のなかで浮かびあがった NEET という表象は日本の当時の問題意識と呼応し，瞬く間にマスメディアを通じて広がった．その際にはイギリスの定義とは異なる日本型のニートが定義された．現在 OECD 等の国際機関において用いられている NEET の定義との大きな違いは，失業者や家事をしている者は除かれているという点である．専業主婦というカテゴリーが社会的に広く受け入れられていること，かつ失業対策はあるが無業者に対する社会保障が薄いという日本の支援の特徴を反映する定義となっている．なお日本型のニートおよび若年無業者と表象される若者層は「ひきこもり」の若者層と重なる場合もあるが，概念としては異なる．ニートの量的推移については景気状況によらず高止まりしているのが特徴である．

●**フリーター，ニートという言葉はなくなるか**　学校から職業への移行が急激に変容する中で，状況に戸惑い翻弄される若者と日本社会の困惑を巧みに切り取った表現であったが，若年非正規雇用者や若年無業者のような就業状況を記述した表現に包摂されていくなら，あるいは現代の若者によりフィットした表現が登場すれば，フリーター，ニートという言葉はいつしか使われなくなるだろう．ただし「就職氷河期世代」の存命中は人々の記憶の中に残り続けるものと推測される．

［堀　有喜衣］

教育財政

☞「教育費の負担」p. 666

　政府が教育目的を達成するために必要な財源を確保し，教育機関等に配分し，管理する活動としての教育財政は，近代公教育の成立に伴って本格的に始まった．教育財政は公教育を金銭的に支えるものであり，教育政策の裏づけとなるものである．マスグレイブ（Musgrave, R. A.）は，財政の機能として，資源配分，所得再分配，経済安定化をあげたが（Musgrave 訳書，1961），教育財政も，教育部門への資源配分や教育サービスの直接供給を通して，こうした機能を果たしうる．

　教育財政に関する議論は，教育費支出論と教育費負担論に分けることができ，財政3機能の観点（水田 2013）に加え，資源配分の効率性と公平性の双方を考慮する経済学（大川 1976；矢野 1984），財政支出の背景にある国民の意識を解明する社会学（中澤 2014；矢野 2016），財政政策決定過程や政府間関係に注目する政治学・行政学（青木 2004）の観点からも究明される領域となっている．

●**支出論**　財政支出には，その国の政治的・経済的諸力や社会的価値判断が反映する．支出論では，教育に対する財政支出の範囲・水準と，支出される公費がどのように配分されるかが問題となる．

　教育に対する財政支出の水準は，例えば GDP で計測される国民経済の規模や財政支出全体の規模と比較して，その多寡が論じられるが，絶対的な基準があるわけではない．大きな政府と小さな政府のいずれを志向するかによって異なるし，社会保障・公共事業・警察・国防などと比較して，政府が教育にどれほど重点を置いているかにも左右される．わが国の 2013 年度公財政支出教育費は 22 兆 9722 億円であり，同年度の行政費の 14.0%，GDP の 4.8% である（文部科学省 2016b）．教育の質を保ちつつ効率的かつ平等に供給・助成するうえで，この水準が妥当であるかが問われる．

　公財政支出教育費の内訳は，学校教育費 80%，社会教育費 7%，教育行政費 13% である（2013 年度）．学校教育費が大部分を占めるが，1960 年代から 1995 年に至るまで社会教育費の比率が微増傾向にあり，当時の生涯教育政策の高まりを示すものとされる（市川 1983）．その後社会教育費の比率は低下し，現状は 1980 年代初めと同程度である．

　公財政支出学校教育費の学校段階別構成比をみると，就学前教育 3%，初等中等教育 73%，高等教育 24% である（2013 年度）．同年度の在学者一人あたり公財政支出額を OECD 統計より推計すると，小学校 89 万円，中学校 98 万円，高校 91 万円，高等教育 70 万円となる（OECD 2016a）．こうした支出水準が適正であるか否かは，各段階の教育の公共性や，必要とされる教育費の全体，投入さ

れた資金がもたらす便益を広くとらえて検討する必要がある．特に高等教育でみられるように，資金配分方式には，高い成果をあげている機関に集中的に配分する方式と平等主義的に配分する方式とがある．一般的には集中配分が効率的と考えられるが，過度の集中は効率を低下させることがある．

●**負担論**　負担論は，政府が教育費を負担する根拠を明らかにしたうえで，各学校段階あるいは社会教育について，政府がどの段階・分野の費用をどの程度負担するのが公正といえるかといった問題に取り組む．

政府が教育費を負担する根拠としては，教育は準公共財ないし価値財であって外部効果が存在すること，長期的観点からの所得再分配のためにも教育の機会均等が求められることなどがあげられる．こうした根拠に基づく政府負担は，国と地方で分担されるが，初等中等教育を地方政府が供給しているのは，この段階の教育の便益が地域に限定される地方公共財と考えられているためと解釈することができる．その場合でも，地方政府の財政力に大きな差があるため，国の補助金等によって全国的な教育水準の維持・向上と教育機会の均等を図る必要が生じる．

わが国の義務教育については，教職員人件費の1/3を義務教育費国庫負担金により国が負担し，2/3を都道府県が負担する．都道府県負担分には地方交付税交付金が充当されるが，同交付金は一般財源であり使途制限がない．このため義務教育への実支出額は，児童生徒数で調整しても都道府県間・市町村間で差が生じており，その実態は文部科学省「地方教育費調査」や総務省「都道府県決算状況調」「市町村別決算状況調」によって知ることができる．

高等学校費については，公立高校の場合，設置者である地方公共団体が大部分を負担している．地方政府の負担分に地方交付税交付金が充当される点は義務教育と同様である．私立高校に対する助成は都道府県事業費によっているが，この事業費にも国庫補助がなされる．公立高校授業料相当額を高校在学者家計に支給する高等学校等就学支援金も，国から都道府県に交付される．

大学に対する政府支出は，国庫負担によるものが中心である．国立大学には基盤的な経費として運営費交付金が，私立大学には「私立学校振興助成法」に基づいて経常費補助金が交付され，それぞれ病院部門を除く経常収益，事業活動収入の49％，9％を占めている（2015年度）．これらについては使途指定はなされないが，評価に基づいて増減される部分があり，他の補助金等と合わせて大学に対する規制作用を有するものとなっている．　　　　　　　　　　　　　［浦田広朗］

📖 さらに詳しく知るための文献

市川昭午．1983．『教育サービスと行財政』ぎょうせい．
苅谷剛彦．2009．『教育と平等』中央公論新社．
末冨芳．2010．『教育費の政治経済学』勁草書房．

教育費の負担

☞「教育財政」p. 664

　教育費はさまざまに定義されて用いられており，しばしば議論が混乱する．そこで，本項目では，教育費を教育に要するすべての費用と定義する．これに対して，学生や親が支払う教育への対価は，ここでは教育費ではなく学費と定義する．一般に学費は教育費の一部にすぎない．教育費は保護者や学生だけが負担しているのではなく，企業や大学などのその他の私的負担と，政府などによる公的負担がある．このように，教育費の主な負担者は，まず公的負担か私的負担かに大別され，私的負担は，民間（企業，大学など）と家計（保護者や学生）に大別される．さらに家計の負担は保護者の負担と学生本人（子ども）の負担とに分けられる．このうち，民間負担は，いずれの国でも大きな割合を占めていない．

　したがって，教育費の負担（cost-sharing of educational expenditure）については，大きく三つの考え方がある．それらは教育観の相違が背景にある．第一に，教育費の「公的負担」は，「教育は社会が支える」という教育観に根ざしている．これは教育費負担の「福祉国家主義」といえよう．北欧諸国で広くみられる考え方である．学費は無償ないし低廉に抑えられている．第二に，教育費の「親（保護者）負担」は，親や保護者が子どもの教育に責任をもつべきだという教育観が背景にあり，教育費負担の「家族主義」といえよう．日本・韓国・台湾などで強い教育観である．第三に，「学生本人（子）負担」は，教育は個人のためであるという教育観が背景にある．これは，教育費負担の「個人主義」といえよう．アメリカやオーストラリアなどアングロ・サクソン諸国で広くみられる．学生本人の負担といっても，学生本人が在学中に学費を支払うことは困難であり，学資ローンを借りて，卒業後に返済することになる．もちろんこれらは理念的なとらえ方で，現実には各国ともこの三つの負担が混在している．特に最近では，公的負担から私的負担，保護者（親）負担から学生本人（子）負担へと移行する傾向にある．

●教育費の公的負担の根拠と方法　教育費を公的に負担する根拠は教育観だけによるのではない．その根拠は，教育の外部性（外部効果，外部経済）にも求められる．外部性とは，市場を通じない効果のことであり，市場機構に委ねると誰も費用を負担しないため，外部性の分だけ供給は過少になる．このため，教育の外部性の分だけ公的負担する必要がある．例えば，初等教育は，ほとんどの国で無償であり公的負担となっている．これは，初等教育の費用を私的負担にすると，負担できない国民の子弟は，就学しない可能性がある．この結果として読み書き計算ができない国民が増加すれば，その国民や子弟にとって損失であるばかりで

なく，社会全体が大きな損失を被る．このため，初等教育と中等教育の一部は，公的に負担されるのである．なお，この場合，教育費には直接費用だけでなく，就学により労働できないために失われる間接費用（放棄所得）も含まれる．

　教育費の公的負担に対して，教育費の受益者負担ということがしばしば主張される．これは，教育費の私的負担とりわけ家計負担を指すことが多い．しかし，上述の議論に従えば，社会や国民全体も受益者であるから，「受益者負担」ではなく「私的負担」あるいは「家計負担」と呼ぶべきである．

　しかし，ここで問題となるのは，外部性はもともと市場を通じないため費用を算出することはできず，外部性に応じた費用負担は現実には不可能であることである．したがって，実際には，こうした理論的根拠によるのではなく，公的負担がなされている．実際に教育に対してどの程度公的負担がなされているかについては，日本は対 GDP 比で約 4% と加盟国の平均より低く，とりわけ高等教育は約 0.5% で，OECD 加盟国中最下位である（OECD 2016a）．逆に，OECD 加盟国のなかで，日本は高等教育費の家計負担の最も重い国の一つである．

　教育費の公的負担には大きく分けて二つの方法がある．一つは機関補助であり，そもそも国公立教育機関の設置は，大部分が公的負担による．さらに日本では，義務教育費国庫負担金，国立大学運営費交付金，私学国庫助成金，公立学校教育費などがこれにあたる．また，競争的資金補助（科学研究費，COE など）の一部も公的補助とみることができる．

　これに対して，教育費の公的負担のもう一つの方法は，個人への直接補助であり，高校就学支援金，奨学金，授業料減免などがあげられる．この両者にはそれぞれ一長一短があり，いずれかだけによるのではなく，両者を組み合わせて公的補助がなされている．機関補助だけでなく，個人補助がなされる大きな理由の一つは，学生や家計への経済的支援は，教育機会の均等を達成するのに重要な手段であるからである．教育機会の均等が達成されなければ，個人にとっても損失であるが，社会全体でも，有為な人材の損失という問題を生じる．このため，さまざまな手段によって学生への経済的支援がなされる．実際には，家計の教育費の負担軽減にはさまざまな方法がある．学費の無償化あるいは低授業料は最もわかりやすい方法である．しかし，学生や保護者からは，こうした補助が見えにくいという問題がある．これに対して，奨学金なかでも給付奨学金（grants, scholarships, bursary）は，最も目に見える学費負担軽減策である．授業料減免は，実質的には給付奨学金とみなせる．これに対して，貸与奨学金（学資ローン）（student loans）は，返済が必要なため，卒業後の負担は大きいが，在学中の学費の負担を軽減することができる．また，日本学生支援機構の第 1 種無利子奨学金など，無利子の場合は，その分が公的補助となっており，負担を軽減している．さらに，貸与奨学金の返済猶予・免除も軽減策として有効である．　　［小林雅之］

奨学金

☞「市場と教育」p. 650「教育費の負担」p. 666

　奨学金は，教育の機会均等や学生の学業や成長を促進することなどを目的に，学生の経済的負担を軽減する制度である．そのあり方には，その目的，給付か貸与か，どのような対象をどのような条件で選ぶのか（能力［メリット］を重視するか必要性［ニード］を重視するか），一人への金額を多額とするか少額とするか，など複数の論点がある．また，奨学金制度は，教育費負担のあり方とも密接に関係するとともに，再配分政策や人材育成の誘導的な側面も有している．2014年時点で，何らかの奨学金を受給している学生の割合は，学部学生 51.3%，大学院修士課程在学生 55.4%，大学院博士課程在学生 62.7% とされている．

●日本の奨学金制度の歴史的経過　現在，日本の奨学金制度では，その中心的な役割を日本学生支援機構（JASSO）が担っている．日本学生支援機構の起源は，1944年に国が創設した大日本育英会にさかのぼる．日本の奨学金事業は，近代学校制度の展開とともに，優秀な人材の育成を目的に実施されてきた．明治期には旧藩や地域の名望家により，各地域で人材育成を目的とする奨学団体が創設された．国は，学費を無償・低額としたり寮生活を前提とするなどの官立高等教育機関を創設した（官費主義・育英主義）が，直接的な奨学金事業は行わなかった．しかし，昭和恐慌によって多くの民間育英団体の事業継続が困難になったことや総力戦体制の構築などを背景に，国による奨学金事業の必要性が主張され，1944年に大日本育英会が創設された．創設時には，給付制度とする議論もあったが，無利子貸与制度として創設された．第二次世界大戦後，日本育英会の奨学金事業は，高校生と大学生を対象に事業が継続された．戦後教育制度では，官費負担の学校制度が廃止されたことから，奨学金貸与者が教員や研究職に就き，一定期間勤めることで返済を免除する返還免除職制度が創設され，また，優秀な学生の進学を促進するために成績優秀な高校生と学部学生には返済免除分を上乗せする特別貸与制度が行われた．これらの制度は，貸与制度のなかの実質的な給付制として機能していた．しかし，特別貸与制度は，1984年の有利子貸与制度創設時に廃止され，教育職・研究職就職者への返還免除制度も 2004年を最後に廃止された．返還免除制度は大学院生の一部に残るだけである．なお，2004年の日本学生支援機構への改組に伴い，高校生の奨学金事業は都道府県に移管された．

●奨学金制度の現状　現在，JASSO 奨学金の利用者総数は 134万人であり，利用者は大学生の 2.6人に 1人となっている（2015年）．JASSO 奨学金の特徴は，無利子貸与と有利子貸与の二種類があること，返済期間が長期であることにある．1999年以降，有利子貸与の利用条件の緩和，採用人数の拡充が進められた

ことを背景に，現在，有利子貸与が全体の7割を占めている．国の奨学金は，経済的な困難をもつ学生の進学を支援する一方で，4年間利用すると卒業時には200万円以上の借入額となる．大学院進学者等では，借入額が1000万円を超えることもあり，過剰債務化が指摘されている．他方で，返済滞納の増加が問題とされ，一定期間の滞納者の個人信用情報機関への登録（2009年から），取立請求訴訟など回収強化，学校別返還滞納情報の公開（2017年から）が行われている．このような動向には，奨学金制度の金融商品化，奨学金地獄との批判がある．

奨学金事業の実施主体には，地方という自治体，各大学・学校，個人を含む民間奨学団体もある．2013年の日本学生支援機構の調査では，奨学金事業を実施している主体（学校を含む）は3877団体，受給学生数は43万人となっている．地方自治体の奨学金制度は地元出身者を，大学独自制度は在学者を対象とする．民間奨学団体も，その目的に応じて，遺児やひとり親，特定の大学の在学生，特定の専門領域の学生など，対象を限定しているものが多い．給付制度，貸与制度のいずれを採用しているかは団体によってさまざまである．これらの奨学金事業は，一つひとつの対象人数は多くない．他方，大学の学費免除・減額（学費減免）も，給付奨学金と実質的に同様の機能を有する．特に国立大学ではこの学費減免が，学生に対する経済的支援として重要な意味をもっている．

●**奨学金制度の機能と課題**　奨学金制度は，学生を誘導する側面をもつ．例えば，学業成績を基準に対象者を選定すれば，学生の勉学を促進することにつながる．また，海外留学を促進するため，優秀な海外学生を日本に招くため，特定の職業への就業を促すため，災害等の被災学生を支援するための奨学金も存在する．居住や地域での就業を条件に地方自治体が返済を免除・支援する取組みもある．奨学金の目的や機能が，教育の機会均等に限らないことに留意が必要である．その制度設計によっては，大学教育の改善や学生の行動変容にもつながるのである．また，同じ機能を有していても，貸付金や奨励金などの名称を用いるものもある．

日本では，大学在籍者の8割を私立大学在学者が占め，その学費が高額であることから，奨学金のみで学費や生活費などの必要経費を充当することは困難である．このような状況は，「高授業料・低奨学金」として，国際比較のなかで，日本の学生への経済的支援が低水準であることの問題が指摘されてきた．高等教育進学がユニバーサル段階を迎えるなか，多くの進学希望者が経済的に不安を抱かずに大学で学べるための奨学金制度のあり方が課題となっている．卒業後，一定の所得を得られるまでは返済額が軽減される所得連動返還型奨学金制度が注目され，日本ではJASSO奨学金の一部に2017年度から導入された．また，2016年には18歳選挙権の導入を背景に，給付型奨学金制度の導入が検討され，2017年度に先行実施され，2018年度から本格的に実施される．進学状況や社会変容に合わせた奨学金制度の見直しが求められている．　　　　　［白川優治］

第11章

教育政策

［編集担当：志水宏吉・菊地栄治］

概説：教育政策 ·························· 672
教育の公共性 ·························· 676
公正と卓越性 ·························· 678
新自由主義 ···························· 680
新保守主義 ···························· 682
教育における政策決定過程 ·········· 684
教育基本法 ···························· 686
教育委員会制度 ······················ 688
教育の地方分権 ······················ 690

カリキュラム政策 ···················· 692
学力政策 ······························ 694
教育の民営化 ·························· 696
学校選択制 ···························· 698
小中一貫教育 ·························· 700
中高一貫教育 ·························· 702
学校統廃合 ···························· 704
シティズンシップ教育 ················ 706
インクルーシブ教育 ·················· 708

概説：教育政策

　教育社会学は，教育を社会的事実としてとらえる社会科学であり，教育の構造と機能を解明することを重要な社会的ミッションとしている．教育がどのように機能しているのか，いかにして成り立っているのかを根拠と論拠をもって説明することが課題となる．他方で，教育社会学は，教育にまつわる「自明性」を批判的に相対化していく役割も果たしてきた．

●教育政策と教育社会学　この二重性は，教育政策という分野にも当てはまる．各種の教育政策はどのような歴史・構造的基盤を有しているのか．それらは，（意図せざる結果を含めて）どのような結果をもたらしているのか．そもそもそれらを生み出す背景となった教育問題についての自明性は確かなものであるのか．そうした幅広い問いが発せられる．つまり，教育社会学は，政策目標に照らして所期の期待に沿った合理的な結果をもたらしているかどうかを判断するにとどまらない裾野の広さをもっているのである．

　政策科学としての教育社会学を充実させていくには，学問としての主体性・自律性を有していることが欠かせない．例えば，教育社会学そのものが官僚制や資本主義の制度化された構造のなかに一種のテクノロジーとして組み込まれ，既存の社会秩序を正当化するための道具として体制化されることの危うさがある．

　過去を振り返れば，教育社会学が，他の教育研究の思弁的な性格に飽き足らず，教育計画論に依拠しながら政策形成過程の内部に積極的に入り込み，その地歩を確かなものとしようとした時代があった．背景となる人的資本論は，因果論を中心とする近代的思考の枠内で教育計画の科学化の一翼を担うものであり，わが国では，とりわけ「四六答申」をめぐって教育社会学の存在が大いに世間の耳目を集めた．それは，国家が線型思想をベースにインプット・アウトプット図式で教育計画を立案し，全国に普及させていくという集権化の発想に基づくものであった．

　この時期は，経済が右肩上がりに成長することを前提にしつつ，そのパイの分け前をできるだけ公平にという方向で，一定の合意が得やすい時代でもあった．当時の日本で不平等問題が社会問題として浮上しづらかったのは，この右肩上がりの経済成長によるところが大きい．原理的にも，当時の発想はシンプルなものであった．定型的な法則を現象に当てはめていく手法を採ることが，この時代の基本的な発想であった．教育社会学もまた，その知見を対象領域に下ろしていく立場を守ることで，一定の正統性を保っていた．

●新自由主義のなかの教育社会学　ベルリンの壁の崩壊に象徴される冷戦時代の

終焉とともに，単一の原理や正義にしがみつくことの危うさが白日のもとにさらされた．加えて，限りない経済成長そのものの神話性は，バブル崩壊によって，その前提の限界を私たちに突きつけた．教育社会学においては，学歴社会をめぐる「神話」の構造に斬り込むことは積極的になされてはいたものの，よりマクロな経済の基盤そのものの神話性については，説得力をもつ議論はなされてこなかった．

　近代における「大きな物語」が終焉を迎えることとなったが，それに続くポストモダンの社会は自由な空気を享受できるバラ色の世界ではない．飽くなき経済成長の追求と新たな管理社会の出現の予兆がみられるなかで，近代主義の悪弊を世界規模でまき散らすに至ったのである．先進国の低成長と新興国頼みの資本主義経済の再興のなかで，グローバル規模で拡大している二つの政治的趨勢がある．それは，新自由主義と新保守主義という，双子的な性格をもつ潮流である．

　まず，新自由主義は，市場的価値の多寡によって個人を序列化し，競争を通して社会全体の価値を生み出すことができると仮定する考え方である．消費者に選択される教育こそが最善の教育であるというように，きわめて可視的で単純な基準によってゲームの勝敗を決めようとする．とりわけアングロ・サクソン系の文化圏で，この原理が支配的となっている．公教育制度・組織を運営するという公共的な営みさえも，このまなざしでとらえられていく．例えば，イギリスのサッチャリズムやアメリカのレーガノミクスが，その典型である．

　日本においても，経済成長のなかで社会福祉的基盤が掘り崩されるようになり，1990年代後半になると，教育の世界においても新自由主義的な政策が席巻し始める．典型的には，義務教育段階での学校選択制の導入がある．嚆矢は三重県紀宝町であるが（1998年度），その後の影響力としては東京都品川区の学校選択制が注目されてきた（2000年度）．同時期にいわゆる学力低下論が唱えられることで，都市部を中心にこの学校選択制は拡大していった．

　教育社会学では，主として次の三つの点で，学校選択制に対して異論が唱えられている．第一に，義務教育の機能の衰退と教育の歪曲をもたらすことへの懸念，第二に，学校間格差と社会階層の結びつきを強めることによる不平等の再生産への懸念，第三に，公共財としての学校の意義が薄れ，消費者主義的な関係性が自明視されることへの懸念である．

　代表的な論者である藤田は，学校選択制の義務教育機関の教育に対する悪影響の大きさを論じ，「強者の論理」で進められる今日の教育改革に批判的な考察を繰り広げている（藤田 2005）．しかしながら，こうした議論が，既存の新自由主義的な社会秩序に順応し，少しでもよい社会的地位を獲得しようとしている人々にどの程度のインパクトをもちうるかははっきりとしない．公教育全体のことをわがこととして考えることができるかという，いわゆる当事者性の問題が，ここ

でクローズアップされてくる．近年になって，若者の奨学金問題や就職をめぐる不利益の問題などについては，一定の社会的関心が呼び覚まされるようになっていると思われる．教育社会学が，正義に対する人々の構えにどのようにして関与しうるかが真剣に問われるべき時代に立ち至っている．

●**新保守主義とナショナリズム**　新自由主義は，諸個人の間のつながりを切断する結果をもたらしがちである．グローバルな世界に個人の幸福のみを求める者のみを増やすことは，国家としては不都合である．そこで，新自由主義が跋扈する時代において，合わせて戦略的に用いられるのが新保守主義的な考え方である．その眼目は，つつましく内向きな伝統主義を保持することではなく，経済的利得を得ながら国家という共同体への一体感をも形成することにある．現実に日本では，1990年代後半以降，「君が代・日の丸問題」や「教育基本法改正」に典型的にみられるように，新保守主義的政策が保守的与党の最優先事項として推進されてきた．

一方では，地方分権化が同時期に推進されてきたことの意味も問われなくてはならない．これは，国家の関与をなるべく小さくするという点で，新保守主義とは一見矛盾した政策であったが，その内実としては国家主義の再興が着々と制度化されていった．地方分権に伴う教育政策の重点的な変更点としては，次の2点を指摘できる．

一つは，学校組織のタテのラインの制度化である．校長に学校経営の権限が一元化され，中間管理職的な性格をもつ主幹教諭等がつくられていった．学校目標の設定についても，校長が最終的な責任をもつこととなった．学校評議員制度等も，一部の意識的な取組みを除けば，校長の権威を追認することにとどまりがちである．これに，目標管理型の教員人事管理が加わる．それは，一元化された目標，とりわけ数値目標の実現にどれだけ貢献できるかを問うものである．結果が給与に一定程度反映されることで，教員の意識は大きく変えられていくことになった．

もう一つは，教育委員会の独立性がないがしろにされ，首長による一元的支配が当然視される傾向である．スピード感のある対応，選挙によって支持された首長という見方が，その背後にある．一見もっともらしい言説が流通することによって，ライン化された教職の最上層に首長が位置するという位置関係が支配的となる．このことは，文化や教育という精神の自由に関わる営みに，経済や政治のロジックが重大な影響を及ぼす可能性が大きくなることを意味している．

新自由主義と新保守主義という巧妙に打ち立てられた二つの双子的原理は，あらゆる校種に大きな影響を及ぼしつつある．グローバル経済という不可避の時代状況が大いなる危機として語られ，必ずしもその危機への対応として目的合理的ではない教育政策が次第に幅を利かせつつあるのが，日本の教育界の現状である．

●**教育のポリティクスを問う**　教育社会学は実証科学としての特徴を自らのアイデンティティとしてきたが，その結果として「後追い」的な性格を帯びる傾向があるといわざるを得ない．すなわち，実証科学の名のもとに現場から離れたところで学問を行う傾向が強く，さまざまな「当事者」とともに学問的な知をつくっていくことに対して必ずしも積極的ではなかったことが，学問的課題としてある．教育のポリティクスを当事者とともに問い直すことが課題となる．

　その点を踏まえて，教育政策の社会学において今後重要性を増すだろうと思われる概念を，いくつかあげておきたい．

　第一に，「公共圏」である．誰が教育のポリティクスを支える語りの場に参入しうるかという問いである．国家が定める一元的な公共性でも，学校など近代の諸制度が墨守しがちな共同体主義を前提とするのではなく，異質な声に耳を傾ける多元的な公共空間をどれだけ保障できるかという視点が重要になる．この点は，インクルーシブな教育と社会はいかにして可能であるのかという問題とも関わる．

　第二に，「臨床」という概念についてである．教育政策と「臨床」は，これまでともすると遠く隔たった概念としてとらえられてきた．しかし，単なる分析者として現場に臨むのではなく，教育政策研究に携わる者自体が当事者との対話を通して自分自身が変えられていく経験を大切にしていくことが重要になる．マクロ・ミクロ論争という自閉した言説の次元を超えて，教育政策形成の主体としての研究者がどのような関わりをもつことが可能であるのかが示される必要がある．

　第三に，関係性の再構築の先にある「エンパワーメント」という働きへの着目である．教育政策への関与が結果として何をもたらすのかという点に思いを致したとき，こちら側をどのように変えていけば，より切実な課題を課されている人々の環境をよりよくできるのかという課題が見えてくる．それぞれの場においてこのことは問題にされなくてはならない．

　これらの概念は，教育社会学がこれまで大切にしてきた批判的思考に加えて，教育の現実をよく知ろうとする努力の先へとさらに歩みだすことを示唆している．研究者自身も，よりよい政策を創造する主体として現実に関与していることをなおいっそう深く認識することが求められる．教育政策の構造的問題点を看破したうえでの教育社会学の新しい地平を切り開くことが期待されるところである．
　　　　　　　　　　　　　　　　　　　　　　　　　　　［菊地栄治・志水宏吉］

📖　さらに詳しく知るための文献

志水宏吉，1993，「変化する現実，変化させる現実―英国『新しい教育社会学』のゆくえ」『教育社会学研究』53，pp.5-30.

藤田英典，2005，『義務教育を問いなおす』筑摩書房．

小玉重夫編，2016，『学校のポリティクス』岩波書店．

教育の公共性

☞「シティズンシップ教育」p. 706

　公教育制度は国民教育という性格を備えている．児童や生徒は学校教育を通じて，国民としてのアイデンティティを獲得していくことが期待されている．このような国民教育制度は，19世紀の国民国家形成とともに公教育（public education）として確立していった．そこで公共性は国民国家とほぼ同義のものととらえられていた．

●**公教育制度の存立構造**　国民国家のもう一つの重要なポイントとして，経済的な不平等や格差を隠蔽，あるいは正統化するという機能がある．社会に不平等や格差が存在するにもかかわらず，人々は革命を起こすこともなく，社会が安定的に再生産されているのはなぜなのか．フランスの哲学者アルチュセール（Althusser, L.）は「再生産」に関する論考のなかで，その理由を，国家の働きに見出した．アルチュセールによれば，社会が安定的に再生産されるのは，人々が学校などの教育機関（アルチュセールはそれを「国家のイデオロギー装置」と呼んだ）を通じて，不平等や格差が存在するにもかかわらずこの社会を正統なものとして受け入れるようになるからである．つまり，学校は国民教育を行うことによって，社会の不平等や格差を隠蔽し正統化する働きを担っているという．

　このようなとらえ方は，20世紀の後半以降，学校が不平等の再生産に寄与していることを暴く再生産理論に広く影響を与えた．

●**国民国家的公共性から市民的公共性へ**　上述の再生産理論は，20世紀の末から21世紀にかけて国民国家の内部にある格差や不平等の存在を暴き，その顕在化に理論的に寄与した．そうした動きは，国家と国民とを結びつけてきた公共性概念にも亀裂を与えるようになる．

　もともと，国民国家の国民という概念には，同質的なアイデンティティの共有による民族（nation）の側面と，市民革命以降の政治に参加する市民（citizen）の側面があった．前者はフィヒテ（Fichte, J. G.）の『ドイツ国民に告ぐ』などに代表される，言語的同一性に基づく民族共同体が含意される．後者は，ハーバーマス（Habermas, J.）やアレント（Arendt, H.）らによって主張される，政治に参加する市民がつくりだす市民的公共性の系譜に連なるものである．前述のように国民国家の内部にある格差や不平等が顕在化したことによって，国民概念のこの二つの側面にも亀裂が現れるようになったのである．

　例えば，グローバリゼーションを背景として，これまで単一民族国家であると考えられてきた国の内部に，移民の増加や経済的格差などによって，多様な民族，人種，社会階層の存在が認められ，顕在化するようになっている．そうした現実

を踏まえて，哲学者のバトラー（Butler, J. P.）は，スピヴァク（Spivak, G. C.）との共著『国家を歌うのは誰か？』（Butler & Spivak 訳書, 2008）のなかで，アメリカで市民権獲得運動を行っているヒスパニック系「不法滞在者」が，街頭デモでアメリカ国歌をスペイン語で歌ったという実践に着目し，そこに，国家への多様な帰属形態を求める「複数性の表明」の可能性を読み取っている．また，スピヴァクは，「民族主義者が唱えるアイデンティティ主義という重荷を捨て，市民国家（civic state）を再発明し，ネイションの境界を越えて批判的地域主義（critical regionalism）に向かって進むこと，これこそが今日私たちが取り組むべき課題である」と主張している（Spivak 訳書, 2011, p. 51）．

　以上のような，国民国家的公共性から市民的公共性への転換を志向する動向を受けて，狭い意味での国民教育とは区別された新しい市民教育としての公教育を追求しようとする動きが始まっている．これが，アレントが主張する異質な他者同士の関係へと開かれた市民的公共性を基盤とする，シティズンシップ教育の1990年代以降における台頭につながっている．

●シティズンシップ教育の台頭と公共性の再定義　シティズンシップ教育の例として，イギリスの「クリック・レポート」がある．イギリス政府は，1998年に政治学者クリック（Crick, B. R.）らが中心になって作成した，シティズンシップ教育に関する政策文書，通称「クリック・レポート」を発表した．そしてこれに基づいて，2002年から中等教育段階でシティズンシップ教育が必修となった．「クリック・レポート」では，シティズンシップを構成する三つの要素，「社会的道徳的責任」「共同体への参加」，そして「政治的リテラシー」があげられている．特に「政治的リテラシー」については，日本でも，2015年の18歳選挙権成立を契機とした主権者教育の導入などに影響を与えている．

　このような20世紀末以降の市民的公共性の台頭は，学校教育を基礎づけていた公共性概念の再定義をもたらす．学校教育の公共性は，国や地方の政府や教育委員会が学校を管理運営し，カリキュラムの大枠も決めることによって，保証されてきた．しかし20世紀末以降，このような教育の公共性のあり方が問い直され，学校の管理運営やカリキュラムの決定を政府や教育委員会だけに任せず，各学校や教師，保護者，市民の選択や参加を取り入れる動きが台頭し，教育の公共性をどのように再定義していくかをめぐって，論争が継続中である．［小玉重夫］

📖 さらに詳しく知るための文献

Althusser, L., 1995, *Sur la reproduction*, Presses Universitaires de France（＝2005, 西川長夫ほか訳『再生産について』平凡社）．

Butler, J. P. and Spivak, G. C., 2007, *Who Sings the Nation-State?*, Seagull Books（＝2008, 竹村和子訳『国家を歌うのは誰か？―グローバル・ステイトにおける言語・政治・帰属』岩波書店）．

小玉重夫, 1999, 『教育改革と公共性―ボウルズ＝ギンタスからハンナ・アレントへ』東京大学出版会．

公正と卓越性

☞「学力政策」p. 694

　公正（equity）と卓越性（excellence）は，教育政策あるいは教育制度の目標の設定と成果の評価を行う際の規範的概念として，多くの国々で用いられている．必ずしも統一的な定義が示されているわけではないが，およそ次のように説明できる．すなわち公正とは，出身背景や個人属性など自ら制御できない要因による教育機会の不平等が是正されるとともに，自律的な社会参加に最低必要な教育機会がすべての人に提供されることである．卓越性とは，全体あるいは個々の教育成果の優秀さや，それを目指した教育機会の質の高さのことである．両者は現実の資源制約のなかでトレードオフ関係に置かれることがあり，どちらを優先するかは教育段階によっても異なると考えられるが，一方を完全に棄却するのではなく，どちらも追求する意義があると理解されている．

●教育における公正と卓越性の概念と測定　教育政策と教育制度の成果を評価する概念ならば，それらがどのような視点で評価されるべきかの考察を踏まえ，公正と卓越性は定義される必要がある．教育政策と教育制度が「当事者が善いと思うことを護ることではなく，客観的，普遍的な正しさを追求すること」（宮寺2014，p. 95）を要請する公共性に基づくべきことを前提とすれば，公正と卓越性の概念も，この公共性の視点で定義され，建設的批判に開かれなければならない．この点をあえて確認するのは，一つには卓越性が，政権や多数派に都合のよい特定の善の構想と結びついた優秀性を指して用いられうるからである．その場合には，教育政策や教育制度が卓越性の面で高く評価されたとしても，その善を重視する人にしか意味をなさないばかりか，多様な善の尊重に反した抑圧的なものとなる可能性もある．

　公正な教育機会の分配とは何かについても，分配の正義論からいくつかの異なる考え方が示される．まず，すべての人に同じ質の機会を同じ量だけ配分するという形式的な機会の平等を目指す立場がある．しかし，先天的な能力や教育に投入可能な資源が不平等に分布し，さらに能力や資源を結果につなげられるかどうかも個人の属性や置かれた環境により異なるなかで，形式的な機会の平等は公正を実現するだろうか．この疑問に対し，本人の責任には帰せられない資源の不利を補償の対象とすることを公正だとみなす立場がある（Dworkin 2000；Rawls 1971；Roemer 1998）．とはいえ，どこまでが本人の責任の範囲内で，どこからがそうでないかを明らかにするのはほとんど不可能である．また，最低必要な水準を下回るほどの不利であっても，それが本人の過去の選択の結果だと判断されれば補償されないことが示唆される場合もある．こうした限界を克服する立場と

して，本人に責任を帰すべきかどうかを問うのではなく，自由意思を行使できるとみなすことが妥当な，十分に質のよい選択肢が用意された状態や環境の創出を重視する，ケイパビリティ・アプローチがある（Sen 1999, 2002）．このアプローチに基づけば，公正な機会の平等を達成するには，資源の不平等だけではなく，資源を結果へと変換できるかどうかの可能性の不平等も補整する必要がある．

　公正と卓越性を測定して実践的に役立てる際には，それらの定義をさらに精緻化，明確化し，適切な測定指標と測定方法を採用することが重要である．どのような成果（学力，学歴など）をどの水準まで達成するための機会の，どの程度の大きさの分散やグループ間の不平等と，それが生み出される要因やメカニズムについて，どのような研究方法を用いて明らかにするのが妥当かをめぐり，多岐にわたる議論がある（Duru-Bellat & Mingat 2011）．公正と卓越性のどちらを追求する場合も，教育政策と教育制度が目指すのはそれぞれの規範にとって適切な機会を用意することであり，その機会を最終的に結果へとつなげるかは個人の自由意思に任される．とはいえ教育機会の有無そのものは観察不可能なことが多い．そこで，その機会により達成されるはずの成果と，その機会の創出と分配に用いられるインプット（教育予算，教育施策など）の両方に着目しながら，教育政策と教育制度が公正と卓越性の実現に向かっているか見極めることが求められる．

●**学力政策における公正と卓越性**　OECDが2000年から3年ごとに実施している PISA（生徒の学習到達度調査）は，各国の義務教育の成果の評価と比較を促進し，政策立案や制度設計にも影響力をもっている．OECD（2013a, 2016b）は PISA2012 と PISA2015 の結果から，生徒の社会経済的背景が学力に与える影響の弱い国ほど，学力の平均値が高いことを明らかにし，学力達成において公正と卓越性は両立可能であることを示した．日本も公正と卓越性を両立する国の一つにあげられている．志水・鈴木編（2012）も，2000年代に多くの国が学力格差の是正を通じた公正の実現を重視し，これを媒介に卓越性の達成も目指す傾向にあったと論じる．ただし日本の学力政策では，公正の実現という目標が後景に退き，卓越性ばかりが重視されてきたことも指摘する．志水・高田編（2012）によれば，文部科学省が2007年に開始した全国学力・学習状況調査の影響で，都道府県により程度の差はあれ，全国的に学力政策は卓越性重視の方向へと動いた．以前から，就学援助受給家庭の多い地域，被差別部落出身者やエスニック・マイノリティの人口が比較的多い地域では，自治体レベルの施策や資源配分で公正の実現が目指されてきたが，国レベルでの公正の追求は弱い．2013年に全国学力・学習状況調査の付帯調査として全国規模の保護者調査が初めて実施され，国レベルでも公正に関する認識は高まりつつある．しかし，公正と卓越性の概念の定義，測定，教育政策と教育制度への応用については，今後検討すべき課題が多く残されている．　　　　　　　　　　　　　　　　　　　　　　　　　［卯月由佳］

新自由主義

☞「教育の民営化」p. 696

現代の文脈で新自由主義といえば，1970年代以降にイギリスやアメリカを中心に台頭し，日本でも影響力をもってきたネオリベラリズム（neoliberalism）を指すことが多い．ネオリベラリズムは，第二次世界大戦後に本格的に建設された福祉国家と，それを支えたケインズ主義的な（国家による管理統制的な）市場介入を批判する点に特徴がある．教育政策について理解するうえでもこの思想の影響を無視できない．以下，新自由主義とはネオリベラリズムを指すものとする．

●**新自由主義の思想とその影響**　新自由主義に理論的根拠を与えたのは，主にハイエク（Hayek, F. A.）とフリードマン（Friedman, M.）の議論である（Hayek 1944, 1960；Friedman 1962）．それらによれば，市場が本来備えている自己調整機能を通じて個人のニーズを充足することが可能にもかかわらず，国家が直接国民のニーズを充足しようとして市場に介入すると，市場の自己調整機能が阻害され，経済活動が停滞する．その結果，全体的な富が縮小し，国家と個人の両方が痛手を被ることになる．新自由主義の立場からは，多額の公共支出を用いて独占的に公共サービスを供給する福祉国家は，市場の自己調整機能を阻害するものとして批判の的になる．ブキャナン（Buchanan, J. M.）とタロック（Tullock, G.）などにより展開された公共選択論に基づく福祉国家批判も，新自由主義に影響を与えている（Buchanan & Tullock 1962）．すなわち，国民のニーズが多様化するにつれて利益集団や圧力団体を通じた福祉国家への要求は拡大する一方だが，民主的な支持を取りつけようとする政治家も行政官僚もそうした要求の拡大を制御できず，福祉国家が持続不可能な規模にまで肥大化するという批判である．

新自由主義の影響が強い国でも，決して福祉国家の解体が起きたわけではない．新自由主義も市場を機能させるための最低限の国家介入は擁護するし，新自由主義に対抗する思想も存在するからである．実際に起きたのは公共部門の運営方法の変革である．専門職が利用者のニーズを判断し，行政官僚が手続きを遵守して公共サービスを供給するという従来の体制に代わり，市場メカニズムと新たな公共経営（NPM：New Public Management）の導入が進められた．

●**公共部門への市場メカニズムとNPMの導入**　新自由主義では市場メカニズムのメリットが強調されるが，市場メカニズムを公共部門に導入すると，経済的資源や知識と情報へのアクセスの制約から自らのニーズに合わせた選択を行えず，公共サービスの利用から排除される人を生み出すという問題もある．そこで，公共部門で導入されるのは完全な自由市場ではなく，準市場（quasi-markets）という制度である．準市場では，財源には税金が使われながら，運営の面で利用者

による選択と供給者間の競争が取り入れられる．利用者のニーズに適した質の高い公共サービスの供給を，費用対効果の高い方法で達成することが想定されている．

　NPM は，公共選択論の問題提起に呼応し，公共支出を抑制しながら公共サービスへのニーズの拡大と多様化に対応するために導入された，民間部門の経営手法を応用した公共部門の運営，およびそれを支える発想の体系である．その最大の特徴は，業績・成果主義（management by results）（大住 2010）と，そのための適切な業績測定（performance measurement）（山谷 2012）にある．政府は管理部門と執行部門に分けられ，執行部門はあらかじめ設定した業績目標の達成を条件に予算を配分されるが，公共サービスを供給する手段の選択には一定の裁量が認められることになる．ただし執行部門の内部では，管理職による業績評価を通じた管理統制により，専門職の裁量はかえって縮小する傾向もある．NPM の導入とともに，公共部門のアカウンタビリティの内容も変化する．官僚制のもとでは手続きの妥当性とその遵守状況に関するアカウンタビリティが重視されたが，NPM では政策の妥当性，設定した目標の妥当性と達成状況，達成方法の効率性に関するアカウンタビリティが重要となる（大住 2010）．

●**新自由主義と教育政策**　日本の教育政策については，1985 年の臨時教育審議会答申以降に行われたさまざまな改革が，新自由主義の影響を受けたものとみなされることが多い．学校選択制や学校評価は，準市場と NPM の手法が（少なくとも部分的に）導入された事例だといえる．ただし，特定の政策を新自由主義とだけ結びつけて理解すべきかどうかは議論の余地がある．多くの政策は，多様な思想の影響のもとで相互に妥協や調整がはかられつつ形成されることを理解する必要もある（大桃 2013）．

　政策の背景に新自由主義を読み取れるときも，新自由主義が政策の目的の形成に影響を与えている場合と，それとは別に形成された目的に対する手段として準市場や NPM の手法が採用されている場合がありうる．例えば準市場の構想は，新自由主義の影響下の福祉国家改革のなかで登場したとはいえ，社会経済的な不平等を是正する手段として積極的に支持されることもある．ルグラン（Le Grand, J.）は，学校選択制のメリットは，より質の高い教育を受ける機会が，社会経済的に有利な家庭出身の子どもだけでなく，すべての子どもに開かれることだと論じる（Le Grand 2003, 2007）．そしてこれが実質的に達成されるために，不利な家庭やその子どもへの予算配分や支援を厚くするなど，準市場には入念かつ適切な制度設計が必要であることも指摘する．こうした議論を踏まえれば，政策の背景にある思想を理解することは重要だが，政策の妥当性についての分析は，思想の妥当性についての分析とは区別して展開される必要があるだろう．

[卯月由佳]

新保守主義

☞「教育基本法」p.686

　新保守主義とは，1970年代後半以降に台頭した保守主義の新潮流である．先進国のなかでは特に，イギリス，アメリカ，日本において大きな力をもった．イギリスのサッチャー政権，アメリカのレーガン政権，日本の中曽根政権は新保守主義を特徴とする政権である．

　新保守主義は，経済政策の点では福祉国家や「大きな政府」を経済成長にとって「非効率」であると批判し，規制緩和や民営化など「小さな政府」を志向し，企業行動や市場の自由拡大を目指す．その一方で，文化的には中絶や同性婚などには否定的立場をとり，伝統的な「家族の価値」を重視する．

　日本の教育政策においては，1984年に発足した臨時教育審議会（以下，臨教審）において，新保守主義が本格的に登場した．1970年代後半以降，校内暴力やいじめ，不登校などの教育問題がクローズアップされたが，複合的な要因によって生み出される社会現象を，家族のつながりや社会規範の衰退の問題ととらえ，ナショナリズムや道徳意識による社会統合を志向する点に，新保守主義の特徴がある．

　臨教審では教育への市場原理の導入を目指す「自由化」論争が本格的に行われ，これは後に「個性重視の原則」となり，1990年代以降における教育の新自由主義改革を支えるキーワードとなった．もう一方で，「わが国の伝統文化」や「日本人としての自覚」など新保守主義を強調する内容も答申に盛り込まれた．

●**新保守主義の政策化から「教育基本法」改正へ**　臨教審で提起された新自由主義と新保守主義の路線は，1990年代以降における教育改革の基調となった．1990年代には新自由主義を基調とする「ゆとり」と「個性」の教育改革や，新保守主義に基づく政策が進められた．アジア太平洋戦争や「思想および良心の自由」との関係で，学校の卒業式・入学式においてその扱いが大きな議論となっていた日の丸と「君が代」について，1999年には日の丸を国旗とし，「君が代」を国歌とする「国旗及び国歌に関する法律」が制定された．

　1999年に発足した教育改革国民会議は，2000年12月に「教育を変える17の提案」を報告した．重要項目として「人間性豊かな日本人を育成する」が掲げられ，そのなかには家庭や道徳，奉仕活動の強調など，新保守主義の傾向が強く表れている．また，「新しい時代にふさわしい教育基本法を」という文言で，「教育基本法」改正が提起された．

　2002年には，道徳の補助教材『心のノート』が全小中学校に送付された．『心のノート』で共通しているのは，現存する秩序やルールを素直に受け入れて，感

謝の心をもつべきであるというメッセージである.

2006年の通常国会において「教育基本法」改正法案が提出された.「教育基本法」改正が議論されるなかで大きな争点となったのは,「愛国心」問題であった.「教育基本法」に愛国心を書き込むか否かは,教育におけるナショナリズムのあり方や是非をめぐる論争を巻き起こした.同年の臨時国会で「改正」された「新教育基本法」第2条「教育の目標」には,「我が国と郷土を愛する」態度という文言が盛り込まれた.

新保守主義は,1990年代の教育政策においてさまざまなかたちで影響を与え,2000年代に入って,1947年制定以来一度も変えられてこなかった「教育基本法」の改正を実行する原動力の一つとなったのである.

● 「教育基本法」改正以降 「教育基本法」改正を実現した安倍政権は,その後も「教育再生」を推進した.ここでも新保守主義は大きな位置を占めていた.第一次安倍内閣(2006年9月～2007年9月)で設置された教育再生会議は,道徳を「徳育」に名称変更のうえ,内容を充実させることを提言したが,実現はしなかった.

しかし,2011年11月の滋賀県大津市の中学生いじめ自殺事件を経て,「道徳の教科」化は加速化した.第二次安倍政権発足直後に設置された教育再生実行会議が,2012年2月に出した第一次提言では,いじめに対峙していくための基本的理念や体制の整備を定めた法律の制定などと並んで「道徳の教科化」が打ち出された.

2014年10月には,文部科学省の諮問機関の中央教育審議会が道徳を特別の教科とすることを答申した.そして2015年3月に文部科学省は学習指導要領を一部改訂し,道徳の「特別の教科」への格上げを行った.道徳について,教科書に基づく授業が,小学校で2018年度から,中学校では2019年度から始まる予定となっている.

「読みもの道徳」から「考える道徳」への転換,「物事を多面的・多角的に考える」ことを重視するとされているが,道徳教育の名のもとに子どもの内面形成に国家が踏み込むことを危惧する意見も根強く存在している.

新保守主義と新自由主義は同時期に登場したことからもわかるように,両者は密接な関係をもっている.新自由主義による市場化や民営化によって生み出された「格差と貧困」は,これまでの社会統合を危機に追い込む.社会統合が困難であるがゆえに,それ以外の統合手段として家族や伝統,ナショナリズムが強く要請されている.1970年代後半に登場した新保守主義は,2010年代においても,依然として重要なイデオロギーとして大きな力をもっている.　　　　[大内裕和]

📖 さらに詳しく知るための文献

大内裕和. 2003. 『教育基本法改正論批判』白澤社.

教育における政策決定過程

　新たな政策は，政府の内外において解決すべき課題が設定され，それに関わる特定の政策案が選択され，協議・決定され，実施され，評価・修正されるという一連の過程を経る．これは一般に政策過程と呼ばれているが，政策決定過程はそこでの最も重要な局面である．欧米では 1980 年代以降の福祉国家政策の危機により，教育政策を批判的に研究する流れが生まれている（Simons et al. 2009）.

●政策決定過程を分析するためのモデル　政策過程を分析するためのモデルは，主に政治学の分野で発展してきた（岩崎編著 2012）．例えば，アリソン（Allison, G. T.）は，政府を一つの統一されたアクターとみなす合理的行為者モデル（rational actor model），政府をいくつかの部門とみなす組織過程モデル（organizational process model），多様なアクターが駆け引きしながら競争する官僚政治（政府内政治）モデル（bureaucratic politics model）の三つのモデルを示した（Allison 1971）．あるいは，問題，解決策，参加者，参加者が有する資源などが混合した状態から非合理的に意思決定がなされるというゴミ箱モデル（garbage model）や，問題，政策代替案，政治という三つの流れが合流して変化が生じるとする政策の窓モデル（policy windows model）などもある．これらのモデルは，政策過程を見ていくときの「分析枠組みあるいは仮説」である（草野 2012）.

　分析のためのモデルを立てて日本の教育を対象にした政策決定過程についてのさまざまな考察が，近年蓄積されてきている．例えば，ショッパ（Schoppa, L. J.）は保守–革新の対立と保守陣営内部の対立との両方に目を配りながら，革新野党が政府の改革を阻むこともある側面に注目をした分析モデルを設定して，1970～1980 年代の日本の教育改革をめぐる政治過程の構造を分析している（Schoppa 訳書, 2005）．また，橋本鉱市（2008, 2014）は，政治学者の大嶽秀夫がいう「イシュー・アプローチ」の視点から，戦後日本の医師養成に関する政策過程などを分析している.

●政策決定過程の構造変容　ショッパや橋本が分析の対象にした 1980 年代までの時期は，教育政策の決定過程の構造が比較的安定していた．というのも，一つには，与野党間の対立構図も保守陣営内のさまざまなアクターが固定的で，新たな政策案の創出の場も限定的であったからである．もう一つには，新たな政策案は，行政組織内および与党内を下から上に向けて順次合意を取りつけていく，積み上げ型の調整手順が存在し，そこでは，多様な拒否権プレーヤーが政策決定に関与できる構造になっていたからである（前川 2002）.

　しかしながら，1990 年代初頭のいわゆる 55 年体制の終焉，それに引き続く政

界再編や行財政改革の進展は，教育政策の決定過程の構造に大きな変容をもたらすことになった．例えば，革新勢力の衰退は，教育政策決定の政治過程において保守陣営内部の対立をクローズアップさせることになった．また，行財政改革の進展は，首相や内閣府の発言力を強め，トップダウンで政策案が下りてくるような構図が生まれた．さらに，公的サービスの市場化・民営化など新自由主義的な政策アイデアが改革論の基調となることによって，政策決定過程に発言力をもつアクターが多元化・流動化するようになった．例えば，小泉純一郎内閣の時期（2001～2006 年）には，内閣府に設置された規制改革関連の会議や経済財政諮問会議が教育改革について，強い影響力をもったし，第二次安倍政権（2012 年～）では，自民党内につくられた教育再生実行本部が改革プランの発信源となった．また，時期によって名称や機能は異なるが，内閣府で進める構造改革特区・国家戦略特区の制度や，行政刷新会議や行政改革推進会議が行う事業仕分けなども，教育政策のあり方に影響を与えてきている（広田・武石 2009；広田 2014）．

●**教育社会学にとっての政策形成過程の研究**　政策決定過程の考察は，政治学や教育行政学で進んできているが，教育社会学もこの主題に注目する必要がある．

　というのも，現代の教育改革の性格を考える際，政治過程の理解は教育社会学が実証的に考察する教育事象の政治的・社会的文脈を浮彫りにするからである．また，利益政治からアイデアの政治へという流れや，エビデンスに基づく政策とか評価を組み込んだ政策など，近年の政策形成のあり方の変容は，必然的に教育政策と教育社会学の研究との関係に影響を与えている．研究と政策との関係を見直してみるためにも，政策決定過程についての理解は有用である（岩崎 2011）．

　さらに，教育政策を決定している場での改革イメージと，現実に決定された後の実施場面，すなわち個々の学校や教室レベルで実際に起きていることとの間には，大きな乖離やねじれがしばしば観察される．善意に基づく教育改革が意図せざる結果を生み出す構造について，自治体・教育委員会レベルでの政策形成や実施過程の考察を間に挟みながら，中央での政策決定過程と個々の学校・教室の実践との間に乖離やねじれが生じてくるメカニズムを考察することが，今後の教育社会学に求められているだろう．

　なお，ここでは中央の政策決定過程にしぼって論じたが，地方分権化が進むなかで，地方の教育改革がもつ意味も大きい．中央と現場との媒介という点だけでなく，地方の政治過程自体の考察も独自の重要な課題である．　　　　［広田照幸］

📖 さらに詳しく知るための文献

大嶽秀夫，1990，『政策過程』東京大学出版会．
青木栄一，2013，『地方分権と教育行政—少人数学級編制の政策過程』勁草書房．
Haddad, D. and Demsky, T., 1995, *Education Policy-Planning Process: An Applied Framework*, UNESCO（＝2014，北村友人訳『教育政策立案の国際比較』東信堂）．

教育基本法

1947年3月31日に公布施行された「教育基本法」は，戦後教育において画期的な意味をもっていた．戦前の天皇制国家主義教育を支えてきた教育勅語を否定し，「個人の尊厳」や「個人の価値」を基盤とする新たな民主主義教育の理念を打ち出し，平和主義を特徴とする日本国憲法と密接な結びつきをもっていた．

1950年代に保守政権の教育方針が，理念的には「戦前回帰」に向かって以後，「個人主義の行きすぎと無責任の助長」や「伝統や文化の軽視」をもたらすものとして，「教育基本法」は政府・自民党からしばしば批判された．

しかし，「平和と民主主義」に基づく教育を守ろうと考える多数の教職員や戦前の軍国主義の復活を危惧する幅広い世論の存在は，保守政権による「教育基本法」の「改正」を容易には実現させなかった．

教員の勤務評定や教科書検定，全国学力テストなど，教育の国家統制の是非は，戦後の教育政治の重要なテーマとなった．その際，「教育基本法」第10条第1項の「教育は，不当な支配に服することなく，国民全体に対し直接に責任を負って行われるべきものである」という規定は重要な役割を果たした．

●「教育基本法」をめぐる状況の変化　「教育基本法」をめぐる状況が変化し始めたのは，1980年代以降である．1984年に発足した臨時教育審議会（以下，臨教審）において，「我が国の伝統文化」や「日本人としての自覚」など新保守主義を強調する内容が答申に盛り込まれた．臨教審で提起された新保守主義の路線は，1990年代以降の教育政策に大きな影響を与えた．

アジア太平洋戦争や憲法第19条「思想及び良心の自由」との関係で，学校の卒業式・入学式においてその扱いが大きな議論となっていた日の丸と「君が代」について，1999年の第145国会には日の丸を国旗とし，「君が代」を国歌とする「国旗及び国歌に関する法律」が制定された．

その後すぐに，自民党教育改革実施本部教育基本法研究グループが，「教育基本法」の「見直し」に着手することを決定した．このグループの活動を受けて，小渕首相が2000年国会の施政方針演説で，「『教育基本法』の見直しに着手する」と表明した．

2000年3月に小渕首相の私的諮問機関として教育改革国民会議が発足し，2000年12月に最終報告「教育を変える17の提案」を提出した．そこで「新しい時代にふさわしい教育基本法を」という提案が盛り込まれた．その後2003年3月20日に，中央教育審議会が「新しい時代にふさわしい教育基本法と教育振興基本計画の在り方について」という答申を提出し，政府に対して「教育基本法」

の「改正」を求めた．

　教育振興基本計画は，教育改革国民会議の中間報告の段階では「教育基本法」とは関連づけられていなかった．しかし，教育改革国民会議報告では，教育振興基本計画の位置づけは大きく転換し，「教育基本法」改正と結びつけられることとなった．

　「教育基本法」に教育振興基本計画が盛り込まれるということは，「教育基本法」の理念法から行政施策法への転換を意味する．「教育基本法」で，予算確保につながる教育振興基本計画の策定が根拠づけられれば，文部科学省は教育政策とそのための予算確保の権限を拡大することができる．このことは，官僚をはじめとする政策担当者にとって，「教育基本法」改正がより実質的な意味をもつ魅力的なものとなったことを意味する．

●「新教育基本法」をめぐる問題　2006年度の通常国会に「教育基本法改正法案」が提出され，教育研究者，現場教員，市民らの広範な反対運動があったにもかかわらず，同年の通常国会において「新教育基本法」が成立した．

　「教育基本法」改正の議論のなかで焦点となったのは「愛国心」教育であった．「教育基本法」に愛国心を書き込むことは，国家による愛国心の強制を制度化するものであり，国家権力に対して「個人の尊重」を定めた「教育基本法」とは真っ向から対立するものであるという批判がなされた．

　2006年に成立した「新教育基本法」第2条「教育の目標」には，「我が国と郷土を愛する」態度という文言が盛り込まれたが，それは子どもの「思想及び良心の自由」（憲法第19条）との間で鋭い緊張関係をもつこととなった．

　教育行政について「新教育基本法」では，「教育基本法」の「教育は，不当な支配に服することなく」という文言は残ったものの，それに続く「国民全体に対し直接に責任を負つて行われるべきものである」という部分が削除された．その代わりに，「この法律及び他の法律の定めるところにより行われる」が書き込まれた．そして教育行政の役割を明確に限定した第2項がすべて削除された．

　このことは，教育の国民への直接責任という原則を曖昧にし，「不当な支配」の行使主体から教育行政や政治権力を排除する可能性を意味する．法律に基づく教育行政や政治権力による教育への関与が，正当化されているからである．法律の制定を行うのは教育行政や政治権力であるから，それらが議会制民主主義に基づき，教育への介入を行う可能性がある．結果的に，これまで抑制がかかっていた教育の国家統制が，強まる危険性があるといえる．しかし，それはまた，憲法で保障されている主権者の「教育を受ける権利」（憲法第26条）と鋭い葛藤を引き起こすことになるだろう．　　　　　　　　　　　　　　　　　　　　　［大内裕和］

📖 さらに詳しく知るための文献

大内裕和，2003，『教育基本法改正論批判』白澤社．

教育委員会制度

☞「いじめ」p. 560「教育の地方分権」p. 690

　教育委員会制度は教育行政の意思決定機関の一形態である．日本では一般に地方教育行政機構の代名詞として用いられる（以下，日本について記述する）．行政委員会（合議制の執行機関）の形態であり，意思決定を自ら行うことができる点で審議会とは明確に異なる．教育委員と教育長によって構成される教育委員会と，教育長がトップとなる教育委員会事務局に区分される．狭義の教育委員会は行政委員会としての教育委員会（の会議）を指し，広義の教育委員会は事務局を含む．ただし，一般には事務局が教育委員会と認識されており，本来意思決定主体であるはずの狭義の教育委員会のプレゼンスは低い．

●**公選制教育委員会制度**　教育委員会制度が採用されたのは占領改革期であり，GHQ の強い意向を受けて 1948 年にスタートした（「教育委員会法」）．当初，教育委員は住民の選挙によって選出されたため，これを公選制教育委員会（制度）という．このような制度設計は教育行政への民意を反映させることを重視したものであり，「民主性」原理が選挙という形態で表現されていた．他方，教育行政という領域は「専門性」を重視する必要があると認識されており，それを制度設計上は教育長に期待した．教育長の任命主体は教育委員会であった．民意を体現する教育委員（会）が教育行政の専門家である教育長を任命することで，「民主性」と「専門性」の調和をはかることが期待された．そして，教育委員会の教育長に対する指揮監督権が設けられ，両者の上下関係も明確にされた．ところが，選出された教育委員の一部は教職員団体の支援を受けた教員経験者であり，学校の管理主体としての適格性が問われることになった．さらに，当初教育委員会には一定の予算提案権も付与されていたため，予算編成の際に首長との間で紛争状態になる教育委員会もあった．これらの問題を解消するために，教育委員の公選制が廃止された．

●**任命制教育委員会制度**　1956 年に新たにスタートした教育委員会制度では，首長が議会の同意を得て教育委員を任命することとした（任命制教育委員会制度，「地方教育行政の組織及び運営に関する法律」）．さらに，教育長の任命にあたっては市町村については都道府県教育委員会の，都道府県については文部大臣の承認を必要とした．なお，市町村では教育長は教育委員のなかから任命されることになった（兼任制）が，都道府県は教育委員以外から教育長が任命された（専任制）．民意の反映については，首長の任命と議会の同意という二つの公選部門が関わることで，委員公選に代えられた．教育委員は間接的ながらも民意の体現者として民主性原理を担う主体であった．長らくこの任命制教育委員会制度が継

続し，制度自体に大幅な見直しはなされなかった．大きく変わるのは 1990 年代に開始された地方分権改革期であった．2000 年の「地方分権一括法」に象徴される地方分権改革は教育行政の領域にも及び，教育委員会制度でも大幅な改革が行われた．最も象徴的だったのは教育長の任命承認制の廃止であった．さらに都道府県の教育長にも兼任制が適用されることとなった（項目「教育の地方分権」参照）．

●新教育委員会制度　滋賀県大津市のいじめを原因とする生徒の自死を発端として教育委員会制度の大幅な見直しが行われた（項目「いじめ」参照）．本来，個別自治体の問題だったが，非常勤である教育委員が常勤の教育長を指揮監督することが問題視され，それにより教員経験者によって主要なポストが占められる教育委員会事務局の隠蔽体質を放置する遠因と指摘されるようになった．そして制度改革の議論へと発展し，2016 年度から新しい教育委員会制度がスタートすることになった．執行機関（行政委員会）としての合議体の教育委員会は存置されたが，教育長は（教育委員会ではなく）首長が議会の同意を得て直接任命することとなった．なお，当初の議論では，行政委員会としての教育委員会制度の廃止（首長の附属機関として設置）および首長の補助機関としての教育長の新設も検討された．これは教育に関する民意の体現者としても首長にのみ期待するという発想が色濃く反映したものである．

　教育委員会制度に関する研究は，主として教育行政学が担ってきた．しかし教育委員会制度が地方教育行政機構の一形態であるという認識がなかったことが，2010 年代の制度改革論議に対して適切な学術的知見の提供ができなかったことにつながった．地方教育行政機構の制度設計上の選択肢が本来多様であるという認識から研究を再構成することが求められる．その一例として行政委員会研究の観点から行政法学的研究を行ったもの（大畠 2015）をあげておく．

　教育社会学によるこれまでの教育委員会制度研究の特徴は，地域権力構造論の観点，すなわちダール（Dahl, R. A.）の提出した命題"Who governs?"を継承するものであった．特に，教職員，学校が教育委員会の方針にどのように「対抗」するのか，あるいは地方自治体が中央政府の政策にどのように「抵抗」するのかという問題意識が強かった．この意味で，地方分権改革期においては政府間関係論の立場の研究と接近した．今後は教育委員の属性が地域社会をどの程度代表しているかといった，民主性原理（民意の反映）に関する研究が必要であろう．さらに教育長が体現するとされる専門性についても，蓄積の進む専門職論の応用分野として参入可能である．　　　　　　　　　　　　　　　　　　　　　　［青木栄一］

📖 さらに詳しく知るための文献

村上祐介，2011，『教育行政の政治学─教育委員会制度の改革と実態に関する実証的研究』木鐸社．

教育の地方分権

☞「教育財政」p.664「教育委員会制度」p.688

　教育の地方分権は，2000年の「地方分権一括法」に結実した地方分権改革の一環として行われ始めたものである．1996年11月21日に発足した行政改革会議は，総理府組織令改正と行政改革会議令によって発足した総理直属機関であるとともに，橋本龍太郎首相自らが会長となった「重み」のある設置形態であった．橋本首相の提唱する六つの改革に教育が盛り込まれたことで，教育改革が政府の重要案件となった．この文脈で教育の地方分権が政策課題となっていった．具体的な検討は中央教育審議会が担い，1998年9月に「今後の地方教育行政の在り方について」として答申がまとめられた．その後地方分権改革が本格化していき，この答申を基軸としながら「地方分権一括法」（正式名称は「地方分権の推進を図るための関係法律の整備等に関する法律」．475本の関連法案から構成）に教育分野の地方分権が規定された．

● **2000年代の動向**　「地方分権一括法」に盛り込まれた教育の地方分権は二つに分けることができる．一つは地方教育行政に関するものである．第一に，教育長の任命承認制の廃止である（項目「教育委員会制度」参照）．第二に，文部省（当時）の権限を関与の一般ルールの考えに沿って見直し，教育行政分野の特例を廃した．第三に，指導助言という教育行政に特徴的な関与のあり方が見直され，国や都道府県教育委員会の義務規定「～行うものとする」が「～することができる」と改められた．もう一つは学級編制であり，市町村の学級編制について都道府県がもっていた認可権限が廃止され，事前協議制となった（2012年から事後届出制へ緩和）．その後，2003年には都道府県が独自に少人数学級編制を域内全域・全学年で実施することも許容された（青木 2013）．

　「地方分権一括法」に規定されなかった領域でも地方分権が進んだ．第一に，教育財政制度の分権化である．まず，教員給与については，2004年に総額裁量制が導入された．さらに2006年には三位一体の改革の一環として義務教育費国庫負担制度の大幅な改革が行われた結果，その負担率が2分の1から3分の1に引き下げられた（項目「教育財政」参照）．次に，学校施設についても，従来の補助金制度が改変され，2006年に「安全・安心な学校づくり交付金」制度が導入されたほか，新増築事業に交付される公立学校施設費国庫負担金も見直された．いずれも事業実施に際して自治体の裁量が高められた．

　第二に，カリキュラムについては，2003年の学習指導要領一部改訂によってその位置づけが変化した．すなわち「最高基準かつ最低基準」だったものが「最低基準」性が強調され，発展的内容を自治体ごとに追加することが許容された．

同年には「構造改革特別区域研究開発学校」制度（いわゆる教育特区）が創設され，学習指導要領等の制約からはずれた特別な教育課程の編成・実施が可能となった（書道科，ふるさと科，科学・情報の時間等）．この制度は，2008年に教育課程特例校として制度化され，2015年時点で290件，2960校が指定されている．

第三に，学校への分権である．2000年に学校評議員制度が導入され，地域住民等，学校の教職員以外が学校運営に対して意見を述べる仕組みの端緒となった．2004年には学校運営協議会制度が導入され，地域住民等が学校の運営に公式に参画する仕組みが始まり，2016年時点で2661校が指定を受けている．2007年には学校評価が義務化され，学校への分権とともに各校の取組みの事後評価が重視されるようになった．同年にはいわゆる新しい職（副校長，主幹教諭，指導教諭）が制度化され，学校運営を強化する制度が整備されたが，都道府県によって導入の程度は大きく異なる．これは栄養教諭（2005年）についても当てはまる現象である．

第四に，学校選択制と小中一貫教育である．学校選択制は規制緩和（児童生徒・保護者の選択の自由）の文脈で1997年に実質的にスタートし，2000年の東京都品川区での導入で一気に全国的な注目が集まった．2012年時点で小中学校ともに約15%の市町村が導入している．他方，小中一貫教育は2000年に広島県呉市で導入されてから拡大していき，2014年時点で12%の市町村が導入している．さらに進んで2016年度からは9年一貫制の新たな学校種別である義務教育学校が制度化された．

● **2010年代の動向**　2010年代に入り，教育委員会制度の大幅な見直しがなされた（項目「教育委員会制度」参照）．しかし，自治体が地方教育行政制度を決める選択肢はない．これとは対照的に，他の分野（学級編制，カリキュラム等）では自治体の裁量が認められている．ただ，学力調査については文部科学省の強いコミットメントが発揮されるなど，教育の地方分権の進展は分野によって多様である．

研究動向としては，日本の事例分析が多く，当初は改革に関する記述が多かったが，後に地方分権によって教育分野への政治家による関与が進んだという因果関係の分析も登場した（青木 2013）．他国との比較研究が乏しいことも指摘できる．教育社会学としての課題は，自治体ごとに多様になった政策選択の要因を社会学的に探求することである．例えばどのような地域でどのような政策を選択するか，教育政策が地域社会に与える影響は何かといったテーマの解明が求められる．

［青木栄一］

📖 **さらに詳しく知るための文献**

地方自治制度研究会編集，2015，『地方分権20年のあゆみ』ぎょうせい．

カリキュラム政策

☞「アメリカ教育社会学とその影響」p.56「ペダゴジー論」p.104「後期近代社会」p.112「批判的教育学」p.114「男女別カリキュラムの変遷」p.342「教育実践と隠れたカリキュラム」p.354「カリキュラムの社会学」p.382「学校知と権力」p.386「知識基盤社会の教育」p.638

　政治主体によるカリキュラム（教育内容）に関する方向づけと規定．学校知が日常知よりも体系性を帯びた状態にあるのは，教育内容が教育の場にふさわしく構成されているからである．その構成は制度的条件のもと，諸々の社会的な力の関与によって行われるが，なかでも政治権力を行使する集団の影響が強く作用する．

●**政治過程の制度的基盤**　日本の現行制度では，教育課程の編成は「教育基本法」や「学校教育法」などの法令を根拠として，学習指導要領や教育要領の示すところに従って行われる．また「学校教育法」第34条では，小学校における文部科学省検定済みまたは文部科学省著作による教科書の使用義務が定められており，中学校，高校，中等教育学校，特別支援学校にも準用されている．教科書の内容が「教育基本法」「学校教育法」や学習指導要領に示される目標に照らして適切であるかは，教科書検定において，教科用図書検定基準に基づいて審査されている．枢要である学習指導要領は，2001年の中央省庁再編以降，文部科学省に設置された文部科学大臣の諮問機関である中央教育審議会の答申に沿って改訂されている．これらを政治過程の制度的基盤として，教育内容に関わる政策は立案され実施されていく．

　2010年代においても，政治主体の影響を教育内容に反映させるための制度づくりは進められた．例えば2014年1月の「義務教育諸学校教科用図書検定基準及び高等学校教科用図書検定基準の一部を改正する告示」によって，教科用図書検定基準の社会科・地理歴史科・公民科の部分に，「近現代の歴史的事象のうち，通説的な見解がない数字などの事項について記述する場合には，通説的な見解がないことが明示されているとともに，児童又は生徒が誤解するおそれのある表現がないこと」「閣議決定その他の方法により示された政府の統一的な見解又は最高裁判所の判例が存在する場合には，それらに基づいた記述がされていること」などの追記がなされた．政治的な文脈で正当化された知識や情報が他に優先して教育内容に反映させられていくことが明文化されたことになる．

●**経験主義と系統主義のせめぎ合い**　カリキュラム政策のあり方を左右する要点として，教育の営みを経験主義によって考えるか，系統主義によって考えるかという思考の対立軸がある．経験主義の教育観においては，学習は学習者自らの生活経験と現実的興味に基づいて，そのために必要な自発的な活動を通して行われるべきものと考えられる（「態度重視」）．他方，系統主義の教育観においては，学習は学習内容の科学的系統性と論理的順序に基づいて，客観的事実の知識や法則の習得を目指して行われるべきものと考えられる（「知識重視」）．必然的に前

者は，子ども達の関心・意欲・態度を重視し，それに呼応した活動を体系化する経験カリキュラムを志向する．後者は，確固とした文化体系の想定を重視し，その内容を教科・科目として体系化する教科カリキュラムを志向することになる．

●アメリカにおける多文化教育批判　現実の教育は両者の折衷として営まれるが，教育観のせめぎ合いはあらゆる社会に見出される．アメリカでは公教育の基軸が 20 世紀を通して，経験を重視した進歩主義教育と歴史的蓄積をもった系統主義教育との間でゆれ動いた（Ravitch 訳書，2008）．「教育における卓越性に関する全米委員会」が 1983 年に発表した報告書（*A Nation at Risk*「危機に立つ国家」）とその後の教育改革はその典型的な事例である．この委員会はレーガン政権初年度の 1981 年に創設され，教育水準の現状把握と具体的な改善策の提言を目的とした．報告書では教育機能の「質的低下」と「学習社会」の動揺が指摘され，特にカリキュラムおよび教科書の内容に関して，1976〜1981 年のそれが1964〜1969 年のそれに比べて「中心的な目的がわからないほどに，同じような傾向のもとで水増しされ，拡散している」と批判された（岡本 2008）．1960 年代以来の多文化教育の実践では，学習者のおかれている社会環境から課題を見出し，それについて主体的に考えることで学びを達成する方法が親和的であったが，経験主義的な学習のあり方がこの時期に見直されることとなったのである．その後は州ごとの教育基準の整備が進められたが，テスト対策を目的とした学習のあり方が教育現場に浸透することに対して，反批判が展開される局面も生じている（Ravitch 訳書，2013）．

●日本における「ゆとり教育」批判　系統主義を前提として教育の現状を批判する論法は，日本でのいわゆる「ゆとり教育」に対する批判にも受け継がれた（佐藤・岡本 2014）．学習指導要領では 1977 年の改訂で「ゆとりある充実した学校生活」が目指され，1989 年の改訂では知識基盤社会・高度情報化社会に対応する新学力観が導入された．しかし 1998 年の改訂の頃から，自ら学ぶ意欲・思考力・判断力・表現力などが重視されることに対して，旧来型学力の「低下」を根拠とした批判が向けられるようになった．結果として「脱ゆとり」への政策転換が掲げられることとなったが，新学力観は OECD が 2003 年に設定したキー・コンピテンシーに先んじた概念でもある．社会の現実的な変動のなかで，知識や技能の習得以上に活用を，コンテンツそのもの以上にそれを運用するコンピテンスを重視する教育思潮はなお一定の強度を保っており，カリキュラム政策における教育観のせめぎ合いもまた継続することとなっている．　　　　　［岡本智周］

📖 さらに詳しく知るための文献

アメリカ教育省ほか，西村和雄・戸瀬信之編訳，2004，『アメリカの教育改革』，京都大学学術出版会．

National Commission on Excellence in Education, 1984, *A Nation at Risk: The Full Account*, USA Research.

学力政策

> ☞「学力問題」p. 556「機会の平等・結果の平等」p. 602「学校効果」p. 624「アファーマティブ・アクション」p. 626「困難を伴う家庭と教育」p. 628「公正と卓越性」p. 678「新自由主義」p. 680

　人や物や情報が国境を越えて行き交う今日，児童・生徒が学校で教わる知識や学校で身につけることを期待される能力は，見直しを迫られている．国家間の経済競争が激しくなるなか，知識習得における能動性や知識活用の柔軟性を備えた労働力の育成が重視される一方，人権・平和・環境などの地球的課題の解決に向けて，寛容性，協調性，争いを解決する力などを備えた市民の育成が求められているのである．

　先進工業国において，グローバル化時代の知識・能力観のモデルとされているのが，経済協力開発機構（Organization for Economic Cooperation and Development）の提唱するキー・コンピテンシー（key compitencies）である．そして，それを測定する試みが日本も参加している PISA（Programme for International Student Assessment）である．PISA は参加国の学力政策に大きな影響を与えており，日本の全国学力・学習状況調査でも，知識の定着度を調べる「A 問題」とともに，知識の活用力を調べる「B 問題」が出題されている．

●**学力政策の観点**　学力政策を分析・評価する際，欧米では，公正（equity）と卓越性（excellence）という二つの観点が用いられることが多い（項目「公正と卓越性」参照）．公正とは，すべての子どもに教育機会を保障し，社会経済的に不利な立場にある子どもとそうではない子どもとの学力格差を解消しているか，という観点である．卓越性とは，ある集団の学力水準が高く維持されているか，あるいは傑出した才能をもつ子どもの力をさらに伸ばしているか，という観点である．

　先進諸国の学力政策は，経済や政治との関係で卓越性を重視してきた．日本も例外ではない．現在の初等中等教育政策の最優先課題は「世界トップレベルの学力水準と規範意識等の育成」（『平成 26 年度文部科学白書』）である．過去の卓越性重視の例としてよく知られているのは，東西冷戦下の学力政策である．1957年にソ連が人工衛星スプートニクの打上げを成功させたことに衝撃を受けた資本主義諸国は，科学技術教育に力を注ぐようになった．日本でも折からの高度経済成長のもと，1960 年代から 1970 年代にかけて理数系の科目を中心に学習量を増やす政策がとられた．だが，この政策は「落ちこぼれ・落ちこぼし」問題が深刻化するなかで見直され，その後の日本の学力政策は，関心・意欲・態度や思考力・判断力・表現力を重視するようになっていった．

　一方，公正を重視する学力政策にも，長い歴史がある．近代の学校教育制度は，人種・民族・身分・性別などの属性に関わりなく，あらゆる子どもに教育の機会

を保障し，努力と能力とによる地位達成を実現し，社会を平等化する役割を期待されていた．だが，「機会の平等」だけでは学力や教育達成の格差が解消しないことが明らかになるにつれて，「結果の平等」という考え方が登場した．エスニック・マイノリティや貧困層など，教育的に不利な状況にある集団に優先的に資源配分を行い，社会集団間の格差を解消しようという考え方である．この考え方に基づく政策を総称してアファーマティブ・アクション（affirmative action）といい，アメリカのヘッド・スタート（Head Start）や「初等中等教育法」タイトルⅠによる教育費配分，イギリスのシュア・スタート（Sure Start）などの例がある．

　日本にはこの種の格差是正政策はほとんどないが，かつては同和地区の児童・生徒の学力・進路保障を目的として，小・中学校の保護者への就学奨励費支給，高校・大学等の進学者への奨学金支給，校区に同和地区を有する小・中学校への教職員加配といった特別対策が行われていた．

●日本の学力政策　日本の学力政策においては，経済格差が小さかったことやマイノリティ集団の人口割合が小さかったこともあって，欧米と同じような意味での公正は重視されてこなかった．その代わり，日本では，学級・学校・自治体といった単位で教育条件の均等化がはかられてきた．教員給与の国庫負担や学級数に応じた教員配置などがその例である．だが，近年は，子どもの貧困対策として学力保障を中心とした教育支援が重視されるようになり，学力政策をめぐる状況は変わりつつある．

　PISA などの国際比較調査によると，日本は，政策においては公正が重視されていないのにもかかわらず，社会経済的背景による学力格差が小さい．この理由として考えられるのは，第一に，教育行政から学校に対する支援が，インフォーマルなかたちで，教育的に不利な状況にある児童・生徒の多い地域や課題を抱えている学校に優先的に行われていることである．第二には，教職員の高い能力と献身とが政策の不備を補っていることである．しかし，政治主導で新自由主義的な教育改革が進むなか，教育関係者の自律性はゆらぎつつある．貧困世帯，ひとり親世帯，ニューカマーなど，教育的に不利な環境にある子どもは増える傾向にある．日本の学力政策が曲がり角にあることは確かである．

　政策における公正の観点を確立できるか，教育のガバナンスを再構築できるか．日本の学力政策の成否は，この二つにかかっているといえる．　　　［髙田一宏］

📖 さらに詳しく知るための文献

Rychen, D. S. and Salganik, L. H. eds., 2003, *Key Competencies for a Successful Life and Well-functioning Society*, Hogrefe Publishing（＝2006，立田慶裕監訳『キー・コンピテンシー——国際標準の学力をめざして』明石書店）.

志水宏吉・山田哲也編，2015，『学力格差是正策の国際比較』岩波書店.

佐貫浩・世取山洋介，2008，『新自由主義教育改革——その理論・実態と対抗軸』大月書店.

教育の民営化

☞「新自由主義」p.680

　教育の民営化とは，公教育への民間企業等の参入規制を緩和したり，公教育の一部を民間企業等に委託したりするなど，「公」が独占していた市場への「民」の参入を通して，学校等の教育機関を競争的環境に置いて活性化をはかるとともに，民間企業等の経営方法を導入することによって，投入された財源の効果的活用と効果の最大化をはかろうとする教育改革動向である．

　1980年代以降，各国で展開された公的部門の改革は，ニュー・パブリック・マネジメント（new public management：NPM）と呼ばれる．その特徴は，政府による規制緩和，市場における自由競争，民営化などと整理されるが，NPMという所与の理論が存在するわけではない（和田 2007）．NPMの特徴としてあげられる事項は，各国の改革における共通項を抽出したものであり，その本質は，公的部門と民間部門を区別することなく，公的部門を民間部門と同様の手法で管理・運営するということである．NPMは公的サービスの一環である教育分野にも適用され，教育サービスの民営化は改革戦略として位置づけられる．

●**日本における教育の民営化**　教育の民営化の具体的施策は国によって多様であるが，わが国においては，公設民営学校の設置があげられる．総合規制改革会議や経済財政諮問会議等の提案を機に，2003年度から株式会社やNPOの学校教育への限定的な参入が開始された．公設民営とは，国や地方公共団体が施設を設置し，その運営を民間に委託することであり，従来「公」が行ってきた業務を「民」のノウハウを生かして効率的に行おうとするものである．指定管理者制度にみられるように，保育所や介護福祉施設，社会教育施設等での活用が進んでいる．これまで，構造改革特別区域（特区）を活用した公私協力学校（幼稚園，高等学校）と特区を活用しない公私協力方式の学校が存在してきた．

　「国家戦略特別区域法」（2013年）に基づく国家戦略特区は，公設民営学校の設置を促すものといえる．例えば，不登校や発達障がいの児童生徒等に対するきめ細かい対応，あるいは，スポーツや芸術，国際化に特化した教育など，既存の公立学校では十分な対応が難しい事項についても，民間のノウハウを生かし，子どものニーズに合致した多様な教育サービスを柔軟に提供できることが期待されている．

　一方，教育の民営化を，公教育における「公」「私」協働ととらえれば，「地域独自のニーズに基づき，地域が運営に参画する新しいタイプの公立学校」（「教育改革国民会議報告」）として構想された学校運営協議会を設置する学校（コミュニティ・スクール）も，教育の民営化の一端として位置づけることができる．

●諸外国における教育の民営化　アメリカ，イギリス，ニュージーランドなどの教育改革は，NPM を基調としており，多様な民営化施策が展開されている．

　アメリカでは，学校選択を背景にバウチャー制度が導入された．これは，政府が授業料に充当できるクーポン券（バウチャー）を負担し，保護者に配布することで，保護者が子どもを通わせる学校を自由に選択できるようにするものである．学校間に競争原理をもち込み，児童生徒の獲得競争を行わせることで，学校教育の質的改善を企図した．選択肢の一つとしてあげられたのが，チャータースクールである．チャータースクールとは，学校を設置・運営したいと希望する主体（保護者，教師，民間団体等）が，学区から独立し，州や学区と契約（チャーター）を結ぶことによって独自の教育理念のもとに自律的に学校運営を行い，成果について責任を問われる学校である．

　イギリスでは，公立学校の運営を民間企業等が担うアカデミーと呼ばれる形態の学校の設置が進んでいる．アカデミーは，中央政府からの公的財政によって設置・運営されるが，行政当局の関与はなく，独自の教育理念，カリキュラムのもとに学校運営を行うことができる．運営主体である民間企業等の強みを生かした特色ある教育展開が期待される．同国では，学校の自律性が高いため，第三者による学校査察（第三者評価）によって教育の質と成果が確認される仕組みとなっているが，学校査察自体を民間企業に委託することもある．他方，地方自治体と民間企業等が協働で事業に取り組む公私協働事業（public private partnership：PPP）もまた，校舎建築等の公共事業において主流となっている．

　ニュージーランドでは，すべての公立学校に学校理事会（boards of trustees）が設置され，学校運営が保護者や地域住民らによって担われている．学校理事会は，カリキュラム編成，人事運営，財務運営等に関する権限を有するため，中央政府との契約（チャーター）を基盤に，高い自律性のもとに教育活動を行うことができる．チャーターが遵守されているかどうかについては，第三者評価によって確認される．学校への支援や教職員の研修に関して，「公」だけでなく民間や個人コンサルタント等の「私」を含めた多様な支援プロバイダーが存在し，支援機関同士の競争が促されることで，より質の高い支援サービスが提供されることも企図されている．各学校は，自らのニーズと学校予算に鑑み，適切な支援サービスを自ら選択し，購入することとなる．

　チャータースクール，アカデミー等は公設民営学校の形態として認識することができ，公教育への多様なアクターの参入を認め，選択を重視することで競争原理を機能させ，公教育の質的向上を目指す志向が共通に看取される．　　　［高橋　望］

📖 さらに詳しく知るための文献

高橋寛人，2004，『公設民営大学設立事情』東信堂．
黒崎　勲ほか，2002，「特集：教育の市場化・民営化を問う」『日本教育行政学会年報』26，pp. 3-53.

学校選択制

☞「ペアレントクラシー」p.310

　日本では，子どもが就学する公立小中学校を，住民基本台帳に基づき市町村の教育委員会が指定することが原則である（就学校の指定）．しかし一部の自治体では，住民基本台帳に基づいて指定される就学校とは異なる学校に就学することを可能にしている．その制度が学校選択制である．

●**制度概要と導入背景**　学校選択制は，1990年代後半から本格化した教育における規制緩和の代表事例の一つである．その制度化では，「教育改革に関する第三次答申」（臨時教育審議会，1987年）や「規制緩和に関する意見（第2次）」（行政改革委員会，1996年）の議論を踏まえて，文部科学省（旧文部省）から「通学区域制度の弾力的運用について」（1997年）が通知され，通学区域の弾力化が複数の自治体において実施された．学校選択制実施の関係法令は，「学校教育法」施行令において確認される．例えば，「就学すべき学校の変更」（保護者の申し立てた変更理由を市町村教育委員会が承諾した場合に，就学校の変更が可能）や「区域外就学」（住民基本台帳に記載された住所とは異なる市町村が設置する学校に，子どもを就学させる）が明記されている（文部科学省ホームページ「学校選択制について」）．

　学校選択制をめぐる議論では，通学区域の弾力化にも言及されるが，通学区域とは，就学校の指定に関わる恣意性の排除や不公平感の軽減を目指し，市町村教育委員会が設定しているものである．そして通学区域の弾力化とは，教育的配慮が必要な問題（いじめや不登校の問題）や通学距離の不合理性といった限定的な理由で，かつ，教育委員会に承諾された場合に，住民基本台帳に基づいて指定される就学校とは異なる学校に就学することを可能にする制度である（文部科学省，2009，「公立小学校・中学校における学校選択制等についての事例集」）．その一方で学校選択制では，就学校の変更の理由が限定的である必要はなく，この点が，通学区域の弾力化とは異なる点である．

　日本の学校選択制の導入は2000年度前後から本格化したが，徐々に導入自治体が増加し，2012年度において小学校では246（15.9%），中学校では204（16.3%）の設置者（市町村教育委員会）が，学校選択制を導入している．ただし，学校選択制の導入が波及する一方で，一部の市町村教育委員会では学校選択制の見直しや廃止の動向もみられるようになっており，その数は小学校では5教育委員会，中学校では2教育委員会となっている（文部科学省「小・中学校における学校選択制等の実施状況について（平成24年10月1日現在）」）．

●**理論と実証研究**　学校選択制の導入については，理論的には新自由主義の到来

として議論されてきた（藤田 2000；久冨 2001；広田 2004）．ここでは，「規制緩和」「市場原理」「官僚制機構」などが主要な論点として設定されていた．ただし日本独特の背景としては，少子化に伴う学校統廃合をスムーズに進めていくための合意形成づくりに学校選択制の導入が寄与する（学校選択制導入により入学人数が継続的に減少している学校を統廃合の対象とする）ことも議論されている．日本教育社会学会第 55 回大会（2003 年）シンポジウム「親の学校選択と学区制の見直し」では，学校選択制をめぐり，①都市問題としての学校選択制のあり方，②学校選択制導入による学校改善に関する教職員のインセンティブの強化，③保護者の教師選択の要望が論点として議論された（有元ほか 2004）．

　また 1990 年代には学校選択制の是非をめぐり，『教育学年報』（世織書房）において，藤田英典（教育社会学）と黒崎勲（教育行政学）による論争が行われたことも特筆すべきことである（両者の議論の整理・検討，評価は，広田 2004；加藤 2011；志水 2015 を参照）．黒崎は，ニューヨーク・イーストハーレム（第 4 コミュニティ学区）における学校選択制の事例をもとに，市場原理とは異なり，教育の民主統制と専門的指導性の調和の課題を「抑制と均衡」の原理に基づいて調和させようとする学校選択制は，学校改革のための有効な触媒になりうると評価した（黒崎 1994）．一方で藤田は，市場原理とは異なる理念を掲げた学校選択制においても，結果的に市場原理と同様な選択制になる可能性が高いことを指摘し，学校選択制の導入に対して否定的である．その理由の一つとして，学校選択制によって学校の序列化・格差化が拡大し，教育機会・選択機会の階層差・地域差の拡大を招くことを指摘している（藤田 2000）．これらの指摘は欧米においても「良い生徒のすくい取り」（cream-skimming）あるいは成層化（sorting）の問題として議論されている（Levin 1998；Whitty 2002）．

　実際の事例としては，東京都品川区が有名である．品川区では，「品川の教育改革『プラン 21』」のもとで，2000 年度より小学校段階，2001 年度より中学校段階において，学校選択制を導入した．2010 年以降は，小学校，中学校ともに約 30% の保護者が選択希望申請を行っている（品川区ホームページ「入学・転入」）．2007 年度に実施された保護者および教員に行われたアンケート調査からは，保護者の学校選択制の継続を願う回答の割合が過半数を超えており，学校選択制が支持されていることがうかがえる．その一方で教師に行ったアンケート調査からは，「どちらとも言えない」とする評価を留保する回答が半数近くあるものの，学校選択については，有効性を感じている教員よりも有効性を感じていない教員の割合の方がやや多いことが明らかにされている．また，学校選択制導入後には，入学人数の減少した学校と増加した学校が生み出されている実態が明らかにされている（小川ほか編 2009）．　　　　　　　　　　　　　　　［山下 絢］

小中一貫教育

　小中一貫教育は，2000 年代初頭から小学校と中学校の教育課程を接続しその一体性を確保しようとはかる試みとして始まり，東京都品川区，広島県呉市，京都府京都市等の教育委員会を中心に地方発の教育改革の一つとして注目されてきた．小中一貫教育全国連絡協議会が 2006 年から毎年開催する「小中一貫教育全国サミット」において義務教育学校の設置を求める共同宣言を採択し，国への要請を続けてきた．中央教育審議会答申「子供の発達や学習者の意欲・能力等に応じた柔軟かつ効果的な教育システムの構築について」（2014 年 12 月 22 日）により「小中一貫教育学校」（仮称）の法制化が提起され，これが「義務教育学校」（2015 年 3 月閣議決定）と改称されて「学校教育法」第 1 条の改正（2015 年 6 月）につながった．義務教育学校の制度化は 6-3-3 制の学制改革を直接に目指すものではないといわれるが，結果的に初等教育の複線化をもたらすのではないかとの懸念が表されている．

●**小中一貫教育へのニーズ**　小中間のつながりを意識した教育の必要性が提唱された契機は，「中 1 ギャップ」，すなわち不登校やいじめをはじめとする中学校生活への不適応問題の顕在化である．種々の調査結果が，中学 1 年生の段階からこれらの問題が急増する傾向を指摘した．大都市圏の公立中学校で特に「中 1 ギャップ」が深刻化する理由について，成績上位層の児童が私立中高一貫校に進学することがあげられる．他方で大都市圏外のなかには「中 1 ギャップ」がほとんど実感されない地域もある．小学校から中学校へ進学する移行期を「ギャップ」として感じる経験は，思春期に特有の事象であると同時に，またそれは家庭の教育格差や学力問題の現れでもある．

　小中一貫教育へのニーズや導入形態は地域の実情によって異なるが，その多くが学校統廃合と並行して進められている点に特徴がみられる．少子化の影響で単学級から複式学級へ，さらに学校統廃合への再編を迫られる地域は過疎地のみならず都市の一部にも広がる．2008 年以降，「学園」等に校名変更した施設一体型の義務教育学校を設置あるいは計画する自治体が次第に増えてくる．教育特区制度によらなくても文部科学省の教育課程特例制度を用いて小中一貫教育の導入が可能になったことが大きい．小中一貫教育への移行に向けた学校統廃合が地方を中心に全国各地で推し進められるようになった．なかには小中一貫教育による学校統廃合の方針を掲げない自治体も存在し，そこでは施設分離型の小中連携による一貫教育の道が模索されている．

●**小中一貫教育の結果検証と義務教育の質的保証**　小中一貫教育の導入は小中間

の連携，接続，そして一貫へと段階的に行われる．学校統廃合と施設一体型の義務教育学校の設置を並行して進める自治体は財政的に豊かな市町村である．義務教育は市町村の管轄事項であり，その設置と管理およびそれに要する経費は市町村が負担するのが原則である．ただし教育の機会均等保障や適正な水準の維持・向上の要請から，国は最低保障の責務を負い，都道府県も域内の調整・支援や格差を是正する役割を期待されており，市町村，都道府県，および国の間は複雑な権限関係にある．小中一貫教育のもつスケールメリットを強調し選択的に導入したその目的と結果を検証することは義務教育の質的保証と責任主体の明確化にとって重要である．

　教育社会学者が小中一貫教育の実際に接近するときの枠組みの一つに，異校種間の移行期に焦点づけて学習者の社会的適応を研究する視点がある．イギリスでは1970年代以降を中心に児童生徒の初等学校から中等学校や職場集団への適応行動を追跡した研究成果がある．移行期に注目すれば小1，高1，大1，そして新任等の多様なギャップが生じているが，義務教育の9年間を見通した小中一貫教育研究が特に必要な理由は義務教育課程の「接続」（articulation）が重視されるからである．「○○ギャップ」は学習者のレディネス（準備性）の不足というよりカリキュラムの不具合として研究する必要がある．すなわち小中一貫教育のなかで採用されることが多い「4-3-2」に区切られた教育課程，1～9学年の到達段階の検討，あるいは先取り学習といわれる「早修」（acceleration）の結果等が注目される．

　教員文化の視点からは小学校と中学校の教員文化の差異が指摘されてきた．教員文化の差異には教員養成制度や教員免許制度そして教員人事異動制度まで関係しているのでその根は深い．相互理解のために小学校での教科担任制や外国語教育の部分的導入，中学校では生徒指導や部活動の転換等と関連した教師教育の研究が待たれる．また中学校区単位に学校運営協議会を設置するコミュニティ・スクールでは保護者や地域住民が一定の権限をもって学校運営に参画しており，その研究は義務教育の質的保証を考えるうえで有用な資料となる．早修を利用しようとする保護者の意図と関連して，大都市部の施設一体型の小中一貫学校のなかには6年生の半数近くが中高一貫校に流出し7年生の編入募集をする必要に直面している学校もある．このパラドキシカルな現実は，小中一貫教育の早修を利用する保護者層やペアレントクラシーの問題，あるいはまた斬新な学校建築と制服のデザインを競う市場化の問題を浮彫りにする．　　　　　　　　　［田中統治］

📖 さらに詳しく知るための文献

小川正人ほか編，2009，『検証 教育改革』教育出版．
安藤福光・根津朋実，2010，「公立小中一貫校の動向にみる "カリキュラム・アーティキュレーション" の課題」『教育学研究』77(2)，pp.183-194.

中高一貫教育

中高一貫教育は，狭義には中学校・高校間の教育課程等の一貫性を特徴とする教育を意味する．とはいえ，単なる目的合理的な制度ではなく，歴史的・政治的な文脈と問題性が確認できる（菊地 1998）．

●中高一貫教育（校）言説の変遷　戦後，中高一貫教育校の本格的な語りは1960年代に出現する．全国高等学校長協会や東京商工会議所などの関連団体は中高一貫（教育）校に言及し，1966年の中央教育審議会（以下，中教審）答申では，「中等教育を一貫して行うため，6年制の中等教育機関の設置についても検討する必要がある」とされた．次期中教審では，発達心理学の知見を援用し，青年期前期の「未成熟」などを踏まえ，十分な観察・指導に基づく適切な進路決定のために一貫した教育が必要であるとされた．ただし，実際には，この「四六答申」は早計な結論を戒め，「先導的試行」と「厳正な評価」によって科学的に根拠づけることを求めるなど慎重な姿勢を貫いた．再び1977年の都道府県教育長協議会によって6年制中等学校が提示され，中高一貫校の意義と課題が詳細に整理されたが，「新しいタイプの高校」論は，先の科学的根拠の尊重を骨抜きにしつつ特定高校の「特例措置」を当然視した．学区拡大が企てられ，「教育市場」に取り込まれていく．中高一貫校言説は次第に露骨な能力主義イデオロギーを胚胎し，1980年前後には，経済同友会教育問題委員会などでも取り上げられるに至る．この時期においても中教審「教育内容等小委員会」では，「複線型の学校体系」へと舵を切ることには慎重な見方が大勢を占めた．

●複線化構造と中高一貫教育校　中高一貫教育の問題を学校体系の問題へと方向づけたのは，臨時教育審議会（以下，臨教審）である．そこでは，「六年間にわたる計画的・継続的な教育・指導によって，効率的，一貫的な教育を行うことができる」「個々の生徒を熟知したうえ，それら生徒の個性，適性に応じ，弾力的にカリキュラムを編成，適用するとともに，適切な進路指導を目指し，研究開発を進めることができる」「才能開発に適する教育を推進することができる」等々と語られている．臨教審第一次答申の「6年制中等学校」を都道府県教育長協議会などが肯定的に評価し，所要の行財政措置を求めるまでになった．私立高校に対する公立高校の「地盤沈下」を背景にし，「特例措置」を前提とした中高一貫教育校の制度化を歓迎する流れがつくられていった．臨教審答申から十余年が経過し，「タテの複線化」を目指す改革がうたわれるなかで，中高一貫教育校は制度化への道をひた走る．1997年6月の中教審の第二次答申「二十一世紀を展望した我が国の教育の在り方について」の提言を踏まえて，「学校教育法」等の関連法規が改正

された. 中高一貫教育校は,「ゆとりのなかで生きる力を育む」「生徒一人ひとりの個性を重視した教育を実現する」等々のねらいのもと, 1999 年度から制度化される.

●**中高一貫教育校の限界と可能性**　中高一貫教育校には, 三つの実施形態がある. すなわち, ①6 年間を前期課程と後期課程に分けながらもひとつの学校として一体的に中高一貫教育を行う「中等教育学校」, ②高校の入学者選抜を行わず同一の設置者による中・高を持続する「併設型」, ③既存の市町村立中学校と都道府県立高校が, 教育課程の編成や教育・生徒間交流等の面での連携を深めながら中高一貫教育を施す最もゆるやかな「連携型」, の三形態である. 三者のうち「中等教育学校」と「併設型」の場合, 教育課程の基準の特例が認められるなど比較的大胆な取組みが可能である. 制度化当初の中高一貫教育校の多くは連携型であったが, 6 年目の 2004 年度には併設型が連携型の学校数を抜き去る一方, 連携型の新設が頭打ちとなる. これに対して, 併設型は私立学校がこのカテゴリーに組み入れられたことで大幅に増加し, 中等教育学校も 2010 年度まで着実に増加している. 制度化当初に「全国で 500 校」と達成目標が語られたものの, 半数以上が私立学校の併設タイプによって占められている.

そもそも中高一貫教育校の設置には,「ゆとり教育」「個性伸長」という表向きの教育的論理とは別に, 二つの社会的・現実的要請が働いていた. 一つは, 過疎地の地域再生という論理であり, もう一つは「保護者ニーズ」に連動した教育消費者主義もしくは公私間の学校淘汰の論理である. これらは, いずれも現代の教育社会のありようの投影であるという意味で同根である. マネー資本主義が跋扈するグローバル化社会のなかで, 教育の世界にも新自由主義的な改革が増幅させた二つの社会変化と結びついている. 公立学校でエリート指向の中高一貫教育校が制度化されるなかで受験の低年齢化等の問題が生じる危険性があり,「強者の論理」(市場的能力原理) による教育の再編は, 義務教育にひずみと機能低下をもたらすことになる (藤田 2000).

最後に, 地域と学びの再生戦略としての中高一貫教育校に着目する動きもあることを付言しなければならない. 中高一貫教育の本来的な意義への着目と地域づくりの担い手の育成とともに, 学びの根本的なとらえ直しが求められる. 教育社会学の問い方自体が旧来的な「学力水準の達成」を横並びに求めるにとどまることへの批判でもある. 実際の学校づくりと地域づくりへのまさに臨床的な関わりと協働のあり方が試される時期にきているといってよい.　　　　　　　[菊地栄治]

　📖 さらに詳しく知るための文献

菊地栄治, 1998,「中高一貫教育の言説と実践」『日本教育経営学会紀要』40, pp.28-37.

藤田英典, 2000,『市民社会と教育』世織書房.

藤田英典, 2006,『教育改革のゆくえ』岩波書店.

学校統廃合

☞「少子化問題」p. 592

　学校統廃合は，複数の学校を1校にまとめることを意味するが，学校統廃合の形態には，対等合併と吸収合併とがある．わが国の学校システムで最も校数が多い公立校を例にとると，学校の設置は地方公共団体の議会が制定する条例を基礎とするため，学校統廃合には，議会での学校設置条例の改正が必要となる．なお，私立学校は学校法人が設置者であるため，学校の廃止や統合は学校法人の権限であるが，都道府県知事の認可は必要とされる．

●**学校統廃合の対立軸**　学校統廃合は明治初期の近代学校の発足時にさかのぼり歴史を刻んできた．第二次世界大戦後約70年間にも，学校統廃合は日本各地で発生してきたが，特に，公立小中学校の場合には，地域コミュニティの核として機能してきたため，学校統廃合をめぐる地域紛争や訴訟事例は数多く積み重ねられてきた．

　争点になってきたのは，学校規模の維持と通学距離・時間の適正範囲との衝突であった．就学人口の変動のもと，学校の適正規模の維持という観点に立つと，自然減や社会減に直面した地域では，学校統廃合が焦点になる．しかし，通学距離・時間には適正範囲があると想定されるので，就学人口が落ち込み続けている地域では，学校規模と通学距離・時間との衝突が発生する．

●**学校規模の標準**　公立学校の規模の標準については，国の法令で定められる．

　小中学校の規模の標準は，「学校教育法」施行規則第41条に定められ（中学校は，この規定を準用），「小学校の学級数は，12学級以上18学級以下を標準とする．ただし，地域の実態その他により特別の事情のある場合には，この限りでない」とされる．小中学校の一貫校として制度化された義務教育学校については，学校規模に関する規定は，特段定められない．

　現行法制では学校規模は学級数で定義されるが，学級数に代わり学年規模（各学年の児童生徒数）で定めるべきといった議論や，学校全体の児童生徒総数で考えるべきといった議論もあるが，いずれも少数派にとどまる．

　現行法制では，学校規模の標準が学級数で定められているため，学校統廃合に際しては，学級規模の縮小がしばしば論点になる．

　2013年1月に学校規模等に関する文部科学事務次官通知が発せられたが（「公立小学校・中学校の適正規模・適正配置等に関する手引の策定について」），学校規模の標準は，上記の「学校教育法」施行規則を踏襲している．

●**通学距離・時間の適正範囲**　現行法制では，通学距離は，小学校でおおむね4km以内，中学校でおおむね6km以内が適正とされているが（「義務教育諸学校

等の施設費の国庫負担等に関する法律施行令」），地方公共団体が学校統廃合を検討する場合には，あらためて通学距離・時間について検討していることが多い．

なお，2013年1月の文部科学省通知では，「適切な交通手段が確保でき，かつ遠距離通学や長時間通学によるデメリットを一定程度解消できる見通しが立つということを前提として，通学時間について，『概ね1時間以内』を一応の目安」とし，通学距離原理に加え，通学時間原理を導入している．首相官邸に設けられた経済財政諮問会議で有識者委員から「時代の変化に対応した教育の在り方について」（2014年5月）提言があり，「地域の実情を踏まえながらも，『距離』から『一定規模の児童数』を基本とした見直しが必要」とされたことを受けたものと考えられる．しかし，小中学校の設置廃止は市町村の学校設置条例によるため，通学距離時間の適正範囲があらためて問われることが多い．

●**適正学校規模や通学距離・時間の先行研究**　学校規模を学級数，児童生徒数のいずれで定義するとしても，子どもの学習・生活条件としての規模をどう考えたらよいかについては，いくつかの先行研究が積み重ねられてきた．

わが国で最も早く実施された調査研究として知られるのは，千葉県教育研究所内教育資料刊行会が刊行している「学校統合に関する実証的研究―基準と対策」（『研究紀要』30，1956年度）である．本調査研究では，学校統合を考える場合の切り口として，能率論的立場と教育論的立場とを分類している．前者は，「学校統合を町村合併後の新市町村建設計画の一環として位置づけ，地方行政全般の能率化政策の面から問題をとらえる立場」であり，後者は，「教育の独自性を基本的立場として，統合による学校規模の拡大化が教育の本質からみて望ましいものであるかどうか，能率化政策の背後に教育を阻害する契機が含まれていないかを批判的にみていこうとする立場」である．この調査研究は，文部省（当時）中央教育審議会の「公立小・中学校の統合方策についての答申」（1956年11月）で，学校規模の標準が12～18学級とされる背景になった．

通学距離・時間の適正範囲を子どもの疲労度などの観点から調査した研究としては，朝倉隆司によるもの（文部科学省新教育システム開発研究［平成18～19年度］，受託者：東京学芸大学）がある．十分な数の被験者を揃えられなかったなどの制約はあるが，小学校4km，中学校6kmという上限の妥当性に触れる本格的な実証研究である．

学校統廃合や通学区域再編，学校分割など紛争に発展しやすい懸案が増えている．アメリカハワイ州のように，具体的な手順を法制化するのも一案である．

［葉養正明］

📖 **さらに詳しく知るための文献**

葉養正明，2011，『人口減少社会の公立小中学校の設計』協同出版．
若林敬子，1999，『学校統廃合の社会学的研究』御茶の水書房．

シティズンシップ教育

☞「多文化共生と教育」p. 376

　シティズンシップ教育は，社会の意思決定に関与し，社会を担い，つくっていく能力や意欲を育む教育をいう．「個人化」と「グローバル化」が進行するなかで，個人と国家（をはじめとする社会）との関係の再構築が模索されるなか，1990年代に入り世界的に関心が高まったといわれている．アメリカにおいては1990年代にクリントン政権下で教育政策として検討され，イギリスでは「シティズンシップ」科が2002年からナショナル・カリキュラムとして必修化されている．

　国家と国民の枠組みがゆらぐヨーロッパでも，欧州評議会が2005年を「教育を通したシティズンシップヨーロッパ年」として，さまざまな取組みが行われた．こうした動きに影響を受けながら，日本においてもシティズンシップ（市民性）を育むための教育が各地で行われ始めている．さらに2015年には，選挙権が18歳に引き下げられ，主権者教育，政治教育への関心が高まりをみせている．

●**なぜ今シティズンシップ教育か**　ただし，シティズンシップ教育は古くからあるテーマであるともいえる．なぜならシティズンシップ教育は，ある社会の成員資格・資質＝シティズンシップを教える・育むことであり，社会が次世代の成員を社会化しようとするところにはシティズンシップ教育があるといえるからである．デュルケム（Durkheim, É.）のいうように，近代は「神」に代わって「社会」を生み出し，人々の生活を安定させようとし，その中心的な役割を担ったのが学校であった．歴史的には，「社会」とは国民国家であり，教育が国家の統合を担ってきたのである（Durkheim 1925）．

　しかし，後期近代を迎えた今日，個人の国家への帰属は大きなゆらぎを見せている．そこで，国民教育とは異なるシティズンシップ教育が模索されるようになってきた．シティズンシップはかつて，権利を有し義務を行使するメンバーシップを意味していたが，今日では，社会への積極的な参加，貢献によって生み出されるアイデンティティが重視されるようになってきている（Delanty 訳書，2004）．公を独占してきた福祉国家が後退することで，グローバルな企業体が私たちの消費や労働をはじめとした生活基盤を強く規定するようになってきている．また，専門家（官僚や科学者）の「正しい」判断にお任せするのではなく，「素人」の市民一人ひとりが物事を判断し，行動することが求められている．人々の多様化するニーズに対応するためには，行政組織よりも「市民」の方がうまく公の問題を解決できるという草の根民主主義のような動きも強くなっている．また福島第一原発の事故に示されるように科学技術は不確実性を減らすというより

は新たな不確実性を生み出すものであり，専門家の知恵は絶対的なものではなく，情報公開のうえで私たち一人ひとりが判断するものになってきている．そのためには，情報を集め，言説や事象を批判的に分析し判断する力の育成が求められるのである．

●**イギリスのシティズンシップ教育**　2002年からナショナル・カリキュラムとなったイギリスのシティズンシップ教育とその方向性を規定した「クリック・レポート」は，最もよく知られ，参照されるものである．「クリック・レポート」では，権利と義務を中心とした法に守られ，法を順守する「受動的」な市民ではなく，能動的な市民（active citizens）を育成するために，シティズンシップ教育は，以下の三つの構成要素からなるとされている．

①責任ある社会的行動（social and moral responsibility）

　学校の内外において，児童・生徒が社会的・道徳的に責任ある行動をとること．

②地域社会への参加（community involvement）

　隣人の生活や地域社会に対して関心を払い，社会に貢献すること．

③民主社会の知識・技能の習得・活用（political literacy）

　民主主義の制度・問題・実践を学び，国や地域社会のなかでそれらを効果的に運用すること．

なお，2007年のカリキュラム改訂に影響を与えた「アジェグボ・レポート」では，上の三つの構成要素に，「アイデンティティと多様性」が加えられている．

●**シティズンシップ教育の多様性**　シティズンシップ教育は，社会を担う市民を育む教育であるが，個人化やグローバル化に際し，いかなる市民像を描くかによってその言説も実践も多様である．グローバルな問題に対応するため，国民ではなくグローバル・シティズンシップを大切にする多文化教育やグローバル教育の提起もあれば（中村 2008），逆に国民統合のための道徳教育を重視する立場もある．また，同じ政体（国家）内の多様性に応じるために政治的リテラシーを重視するシティズンシップ教育もある（小玉 2013；河野 2011）．さらには，「正義」に対し「ケア」のシティズンシップを提唱するものもある（岡野 2009；Martin 訳書，2007）．シティズンシップ教育は求むべき市民像がせめぎ合う論争的な概念であるといえるだろう．

また，シティズンシップ教育の提唱は，学校教育のあり方を問い直す契機にもなっている．すなわち，シティズンシップ教育には，教育をよりよい職業に就くための手段とみなす傾向が強まってきている学校教育の公共性を回復するものととらえる立場（広田 2015）や，受動的な学校教育をアクティブで社会とのつながりのある学習へ転換していこうとする立場などもある（唐木 2008；長沼 2003）．

［若槻 健］

インクルーシブ教育

☞「医療化と発達障害」p. 552

インクルーシブ教育（inclusive education）とは，障害のある児童生徒が障害のない児童生徒とともに地域の学校で教育を受ける共学のあり方および実践のことを指す．インクルーシブ教育は1990年代よりアメリカやイギリスにおいて研究・実践が蓄積されてきたが，日本でも文部科学省中央教育審議会（以下，中教審）初等中等教育分科会報告「共生社会の形成に向けたインクルーシブ教育システム構築のための特別支援教育の推進」（2012年）において，今後の障害児教育のあり方としてインクルーシブ教育が明言された．

●「サラマンカ宣言」から障害者権利条約へ　インクルーシブ教育，インクルージョンといった文言およびその考え方が広く一般に知られるようになったのは，ユネスコの「サラマンカ宣言」（1994年）においてである．そのなかでは「特別なニーズを有する人々は，そのニーズに対応できる子ども中心の教育実践を行う普通学校にアクセスしなければならない」とし，その成功がすべての子どもたちに質の高い教育を提供することになると提言されている．それから12年後の2006年，国連により障害者権利条約が採択され，翌年日本も署名した．2014年の批准に伴い，日本でもインクルーシブ教育の実現に向けて動きだした．

障害者権利条約では，第24条で障害者の教育を受ける権利について述べられている．具体的には，人権，基本的自由および人間の多様性の尊重の強化，障害者の精神的および身体的な能力を最大限度まで発達させること，障害者が自由な社会に効果的に参加することを可能とすることなどを目的として，障害者が障害に基づいて一般的な教育制度から排除されないこと，個人に必要とされる合理的配慮が提供されること，自己の生活する地域社会でのインクルージョンなどが提案されており，障害のある人のフル・インクルージョンを目指すための支援の必要性がうたわれている．

障害者権利条約の内容と，その批准に向けた法的・行政的整備について，国内では障がい者制度改革推進本部および障がい者制度改革推進会議の設置（2009年），「障害者制度改革の推進のための基本的な方向について」（2010年），「障害者基本法」の改正（2011年），「障害者総合支援法」（2012年），「障害者差別解消法」（2013年），「学校教育法施行令」の改正（2013年）などがなされ，2014年の障害者権利条約の批准となった．

●日本の障害児教育とインクルージョン　戦後，日本の障害児教育は一貫して障害児と健常児の別学体制を進めてきた．そうした教育のあり方は，2007年に特殊教育から特別支援教育に名前が変わっても原則的には変わることなく，依然として

障害のある児童生徒は特別な場所で特別な処遇を受けることが望ましいとされている. 障害者権利条約を批准することとなり, これまでの日本の障害児教育はインクルーシブ教育へとパラダイムシフトを余儀なくされているが, 現時点で別学体制を解体する動きは特にみられず, 現在の特別支援教育をおおむね正当化するかたちでの「日本型インクルーシブ教育」が指向されている. 例えば, 上述した障がい者制度改革推進会議では, 障害児をめぐる日本の教育の現状を「原則分離別学の仕組み」であると批判し, 現在の特別支援教育を抜本的に見直したフル・インクルージョンを提案したが, その後中教審「特別支援教育に関する特別委員会」が設置され, 先の中教審初等中等教育分科会報告「共生社会の形成に向けたインクルーシブ教育システム構築のための特別支援教育の推進」(2012 年) となった. この報告では, 障害者権利条約の第 24 条を引用しながらも, システムの構築のためには「特別支援教育を着実に進めていく必要があると考える」とし, 具体的には, ①総合的な観点からの就学支援, ②合理的配慮およびその基礎となる環境整備, ③通常学校の通常学級, 通常学校の特別支援学級, 通級, 特別支援学校といった多様な学びの場の準備, ④特別支援教育充実のための専門性強化などについて提言している.

●**インクルーシブ教育と合理的配慮**　2016 年 4 月より「障害者差別解消法」が施行され, そこでもインクルーシブ教育とそれに伴う合理的配慮が強調されている. 合理的配慮 (reasonable accommodation) とは, 社会的障壁除去のための調整であるが, それはこれまでの特別支援教育の文脈で解釈されてきた「特別な配慮」ではなく, 差別解消のための調整であると解釈すべきである. そのためには, 差別の内実, すなわち障害児・者をめぐる教育や生活の環境がいかにアンフェアな状況に置かれているかについてどれほどに思いをはせることができるかが重要となる. その際, 基本的な考え方となるのが「障害の社会モデル」である. 社会モデルとは, 障害を個人に帰属させ, そこに努力や改善を求める従前からの「個人モデル」や「リハビリテーションモデル」に対抗するもので, 「障害者と呼ばれる人の抱える生きづらさは社会が作っている」あるいは「障害者と呼ばれる人の生きづらさの解消を巡っては, 当該個人が引き受けるのではなく社会の側にその調整の必要性があると考える」というモデルである.

　公教育においても, 不当な差別取扱いおよび合理的配慮の不提供は先の障害者差別解消法に反することとなる. しかし, その実践にあたって, 何が差別となるのか, またどうすれば合理的となるのかは, この社会モデルの考え方がなければ難しい. インクルーシブ教育の成功も, この社会モデルの考え方がいかに現場にもち込まれうるかにかかっているのである. 　　　　　　　　　　[堀家由妃代]

📖 さらに詳しく知るための文献

星加良司. 2007. 『障害とは何か—ディスアビリティの社会理論に向けて』生活書院.

川島 聡ほか. 2016. 『合理的配慮—対話を開く, 対話が拓く』有斐閣.

第12章

メディアと教育

［編集担当：岩永雅也・大多和直樹］

概説：教育とメディア研究の諸相 ……… 712
メディアの発展と子どもの生育環境 …… 716
ネット社会 ………………………………… 718
通信教育 …………………………………… 720
メディア・リテラシー …………………… 722
遠隔教育 …………………………………… 724
教育活動と ICT・メディア ……………… 726
子どもの遊びとニューメディア ………… 728
ニューメディアと若者文化・
　コミュニケーション …………………… 730
メディアと子どもの健康・病理 ………… 732
電子メディアと暴力・犯罪 ……………… 734
ネットいじめ ……………………………… 736
教育世論 …………………………………… 740
教養メディア ……………………………… 742
メディアのなかの教育文化 ……………… 744

概説：教育とメディア研究の諸相

　教育事象を社会事象として，すなわち人々あるいは集団の間の相互作用の観点からとらえて検討する教育社会学においては，教育という営為に関わる種々のコミュニケーション空間がその分析の対象となる．コミュニケーションの形態が単純であった近代初期あるいは情報化以前の社会にあっては，その空間が家族，学校，地域社会に限定され，コミュニケーションの媒体も対話や文字に限られていた．しかし，とりわけ第二次世界大戦後，技術革新の進展により放送媒体（ラジオ，テレビ）が急速に普及し，また情報通信技術（ICT）が急速に発達することによって，コミュニケーション空間もまた劇的に拡張し多様化することとなった．そうした変動するコミュニケーション空間と教育との相互作用が本章における中心テーマである．

　ここでさまざまに議論されるコミュニケーション媒体がメディア（media，本来は単数形 medium の複数形）である．ここでいうメディアには大きく分けて二つの意味がある．一つは，広義のメディアであり，メッセージを送り手から受け手へ伝える媒体，手段を指す．この意味のメディアには，メッセージを媒介しうるすべてのものが含まれる．身振り，言語，文字，活字などの根源的なものから，映画，テレビ，そしてウェブ，映像通信システムなど，ごく最近になって普及したものまで，非常に多様な形態を含む概念である．

　一方，狭義のメディアは，新聞や雑誌，放送など規模の大きい大量情報伝達媒体や手段を特定して指す概念であり，マスメディアやマスコミュニケーション（マスコミ）などとほぼ同義に用いられる．場合によっては，より狭義に放送局や新聞社といった組織を指す場合もある．本章の各項目はそうした広義と狭義の二つのメディア概念を使い分けながらの記述が原則となっている．

　しかし，近年インターネット上のウェブニュース・サイトの利用が急速に拡大していることからもわかるように，広義のメディアとマスメディアとの機能的な相違が曖昧なものとなっていることも事実である．そのため，項目によってはその両者をあえて混在させつつ論じることも避けられない．そうした前提に立ったうえで，本章では，「メディア環境と教育社会」「教育におけるメディア利用」「ニューメディアと子ども・若者」，そして「メディア社会の病理」という4局面からメディアと教育の関わりを論じる．

●**メディア環境と教育社会**　まず，日本の教育社会を取り巻くメディア環境について，その意味と教育との関わりをみる．日本における1990年代半ばまでの教育とメディアに関する議論は本来，非教育的経験である放送やオフラインのパソ

コンなどの教育への活用，あるいはマスメディアと個人の社会化との関わりといったテーマで主に展開されてきたといえる．しかし1990年代後半以降，ICTの著しい発達と普及により，そうした境界が急速に意味を失いつつある．

それに伴い，教育的スキルの中心に置かれて従来は活字メディアの理解力のみを指していたリテラシー（識字力）の概念も，より多様なメディアのあり方に対応するメディア・リテラシーとして再定義されている．メディア・リテラシーとは，メッセージや情報の伝達手段としての広義のメディアを主体的に活用しうる能力を指す概念である．メディア・リテラシーは，メディアを通しての情報伝達とコミュニケーションという基本的性格をもつ教育の方法的基礎となっており，その意味で学力達成や教養の獲得と深い関係にあるものとして関心を集めてきた．一方，現代のような電子メディアに媒介された生活世界におけるメディア・リテラシーは，そこでよりよく生きるための，従来はなかった作法でもあり，それが欠如した場合の不利益も決して無視することはできない（「メディア・リテラシー」p.722）．

ところで，教育を知の伝達という営為とみるならば，そこで利用される教材や教科書，あるいは学校や教師，指導者などは，知の伝達を媒介する広義のメディアということができる．そのうち，近代学校教育に関わるものを除いた部分が教養メディアである．教養メディアの出現は古く，日本においてもすでに江戸前期以降，学習需要の高まりとともに，手習塾や往来物（教科書）といったメディアが広汎に普及していた．そうした伝統的教養メディアから今日のMOOC（Massive Open Online Course：ウェブ上で有名大学の授業が受けられる無料公開講義）に至るまで，形態的，技術的な進歩・変化は著しい．しかし，その本質が大きく変わっているわけではない（「教養メディア」p.742）．

一方，これまで，新聞やテレビなどの報道のみならず，ドラマや小説，映画なども含んだ狭義のメディアにおいても，さまざまに教育が扱われてきた．多くの言説分析が，時代と社会背景に応じた教育に関するドミナントストーリーがメディアによって形成されてきたことを明らかにしている．「メディアのなかの教育文化」では，そうしたメディア発の教育言説について考察する．メディアの発する教育言説は，そこに正負の価値が付されて社会的な支持を得ることで教育世論となる．現在，多くの教育世論が形成されているが，そのうちのあるものは政策への影響力をもつほどに有力な世論となり，またあるものは単なる根拠なき言説に終わる．その見極めは必ずしも容易ではない（「教育世論」p.740）．

●教育におけるメディア利用　メディアは，また，教育の環境としてだけでなく，その手段としても社会的に重要な機能を果たしている．伝統的な対面授業による通学型の授業ではなく，郵便や放送，インターネットなどのメディアを用いる教育が「通信教育」と総称される教育類型である．20世紀前半まで通信教育は印

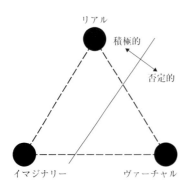

図1 リアル–イマジナリー–ヴァーチャルの図式
（出典　大多和 1997, p.105）

刷教材と郵便による教育とほぼ同義であったが，通信手段の発達・普及とともに，多種のメディアを利用する多様な教育を包摂する概念となった．通信教育は，時間的・空間的・社会的に通学型の教育が困難な人々のための代替的な教育手段として機能してきた．しかし，近年，通信制のメリットを積極的に生かした代替的ではない教育のあり方も注目されている（「通信教育」p.720）．そうした通信教育のうち，主に空間的な教育困難を克服する手段として通信メディアを用いる教育の一形態が「遠隔教育」である．通信技術の進展により，遠隔教育にも多様な下位類型がみられるようになっている．日本における遠隔教育の主流は郵便から放送へ，そしてインターネット（eラーニング）へと遷移してきたが，今日では，バーチャル化とオープン化が著しく進展していると考えられる（「遠隔教育」p.724）．

　学校教育とメディアの関わりはどうであろうか．図1に示すように戦後長い間，映像経験はメディアを通じたバーチャル経験として，活字を読むことは頭の中のイメージを形成させるイマジナリー経験として，そして現実世界の経験はリアルな経験としてというように，メディア経験とその特性とは一対一対応していると認識されてきた．また，前世紀末までの一般的な議論においては，現実のメディア経験と教育的経験との間に，すでになじみ深いメディアとなっている活字と現実経験を教育的経験と位置づけ，新奇なメディアであるバーチャルな映像メディアを非教育的経験と位置づける傾向があったことは否定できない（大多和 1997）．

　学校教育は，子どもを情報コントロールの利いた空間に囲い込んで行われるものであり，そこで子どもに健全な情報を与えているのに，その外側では情報コントロールを無化するニューメディアの影響に晒されていると教育に関わる者は考えがちである（藤田 1991）．こうした構造があることが，「バーチャルがよき世界に侵略してきている」というような認識を招き寄せている可能性がある．こうした認識からメディア悪玉言説が生み出されていることを踏まえつつ，私たちはメディアの影響を考える必要があるということになる．もちろん，学校教育においてもニューメディアの積極的利用は活発化しており，その適不適の評価も含めた教育活動とICTあるいはメディア利用の関わりに対する検討もさまざまに行われている（「教育活動とICT・メディア」p.726）．

●ニューメディアと子ども・若者　子どもの生育環境の変容を比較的大きな歴史的スパンでとらえた「メディアの発展と子どもの成育環境」では，生活のあり方

のみならず，ポストマン（Postman, N.）が指摘するように，大人・子どもの区別を越えて情報を伝達するテレビなどの発達が〈子ども〉自体のありようを変容させる可能性をもっていることを示す（Postman 訳書，1985）．さらに，近年のニューメディアが子ども・若者に及ぼす影響についてもみていく必要がある．

　ニューメディアのインパクトについては，ネガティブな影響もまた考えられるところである．ここでは，そうした影響をきちんととらえるとともに，教育界では学校外で子どもが接するニューメディアについて，必要以上にメディアを危険視する傾向があることを指摘しておきたい．高橋一郎（1992）が指摘するように，古くは，明治期の小説にまでさかのぼることができる．現代では小説を読むことにポジティブな意味づけがなされているが，明治初期には，当時のニューメディアであった小説がスケープゴートとされ，風紀の乱れなどの社会問題の原因とされていたという．1970 年代以後の映像メディア（テレビやテレビゲーム）については，ある程度，悪影響言説の構成が明らかになりつつある（大多和 1997）．そこでは，メディアが伝達する内容（コンテンツ）の俗悪性への批判にとどまらず，メディア経験そのものが子ども・若者にネガティブな影響を与えると考えられる傾向にある．それを理解したうえで，特に「子どもの遊びとニューメディア」，そして，「ニューメディアと若者文化・コミュニケーション」の二つの項目についても考察が求められる．

●**メディア社会の病理**　加速度的に進行しつつあるメディアの発展によって，リアルな世界とは別のネットを通じたコミュニケーション世界がつくりあげられるに至っている．まさに「ネット社会」である．現在では，こうしたネット社会の存在なしに私たちの生活世界をとらえることはできなくなっている．ネット社会では，とりわけリアルとバーチャルとの境界の意味が問われ，ネットに反照した私たち自身の生が省察されることになる．

　そうしたネット社会では，現実ともバーチャルともいえない領域が生起し，「病理」と呼ばれる状況も出来している．先に図示した認識枠組みでは理解できない，さらにいえば「ネットからの悪影響」といった議論には還元され得ない問題が提起されている．例えば，「ネットいじめ」（☞ p.736）や「メディアと子どもの健康・病理」（☞ p.732），あるいは「電子メディアと暴力・犯罪」（☞ p.734）などは，現在最も多くの関心が集まる研究テーマである．本章では，そうした三つの項目についても考察を進め，メディア，とりわけニューメディアの影の部分もみていくことにしよう．　　　　　　　　　　　　　　　　　[岩永雅也・大多和直樹]

📖 **さらに詳しく知るための文献**

稲葉竹俊ほか編著，2015．『教育メディア』メディア学大系 6，コロナ社．
北田暁大・大多和直樹，2007．『子どもとニューメディア』リーディングス日本の教育と社会 10，日本図書センター．

メディアの発展と子どもの生育環境

> [参]「ニューメディアと若者文化・コミュニケーション」p. 730「メディアと子どもの健康・病理」p. 732「電子メディアと暴力・犯罪」p. 734「ネットいじめ」p. 736

　昨今の情報化の進展や情報機器および情報メディアの発達はめざましい．その情報メディアはこれまで大きく分けて以下の4種を経て今日に至っている．すなわち，口述メディア→活字メディア（書籍・雑誌・新聞など）→電子メディア（ラジオ，テレビ，映画，ビデオゲームなど）→サイバー・メディア（インターネット，ケータイ［携帯電話］，スマートフォンなど）である．ただし，口述も活字もともに今日でも有力なメディアであり，多様なメディアが今日の私たちの生活空間に併存しているのが現状である．

●**子どもを取り巻くメディア環境**　子どもを取り巻くメディア環境も，それに伴い大きく変化している．その特徴については以下の2点にまとめられる．第一に，メディアの個人化や個別化が進んでいることである．国民または大衆を対象とした口述や活字といったメディアから，とりわけ昨今のサイバー・メディアはほぼ個人の所有と選択・嗜好に委ねられるように変化している．第二に，メディアのあり方は大人と子どもの間の関係性を変化させる契機になったことである．例えば，活字メディアの出現に伴い，読み書き能力（リテラシー）の優劣をもって，大人-子どもという境界が形成された．すなわち，読み書き能力が不十分なために情報へのアクセスが制限される「子ども」に対し，その能力の向上とともに多様な情報にアクセスでき，それを「秘密」にできる特権を有した「大人」というカテゴリーが成立したのである．カテゴリーのみならず，大人が子どもの上位に位置する位階秩序が明確になった．ところが，テレビをはじめとする電子メディアの登場により，読み書き能力や属性に関係なく，スイッチやボタン一つで，情報を送受信できるようになった．それまで大人のみが占有してきた「秘密」は子どもにも開かれ，大人と子どもの間の境界は瓦解するのみならず，両者の位階秩序は霧消した（Postman 訳書，1985）．

　さらに，昨今のサイバー・メディアの出現に伴い，個人の判断によりクリックさえすれば，「秘密」はさらに広く容易に子どもに対しても開かれるようになった．サイバー・メディアについては，大人よりも子どもの方が操作能力（メディア・リテラシー）において優れて高い場合が少なくない．親や教師よりも子どもの方がパソコンやスマートフォンを巧みに操り，情報の獲得もきわめてスムーズに行い，さらに操作方法を親に教えている様子を想見すれば，明らかであろう．操作能力の高低によって，そのまま子どもを上位，大人を下位に位置づける逆転現象さえみられるようになった．とりわけ昨今の子どもたちは，生まれながらにして日常的にサイバー・メディアに囲まれてきた「デジタル・ネイティブ」世代

であり，さらにメディア・ツールの個別化に伴い，大人の目にさらされることもないまま，独自の世界をつくりあげてきた．その結果，大人にとっては不可解なメディアが出現し，それを利用する子どもの諸問題や弊害が生じるたびに，そうしたメディアを悪玉にした批判的な言説が形成され，マスメディアを通じて流布していくことになったのである．

●**子どもにとってのメディア・リスク**　メディアの急速な進歩と普及に伴い，メディア悪玉論といった批判的な言説と併存しつつ，犯罪や問題行動の要因になっているメディア・リスクの問題も指摘されている．大人に比べて子どもの方が操作能力が高いがゆえに，子どもに対する教師や保護者の適切な指導が困難になっている．サイバー上に，ポルノ，暴力，自殺教唆，ドラッグの売買などの有害情報が，閲覧に関する年齢制限がほとんどないままあまた公開されている．なかには，身近なスマートフォンを利用し，有害情報にアクセスし，問題行動や犯罪行為に手を染めてしまう子どもも少なくない．また，子どもたちのなかには，基本的な情報倫理を理解しないまま，「ネットいじめ」「スマホいじめ」「LINE いじめ」のように，サイバー上で個人攻撃を展開する者もいるといわれるが，それは日本に限った問題ではない（Bazelon 訳書，2014）．これは従来のいじめと相違して，親密な関係による閉じられたサイバー空間内で行われることが多いため，それ以外の人間（他者）には見えにくく，学校や家庭ではその発見と対応に苦慮している（小針 2011）．それ以外にも，バーチャル・リアリティ（仮想現実）による現実感覚の喪失や倒錯の問題も指摘されて久しい．

●**学校教育における ICT の可能性**　情報メディアにおける疑似体験やバーチャル・リアリティの悪影響論の一方，昨今の学校教育においては，サイバー・メディアである ICT（情報通信技術）の利用を通じて，疑似体験やバーチャル・リアリティを積極的に導入しようとする動きもみられるようになっている．例えば，パソコンやインターネット，デジタルカメラ以外に，電子黒板やタブレットによる電子教科書などの導入も一部の学校や教科で積極的に進められようとしている．口述メディアとしての教師の説明，教科書や黒板といった活字メディア等の従来のメディアだけでは十分に説明・伝達できない動画や音声などを，ICT はより現実感あふれるかたちで子どもたちに伝えることができる．このように，新しいメディアやバーチャル・リアリティをめぐる相対立する現象や社会的評価が同時にみられることがきわめて今日的なメディア状況であるといってもよいだろう（大多和 1997）．

［小針　誠］

📖 さらに詳しく知るための文献

Bazelon, E., 2013, *Sticks and Stones: Defeating the Culture of Bullying and Rediscovering the Power of Character and Empathy*, Random House（＝2014，高橋由紀子訳『ある日，私は友達をクビになった——スマホ世代のいじめ事情』早川書房）.

ネット社会

☞「メディアと子どもの健康・病理」p. 732「電子メディアと暴力・犯罪」p. 734「ネットいじめ」p. 736「教育世論」p. 740

　インターネット環境の広範かつ急速な整備とインターネット上で利用できるサービスの多様化，加えて場所を選ばずもち運び可能なデバイスの進化は，私たちの社会を文字どおり「ネット社会」と呼ぶにふさわしいものにしつつある．「ネット社会」化の速度があまりにも急激であり，特に若年層に深く浸透しているために，この事態には常に過剰な危惧と過剰な期待とがつきまとってきた．

●モバイルデバイスの現状　内閣府（2015b）の2014年度の調査によれば，携帯電話またはスマートフォンを利用している中学生は60.4%，高校生では95.2%にのぼり，そのうちでスマートフォンの割合は中学生で66.8%，高校生では74.3%に達しているという．また，平日1日あたり2時間以上インターネットを利用している者の割合は，スマートフォンで中学生が49.3%，高校生が63.3%であり，携帯電話では中学生が12.1%，高校生が24.1%である．スマートフォンの普及がモバイルデバイスによるインターネット利用を押し上げたことがわかる．

　とりわけスマートフォンの普及に伴って人気を集めたのがFacebookなどのSNSやtwitterのようなミニブログ，LINEのようなモバイル・インスタント・メッセンジャーなどのアプリである（富田 2016）．スマートフォンに付属するカメラの性能が向上し，撮影した写真や動画を簡単に編集して送信・投稿できるようになったこともそうしたアプリの利用を促進した要因の一つであろう．

●期待と危惧　いつでもどこでもインターネットに接続できる状況に対しては，常に期待と危惧とが交錯してきた．一般にウェブ上のコミュニティでは共通の趣味をもつ人や共通の状況に置かれた人が集い，情報の交換をしたり，日常での孤立感を癒やしたりするなど，ウェブ上での集いがもつ意義はよく知られている．また，情報の取得の容易さや見知らぬ他者とも容易に関係を取り結べることから，社会に対する意思表示を現実の世界で集合的に行うことも2010年代以降増えてきた．このようにウェブ上の情報や集いが日常生活を支えたり，後押ししたりすることに加えて，検索履歴などの分析により利用者個人に特化した情報が選別されて提供されるなど，その利便性は営利活動と一体化し，進化を続けている．

　一方，ウェブ上での関係構築の容易性とは裏腹に，若年層の場合はすでに親しい関係の者同士のコミュニケーションにSNSなどのサービスが利用されることが多いと指摘されている（松下 2012）．そうした顔見知り感覚と気軽さが時に悪ふざけや犯罪行為の画像や動画を投稿することにもつながり，社会問題化する事例も出現している．また，インターネットの利便性は同時にリスクでもあり，これまで自宅や地域といった空間的制約によって有害情報や有害環境へのアクセス

を制限できたものが，今や空間的にも時間的にも防御壁としての意味をなさなくなっている．ネット利用による被害に遭わないためには，利用者自身の倫理感に頼らざるを得なくなっているのが実情であり，ネットリテラシーの必要性が叫ばれるのも，多くはこの意味においてである．

●**ポスト・モバイル社会**　ネット情報は日常生活の領域に広く深く入り込み，買物や旅行先のホテル選びはウェブ上で簡単にできるし，関心のあるニュースや友人の近況までネット経由で知ることができる．同時に自分の日常の様子をいつでもウェブ上にアップすることもできる．ネットは間違いなく日常生活の一部を構成するようになったが，それでもネット上の世界とリアルな日常生活は依然として基本的には別の世界であると考えられてきた．「ネット依存」が心配されるのも，「リア充」が妬まれるのも両者の世界は別物であるとの前提のうえでの話である．

　そうした前提に対して，富田英典らはポスト・モバイル社会の特徴としてセカンドオフラインの概念を提起する（富田編 2016）．今やオンライン情報はリアルな経験と重なり合い，今ここで経験していることを即時に解説し，個人を次の地点に誘導し，記録すべきポイントを教えてくれる．自動車のフロントガラスにナビ情報が映し出される光景を想像すればわかりやすい．そのときドライバーが見ているのは，リアルな光景なのか，バーチャルな情報なのか．そもそもそのような区別に意味があるだろうか．また，リアルな経験の意味が特に考えられることも整理されることもなく，リアルタイムで記録され，蓄積され，分析されて，その意味が後知恵的に解釈されるとしたら，経験はリアルな日常生活にのみあるといえるだろうか．セカンドオフラインにおいては経験の意味自体が従来とは異なるものに変容することが示唆されている．

　画面上に表示される広告は〈私〉の欲望をまるで私以上に知っているかのごとくであり，またSNSは私が何をしてきたのかを〈私〉以上に記憶している．現在の〈私〉がなにものであり，どこに向かっていこうとしているのか知っているのはほんとうに〈私〉なのだろうか．ライフサイクルのどの時点においても，その時々の人間形成や成長にとって経験のもつ意味は大きい．経験が人間をつくるといってもよい．セカンドオフラインによってその経験の意味が変容するとしたら，これまで疑うことなく前提としてきた人間観や成長観そのものも変容を迫られることになるだろう．
　　　　　　　　　　　　　　　　　　　　　　　　　　　　　　　　［山本雄二］

📖 **さらに詳しく知るための文献**

富田英典編，2016，『ポスト・モバイル社会―セカンドオフラインの時代へ』世界思想社．
岡田朋之・松田美佐編，2012，『ケータイ社会論』有斐閣．

通信教育

☞「メディア・リテラシー」p. 722 「遠隔教育」p. 724 「教育活動 と ICT・メディア」p. 726 「教 養メディア」p. 742

　通信教育とは，通学によらず，主に郵便，ラジオ・テレビ放送，インターネットなどの通信手段を用いて行う教育のこと．その始まりは欧米では19世紀中頃，日本では1880年代後半といわれている．

●**通信教育と遠隔教育**　一般に，日本語の「通信教育」に対応する英語の用語は"correspondence education"である．語源的にみると，英語の"correspondence"は個人間ないしグループ間の関係またはコミュニケーションを意味するはずだが，現在では手紙の交換によるコミュニケーション（文通）と文通者間で交換された書簡（往復書簡）の意味しかない．通信教育がもっぱら印刷教材と手紙の交換によって行われていた時代はそれでよかったが，1950年代から1960年代にかけて，ラジオ，テレビ，オーディオ・テープ，レコード，それに電話などのさまざまなメディアが普及し，それらを利用した通信教育が登場してきたため，"correspondence"という特定のメディアを指す言葉が実態に合わなくなってしまった．そこで，欧米では，correspondence education に代わって distance education（遠隔教育）という抽象的で包括的な用語が生み出され，それが急速に普及し，1970年代半ばにはほぼ定着した．しかし，英語の"correspondence"と違い，日本語の「通信」は「意思を他人に知らせること」を意味し，その手段には郵便だけでなく電信，電話なども含まれる．むしろ，隔てられた空間とそこを埋めるあらゆる手段を表しうる，豊かで優れた言葉なのである．そのため，日本では，現在でも「通信教育」という言葉が使われている．また，"distance education"を「通信教育」と訳しても間違いとはいえない．

●**通信教育とスクーリング**　日本の通信教育は，明治・大正期には通信教授あるいは講義録として，大学，中学，実業教育の分野で広く普及したが，それらは主に独学者の支援を目的とするものであり，また，教材の分冊配本に主眼が置かれ，学習指導を伴うものではなかった．第二次世界大戦後，教育の民主化と機会均等の名のもとに，「学校教育法」によって通信教育に法制上の根拠が与えられ（旧第45・70条，現在は第54・84条），現在の大学通信教育と高等学校通信教育が誕生した（ほかに社会通信教育がある）．ただし，通信教育での大学，高等学校の卒業資格を与える要件として，大学では卒業所要単位のうち30単位以上を必ず「面接授業」により取得しなければならないとされ（大学通信教育基準，1947年），高等学校では「面接指導」が教科・科目の単位認定の条件として義務化された（高等学校通信教育の実施科目の拡充ならびに同通信教育による卒業について，1955年）．これがいわゆる「スクーリング」であり，日本では通信教育に特

化した用語として定着することになる.

●**放送, メディアの活用によるスクーリングの軽減**　通信教育における放送利用の歴史は, 1950 年代前半にまでさかのぼる. その後, 高等学校, 大学とも, 主に NHK との提携によるラジオ, テレビ講座が放送されている. 1981 年には, 放送大学学園の設立を契機に文部省令（当時）として大学通信教育設置基準が公布され, 面接授業により修得しなければならない 30 単位のうち 10 単位までは放送授業により修得した単位で代えることができるようになる. さらに, 1998 年の改正によって,「メディアを利用して行う授業」（いわゆる「メディア授業」）が認められ, 2001 年の改正では, 面接授業とメディア授業はまったく同等に扱われることとなり, 50 年以上にわたって一律に課されてきた面接授業は卒業のための絶対要件ではなくなった. また, 卒業に必要な 124 単位のすべてをメディア授業によって修得することも可能になった. 高等学校通信教育においても,「添削指導」「面接指導」「試験」のほかに「放送その他の多様なメディアを利用した指導等」（高等学校通信教育規程第 2 条第 2 項）が通信教育の教育方法とされ, その成果が満足できるものと認められる場合に面接指導の一部免除が認められている.

　このように, 通信教育における放送その他のメディアの活用は, 通信教育での卒業を認める要件として課せられてきたスクーリングの要件を緩和する方向で導入がはかられてきたといえる.

●**通信教育の近年の傾向と課題**　大学通信教育の近年の顕著な傾向として, 設置校数の急激な増加, 専攻分野の多様化, 通信制のみの大学やインターネット大学の開設, 大学院への拡大, 通信制と通学制とのボーダーレス化などがあげられる. 一方, 入学者の高学歴化と編入学者の占める割合の増加, それに伴う卒業率の上昇なども著しい. こうした傾向は, 大学通信教育が「通学制」の大学の単なる代替から脱却し, 主に高学歴の社会人を対象とする再教育機関として独自の役割を担うようになったことを示しているともいえる.

　高等学校通信教育は, いじめや不登校などを原因とする転校（転入）あるいは中退者の受け皿となっており, 通信制にもかかわらず全日制, 定時制の課程と同じように通学形式をとる学校も少なくない. また, 株式会社立学校の参入やサポート校（民間の教育施設）との提携のあり方など, 多くの社会的問題を抱えている.　　　　　　　　　　　　　　　　　　　　　　　　　　　　　　　[鈴木克夫]

📖 **さらに詳しく知るための文献**

佐藤卓己・井上義和編, 2008.『ラーニング・アロン―通信教育のメディア学』新曜社.

鈴木克夫, 2008.「遠隔高等教育の日本的構造―『通信制』と『通学制』の区分の在り方を中心に」『大学教育研究 2007 年度』pp.81-95.

手島 純編著, 2017.『通信制高校のすべて―「いつでも, どこでも, だれでも」の学校』彩流社.

メディア・リテラシー

　メディア・リテラシー（media literacy）とは，メディアの特性や社会的な意味を理解したうえで，情報の送受信者として，メディアを主体的・批判的（クリティカル）に活用する能力のことである．リテラシーとは，もともと「言語を用いて読み書きできる能力」のことであり，そこから転じて，「何らかの分野や物事に精通しそれを使いこなせる能力」を指す用語である．対象となる物事を語の先頭に加えて「情報リテラシー」「IT リテラシー」「携帯（ケータイ）リテラシー」などと用いられる．一方，メディアとは，「媒体」「伝達手段」「中間」などの意味をもつ英単語"medium"の複数形であり，それが指し示すものや，使われる文脈に応じて意味を変える多義的な言葉である．メディア・リテラシーの必要性が世界で提起されたのは1960年代にさかのぼる（鈴木 2001）．それ以降，メディア・リテラシーの研究は，理論と実践の両面で，世界各地の教育関係者，メディア研究者，それらの人々を含む多様な市民によって積み重ねられてきている．

●インターネットの普及以降の変化　メディア・リテラシーは，単なる機器の操作能力に限らず，メディアが発信する情報を「構成されたもの」として建設的に批判するとともに，自らの考えをメディアによって表現し，社会に向けて効果的にコミュニケーションをはかることで，メディア社会と積極的につき合うための総合的な能力を指す（菅谷 2000）．1990年代までのメディア・リテラシーは，主に新聞やテレビといった「マスメディア対個人」という関係性のなかで，マスメディアから発信される情報を批判的に読み解く能力や映像視聴能力が中心的課題であった（中橋 2014）．当時の日本でメディア・リテラシーが注目された背景には，社会的事件をめぐる報道のあり方，バラエティ番組における「やらせ」，ドラマで使われたものと同型のナイフが中学生による教師刺殺に使われた事件など，テレビに関する深刻な問題がいくつも生じていたことがあった（藤川 2011）．そうした社会的文脈に加えて，インターネットが普及し始めた1990年代半ば以降は，情報の受け手としてはもちろんのこと，メディアを用いて表現し，発信する情報の送り手としてのメディア・リテラシーも，広く一般市民の教養として求められる社会へと変化してきている．

● ICT 利用の広まりとメディア・リテラシー教育の必要性　現代社会におけるメディア・リテラシーを考えるにあたり，看過できないのが ICT（information and communication technology）の存在である．ICT とは，コンピュータやネットワークに関連する諸分野における技術，インフラ，デバイス，コンテンツ，サービスなどの総称で，2000年代以降，グローバルな広まりを見せている．特に日

本の社会では，欧米の先進諸国と比して，パソコンではなくケータイがコミュニケーションツールの先導役となってきた点に大きな特徴がある．

ICTを生かした新しいコミュニケーションは，独特なライフスタイルや価値観を生み出し続ける一方で，メディア・リテラシー教育の必要性を社会的に喚起する契機となってきた．例えば2004年，長崎県佐世保市で，小学6年生同士が加害者・被害者となる事件が起きたが，この事件の背景には，子どもたちのインターネットをめぐるディスコミュニケーションがあったといわれる．それ以降今日に至るまで，チェーンメール，出会い系サイト，電車内など公共の場面での私的利用，インターネット中毒，ネットいじめ，ケータイ依存，歩きスマホなどが社会的事象として次々と取りあげられるたびに，それらに関する子どもたちの言動が社会的・教育的な問題として指摘され続けている．とくに，2010年代以降の日本社会におけるSNS（Social Networking Service）の浸透は急速で，利用者の低年齢化および常態化が進んでいる．その一方で，SNSの利用に伴う個人情報の取扱いやルール，マナーに関する教育が，学校ならびに家庭において十分に行われてきているとはいいがたく，子どもたちが被害者としてばかりではなく，加害者として社会的に取りあげられる事件や事故が跡を絶たない．

●**メディア・リテラシー概念の世界的な広まりと情報格差**　こうした子どもとメディアをめぐる問題をはじめ，メディア・リテラシーの概念を世界的に広め，その教育の必要性を提唱してきたのが，ユネスコである．ユネスコは，初めてメディア教育をテーマに取り上げた1982年のグリュンバルト会議を皮切りに，1995年のメルボルンにおける第1回以降ほぼ3年ごとに「世界子どもメディアサミット」を開催してきている（坂本2014）．また，国単位のメディア・リテラシー教育の広まりという点では，イギリス，カナダ，オーストラリアなどが，先進的な国々としてあげられる．

その一方で，上述してきたICTをはじめとする情報を使いこなせる者と使いこなせない者の間に生じる格差，いわゆる「情報格差」（digital divide）については，雇用の機会や所得の格差などの経済的問題を中心に，今後も国家間，国家内における議論が必要な問題である．とくにメディア・リテラシーが公教育に浸透しているとはいいがたい現況にある日本においては，子どもの生育環境としての問題，少子高齢社会における社会構造的な問題など，より広い視野をもったうえでの改善が期待される課題であろう．　　　　　　　　　　　　［小林至道］

📖 **さらに詳しく知るための文献**

大久保紀一朗ほか，2016，「マンガを題材にしたメディア・リテラシーを育成する学習プログラムの開発と評価」『教育メディア研究』23(1)，pp.33-46.

下村健一，2015，『10代からの情報キャッチボール入門―使えるメディア・リテラシー』岩波書店.

中橋雄，2014，『メディア・リテラシー論―ソーシャルメディア時代のメディア教育』北樹出版.

遠隔教育

☞「通信教育」p. 720「教育活動とICT・メディア」p. 726「教養メディア」p. 742「メディアのなかの教育文化」p. 744

　教室での対面授業は，教授者と学習者が同一時間に同一空間を共有することを前提としている．それに対して，両者が地理的に離れた場所にいて印刷物やラジオ，テレビ，インターネットなどのメディアを介して行う教授-学習形態を，遠隔教育（distance education）という．日本では明治期の私立専門学校群が校外生向けに刊行した「講義録」がその初期的形態とされる（天野 1994）．

●**遠隔教育の二つの出自**　遠隔教育という用語には出自の異なる二つの概念が含まれる（鈴木 1999）．すなわち，①通信教育（correspondence education）の延長上に発展した遠隔教育と，②対面型の学習環境をできるだけ忠実に再現しようとする遠隔教育である．①は学校の外での学習機会を保障する生涯学習の文脈にある．遠隔地を結ぶメディアが，印刷物や手紙からラジオ，テレビ，電話などへと多様化してきたため，1970 年代以降，"correspondence"（文通・往復書簡）という特定のメディアを想起させる言葉の代わりに，"distance"（距離・隔たり）という抽象的で包括的な概念が使用されるようになった．②は対面型と同等のコミュニケーション環境の構築を目指す教育工学の文脈にある．1980 年代に衛星通信を利用したテレビ会議システムが登場したことで，遠隔地にいても相手の表情を確認しながら会話することが可能になった．さらにマルチメディアやコンピュータ技術の発達をも背景として，遠隔教育は対面型と同等の学習環境（遠隔授業）という意味で使用されるようになった．

●**メディア技術の発達**　表1に遠隔教育メディアの特性を，同期-非同期（教授と学習のタイミングが同じか異なるか），一方向-双方向（一方通行的な情報伝達か質問などの参加機会があるか）の二つの軸で整理した（吉田 2004；岩永 2012）．教室での対面授業と同等レベルに追いつくという目標であれば「同期・双方向」のテレビ会議システムによって実現したとみなしうるが，「非同期・双方向」を可能にするインターネットの時代には，遠隔教育は対面授業を追い越して新しい可能性を開きつつある．インターネットを利用した教授-学習形態は 2000 年代には e ラーニング，2010 年代にはエドテック（EdTech 教育×情報技術）と呼ばれている．特に後者は，動画配信の低コスト化やスマートデバイスの普及，ビッグデータの活用技術などを背景に IT ビジネスでの進展が著しく，ま

表1　遠隔教育メディアの類型

	同期	非同期
一方向	【放送】ラジオ，テレビ	【郵便】印刷教材
双方向	【衛星通信】テレビ会議	【インターネット】e ラーニング

た新興国や途上国では「教育の民主化」の救世主として，グローバルな広がりを
みせつつある（井上 2016）.

●**通学制における遠隔授業の規制緩和**　通学制の課程は対面授業のみで行うこと
を原則としてきたが，日本の大学は 2000 年前後に大きな転換期を迎えている．
1998 年の大学設置基準改正により「テレビ会議式の遠隔授業」が 124 単位中 30
単位まで認められた．1999 年には上限が 60 単位まで引き上げられ，2001 年には
「インターネット等活用授業」も遠隔授業として認められた．テレビ会議式が対
面授業と同等の効果を担保するため学習者は同じ時間・同じ場所に集まり授業を
受けなければならなかったのに対して，インターネット活用型では学習者は時間
と空間の拘束から解放され，教授者との（学習者同士の）同期的・非同期的な双
方向のコミュニケーションに重点が置かれている．

　通信制ではすでに制度上は 124 単位すべてをインターネット活用授業で修得す
ることが可能になっている．通学制でも遠隔授業で修得可能な単位の上限が引き
上げられていけば，通学制と通信制の区別は無意味になる（鈴木 2002）．高校に
ついても，2015 年から同期・双方向（テレビ会議式）による遠隔授業が 74 単位
中 36 単位を上限として認められた．

●**教育のバーチャル化とオープン化**　インターネットを利用した情報技術の発達
により，遠隔教育は対面授業の限界を二つの方向で突破する．すなわち，①物理
的な施設なしに仮想空間上で教育が完結するバーチャル化と，②教育コンテンツ
を世界中に無料配信するオープン化である．

　①の例として 1990 年代以降アメリカで続々と設立されたバーチャル・ユニ
バーシティ（virtual university）があげられる（舘 1999；岩永 2004；小池・志々
田 2006）．②の例として 2012 年以降世界の有力大学を巻き込んで急成長してい
る MOOC（Massive Open Online Course 大規模公開オンライン講座）があげら
れる（土屋 2013；船守 2014）．どちらも最前線はアメリカの高等教育にあるが，
2000 年代以降，インターネット人口の世界的な増大や動画配信コストの低減，
高機能のスマート端末の普及などを背景に，二つの流れは一体となって加速して
いる．このなかで遠隔教育メディアは，教授者と学習者のコミュニケーションを
媒介するという従来の役割を越えて，学習者の学習履歴を吸いあげ，集積された
ビッグデータを解析して，個別に最適化された学習情報を提供するという「賢さ」
を実装しつつある．　　　　　　　　　　　　　　　　　　　　　　［井上義和］

📖 **さらに詳しく知るための文献**

金成隆一，2013，『ルポ MOOC 革命』岩波書店.

佐藤卓己・井上義和編，2008，『ラーニング・アロン』新曜社.

重田勝介，2014，『オープンエデュケーション』東京電機大学出版局.

教育活動と ICT・メディア

　近年，ICT（information and communication technology 情報通信技術）が急速な発展を遂げ，パソコンやタブレットなどのデバイスや電子ネットワーク環境が社会のあらゆる空間に普及し，その利用方法や子どもへの影響，既存の教育・学習を変える可能性，ICT リテラシーの育成が社会的関心を集めている．

●**青少年の ICT 利用の実態と学校への導入状況**　内閣府の調査によれば，9 割以上の青少年がインターネットに接続できる機器（スマートフォン，タブレット，パソコン，携帯ゲーム機など）を利用している（内閣府 2015a）．学校（公立小中高校）への ICT の導入に関しては，教育用コンピュータ 1 台あたりの児童生徒数は 2005 年に 8.1 であったが，2015 年には 6.4 になった．普通教室の校内 LAN 整備率は 2005 年に 44.3% であったが，2015 年には 86.4% に上昇した．電子黒板は 2005 年の 6894 台から 2015 年には 9 万 503 台に増加し，指導用デジタル教科書の整備率も 2015 年に 39.3% に達しており，整備状況に地域差があるものの，全国的に上昇傾向にある（文部科学省 2015b）．高等教育機関における LMS（learning management system）の利用については，利用率は学部・研究科で 25.7%，短期大学で 19.3%，高等専門学校で 52.5% と普及してきてはいるものの，諸外国よりも導入・普及が遅れていることが指摘されている（京都大学 2014）．

●**ICT を利用した教育の変遷と学習観・評価観の変容**　認知心理学や教育工学における学習理論のパラダイムが行動主義から，認知主義，構成主義，社会構成主義へとシフトし，教育方法や教育評価の理論も変化してきた（植野・荘島 2010）．

　1960 年代，行動主義心理学者であるスキナー（Skinner, B. F.）のプログラム学習に大きな影響を受け，CAI（computer assisted instruction）研究が発展した．学習のプロセスを理解する必要があるとして，行動主義を批判し，新たに認知主義が登場した．認知主義は記憶や思考のプロセスをコンピュータの情報処理のプロセスになぞらえて理解する．認知主義の学習理論を背景として，「知的 CAI」が開発された．これに対して，ピアジェ（Piaget, J.）の認知発達理論に基づく学習観は構成主義といわれる．例えば，子ども向けのプログラミング言語 Logo はピアジェの構成主義の影響を強く受けて開発された．また，ヴィゴツキー（Vygotsky, L. S.）の学習理論（Vygotsky 訳書，2001）や正統的周辺参加論（Lave & Wenger 訳書，1993）などは社会構成主義と呼ばれる．こうした構成主義的学習理論は，「知」を個人の頭のなかに注入するものではなく，自分の周囲の人やモノと「対話」や「共同」しつつ構成していくものととらえる．構成主義的学習理論を背景にして，協同学習（collaborative learning）や反転授業（flipped classroom）など

の教育方法や，「真正の評価」（authentic assessment）という評価法が注目されている．真正の評価論は，現実世界と乖離した標準テストに対する批判を背景にして登場し，現実世界（あるいは現実世界に類似した状況）での実際のパフォーマンスを評価すべきだと主張する（Wiggins 1998）．LMS の Moodle や e ポートフォリオの Mahara は，構成主義的学習観や真正の評価論を基礎にしており，LMS 上での議論やフィードバック，省察などに利用される．こうしたコンピュータを用いた協同学習は CSCL（computer supported collaborative learning）と呼ばれる．また，典型的な反転授業では，授業前にオンラインで基本的な学習が行われ，対面での授業で知識の定着や応用力の育成に必要な学習が行われる（Bergman & Sams 訳書，2014）．対面式の授業とオンラインでの学習を組み合わせた教育方法は「ブレンド型学習」（blended learning）と呼ばれる．真正の学習・評価論の台頭や ICT の発展，安全に対する意識の高まりなどを背景にして，シミュレーション教育が医療，航空，企業，軍隊などの職業教育・研修において発展してきている．シミュレーション教育では，バーチャル・リアリティ（VR：virtual reality）などを用いたシミュレータを活用してシミュレーション（疑似体験）が行われる．例えば，医学教育分野では，VR 内視鏡シミュレータなどの多くの教育機器が開発されており，手技などのトレーニングを行うために利用されている．

● ICT を利用した教育・学習の推進論と懐疑論・反対論　推進論では，ICT を活用するメリットとして以下の点があげられる．①特別な支援が必要な児童・生徒の教育に役立つ．②既存の学校教育（一斉教授）を変革し，個人の発達，能力，ニーズに応じた学習機会を提供することができる．③アクティブ・ラーニングや真正の学習・評価の支援に効果的である．④教育・学習履歴データの蓄積と活用が可能になる．他方で，次のような懐疑論・反対論がある．①教育格差を拡大させるおそれがある．②教育・学習データの蓄積によって学習者の管理・監視が強まる．③ VDT（visual display terminal）症候群やネット依存症など，健康面への悪影響が懸念される．④ ICT によってむしろ教育・学習が阻害される場合がある（情報処理学会 2010）．⑤単に既存の一斉教授やドリル学習の強化・代替・補完にとどまる事例がしばしばみられる．

　ICT という新しい教育メディアが，近代学校教育成立以来の強固な教授・学習・評価のあり方（一斉教授や試験）を変革していくのか，あるいは，既存の学校教育システムに取り込まれ，これを強化・代替・補完するにとどまるのか，今後の動向を見定めていく必要がある．　　　　　　　　　　　　　　［前田　崇］

📖 さらに詳しく知るための文献

北田暁大・大多和直樹編著，2007，『子どもとニューメディア』日本図書センター．
田邊政裕監修，2017，『e ポートフォリオ―医療教育での意義と利用法』篠原出版新社．

子どもの遊びとニューメディア

ニューメディア（new media）とは，電話，新聞，雑誌，ラジオ，テレビなどのオールドメディアに対し，通信・情報・電子技術によって生み出された新しいメディアをいう．コンピュータゲーム（以下，ゲーム），スマートフォン，タブレット，Blu-ray，DVD，インターネット，ソーシャル・ネットワーキング・サービス（以下，SNS）などを含む．

1980年代のテレトピア（郵政省＝当時），ニューメディア・コミュニティ構想（通産省＝当時）などの地域情報化政策として「ニューメディア」という用語が普及し始めた．1990年代以降，ナローバンド（低速・小容量通信回線）からブロードバンド（高速・大容量データ通信）へと拡充し，今や有線・無線の区別なく「いつでも，どこでも，何でも，誰でも」利活用できるユビキタスネット社会へと移行してきている．あらゆるメディアが固定式から移動式になり，一家に1台から一人が1台〜複数台もつようになった．保護者による子どものメディア使用の規制が弱まる一方で，SNSなどにおけるいじめや福祉犯被害も発生しており，情報モラル教育やメディア・リテラシーの育成がますます重要になってきている．

●**ニューメディアの光と影**　絵本は文字と絵の情報の要素をもつ（表1）．テレビは動画や音響効果などの情報が子どもたちの注意を引きつけている．ゲームは体（手）を動員する能動的な遊びである．ゲーム特有の感覚運動的技能や空間認知の技能の向上に効果があるといわれている（Greenfield 訳書，1986；湯地 2004）．従来のメディアにはないインタラクティブ性と即時性という特徴をもっているので達成感や満足感を生みやすい．タッチパネルを使って指先やペンで入力できるというインターフェイスの革命によって教育の分野にも利用されやすくなっている．

昔話や絵本は大人から子どもへ肉声で語られるので人を介するが，テレビやゲームは人を介さなくても使用できる．外出先や移動中に子どもを静かにさせる手段としてスマートフォンを使わせているという報告もある（ベネッセ次世代育成研究所 2011）．

子どもの心身への影響に関しては，視力低下，光過敏性てんかん，VDT（ビジュアル・ディスプレイ・ターミナル）症候群，腱鞘炎，タイプA（心臓疾患にかかりやすい性格）などが指摘されている．日本小児科医会（2004）は「ゲームは1日30分まで」と長時間の使用に対して警告を発し

表1　各メディアの情報の要素

昔話	肉声
絵本	文字（＋肉声）＋映像（静止画）
テレビ	文字＋音声（声・BGM・効果音など）＋映像（静止画・動画）
ゲーム	文字＋音声（声・BGM・効果音など）＋映像（静止画・動画）＋体（手）

ている．坂元（2004）は，ゲーム使用が社会的適応性に与える影響には，不適応をもたらすマイナスの影響と適応をもたらすプラスの影響があるのではないかと考察している．ゲームは暴力やジェンダーの問題を多く含んでおり（Provenzo 1991；湯地・森 1995），映像技術の進化からか，2001 年以降，暴力的なゲームの影響を示す結果がたびたび報告されている（内藤・高比良 2008）．

●**インターネット依存と没入感**　総務省情報通信政策研究所（2013）はヤング（Young 1998）のインターネット依存度テスト（internet addiction test）を用いて調査を行った結果，依存傾向が強い人の割合は小学生 2.3%，中学生 7.6%，高校生 9.2%，大学生 6.1%，社会人 6.2% だったと報告している．

脳科学の見地から脳内のドーパミンの増加とゲーム依存との関係が推察されること（岡田 2005）や，前頭前野の活性が低下することなどが報告されている（森 2002；安藤 2003；イメージ情報科学研究所 2003）．きれいな映像ほど脳に処理負荷がかからないこと，タブレットに夢中になるのは人差し指，触感，直感の快が関係していることなども明らかになっている（篠原 2011）．

なぜ子どもたちがゲームに熱中したり没頭したりするかについては，挑戦と能力が高いレベルでつり合っているとき最適な体験を生み出すという「フロー理論」（Csikszentmihalyi 訳書，1996）や，最適状態を目指して環境または自己との相互作用を生み出そうとする欲求によって遊ぶという「覚醒―追求としての遊び説」（Ellis 訳書，1985）などでも説明できる．インタラクティブ性ゆえに難しすぎずやさしすぎないというゲーム性が挑戦意欲をかき立てる仕組みになっているのである．

多メディア，多チャンネル，多ジャンルに細分化されるようになってくると，子どものメディア行動は，男女差，年齢差，きょうだいや親のメディア行動などの要因が顕著になる（湯地 2004；総務省情報通信政策研究所 2013）．Zuckerman（1979）の刺激欲求傾向測定尺度（sensation seeking scale）を用いて，Dis（disinhibition）得点や TAS（thrill and adventure seeking）得点とメディアの嗜好性との関係を明らかにした研究（山下ほか 2000；古澤 2010）などもある．

●**ニューメディアの将来**　ニューという概念は科学技術の進化とともに常に変化していく．VR（バーチャル・リアリティ，virtual reality）や AR（拡張現実，augmented reality）が広がりつつあり，私たちの生活をまた大きく変える可能性がある．これらは人間の五感（のうちのいくつか）を刺激することによって没入感や臨場感を深めるので，子どもたちへの影響をさらに強めるだろう．　　　　［湯地宏樹］

📖 さらに詳しく知るための文献

北田暁大・大多和直樹編著，2007，『子どもとニューメディア』日本図書センター．
坂元 章編，2003，『メディアと人間の発達―テレビ，テレビゲーム，インターネット，そしてロボットの心理的影響』学文社．

ニューメディアと
若者文化・コミュニケーション

　若者世代へのインターネットの普及はめざましく，2004年時点ですでに90%以上に達している．ニューメディアとは，主に戦後普及したAV（オーディオ・ビジュアル）を中心とした電子機器，すなわち，テレビ・ビデオ・オーディオ機器・テレビゲーム，パソコン，携帯電話・スマートフォンなどを幅広く指し示すものである．しかし，近年では，特に若者のコミュニケーションの拡大と変容をもたらしたインターネットに接続する機器であるパソコン，携帯電話，スマートフォンなどに社会的関心が高まっている．

　10代・20代の若者世代は，インターネットを利用する際にパソコンではなく携帯電話やスマートフォン（スマホ）といったモバイルメディアを，また，他者とメッセージをやりとりする際にメールではなくSNS（ソーシャル・ネットワーク・サービス）を用いる傾向にある．彼・彼女らは，家にいるときも主にスマホを用いており，すでにモバイルメディアではなく肌身離さずもっているという意味でウェアラブルメディアに近くなってきている．

　SNSでは，近年「LINE」の普及が高まってきており，小グループでのコミュニケーションのインフラストラクチャーとしての地位を獲得しつつある．SNSにおいては，電子メール（携帯電話のSMS［ショートメールサービス］を含む）に比べてメッセージがより短く，より頻繁にやりとりされる傾向にある．

　ニューメディアを先導するグループをみると，旧来は「無線マニア」や「パソコンオタク」など男子を中心としたマニアのグループが中心であったが，携帯電話・スマホでは1990年代の「コギャル」世代の女子高生が先導したポケベル遊びをルーツにしたコンサマトリーな性格が残っており，現代のSNSにおけるコミュニケーションもその延長線上にとらえられる．

●**ニューメディアを利用する若者をどうみるか**　小谷（1993）らによれば，ニューメディアに親和的な若者は，先行世代からすれば理解できないものとしてとらえられるという．そこでは，若者が「情報新人類」のようにポジティブに描かれることもあったが，他方では，映像メディア漬けになった若者による犯行といわれた連続幼女殺害事件以降，コミュニケーション不全や人間性の欠如の問題を抱える存在として描かれることも少なくなかった．そうしたコミュニケーションの病理としては，若者が虚構的リアリティのなかに自閉化していくさまを描いた『繭の中のユートピア』（天野 1992）や，機械とのコミュニケーションは得意だが対人関係に困難を抱える若者を描いた『機械親和性対人困難症』（稲村 1986）などが著された．これらは，若者を自分たちのあり方とは異なった「異人」（中

野 1991）として描くという視点を有しているとみてよいだろう.

　ところでプレンスキー（Prensky, M.）は，物心ついた頃から電子メディア（特にパソコン）が当たり前にある世代をデジタル・ネイティブ，それ以前の世代をデジタル移民と位置づけ，デジタル移民による弊害を指摘している（Prensky 訳書, 2007）.　プレンスキーの見方を援用すれば，デジタル・ネイティブの世界を理解できない，理解しようとしないデジタル移民の感覚や視点に基づいてニューメディアに親和的な若者が描かれることも少なくなかったように思われる.　ここでは「ニューメディアを利用する若者をどうみるか」が問われているといってよいだろう.

●**デジタル・ネイティブ世代のコミュニケーション**　デジタル・ネイティブないしはネオ・デジタル・ネイティブ（携帯電話・スマホに親和的な世代［橋本ほか2010］による）のコミュニケーションにおいては，彼・彼女らのありようをアプリオリに否定するのでなく，彼・彼女らと感覚を共有しつつ，そこにある問題点や課題を浮彫りにしようとする研究が蓄積されてきている.

　現代のコミュニケーションにおいては，まず対面的コミュニケーションが「真」のものであり，メディアを介したコミュニケーションは「偽」のものであるという二分法自体が成り立たない状況にあることに注意したい.

　ここでは宮台（2009）がコミュニケーションの二重化と名づけたように，対面的世界とネットの世界が共存する世界を若者たちは生きているといえる.　したがって，羽渕（2006）が指摘するように，そこでのコミュニケーションもまた対面的な関係がベースにあり，ネットでのやりとりがそれを補完することで，若者特有の"つながっている"という状況がつくりだされることがある（ごく親しい友人間のコミュニケーションが究極に高密度化したものを「テレコクーン」［繭］という）.

　こうしたつながりは，松田美佐が指摘するように携帯電話・スマホが介在することで選択的なものとなり，つながるか，つながらないかを容易に選択できるものである（松田 2000）.　ここでは，つながりからはずされることへの不安があると同時に，すぐにつながれる一方で，つながっていてもつながりを常に確認していないとつながりを確信できないという不安があるという（つながり不安）.

　ニューメディアを通じたコミュニケーションが現代の若者の楽しさの中心である一方，そこには独特の不安や生きづらさの問題が潜むことがみえてきている.

［大多和直樹］

📖 **さらに詳しく知るための文献**

小谷　敏, 1993, 『若者論を読む』世界思想社.

Prensky, M., 2006, *Don't Bother Me Mom—I'm Learning*, Paragon House（＝2007, 藤本　徹訳『テレビゲーム教育論—ママ！ ジャマしないでよ 勉強してるんだから』東京電機大学出版局).

メディアと子どもの健康・病理

　日本社会のメディア環境は大きく変化してきた．ここではメディアと子どもの関係を健康と病理という観点から取り上げる．

●**マンガとテレビとゲーム**　戦前，子どもたちに人気があったのは『少年倶楽部』『少女倶楽部』などの雑誌だった．終戦直後には，赤本と呼ばれたマンガ単行本が人気を集めた．1959年には『週刊少年サンデー』などが創刊され，マンガは週刊誌の時代へと移行する．それはまさに高度経済成長が始まった時代であった．人気マンガは次々とアニメ化され，各家庭に普及したテレビに子どもたちは夢中になる．そんな子どもたちは「テレビっ子」と呼ばれた．当時，子どもの5人に1人が1日5時間以上テレビを見ているとする文部省（当時）の調査が新聞で取り上げられた（「テレビとこども」『朝日新聞』1959年3月12日付）．同時に，長時間のテレビ視聴による視力の低下などの健康被害を心配する声があがる．1997年には，テレビ番組『ポケットモンスター』を見ていた全国各地の子どもたちが気分が悪くなり救急車で病院に運ばれるという事件が発生した．そこではアニメ制作上の技法が問題とされた．

　テレビの次に子どもたちが夢中になったメディアがテレビゲームである．1983年に「ファミリーコンピュータ」が発売され，子どもたちは人気ゲームに熱中した．同時に，運動不足による体力の低下など健康への悪影響が心配された．1992年にイギリスでテレビゲームをしている最中にてんかんの発作を起こし14歳の少年が死亡する事件が発生し大きく報道された．2002年にはゲームをすると人間の脳に悪影響があるとする「ゲーム脳」が話題になった．

　ただ，健康被害とメディアとの関係はまだ十分に研究されてはいない．テレビやテレビゲームの子どもへの悪影響を心配する声の背景には，新しいメディアに対する人々の不安が存在していると思われる．

●**インターネットとケータイの普及**　今日の情報社会を象徴するメディアがインターネットと携帯電話（ケータイ）である．特に高校生のケータイの所有率は高い．親を経由しない友だち同士の直通回線を手に入れた彼らはケータイに夢中になった．藤本（1997）はそんな子どもたちのモバイルメディア利用を「ポケベル少女革命」と呼んだ．しかし，食事中でもケータイを手放さない子どもが問題になる．

　2001年には大阪教育大学附属池田小学校で児童殺傷事件が発生し，小学生に防犯ブザーやケータイをもたせる親が増える．その後，スマートフォンが普及し，ソーシャルゲームの普及に拍車をかけた．そして，ソーシャルゲームがやめられず子どもたちが高額の利用料を課金されてしまうケースが社会問題になった．また，対面的なコミュニケーション能力の低下も心配された．その間，ケータイやスマートフォ

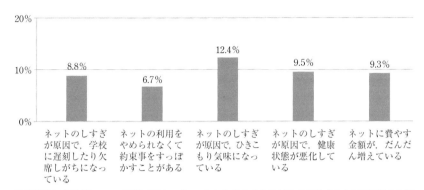

図1　高校生のネット利用による日常生活への影響
(出典　「高校生のスマートフォン・アプリ利用とネット依存傾向に関する調査」総務省情報通信制作研究所，2014年7月)

ンを子どもに所持させない運動をする地域も出現し，多くの学校でももち込みが禁止された．高校生では，テレビゲームやインターネットに夢中になり「ひきこもり」になるなど日常生活への影響が問題にされた（図1）．クラウト（Kraut, R.）らは，生活を豊かにするツールであるはずのインターネットが，逆に人々の精神的な健康を損なっているとして，それを「インターネットパラドクス」と呼んだ（Kraut et al. 1998, 2002）．中国では，ネット依存の子どもを電気ショックで治す治療方法が登場し大きな社会問題になった．2009年に中国政府は電気療法を禁止している．しかし，斎藤（2004）や安藤ほか（2005）の研究では，ネットとひきこもりの直接的な因果関係を想定することは難しいともされている．

●**新しいメディアと利用方法**　子どもたちは今，「ゲームばかりしないで本を読みなさい」といわれる．しかし，高橋（1992）によれば，小説を読む行為もかつては青少年に悪影響を与えるとされていた．何を病理と考えるかは時代とともに変化する．

子どもの生活や人間関係を考えると子どもからメディアを取り上げることは難しい．また，メディア自体に原因を求めても問題は解決しない．そこで，学校や家庭では利用時間を制限するなどの使い方を教える方策が取られている．ただ，現代社会はメディアとの関係を前提に構成される時代へと移行しつつある．おそらく今後は今まで以上にメディアの使い方を教えることが重要になるだろう．　　［富田英典］

📖 さらに詳しく知るための文献

安藤玲子ほか，2005，「インターネット使用が中学生の孤独感・ソーシャルサポートに与える影響」『パーソナリティ研究』14(1), pp.69-79.

斎藤環，2004，『解離のポップ・スキル』勁草書房．

藤本憲一，1997，『ポケベル少女革命——メディア・フォークロア序説』エトレ．

電子メディアと暴力・犯罪

☞「メディアとジェンダー」p.362

電子メディアと暴力・犯罪に関しては，特にメディアコンテンツに関する問題が懸念される．コンテンツの問題の主要な点は，暴力や犯罪がメディアを通して描写されることにより，視聴者の側に模倣や慣れが生じることである．

●一般攻撃性学習モデル　模倣に関しては，社会的学習理論（Bandura ed. 訳書，1975），スクリプト概念（Donnerstein et al. 1994），一般攻撃性学習モデル（Anderson & Bushman 2002 ; Anderson & Carnagey 2004）などが参考になる．社会的学習理論やスクリプト概念などを総合的にとらえたものとして，図1の一般攻撃性学習モデル（general aggression model）をメディア暴力に応用した例がわかりやすい．図1の上部①にあるように，メディア暴力に繰り返し接触すると，攻撃的な認知が増加するとともに（②）共感する力や暴力的な考えに対する不安感が減少してしまう（③）．その結果，図1の左側④にあるように現実の生活のなかで他者から挑発的と思われる行動を受けた際，たとえそれが故意ではなくてもその行動に対して敵対的な解釈をし（⑤），攻撃的な行動の選択肢を思いついて（⑥），その選択肢を選び（⑦）報復的な行動に出てしまう（⑧）．その報復的な攻撃的行動は時として功を奏するが，同時に相手を怒らせることになる（⑨）．そして，相手が攻撃的に反応してきた場合（⑩），悪循環に陥る．この繰返しにより，図の左上⑪に示されているように徐々に攻撃的な性格が形成されて

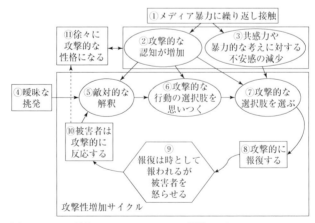

図1　メディア暴力のパーソナリティへの影響，そしてパーソナリティの攻撃性への影響（筆者訳・番号筆者）

（出典　Anderson, C. A. & Gentile, D. A., 2012, p.253）

いくのである（点線は大きな影響というよりは小さな影響が繰り返されて徐々に攻撃的な性格が形成されていくことを示唆している）．このような悪循環は犯罪に関しても同様である．そして，この一般攻撃性学習モデルは攻撃的性格形成のような悪い影響の場合だけでなく，よい影響にもあてはまるとされ（Anderson & Gentile 2012），例えば人命救助などの向社会的行動（prosocial behavior）描写を多く含むメディアコンテンツに接すれば，向社会的な性格が形成されることになる．したがって，日常的に接触するメディアコンテンツを賢く選択することが肝要である．

●**脱感作効果**　また，暴力や犯罪に慣れてしまうという問題も無視できない．メディアのなかで何度も暴力や犯罪に接しているうちに，それらの行動に慣れてしまい感覚が麻痺してしまうという問題である．この現象は脱感作（desensitization）と呼ばれ，多くの実証的研究結果が示されている（Cline et al. 1973；Drabman & Thomas 1974；佐々木 1996）．そして現代のメディアは，魅力的な描写，リアリティの高い描写，アクセスの容易性など，模倣効果や脱感作効果が生じやすい条件が伴っているので，より強い力を発揮できるという強力効果モデル（Severin & Tankard 2001）の時代にあるとされている．

●**悪影響を和らげる**　今後もメディアは，暴力や犯罪などの反社会的行動（antisocial behavior）に対して影響をもち続けると予想されるので，とりわけメディアの青少年に対する悪影響を和らげるための対策が必要である．メディアの影響力を抑制するものとして，学校，家庭，そして地域の力が重要な役割を果たすが，図2の矢印の太さが示しているように，メディアや仲間集団の影響力と比べ，相対的にこれらの影響力は低下していると考えられる（佐々木 2001）．

　そこで，メディアの暴力・犯罪描写など，反社会的行動描写の影響を和らげるために，公的機関による法的な規制やメディア側の自主規制を必要に応じて行うと同時に，学校でのメディア・リテラシー（media literacy）教育，家庭でのルールづくり，地域のつながりの強化など，多面的・総合的な対策が必要である．

　　　　　　　　　　　　　　［佐々木輝美］

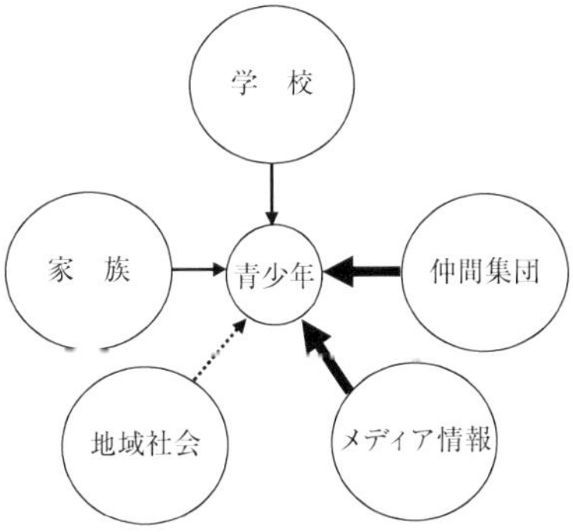

図2　影響源の五角形
（出典　佐々木，2001，『青少年問題』48(4)，p.36）

📖 さらに詳しく知るための文献

Strasburger, V. C. et al., 2014, *Children, Adolescents and the Media*, 3rd ed., Sage.

ネットいじめ

☞「暴力・ハラスメントとジェンダー」p. 360

いじめの現代的な特質の一つに, 可視性の低さがある. すなわち, いじめの行為者がいじめを意図的に周囲に見せないように隠蔽したり, 気づかれないようにするのである. その「見えにくい」いじめの最たるものが, 子どもたちのネット環境（バーチャル空間）のなかに展開される「ネットいじめ」である.

●ネットいじめとは何か？　「ネットいじめ」について明確な定義はなされていない. そこでまず, 先行研究などからネットいじめの定義に関連する項目をまとめてみたい. 今津孝次郎（2007）は, いじめを①子ども同士の力関係のなかで, 弱者の立場に置かれた被害者に対して優勢な立場にある加害者が, ②一時的または継続的・長期的に, 身体的, 言語的, 金銭的, あるいは携帯電話（ケータイ）・ネット上などさまざまな面で有形・無形の攻撃を加え（傍点筆者）, ③身体的・精神的な苦痛をもたらすこと, と定義する. それを踏まえれば傍点部のように, 直接面と向かってではなく「ケータイ・ネット上などさまざまな」ツールを用いて, 「有形・無形の攻撃を加える」ことをネットいじめということができる.

また, 2013 年に制定された「いじめ防止対策推進法」には, いじめの定義を「児童生徒に対して, 当該児童生徒が在籍する学校に在籍している等当該児童生徒と一定の人的関係にある他の児童生徒が行う心理的又は物理的な影響を与える行為（インターネットを通じて行われるものを含む.）であって, 当該行為の対象となった児童生徒が心身の苦痛を感じているもの」としているが, ここからも「インターネットを通じて行われる」「心理的」な「影響を与える行為」によって「心身の苦痛を感じ」る事象がネットいじめであると解釈できる. いずれの定義にも共通することは, これがネットいじめであるという具体的な行為が分類されて示されるというより, ネット空間で生じた行為が, 当事者にとって苦痛であれば, その事の軽重さによらずネットいじめの範疇となるということである. 京都府教育委員会がいじめを認知する際の例に従って考えれば, ネットいじめも重大なものから軽微なものへと 3 段階のスキームを設定し, 最も重い, 殺害予告などネットいじめというより, もはや「犯罪」というべきものから, 中くらいの「さらし」といわれるような悪意を伴った個人情報の公開, 軽いものでは「いじり」のような笑いを伴うコミュニケーションの一形態そのものなどを例として分類することもできる. 藤川（2016）は, 中学生, 高校生のスマートフォンの普及・利用が拡大したことを受け, それを「平成 25 年問題」として提起している. 藤川の指摘に沿えば, 2013（平成 25）年以降は, ①利用時間が長くなっている, ②ネットいじめが多くなっている, ③ネットに関係する犯罪被害が増えている, といった

特質を有しており，これらに共通するのは，ネットを介したいじめが2000年代後半から子どもたちの「いじめの方法に組み込まれ」，現在では彼らの「日常生活のなかに溶け込んでいる」という実態である．

●ネットいじめの種類と実態　ネットいじめには，大きく二つの種類がある．一つは「死ね」「消えろ」といった誹謗中傷を本人のブログやLINEなどに直接書き込む「直接型」のネットいじめであり，もう一つが，いわゆる学校裏サイトや，不特定多数が閲覧できる掲示板，twitterなどに「ネタ」を書き込む「間接型」のそれである．最近になって増加傾向にあるのはむしろ後者で，ネット上へ写真や動画の投稿をする「さらし」が深刻な問題を引き起こしている事例もある．間接型のネットいじめは，自分が知らない間に不特定多数の目にさらされていたことを知るに至って精神的な「痛み」を伴う．多くの場合，書き込む側は軽い「ノリ」であることが多く，それはまるで「落とし穴」を掘って被害者を待つときのような感覚に近いことから，「落とし穴型」のネットいじめといわれることもある．しかし，出会い系サイトに本人と偽って（「なりすまし」という），携帯番号やLINE IDなどを書き込み，それがもとで犯罪に巻き込まれるといったケースになると，事態は深刻である．

　それでは，実際にどの程度，ネットいじめは発生しているのだろうか．2015年に実施した筆者らの研究グループによる近畿圏の高校生6万6399人を対象とした大規模調査によれば，高校生の8.7%（高校入学後に限定すれば5.4%）がこれまでに「ネットを介してイヤな思いをしたことがある」と回答している（表1）．同調査によれば，高校生のケータイまたはスマホの所有率はほぼ100%に近く，その状況下でのネットいじめを発生率だけに注目してみれば，それはごく一部の生徒に限定的な現象ということもできる．次に，その被害の内訳をみると，「twitterによる誹謗中傷」（51.8%）や「LINEでの誹謗中傷」（39.7%）が多くを占めており，「メールでの誹謗中傷」（18.4%）や「ブログ・プロフでの誹謗中傷」（19.0%）は少なくなってきている．データ上からも，直接型よりも間接型のネットいじめが多いことがうかがえる．

　こうした実態から考えるならば，ネットいじめの怖さはどこにあるのだろう

表1　高等学校でのネットいじめの内容（複数回答）

	メール	ブログプロフ	裏サイト	個人情報	画像動画	LINE	twitter
n	631	649	133	266	333	1358	1773
%	18.4	19.0	3.9	7.8	9.7	39.7	51.8

（出典　原　清治ほか，2016，「ネットいじめの実態に関する実証的研究（Ⅰ）」日本教育学会第75回研究大会発表資料より引用）

表2 「ネットへの書き込みは誰が書いたものか特定できましたか」（単純集計結果）

特定できた	だいたい特定できた	あまり特定できなかった	特定できなかった
67.5%	18.6%	6.0%	7.9%

か．それは，被害を受けた生徒にとって事実無根である誹謗中傷が，あるいは他者に知られたくない個人情報が，果ては自分の話題が笑いの「ネタ」としてネット上に「さらされて」しまうことであり，それを不特定多数の「みんなに見られる」ことで，自分が周囲から好奇の視線でみられて孤立し，「誰が書き込んだのか」を疑って疑心暗鬼や人間不信に陥ってしまう点である．調査データからはリアルいじめとネットいじめに相関関係がみられたことも指摘しておきたい．

表2は前述した高校生を対象としたアンケート調査結果の一部であるが，「ネットへの書き込みは誰が書いたものか特定できましたか」というネットいじめの被害者への質問への回答である．結果をみると，「特定できた」と「だいたい特定できた」を合わせると，86.1% が加害者を特定できたと回答している．

この結果からは，ネットいじめの被害・加害の両者の間には一定の人間関係が存在する場合が多いことがうかがえる．かつては，ネット上なら誰が加害者かわからないだろうという「匿名性」が，ネットいじめに加担することへの罪の意識を薄める緩衝材となっているという指摘もされた．しかし最近では，身近な仲間のなかでのコミュニケーションからネット空間に誘われ，それに同調しなければ仲間でないような圧力や，逆に自分がネットいじめの対象とされることへの恐怖心から集団に過度に同調してしまうという方がより現実に近いのかもしれない．とりわけ，仲間であって仲間でないような曖昧な集団に属していたり，希薄な友人関係を基盤とした集団にあったりしては，あるときは被害者であっても，集団に同調する意識さえあれば容易に加害者にもなりうるのである．

●**誰がネットいじめの被害者となるのか**　ネットいじめの実態を分析してくると，そこには現実世界でのいじめがネット世界に転じた要素が多いことがわかる．

表3は高校生個人に関する項目とネットいじめの発生率をクロス集計したものである．これをみると，リアルないじめ（「ひやかし，からかい，悪口」「仲間外れ，無視」「殴られる，金銭をたかられる」）を「とても受けた」経験のある生徒ほどネットいじめの被害にも遭う割合が高くなっていることがわかる．ネットいじめが子どもたちのリアルなコミュニケーションと同一線上に発生しているのである．

●**ネットいじめの背景にあるもの**　ネットいじめが蔓延し始め，子どもたちの心を蝕み始めた背景にあるものを2点指摘しておこう．一つ目はインターネットやケータイがもたらす全能感である．例えば，現実世界においていじめに遭いやすい子どもであっても，ネットなどから得られる莫大な情報と，そこへ自由にコ

表3 高校生個人に関する項目×高等学校のネットいじめの発生率

		複数回あり	単発であり	経験なし
ケータイを手放すのが不安だ	n	266	556	9,299
	%	2.6	5.5	91.9
ひやかし，からかい，悪口を言われた	n	459	799	4,802
	%	7.6	13.2	79.2
仲間外れ，無視されたことがある	n	268	448	2,496
	%	8.3	13.9	77.7
殴られる，金銭をたかられる	n	91	127	806
	%	8.9	12.4	78.7

ミットできる発信機会をもつことによってある種の全能感を抱くようになる．子どもたちはネット上では別人格を演じることができるし，対面でのコミュニケーションが不要であるから，自分が傷つかずに相手とやりとりすることも可能であり，いやならいつでも一方的に退場できる．こうした利便性から，現実世界よりもむしろネット上での親密なコミュニケーションを選好する子どもは決して少なくない．

　二つ目はネット上では「ネタ的コミュニケーション」（鈴木 2007）が可能なことである．ネット上もさまざまな話題に対して双方向的にコミュニケーションが取れる空間ではあるが，現実世界と決定的に異なり，相手のことを考えずに時にKY（空気を読まない）でもいられるのである．話題がそれても文脈がつながらなくても，自分のいいたいこと（ネタ）を一方的に書込みとして並べることができる．掲示板などは必ずしも相手の含意を汲んで真面目に答える必要はなく，すべてが「ネタであるかのように」振る舞い，事実かどうかよりも，つながりたい感覚や感情を優先し衝動的に書き込むことができる場である．したがって，負の感情が沸き起こった場合にそれがネットいじめへと転化する可能性は大きい．

　こうしたネット世界の特質が，ネットいじめの背景にある．対面よりも，ネット上でのコミュニケーションを重視し，さまざまな書込みを「ネタ」として扱うことに慣れてしまった子どもたちにとって必要なのは，やはり原点に戻って，対面でのコミュニケーション機会をできるだけ多くもつことではないだろうか．ネットいじめの被害に遭うのは，ネットへの依存度が高く，現実世界でのコミュニケーションがとりづらい子どもが多い．ならば，その解決に向けての方途は，保護者や地域を巻き込み，学校や家庭生活のさまざまな場面で他者と対面でやりとりをする機会を増やし，子どもが自分の意見を面と向かって話す，「ベタ」なフェイス・トゥ・フェイスの関係を意図的にできるだけ多く「しかけ」ることであろう．　　　　　　　　　　　　　　　　　　　　　　　　　　　　　　　[原 清治]

教育世論

☞「非行・少年犯罪」p. 548「いじめ」p. 560「学歴社会における選抜」p. 614「教育投資と収益率」p. 644「教育費の負担」p. 666「学力政策」p. 694

　「よろん」はかつて「輿論」と書き，理性的な討議によって形成された公的意見を指していた．それに対して最近よく使われる「世論」は情緒的な共感や世間的な空気といった要素を大きく含むとされている．ただいずれにしても，民主主義という体制をとっている以上，民意である世論は政策にとって無視し得ない存在である．したがって，世論は，三権（行政・立法・司法）に次ぐ「第4の権力」ともいわれるマスメディアと相互に影響し合うという特性も併せもつ．

●マスメディア・教育言説のインパクト　人々が何となく感じ取っている不満や疑問をマスメディアや評論家が喧伝し，変化を求める空気が醸成されて政策が動く──しばしばみられる光景だが，教育界も決して例外ではない．

　代表的な事例として，「受験地獄言説」と「ゆとり教育政策」をあげることができるだろう．1960年代以降，大幅な経済成長に支えられながら大学への進学熱は急速に加熱した．こうしたなか，教育評論家たちは，こぞって教育問題を受験競争の弊害として説くようになる．「子どもに過重な勉強を強いている」「非行や校内暴力，いじめは，フラストレーションがかたちとなって現れたものだ」「受験準備で展開されている知識偏重の詰め込み教育も問題だ」といった主張だ．必ずしも十分な証左に基づいた主張ではなかったものの，これらの言説は勢いをもち，教育改革の追い風となった．大学入試の多様化が推奨され，義務教育レベルでも，授業時間と学校で扱う知識量が大幅にカット，さらに「生きる力」を育むための授業（総合的な学習の時間）が導入された．なお，このゆとり教育政策は，その後，学力低下を問題視する教育世論を喚起し，今度は学習量の増加をはかる脱ゆとり教育政策へとつながることになる．

　いったん構築された言説は，その妥当性に関係なく，世論として大きな力をもつことがある．なお，教育領域を扱う研究者から信憑性の低さが指摘されている世論として，ほかに「凶悪化する少年非行」「深刻ないじめの増加」「問題ある教員の増加」といったものがある（広田・伊藤 2010）．

●未成熟な教育世論　ところで，「政策への影響」という視点に立てば，限られた財源をどのように配分するかという問いをめぐる世論のありかも重要な問題となる．公的支出は義務教育に向けられるべきなのか，それとも高校教育や大学教育を充実することに向けられるべきなのか．教育に必要な費用は，社会全体でまかなうべきなのか，家族が負担すべきなのか．

　この点に関して，試みとして実施された世論調査の結果を示すと，表1のようになる．大学進学関連の経済的援助よりも，高校教育，そして義務教育の充実や整備

表 1　優先して税金を支出すべき領域（一対比較法で回答）

A	A を優先すべき	B を優先すべき	B
義務教育の充実	66%	34%	公立中学・高校の整備
義務教育の充実	58%	42%	高校教育までの保障
義務教育の充実	65%	35%	借金なしの大学進学機会の確保
公立中学・高校の整備	53%	47%	高校教育までの保障
公立中学・高校の整備	67%	33%	借金なしの大学進学機会の確保
高校教育までの保障	66%	34%	借金なしの大学進学機会の確保

（出典　矢野眞和ほか，2016，『教育劣位社会—教育費をめぐる世論の社会学』岩波書店）

に公的資金を費やすべきだと考える人たちが相対的に多いことがうかがえる（矢野ほか 2016）．日本では，大学進学のメリットがあるのは教育を受ける本人であり，だからこそ本人(あるいはその家族)が費用を負担すべきという受益者負担主義が広く浸透している．こうした風潮を反映しての分布だと解釈することもできる．

しかしながら他方で，この分布を「教育の経済効果に対する無知から生み出されたもの」とみることもできる．例えば，大学に進学することは，進学した本人の所得を向上させるが，それに伴って所得税の増加ももたらす．すなわち，大学に税金を投資するのは，合理的な公共投資でもあるということだ．そして，上で紹介した世論調査の分析では，こうした情報を提示したうえで大学教育費用のあるべき姿を尋ねると，情報を提示せずに回答を求めた場合より，「社会が負担すべき」という者が多くなるという結果も抽出されている．

ここでこれまでの教育報道を振り返ると，財源の配分をめぐる民意がどこにあるのか，マスメディアや評論家が注目してきたことはなかったといってよい．それだけ教育問題は，資源の話ではなく，教員の資質や意欲，カリキュラムの改革，あるいは家族の側の構えなどによって対応できると考えられてきたところがあるのだろう．

根拠なき言説に惑わされない判断をいかに構築していくか．資源配分にまで踏み込んだ政策について，どのような意見をもつのか．さまざまな教育改革が試みられようとするなか，教育世論を鍛えるというのも，日本社会が抱える重要な課題である．　　　　　　　　　　　　　　　　　　　　　　　　　　　　［濱中淳子］

📖 さらに詳しく知るための文献

佐藤卓己，2008，『輿論と世論—日本的民意の系譜学』新潮社．

広田照幸・伊藤茂樹，2010，『教育問題はなぜまちがって語られるのか？—「わかったつもり」からの脱却』日本図書センター．

矢野眞和ほか，2016，『教育劣位社会—教育費をめぐる世論の社会学』岩波書店．

教養メディア

☞「民間教育事業」p. 526「通信教育」p. 720「遠隔教育」p. 724「メディアのなかの教育文化」p. 744

　教育を「知の伝達」という文脈でとらえ直すと，学校や教師や教科書は知の伝達を媒介するメディアということになる．これは明治期に制度化された近代学校を，前近代（近世）および学校外（民間）の多様な営みを含む「知の伝達メディア」総体における歴史的に特殊な形態として位置づける視点を与える（辻本編2010）．それを敷衍するならば，教養メディアとは，さしあたり知の伝達メディアの全体から近代学校という部分を除いた残りの部分と定義できる．

●**文字社会の成立と大量出版の出現**　知の伝達が親子や師弟のような特定の人格同士の親密な交わりを越えて大規模かつ広範囲に及ぶためには，文字の普及と大量出版の出現が必要である．日本では17世紀（江戸前期）に，兵農分離と石高制により都市に住む武士が地理的に離れた村の農民を支配する必要から，行政上の文書主義や全国的な商業流通網，町や村の自治が発達したことを背景に，文字使用を前提とする社会システム（文字社会）が成立した（辻本編 2010, p.8）．それにより，読み書きを学ぶ手習塾（寺子屋）が民衆層に普及，書記言語の均質化と定型化が進み，商業的な大量出版が出現，知の商品化と通俗化が促された．

　近世に広く庶民に流通した初等教科書として「往来物」がある．平安後期に往復書簡のかたちでつくられた写本の文例集に始まるが，近世には地域や階層のニーズに応える実用的テキストとして7000種を超える多様な往来物が流通した．また近世以前には音声や筆写により伝達されていた文芸作品群も，出版の発達により注釈や解説，挿絵がつけられ書物も廉価となり，広く共有されやすくなった．

　こうして「一方には漢文言語の学問（儒学）に親しむ少数の知識人層がおり，他方に手習塾で読み書き能力を得ただけの圧倒的多数の民衆層がいて，その両者の中間に，漢文修得にまではいたらないまでも，読書によって通俗的な学問を学び，ある程度の教養を身につけていたいわば文化的中間層が，ある厚みをもって存在していた」（辻本編 2010, p.21）と考えられる．

●**教育機会の拡大と雑誌の読者共同体**　明治維新の後，近代学校制度の整備が進み，帝国大学を頂点とする学歴階梯が完成する．進学による学歴移動と階層の上昇移動と都会に向かう地理的移動とが重ね合わされ，知的・文化的な威信の尺度は中央−地方（中心−周縁）の階層構造に一元化された．究極の中央は欧米列強である．また郵便と鉄道のネットワークが全国に張り巡らされ，中央の最先端の情報を載せた出版物はわずか数日の時間差で地方に届くようになった．

　中央から定期刊行される雑誌は，こうした近代化過程に特有の条件のもとで登場した新しい教養メディアである．書籍より先に雑誌の流通ルートが確立した日

本では，書店側も経営基盤の安定のために雑誌のような定期刊行物の販売には特に力を入れた（河野 2015）．1920 年代以降，中等以上の教育機会が拡大し，知的・文化的な威信尺度が広く共有されるに従い，雑誌も細分化されていく．細分化された選択肢から「自分にふさわしい雑誌」を主体的に選び取ることで知的・文化的な自己同一化をはかる．そこで志を同じくする読者同士で「想像の共同体」が形成される．ある雑誌に憧れ，知的な背伸びをしながら愛読し，いずれ卒業する，というのも近代的な雑誌受容の典型的態度である．そうした特徴は，知識人の華麗な活躍ぶりを可視化する舞台となった戦前の『中央公論』『改造』や戦後の『世界』などの総合雑誌に集約される（竹内ほか編 2014）．

　野間清治の大日本雄弁会（後の講談社）は，明治末期の知識層向け高級誌『雄弁』と大衆向けの娯楽誌『講談倶楽部』に始まる硬軟両系統の戦略を拡大し，大正末期の国民雑誌『キング』で日本初の 100 万部を達成して「雑誌の黄金時代」を築いた（佐藤 2002）．大衆の知的欲求を包摂するかたちで発展した講談社文化に対して，知識層の教養のスタンダードを示したのが岩波文化であるが（佐藤 2013），「人をきたえ・教育する，蒙を啓く論理」という点は両者に共通していた（村上 1982）．しかし，このように修養や啓蒙の論理が教養メディアを牽引する時代は，中央-地方を階層化していた知的・文化的な落差が縮小していく 1960 年代を最後に，終わりを迎えた．

●情報技術の発達と教養のオープン化　日本のラジオは 1925 年，テレビは 1953 年にそれぞれ放送が開始され，雑誌を上回る規模で一般家庭に普及した．活字メディアが社会的属性や読み書き能力，学習意欲などにより読者を選別していたのに対して，放送メディアはそうした障壁を取り除き，「誰でも教養にアクセスできる」方向に発達した．

　インターネットはその傾向を徹底させ，常時接続の携帯端末が普及する 2000 年代には「誰でも」に加えて「いつでも・どこからでも」アクセスできる情報環境が実現した．2010 年代には，大量の教育動画を無料公開するアメリカのカーン・アカデミーや世界の有力大学を巻き込む MOOC（Massive Open Online Course 大規模公開オンライン講座）が新しいパラダイムとなりつつある．教養のオープン化は教育格差の解消と生涯学習社会の理念とも適合し，日本の放送大学も英語表記のみ 1983 年設置当初の“University of the Air”から 2007 年には“The Open University of Japan”（公開大学）と改称した．　　　　　［井上義和］

📖 さらに詳しく知るための文献
加藤秀俊・前田 愛．1980，『明治メディア考』中央公論社（＝2008，河出書房新社）．
佐藤卓己．2008，『テレビ的教養』NTT 出版．
竹内 洋．2003，『教養主義の没落』中央公論新社．

メディアのなかの教育文化

　これまで数多くのメディアで教育，学校，教師が語られてきた．新聞，雑誌，テレビなどのいわゆるマスメディアでは教育をめぐる問題や先進的な教育事例が報じられると同時に，小説，映画，テレビドラマ，マンガなどのメディアによる物語のなかでも，教育は大きなテーマとされてきた．そうした物語を対象とし，イーザー（Iser, W.）らの受容理論（Iser 訳書，1982）やホール（Hall, S.）らのカルチュラル・スタディーズなどの理論を下敷きにした研究が行われている．そこでは物語の内容だけではなく，読者との関係，受容の仕方などが分析の対象とされてきた．また，教育社会学でもテレビドラマなどの内容分析が行われている（北澤 2012）．ここでは物語を中心に，教育がいかに描かれ，変化し，さらには現実の教育にいかなる影響を与えてきたのかを論じよう．

●**ストーリーの強化**　言説分析に多くみられるように，マスメディアを対象とした研究は，時代に応じたその社会の支配的言説（ドミナントストーリー）をあぶり出してきた．ドミナントストーリーとは自明のものとして疑われることなくその社会の多くの人々に受け入れられているものであり，ドミナントストーリーにより人々の認識や行為は無自覚に規定されている．また，マスメディアにより繰り返し語られることで，ドミナントストーリーはさらに強化される．したがって，青少年非行やいじめなどをめぐる言説にみられるように，誤謬や不確実な事象もドミナントストーリーとして受容されることが少なくない．

　物語も同様にドミナントストーリーを強化する役割をもっている．物語で描かれる世界観は必ずしも現実世界とは一致しない．しかし，物語が多くの人々に受け入れられるためには，ドミナントストーリーを基調にする必要がある．たとえ架空の世界を舞台としたSFやファンタジーであっても，それが時代の常識とかけ離れていては，我々はその世界を理解することも感情移入することも困難になる．むしろ，フィクションであるがゆえに，物語には社会的な常識は誇張されて描かれる．したがって，物語はそれが書かれた時代の社会を強く反映するとともに，多くの場合，ドミナントストーリーを強化することになる．

　このような視点から物語における子ども像の変化（山田 2012）や教師像の形成が検討されてきた．例えば石原慎太郎の小説『青春とはなんだ』（1965）ではステレオタイプ化された「熱血教師」が提示された．それは映画，テレビドラマとして広がると，その後のいわゆる青春ドラマシリーズとして引き継がれ《飛び出せ！青春》（1972）や《われら青春！》（1974）などでさらに強化された．その後《3年B組金八先生》（1979）や《スクール☆ウォーズ》（1984）など多くのド

ラマで定着し，そのバリエーションが提示されるようになった．それは現在も続いており，多くのテレビドラマでは古典的な熱血教師像が繰り返されている（山田 2004）．

●**ストーリーの破壊と創造**　だが，少年マンガのなかでは 1980 年代以降，熱血教師はむしろパロディとして描かれるようになる．マンガに主人公として描かれる教師は「不良」となり，熱血教師と生徒との関係は大きく変化した．

　先のテレビドラマは広い世代を対象とするがゆえに現在も古典的教師像が提示されている．しかし，少年マンガの読者は青少年に偏っているため，熱血教師とは異なる新たな教師像が必要とされた．1980 年以後，マンガ読者である青少年にとっては，熱血教師による強引な指導ではなく，同じサブカルチャーを共有する「友人」のような教師との関係が求められるようになったと考えられよう．

　このように物語はドミナントストーリーを破壊し，新たなストーリーをつくりだすこともある．老年は人生の終わりではなく，なお仕事や恋を楽しむ世代であり，女性は男性や子どもに尽くすのではなく，自律的で活動的な存在である．また，恋愛や結婚にはさまざまなかたちがあることも物語を通じて広がってきた．

　教育の領域においても 1980 年代に大きく変化した生徒文化はマンガの影響が強いとされる．1980 年代初頭まで「不良」のステレオタイプは長ランと呼ばれるコートのように裾の長い学生服を着た番長グループであった．しかし，きうちかずひろの『BE-BOP-HIGHSCHOOL』（1983 年連載開始）の流行は，そうした「不良」の姿を一変させた．このマンガの主人公は長ランを着て徒党を組む「不良」や教師への暴力を嘲笑する．こうした主人公の態度は，現実の生徒たちにも大きな影響を与え，その後の「不良」の姿を大きく変化させるきっかけになった．つまり，「不良」の新たなドミナントストーリーがつくられたのである．

●**メディア分析の意義**　このように物語やその受容はその時代をとらえる重要な資料になり得る．だが，それ以上にメディア分析が重要であるのは，それが読者層の違い，すなわち，世代，階級，社会集団などによる認識や行為の違いを把握することができる点にある．特に教育で語られる「子どものため」は，ある特定の視点からのものにすぎない．つまり，現実の子どもではなく，大人の一部によってつくりだされた理念としての「子ども」である．「子ども」を子どもとして理解するには，子どもに受け入れられている物語，あるいは物語の読者としての子どもの分析が不可欠なのである．　　　　　　　　　　［山田浩之］

📖 **さらに詳しく知るための文献**

山田浩之，2004，『マンガが語る教師像』昭和堂．
北澤 毅編，2012，『文化としての涙』勁草書房．
Iser, W., 1976, *Der Akt des Lesens: Theorie ästhetischer Wirkung*, W. Fink（＝1982，轡田 収訳『行為としての読書』岩波書店）．

第 13 章
グローバリゼーションと教育

［編集担当：山内乾史・西村幹子］

概説：「グローバリゼーションと教育」
　研究の動向 ……………………………… 748
留学生の国際移動 ……………………… 752
留学生政策の進展 ……………………… 754
移民・難民に対する教育政策 ………… 756
移民・難民のアイデンティティの形成 ‥ 758
国際機関と国際教育協力 ……………… 760
日本の国際教育協力 …………………… 762
市民社会と国際教育協力 ……………… 764

ESD（持続可能な開発のための教育）… 766
国際バカロレア ………………………… 768
高等教育の多国間協力の進展 ………… 770
教育基準のグローバリゼーションと
　質保証 ………………………………… 772
国際学力調査と教育へのインパクト …… 774
グローバル化と言語教育 ……………… 778
国際共通語としての英語教育 ………… 780

概説：「グローバリゼーションと教育」研究の動向

　いうまでもなく，グローバリゼーションそれ自体は新たな概念ではない．ただグローバリゼーションが教育に対してもつインパクトに関しては，21世紀に入ってから大きな変化がみられる．特に，2001年に世界貿易機構（WTO）が高等教育を貿易の対象として提唱して以来，高等教育におけるグローバル化の影響に政策的，学術的に幅広い注目が集まっている．まさに高等教育がグローバル市場における競争により明示的にさらされるようになったのである．また，大規模な国家間の戦争に代わって民族紛争やテロが増加した冷戦終結以来，現在に至るまでの世界情勢の不安定さは，多くの移民，難民を生み出し，基礎教育の教育現場にも異なる文化的，社会経済的背景をもつ人々をどのように受け入れていくか，という課題がつきつけられた．本章では，こうした21世紀に入ってから特に顕著になってきた教育課題に絞って概説する．

　文部科学省では2009年に国際教育交流政策懇談会が設置され，「グローバル化と教育」について議論された．そのときに「グローバル化と教育に関して議論していただきたい論点例」（以下，論点例）として下記の諸点があげられている（http://www.mext.go.jp/b_menu/shingi/chousa/kokusai/004/gijiroku/attach/1247196.htm［2016/02/29 最終閲覧]）．そこでは「グローバル化」を「『グローバル化』とは，情報通信技術の進展，交通手段の発達による移動の容易化，市場の国際的な開放等により，人，物材，情報の国際的移動が活性化して，様々な分野で『国境』の意義があいまいになるとともに，各国が相互に依存し，他国や国際社会の動向を無視できなくなっている現象ととらえることができる．特に『知』はもともと容易に国境を越えるものであることから，グローバル化は教育と密接な関わりをもつ．さらに『国際化』はグローバル化に対応していく過程ととらえることができる．教育分野では，諸外国との教育交流，外国人材の受入れ，グローバル化に対応できる人材の養成などの形で，国際化が進展している」とされている．この「グローバル化」と「国際化」との関係のとらえ方には異論はあろうが，グローバル化（グローバリゼーション）がもともとは特に経済の領域において，新自由主義の哲学に立脚するものであること，しかしながら，経済にとどまらず，人の移動，国と国との交流等を通して教育の領域においても大きなイシューになっていることがわかる．

　当然のことながら，この「論点例」においては「グローバル化と教育の関係」についても言及されており，「知識基盤社会化やグローバル化は，アイデアなどの知識そのものや人材をめぐる国際競争を加速させるとともに，製造業等の海外

移転による国内雇用の変化をもたらしている．また，異なる文化との共存や国際協力の必要性を増大させている」と指摘し，新自由主義がもたらす競争主義的な環境のなかで自己の能力をたえず磨きあげていくために教育は重要な役割を果たすが，同時に多文化を背景にもつ人々が入り混じる社会において「自らの国や地域の伝統や文化についての理解を深め，尊重する態度を身に付けることが重要に」なるのであり，これに関する理解を身につけるためにも教育は重要であると述べる．すなわち，グローバリゼーションへの人々の適応を促す機関として学校・大学が必要ということである．

　ただし，この国際教育政策交流会は，こういった 21 世紀に入ってからの急速な教育領域のグローバリゼーションに対応するために設置されたものであるが，その活動はそれにとどまらず，特に高等教育の領域における質保証，二国間，多国間協力などの制度的な側面，国際関係といった政治的側面にも及ぶ．つまり，一国の国内問題が単なる国内問題にとどまらず汎地域的，地球的な課題になるということである．国家と国家はこれまでとは異なり，経済や政治のみではなく教育の領域においても相互の絡み合いを深めているのである．

　グローバル化が教育に及ぼした側面としては，主に，人の移動をめぐる留学生の変動，人の移動や国際競争力の強化といった課題に対応した教育プログラムの国際化や国際的な教育プログラムの質保証の仕組みづくり，そして具体的な対応策としての英語教育やグローバルな労働市場で活躍できる人材育成の強化があげられる．まず，留学生の数は，2000 年に約 207 万人であったが，2011 年に約 427 万人に達した（OECD 2013b）．この数は，2020 年までに 600 万人に達すると予想されている（Calderon & Tangas 2006）．高等教育の国際市場化に伴い，1990 年代後半には規格や基準の統一に関する議論が欧州を中心として進み，2003 年からはさまざまな高等教育機関のランキングが発表され，特に世界水準とされる高等教育機関は，グローバル経済への貢献度合いと限られた研究資金，そして優秀な留学生獲得をめぐって研究・開発・教育でしのぎを削っている．

　アジアは，2000 年代当初，留学生の輸出が世界一の地域であり，世界の留学生の 46% を占めていた．このため，学術的なアングロ・サクソンの支配を新植民地主義や帝国主義と重ね合わせる批判的な見方や，「学術資本主義」の到来を憂う声もあがった（Mok 2003；Slaughter & Leslie 1997）．しかし，2003 年以降，欧州連合に続き東南アジア諸国連合（ASEAN）が高等教育を重要セクターとして位置づけて政策的議論を行っており，高等教育のグローバル化をリージョナライゼーションに組み替えて教育の国境を越えた域内協力・交流・連携を促進している．このようにグローバル化が高等教育に与えた影響は一様ではなく，国家，地域，グローバル市場の各領域においてさまざまな接合点を生み，ダイナミックに変化してきている．また，そのなかで国家が果たす役割は減少しているという

より，むしろ増加していることが指摘されてきた（Mok 2003；Yonezawa 2007）.

●**高等教育のパートナーシップ・モデル**　国境を越えた高等教育のパートナーシップ・モデルとしては，フランチャイズ，ツイニング，ジョイント・ディグリー，ダブル・ディグリーなど，多種多様な形態のモデルが存在し，取組みの質保証も課題となっている（Knight 2008）. 国境を越えたプログラムの実施方法は多様であり，国家間で異なる質保証システムをもっていることによる調整の難しさを克服するため，EU や ASEAN 等では，高等教育の共通した質保証システムや単位・学位の認定システムを構築しつつある. わが国の国際教育協力においても，特に対アジアの協力に関しては，こうした東南アジアの高等教育ネットワークを活性化する取組みや，途上国間協力を推進するなど，従来型の二国間援助に加え，多国間協力を支援する動きがみられる.

国内においては，グローバル化に対応する人材力の強化策として，2020 年までに日本人留学生を 2010 年の 6 万人から 12 万人に倍増させること，2020 年までに留学生 30 万人を受け入れること（2014 年現在 18 万 4000 人），国際バカロレア認定校を 200 校とすること（2015 年現在 24 校）が掲げられている. また，2012 年にグローバル人材育成推進事業，2014 年からはスーパーグローバルハイスクールやスーパーグローバル大学といった高校や大学の拠点システムの設置が文部科学省によって促進されている. こうした潮流のなかで共通して強調されているのは，英語教育の強化である. わが国においては，英語力を身につけることがグローバル人材としての必要条件であると自明視されることが多く，研究においても英語教育に関するプログラムの検討や現状報告等の論文が散見される. しかし，実際に必要とされている能力とは，狭義な言語的スキルではなく，広義の多文化間コミュニケーション能力である. 例えば，バイラム（Byram, M 1997）の定義によれば，多文化間コミュニケーション能力には，多文化に対する好奇心旺盛で開放的な態度，多文化に関する知識，柔軟で的確な解釈力，発見したことを相互に関わることによって応用する力，多文化における考え方や産物を批判的に評価できる力等が含まれる. これらを具体的に身につけていく過程についてはさまざまなアクション・リサーチが行われているが，わが国での研究蓄積は多いとはいえない.

また，主にインターナショナルスクールで採用され，近年，わが国においても導入が進められている国際バカロレアという国際学習プログラムは，国際的に認定され，世界中の学問水準が高い大学との接続がよいといった特徴があるものの，多くの国々では授業料が高く，万人に開かれたプログラムとはなっていない点が課題である. わが国においては，国際バカロレアを提供する高校を 200 校に増やすなどの計画がある一方，その授業料は受益者負担となり，現実的に広く教育プログラムの選択肢を広げるには至っていない.

最後に，留学等の積極的な人の移動とは対照的に，近年，紛争等の国際情勢の不安定さからくる移民や難民の増加が世界的に課題となっている．2015年には，シリア，アフガニスタン，イラク等から100万人以上の移民がEUに渡り，「移民危機」や「難民危機」などと報道された．今後，こうした移民や難民の教育システムにおける受入れ，多文化間コミュニケーションのあり方，教育と労働市場における接続，平和教育等の研究課題に対する需要がますます高まることが予想される．

●**グローバリゼーションと学力**　学力論の視点から，一言つけ加えるならば，20世紀末に起こったいわゆる「学力論争」において，「学力低下批判派」と「ゆとり教育推進派」の間で激しい議論があった．この論争自体がグローバリゼーションと教育との関係のあり方をめぐる議論そのものであったと，今日振り返れば考えられる．新自由主義のもとでグローバルな競争にさらされる時代において，競争力の低下につながる教育内容の量的削減は認められないとする「学力低下批判派」と，グローバル化に伴い「異文化理解」「協調性」など新たに求められるスキルの習得を重視する「ゆとり教育推進派」の議論は，グローバル化する社会においてどのような教育が求められているかをめぐる，きわめて重要な議論だったといえる．そしてその視点からすれば，一見，文部科学省も世論も「学力低下批判派」の声に耳を傾け，「脱ゆとり教育」「反ゆとり教育」に舵を切ったように見えるが，その舵を切った先で行われている教育は「ゆとり教育推進派」が主張していた「異文化理解」「協調性」などの21世紀の世界で必要とされるグローバル・スキルそのものである．この一見ねじれた現象はどのように説明できるのであろうか．

　このように見てくると，グローバリゼーションと教育は，教育の実務や政策のレベルで新たな施策が次々と提案されているものの，その実態は確かな研究蓄積に支えられているというよりも，むしろ目まぐるしく展開されるグローバリゼーションのもとでの人の移動や競争原理にあおられた当面の対応策という感が否めない．学力論争のなかで繰り広げられた学力観のねじれや繰り返される「改革」も，教育課題をもはや一社会のなかで長期的に見通すことが容易ではないという時代背景に起因しているのではないだろうか．教育社会学においては，こうしたグローバリゼーションが巻き起こしている教育現象をより歴史的・社会的な文脈のなかでとらえ，具体的に教育プログラムがどのように変化しているのか，あるいは変化していないのか，各社会における解釈とその矛盾やインパクトについて多様な集団間の違いに配慮しながら，実証的に検証していくことが求められよう．また，グローバリゼーションと教育というテーマは，世界の地域によってもとらえられ方はさまざまであり，グローバリゼーションと教育の関連を論じる際には，比較教育社会学の視点も重要であろう．　　　　　　［山内乾史・西村幹子］

留学生の国際移動

☞「留学生政策の進展」p. 754

　2015 年度の日本の留学生受入れ数は 15 万 1962 人で，国内高等教育人口に占める比率は 3.7% である．日本語学校在籍者数はこれと別に 5 万 6317 人である．それに対して日本人の海外留学者数は 2010 年度で 8 万 4456 人である．『ユネスコ　グローバル教育要覧』（*UNESCO Global Education Digest 2012*）によれば，世界の留学生の数は 450 万人で日本はアメリカ，イギリス，オーストラリア，フランス，ドイツに次ぐ世界第 6 位の留学生受入れ国である．アメリカは世界最大の留学先国であり，2010 年で 68 万人の留学生を受け入れており，これは全世界の留学生の 19.1% に相当している．イギリスには 10.9%，オーストラリアには 7.6%，フランスには 7.2%，ドイツには 5.6%，日本のシェアは 3.9% である．

●**留学生の受入れと送り出し**　送り出し留学生の多い国では，中国が全体の 15.7%，インドが 5.6%，韓国が 3.5%，フランスとマレーシアが 1.5% を送り出しており，日本は 1.1%（4 万 447 人）で第 13 位である．

　日本は 1983 年に「21 世紀への留学生政策に関する提言」（いわゆる「留学生 10 万人計画」）を策定し，2000 年に留学生 10 万人受入れを計画したが，2003 年に目標を達成した．2008 年には，「留学生 30 万人計画」（2020 年目標）に移行したが，近年は 14 万人前後で推移している（項目「留学生政策の進展」参照）．一方，日本人の海外留学生数は 2004 年の 8 万 3000 人をピークに減少に転じており，18 歳人口の減少とともに長期的不況や「若者の内向き志向」が影響しているともいわれている．

　留学生の国際移動の傾向をまとめるならば，①送り出し側ではアジアからの留学生の急増，②受入れ側ではアメリカをはじめとする英語圏への留学生の集中があるといえる．世界の留学生総数は 357 万人を超えており，その受入れ国上位 3 か国は英語圏であり，172 万人（48%）がアジア・オセアニアからの留学生である．

　留学の目的別の形態としては，途上国からの「先進文明吸収型」や「学位取得型」と，先進国からの「地域研究型」「異文化理解型」に大きく分けられる．近年，欧州連合（EU）域内の短期交換留学制度，エラスムス計画（欧州大学生移動アクション計画：ERASMUS）が進展しているが，江渕（1992）は，これらは共同体市民の形成を目指した「相互理解型」もしくは「共同体理解型」とも呼びうるとしている．

●**国際移動の社会的側面**　アルトバック（Altbach, P. G.）は，教育を受けるための学生の国際流動は，西洋の工業化諸国と第三世界の国々との間で最も顕著であると論じ，教育の場で国際的流動が起きる要因をプッシュ要因とプル要因の両側面から分析した（Altbach 1987）．すなわち人的流動は，①国内教育施設の量的

不足（＋）と②質的格差（±），③外国学位の威信（－），④国内の政治的制約・弾圧と⑤民族差別（＋），⑥外国政府の受入れ姿勢と奨学金（－），⑦国際的生活機会への期待（±）（＋はプッシュ要因，－はプル要因）が存在するときに最も起こりやすい．

　留学生受入れの社会的効用には，主として直接的経済収支の側面と，間接的長期的経済外収支の側面がある．すなわち，①アカデミックな効用（優秀な学生による学術水準への刺激，研究に対する国際的視野の提供，研究の国際的拡大・海外調査への便宜の提供），②経済的効用（授業料・生活費の支払い，帰国後の留学先国への商品・サービスの発注，貿易上のコネクションの形成，国内学生数の増減に対する緩衝定員），③政治的効用（留学先国への政治的支持，政治的コネクションの形成，受入れ国政府や社会の唱道する政治的立場やイデオロギーの輸出）があるとされる．

　アメリカの外国人学生援助協会（NAFSA）は毎年，留学生の受入れによるアメリカへの経済的効果を推計している．それによれば2013〜2014年度では授業料収入，留学生の生活消費の収益合算からアメリカ諸機関の支出する補助金分のコストを減じて，差し引き267億9000万ドルの黒字と試算している（NAFSA 2014）．オーストラリアでも同様に，職業教育課程を含めて63万人の留学生の受入れにより，2009年度には180億ドルの貿易収益をあげ，国内第3位の輸出品目として重視されている．留学生マーケットは，知識基盤社会におけるきわめて有利な「輸出」産業と考えられている．

●**トランスナショナル高等教育**　留学生の国際移動の例外として，いわゆる「留学しない留学」，トランスナショナル高等教育と呼ばれる現象が近年世界的に展開している．外国の大学が，コストの安い高等教育インフラ途上国に分校を設立したり，現地カレッジと契約して学位コースを委託提供したりする形態である．これは学生が国境を越えて移動するのではなく，教育機関やプログラムが国境を越えて配信される広義の留学とされる．成功すれば，自国や第三国のコースに在籍するだけで，学位授与大学に行くことなく，外国の大学の学位や資格が取れることになる．

　例えば大学による海外分校の設置は多くは英語圏の大学によるもので，2017年度では海外分校数249校のうち159校を占め，一方受入れ地域ではアジアが61%を占めている（C-BERT2017より筆者集計）．そのプログラムレベルの提供言語も圧倒的に英語にかたよっている．

　このような「国際移動」しない留学生の数はイギリスのコースで少なくとも10万人，オーストラリアのコースで7.6万人が在籍しており，今後これらの留学生（off shore）の数を考慮すると，世界の留学生の国際移動状況は変化する可能性がある．

〔杉本　均〕

留学生政策の進展

　わが国の留学生政策は，長く受入れに関する議論が中心で，日本人の海外留学に関しては国家戦略としてあまり議論されてこなかった．明治以降，エリート層の官費留学制度は存在していたが，一般の人々を対象とする海外留学とその政策については，ほとんど見るべきものはなかった．それは，21世紀になってようやく出現したといえよう．ここでは，戦後の留学生政策と基本的な考え方を「留学生10万人計画」と「留学生30万人計画」を中心にたどっていこう．

●留学生10万人計画と制度整備　戦後の留学生政策は，1954年の「国費外国人留学生制度」に始まる．第1期として23名が東南アジアを中心とする11か国から来日した．その後の日本の高度経済成長と高等教育機関の整備に伴って，留学生は次第に増加していく．1983年の中曽根康弘首相による「留学生10万人計画」と同年の「21世紀への留学生政策懇談会」の提言は，戦後の留学生政策の転換点となった．留学生数を2000年頃までに10倍増の10万人とする計画実現のために，国費外国人留学生の増員，私費留学生への学習奨励費支給（1978年度開始）の大幅拡大，大学間協定に基づく短期留学推進制度（受入れ・派遣，1995年度創設）による奨学金支給，留学生宿舎の整備，留学生の入国・在留に関わる規制の緩和等，一連の留学生受入れ推進施策が実施された．今日の留学生に関わる諸施策の基本的な枠組みは，この時期につくられたといえる．

　また，学部留学生受入れのための試験制度も整備されていく．1970年に創設された日本語と教科の試験からなる「私費外国人留学生統一試験」は，1984年に日本語の部分が「日本語能力試験」として独立し，「私費外国人留学生統一試験」は，教科の学力の測定に特化される．2002年には一般的な日本語能力を測定する「日本語能力試験」とは別に，大学で求められる日本語が従来の「私費外国人統一試験」に加わって「日本留学試験」が登場し，現在に至っている．

●留学生30万人計画とその後の展開　留学生10万人の目標が達成された2003年前後から，新たな目標設定の動きが始まった．2003年の中央教育審議会答申は，「国際的な日本人の育成と開かれた社会の実現」および「日本の大学等の国際化，国際競争力の強化」を打ち出している．今日の留学生政策の柱である「グローバル人材の育成」と「大学の国際競争力育成」の先取りであり，日本人学生の海外での学位取得を目的とした「長期海外留学支援」（現在の「海外留学支援制度」[大学院学位取得型]）が，その一環として2004年度に創設された．

　2008年年頭の施政方針演説で福田康夫首相は，2020年をめどに留学生30万人受入れの表明を行い，同年7月に，文部科学，外務，法務，厚生労働，経済産業，

国土交通の各省が連名で、「留学生30万人計画」骨子を発表した．知的国際貢献と高度人材の受入れを柱とするこの政策は、民主党政権でも継承され、再登場した自公連立政権では、「日本再興戦略―JAPAN is BACK」（2013年6月14日）および同日発表の「第2期教育振興基本計画」のなかでも取り上げられている．注目すべきは、2020年までに日本人の大学段階の海外留学者数を12万人に、高校段階では6万人とそれぞれ倍増させることが明記され、日本人の海外留学の促進が留学生政策の柱となることが明確化されたことである．

　この構想に基づいて、「大学の国際化のためのネットワーク形成推進事業」（通称「グローバル30」、2009〜2013年度）、「大学の世界展開力強化事業」（2011年度〜）、「経済社会の発展を牽引するグローバル人材育成支援」（通称「Go Global Japan」、2012〜2016年度）、「スーパーグローバル大学創成支援」（2014〜2023年度）等の施策がつくられた．

　「グローバル30」（G30）では、海外から優秀な教員と学生を受け入れて大学の国際化をはかり英語による学位プログラムを提供することが、「大学の世界展開力強化事業」では、高等教育の質の保証をはかりながら受入れと派遣の両面で戦略を明確化し大学の国際教育連携に取り組むことが、また、「経済社会の発展を牽引するグローバル人材育成支援」では、日本人学生の海外留学を奨励し集中語学研修や留学情報の提供や国際基準に合った職員研修の実施などを行うことなどが求められている．10年の長期プロジェクトである「スーパーグローバル大学創成支援」では、外国人教員・留学生・留学経験者の比率や外国語による授業の比率を高め、外国語だけによる学位コース整備等の体制整備を支援するものとされている．これらに加えて、2014年度から、設定された重点地域を対象に「留学コーディネーター配置事業」が始まり、選定された日本の大学が現地で日本留学のプラットフォームを構築しつつある．さらに、同2014年度から、民間企業や団体・個人の寄付を原資とする奨学金をもとに日本人学生の海外留学支援を行う「官民協働海外留学支援制度〜トビタテ！留学JAPAN日本代表プログラム〜」が文部科学省の強力な指導性のもとに、2020年までに1万人の学生の海外留学を目標として立ち上げられている．

　日本の留学政策は、従来からの「諸外国との相互理解・友好促進」と「人材育成を通じての国際貢献」を進めながら、「グローバル人材の育成」と「大学の国際競争力の育成」への重点化に舵を切り始めた．すなわち、途上国支援としての留学生受入れから日本の知識産業社会のグローバル化を人的に支える支援に重点を移しつつあるといえよう．　　　　　　　　　　　　　　　　　　　［米川英樹］

📖 さらに詳しく知るための文献
佐藤由利子，2010，『日本の留学生政策の評価』東信堂．
石附 実，1992，『近代日本の海外留学史』中央公論社．

移民・難民に対する教育政策

　移民政策は国によって異なる．なぜならば，国際的・国内的な次元でそれぞれの歴史の展開に合わせて形成されてきたからである．例えばアメリカ，オーストラリアなどの伝統的な移民国家では多様な措置を設け，市民権を得やすくしている．一方でカナダ，ニュージーランドには統合に重要だと思われる特徴（言語や教育背景）に基づいて移民を選別する傾向がある（OECD 2003）．したがって，移民や難民に対する教育政策には，その国の受入れ政策が深く反映されている．

●**教育機会と質**　「子どもの権利条約」では，すべての子どもが教育を受ける権利を与えられているが，現実には難民や移民など国境を越える子どもたちは，社会的に不利な立場に置かれており，教育機会を享受しにくいのが現状である．アメリカにおいては，必ずしも移民はひとくくりにできず，自発的移民（ヨーロッパ系白人等）と非自発的移民（アフリカ系アメリカ人等）では，学業の成功や学校での適応に差異があるなど，移住背景や歴史に注目した研究もなされてきた．

　近年の PISA 調査では，一般的に移民の子どもは，高い学習意欲をもっているにもかかわらず，ネイティブの子どもと比べて学力が低いという統計的に有意な結果が出ている（OECD 2003）．このことからも，教育機会だけではなく質にも問題が生じていることがわかる．特に難民や国内避難民の場合は，危機的状況のなかで教育を受ける機会の優先順位が必然的に低くなる．しかし，「子どもの権利条約」には，各政府が自国内においていかなる子どもや若者も社会集団の属性を理由に教育機会を否定されてはならないと規定されている．

　グローバルな労働移動，相次ぐ難民の増加などにより国境を越えた人々の移動が増加し，出自国ではない国で教育を受けることが半ば当然の現象としてとらえられるようになった．多様な集団の生徒に対して量的にも質的にも教育の平等を保障することが，多文化社会のなかでの一つの重要な目標とされている．

●**移民・難民の受入れ政策**　受入れ国は，国家レベルで，「移民政策」と「統合政策」を備えたうえで移民を管理しようとしている．「移民政策」としては，移民の数，滞在許可，労働許可の種類を設け，「統合政策」としては，移民の社会参加をどう促進するかについての措置を講じている（OECD 2003）．

　OECD（2015）によると，移民やその子どもたちは，低賃金かつ乏しい労働状況の仕事にとどまっていることが多いが，近年になって移民は，ますます高技能をもつようになっている．つまり，将来的に移民を社会統合していくことが国の発展につながるのである．成功した統合とは，移民が平等な機会をもち，社会に欠くことができない存在となることを意味している．

●オールドカマーとニューカマー　日本において外国人を指す言葉として「オールドカマー」と「ニューカマー」の二つがある．オールドカマーは第二次世界大戦以前から日本に住んでいた朝鮮半島出身の人とその子孫，中国や台湾からの華僑とその子孫といった，いわゆる「特別永住者」を指す．

　ニューカマーとは，1970年代後半から日本に入国したフィリピンなど東南アジアからの女性外国人労働者，外国人留学生・就学生，インドシナ難民，中国帰国者，南米諸国からの出稼ぎ労働者，そして国際結婚によって来日した外国人を指す．特に1990年に「入国管理法」および「難民認定法」が改定されたことを機に日本に来る外国人が増えるようになった．

　オールドカマー・ニューカマーの受入れ態勢や教育政策は，国によって異なる．日本における1965年の文部省（当時）の通達は，希望者には入学を許可し，日本人と同様に受け入れるという方針であり，日本語指導と適応教育に特化して行われていた．しかし，文部科学省はニューカマーの多様化に対応するため，1990年から「日本語指導等協力者派遣事業」，1991年から「日本語教育が必要な外国人児童・生徒の受入れ状況に関する調査」，研究協力校の指定，日本語指導教材の開発，担当教員に対する研修会などを実施するようになり，多様性を尊重する教育政策に変わってきた．現在では，自治体やNGOが地域の外国人の居住状況や彼らのニーズに基づき，通訳の派遣，母語教育，教科学習指導などの取組みを実施している．

●共生社会　日本でも国境を越えた人の往来や移住が増えてきている．日本が多文化社会になりつつあることは避けられない状況であり，多文化社会でいかに生きていくかについて考える時期にきている．多文化社会の現実は，平和的な共存というよりは，異なるパースペクティブのために衝突の絶えない社会といった性質のものである．しかし，ともに生きていくためには，摩擦や軋轢などの困難さを認識しつつ，お互いの違いを認め合いながら，共通のルールを見出す努力をしていくほかに手立ては残されていない（松尾 2013）．

　つまり，多文化共生社会では，マジョリティもマイノリティも変わることが必要とされる．多文化共生社会では，お互いを尊重し，強みを生かせる社会が理想になることから，教育政策においても，お互いが学び合い，すべての子どもが平等に質の高い教育を受けられ，社会の力となれるような方針が望まれる．　　［乾 美紀］

📖 さらに詳しく知るための文献

松尾知明，2013，『多文化教育が分かる辞典』明石書店．

OECD, 2003, *Where Immigrant Students Succeed: A Comparative Review of Performance and Engagement in PISA*（＝2007，斎藤里美監訳，木下江美・布川あゆみ訳『移民の子どもと学力—社会的背景が学習にどんな影響を与えるか』OECD-PISA2003年調査 移民生徒の国際比較報告書，明石書店）．

OECD, 2015, *Indicators of Immigrant Integration 2015.*

移民・難民のアイデンティティの形成

　国際移民の定義は一定ではなく，通常の居住国を長期離れた人々等を指す．アメリカ，カナダ，オーストラリア等の社会においては，その建国の理念自体が移民の存在と深く関わっている．移住してきた人々の子孫はやがて，イタリア系アメリカ人，中国系カナダ人等として，受入れ国において少なくとも制度的には市民権を得る．いずれの社会においてもどのような経緯で受入れ国に移動したのか，そこでの社会的位置づけ等，受入れ国と移民との関係が，移民のアイデンティティ形成に影響する．

　また，1951 年の「難民の地位に関する条約」（Convention Relating to the Status of Refugees）では，難民とは「人種，宗教，国籍もしくは特定の社会的集団の構成員であることまたは政治的意見を理由に迫害を受けるおそれがあるという十分に理由のある恐怖を有するために，国籍国の外にいる者であって，その国籍国の保護を受けられない者またはそのような恐怖を有するためにその国籍国の保護を受けることを望まない者」とあったが，その後，1967 年の「難民の地位に関する議定書」（Protocol Relating to the Status of Refugees）で地理的・時間的制約が除かれた．今日では，政治的迫害のみならず，武力紛争や人権侵害等を逃れて移動する人も含めて難民と呼んでいる（国連難民高等弁務官事務所 ［UNHCR : The Office of the United Nations High Commissioner for Refugees］日本ホームページ）．こうして，難民のアイデンティティは迫害等によって移動を余儀なくされ，難民認定までの不安定な期間，難民キャンプ等での生活等，所属が不確かな「難民」としての経験によって影響を受ける．移民をより広義の概念だとする立場もある．

●移民・難民アイデンティティと受入れ国　移民・難民いずれの場合も，受入れ国とどのような関係にあるのかがアイデンティティ形成に関わってくる．

　例えば，オグブ（Ogbu, J.）は，自発的マイノリティ（移民）と非自発的マイノリティとを区別し，非自発的マイノリティに比べて，自発的マイノリティ（移民）は受け入れる社会における社会的上昇の規範にのっとったかたちでのアイデンティティを形成しやすいとした（Ogbu & Simons 1998）．同時に，難民は迫害等によって国を追われている非自発性があるものの，自発的移民に準じた面をもっているとされた．

　民族や人種的特徴が受入れ国のマジョリティと顕著に異なる，しかも下位にみられる場合，そこには社会的排除や差別が大きな課題として浮かびあがる．

　新しく流入してくる難民や移民は，さまざまなラベルを社会的に付与される．

「イスラム系難民女性」「出稼ぎ労働者」「アジア系移民」等のラベルは，特定の社会的文脈での意味づけがなされる．そこにはしばしば断片的知識による受入れ国でのステレオタイプが反映され，当事者がもつ自己イメージとのずれが生じることも示されてきた．

さらに，バース（Barth, F.）らによって示されてきたように，エスニック・グループの文化的境界線は本質主義的なものではなく，社会的に構築されているものである（Barth 1969）．よって，新来者が流入することによって，既存の集団と他の集団との境界線は変わってゆく．

多くの場合，移民・難民は移動先の社会の底辺に当初は位置づけられ，しばしば差別，貧困，スラム化，犯罪との関係等が社会問題化してきた．つまり，移民や難民のアイデンティティ形成は，社会的排除や社会的公正の問題と不可分に結びついているのである．そして，それらの問題を象徴的に示し，アイデンティティ形成において中心的機能を来たすといわれている場として学校がある．

●移民・難民のアイデンティティと教育　さて，学校は移民・難民の子どもにとってアイデンティティ形成の重要な場である．教育においては，彼らは長らく同化の対象とみなされてきたが，ここ数十年においてマイノリティの権利主張の動きが移民社会をはじめとする各国で高まり，文化的多様性の尊重と社会的公正の実現を軸とする多文化教育等が台頭してきた（Banks 1996）．

移民・難民・マイノリティのアイデンティティ形成に関連して，彼らを差別する社会において彼らのセルフ・エスティームが低くなることや，エスニック・グループや個々人の学習スタイルが受け入れられないことが，彼らのエンパワーメントへの阻害要因として問題視され，学力問題としても語られてきた．

新しい移民や難民のニーズに学校が応えるということは，単に言語の問題に対応してその受入れ国の言語を彼らに教えたり，適応指導をするのではなく，彼らが自分たちの出身国の文化を維持できるように母語教育を行ったり，アイデンティティの安定に寄与するような支援を整えたりすることも意味するのだと認識されるようになってきた．

しかし，アイデンティティの形成が社会的なものであるからこそ，移民・難民の子ども側にだけ変容を求め，肯定的アイデンティティの形成を期待しても実現が難しい．そこで，彼らの受入れ国，学校や地域社会が，彼らが肯定的なアイデンティティを形成できる場へと変革することが急務となってくる．　　　　［恒吉僚子］

📖 さらに詳しく知るための文献

青柳まちこ編・監訳，1996，『「エスニック」とは何か─エスニシティ基本論文選』新泉社．

異文化間教育学会，2014，「特集：越境する若者と複数の「居場所」」『異文化間教育』40．

小林哲也・江淵一公共編，1985，『多文化教育の比較研究─教育における文化的同化と多様化』九州大学出版会．

国際機関と国際教育協力

　国際連合（国連）に代表される国際機関は，それぞれの機関の使命や特徴に基づき，途上国への国際教育協力において重要な役割を果たしている．特に近年，世界各地で教育が急速に普及する一方，格差の拡大や難民の増加など国際社会を取り巻く環境が変化しているなか，国際機関が実施する多国間の枠組みに基づく国際教育協力の重要性はますます高まっている．

●**国連機関による教育協力**　国連システムのなかで国際教育協力と深く関わっている機関が，国連教育科学文化機関（ユネスコ，UNESCO），国連児童基金（ユニセフ，UNICEF），世界銀行である．特に，長年にわたって国際教育協力を主導してきたのがユネスコである．多領域で事業を展開しているユネスコであるが，教育分野は中核的な領域として位置づけられている．1960年代にはユネスコのイニシアティブにより，地域レベルにおける国際的な教育計画の策定が行われ，非識字の撲滅や義務教育の無償化などに関する目標が設定された（1960年「カラチ・プラン」，1961年「アジスアベバ・プラン」，1962年「サンチャゴ・プラン」）．これらの目標設定にあたり，教育を経済成長の観点からのみ論じるのではなく，基礎的な教育の普及が民主主義の基盤を確立するうえで不可欠であることをユネスコは強調した．

　その後も，機能的識字（functional literacy），生涯学習（lifelong learning），「万人のための教育」（Education for All : EFA）といった概念を提唱することで，ユネスコは教育のあり方に関する国際的な議論をリードしてきた．それは，幼児期の就学前教育から始まり，学校教育，高等教育，職業訓練，そして成人教育や生涯学習といった，教育分野の全体をカバーする唯一の国連専門機関であるユネスコに求められてきた役割でもある．

　ユネスコが主に政策・制度レベルで国際教育協力に取り組んできたのに対して，途上国の現場レベルで最も積極的に教育援助を推進している国連機関がユニセフである．ユニセフの事業領域は，教育のみならず保健，栄養，水・衛生，HIV/エイズ，保護（児童労働，性的搾取，暴力，少年兵，児童婚などからの保護）といった多岐にわたっているが，それらの支援の対象は主として子どもをはじめとする社会的弱者（女子・女性，障害者，少数民族など）である．ユニセフは，世界中の子どもたちの命と健康を守り，彼ら・彼女らの権利が守られる社会を実現することを目指している．

　世界銀行は，1960年代から労働力予測に基づくマンパワー開発を目指して，教育支援を重視するようになった．1980年代に入ると教育の投資効率について

幅広く検証し，特に初等教育分野への投資効率が高いことを示した．その結果，主要ドナーによる初等教育分野への援助が増大し，途上国の教育政策の策定過程に大きな影響を及ぼした．1980年代後半から1990年代にかけて世界銀行は，自由市場経済システムを重視しつつも，市場メカニズムを補完するかたちで国家が選択的な介入を行うことの必要性を認識し，教育分野でも基礎教育段階への政府による積極的な介入を認めた．その一方，特に後期中等教育段階以降においては，民間部門の活用を促した．2000年代以降は，基礎教育の重要性を認めつつ，高等教育や職業訓練への支援を重視している．

　教育という領域は人材育成や研究開発などと直結しているため，これらの三つの機関に加えてさまざまな国連機関が教育に関連した事業を展開している．例えば，国連開発計画（UNDP）は多様な人材育成プロジェクトを実施しており，世界食糧計画（WFP）は世界的な学校給食キャンペーンを行っている．また，世界保健機関（WHO）は途上国の子どもたちの健康問題に深く関与し，母親の公衆衛生教育を通した乳幼児死亡率の低減や，学校保健の充実などに尽力している．

●多様な機関の関与　ここまでは，主に国連システムのなかで教育協力において重要な役割を果たしている国際機関についてみてきた．それ以外にも，教育協力に携わる国際機関として，以下の組織が重要な役割を果たしている．

　経済協力開発機構（OECD）による教育分野での事業としては，「生徒の学習到達度調査」（PISA）をはじめとする国際的な教育関連調査がよく知られている．加えて，OECD の開発援助委員会は，教育協力も含めた各種の開発援助に関する方針の策定や統計データの管理などにおいて重要な役割を果たしている．また，欧州連合（EU）が欧州委員会を通して実施する開発援助は，援助額，支援を受ける国の数，プロジェクトの数などの観点から，途上国の教育分野で非常に大きな影響力を有している．

　さらに，アジア開発銀行（ADB），米州開発銀行（IDB），アフリカ開発銀行（AfDB）といった地域ごとに設立されている国際開発金融機関も，各地域で国際教育協力を推進している．また，地域的な教育協力を推進する組織としては，東南アジア教育大臣機構（SEAMEO）がアジアで果たしてきた役割の大きさにも留意すべきである．

　途上国に対する教育協力は，国際機関のみで行えるわけではない．しかし，国際教育協力においてさまざまなステークホルダーの連携を促すうえで，多様な立場や価値観を踏まえた国際機関だからこそできることも多い．そうしたなか，国際機関に対して過度な期待や理想を抱くのではなく，冷静な視点から国際機関による国際教育協力のあり方について考えていくことが重要である．　　　〔北村友人〕

【※本項目は，北村友人「国際機関による教育協力」小松太郎編『途上国世界の教育と開発―公正な世界を求めて』（上智大学出版，2016年）の一部に大幅な加筆修正を行った】

日本の国際教育協力

☞「市民社会と国際教育協力」
　　p.764

「国際教育協力」とは，国際協力のなかでも特に教育分野を対象にして実施される事業を指す．国際教育協力には ODA を使って実施されるものと，NGO など民間によって実施されるものがあるが，本項目では主に前者について記述する（後者については，項目「市民社会と国際教育協力」参照）．

● **ODA による国際教育協力**　ODA で実施される国際教育協力は，大きく分けて，JICA が実施するものと文部科学省が実施するものがある．JICA の国際教育協力の支援形態としては，無償資金協力，有償資金協力，技術協力，ボランティア・市民参加などがある．無償資金協力とは，返済の義務を課さずに途上国に開発資金を供与するものであり，プロジェクトの例としては，学校や職業訓練施設の建設があげられる．有償資金協力とは，長期・低利のゆるやかな条件で資金を貸しつけるもので，大学の建設・設備整備などが事例としてあげられる．技術協力は，専門家派遣等を通じて人材育成や制度構築を支援するものであり，教員研修や学校運営改善などが例としてあげられる．「ボランティア・市民参加など」には青年海外協力隊の派遣や草の根技術協力が含まれる．

　2009〜2011 年度の JICA による国際教育協力の実績をみると，総額は 956 億3800 万円となっている．これを支援形態別にみると，無償資金協力が最も多く（44.4%），次いで技術協力（28.8%），ボランティア・市民参加など（18.8%），有償資金協力（8.0%）となっている．支援対象地域はアジア（41.6%）とアフリカ（41.2%）で全体の 8 割を超えている．支援対象としては，基礎教育（初等教育や識字教育など）が最も多く 53.4%，次いで高等教育に 29.4%，職業訓練に 12.9%，その他に 4.3% となっている（国際協力機構 2013）．

　文部科学省により実施される国際教育協力は，主に留学生交流の推進である．国費外国人留学生の受入れ，私費外国人留学生等への援助などが大きな割合を占める．2009〜2011 年度にかけて，文部科学省が実施する留学生交流の推進にODA 予算から 940 億 9000 万円があてられている（外務省 2010，2011，2012）．JICA が実施する国際教育協力（2009〜2011 年度の 3 年間で 956 億 3800 万円）に比べても，決して小さくはない規模である．これらの留学生交流は高等教育への支援とみなされるため，総じて見ると，日本の ODA による国際教育協力のおよそ半分は高等教育に向けられており，基礎教育への配分は少ない．

● **国際教育協力政策の動向**　日本の国際教育協力は，国際的な途上国開発・援助の潮流と強く結びついている．途上国の教育への支援は古くから実施されてきたが，日本の国際教育協力に大きなインパクトを与えたのは，1990 年にタイのジョ

ムティエンで採択された「万人のための教育世界宣言」，および 2000 年にセネガルのダカールで採択された「ダカール行動枠組み」である．これらはいずれも EFA（万人のための教育）の達成を目標として提示し，基礎教育をすべての人々に保障すること，その推進にあたっては国際社会が協力することが示された．

　日本政府はダカール行動枠組みを受け，さまざまな施策を展開するようになった．2003 年にはカナダのカナナスキス・サミットにおいて「BEGIN」（成長のための基礎教育イニシアティブ）を発表し，基礎教育分野における日本の協力政策を表明した．文部科学省は，2000 年以降，三次にわたって国際教育協力懇談会を設置し，日本の国際教育協力および大学による国際協力の取組みの促進に向けた提言を行った．また，2010 年の MDGs 国連首脳会合においては「日本の教育協力政策 2011-2015」を発表し，日本の教育協力の基本原則として，「自助努力支援と持続可能な開発」「疎外された人々に届く支援」「文化の多様性の尊重と相互理解の増進」の 3 点をあげた．

　2015 年には，韓国のインチョンで「インチョン宣言」が採択され，2030 年までに「すべての人に包摂的かつ公正で質の高い教育と生涯学習を実現すること」が国際目標として掲げられた．2015 年の国連総会で示された SDGs（持続可能な開発目標）においても，教育はゴールの一つとして位置づけられ，乳幼児期から高等教育，生涯学習に至るまで広範な領域が国際教育協力の対象とされた．インチョン宣言では，「ESD」（持続可能な開発のための教育）や「グローバル市民性教育」など先進国にとっても重要な教育内容も目標に含まれた．国際教育協力は「先進国から途上国への支援」を越えて，先進国，途上国を問わず「世界全体が協力して取り組む課題」となっている．日本政府はこれを受け，国際教育協力政策として「平和と成長のための学びの戦略──学び合いを通じた質の高い教育の実現」を発表し，「包摂的かつ公正な質の高い学びに向けての教育協力」「産業・科学技術人材育成と持続可能な社会経済開発のための教育協力」「国際的・地域的な教育協力ネットワークの構築と拡大」の三つを重点分野としている．

　さらに，教育内容面での国際協力については，新たな展開もみられる．2015 年に文部科学省が，日本型教育の「輸出」に乗り出すとの方針を示した．掃除当番や給食，全国一律のカリキュラムなどの日本の学校教育の特徴が海外から注目されており，その「輸出」を促進するというものである．日本の学校教育制度を途上国に「輸出」することがどのような意味をもつのか，どのような実施が適切なのか，今後の検討が必要であろう．　　　　　　　　　　　　　　［浜野　隆］

📖 さらに詳しく知るための文献
日本政府，2010，『日本の教育協力政策 2011-2015』外務省国際協力局．
小松太郎編著，2016，『途上国世界の教育と開発──公正な世界を求めて』上智大学出版．

市民社会と国際教育協力

　NGOによる国際協力活動は，1970年代から行われていた（Banks & Hulme 2012）．1990年に開催された「万人のための教育世界会議」が契機となり，教育分野における国際機関とNGOとの連携が重視されるようになった．本項目では，NGOによる国際教育協力の取組み，そして主に先進国においてグローバルな視野で開発問題を理解するための教育として，開発教育，グローバル・シティズンシップ教育について概説する．

●**NGO・NPOによる国際教育協力**　NGOとは，Non-Governmental Organization（非政府組織）の略称で，国連の経済社会理事会において，政府以外の組織を意味する用語として使用されたのが始まりである．現在では，環境保護，人権，教育などに関する国際的な活動を展開する市民団体によって形成された組織を意味している．NPOはNon-Profit Organization（非営利組織）の略称で，政府から独立して営利目的以外で社会問題に取り組む市民団体のことを指している．両者は目的に多少の違いはあるけれども，非政府，非営利を目的とした社会活動を行う市民団体としてほぼ同類ととらえられている（江原 2001）.

　国際教育協力の分野で国際機関とNGOとの連携が強められたのは1990年代のことである．世界銀行やユネスコなどの国際機関は，市民社会によって形成されるNGOとのパートナーシップの構築を掲げ，定期的に協議を開催して国際教育協力の政策や効果的なアプローチについて議論を行っている．

　各国政府の援助担当省庁にとってもNGOは国際教育協力の活動を進めるうえで重要なパートナーである．アメリカの国際開発庁（USAID）は，NGOとのパートナーシップの形成によってUSAIDの活動範囲を広げ，民主的プロセスを高め，地域のニーズに合った支援を実施できると期待している．日本の外務省もまた，NGOが海外で活動するための資金を提供したり，NGOの組織的基盤を強めるための支援制度を補助したりしている．

　NGOによる国際教育協力の活動分野は，学校教育だけに限らない．貧困層への識字教育，女性の裁縫などのスキルを生かしてビジネスにつなげるための支援，環境保護や保健衛生に関する知識を向上させるための教育など，その活動範囲は多岐にわたる．例えば，日本のNGOである日本国際ボランティアセンターは，現地のNGO組織やボランティアと協働しながらエイズ予防の教育を提供したり，住民を主体とした農村開発プログラムを実施したりしている．このように，NGOの活動は国際教育協力分野の多様な支援を可能にしている．

●**国際NGO**　国際NGOとは，国際協力のために活動しているNGOで，①欧米

に拠点をもちながら他国においても支部を設置している，②国際協力活動を行う地域が複数あり現地事務所を設置して地元の NGO とも連携しながら活動している，③世界各国の複数の NGO を傘下に置いて連合しながら活動している，などの特徴をもって世界規模で活動を展開する大規模な市民団体のことである．日本に支部を設置している国際 NGO としては，オックスファム（OXFAM）やアムネスティ・インターナショナル（Amnesty International），セーブ・ザ・チルドレン（Save the Children），ケア（CARE）などがある．例えば，ケアは世界 70，オックスファムは世界 17 の国や地域に現地事務所を設けて，女性に対する教育の推進，保健衛生に関する教育活動，紛争地での緊急支援等を行っている．

●**開発教育，グローバル・シティズンシップ教育**　開発教育は，先進国において途上国の開発問題（貧困，差別，非識字，飢餓など）を伝えるために始められた教育である．当初は，途上国で活動していた市民団体や宗教団体が，途上国の状況を先進国の人々に伝え，現地での活動内容を宣伝することを目的としていた．社会的，経済的にも先進国と途上国との相互依存関係の深まる近年において，グローバルで生じている問題はローカルにも関連しているという認識が広まり，開発教育は，開発問題を途上国特有の事象としてとらえるのではなく自らの生活に関連することととらえ，その改善のために行動することを目指している．

　グローバル化が進む時代において，開発問題をグローバルな課題ととらえ，各国の市民がよりグローバルな結びつきを認識し，グローバルな視野をもった「市民性」の育成がグローバル・シティズンシップ教育において目指されている．元来，シティズンシップとは権利と義務を意味しており，国籍をもつことが条件とされてきた．しかし，人々の国境を越えた移動の増加によって，シティズンシップの意味は国家に限定した権利や責任だけではなく，態度や価値観をも含意するようになっている（Osler & Starkey 2005）．近年におけるグローバル・シティズンシップ教育におけるシティズンシップ（市民性）とは，グローバルな視野をもった「地球社会の形成者」として必要な知識，スキル，態度を身につけることを指している．

　開発教育やグローバル・シティズンシップ教育は，NGO によって市民向けに実施されるだけに限らず，これらの教育活動に興味関心をもつ熱心な教師によって学校教育でも実践されており，社会的，経済的，政治的な課題がグローバルに結びつく時代を生きる我々にとって非常に重要な教育活動である．　　　［武 寛子］

📖 さらに詳しく知るための文献

Banks, N. and Hulme, D., 2012, *The Role of NGOs and Civil Society in Development and Poverty Reduction*, BWPI working paper 171, Brooks World Poverty Institute.

Osler, A. and Starkey, H., 2005, *Changing Citizenship-Democracy and Inclusion in Education*, Open University Press.

江原裕美，2001，『開発と教育―国際協力と子どもたちの未来』新評論．

ESD
（持続可能な開発のための教育）

　1970年代以後，環境問題の顕在化とともに環境教育が推進されるにつれ，環境のみならず，社会や経済，文化，統治（ガバナンス）の要素も同等に重視しないと持続可能な社会は築けないという考えが徐々に受け入れられるようになった．特に1990年代からは「持続可能性のための教育」や「持続可能な未来のための教育」等が唱えられ，1992年の「国連環境開発会議」で採択された「アジェンダ21」（第36章）では「持続可能な開発」のために「教育，人々の認識及び訓練の推進」が重要であると明記されるに至った．

　さらに，2002年に開催された「持続可能な開発に関する世界首脳会議」で，2005年からの10年間を「国連持続可能な開発のための教育の10年」（UN Decade of Education for Sustainable Development 以下，「10年」）とするという日本の提案に基づき，第57回国連総会において「10年」が採択された．以後，「持続可能な開発のための教育」（ESD : Education for Sustainable Development）は国際的な運動として各国政府および民間によって展開されている．2014年11月には「10年」を締めくくる会議として「ESDに関するユネスコ世界会議」が日本（愛知県名古屋市）で開催され，「あいち・なごや宣言」が採択された．

　「10年」の提唱国でもある日本では，学習指導要領に「持続可能な社会」が明記されるなど，ESD実践のための政策上の整備がなされていき，教育振興基本計画の第1期および第2期ともにESDが記された．ESDの推進拠点としてユネスコスクールが位置づけられ，「10年」の後半以降，その数は各地で急増した．

● ESDの特徴　「10年」の主導機関であるユネスコによれば，ESDの目的は，持続可能な未来に向けて価値観・態度・ライフスタイルを変容させていくために教育全般を再方向づけすることである．つまり，新たな教育を始めるというよりも，持続不可能な社会の形成に影響を及ぼしてきた従来の教育のあり方を，持続可能な未来に向けて変容させていくということである．

　このような変容を志向するESDの「鍵となる諸特徴」は，ユネスコ（UNESCO 2006）によれば，次の6点に集約される．①学際的かつホリスティック（個別の教科ではなく，カリキュラム全体に持続可能な開発のための学びが内包されていること），②価値指向（持続可能な開発を支える価値観や原則が共有されていること），③批判的思考と問題解決（持続可能な開発のジレンマや挑戦に取り組んでいること），④多様な手法（アートやドラマなどのさまざまな教授法を用いていること），⑤参加型の意思決定（自分がいかに学ぶのかについて学習者自らが意思決定に参画していること），⑥地域の文脈への適合（地域の，そして地球規

模の課題に取り組み，学習者が日常で使っている言語を用いていること）.

　「10年」では，ESDの普及を見た一方で，ESDに対する批判も展開された．「○○のための教育」という目的に限定した教育のあり方への疑義や，環境，社会，経済等という広範囲の領域を扱うESDの曖昧さに対する批判，さらには「持続可能な開発」は人間中心の概念であり，他の生態系を守ることにならないのではないかという疑問などである．日本のESDについては，政府主導の性格が強いことや国際的な期待と国内の実践に乖離がみられることなども指摘されてきた．

●「10年」以降の動向　「あいち・なごや宣言」では，ESDの領域として「気候変動」「防災」「生物多様性」「持続可能な生産と消費」があげられた．これらは「気候変動教育」や「防災教育」など，独自に発展してきた経緯があるが，ESDの傘下で実践される場合は，持続可能な未来につながる「変容」と「統合」と「刷新」が強調されるようになった．つまり，学習者自身の価値観や行動が変容する結果，共同体も変容し，学習において環境や社会，経済の要素が包括的に扱われ，旧態依然たる社会を変える原動力としての教育が求められている．

　日本をはじめ，諸外国では，「10年」の間，十分な変容がもたらされなかったなどの残された課題とともに「10年」の後継事業としてグローバル・アクション・プログラム（GAP，2015〜2019年）が「ESDに関するユネスコ世界会議」で採択された．ここでは，①ESDを各国の政策に盛り込むこと，②学校等の組織全体でESDを推進する手法（ホール・インスティテューション・アプローチ）により学びに変容をもたらすこと，③ESDのファシリテーターとなり，変容をもたらす教育者を育成すること，④「変化の担い手」として若者を育むこと，⑤地域の課題解決に向けて多様な主体が対話・協力していくこと，という五つの優先行動領域が決められ，おのおのの分野で国際的な運動が継続されている．

　また，2015年の国連総会で採択された「持続可能な開発目標（SDGs）」のもとに決められた17の各領域においてESDが果たすべき役割が注目されており，特に気候変動などの地球規模の課題に対して「10年」で蓄積された知見を生かすことが期待されている．　　　　　　　　　　　　　　　　　　　　［永田佳之］

📖 さらに詳しく知るための文献

永田佳之，2014，「ポスト『国連ESDの10年』の課題—国際的な理念と国内の実践との乖離から見えてくる日本の教育課題」田中治彦・杉村美紀編『多文化共生社会におけるESD・市民教育』上智大学出版，pp. 165-184.

永田佳之・曽我幸代編訳，2017，『新たな時代のESD サスティナブルな学校を創ろう〜世界のホールスクールから学ぶ〜』明石書店.

UNESCO, 2006, *Framework for the UNDESD International Implementation Scheme*, UNESCO.

UNESCO, 2017, *Education for Sustainable Development Goals: Learning Objectives*, UNESCO Education Sector.

国際バカロレア

参照「文化資本」p.106

　国際バカロレア（以下，IB）は，スイス民法典に基づく国際バカロレア機構（以下，IBO）による国際的な学習プログラムである．1968年に発足して以来，IBOは，認定校への共通カリキュラムの提供，IB試験の実施，IBディプロマ資格の授与を行っている．日本は，1979年に大学入学資格として，IBを認定した．

　IBにつながる国際的な大学入学資格への構想は，国際機関に勤務する子弟のために，1924年に設立された世界最初の国際学校，ジュネーブ・インターナショナルスクールの教員から生まれた．当初，同学校では，進学先の大学入学資格（アメリカ：SAT，フランス：バカロレア，イギリス：GCE-Aレベル，ドイツ：アビトゥアなど）取得のための教育を生徒の希望により個別に行っていた．しかし，各国の教育制度に基づく対応は，国際学校の理念に反し，また，学校経営上も負担が大きかった．そのため，国際的内容をもつ共通カリキュラムと，それに基づく大学入学資格の世界的認証制度の創設が望まれたのである．その後，UNESCOなどの国際機関や国際的組織・団体の支援や取組みを経て，大学入学準備コースである現在のディプロマ・プログラム（以下，DP）の原型が開発された．

●**DPの概要**　DPは，英語，フランス語，スペイン語のいずれかで教授され（一部の科目で日本語等の認定あり），6グループ（言語と文学［母国語］，言語習得［外国語］，個人と社会，理科，数学，芸術）の領域から構成される．生徒は，自分の興味・関心や進路を勘案し，6グループのそれぞれから，専門性の高い上級レベルを3〜4科目（各240時間），残りを標準レベル（各150時間）から選択し，個別化されたカリキュラムに基づき2年間学習する．また，教科横断的でカリキュラムの核となる，「課題論文」（以下，EE）の執筆，複眼的・批判的思考を醸成する「知の理論」（以下，TOK）の授業，一定時間体験活動に従事する「創造性・活動・奉仕」（以下，CAS）の三つの必修要件の充足も求められる．

　DPの資格認定は，2年の課程修了後，外部評価（5月と11月に実施される世界共通の試験）と内部評価で調整される合計点数による．点数配分は，6科目各7点（合計42点）と必修要件の三つのうち，EEとTOKの組合せで最大3点（CASは評価対象外）を加え合計45点満点で，認定基準は24点以上である．

　DPのカリキュラムは，構造化された専門的・学術的内容を含む高い水準のものである．また，生徒の主体性に基づくカリキュラム選択，実験レポートの作成・小論文執筆，少人数クラスによるプレゼンテーションやディスカッションの授業など，大学の学習スタイルに類似している．そのため，一部の欧米大学では，

IBの上級レベルの科目を大学の入門コースと同等に評価し，上級レベルの科目取得の場合，大学の単位として認定する場合もある．

　なお，IBOでは，中等教育用のミドル・イヤー・プログラム（MYP），初等教育用のプライマリー・イヤー・プログラム（PYP）を合わせて開発し，初等・中等教育全体を網羅するカリキュラム導入が可能となっている．

●グローバル化に伴う拡大・普及　IBプログラムを導入する学校の特徴は，拡大・普及の過程に従い，大きく三つに区分される．①発足当初からIBの理念に依拠する国際学校，②イギリス，アメリカ，カナダ，オーストラリアなどの英語圏で卓越した教育を志向する学校（学校内に選抜クラスとしてIBを位置づける公立学校も含まれる），③ドイツ，中国やわが国のように，国際的教育を目的とする非英語圏の私立学校や公立学校である．近年，グローバル化の進展に伴い，イギリス・アメリカへの大学進学への対応やグローバルな思考形態を学ぶ手段として，IBを導入する非英語圏の学校が急増している．

　IBの利点をあげれば，第一に，国際的に評価され，質の保証がなされている教育プログラムということである．IB校になるためにはIBOの課すさまざまな基準を充足する必要があり，認定過程を経ることで，学校全体を短期間で卓越した学校へと改革することが可能である．第二に，大学の先取り学習の要素が強く，学問水準が高い大学との接続がよい．第三に，IBの点数は世界共通の尺度で評価され，イギリス・アメリカの大学の入学選考の手続きが容易である．

　課題は，受益者の負担が大きい点である．経済面では，学校の認定過程で要する費用，認定後の教員対象のワークショップ，生徒が受験する試験代など，プログラムの実施・受講・修了に対し経費が相応に発生する．国際学校や私立学校では，その経費は授業料等に反映される．一方，公立学校でのIB導入は，質の高い教育プログラムの公教育による機会提供となるものの，予算の優先的投入の是非が公平性の観点から議論され，導入が難しい場合もある．学力面では，基礎・基本としての知識習得や基礎学力は，家庭等の働きかけによりすでに定着しているとの前提で，生徒の主体的・能動的な学習方法が採用される．レポート等の課題も多く，生徒には，自律的な学習姿勢，精神的強靭さ，限られた時間内での効率的判断，時間管理等の資質・能力が求められる．

　以上のように，当初，国際機関の子弟を対象に開発されたプログラムの性格から，グローバル社会で活躍する教養あるリーダー養成という現代的要請に合致しているが，知的成熟を伴う子どもを選抜して実施する，文化資本による教育格差を内在化した特別なプログラムともいえよう．　　　　　　　　〔岩崎久美子〕

📖 さらに詳しく知るための文献

Peterson, A. D. C., 2003, *Schools Across Frontiers: The Story of the International Baccalaureate and the United World Colleges*, 2nd ed., Open Court.

高等教育の多国間協力の進展

　高等教育の多国間協力は，複数の国が協力して高等教育プログラムを構築・運営することを意味し，従来からあった個々の教育研究機関相互の連携や協力とは本質的に異なる．その特徴は，第一に各国の政府，あるいは国際的な地域機構が連携の主体となっている点，第二に旧来型の二国間交流のみならず，ネットワークを構成し，学生，教職員や研究者，プログラム，教育機関が移動することによって新たな機能を生んでいるという点である．多国間協力が可能になった背景には，1990 年代半ば以降，人々の高等教育に対する需要の高まりと，各国政府や企業が展開する人材獲得競争に伴い高等教育の民営化と多様化の動きが進展したことがあげられる．この動きは，欧米先進国のみならず，予算の制約があるなか，効率性と競争原理のもとに高等教育を短期間に拡充したい新興国や途上国でも活発化してきた．そこでは，各国が協力し，ダブルディグリーやジョイントディグリーなどの共同学位プログラムや研究協力が行われている．

●**多国間協力の形態**　多国間協力は EU 諸国における学生のモビリティ促進を目的とした「エラスムス計画」が最も長い歴史をもつ．アジアではアジア太平洋大学交流機構（UMAP）が 1991 年に，また東南アジア諸国連合（ASEAN）が組織するアセアン大学連合（AUN）が 1995 年に発足した．また 2009 年にはマレーシア，タイ，インドネシア 3 か国と東南アジア教育大臣機構・高等教育開発センター（SEAMEO-RIHED）による学生流動促進のための「MIT プログラム」が組織され，その後，参加国を拡大しつつ SEAMEO-RIHED が「アセアン学生移動プログラム」（AIMS）として運営するようになった．2010 年には南アジア地域協力連合（SAARC）による南アジア大学（SAU）が，また 2013 年には高等教育や人材育成を議論する SEAMEO カレッジが発足している．いずれも各機構の加盟国が地域に資する人材の育成を共通の目標に掲げ，共同で運営する地域連携ネットワークのスキームを形成している．他方，日本と中国，韓国の政府間合意により組織されたキャンパスアジア（CAMPUS Asia）は，国家間の連携事例である．さらに，アフリカ諸国にはアフリカ連合（AU）が 2011 年に設立した汎アフリカ大学（PAU）等がある．

●**多国間協力プログラムの運営と特徴**　こうした多国間協力の高等教育プログラムは，エラスムス計画や AUN，AIMS プログラム，PAU のように複数の大学がプログラムを提供し，分担して運営するものと，SAU のように共同で設立した教育機関で学生がともに学ぶ形態があるが，共通するのは，個々の国の目標ではなく，多国間に共通の課題を解決する教育目標のもとに教育内容が構築されてい

るという点である．プログラムの実際の運営においては，プログラムの相互認証
や単位互換などの質保証をめぐる対話，アカデミック・カレンダーの調整，教職
員の交流と協働体制の確立が必要不可欠である．学生のモビリティを促進するた
めのヨーロッパの単位互換制度のほか，アジアでは，アジア太平洋大学交流機構
（前出）やアセアン大学連合（前出）が定めた単位互換制度があり，これらをア
メリカや中南米の単位互換制度と対照させてより互換性の高い柔軟な制度を構築
しようとする動きもある．これらは，多国で増加する諸問題を解決するために，
多文化間の差異を埋め，共通の枠組みを設け，調和化（harmonisation）を促進
するための手段でもある．そこでは，共通問題を論議するアカデミック・プラッ
トフォームの提供とともに，国籍や宗教，言語，民族等が異なる多様な文化的背
景をもつ学生がともに学び合うことで生じる同窓生としての共通認識と人的つな
がり，一国の特定の教育機関だけでは網羅できない学際的分野の共有などが実現
できるという利点がある．それはいわば高等教育を公共財としてみなし，複雑多
岐化する諸課題を改めて見直し，柔軟な思考と多様な文化に対する相互理解がで
きる次世代の人材育成を協働して行う新たな挑戦であり，「高等教育圏」の確立
を目指すものである．同時に，こうしたプロセスは，地域化（regionalisation）
のプロセスを経て，地域主義（regionalism）のもとに展開される「国際高等教育」
の機能を醸成する．

●高等教育連携の課題　このように高等教育ネットワークの展開は，国家を主軸
としてきた「国際化」の流れとは異なる高等教育の新たな可能性といえる．ただ
し，スキームを運営する地域機構ないしグループそのものが，引き続き加盟国を
主体とし，ナショナリズムが強調されやすいという点で，加盟国相互の利害や国
際関係が反映されやすいことには留意が必要である．加えて，ネットワーク相互
の間での政治的ダイナミズムの影響により，国際高等教育としての協力ではな
く，相互に牽制し合ったり，時に対立する場面もみられる．東アジアにおける日
中韓3か国の国際関係の状況や，ASEANにある複数のネットワーク相互の関
係，さらにASEANとSAARC相互にみられる東南アジアと南アジアの間には
複雑な国際関係があり，高等教育の多国間連携にも影響を与えている．また，多
層的なネットワークの存在に対し，教育研究活動の主体である高等教育機関は，
どのスキームに参加すべきかという複雑な選択が求められている．　　[杉村美紀]

さらに詳しく知るための文献

黒田一雄編，2013．『アジアの高等教育ガバナンス』勁草書房．
杉村美紀，2013．「アジアの高等教育における地域連携ネットワークの構造と機能」『上智大学教育学論集』
　47，pp.21-34.

教育基準のグローバリゼーションと質保証

　20世紀の後半，人類は未曽有の教育拡大を経験した．国連による世界人権宣言（1948年）ではすべての人が教育を受ける権利を有するとしている．ただし，どのような教育をどのような基準・質保証の仕組みのもとに提供するかについては，それぞれの国家，そして連邦制や地方自治などの制度枠組みのもと，多様な文脈をもつ教育の現場である学校や教室，学習者ごとに多様であった．

　とはいえ，例えば外国製の教科書がもち込まれ，また旧宗主国や大国が新規に独立した国々の教育システムの発展の協力・指導にあたるなど，基本的な資源・キャパシティの不足や言語圏・国際政治体制などのまとまりのなかで，共通あるいは類似した教育基準や質保証制度の適用が国家や自治体の境界を越えて適用されることも珍しくない．これらのことは，世界システムのなかでの従属的な教育発展の象徴的な事例として批判的にとらえられることも多かった．

　1990年前後に東欧で社会主義体制が崩壊し，インターネットなどの情報技術の革新が進んだことで，グローバリゼーション，すなわちヒト・資本・情報の国境を越えた移動の急激な拡大・日常化が地球全体で進んだ．このことは，教育基準や質保証の議論に新たな論理を生み出すことにつながった．

●**質保証をめぐる国際的な議論の展開**　教育の普及は大衆化や多様化を伴い，日本を先行事例とするアジア，中南米などで特に私立・民間を中心とした中・高等教育機関が増加・拡大し，私費負担による市場に立脚する教育の拡大が進んだ．この現象は，1980年代の構造調整や新自由主義，コスト・シェアリングなどの議論を経て，新興諸国を中心に旺盛な進学需要を公的な資金投入の拡大を伴わずに吸収する方策として国際的な認知を得た．同時に，急速な教育の拡大に教育資源の投入が追いつかず，教育の質の低下の問題が顕在化し，各国に高等教育を中心とした教育の質保証制度・機関の設立を促すことになった．

　次に，国民の高等教育進学への公的財政支援の有効性を確保する観点からイギリス・オーストラリア等が留学生に対して教育費の全額私費負担を求め，さらに国外でキャンパスなどを設けて教育を行うようになった．21世紀初頭には，これらの留学生受入れや国外での自国の教育機関の教育プログラムの提供が有力なサービス貿易として認知され，国境を越えた教育サービスの提供，受入れ双方の立場からの質保証が国際的な課題となった．

　さらに，ヨーロッパでの社会・経済統合に呼応するかたちで欧州高等教育圏の設立が提唱され，高等教育の課程年限の共通化を軸としたボローニャ・プロセスがヨーロッパ以外にも拡大するかたちで47か国の加盟国を獲得した．ヨーロッ

パでは，共通の成績基準・フォーマットによるヨーロッパ単位互換制度（European Credit Transfer System：ECTS）や，学位の国際的相互認証，国境を越えた高等教育機関間の共同での教育提供や学位授与などの取組みが，それぞれの国や質保証機関が相互に連携・協力するかたちで定着している．

経済協力開発機構（OECD）などは，グローバル化のなかで自国の生徒・学生の国際的な位置づけに関心をもつ各国のニーズを背景とした国際的な学習到達度調査を展開するようになった．これらの調査では，生徒や学生の学習到達度，成人のスキルなどが国を越えて比較され，各国がその順位を競うなかで教育への資源投資のあり方のみならず，教育の中身にまで影響を与えるようになった．

●**教育基準の国際的収斂と多様性・自律性原則**　各国がグローバルな経済社会で活躍する人材の育成を目指すようになるなかで，世界の専門家の間で「21世紀型スキル」と呼ばれる新しい世代のためのスキルについて国を超えて共同で議論し，定義しようという動きが盛んになっている．また，各国や教育機関の教育基準や質保証のあり方が相互に参照・模倣されることで収斂していく現象も指摘されている．また，ビジネススクールの認証やオンラインでの教育提供などにおいては，グローバルな次元での教育の質保証が相当程度現実のものとなっている．

ただし，冒頭に述べたように，教育基準や質保証に関わる各主体の自律性や多様性を尊重するあり方は根本的にはゆらいでおらず，また各主体が差異化や自らの教育ニーズへの適合をはかり，多様化が促される力学が働くことも多い．例えば，ヨーロッパでは国を超えた地域としてのアクレディテーション（基準認定）を目指す動きがしばしばみられたが，最終的には各国がそれぞれ独自に質保証の基準を定め，相互に認証するあり方が支配的になっている．高等教育において，例えば工学などの分野の国際的な到達度テストの可能性を探ったOECDの高等教育における学習成果調査（Assessment of Higher Education Learning Outcomes：AHELO）においても，各国の高等教育において教育やその達成度に対する考え方が大きく異なることが議論の過程で明らかになった．また，地域経済統合を進めている東南アジアではヨーロッパに刺激を受けながら国際的な単位互換制度を発展させようという動きが盛んであるが，ヨーロッパとは異なる自前の制度が複数存在するなど，グローバルな単一の単位互換制度が実現する動きにはなっていない．

以上のように，教育の質保証に活用される尺度や基準自体も教育情報の爆発的増加のなかで多様化・個別化しており，グローバルな画一化や標準化のみを強調する議論は，一面的とのそしりを免れることができない．　　　　　［米澤彰純］

📖 **さらに詳しく知るための文献**
羽田貴史ほか編，2009，『高等教育質保証の国際比較』東信堂．
松尾知明，2015，『21世紀型スキルとは何か—コンピテンシーに基づく教育改革の国際比較』明石書店．

国際学力調査と教育へのインパクト

　国際学力調査は近年始まったものではない．ただし，まとまったかたちで実施され，各国の教育政策形成に大きなインパクトをもつようになるのは，国際学力研究のなかでも特に TIMSS 調査と PISA 調査の実施，特に後者の開始によるところが大きい．

　TIMMS（Trends in International Mathematics and Science Study）は IEA（国際教育到達度評価学会）によって行われる小中学生を対象とする国際学力調査である．文字どおり，数学（算数）と理科に関する調査であり，比較的狭義の，あるいはクラシックな学力観に基づく（表1）．

● PISA 調査とその影響力　それに対し，PISA（Programme for International Student Assessment）調査は，OECD（経済協力開発機構 Organisation for Economic Co-operation and Development）によって行われている国際学力調査である．2000 年に第1回，以後，3年おきに行われている（表2）．数学的リテラシー，読解力，科学的リテラシー，問題解決能力，デジタル読解力，デジタル数学的リテラシーなどがはかられる．こちらは TIMSS 調査とは異なり，習得した知識や技能を運用する能力をはかろうとするものであり，広義の，新しい学力観に基づく．

　従来，日本社会において，学力といえば，とかく，「豊かな学力」「本当の学力」「確かな学力」などと観念的，抽象的で美しい形容詞をつけて語られてきたきらいがある．しかしながら，近年の教育政策の領域における「エビデンス・ベースド」志向の高まりのなかで，情緒的ではなく科学的な政策立案がより強く求められるようになり，「エビデンス」の一つとしてこれら国際学力調査がかなり重視されるようになっているのである．「エビデンス・ベースド」重視の主張は，1990 年代から苅谷剛彦によって唱えられ，近年では中室牧子が強く主張している．ことに PISA 調査は調査が行われるたびに，上位に位置づけられた国は世界中の教育学者，教育政策決定者が訪問し視察するほどの影響力をもっている．

　これほどまでに影響力をもつのはなぜなのだろうか．この要因の一つは教育のグローバル化にある．教育のグローバル化については本章の概説「『グローバリゼーションと教育』研究の動向」を参照いただきたいが，教育をめぐる人の移動が激しくなっている．特に高等教育の領域においては知識基盤社会化の波に乗り，優秀な頭脳を世界から集めることは国家的な課題である．またロボット産業の進歩などにより，今後の基幹労働力には「人間でないとできない労働」がより強く求められることになり，基幹労働力の知的能力の高低が一国の生産力の高低

表1　TIMSS 調査におけるわが国の得点および順位の変遷（中学2年数学）

	1995		1999		2003		2007		2011		2015	
1	シンガポール	609	シンガポール	604	シンガポール	605	台湾	598	韓国	613	シンガポール	621
2	日本	581	韓国	587	韓国	589	韓国	597	シンガポール	611	韓国	606
3	韓国	581	台湾	585	香港	586	シンガポール	593	台湾	609	台湾	599
4	香港	569	香港	582	台湾	585	香港	572	香港	586	香港	594
5	ベルギー	550	日本	579	日本	570	日本	570	日本	570	日本	586
6	スウェーデン	540	ベルギー	558	ベルギー	537	ハンガリー	517	ロシア	539	ロシア	538
7	スロバキア	534	オランダ	540	オランダ	536	イングランド	513	イスラエル	516	カザフスタン	528
8	オランダ	529	スロバキア	534	ハンガリー	529	ロシア	512	フィンランド	514	カナダ	527
9	ブルガリア	527	ハンガリー	532	スロバキア	508	アメリカ	508	アメリカ	509	アイルランド	523
10	ハンガリー	527	ロシア	526	マレーシア	508	リトアニア	506	イングランド	507	アメリカ	518

（出典　文部科学省「国際数学・理科教育動向調査（TIMSS2015）のポイント」，http://www.mext.go.jp/component/a_menu/education/micro_detail/_icsFiles/afieldfile/2016/12/27/1379931_2_1.pdf〔2017/10/15 最終閲覧〕より作成）

表2　PISA 調査におけるわが国の得点および順位の変遷（読解力）

2003		2006		2009		2012		2015	
1 フィンランド	543	1 韓国	556	1 上海	556	1 上海	570	シンガポール	535
2 韓国	534	2 フィンランド	547	2 韓国	539	2 香港	545	香港	527
3 カナダ	528	3 香港	536	3 フィンランド	536	3 シンガポール	542	カナダ	527
4 オーストラリア	525	4 カナダ	527	4 香港	533	4 日本	538	フィンランド	526
5 リヒテンシュタイン	525	5 ニュージーランド	521	5 シンガポール	526	5 韓国	536	アイルランド	521
6 ニュージーランド	522	6 アイルランド	517	6 カナダ	524	6 フィンランド	524	エストニア	519
7 アイルランド	515	7 オーストラリア	513	7 ニュージーランド	521	7 アイルランド	523	韓国	517
8 スウェーデン	513	8 リヒテンシュタイン	510	8 日本	520	7 台湾	523	日本	516
9 オランダ	513	9 ポーランド	508	9 オーストラリア	515	7 カナダ	523	ノルウェー	513
10 香港	510	10 スウェーデン	507	10 オランダ	508	10 ポーランド	518	ニュージーランド	509
14 日本	498	15 日本	498						

（出典　国立教育政策研究所「OECD 生徒の学習到達度調査（PISA）」，http://www.nier.go.jp/kokusai/pisa/pdf/2015/01_point.pdf〔2017/10/15 最終閲覧〕より作成）

にかなり関係するものと考えられている．

●新たな学力観　このような流れを受け，OECD は 2015 年に「2030 年に向けた教育のあり方に関する報告」を発表した．そのなかで論じられている新たな学力観を体系化した「education 2030」（仮称）では，2030 年に求められるコンピテンシーについて以下の六つの概念を提供している（OECD/Japan セミナー〔2015年 12 月 10 日〕資料より）．すなわち，①知識（knowledge），②認知能力（cognitive competencies），③社会的スキル（social competencies），④情動性（emotional qualities），⑤心身の健康（well-being），⑥メタ認知（meta-competencies）

表 3 2015 年 PISA 調査の結果（全参加国・地域［72 か国・地域］における比較）

	科学的リテラシー	平均得点	読解力	平均得点	数学的リテラシー	平均得点
1	シンガポール	556	シンガポール	535	シンガポール	564
2	日本	538	香港	527	香港	548
3	エストニア	534	カナダ	527	マカオ	544
4	台湾	532	フィンランド	526	台湾	542
5	フィンランド	531	アイルランド	521	日本	532
6	マカオ	529	エストニア	519	北京・上海・江蘇・広東	531
7	カナダ	528	韓国	517	韓国	524
8	ベトナム※	525	日本	516	スイス	521
9	香港	523	ノルウェー	513	エストニア	520
10	北京・上海・江蘇・広東	518	ニュージーランド	509	カナダ	516
11	韓国	516	ドイツ	509	オランダ	512
12	ニュージーランド	513	マカオ	509	デンマーク	511
13	スロベニア	513	ポーランド	506	フィンランド	511
14	オーストラリア	510	スロベニア	505	スロベニア	510
15	イギリス	509	オランダ	503	ベルギー	507
	OECD 平均	493	OECD 平均	493	OECD 平均	490

信頼区間※（日本）：533-544　　信頼区間（日本）：510-522　　信頼区間（日本）：527-538

である．今後もさまざまな国で検討される概念であるが，ここで注目すべきは，日本において清掃や遠足，中学・高校の部活動など，特別活動で行われてきた人格形成も④の情動性において「education 2030」に取り上げることを検討していることである．すなわち，知識理解や表現だけでなく，人格に関わる特性についても PISA 調査の範疇としてとらえるという発想である．また，このようなコンピテンシーは先進諸国の子どもたちに共通に求められる力であり，今後の教育改革の方向性は「education 2030」の流れを踏襲することが予想される．

　さて，20 世紀末に起こった学力論争について一言，言及しておきたい．本章の概説で触れられているように，20 世紀末に起こったいわゆる「学力論争」において，「学力低下批判派」と「ゆとり教育推進派」の間で激しい議論があった．今日振り返ると，この論争自体がグローバリゼーションと教育との関係のあり方をめぐる議論そのものであったと，考えられる．新自由主義のもとでグローバルな競争にさらされる時代において，競争力の低下につながる教育内容の量的削減

は認められないとする「学力低下批判派」と，グローバル化に伴い「異文化理解」「協調性」など新たに求められるスキルの習得を重視する「ゆとり教育推進派」の議論は，グローバル化する社会においてどのような教育が求められているかをめぐる，きわめて重要な議論だったといえる．そしてその視点からすれば，一見，文部科学省も世論も「学力低下批判派」の声に耳を傾け，「脱ゆとり教育」，「反ゆとり教育」に舵を切ったように見えるが，その舵を切った先で行われている教育は「ゆとり教育推進派」が主張していた「異文化理解」「協調性」などの 21 世紀の世界で必要とされるグローバル・スキルそのものである．この一見ねじれた現象はどのように説明できるのであろうか．

　先述のように，長らく文部科学省のエビデンス・ベースドとはいいかねる政策立案に対して教育界から異が唱えられてきた．それに対して，全国学力・学習状況調査が行われるようになったことは周知のとおりである．しかし，それと軌を一にして PISA テストの国際学力調査としての評価が高まり，国際的には旧学力観に基づく TIMMS よりも，PISA テストの方が重要視されるようになった．その PISA テストにおいては「正答のない問題」「正答の複数ある問題」などがあり，思考の過程，習得した知識の運用が重視されるのである．したがって，国際競争力を重視する学力低下批判派においても，スキル重視のゆとり教育推進派においても PISA テストは容認しうるものである．また，就職活動においても，いわゆる「即戦力志向」の高まりに伴い，知識・技術よりも実践的スキルを重視する傾向が強まり，これが人間力，学士力，社会人基礎力などの名において各省庁でも習得することを重視するような風潮が高まってきた．これも一見，ゆとり教育から離れるように見えて，実はそちらに寄り添うようになっている現象を後押ししているのである．

　なお表 1〜表 3 にみるように PISA 調査における日本の順位は各領域ともにかなり高く，少くともこの PISA 調査の結果（あるいは TIMMS の結果）から深刻な学力低下がうかがわれるということではないことを付記しておく．

［山内乾史・原 清治］

さらに詳しく知るための文献

志水宏吉・高田一宏編，2012，『学力政策の比較社会学【国内編】学力テストは都道府県に何をもたらしたか』明石書店．

志水宏吉・鈴木 勇編，2012，『学力政策の比較社会学【国際編】PISA は各国に何をもたらしたか』明石書店．

山内乾史・原 清治編，広田照幸監修，2006，『学力問題・ゆとり教育』リーディングス 日本の教育と社会，第 I 期第 1 巻，日本図書センター．

グローバル化と言語教育

　「グローバル化」「言語教育」というキーワードからイメージされるのは，一般的に「国際化が異次元に突入した現代，英語をはじめとした多言語化が進む現実に学校教育や語学ビジネスが対応する」といった構図だろう．しかし，これらは典型的な俗流グローバル化論というほかない．第一にグローバル化という歴史的過程を根源的に誤認しているという通時的錯覚，第二に，既存の国民国家を自明視したうえで，公教育や語学学校が多言語化に対応するという政策イメージが現代の言語教育の実態・本質を矮小化しているという共時的誤認の問題だ．この二つの致命的欠陥を日本列島周辺の数世紀を軸に検討することから始めよう．

●**長期のグローバル化過程と多言語性**　そもそもグローバル化は大航海時代以来の長期の社会変動である．例えば長崎の出島・唐人屋敷に滞在していたオランダ・清国からの来訪者たちの常駐は典型的なグローバル化現象で，通詞たちの世襲による養成過程もその産物だ．海禁体制下の日本列島周辺に限っても，琉球国と薩摩藩・江戸幕府，李氏朝鮮と対馬藩・江戸幕府等々，グローバル化（多文化接触）の現実，多言語空間を機能させた複数の教育制度を見て取ることができる．ひるがえって明治期の「お雇い外国人」が欧米語で講じた高等教育による官僚層の養成，中等教育に導入された英語教育など，過去約 150 年間の日本周辺も「グローバル化と言語教育」の歴史そのものである．そもそも台湾・朝鮮半島など植民地領有はもちろん，沖縄県・北海道・小笠原諸島の領土化を含めた帝国日本の成立，つまり国民国家の統合過程自体がグローバル化の動向の一部だった．植民地への「国語」の押しつけ，旧蝦夷地，旧琉球国，小笠原など先住者への国語教育政策自体が，多言語空間ならではの現実といえる．戦後の日本列島内に舞台を限っても，新制中学の義務化に伴い準義務化していった英語教育，新制大学で展開した「第二外国語」教育，外国語教育の大衆化の消長には重要な事例が多数ある．インターナショナルスクール，朝鮮学校・中華学校等に無介入だった政策と同時に，言語政策不在のもとで日本語化した在日・中南米系等の経緯も見逃せない．

　視野を世界の数世紀に広げれば，①多言語状況は普遍的現実で，特に近代社会が成立した時期以降は有力な民族語が「国語」化しつつ植民地に流入，世界各地はバイリンガル，ないしダイグロシア（二層言語状態）と化していった．それは公教育・徴兵制・輸送革命・マスメディアによって加速化した．②新大陸やヨーロッパを中心に移民が大量流入し，言語権定着につれて公教育での多言語教育が進められ，東欧革命につづく EU 発足や，帰国生の急増，国際バカロレア等の制度化を経て，20 世紀末以降言語教育のグローバル化は急進した，と総括できる．

●現代の世界の一体化における言語教育と今後を見通すために　このような経緯を踏まえれば，冷戦構造崩壊後の四半世紀前後に議論が終始するグローバル化論・言語教育論は通時的視野を欠落させた俗論にすぎない．

　戦後の日本列島周辺に議論を限定しても，日系ブラジル人・日系ペルー人やフィリピン出身者の家族，中国からの帰国者家族，インドシナ難民等の言語的社会化や進学問題，識字学級などの現実，民族的少数者の言語文化継承（継承語教育）等，種々の歴史的経緯を位置づける必要がある．日系ブラジル人の日本語文化への適応，ポルトガル語継承も，戦前戦後の中南米への移民政策とバブル経済による入国管理政策の激変抜きには語れない．中国からの帰国者家族，インドシナ難民家族を戦争体験抜きに語れないのも同様だ．外国籍児童の学習権を保障せず，朝鮮学校・中華学校・ブラジル人学校なども管轄外とみなす文部科学省の姿勢．国際化の名のもとでの英語教育の自明視（留学生獲得のための英語による授業や，初等教育など早期教育の唱道ほか，大学人の動向等）．言語文化的な居留地の残存物ともいえる大都市部のインターナショナルスクールや米軍関係者向けの教育組織の動向．これらすべては，戦後史を踏まえてこそ現在が客観視できる．翻訳ソフトを介した外国語理解をもって，あたかも多言語対応できたように錯覚するグローバル幻想の大衆化は，ICT・インターネットという新しい局面の産物である．

　こうした通時的・共時的視座を交差させて現状と「近未来」を見据えるとき，まず「俗流史観」から解放される必要がある．例えば「日本列島は本来均質的な文化圏だったが，近年のグローバル化に対応するために，英語の早期教育はもちろん大学や研究機関・企業などの英語化，公共空間での英語の公用語化が避けられない」といった都市伝説からだ．そのうえで幼児期から20歳前後までの若年層とニューカマーがもつ言語権・学習権を，公教育・社会教育上，年長者・ホスト社会が具体的にどう保障していくのか（情報弱者への情報保障）という課題＝責務が浮上することになる．EUでの多文化間コミュニケーション能力育成（ヨーロッパ言語共通参照枠など）等を参考にするためにも，歴史的俯瞰が必要である．

　日本にはびこる俗流英語教育論から自由になるためには，手始めに寺沢拓敬の一連の著作が必読といえよう（寺沢 2014，2015）．医療・司法・学校・各種行政手続き等，ニューカマーの言語権保障に不可欠な「コミュニティ通訳」の現状と通訳者養成問題は，急進するグローバル化のもと人権に直結する喫緊の課題である（水野・内藤 2015）．日本列島に関する多言語状況を通時的・共時的にスケッチし，言語教育関連の項目・記述も多数収録された必携文献として『事典 日本の多言語社会』（真田・庄司編 2005）があげられる．多言語的現実と教育社会学的に対峙するためには，これら広義の社会言語学系文献が欠かせない．

［ましこひでのり］

国際共通語としての英語教育

　グローバル化の進展や情報通信技術の発達により，「国際共通語としての英語」の重要性が語られるようになって久しい．ブリティッシュ・カウンシルによれば，2013年時点で世界の全人口の1/4にあたる約17億5000万人が実用レベルで英語を使用しており，2020年までに英語話者人口は20億人に達すると見込んでいる．英語力は情報，コミュニケーション，学問，ビジネス，娯楽，外交などグローバル社会のあらゆる場面で不可欠であるとされ，英語教育の推進は世界各地において重要な教育政策の一つとして位置づけられてきた．

●日本の義務教育における英語教育と教育政策　日本の中学校における外国語（実態は英語）必修化は2002年のことであり，それまで制度上は選択教科であったものの，1960年代にはすでに履修率は100%に近づいていた．寺沢（2014）は，英語の《国民教育化》に影響を与えた要因として主に以下の3点を指摘している．①1950年代後半以降の高校入試への英語導入・高校進学率の上昇，②ベビーブーマーの中学校入学対応を目的とした英語教員の増員と卒業後の人的余裕の増加による英語授業の新規開講，③英語教育の目的が「文化吸収」「人格形成」「国際理解」のような抽象度の高いものとして扱われるようになったことである．

　この間，義務教育における英語教育の目的と必要性をめぐってはいくつかの論争が繰り広げられた．その代表的なものとして，当時参議院議員であった平泉渉が自民党政務調査会に提出した「外国語教育の現状と改革の方向——一つの試案」に対して，当時上智大学教授であった渡部昇一が挑んだ英語教育論争（1974〜1975年）があげられる．この論争の見方はさまざまあるが，一般的に平泉の「実用重視」に対して渡部の「教養重視」をめぐるものと理解されてきた．

　1980年代後半以降は「実用重視」の傾向が顕著となり，英語教育の改革推進政策が次々に打ち出されてきた．2000年代以降は国際共通語としての英語の役割がより明確に意識されるようになり，2002年には文部科学省によって「日本人全体」が「世界平均水準の英語力」を獲得することを目標とした「『英語が使える日本人』育成のための行動計画」（以下，「行動計画」）が策定された．

　2011年には「行動計画」の後継政策として「国際共通語としての英語力向上のための5つの提言と具体的施策」が策定された．ここでは，英語の重要性が増す一方で，高校生・大学生の海外留学者数が減少するなど近年の「内向き志向」が指摘された．同年には，小学校5・6年の教育課程において，「外国語活動」（実態は英語）が正式に導入された．今後，英語教育の早期化はさらに進む見込みである．

●「国際共通語」としての英語教育をめぐる議論　英語教育をめぐる議論は多様

な分野や視点から展開されてきたが，ここでは主要な議論の流れを大きく二つに整理して論じる．一つ目の議論の焦点は，英語教育をどの時期に，いかなる方法で実施するべきか，そしてその目的は何かという問いとそれをめぐる諸学問分野からの応答や論争である．日本においては，上述の「行動計画」が示され，小学校への英語教育導入政策が具体化し始めた2000年代以降，早期英語教育に対する議論が活発化していった．反対論者からは，早期に英語を学ぶ利点が客観的データによって示されていないという問題，継承語（あるいは国語）教育への影響を考慮する必要性や継承語（あるいは国語）教育との連携を模索する必要性などが提起されたが，他国の先例や世論の支持を基盤として，小学校での英語必修が実質化される結果となった．教育方法をめぐる議論に関しても，文法を教えるべきか否か，英語は英語で教えるべきか否かなど多様な論点がある．英語教育の目的については，上述の英語教育論争などの歴史はあるものの，教育方法論をめぐる議論に比べて持続的かつ包括的な議論が展開されているわけではない．今後，この問いは政策立案者や教師だけでなく，英語を学ぶ学生や児童生徒も含めてより広く議論されるべきものと考えられる．

　もう一つの議論の焦点は，英語を「国際共通語」としてみなすことの是非についてである．批判的立場としては，例えばフィリプソン（Phillipson 訳書，2013）が英語の覇権的地位に対して言語帝国主義の観点から考察を加えた．彼は，英米の諸政府機関・財団によって展開されてきた英語の普及活動が，「非政治的」な手段に見せかけながら，いかに経済的，軍事的，政治的ヘゲモニーにとって欠かせないものであったかを明らかにした．英語教育が国際理解に資するという楽観的な言説は，多くの場合，英語が帝国主義的・ポスト植民地主義的背景を抱えてきたことを覆い隠してきたとの批判がある．

　こうした視座に基づき，グローバル社会における英語教育は，英米英語およびそれらの文化を規範として教えるのではなく，世界における言語文化の多様性に注意を払うべきであるとの指摘もある（久保田 2015）．いい換えれば，英語を多様な言語圏，さらには多言語主義という考え方のなかに位置づけて教育するということである．このことは，世界の大半が非英語圏である事実，多文化社会においてマイノリティの言語権がしばしば脅かされる状況，世界各地で危機に瀕している言語が存在する現実などの理解に寄与しうると期待されている．　［見原礼子］

📖 さらに詳しく知るための文献

久保田竜子，奥田朋世監訳，2015，『グローバル化社会と言語教育―クリティカルな視点から』くろしお出版．

Phillipson, R., 1992, *Linguistic Imperialism*, Oxford University Press（＝2013，平田雅博監訳『言語帝国主義―英語支配と英語教育』三元社）．

寺沢拓敬，2014，『「なんで英語やるの？」の戦後史―《国民教育》としての英語，その伝統の成立過程』研究社．

和文引用参照文献

＊各文献の最後に明記してある数字は引用している項目の最初のページを表す

■あ

青井和夫，1973，「しつけ研究への社会学的アプローチ」小山 隆編『現代家族の親子関係―しつけの社会学的分析』培風館，pp. 17-47. ……**396**

青木栄一，2004，『教育行政の政府間関係』多賀出版. ……**664**

青木栄一，2013，『地方分権と教育行政―少人数学級編制の政策過程』勁草書房. ……**690**

青木宗也・示村悦二郎編，1996，『大学改革を探る―大学改革に関する全国調査の結果から』JUAA 選書 5，大学基準協会. ……**478**

青島祐子，1997，「短期大学における「資格教育」の考察―その変遷と課題」『産業教育学研究』27(1)，pp. 56-63. ……**482**

青砥 恭，2009，『ドキュメント高校中退―いま，貧困がうまれる場所』筑摩書房. ……**434,568**

青野篤子，2012，『ジェンダー・フリー保育―次世代育成のヒント』多賀出版. ……**340**

赤尾勝己編，2004，『生涯学習理論を学ぶ人のために』世界思想社. ……**506,508**

赤川 学，1999，『セクシュアリティの歴史社会学』勁草書房. ……**358**

赤坂憲雄，1991，『新編 排除の現象学』筑摩書房. ……**560**

明石要一・高野良子，1993，「「上席」女教員のライフスタイルの研究」『千葉大学教育学部研究紀要（第1部）』41，pp. 57-76. ……**356**

赤林英夫ほか編，2016，『学力・心理・家庭環境の経済分析』有斐閣. ……**556**

赤松啓介，1994，『夜這いの民俗学』明石書店. ……**358**

秋田喜代美ほか編著，2005，『教育研究のメソドロジー―学校参加型マインドへのいざない』東京大学出版会. ……**234**

秋葉昌樹，1995，「保健室における『相談』のエスノメソドロジー的研究」『教育社会学研究』57，pp. 163-181. ……**216**

秋葉昌樹，2004，『教育の臨床エスノメソドロジー研究―保健室の構造・機能・意味』東洋館出版社. ……**202,214,244**

秋葉昌樹，2013，「臨床教育研究としてのフォーラムシアター―社会学的考察の試み」日本教育社会学会編『教育社会学研究』92，pp. 83-104. ……**264**

秋葉昌樹，2014，「教育実践としてのフォーラムシアターにおける参加と接続―物語性，"未完"性，身体性，共同性」『龍谷大学論集』484，pp. 7-19. ……**264**

浅井春夫，2016，「国際セクシュアリティ教育実践ガイダンスの紹介と考察」『保健の科学』58(6)，pp. 383-390. ……**358**

朝倉景樹，1995，『登校拒否のエスノグラフィー』彩流社. ……**130,202,522,562**

足立浩平，2006，『多変量データ解析法―心理・教育・社会系のための入門』ナカニシヤ出版. ……**196**

東 園子，2015，『宝塚・やおい，愛の読み替え―女性とポピュラーカルチャーの社会学』新曜社. ……**362,375**

東 浩紀，2001，『動物化するポストモダン』講談社. ……**374**

麻生 誠，1982，『近代化と教育』第一法規. ……**220**

阿曽沼明裕，2014，『アメリカ研究大学の大学院』名古屋大学出版会. ……**490**

阿部 彩，2008，『子どもの貧困』岩波書店. ……**118**

阿部 彩，2014，『子どもの貧困Ⅱ』岩波書店. ……**118**

阿部耕也，1997，「会話における〈子ども〉の観察可能性について」『社会学評論』47(4)，pp. 445-460. ……**214,216**

天野郁夫，1982，『教育と選抜』第一法規. ……**220**

天野郁夫，1990，「辺境性と境界人性」『教育社会学研究』47，pp. 89-94. ……**14,40,52**

天野郁夫，1994，「近代化過程における遠隔教育の初期的形態に関する研究」放送教育開発センター編『研究報告』67，pp. 1-3. ……**724**

天野郁夫，1999a，「研究の意図と目的」『大学＝地域交流の現状と課題―国立大学教員調査の結果から』国立学校財務センター研究報告 3，pp. 3-8. ……**516**

天野郁夫，1999b，『大学―挑戦の時代』UP 選書 276，東京大学出版会. ……**478**

天野郁夫，2009，『大学の誕生』上・下，中央公論新社．……**460**

天野郁夫編，1991，『学歴主義の社会史―丹波篠山にみる近代教育と生活世界』有信堂高文社．……**230**

天野郁夫ほか，1994，『教育社会学』放送大学教育振興会．……**4**

天野正子，1980，「女性にとっての青年期とその進路選択」山村　健・天野郁夫編『青年期の進路選択』有斐閣，pp.130-156．……**352**

天野正子，1986，『女子高等教育の座標』垣内出版．……**350**

天野正子編著，1986，『女子高等教育の座標』垣内出版．……**352**

天野正子，1988，「『性（ジェンダー）と教育』研究の現代的課題―かくされた『領域』の持続」『社会学評論』39(3)，pp.266-283．……**326,352**

天野正子・木村涼子編，2003，『ジェンダーで学ぶ教育』世界思想社．……**345**

天野正子ほか編，伊藤公雄解説，2009，『男性学』新編日本のフェミニズム 12，岩波書店．……**330**

天野義智，1992，『繭の中のユートピア―情報資本主義の精神環境論』弘文堂．……**730**

網野武博，1994，「家族および社会における育児機能の心理社会的分析」社会保障研究所編『現代家族と社会保障―結婚・出生・育児』東京大学出版会，pp.89-105．……**314**

鮎川　潤，2005，「少年法改正とエビデンス・ベイスト・ポリシー」『犯罪社会学研究』30，pp.20-32．……**548**

荒井一博，1995，『教育の経済学―大学進学行動の分析』有斐閣．……**650**

荒井悠介，2009，『ギャルとギャル男の文化人類学』新潮社．……**348**

荒牧草平，2010，「教育の階級差生成メカニズムに関する研究の検討―相対的リスク回避仮説に注目して」『群馬大学教育学部紀要　人文・社会科学編』59，pp.167-180．……**166**

荒牧草平，2016，『学歴の階層差はなぜ生まれるか』勁草書房．……**470**

有田　伸，2013，「変化の向き・経路と非変化時の状態を区別したパネルデータ分析―従業上の地位変化がもたらす所得変化を事例として」『理論と方法』28(1)，pp.69-85．……**190**

有田　伸，2016，『就業機会と報酬格差の社会学』東京大学出版会．……**612**

有本　章編，2003，『大学のカリキュラム改革』玉川大学出版部．……**478**

有元佐興ほか，2004，「親の学校選択と学区制の見直し」『教育社会学研究』74，pp.381-383．……**698**

有本真紀，2013，『卒業式の歴史学』講談社．……**390**

安藤玲子，2003，「テレビゲームは，脳の発達に悪影響を及ぼすか」『メディアと人間の発達―テレビ，テレビゲーム，インターネット，そしてロボットの心理的影響』学文社，pp.125-128．……**728**

安藤玲子ほか，2005，「インターネット使用が中学生の孤独感・ソーシャルサポートに与える影響」『パーソナリティ研究』14(1)，pp.69-79．……**732**

■い

飯田貴子・井谷恵子，2004，『スポーツ・ジェンダー学への招待』明石書店．……**342**

飯田貴子ほか，2016，「体育・スポーツ関連学部の大学生を対象としたスポーツと性的マイノリティに関する調査結果　第 2 報」『スポーツとジェンダー研究』14，pp.21-32．……**346**

飯田浩之，1992，「新制高等学校の理念と実際」門脇厚司・飯田浩之編『高等学校の社会史―新制高校の〈予期せぬ帰結〉』東信堂，pp.3-70．……**400**

家永三郎，1965，『教科書検定―教育をゆがめる教育行政』日本評論社．……**386**

家永三郎，1993，『『密室』検定の記録―80 年代家永日本史の検定』名著刊行会．……**386**

井門富二夫，1985，『大学のカリキュラム』玉川大学出版部．……**478**

五十嵐素子，2003，「授業の社会的組織化―評価行為への相互行為論的アプローチ」『教育目標・評価学会紀要』13，pp.54-64．……**216**

五十嵐素子，2011，「保育実践における子どもの感情経験の取り扱い―エスノメソドロジーの視点から」『子ども社会研究』17，pp.5-14．……**214**

五十嵐素子，2016，「『教示』と結びついた『学習の達成』―行為の基準の視点から」酒井泰斗ほか編『概念分析の社会学』ナカニシヤ出版，pp.177-194．……**214**

五十嵐素子・笠木祐美，2017，「ICT を活用した協働学習のデザインと生徒のワーク―中学校の授業実践を例として」水川喜文ほか編『ワークプレイス・スタディーズ―はたらくことのエスノメソドロジー』ハーベスト社，pp.258-277．……**214**

池岡義孝，2010，「戦後家族社会学の展開とその現代的位相」『家族社会学研究』22 (2)，pp.141-153．……**286**

池田隆英，2009，「ある女性保育士のライフヒストリー――「ジェンダー・フリー保育」にみる実践の困難」

望月重信編著『変化する社会と人間の問題―学校教育・ジェンダー・アイデンティティ』学文社，pp. 125-150. ……**354**

池谷孝司，2014，『スクールセクハラ』幻冬舎. ……**360**

池谷壽夫，2007，『新装版 セクシュアリティと性教育』青木書店. ……**358**

池本美香，2011，「経済成長戦略として注目される幼児教育・保育政策―諸外国の動向を中心に」『教育社会学研究』88，pp. 27-45. ……**394**

伊佐夏実，2010，「公立中学校における『現場の教授学』―学校区の階層的背景に着目して」『教育社会学研究』86，pp. 179-199. ……**448**

伊佐夏実，2015，「家庭教育の階層差に対する教師のまなざし」『龍谷教職ジャーナル』2，pp. 1-20. ……**448**

伊佐夏実・知念 渉，2014，「理系科目における学力と意欲のジェンダー差」『日本労働研究雑誌』648，pp. 84-93. ……**350,618**

石井クンツ昌子，2004，「共働き家庭における父親の育児参加」渡辺秀樹ほか編『現代家族の構造と変容―全国家族調査（NFRJ98）による計量分析』東京大学出版会，pp. 201-214. ……**316**

石井クンツ昌子，2013，『「育メン」現象の社会学―育児・子育て参加への希望を叶えるために』ミネルヴァ書房. ……**316**

石川 謙，1949，『我が国における児童観の発達』振鈴社. ……**272**

石川由香里，2011，「進学に向けての地域格差とジェンダー格差―背後にあるケア役割への期待」石川由香里ほか『格差社会を生きる家族』有信堂，pp. 61-80. ……**352**

石田 浩，1989，「学歴と社会経済的地位の達成―日米英国際比較研究」『社会学評論』159，pp. 252-266. ……**308,612**

石田 浩ほか編，2011，『現代の階層社会 2 階層と移動の構造』東京大学出版会. ……**600,608**

石田佐恵子・山田富秋，2015，「特集―映像アーカイブズを利用した質的調査の探求」によせて」『社会学評論』65（4），pp. 454-464. ……**232**

石戸教嗣，1982，「男女差からみた『かくれたカリキュラム』」京都大学教育社会学研究室『「学習風土」と「かくれたカリキュラム」に関する教育社会学的研究―「知識の配分」の観点から』No. 1，pp. 35-41. ……**352**

石戸教嗣，2013，「教育社会学の展開と課題」石戸教嗣編『新版 教育社会学を学ぶ人のために』世界思想社，pp. 17-44. ……**40**

石戸教嗣編，2013，『新版 教育社会学を学ぶ人のために』世界思想社. ……**44**

石飛和彦，1995，「校則問題のエスノメソドロジー―『パーマ退学事件』を事例として」『教育社会学研究』57，pp. 145-161. ……**214**

石飛和彦，2003，「「生徒コード」を語ること―「いじめ」のリアリティの反映的達成」『教育・社会・文化』9，pp. 1-16. ……**560**

石飛和彦，2012，「「いじめ問題」にみる教育と責任の構図」『教育社会学研究』90，pp. 83-98. ……**560**

石戸谷哲夫，1967，『日本教員史研究』講談社. ……**452**

泉 千勢ほか編著，2008，『世界の幼児教育・保育改革と学力』明石書店. ……**394**

井谷恵子，2005，「体育教師の男女不均衡を生み出すジェンダー・カルチャー」『教育学研究』72（1），pp. 27-40. ……**346**

井谷恵子，2008，「学校体育とジェンダー」『ジェンダーで考える教育の現在―フェミニズム教育学をめざして』解放出版社，pp. 42-59. ……**342**

井谷恵子ほか編著，2001，『目でみる女性スポーツ白書』大修館書店. ……**346**

井谷恵子ほか，2006，「体育授業におけるジェンダー体制の生成」『スポーツとジェンダー研究』4，pp. 4-15. ……**346**

市川一郎，1921，『教育の基礎たる社会学』大同館書店. ……**48**

市川昭午，1981，『生涯教育の理論と構造』教育開発研究所. ……**500**

市川昭午，1983，『教育サービスと財行政』ぎょうせい. ……**664**

市川昭午，2001，『未来形の大学』玉川大学出版部. ……**478**

井出草平，2014，「内閣府ひきこもり調査の検討―調査法，ひきこもり票の検討，社会的関係，不登校経験率」『四天王寺大学紀要』58，pp. 179-202. ……**566**

伊藤彰浩，1995，「"教育の歴史社会学" 研究の現段階―主要文献（1990-1995 年）の解題」『教育社会学研究』57，pp. 41-54. ……**220**

伊藤邦武，2016，『プラグマティズム入門』筑摩書房. ……**122**

伊藤茂樹，1990，「『教育問題』の発見・処理と運動の展開―登校拒否を例として」『東京大学教育学部紀要』

29, pp. 199-207. ……**562**

伊藤茂樹, 1996, 「『心の問題』としてのいじめ問題」『教育社会学研究』59, pp. 21-37. ……**126**

伊藤茂樹, 1997, 「いじめは根絶されなければならない」今津孝次郎・樋田大二郎編『教育言説をどう読むか』新曜社. ……**560**

伊藤茂樹, 2002, 「青年文化と学校の90年代」『教育社会学研究』70, pp. 89-103. ……**434**

伊藤茂樹, 2007, 「少年非行と学校」酒井 朗編『新訂 学校臨床社会学』放送大学教育振興会, pp. 187-201. ……**548**

伊藤茂樹, 2012, 「少年院における矯正教育の構造」広田照幸ほか編『現代日本の少年院教育―質的調査を通して』名古屋大学出版会, pp. 64-99. ……**278**

伊藤茂樹, 2014, 『『子どもの自殺』の社会学―「いじめ自殺」はどう語られてきたのか』青土社. ……**14, 126, 202, 554, 560**

伊藤秀樹, 2013, 「指導の受容と生徒の「志向性」―「課題集中校」の生徒像・学校像を描き直す」『教育社会学研究』93, pp. 69-90. ……**388, 434**

伊藤秀樹, 2017, 『高等専修学校における適応と進路―後期中等教育における適応と進路』東信堂. ……**434**

伊藤正己, 1990, 『憲法』新版, 弘文堂. ……**486**

伊藤るり・足立眞理子編著, 2008, 『国際移動と〈連鎖するジェンダー〉―再生産領域のグローバル化』作品社. ……**322**

稲垣恭子, 1989, 「教師-生徒の相互行為と教室秩序の構成―『生徒コード』をてがかりとして」『教育社会学研究』45, pp. 123-135. ……**214, 440**

稲垣恭子, 1990, 「教育社会学における解釈的アプローチの新たな可能性―教育的言説と権力の分析に向けて」『教育社会学研究』47, pp. 66-75. ……**202**

稲垣恭子, 1992, 「クラスルームと教師」柴野昌山ほか編『教育社会学』有斐閣, pp. 91-107. ……**388, 450**

稲垣忠彦・久冨善之編, 1994, 『日本の教師文化』東京大学出版会. ……**428**

稲葉昭英, 2012, 「ひとり親世帯と子どもの進学期待・学習状況」『平成23年度「親と子の生活意識に関する調査」報告書』内閣府子ども若者・子育て施策総合推進室, pp. 191-198. ……**628**

稲葉浩一, 2013, 「記録される『個性』―言説-解釈実践としての児童理解の分析」『教育社会学研究』93, pp. 91-115. ……**440**

稲村 博, 1986, 『機械親和性対人困難症』弘文堂. ……**730**

乾 彰夫ほか, 2012, 「高校中退者の中退をめぐる経緯とその後の意識に関する検討―内閣府調査（2010）の再分析」『教育科学研究』26, pp. 25-84. ……**568**

井上 俊・永井良和編, 2016, 『今どきコトバ事情』ミネルヴァ書房. ……**280**

井上 俊ほか編, 1995, 『ジェンダーの社会学』岩波書店. ……**344**

井上貫一, 1928, 『最新社会的教育学』昭和出版社. ……**48**

井上清美, 2005, 「母親は誰の手をかりてきたのか？―育児援助ネットワークの歴史的変化と影響要因」熊谷苑子・大久保孝治編『コーホート比較による戦後日本の家族変動の研究』日本家族社会学会全国家族調査（NFRJ委員会）, pp. 127-138. ……**314**

井上輝子, 1990, 「メディアの性役割情報と子どもの自我形成」『ジェンダーと性差別』女性学研究1, 勁草書房, pp. 42-62. ……**344**

井上輝子ほか編, 1995, 『母性』日本のフェミニズム5, 岩波書店. ……**296**

井上義和, 2016, 「教育のビジネス化とグローバル化」佐藤卓己編『学習する社会の明日』岩波講座現代8, 岩波書店, pp. 103-129. ……**724**

井上義和・森 直人, 2013, 「教育の歴史社会学―1995年以降の展開と課題」『教育社会学研究』93, pp. 193-224. ……**36, 220**

いのちリスペクト。ホワイトリボン・キャンペーン, 2014, 「LGBTの学校生活に関する実態調査（2013）結果報告書」遠藤まめたホームページ, http://endomameta.com/schoolreport.pdf（2016/02/01 最終閲覧）……**580**

今井貴代子, 2007, 「ジェンダーで考える教育の現在（いま）（10回）　ニューカマーの女の子たちが気づくジェンダーの知」『ヒューマンライツ』235, pp. 42-48. ……**334**

今泉 博, 1998, 『崩壊クラスの再建』学陽書房. ……**576**

今田絵里香, 2007, 『『少女』の社会史』勁草書房. ……**272, 362**

今津孝次郎, 1996, 『変動社会の教師教育』名古屋大学出版会. ……**34**

今津孝次郎, 1997, 「『体罰は必要だ』―隠された大人の自己愛と支配欲」今津孝次郎・樋田大二郎編著『教

育言説をどう読むか』新曜社，pp. 233-258. ……**572**

今津孝次郎，2007，『増補 いじめ問題の発生・展開と今後の課題―25年を総括する』黎明書房. ……**736**

今津孝次郎・樋田大二郎編，1997，『教育言説をどう読むか―教育を語ることばのしくみとはたらき』新曜社. ……**126**, **202**

今津孝次郎・樋田大二郎編，2010，『続 教育言説をどう読むか―教育を語ることばから教育を問いなおす』新曜社. ……**126**

今中次磨，1930，『政治政策学』日本評論社. ……**16**

イメージ情報科学研究所，2003，『ゲームソフトが人間に与える影響に関する調査報告書』http://research. cesa.or.jp/2-1.pdf（2016/03/07 最終閲覧）……**728**

伊豫谷登士翁，2002，『グローバリゼーションとは何か―液状化する世界を読み解く』平凡社. ……**120**

岩井龍海，1930，『教育的社会学』藤井書店. ……**48**

岩井八郎，2008，『「失われた10年」と女性のライフコース―第二次ベビーブーム世代の学歴と職歴を中心に』『教育社会学研究』82，pp. 61-87. ……**618**

岩崎久美子，2011，「教育研究エビデンスの課題―知識社会における産出・普及・活用」『国立教育政策研究所紀要』140，pp. 95-112. ……**684**

岩崎正洋編著，2012，『政策過程の理論分析』三和書房. ……**684**

岩田一正，2012，「生活指導の教育目的とその困難―少年の自己充足をいかに超えていくのか」広田照幸ほか編『現代日本の少年院教育―質的調査を通して』名古屋大学出版会，pp. 241-262. ……**278**

岩竹美加子，2017，『PTAという国家装置』青弓社. ……**300**

岩田弘志，2015，「1960年代アメリカフリースクール運動に関する一考察―A. S. ニイルの思想受容の意味」『アメリカ教育学会紀要』26，pp. 24-36. ……**522**

岩田正美，2008，『社会的排除』有斐閣. ……**118**

岩田美香，2000，『現代社会の育児不安』家政教育社. ……**314**

岩永雅也，2004，「遠隔高等教育の展望と課題」『高等教育研究紀要』19，pp. 233-244. ……**724**

岩永雅也，2007，「教育社会学の視座」岩永雅也・稲垣恭子編『新版 教育社会学』放送大学教育振興会，pp. 9-27. ……**40**

岩永雅也，2012，『現代の生涯学習』放送大学教育振興会. ……**724**

岩見和彦，2005，「現代社会と後期青年期問題」『教育社会学研究』76，pp. 7-23. ……**244**

岩村美智恵，1996，「高等教育の私的収益率―教育経済学の展開」『教育社会学研究』58，pp. 5-28. ……**470**

岩本健良，1998，「教育とライフスタイル選択―文系進学と理系進学」白倉幸男編『社会階層とライフスタイル』1995年 SSM 調査シリーズ17，1995年 SSM 調査研究会，pp. 49-61. ……**470**

■う

植木 武編，2002，『「戦争花嫁」五十年を語る―草の根の親善大使』勉誠出版. ……**322**

上田智子，2003，「「ジェンダー・フリー」をいかに学ぶか？―相互行為としての授業」天野正子・木村涼子編『ジェンダーで学ぶ教育』世界思想社，pp. 170-187. ……**354**

上野加代子，1996，『児童虐待の社会学』世界思想社. ……**130**

上野加代子・野村知二，2003，『〈児童虐待〉の構築―捕獲される家族』世界思想社. ……**130**

上野千鶴子，1996，「『家族』の世紀」井上俊ほか編『〈家族〉の社会学』（岩波講座現代社会学 19）岩波書店，pp. 1-22. ……**286**

上野千鶴子・NHK 取材班，1991，『90年代のアダムとイブ』日本放送出版協会. ……**330**

上野千鶴子・中西正司編，2008，『ニーズ中心の福祉社会へ―当事者主権の次世代福祉戦略』医学書院. ……**376**

上野直樹，1999，『仕事の中での学習―状況論的アプローチ』東京大学出版会. ……**214**

植野真也・荘島宏二郎，2010，『学習評価の新潮流』朝倉書店. ……**726**

上間陽子，2002，「現代女子高校生のアイデンティティ形成」『教育学研究』69(3)，pp. 367-378. ……**334**, **344**, **348**

上間陽子，2015，「風俗業界で働く女性のネットワークと学校体験」『教育社会学研究』96，pp. 87-108. ……**334**

上山浩次郎，2011，「大学進学率の都道府県間格差の要因構造とその変容―多母集団パス解析による4時点比較」『教育社会学研究』88，pp. 207-227. ……**618**

上山隆大ほか，2013，『大学とコスト』岩波書店. ……**490**

潮木守一, 1962, 「教育計画の経済的基盤をめぐる諸理論—序論的考察」『教育社会学研究』17, pp. 90-105. ……166

潮木守一, 1971, 「高等教育の国際比較—高等教育卒業者の就業構造の比較研究」『教育社会学研究』26, pp. 2-16. ……166

潮木守一, 1974, 「人口変動下の高校増設対策—昭和56年度までの人口予測をもととする」『名古屋大学教育学部紀要 教育学科』21, pp. 51-67. ……166

潮木守一, 1975, 「進路決定過程のパス解析—高校進学過程の要因分析」『教育社会学研究』30, pp. 75-85. ……166

潮木守一, 1986, 『キャンパスの生態誌—大学とは何だろう』中央公論社. ……474

艮 香織, 2015, 「性教育バッシングとは何だったのか」『性の健康』13(2), pp. 38-41. ……580

氏原陽子, 1996, 「男女平等と性差別の錯綜—二つの「隠れたカリキュラム」レベルから」『教育社会学研究』58, pp. 29-45. ……354

打越文弥, 2016, 「学歴同類婚の世代間連鎖とその趨勢—大規模調査データの統合による計量分析」『家族社会学研究』28(2), pp. 136-147. ……302

内田 良, 2009, 『「児童虐待」へのまなざし—社会現象はどう語られるのか』世界思想社. ……130, 202

内田 良, 2015a, 「教育実践におけるエビデンスの功と罪」『教育学研究』82, pp. 277-286. ……10

内田 良, 2015b, 『教育という病—子どもと先生を苦しめる「教育リスク」』光文社新書. ……14

臺 光, 1955, 「農民の態度類型の構造—新しい知識・技術に対する分析を中心として」『教育社会学研究』8, pp. 84-95. ……166

海野道郎・片瀬一男編, 2008, 『〈失われた時代〉の高校生の意識』有斐閣. ……170

浦河べてるの家, 2005, 『べてるの家の「当事者研究」』医学書院. ……234

■え

NHK「無縁社会プロジェクト」取材班編, 2010, 『無縁社会—"無縁死"三万二千人の衝撃』文藝春秋. ……282

江原武一, 2010, 『転換期日本の大学改革—アメリカとの比較』東信堂. ……460

江原武一・杉本 均編著, 2005, 『大学の管理運営改革—日本の行方と諸外国の動向』東信堂. ……493

江原由美子, 2001, 『ジェンダー秩序』勁草書房. ……352

江渕一公, 1992, 『大学国際化の研究』, 玉川大学出版会. ……750

遠藤知巳, 2000, 「言説分析とその困難—全体性／全域性の現在の位相をめぐって」『理論と方法』15(1), pp. 49-60. ……218

遠藤隆吉, 1926, 『教育及教育学の背景』冨山房. ……48

■お

王 帥・両角亜希子, 2016, 「大学上級管理職の経営能力育成の現状と将来展望—上級管理職調査から」『大学経営政策研究』6, pp. 17-32. ……492

大分県精神保健福祉センターひきこもり支援対策推進委員会, 2004, 『「ひきこもり」実態調査報告書』. ……566

大内秀明, 1999, 『知識社会の経済学』日本評論社. ……526

大川政三, 1976, 「高等教育の便益と費用の配分における効率性と公平性」大川政三・石 弘光編『財政学研究』春秋社. ……664

大住荘四郎, 2010, 『行政マネジメント』ミネルヴァ書房. ……680

大滝世津子, 2006, 「集団における幼児の性自認メカニズムに関する実証的研究—幼稚園における集団経験と幼児の性自認時期との関係」『教育社会学研究』79, pp. 105-125. ……340

大田直子, 2010, 『現代イギリス「品質保証国家」の教育改革』世織書房. ……416

大谷和大, 2014, 「階層線形モデル, マルチレベル構造方程式モデル」小杉考司・清水裕士編著『M-plusとRによる構造方程式モデリング入門』北大路書房, pp. 208-227. ……192

大谷信介ほか編, 2013, 『新・社会調査へのアプローチ』ミネルヴァ書房. ……170

太田晴雄, 2000, 『ニューカマーの子どもと日本の学校』国際書院. ……376

太田拓紀, 2015, 『近代日本の私学と教員養成』学事出版. ……452

太田素子, 1994, 『江戸の親子—父親が子どもを育てた時代』中央公論社. ……316

太田素子, 2011, 『近世の「家」と家族—子育てをめぐる社会史』角川書店. ……316

太田素子・浅井幸子編，2012，『保育と家庭教育の誕生 1890-1930』藤原書店．……**394**

大多和直樹，1997，「メディアと教育のパラドクス─メディアの教育への導入と悪影響批判の同時進行状況をめぐって」『東京大学大学院教育学研究科紀要』37，pp.101-111．……**712,716**

大辻秀樹，2003，「女児仲間集団の会話構造に関する臨床的研究─応答の不在に着目して」『教育社会学研究』72．pp.171-190．……**214,560**

大辻秀樹，2006，「Type M：『学ぶことに夢中になる経験の構造』に関する会話分析からのアプローチ」『教育社会学研究』78，pp.147-168．……**216**

大野 晃，2005，『山村環境社会学序説』農文協．……**592**

大場 淳，2011，「大学のガバナンス改革─組織文化とリーダーシップを巡って」『名古屋高等教育研究』11．……**492**

大畠菜穂子，2015，『戦後日本の教育委員会─指揮監督権はどこにあったのか』勁草書房．……**688**

大日向雅美，2000，『母性愛神話の罠』日本評論社．……**296**

大桃敏行，2013，「教育のガバナンス改革と NPM と新自由主義─米国連邦教育政策の事例分析」『日本教育政策学会年報』20，pp.8-24．……**680**

大山治彦・大束貢生，1999，「日本の男性運動のあゆみ I ─〈メンズリブ〉の誕生」日本ジェンダー学会編『日本ジェンダー研究』2，pp.43-55．……**330**

岡田尊司，2005，『脳内汚染』文藝春秋．……**728**

小方直幸編，2009，『専門学校教育と卒業生のキャリア』高等教育研究叢書 103，広島大学高等教育研究開発センター．……**482**

小方直幸編，2010，『企業からみた専門学校教育』高等教育研究叢書 108，広島大学高等教育研究開発センター．……**482**

岡田正章，1970，『日本の保育制度』フレーベル館．……**394**

岡田光弘，2008，「ビデオ・エスノグラフィー─医学教育のなかの身体と視線」『応用社会学研究』50，pp.155-164．……**232**

岡野八代，2009，『シティズンシップの政治学』白澤社．……**706**

岡邊 健，2013，「少年院における教育・処遇の多様性と共通性─質問紙調査に基づく検討」『山口大学文学会志』63，pp.1-19．……**550**

岡本智周，2001，『国民史の変貌─日米歴史教科書とグローバル時代のナショナリズム』日本評論社．……**386**

岡本智周，2008，『歴史教科書にみるアメリカ─共生社会への道程』学文社．……**692**

岡本智周，2013，『共生社会とナショナルヒストリー─歴史教科書の視点から』勁草書房．……**376,386**

岡本智周・笹野悦子，2001，「戦後日本の『サラリーマン』表象の変化─『朝日新聞』を事例に」『社会学評論』52(1)，pp.16-32．……**238**

小川正人ほか編，2009，『検証 教育改革』教育出版．……**698**

荻上チキ，2008，『ネットいじめ』PHP 研究所．……**560**

沖津由紀，1994，「教育内容の制度化過程」『教育社会学研究』54，pp.85-106．……**382**

尾木直樹，1999，『「学級崩壊」をどうみるか』日本放送出版協会．……**576**

荻野美穂，2002，『ジェンダー化される身体』勁草書房．……**344**

奥地圭子，1992，『学校は必要か─子どもの育つ場を求めて』日本放送出版協会．……**116**

小熊英二，1995，『単一民族神話の起源─「日本人」の自画像の系譜』新曜社．……**376**

小沢牧子，1989，「乳幼児政策と母子関係心理学─つくられる母性意識の点検を軸に」『臨床心理学研究』26(3)，pp.22-36．**304**

小沢牧子，2002，『「心の専門家」はいらない』洋泉社．……**270**

尾嶋史章編著，2001，『現代高校生の計量社会学─進路・生活・世代』ミネルヴァ書房．……**170,470**

尾嶋史章，2002，「社会階層と進路形成の変容─90 年代の変化を考える」『教育社会学研究』70，pp.125-142．……**352,618**

尾嶋史章・近藤博之，2000，「教育達成のジェンダー構造」盛山和夫編『日本の階層システム 4 ─ジェンダー・市場・家族』東京大学出版会，pp.27-46．……**350**

押山美知子，2007，『少女マンガジェンダー表象論─〈男装の少女〉の造形とアイデンティティ』彩流社．……**362**

落合恵美子，1989，『近代家族とフェミニズム』勁草書房．……**272,286,296,314**

落合恵美子，1994，『21 世紀家族へ─家族の戦後体制の見かた・超えかた』有斐閣．……**286,394**

落合恵美子，1997，『21 世紀家族へ─家族の戦後体制の見かた・超えかた』新版，有斐閣．……**314**

落合恵美子，2004，『21 世紀家族へ─家族の戦後体制の見かた・越えかた』第 3 版，有斐閣．……**296,308,**

352

落合美貴子, 2009, 『バーンアウトのエスノグラフィー―教師・精神科看護師の疲弊』ミネルヴァ書房. ……**584**

越智康詞, 1990, 「教育のパラドックス―教育の『宗教性』に関する一考察」『教育社会学研究』47, pp. 156-170. ……**126**

越智康詞, 2006, 「グローバリゼーションと教育の地殻変動―教育の新しい可能性をグローバリズムの罠から救うために」『近代教育フォーラム』15, pp. 103-117. ……**120**

お茶の水女子大学, 2014, 『全国学力・学習状況調査（きめ細かい調査）の結果を活用した学力に影響を与える要因分析に関する調査研究』. ……**556**

お茶の水女子大学, 2015, 『学力調査を活用した専門的な課題分析に関する調査研究』. ……**556**

お茶の水女子大学「青少年期から成人期への移行についての追跡的研究」http://www.li.ocha.ac.jp/ug/hss/edusci/mimizuka/JELS_HP/（2016/07/28 最終閲覧）……**180**

小野和子, 1998, 『京大・矢野事件―キャンパス・セクハラ裁判の問うたもの』インパクト出版会. ……**360**

小野田正利, 2005, 「学校現場における保護者対応の現状に関するアンケート調査」『教育アンケート調査年鑑』2005年版下, 創育社, pp. 179-189. ……**436**

■か

海後宗臣・寺﨑昌男, 1969, 『大学教育』戦後日本の教育改革 9, 東京大学出版会. ……**478**

外務省, 2010, 『2009年版 政府開発援助（ODA）白書』外務省. ……**762**

外務省, 2011, 『2010年版 政府開発援助（ODA）白書』外務省. ……**762**

外務省, 2012, 『2011年版 政府開発援助（ODA）白書』外務省. ……**762**

抱井尚子, 2015, 『混合研究法入門―質と量による統合のアート』医学書院. ……**236**

抱井尚子・成田慶一編, 2015, 『混合研究法への誘い―質的・量的研究を統合する新しい実践研究アプローチ』遠見書房. ……**236**

香川めいほか, 2014, 『〈高卒当然社会〉戦後史―誰でも高校に通える社会は維持できるのか』新曜社. ……**400**

籠山京, 1953, 「貧困家庭の学童における問題」『教育社会学研究』4, pp. 18-27. ……**448**

籠山京・小池省二, 1965, 「地域の産業構造と高等教育者数との関係について, 一試論」『教育社会学研究』20, pp. 73-82. ……**166**

笠信太郎, 1963, 「新聞のつとめ」『新聞研究』146, pp. 22-37. ……**32**

梶田孝道, 1981, 「業績主義社会のなかの属性主義」『社会学評論』32(3), pp. 70-87. ……**84,618**

春日キスヨ, 2000, 『介護にんげん模様―少子高齢社会の「家族」を生きる』朝日新聞社. ……**296**

片岡栄美, 2000, 「ジェンダー・ハビトゥスの再生産とジェンダー資本」宮崎和夫・米川秀樹編『現代社会と教育の視点』ミネルヴァ書房, pp. 177-200. ……**338**

片岡栄美, 2001, 「教育達成過程における家族の教育戦略―文化資本効果と学校外教育投資効果のジェンダー差を中心に」『教育学研究』68(3), pp. 259-273. ……**308**

片岡栄美, 2011, 「小・中学受験の社会学―受験を通じた階層閉鎖とリスク回避」北澤毅編著『〈教育〉を社会学する』学文社, pp. 68-97. ……**310**

片岡徳雄編, 1987, 『教科書の社会学的研究』福村出版. ……**386**

片瀬一男, 2003, 『ライフ・イベントの社会学』世界思想社. ……**344**

片田孫朝日, 2008, 「『男子は4周を目標に』―体育授業の性別カリキュラムと男女生徒への性差別」『ジェンダーで考える教育の現在―フェミニズム教育学をめざして』解放出版社, pp. 96-109. ……**342**

学級経営研究会, 2000, 『学級経営をめぐる問題の現状とその対応―関係者間の信頼と連携による魅力ある学級づくり』「学級経営の充実に関する調査研究」最終報告書. ……**576**

学校不適応対策調査研究協力者会議, 1992, 「登校拒否（不登校）問題について―児童生徒の「心の居場所」づくりをめざして」『内外教育』4315, pp. 4-30. ……**562**

勝野正章, 2004, 『教員評価の理念と政策―日本とイギリス』エイデル研究所. ……**416**

家庭科の男女共修をすすめる会編, 1977, 『家庭科, なぜ女だけ！―男女共修をすすめる会の歩み』ドメス出版. ……**342**

家庭科の男女共修をすすめる会編, 1982, 『家庭科, 男子にも！―広がる共修への願い』ドメス出版. ……**342**

家庭科の男女共修をすすめる会編, 1997, 『家庭科, 男も女も！―こうして拓いた共修への道』ドメス出版.

……342

加藤 潤，2011，「教育における市場性と公共性に関する考察」『名古屋外国語大学外国語学部紀要』40，pp. 45-65．……698

加藤隆雄，1995，「社会化ポストモダンの廣野より─なぜ子どもたちは社会化されないのか」門脇厚司・宮台真司編著『「異界」を生きる少年・少女』東洋館出版社，pp. 207-230．……244

加藤隆雄，2014，「ポストモダン教育社会学の展開と隘路，そして生政治論的転換」『教育社会学研究』94，pp. 5-24．……74, 108, 552

加藤美帆，2012，『不登校のポリティクス─社会統制と国家・学校・家族』勁草書房．……130, 202

門脇厚司，2004，『東京教員生活史研究』学文社．……452

門脇厚司・陣内靖彦編，1992，『高校教育の社会学』東信堂．……170

金森 修，2010，『〈生政治〉の哲学』ミネルヴァ書房．……108

鐘ヶ江晴彦，1982，「『地域と教育』の課題と展望」鐘ヶ江晴彦編『地域と教育』現代のエスプリ 184，至文堂，pp. 5-19．……512

金子真理子，2000，「教師の対生徒パースペクティブの変容と『教育』の再定義」樋田大二郎ほか編著『高校生文化と進路形成の変容』学事出版，pp. 123-148．……440

金子真理子，2010，「教職という仕事の社会的特質─「教職のメリトクラシー化」をめぐる教師の攻防に注目して」『教育社会学研究』86，pp. 75-96．……416

金子真理子，2014，「教員文化における「承認の構造」とその分断」『現代の社会病理』29，pp. 19-37．……416

金子元久，1980，「教育経済学の 20 年─教育の社会科学総合の観点から」『教育社会学研究』35，pp. 123-133．……644

金子元久，1986，「教育経済学」日本教育社会学会編『新教育社会学辞典』東洋館出版社，pp. 166-167．……632

金子元久，1987，「教育機会均等の理念と現実」『教育社会学研究』42，pp. 38-50．……470

金子元久，1998，「高等教育研究のパースペクティブ」日本高等教育学会編『高等教育研究』1，pp. 63-79．……456

金子元久，2005，「成熟社会の大学教育と職業」『IDE 現代の高等教育』467，pp. 5-11．……656

金子元久，2013，『大学教育の再構築─学生を成長させる大学へ』玉川大学出版部．……480

狩野 裕・三浦麻子，2002，『増補版 グラフィカル多変量解析─目で見る共分散構造分析』現代数学社．……192

加野芳正，2010，「新自由主義＝市場化の進行と教職の変容」『教育社会学研究』86，pp. 5-22．……408

加野芳正，2014a，「近代の学校教育制度と暴力─「体罰」と「いじめ」を中心に」『スポーツ社会学研究』22(1)，pp. 7-20．……572

加野芳正，2014b，『マナーと作法の社会学』東信堂．……244

上川一秋，2006，「異なる分析レベルの因果を同時に考える：階層線形モデル（HLM）─社会的不平等と学校」与謝野有紀ほか編『社会の見方，測り方─計量社会学への招待』勁草書房，pp. 121-131．……192

神村早織，2014，「校区の社会経済的格差と教師の役割認識」『教育社会学研究』94，pp. 237-256．……448

亀田温子，1986，「女子短期大学─教育とセクシズム」天野正子編『女子高等教育の座標』垣内出版，pp. 119-139．……482

亀田温子，2012，「女性校長の語るキャリア形成　「教員になる」から「キャリアをつくる」へ」『NWEC 実践研究』2，pp. 17-33．……356

亀田温子・舘かおる編著，2000，『学校をジェンダー・フリーに』明石書店．……354

亀山佳明，2000，「社会化論を超えて」亀山佳明ほか編『野性の教育をめざして』新曜社，pp. 22-46．……244

亀山佳明，2001，『子どもと悪の人間学』以文社．……276

嘉本伊都子，2001，『国際結婚の誕生─〈文明国日本〉への道』新曜社．……322

唐木清志，2008，『子どもの社会参加と社会科教育─日本型サービス・ラーニングの構想』東洋館出版社．……706

唐澤富太郎，1955，『教師の歴史』創文社．……452

柄谷行人，1980，「児童の発見」『群像』35（1）（再録：1980，『日本近代文学の起源』講談社）．……272

柄谷行人，2010，『世界史の構造』岩波書店．……4

苅谷剛彦，1991，『学校・職業・選抜の社会学─高卒就職の日本的メカニズム』東京大学出版会．……404，

656

苅谷剛彦，1992，『アメリカの大学・ニッポンの大学—TA・シラバス・授業評価』玉川大学出版部．
……480

苅谷剛彦，1995，『大衆教育社会のゆくえ』中央公論社．……562,612

苅谷剛彦，2000，「学習時間の研究—努力の不平等とメリトクラシ—」『教育社会学研究』66，pp.213-230．
……308

苅谷剛彦，2001，『階層化日本と教育危機—不平等再生産から意欲格差社会（インセンティブ・ディバイト）
へ』有信堂高文社．……14,308

苅谷剛彦，2003，『なぜ教育論争は不毛なのか—学力論争を超えて』中央公論新社．……10

苅谷剛彦，2004，「『学力』の階層差は拡大したか」苅谷剛彦・志水宏吉編著『学力の社会学』岩波書店，
pp.127-151．……310

苅谷剛彦，2009，『教育と平等—大衆教育社会はいかに生成したか』中央公論新社．……618

苅谷剛彦・金子真理子編著，2010，『教員評価の社会学』岩波書店．……408,416

苅谷剛彦・志水宏吉編，2004，『学力の社会学—調査が示す学力の変化と学習の課題』岩波書店．……170,
350,556

苅谷剛彦ほか，1997，「進路未決定の構造」『東京大学大学院教育学研究科紀要』37，pp.45-76．……404

苅谷剛彦ほか編，2000，『学校・職安と労働市場—戦後新規学卒市場の制度化過程』東京大学出版会．
……404

河上婦志子，1990，「システム内在的差別と女性教員」『女性学研究』1，pp.82-97．……356

河上婦志子，2014，『二十世紀の女性教師—周辺化圧力に抗して』御茶の水書房．……356,444

川口俊明，2011a，「教育学における混合研究法の可能性」『教育学研究』78(4)，pp.386-397．……236

川口俊明，2011b，「日本の学力研究の現状と課題」『日本労働研究雑誌』614，pp.6-15．……556

川口俊明ほか，2016，「テストをめぐる学際的検討—教育方法学・教育心理学・教育社会学の対話」『福岡
教育大学紀要　第4分冊　職業科編』65，pp.1-13．……556

河出三枝子，1993，「ジェンダー・フェイズからの幼児教育試論—保育現場におけるジェンダー・プラク
ティス」『岡崎女子短期大学研究紀要』26，pp.11-35．……340

川床靖子，2007，『学習のエスノグラフィー』春風社．……214

河野銀子，2009，「理系進路選択と高校での教科の好き嫌い—日本の大学生調査をふまえて」『アジア女性
研究』18，pp.16-17．……470

河野銀子ほか，2012，「学校管理職モデルの再検討—公立高校の女性校長を取り巻く状況に着目して」『山
形大学紀要（教育科学）』15(3)，pp.243-258．……356

河野銀子ほか，2013，「ジェンダーの視点からみた学校管理職養成システムの課題」『国際ジェンダー学会
誌』11，pp.75-93．……356

河野誠哉，2015，「〈学年誌の時代〉をめぐる社会史的考察—書店と戦後日本社会」『山梨学院大学経営情
報学論集』21，pp.57-76．……742

河原和枝，1998，『子ども観の近代—『赤い鳥』と「童心」の理想』中公新書．……272

川村　光，2009，「1970-80年代の「荒れ」を経験した中学校教師のライフヒストリー」『教育社会学研究』
85，pp.5-26．……408

川村邦光，1994，『オトメの身体—女の近代とセクシュアリティ』紀伊国屋書店．……358

神田道子ほか，1985，「『女性と教育』研究の動向」『教育社会学研究』40，pp.87-107．……326

神野由紀，2011，『子どもをめぐるデザインと近代—拡大する商品世界』世界思想社．……320

神原文子，2001，「〈教育する家族〉の家族問題」『家族社会学研究』12 (2)，pp.197-207．……286

■き

菊地栄治，1998，「中高一貫教育の言説と実践」『日本教育経営学会紀要』40，pp.28-37．……702

菊地栄治，2012，『希望をつむぐ学校—生徒の現実と向き合う学校改革』岩波書店．……434

菊地栄治ほか，2002，「学級はいかにして機能するのか—全国小学校長・教員調査」『小学校における学級
の機能変容と再生過程に関する総合的研究』科学研究費中間報告書・資料集．……576

菊池幸子・仙崎 武編著，1983，『人間形成の社会学』福村出版．……244

菊池城司，1982，「日本型『新しい』教育社会学の課題」『教育社会学研究』37，pp.57-66．……166

菊池城司，1992，「学歴・階層・職業」『教育社会学研究』50，pp.87-106．……166

菊池城司，1999，「教育社会学の日本的展開」『教育社会学研究』64，pp.39-54．……44

岸 政彦ほか，2016，『質的社会調査の方法—他者の合理性の理解社会学』有斐閣．……208,538

北澤 毅, 1990, 「逸脱論の視角―原因論から過程論へ」『教育社会学研究』47, pp. 37-53. ……22

北澤 毅, 1998, 「『子ども問題』の語られ方―神戸『酒鬼薔薇』事件と〈少年〉カテゴリー」『教育社会学研究』63, pp. 59-74. ……130

北澤 毅, 2015, 『『いじめ自殺』の社会学―「いじめ問題」を脱構築する』世界思想社. ……126, 130, 202, 554, 560

北澤 毅編, 2012, 『文化としての涙』勁草書房. ……744

北澤 毅・片桐隆嗣, 2002, 『少年犯罪の社会的構築―「山形マット死事件」迷宮の構図』東洋館出版社. ……130, 202

喜多村和之, 1986, 「教育改革の比較社会学―高等教育の改革・革新に関する比較の試み」『教育社会学研究』41, pp. 24-37. ……19

喜多村和之, 1996, 『学生消費者の時代―バークレイの丘から』新版, 玉川大学出版部. ……480

貴戸理恵, 2004, 『不登校は終わらない―「選択」の物語から〈当事者〉の語りへ』新曜社. ……202, 522

木原雅子, 2006, 『10代の性行動と日本社会―そして WYSH 教育の視点』ミネルヴァ書房. ……358

金 基碩, 2012, 「韓国高等教育の教育社会的理解―研究成果の検討と未来展望」『教育社会学研究』22 (4), pp. 25-49. ……156

金 昊根, 2006, 「韓国における教育社会学と社会変動」『教育社会学研究』78, pp. 87-96. ……156

金 昊根, 2012, 「教育社会学研究 20年―軌跡, 成就, そして課題」『教育社会学研究』22(1), pp. 25-49. ……156

金 侖貞, 2012, 「フィリピン人女性の主体性確立とコミュニティ形成―地域教育活動を事例に」『人文学報』47, pp. 1-20. ……524

木村育恵, 2009, 「男女平等教育実践をめぐる教師文化の構造」『教育社会学研究』84, pp. 227-246. ……354

木村育恵, 2014, 『学校社会の中のジェンダー―教師たちのエスノメソドロジー』東京学芸大学出版会. ……354

木村育恵, 2015, 「教師世界をめぐる「ジェンダーと教育」研究」『教育社会学研究』97, pp. 105-112. ……354

木村育恵・一戸志子, 2012, 「ティーン世代に『痩せ』を掻き立てる記号：雑誌『Seventeen』の内容分析から」『北海道教育大学紀要 人文科学・社会科学編』63(1), pp. 39-51. ……348

木村育恵ほか, 2014, 「公立高校学校管理職の登用システムに関する検討―「見定め」に着目して」『北海道教育大学紀要 (教育科学編)』64(2), pp. 211-224. ……356

木村治夫, 2009, 「幼児期の子育てと保護者の実態」『BRED』16, ベネッセ教育研究開発センター, http://berd.benesse.jp/berd/center/open/berd/2009/03/pdf/16berd_10.pdf (2016/03/07 最終閲覧)……320

木村祐子, 2015, 『発達障害支援の社会学―医療化と実践家の解釈』東信堂. ……552

木村陽一, 2007, 「公共職業訓練の供給構造」労働政策研究・研修機構編『日本の職業能力開発と教育訓練基盤の整備』プロジェクト研究シリーズ6, 労働政策研究・研修機構, pp. 225-261. ……530

木村淑美ほか編著, 1998, 『学級崩壊』紫雲会出版. ……576

木村涼子, 1997, 「教室におけるジェンダー形成」『教育社会学研究』61, pp. 39-54. ……354

木村涼子, 1999, 『学校文化とジェンダー』勁草書房. ……202, 326, 334, 350, 352, 362, 574

木村涼子, 2000, 「ジェンダーと教育の歴史」『新版 教育の社会学―〈常識〉の問い方, 見直し方』有斐閣, pp. 139-220. ……344

木村涼子, 2009, 「ジェンダーと教育 序論」木村涼子編著『ジェンダーと教育』日本図書センター, pp. 3-16. ……326

木村涼子, 2010, 『〈主婦〉の誕生―婦人雑誌と女性たちの近代』吉川弘文館. ……296

木村涼子編, 2005, 『ジェンダー・フリー・トラブル―バッシング現象を検証する』白澤社. ……354, 358

九州大学「高等教育と学位・資格研究会」, 2012, 「高等教育における教員と教育組織に関する調査 概要 (2012年3月)」http://eq.kyushu-u.ac.jp/pdf/chousagaiyou.pdf (2016/11/07 最終閲覧)……482

京都大学, 2014, 『平成25年度文部科学省先導的大学改革推進委託事業 高等教育機関等における ICT の利活用に関する調査研究』委託業務成果報告書, 京都大学. ……726

■く

草野 厚, 2012, 『政策過程分析入門』第2版, 東京大学出版会. ……684

串田秀也, 2003, 「注意と抵抗―保育場面における規則の実際的利用」『公民論集』12, pp. 77-99. ……

214

楠見　孝，2012，「実践知と熟達者とは」金井壽宏・楠見　孝編『実践知—エキスパートの知性』有斐閣，pp. 3-31. ……12

グッドソン，I. F.，藤井　泰・山田浩之訳，2001，『教師のライフヒストリー—「実践」から「生活」の研究へ』晃洋書房. ……224

久冨善之，1993，「学校から見えるヴェール　一重—教師・学校にとっての生活困難層」久冨善之編『豊かさの底辺に生きる—学校システムと弱者の再生産』青木書店，pp. 147-178. ……448

久冨善之，1994，「教師と教師文化」稲垣忠彦・久冨善之編『日本の教師文化』東京大学出版会，pp. 3-20. ……354

久冨善之，2001，「通学区の弾力化と学校選択の自由」日本教育法学会編『講座 現代教育法〈2〉子ども・学校と教育法』三省堂，pp. 246-259. ……698

久冨善之，2007，「特集テーマ〈「格差」に挑む〉について」『教育社会学研究』80，pp. 5-6. ……310

久冨善之編著，1988，『教員文化の社会学的研究』多賀出版. ……446

久冨善之編著，1994，『日本の教員文化—その社会学的研究』多賀出版. ……584

久冨善之編著，2003，『教員文化の日本的特性—歴史，実践，実態の探求を通じてその変化と今日的課題をさぐる』多賀出版. ……408, 584

久保田真功，2013，「なぜいじめはエスカレートするのか？—いじめ加害者の利益に着目して」『教育社会学研究』92，pp. 107-127. ……560

窪田由紀，1999，「セクシュアル・ハラスメントの背景—社会的勢力の概念による『力関係』の分析」『九州国際大学教養研究』6(1)，pp. 1-20. ……360

久保田竜子，奥田朋世監訳，2015，『グローバル化社会と言語教育—クリティカルな視点から』くろしお出版. ……780

久保真人，2004，『バーンアウトの心理学—燃え尽き症候群とは』サイエンス社. ……584

熊谷保宏，2004，「演劇をやらない人びとの詩学」『日本大学芸術学部紀要』39，A81-A98. ……264

熊谷保宏，2009，「応用演劇の十年—概念史的検討」『日本大学芸術学部紀要』49，pp. 45-56. ……264

熊安貴美江，2003，「男女いっしょの体育は無理？」『ジェンダーで学ぶ教育』世界思想社，pp. 119-134. ……342

倉石一郎，2007，『差別と日常の経験社会学—解読する"私"の研究誌』生活書院. ……202

紅林伸幸，2007，「協働の同僚性としての《チーム》」『教育学研究』74(2)，pp. 174-188. ……408

紅林伸幸・川村　光，2001，「教育実習への縦断的アプローチ—大学生の教職志望と教師化に関する調査研究（2）」『滋賀大学教育学部紀要Ⅰ（教育科学）』51，pp. 77-92. ……418

黒崎　勲，1994，『学校選択と学校参加』東京大学出版会. ……698

黒田俊郎・高山武志，1965，「職業別にみた学力の解析」『教育社会学研究』20，pp. 113-126. ……166

黒羽亮一，2001，『戦後大学政策の展開』新版，玉川大学出版部. ……478

■け

慶應義塾大学パネルデータ設計・解析センター「日本家計パネル調査」（https://www.pdrc.keio.ac.jp/paneldata/datasets/jhpskhps/）……180

経済協力開発機構編著，徳永優子ほか訳，2015，『図表でみる教育—OECD インディケータ（2015 年版）』明石書店. ……350

経済協力開発機構編著，徳永優子ほか訳，2016，『図表でみる教育—OECD インディケータ（2016 年版）』明石書店. ……444

経済産業省商務情報政策局サービス産業課編，2006，『少子化時代の結婚関連産業の在り方に関する調査研究報告書』経済産業省商務情報政策局サービス産業課. ……302

月刊高校教育編集部，2006，『高校改革がわかる本—その歴史とこれからの展望』学事出版. ……400

現代教育研究会，2001，『不登校に関する実態調査（平成5年度不登校生徒追跡調査報告書）』文部科学省（森田洋司編，2003，『不登校—その後』教育開発研究所，付属 CD-ROM に所収）. ……562

■こ

小池和男，2005，『仕事の経済学』第3版，東洋経済新報社. ……530

小池源吾・志々田まなみ，2006，「アメリカ合衆国におけるバーチャル・ユニバーシティの10年—その成果と課題」『日本社会教育学会紀要』42，pp. 45-54. ……724

厚生省，1963，『昭和38年版 厚生白書』．……**314**

厚生省，1971，『昭和46年版 厚生白書』．……**314**

厚生労働省，2003，『平成15年版 厚生労働白書』．……**314**

厚生労働省，2010a，「平成21年度離婚に関する統計」厚生労働省．……**304**

厚生労働省，2010b，『ひきこもりの評価・支援に関するガイドライン』．……**566**

厚生労働省，2012，「平成23年度全国母子世帯等調査」厚生労働省．……**304**

厚生労働省，2014a，「平成25年度国民生活基礎調査」厚生労働省．……**304**

厚生労働省，2014b，「働きながらお母さんになるあなたへ」厚生労働省．……**304**

厚生労働省，2016，「平成27年4月の保育園等の待機児童数とその後」http://www.mhlw.go.jp/file/04-Houdouhappyou-11907000-Koyoukintoujidoukateikyoku-Hoikuka/0000078425.pdf（2016/09/05 最終閲覧）……**304**

厚生労働省「21世紀縦断調査」http://www.mhlw.go.jp/toukei/list/27-9.html，http://www.mext.go.jp/b_menu/toukei/chousa08/21seiki/1380892.htm（2016/07/28 最終閲覧）……**180**

河野銀子編著，2017，『女性校長はなぜ増えないのか—管理職養成システム改革の課題』勁草書房．……**444**

河野哲也，2011，『道徳を問い直す—リベラリズムと教育のゆくえ』筑摩書房．……**706**

高良和武ほか編著，2007，『インターンシップとキャリア—産学連携教育の実証的研究』学文社．……**658**

古賀正義，2001，『〈教えること〉のエスノグラフィー—「教育困難校」の構築過程』金子書房．……**202, 208, 434, 450**

古賀正義，2004，「構築主義的エスノグラフィーによる学校臨床研究の可能性—調査方法論の検討を中心に」『教育社会学研究』74，pp. 39-57．……**34, 224**

古賀正義，2015，「高校中退者の排除と包摂—中退後の進路選択とその要因に関する調査から」『教育社会学研究』96，pp. 47-67．……**224**

国際協力機構，2013，『すべての人に，学ぶよろこびを』国際協力機構人間開発部．……**762**

国立教育政策研究所編，2010，『生きるための知識と技能』4，明石書店．……**350**

国立教育政策研究所編，2013，『生きるための知識と技能』5，明石書店．……**350**

国立教育政策研究所編，2014，『教員環境の国際比較—OECD国際教員指導環境調査（TALIS）2013年調査結果報告書』明石書店．……**356, 384, 444**

国立教育政策研究所編，2016，『生きるための知識と技能』6，明石書店．……**350**

国立精神・神経センター精神保健研究所社会復帰部，2003，『10代・20代を中心とした「ひきこもり」をめぐる地域精神保健活動のガイドライン—精神保健福祉センター・保健所・市町村でどのように対応するか・援助するか』．……**566**

国連難民高等弁務官事務所（UNHCR：United Nations High Commissioner for Refugees）ホームページ http://www.unhcr.or.jp/html/protect/treaty/（2016/06/03 最終閲覧）……**758**

児島 明，2006，『ニューカマーの子どもと学校文化—日系ブラジル人生徒の教育エスノグラフィー』勁草書房．……**202**

小島秀夫，1983，「社会移動表分析の新方法—新結合指数による分析」『社会学評論』33(4)，pp. 20-36．……**166**

小杉礼子，2003，『フリーターという生き方』勁草書房．……**404**

小杉礼子，2015，「中途退学後の職業キャリア—『21世紀成年者縦断調査』の2次集計より」労働政策研究・研修機構編『大学等中退者の就労と意識に関する研究』労働政策研究・研修機構，pp. 13-60．……**470**

小谷 敏，1993，『若者論を読む』世界思想社．……**730**

小玉重夫，2001，『教育改革と公共性』東京大学出版会．……**74**

小玉重夫，2009，「教育改革における遂行性と遂行中断性—新しい教育政治学の条件」『教育学研究』76(4)，pp. 14-25．……**416**

小玉重夫，2013，『学力幻想』筑摩書房．……**706**

小林雅之編，1994，「日本における教育経済学の展開」『放送大学研究年報』12，pp. 19-40．……**632**

小林雅之，2008，『進学格差—深刻化する教育費負担』筑摩書房．……**490**

小林雅之，2009，『大学進学の機会—均等化政策の検証』東京大学出版会．……**470, 490, 618**

小林雅之・山田礼子，2016，『大学のIR—意思決定支援のための情報収集と分析』慶應義塾大学出版会．……**492**

小針 誠，2009，『〈お受験〉の社会史—都市新中間層と私立小学校』世織書房．……**202, 586**

小針 誠，2011，「ネットいじめの完全撲滅は可能か？―学校裏サイト・ネットいじめの対策・対応とその課題」加納寛子編『現代のエスプリ 特集・ネットいじめ』526，ぎょうせい，pp.127-135. ……**716**

小針 誠，2015，『〈お受験〉の歴史学―選択される私立小学校 選択される親と子』講談社. ……**587**

小松美彦，2012，『生権力の歴史―脳死・尊厳死・人間の尊厳をめぐって』青土社. ……**108**

小松隆二，2006，「大学にとって地域とは何か―大学と地域関係の基礎」伊藤眞知子・小松隆二編著『大学地域論―大学まちづくりの理論と実践』論創社，pp.3-44. ……**516**

児美川孝一郎，2013，「学校と職業世界のあいだ―戦後高校教育政策の転回と今日的課題」『日本教育政策学会年報』20，pp.25-40. ……**400**

小宮山博仁，2000，『塾―学校スリム化時代を前に』岩波書店. ……**526**

古屋野正伍・木原孝博，1960，「進路指導の社会的背景―階級と家族制度の視点から」『教育社会学研究』15，pp.180-198. ……**166**

小山 隆編，1967，『現代家族の役割構造』培風館. ……**286**

小山静子，1991，『良妻賢母という規範』勁草書房. ……**296,342**

小山静子，1995，「ジェンダーと教育」『教育学研究』62(3)，pp.246-252. ……**330**

小山静子，2002，『子どもたちの近代―学校教育と家庭教育』吉川弘文館. ……**272,286**

小山静子，2009，『戦後教育のジェンダー秩序』勁草書房. ……**326,342**

小山静子編，2015，『男女別学の時代―戦前期中等教育のジェンダー比較』柏書房. ……**342**

近藤邦夫・志水宏吉編，2002，『学校臨床学への招待―教育現場への臨床的アプローチ』嵯峨野書院. ……**202**

近藤直司，2006，「青年期ひきこもりケースと「ひきこもり」概念について」『精神科治療学』21(11)，pp.1223-1228. ……**566**

近藤博之，1982，「高校卒業生の経歴と学校教育の規定力」『教育社会学研究』37，pp.106-117. ……**166**

近藤博之，1990a，「教育社会学における計量的方法の現状と課題」『教育社会学研究』47，pp.54-65. ……**166**

近藤博之，1990b，「『学歴メリトクラシー』の構造」菊池城司編『現代日本の階層構造③教育と社会移動』東京大学出版会，pp.185-208. ……**166,600**

近藤博之，2012，「社会空間と学力の階層差」『教育社会学研究』90，pp.101-121. ……**166,556**

近藤博之・岩永雅也，1985，「専修学校進学の諸側面」麻生 誠編『専修学校制度の展開とその評価―短期高等教育の社会的規定に関する調査研究』科学研究費補助金研究成果報告書，pp.15-20. ……**482**

近藤博之・古田和久，2009，「教育達成の社会経済的格差―趨勢とメカニズムの分析」『社会学評論』59(4)，pp.682-698. ……**166,186**

■さ

埼玉県健康福祉部，2002，『ひきこもり実態調査報告書』. ……**566**

斎藤 環，2003，『心理学化する社会―なぜ，トラウマと癒しが求められるのか』PHP研究所. ……**108**

斎藤 環，2004，『解離のポップ・スキル』勁草書房. ……**732**

斎藤美奈子，2001，『紅一点論―アニメ・特撮・伝記のヒロイン像』筑摩書房. ……**362**

賽漢卓娜，2011，『国際移動時代の国際結婚―日本の農村に嫁いだ中国人女性』勁草書房. ……**322**

三枝惠子，2008，「育児不安の構造」深谷昌志編『育児不安の国際比較』学文社，pp.27-46. ……**314**

酒井 朗，1997，「『"児童生徒理解"は心の理解でなければならない』―戦後日本における指導観の変容とカウンセリング・マインド」今津孝次郎ほか編『教育言説をどう読むか―教育を語ることばのしくみとはたらき』新曜社，pp.131-160. ……**434**

酒井 朗，1998，「多忙問題をめぐる教師文化の今日的様相」志水宏吉編著『教育のエスノグラフィー―学校現場のいま』嵯峨野書院，pp.223-250. ……**12**

酒井 朗，1999，「『指導の文化』と教育改革のゆくえ―日本の教師の役割観に関する比較文化論的考察」油布佐和子編『教師の現在・教職の未来―あすの教師像を模索する』教育出版，pp.115-137. ……**434,446**

酒井 朗，2004，「教育臨床の社会学―特集にあたって」『教育社会学研究』74，pp.5-20. ……**122,202**

酒井 朗編，2007，『進学支援の教育臨床社会学―商業高校におけるアクションリサーチ』勁草書房. ……**202,208**

酒井 朗，2009，「調査フィールドとしての学校」『社会と調査』2，pp.13-19. ……**170**

酒井 朗，2010，「学校に行かない子ども」苅谷剛彦ほか『新版 教育の社会学』有斐閣，pp.2-65. ……**538,562**

酒井 朗，2012a，「新しい教育社会学」酒井 朗ほか編『よくわかる教育社会学』ミネルヴァ書房，pp. 12-13．……**440**

酒井 朗，2012b，「日本における教育社会学の成立と発展」酒井 朗ほか編『よくわかる教育社会学』ミネルヴァ書房，pp. 4-5．……**40**

酒井 朗，2014a，『教育臨床社会学の可能性』勁草書房．……**4, 34, 202, 366, 562**

酒井 朗，2014b，「臨床教育社会学の可能性」東洋館出版社．……**538**

酒井 朗，2015，「教育における排除と包摂」『教育社会学研究』96，pp. 5-24．……**568**

酒井 朗・島原宣失，1991，「学習指導方法の習得過程に関する研究」『教育社会学研究』49，pp. 135-153．……**380**

酒井 朗・横井紘子，2011，『保幼小連携の原理と実践―移行期の子どもへの支援』ミネルヴァ書房，pp. 1-10．……**396**

酒井 朗ほか編著，2012，『よくわかる教育社会学』ミネルヴァ書房．……**4**

酒井泰斗ほか，2009，『概念分析の社会学』ナカニシヤ出版．……**538**

坂元 章，2004，『テレビゲームと子どもの心―子どもたちは凶暴化していくのか？』メタモル出版．……**728**

坂本 旬，2014，『メディア情報教育学―異文化対話のリテラシー』法政大学出版局．……**722**

阪本俊生，2009，『ポスト・プライバシー』青弓社．……**320**

作田啓一，1995，「自己と外界」『三次元の人間―生成の思想を語る』行路社，pp. 4-28．……**248**

作田啓一編，福武 直・日高六郎監修，1964，『現代社会学講座Ⅴ―人間形成の社会学』有斐閣．……**244**

作野友美，2008，「２歳児はジェンダーをどのように学ぶのか―保育園における性別カテゴリーによる集団統制に着目して」『子ども社会研究』14，pp. 29-44．……**340**

佐久間孝正，2006，『外国人の子どもの不就学―異文化に開かれた教育とは』勁草書房．……**524**

桜井 厚，2002，『インタビューの社会学―ライフストーリーの聞き方』せりか書房．……**212, 228, 442**

桜井 厚，2012，『ライフストーリー論』弘文堂．……**228**

桜井智恵子，2005，『市民社会の家庭教育』信山社．……**300**

桜井智恵子，2012，『子どもの声を社会へ―子どもオンブズの挑戦』岩波書店．……**300**

佐幸信介，2006，「囲われる空間のパラドックス―分類化する社会」阿部 潔・成実弘至編『空間管理社会―監視と自由のパラドックス』新曜社，pp. 104-134．……**320**

佐々木惣一，1949，『日本国憲法論』有斐閣．……**486**

佐々木輝美，1996，『メディアと暴力』勁草書房．……**734**

佐々木輝美，2001，「携帯電話の所有と青少年のコミュニケーション行動」『青少年問題』48(4)，pp. 30-36．……**734**

佐々木洋成，2006，「教育機会の地域間格差―高度成長期以降の趨勢に関する基礎的検討」『教育社会学研究』78，pp. 303-320．……**618**

佐藤 香，2004，『社会移動の歴史社会学』東洋館出版社．……**562**

佐藤 学，1997，『教師というアポリア―反省的実践へ』世織書房．……**12, 438**

佐藤 学，2015，『専門家として教師を育てる―教師教育改革のグランドデザイン』岩波書店．……**418**

佐藤 学ほか編，2009，『揺れる世界の学力マップ』明石書店．……**380**

佐藤 裕，2005，『差別論―偏見理論批判』明石書店．……**118, 574**

佐藤郁哉，2008，『実践 質的データ分析入門』新曜社．……**238**

佐藤郡衛，2001，『国際理解教育―多文化共生社会の学校づくり』明石書店．……**376**

佐藤貴宣，2013，「盲学校における日常性の産出と進路配分の画一性―教師たちのリアリティワークにおける述部付与／帰属活動を中心に」『教育社会学研究』93，pp. 27-46．……**214, 440**

佐藤卓己，2002，『『キング』の時代』岩波書店．……**742**

佐藤卓己，2013，『物語 岩波書店百年史２―教育』の時代』岩波書店．……**742**

佐藤俊樹，1998，「近代を語る視線と文体―比較のなかの日本の近代化」高坂健次・厚東洋輔編『講座社会学１ 理論と方法』東京大学出版会，pp. 65-98．……**218**

佐藤俊樹，2000，『不平等社会日本』中央公論新社．……**608**

佐藤俊樹，2006，「閾のありか―言説分析と「実証性」」佐藤俊樹・友枝敏雄編『言説分析の可能性―社会学的方法の迷宮から』東信堂，pp. 3-25．……**202**

佐藤博樹，2012，「実証研究におけるデータアーカイブの役割と課題―SSJ データアーカイブの活動実績を踏まえて」『フォーラム現代社会学』11，pp. 103-112．……**176**

佐藤博樹ほか，2006，『人材育成としてのインターンシップ―キャリア教育と社員教育のために』労働新聞社．……**658**

佐藤博志・岡本智周，2014，『「ゆとり」批判はどうつくられたのか―世代論を解きほぐす』太郎次郎社エディタス．……**692**

佐藤雅浩，2013，『精神疾患言説の歴史社会学―「心の病」はなぜ流行するのか』新曜社．……**218**

真田信治・庄司博史編，2005，『事典 日本の多言語社会』岩波書店．……**778**

沢山美果子，1990，「教育家族の成立」中内俊雄ほか編『教育―誕生と終焉』藤原書店，pp. 108-131．……**308**

沢山美果子，2013，『近代家族と子育て』吉川弘文館．……**296**

■し

潮木守一，1975，「進路決定過程のパス解析」『教育社会学研究』30，pp. 75-85．……**170**

塩原良和，2012，『共に生きる―多民族・多文化社会における対話』現代社会学ライブラリー3．弘文堂．……**376**

汐見稔幸，1993，『このままでいいのか，超早期教育』大月書店．……**586**

四方実一・一谷 弾，1963，『教育統計法入門』日本文化科学社．……**170**

篠原菊紀，2011，『なぜ，脳は iPad にハマるのか？―脳力を最大限に引き出す使い方レッスン』学習研究社．……**728**

芝田奈生子，2005，「日常的相互行為過程としての社会化―発話ターンとしての〈泣き〉という視点から」『教育社会学研究』76，pp. 207-224．……**216**

柴野昌山，1985，「教育社会学の基本的性格」柴野昌山編『教育社会学を学ぶ人のために』世界思想社，pp. 3-22．……**396**

柴野昌山，1986，「概説日本の社会学 教育」柴野昌山ほか編『教育』リーディングス日本の社会学 16．東京大学出版会，pp. 3-14．……**40**

柴野昌山，1989，「現代のしつけ状況」柴野昌山編『しつけの社会学』世界思想社，pp. 278-302．……**314**

柴野昌山，2008，「見えない教育統制と知識伝達」天童睦子編『知識伝達の構造―教育社会学の展開』世界思想社，pp. 65-80．……**286**

柴野昌山編，1989，『しつけの社会学』世界思想社．……**286**

柴野昌山ほか編，1986，『教育』リーディングス日本の社会学 16．東京大学出版会．……**56**

柴山哲也編著，2004，『日本のジャーナリズムとは何か』ミネルヴァ書房．……**32**

澁谷知美，1999，「「学生風紀問題」報道にみる青少年のセクシュアリティの問題化―明治年間の『教育時論』掲載記事を中心に」『教育社会学研究』65，pp. 25-47．……**580**

渋谷知美，2003，『日本の童貞』文芸春秋．……**358**

澁谷知美，2013，『立身出世と下半身―男子学生の性的身体の管理の歴史』洛北出版．……**358**

渋谷真樹，2001，『「帰国子女」の位置取りの政治―帰国子女教育学級の差異のエスノグラフィ』勁草書房．……**202**

渋谷真樹ほか，2013，「国際結婚家庭の教育戦略」志水宏吉ほか編著『「往還する人々」の教育戦略―グローバル社会を生きる家族と公教育の課題』明石書店，pp. 194-205．……**322**

島 一則，1999，「大学進学行動の経済分析―収益率研究の成果・現状・課題」『教育社会学研究』64，pp. 101-121．……**470**

島 一則，2013，「教育投資収益率研究の現状と課題―海外・国内の先行研究の比較から」『大学経営政策研究』3，pp. 15-35．……**644**

島 一則，2014，「高等教育財政・財務に関する研究の展開」『大学論集』46，pp. 107-138．……**632**

清水一彦，2015，「アーティキュレーションの本質論と教育制度改革」『教育制度学研究』．22，pp. 14-31．……**378**

志水宏吉，1985，「『新しい教育社会学』その後―解釈的アプローチの再評価」『教育社会学研究』40，pp. 193-207．……**58**

志水宏吉，1993，「変化する現実，変化させる現実―英国『新しい教育社会学』のゆくえ」『教育社会学研究』53，pp. 5-30．……**58,440**

志水宏吉，1996，「臨床的学校社会学の可能性」『教育社会学研究』59，pp. 56-68．……**34**

志水宏吉，2002a，「学校臨床社会学とは何か」苅谷剛彦・志水宏吉編著『学校臨床社会学―「教育問題」をどう考えるか』放送大学教育振興会．……**34**

志水宏吉，2002b，『学校文化の比較社会学―日本とイギリスの中等教育』東京大学出版会．……**398,450**

志水宏吉，2004，「低学力克服への戦略」苅谷剛彦・志水宏吉編『学力の社会学』岩波書店，pp. 217-235．

……388

志水宏吉，2014，『「つながり格差」が学力格差を生む』亜紀書房．……118

志水宏吉，2015，「教育は誰のものか」『教育学研究』82(4)，pp. 558-570．……698

志水宏吉編，2009a，『「力のある学校」の探求』大阪大学出版会．……202,556,624

志水宏吉編，2009b，『エスニシティと教育』日本図書センター．……578

志水宏吉ほか，2014，『調査報告「学力格差」の実態』岩波書店．……350

志水宏吉・清水睦美編著，2001，『ニューカマーと教育―学校文化とエスニシティの葛藤をめぐって』明石書店．……376,450

志水宏吉・鈴木　勇編，2012，『学力政策の比較社会学』……678

志水宏吉・高田一宏編，2012，『学力政策の比較社会学』……678

志水宏吉・徳田耕造編，1991，『よみがえれ公立中学―尼崎市立「南」中学校のエスノグラフィー』有信堂高文社．……202

清水裕士，2014a，『個人と集団のマルチレベル分析』ナカニシヤ出版．……192

清水裕士，2014b，「階層線形モデルについて」http://norimune.net/2115 (2016/02/29 最終閲覧) ……192

清水睦美，2006，『ニューカマーの子どもたち―学校と家族の間の日常世界』勁草書房．……202,450

清水睦美・すたんどばいみー編，2009，『いちょう団地発！外国人の子どもたちの挑戦』岩波書店．……524

清水睦美ほか，2011，「特別支援教育とニューカマー児童生徒教育（前編）」『東京理科大学紀要（教養編）』43，pp. 107-123．……376

清水睦美ほか，2012，「特別支援教育とニューカマー児童生徒教育（後編）」『東京理科大学紀要（教養編）』44，pp. 265-281．……376

清水睦美ほか，2015，「ニューカマー第二世代の青年期―ジェンダーをめぐるエスニシティ間比較」日本教育社会学会第 67 回大会口頭発表．……334

清水義弘，1951，「社会調査における〈抵抗〉の意義―面接構成に関する二三の社会心理学的考察」『教育社会学研究』1，pp. 30-44．……166

清水義弘，1954，「教育社会学の構造」『教育社会学研究』6，pp. 1-15．……4

清水義弘，1957，『試験』岩波新書．……166

清水義弘，1958，「教育社会学論」『教育社会学研究』13，pp. 100-114．……40,48

清水義弘，1973a，「教育社会学の学問的性格」日本教育社会学会編『教育社会学の基本問題』東洋館出版社，pp. 10-27．……4

清水義弘，1973b，『教育と社会の間―70 年代の教育を考える』東京大学出版会．……400

下瀬川　陽，2015，「大学・短大中退が正社員就業と獲得賃金に与える効果の検討」『社会学年報』44，pp. 71-81．……470

授業研究所編，1998，『学級崩壊からの脱出―教師 412 人の実態調査』フォーラム・A．……576

情報処理学会，2010，『「デジタル教科書」推進に際してのチェックリストの提案と要望』情報処理学会，https://www.ipsj.or.jp/03somu/teigen/digital_demand.html (2016/02/11 最終閲覧) ……726

女性学研究会編，1981，『女性学をつくる』勁草書房．……326,330

白川俊之，2015，「大学・短大の専門分野はどのように決まるのか―出身階層と高等教育の学科・専攻選択との関係」中澤　渉・藤原　翔編著『格差社会の中の高校生―家族・学校・進路選択』勁草書房，pp. 53-67．……470

白波瀬佐和子，2011，「少子化社会の階層構造―階層結合としての結婚に着目して」石田　浩ほか編『現代の階層社会 2 階層と移動の構造』東京大学出版会，pp. 317-333．……302

白松　賢ほか，2014，「逸脱から教育問題へ―実証主義・当事者・社会的構成論」『教育社会学研究』95，pp. 207-249．……130

新谷康浩ほか，1999，「戦後経済変動と技術者の労働市場参入」『教育社会学研究』64，pp. 165-182．……482

新堂粧子，1989，「社会化エージェントの悩み」柴野昌山編『しつけの社会学』世界思想社，pp. 133-154．……314

陣内靖彦，1988，『日本の教員社会』東洋館出版社．……452

新堀通也，1954，「教育学と教育社会学」『教育社会学研究』6，pp. 16-25．……4

新堀通也，1965，『日本の大学教授市場』東洋館出版社．……476

新堀通也，1973，「現代日本の教師」『教育社会学研究』28，pp. 4-17．……408

新堀通也編，1985，『大学生―ダメ論を超えて』現代のエスプリ 213，至文堂．……474

新堀通也，1992，「日本の教育社会学の特徴と問題点」『教育社会学研究』50，pp. 184-189．……40

■す

末吉悌次・片岡徳雄，1957，「学習指導の実験研究―人間関係に着目した」『教育社会学研究』11，pp. 1-14.
……166
菅谷明子，2000，『メディア・リテラシー―世界の現場から』岩波書店．……**722**
杉谷祐美子編，2011，『大学の学び―教育内容と方法』リーディングス日本の高等教育2，玉川大学出版部．
……**478,480**
杉万俊夫編，2006，『コミュニティのグループ・ダイナミックス』京都大学学術出版会．……**508**
すぎむらなおみ，2014，『養護教諭の社会学―学校文化・ジェンダー・同化』名古屋大学出版会．……
360
杉本 均編，2014，『トランスナショナル高等教育の国際比較―留学概念の転換』東信堂．……**752**
杉山二季ほか，2004，「小中学校における女性管理職のキャリア形成」『東京大学大学院教育学研究科紀要』
44，pp. 281-299.……**356**
杉山光信，1989，『学問とジャーナリズムの間』みすず書房．……**32**
鈴木克夫，1999，「二つの遠隔教育―通信教育から遠隔教育への概念的連続性と不連続性について」『メ
ディア教育研究』3，pp. 1-12.……**724**
鈴木克夫，2002，「通信教育とeラーニング」『IDE』440，pp. 38-42.……**724**
鈴木謙介，2007，『ウェブ社会の思想―〈遍在する私〉をどう生きるか』NHK出版．……**736**
鈴木雅博，2016，「教師は曖昧な校則下での厳格な指導をどう論じたか―エスノメソドロジーのアプロー
チから」『教育社会学研究』99，pp. 47-67.……**214**
鈴木みどり，2001，『メディア・リテラシーの現在と未来』世界思想社．……**722**
須藤康介，2007，「授業方法が学力と学力の階層差に与える影響」『教育社会学研究』81，pp. 25-44.
……**556**
須藤康介，2010，「学習方略がPISA型学力に与える影響」『教育社会学研究』86，pp. 139-158.……**388**
首藤美香子，2012，「玩具の誘惑，玩具の呪縛―1920年代から30年代の「児童文化」をめぐって」太田
素子・浅井幸子編『保育と家庭教育の誕生―1890-1930』藤原書店，pp. 205-259.……**320**
住岡英毅，2007，「教育の地域格差に挑む」日本教育社会学会編『教育社会学研究』80，pp. 127-141.
……**512**

■せ

盛山和夫，2004，『統計学入門』放送大学教育振興会．……**186**
清矢良崇，1983，「社会的相互行為としての初期社会化の様式―しつけ場面におけるカテゴリー化問題」
『教育社会学研究』38，pp. 122-133.……**216**
清矢良崇，1994，『人間形成のエスノメソドロジー―社会化過程の理論と実証』東洋館出版社．……**202,
214,244,262**
清矢良崇，1998，「教育社会学とエスノメソドロジー」山田富秋・好井裕明編『エスノメソドロジーの想
像力』せりか書房，pp. 238-251.……**232**
石 暁玲，2013，「発達と教育」松原達哉編『教育心理学』丸善出版，pp. 9-35.……**396**
妹尾 渉，2010，「全国の「教員評価」実施動向から」苅谷剛彦・金子真理子編『教員評価の社会学』岩波
書店，pp. 11-20.……**416**
妹尾 渉・北條雅一，2016，「学級規模の縮小は中学生の学力を向上させるのか―全国学力・学習状況調査
（きめ細かい調査）の結果を活用した実証分析」『国立教育政策研究所紀要』145，pp. 119-128.……
618
妹尾 渉ほか，2014，「回帰分断デザインによる学級規模効果の推定―全国の公立小中学校を対象にした研
究」『国立教育政策研究所紀要』143，pp. 89-101.……**646**
全国引きこもりKHJ親の会，2005，『「ひきこもり」の実態に関する調査報告書』．……**566**

■そ

徐 阿貴，2012，『在日朝鮮人女性による「下位の対抗的な公共圏」の形成―大阪の夜間中学を核とした運
動』御茶の水書房．……**524**
総務省情報通信政策研究所，2013，「青少年のインターネット利用と依存傾向に関する調査」http://www.
soumu.go.jp/iicp/chousakenkyu/data/research/survey/telecom/2013/internet-addiction.pdf（2016/

03/07 最終閲覧）……**728**

総務省統計局，http://www.stat.go.jp/data/sekai/qa-1.htm（2015/12/10 最終閲覧）……**174**

■た

戴 エイカ，1999，『多文化主義とディアスポラ―Voices from San Francisco』明石書店．……**376**

多賀 太，2001，『男性のジェンダー形成―〈男らしさ〉の揺らぎのなかで』東洋館出版社．……**326,334**

多賀 太，2003，「ジェンダー・フリー教育の困難」『久留米大学文学部紀要（情報社会学科編）』1，pp.65-78．……**354**

多賀 太，2006，『男らしさの社会学―揺らぐ男のライフコース』世界思想社．……**330**

多賀 太，2016，『男子問題の時代？―錯綜するジェンダーと教育のポリティクス』学文社．……**330**

多賀 太編著，2006，『揺らぐサラリーマン生活―仕事と家庭のはざまで』ミネルヴァ書房．……**316**

多賀 太・天童睦子，2013，「教育社会学におけるジェンダー研究の展開―フェミニズム・教育・ポストモダン」『教育社会学研究』93，pp.119-150．……**326,618**

高井良健一，2007，「教師研究の現在」『教育学研究』74(2)，pp.251-260．……**408**

高井良健一，2012，「教育実践の構造―統制と解放の関係に着目して」広田照幸ほか編『現代日本の少年院教育―質的調査を通して』名古屋大学出版会，pp.263-284．……**278**

高井良健一，2015，『教師のライフストーリー―高校教師の中年期の危機と再生』勁草書房．……**408，442**

高木 亮，2015，『教師の職業ストレス』ナカニシヤ出版．……**584**

髙木友子，2015，「小１プロブレム対策を考える３―保護者サポーターの視点から見たＳ市すこやかプラン３」『湘北紀要』36，pp.45-53．……**396**

高口明久，1977，「住民運動と学習―自治意識の形成過程」松原治郎編『コミュニティと教育』学陽書房，pp.99-147．……**534**

高田 明ほか編，2016，『子育ての会話分析―おとなと子どもの「責任」はどう育つか』昭和堂．……**214**

高野和子・岩田康之編，2010，『教育実習』学文社．……**418**

高野桂一，1959，「教育調査法―実践に〈役立つ〉調査の方法吟味」『教育社会学研究』14，pp.122-137．……**166**

高野良子，2006，『女性校長の登用とキャリアに関する研究―戦前期から1980年代までの公立小学校を対象として』風間書房．……**356**

高野良子ほか，2013，「公立高校学校管理職キャリア形成に関する予備的考察―「一任システム」に着目して」『植草学園大学研究紀要』5，pp.25-34．……**356**

高橋 均，2008，「揺らぐ自立システムと若者支援の方途―ホリスティックな自立に向けて」柴野昌山編『青少年・若者の自立支援―ユースワークによる学校・地域の再生』世界思想社，pp.155-171．……**316**

高橋 均，2016，「2000年代型育児雑誌にみる父親の『主体化』」天童睦子編『育児言説の社会学―家族・ジェンダー・再生産』世界思想社，pp.78-113．……**286**

高橋一郎，1992，「明治期における『小説』イメージの転換―俗悪メディアから教育的メディアへ」『思想』812，pp.175-192．……**712,732**

高橋寛人編，1999，『占領期教育指導者講習基本資料集成』全３巻，すずさわ書店．……**48**

高良 聖，1996，『警告！ 早期教育が危ない―臨床現場からの報告』日本評論社．……**586**

竹内 洋，1988，『選抜社会―試験・昇進をめぐる〈加熱〉と〈冷却〉』リクルート出版．……**86**

竹内 洋，1995a，「教育社会学における歴史研究―ブームと危うさ」『教育社会学研究』57，pp.5-22．……**36,220**

竹内 洋，1995b，『日本のメリトクラシー―構造と心性』東京大学出版会．……**308,380,450,614**

竹内 洋，1996，『立身出世と日本人』日本放送出版協会．……**474**

竹内 洋ほか編，2014，『日本の論壇雑誌』創元社．……**742**

武田 丈，2015，『参加型アクションリサーチ（CBPR）の理論と実践―社会変革のための研究方法論』世界思想社．……**234**

武田京子，1999，「『こどものとも』に表れた性差」『岩手大学教育学部附属教育実践研究指導センター研究紀要』9，pp.51-61．……**340**

竹之下休蔵・岸野雄三，1959，『近代日本学校体育史』東洋館出版社．……**346**

竹ノ下弘久，2013，『仕事と不平等の社会学』弘文堂．……**100**

建部遯吾，1921，『教政学』同文館．……**48**

田代美江子，2003，「敗戦後日本における『純潔教育』の展開と変遷」橋本紀子・逸見勝亮編『ジェンダー

と教育の歴史』川島書店，pp. 213-239. ……**358**

田代美江子，2005，「性教育バッシングを検証する―なぜ性教育攻撃がまかり通るのか」木村涼子編著『ジェンダー・フリートラブル―バッシング現象を検証する』白澤社，pp. 191-218. ……**580**

田制佐重，1937，『教育的社会学』モナス. ……**48**

舘 昭，1997，『大学改革―日本とアメリカ』玉川大学出版部. ……**480**

舘 昭，1999，「やわらかな高等教育システムの形成―バーチャル・ユニバーシティの態様と単位制度の意義」『高等教育研究』2，pp. 25-46. ……**724**

立田慶裕ほか，2011，『生涯学習の理論―新たなパースペクティブ』福村出版. ……**508**

田中 聡，1993，『なぜ太鼓腹は嫌われるようになったのか？』河出書房新社. ……**392**

田中萬年・大木栄一編，2005，『働く人の「学習」論―生涯職業能力開発論』学文社. ……**530**

田中智志，2009，『教育思想のフーコー―教育を支える関係性』勁草書房. ……**126**

田中智志編，1999，『〈教育〉の解読』世織書房. ……**126**

田中東子，2012，『メディア文化とジェンダーの政治学―第三波フェミニズムの視点から』世界思想社. ……**362**

田中統治，1995，『カリキュラムの社会学的研究』東洋館出版社. ……**382**

田中雅文，2011，『ボランティア活動とおとなの学び―自己と社会の循環的発展』学文社. ……**512**

田中雅文ほか，2015，『テキスト 生涯学習―学びがつむぐ新しい社会［新訂版］』学文社. ……**500**

田原音和，1983，『歴史のなかの社会学』木鐸社. ……**40**

田間泰子，2001，『母性愛という制度―子殺しと中絶のポリティクス』勁草書房. ……**296**

田間泰子，2006，『「近代家族」とボディ・ポリティクス』新曜社. ……**296**

太郎丸 博ほか，2009，「ソシオロジと社会学評論に見る社会学の方法のトレンド 1952-2008」http://taromaru.web.fc2.com/documents/journal.pdf（2017/08/29 最終閲覧）……**66**

男女平等教育をすすめる会編，1997，『どうして，いつも男が先なの？―男女混合名簿の試み』新評論. ……**354**

團 康晃，2013，「指導と結びつきうる『からかい』―『いじり』の相互行為分析」『ソシオロジ』178，pp. 3-19. ……**214**

團 康晃，2014，「学校の中の物語作者たち―大学ノートを用いた協同での物語制作を事例に」『子ども社会研究』20，pp. 3-16. ……**214**

丹治恭子，2006，「幼稚園・保育所の機能拡大と幼保一元化―機関を対象とした質問紙調査の結果をもとに」『保育学研究』44(2)，pp. 114-125. ……**394**

■ち

知念 渉，2012，「〈ヤンチャな子ら〉の学校経験―学校文化への異化と同化のジレンマのなかで」『教育社会学研究』91，pp. 73-94. ……**388,434**

中央教育審議会，2011，「今後の学校におけるキャリア教育・職業教育の在り方について（答申）」（平成23年1月31日）……**658**

中央教育審議会，2012，「新たな未来を築くための大学教育の質的転換に向けて～生涯学び続け，主体的に考える力を育成する大学へ～（答申）」（平成24年8月28日）……**658**

■つ

塚田 守，1998，『受験体制と教師のライフコース』多賀出版. ……**442**

辻 功，1956，「社会調査における態度測定理論発展の方向」『教育社会学研究』10，pp. 82-98. ……**166**

辻 功，1970，『教育調査法』誠文堂新光社. ……**172**

辻 泉，2016，「友人関係の変容」藤村正之ほか編『現代若者の幸福―不安感社会を生きる』恒星社厚生閣，pp. 71-96. ……**274**

都島梨紗，2013，「少年院における非行少年の変容―少年院教育と非行仲間との連続性に着目して」『教育社会学研究』92，pp. 175-195. ……**550**

辻村みよ子，2011，『ポジティヴ・アクション―「法による平等」の技法』岩波書店. ……**626**

辻本雅史編，2010，『知の伝達メディアの歴史研究』思文閣出版. ……**742**

土田陽子，2014，『公立高等女学校にみるジェンダー秩序と階層構造―学校・生徒・メディアのダイナミズム』ミネルヴァ書房. ……**342**

土屋 俊，2013，「デジタル・メディアによる大学の変容または死滅」広田照幸ほか編『グローバリゼーショ

ン，社会変動と大学』シリーズ大学1，岩波書店，pp. 167-196. ……**724**

筒井淳也，2012，「Commentary マルチレベル分析を有効活用するには」『社会と調査』9，pp. 102-106. ……**192**

筒井淳也・不破麻紀子，2008，「計量社会学ワンステップアップ講座（1）マルチレベル・モデルの考え方と実践」『理論と方法』23(2)，pp. 139-149. ……**192**

都築一治編，1998，『職業評価の構造と職業威信スコア』1995年SSM調査研究会. ……**604**

堤孝晃ほか，2014，「学会機関誌の内容からみる学問分野間関係とその変遷―社会学・教育社会学・教育学に着目したテキストマイニング分析」『年報社会学論集』27，pp. 109-121. ……**66**

恒松直幸ほか，1982，「Parsonsの構造-機能分析」『ソシオロゴス』6，pp. 1-14. ……**78**

恒吉僚子，1992，『人間形成の日米比較―かくれたカリキュラム』中央公論社. ……**208,380**

恒吉僚子，1996，「多文化共存時代の日本の学校文化」『学校文化という磁場』講座学校6，柏書房，pp. 215-240. ……**376,450**

恒吉僚子，2008，『子どもたちの三つの危機―国際比較から見る日本の模索』勁草書房. ……**388**

粒来香，1997，「高卒無業者層の研究」『教育社会学研究』61，pp. 185-208. ……**404**

粒来香・林拓也，2000，「地域移動から見た就学・就職行動」近藤博之編『日本の階層システム3 戦後日本の教育社会』東京大学出版会，pp. 57-76. ……**618**

壺井栄，1952，『二十四の瞳』光文社. ……**438**

坪谷美欧子，2005，「地域で学習をサポートする」宮島喬・太田晴雄編『外国人の子どもと日本の教育―不就学問題と多文化共生の課題』東京大学出版会，pp. 193-215. ……**524**

鶴田真紀，2007，「〈障害児であること〉の相互行為形式―能力の帰属をめぐる教育可能性の産出」『教育社会学研究』80，pp. 269-289. ……**216**

鶴田真紀，2008，「自閉症児の言語獲得をめぐる相互行為系列―療育実践場面の分析を通して」『教育社会学研究』82，pp. 205-225. ……**216**

鶴見和子・川田侃編，1989，『内発的発展論』東京大学出版会. ……**512**

■て

デーケン，A.，2001，『生と死の教育』岩波書店. ……**282**

手嶋純ほか，2017，『通信制高校のすべて―「いつでも，どこでも，だれでも」の学校』彩流社. ……**434**

寺崎昌男，1979，『日本における大学自治制度の成立』評論社. ……**492**

寺崎昌男・「文検」研究会編，1997，『「文検」の研究』学文社. ……**452**

寺沢拓敬，2014，『「なんで英語やるの？」の戦後史―《国民教育》としての英語，その伝統の成立過程』研究社. ……**778,780**

寺沢拓敬，2015，『「日本人と英語」の社会学―なぜ英語教育論は誤解だらけなのか』研究社. ……**778**

寺町晋哉，2014，「「ジェンダー教育実践」が生み出す葛藤と変容―教師へのインタビュー調査から」『教育学研究』81(3)，pp. 310-321. ……**354**

天童睦子，1997，「社会化エージェントの〈孤立化〉と育児雑誌の現代的機能―ジェンダー視点からの一考察」『早稲田大学大学院教育学研究科紀要 別冊』5，pp. 51-62. ……**314**

天童睦子，2000，「バーンスティンの権力・統制論再考―ジェンダー・コードの視点から」『教育社会学研究』67，pp. 83-99. ……**338**

天童睦子，2001，「ジェンダーとペダゴジー 支配」柴野昌山編『文化伝達の社会学』世界思想社，pp. 102-131. ……**338**

天童睦子，2003，「少子化とはどんな問題か―子ども・家族・女性」矢澤澄子ほか『都市環境と子育て―少子化・ジェンダー・シティズンシップ』勁草書房，pp. 13-38. ……**314**

天童睦子，2004，「少子化時代の育児戦略とジェンダー」天童睦子編著『育児戦略の社会学―育児雑誌の変容と再生産』世界思想社，pp. 134-154. ……**310**

天童睦子，2013，「育児戦略と見えない統制―育児メディアの変遷から」『家族社会学研究』25(1)，pp. 21-29. ……**286**

天童睦子編，2004，『育児戦略の社会学―育児雑誌の変容と再生産』世界思想社. ……**286,320**

天童睦子編，2008，『知識伝達の構造―教育社会学の展開』世界思想社. ……**286**

天童睦子編，2016，『育児言説の社会学―家族・ジェンダー・再生産』世界思想社. ……**286,320**

天童睦子・多賀太，2016，「「家族と教育」の研究動向と課題―家庭教育・戦略・ペアレントクラシー」『家族社会学研究』28(2)，pp. 224-233. ……**286**

天童睦子・高橋 均, 2011, 「子育てする父親の主体化」『家族社会学研究』23, pp. 65-76. ……**308**

■と

土井隆義, 2008, 『友だち地獄―「空気を読む」世代のサバイバル』ちくま書房. ……**274**

東京学芸大学小1プロブレム研究推進プロジェクト, 2010, 「平成19年度～平成21年度 小1プロブレム研究推進プロジェクト報告書」. ……**396**

東京シューレ編, 2000, 『フリースクールとはなにか―子どもが創る・子どもと創る』教育史料出版会. ……**522**

東京大学社会科学研究所「働き方とライフスタイルの変化に関する全国調査（若年パネル）」http://csrda.iss.u-tokyo.ac.jp/panel/JLPSYM/（2016/07/28 最終閲覧）……**180**

東京大学社会科学研究所「高校卒業後の生活と意識に関する調査（高卒パネル）」http://csrda.iss.u-tokyo.ac.jp/panel/JLPSH/（2016/07/28 最終閲覧）……**180**

東京都教育委員会, 2008, 「東京都教育ビジョン（第2次）」. ……**396**

東京都教育委員会, 2013, 「「都立高校中途退学者等追跡調査」報告書」. ……**568**

戸坂 潤, 1966, 「アカデミーとジャーナリズム」『戸坂潤全集』3, 勁草書房. ……**32**

徳岡 大, 2014, 「潜在曲線モデル」小杉考司・清水裕士編著『M-plus と R による構造方程式モデリング入門』北大路書房, pp. 188-207. ……**192**

徳岡秀雄, 1987, 『社会病理の分析視角』東京大学出版会. ……**548**

徳岡秀雄, 1993, 『少年司法政策の社会学』東京大学出版会. ……**544**

徳岡秀雄, 1997, 『社会病理を考える』世界思想社. ……**22,560**

徳永恭子, 2012, 『なぜ防げない？ スクール・セクシュアル・ハラスメント―アンケート調査に見る教職員の実態』ひろしま女性学研究所. ……**360**

戸田貞三, 1937, 『家族構成』弘文堂. ……**286**

戸田貞三, 2001, 『家族構成』新版, 新泉社. ……**296**

苫米地なつ帆ほか, 2012, 「家族内不平等の再検討―きょうだい構成に着目して」『社会学研究』90, pp. 97-118. ……**194**

富田英典, 2016, 「序章 メディア状況の概観とセカンドオフライン―モバイル社会の現在」富田英典編『ポスト・モバイル社会―セカンドオフラインの時代へ』世界思想社, pp. 1-19. ……**718**

富永健一編, 1979, 『日本の階層構造』東京大学出版会. ……**608**

友枝敏雄編, 2015, 『リスク社会を生きる若者たち』大阪大学出版会. ……**170**

友田泰正, 1970, 「都道府県別大学進学率格差とその規定要因」『教育社会学研究』25, pp. 185-195. ……**166**

豊田秀樹, 2016, 『はじめての統計データ分析―ベイズ的〈ポストp値時代〉の統計学』朝倉書店. ……**166**

豊田秀樹編著, 2012, 『因子分析入門―Rで学ぶ最新データ解析』東京図書. ……**196**

トロウ, M., 天野郁夫・喜多村和之訳, 1976, 『高学歴社会の大学』東京大学出版会. ……**456,464**

■な

内閣府編, 2005, 『国民生活白書 平成17年版』. ……**394**

内閣府, 2010, 『若者の意識に関する調査（ひきこもりに関する実態調査）報告書』. ……**566**

内閣府, 2011, 「若者の意識に関する調査（高等学校中途退学者の意識に関する調査）報告書」. ……**568**

内閣府, 2012, 『日本におけるパネルデータの整備に関する調査（報告書）』平成23年度内閣府大臣官房統計委員会担当室請負調査. ……**180**

内閣府, 2015a, 「平成26年度 青少年のインターネット利用環境実態調査（概要）」内閣府. ……**726**

内閣府, 2015b, 『平成27年版 子供・若者白書』日経印刷. ……**718**

内閣府政策統括官, 2016, 『2015年度 結婚・家族生活に関する意識調査報告書』. ……**298**

内藤あゆみ・高比良詠子, 2008, 「テレビとテレビゲーム」『児童心理学の進歩』2008年版, 金子書房, pp. 167-191. ……**728**

直井 優, 1979, 「職業的地位尺度の構成」富永健一編『日本の階層構造』東京大学出版会, pp. 434-472. ……**604**

直井 優・藤田英典, 1978, 「教育達成過程とその地位形成効果」『教育社会学研究』33, pp. 91-105. ……**166**

中内敏夫，2001，『家族の人づくり―18～20世紀日本』中内敏夫著作集Ⅷ，藤原書店．……562

中河伸俊，1999，『社会問題の社会学―構築主義アプローチの新展開』世界思想社．……202

中河伸俊，2004，「構築主義とエンピリカル・リサーチャビリティ」『社会学評論』55(3)，pp. 244-259．……130

中河伸俊・赤川 学編，2013，『方法としての構築主義』勁草書房．……126

中川正明，2011，「日本型コーオプ教育を目指して―京都産業大学の事例」『IDE 現代の高等教育』530，pp. 39-44．……658

中澤篤史，2014，『運動部活動の戦後と現在』青弓社．……384

中澤智恵・余田翔平，2014，「〈家族と教育〉に関する研究動向」『教育社会学研究』95，pp. 171-206．……628

中澤 渉，2003，「教育社会学における実証研究の諸問題」『教育社会学研究』72，pp. 151-169．……66

中澤 渉，2011，「高等教育進学機会の地域間不平等」『東洋大学社会学部紀要』48 (2)，pp. 5-18．……618

中澤 渉，2012，「なぜパネル・データを分析するのが必要なのか―パネル・データ分析の特性の紹介」『理論と方法』27(1)，pp. 23-40．……180,192

中澤 渉，2014，『なぜ日本の公教育費は少ないのか―教育の公的役割を問いなおす』勁草書房．……174,664

中澤 渉・藤原 翔編著，2015，『格差社会の中の高校生―家族・学校・進路選択』勁草書房．……470

中島智子，2008，「連続するオールドカマー／ニューカマー教育」志水宏吉編『高校を生きるニューカマー―大阪府立高校にみる教育支援』明石書店，pp. 57-74．……376

中島ゆり，2005，「反性差別の思想がもたらす教育実践のジレンマ」『年報社会学論集』18，pp. 113-123．……354

中島葉子，2007，「ニューカマー教育支援のパラドックス―関係の非対称性に着目した事例研究」『教育社会学研究』80，pp. 247-267．……524

永田えり子，2000，「母親になるということ」藤崎宏子編『親と子―交錯するライフコース』ミネルヴァ書房，pp. 83-106．……314

永田佳之，1996，『自由教育をとらえ直す―ニイルの学園＝サマーヒルの実際から』世織書房．……522

永田佳之，2005，『オルタナティブ教育―国際比較に見る21世紀の学校づくり』新評論．……522

中西新太郎・高山智樹編，2009，『ノンエリート青年の社会空間』大月書店．……348

中西祐子，1998，『ジェンダー・トラック―青年期女性の進路形成と教育組織の社会学』東洋館出版社．……326,352,574,618

中西祐子，2011，「公立学校制度改革と親の意識の地域差―誰が「脱出」オプションを選択できるのか？」石川由香里ほか『格差社会を生きる家族―教育意識と地域・ジェンダー』有信堂高文社，pp. 33-60．……310

中西祐子，2013，「教育の男女格差」千田有紀ほか『ジェンダー論をつかむ』有斐閣，pp. 98-104．……352

長沼 豊，2003，『市民教育とは何か―ボランティア学習がひらく』ひつじ書房．……706

中野 収，1991，『若者文化人類学―異人としての若者論』東京書籍．……730

中野 収，1992，『「家族」する家族』有斐閣．……296

中野 卓編著，1977，『口述の生活史―或る女の愛と呪いの日本近代』御茶の水書房．……212

仲野由佳理，2012，「少年の「変容」と語り―語りの資源とプロットの変化に着目して」広田照幸ほか編『現代日本の少年院教育―質的調査を通して』名古屋大学出版会，pp. 108-138．……278,550

仲野由佳理，2014，「少年院からの社会復帰における課題―矯正教育に関する研究から」『罪と罰』51(4)，pp. 93-104．……278

中橋 雄，2014，『メディア・リテラシー論―ソーシャルメディア時代のメディア教育』北樹出版．……722

中原 淳，2010，『職場学習論―仕事の学びを科学する』東京大学出版会．……508

中村 清，2008，『国家を越える公教育―世界市民教育の可能性』東洋館出版社．……706

中村圭介・岡田真理子，2001，『教育行政と労使関係』エイデル研究所．……422

中村高康，2002，「教育アスピレーションの加熱・冷却」『学歴・選抜・学校の比較社会学―教育からみる日本と韓国』東洋館出版社，pp. 53-69．……614

中村高康，2011，『大衆化とメリトクラシー―教育選抜をめぐる試験と推薦のパラドクス』東京大学出版会．……614

中村高康，2012，「テーマ別研究動向（教育）―教育社会学的平衡感覚の現在」『社会学評論』63(3)，pp.

439-451. ……**4, 34**

中村高康，2013，「混合研究法の基本的理解と現状評価」『社会と調査』11，pp. 5-11. ……**236**

中村高康編著，2010，『進路選択の過程と構造—高校入学から卒業までの量的・質的アプローチ』ミネルヴァ書房. ……**470**

中村高康ほか編，2012，『学歴・選抜・学校の比較社会学』東洋館出版社. ……**170**

中村浩子，2008，「学校選択の自由とオルタナティブ教育—ニュージーランドの「特色ある学校」と「オルタナティブ教育プログラム」」『比較教育学研究』37，pp. 133-154. ……**522**

中村雅子，2011，「人種格差社会アメリカにおける教育機会の平等—ポスト公民権運動期の黒人の教育権」宮寺晃夫編『再検討 教育機会の平等』岩波書店，pp. 199-220. ……**626**

中村桃子，2001，『ことばとジェンダー』勁草書房. ……**344**

中村雄二郎，1992，『臨床の知とは何か』岩波書店. ……**34**

中山 元，2010，『フーコー生権力と統治性』河出書房新社. ……**108**

中山 茂，1994，『大学とアメリカ社会—日本人の視点から』朝日新聞社. ……**480**

中山 茂，1995，「大学の「小道具」概説」『IDE 現代の高等教育』365，pp. 5-12. ……**480**

中山慶子，1985，「女性の職業アスピレーション」『教育社会学研究』40，pp. 65-86. ……**352**

夏目漱石，1990，『吾輩は猫である』岩波書店. ……**392**

夏目達也編，2012，「大学経営高度化を実現するアカデミック・リーダーシップ形成・継承・発展に関する研究」中間報告書. ……**492**

鍋島祥郎，1993，「「部落」マイノリティと教育達成—J. U. オグブの人類学的アプローチをてがかりに」『教育社会学研究』52．pp. 208-231. ……**574**

鍋島祥郎，2003，『効果のある学校—学力不平等を乗り越える教育』解放出版社. ……**450, 624**

難波知子，2012，『学校制服の文化史—日本近代における女子生徒服装の変遷』創元社. ……**344**

■に

西川祐子，1996，「近代国家と家族—日本型近代家族の場合」『〈家族〉の社会学』岩波講座現代社会学第19 巻，岩波書店. ……**272**

西川祐子・荻野美穂編，1999，『男性論—共同研究』人文書院. ……**330**

西阪 仰，2001，『心と行為—エスノメソドロジーの視点』岩波書店. ……**214**

西阪 仰，2008，「何の学習か」『分散する身体—エスノメソドロジー的相互行為の分析の展開』勁草書房，pp. 53-118. ……**214**

西阪 仰ほか，2013，『共感の技法—福島県における足湯ボランティアの会話分析』勁草書房. ……**232**

西島 央編著，2006，『部活動』学事出版. ……**384**

西躰容子，1998，「「ジェンダーと学校教育」研究の視角転換—ポスト構造主義的展開へ」『教育社会学研究』62．pp. 5-22. ……**330**

西田芳正，2012，『排除する社会・排除に抗する学校』大阪大学出版会. ……**448**

西原和久，2012，「意味の社会学」大澤真幸ほか編，見田宗介編集顧問『現代社会学事典』弘文堂，pp. 71-72. ……**440**

西村清和，1989，『遊びの現象学』勁草書房. ……**248**

西村大志，2005，『小学校で椅子に座ること』国際日本文化研究センター. ……**392**

西本裕輝，2001，「教師の評価と中学生の学力の関連性—階層問題に潜む教師のまなざしに着目して」『人間科学』7，pp. 29-42. ……**448**

仁藤夢乃，2013，『難民高校生—絶望社会を生き抜く「私たち」のリアル』英治出版. ……**580**

仁藤夢乃，2014，『女子高校生の裏社会—「関係性の貧困」に生きる少女たち』光文社. ……**580**

二関隆美，1951，「展望 教育学及び教育社会学」『教育社会学研究』1，pp. 170-174. ……**48**

二宮宏之，1983，「歴史のなかの「家」」二宮宏之ほか責任編集『家の歴史社会学』新評論，pp. 7-35. ……**290**

仁平典宏，2015，「〈教育〉化する社会保障と社会的排除—ワークフェア・人的資本・統治性」『教育社会学研究』96．pp. 175-196. ……**118**

日本インターンシップ学会10 周年記念事業ワーキング・グループ編，2011，『日本インターンシップ学会—10 年の記録』日本インターンシップ学会. ……**658**

日本学術会議社会学委員会社会理論分科会，2014，「社会学理論の復興をめざして」（報告書）. ……**4**

日本教育社会学会編，2004，『教育臨床の社会学』『教育社会学研究』74，東洋館出版社. ……**34**

日本経営者団体連盟，1995，『新時代の「日本的経営」—挑戦すべき方向とその具体策』. ……**658**

和文引用参照文献　　807

日本経営者団体連盟，1999，『エンプロイヤビリティの確立をめざして―「従業員自律・企業支援型」の人材育成を　日経連教育特別委員会・エンプロイヤビリティ検討委員会報告』．……658

日本経済団体連合会，2017，『採用選考に関する指針』『「採用選考に関する指針」の手引き』『「採用選考に関する指針」の手引きの改定について』（2017年4月10日）……658

日本社会教育学会編，2009，『学びあうコミュニティを培う―社会教育が提案する新しい専門職像』東洋館出版社．……508

日本小児科医会「子どもとメディア」対策委員会，2004，「「子どもとメディア」の問題に対する提言」http://jpa.umin.jp/download/media/proposal02.pdf（2016/03/07 最終閲覧）……728

日本スポーツとジェンダー学会編，2016，『データでみるスポーツとジェンダー』八千代出版．……346

日本性教育協会編，2001，『「若者の性」白書―第5回青少年の性行動全国調査報告』小学館．……358

日本ユネスコ国内委員会，1967，「社会教育の新しい動向―ユネスコの国際会議を中心として」．……500

日本労働研究機構，1999，『フリーターの意識と実態―97人へのヒアリング調査より』調査研究報告書136．……662

■ぬ

額賀美紗子，2003，「多文化教育における「公正な教育方法（equity pedagogy）」―日米教育実践のエスノグラフィー」『教育社会学研究』53，pp.65-83．……376

額賀美紗子，2013，『越境する日本人家族と教育―「グローバル型能力」育成の葛藤』勁草書房．……308

■の

能智正博編，2006，『〈語り〉と出会う』ミネルヴァ書房．……224

野口裕二，2014，「ナラティブ・アプローチ」社会調査協会編『社会調査事典』丸善出版，pp.310-311．……224

野口裕二編，2009，『ナラティヴ・アプローチ』勁草書房．……224

厚生労働省非正規雇用のビジョンに関する懇談会，2012，「望ましい働き方ビジョン」報告書．……606

■は

芳賀 学・弓山達也，1994，『祈るふれあう感じる―自分探しのオデッセー』アルファベータブックス．……270

萩原元昭，1985，「家族の役割体系と社会統制―家族における伝達の社会学」柴野昌山編『教育社会学を学ぶ人のために』世界思想社，pp.60-75．……286

箱田 徹，2013，『フーコーの闘争―〈統治する主体〉の誕生』慶應義塾大学出版会．……108

橋本嘉代，2012，「育児期の男性を対象とする雑誌における新たな父親像の商品化」『生活社会科学研究』19，pp.1-14．……316

橋本鉱市，2008，『専門職養成の政策過程―戦後日本の医師数をめぐって』学術出版会．……684

橋本鉱市，2010，『大学生―キャンパスの生態史』玉川大学出版部．……474

橋本鉱市，2014，『高等教育の政策過程―アクター・イシュー・プロセス』玉川大学出版部．……684

橋本鉱市編，2009，『専門職養成の日本的構造』玉川大学出版部．……182，188

橋本鉱市・伊藤彰浩，1999，「教育社会学の制度化過程―発展の制度的基盤を中心に」『教育社会学研究』64，pp.55-74．……40，48

橋本紀子，1992，『男女共学制の史的研究』大月書店．……342

橋本紀子ほか，2011，「日本の中学校における性教育の現状と課題」『教育学研究室紀要：「教育とジェンダー」研究』9，pp.3-20．……358

橋元良明ほか，2010，『ネオ・デジタルネイティブの誕生―日本独自の進化を遂げるネット世代』ダイヤモンド社．……730

蓮尾直美，1993，「女性教員のキャリア形成に関する調査研究（1）」『三重大学教育実践研究指導センター紀要』13，pp.115-127．……356

蓮尾直美，1994，「小・中学校の女性教員のキャリア形成に関する事例研究」『三重大学教育学部研究紀要（教育科学）』45，pp.141-153．……356

長谷川祐介，2014，「中学部活動における指導者からの暴力被害を規定する要因」『生徒指導学研究』13，

pp. 59-69. ……**572**

波多野完治，1964，『ピアジェの児童心理学』国文社，pp. 274-288. ……**276**

波多野誼余夫，2001，「適応的熟達化の理論をめざして」『教育心理学年報』40，pp. 45-47. ……**12**

バーダマン，J. M.，森本豊富訳，2011，『アメリカ黒人の歴史』NHK 出版. ……**626**

羽田野慶子，2004，「〈身体的な男性優位〉神話はなぜ維持されるのか」『教育社会学研究』75，pp. 105-125. ……**346**

馬場四郎，1951，「〈展望〉調査活動と調査方法」『教育社会学研究』1，pp. 183-187. ……**202**

馬場四郎，1963，「日本史教科書におけるナショナリズムの構造と展開―意味論的内容分析による」『教育学研究』30(3)，pp. 18-30. ……**386**

羽渕一代，2006，「5 章 高速化する再帰性」松田美佐ほか編『ケータイのある風景―テクノロジーの日常化を考える』北大路書房，pp. 121-139. ……**730**

濱口桂一郎，2013，『若者と労働―「入社」の仕組みから解きほぐす』中央公論新社. ……**494**

浜田陽太郎，1954，「文化変容と教育（第二部）」『教育社会学研究』5，pp. 38-53. ……**166**

濱名陽子，2010，「家庭教育と幼児教育の変化」苅谷剛彦ほか編著『新版 教育の社会学―〈常識〉の問い方，見直し方』有斐閣，pp. 68-139. ……**396**

濱名陽子，2011，「幼児教育の変化と幼児教育の社会学」『教育社会学研究』88，pp. 87-102. ……**394**

浜野隆，2011，「教育格差是正に向けた乳幼児発達支援の実践」『教育社会学研究』88，pp. 47-64. ……**556**

浜野隆，2015，「解説：保育の「質」と「長期効果」」『幼児教育への国際的視座』ユネスコ国際教育政策叢書，東信堂，pp. ix-xxv. ……**394**

濱野智史，2008，『アーキテクチャの生態系』NTT 出版. ……**108**

林明子，2016，『生活保護世帯の子どものライフストーリー―貧困の世代の再生産』勁草書房. ……**118，628**

林清江，1981，『教育社會學新論』五南. ……**158**

林拓也，1997，「地位達成における地域間格差と地域移動―学歴・初職に対する影響の計量分析」『社会学評論』48 (3)，pp. 334-349. ……**618**

原純輔，2000，「SSM 調査（社会階層と社会移動全国調査）について」原 純輔編『日本の階層システム 1 近代化と社会階層』東京大学出版会，pp. xvi-xviii. ……**596**

原田正文，2006，『子育ての変貌と次世代育成支援―兵庫レポートにみる子育て現場と子ども虐待予防』名古屋大学出版会. ……**314**

■ひ

東野充成，2006，「モデルの身体と現代少女文化」住田正樹・多賀 太編『子どもへの現代的視点』北樹出版，pp. 105-120. ……**344**

樋口耕一，2014，『社会調査のための計量テキスト分析―内容分析の継承と発展を目指して』ナカニシヤ出版. ……**238**

樋田大二郎，2001，「不登校現象からみる学校教育の変容」『教育社会学研究』68，pp. 25-43. ……**522**

樋田大二郎，2015，「離島・中山間地域の高校の地域人材育成と「地域内よそ者」―島根県の「離島・中山間地域の高校魅力化・活性化事業」の事例から」『青山学院大学教育学会紀要』59，pp. 149-162. ……**402**

樋田大二郎ほか編著，2000，『高校生文化と進路形成の変容』学事出版. ……**170，402，470**

樋田大二郎ほか編著，2014，『現代高校生の学習と進路』学事出版. ……**170**

姜添輝，2002，『資本社會中的社會流動與學校體系―批判教育社會學的分析』高等教育. ……**158**

姜添輝，2015，「新自由主義如何轉變為新霸權以及對台灣教育運作的可能影響」大會主題演講，教育社會學論壇. ……**158**

平尾桂子，2004，「家族の教育戦略と母親の就労―進学塾通塾時間を中心に」本田由紀編『女性の就業と親子関係―母親たちの階層戦略』勁草書房，pp. 97-113. ……**308**

平尾桂子，2008，「人口変動とジェンダー・家族―女子教育の効用とその変化」『教育社会学研究』82，pp. 89-107. ……**618**

平沢和司ほか，2013，「社会階層と教育研究の動向と課題―高学歴化社会における格差の構造」『教育社会学研究』93，pp. 151-191. ……**470，618**

広井良典，2001，『死生観を問いなおす』筑摩書房. ……**282**

広井良典，2009，『グローバル定常型社会―地球社会の理論のために』岩波書店. ……**402**

和文引用参照文献　　809

広島大学高等教育研究開発センター，2012，『諸外国の大学の教学ガバナンスに関する調査研究─米国・英国・フランス』平成23-24年度文部科学省先導的大学改革推進委託事業最終報告書．……492

廣瀬隆人，2006，「地域学・地元学の現状と展望」『季刊東北学』6，pp.72-88．……512

広田照幸，1990，「教育社会学における歴史的・社会史的研究の反省と展望」『教育社会学研究』47，pp.76-88．……36,220

広田照幸，1995，「教育・モダニティ・歴史分析─〈習作〉群の位置と課題」『教育社会学研究』57，pp.23-39．……36,74,220

広田照幸，1999，『日本人のしつけは衰退したか─「教育する家族」のゆくえ』講談社．……286,308

広田照幸，2001a，『教育言説の歴史社会学』名古屋大学出版会．……126,202,434,548

広田照幸，2001b，「大正期の一体罰事件と〈教育問題〉」『教育言説の歴史社会学』名古屋大学出版会，pp.189-224．……572

広田照幸，2003，『教育には何ができないか─教育神話の解体と再生の試み』春秋社．……538

広田照幸，2004，『教育』岩波書店．……698

広田照幸，2007，「教育の歴史社会学─その展開と課題」『社会科学研究』57(3・4)2005年度，pp.137-155．……36,220

広田照幸，2009，『教育学』岩波書店．……10

広田照幸，2014，「教育課程行政をめぐるポリティックス─第二次安倍政権下の教育改革をどうみるか」『教育学雑誌』50，pp.1-15．……684

広田照幸，2015，『教育は何をなすべきか─能力・職業・市民』岩波書店．……706

広田照幸，2016，「特集にあたって：日教組の歴史を検証する」『大原社会問題研究所雑誌』693，pp.1-3．……408

広田照幸・武石典史，2009，「教育改革を誰がどう進めてきたのか─1990年代以降の対立軸の変容」『教育学研究』76(4)，pp.400-411．……684

広田照幸・平井秀幸，2012，「少年院教育の可能性と限界」広田照幸ほか編『現代日本の少年院教育─質的調査を通して』名古屋大学出版会，pp.343-362．……278

広田照幸ほか編，2012，『現代日本の少年院教育─質的調査を通して』名古屋大学出版会．……550

広田照幸ほか編訳，2012，「個人化・グローバル化と日本の教育」Lauder, H. et al. eds.『グローバル化・社会変動と教育』1・2，東京大学出版会，pp.295-327．……120

■ふ

福岡哲朗，2004，「専門高校でのインターンシップに関するキャリア発達的考察─X工業高校の実態調査より」『産業教育学研究』34(1)，pp.43-50．……658

福沢諭吉，1885，『品行論』時事新報社．……358

藤井勝，2013，「現代の東アジアと国際結婚─『南北型』を中心にして」『社会学雑誌』30，pp.37-60．……322

藤井美和ほか編，2005，『福祉・心理・看護のテキストマイニング入門』中央法規出版．……238

藤岡貞彦，1977，『社会教育実践と民衆意識』草土文化．……534

藤岡英雄，2008，『学習関心と行動─成人の学習に関する実証的研究』学文社．……500

藤垣裕子，2003，『専門知と公共性─科学技術社会論の構築へ向けて』東京大学出版会．……66

藤川大祐，2011，『学校・家庭でできるメディアリテラシー教育─ネット・ケータイ時代に必要な力』金子書房．……722

藤川大祐，2016，『スマホ時代の親たちへ─「わからない」では守れない！』大空出版．……736

藤崎宏子・池岡義孝編，2017，『現代日本の家族社会学を問う─多様化のなかの対話』ミネルヴァ書房．……286

藤澤三佳，2014，『生きづらさの自己表現─アートによってよみがえる生』晃洋書房．……266

藤田英典，1980，「進路選択のメカニズム」山村健・天野郁夫編『青年期の進路選択─高学歴時代の自立の条件』有斐閣，pp.105-129．……166,170,310

藤田英典，1983，「学歴の経済的社会的効用の国際比較」『教育社会学研究』38，pp.76-93．……612

藤田英典，1991，「学校化・情報化と人間形成空間の変容─分節型社縁社会からクロスオーバー型趣味縁社会へ」『現代社会学研究』4，pp.1-33．……712

藤田英典，1992a，「教育社会学におけるパラダイム転換論」『教育学年報』1，世織書房，pp.115-160．……214

藤田英典，1992b，「教育社会学研究の半世紀─戦後日本における教育環境の変容と教育社会学の展開」『教

育社会学研究』50，pp. 7-29．……**40, 54**

藤田英典，1997，「教育社会学とは」天野郁夫ほか『改訂版　教育社会学』放送大学教育振興会，pp. 9-23．……**10**

藤田英典，2000，『市民社会と教育』世織書房．……**698, 702**

藤田英典，2005，『義務教育を問いなおす』筑摩書房．……**672**

藤田英典ほか，1995，「教師の仕事と教師文化に関するエスノグラフィ的研究—その研究枠組と若干の実証的考察」『東京大学大学院教育学研究科紀要』35，pp. 29-66．……**420, 428**

藤田結子・北村　文編，2013，『現代エスノグラフィー—新しいフィールドワークの理論と実践』新曜社．……**208**

藤田由美子，2015a，『子どものジェンダー構築—幼稚園・保育園のエスノグラフィ』ハーベスト社．……**326, 340**

藤田由美子，2015b，「育つ—子どもの社会化とジェンダー」伊藤公雄・牟田和恵編『ジェンダーで学ぶ社会学』全訂新版，世界思想社，pp. 19-33．……**340**

藤根雅之・橋本あかね，2016，「全国のオルタナティブスクールに関する調査報告書」全国オルタナティブ学校実態調査プロジェクト・大阪大学大学院人間科学研究科教育環境学講座生涯教育学分野．……**522**

藤原　翔，2011，「Breen and Goldthorpe の相対的リスク回避仮説の検証—父親の子どもに対する職業・教育期待を用いた計量分析」『社会学評論』62(1)，pp. 18-35．……**166**

藤原　翔，2012，「高校選択における相対的リスク回避仮説と学歴下降回避仮説の検証」『教育社会学研究』91，pp. 29-49．……**166**

藤原　翔ほか，2012，「潜在クラス分析を用いた計量社会学的アプローチ—地位の非一貫性，格差意識，権威主義的伝統主義を例に」『年報人間科学』33，pp. 43-68．……**196**

藤村正司，1995，『マイヤー教育社会学の研究』風間書房．……**74**

藤村正司，2004，「厳格な成績評価？—教養部解体・GP 分布・公正」『大学論集』34，pp. 177-193．……**480**

藤村正司，2009，「大学進学における所得格差と高等教育政策の可能性」『教育社会学研究』85，pp. 27-48．……**470**

藤本憲一，1997，『ポケベル少女革命—メディア・フォークロア序説』エトレ．……**732**

藤原直子，2011，「『学級教室』の成立」『日本建築学会大会学術講演梗概集』E-1 分冊，pp. 559-560．……**428**

藤原直子，2012，『中学校職員室の建築計画—教員の教育活動を支える学校・校舎』九州大学出版会．……**428**

藤原直子，2013，「教員の活動を支える『職員室』—事例に学ぶ」『月刊 教職研修 3 月号』487，pp. 92-95．……**428**

藤原直子，2014，「『学級教室』—教室の形状（空間形態）に着目して」『日本教育学会第 73 回大会発表要旨収録』pp. 138-139．……**428**

藤原良毅，1954，「家族集団における教育機能の分析について」『教育社会学研究』6，pp. 98-109．……**166**

不登校生徒に関する追跡調査研究会，2014，「不登校に関する実態調査 平成 18 年度不登校生徒に関する追跡調査報告書」http://www.mext.go.jp/a_menu/shotou/seitoshidou/1349956.htm （2016/09/06 最終閲覧）……**562**

船寄俊雄，1998，『近代日本中等教員養成論争史論』学文社．……**452**

船守美穂，2014，「MOOC と 21 世紀大学改革の相互作用」『大学マネジメント』10(7)，pp. 11-21．……**724**

船山万里子ほか，2013，「小学校における女性教師のキャリア形成—学年配置に着目して」『東京大学大学院教育学研究科紀要』53，pp. 213-223．……**356**

フリック，U.，小田博志訳，2002，『質的研究入門—〈人間の科学〉のための方法論』春秋社．……**238**

古澤照幸，2010，『刺激欲求特性が社会行動に及ぼす影響』埼玉学園大学研究叢書 2，同友館．……**728**

ブレヒト，千田是也編訳，1962，『今日の世界は演劇によって再現できるか』白水社．……**264**

■へ

ベネッセ次世代育成研究所，2011，「第 4 回 幼児の生活アンケート・国内調査 報告書［2010 年］」http://berd.benesse.jp/jisedai/research/detail1.php?id=3207 （2016/03/07 最終閲覧）……**728**

ベリエ，P. 著，村上一基訳，2016，「庶民階層の親と学校」園山大祐編著『教育の大衆化は何をもたらしたか』勁草書房，pp. 216-233. ……**146**

■ほ

宝月　誠，2004，『逸脱とコントロールの社会学』有斐閣．……**548**

朴澤泰男，2016a，『高等教育機会の地域格差―地方における高校生の大学進学行動』東信堂．……**470，618**

朴澤泰男，2016b，「奨学金は大学中退を抑制するか―時系列データを用いた検討」『季刊家計経済研究』110，pp. 75-83. ……**470**

法務省矯正局編，2014，『新しい少年院法と少年鑑別所法』矯正協会．……**278**

法務総合研究所，2001，『法務総合研究所研究部報告 11―児童虐待に関する研究（第一報告）』……**278**

朴木佳緒留，2002，「性別特性論」井上輝子ほか編『岩波女性学事典』岩波書店，p. 287. ……**354**

野沢慎司ほか，2006，『Q & A ステップファミリーの基礎知識―子連れ再婚家族支援のために』明石書店．……**628**

保坂　亨，2000，『学校を欠席する子どもたち』東京大学出版会．……**562**

星野　哲，2014，『終活難民―あなたは誰に送ってもらえますか』平凡社．……**282**

星野　豊，2010，「学校内処分の法的妥当性（3・完）」『筑波法政』48，pp. 1-7. ……**434**

星野崇宏，2009，『調査観察データの統計科学―因果推論・選択バイアス・データ融合』岩波書店．……**166**

細谷恒夫編，1956，『教師の社会的地位』有斐閣．……**452**

堀　薫夫編，2006，『教育老年学の展開』学文社．……**514**

堀　薫夫編，2012，『教育老年学と高齢者学習』学文社．……**514**

堀内かおる，2001，『教科と教師のジェンダー文化―家庭科を学ぶ・教える女と男の現在』ドメス出版．……**342**

堀内かおる，2013，『家庭科教育を学ぶ人のために』世界思想社．……**342**

堀尾輝久，1991，『人権としての教育』岩波書店．……**574**

本田和子，1982，『異文化としての子ども』紀伊國屋書店．……**272**

本田由紀，2000，「「教育ママ」の存立事情」藤崎宏子編『親と子―交錯するライフコース』ミネルヴァ書房，pp. 159-182. ……**308**

本田由紀，2005a，『若者と仕事―「学校経由の就職」を超えて』東京大学出版会．……**404，538**

本田由紀，2005b，『多元化する「能力」と日本社会―ハイパー・メリトクラシー化のなかで』NTT 出版．……**270，308，494**

本田由紀，2009，『教育の職業的意義―若者，学校，社会をつなぐ』筑摩書房．……**538**

本田由紀，2014，『社会を結びなおす―教育・仕事・家族の連携へ』岩波書店．……**352，538**

本田由紀編，2004，『女性の就業と親子関係―母親たちの階層戦略』勁草書房．……**286**

本田由紀ほか，2012，「日本の教育社会学の方法・教育・アイデンティティ―制度的分析の試み」『東京大学大学院教育学研究科紀要』52，pp. 87-116. ……**40，54，66**

■ま

舞田敏彦，2009，「成人の通学行動の社会的諸要因に関する実証的研究―通学人口率の都道府県差の分析をもとに」『日本社会教育学会紀要』45，pp. 41-50. ……**470**

前川喜平，2002，「文部省の政策形成過程」城山英明・細野助博編『続・中央省庁の政策形成過程―その持続と変容』中央大学出版部，pp. 167-208. ……**684**

前田泰樹，2008，『心の文法―医療実践の社会学』新曜社．……**214**

牧野カツコ，1982，「乳幼児をもつ母親の生活と〈育児不安〉」『家庭教育研究所紀要』3，pp. 34-56. ……**314**

牧野カツコ，1988，「〈育児不安〉の概念とその影響要因についての再検討」『家庭教育研究所紀要』10，pp. 23-31. ……**286**

牧野智和，2012，『自己啓発の時代―「自己」の文化社会学的探究』勁草書房．……**202，218，270**

牧野智和，2015，『日常に侵入する自己啓発―生き方・手帳術・片づけ』勁草書房．……**270**

眞嶋俊造ほか編著，2015，『人文・社会科学のための研究倫理ガイドブック』慶應義塾大学出版会．……

増田寛也編著，2014，『地方消滅―東京一極集中が招く人口急減』中央公論新社．……516,592

増田泰子，2000，「高度経済成長期における『自己啓発』概念の成立」『人間科学研究』2，pp.113-128．……270

松浦加奈子，2015，「授業秩序はどのように組織されるのか―児童間の発話管理に着目して」『教育社会学研究』96，pp.219-239．……216

松浦善満，1999，「疲弊する教師たち―多忙化と『荒れ』のなかで」油布佐和子編『教師の現在・教職の未来―あすの教師像を模索する』教育出版，pp.16-30．……584

松田知明編，2013，『多文化教育をデザインする―移民時代のモデル構築』勁草書房．……376

松尾　睦，2011，『職場が生きる　人が育つ―「経験学習」入門』ダイヤモンド社．……508

松木洋人，2013，『子育て支援の社会学―社会化のジレンマと家族の変容』新泉社．……394

松繁寿和編，2004，『大学教育効果の実証分析』日本評論社．……632

松下一世，1999，『子どもの心がひらく人権教育』解放出版社．……576

松下佳代編著，2010，『〈新しい能力〉は教育を変えるか―学力・リテラシー・コンピテンシー』ミネルヴァ書房．……494

松下慶太，2012，「若者とケータイ・メール文化」岡田朋之・松田美佐編『ケータイ社会論』有斐閣，pp.61-76．……718

松下丈夫，1951，「炭坑地域の家庭調査」『教育社会学研究』1，pp.128-132．……170

松田茂樹，2002，「インフォーマル・ネットワークの再評価―サポート資源としてのネットワーク」加藤寛・丸尾直美編『福祉ミックスの設計―「第三の道」を求めて』有斐閣，pp.100-116．……314

松田茂樹，2006，「近年における父親の家事・育児参加の水準と規定要因の変化」『家計経済研究』71，pp.45-54．……316

松田美佐，2000，「若者の友人関係と携帯電話利用―関係希薄化論から選択的関係論へ」『社会情報学研究』4，pp.111-122．……730

松波めぐみ，2008，「障害をもつ女子の『ジェンダー化』と教育」木村涼子・古久保さくら編著『ジェンダーで考える教育の現在（いま）―フェミニズム教育学をめざして』解放出版社，pp.130-146．……334

松原治郎編著，1977，『コミュニティと教育』〈現代の自治〉選書5，学陽書房．……512

松原治郎編，1985，『教育調査法』有斐閣双書．……172

松原治郎・鐘ヶ江晴彦，1981，『地域と教育』教育学大全集9，第一法規．……500

松原治郎ほか，1981，「高校生の生徒文化と学校経営（1）」『東京大学教育学部紀要』20，pp.21-57．……440

馬渕　仁，2011，『多文化共生は可能か―教育における挑戦』勁草書房．……376

間山広朗，2002，「概念分析としての言説分析―『いじめ自殺』の〈根絶＝解消〉へ向けて」『教育社会学研究』70，pp.145-163．……126,214,554

丸山英樹・太田美幸編，2013，『ノンフォーマル教育の可能性』新評論．……533

丸山文裕，1984，「大学退学に対する大学環境要因の影響力の分析」『教育社会学研究』39，pp.140-153．……470

■み

三浦綾希子，2015，『ニューカマーの子どもと移民コミュニティ―第二世代のエスニックアイデンティティ』勁草書房．……524

水川喜文ほか編，2017，『ワークプレイス・スタディーズ―はたらくことのエスノメソドロジー』ハーベスト社．……214

水田健輔，2013，「大学財政の日本的特質」広田照幸ほか編『大学とコスト』岩波書店．……664

水谷英夫，2001，『セクシュアル・ハラスメントの実態と法理―タブーから権利へ』信山社出版．……360

水野真木子・内藤　稔，2015，『コミュニティ通訳―多文化共生社会のコミュニケーション』みすず書房．……778

水本徳明，2005，「日本の小学校における場としての職員室の形成―明治期学校管理論の分析を通して」『日本教育経営学会紀要』47，pp.130-144．……428

水本徳明，2015，「小学校の職員室にみる教職員の諸活動の分化と連結―教職員インタビューの分析を通して」『同志社女子大学総合文化研究所紀要』32，pp.84-96．……428

三谷武司，2012，「システム合理性の公共社会学―ルーマン理論の規範性」盛山和夫ほか編『公共社会学1―リスク・市民社会・公共性』東京大学出版会，pp.71-86．……78

見田宗介，1996，『現代社会の理論―情報化・消費化社会の現在と未来』岩波書店．……**274,320**

三菱総合研究所，2010，『平成21年度 教育改革の推進のための総合的調査研究―我が国の教育投資の費用対効果分析の手法に関する調査研究 報告書』文部科学省委託調査研究．……**644**

緑川 徹，2005，「知恵は現場にあり―矯正エスノグラフィー（民族誌）」『刑政』116(2)，pp.86-94．……**550**

緑川 徹，2007，「少年院の現代史―昭和52年通達まで」『比較法制研究』30，pp.115-137．……**550**

緑川 徹，2008，「少年院研究の基礎」『比較法制研究』31，pp.169-185．……**278,550**

南 保輔，2012，「成績評価における相互作用―「変わった」確認ワークの分析から」広田照幸ほか編『現代日本の少年院教育―質的調査を通して』名古屋大学出版会，pp.320-342．……**278**

箕浦康子，2009，「アクションリサーチ」箕浦康子編著『フィールドワークの技法と実際Ⅱ―分析・解釈編』ミネルヴァ書房，pp.53-72．……**234**

美馬のゆり・山内祐平，2005，『「未来の学び」をデザインする』東京大学出版会．……**500**

耳塚寛明，2007a，「だれが学力を獲得するのか」耳塚寛明・牧野カツコ編著『学力とトランジションの危機―閉ざされた大人への道』金子書房，pp.3-23．……**310**

耳塚寛明，2007b，「小学校学力格差に挑む―だれが学力を獲得するのか」『教育社会学研究』80，pp.23-39．……**308,556**

耳塚寛明ほか，1982，「高等学校における学習活動の組織と生徒の進路意識―高校生の生徒文化と学校経営(2)」『東京大学教育学部紀要』21，pp.29-52．……**440**

耳塚寛明・牧野カツコ編，2007，『学力とトランジッションの危機』金子書房．……**556**

三宅一郎編著，1973，『社会科学のための統計パッケージ』東洋経済新報社．……**170**

三宅和夫，1957，「学級における児童の地位と学習場面での反応について―家庭の社会階層別による検討」『教育社会学研究』11，pp.15-27．……**166**

三宅由子ほか，2006，「地域疫学調査で把握された「ひきこもり」例の診断について」『平成17年度「こころの健康についての疫学調査に関する研究」報告書』，pp.102-112．……**566**

宮坂靖子，2000，「親イメージの変遷と親子関係のゆくえ」藤崎宏子編『親と子―交錯するライフコース』ミネルヴァ書房，pp.19-41．……**286**

宮崎あゆみ，1991，「学校における「性役割の社会化」再考―教師による性別カテゴリー使用をてがかりとして」『教育社会学研究』48，pp.105-123．……**244,326,352,354**

宮崎あゆみ，1993，「ジェンダー・サブカルチャーのダイナミクス」『教育社会学研究』52，pp.157-177．……**348**

宮崎あゆみ，2013，「ジェンダー/セクシュアリティと教育」石戸教嗣編『新版 教育社会学を学ぶ人のために』世界思想社，pp.185-202．……**348**

宮島 喬，1994，『文化的再生産の社会学―ブルデュー理論からの展開』藤原書店．……**338**

宮島 喬，1999，『文化と不平等―社会学的アプローチ』有斐閣．……**578**

宮島 喬・鈴木美奈子，2000，「ニューカマーの子どもの教育と地域ネットワーク」宮島 喬編『外国人市民と政治参加』有信堂高文社，pp.170-194．……**542**

宮島 喬・藤田英典編，1991，『文化と社会―差異化・構造化・再生産』有信堂高文社．……**526**

宮田卓弥，2015，「学部選択の実証分析」Center for Intergenerational Studies Discussion Paper Series, No.652, Institute of Economic Research, Hitotsubashi University.……**470**

宮田丈夫ほか編，1974，『学校安全事典』第一法規．……**582**

宮台真司，1994，『制服少女たちの選択』講談社．……**344,580**

宮台真司，2006，『制服少女たちの選択―After 10 Years』朝日新聞社．……**580**

宮台真司，2009，『日本の難点』幻冬舎．……**730**

宮台真司ほか編，2009，『「男らしさ」の快楽』勁草書房．……**348**

宮寺晃夫，2014，『教育の正義論―平等・公共性・統合』勁草書房．……**678**

宮寺晃夫編，2012，『学校教育と国民の形成』学文社．……**366**

宮本みち子，2002，『若者が社会的弱者に転落する』洋泉社．……**404**

三輪 哲，2009，「潜在クラスモデル入門」『理論と方法』24(2)，pp.345-356．……**196**

三輪 哲，2013，「パネルデータ分析の基礎と応用」『理論と方法』28(2)，pp.355-366．……**180,192**

三輪建二，2009，『おとなの学びを育む―生涯学習と学びあうコミュニティの創造』鳳書房．……**508**

民主教育協会編，1995，「大学教育の小道具」『IDE 現代の高等教育』365，pp.5-61．……**480**

■む

牟田和恵，1996，『戦略としての家族―近代日本の国民国家形成と女性』新曜社．……296,316,320

無藤 隆，1998，『早期教育を考える』日本放送出版協会．……586

村上一郎，1982，『岩波茂雄』砂子屋書房（＝2013，竹内 洋解説『岩波茂雄と出版文化』講談社）．……742

村澤昌崇，2008，「大学中途退学の計量的分析―高等教育研究への計量分析の応用（その3）：フリーソフト R を用いて」『比治山高等教育研究』1，pp.153-165．……470

村松泰子編，1996，『女性の理系能力を生かす―専攻分野のジェンダー分析と提言』日本評論社．……470

村松泰子編，2004，『理科離れしているのは誰か』日本評論社．……350,352

村山 航，2006，「PISA をいかに読み解くか」東京大学大学院教育学研究科基礎学力研究開発センター編『日本の教育と基礎学力』明石書店，pp.70-91．……556

村山 航，2010，「階層線形モデルのセンタリングについての覚書」http://koumurayama.com/koujapanese/centering.pdf（2016/02/29 最終閲覧）……192

■め

目黒依子，1987，『個人化する家族』勁草書房．……286,296

■も

望月由起，2011，『現代日本の私立小学校受験―ペアレントクラシーに基づく教育選抜の現状』学術出版会．……310

茂木輝順，2009，『性教育の歴史を尋ねる―戦前編』日本性教育協会．……580

元兼正浩，2010，『次世代スクールリーダーの条件』ぎょうせい．……428

本村 汎ほか，1985，「育児不安の社会学的考察―援助システムの確立に向けて」『大阪市立大学生活科学部紀要』33，pp.231-243．……314

元森絵里子，2009，『「子ども」語りの社会学―近現代日本における教育言説の歴史』勁草書房．……126,202,218

元森絵里子，2014，『語られない「子ども」の近代―年少者保護制度の歴史社会学』勁草書房．……126

森 昭雄，2002，『ゲーム脳の恐怖』日本放送出版協会．……728

森 有礼，1873，「妻妾論」『明六雑誌』8．……358

森 一平，2009，「日常的実践としての『学校的社会化』―幼稚園教室における知識産出作業への社会化過程について」『教育社会学研究』85，pp.71-91．……216

森 一平，2014，「授業会話における発言順番の配分と取得―『一斉発話』と『挙手』を含んだ会話の検討」『教育社会学研究』94，pp.153-172．……216

森 重雄，1988，「モダニティとしての教育―批判的教育社会学のためのブリコラージュ」『東京大学教育学部紀要』27，pp.91-115．……74,108,122

森 重雄，1990，「教育のディコンストラクションのために」『日本教育社会学会大会発表要旨集録』42，pp.250-251．……122

森 重雄，1993，『モダンのアンスタンス―教育のアルケオロジー』ハーベスト社．……74,108,116,220,392

森 繁男，1989，「性役割の学習としつけ行為」柴野昌山編『しつけの社会学―社会化と社会統制』世界思想社，pp.155-171．……326,340,352,354

森 繁男，1992，「『ジェンダーと教育』研究の推移と現況―『女性』から『ジェンダー』へ」『教育社会学研究』50，pp.164-183．……326,352

森 真一，2000，『自己コントロールの檻―感情マネジメント社会の現実』講談社．……108

森岡清美・望月 嵩，1993，『新しい家族社会学』三訂版，培風館．……286

森岡清美編，1993，『新社会学事典』有斐閣．……280

森田尚人ほか編，1992，『教育学年報 1』世織書房．……50

森田洋司，1991，『「不登校」現象の社会学』学文社．……562

森田洋司・清永賢二，1994，『新訂版 いじめ―教室の病い』金子書房．……560

森田洋司ほか，1999，『日本のいじめ―予防・対応に生かすデータ集』金子書房．……560

森田洋司監修，2001，『いじめの国際比較研究―日本・イギリス・オランダ・ノルウェーの調査分析』金子書房．……560

盛満弥生，2011，「学校における貧困の表れとその不可視化―生活保護世帯出身生徒の学校生活を事例に」『教育社会学研究』88，pp. 273-294．……448, 450

両角亜希子，2001，「大学の組織・経営―アメリカにおける研究動向」『高等教育研究』4，pp. 157-176．……492

諸橋泰樹，2009，『メディアリテラシーとジェンダー―構成された情報とつくられる性のイメージ』現代書館．……344

文部科学省，2004，『キャリア教育の推進に関する総合的調査研究協力者会議報告書』．……658

文部科学省，2006，『学校における性教育の考え方，進め方』ぎょうせい．……358

文部科学省，2010，『生徒指導提要』．……434

文部科学省，2013a，「学校教員統計調査報告書　平成 25 年版」．……444

文部科学省，2013b，『インターンシップの普及及び質的充実のための推進方策について　意見のとりまとめ』（平成 25 年 8 月 9 日），体系的なキャリア教育・職業教育の推進に向けたインターンシップの更なる充実に関する調査研究協力者会議．……658

文部科学省，2015a，「児童生徒の問題行動等生徒指導上の諸問題に関する調査―用語の解説」，http://www.mext.go.jp/b_menu/toukei/chousa01/shidou/yougo/1267642.htm（2016/09/06 最終閲覧）……562

文部科学省，2015b，「平成 26 年度　学校における教育の情報化の実態等に関する調査結果（概要）」文部科学省．……726

文部科学省，2015c，『日本創生のための教育改革』（産業競争力会議　課題別会合［第 7 回］，資料 3）．……444

文部科学省，2015d，「性同一性障害に係る児童生徒に対するきめ細やかな対応の実施等について」．……580

文部科学省，2016a，『学校基本調査』．……352

文部科学省，2016b，『文部科学統計要覧』白橋．……664

文部科学省，2017，『インターンシップの更なる充実に向けて　議論の取りまとめ』（平成 29 年 6 月 16 日），インターンシップ推進等に関する調査研究協力者会議．……658

文部科学省 HP，2015，http://www.mext.go.jp/b_menyu/shingi/chukyo/chukyo3/052/siryo/_icsFiles/afieldfile/2015/02/18/1355024_4.pdf（2016/06/03 最終閲覧）……420

文部科学省高等教育局大学課大学改革推進室，2002，「大学における教育内容等の改革状況について」http://warp.da.ndl.go.jp/info : ndljp/pid/286184/www.mext.go.jp/b_menu/houdou/14/11/021107.htm（2016/08/22 最終閲覧）……480

文部省，1998，「大学におけるカリキュラム等の改革状況について」『大学資料』139，pp. 1-6．……480

■や

矢口悦子，2012，「共同学習」社会教育・生涯学習辞典編集委員会編『社会教育・生涯学習辞典』朝倉書店，p. 111．……512

矢澤澄子・天童睦子，2004，「子どもの社会化と親子関係―子どもの価値とケアラーとしての父親」東京女子大学女性学研究所ほか編『親子関係のゆくえ』勁草書房，pp. 68-106．……286

安田三郎，1954，「ラザースフェルトの潜在構造理論」『社会学評論』4，pp. 190-194．……166

柳　治男，2005，『〈学級〉の歴史学―自明視された空間を疑う』講談社　……390, 576

柳田國男，1974，『故郷七十年』朝日新聞社．……392

矢野　泉編著，2007，『多文化共生と生涯学習』明石書店．……524

矢野経済研究所編，2015，『2015 年版 教育産業白書』．……320

矢野眞和，1978，「教育の投資収益と資源配分」市川昭午編『教育における最適資源配分に関する基礎的研究』トヨタ財団研究助成報告書，pp. 103-146．……174, 644

矢野眞和，1982，「入学と就職の経済学」市川昭午ほか『教育の経済学』第一法規，pp. 39-61．……470

矢野眞和，1984，「私学助成の経済分析」『大学論集』13，pp. 39-58．……644, 664

矢野眞和，1991，『試験の時代の終焉』有信堂高文社．……632

矢野眞和，1996，『高等教育の経済分析と政策』玉川大学出版部．……632

矢野眞和，2009，「教育と労働と社会―教育効果の視点から」『日本労働研究雑誌』588，pp. 5-15．……632

矢野眞和，2015，『大学の条件―大衆化と市場化の経済分析』東京大学出版会．……470, 490

矢野眞和，2016，『教育劣位社会』岩波書店．……**664**

矢野眞和編著，1995，『生活時間の社会学―社会の時間・個人の時間』東京大学出版会．……**174**

矢野眞和編，2001，『高等教育政策と費用負担―政府・私学・家計』科学研究費報告書．……**490**

矢吹理恵，2011，『国際結婚の家族心理学―日米夫婦の場合』風間書房．……**322**

山口毅，1998，「社会問題研究の一課題―構築主義社会問題論における存在論的ゲリマンダリング批判以降」『東京大学大学院教育学研究科紀要』38，pp. 229-236．……**130**

山口一男，1999，「既婚女性の性別役割意識と社会階層―日本と米国の共通性と異質性について」『社会学評論』50(2)，pp. 231-252．……**196**

山口和久・加藤好男，1956，「基地住民の生活意識の分析と診断―立川市高松町の場合」『教育社会学研究』10，pp. 99-117．……**166**

山﨑準二，2002，『教師のライフコース研究』創風社．……**408,418**

山﨑準二，2012，『教師の発達と力量形成―続・教師のライフコース研究』創風社．……**418**

山下利之ほか，2000，「コンピュータゲームの選好と刺激欲求特性の関係に関する一考察」『東京都立科学技術大学紀要』14，pp. 13-18．……**728**

山下祐介，2014，『地方消滅の罠』筑摩書房．……**592**

山住勝広，2004，『活動理論と教育実践の創造―拡張的学習へ』関西大学出版部．……**508**

山田哲也，2004，「教室の授業場面と学力達成」苅谷剛彦・志水宏吉編『学力の社会学』岩波書店，pp. 99-126．……**388**

山田富秋，1986，「子どもの会話と子どもの世界―会話分析からのアプローチ」『山口女子大学研究報告第1部 人文・社会科学』11，pp. 75-84．……**214**

山田富秋，2000，「サックスの『社会化論』」亀山佳明ほか編『野性の教育をめざして―子どもの社会化から超社会化へ』新曜社，pp. 265-287．……**214**

山田富秋，2011，『フィールドワークのアポリア―エスノメソドロジーとライフストーリー』せりか書房．……**122**

山田浩之，2002，『教師の歴史社会学―戦前における中等教員の階層構造』晃洋書房．……**408,452**

山田浩之，2010，「信頼と不信―錯綜する教師へのまなざし」『教育社会学研究』86，pp. 59-74．……**438**

山田浩之，2012，「マンガにみる子ども社会の揺らぎ」原田彰・望月重信編『子ども社会学への招待』ハーベスト社．……**744**

山田浩之，2013，「「教員の資質低下」という幻想」『教育学研究』80(4)，pp. 453-465．……**438**

山田昌弘，1994，『近代家族のゆくえ―家族と愛情のパラドックス』新曜社．……**286**

山田昌弘，1999，『パラサイトシングルの時代』筑摩書房．……**298**

山田昌弘，2004，「家族の個人化」『社会学評論』54(4)，pp. 341-354．……**286**

山田昌弘，2006，『新平等社会―「希望格差」を超えて』文藝春秋．……**352**

山田昌弘，2007，『家族ペット―ダンナよりもペットが大切!?』文藝春秋．……**296**

やまだようこ編著，2000，『人生を物語る―生成のライフストーリー』ミネルヴァ書房．……**224,228**

山梨県立女子短大ジェンダー研究プロジェクト＆わたしらしく，あなたらしく＊やまなし，2003，『0歳からのジェンダー・フリー―男女共同参画・山梨からの発信』生活思想社．……**340**

山根真理，2000，「育児不安と家族の危機」清水新二編『家族問題―危機と存続』ミネルヴァ書房，pp. 21-40．……**314**

山村滋，2008，「小規模公立高校と大学教育の機会―教育課程の比較分析」『高等教育研究』11，pp. 185-205．……**618**

山村賢明，1982，「解釈的パラダイムと教育研究―エスノメソドロジーを中心にして」『教育社会学研究』37，pp. 20-33．……**202,214**

山村賢明著，門脇厚司・北澤毅編，2008，『社会化の理論―山村賢明教育社会学論集』世織書房．……**244**

山本珠美，2008，「地方都市における旧制専門学校の開放事業―高松高等商業学校を例に」『生涯学習・社会教育研究ジャーナル』2，pp. 1-24．……**516**

山本哲士，1985，『学校の幻想，幻想の学校―教育のない世界』新曜社．……**116**

山本宏樹，2008，「不登校公式統計をめぐる問題―五数要約法による都道府県較差の検証と代替案の吟味」『教育社会学研究』83，pp. 129-148．……**562**

山本宏樹，2013，「いじめに対する懲戒的学校教育実践の理念とその批判―ヘルバルト・伝統的教育・ゼロトレランス」『〈教育と社会〉研究』23，pp. 13-27．……**434**

山本雄二，1996，「言説的実践とアーティキュレイション―いじめ言説の編成を例に」『教育社会学研究』59，pp. 69-88．……**126,560**

山谷清志，2012，『政策評価』ミネルヴァ書房．……**680**

矢守克也，2010，『アクションリサーチ―実践する人間科学』新曜社．……**234**

楊 川，2007，「女性学校管理職のキャリア研究の再検討」『教育経営学研究紀要』10，pp. 85-94．……**356**

■ゆ

結城 恵，1998，『幼稚園で子どもはどう育つか―集団教育のエスノグラフィ』有信堂高文社．……**202**

湯川嘉津美，2001，『日本幼稚園成立史の研究』風間書房．……**394**

湯川やよい，2014，『アカデミック・ハラスメントの社会学―学生の問題経験と「領域交差」実践』ハーベスト社．……**202**

湯地宏樹，2004，『幼児のコンピュータゲーム遊びの潜在的教育機能―メディア・リテラシー形成の観点から』北大路書房．……**728**

湯地宏樹・森 楙，1995，「コンピュータゲームにおけるジェンダーと暴力」『紀要・子ども社会学研究』pp. 56-75．……**728**

油布佐和子，2007，『転換期の教師』放送大学教育振興会．……**434**

油布佐和子，2011，「教職に何が起こっているか？」北澤 毅編『〈教育〉を社会学する』学文社，pp. 42-67．……**416**

油布佐和子，2013，「教師教育改革の課題―『実践的指導力』養成の予想される帰結と大学の役割」『教育学研究』80（4），pp. 478-490．……**12，418**

油布佐和子編，1999，『教師の現在・教職の未来―あすの教師像を模索する』教育出版．……**428**

油布佐和子編著，2009，『教師という仕事』リーディングス日本の教育と社会 15，日本図書センター，pp. 1-18．……**408，428**

油布佐和子・福澤富美代，2002，「ジェンダーの視点から見た教師の仕事」『福岡教育大学紀要』51（第 4 分冊），pp. 79-89．……**356**

■よ

横井敏郎，2009，「高校教育改革政策の論理とその課題」『国立教育政策研究所紀要』138，pp. 53-63．……**400**

横田澄司，1962，「児童集団分析の一つの試み―自己概念の『安定性』の点から」『教育社会学研究』17，pp. 74-88．……**166**

横山文野，2002，『戦後日本の女性政策』勁草書房．……**394**

吉田 文，2004，「IT と大学」舘 昭・児島雅也編『岐路に立つ大学』放送大学教育振興会，pp. 184-197．……**724**

吉田 文，2013a，「グローバリゼーションと大学」『グローバリゼーション，社会変動と大学』シリーズ大学 1，岩波書店，pp. 14-42．……**496**

吉田 文，2013b，『大学と教養教育―戦後日本における模索』岩波書店．……**478**

吉田 文編著，2014，『「再」取得学歴を問う―専門職大学院の教育と学習』東信堂．……**470**

吉田 文・橋本鉱市，2010，『航行をはじめた専門職大学院』東信堂．……**482**

吉田仁美，2015，『平等権のパラドクス』ナカニシヤ出版．……**626**

吉田美穂，2007，「『お世話モード』と『ぶつからない』統制システム―アカウンタビリティを背景とした『教育困難校』の生徒指導」『教育社会学研究』81，pp. 89-109．……**434，450**

吉田美穂，2015，「高校の制度文化と中途退学―高校教員調査をふまえて」『教育学論集』57，pp. 157-191．……**434**

吉見俊哉，2011，『大学とは何か』岩波書店．……**460**

吉本圭一，1991，「戦後経済と教育の構造変動―選抜システムの成熟と組織的取引の発達」『教育社会学研究』48，pp. 42-64．……**658**

吉本圭一，2001，「大学教育と職業への移行―日欧比較調査結果より」『高等教育研究』4，pp. 113-134．……**658**

吉本圭一，2003，「専門学校の発展と高等教育の多様化」『高等教育研究』6，pp. 83-103．……**482**

吉本圭一，2004，「高等教育と人材育成―『30 歳社会の成人』と『大学教育の遅効性』」『高等教育研究紀要』19，pp. 245-261．……**658**

吉本圭一，2006，「インターンシップ制度の多様な展開とインターンシップ研究」『インターンシップ研究

年報』9，pp. 17-24．……**658**
吉本圭一，2009，「専門学校と高等職業教育の体系化」『大学論集』40，pp. 201-215．……**482**
吉本圭一，2010，「インターンシップの評価枠組みに関する研究―高校における無業抑制効果に焦点をあてて」『インターンシップ研究年報』13，pp. 19-27．……**658**
吉本圭一，2012，「短期大学におけるキャリア探索と地域総合科学科の挑戦―2009年短期大学1年次学生調査の結果より」『短期高等教育研究』2，pp. 39-46．……**482**
吉本圭一・稲永由紀編，2013，『諸外国の第三段階教育における職業統合的学習』高等教育研究叢書122，広島大学高等教育研究開発センター．……**658**

■ろ

労働政策研究・研修機構，2012，『大都市の若者の就業行動と意識の展開―「第3回若者のワークスタイル調査」から』労働政策研究報告書148．……**606**
労働政策研究・研修機構，2015a，「大学等中退者の就労と意識に関する研究」JILPT調査シリーズ138．……**568**
労働政策研究・研修機構，2015b，『壮年非正規雇用労働者の仕事と生活に関する研究報告―就職氷河期から「20年後」の政策課題』http://www.jil.go.jp/press/ documents/20151013.pdf（2016/03/07 最終閲覧）……**316**

■わ

和田明子，2007，『ニュージーランドの公的部門改革』第一法規．……**696**
渡辺秀樹，2005，「総論 社会意識の現在」渡辺秀樹編『現代日本の社会意識―家族・子ども・ジェンダー』慶應義塾大学出版会，pp. 1-16．……**286**
渡辺雅子，2004，『納得の構造―日米初等教育に見る思考表現のスタイル』東洋館出版社．……**388**

欧文引用参照文献

＊各文献の最後に明記してある数字は引用している項目の最初のページを表す

■ A

AAUW (American Association of University Women Educational Foundation), 1992, *How Schools Shortage Girls: The AAUW Report.*······**354**

Acker, S., 1989, "Rethinking Teachers' Careers," Acker, S. ed., *Teachers, Gender and Careers*, Falmer Press, pp. 7-20.······**356**

Adamson, E. and Timlin, J., 1984, *Art as Healing*, Nicolas-Hays.······**266**

Adkins, L. and Skeggs, B., 2004, *Feminism after Bourdieu*, Blackwell.······**338**

Adorno, T. W., 1970, *Erziehung zur Mündigkeit*, Suhrkamp.······**150**

Ainsworth, J. ed., 2013, *Sociology of Education: An A-to-Z Guide*, Vol. 1, Sage.······**444**

Akabayashi, H. and Nakamura, R., 2014, "Can Small Class Policy Close the Gap? An Empirical Analysis of Class Size Effects in Japan," *The Japanese Economic Review*, 65(3), pp. 253-281.······**174,646**

Akiba, Y. and Kumagai, Y., 2008, "Poetics of Workshop: Teacher Training through Theatre with Ethnomethodology," *Japanese Journal of Research in Drama and Theatre Education*, 1, pp. 18-22.······**264**

Alexander, K. et al., 2008, "Warming Up, Cooling Out, or Holding Steady? Persistence and Change in Educational Expectations after High School," *Sociology of Education*, 81(4), pp. 371-396.······**614**

Alexander, K. L. et al., 2007, "Lasting Consequences of the Summer Learning Gap," *American Sociological Review*, 72(2), pp. 167-180.······**448**

Allison, G. T., 1971, *Essence of Decision: Explaining the Cuban Missile Crisis*, Little, Brown, and Company (＝1977, 宮里政玄訳『決定の本質—キューバ・ミサイル危機の分析』中央公論社). ······**684**

Allison, P. D., 2009, *Fixed Effects Regression Models*, Sage.······**194**

Allmendinger, J., 1989, "Educational Systems and Labor Market Outcomes," *European Sociological Review*, 5(3), pp. 231-250.······**178**

Altbach, P. G., 1987, *Higher Education in the Third World: Themes and Variations*, p. 172, Sangam Books. ······**750**

Althusser, L., 1970, "Idéologie et Appareils Idéologiques d'État," *La Pensée*, No. 151, pp. 3-38 (＝1975, 西川長夫訳「イデオロギーと国家のイデオロギー装置」『国家とイデオロギー』福村出版). ······**96**

Anderson, B., 1983, *Imagined Communities: Reflections on the Origin and Spread of Nationalism*, Verso (＝1987, 白石さや・白石 隆訳『想像の共同体—ナショナリズムの起源と流行』リブロポート). ······**390**

Anderson, C. A. and Bushman, B. J., 2002, "Human Aggression," *Annual Review of Psychology*, 53, pp. 27-51.······**734**

Anderson, C. A. and Carnagey, N. L., 2004, "Violent Evil and the General Aggression Model," Miller, A. G. ed., *The Psychology of Good and Evil*, The Guilford Press, pp. 168-192.······**734**

Anderson, C. A. and Gentile, D. A., 2012, "Prosocial, Antisocial, and Other Effects of Recreational Video Games," Singer, D. and Singer, J. eds., *Handbook of Children and the Media*, Sage, pp. 249-272.······**734**

Anderson, E., 1999, *Code of the Street: Decency, Violence, and the Moral Life of the Inner city*, W. W. Norton (＝2013, 田中研之輔ほか訳『ストリートのコード—インナーシティの作法/暴力/まっとうな生き方』ハーベスト社). ······**208**

Angrist, J. and Lavy, V., 1999, "Using Maimonides' Rule to Estimate the Effect of Class Size on Scholastic Achievement," *Quarterly Journal of Economics*, 114(2), pp. 533-575.······**646**

Antikainen, A. and Komonen, K., 2003, "Biography, Life Course, and the Sociology of Education," Torres, C. A. et al. eds., *The International Handbook on the Sociology of Education: An International Assessment of New Research and Theory*, Rowman & Littlefield Publishers.······**224**

Anyon, J., 1980, "Social Class and Hidden Curriculum of Work," *Journal of Education*, 162, pp. 67-92.······**388**

Anyon, J., 2005, *Radical Possibilities: Public Policy, Urban Education, and a New Social Movement*, Routledge.······**74**

Apple, M. W., 1979, *Ideology and Curriculum*, Routledge & Kegan Paul.……**138,142**

Apple, M. W., 1996, "Power, Meaning, and Identity: Critical Sociology of Education in the United States," *British Journal of Sociology of Education*, 17(2), pp. 125-144.……**74**

Apple, M. W., 2000, *Official Knowledge: Democratic Education in a Conservative Age*, Routledge（＝2007, 野崎与志子ほか訳『オフィシャル・ノレッジ批判—保守復権の時代における民主主義教育』東信堂). ……**74**

Apple, M. W., 2006a, *Educating the "Right" Way: Markets, Standards, God, and Inequality*, 2nd ed., Routledge（＝2008, 大田直子訳『右派の/正しい教育—市場, 水準, 神, そして不平等』世織書房). ……**416**

Apple, M. W., 2006b, "Markets and Measurement: Audit Cultures, Commodification, and Class Strategies in Education,"『教育社会学研究』78, pp. 373-398（＝2006, 山本雄二訳「市場と測定—教育における監査文化・商品化・階級戦略」『教育社会学研究』78, pp. 25-44). ……**416**

Apple, M. W. and Beane, J. A. eds., 2007, *Democratic Schools: Lessons in Powerful Education*, 2nd ed., Heinemann（＝2013, 澤田 稔訳『デモクラティック・スクール—力のある学校教育とは何か』上智大学出版). ……**416**

Archer, M. S., 1979, *Social Origins of Educational Systems*, Sage……**74,94**

Ariès, P., 1960, *L'Enfant et la vie familiale sous L'Ancien Régime*, Plon（＝1980, 杉山光信・杉山恵美子訳『〈子供〉の誕生—アンシャン・レジーム期の子供と家族生活』みすず書房). ……**108,272,290,296**

Arnot, M., 1982, "Male Hegemony, Social Class and Women's Education," *Journal of Education*, 164(1), pp. 64-89.……**326,338**

Arrow, K., 1973, "Higher Education as a Filter," *Journal of Public Economics*, 81(2), pp. 193-216.……**642**

Ashenfelter, O., 1978, "Estimating the Effect of Training Programs on Earnings," *The Review of Economics and Statistics*, 60(1), pp. 47-57.……**182**

Askew, S. and Ross, C., 1988, *Boys Don't Cry*, Open University Press（＝1997, 堀内かおる訳『男の子は泣かない』金子書房). ……**350**

Aspinall, R. W., 2001, *Teachers' Unions and the Politics of Education in Japan*, State University of New York Press.……**422**

Atkinson, R., 1995, *The Gift of Stories: Practical and Spiritual Applications of Autobiography, Life Stories, and Personal Mythmaking*, Bergin & Garvey（＝2006, 塚田 守訳『私たちの中にある物語』ミネルヴァ書房). ……**442**

Auduc, J.-L., 2015, *Ecole: la fracture sexuée*, Fabert.……**146**

Auwarter, A. E. and Aruguete, M. S., 2008, "Effects of Student Gender and Socioeconomic Status on Teacher Perceptions," *Journal of Educational Research*, 101(4), pp. 242-246.……**448**

Ayral, S. et Raibaud, Y., 2014, *Pour en finir avec la fabrique des garçons vol. 1 A l'école*, Maison des Sciences de l'Homme d'Aquitaine.……**146**

■ B

Badinter, É., 1980, *L'Amour en plus: histoire de l'amour maternel*, Flammarion（＝1991, 鈴木 晶訳『母性という神話』筑摩書房). ……**296**

Ball, S. J., 2003, "The teacher's Soul and the Terrors of Performativity," *Journal of Education Policy*, 18(2), pp. 215-228.……**416**

Ball, S. J., 2004, "The Sociology of Education: A Disputational Account," Ball, S. J. ed., *Routledge Falmer Reader in Sociology of Education*, Routledge Falmer.……**142**

Ball, S. J., 2006, "Performativities and Fabrications in the Education Economy: Towards the Performative Society," Lauder, H. et al. eds., *Education, Globalization and Social Change*, Oxford University Press, pp. 692-701（＝2012, 油布佐和子訳「教育の経済における成果主義と偽装—成果主義社会に向けて」苅谷剛彦ほか編訳『グローバル化・社会変動と教育2 文化と不平等の教育社会学』東京大学出版会, pp. 219-236). ……**416**

Ball, S. J. et al., 1996, "School Choice, Social Class and Distinction: The Realisation of Social Advantage in Education," *Journal of Education Policy*, 11(1), pp. 89-112.……**142**

Ballantine, J. H. et al., 2009, *The Sociology of Education: A Systematic Analysis*, 6th ed., Pearson Education（＝2011, 牧野暢男ほか監訳『教育社会学—現代教育のシステム分析』東洋館出版社). ……**56**

Ballion, R. 1993, *Le lycée, une cité à construire*, Hachette.……**146**

Bandura, A. ed., 1971, *Psychological Modeling: Conflicting Theories*, Aldine-Atherton.（＝1975，原野広太郎・福島修美訳『モデリングの心理学―観察学習の理論と方法』金子書房）.……**734**

Banks, J., 1994, *An Introduction to Multicultural Education*, Allyn and Bacon（＝1996，平沢安政訳『多文化教育―新しい時代の学校づくり』サイマル出版会）.……**376**

Banks, J., 1996, "The canon debate, knowledge construction, and multicultural education"（ch. 1）, Banks, J. S. ed., *Multicultural Education, Transformative Knowledge & Action: Historical and Contemporary Perspectives*, Teachers College Press, pp. 3-29.……**758**

Banks, J., 1997, *Teaching Strategies for Ethnic Studies*, Allyn and Bacon.……**138**

Banks, O., 1976, *The Sociology of Education, revised edition*, Schocken Books.……**40**

Banks, O., 1982, "The sociology of education, 1952-1982," *British Journal of Educational Studies*, 30(1), pp. 18-31.……**440**

Barth, F. ed., 1969, *Ethnic Groups and Boundaries: The Social Organization of Culture Difference*, Waveland Press.……**758**

Bateson G., *Steps to an Ecology of Mind*, Harper & Row（＝1986，1987，佐伯泰樹ほか訳『精神の生態学』上・下，思索社，pp. 295-329）.……**276**

Baudelot, C. et Establet, R., 1989, *Le niveau monte*, Seuil.……**146**

Baudelot, C. et Establet, R., 1992, *Allez les filles!*, Seuil（＝2009，秋葉みなみ訳『日仏比較 変容する社会と教育』明石書店に一部所収）.……**146**

Baudrillard, J., 1970, *La société de consommation, ses mythes, ses structures*, Éditions Denoël（＝1995，今村仁司・塚原 史訳『消費社会の神話と構造』紀伊國屋書店）.……**320**

Bauman, Z., 1989, *Modernity and the Holocaust*, Polity Press（＝2006，森田典正訳『近代とホロコースト』大月書店）.……**260**

Bazelon, E., 2013, *Sticks and Stones: Defeating the Culture of Bullying and Rediscovering the Power of Character and Empathy*, Random House（＝2014，高橋由紀子訳『ある日，私は友達をクビになった―スマホ世代のいじめ事情』早川書房）.……**716**

Bauman, Z., 2000, *Liquid Modernity*, Polity Press（＝2001，森田典正訳『リキッド・モダニティ―液状化する社会』大月書店）.……**244**

Bauman, Z., 2001, *The Individualized Society*, Polity Press（＝2008，澤井 敦ほか訳『個人化社会』青弓社）.……**74**

Beauchemin, C. et al. eds., 2015, *Trajectoires et origines*, La documentation française.……**146**

Beaud, S., 2002, *80% au bac...et après?*, La découverte（＝2016，渡辺一敏訳『教育の大衆化は何をもたらしたか』勁草書房に一部所収）.……**146**

Beck, U., 1986, *Risikogesellschaft: Auf dem Weg in eine andere Moderne*, Suhrkamp（＝1998，東 廉・伊藤美登里訳『危険社会―新しい近代への道』法政大学出版会）.……**22,74,112,244,270,494**

Beck, U., 1997, *Was ist Globalisierung?: Irrtümer des Globalismus-Antworten auf Globalisierung*, Suhrkamp（＝2005，木前利秋ほか訳『グローバル化の社会学』国文社）.……**120**

Beck, U. and Beck-Gernsheim, E., 2013, *Fernliebe: Lebensformen im Globalen Zeitalter*, Suhrkamp（＝2014，伊藤美登里訳『愛は遠く離れて―グローバル時代の「家族」のかたち』岩波書店）.……**322**

Becker, D., 2013, "The Impact of Teachers' Expectations on Students' Educational Opportunities in the Life Course: An Empirical Test of a Subjective Expected Utility Explanation," *Rationality and Society*, 25(4), pp. 422-460. **440**

Becker, G. S., 1962, "Investment in Human-Capital: A Theoretical-Analysis," *Journal of Political Economy*, 70(5), pp. 9-49.……**308**

Becker, G. S., 1975, *Human Capital*, 2nd ed., University of Chicago Press（＝1976，佐野陽子訳『人的資本』東洋経済新報社）.……**138,632,650**

Becker, G. S., 1981, *A Treatise on the Family*, Harvard University Press.……**302**

Becker, G. S. and Tomes, N., 1979, "An Equilibrium Theory of the Distribution of Income and Intergenerational Mobility," *Journal of Political Economy*, 87(6), pp. 1153-1189.……**610**

Becker, H. S., 1963, *Outsiders: Studies in the Sociology of Deviance*, Free Press（＝1978，村上直之訳『アウトサイダーズ―ラベリング理論とはなにか』新泉社）.……**128,138,202,222,544,548**

Becker, H. S., 1970, *Sociological Work: Method and Substance*, Transaction Publication.……**224**

Becker, H. S., 1973, *Outsiders: Studies in the Sociology Of Deviance*, revised ed. Free Press（＝2011，村上直之訳『完訳アウトサイダーズ―ラベリング論再考』現代人文社）.……**208**

Becker, H. S., 1996, "The Epistemology of Qualitative Research," Jessor, R. et al. eds., *Ethnography and Human Development*, University of Chicago Press, pp. 53-72.……**202**

Bell, D., 1973, *The Coming of Post-Industrial Society*, Basic Books（=1975, 内田忠雄ほか訳『脱工業化社会の到来』ダイヤモンド社）.……**600**

Ben-David, J., 1977, *Centers of Learning: Britain, France, Germany, United States*, McGaw-Hill（=1982, 天城 勲訳『学問の府——原典としての英仏独米の大学』サイマル出版会）.……**460,478**

Benson, M. and O'Reilly, K., 2009, "Migration and the Search for a Better Way of Life: A Critical Exploration of Lifestyle Migration," *The Sociological Review*, 57, pp. 608-625.……**322**

Berger, P. et al., 1973, *The Homeless Mind: Modernization and Consciousness*, Random House（=1977, 高山真知子ほか訳『故郷喪失者たち——近代化と日常意識』新曜社）.……**250**

Berger, P. L. and Luckmann, T., 1966, *The Social Construction of Reality*, Anchor Books（=1977, 山口節夫訳『日常世界の構成』新曜社）.……**266**

Bergman, J. and Sams, A., 2012, Flip Your Classroom: Reach Every Student in Every Class Every Day, ISTE（=2014, 山内祐平・大浦弘樹監修, 上原裕美子訳『反転授業』オデッセイコミュニケーションズ）.……**726**

Bergson, H., 1932, *Les Deux sources de la morale et de la religion*, P. U. F.（=1969, 森口美都男訳『道徳と宗教の二つの源泉』世界の名著 53, 中央公論社）.……**244**

Bernstein, B., 1971a, *Class, Codes and Control, Vol. I, Theoretical Studies Towards a Sociology of Language*, Routledge & Kegan Paul（=1981, 萩原元昭編訳『言語社会化論』明治図書）.……**82,96,244,262,286,396**

Bernstein, B., 1971b, "On the classification and framing of educational knowledge," Young, M. ed., *Knowledge and Control*, Collier-Macmillan, pp. 47-69.……**388**

Bernstein, B., 1977c, *Class, Codes and Control, Vol. III, Towards a Theory of Educational Transmissions*, 2nd ed., Routledge & Kegan Paul（=1985, 萩原元昭編訳『教育伝達の社会学——開かれた学校とは』明治図書）.……**286,314,338**

Bernstein, B., 1996, *Pedagogy, Symbolic Control and Identity: Theory, Research, Critique*, Taylor & Francis（=2000, 久冨善之ほか訳『〈教育〉の社会学理論——象徴統制, 〈教育〉の言説, アイデンティティ』法政大学出版局）.……**44,142,374,446**

Bertaux, D., 1997, *Les Récits de vie: Perspective ethnosociologique*, Editions Nathan（=2003, 小林多寿子訳『ライフストーリー——エスノ社会学的パースペクティヴ』ミネルヴァ書房）.……**228**

Best, J., 2007, "Historical Development and Defining Issues of Constructionist Inquiry," Holstein, J. A. and Gubrium, J. F. eds., *Handbook of Constructionist Research*, Guilford Press, pp. 41-64.……**544**

Bhalla, A. S. and Lapeyre, F. M., 1999, *Poverty and Exclusion in a Global World*, Palgrave Macmillan（=2005, 福原宏幸・中村健吾訳『グローバル化と社会的排除』昭和堂）.……**118**

Bhattacharyya, G., 2015, *Crisis, Austerity, and Everyday Life: Living in a Time of Diminishing Expectations*, Palgrave Macmillan.……**142**

Birnbaum, R., 1988, *How Colleges Work: The Cybernetics of Academic Organization and Leadership*, Jossey-Bass（=1992, 高橋靖直訳『大学経営とリーダーシップ』玉川大学出版部）.……**492**

Black, S. E. and Devereux, P. J., 2006, "Recent Developments in Intergenerational Mobility," Hanushek, E. and Welch, F. eds., *Handbook of Labor Economics*, 4b, North-Holland, pp. 1487-1541.……**610**

Blaise, M., 2005, *Playing It Straight: Uncovering Gender Discourses in the Early Childhood Classroom*, Routledge.……**340**

Blau, P. M. and Duncan, O. D., 1967, *The American Occupational Structure*, John Wiley & Sons.……**138,166,194,608**

Blossfeld, H.-P. and Timm, A. eds., 2003, *Who Marries Whom?: Educational Systems as Marriage Markets in Modern Societies*, Kluwer Academic Publishers.……**302**

Blumer, H. G., 1969, *Symbolic Interactionism: Perspective and Method*, Prentice Hall（=1991, 後藤将之訳『シンボリック相互作用論——パースペクティヴと方法』勁草書房）.……**202,244**

Boal, A., 1975, *Teatro del Oprimido*, Buenos Aires（=1984, 里見 実ほか訳『被抑圧者の演劇』晶文社）.……**264**

Boden, D. and Zimmerman, D. H. eds., 1991, *Talk and Social Structure: Studies in Ethnomethodology and Conversation Analysis*, Polity Press.……**216**

Bok, D., 2013, *Higher Education in America*, Princeton University Press（=2015, 宮田由紀夫訳『アメリカの高等教育』玉川大学出版部）.……**460,492**

Bonnéry, S., 2010, "Chapitre 4 La difficulté scolaire," *L'école démocratique*, Armand Colin, pp. 71-82 （＝2016，小林純子『教育の大衆化は何をもたらしたか』勁草書房に所収）．……146

Booher-Jennings, J., 2005, "Below the Bubble: 'Educational Triage' and the Texas Accountability System," *American Educational Research Journal*, 42, pp. 231-268.……182

Botkin, J. W. et al., 1980, *No Limits to Learning*, Pergamon Press （＝1980，大来佐武郎監訳『限界なき学習—ローマ・クラブ第6レポート』ダイヤモンド社）．……500

Boudon, R., 1973, *L'Inégalité des Chances: La Mobilité Sociale dans les Sociétés Industrielles*, Librairie Armand Colin （＝1983，杉本一郎ほか訳『機会の不平等—産業社会における教育と社会移動』新曜社）．……146,166

Bourdieu, P., 1979a, *La Distinction: Critique sociale du jugement*, Éditions de Minuit （＝1990，石井洋二郎訳『ディスタンクシオン—社会的判断力批判』Ⅰ・Ⅱ，藤原書店）．……44,96,146,196,338

Bourdieu, P., 1979b, "Les trois états du capital culturel," *Actes de la recherche en sciences sociales*, 30 （＝1986，福井憲彦・山本哲士訳「文化資本の三つの姿」『アクト』1，日本エディタースクール出版部，pp. 18-28）．……106

Bourdieu, P., 1989, *La Noblesse d'Etat: grandes écoles et esprit de corps*, Sens Commun （＝2012，立花英裕訳『国家貴族—エリート教育と支配階級の再生産』Ⅰ・Ⅱ，藤原書店）．……308

Bourdieu, P., 1996, *Sur la télévision*, Raison D'agir （＝2007，桜本陽一訳『メディア批判』シリーズ社会批判，藤原書店）．……82

Bourdieu, P. et Passeron, J.-C., 1964, *Les Héritiers*, Ed. de Minuit （＝1997，石井洋二郎監訳『遺産相続者たち—学生と文化』藤原書店）．……106,146

Bourdieu, P. et Passeron, J.-C., 1970, *La Reproduction, éléments pour une théorie du système d'enseignement*, Ed. de Minuit （＝1991，宮島喬訳『再生産—教育・社会・文化』藤原書店）．……44, 108,146,616

Bowen, H. R., 1980, *The Costs of Higher Education: How much do colleges and universities spend per student and how much should they spend?*, Jossey-Bass.……490

Bowen, W. G. and Bok, D., 1998, *The Shape of the River*, Princeton University Press.……626

Bowles, S. and Gintis, H., 1976, *Schooling in Capitalist America: Educational Reform and the Contradictions of Economic Life*, Basic Books （＝1987，宇沢弘文訳『アメリカ資本主義と学校教育—教育改革と経済制度の矛盾』Ⅰ・Ⅱ，岩波書店）．……56,96,114,138,142

Brah, A. and Minhas, R., 1985, "Structural Racism or Cultural Difference," Weiner, G. ed., *Just a Bunch of Girls*, Open University Press.……142

Brand, J. and Xie, Y., 2010, "Who Benefits Most from College?: Evidence for Negative Selection in Heterogeneous Economic Returns to Higher Education," *American Sociological Review*, 75(2), pp. 273-302.……184

Bray, M., 2007, *The Shadow Education System: Private Tutoring and Its Implications for Planners*, 2nd ed., UNESCO, International Institute for Educational Planning.……308

Breen, R., 2004, *Social Mobility in Europe*, Oxford University Press.……600

Breen, R. and Goldthorpe, J. H., 1997, "Explaining Educational Differentials: Towards a Formal Rational Action Theory," *Rationality and Society*, 9(3), pp. 275-305.……166,622

Breen, R. and Jonsson, J. O., 2000, "Analyzing Educational Careers: A Multinomial Transition Model," *American Sociological Review*, 65, pp. 754-772.……198

Breen, R. ed., 2004, *Social Mobility in Europe*, Oxford University Press.……608

Breneman, D. W., 1994, *Liberal Arts Colleges: Thriving, Surviving, or Endangered?*, Brookings Institution Press （＝1996，宮田敏近訳『リベラルアーツ・カレッジ—繁栄か，生き残りか，危機か』玉川大学出版部）．……490

Bressoux, P., 1994, "Les recherches sur les effets-écoles et les effets-maîtres," *Revue française de pédagogie*, 108, pp. 91-137.……146

Bressoux, P., 1995, "Les effets du contexte scolaire sur les acquisitions des élèves: effet-école et effets-classes en lecture," *Revue française de sociologie*, 36(2), pp. 273-294.……146

Bressoux, P., 2009, "II. Des contextes scolaires inégaux: effet-établissement, effet-classe et effets du groupe de pairs," Duru-Bellat, M. et Van Zanten, A., *Sociologie du système éducatif*, PUF, pp. 131-148.……146

Brint, S., 2013, "The 'Collective Mind' at Work: A Decade in the Life of U. S. Sociology of Education," *Sociology of Education*, 86(4), pp. 273-279.……56,138

Broccolichi, S. et al., 2010, *Ecole: les pièges de la concurrence*, La découverte.……146

Brookfield, S., 1987, *Developing Critical Thinkers: Challenging Adults to Explore Alternative Ways of Thinking and Acting*, Jossey-Bass.……**508**

Brookover, W. B. et al., 1979, *School Systems and Student Achievement: Schools Make a Difference*, Praeger.……**624**

Brown, M. C. Ⅱ, 2010, *Organization and Governance in Higher Education*, 6th ed., Pearson Learning Solutions.……**492**

Brown, P., 1990, "The 'Third Wave': Education and the Ideology of Parentocracy," *British Journal of Sociology of Education*, 11(1), pp. 65-85.……**394**

Brown, P., 1995, "Cultural Capital and Social Exclusions: Some Observations on Recent Trends in Education, Employment, and the Labour Market," *Work, Employment and Society*, 9(1), pp. 29-51（＝2005，稲永由紀訳「文化資本と社会的排除─教育・雇用・労働市場における最近の研究に関するいくつかの考察」住田正樹ほか編訳『教育社会学─第三のソリューション』九州大学出版会，pp. 597-622.).……**310,494,586**

Brown, P. et al., 2011, *The Global Auction: The Broken Promises of Education, Jobs and Incomes*, Oxford University Press.……**120**

Buchanan, J. M. and Tullock, G., 1962, *The Calculus of Consent: Logical Foundations of Constitutional Democracy*, University of Michigan Press.……**680**

Bukodi, E. and Goldthorpe, J. H., 2010, "Market versus Meritocracy: Hungary as a Critical Case," *European Sociological Review*, 26(6), pp. 655-674.……**186**

Burke, P., 1981, *Sosiology and History*, Georg Allen and Unwin（＝1986，森岡敬一郎訳『社会学と歴史学』慶應通信）.……**290**

Butler, J., 1990, *Gender Trouble: Feminism and the Subversion of Identity*, Routledge（＝1999，竹村和子訳『ジェンダー・トラブル─フェミニズムとアイデンティティの撹乱』青土社）.……**326,344**

Butler, J. P. and Spivak, G. C., 2007, *Who Sings the Nation-State?*, Seagull Books（＝2008，竹村和子訳『国家を歌うのは誰か？─グローバル・ステイトにおける言語・政治・帰属』岩波書店）.……**676**

Byram, M., 1997, *Teaching and Assessing Intercultural Communicative Competence*, Multilingual Matters.……**748**

■ C

C-BERT, 2017, Campus Branch Listing Updated 2017, http://cbert.org/?/page_id=34（2016/03/02 最終閲覧）……**752**

Caillois, R., 1967, *Les Jeux et les Homme（Le masque et le vertige）*, édition revue et augmentée, Gallimard（＝1990，多田道太郎・塚崎幹夫訳『遊びと人間』講談社）.……**248**

Calderon, A. J. and Tangas, J., 2006, "Trade Liberalisation, Regional Agreements and Implications for Higher Education," *Higher Education Management and Policy*, 18(1), pp. 79-104.……**748**

Cameron, S. V. and Heckman, J. J., 1998, "Life Cycle Schooling and Dynamic Selection Bias: Models and Evidence for Five Cohorts of American Males," *Journal of Political Economy*, 106, pp. 262-333.……**198**

Card, B. Y. et al., 1971, "The Development of Educational Sociology as Reflected in its English-Language Textbooks Published from 1912-1970," *A Paper for Presentation in Division F: History and Historiography at the American Educational Research Association 1971 Annual Meeting*, http://files.eric.ed.gov/fulltext/ED048087.pdf（2016/09/20 最終閲覧）……**56**

Card, D. and Krueger, A., 1996, "School Resources and Student Outcomes: An Overview of the Literature and New Evidence from North and South Carolina," *The Journal of Economic Perspectives*, 10(4), pp. 31-50.……**646**

Carnochan, W. B., 1993, *The Battleground of the Curriculum: Liberal Education and American Experience*, Stanford University Press（＝1996，丹治めぐみ訳『カリキュラム論争─アメリカ一般教育の歴史』玉川大学出版部）.……**478**

Carnoy, M. and Levin, H., 1985, *Schooling and Work in the Democratic State*, Stanford University Press.……**138**

Carrigan, T. et al., 1985, "Toward a New Sociology of Masculinity," *Theory and Society*, 14(5), pp. 551-604.……**330**

Castel, R., 2009, *La montée des incertitudes: travail, protections, statut de l'individu*, Éditions du Seuil（＝2015，北垣徹訳『社会喪失の時代─プレカリテの社会学』明石書店）.……**270**

Chambers, D., 2006, *New Social Ties: Contemporary Connections in a Fragmented Society*, Palgrave Macmillan（＝2015，辻 大介ほか訳『友情化する社会―断片化の中の新たな〈つながり〉』岩波書店）. ……**274**

Charlot, B., 1997, *Le rapport au savoir en milieu populaire*, Anthropos. ……**146**

Charlot B. et al., 1992, *Ecole et savoir dans les banlieues… et ailleurs.*, Armand Colin. ……**146**

Chauvel, L., 1998＝2011, *Le destin des générations*, PUF. ……**146**

Cherkaoui, M., 1983, *Le changement du système éducatif en France 1950-1980*, PUF. ……**146**

Cicourel, A. V. and Kitsuse, J. I., 1963, *Educational Decision-Makers*, Bobbs-Merrill（＝1985，山村賢明・瀬戸知也訳『だれが進学を決定するか―選別機関としての学校』金子書房）. ……**56,86**

Clandinin, D. J. and Connelly, F. M., 2000, *Narrative Inquiry: Experience and Story in Qualitative Research*, Jossey-Bass. ……**224**

Clark, B., 1983, *The Higher Education System*, University of California Press（＝1994，有本 章訳『高等教育システム―大学組織の比較社会学』東信堂）. ……**456**

Clark, B. R., 1960, "The 'Cooling-Out' Function in Higher Education," *American Journal of Sociology*, 65, pp. 569-576. ……**614**

Clark, B. R., 1983, *Higher Education System: Academic Organization in Cross-National Perspectives*, University of California Press（＝1994，有本 章訳『高等教育システム―大学組織の比較社会学』東信堂）. ……**492**

Clark, B. R., 1998, *Creating Entrepreneurial Universities: Organizational Pathways of Transformation*, Pergamon. ……**490,492**

Clatterbaugh, K., 1997, *Contemporary Perspectives on Masculinity: Men, Women, and Politics in Modern Society*, 2nd ed., Westview Press. ……**326,330**

Clerget, S., 2015, *Nos garçons en danger!*, Flammarion. ……**146**

Clifford, J. and Marcus, G. E. eds., 1986, *Writing Culture: The Poetics and Politics of Ethnography*, University of California Press（＝1996，春日直樹ほか訳『文化を書く』紀伊國屋書店）. ……**208**

Cline, V. B. et al., 1973, "Desensitization of Children to Television Violence," *Journal of Personality and Social Psychology*, 27, pp. 360-365. ……**734**

Cohen, D. and Soto, M., 2007, "Growth and Human Capital: Good Data Good Results," *Journal of Economic Growth*, 12, pp. 51-76. ……**648**

Coleman, J. et al., 1982, *High School Achievement: Public, Catholic, and Private Schools Compared*, Basic Books. ……**184**

Coleman, J. S. et al., 1966, *Equality of Educational Opportunity*, U. S. Department of Health, Education, and Welfare. ……**138,182,624,646**

Collins, A. et al., 1989, "Cognitive Apprenticeship: Teaching the Crafts of Reading, Writing and Mathematics," Resnick, L. B. ed., *Knowing, Learning and Instruction: Essays in Honor of Robert Glaser*, L. Erlbaum Associates, pp. 453-494. ……**508**

Collins, L. M. and Lanza, S. T., 2010, *Latent Class and Latent Transition Analysis: With Applications in the Social, Behavioral and Health Sciences*, John Wiley & Sons. ……**196**

Collins, P. H., 1990, *Black Feminist Thought*, Routledge. ……**334**

Collins, P. H. and Bilge, S., 2016, *Intersectionality*, Polity Press. ……**334**

Collins, R., 1971, "Functional and Conflict Theories of Educational Stratification," *American Sociological Review*, 36(6), pp. 1002-1019（－1980，「教育における機能理論と葛藤理論」潮木守一ほか編訳『教育と社会変動―教育社会学のパラダイム展開』上，東京大学出版会，pp. 97-125）. ……**78,612**

Collins, R., 1979, *The Credential Society: An Historical Sociology of Education and Stratification*, Academic Press（＝1984，新堀通也訳『資格社会―教育と階層の歴史社会学』有信堂高文社）. ……**56,74,138,612**

Collins, R., 1982, *Sociological Insight: An Introduction to Nonobvious Sociology*, Oxford University Press（＝1992，井上 俊・磯部卓三訳『脱常識の社会学―社会の読み方入門』岩波書店）. ……**4**

Comte, Auguste, 1830-1842, *Cours de Philosophie positive*（＝1970，霧生和夫訳「社会静学と社会動学」『世界の名著36 コント：スペンサー』中央公論社）. ……**16**

Connell, R. W., 1987, *Gender and Power: Society, the Person and Sexual Politics*, Polity Press（＝1993，森重雄ほか訳『ジェンダーと権力―セクシュアリティの社会学』三交社）. ……**294,330**

Connell, R. W., 2002, *Gender*, 1st ed., Polity Press（＝2008，多賀太訳『ジェンダー学の最前線』世界思想社）. ……**326,352**

Connell, R. W., 2005, *Masculinities*, 2nd ed., Polity Press.……**330**

Connell, R. W. et al., 1982, *Making the Difference: Schools, Families and Social Division*, Allen & Unwin.……**160**

Connerton, P., 1989, *How Societies Remember*, Cambridge University Press（= 2011, 芦刈美紀子訳『社会はいかに記憶するか—個人と社会の関係』新曜社). ……**390**

Conrad, P. and Schneider, J. W., 1992, *Deviance and Medicalization: From Badness to Sickness*, Expanded ed., Temple University Press（= 2003, 進藤雄三監訳『逸脱と医療化—悪から病いへ』ミネルヴァ書房). ……**108,544,552**

Coulon, A., 1997 = 2005, *Le métier d'étudiant*, Economica.……**146**

Coulter, J., 1979, *The Social Construction of Mind: Studies in Ethnomethodology and Linguistic Philosophy*, Macmillan（= 1998, 西阪 仰訳『心の社会的構成—ヴィトゲンシュタイン派エスノメソドロジーの視点』新曜社). ……**214,440**

Cranton, P., 1992, *Working with Adult Learners*, Wall & Emerson（= 1999, 入江直子ほか訳『おとなの学びを拓く』鳳書房). ……**506**

Crapanzano, V., 1980, *TUHAMI: Portrait of a Moroccan*, The University of Chicago Press（= 1991, 大塚和夫・渡部重行訳『精霊と結婚した男—モロッコ人トゥハーミの肖像』紀伊國屋書店). ……**228**

Creemers, B. P. M. and Kyriakides, L., 2008, *The Dynamics of Educational Effectiveness: A Contribution to Policy, Practice and Theory in Contemporary Schools*, Routledge.……**624**

Crenshaw, K. W., 1989, "Demarginalizing the intersection of race and sex: A black feminist critique of untidiscrimination doctorine, feminist theory and antiracist politics," *The University of Chicago Legal Forum*, 140, pp. 139-167.……**334**

Creswell, W. J., 2003, *Research Design: Qualitative, Quantitative, and Mixed Methods Approaches*, 2nd ed., Sage（= 2007, 操 華子・森岡 崇訳『研究デザイン—質的・量的・そしてミックス法』日本看護協会出版会). ……**202**

Csikszentmihalyi, M., 1990, *Flow: The Psychology of Optimal Experiment*, Harper & Row（= 1996, 今村浩明訳『フロー体験—喜びの現象学』世界思想社). ……**728**

Cuin, C.-H., 1993, *Les sociologues et la mobilité sociale*, Puf.……**146**

Cummings, W. K., 1980, *Education and Equality in Japan*, Princeton University Press（= 1981, 友田泰正訳『ニッポンの学校』サイマル出版会). ……**380**

■ D

Dale, R., 1999, "Specifying Globalization Effects on National Education Policy: focus on mechanisms," *Journal of Education Policy*, 14(1), pp. 1-17.……**120**

Davies, B., 2003, *Frogs and Snails and Feminist Tales: Preschool Children and Gender*, Revised Edition, Hampton Press.……**340**

Davis, D. J. et al. eds., 2015, *Intersectionality in Educational Research*, Stylus Publishing.……**334**

Davis, I., 2015, *Stories of Men and Teaching: A New Narrative Approach to Understanding Masculinity and Education*, Springer.……**224**

De Corte, E., 2010, "Historical Developments in the Understanding of Learning," CERI ed., *The Nature of Learning: Using Research to Inspire Practice*, OECD, pp. 35-67（= 2013, 佐藤智子訳「学習についての理解の歴史的発展」立田慶裕・平沢安政監訳『学習の本質—研究の活用から実践へ』明石書店, pp. 43-80). ……**508**

De Graaf, P. M., 1986, "The Impact of Financial and Cultural Resources on Educational Attainment in the Netherlands," *Sociology of Education*, 59(4), pp. 237-246.……**196**

Deauvieau, J., 2009, *Enseigner dans le secondaire*, La dispute.……**146**

Debarbieux, E., 2006, *Violence à l'école: un défi mondial?*, Armand Colin.……**146**

Deem, R., 1978, *Women and Schooling*, Routledge & Kegan Paul.……**326,338**

Delanty, G., 2000, *Citizenship in a Global Age*, Open University Press（= 2004, 佐藤康行訳『グローバル時代のシティズンシップ』日本経済評論社). ……**706**

Delanty, G. and Isin, E. F. eds., 2003, *Handbook of Historical Sociology*, Sage.……**220**

Deleuze, G., 1990, *Pourparlers*, Éditions de Minuit（= 1992, 宮林 寛訳『記号と事件—1972-1990 年の対話』河出書房新社). ……**392**

Deleuze, G. and Guattari, F., 1972, *Anti-OEdipus*, Hurley, R. et al., trans., London and New York（= 2006,

宇野邦一訳『アンチ・オイディプス―資本主義と分裂症』上・下，河出書房）……**82**

Delpit, L., 1988, "The Silenced Dialogue: Power and Pedagogy in Educating Other People's Children," *Harvard Educational Review*, 58(3), pp. 280-299.……**138**

Dennison, E. F., 1962, "Education, Economic Growth, and Gaps in Information," *Journal of Political Economy*, 70(5), Part 2, pp. 124-128.……**648**

Denzin, N. K. and Lincoln, Y. S. eds., 2000, *Handbook of Qualitative Research*, 2nd ed., Sage（＝2006，平山満義監訳『質的研究ハンドブック―質的研究のパラダイムと眺望』1・2，北大路書房）.……**202, 208**

Denzin, N. K. and Lincoln, Y. S., 2005, "Introduction: The Dicipline and Practice of Qualitative Research," *Handbook of Qualitative Research*, 3rd ed., Sage, pp. 1-19.……**202**

Dermott, E., 2008, *Intimate Fatherhood: A Sociological Analysis*, Routledge.……**316**

Dewey, J., 1916, *Democracy and Education: An Introduction to the Philosophy of Education*, Macmillan（＝1975，松野保男訳『民主主義と教育』上・下，岩波書店）.……**44**

Dewey, J., 1934, *Art as Experience*, Balck & Company（＝2002，河村望訳『経験としての芸術』人間の科学社）.……**266**

Dewey, J., 1938, *Experience and Education*, Macmillan（＝2004，市村尚久訳『経験と教育』講談社）.……**658**

DfE, 2010, *The Importance of Teaching: The Schools White Paper*, Crown Copyright.……**142**

Dodson, D. W., 1963, "Valedictory," *The Journal of Educational Sociology*, 36(9), pp. 407-409.……**56**

Dolby, N. and Dimitriadis, G., 2004, *Learning to Labor in New Times*, Routledge.……**348**

Donnerstein, E. et al., 1994, "The Mass Media and Youth Aggression," Eron, L. D. et al. eds., *Reason to Hope: A Psychological Perspective on Violent and Youth*, American Psychological Association, pp. 219-250.……**734**

Dore, R. P., 1976, *The Diploma Disease: Education, Qualification and Development*, George Allen & Unwin（＝1978，松居弘道訳『学歴社会―新しい文明病』岩波書店）.……**116,654**

Douglas, M. and Wildavsky, A., 1982, *Risk and Culture: An Essay on the Selection of Technological and Environmental Dangers*, University of California Press.……**22**

Drabman, R. S. and Thomas, M. H., 1974, "Does Media Violence Increase Children's Tolerance of Real-life Aggression?," *Developmental Psychology*, 10, pp. 418-421.……**734**

Dreeben, R., 1994, "The Sociology of Education: Its Development in the United States," *Research in Sociology of Education and Socialization*, 10, pp. 7-52.……**40**

Drew, P. and Heritage, J. eds., 1992, *Talk at Work: Interaction in Institutional Settings*, Cambridge University Press.……**216**

Du Gay, P. and Hall, S. eds., 1996, *Questions of Cultural Identity*, Sage.……**142**

Dubet, F., 1991, *Les lycéens*, Seuil.……**146**

Dubet, F. et Martucelli, D., 1996, *À l'école: sociologie de l'expérience scolaire*, Seuil.……**146**

Duke, B. C., 1973, *Japan's Militant Teachers: A History of the Left-wing Teachers' Movement*, University Press of Hawaii.（＝1976，市川博訳『日本の戦闘的教師たち―外人研究者に語られた日教組の闘争三十年』教育開発研究所）.……**423**

Duncan, O. D., 1961, "A Socio-economic Index of All Occupations," Reiss, A. J., Jr. ed., *Occupations and Social Status*, Free Press, pp. 109-161.……**604**

Duncan, O. D., 1966, "Path Analysis: Sociological Examples," *American Journal of Sociology*, 72(1), pp. 1-16.……**166**

Dunne, M. and Gazeley, L., 2008, "Teachers, Social Class and Underachievement," *British Journal of Sociology of Education*, 29(5), pp. 451-463.……**448**

Durkheim, É., 1893, *De la division du travail social*, Quadrige/PUF.（＝1971，田原音和訳『社会分業論』青木書店；＝1989，井伊玄太郎訳『社会分業論』上・下，講談社）.……**44,374,544**

Durkheim, É., 1895, *Les Règles de la méthode sociologique*, PUF.（＝1978，宮島喬訳『社会学的方法の規準』岩波書店）.……**10,44,74,544**

Durkheim, É., 1897, *Le suicide: étude de sociologie*, Félix Alcan（＝1985，宮島喬訳『自殺論―社会学研究』中公文庫）.……**44**

Durkheim, É., 1912, *Les formes élémentaires de la vie religieuse: Le système totémique en Australie*, Félix Alcan（＝1975，古野清人訳『宗教生活の原初形態』改訳『上・下』，岩波書店）.……**390**

Durkheim, É., 1922, *Education et sociologie*, Quadrige/PUF.（＝1976，佐々木交賢訳『教育と社会学』誠信

書房）．……**44,82,244,366,374**

Durkheim, É., 1925, *L'éducation morale*, Quadrige/PUF（＝1964，麻生 誠・山村 健訳『道徳教育論』明治図書出版；＝2010，麻生 誠・山村 健訳『道徳教育論』講談社）．……**44,82,244,260,276,374,390,572,706**

Durkheim, É., 1938, *L'évolution pédagogique en France*, Félix Alcan（＝1981，小関藤一郎訳『フランス教育思想史』行路社）．……**44**

Durkheim, É., 1960, *De la division du travail social*, Presses Universitaires de France（＝1971，田原音和訳『社会分業論』青木書店）．……**260**

Duru-Bellat, M., 1988, *Le fonctionnement de l'orientation*, Delchaux & Niestle.……**146**

Duru-Bellat, M., 1990, *L'école des filles: quelles formations pour quels roles sociaux?*, L'Harmattan（＝1993，中野知律訳『娘の学校―性差の社会的再生産』藤原書店）．……**146,326,338,352,354**

Duru-Bellat, M., 2002, *Les inégalités sociales à l'école*, PUF.……**146**

Duru-Bellat, M., 2006, *L'inflation scolaire*, Seuil（＝2007，林 昌宏訳『フランスの学歴インフレと格差社会』明石書店）．……**146**

Duru-Bellat, M. and Mingat, A., 2011, "Measuring Excellence and Equity in Education: Conceptual and Methodological Issues," Van den Branden, K., et al. eds., *Equity and Excellence in Education: Towards Maximal Learning Opportunities for All Students*, Routledge.……**678**

Duru-Bellat, M. et Mingat, A., 1988, "La gestion de l'hétérogénéité des publics d'élèves au collège," *Les Cahiers de l'irédu*, 59, p. 227.……**146**

Duru-Bellat, M. et Van Zanten, A., 1992＝2012, *Sociologie de l'école*, Armand Colin.……**146**

Dworkin, R., 2000, *Sovereign Virtue: The Theory and Practice of Equality*, Harvard University Press.……**678**

■ E

Edmonds, R. R., 1979a, *A Discussion of the Literature and Issues related to Effective Schooling*, Center for Urban Studies, Harvard Graduate School of Education.……**624**

Edmonds, R. R., 1979b, "Effective schools for the urban poor," *Educational Leadership*, 37(1), pp. 15-24.……**556**

Ehrenberg, R. G., 2000, *Tuition Rising: Why College Costs So Much*, Harvard University Press.……**490**

Elias, J. L. and Merriam, S. B., 1980, *Philosophical Foundation of Adult Education*, 2nd ed., Krieger.……**534**

Elias, N., 1969（1939）, *Über den Prozeß der Zivilization*, 2nd ed., Francke（＝1977，1978，赤井慧爾ほか訳『文明化の過程―ヨーロッパ上流階層の風俗の変遷』上巻，波田節夫ほか訳『文明化の過程―社会の変遷／文明化の過程の理論のための見取図』下巻，法政大学出版局）．……**244**

Ellis, M. J., 1973, *Why People Play*, Prentice-Hall（＝1985，森 楙ほか訳『人間はなぜ遊ぶか―遊びの総合理論』黎明書房）．……**728**

Emerson, R. M. et al., 1995, *Writing Ethnographic Fieldnotes*, University of Chicago Press（＝1998，佐藤郁哉ほか訳『方法としてのフィールドノート―現地取材から物語（ストーリー）作成まで』新曜社）．……**208**

Engeström, Y., 1987, *Learning by Expanding: An Activity-Theoretical Approach to Developmental Research*, Orienta-Konsultit（＝1999，山住勝広ほか訳『拡張による学習―活動理論からのアプローチ』新曜社）．……**506,508**

Epstein, D. et al. eds., 1998, *Failing Boys? Issues in Gender and Achievement*, Open University Press.……**350**

Erikson, R. and Goldthorpe, J H., 1992, *The Constant Flux: A Study of Class Mobility in Industrial Societies*, Clarendon Press.……**178,604,608**

Erlich, V., 1998, *Les nouveaux étudiants*, Armand Colin.……**146**

Ermisch, J. et al. eds., 2012, *From Parents to Children: The Intergenerational Transmission of Advantage*, Russell Sage Foundation.……**610**

Esposito, E. et al., 1997, *GLU: Glossar zu Niklas Luhmanns Theorie sozialer Systeme*, Surkamp（＝2013，土方 透ほか訳『ニクラス・ルーマン社会システム理論用語集』国文社）．……**122**

Evans, T. D., 1988, *A Gender Agenda: A Sociological Study of Teachers, Parents and Pupils in Their Primary Schools*, Allen & Unwin.……**354**

F

Faraway, J. J., 2006, *Extending the linear Model with R: Generalized Linear, Mixed Effects and Nonparametric Regression Models*, Chapman & Hall/CRC.……**192**

Farber, B. and Miller, J., 1981, "Teacher Burnout: A Psycho-educational Perspective," *Teachers College Record*, 13, pp. 235-243.……**584**

Farrell, W., 1993, *The Myth of Male Power: Why Men Are the Disposable Sex*, Simon & Schuster（＝2014, 久米泰介訳『男性権力の神話―《男性差別》の可視化と撤廃のための学問』作品社）.……**330**

Faure, E. et al., 1972, *Learning to Be: The World of Education Today and Tomorrow*, UNESCO（＝1975, 国立教育研究所内フォール報告書検討委員会訳『未来の学習』第一法規）.……**505**

Featherman, D. L. et al., 1975, "Assumptions of Social Mobility Research in the United States: The Case of Occupational Status," *Social Science Research*, 4, pp. 329-360.……**608,616**

Fernandez, C. and Yoshida, M., 2004, *Lesson Study*, Routledge.……**380**

Fetters, D. M. and Freshwater, D., 2015, "The 1 + 1 = 3 Integration Challenge," *Journal of Mixed Methods Research*, 9(2), pp. 115-117.……**236**

Filloux, J. C., 1994, *Durkheim et l'education*, Presses Universitaires de France（＝2001, 古川敦訳『デュルケムの教育論』行路社）.……**82**

Findsen, B. and Formosa, M., 2011, *Lifelong Learning in Later Life: A Handbook on Older Adult Learning*, Sense Publishers.……**514**

Fishkin, J. S., 1983, *Justice, Equal Opportunity, and the Family*, Yale University Press.……**600**

Fiske, J., 1989, *Reading the Popular*, Unwin Hyman（＝1998, 山本雄二訳『抵抗の快楽―ポピュラーカルチャーの記号論』世界思想社）.……**226**

Flexner, A., 1910, *Medical Education in the United States and Canada, A Report to the Carnegie Foundation for the Advancement of Teaching.* http://archive.carnegiefoundation.org/pdfs/elibrary/Carnegie_Flexner_Report.pdf……**488**

Flick, U., 2007, *Qualitative Sozialforschung*, Rowohlt Taschenbuch（＝2011, 小田博志ほか訳『新版 質的研究入門―〈人間の科学〉のための方法論』春秋社）.……**202,238**

Forquin, J.-C., 1997, *Les sociologues de l'éducation américains et britaniques*, DeBoeck.……**146**

Forquin, J.-C., 2008, *Sociologie du curriculum*, PUR.……**146**

Foucault, M., 1954a, *Maladie mentale et personalité*, Presses Universitaires de France（＝1997, 中山 元訳『精神疾患とパーソナリティ』筑摩書房）.……**108**

Foucault, M., 1954b, *Maladie mentale et psychologie*, Presses Universitaires de France（＝1970, 神谷美恵子訳『精神疾患と心理学』みすず書房）.……**108**

Foucault, M., 1961, *Histoire de la folie á l'âge classique*, Gallimard（＝1975, 田村 俶訳『狂気の歴史―古典主義時代における』新潮社）.……**108**

Foucault, M., 1966, *Les mots et les choses, Une archéologie des sciences humaines*, Gallimard（＝1974, 渡辺一民・佐々木 明訳『言葉と物』新潮社）.……**108**

Foucault, M., 1975, *Surveiller et Punir: Naissance de la Prison*, Gallimard（＝1977, 田村 俶訳『監獄の誕生―監視と処罰』新潮社）.……**126,244,374,390,392**

Foucault, M., 1976, *Histoire de la sexualité 1: la volonté de savoir*, Gallimard（＝1986, 渡辺守章訳『知への意志』性の歴史 1, 新潮社）.……**108,374,392**

Foucault, M., 1983, "The Subject and Power," Dreyfus, H. et Rabinow, P. eds., *Michel Foucault: Beyond Structuralism and Herneutics*, University of Chicago Press（＝1996, 山田徹郎訳「主体と権力」『ミシェル・フーコー―構造主義と解釈学を超えて』筑摩書房, pp. 287-307）.……**108**

Foucault, M., 1988, "Technologies of the Self," Martin, L. H. et al. eds., *Technologies of the Self: A Seminar with Michel Foucault*, The University of Massachusetts Press（＝1990, 田村 俶・雲 和子訳「自己のテクノロジー」『自己のテクノロジー―フーコー・セミナーの記録』岩波書店, pp. 15-64）.……**108**

Foucault, M., 1994, "La naissance de la médecine social," en édition etablie sous la direction de Defert, D. et Ewald, F., *Michel Foucault: Dits et Écrits*, Gallimard（＝2006, 小倉孝誠訳「社会医学の誕生」小林康夫ほか編, 『生政治・統治』フーコー・コレクション 6, 筑摩書房, pp. 165-200）.……**108**

Foucault, M., 1997, *Il faut défendre la société. Cours au Collège de France 1975-1976*, Gallimard/Seuil（＝2007, 石田英敬・小野正嗣訳『社会は防衛しなければならない』コレージュ・ド・フランス講義 1975-1976 年度, 筑摩書房）.……**108**

Foucault, M., 2004, *Naissance de la biopolitique, Cours au Collège de France 1978-1979*, Gallimard/Seuil

（＝2008，慎改康之訳『生政治の誕生』コレージュ・ド・フランス講義 1978-1979 年度，筑摩書房）．……**108**

Frank, A., 1995, *The Wounded Storyteller: Body, Illness, and Ethics*, University of Chicago Press（＝2002，鈴木智之訳『傷ついた物語の語り手』ゆみる出版）．……**228**

Freire, P., 1968, *Pedagogia do Oprimido*, Paz e Terra（＝2011，三砂ちづる訳『被抑圧者の教育学』新訳，亜紀書房）．……**534**

Freire, P., 1970a, *Cultural Action for Freedom*, Penguin Education（＝1984，柿沼秀雄訳『自由のための文化行動』亜紀書房）．……**262,534**

Freire, P., 1970b, *Pedagogia do Oprimido*, Paz e Terra（＝2011，三砂ちづる訳『被抑圧者の教育学（新訳）』亜紀書房）．……**74,262,264,524**

Freire, P. et al., 1975, *Pilgrims of the Obvious (RISK)*, World Council of Churches（＝1980，角南和宏ほか訳『対話―教育を超えて』野草社）．……**116**

Freudenberger, H. J., 1974, "Staff Burn-Out," *Journal of Social Issues*, 30, pp. 159-165.……**584**

Friedan, B., 1963, *The Feminine Mystique*, Norton（＝1965，三浦冨美子訳『新しい女性の創造』大和書房 → 2004 改訂版）．……**362**

Friedman, M., 1962, *Capitalism and Freedom*, University of Chicago Press.……**680**

Friedrich, A. et al., 2015, "Pygmalion Effects in the Classroom: Teacher Expectancy Effects on Students' Math Achievement," *Contemporary Educational Psychology*, 41, pp. 1-12.……**448**

■ G

Gangl, M., 2010, "Causal Inference in Sociological Research," *Annual Review of Sociology*, 36, pp. 21-47.……**184**

Ganzeboom, H. B. and Treiman, D. J., 1996, "Internationally comparable measures of occupational status for the 1988 International Standard Classification of Occupations," *Social Science Research*, 25, pp. 201-239.……**604**

Ganzeboom, H. B. et al., 1992, "A standard international socio-economic index of occupational status," *Social Science Research*, 21, pp. 1-56.……**604**

Garfinkel, H., 1967, *Studies in Ethnomethodology*, Prentice-Hall（＝1987，山田富秋ほか編訳『エスノメソドロジー―社会学的思考の解体』せりか書房）．……**214,244,538**

Garfinkel, H., 1974, "The Origins of the Term 'Ethnomethodology'," Turner, R. ed., *Ethnomethodology: Selected Readings*, Penguin, pp. 15-18（＝1987，山田富秋ほか訳「エスノメソドロジー命名の由来」『エスノメソドロジー―社会学的思考の解体』せりか書房，pp. 217-295）．……**214**

Garfinkel, H. and Sacks, H., 1970, "On Formal Structures of Practical Actions," Mckinney, J. and Tyryakian, E. eds., *Theoretical Sociology: Perspectives and Developments*, Appleton Century Crofts, pp. 338-366.……**214,262**

Garfinkel, H. ed., 1986, *Ethnomethodological Studies of Work*, Routledge & Kegan Paul.……**214**

Gartner, R. B., 1999, *Betrayed as Boys: Psychodynamic Treatment of Sexually Abused Men*, Guilford Press（＝2005，宮地尚子ほか訳『少年への性的虐待―男性被害者の心的外傷と精神分析治療』作品社）．……**360**

Gelman, A. and Hill, J., 2006, *Data Analysis Using Regression and Multilevel/Hierarchical Models*, Cambridge University Press.……**192**

Gelpi, E., 1983，前平泰志訳『生涯教育―抑圧と解放の弁証法』東京創元社．……**500,534**

George, R., 2007, *Girls in a Goldfish Bowl: Moral Regulation, Ritual and Power Amongst Inner City Girls*, Sense Publishers.……**142**

Gibbons, M. et al., 1994, *The New Production of Knowledge*, Sage（＝1997，小林信一監訳『現代社会と知の創造』丸善）．……**486**

Giddens, A., 1990, *The Consequences of Modernity*, Polity Press（＝1993，松尾精文・小幡正敏訳『近代とはいかなる時代か？―モダニティの帰結』而立書房）．……**112,244,250,254**

Giddens, A., 1991, *Modernity and Self-Identity: Self and Society in the Late Modern Age*, Polity Press（＝2005，秋吉美都ほか訳『モダニティと自己アイデンティティ―後期近代における自己と社会』ハーベスト社）．……**74,112**

Giddens, A., 1992, *The Transformation of Intimacy: Sexuality, Love and Eroticism in Modern Societies*, Polity Press（＝1995，松尾精文・松川昭子訳『親密性の変容―近代社会におけるセクシュアリティ，

愛情，エロティシズム』而立書房）．……**254**

Giddens, A. and Sutton, P. W., 2013, *Sociology*, 7th revised, Polity Press.……**82**

Gilbert, F., 2011, "Gove's Free School Policy is already in Trouble," *New Statesman*, 02 June 2011.……**142**

Gillborn, D. and Youdell, D., 2000, *Rationing Education: Policy, Practice, Reform and Equity*, Open University Press.……**142, 182**

Gillis, S. et al. eds., 2004, *Third Wave Feminism: A Critical Exploration*, Palgrave Macmillan.……**326**

Giroux, H. A., 1983, *The Theory of Resistance in Education*, Bergin & Harvey.……**138**

Glaser, B. G. and Strauss, A. L., 1967, *The Discovery of Grounded Theory: Strategies for Qualitative Research*, Aldine Publishing（＝1996，後藤 隆ほか訳『データ対話型理論の発見—調査からいかに理論をうみだすか』新曜社）．……**202, 208**

Glazer, J. S., 1986, *The Master's Degree: Tradition, Diversity, Innovation*, ASHE-Eric Higher Education Research Report no 6, Association for the Study of Higher Education.……**488**

Goblot, E., 1925＝2010, *La barrière et le niveau*, PUF.……**146**

Goffman, E., 1959, *The Presentation of Self in Everyday Life*, Doubleday Anchor Books（＝1974，石黒 毅訳『行為と演技—日常生活における自己呈示』誠信書房）．……**244, 256**

Goffman, E., 1961, *Asylums: Essays on the Social Situation of Mental Patients and Other Inmates*, Anchor（＝1984，石黒 毅訳『アサイラム—施設被収容者の日常世界』誠信書房）．……**550**

Goffman, E., 1967, *Interaction Ritual: Essays on Face-to-Face Behaviour*, Anchor Book（＝1986，広瀬英彦・安江孝司訳『儀礼としての相互行為』法政大学出版局）．……**128**

Goffman, E., 1979, *Gender Advertisements*, Harper & Row.……**344**

Goldthorpe, J. H., 1996, "Problems of Meritocracy," Erikson, R. and Jonsson, J. O. eds., *Can Education Be Equalized? The Swedish Case in Comparative Perspective*, Westview Press, pp. 255-287.……**600**

Goldthorpe, J. H. and Jackson, M., 2008, "Education-Based Meritocracy: The Barriers to Its Realization," Lareau, A. and Conley, D. eds., *Social Class: How Does It Work?*, Russell Sage, pp. 93-117.……**600**

Goodman, L. A., 2007, "Statistical magic and/or statistical serendipity: An age of progress in the analysis of statistical data," *Annual Review of Sociology*, 33, pp. 1-19.……**188**

Goodson, I. F. and Sikes, P., 2001, *Life History Research in Educational Settings: Learning from Lives*, Open University Press（＝2006，高井良健一ほか訳『ライフヒストリーの教育学—実践から方法論まで』昭和堂）．……**222, 442**

Goodson, I. F. ed., 1992, *Studying Teachers' Lives*, Routledge.……**222**

Goodwin, C., 1980, *Conversational Organization*, Academic Press.……**232**

Goodwin, M. H., 1990, *He-Said-She-Said: Talk as Social Organization among Black Children*, Indiana University Press.……**214**

Gottfredson, M. and Hirschi, T., 1990, *A General Theory of Crime*, Stanford University Press.……**548**

Gould, S. J., 1981, *The Mismeasure of Man*, W. W. Norton & Company（＝2008，鈴木善次・森脇靖子訳『人間の測りまちがい—差別の科学史』上・下，河出書房新社）．……**86**

Gouldner, A., 1970, *The Coming Crisis of Western Sociology*, Basic Books（＝1978，岡田直之ほか訳，1978『社会学の再生を求めて』新曜社）．……**62**

Gramsci, A., 1948-1951, *Quaderni del carcere*（6 vols.: Il materialismo storico e la filosofia di Benedetto Croce, 1948；Gli intellettuali e l' organizzazione della cultura, 1949；Il Risorgimento, 1949；Note sul Machiavelli, sulla politica, e sullo Stato moderno, 1949；Letteratura e vita nazionale, 1950；Passato e presente, 1951), a cura di F. Platone, Collana Opere di Antonio Gramsci, Einaudi（－1978，石堂清倫訳『獄中ノート』三一書房）．……**102**

Green, A. et al., 2015, "Are English Free Schools Socially Selective? A Quantitative Analysis," *British Educational Research Journal*, 41(6), pp. 907-924.……**142**

Greenfield, P. M., 1984, *Mind and Media: The Effects of Television, Computer and Video Games*, Harvard University（＝1986，無藤 隆・鈴木寿子訳『子どものこころを育てるテレビ・テレビゲーム・コンピュータ』サイエンス社）．……**728**

Greeno, J. G., 2006, "Learning in Activity," Sawyer, R. K. ed., *The Cambridge Handbook of the Learning Sciences*, Cambridge University Press, pp. 79-96（＝2009，森 敏昭・秋田喜代美監訳「活動の中での学習」ソーヤー，R. K.編『学習科学ハンドブック』培風館，pp. 66-79）．……**214**

Gregory, A. and Huang, F., 2013, "It Takes a Village: The Effects of 10th Grade College-Going Expectations of Students, Parents, and Teachers Four Years Later," *American Journal of Community Psychology*, 52(1), pp. 41-55.……**448**

Griffin, C., 1985, *Typical Girls?: Young Women from School to the Job Market*, Routledge & Kegan Paul.······ **362**

Gumport, P. J. ed., 2007, *Sociology of Higher Education: Contributions and Their Contexts*, Johns Hopkins University Press（＝2015, 伊藤彰浩ほか監訳『高等教育の社会学』玉川大学出版部). ······**460**

Gürüz, K., 2011, *Higher Education and Internationalization Student Mobility in the Global Knowledge Economy*, State University of New York Press.······**496**

Guyatt, G. H., 1991, "Evidence-Based Medicine," *ACP Journal Club*, 114, Mar-April, p. A-16.······**582**

■ H

Habermas, J. et al., 1961, *Student und Politik*, Luchterhand.······**150**

Hacking, I., 1995, "The Looping Effects of Human Kinds," Sperber, D. et al. eds., *Causal Cognition: A multidisciplinary Debate*, Oxford University Press, pp. 351-394.······**538**

Hacking, I., 1999, *The Social Construction of What?*, Harvard University Press（＝2006, 出口康夫・久米暁訳『何が社会的に構成されるのか』岩波書店). ······**538**

Hall, M. A., 1996, *Feminism and Sporting Bodies: Essays on Theory and Practice*, Human Kinetics Pub.······ **346**

Hall, S., 1980, "Encoding/decoding," Hall, S. et al. eds., *Culture, Media, Language*, Hutchinson.······**226**

Halsey, A. H., 1979, "Sociology of Education," Mitchell, G. D. ed., *New Dictionary of Sociology*, Routledge & Kegan Paul PLC（＝1987, 下田直春監訳『新社会学辞典』新泉社). ······**652**

Halsey, A. H. et al. eds., 1961, *Education, Economy, and Society: A Reader in the Sociology of Education*, The Free Press of Glencoe（＝1963, 清水義弘監訳『経済発展と教育―現代教育改革の方向』東京大学出版会). ······**4**

Halsey, A. H. et al. eds., 1997, *Education: Culture, Economy, and Society*, Oxford University Press（＝2005, 住田正樹ほか編訳『教育社会学―第三のソリューション』九州大学出版会). ······**4,138**

Hamilton, E., 1992, *Adult Education for Community Development*, Greenwood Press（＝2003, 田中雅文ほか訳『成人教育は社会を変える』玉川大学出版部). ······**512,534**

Hanushek, E., 1989, "The Impact of Differential Expenditures on School Performance," *Educational Researcher*, 18(4), pp. 45-65.······**646**

Hanushek, E., 1997, "Assessing the Effects of School Resources on Student Performance: An Update," *Educational Evaluation and Policy Analysis*, 19(2), pp. 141-164.······**646**

Hanushek, E., 2003, "The Failure of Input-based Schooling Policies," *Economic Journal*, 113, F64-F98.······ **646**

Hanushek, E. A., 1971, "Teacher Characteristics and Gains in Student Achievement: Estimation Using Micro Data," *American Economic Review*, 61(2), pp. 280-288.······**182**

Hanushek, E. A. and Wößmann, L., 2008, "The Role of Cognitive Skills in Economic Development," *Journal of Economic Literature*, 46, pp. 607-668.······**648**

Hanushek, E. A. and Wößmann, L., 2010, "Education and Economic Growth," *International Encyclopedia of Education*, 2, pp. 245-252.······**648**

Hargreaves, D. H., 1982, "The Culture of Teaching," *The Challenge for the Comprehensive School*, Routledge & Kegan Paul.······**446**

Harmon, C. and Walker, I., 1995, "Estimates of the Economic Return to Schooling for the United Kingdom," *American Economic Review*, 85(5), pp. 1278-1286.······**644**

Hauser, R. M., 1976, "Review: On Boudon's Model of Social Mobility," *American Journal of Sociology*, 81, pp. 911-928.······**166**

Haveman, R. T. and Wolfe, B. L., 1995, "The Determinants of Children's Attainments: A Review of Methods and Findings," *Journal of Economic Literature*, 33, pp. 1829-1878.······**308**

Hayek, F. A., 1944, *The Road to Serfdom*, Routledge & Kegan Paul.······**680**

Hayek, F. A., 1960, *The Constitution of Liberty*, Routledge & Kegan Paul.······**680**

Heath, C. and Luff, P., 2000, *Technology in Action*, Cambridge University Press.······**214**

Hebdige, D., 1979, *Subculture: The Meaning of Style*, Methuen（＝1986, 山口淑子『サブカルチャー』未來社). ······**348**

Heckman, J. J., 1979, "Sample Selection Bias as a Specification Error," *Econometrica*, 47(1), pp. 153-161.······ **184**

Heckman, J. J., 2013, *Giving Kids a Fair Chance*, MIT Press（＝2015，古草秀子訳『幼児教育の経済学』東洋経済新報社）．……**394,526,556**

Heckman, J. J. and Krueger, A. B., 2003, *Inequality in America: What Role for Human Capital Policies?*, The MIT Press.……**526**

Heckman, J. J. et al., 2010, "The Rate of Return to the HighScope Perry Preschool Program," *Journal of Public Economics*, 94(1), pp. 114-128.……**644**

Hedges, L. et al., 1994, "Does Money Matter? A Meta-analysis of Studies of the Effects of Differential School Inputs on Student Outcomes," *Educational Researcher*, 23(3), pp. 5-14.……**646**

Heidegger, M., 1947, *Über den《Humanismus》*, Brief an Jean Beaufret, Paris, Verlag A. Francke Verlag AG.（＝1997，渡邊二郎訳『「ヒューマニズム」について』筑摩書房）．……**250**

Held, D. ed., 2000, *A Globalizing World?: Culture, Economics, Politics*, the Open University（＝2002，中谷義和監訳『グローバル化とは何か』法律文化社）．……**120**

Held, D. et al., 1999, *Global Transformations: Politics, Economics and Culture*, Polity Press（＝2006，古城利明ほか訳『グローバル・トランスフォーメーションズ──政治・経済・文化』中央大学出版部）．……**120**

Herrnstein, R. J., 1973, *IQ in the Meritocracy*, Atlantic Monthly Press（＝1975，岩井勇児訳『IQ と競争社会』黎明書房）．……**616**

Herrnstein, R. J. and Murray, C., 1994, *The Bell Curve: Intelligence and Class Structure in American Life*, Free Press.……**600**

Hester, S. and Francis, D., 1995, "Words and Pictures: Collaborative Storytelling in a Primary Classroom," *Research in Education*, 53, pp. 65-88.……**214**

Hey, V., 1997, *The Company She Keeps: An Ethnography of Girls' Friendships*, Open University Press.……**142**

Hirschi, T., 1969, *Causes of Delinquency*, University of California Press（＝1995，森田洋司・清水新二監訳『非行の原因──家庭・学校・社会へのつながりを求めて』文化書房博文社）．……**544,548**

Hirschi, T., 2004, "Self-Control and Crime," Baumeister, R. F. and Vohs, K. D. eds., *Handbook of Self-regulation: Research, Theory, and Applications*, Guilford Press, pp. 537-552.……**548**

Hobson, B. ed., 2002, *Making Men into Fathers: Men, Masculinities and the Social Politics of Fatherhood*, Cambridge University Press.……**316**

Hochschild, A. R., 1983, *The Managed Heart: Commercialization of Human Feelimg*, University of California Press（＝2000，石川 准・室伏亜希訳『管理される心──感情が商品になるとき』世界思想社）．……**82,244,256**

Hoesterey, I. ed., 1991, *Zeitgeist in Babel: The Post-modernist Controversy*, Indiana University Press.……**108**

Holland, P. W., 1986, "Statistics and Causal Inference," *Journal of the American Statistical Association*, 81(396), pp. 945-960.……**184**

Holstein, J. and Gubrium, J., 1995, *The Active Interview*, Sage（＝2004，山田富秋ほか訳『アクティヴ・インタビュー──相互行為としての社会調査』せりか書房）．……**212**

Hopper, E. I., 1968, "A Typology for the Classification of Educational Systems," *Sociology*, 2(1), pp. 29-46.……**94,614**

Horkheimer, M. and Adorno, T. W., 1947, *Dialektik der Aufklärung*, Querido, Verlag（＝1990，徳永 洵訳『啓蒙の弁証法』岩波書店）．……**102**

Houston, B., 1994, "Should Public Education be Gender Free?," Stone, L. ed., *The Education Feminism Reader*, Routledge, pp. 122-134.……**354**

Hout, M., 1983, *Mobility Tables*, Sage.……**166,188**

Hox, J. J. and Roberts, J. K., 2011, *Handbook of Advanced Multilevel Analysis*, Routledge.……**192**

Huizinga, J., 1938, *Homo Ludens: proeve eener bepaling van het spel-element der cultuur*, H. D. Tjeenk Willink & Zoom（＝1973，高橋英夫訳『ホモ・ルーデンス』中央公論社）．……**244,248**

Husén, T., ed., 1967, *International Study of Achievement in Mathematics: A Comparison of Twelve Countries*, Vols. 1-2, Almqvist & Wiksell.……**178**

Hutchis, R. M., 1968, *The Learning Society*, Encyclopedia Britannica（＝1979，新井郁男訳『ラーニング・ソサエティ』現代のエスプリ 146，pp. 31-32）．……**504**

I

Illich, I., 1971, *Deschooling Society*, Harper & Row（＝1977，東 洋・小澤周三訳『脱学校の社会』東京創元社）．……**74,108,612**

Iser, W., 1976, *Der Akt des Lesens: Theorie ästhetischer Wirkung*, W. Fink（＝1982，轡田 収訳『行為としての読書』岩波書店）．……**744**

Ivankova, N. and Kawamura, Y., 2010, "Emerging Trends in the Utilization of Integrated Designs in the Social, Behavioral, and Health Sciences," Tashakkori, A. and Teddlie, C. eds., *Mixed Methods in Social & Behavioral Research*, Sage, pp. 581-612.……**236**

J

Jackson, C., 2006, "'Wild' Girls? An Exploration of 'Ladett' Cultures in Secondary Schools", *Gender & Education*, 18(4), pp. 339-360.……**348**

Jackson, M. ed., 2013, *Determined to Succeed?: Performance versus Choice in Educational Attainment*, Stanford University Press.……**166,622**

Jacobs, J., 1984, *Cities and the Wealth of Nations: Principles of Economic life*, Penguin Books（＝2012，中村達也訳『発展する地域 衰退する地域—地域が自立するための経済学』筑摩書房）．……**402**

Jarvis, P., 2002, *International Dictionary of Adult and Continuing Education*, Kogan Page.……**500**

Jellab, A., 2008, *Sociologie du lycée professionnel*, PUM.……**146**

Jellab, A., 2014, *L'émancipation scolaire*, PUM.……**146**

Jencks, C. et al., 1972, *Inequality: A Reassessment of the Effect of Family and Schooling in America*, Basic Books（＝1978，橋爪貞雄・高木正太郎訳『不平等—学業成績を左右するものは何か』黎明書房）．……**56,182**

Jesson, J. and Newman, M., 2004, "Radical Adult Education and Learning," Foley, G. ed., *Dimensions of Adult Learning: Adult Education and Training in a Global Era*, Open University Press, pp. 251-264.……**534**

Johnstone, D. B., 2006, *Financing Higher Education: Cost-sharing in International Perspective*, Sense Publishers.……**490**

Jones, G. and Wallace, C., 1992, *Youth, Family and Citizenship*, Open University Press（＝1996，宮本みち子監訳・徳本 登訳『若者はなぜ大人になれないのか—家族・国家・シティズンシップ』新評論）．……**404**

Jussim, L. and Harber, K. D., 2005, "Teacher Expectations and Self-Fulfilling Prophecies: Knowns and Unknowns, Resolved and Unresolved Controversies," *Personality and Social Psychology Review*, 9(2), pp. 131-155.……**448**

K

Kalmijn, M., 1998, "Intermarriage and Homogamy: Cause, Patterns, Trends," *Annual Review of Sociology*, 24, pp. 395-421.……**302**

Karabel, J. and Halsey, A. H. eds., 1977, *Power and Ideology in Education*, Oxford University Press（＝1980，潮木守一ほか編訳『教育と社会変動—教育社会学のパラダイム展開』上・下，東京大学出版会）．……**4,40,58,62,166,450**

Keddie, N., 1971, "Classroom Knowledge," Young, M. ed., *Knowledge and Control: New Directions for the Sociology of Education*, Collier Macmillan, pp. 133-160.……**440**

Kelly, S. and Carbonaro, W., 2012, "Curriculum Tracking and Teacher Expectations: Evidence from Discrepant Course Taking Models," *Social Psychology of Education*, 15(3), pp. 271-294.……**448**

Kemmis, S. and McTaggart, R., 2000, "Participatory Action Research," Denzin, N. ed., *The Handbook of Qualitative Research*, Sage, pp. 567-605（＝2006，藤原 顕編訳『質的研究ハンドブック 2 質的研究の設計と戦略』北大路書房）．……**234**

Kerckhoff, A. C., 2001, "Education and Social Stratification Processes in Comparative Perspective," *Sociology of Education*, 74, pp. 3-18.……**604**

Kertzer, D., 1988, *Ritual, Politics, and Power*, Yale University Press（＝1989，小池和子訳『儀式・政治・権力』勁草書房）．……**390**

Kidwell, M., 2012, "Interaction Among Children," Sidnell, J. and Stivers, T. eds., *The Handbook of Conversation Analysis*, Wiley-Blackwell, pp. 511-532.……**214**

Kim, H. S., 2015, "Foregone Opportunities: Unveiling Teacher Expectancy Effects in Kindergarten Using Counterfactual Predictions," *Social Psychology of Education*, 18(2), pp. 273-296.……**448**

King, R., 1978, *All Things Bright and Beautiful?: A Sociological Study of Infants' Classrooms*, John Wiley & Sons (=1984, 森 楙・大塚忠剛監訳『幼児教育の理想と現実―学級社会の「新」教育社会学』北大路書房).……**340**

King, R., 1983, *The Sociology of School Organization*, Methuen.……**440**

Knight, J., 2008, *Higher Education in Turmoil: The Changing World of Internationalization*, Sense Publishers.……**748**

Knoke, D. et al., 2002, *Statistics for Social Data Analysis*, Thomson.……**188**

Knowles, M. S., 1980, *The Modern Practice of Adult Education: From Pedagogy to Andragogy*, Academic Press (=2002, 堀 薫夫・三輪建二監訳『成人教育の現代的実践』鳳書房).……**506**

Kolb, D. A., 1984, *Experiential Learning: Experience as the Source of Learning and Development*, Prentice Hall.……**500, 508**

König, W., et al., 1988, "A Comparative Analysis of the Development and Structure of Educational Systems," *CASMIN Working Paper*, 12.……**178**

Koschmann, T., 2013, "Conversation Analysis and Collaborative Learning," Hmelo-Silver, C. et al. eds., *The International Handbook of Collaborative Learning*, Routledge, pp. 149-167.……**214**

Kovach, B. and Rosenstiel, T. 2001, *The Elements of Journalism: What Newspeople Should Know and the Public Should Expect*, Three Rivers Press (=2002, 加藤岳文・斎藤邦泰訳『ジャーナリズムの原則』日本経済評論社).……**32**

Kowalski, R. M. et al., 2012, *Cyberbullying: Bullying in the Digital Age*, 2nd ed., Wiley-Blackwell.……**360**

Kraut, R. et al., 1998, "Internet paradox: A Social Technology that Reduces Social Involvement and Psychological Well-being?," *American Psychologist*, 53(9), pp. 1017-1031.……**732**

Kraut, R. et al., 2002, "Internet Paradox Revisited," *Journal of Social Issues*, 58(1), pp. 49-74.……**732**

Krücken, G. and Drori, G., 2007, *World Society*, Oxford University Press.……**90**

Krueger, A., 1999, "Experimental Estimates of Education Production Functions," *Quarterly Journal of Economics*, 114(2), pp. 497-532.……**646**

■ L

Labov, W. and Waletzky, J., 1967, "Narrative Analysis: Oral Version of Personal Experience," Helm, J., ed., *Essays on the Verbal and Visual Arts*, University of Washington Press, pp. 12-44.……**224**

Lahire, B., 1993, *La raison des plus faibles*, Septentrion.……**146**

Lahire, B., 2000, *Culture écrite et inégalités scolaires*, PUL.……**146**

Lantheaume, F. et Hélou, C., 2008, *La souffrance des enseignants*, Puf.……**146**

Lareau, A., 2000, *Home Advantage: Social Class and Parental Intervention in Elementary Education*, Rowman & Littlefield.……**308**

Larsson, H. et al., 2014, "Heterotopias in Physical Education: Towards a Queer Pedagogy?", *Gender and Education*, 26(2), pp. 135-150.……**346**

Lauder, H. et al., 2009, "Sociology of Education: A Critical History and Prospects for the Future," *Oxford Review of Education*, 35(5), pp. 569-585.……**40, 74, 142**

Lauder, H. et al., 2011, "The Sociology of Education as 'Redemption': A Critical History," *Discipline of Education: Their Role of in the Future of Education Research*, Routledge, pp. 13-30.……**56, 62**

Lauder, H. et al. eds., 2006, *Education, Globalization and Social Change*, Oxford University Press (=2012, 広田照幸ほか編訳『グローバル化・社会変動と教育』1・2, 東京大学出版会).……**4, 18, 74**

Lave, J. and Wenger, E., 1991, *Situated Learning: Legitimate Peripheral Participation*, Cambridge University Press (=1993, 佐伯 胖訳『状況に埋め込まれた学習―正統的周辺参加』産業図書).……**214, 500, 506, 508, 726**

Le Grand, J., 2003, *Motivation, Agency, and Public Policy: Of Knights and Knaves, Pawns and Queens*, Oxford University Press.……**680**

Le Grand, J., 2007, *The Other Invisible Hand: Delivering Public Services through Choice and Competition*, Princeton University Press.……**680**

Lefranc, A. et al., 2014, "Intergenerational earnings mobility in Japan among sons and daughters: levels and trends," *Journal of Population Economics*, 27, pp. 91-134.……**610**

Leibowitz, A., 1974, "Home Investments in Children," *Journal of Political Economy*, 82(2), pp. 111-131.……**308**

Lemann, N., 1999, *The Big Test: The Secret History of the American Meritocracy*, Farrar Straus & Giroux (=2001, 久野温穏訳『ビッグ・テスト―アメリカの大学入試制度 知的エリート階級はいかにつくられたか』早川書房). ……**86**

Lessig, L., 2000, *CODE and Other Laws of Cyberspace*, Basic Books (=2001, 山形浩生・柏木亮二訳『CODE ―インターネットの合法・違法・プライバシー』翔泳社). ……**108**

Levacic, R. and Vignoles, A., 2002, Researching the Links Between School Resources and Student Outcomes in the UK: A Review of Issues and Evidence," *Education Economics*, 10(3), pp. 313-331. ……**646**

Levin, H., 1998, "Educational vouchers: Effectiveness, choice, and costs" *Journal of Policy Analysis and Management*, 17(3), pp. 373-392.……**698**

Lewis, C., 1995, *Educating Hearts and Minds*, Cambridge University Press.……**380**

Lieberson, S., 1985, *Making It Count: The Improvement of Social Research and Theory*, University of California Press.……**166,182,184**

Light, D. Jr., 1974, "Introduction: The Structure of the Academic Professions," *Sociology of Education*, 47, pp. 2-28.……**476**

Lindeman, E. C., 1926, *The Meaning of Adult Education*, New Republic (=1996, 堀 薫夫訳『成人教育の意味』学文社). ……**506**

Lindsay, M. W., 2015, *Teachers' Unions and Education Reform in Comparative Contexts*, Routledge.……**422**

Lipman, P., 2011, *The New Political Economy of Urban Education: Neoliberalism, Race, and the Right to the City*, Routledge.……**74**

Lissitz, R. W. and Jiao, H. eds., 2015, *Value Added Modeling and Growth Modeling with Particular Application to Teacher and School Effectiveness*, Information Age Publishing.……**182**

Lister, R., 2004, *Poverty*, Polity Press (=2011, 松本伊智朗監訳『貧困とはなにか』明石書店). ……**590**

Lortie, D. C., 1975, *Schoolteacher: A Sociological Study*, The University of Chicago Press.……**12,446**

Lovett, T. et al., 1983, *Adult Education and Community Action: Adult Education and Popular Social Movement*, Croom Helm.……**534**

Lucas, R. E., 1988, "On the Mechanics of Economic Development," *Journal of Monetary Economics*, 22, pp. 3-42.……**648**

Lucas, S. R., 2001, "Effectively Maintained Inequality: Education Transitions, Track Mobility, and Social Background Effects," *The American Journal of Sociology*, 106(6), pp. 1642-1690.……**198**

Luhmann, N., 1962, "Funktion und Kausalität," *Kölner Zeitschrift für Soziologie und Sozialpsychologie*, 14, pp. 617-644.……**78**

Luhmann, N., 1984, *Soziale Systeme. Grundriß einer allgemeinen Theorie*, Suhrkamp (=1993, 1995, 佐藤 勉監訳『社会システム理論』上・下, 恒星社厚生閣). ……**122**

Luhmann, N., 1991, *Soziologie des Risikos*, Walter de Gruyter (=2014, 小松丈晃訳『リスクの社会学』新泉社). ……**22**

Luhmann, N., 1995, "Inklusion und Exklusion," *Soziologische Aufklärung*, Bd. Ⅵ, Westdeutscher (=2007, 村上淳一訳『ポストヒューマンの人間論―後期ルーマン論集』東京大学出版会). ……**94**

Luhmann, N., 1997, *Die Gesellschaft der Gesellschaft*, Suhrkamp (=2009, 馬場康雄ほか訳『社会の社会』1・2, 法政大学出版局). ……**74,538**

Luhmann, N., 2002, *Das Erziehungssystem der Gesellschaft*, Suhrkamp (=2004, 村上淳一訳『社会の教育システム』東京大学出版会). ……**446,538**

Luhmann, N. and Schorr, K. E., 1982, "Das Technologiedefizit der Erziehung und die Padagogik," *Zwischen Technologie und Selbstreferenz*, Suhrkamp, S. 11-40.……**446**

Lukács, G., 1923, *Geschichte und Klassenbewusstsein: Studien über marxistische Dialektik*, Kleine revolutionäre BibliothekBand 9, Malik-Verlag (=1962, 平井俊彦訳『歴史と階級意識』未來社). ……**102**

Lupton, D. and Barclay, L., 1997, *Constructing Fatherhood: Discourse and Experiences*, Sage.……**316**

Lutz, H. et al., 2011, *Framing Intersectionality: Debates on a Multi-Faceted Concept in Gender Studies*, Ashgate Publishing.……**334**

Lynch, M., 1993, *Scientific Practice and Ordinary Action: Ethnomethodology and Social Studies of Science*, Cambridge University Press（＝2012，水川喜文・中村和生監訳『エスノメソドロジーと科学実践の社会学』勁草書房）. ……**214**

Lynch, M. and Machbeth, D., 1998, "Demonstrating Physics Lesson," Greeno, J. and Goldman, S. eds., *Thinking Practices in Mathematics and Science Learning*, Lawrence Erlbaum Associates, pp. 269-297. ……**214**

Lyotard, J.-F., 1979, *La Condition postmoderne: Rapport sur le savoir*, Minuit（＝1986→1994, 小林康夫訳『ポスト・モダンの条件——知・社会・言語ゲーム』書肆風の薔薇→水声社）. ……**108**

■ M

Mac an Ghaill, M., 1994, *The Making of Men: Masculinities, Sexualities and Schooling*, Open University Press.……**330,348**

MacIver, R. M., 1971, *Community: A Sociological Study*, Macmillan（＝1975, 中 久郎・松本通晴監訳『コミュニティ』ミネルヴァ書房）. ……**500**

Maine, H., 1861, *Ancient Law: Its Connection with the Early History of Society and its Relation to Modern Ideas*, John Murray（＝1995, 安西文夫訳, 復刻版『古代法』信山社出版）. ……**290**

Mankiw, G., 2012, *Principles of Economics*, 6th ed., South-Western Cengage Learning（＝2013, 足立英之ほか訳『マンキュー経済学Ⅰミクロ編』第3版, 東洋経済新報社）. ……**650**

Mankiw, G. N. et al., 1992, "A Contribution to the Empirics of Economic Growth," *Quarterly Journal of Economics*, 107, pp. 407-437.……**648**

Mare, R. D., 1981, "Change and Stability in Educational Stratification," *American Sociological Review*, 46 (1), pp. 72-87.……**186**

Maringe, F. and Foskett, N., 2010, *Globalization and Internationalization in Higher Education*, Continuum. ……**496**

Marsh, D. and Rhodes, R. A. W. eds., 1992, *Policy Networks in British Government*, Clarendon Press.…… **468**

Martin, J. R., 1995, *The School Home: Rethinking Schools for Changing Families*, Harvard University Press（＝2007, 生田久美子監訳『スクールホーム——"ケア"する学校』東京大学出版会. ……**706**

Martino, W. et al. eds., 2009, *The Problem with Boys' Education: Beyond the Backlash*, Routledge.……**330**

Maslach, C. and Jackson, S. E., 1981, "The Measurement of Experienced Burnout," *Journal of Occupational Behavior*, 2, pp. 99-113.……**584**

Matsuoka, R., 2014, "Disparities between Schools in Japanese Compulsory Education: Analyses of a Cohort Using TIMSS 2007 and 2011," *Educational Studies in Japan: International Yearbook*, 8, pp. 77-92.…… **448**

Matsuoka, R., 2015, "School Socioeconomic Context and Teacher Job Satisfaction in Japanese Compulsory Education," *Educational Studies in Japan: International Yearbook*, 9, pp. 41-54.……**448**

Mauss, M., 1968, *Sociologie et anthropologie*, 4th ed., Presses universitaires de France（＝1976, 有地 亨・山口俊夫訳『社会学と人類学』Ⅱ, 弘文堂）. ……**392**

Maynard, D. W. and Marlaire, C. L., 1992, "Good Reasons for Bad Testing Performance: the Interactional Substrate of Educational Exams," *Qualitative Sociology*, 15, pp. 177-202.……**214**

McCall, L., 2005, "The Complexity of Intersectionality," *Signs*, 30(3), pp. 1771-1800.……**334**

McCutcheon, A. L., 1987, *Latent Class Analysis*, Sage.……**166**

McDowell, L., 2000, "Learning to Serve? Employment Aspirations and Attitudes of Young Working-class in an Era of labour Market Restructuring", *Gender, Place & Culture*, 7(4), pp. 389-416.……**348**

McHoul, A. W., 1978, "The Organization of Turns at Formal Talk in the Classroom," *Language in Society*, 7, pp. 183-213.……**214,216**

McHoul, A. W., 1990, "The Organization of Repair in Classroom Talk," *Language in Society*, 19, pp. 349-377. ……**216**

McHoul, A. W. and Watson, D. R., 1984, "Two Axes for the Analysis of 'Commonsense' and 'Formal' Geographical Knowledge in Classroom Talk," *British Journal of Sociology of Education*, 5, pp. 281-302. ……**214**

McMahon, W., 1998, "Conceptual Framework for the Analysis of the Social Benefits of Lifelong Learning," *Education Economics*, 6(3), pp. 309-346.……**644**

McNair, B., 1998, *The Sociology of Journalism*, Bloomsbury Academic（＝2006，小川浩一・赤尾光史監訳『ジャーナリズムの社会学』リベルタ出版）．……32

McNiff, S., 1981, *The Arts and Psychotherapy*, Charles C. Thomas Publisher（＝2010，小野京子訳『芸術と心理療法─創造と実演から表現アートセラピーへ』誠信書房）．……266

McRobbie, A., ［1991］2000, *Feminism and Youth Culture: From 'Jackie' to 'Just Seventeen'*, 2nd ed., Macmillan.……362

McRobbie, A., 2000, *Feminism and Youth Culture*, 2nd ed., Routledge.……348

McRobbie, A., 2009, *The Aftermath of Feminism: Gender, Culture and Social Change*, Sage.……334

Mead, G. H., 1934, *Mind, Self, and Society*, University of Chicago Press（＝1973，稲葉道夫ほか訳『精神・自我・社会』青木書店）．……82,128,266

Mehan, H., 1976, "Assessing Children's School Performance," Hammersley, M. and Woods, P. eds., *Process of Schooling: Sociological Reader*, Law Book Co. of Australasia, pp. 126-132.……214

Mehan, H., 1979, *Learning Lessons: Social Organization in the Classroom*, Harvard University Press.……214,216,244,388

Mehan, H., 1991, "The School's Work of Sorting Students," Deirdre, B. and Zimmerman, D. H. eds., *Talk and Social Structure: Studies in Ethnomethodology and Conversation Analysis*, University of California Press, pp. 71-90.……214

Merriam, S. B. ed., 2008, *Third Update on Adult Learning Theory*, Jossey-Bass（＝2010，立田慶裕ほか訳『成人学習理論の新しい動向─脳や身体による学習からグローバリゼーションまで』福村出版）．……508

Merriam, S. B. et al., 2006, *Learning in Adulthood: A Comprehensive Guide*, 3rd ed., Jossey-Bass.……508

Merton, R. K., 1941, "Intermarriage and the social structure: Fact and theory," *Psychiatry: Journal of the Biology and the Pathology of Interpersonal Relations*, 4, pp. 361-374.……322

Merton, R. K., 1949, *Social Theory and Social Structure*, Free Press of Glencoe（＝1961，森 東吾ほか訳『社会理論と社会構造』みすず書房）．……74,138

Merton, R. K., 1957, "Manifest and Latent Function," *Social Theory and Social Structure*, Free Press（＝1961，森 東吾ほか訳「顕在的機能と潜在的機能」『社会理論と社会構造』みすず書房）．……78,88,544,548

Messner, M. A., 1997, *Politics of Masculinities: Men in Movements*, Sage.……330

Meyer, J., 1970, "The Charter: Conditions of Diffuse Socialization in Schools," Scott, W. ed., *Social Processes and Social Structure*, Holt, Rinehart and Winston, pp. 564-578.……90

Meyer, J., 1977, "The Effects of Education as an Institution," *American Journal of Sociology*, 83(1), pp. 55-77.……90

Meyer, J. and Rowan, B., 1977, "Institutionnalized Organizations: Formal Structure as Myth and Ceremony," *American Journal of Sociology*, 83(2), pp. 340-363.……90

Meyer, J. et al., 1981, "Institutional and Technical Sources of Organizational Structure: Explaining the Structure of Educational Organizations," Stein, H. ed., *Organization and the Human Services*, Temple University Press, pp. 151-179.……90

Meyer, J. W. and Rowan, B., 1977, "Institutionalized Organizations: Formal Structure as Myth and Ceremony," *American Journal of Sociology*, 83(2), pp. 340-363.……138

Mezirow, J., 1991, *Transformative Dimensions of Adult Learning*, Jossey-Bass（＝2012，金澤 睦・三輪建二監訳『おとなの学びと変容─変容的学習とは何か』鳳書房）．……508

Mill, J. S., 1873a, *Autobiography*, Longmans, Green, Reader, and Dyer（＝1960，朱牟田夏雄訳『ミル自伝』岩波書店）．……586

Mill, J. S., 1873,b *Autobiography*, Oxford University Prees（＝2008，村井章子訳『ミル自伝』みすず書房）．……276

Miller, A., 1985, *Bilder einer Kirdheit*, Suhrkamp（＝1992，中川吉晴訳『［子ども］の絵─成人女性の絵画が語るある子ども時代』現代企画室）．……266

Miller, R., 2002, *Free Schools, Free People-Education and Democracy after the 1960s*, Suny Press.……522

Miller, W. and Crabtree, B., 2000, "Clinical Research," Denzin, N. ed., *The Handbook of Qualitative Research*, Sage Publications, pp. 607-631（＝2006，藤原 顕編訳『質的研究ハンドブック2巻　質的研究の設計と戦略』北大路書房）．……34

Millet, M. et Thin, D., 2005, *Rupture scolaire*, PUF（＝2016，小林純子訳『教育の大衆化は何をもたらしたか』勁草書房に一部所収）．……146

Millett, K., 1970, *Sexual Politics*, Doubleday（＝1985，藤枝澪子ほか訳『性の政治学』ドメス出版）.……**286,290**

Mills, C. W., 1943, "The Professional Ideology of Social Pathologists," *American Journal of Sociology*, 49(2), pp. 165-180.（＝1971，ホロビッツ，I. L. 編，青井和夫ほか監訳「社会病理学者の職業的イデオロギー」『権力・政治・民衆』みすず書房，pp. 407-425）.……**14**

Miwa, S., 2007, "Long-term Trends in Status Homogamy," Sato, Y. ed., *Deciphering Stratification and Inequality*, Trans Pacific Press, pp. 140-160.……**302**

Mok, K. H., 2003, "Similar Trends, Diverse Agendas: Higher Education Reforms in East Asia," *Globalisation, Societies, and Education*, 1(2), pp. 201-221.……**748**

Moreau, G., 2003, *Le monde apprenti*, La dispute.……**146**

Moretti, E., 2004, "Estimating the Social Return to Higher Education: Evidence from Longitudinal and Repeated Cross-sectional Data," *Journal of Econometrics*, 121, pp. 175-212.……**650**

Morgan, S. L., 2001, "Counterfactuals, Causal Effect Heterogeneity, and the Catholic School Effect on Learning," *Sociology of Education*, 74(4), pp. 341-374.……**184**

Morgan, S. L., 2005, *On the Edge of Commitment: Educational Attainment and Race in the United States*, Stanford University Press.……**622**

Morgan, S. L. and Winship, C., 2015, *Counterfactuals and Causal Inference: Methods and Principles for Social Research*, 2nd ed., Cambridge University Press.……**166,184**

Mosconi, N., 1989, *La mixité dans l'enseignement secondaire*, PUF.……**146**

Mosconi, N., 1998, *Egalités des sexes en éducation et formation*, PUF.……**146**

Musgrave, R. A., 1959, *The Theory of Public Finance*, McGraw-Hill（＝1961，大阪大学財政研究会訳『財政理論』有斐閣）.……**664**

Muthén, L. K. and Muthén, B. O., 2015, *Mplus User's Guide*, 7th ed., Muthén & Muthén, https://www.statmodel.com/download/usersguide/MplusUserGuideVer_7.pdf（2016/02/29 最終閲覧）……**192**

■ N

NAFSA, 2014, The Economic Benefit of International Students, http://www.nafsa.org/_/File/_/eis2014/USA.pdf（2016/03/02 最終閲覧）……**750**

Nakamuro, M. and Inui, T., 2012, "Estimating the Returns to Education Using a Sample of Twins: The case of Japan," *RIETI Discussion Paper Series*, 12-E-076.……**644**

National Center for Education Statistics, 2016, *Digest of Education Statistics 2014*, U. S. Department of Education, Institute of Education Sciences, National Center for Education Statistics.……**652**

National Guidelines Task Force, 2004, *Guidelines for Comprehensive Sexuality Education*, 3rd ed., Sexuality Information and Education Council of the United States（SIECUS）.……**358**

National Research Council ed., 2002, *Methodological Advances in Cross-National Surveys of Education Achievement*, National Academy Press.……**178**

Naumburg, M., 1973, *Dynamically Oriented Art Therapy*, Grune & Straton（＝1995，内藤あかね訳，中井久夫監訳『力動指向的芸術療法』金剛出版）.……**266**

Nicolson, H., 2005, *Applied Drama: The Gift of Theatre*, Palgrave Macmillan（＝2015，中山夏織訳『応用ドラマ―演劇の贈りもの』而立書房）.……**264**

Nukaga, M. and Tsuneyoshi, R., 2011, "The Kikokushijo: Negotiating Boundaries within and without," Ryoko, T. et al. eds., *Minorities and Education in Multicultural Japan: An Interactive Perspective*, Routledge, pp. 213-241.……**376**

■ O

Oakely, A., 1974, *Housewife*, Allen Lane（＝1986，岡島茅花訳『主婦の誕生』三省堂）.……**296**

Oakley, A., 1972, *Sex, Gender, and Society*, Temple Smith.……**326**

Oberti, M., 2007, *L'école dans la ville*, Presses Sciences Po（＝2012，荒井文雄訳『学校選択のパラドックス』勁草書房に一部所収）.……**146**

Oberti, M. et Pretceille, E., 2016, *La ségrégation urbaine*, La découverte.……**146**

O'Connel, A. A. and McCoach, D. B., 2008, *Multilevel Modeling of Educational Data*, Information Age Publishing.……**192**

OECD, 2000, *From Initial Education to Working Life: Making Transitions Work*, Organization for Economic Co-operation and Development.⋯⋯**658**

OECD, 2003, *Where Immigrant Students Succeed: A Comparative Review of Performance and Engagement in PISA*（＝2007，斎藤里美監訳，木下江美・布川あゆみ訳『移民の子どもと学力―社会的背景が学習にどんな影響を与えるか』OECD-PISA2003年調査 移民生徒の国際比較報告書，明石書店）．⋯⋯**756**

OECD, 2005, *Lessons in Danger: School Safety and Security*, OECD（＝2005，立田慶裕監訳『学校の安全と危機管理―世界の事例と教訓に学ぶ』明石書店）．⋯⋯**582**

OECD, 2006, *Starting Strong II: Early Childhood Education and Care*, OECD（＝2011，星 三和子ほか訳『OECD保育白書―人生の始まりこそ力強く：乳幼児期の教育とケア（ECEC）の国際比較』明石書店）．⋯⋯**394**

OECD, 2007a, *Babies and Bosses: Reconciling Work and Family Life*, OECD.⋯⋯**304**

OECD, 2007b, *Understanding the Social Outcomes of Learning*, OECD（＝2008，NPO法人教育テスト研究センター監訳，坂巻弘之ほか訳『学習の社会的成果―健康，市民・社会的関与と社会関係資本』明石書店）．⋯⋯**644**

OECD, 2010a, *Learning for Jobs: Synthesis Report of the OECD Reviews of Vocational Education and Training*, OECD（＝2012，岩田克彦・上西充子訳『若者の能力開発―働くために学ぶ』明石書店）．⋯⋯**530**

OECD, 2010b, *Recognising Non-Formal and Informal Learning: Outcomes, Policies and Practices*（＝2011，松田岳士訳『学習成果の認証と評価―働くための知識・スキル・能力の可視化』明石書店）．⋯⋯**500**

OECD, 2011, *Family Database*, http://www.oecd.org/els/family/database.htm（2016/09/05 最終閲覧）⋯⋯**304**

OECD, 2012, 『OECD教員白書―効果的な教育実践と学習環境をつくる』明石書店．⋯⋯**174**

OECD, 2013a, *PISA 2012 Results: Excellence Through Equity: Giving Every Student the Chance to Succeed*（Volume II）, PISA, OECD Publishing.⋯⋯**678**

OECD, 2013b, *Education at a Glance 2013*, OECD.⋯⋯**748**

OECD, 2013c, TALIS 2013 Results An International Perspective on Teaching and Learning（＝2014，国立教育政策研究所編『教員環境の国際比較―OECD国際教員指導環境調査（TALIS）』2013年調査結果報告書，明石書店）．⋯⋯**420**

OECD, 2014a, Trends Shaping Education 2015 Spotlight 7: Gender Equality, http://www.oecd.org/edu/ceri/Spotlight7-GenderEquality.pdf（2017/03/08 最終閲覧）⋯⋯**352**

OECD, 2014b, *Education at a Glance: OECD Indicators*, OECD（＝2014，徳永優子ほか訳『図表でみる教育―OECDインディケータ 2014年版』明石書店）⋯⋯**174,394,644**

OECD, 2014c, *TALIS 2013 Results: An International Perspective on Teaching and Learning*, OECD.⋯⋯**446**

OECD, 2015, *Indicators of Immigrant Integration 2015*.⋯⋯**756**

OECD, 2016a, *Education at a Glance 2016*, OECD.⋯⋯**664,666**

OECD, 2016b, *PISA 2015 Results*（Volume I）*: Excellence and Equity in Education*, PISA, OECD.⋯⋯**678**

OECD Indicators, 2015, Education at a Glance 2015, OECD, http://download.ei-ie.org/Docs/WebDepot/EaG2015_EN.pdf（2017/03/08 最終閲覧）⋯⋯**352**

Ogbu, J. and Simons, H. D., 1998, "Voluntary and involuntary minorities: A cultural-ecological theory of school performance with some implications for education," *Anthropology & Education Quarterly*, 29（2）, pp. 155-188.⋯⋯**758**

Okano, K. H., 2011, "Ethnic Koreans in Japanese Schools: Shifting Boundaries and Collaboration with Other Groups," Ryoko, T. et al. eds., *Minorities and Education in Multicultural Japan: An Interactive Perspective*, Routledge, pp. 77-99.⋯⋯**376**

Olson, L., 1997, *The School-to-Work Revolution: How Employers and Educators Are Joining Forces to Prepare Tomorrow's Skilled Workforce*, Da Capo Press（＝2000，渡辺三枝子・三村隆男訳，仙﨑 武監修『インターンシップが教育を変える』雇用問題研究会）．⋯⋯**658**

Ottaway, A. K. C., 1953, *Education and Society: An Introduction to the Sociology of Education*, Routledge & Kegan Paul（＝1959，福永安祥訳『教育と社会―教育社会学入門』関書院）．⋯⋯**56**

P

Packard, S., 1980, *The History of Art Therapy*, Art Education.……**266**

Palheta, U., 2012, *La domination scolaire*, PUF.……**146**

Paradeise, C., 2009, *University Governance: Western European Comparative Perspectives*, Springer.……**492**

Park, R. E., 1936, "Human Ecology," *American Journal of Sociology*, 42(1), pp. 1-15（＝1986, 町村敬志・好井裕明編訳『実験室としての都市』御茶の水書房）.……**128**

Parsons, T., 1951, *The Social System*, Free Press（＝1974, 佐藤 勉訳『社会体系論』現代社会学体系 14, 青木書店）.……**374**

Parsons, T., 1959, "The School Class as a Social System: Some of Its Functions in American Society," *Harvard Education Review*, 29(4), pp. 298-318.……**138**

Parsons, T. and Bales, R. F., 1956, *Family Socialization and Interaction Process*, Routledge & Kegan Paul（＝1981, 新装版 2001, 橋爪貞雄ほか訳『家族―核家族と子どもの社会化』黎明書房）.……**82, 296, 330**

Parsons, T. and Shils, E. A. eds., 1951, *Toward a General Theory of Action*, Harvard University Press（＝1960, 永井道雄ほか訳『行為の総合理論をめざして』日本評論社）.……**616**

Parsons, T. and Smelser, N., 1956, *Economy and Society*, Routledge & Kegan Paul（＝1958, 富永健一訳『経済と社会』Ⅰ・Ⅱ, 岩波書店）.……**94**

Parsons, T. et al., 1955, *Family Socilization and Interaction Process*, Routledge & Kegan Paul（＝1976, 1977, 橋爪貞雄ほか訳『核家族と子どもの社会化』上・下, 黎明書房）.……**244**

Pascoe, C. J., 2005, " 'Dude, You're a Fag': Adolescent Masculinity and the Fag Discourse," *Sexualities*, 8(3), pp. 329-346.……**334**

Pasquali, P., 2014, *Passer les frontières sociales. Comment les 'filières d'élite' entrouvrent leurs portes*, Fayard.……**146**

Payet, J.-P., 1995, *Collèges de banlieue*, Méridiens Klincksieck.……**146**

Payne, E. G., 1963, "Editorial Announcement," *The Journal of Educational Sociology*, 1(1), pp. ii -iv.……**56**

Payne, G. and Hustler, D., 1980, "Teaching the Class: The Practical Management of a Cohort," *British Journal of Sociology of Education*, 1, pp. 49-66.……**214**

Périer, P., 2012, *La socialisation professionnelle des enseignants du secondaire*, PUR.……**146**

Périer, P., 2014, *Professeurs débutants*, PUF.……**146**

Peters, C. C., 1924, *Foundations of Educational Sociology*, Macmillam（＝1929, 石川 哲訳『教育的社会学の基礎』上田泰文堂）.……**48**

Peters, M. A. et al. eds., 2009, *Governmentality Studies in Education*, Sense Publishers.……**74**

Peterson, E. R. et al., 2016, "Teachers' Explicit Expectations and Implicit Prejudiced Attitudes to Educational Achievement: Relations with Student Achievement and the Ethnic Achievement Gap," *Learning and Instruction*, 42, pp. 123-140.……**448**

Peterson, M. W., 2007, "The study of Colleges and Universities as Organization," Gumport, P. J., ed., *Sociology of Higher Education: Contributions and Their Contexts*, Johns Hopkins University Press（＝2015,「大学組織」伊藤彰浩ほか監訳,『高等教育の社会学』玉川大学出版部）.……**492**

Petty, W., 1662, *A Treatise of Taxes and Contribution*（＝1952, 大内兵衛・松川七郎訳『租税貢納論他一篇』岩波書店）.……**16**

Phillipson, R., 1992, *Linguistic Imperialism*, Oxford University Press（＝2013, 平田雅博監訳『言語帝国主義―英語支配と英語教育』三元社）.……**780**

Piepmeier, A., 2009, *Girl Zines: Making Media, Doing Feminism*, New York University Press（＝2011, 野中モモ訳『ガール・ジン―「フェミニズムする」少女たちの参加型メディア』太田出版）.……**362**

Pincus, F. L., 2002, "Sociology of Education: Marxist Theories," Levinson, D. et al. eds., *Education and Sociology: An Encyclopedia*, Routledge, pp. 587-592.……**74**

Pines, A. and Aronson, E., 1989, *Career Burnout: Causes and Cures*, Free Press.……**584**

Pink, S., 2013, *Doing Visual Ethnography*, 3rd ed., Sage.……**202**

Pollock, L. A., 1983, *Forgotten Children: Parent-Child Relations from 1500 to 1900*, Cambridge University Press（＝1988, 中地克子訳『忘れられた子どもたち―1500-1900 年の親子関係』勁草書房）.……**272**

Postman, N., 1982, *The Disappearance of Childhood*, Delacorte Press（＝1985, 小柴 一訳『子どもはもういない―教育と文化への警告』新樹社）.……**272, 712, 716**

Poullaouec, T., 2010, *Le diplôme, arme des faibles*, La dispute.……**146**

Poupeau, F. et François, J.-C., 2008, *Le sens du placement*, Raison d'agir（＝2012，京免徹雄・小林純子訳『学校選択のパラドックス』勁草書房に一部所収）.……**146**

Powers, D. A. and Xie, Y., 2008, *Statistical Methods for Categorical Data Analysis*, 2nd ed., Emerald.……**188**

Prensky, M., 2006, *Don't Bother Me Mom—I'm Learning*, Paragon House（＝2007，藤本　徹訳『テレビゲーム教育論―ママ！ ジャマしないでよ 勉強してるんだから』東京電機大学出版局）.……**730**

Propp, V.（Пропп，В.）1928, *Морфология сказки*, Academia（＝1987，北岡誠司・福田美智代訳『昔話の形態学』水声社）.……**108**

Prost, A., 1997, *Education, société et politiques*, Seuil（＝2016，渡辺　一敏訳『教育の大衆化は何をもたらしたか』勁草書房に一部所収）.……**146**

Provenzo, E. F., Jr., 1991, *Video Kids: Making of Sense of Nintendo*, Harvard University.……**728**

■Q

Quesnay, F., 1758, *Tableau Économique*（＝2013，平田清明・井上泰夫訳『経済表』岩波書店）.……**16**

■R

Raftery, A. E. and Hout, M., 1993, "Maximally Maintained Inequality: Expansion, Reform, and Opportunity in Irish Education, 1921-75," *Sociology of Education*, 66(1), pp. 41-62.……**198,616**

Raudenbush, S. W. and Bryk, A. S., 2002, *Hierarchical Linear Models: Applications and Data Analysis Methods*, Sage.……**190**

Ravitch, D., 2000, *Left Back: A Century of Failed School Reforms*, Simon & Schuster（＝2008，末藤美津子ほか訳『学校改革抗争の100年―20世紀アメリカ教育史』東信堂）.……**692**

Ravitch, D., 2010, *The Death and Life of the Great American School System*, Basic Books（＝2013，本図愛実監訳『偉大なるアメリカ公立学校の死と生―テストと学校選択がいかに教育をだめにしてきたのか』協同出版）.……**138,692**

Rawls, J., 1971, *A Theory of Justice*, Oxford University Press.……**678**

Rawls, J. and Kelly, E. eds., 2001, *Justice as Fairness: A Restatement*, Belknap Press of Harvard University Press（＝2004，田中成明ほか訳『公正としての正義 再説』岩波書店）.……**74**

Raymo, J. M. et al., 2013, "Educational Differences in Divorce in Japan," *Demographic Research*, 28, pp. 177-206.……**628**

Read, B. et al. 2011, "Gender, Popularity and Notions of In/Authenticity Amongst 12-Year-Old to 13-Year-Old School Girls," *British Journal of Sociology of Education*, 32(2), pp. 169-183.……**348**

Ready, D. D., 2010, "Socioeconomic Disadvantage, School Attendance, and Early Cognitive Development: The Differential Effects of School Exposure," *Sociology of Education*, 83(4), pp. 271-286.……**448**

Ready, D. D. and Chu, E. M., 2015, "Sociodemographic Inequality in Early Literacy Development: The Role of Teacher Perceptual Accuracy," *Early Education and Development*, 26(7), pp. 970-987.……**448**

Ready, D. D. and Wright, D. L., 2011, "Accuracy and Inaccuracy in Teachers' Perceptions of Young Children's Cognitive Abilities: The Role of Child Background and Classroom Context," *American Educational Research Journal*, 48(2), pp. 335-360.……**448**

Reason, P. and Bradbury, H. eds., 2008, *The SAGE Handbook of Action Research: Participative Inquiry and Practice*, Sage.……**234**

Reay, D. et al., 2010, "'Fitting in' or 'Standing Out': Working-class Students in UK Higher Education," *British Educational Research Journal*, 32(1), pp. 1-19.……**142**

Reich, R. B., 1992, *The Work of Nations: Preparing Ourselves for 21st-Century Capitalism*, Vintage.……**138**

Reimer, E., 1971, *School is Dead*, Penguin（＝1985，松居弘道訳『学校は死んでいる』晶文社）.……**116**

Ridge, T., 2002, *Childhood Poverty and Social Exclusion: From a Child's Perspective*, Polity（＝2010，中村好孝・松田洋介訳『子どもの貧困と社会的排除』桜井書店）.……**118**

Riesman, D., 1950, *The Lonely Crowd: A Study of the Changing American Character*, Yale University Press（＝2013，加藤秀俊訳『孤独な群衆』上・下，みすず書房）.……**244**

Riesman, D., 1961, *The Lonely Crowd*, Yale University Press（＝1964，加藤秀俊訳『孤独な群衆』みすず書房）.……**274**

Riessman, C., 1993, *Narrative Analysis*, Sage.……**224**

Ringrose, J., 2013, *Postfeminist Education?: Girls and the Sexual Politics of Schooling*, Routledge.……**360**

Rist, R., 1970, "Student Social Class and Teacher Expectations: The Self-Fulfilling Prophecy in Ghetto Education," *Harvard Educational Review*, 40(3), pp. 411-451.……**448**

Rist, R., 1977, "On Understanding the Processes of Schooling: The Contributions of Labeling Theory," Karabel, J. and Halsey, A. H. eds., *Power and Ideology in Education*, Oxford University Press, pp. 292-305.……**74,448**

Rivers, I. and Duncan, N. eds., 2013, *Bullying: Experiences and Discourses of Sexuality and Gender*, Routledge.……**360**

Rizvi, F. and Lingard, B., 2010, *Globalizing Education Policy*, Routledge.……**120**

Robinson, W. S., 1950, "Ecological Correlations and the Behavior of Individuals," *American Sociological Review*, 15, pp. 351-357.……**166**

Robson, K. and Sanders, C. eds., 2009, *Quantifying Theory: Pierre Bourdieu*, Springer.……**196**

Roemer, J. E., 1998, *Equality of Opportunity*, Harvard University Press.……**678**

Rohlen, T. P., 1983, *Japan's High Schools*, University of California Press（＝1988, 友田泰正訳『日本の高校』サイマル出版会）.……**380**

Romer, P. M., 1986, "Increasing Returns and Long-run Growth," *Journal of Political Economy*, 94, pp. 1002-1037.……**648**

Rorty, R., 1967, *The Linguistic Turn: Essays in Philosophical Method*, University of Chicago.……**122**

Rose, N., 1999a, *Governing the Soul: The Shaping of the Private Self*, 2nd ed., Free Association Books（＝2016, 堀内進之介・神代健彦監訳『魂を統治する―私的な自己の形成』法政大学出版局）.……**108**

Rose, N., 1999b, *Powers of Freedom: Reframing Political Thought*, Cambridge University Press.……**270**

Rosenbaum, J. et al., 2016, "Beyond earnings and social reproduction: Can college lead to good jobs without reproducing social inequalities?," *The Russell Sage Foundation Journal of the Social Sciences*, 2(1), pp. 90-110.……**138**

Rosenbaum, J. E., 1976, *Making Inequality: The Hidden Curriculum of High School Tracking*, John Wiley & Sons.……**614**

Rosenbaum, J. E., 1986, "Institutional career structures and the social construction of ability," Richardson, J. G. ed., *Handbook of Theory and Research for the Sociology of Education*, Greenwood, pp. 139-171.……**614**

Rosenthal, R. and Jacobson, L., 1968, *Pygmalion in the Classroom: Teacher Expectation and Pupils' Intellectual Development*, Holt, Rinehart & Winston.……**138,448**

Rossiter, M. and Clark, M. C., 2007, *Narrative and the Practice of Adult Education*, Krieger.……**508**

Rossiter, M. and Clark, M. C. eds., 2010, *Narrative Perspective on Adult Education*, Jossey-Bass（＝2012, 立田慶裕ほか訳『成人のナラティヴ学習―人生の可能性を開くアプローチ』福村出版）.……**508**

Rothblatt, S., "The Idea of General Education," *Cultural Literacy and the Idea of General Education*, National Society for the Study of Education, 87th Yearbook, Part Ⅱ, pp. 9-28（＝1999, 吉田 文・杉谷祐美子訳「一般教育―手段と目的」『教養教育の系譜―アメリカ高等教育にみる専門主義との葛藤』玉川大学出版部, pp. 87-110）.……**478**

Rubie-Davies, C. M. et al., 2014, "Successive Teacher Expectation Effects across the Early School Years," *Journal of Applied Developmental Psychology*, 35(3), pp. 181-191.……**448**

Rubie-Davies, C. M. et al., 2015, "A Teacher Expectation Intervention: Modelling the Practices of High Expectation Teachers," *Contemporary Educational Psychology*, 40, pp. 72-85.……**448**

Rubin, D. B., 1974, "Estimating Causal Effects of Treatments in Randomized and Nonrandomized Studies," *Journal of Educational Psychology*, 66(5), pp. 688-701.……**184**

Rutter, M. et al., 1979, *Fifteen Thousand Hours: Secondary Schools and Their Effects on Children*, Harvard University Press.……**624**

Ryan, G. W. and Bernard, H. R., 2000, *Data Management and Analysis Methods*, Denzin, N. K. and Lincoln, Y. S. eds., *Handbook of Qualitative Research*, 2nd ed., Sage, pp. 769-802（＝2006, 油布佐和子訳「データ処理と分析方法」平山満義監訳『質的研究ハンドブック』3, 北大路書房, pp. 165-190）.……**238**

Rychen, D. S. and Salganik, L. H. eds., 2003, *Key Competencies for a Successful Life and a Well-Functioning Society*, Hogrefe & Huber（＝2006, 立田慶裕監訳『キー・コンピテンシー―国際標準の学力をめざして』明石書店）.……**494**

■S

Sacks, H., 1963, "On Sociological Description," *Berkeley Journal of Sociology*, 8, pp. 1-16（＝2013，南 保輔・海老田大五郎訳「社会学的記述」『コミュニケーション紀要』24，pp. 77-92）. ……**214**

Sacks, H., 1972, "On the Analyzability of Stories by Children," Gumperz, J. and Hymes, D. eds., *Directions in Sociolinguistics: The Ethnography of Communication*, Rinehart & Winston, pp. 325-345. ……**214**

Sacks, H., 1992, *Lectures on Conversation*, Jefferson, G. ed. with introductions by Schegloff, E. A., Basil Blackwell. ……**214**

Sacks, H. et al., 1974, "A Simplest Systematics for the Organization of Turn-Taking for Conversation," *Language*, 50(4), pp. 696-735（＝2010，西阪 仰訳「会話のための順番交替の組織―最も単純な体系的記述」『会話分析基本論集―順番交替と修復の組織』世界思想社，pp. 5-153）. ……**216,232,538**

Sadker, D. and Zittleman, K. R., 2009, *Still Failing at Fairness: How Gender Bias Cheats Girls and Boys in School and What We Can Do About It*, Scribner. ……**334**

Sadker, M. and Sadker, D., 1994, *Failing at Fairness: How America's Schools Cheat Girls*, Simon & Schuster（＝1996，川合あき子訳『「女の子」は学校でつくられる』時事通信社）. ……**138,338,350,352,354**

Sammons, P. et al., 1997, *Forging Links: Effective Departments and Effective Schools*, Paul Chapman. ……**624**

Sandel, M. J., 2009, *Justice: What's the Right Thing to Do?*, Farrar Straus & Giroux（＝2010，鬼澤 忍訳『これからの「正義」の話をしよう―いまを生き延びるための哲学』早川書房）. ……**626**

Savage, M. et al., 2015, *Social Class in the 21st Century*, Pelican. ……**142**

Schegloff, E. A. et al., 1977, "The Preference for Self-correction in the Organization of Repair in Conversation," *Language*, 53(2), pp. 361-382（＝2010，西阪 仰訳「会話における修復の組織―自己訂正の優先性」『会話分析基本論集』世界思想社，pp. 157-246）. ……**216**

Schön, D. A., 1983, *The Reflective Practitioner: How Professionals Think in Action*, Basic Books（＝2007，柳沢昌一・三輪建二監訳『省察的実践とは何か―プロフェッショナルの行為と思考』鳳書房）. ……**12,506,508**

Schoppa, L. J., 1991, *Education Reform in Japan: A Case of Immobilist Politics*, Routledge（＝2005，小川正人監訳『日本の教育政策過程―1970～80年代教育改革の政治システム』三省堂）. ……**684**

Schultz, Theodore William, 1963, *The economic value of education*, Columbia University Press（＝1964，清水義弘訳『教育の経済価値』日本経済新聞社）. ……**16**

Schultz, T. W., 1961, "Investment in Human Capital," *American Economic Review*, 51, pp. 1-17. ……**648**

Schultz, T. W., 1963, *The Economic Value of Education*, Columbia University Press（＝1981，清水義弘・金子元久訳『教育の経済価値』日本経済新聞社）. ……**644**

Schwandt, T. A., 2000, "Three Epistemological Stances for Qualitative Inquiry: Interpretivism, Hermeneutics, and Social Constructionism," Denzin, N. K. and Lincoln, Y. S. eds., *Handbook of Qualitative Research*, 2nd ed., Sage, pp. 189-214（＝2006，古賀正義訳「質的探究の3つの認識論的立場―解釈主義・解釈学・社会構築主義」平山満義監訳『質的研究ハンドブック』1，北大路書房，pp. 167-192）. ……**202**

Seedhouse, P., 2004, *The Interactional Architecture of the Language Classroom: A Conversation Analysis Perspective*, Blackwell. ……**216**

Sen, A., 1992, *Inequality Reexamined*, Oxford University Press（＝1999，池本幸生ほか訳『不平等の再検討―潜在能力と自由』岩波書店）. ……**118**

Sen, A., 1999, *Development as Freedom*, Oxford University Press. ……**678**

Sen, A., 2002, *Rationality and Freedom*, Harvard University Press. ……**678**

Severin, W. J. and Tankard, J. W., 2001, *Communication Theories: Origins, Methods, and Uses in the Mass Media*, 5th ed., Addison Wesley Longman. ……**734**

Sewell, W. H. et al., 1969, "The Educational and Early Occupational Attainment Prosess," *American Sociological Review*, 34(1), pp. 82-92. ……**194**

Sewell, W. H. et al., 2003, "As We Age: A Review of the Wisconsin Longitudinal Study, 1957-2001," *Research in Social Stratification and Mobility*, 20, pp. 3-111. ……**166**

Shain, F. and Ozga, J., 2001, "Identity Crisis? Problems and Issues in the Sociology of Education," *British Journal of Sociology of Education*, 22(1), pp. 109-120. ……**142**

Shavit, Y. and Blossfeld, H.-P. eds., 1993, *Persistent Inequality: Changing Educational Attainment in Thirteen Countries*, Westview Press. ……**178,186,600,622**

Shavit, Y. and Müller, W. eds., 1998, *From School to Work: A Comparative Study of Educational Qualifications and Occupational Destinations*, Clarendon Press.⋯⋯**178**

Shaw, C. R., 1930, *The Jack-Roller: A Delinquent Boy's Own Story*, University of Chicago Press（＝1998, 玉井眞理子・池田 寛訳『ジャック・ローラー──ある非行少年自身の物語』東洋館出版社).⋯⋯**128, 222**

Sherron, R. H. and Lumsden, D. B. eds., 1990, *Introduction to Educational Gerontology*, 3rd ed., Hemisphere.⋯⋯**514**

Shibutani, T., 1955, "Reference Groups as Perspectives," *American Journal of Sociology*, 60(6), pp. 562-569.⋯⋯**440**

Shimahara, N. and Sakai, A., 1995, *Learning to Teach in Two Cultures*, Garland.⋯⋯**380**

Shin, J. C. et al. eds., 2014, *Teaching and Research in Contemporary Higher Education: Systems, Activities and Rewards*, Springer.⋯⋯**476**

Shorter, E., 1975, *The Making of the Modern Family*, Basic Books（＝1987, 田中俊宏ほか訳『近代家族の形成』昭和堂).⋯⋯**272, 296**

Shuman, M. H., 2006, *The Small-Mart Revolution: How Local Businesses are Beating the Global Competition*, Berrett-Koehler Publishers（＝2013, 毛受敏浩ほか訳『スモールマート革命──持続可能な地域経済活性化への挑戦』明石書店).⋯⋯**402**

Silverman, D. ed., 2011, *Qualitative Research*, 3rd ed., Sage.⋯⋯**202**

Sim, S. ed., 1999, *The Routledge Critical Dictionary of Postmodern Thought*, Routledge（＝2001, 杉野健太郎ほか訳『ポストモダン事典』松柏社).⋯⋯**108**

Simmel, G., 1817, *Grundfragen der Soziologie: Individuum und Gesellschaft*, Walter de Gruyter（＝1979, 清水幾太郎訳『社会学の根本問題』岩波書店).⋯⋯**128**

Simons, M. et al., 2009, "The Critical Education Policy Orientation," Simons, M. et al. eds., *Re-Reading Education Policies: A Handbook Studying the Policy Agenda of the 21st Century*, Sense Publishers, pp. 1-35.⋯⋯**74, 684**

Singer, J. D., 1998, "Using SAS PROC MIXED to Fit Multilevel Models, Hierarchical Models, and Individual Growth Models," *Journal of Educational and Behavioral Statistics*, 23(4), pp. 323-355.⋯⋯**192**

Singer, J. D. and Willett, J. B., 2003, *Applied Longitudinal Data Analysis: Modeling Change and Event Occurrence*, Oxford University Press.⋯⋯**192**

Slaughter, S. and Leslie, L. L., 1997, *Academic Capitalism: Politics, Policies, and the Entrepreneurial University*, Johns Hopkins University Press.⋯⋯**748**

Slaughter, S. and Rhoades, G., 2009, *Academic Capitalism and the New Economy*, Johns Hopkins University Press（＝2012, 成定 薫監訳『アカデミック・キャピタリズムとニュー・エコノミー──市場, 国家, 高等教育』法政大学出版局).⋯⋯**18, 490**

Slovic, P., 1987, "Perception of Risk," *Science*, 236, pp. 280-285.⋯⋯**22**

Smith, A., 1776, *An Inquiry into the Nature and Causes of the Wealth of Nations*, Methuen（＝2007, 山岡洋一訳『国富論』上・下, 日本経済新聞社).⋯⋯**650**

Smith, A., 1789, *An Inquiry into the Nature and Causes of the Wealth of Nations*, 3 vols., 5th ed., printed for A. Strahan; and T. Cadell, in the strand, MDCCLXXXIX（＝1978, 大河内一男監訳『国富論』中央公論新社).⋯⋯**648**

Smith, J., 2007, "Ye've Got to 'Ave Balls to Play This Game Sir!' Boys, Peers and Fears," *Gender and Education*, 19(2), pp. 179-198.⋯⋯**350**

Smith, W. R., 1917, *An Introduction to Educational Sociology*, Houghton Mifflin（＝1935, 熊岡敬三訳『教育社会学要論』厳翠堂).⋯⋯**48**

Smits, J., 2003, "Social Closure Among the Higher Educated: Trends in Educational Homogamy in 55 Countries," *Social Science Research*, 32, pp. 251-277.⋯⋯**302**

Snijders, T. A. B. and Bosker, R. J., 2012, *Multilevel Analysis: An introduction to Basic and Advanced Multilevel Modeling*, Sage.⋯⋯**192**

Sokoloff, N. J., 1980, *Between Money and Love: Dialectics of Women, Work, and the Family*, Praeger Publishers（＝1987, 江原由美子ほか訳『お金と愛情の間──マルクス主義フェミニズムの展開』勁草書房).⋯⋯**334**

Solon, G., 1999, "Intergenerational Mobility in the Labor Market," Ashenfelter, O. and Card, D. eds., *Handbook of Labor Economics*, 3, North-Holland, pp. 1761-1800.⋯⋯**610**

Solon, G., 2004, "A Model of Intergenerational Mobility Variation over Time and Place," Corak, M. ed.,

Generational Income Mobility in North America and Europe, Cambridge University Press, pp. 38-47.
……**610**

Solow, R. M., 1957, "Technical Change and the Aggregate Production Function," *The Review of Economics and Statistics*, 39(3), pp. 312-320.……**648**

Sorhagen, N. S., 2013, "Early Teacher Expectations Disproportionately Affect Poor Children's High School Performance," *Journal of Educational Psychology*, 105(2), pp. 465-477.……**448**

Spector, M. and Kitsuse, J. L., 1977, *Constructing Social Problems*, Cummings Publishing（＝1990, 村上直之ほか訳『社会問題の構築―ラベリング理論をこえて』マルジュ社）. ……**14,130,538,544,548, 582**

Speier, M., 1976, "The Child as Conversationalist: Some Culture Contact Features of Conversational Interactions between Adults and Children," Hammwersley, M. and Woods, P. eds., *The Process of Schooling: A Sociological Reader*, Rotledge & Kegan Paul, pp. 98-103.……**214**

Spence, M., 1973, "Job Market Signaling," *Quarterly Journal of Economics*, 87(3), pp. 355-374.……**642,650**

Spence, M., 1974, *Market Signaling: Informational Transfer in Hiring and Related Processes*, Harvard University Press.……**642**

Spence, M., 2002, "Signaling in Retrospect and the Informational Structure of Markets," *American Economic Review*, 92(3), pp. 434-459.……**642**

Spencer, L. M. and Spencer, S. M., 1993, *Competence at Work: Models for Superior Performance*, Wiley（＝2001, 梅津祐良ほか訳『コンピテンシー・マネジメントの展開―導入・構築・活用』生産性出版）. ……**494**

Spender, D. and Sarah, E. eds., 1980, *Learning to Lose: Sexism and Education*, The Women's Press.……**354**

Spivak, G. C., 2010, *Nationalism and the Imagination*, Seagull Books（＝2011, 鈴木英明訳『ナショナリズムと想像力』青土社）. ……**676**

Sporn, B., 1999, *Adaptive University Structures: An Analysis of Adaptation to Socioeconomic Environment of US and European*, Universities, Jessica Kingsley Publishers.……**492**

Spradley, J. P., 1980, *Participant Observation*, Holt, Rinehart and Winston（＝2010, 田中美恵子ほか監訳『参加観察法入門』医学書院）. ……**208**

Spring, J., 2009, *Globalization of Education: An Introduction*, Routledge.……**120**

St. Pierre, E. A. and Pillow, W. S. eds., 2000, *Working the Ruins: Feminist Poststructural Theory and Methods in Education*, Routledge.……**334**

Stevenson, H. et al. eds., 1986, *Child Development and Education in Japan*, W. H. Freeman.……**308**

Stiglitz, J. E., 1975, "The Theory of Screening, Education, and the Distribution of Income," *American Economic Review*, 65(3), pp. 283-300.……**650**

Stiglitz, J. E., 2000, *Economics of the Public Sector*, W. W. Norton（＝2003, 藪下史郎訳『スティグリッツ公共経済学 第2版』上・下, 東洋経済新報社）. ……**650**

Stone, R., 1977, *The Family, Sex and Marriage in England 1500-1800*, Weidenfeld & Nicolson（＝1991, 北本正章訳『家族・性・結婚の社会史―1500年-1800年のイギリス』勁草書房）. ……**296**

Stringer, E., 2007, *Action Research*, 3rd ed., Sage（＝2012, 目黒輝美・磯部卓三監訳『アクション・リサーチ』フィリア）. ……**234**

■ T

Tanner, J. et al., 1995, *Fractured Transitions from School to Work: Revisiting the Dropout Problem*, Oxford University Press.……**568**

Tannock, S., 2001, *Youth at Work: The Unionized Fast-food and Grocery Workplace*, Temple University Press.……**138**

Tashakkori, A. and Teddlie, C., 2010, *Mixed Methods in Social & Behavioral Research*, Sage.……**236**

Taylor, P., 2003, *Applied Theatre: Creating Transformative Encounters in the Community*, Heinemann.……**264**

Teichler, U. ed., 2007, *Careers of University Graduates*, Springer.……**658**

Tenenbaum, H. R. and Ruck, M. D., 2007, "Are Teachers' Expectations Different for Racial Minority Than for European American Students? A Meta-Analysis," *Journal of Educational Psychology*, 99(2), pp. 253-273.……**448**

Tetreault, C., 2008, "*La Lacaille:* Figuring gender, generation, and stigmatized space in a French cité,"

Gender and Language, 2(2), pp. 141-170.……**334**

The Carnegie Commission on Higher Education, 1973, *Toward a Learning Society*, The Carnegie Foundation for the Advancement of Teaching（＝1979，黒田則博訳「学習社会をめざして―報告と勧告」新井郁男編・解説『ラーニング・ソサエティ』現代のエスプリ 146，至文堂，pp. 141-156）．……**504**

The Social Exclusion Unit, 1999, "Bridging the Gap : New Opportunities for 16-18 Year Olds Not in Education, Employment or Training," http://dera.ioe.ac.uk/15119/2/bridging-the-gap.pdf（2016/03/31 最終閲覧）……**662**

Thélot, C., 1982, *Tel père, tel fils?*, Hachette.……**146**

Thin, D., 1998, *Quartiers populaires*, PUL.……**146**

Thomas, W. I. and Znaniecki, F., 1918-1920, *The Polish Peasant in Europe and America: Monograph of An Immigrant Group*, R. G. Badger（＝1983，桜井 厚抄訳『生活史の社会学―ヨーロッパとアメリカにおけるポーランド農民』御茶の水書房）．……**222**

Thrasher, F. M., 1927, *The Gang: A Study of 1,313 Gangs in Chicago*, University of Chicago Press.……**128**

Thurow, L. C., 1975, *Generating Inequality*, Basic Books（＝1984，小池和男・脇坂 明訳『不平等を生み出すもの』同文舘）．……**612**

Timmermans, A. C. et al., 2015, "Accurate, Inaccurate, or Biased Teacher Expectations: Do Dutch Teachers Differ in Their Expectations at the End of Primary Education? ," *British Journal of Educational Psychology*, 85(4), pp. 459-478.……**448**

Timmermans, A. C. et al., 2016, "An Investigation of the Relationship between Teachers' Expectations and Teachers' Perceptions of Student Attributes," *Social Psychology of Education*, doi : 10.1007/s11218-015-9326-6……**448**

Tinkler, P., 2013, *Using Photographs in Social and Historical Research*, Sage.……**202**

Tobin, J. J. et al., 1989, *Preschool in Three Cultures: Japan, China, and the United States*, Yale University Press.……**232**

Tobin, J. J. et al., 2009, *Preschool in Three Cultures Revisited: China, Japan, and the United States*, University of Chicago Press.……**232**

Tokunaga, T., 2011, "I'm not going to be in Japan forever: How Filipina immigrant youth in Japan construct the meaning of home," *Ethnography and Education*, 6(2), pp. 179-193.……**334**

Torres, C. A., 2006, "Democracy, Education, and Multiculturalism: Dilemmas of Citizenship in a Global World," Lauder, H. et al. eds., *Education, Globalization, and Social Change*, Oxford University Press（＝2012，「民主主義・教育・そして多文化主義」苅谷剛彦ほか訳『グローバル化・社会変動と教育』2，東京大学出版会）．……**120**

Torres, C. A., 2009, *Education and Neoliberal Globalization*, Routledge.……**120**

Toulmin, S., 1990, *Cosmopolis: The Hidden Agenda of Modernity*, Free Press（＝2001，藤村龍雄・新井浩子訳『近代とは何か―その隠されたアジェンダ』法政大学出版局）．……**202**

Townsend, T. ed., 2007, *International Handbook of School Effectiveness and School Improvement*, Springer.……**624**

Trancart, D., 2012, "Quel impact des ségrégations socio-spatiales sur la réussite scolaire au collège?," *Formation emploi*, 120, pp. 35-55（＝2016，渡辺一敏訳『教育の大衆化は何をもたらしたか』勁草書房に所収）．……**146**

Treiman, D. J., 1970, "Industrialization and Social Stratification," Lauman, E. O. ed., *Social Stratification: Research and Theory for the 1970s*, Bobbs-Merrill, pp. 207-234.……**178**

Truong, F., 2015, *Jeunesses françaises*, La découverte.……**146**

Turner, H. A. et al., 2013, "Family structure, victimization, and child mental health in a nationally representative sample," *Social Science and Medicine*, 87, pp. 39-51.……**628**

Turner, R. H., 1960, "Sponsored and Contest Mobility and the School System," *American Sociological Review*, 25(6), pp. 855-867.……**380,614**

■ U

Ueda, A., 2009, "Intergenerational Mobility of Earnings and Income in Japan," *The B. E. Journal of Economic Analysis & Policy*, 9(1), article 54.……**610**

UNESCO, 2006, *EFA Global Monitoring Report 2007: Strong foundations, Early childhood care and education*, UNESCO.……**394**

UNESCO, 2012, *UNESCO Global Education Digest 2012*, http://www.uis.unesco.org/（2016/03/02 最終閲覧）……**752**

■ V

Vallet L.-A., 1999, "Quarante années de mobilité sociale en France. L'évolution de la fluidité sociale à la lumière de modèles récents," *Revue française de sociologie*, 40(1), pp. 5-64.……**146**

Vallet, L.-A., 2014, "Mobilité observée et fluidité sociale en France de 1977 à 2003," *Idées économiques et sociales*, 175, pp. 6-17.……**146**

Van de Werfhorst, H. G. and Mijs, J. J. B., 2010, "Achievement Inequality and the Institutional Structure of Educational Systems: A Comparative Perspective," *Annual Review of Sociology*, 36, pp. 407-428.……**178**

Van Houtte, M. and Demanet, J., 2016, "Teachers' Beliefs about Students, and the Intention of Students to Drop out of Secondary Education in Flanders," *Teaching and Teacher Education*, 54, pp. 117-127.……**448**

Van Maanen, J., 1988, *Tales of the Field: On Writing Ethnography*, University of Chicago Press（＝1999, 森川 渉訳『フィールドワークの物語——エスノグラフィーの文章作法』現代書館）.……**208**

Van Zanten（Henriot-）, A., 1990, *L'école et l'espace local*, PUL.……**146**

Van Zanten, A., 2001, *L'école de la périphérie*, PUF.……**146**

Van Zanten, A., 2009, "Le choix des autres", *Actes de la recherche en sciences sociales*, 180, pp. 25-34（＝2012, 小林純子訳『学校選択のパラドックス』勁草書房に所収）.……**146**

van Dijk, T. A., 1997, "The Study of Discourse," van Dijk T. A. ed., *Discourse Studies: A Multidisciplinary Introduction*, 1, Sage, pp. 1-34.……**126**

Vannini, P., 2015, "Ethnographic Film and Video on Hybrid Television: Learning from the Content, Style, and Distribution of Popular Ethnographic Documentaries," *Journal of Contemporary Ethnography*, 44（August）, pp. 391-416.……**202**

Veblen, T., 1899, *The Theory of the Leisure Class: An Economic Study in the Evolution of Institutions*, Macmillan（＝1998, 高 哲男訳『有閑階級の理論——制度の進化に関する経済学的研究』ちくま学芸文庫）.……**44**

Vygotsky, L. S., 1956, Избранные Психологические Исследования（＝2001, 柴田義松訳『思考と言語』新読書社）.……**726**

■ W

Walkerdine, V. et al. 1989, *Counting Girls Out*, Virago.……**350**

Waller, W., 1932, *The Sociology of Teaching*, John Wiley & Sons（＝1957, 石山脩平・橋爪貞雄訳『学校集団——その構造と指導の生態』明治図書出版）.……**12,56,94,538**

Warner, W. L. et al., 1944, *Who Shall Be Educated?: The challenge of unequal opportunities*, Harper（＝1956, 清水義弘ほか訳『誰が教育を支配するか——教育と社会階層』同学社）.……**230**

Waters, J. L., 2005, "Transnational Family Strategies and Education in the Contemporary Chinese Diaspora", *Global Networks*, 5, pp. 359-378.……**308**

Weber, G., 1971, *Inner City Children can be Taught to Read: Four Successful Schools*, Council for Basic Education.……**624**

Weber, M., 1904, *Die Objektivität Sozialwissenschaftlicher und Sozialpolitischer Erkenntnis*, Archiv für Sozialwissenschaft und Sozialpolitik. Bd. 19 Heft 1. 22-87.（＝1998, 富永祐治ほか訳『社会科学と社会政策にかかわる認識の「客観性」』岩波書店）.……**10,74**

Weber, M., 1919, *Wissenschaft als Beruf*, Duncker & Humblot（＝1980, 尾高邦雄訳『職業としての学問』改訳版, 岩波文庫）.……**44**

Weber, M., 1922, "Soziologie der Herrschaft," *Wirtschaft und Gesellschaft: Grundriß der verstehenden Soziologie*, Bd. 1, Mohr（＝1960, 世良晃志郎訳『支配の社会学』Ⅰ・Ⅱ, 創文社）.……**44**

Weber, M., 1956, *Wirtschaft und Gesellscaft*, Tübingen（＝1960, 世良晃志郎訳『支配の社会学』創文社）.……**88**

Wechsler, H. S., 1977, *The Qualified Students: A History of Selective College Admission in America*, John

Wiley & Sons.……**86**

Weedon, C., 1987, *Feminist Practice and Poststructuralist Theory*, Blackwell Publishing.……**334**

Weikart, D. P., 2000, *Early childhood education: Need and Opportunity*, UNESCO（＝2015，浜野 隆訳『幼児教育への国際的視座』ユネスコ国際教育政策叢書，東信堂）.……**394**

Weiner, G., 1985, *Just a Bunch of Girls*, Open University Press.……**142**

Weiner, G. et al., 1997, "Is the future female? Female success, male disadvantage, and changing gender patterns in education," Halsey, A. H. et al. eds., *Education: Culture, Economy, and Society*, Oxford University Press, pp. 620-630（＝2005，多賀 太訳「将来は女性の時代か？—女性の成功・男性の不利益・教育におけるジェンダー・パターンの変化」住田正樹ほか編訳『教育社会学—第三のソリューション』九州大学出版会，pp. 493-515）.……**350**

Weisbrod, B. A., 1962, "Education and Investment in Human Capital," *Journal of Political Economy*, LXX (5), pp. 106-123.……**644**

Welton, M., 1993, "Social Revolutionary Learning: The New Social Movements as Learning Sites," *Adult Education Quarterly*, 43(3), pp. 152-164.……**534**

Wenger, E. et al., 2002, *Cultivating Communities of Practice: A Guide to Managing Knowledge*, Harvard Business School Press（＝2002，櫻井祐子訳『コミュニティ・オブ・プラクティス—ナレッジ社会の新たな知識形態の実践』翔泳社）.……**508**

West, C. and Zimmerman, D. H., 1987, "Doing Gender," *Gender and Society*, 1, pp. 125-151.……**330**

Whitehead, A., 1929, "Universities and Their Function," *The Aims of Education and Other Essays*, Macmillan, pp. 91-101.……**486**

Whitty, G., 1985, *Sociology of School Knowledge*, Methuen.……**142**

Whitty, G., 2002, *Making Sense of Education Policy: Studies in the Sociology and Politics of Education*, Paul Chanpman（＝2004，堀尾輝久・久冨善之監訳『教育改革の社会学』東京大学出版会）.……**446, 698**

Whyte, W. F., 1943, *Street Corner Society: The Social Structure of an Italian Slum*, University of Chicago Press（＝1979，寺谷弘壬訳『ストリート・コーナー・ソサイエティ』垣内出版）.……**208**

Wiederhold, A., 2014, "Conducting Fieldwork at and Away from Home: Shifting Researcher Positionality with Mobile Interviewing Methods," *Qualitative Research*, 15 (October), pp. 600-615.……**202**

Wiggins, G., 1998, *Educative Assessment: Designing Assessments to Inform and Improve Student Performance*, Jossey-Bass.……**726**

Willis, P. E., 1977, *Learning to Labour: How Working Class Kids Get Working Class Jobs*, Saxon House（＝1996，熊沢 誠・山田 潤訳『ハマータウンの野郎ども—学校への反抗・労働への順応』筑摩書房）.……**44, 82, 96, 114, 142, 202, 208, 230, 244, 330, 348**

Willis, P. E., 2003, "Foot Soldiers of Modernity: The Dialectics of Cultural Consumption and the Twenty-First-Century School," *Harvard Educational Review*, 73(3), pp. 390-415（＝2012，山本雄二訳「モダニティの歩兵たち：文化消費の弁証法と21世紀の学校」苅谷剛彦ほか編『グローバル化・社会変動と教育2』東京大学出版会，pp. 87-106）.……**348**

Wilson, J. Q. and Kelling, G., 1982, "Broken Windows," *Atlantic Monthly*, March, pp. 29-38.……**544**

Wilson, L., 1942, *The Academic Man: A study in the sociology of a profession*, Transaction Publishers.……**476**

Wittgenstein, L., 1922, *Tractatus Logico-Philosophicus*, Routledge & Kegan Paul（＝2014，丘沢静也訳『論理哲学論考』光文社）.……**122**

Wittgenstein, L., 1953, *Philosophical Investigations*, Anscombe, G. E. M. and Rhees, R. eds., Basil Blackwell（＝1976，藤本隆志訳『哲学探究』ウィトゲンシュタイン全集第8巻，大修館書店；2013，丘沢静也訳『哲学探究』岩波書店）.……**108**

Wittgenstein, L., 1953, *Philosophische Untersuchungen*, Basil Blackwell（＝1995，藤本隆志訳『哲学探究』ウィトゲンシュタイン全集8，大修館書店）.……**214**

Wittgenstein, L., 1967, *Philosophical Investigations*, trans. G. Anscombe, Blackwell（＝2013，丘沢静也訳『哲学探究』岩波書店）.……**122**

Wolpe, A., 1988, *Within School Walls: The Role of Discipline, Sexuality, and the Curriculum*, Routledge.……**334**

Wong, R. S.-K., 2009, *Association Models*, Sage.……**188**

Woods, P., 1979a, *Teacher Strategies*, Croom Helm.……**388**

Woods, P., 1979b, *The Divided School*, Routledge & Kegan Paul……**450**

Woods, P., 1983, *Sociology and the School: An Interactionist Viewpoint*, Routledge & K. Paul.……**440**

Woolgar, S. and Pawluch, D., 1985, "Ontological Gerrymandering: The Anatomy of Social Problems Explanations," *Social Problems*, 32, pp. 214-227 (＝2006, 平 英美訳「オントロジカル・ゲリマンダリング―社会問題をめぐる説明の解剖学」『新版 構築主義の社会学』世界思想社, pp. 184-213). ……**126,130**

Woolger, S. and Pawluch, D., 1985, "Ontological Gerrymandering: The Anatomy of Social Problems Explanation," *Social Problems*, 32, pp. 214-227 (＝2000, 平 英美訳「オントロジカル・ゲリマンダリング―社会問題をめぐる説明の解剖学」平 英美・中河伸俊編『構築主義の社会学―論争と議論のエスノグラフィー』世界思想社, pp. 18-45). 854……**538**

Wootton, A. J., 1997, *Interaction and the Development of Mind*, Cambridge University Press.……**214**

■ X

Xie, Y., 1992, "The Log-Multiplicative Layer Effect Model for Comparing Mobility Tables," *American Sociological Review*, 57, pp. 380-395.……**188**

■ Y

Yamamoto, Y., 2015, "Social Class and Japanese Mothers' Support of Young Children's Education: A Qualitative Study," *Journal of Early Childhood Research*, 13(2), pp. 165-180.……**308**

Yamamoto, Y. and Brinton, M. C., 2010, "Cultural Capital in East Asian Educational Systems: The Case of Japan," *Sociology of Education*, 83(1), pp. 67-83.……**448**

Yonezawa, A., 2007, "Strategies for the Emerging Global Higher Education Market in East Asia: A Comparative Study of Singapore, Malaysia and Japan," *Globalisation, Societies and Education*, 5(1), pp. 125-136.……**746**

Young, J., 1999, *The Exclusive Society*, Sage (＝2007, 青木秀男ほか訳『排除型社会』洛北出版). ……**118**

Young, M., 1958, *The Rise of the Meritocracy 1870-2033: An Essay on Education and Equality*, Thames & Hudson (＝1982, 窪田鎮夫・山元卯一郎訳『メリトクラシー』至誠堂). ……**44,556,600**

Young, M. F. D. ed., 1971, *Knowledge and Control: New Directions for the Sociology of Education*, Collier Macmillan.……**58,74,142,388,440**

Young, S. K., 1998, *Caught in the Net: How to Recognize the Signs of Internet Addiction and a Winning Strategy for Recovery*, John Wiley & Sons.……**728**

■ Z

Zaidman, C., 1996, *La mixité à l'école primaire*, L'Harmattan.……**146**

Zuckerman, M., 1979, *Sensation Seeking: Beyond the Optimal Level of Arousal*, L. Erlbaum Associates.…… **728**

Zuur, A. F. et al., 2009, *Mixed Effects Models and Extensions in Ecology with R*, Springer.……**192**

事 項 索 引

＊見出し語（見出し語中の用語部分のみも含む）の掲載ページは太字にしてある．
なお，事項の英語表記等については項目執筆者による訳語を採用し，統一は必要な
場合にとどめた．欧文表記については，仏語は（仏），独語（独），デンマーク語（デ
ンマーク），日本語は斜体とした．

■数字，アルファベット

1.57 ショック　1.57 shock　592
21 世紀型スキル（能力）　21st century skills
　389,771

AI（人工知能）　Artificial Intelligence　639
ALLS（成人のリテラシーとライフスキル調査）
　Adult Literacy and Lifeskill Survey　529
AR（拡張現実）　Augmented Reality　729
ASEAN　Association of South-East Asian Na-
　tions　750

BEGIN（成長のための基礎教育イニシアティブ）
　Basic Education for Growth Initiative　763
BHPS　British Household Panel Survey　181

'Can-Do' アプローチ　'can-do' approach　143
CASMIN 教育分類　Comparative Analysis of
　Social Mobility in Industrial Nations educa-
　tional classification　179
CLS（ロンドン大学）　Centre for Longitudinal
　Studies　181
COC　Center Of Community　516

DeSeCo　Definition and Selection of Competen-
　cies　495
DV（ドメスティックバイオレンス）　Domestic
　Violence　629

e-Stat　174
EdStats　175
Education at a Glance　175
education 2030　775
Educational Sociology　49
EFA　Education For All　763
EGP 階級分類　EGP class classification　605
EI　Education International　422
EMI 仮説　Effectively Maintained Inequality
　hypothesis　199
ESD　Education for Sustainable Development
　121,763,**766**
ESD に関するユネスコ世界会議　World Summit
　on Sustainable Development　766
EU（欧州連合）　European Union　750,761

e ラーニング　e-learning　496,724

Facebook　Facebook　718
FD　Faculty Development　457,477
FIPESO　Fedration internationale des profes-
　seurs de l'enseignement secondaire officiel
　（仏）　422
FJH 命題　FJH thesis　101

GPA　Grade Point Average　480

IALS（国際成人リテラシー調査）　International
　Adult Literacy Survey　529
ICPSR　Inter-university Consortium for Political
　and Social Research　180
ICPSR　Inter-university Consorium for Political
　and Social Research　176
ICSEI　International Congress for School Effec-
　tiveness and Improvement　625
ICT　Information and Communication Technol-
　ogy　712,717,722,**726**
IEA　International Evaluation Association　178
IEO モデル　Inequality of Educational Opportu-
　nity Model　198
IFEL（教育指導者講習）　Institute For Educa-
　tional Leadership　48,60
IFFTU　International Federation of Free Teach-
　ers' Union　422
IFTA　International Federation of Teachers'
　Associations　422
IMF　International Monetary Fund　156,497
IMS 仮説　Increased Merit Selection hypothesis
　601,616
IR　Institutional Research　457,493
IRE　Initiation Reply Evaluation　217
ISO モデル　Inequality of Social Opportunity
　Model　198
IT 環境下での問題解決能力　problem solving in
　technology-rich environment　529

JCPS　Japan Child Panel Survey　558
JELS　Japan Education Longitudinal Study　558
JICA　Japan International Cooperation Agency
　762
Journal of Educational Sociology　40

LGBT　Lesbian, Gay, Bisexual, Transgender
　581
LINE　718

MDGs　Millennium Development Goals　763
MMI 仮説　Maximally Maintained Inequality
　hypothesis　179,199,616
MOOC　Massive Open Online Course　652,713,
　725,743

NGO　Non-Governmental Organization　764
NPM（新たな公共経営）　New Public Manage-
　ment　680,696
NPO　Non-Profit Organization　764
NUET　National Union of Teachers　422

OCG 調査　Occupational Changes in a Genera-
　tion Survey　186,198
ODA　Official Development Assistance　762
OECD（経済協力開発機構）　Organisation for
　Economic Co-operation and Development
　350,352,394,445,495,497,505,528,531,679,
　761,773,774
Off-JT　Off the Job Training　530
off shore　753
OJT（企業内教育）　On the Job Training　530,
　657

PIAAC（国際成人力調査）　Programme for the
　International Assessment of Adult Compe-
　tencies　178,529
PIRLS（国際読解力調査）　Progress in Interna-
　tional Reading Literacy Study　178,528
PISA（生徒の学習到達度調査）　Program for In-
　ternational Student Assessment　136,150,
　168,178,350,353,381,389,528,558,679,694,
　756,774
PSID　Panel Study of Income Dynamics　180
PTA　Parent-Teacher Association　300

RCT　Randomized Controlled Trial　538
R-T-S nexus　Research, Teaching and Study
　nexus　477
R（統計解析フリーソフト）　170

SAS　Statistical Analysis System　170
SCI　Science Citation Index　476
SD　Staff Development　457,477
SDGs　Sustainable Development Goals　763,767
SEAMEO（東南アジア教育大臣機構）　South-
　east Asian Ministers of Education Organiza-
　tion　761,770
SNS　Social Networking Service　718,723,728

Sociology of Education　Sociology of Education
　49
Sociology of Education　40,56
Sociology of Teaching　57
SPSS（統計解析ソフト）　Statistical Package for
　Social Sciences　170
SSJDA　Social Seience Japan Data Archive　176
SSM（社会階層と社会移動全国調査）　Social
　stratification and Social Mobility
　167,449,596,609,611
SST　Social Skills Training　278,596
STAR プロジェクト　Student/Teacher Achieve-
　ment Ratio project　183
Stata（統計解析ソフト）　170
STEM 領域　STEM fields　352

TA　Teaching Assistant　480
TALIS（国際教員指導環境調査）　Teaching and
　Learning International Survey　175, 178,
　356,420,449
The Journal of Educational Sociology　56
TIMSS（国際数学・理科教育動向調査）
　Trends in International Mathematics and
　Science Study　178,381,449,528,558,774
twitter　718
T 型フォード　Model T　45

UIS. Stat　174
UNESCO（国連教育科学文化機関）　United Na-
　tions Educational, Scientific and Cultural
　Organization　394,723,760,764,766
UNICEF（国連児童基金）　United Nations Chil-
　dren's Fund　760

VR　Virtual Reality　729

WCOTP　World Confederation of Organization
　of the Teaching Profession　422
WOTP　World Organizations of the Teaching
　Profession　422
WTO（世界貿易機構）　World Trade Organiza-
　tion　497,748

■あ

愛国心　Patriotism　687
あいち・なごや宣言　Aichi-Nagoya Declaration
　on ESD　766
アイデンティティ　identity　145,**268**,349,443,
　758
アイデンティティ・ポリティクス　identity poli-
　tics　377
アイヌ民族　Ainu　376

アカウンタビリティ accountability 434,681
アカデミー academy **32**,697
アカデミズム academism 32
アカデミック・キャピタリズム academic capitalism 491
アカデミック・キャリア academic career 477
アカデミック・プロフェッション academic profession **476**
アーキテクチャ architecture 83,110
悪 evil 276
アクションリサーチ action research 35,**234**, 540
アクター・ネットワーク理論 actor-network theory 145
アクティブ・インタビュー active interview 213
アクティブ・ラーニング active learning 415, 517,659
アクティベーション activation 93
アクレディテーション accreditation 484,773
アジア太平洋大学交流機構 University Mobility in Asia and the Pacific 770
アジェンダ21 Agenda 21 766
アスピレーション aspiration 167
アセアン学生移動プログラム（AIMS） ASEAN International Mobility for Students 770
アセアン大学連合（AUN） ASEAN University Network 770
遊び play 247,**248**
遊び空間 space for play 521
「新しい」教育社会学 "new" sociology of education 6,40,58,76,81,82,103,115,135,142, 168,328,382,411,440,450
新しい社会史 new social history 220
アーティキュレーション articulation **378**
アート art 247
アートセラピー art therapy **266**
アナール学派 Annales school 220
アノミー anomie 549
アノミー的（自殺） (suicide) anomique 45
ノビトゥーフ Abitur 484
アファーマティブ・アクション affirmative action 591,**626**,695
アフリカ連合（AU） African Union 770
アメラジアン Amerasian 323
『アメリカ資本主義と学校教育』 *Schooling in Capitalist America* 114
アメリカの教育社会学 sociology of education in the United States of America **56**,**138**
新たな公共経営（NPM） New Public Management 680,696
アルバイト part-time job 661
暗数 dark number 22

アンドラゴジー andragogy 506
異化 defamiliarization/остранение（露） 109
医学 medical science 433
閾値モデル threshold model 187
イギリスの教育社会学 sociology of education in the U.K. **58**,**142**
育児環境 child care environment 315
育児休業 parental leave 305
育児休業給付金 parental leave benefits 305
育児言説 child-rearing disourse 288
育児サポート social support for child rearing 315
育児政策 family policy **304**
育児ネットワーク child care network 315
育児不安 child-rearing anxiety 288,**314**
移行モデル transition model 198
移行ロジット・モデル transition logit model 186
意識化 conscientization 263,264,535
意識変容の学習 transformative learning 508, 513
意志の自律性 autonomie de la volonté 45
EGP階級分類 EGP class scheme 100
いじめ bullying/*ijime* 14,127,149,553,554, **560**
いじめ集団の四層構造モデル four-tiered structural theory of *ijime* 560
いじめ防止対策推進法 act for the measures to prevent bullying 736
イシュー・ネットワーク issue network 469
異性愛至上主義 heterosexism 329
異性愛者 heterosexual 326
一次分析 primary analysis 176,178
一条校 *ichijoko* 524
一望監視装置 panopticon 375
一斉教授 simultaneous instruction 390
逸脱 deviance, deviant behavior 139,260,434, **544**,549
一致推定量 consistent estimator 610
致性 consistency 169
一般化線型モデル generalized linear model 187
一般教育 general education 466,472,478,480
一般攻撃性学習モデル general aggression model 734
イデオロギー ideology 50,75,85,103,226
イデオロギー装置 ideological apparatus/appareils idéologiques（仏） 96
移動表 mobility table 167,189
意図せざる結果 unintended consequence 11
意図的教育 intentional education 4
イニシエーション initiation 370

イノベーション　innovation　527
居場所　places of belonging for children/*ibasho*　250，520
異文化理解　intercultural understanding　751，775
イベントヒストリー分析　event history analysis　190
イマジナリー経験　imaginal experiences　714
移民　immigrant　148，152，748，**756**，**758**
医療化　medicalization　547，**552**
因果　causation　**184**
因果効果　causal effect　184
因果推論　causal inference　184
因果（パス解析）モデル　causal (path analysis) model　138
インクルーシブ教育　inclusive education　29，**708**
インシデンタルな学習　incidental learning　535
因子分析　factor analysis　194，196
印象操作　impression management　247
インターセクショナリティ　intersectionality　334
インターナショナルスクール　international school　750，778
インターネット　Internet　362，713，732
インターネット依存　Internet addiction　729
インターネット調査　online survey　173
インターネットパラドクス　Internet paradox　733
インタビュー　interview　205，**212**，223，229
インタラクティブ性　interactivity　728
インターンシップ　internship　**658**
インドシナ難民　Indochinese refusees　779
インフォーマル学習　informal learning　501，532
インフォーマント　informant　222
インブリーディング　inbreeding　64，477

ウィスコンシン・モデル　Wisconsin model　167，194，609，623
ウェブ　web　712
運営費交付金　operational subsidies　665
運動会　athletic meeting　259，391

英語教育　English-language education　778，780
エイジング　aging　514
映像データ分析　audio-visual data analysis　**232**
営利大学　for-profit university　491，653
エージェンシー　agency　138，340
エスニシティ　ethnicity　159，376
エスニック・アイデンティティ　ethnic identity　377，578

エスニック・グループ　ethnic group　579
エスニック・マイノリティ　ethnic minority　679
エスノグラフィー　ethnography　30，34，76，114，142，202，**208**，230，434，564
エスノペダゴジー（日本的民族教育学）　ethno-pedagogy　380
エスノメソドロジー　ethnomethodology　6，27，58，124，202，**214**，216，247，262，388，441，540
エチケット　etiquette　258
エドテック　EdTech　724
エビデンス（科学的根拠に基づいた）　evidence　7，10，136，583
エビデンスに基づく医療　evidence-based medicine　182
エラスムス計画（ERASMUS）　European Region Action Scheme for the Mobility of University Students　752，770
エリート，マス，ユニバーサル　elite, mass, universal　457
エリート研究　elites studies　36
遠隔教育　distance education　714，720，**724**
エンコーディング/ディコーディング　encoding/decoding　227
エンパワー　empower　235
エンパワーメント　empowerment　353，675

欧州高等教育圏　European Higher Education Arena　772
欧州連合（EU）　European Union　750，761
横断データ　cross sectional data　190
応用演劇　applied theatre　**264**
大きな物語　grand theory　70
お受験　*ojuken*　586
オセアニアの教育社会学　sociology of education in Oceania　**160**
お世話モード　*osewa mode*　435
オーダーメード集計　custom-made tabulation　174
落ちこぼれ防止法　No Child Left Behind Act　182
オッズ　odds　186
オッズ比　odds ratio　184
オートエスノグラフィー　autoethnography　540
オープンシステム　open system　468
思いやり疲労　compassion fatigue/*omoiyari-hiro*　434
親子関係　parent-child relationship　306
お雇い外国人　foreign government advisors in Meiji Japan　778
親同居未婚　unmarried living with their parents　299
オルタナティブ教育　alternative education　522

事項索引　855

オルタナティブ・スクール　alternative school　522,532
オルタナティブな教育の場　alternative education　371
オールドカマー　oldcomer　757
オントロジカル・ゲリマンダリング　ontological gerrymandering　130

■か

カイ2乗検定　chi-square test　188
回帰分析　regression analysis　167,185,186,192
回帰分断デザイン　regression discontinuity design　647
階級　social class　102,114,604
階級と階層　class and stratification　100
外国人学生援助協会（NAFSA）　753
外国人学校　ethnic school　581
介護予防　care prevention　514
解釈学　hermeneutics　206
解釈主義　interpretivism　42
解釈的アプローチ　interpretive approach　30,53,58,81,135,215,221,450
解釈的パラダイム　interpretive paradigm　388
階層　social stratification, social stratum　146,159,253,334,549,596
階層移動　social mobility　156
階層化　stratification　179
階層構造　structure of social stratification　84
階層線型モデル　hierarchical linear model　187
階層的線形モデル　hierarchical linear modeling　140
階層と教育　social stratification and education　596,604
階層文化　class culture　253
界＝場　field/champ（仏）　621
開発教育　development education　764
開票法　vote counting analysis　647
外部効果　external effect　490,636,644,666
外部性　externality　650,666
外部労働市場　external labor market　494
開放制　open system of teacher training　452
会話分析　conversation analysis　213,214,216,262,388,540,560
カウンセリング　counseling　266
カウンセリングマインド　counseling mind　434
価格　price　650
科学ジャーナリズム　science journalism　33
科学的管理法　scientific management　393
科学的リテラシー　science literacy　774
学位　academic degree　460,463
核家族　nuclear family　290,314
学業不振　under achievement　351

格差　inequality　55
学士課程　undergraduate course　472
学士課程教育　undergraduate education　479
学社連携　partnership of the school and social education　501
学習科学　learning sciences　215
学習サークル　study circle　533
学習指導要領　course of study　342,382,386,401,692
学習社会　learning society　503,504
学習者中心型　learner-centered　217
学修成果（アウトカム）　learning outcomes　483
学習都市　learning cities　503
学習方略　learning strategies　28
学術資本主義　academic capitalism　749
学士力　bachelor degree core competencies　777
学資ローン　student loans　666
革新型学習　innovative learning　502
学制　gakusei/the education system order　44,452
学生支援（奨学金）　student financial aid　490
学生納付金　tuition and fees　491
学生論　college students　474
学卒労働市場　graduates' labor market　656
拡張現実（AR）　Augmented Reality　729
拡張的学習　expansive learning　507,509
獲得的地位　achieved status　596
確認的因子分析　confirmatory factor analysis　196
学閥　academic clique　64,156
学費　tuition fees　666
学問中心地　center of learning　476
学問の自由　academic freedom　486
学問の制度化　instituionalization of discipline　48
学力　academic achievement　55,350,470,556,598,618
学力格差　inequality in academic achievement　556
学力・教育達成とジェンダー　gender differences in academic performance and educational attainment　350
学力政策　policies on academic ability　694
学力調査　academic ability survey　389
学力低下　decline in academic achievement　14
学力低下論争　disputes on the decline in academic achievement of students　556
学力問題　gakuryoku mondai　556,578
学歴　academic career, academic credential　84,156,220,302,494,596
学歴インフレ　credential inflation　655

学歴社会　credential society　5,55,597
学歴社会における選抜　selections in the credential society　614
学歴社会の展開　development of educational credentialism　612
学歴主義　educational credentialism　36,85
学歴同類婚　educational homogamy　302
隠れたカリキュラム　hidden curriculum　226,253,259,328,340,344,347,348,353,354,380,382,389,533
影の教育　shadow education　308
家産制的教育　patrimonial Erziehung　45
可視的な教授法　visualized methodology in teaching　147
寡占　oligopoly　650
家族　family　83,258,306
家族格差　family disparities　289
家族構造　family structure　628
家族問題　family problem　300
課題解決型学習　project-based learning　217,369,403
課題提起型教育　problem-posing education　263,264
課題論文　extended essay, EE　768
語られた生　told life　442
価値　value　261
価値財　merit goods　665
価値自由　Wertfreiheit（独）　11
価値中立性　value neutrality　131
学会　academic association　48
学期制度　academic calendar　480
学級　class　390
学級規模　class-size　646
学級規律　discipline in the classroom　373
学級経営　classroom management　576
学級社会学　sociology of classroom　154,155
学級制　classroom system　428
学級崩壊　classroom dysfunction　576
学校　school/Schule（独）　150,392,396
学校安全　school safety　582
学校インターンシップ　school internship　418
学校外教育　extraschool education　308
学校改善　school reform　430
学校改善研究　school improvement research　624
学校から職業社会への移行　school-to-work transition　140
学校からの排除　exclusion from school　591
学校規模　school size　704
学校教育　schooling　83,366,390,392
学校教育の肥大化　expanding school function　420
学校行事　school event　390

学校経営　school management　428
学校効果　school effectiveness　156,598,624,646
学校支援地域本部事業　project of community school administration　518
学校支援ボランティア　school volunteer　518
学校制服　school uniform　344
学校設置条例　regulation for the establishment of schools　704
学校選択制　school choice　681,698
学校体育　school physical education　346
学校段階　school stage　378
学校知　school knowledge　368,386
学校という社会的装置　school as a social device　370
「学校統合に関する実証的研究―基準と対策」　empirical study on school merger: standards and measures　705
学校統廃合　school consolidation　379,700,704
学校における排除　exclusion within school　591
学校の適正規模　optimal size of school　704
学校評価　school evaluation　681
学校評議員制度　school council system　518
学校評議会　school council　300
学校不適応　school maladjustment　379
学校文化　school culture　215,353,369,398,575,579
活字　printing type　712,713
合唱　choir　391
葛藤（理）論　conflict theory　6,26,28,74,81,135,156,374,388,612,617,633,643,654
葛藤論的社会観　conflict model　544
家庭　home　396
課程化　curricularisation, -zation　382
家庭教育　family education　288
家庭裁判所　family court　550
家庭裁判所調査官　family court research law clerk　550
家庭内投資　home investment　308
家庭の教育責任　parental responsibility on education　288
家庭背景　family background　646
カーネギー教育振興財団　Carnegie Foundation for the Advancement of Teaching　45
加熱　warming-up　87,351
ガバナンス　governance　152,492
下部構造　base　102
家父長制　patriarchal authority　294
カーメル・レポート　Karmel Report　135,160
カリキュラム　curriculum　342,382,386,417,692
カリキュラム社会学　sociology of curriculum　154,155

カリキュラム政策　curriculum policy　692
カリキュラムの社会学　sociology of curriculum　382
カリスマ的教育　charismatic education/charismatisch Erziehung(独)　45
カリスマ的支配　charismatic authority/charismatisch Herrschaft(独)　45,88,372
カリスマ的パーソナリティ　charismatic personality　495
カルチュラル・スタディーズ　cultural studies　136,145,226,363,744
カルチュラル・レジスタンス論　cultural resistance　158
加齢　aging　21
環境管理型権力　kankyo-kanrigata-kenryoku　375
環境教育　environmental education　766
関係モデル　relation model　574
還元主義　reductionism　547
韓国　Korea　156
韓国の教育社会学　Korean sociology of education　156
観察可能性　observability　217
観察データ　observational data　184
感受概念　sensitizing concept　203,446
間主観性　intersubjectivity　441
感情　emotion　83
感情管理　emotion management　256
感情規則　feeling rules　256
感情社会学　sociology of emotion　256
感情の共同体　emotional communities　391
感情労働　emotional labor　**256**
間接経費　indirect cost　491
完全競争市場　perfectly competitive market　650
感度分析　sensitivity analysis　183
官民協働海外留学支援制度　Japan Public-Private Partnership Student Study Abroad Program　755
管理教育　kanri kyoiku　434
官僚型モデル　bureaucratic model　492
官僚制　bureaucracy　88,93,367
官僚政治モデル　bureaucratic politics model　684
官僚制組織　bureaucratic organization　421
官僚制的教育　bürokratisch Erziehung(独)　45
官僚制的パーソナリティ　bureaucratic personality　495
官僚制的パラダイム　bureaucratic paradigm　495
官僚制の逆機能　dysfunction of bureaucracy　89
官僚制論　the theory of bureaucracy　372

記憶の共同体　shared-memory communities　391
機械的連帯　mechanical solidarity/solidarité mécanique(仏)　44,260
機会の平等　equality of opportunity　75,85, 602,610,626
機会費用　opportunity cost　470
機会不平等　inequality of opportunity　135,599
機関補助　direct funding of institutions　490
基幹労働力　core labor force　774
危機に立つ国家　nation at risk　135
危機に瀕している言語　endangered language(s)　781
企業(家)的大学　entrepreneurial university　491,492
企業内教育（OJT）　on the job training　530, 657
企業内訓練　training within industry　530
危険社会　risk society　113
気候変動　climate change　767
帰国生　returnee/kikokushijo　377,778
キー・コンピテンシー　key competency　495, 528,693,694
儀式　ceremony　391
疑似市場　quasi-market　490
技術的機能主義　techno-functionalism　80
技術的機能理論　technical-function theory　616
基準カテゴリー　reference category or omitted category　187
規制緩和　deregulation　6,682
偽装　fabrication　417
機能　function　78
機能構造主義　functional-structuralism　80
機能主義　functionalism　6,28,30,36,42,53,71, 74,78,330,654
機能主義的アプローチ　functionalist approach　143
機能主義理論　theory of functionalism　28,74, **78**,654
機能的等価　functional equivalent　79
機能不全　dysfunction　14
機能要件　functional requirement　78
規範　norm　35,306
規範理論　normative theory　53
寄付金　contribution, donation, gift　491
規模の経済　economies of scale　491
基本財産　endowment　491
基本的信頼　basic trust　269
義務教育　compulsory education　370,371,379, 700
義務教育費国庫負担金　national treasury's share of compulsory education expense　665
逆機能　dysfunction, malfunction　14,75,79

逆差別　reverse discrimination　627
虐待　abuse　**588**
客観主義　objectivism　206
キャリア教育　career education　21,658
キャリア形成　career development, career formation　353,356,**442**,483
キャンパスアジア　CAMPUS Asia　770
吸収合併　absorption　704
旧制専門学校　vocational school under the old educational system　452
旧制中学校　middle school under the old educational system　452
級内相関係数　intra-class correlation coefficient　193
給付型奨学金制度　student grant　669
給付奨学金　scholarship, student grant, bursary　490,667
教育　education/Bildung（独）　150,596,633
教育アスピレーション　educational aspiration　628
教育委員　a member of board of education　688
教育委員会制度　board of education　**688**
教育改革　education reform　**18**
教育改革国民会議　central council for education　412
教育科学　educational science/Erziehungswissenschaft（独）　151
教育科学論争　educational science dispute　49
教育学　educationl research, pedagogy/Pädagogik（独）　4,**50**,150,433
教育格差　inequality in educational opportunity and academic achievement　156,556
教育拡大　educational expansion/Bildungsexpansion（独）　152,615
教育家族　education-oriented family　297
教育課題　educational issue　**450**
教育活動とICT・メディア　ICT and media in education　**726**
教育課程　（official, regulated）curriculum　382,692
教育機会　educational opportunity　156,**470**,557,618
教育機会格差　inequality of educational opportunity　**616**,**620**,622
教育機会均等　equality of educational opportunities　18,28,378,490,646,668
教育機会の男女間・地域間格差　gender and regional differences in educational opportunity　**618**
教育機会の平等　educational inequality　155
教育機会の不平等　inequality of educational opportunity　596
教育基準のグローバリゼーションと質保証　global

debates on standards and quality assurance of eduction　**770**
教育基本法　Fundamental Law of Education, Basic Act on Education　342,371,**686**
教育計画論　educational planning theory　41,81
教育経済学　economics of education　470,559,632
教育「結果」の平等　"substantive" equality of education　352
教育言説　discourse of education, educational discourse　126,215,713,738
教育効果研究　educational effectiveness research　625
教育財政　educational finance　**664**
教育再生会議　national commission on educational reform　412
教育再生実行会議　the education rebuilding implementation council　412,561
教育参加　Bildungsbeteiligung　152
教育産業　education industry　636,**652**
教育システム　educational system/Bildungssystem（独）　**94**,150
教育実習　teaching practice　418
教育実践　educational practice　12,24,**354**
教育指導者講習（IFEL）　Institute For Educational Leadership　48,60
教育社会学（海外の）　overseas educational sociology　**134**
『教育社会学研究』　*The Journal of Educational Sociology*　408
教育社会学的アプローチ（インプット-アウトプットモデル）　approach from sociology of education（input-output model）　483
教育社会学の学問的性格　academic nature of sociology of education　4
教育社会学の理論　theories of sociology of education　**74**
教育上の不平等　Bildungsungleichheit（独）　151
教育消費者主義　educational consumerism　703
教育振興基本計画　basic plan for promoting education　766
教育する家族　educational family　288,309
教育する父親　educational father　289
教育政策　educational policy　**674**
教育制度　Bildungswesen（独）　150
教育達成　educational attainment　146,186,350
教育達成の男女間格差　gender difference in educational attainment　618
教育達成の地域間格差　regional differences in educational attainment　619
教育知　educational knowledge　386
教育長　superintendent　688
教育調査の標本と設計　sampling and designing

for educational surveys **172**
教育投資　investment in education　586,610
教育投資と収益率　investment in education and rate of return　**644**
教育と経済　education and economics　**632**
教育と社会　education and society　57
教育と職業　education and work　483
教育トリアージ　educational triage　183
教育における政策決定過程　decision process in education policy　**684**
教育における男性研究の視点　educational research from the perspective of masculinities　330
教育によるメリトクラシー　education-based meritocracy　600
教育の再編　restructuring　140
教育のポリティクス　educational politics　675
教育バウチャー　educational voucher　115
教育爆発　educational explosion　146
教育費　educational expenditure　**666**
教育文化　educational culture　**744**
教育ママ　education mother　309
教育問題　social problem on education, educational problem　5,14,54,538,554
教育世論　public opinion on educational matters **738**
教育臨床の社会学　clinical educational sociology 25,**34**
教育老年学　educational gerontology　514
教育論　pedagogy　24
教員育成協議会　collaborative teacher education with local communities　412
教員育成指標　teacher education standards 412
教員組合　teacher's union　**422**
教員研究　teacher research　448
教員需給　demand and supply of school teacher **424**
教員政策　teacher policy　412
教員の勤務評定　work performance evaluation of teachers　686
教員の専門性／専門職性　teachers' professionality/professionalism　25
教員控所　teachers resting room　428
教員評価　teacher evaluation, evaluation of teacher performance　410,413,**416**,431
教員文化　culture of teaching　398,410,421,**446**
教員免許更新制度　renewal system of teacher's license　409
教員養成　initial teacher education, teacher training　24,**414**,419,**452**
教員養成の高度化　advanced teacher training 409
教科アイデンティティ　subject identity　382

教科外活動　extracurricular activities　**384**
教科学習指導　subject educational guidance 428
教科カリキュラム　subject curriculum　693
教科教室型運営　departmentalized classroom system　428
教科指導　subject teaching　278,551
教科書　textbook　386,692
教科書検定　textbook screening, textbook approval　386,686
教科書採択　textbook adoption　387
教科書裁判　textbook suit　387
教科選好　subject preference　382
教科センター方式　departmentalized center system　428
教師　teacher　12,432
教師-生徒の相互作用　teacher-pupil interaction 30
教師期待　teacher expectations　448
教師教育　teacher education　148
教師研究　teacher research　**408**
教師効果研究　teacher effectiveness research 625
教師聖職者論　teachers as sacred profession 438
教師中心型　teacher-centered　217
教師の「資質能力」　quality of teachers　430
教師の指導力　the leadership ability of teachers 433
教師のストラテジー　teacher's strategy　389, 411
教師のメンタルヘルス　teacher's mental health 420
教師の燃え尽き　teacher burnout　**584**
教師文化　culture of teachers and teaching　355
教授-学習過程の社会学　sociology of teaching and learning　**388**
教職員団体　teachers' union　421
教職課程　teacher training course　41,60
教職課程・実験講座　teacher training course, chair in experimental course　60
教職専門性論　discussion on professionality of teachers　**430**
教職大学院　professional school for teacher education　13,409
教職調整額　teaching adjustment　421
矯正　correction　278,550
矯正教育課程　correctional training courses 551
矯正施設　correction institution　550
業績原理　meritocracy　84,495
業績主義（メリトクラシー）　meritocracy　46, 75,80,85,114,146,187,308,310,353,559,

596,**600**,602,616

業績・成果主義　management by results　681

業績測定　performance measurement　681

競争移動　contest mobility　380,614

協調性　cooperativeness　751,777

協働　collaboration　34,235

共同学習　collective learning　512

共同性　communality cooperativity　368,**390**

協働性　collaboration　428,430

共同統治　shared governance　492

教養教育　liberal arts education, general education　472,479

教養メディア　cultural media　713,**742**

拒否権プレーヤー　veto player　684

規律訓練　discipline/discipline(仏)　109,119,259,392

規律の精神　esprit de discipline　45

儀礼　ritual　21,390

近親姦　incest　361

近代　modernity　494

近代化　modernization　**44**,70,460,612

近代家族　modern family　273,286,290,**296**,316,320

近代化論　modernization theory　36

近代教育　modern education　126

近代社会　modern society　252,616

緊張理論　strain theory　544

勤務環境と労働　work and working condition　**420**

禁欲的性教育　abstinence-only-until-marriage education　358

近隣効果　neighborhood effect　591

偶発的学習　incidental learning　501

クォータ制　racial quota　627

供犠　sacrifice　560

クライシス・マネジメント　crisis management　429

グラウンデッド・セオリー　grounded theory　210

クレイムメイキング（クレイム申し立て）claims-making　130,539

グレート・ギャツビー曲線　great gatsby curve　611

クロスセクショナルデータ　cross-sectional data　180

クロス表　cross tabulation table　166,188

クロス表分析　cross tabulation and Its Extensions　**188**

グローバル・アクション・プログラム　global action programme　767

グローバル化（グローバリゼーション）globalization　7,77,93,118,**120**,160,221,

376,495,**496**,694,**748**,772,**778**,780

グローバル教育要覧　global education digest　752

グローバル経済化　globalization　136

グローバル・コンピテンス　global competence　529

グローバル・シティズンシップ教育　global citizenship education　764

グローバル人材育成推進事業　project for promotion of global human resource development　750

訓練可能性　trainability　494

訓練された無能力　trained incapacity　373

ケア　care　394

ケアラーとしての男性　men as carers　289

経験科学　empirical science　122

経験学習　experiential learning　501,508

経験カリキュラム　experience curriculum　693

経験主義　experimentalism/empiricism　692

傾向スコア・マッチング　propensity score matching　169,183

経済学・哲学草稿　Economic and Philosophic Manuscripts of 1844　102

経済協力開発機構（OECD）Organisation for Economic Co-operation and Development　350,352,394,445,495,497,505,528,531,679,761,773,774

経済資本　economic capital　307,559

経済社会の発展を牽引するグローバル人材育成支援　global human resource development support to lead the economic and social development（Go Global Japan Project）755

経済成長　economic growth　633,**648**

経済ナショナリズム　economic nationalism　135

計算可能性　calculability　88,372

形式的平等　formal equality of opportunity　28

継承語　heritage language　781

継承語教育　heritage language education　779

経常費補助金　subsidies for ordinary costs　665

継続職業教育　berufliche Weiterbildung(独)　153

携帯電話　mobile phone　730

系統主義　systematism, logicism　692

ケイパビリティ　capability　118

ケイパビリティ・アプローチ　capability approach　679

啓蒙の弁証法　Dialektik der Aufklärung(独)　103

計量分析　quantitative methodology　**166**

ケインズ主義　Keynesianism　92

結果の平等　equality of result, equality of out-

come　75,85,601,610
結果の不平等　inequality of result　599
結婚タイミング　marriage timing　302
結婚と学歴　marriage and education　**302**
ゲームの規則　Spielregel（独）　151
限界集落　marginal village　593
研究助成金　research grant　491
研究対象　research subject　66
研究と知の生産　research and knowledge production　**486**
健康　health　644
言語教育　globalization and language education　**778**
言語ゲーム　language game/Sprachspiel（独）/jeux de langage（仏）　108,212
言語権　linguistic rights　779
言語コード　linguistic code, socio-linguistic code　135,147,253,369,396
言語コード理論　language code theory　98
言語政策　language policy　778
言語帝国主義　linguistic imperialism　781
言語と社会化　language and socialization　**262**
言語論的転回　linguistic turn　123,126,202,212,220
現在価値　present value　640
顕在的機能　manifest function　79
現象学　phenomenology　6,388
現象学的社会学　phenomenological sociology　58
言説　discourse　270,441
言説研究　discourse studies　36
言説的実践　discursive practice　127
言説分析　discourse analysis　124,126,136,202,218
現代家族と教育　modern family and education　**286**
限定コード　restricted code　47,98,246,396,397
権力　power/pouvoir（仏）　109,145,**386**
権力＝知　pouvoir-savoir（仏）　218

行為についての省察　reflection-on-action　13
行為連鎖　sequence organization　215,216
合意論的社会観　consensus model　544
公開大学　open university　743
公害反対運動　fmovement against industrial public health hazards　512
高学歴　high level education　156
高学歴化　popularisation of higher education　635,**654**
効果のある学校　effective school　389,451,559,624
効果量　effect size　169

後期近代　late modernity　505
後期近代社会　late modern society　**112**
公教育　public education　366,522,664
公共圏　public sphere　675
公共職業訓練　public vocational education and training　530
公共性　publicness　**676**,678
公共選択論　public choice theory　680
合計特殊出生率　total fertility rate　592
高校格差　high school streaming　568
高校からのトランジション　transition from high school　404
高校教育の現代的諸相　modern aspects of high school education　**402**
高校教育の量的拡大と質的変容　expansion and transformation of high school education　**400**
高校中退　high school leaving school in midcourse　8
高校における生徒指導　student guidance in high schools　**434**
高校魅力化　high school *miryokuka* project　403
講座・学科目制　chair system, department subject system　41
公式統計　official statistics　554
向社会的行動　prosocial behavior　735
工場　factory　392
恒常所得　permanent income　610
交渉の解釈　negotiated reading　227
公正　equity, equality, justice　376,**678**,694
構成主義　constructivism　508
公正としての正義　justice as fairness　603
公設民営学校　public build and private operate school　696
構造　structure　30,83
構造化　structuration　83
構造機能主義　structional functionalism　26,78,135,138,156,158,440
構造機能主義パラダイム　structural functional paradigm　244
構造効果　structural effect　31
構造主義　structuralism　103,202
構造調整　structual adjustment　772
構造のカップリング　structural coupling　95
構造のゆるさ　structural looseness　372
構造方程式モデリング　structural equation modeling　173,**194**
高大接続問題　high school to college articulation　**472**
構築主義　constructionism　15,23,27,34,36,126,**130**,544
構築主義的アプローチ　constructionist approach　561

高等学校等就学支援金 high school enrollment subsidy 665
高等教育 higher education 460，**482**，597，748
高等教育機会 opportunity for higher education 466，470
高等教育圏 higher education zone 771
高等教育研究 higher education studies in Japan **456**
高等教育システム higher education system **462**
高等教育政策 higher education policy **466**
高等教育の機会均等 equal access to higher education 490
高等教育の市場化 marketization of higher education 490
高等教育の大衆化 massification of higher education 464
高等教育の多国間協力 multilateral cooperation of higher education 770
高等教育のユニバーサル化 universalization of higher education 467
高等教育論的アプローチ（プロセスモデル） an approach from higher education research（process model） 483
高等師範学校 higher normal school 452
高等女学校 girl's high school 452
高等職業教育 vocational higher education, higher vocational education and training 482
高等専門学校 college of technology 482
高度経済成長 high economic growth 54
高度経済成長期 high economic growth period 494
高度職業人養成 advanced professional training 489
合法的支配 leagal authority/legale Herrschaft（独） 45，372
公民館 citizens' public hall 510
公民権運動 civil rights movement 626
公民権法 Civil Rights Act of 1964 627
項目反応理論（ラッシュモデル） item response theory（Rasch model） 140，169，178
公用語 official language 779
「公立小学校・中学校の適正規模・適正配置等に関する手引の策定について」 on mapping out guidelines for optimal size and allocation of primary and middle schools 704
「公立小・中学校の統合方策についての答申」（1956 年 11 月） report on the measures of school merger of public primary and middle schools 705
合理的官僚制 rational bureaucracy 88
合理的な教育学 rational pedagogy/pédagogie rationnelle（仏） 107

合理的行為者モデル rational actor model 684
合理的神話論 rational-myth theory 91
合理的選択理論 rational choice theory 168，617
合理的配慮 reasonable accommodation 435，709
高齢者 older adult 514
高齢者大学 senior college 515
高齢者特有の教育的ニーズ educational needs of older people 515
高齢者の学習 learing of the elderly **514**
コーオプ教育 co-op education, cooperative education 660
故郷喪失者 homeless mind 250
国際 NGO International NGO 764
国際化 internationalization 496，748
国際学力調査 international learning assessment **774**
国際学力評価学会 International Evaluation Association 178
国際機関 international organizations **760**
国際教育協力 international cooperation in education 760，762，764
国際教育協力懇談会 advisory committee for international cooperation in education 763
国際教育交流政策懇談会 advisory panel for intenational educational exchange policy 748
国際教育到達度評価学会 International Association for the Evaluation of Educational Achievement 774
国際教員指導環境調査（TALIS） Teaching and Learning International Survey 178，356，420，449
国際競争力 international competitiveness 749
国際共通語としての英語教育 English education as an international common language **780**
国際結婚と子育て intermarriage and child care **322**
国際数学・理科教育動向調査（TIMSS） Trends in International Mathematics and Science Study 178，381，449，528，558，774
国際成人リテラシー調査（IALS） International Adult Literacy Survey 529
国際成人力調査（PIAAC） Programme for the International Assessment of Adult Competencies 178，529
「国際的な子の奪取の民事上の側面に関する条約」（ハーグ条約） Convention on the Civil Aspects of International Child Abduction（The Hague Convention） 323
国際読解力調査（PIRLS） Progress in International Reading Literacy Study 178，528
国際バカロレア（IB） International Baccalaur-

eate 750,**768**,778

国際バカロレア機構（IBO） International Baccalaureate Organization 768

国際比較分析 international comparative studies **178**

国際標準教育分類 International Standard Classification of Education 462

国際理解教育 international understanding education 377

国籍 nationality 579

国籍法 nationality act 323

獄中ノート Prison Note books 103

国費外国人留学生 Japanese government scholarship students 762

国民 nation 392

国民議会 Assemblée nationale（仏） 46

国民国家 nation-state 120,386,392,460,778

国立大学の法人化 incorporation of national university 493

国連環境開発会議（UNCED） United Nations Conference on Environment and Development 766

国連教育科学文化機関（UNESCO） United Nations Educational, Scientific and Cultural Organization 394,723,760,764,766

国連持続可能な開発のための教育の10年 UN Decade of Education for Sustainable Development 766

国連児童基金（UNICEF） United Nations Children's Fund 760

誇示的消費 conspicuous consumption 46

個人化 individualization 7,71,113,246,275, 297,309,318

個人志向家族 person-oriented family 287

コスト・シェアリング cost sharing 490,772

子育ち支援 child growth support 319

子ども・子育て支援 child and child care support new system 313

子育て支援 child care support **312**

子育て支援政策 family-friendly policy 305

子育てと家庭教育の社会史 social history of parental care **290**

子育て不安 anxiety of childrearing 586

誇張された女性性 emphasized femininity 332

国家学位資格枠組 national qualifications framework 482

国境を超えた高等教育の質保証ガイドライン Guidelines for Quality Provision in Cross-border Higher Education 485

国境を越える移動 transnational migration 579

Cox回帰モデル Cox model 190

固定効果モデル fixed effects model 182,187, 190

子ども child, children 215,217,272

子どもオンブズ ombudsperson for children's human rights 301

子ども買春 child prostitution 580

子ども中心主義 child-centered ideology 286, 297

子どもと悪 evil for child 276

子どもの遊びとニューメディア children's play and new media 728

子どもの虐待 child abuse 588

子どもの規律化 disciplinization of child 373

子どもの健康・病理 children's health and pathology 732

子どもの権利条約 Convention on the Rights of the Child 574,756

子どもの自殺 suicide by children **554**

子どもの生育環境 children's growing environment 716

子どもの生活空間 children's life space 520

子どもの売春 child prostitution 580

子どもの発見 discovery of childhood 272

子どもの疲労度 fatigue degree of children 705

子どもの貧困 child poverty 289,695

子ども文化 children's culture 215

コーホート cohort 21

ゴミ箱モデル garbage model 684

コミュニケーション communication 713,**730**

コミュニケーション空間 communication space 712

コミュニティ community 502

コミュニティ・エンゲージメント community engagement 517

コミュニティ学習センター（CLC） community learning centre 533

コミュニティカレッジ community college 504

コミュニティ教育 community education 511

コミュニティ・サービス community service 517

コミュニティ・スクール community school 415,519

コミュニティ通訳 community interpretation 779

雇用システム Beschäftigungssystem（独） 150

コールマンレポート Coleman report 135,183, 575,624,627,635,646

コロニアリズム colonialism 204,209

混合研究法 mixed methods research 173, **236**,625

コンサマトリー consummatory 27

コンサマトリー化 consummatorization 434

コンピテンシー competency 495,528

コンピテンス competence 430

コンピュータゲーム computer game 728

■さ

再帰性　reflexivity　12,113
再帰的　reflexive　234
再帰的な近代化　reflexive modernization　71,113,251
再現性　reproducibility　177
財・サービス　goods　650
最小二乗法　ordinary least squares　186,610
再生産　reproduction/Reproduktion（独）　47,53,151,259,495,676
再生産戦略　reproduction strategy/stratégie de reproduction（仏）　107
再生産論　reproduction theory　26,96,101,114,328
在日外国人の学習　learning of foreign residents in Japan　524
在日韓国・朝鮮人　ethnic Koreans in Japan（または Zainichi）　376
才能予備軍　Begabungsreserve（独）　152
サイバー空間　cyberspace　393
再分配　redistribution　93
再文脈化　recontextualization　105,446
再魔術化過程　re-enchantment　89
差異モデル　difference model　574
サバイバル・ストラテジー　survival strategy　435,450
サービス化　service-oriented　495
差分の差分分析　difference in differences design　182
差別　discrimination　119,626
差別問題　discrimination problems　574
差別論　theories on discrimination　119
作法　mannars　258
サマーヒル・スクール　summerhill school　522
三気質　san kishitsu　452
産業化　industrialization　44,612
産業化仮説　(the liberal theory of) industrialism hypothesis　178
産業化命題　industrialization thesis　101
産業主義　industrialism　608
残差　residual　186
残差の独立性　independence of residual　192
三省合意　three ministories agreement　658
散布図　scatter plot　186
三位一体の改革　the trinity reform　690
参与観察　participant observation　59,231,389

ジェネラティヴィティ　generativity　443
ジェネラル・エデュケーション　general education　478
ジェロゴジー　gerogogy　507
ジェンダー　gender　114,148,156,159,160,253,292,**326**,**334**,**346**,**348**,**350**,362,409,533
ジェンダー・アイデンティティ　gender identity　341,345
ジェンダー・カテゴリー　gender category　341
ジェンダー・ギャップ指数　gender gap index　445
ジェンダー・コード　gender code　338
ジェンダー秩序　gender order　**294**,346,353
ジェンダーとインターセクショナリティ　gender and intersectionality　**334**
ジェンダーと人種・エスニシティ・階層等変数の交差　the intersection of gender, race, ethnicity and class　361
ジェンダーと文化的再生産　gender and cultural reproduction　**338**
ジェンダー・トラック　gender track　353,357,575
ジェンダーに敏感な視点　gender-sensitive perspective　355
ジェンダーの越境　crossing the gender boundary　341
ジェンダー・バイアス　gender bias　340,351
ジェンダー・ハビトゥス　gender habitus　339
ジェンダー平等教育　gender equality education　355
ジェンダー不均衡　gender imbalance　356
ジェンダー・フリー保育　gender equality in child care and education　341
ジェンダー問題　gender issue　442
ジェンダー類別　gender classification　338
ジェンダー枠づけ　gender framing　338
資格社会　credential society　75,140
シカゴ学派　Chicago school of sociology　129,159,202,208,212,544
識字教育　literacy education　263,524
シグナリング　signaling　633,650
シグナリング理論　signaling theory　81,**642**
時系列データ　longitudinal data　180
刺激欲求傾向測定尺度　sensation seeking scale　729
試験検定　official certification of teachers　452
資源配分　resource allocation　739
自己解放　empowerment　227
自己啓発　self-help, self-development　**270**,530
自己決定学習　self-directed learning　506
自己再帰性　self reflective　209
自己再生産　autopoiesis　80
自己社会化　Selbstsozialisation（独）　151,275
自己責任　self-responsibility　6
自己変容　self-transformation　277
自己本位的　égoïste（仏）　45
『自殺論』　Le suicide（仏）　45
私事化・個人化　privatization　309

事実論　Sein（独）　10
市場　market　650
市場化　marketization　457
市場原理　market mechanism　5
市場と教育　market and education　**650**
市場の均衡　market equilibrium　650
市場の失敗　market failure　650
シスジェンダー　cisgender　361
システム・構成主義理論　systemisch-konstruk-
　　tivistische Theorie（独）　151
システム合理性　system rationality　80
システム内在的差別　systemic discrimination
　　357
システム理論　Systemtheorie　152
死生観の教育　educational views on life and
　　death　**282**
施設内処遇　institutional treatment　550
自然減　a natural population decline　704
自然言語　natural language　262
持続可能性のための教育　education for sustain-
　　ability　766
持続可能な開発　sustainable development　766
持続可能な開発に関する世界首脳会議　World
　　Summit on Sustainable Development　766
持続可能な開発のための教育　education for sus-
　　tainable development　763,766
持続可能な開発目標　sustainable development
　　goals　533,767
持続可能な社会　sustainable society　526
持続可能な未来のための教育　education for sus-
　　tainable futures　766
しつけ　discipline　217,**252**,287,306,**344**
実験講座・実験学科目　chair in experimental
　　course・subject in experimental course　61
実質的平等　substantive equality of opportunity
　　28
実証科学　empirical science　**10**
実証主義　positivism　53,202
実践コミュニティ　community of practice　509
実践知　practical knowledge　**12**
実践的指導力　practical teaching ability　413
質的調査（研究）　qualitative research　7,142,
　　202,230,236,551
質的方法　qualitative method　389
質保証　quality assurance　484,747,771
質保証の変化　changing of quality assurance
　　484
質問紙調査　questionnaire survey　166
シティズンシップ　citizenship　7,121,326,677
シティズンシップ教育　citizenship ecucation
　　706
私的便益　private benefit　650
史的唯物論　historical meterialism　102

児童買春　child prostitution　580
指導が不適切な教師　a teacher whose guidances
　　are unsuitable　432
児童虐待　child abuse and maltreatment　588,
　　629
児童虐待の防止等に関する法律（児童虐待防止法）
　　Act on the Prevention, etc. of Child Abuse
　　588
児童自立支援施設　children's self-reliance sup-
　　port facility　550
児童相談所　child guidance center　588
児童の権利に関する条約　Convention on the
　　Rights of the Child　323
指導の文化　*shidou* culture　434
児童扶養手当　childcare allowance　304
児童養護施設　children's home　629
指導力不足　lack of skills and abilities as a
　　teacher　576
ジニ係数　Gini coefficient　611
士農工商　four social classes in Japanese feudal
　　society: warriors, farmers, artisans, and
　　merchants　46
支配的-ヘゲモニー的な解釈　dominant-hegem-
　　onic reading　227
師範学校　normal school　452
師範学校令　the normal school order　452
師範タイプ　normal school type teacher　438,
　　452
死への準備教育　death education　283
資本主義　capitalism　92,102,114
資本の総量　volume of capital　559
市民活動　citizens' activities　512
市民社会　civil society　**764**
市民性　citizenship　81
四民平等　equality of the four classes　46
地元志向　local orientation　619
社会移動　social mobility　220
社会化　socialization/Sozialisation（独）　4,**82**,
　　150,215,217,244,252,261,**306**,328,340,
　　352,380,394,396,520,551
社会階層　social class, social stratification, social
　　stratum/soziale Klasse（独）　150,351,448,
　　470,598,604,607
社会階層と社会移動全国調査（SSM）　Social
　　stratification and Social Mobility　167,449,
　　596,609,611
社会階層の移動　social stratification and mobility
　　155
社会化エージェント　agent of socialization
　　314,396
社会科学　social science　11
社会学　sociology/Soziologie（独）　4,151
社会格差論　social disparity　309

社会学的方法の規準　Les règles de la méthode sociologique（仏）　44

社会関係資本　social capital/capital social（仏）　99,107,526,559

社会教育　social education　500,506,**510**

社会教育施設　facilities for social education　510

社会教育法　Social Education Law　510

社会経済的指標　socioeconomic index of occupation　609

社会経済的地位　socioeconomic status　448

社会減　social decline　704

社会言語学　sociolinguistics　779

社会現象　social phenomenon　214,216

社会構造　social structure　30,214,216,234

社会構築主義　social constructionism　202,212,218,291,331,549,555

社会史　social history　53,202,290

社会システム　social system　78

社会集団への愛着　attachment aux groupes　45

社会主義　socialism　102,115

社会進化　social evolution　78

社会人基礎力　fundamental competencies for working persons　777

社会全体の便益　social benefit　650

社会的　social　160

社会的アイデンティティ　social identity　145

社会的事実　fait social　44

社会的出自　sozialer Herkunft（独）　150

社会的性格　social character/Sozialcharakter（独）　151,245

社会的責任　social responsibility　33

社会的地位　social status　495

社会的地位達成　social status attainment　557

社会的排除　social exclusion　93,**118**,318,565,575,591,756

社会的包摂　social inclusion　318,575

社会統合　social integration　682

社会統制　social control　367,**374**

社会内処遇　community-based probation　550

社会の不平等（社会的不平等）　soziale Ungleichheit（独）　150

社会福祉学　social welfare　29

社会分業論　De la division du travail social（仏）　44

社会変動　social change　366,503

社会保障　social security　92

社会問題　social problem　554

社会問題の社会学　sociology of social problems　15

若年非正規雇用者　young non-regular employee　606

写像理論　picture theory of meaning　123

ジャーナリズム　journalism　**32**

ジャーナル共同体　journal community　66

自由　freedom, liberty　248

収益率　rate of return　640

重回帰分析　multiple regression analysis　186

就学援助　school expense subsidies　590

就学前教育　preschool education　**394**

集合調査　collective survey　172

集合表象　collective representation/représentation collective（仏）　44,261

就職活動　job hunting　494

就職協定　recruitment agreement for college graduates　658

従属学派　dependency theory　102

従属的男性性　subordinated masculinity　333

従属変数　dependent variable　78

縦断調査　longitudinal survey　182,448

集団的遊び　group play　521

縦断データ　longitudinal data　190

縦断データ分析　longitudinal data analysis　**190**

集団本位的　altruiste（仏）　45

自由度　degree of freedom　192

柔軟なパラダイム　flexible paradigm　495

修復　repair　216

住民運動　citizens' movement　512

重要な他者　significant others　167

柔連結性　loosely-coupled　372

受益者負担主義　levy on beneficiary　739

授業会話　classroom talk　216

授業研究　lesson study　381

授業の社会学　sociology of teaching　154

授業料　tuition　490

授業料減免　tuition waiver　667

熟達者　expert　12

受験競争　competition in entrance examinations　54

受験体制　college entrance exam system　442

主成分分析　principal component analysis　196

主体　subject　392

出産育児一時金　lump-sum birth allowance　305

出自　origin　600

出身階層　social background　453

出版　publishing　362

主婦　housewife　297,363

需要　demand　650

受容理論　reception theory　742

準公共財　quasi-public goods　665

準市場　quasi-markets　680

順序ロジット・モデル　ordered logit model　187

順番交替　turn-taking　214,216

ジョイント・ディグリー　joint degree　496

小1プロブレム　first-grade problem　396,397,

事項索引　867

577
障害　disabilities　334
生涯学習　lifelong learning/Lebenslanges Lernen（独）　153, 156, 160, **500**, 505, 511, 526, 532, 543, 616
生涯学習センター　lifelong learning center　511
生涯教育　lifelong education　5, 500, 504, 511, 543
障害児　children with disability　377
障害児教育　special needs education　217
障害者権利条約　Convention on the Rights of Persons with Disabilities　708
障害の社会モデル　social model of disability　709
奨学金　scholarship　668
奨学金制度　scholarship system　569
上級学校　weiterführende Schule（独）　151
状況的学習　situated learning　507, 508
状況の定義　definition of situation　129, 450
少子化　declining birthrate　312, 379, 395
少子化問題　problem of declining birth rate　592
正直モラル　moral of honesty　276
少子高齢化　decreasing birthrate and aging population　54
少子高齢社会　aged society with a declining birthrate　306
上昇婚　hypergamy　322
小説　novel　715
小中一貫教育　integrated system of primary and junior high schools　**700**
小中学校の規模の標準　standard of school size of primary and middle schools　704
象徴的相互作用主義　symbolic interactionalism　58
象徴的（シンボリック）相互作用論　symbolic interactionism　27, 247, 388, 440
象徴闘争　symbolic struggle/lutte symbolique（仏）　621
象徴暴力　symbolic violence　83, 620
承認　recognition　93
承認欲求　desire for recognition　275
少年院　juvenile training school　278, 550
少年鑑別所　juvenile classification home　550
少年矯正　juvenile correction　**550**
少年審判　hearing and decision of the family court　550
少年法　Juvenile Act　548, 550
消費財（としての子ども）　tresured child　586
消費社会　consumer society/société de consommatio（仏）　70, 307, **320**, 393
消費と生活に関する家計パネル調査　Japanese Panel Survey of Consumers　611

上部構造　super-structure　102
情報化　information-oriented　70, 495
情報格差　digital divide　723
情報公開請求　information request　174
情報弱者　information have-nots　779
情報消費社会　information-driven consumer society　321
情報通信技術　information and communication technology　712
情報の非対称性　asymmetry of information　642, 651
情報保障　information and communication support　779
職員室　teachers' room　**428**
職業　occupation/Beruf（独）　150, 596
職業威信スコア　occupational prestige score　604, 609
職業機会　occupational opportunity　557
職業教育　vocational education/Berufsbildung, beruflichen Bildung（独）　148, 150, 160, 482
職業訓練法　Vocational Training Act　531
職業資格　vocational qualification　482
職業指導　vocational training　278, 551
職業人養成　fostering professionals　**482**
職業人養成プログラム　program for fostering professionals　482
職業的特殊性　vocational specificity　179
職業的レリバンス　vocational relevance　483
職業統合的学習（WIL）　Work Integrated Learning　660
職業としての学問　Wissenschaft als Beruf（独）　45
職業に関する国際標準社会経済的地位指標　a standard international socio-economic index of occupational status　605
職業に関する社会経済的地位指標　socioeconomic index of occupational status　604
職業能力開発　human resources development　**530**
職業能力開発促進法　Human Resources Development Promotion Act　531
職業への移行　transition to work　657
植民地　colony　778
職務遂行能力　competencies for performing one's job tasks　482
女子高等教育　woman's higher education　483
女児選好　girl preference　340
女子体育　girls' physical education　346
叙事的演劇　epic theatre　264
女性学　women's studies　327, 330
女性教師　women teacher　**444**
女性校長　women principals　356
女性占有軌道　female track　352

所属階級　class destination　187
初等中等教育の国際比較　international comparisons of primary and secondavy education　**380**
所得　income　596,**610**
所得格差　income inequality　610
所得連動型ローン　income contingent loan　490
所得連動返還型奨学金制度　income contingent student loan　669
初年次教育　first-year experience　378,479
シラバス　syllabus　480
自律　autonomy　277
自律協働性　conviviality　116
事例研究　case study　442
事例研究法　case study method　**230**
進学率　enrolment rates　352
進学率の上昇　educational expansion　186
新学力観　new view on scholastic ability　693
新規学卒一括採用（新卒一括採用）　simultaneous recruiting of new graduate　404,494
人権　human rights　377,574
人権としての教育　education as human rights　574
人権のための教育　education for human rights　574
人権問題　human rights problems　**574**
人口置換水準　replacement-level fertility　592
人工知能（AI）　Artificial Intelligence　639
人口動態　dynamics of population　291
人材確保法　*Jinzai-kakuho-hou*　421
人種　race　114,334
新自由主義の政策　neoliberal policy　42
新自由主義（ネオリベラル，ネオリベラリズム）　neoliberalism　5,77,93,115,120,136,159,221,310,379,505,672,**680**,682,695,772
新植民地主義　neocolonialism　749
心性　mentalité（仏）　83
新制度学派　new institutionalists　76,81,90,461
新制度主義　new institutionalism　**90**
新制度理論　Neo-institutionalistische Theorie　152
真正の評価　authentic assessment　727
深層演技　deep acting　256
親族関係　kinship　286
身体　body　258,344,392
身体技法　technique of body/techniques du corps（仏）　259,344,392
身体的性差　physical sex differences　346
身体的な男性優位　male physical superiority　347
新中間階級　new middle class　320
人的資本　human capital　134,158,601,620,640,644,651

人的資本論　human capital theory　6,28,81,138,610,612,622,632,**640**
進歩主義　progressivism　693
新保守主義　neoconservatism　115,674,**682**,686
シンボル　symbol　391
親密性　intimacy　**254**
信用性　plausibility　210
信用（体系）　trust system　276
信頼性　reliability　169,183,205
心理学　psychology　433
進路　course　148
進路指導　career guidance　148
進路選択　career choice　470,618
進路・ライフコースとジェンダー　Gender Inequality in the Life Course　**352**

遂行性　performativity　416
推定値　estimator　169
数学的リテラシー　mathematical literacy　774
数理・計量モデル　mathematical and quantitive model　**198**
スキル偏向的技術進歩　skill-biased technological change　81,639
スクリーニング仮説　screening device hypothesis　633,642
スクリーニング理論　screening theory（model）　28,81,612
スクーリング　schooling　720
スクール・セクシュアル・ハラスメント　sexual harassment in/at schools　360
スクールソーシャルワーカー　school social worker　29,431,519,591
スクールバスモデル　school bus model　625
スケープゴート　scapegoat　560
スターリニズム　Stalinism　102
スティグマ　stigma　93
ステークホルダー　stakeholder　468
ステレオタイプ　stereotype　759
ストラテジー　strategy　440
スーパーグローバル大学　super-global university　750
スーパーグローバル大学創成支援　Top Global University Project　755
スーパーグローバルハイスクール　super-global high school　750
スペクト・アクター　spect-actor　265
スマートフォン　smartphone, smart phone　718,728,730,732
スループット　throughput　440

西欧マルクス主義　Western-Marxism　102
成果主義　performance-based evaluation system

416

生活空間　life space　520

生活形式　forms of life　212

生活史　life history　213

生活指導　lifestyle guidance　278,551

生活集団　living group　390

生活綴り方　seikatsu tsuzurikata　591

生活保護受給率　public assistance ratio　304

生活保護世帯　welfare household　8

性教育　sexuality education　358

性教育バッシング　sexuality education backlash　580

制限従属変数モデル　limited dependent variable model　187

生権力　bio-power/bio-pouvoir(仏)　70,110,119,375

制裁　sanction　260

政策科学　policy science　16,52

政策コミュニティ　policy community　469

政策の窓モデル　policy windows model　684

政策評価と計量分析　policy evaluation and quantitative methodology　182

省察　reflection　13,431,508

省察的実践　reflective practice　508

生産関数　production function　646

政治型モデル　political model　492

政治算術　political arithmetic　135,142

政治社会学　sociology of politics　160

性自認　gender identity　341

青少年教育施設　facilities for youth education　511

生殖家族　family of procreation　286

精神医学　psychiatry　567

成人学習　adult learning　507,534

成人学習論　adult learning theory　508

成人教育　adult education　506

精神疾患　mental illness　584

成人性　Mündigkeit　150

成人のコンピテンシー　adult competency　528

成人のリテラシーとライフスキル調査（ALLS）　Adult Literacy and Lifeskill Survey　529

精神分析　psychoanalysis　266

生政治学　bio-politics/bio-politique(仏)　110

生政治論　bio-political theory　108

生存分析　survival analysis　190

生態学的誤謬　ecological fallacy　166,192

成長曲線モデル　growth curve model　191,625

成長のための基礎教育イニシアティブ（BEGIN）　Basic Education for Growth Initiative　763

性的いじめ　sexual bullying　361

性的虐待　sexual abuse　361

性的マイノリティ　sexual minority　347,580

正統化システム　legitimization system　139

正統的周辺参加　legitimate peripheral participation　501,508

正統（的）文化　legitimate culture　617,621

正統な知識　legitimate knowledge　139

生徒化　studentization　475

制度化された差別　institutionellen Diskriminierung　151

属性的地位　ascribed status　596

生徒指導　student guidance　434

制度的な会話　institutional talk　216

制度的な場面　institutionalized setting　205

制度的文脈　institutional context　179

生徒の学習到達度調査（PISA）　Program for International Student Assessment　136,150,168,178,350,353,381,389,528,558,679,694,756,774

生徒控所　student resting room　428

生徒文化　student subculture　170,348,369,398,434,475

性の二重基準　sexual double standard　360

生物学的還元主義　biological reductionism　344

生物学的決定論　biological determinism　326

生物多様性　biodiversity　767

性別二元論　gender dualism　347

性別二分法　sexual dichotomy　344

性別分業　division of labor by gender role　296

性別役割分業　gender role division, sexual division of labor　54,286,342

精密コード　elaborated code　47,98,246,396,397

性役割の社会化　socialization of sex roles　330

世界銀行　The World Bank　760,764

世界子供白書　State of The World's Children　175

世界システム　world system　772

世界システム学派　world system school　102

世界システム論　world-systems theory　91

世界人権宣言　Universal Declaration of Human Rights　772

世界貿易機構（WTO）　World Trade Organization　497,748

セカンドオフライン　second offline　719

セクシズム　sexism　350,353,445

セクシュアリティ　sexuality　161,334,358,580

セクシュアル・ハラスメント　sexual harassment　360

セクシュアル・マイノリティ　sexual minority　326

世代間移動　intergenerational social mobility　596,608,610

世代間葛藤　intergenerational conflict　280

世代間社会移動　intergenerational social mobility　616

世代間の格差の固定化　intergenerational persistence of inequality　611
世代間の勤労所得弾力性（IGE）　intergenerational elasticity of earnings　610
世代と教育　generation and education　**280**
世代内移動　intra-generational mobility　**608**
摂食障害　eating disorder　345
絶対的移動　absolute mobility　608
絶対的貧困　absolute poverty　590
切片　intercept　192
説明責任　accountability　416
説明変数　independent variable, explanatory variable　193
セメスター（制）　semester　480
セルフ・エスティーム　self-esteem　759
ゼロ・トレランス　zero tolerance　435
専業主婦　housewives　353
線型回帰モデル　linear regression　186
全国学力・学習状況調査　National Assessment of Academic Ability　168,183,557,679,694, 777
全国学力テスト　National Achievement Test　686
全国三部会　États généraux（仏）　46
戦後社会の変動　transformation of post-war Japan　**54**
潜在クラス分析　latent class analysis　167,197
潜在結果モデル　potential outcome model　184
潜在成長曲線モデル　latent growth curve model　192
潜在的機能　latent function　79,545
潜在能力　capability　603
潜在変数　latent variable　193
専修学校専門課程　professional training college　482
全制的施設　total institution　392,551
戦前の教員養成　teacher training before World War Ⅱ　**452**
戦争花嫁　war bride　322
選択バイアス　selection bias　185
先天的な能力　natural endowment, innate ability　678
選抜　selection/Selektion（独）　**86**,150
専門学校　professional training college　482
専門教育　specialized education　472
専門職　profession　488
専門職学位　professional degree　488
専門職（業）教育　professional education/Ausbildung（独）　152,488
専門職資格　professional qualification　488
専門職主義　professionalism　116
専門職大学院　professional school　460,482, 487,489

専門性　professionality　430
専門大学院　professional graduate school　489
専門的知識　professional knowledge　432
全要素生産性（TFP）　Total Factor Productivity　648
戦略的経営論　strategic management　492
戦略的計画　strategic planning　493

相関　correlation　166,**184**
相関係数　correlation coefficient　184,186
早期教育熱　aspiration for early childhood education　**586**
象牙の塔　ivory tower　468
総合的な学習の時間　multi cultural and comprehensive education　518
相互行為論　social interactionisim　544
相互作用　interaction　30,128
相互作用儀礼　interaction ritual　129
相互作用（理）論　interactionism, interaction theory　74,**128**
相互浸透　interpenetration　83
操作変数　instrumental variable　647
操作変数法　instrumental variable method　183
早修　acceleration　701
創造性・活動・奉仕（CAS）　creativity/action/ service　768
想像の共同体　imagined communities　391
相対的移動　relative mobility　608
相対的貧困　relative poverty　590
相対的貧困率　relative poverty rate　304
相対的リスク回避（RRA）　Relative Risk Aversion　168,598,623
相対的リスク回避仮説　relative risk aversion hypothesis　101,198
疎外　alienation　145
属性原理　ascription　**84**
属性主義　ascription　46
ソシオメトリー　sociometry　166
組織過程モデル　organizational process model　684
組織としての学校　school as an organization　**372**
ソーシャル・キャピタル　social capital　158
ソーシャル・ネットワーキング・サービス　social networking service　728
ソーシャルメディア　social media　33
卒業式　graduation ceremony　391
存在論　ontology　203
存在論的線引き　ontological gerrymandering　127

事項索引

■た

体育　physical education　392
体育指導　physical education guidance　278, 551
第一次効果　primary effect　622
対応原理　correspondence principle　620
対応分析　correspondence analysis　196
対応理論　correspondence theory　75, 81, 96, 139
大学　Universität, Hochschule（独）　151, 460
大学院　graduate school　460, 487
大学開放　university extension　516
大学教育の大道具・小道具　set pieces and properties for university education　480
大学教育のカリキュラム　undergraduate curriculum　478
大学教授職　academic profession　476
大学経営　university management　492
大学財務　university finance　490
大学進学率　college entrance rate　474
大学と地域　the university and the community　516
大学における教員養成　teacher training in universities　452
大学入学資格（アビトゥーア）　Hochschulzugangsberechtigung, Abitur（独）　152
大学入試　college entrance examination　472
大学の改革　reform of school　414
大学の起源　origin of universities　460
大学の機能分化　functional differentiation of higher education institutions　490
大学の国際化のためのネットワーク形成推進事業（グローバル30）　Project for Establishing Core Universities for Internationalization（Global 30）　755
大学の自治　university autonomy　461, 493
大学の世界展開力強化事業　Re-Inventing Japan Project　755
大学をめぐる力学　dynamics of higher education politics　468
待機児童　children wait-listed for nursery schools　305
耐教師性　teacher proof　143
ダイグロシア　diglossia　778
対抗的解釈　oppositional reading　227
対抗文化　counter culture　30, 399
対抗ヘゲモニー　counter-hegemony　534
第三期の大学　university of the third age　515
第三段階教育　tertiary education　462
第三波フェミニズム　third-wave feminism　363
第三身分　tiers état　46
大衆化論　massification theory　464
大衆教育社会　mass education society　564

大衆メディア　mass media　363
対数乗法モデル　log-multiplicative model　189
対数線形・非線形モデル　log-linear and log-multiplicative models　608
対数線形モデル　log-linear model　167, 188, 610
体操　physical exercises　392
対等合併　merger on an equal footing　704
ダイナミックモデル　dynamic model　625
第二外国語　second foreign languages　778
第二言語習得　second language acquisition　217
第二波フェミニズム　second-wave feminism　326, 363
体罰　corporal punishment　572
貸与奨学金　student loan　490, 667
大量情報伝達媒体　mass information transmission media　712
対話　dialogue　263
対話的構築主義　interactive-construction approach　228, 443
台湾の教育社会学　sociology of education in Taiwan　158
ダカール行動枠組み　Dakar framework for action　763
卓越性　excellence　678, 694
多言語化　multilingualization　778
多言語主義　multilingualism　781
多項トランジションモデル　multinomial transition model　199
多項ロジット・モデル　multinomial logit model　187
多次元階層分析　multidimensional class analysis　559
他者　other　247
他者開始自己修復　other-initiated self-repair　217
多重対応分析　multiple correspondence analysis　197
多水準データの分析　hierarchical data analysis　192
ただ乗り　free ride　650
立場性　positionality　209
立場の理論　standpoint theories　142
脱埋込み　disembedding　246, 251
脱学校論　deschooling　5, 116, 371, 532
脱感化　desensitization　735
脱工業化　post industrialization　93
脱工業化社会　post-industrial society　70, 601
脱構築　deconstruction　55, 70
脱商品化　de-commoditization　92
達成意欲　achievement motivation　350
脱魔術化　disenchantment　372
脱連結　decoupling　91
タテの社会化　vertical socialization　274

妥当性　validity　169,183,205
他人指向型　other-directed type　274
ダブル・ディグリー　double degree　496
ダブルバインド（二重拘束）　double bind　247,
　277
多文化化　multiculturalization　367
多文化間コミュニケーション能力　multi-cultur-
　al communicative competence　750,779
多文化教育　multicultural education　136,156,
　376,693,759
多文化共生　multicultural coexistence　**376**
多文化共生社会　multitultural society　757
多文化主義　multiculturalism　376
多文化主義教育　multicultural education　161
多変量解析　multivariate analysis　170
多様性　diversity　253,376
単位互換制度　credit transfer system　771
単位制度　credit system　480
段階的研究手順法　developmental reseach se-
　quence　211
短期高等教育　short-cycle higher education
　482
短期大学　junior college　482
探索的因子分析　exploratory factor analysis
　196
単純な近代化　simple modernization　71
男女共習　coeducational class program　346
男女共同参画社会基本法　Basic Act for Gender
　Equal Society　445
男女二元論　gender dualism　353
男女別カリキュラム　gender-specific curriculum
　342
男性運動　men's movement　327,331
男性学　men's studies　330
男性性　masculinities　331
男性性研究　masculinity studies　330
男性の権利派　the men's rights movement　333
男性ヘゲモニー　male hegemony　338
男性優位性　male dominant　357
単線型　unified (comprehensive) system　179
単線型学校体系　tiered school system　371

地位　status　84,145
地位家族　positional family　287
地域化　regionalisation　771
地域学（地元学）　regional science　512
地域学習室　community learning center　524
地域学校協働本部　administative office for com-
　munity school　519
地域活性化　promotion of regional revitalization
　403
地域コーディネーター　community coordinator
　519

地域社会　community, communal organization
　500,502
地域主義　regionalism　771
地域生活空間　community life space　520
地域づくり　community development　503,**512**
地域と学校　school and community　**518**
地域に開かれた学校　schools open to the com-
　munity　403
地域の教育力　educational power of community
　513
地位達成　status attainment　138,616
地位達成モデル　status attainment model　167,
　609
チェーン・システム　chain system　88,372
力のある学校　empowering school　624
知識　knowledge　386
知識基盤経済　knowledge-based economy　638
知識基盤社会　knowledge-based society　487,
　505,638,748,774
知識基盤社会の教育　education for knowledge-
　based society　**638**
知識社会　knowledge society　526,531
知識社会学　sociology of knowledge　142,219,
　388
知識生産　knowledge production　487
知識労働者　knowledge worker　638
父親の育児　parenting by father　**316**
父親の主体化　subjectivity of fathers　289
知的熟練　intellectual skills　530
知の理論（TOK）　Theory Of Knowledge　768
地方公共財　local public goods　665
地方交付税　local allocation tax　665
地方分権　decentralization　690
チーム学校　school as team　421,**426**
チャータースクール　charter school　115,697
チャータリング　chartering　90
中1ギャップ　culture gap of a first-year stu-
　dent in junior high school　700
中央教育審議会（中教審）　Central Council for
　Education　378,379,386,401,412,692
中華学校　Chinese school　778
中間集団　intermediate group　282
中高一貫教育　unified lower-upper secondary
　school system　**702**
中国からの帰国者家族　Japanese orphans in Chi-
　na and their family in Japan　779
中国の教育社会学　sociology of education in
　China　**154**
中等教育　secondary education　382
中等教育学校　six-year secondary school　379
中等後教育　post-secondary education, tertiary
　education　462,597
中途退学（中退）　dropout　435,471,**568**

中年期の危機　mid-life crisis　443
中範囲の理論　theory of middle-range　80
懲戒　disciplinary punishment　572
超社会化　trans-socialization　247
調整　adjustment　551
朝鮮学校　Chōsen gakkō　778
沈滞の時代　stagnant age　154
沈黙の文化　culture of silence　263

通詞　interpreters　778
通常科学　normal science　26，59
通信教育　correspondence education　713，720，724
つながり不安　connecting anxiety　731

定位家族　family of orientation　286
帝国大学　imperial university　452
ディシプリン　discipline　40
定常型社会　steady-state society　369
ディスクール　discours, discourse　70
低成長　low growth　54
ティーチング・アーティスト　teaching artist　265
ディプロマ・プログラム（DP）　Diploma Programme　768
ディプロマ・ポリシー　Diploma Policy　660
適格者主義　eligible principle　401，435
適合度指標　fit index, fit indices　193
テキストマイニング　text mining　238
テキストのバルネラビリティ　valunerability of text　211
テクスト分析　text analysis　226
デジタル数学的リテラシー　digital mathematical literacy　774
デジタル読解力　digital comprehension　774
デジタル・ネイティブ　digital native　716，731
テスト理論　test theory　559
データアーカイブ　data archive　168，176
データマイニング　data mining　238
データリテラシー　data literacy　11
データ・リポジトリ　data repository　176
デートDV　dating violence, dating abuse　361
デモシカ教師　demo-shika teachers　438
デュアル・システム　duales System　150
テレコクーン　tele-cocoon　731
テレビゲーム　video game　730，732
電子メディアと暴力・犯罪　electronic media, violence and crime　734
伝達モデル　transmission model　226
伝統指向型　tradition-directed type　274
伝統的支配　traditional authority/traditionale Herrschaft（独）　45，88，372

ドイツの教育社会学　Bildungssoziologie in Deutschland（独）　150
当為論　Sollen（独）　10
同化　assimilation　759
等価機能主義　equivalence-functionalism　80
同化主義　assimilationism　376
動機の語彙　vocabularies of motive　554
等級制　grading system　390，428
道具主義　instrumentalism　46
統合生産　joint production　491
当事者研究　Tohjisha-Kenkyu　235
同棲　cohabitation　298
同性愛者　homosexual　326
統制理論　control theory　546
到達　destination　600
道徳教育　moral education　683
道徳教育論　L'éducation morale（仏）　45
道徳的社会化　moral socialization　260
東南アジア教育大臣機構（SEAMEO）　Southeast Asian Ministers of Education Organization　761，770
東南アジア諸国連合　Association of South-East Asian Nations　749，770
透明性　transparency　491
同僚型モデル　colleagial model　492
同僚性　colleagueship, collegiality　428，443
同和教育　dowa education　377，591
独占　monopoly　650
特別活動指導　special activity guidance　278，551
独立変数　independent variable　78
閉じた社会　société close（仏）　247
図書館　library　510
読解力　comprehension　774
トーナメント移動　tournament mobility　614
トービット・モデル　tobit model　187
ドミナントストーリー　dominant story　744
トライアンギュレーション　triangulation　210
トラッキング　tracking　167，170，399，405，615
トランジション（移行）　transition　404
トランジションモデル　transition model　179
トランスクリプト　transcript　205，216，223，232
トランスナショナル高等教育　transnational higher education　753
トランスナショナルな教育戦略　transnational education strategy　309
トランスフォビア　transphobia　361
トロウ・モデル　Trow's model　464

■な

内省　reflection　234
内生性バイアス　endogeneity　646

内的一貫性　internal consistency　229
内発的発展　spontaneous development　512
内部指向型　inner-directed type　274
内部質保証　internal quality assurance　485
内部収益率　internal rate of return　470
内部補助　cross-subsidization　491
内部労働市場　internal labor market　530
内面化　internalization　244,261
仲間集団（ピアグループ）　peer group　83,245,
　　251,274,521
流れ作業　assembly-line system　372
ナショナリズム　nationalism　120,682
謎としての死　death as mystery　283
鍋蓋型組織　flat organisation like a lid of pan
　　421
ナラティブ（語り）　narrative　224
ナラティブ・アプローチ　narrative approach
　　224,509,551
ナラティブ的探究　narrative inquiry　225
ナラティブ分析　narrative analysis　202
ナラティブ・メディスン　narrative medicine
　　213
南京師範大学　Nanjing Normal University　154
南北戦争　American Civil War　45
難民　refugee　748,756,758

二次分析　secondary analysis　176,178
二重拘束（ダブルバインド）　double bind　247,
　　277
ニーズ　needs　376
日常会話　ordinary talk　214,216
日系ブラジル人　Japanese Brazilians　779
日系ペルー人　Japanese Peruvians　779
ニート　NEET（not in education, employment
　　or training）　8,404,637,662
ニード基準　need-based　490
日本学生支援機構（JASSO）　Japan Student
　　Service Organization　668
日本型雇用システム　Japanese employment sys-
　　tem　494
日本教育社会学会　Japan Society of Educational
　　Sociology　41,60
日本教育大学協会　Japan Association of Univer-
　　sity of Education　414
日本教職員組合　Japan Teachers Union　410
日本高等教育学会　The Japan Association of
　　Higher Education Research　42
日本語指導　Japanese language instruction　578
日本子ども社会学会　The Japan Society for
　　Child Study　42
日本的雇用　Japanese employment system　570
日本的雇用慣行　Japanese-style employment
　　practices　54

日本における高等教育政策　higher education
　　policy in Japan　466
日本の高等教育システム　higher education sys-
　　tem in Japan　462
日本の国際教育協力　Japan's international coop-
　　eration in education　762
日本留学試験（EJU）　Examination for Japanese
　　University Admission for International Stu-
　　dents　754
乳幼児期のジェンダー形成　the formation of
　　gender identity during early childhood　340
ニューカマー　newcomer　376,451,578,757
ニュージーランド　New Zealand　160
ニュー・パブリック・マネジメント　new public
　　management　696
ニューメディア　new media　715,728,730
ニューメラシー　numeracy　529
人間形成　personality formation　244
人間生態学　human ecology　128
人間力　richness in humanity　777
認識論　epistemology　203
認知行動療法　cognitive behavior therapy　278
認知的能力　cognitive ability　556
認定過程　a process of reongnition　433
認定規準　a criterion of recongnition　433
認定こども園　center for early childhood educa-
　　tion and care　395

ネオ・マルクス主義　neo-Marxism　102,114
ネオリベラリズム　neoliberalism　680
ネグレクト　neglect　588
熱血教師　enthusiastic teachers　438
ネットいじめ　cyber bullying　361,715,736
ネット依存　Internet addiction　733
ネット社会　internet society, net community
　　715,718
ネットリテラシー　internet literacy　719
ネットワーク　network　95
ネットワーク・エスノグラフィー　network eth-
　　nography　145
年齢の社会的意味　social meaning of age　20

農民大学運動　farmers' college movement　512
ノンセクシスト　non-sexist　161
ノンフォーマル教育　non-formal education
　　532,532

■は

バイオグラフィー　biography　224
配偶者選択　mate selection　302
排除　exclusion　95,433,435
ハイ・ステイクス・テスト　high-stakes-tests

115

配分 allocation **86**

バイリンガル bilingual 778

バウチャー制度 education voucher 697

博士号 doctoral degree 476

バカロレア Baccalauréat(仏) 146,484

博物館 museum 510

ハザード率 hazard rate 190

パス解析 path analysis 167,194

パソコン PC（personal computer） 730

パーソナリティ personality 166

パターン変数 pattern variables 79,84

バーチャル virtual 715

バーチャル経験 virtual experiences 714

バーチャル・ユニバーシティ virtual university 725

バーチャル・リアリティ virtual reality 717, 727,729

罰 punishment 260

バッキ判決 Bakke case 627

発達 development 21

発達障害 developmental disabilities **552**

発達を見るデータ data for observing growth **180**

パネル調査 panel survey 168,173,231

パネルデータ panel data 190

一望監視装置 panopticon 109

母親 mother 293

ハビトゥス habitus 31,47,70,83,99,106,151, 259,271,307,308

パーフェクト・マザー perfect mother 309

パフォーマティブ performative 344

バブル経済 bubble economy 54

『ハマータウンの野郎ども』 *Learning to Labour* 114

林の数量化Ⅲ類 *Hayashi's* quantification method Ⅲ 197

パラサイトシングル parasite-singles 299

パラダイム paradigm 26,55,151,203,290

パラダイムシフト paradigm shift 70

パラダイムの拡散 diffusion of a paradigm **70**

バーンアウト burnout 584

汎アフリカ大学（PAU） Pan African University 770

反学校文化論 anti-school subculture theory 96

犯罪社会学 sociology of crime 22

反実仮想モデル counterfactual model 169,184

反社会的行動 antisocial behavior 735

反省性 reflexivity **14**

反省的実践家 Reflective Practitioner 13

反転授業 flipped classroom 726

万人のための教育 education for all 533

万人のための教育世界会議 World Conference on Education for All 764

万人のための教育世界宣言 World Declaration on Education for All 763

ピアグループ（仲間集団） peer group 83,245, 251,**274**,521

ピア効果 peer effect 646

ピアプレッシャー（同調圧力） peer pressure 275

非営利大学 non-profit university 491

比較教育社会学 comparative sociology of education 751

ひきこもり *hikikomori* 250,**566**,663

ピグマリオン効果 pygmalion effect 139,183

庇護移動 sponsored mobility 380,614

非行 delinquency 553,548

非行少年 juvenile delinquent 550

非行・少年犯罪 delinquent behavior and juvenile delinquency **548**

被差別部落（民） *burakumin* 376,575

ビジュアルエスノグラフィー visual ethnography 233

非正規雇用（者） non-regular employee, temporary worker, contractual employee 597, **606**,657

非正規雇用者 non-regular worker 663

非政府組織 non-governmental organization 532

ビッグデータ big data 169

ビデオ映像を用いた多声的エスノグラフィー video-cued multi-vocal ethnography 233

ビデオエスノグラフィー video ethnography 233

ひとり親家族（家庭） single parent family **304**,307,598

ひとり親世帯 single-parent household 304

非認知的能力 non-cognitive ability 556

批判的教育学 critical education, critical educational studies, critical pedagogy 29, 103, **114**

批判的教授学 critical pedagogy 139

批判的思考 critical thinking 764

批判的人種理論 critical race theory 115

批判理論 critical theory/Kritische Theorie(独) 103,150,235

費用 cost 470,640

標準化 standardization 179

表層演技 surface acting 256

費用の収入理論 revenue theory of cost 491

標本抽出 sampling 173

評論家 commentator 738

被抑圧者の演劇 theatre of oppressed 264

被抑圧者の教育学　pedagogy of the oppressed　264,532

開いた社会　société ouvert（仏）　247

比例ハザードモデル　proportional hazard model　190

ビーレフェルト学派　Bielefeld school　220

貧困　poverty　55,118,435,527,**590**,628

貧困線　poverty line　590

貧困の世代的再生産　generational reproduction of poverty　318

貧困の深さ　poverty depth　590

貧困率　poverty rate　590

品質保証国家　quality assurance state　417

フィリピン出身者　Fillipinos in Japan　779

フィールドノーツ　fieldnotes　202,211

フィールドワーク　fieldwork　59,204,214,234

フェミニスト・エスノグラフィー　feminist ethnography　144

フェミニスト・ペダゴジー　feminist pedagogy　29

フェミニズム　feminism　286,326,331

フェミニズム理論　feminism theory　115

フォーディズム（フォード主義）　Fordism　393,494

フォード・システム　ford system　372

フォーラムシアター　forum theatre　264

フォルクス・ホッホ・シューレ（VHS）　Volkshochschule（独）　533

フォルケホイスコーレ　Folkehøjskole（デンマーク）　533

付加価値モデル　value-added model　182,647

不確実性　uncertainty　12,642

部活動　*bukatsudo*　384

福祉国家　walfare state　**92**,115,221,680,682

不就学　out-of-school　525

普通教育　universal education　472

復興の時期　the reconstruction age　154

プッシュ・プル（要因）　push-pull（factors）　752

不適格教師　a disqualified teacher　**432**

不適格者　an unqualified person　432

不登校　school non-attendance/*futoko*　8,14,522,553,**562**,566

不平等　inequality　156

不平等の再生産　reproduction of inequalities　448

部分的標準化　partial standardization　179

不偏性　unbiasedness　169

プライマリー・イヤー・プログラム（PYP）　Primary Years Programme　769

ブラウン判決　Brown decision　575

プラグマティズム　pragmatism　46

プラティック（慣習行動・実践）　practice/pratique（仏）　620

フランクフルト学派　Frankfurt school/Frankfurter Schule（独）　103,114,150

フランス革命　Révolution française（仏）　46

フランスの教育社会学　Sociologie de l'éducation（仏）　**146**

ブリコラージュ　bricolage（仏）　109

フリースクール　free school　144,371,**522**

フリーター　freeter　8,542,**662**

フレーム　frame　83

ブレンド型学習　blended learning　727

プロット　plot　224,551

プロフェッショナル・スクール　professional school　**488**

プロフェッショナル・ディベロップメント　professional development　477

プロフェミニスト　pro-feminist　331

フロー理論　Csikszentmihalyi's flow model　729

プロレタリアート　proletariat　102

分位点回帰　quintile regression　647

文化　culture　83,216,252,306

文化サークル　cultural circle　263

文化資本　cultural capital/capital culturel（仏）　70,81,99,**106**,134,146,259,307,308,526,559,620

文化社会学　sociology of culture　160

文化的オムニボア　cultural omnivore　621

文化的再生産　cultural reproduction/reproduction culturele（仏）　107,135,158,388,620

文化的再生産論　cultural reproduction theory/reproduction culturelle théorie（仏）　75,81,85,98,107,617

文化伝達　cultural transmissions　280

文化ヘゲモニー論　cultural hegemony　158

文化理論　cultural theory　23

文化論的転回　cultural turn　220

分岐型　tripartite（selective）system　179

分業　division of labor　260

分散　variance　192

分析的帰納法　analytic induction　210

分配の正義論　theories of distributive justice　678

フンボルトモデル　Humboldt model　477

文脈効果　contextual effect　31

文明化　civilization　258

分類　classification　104

ペアレントクラシー　parentocracy　289,307,309,**310**,394,495,587,701

平均　mean　192

米国連邦教育省（NCES）　National Center for Education Statistics　181

兵式体操　military drill　452

ベイズ統計学　Bayesian statistics　169
平和主義　pacifism　686
北京師範大学　Beijing Normal University　154
ヘゲモニー　hegemony　226,333
ヘゲモニックな男性性　hegemonic masculinity　332,351
ベーシックインカム　basic income　93
ペダゴジー　pedagogy　104
ペダゴジック言説　pedagogic discourse　105
ペダゴジック・コード　pedagogic code　75,104
ペダゴジック装置　pedagogic device　104
ペダゴジー論　theory of pedagogy　**104**
ヘッド・スタート　head start　135
ヘッド・スタート計画　Head Start Program　182
ベビーブーム　baby-boom　400
ペリー就学前計画　Perry preschool plan　183
便益　benefit　470,640
偏回帰係数　partial regression coefficient　186
変化の担い手　change agent　767
偏差値体制　dominance of selectivity Indicés　467
変容　transformation　**394**,551
変容的学習　transformative learning　507
変量効果モデル　random effects model　190

ポアソン回帰モデル　poisson regression model　187
保育　early childhood education and care　394
保育所　nursery center　394
保育職の女性化　feminization of child care　340
放課後子ども教室　after-school lesson for children　519
包括的性教育　comprehensive sexuality education　358
放棄所得　forgone earning　640,667
封建制的教育　feudalistisch Erziehung（独）　45
防災　disaster risk reduction　767
防災教育　education for disaster risk reduction　767
褒章　reward　260
包摂　inclusion　119
包摂・排除　inclusion/exclusion　95
放送大学　The Open University of Japan　721,741
放送媒体　broadcasting media　712
方法の実証主義　methodological empricism　6
方法の社会化　methodical socialization　366
方法/方法論　method/methodology　67
方法論　methodology　203
方法論的ナショナリズム　methodological nationalism　121
法務教官　law instructor　279,551
暴力　violence　149,573,**734**

暴力・ハラスメントとジェンダー　gender, violence, and harassment　**360**
飽和状態　saturation　400
保健室　school infirmary　215,217
母語　mother tongue　578
保護処分　protective measures　550
母子相互作用　mother-infant interaction　288
ポジティブ・アクション　positive action　626
補償教育　compensatory education　138
ポスト近代　post-modernity　494
ポスト近代家族　post-modern family　**296**
ポスト近代型能力　post-modern competency　309
ポスト構造主義　post-structuralism　53,115,136,142,220,327,331
ポストコロニアリズム　post-colonialism　220
ポストコロニアリズム理論　post-colonial theory　115
ポスト実証主義　post-positivism　205
ポストフェミニズム　post-feminism　361
ポストモダニズム　post-modernism　115,142
ポストモダン　post-modern　70,108
ポストモダン論　post-modern theory　36,42,108
ポスト・モバイル社会　post-mobile society　719
ホームスクーリング　home schooling　115
ホモフォビア　homophobia　361
ホール・インスティテューション・アプローチ　Whole Institution Approach　767
ホロコースト　Holocaust　261
ボローニャ・プロセス　Bologna process/Bolognaprozess（独）　152,496,772
ボンド理論　social bond theory　549

■ま

マイノリティ　minority　376
マイノリティ認識論　minority epistemologies　142
マクロデータ　macrodata　**174**
マジョリティ　majority　376
マスコミュニケーション　mass communication　712
マスメディア　mass media　83,348,712,738,744
マナー　mannars　258
学び続ける教員　teachers as lifelong learners　412
学び直し　re-training and reeducation after graduation　531
マネジメント　management　492
マルクス主義　marxism　50,53,75,96,102,136,

158

マルチチュード multitude 103

マルチレベル multilevel 647

マルチレベル分析 multilevel analysis 31, 166, 173, 559

マルチレベル・モデル multilevel model 192, 625

マルティプル・ペアレンティング multiple parenting 306

マルトリートメント maltreatment 588

マンパワー・ポリシー manpower policy 41

見えない教育方法 invisible pedagogy 253

見えない統制 invisible control 287

見えない統制のパラドクス paradox of invisible control 289

見える教育方法 visible pedagogy 253

見える統制 visible control 287

右センサー right censoring 190

ミクロ・マクロリンク micro-macro link 30

未婚 unmarried 298

未婚化社会 unmarried society **298**

ミドル・イヤー・プログラム（MYP） Middle Years Programme 769

南アジア大学（SAU） South Asian University 770

南アジア地域協力連合（SAARC） South Asian Association for Regional Cooperation 770

民営化 privatization 682, **696**

民間教育事業 private educational corporations **526**

民衆教育 popular education 534

民主主義教育 democratic education 686

民主主義と教育 democracy and education 46

無意識 Unterbewusstsein, das Unbewusste 83

無意図的教育 non-intentional education 4

無縁社会 *muen shakai* 282

無境界性 borderlessness 12

無作為抽出実験 randomized experiment 647

無秩序型モデル anarchical model 492

明治政府 *Meiji* government 392

メタデータ metadata 177

メタ分析 meta-analysis 183, 539, 647

メディア media 362, 712, **716**, 726, **744**

メディア環境 media circumstance 712

メディア研究 media research **712**

メディア・リテラシー media literacy 713, **722**, 728, 735

芽生えの時代 the awakened age 154

能力・業績（メリット） merit 47

メリット基準 merit-based 490

メリトクラシー（業績主義） meritocracy 46, 75, 80, 85, 114, 146, 187, 308, 310, 353, 559, 596, **600**, 602, 616

面接調査 interview survey 231

メンタルヘルス mental health 429

燃え尽き症候群 burnout 584

目的論的機能主義 teleological functionalism 79

目標の転移 displacement of goals 373

モダン modern 108

モード1 mode 1 487

モード2 mode 2 487

モニトリアル・システム monitorial system 370, 390

物語 narrative/récit（仏） 108

物語論的研究 narrative inquiry 225

モバイルデバイス mobile device 718

モラトリアム moratorium 475

モラル・パニック moral panic 548

モンスターペアレント monster-parents **436**

問題解決能力 problem-solving ability 774

問題行動 deviant behavior 434

文部科学省 Ministry of Education, Culture, Sports, Science and Technology 386, 748, 777

文部省教員検定試験 certificate examination for secondary school teachers 452

文部省唱歌 *monbusho-shoka* 391

■や

夜間中学 night junior high school 524

役割 role 84

役割葛藤 role conflict 439

役割論 role theory 30

病い illness 552

唯物史観 materialism 102

有害情報 hazardous contents 717

『有閑階級の理論』 *The Theory of the Leisure Class* 46

有機的知識人 organic intellectuals 103

有機的連帯 organic solidarity/solidarité organique（仏） 44, 260

有給教育休暇制度 paid educational leave 505

有効性 efficiency 169

優先的な読取り preferred reading 227

ゆとり教育 *Yutori* education（education with latitude） 171, 556, 693, 777

ユニセフ（UNICEF） United Nations Children's Fund 760

ユネスコ（UNESCO） United Nations

事項索引　879

Educational, Scientific and Cultural Organization　394,723,760,764,766
ユネスコ生涯学習研究所（UIL）　UNESCO Institute for Lifelong Learning　503
ユネスコスクール　UNESCO Associated Schools　766
ユビキタスネット社会　ubiquitous network society　728
ゆらぐ教師像　fluctuation of teacher images　438
ユーロ・マルクス主義　Euro-Marxism　102
溶解体験　experience of dissolution　249
養護教諭　*yogo* teacher　356
『幼児期と社会』　*Childhood and Society*　268
幼児教育　early childhood education　394
幼児教育産業　education-related industry for younger children　586
幼稚園　kindergarten　394
欲望　desire　83
予言の自己成就　self-fulfilling prophecy　138,448
ヨコの社会化　horizontal socialization　274
予測可能性　predictability　88,372
ヨーロッパ言語共通参照枠　common European framework of reference for languages　779
ヨーロッパ単位互換制度（ECTS）　European Credit Transfer System　773

■ら

ライフイベント　life event　404
ライフコース　life course　20,352,404,411,570
ライフコースの脱標準化　de-standardization of life course　570
ライフサイクル　life cycle　20,268,280,283,411,570
ライフスタイル　lifestyle　307
ライフスタイル移民　lifestyle migration　322
ライフステージ　life stage　20
ライフヒストリー　life story　212,220,411
ライフストーリー・インタビュー　life story interview　443
ライフヒストリー　life history　205,222,228,411,442
ラディカル構成主義　radical constructivism　123
ラディカル成人教育　radical adult education　535
ラディカル・デモクラシー　radical democracy　103
ラベリング（理）論　labeling theory　129,139,539,544,549

ラポール　rapport（仏）　222
ランダム化比較試験　randomized controlled trial　183,448,538
リアル　real　715
リアルな経験　real experiences　714
理科嫌い　women's lower interest in STEM fields PISA　353
リカレント教育　recurrent education　505
『リキッド・モダニティ』　*Liquid Modernity*　246
離散時間ロジットモデル　discrete time logit model　190
履修主義　grading by class attendance　371
リージョナライゼーション　regionalization　747
リスク　risk　22,246
リスク管理　risk management　553
リスク社会　risk society　22,250,318
リスク比　risk-ratio or relative risk　187
リスク・マネジメント　risk management　429
リズム　rhythm　248
リソース　resources　551
リーダーシップ　leadership　493
立身出世　career advancement, success in live　46,220
立身出世主義　*Rissinshusse-shugi*　344
リテラシー　literacy　160,529,713
理念型　ideal type　88,372
リプロダクティブ・ヘルス・ライツ　reproductive health and rights　359
リベラリズム　liberalism　75,115
リベラル・アーツ　liberal arts　478
リベラル・エデュケーション　liberal education　478
リメディアル教育　remedial education　378
留学生　foreign student, international students　749,752,772
留学生10万人計画　100,000 International Students Plan　752,754
留学生30万人計画　300,000 International Students Plan　752,754
留学生政策　policy of student mobility　754
留学生の国際移動　international flow of students　752
琉球民族　*Ryukyujin*　376
良妻賢母　good wife wise mother　342
良妻賢母主義　*Ryosai-Kenbo shugi*　344
量的調査（研究）　quantitative research　7,170,202,230,236
量的方法　quantitative method　389
履歴　curriculum vitae　382
理論的サンプリング　theoretical sampling　210
理論的飽和　theoretical saturation　225
臨界期　critical period　587

臨時教育審議会（臨教審） Provisional Council on Educational Reform　401,682,686,702
臨時教員養成所　provisional teacher training institute　452
臨床　clinical　34,675

ループ効果　loop effect　538

冷却　cooling-out　87,351
冷戦　cold war　50
レイプ神話　rape myth　360
歴史社会学　historical sociology　36,290
歴史社会学的アプローチ　historical sociological approach　**220**
歴史的唯物主義　historical materialism　154
歴史と階級意識　history and class consciousness　102
レギュラシオン学派　regulation theory　102
レディネス　readiness　701
レリバンス　relevance　382
連関係数　association coefficient　188
連帯　solidarity　245,260

労働市場　labor market/Arbeitsmarkt（独）　151,482,489
労働者階級　working class　351
労働生産性　productivity of labour　527,640
老年学　gerontology　533
ローカル・トラック　local tracking　619
ローカル・ノレッジ　local knowledge　210
ロジスティック回帰分析　logistic regression analysis　186
ロジット　logit　186
ロジット・モデル　logit model　186
ロマンティック・ラブ　romantic love　349
論理実証主義　logical positivism　123

■わ

若者文化　youth culture　**348,730**
枠づけ　framing　104
ワークフェア　workfare　93
話者　speaker　217
割当て　allocation　186
割引率　discounted rate　640
割れ窓理論　broken windows theory　546

人名索引

■あ

麻生誠　Aso Makoto　65,220
アーチャー，M.　Archer, M.　75
アッシェンフェルター，O.　Ashenfelter, O.　182
アップル，M. W.　Apple, M. W.　74,115,417
アドルノ，T. W.　Adorno, T. W.　103,150
アーノット，M.　Arnot, M.　338
天野郁夫　Amano Ikuo　220,613
天野正子　Amano Masako　328
アリエス，P.　Ariès, P.　27,36,77,109,126,290
アリソン，G. T.　Allison, G. T.　684
有本章　Arimoto Akira　479
アルチュセール，L.　Althusser, L.　96,103,676
アレント，H.　Arendt, H.　676

家永三郎　Ienaga Saburo　387
市川昭午　Ichikawa Shogo　479,501,664
イリイチ　Illich, I.　5,109,116,613

ヴァン＝マーネン，J.　Van-Maanen, J.　209
ウィトゲンシュタイン，L.　Wittgenstein, L.　108,212
ウィリアムズ，R.　Williams, R.　103,115
ウィリス，P. E.　Willis, P. E.　28,30,47,82,96,114,208,246
ウィルソン，L.　Wilson, L.　476
ウェーバー，G.　Weber, G.　624
ウェーバー，M.　Weber, M.　40,45,75,88,100,134,220,290,372
ヴェブレン，T.　Veblen, T.　46
ウェンガー，E.　Wenger, E.　507,508
ウォーラー，W. W.　Waller, W. W.　12,57
潮木守一　Ushiogi Morikazu　65,166,170,474
ウッズ，P.　Woods, P.　440
ウールガー，S.　Woolgar, S.　130

エスピン＝アンデルセン，G.　Esping-Andersen, G.　92,603
エドモンズ，R. R.　Edmonds, R. R.　624
エマーソン，R. M.　Emerson, R. M.　210
エリアス，N.　Elias, N.　220,246,258
エンゲストローム，Y.　Engeström, Y.　507,509

オグブ，J.　Ogbu, J.　758
オズガ，J.　Ozga, J.　142
オッタウェイ，A.　Ottaway, A.　57

■か

門脇厚司　Kadowaki Atsushi　65,170
カーネギー，A.　Carnegie, A.　45
ガーフィンケル，H.　Garfinkel, H.　214,262
苅谷剛彦　Kariya Takehiko　10,14,65,171,310,410,481,556,558,772

キツセ，J. I.　Kitsuse, J. I.　57,130,537
ギデンズ，A.　Giddens, A.　7,71,77,82,112,251
ギルボーン，D.　Gilborn, D.　143
ギンタス，H.　Gintis, H.　57,81,96,114,620

グッドマン，L. A.　Goodman, L. A.　167,188
クームス，P.　Coombs, P.　532
クラーク，B. R.　Clark, B. R.　457,492
グラムシ，A.　Gramsci, A.　103,115,226,534
クラントン，P.　Cranton, P.　507
クリフォード，J.　Clifford, J.　209
クーン，T. S.　Kuhn, T. S.　26,70

ジェファーソン，G.　Jefferson, G.　216

呉康寧　Wu Kangning　155
ゴッフマン，E.　Goffman, E.　128,256,551
コネール，R. W.　Connell, R. W.　160
ゴブロ，E.　Goblot, E.　146
コリンズ，R.　Collins, R.　57,75,80,613
ゴールドソープ，J. H.　Goldthorpe, J. H.　31,168
コールマン，J. S.　Coleman, J. S.　166,182,624
コント，A.　Comte, A.　78

■さ

サックス，H.　Sacks, H.　214,216,262
サルトル，J.-P.　Sartre, J.-P.　102
サロー，L. C.　Thurow, L. C.　612

シェグロフ　Schegloff, E. A.　214
ジェルピ　Gelpi, E.　534
ジェンクス　Jencks, C.　57,182
シコレル，A. V.　Cicourel, A. V.　57,58,87
柴野昌山　Shibano Shozan　41,57,65,314,396
志水宏吉　Simizu Koukichi　35,65,171,389,556,558,624,679
清水義弘　Shimizu Yoshihiro　5,48,52
シュルツ，T. W.　Schultz, T. W.　640,648

人名索引

ジョージ，L. George, L. 145
ショッパ，L. J. Schoppa, L. J. 684
ショーン，D. A. Schön, D. A. 13,507,508
ジルー，H. Giroux, H. 115
新堀通也 Shimbori Michiya 5,477

スコット，M. M. Scott, M. M. 452
スプラッドリー，J. P. Spradley, J. P. 211
スペクター，M. Spector, M. 130,537
スペンサー，H. Spencer, H. 78,94
スミス，A. Smith, A. 648,650

セン，A. Sen, A. 118,603

ソロー，R. M. Solow, R. M. 648

■た
タイヒラー，U. Teichler, U. 661
竹内洋 Takeuchi Yo 36,65,87,380,450,474,
　615
ダンカン，O. D. Duncan, O. D. 166

デーケン，A. Deeken, A. 283
デューイ，J. Dewey, J. 46,267
デュリュ＝ベラ，M. Duru-Bellat, M. 148,352
デュルケム，É Durkheim, É. 4,30,40,44,75,
　78,83,134,146,220,244,258,260,277,290,
　544,706
デリダ，J. Derrida, J. 70,142
デンジン，N. K. Denzin, N. K. 210

ドーア，R. P. Dore, R. P. 116,613
トロウ，M. Trow, M. 457,464

■な
ネグリ，A. Negri, A. 103

ノールズ，M. S. Knowles, M. S. 506

■は
ハイエク，F. A. Hayek, F. A. 120,680
バイラム，M. Byram, M. 748
ハウザー，R. M. Hauser, R. M. 168
バウマン，Z. Bauman, Z. 77,113,261
ハーシ，T. Hirschi, T. 549
パスロン，J.-C. Passeron, J.-C. 146
パーソンズ，T. Parsons, T. 30,52,71,75,78,
　82,83,94,135,244,290,396
ハッチンス，R. Hutchins, R. 504
ハート，M. Hardt, M. 103

ハヌシェク，E. A. Hanushek, E. A. 182
馬場四郎 Baba Shiro 202,387
ハーバーマス，J. Habermas, J. 150
バランティン，J. H. Ballantine, J. H. 57
バロー，R. J. Barro, R. J. 649
バーンスティン，B. Bernstein, B. 6,28,47,75,
　82,98,104,135,144,147,246,253,262,287

ピアジェ，J. Piajet, J. 276
ピアソン，E. S. Pearson, E. S. 169
広田照幸 Hirota Teruyuki 65,279,288

フィスク，J. Fiske, J. 227
フィッシャー，R. A. Fischer, R. A. 169,183
フォール，E. Faure, E. 505
フーコー，M. Foucault, M. 27,36,70,77,109,
　115,126,136,142,218,220,246,259,271
富士川游 Fujikawa Yu 581
藤田英典 Fujita Hidenori 4,51,65,420,673,699
ブードン，R. Boudon, R. 31,101,135,146,168,
　198,470,622
フリーダン，B. Friedan, B. 363
フリードマン，M. Friedman, M. 120,680
ブリーン，R. Breen, R. 168
ブルデュー，P. Bourdieu, P. 6,28,31,47,70,
　75,81,83,98,101,106,109,135,146,151,169,
　196,259
フレイレ，P. Freire, P. 115,117,262,264,534
ブレヒト，B. Brecht, B. 264
フロイト，S. Freud, S. 266,396

ヘーゲル，G. W. F. Hegel, G. W. F. 103
ベッカー，G. S. Becker, G. S. 302,470,610,640,
　648
ベッカー，H. S. Becker, H. S. 131,210
ベック，U. Beck, U. 7,77,113,250,318,494
ヘックマン，J. J. Heckman, J. J. 199
ベル，A. Bell, A. 370
ベル，D. Bell, D. 70

ボアール，A. Boal, A. 264
ボウルズ，S. Bowles S. 81
ポストマン，N. Postman. N. 715
ボードリヤール，J. Boudrillard, J. 70
ポーラッチ，D. Pawluch, D. 130
ホール，S. Hall, S. 227
ボール，S. J. Ball, S. J. 142,417
ホルクハイマー，M. Horkheimer, M. 103
ボールズ，S. Bowles, S. 57,75,96,114
ホワイト，W. F. Whyte, W. F. 208
本田由紀 Honda Yuki 65

■ま

マイヤー, J. W.　Meyer, J. W.　76, 81
マクラウド, J.　MacLeod, J.　209
マクラスキー, H. Y.　McClusky, H. Y.　514
マートン, R. K.　Merton, R. K.　71, 79, 89, 94, 373, 544
マリノフスキー, B. K.　Malinowski, B. K.　78
マルクス, K.　Marx, K.　100, 290

ミード, G. H.　Mead, G. H.　82, 267
ミル, J. S.　Mill, J. S.　277
ミンサー, J.　Mincer, J.　640

ムフ, C.　Mouffe, C.　103

メーア, R. D.　Mare, R. D.　198
メジロー, J.　Mezirow, J.　508
メルロ＝ポンティ, M.　Merleau-Ponty, M.　102

モース, M.　Mauss, M.　258
森有礼　Mori Arinori　452
森重雄　Mori Shigeo　52, 117, 221
森田洋司　Morita Yoji　562

■や

山村賢明　Yamamura Yoshiaki　65, 205
ヤング, M. F. D.　Young, M. F. D.　46, 81, 440, 603

ユーディール, D.　Youdell, D.　143
ユング, C.　Jung, C.　266

■ら

ライト, D.　Light, D.　476
ライト, S.　Wright, S.　167
ライマー, E.　Reimer, E.　116
ラクラウ, E.　Laclau, E.　103
ラザースフェルド, P. F.　Lazarsfeld, P. F.　166
ラスウェル, H. D.　Lasswell, H. D.　16
ラドクリフ＝ブラウン, A. R.　Radcliffe-Brown, A. R.　78
ラーナー, D.　Lerner, D.　16
ランカスター, J.　Lancaster, J.　370
ラングラン, P.　Lengrand, P.　500, 504

リオタール, J.-F.　Lyotard, J.-F.　70, 108
リスト, R.　Rist, R.　76
リースマン, D.　Riesman, D.　245, 251, 274
リッツア, G.　Ritzer, G.　88
リプセット, S. M.　Lipset, S. M.　619
リンデマン, E. C.　Lindeman, E. C.　506

ルカーチ, G.　Lukács, G.　102
ルグラン, J.　Le Grand, J.　681
ルーマン, N.　Luhmann, N.　77, 79, 123, 220, 275

レイヴ, J.　Lave, J.　507, 508

ローダー, H.　Lauder, H.　142
ローティ, D. C.　Lortie, D. C.　12
ローマー, J.　Roemar, J.　603
ロールズ, J.　Rawls, J.　603

教育社会学事典

<table>
<tr><td>平成 30 年 1 月 31 日</td><td>発　　　行</td></tr>
<tr><td>令和 6 年 6 月 25 日</td><td>第 5 刷発行</td></tr>
</table>

編　者　　日本教育社会学会

発行者　　池　田　和　博

発行所　　丸善出版株式会社

〒101-0051　東京都千代田区神田神保町二丁目17番
編集：電話 (03) 3512-3264／FAX (03) 3512-3272
営業：電話 (03) 3512-3256／FAX (03) 3512-3270
https://www.maruzen-publishing.co.jp

© The Japan Society of Educational Sociology, 2018

組版／三美印刷株式会社
印刷・製本／大日本印刷株式会社

ISBN 978-4-621-30233-0　C 3537　　　　　　Printed in Japan

JCOPY 〈(一社)出版者著作権管理機構　委託出版物〉
本書の無断複写は著作権法上での例外を除き禁じられています．複写
される場合は，そのつど事前に，(一社)出版者著作権管理機構(電話
03-5244-5088，FAX 03-5244-5089，e-mail：info@jcopy.or.jp)の許
諾を得てください．